车吉心 主编

中国状元全传

● 第一卷

山东教育出版社

顾　问　安作璋
主　编　车吉心
副主编　刘德增

序

状元是科举时代进士科第一名。科举制始创于隋，至唐而渐臻完备，下迄明清，一直是历代封建皇朝用考试的办法来选拔人才任用官吏的制度。唐代规定，各州、府选送士人至京师参加尚书省礼部的考试，需向有关衙门投状。开元二十五年(731)以前向户部投状，以后改向礼部投状。"状"包括"家状"(本人家庭状况表)、"文解"(州、府的荐举信)两项。录取后，考官将新科进士的"状"连同考试成绩一起呈报皇帝，录取为第一名的便叫"状头"，"头"与"元"同义，所以俗称又叫"状元"。明清时期，进士分为一甲、二甲、三甲。一甲赐进士及第，二甲赐进士出身，三甲赐同进士出身。一甲三名，第一名状元，第二名榜眼，第三名探花。所以皇帝亲自主持的殿试后，悬放的黄榜和进士题名碑上，状元都写作"第一甲第一名"。

隋代进士科取士情况史书语焉不详，故历数状元有姓名可考者，一般自唐高祖武德五年(622)的状元孙伏伽始。从孙伏伽到清光绪三十年(1904)最后的状元刘春霖，共有状元592人。此外，张献忠在四川建立的大西国以及太平天国都曾开科取士，也选拔了一批状元。其中，大西国可考的状元一人，太平天国可考的状元13人。以上都是指的文状元。武状元有姓名可考的，从宋神宗熙宁九年（1076）的薛奕迄清光绪二十四年（1899）的张三甲，计168人。另外，大西国武状元一人，太平天国武状元二人。总计中国历史上可考的文、武状元共777人。从开科的次数来看，还有相当一批文、武状元的姓名失传。

以往的史书对状元虽有一些记载，但是，除极少数名人以外，大都仅仅开列状元的姓名、籍贯、夺魁的时间，或因某人后来的事功始为之立传，并没有从整体上对每个状元进行深入的研究。近年来有些学者开始注意到这一问题，发表和出版了一批论著，其中，车吉心、刘德增同志主编的《中国状元全传》即是最有份量的著作之一。

《中国状元全传》博采典籍，搜罗宏富，凡能立传者，一概收入，共收录状元382人，其中，文状元366人，武状元13人，附录大西国武状元一人，太平天国武状元、女状元各一人；在全书之后，又附以状元表。这是迄今为止收录状元最多、最全面的书。

通过《中国状元全传》中一个个活生生的人物，我们可以窥见科举制度下的中国政治和知识分子的心态。自隋唐迄明清，中国封建社会的官吏主要是通过科举制度来选拔和任用的。昔年，唐太宗看见新科进士从考场中鱼贯而出时，高兴地说："天下英雄尽入吾彀中矣！"彀中，弓箭能射及的范围。科举制度为中国历代封建皇朝选拔了大批人才，是封建统治强有力的支柱。这从书中立传的状元中即可看出，他们大都有真才实学，是封建统治的合格人才。当然，也有些状元碌碌无为，特别是入明清后，八股取士极大地束缚了人们的思想，状元中有成就的人很少。另一方面，科举制度又在人们中间造就了一种"万般皆下品，唯有读书高"的心态。谚云："书中自有颜如玉，书中自有千锺粟，书中自有黄金屋。"意思是读书做官，就有了一切。科举取士极大地腐蚀着知识分子的心灵，"太宗皇帝真长策，赚得英雄尽白头"，他们为了功名富贵而往往付出了一生的心血。清人蒲松龄《聊斋志异》中的王子安，吴敬梓《儒林外史》中的范进，在现实生活中是确有其人的。在状元行列中更不乏这类人物。当然，也有些人是为了实现治国平天下的伟大抱负而刻苦自励的，如文天祥等，但这究竟是少数。

《中国状元全传》尊重历史，不虚美，不掩恶，秉笔直书，内容翔实，客观真实地反映了每个状元的一生，并以状元为中心，把与状元有关的人物、事件、典制文物有机地编入传中，有助于扩大人们的视野，使人不仅能够了解状元本人，还能从中领略到其他一些历史知识。

《中国状元全传》在详细占有材料的基础上，用不同的手法对每个人物进行了生动而具体的描述，既注重状元一生中的大事，也不忽视他们生活中的轶闻趣事，情节起伏跌宕，引人入胜。行文也较流畅，通俗易懂。

当然，《中国状元全传》出自众人之手，每篇传记的写作风格与学术水平不完全相同，个别篇目也不尽如人意。但瑕不掩瑜，总的看来，《中国状元全传》是一部别开生面的记述中国古代一部分知识分子事迹的优秀传记，读后很有启发教育意义。

安作璋

1993年5月10日

说　明

一、本书所撰收的状元，为科举时代进士科第一名，唐代也名"状头"，元以后各朝叫做"第一甲第一名"或"一甲一名"。隋代虽有开科取士的史记，但具体情况不详，也没遗留下有关状元的史料。故撰收时间上起唐高祖武德五年(622)，下迄清光绪三十年(1904)。

二、凡设武进士科，应试及第第一名的武状元，本书亦撰收。

三、农民起义建立的临时政权开科录取的状元，撰收附录于后。

四、本书选用的史料主要依据正史，亦不舍弃稗官野史中有价值的材料，以补缺漏。因史料所限，有些状元已无法立传，仅列表附后；有的状元甚至连姓名也已失传，故《中国状元全传》仅是一定意义上的全传。

五、古今地名不同的，括注今地名；古今地名相同的，括注今省、市、区。

六、历史纪年，采用中国纪年，括注公元纪年。

总目录

第一卷

序 /1
说明 /5

唐

孙伏伽 /3
李　昂 /8
王　维 /11
崔　曙 /28
常　衮 /30
齐　映 /36
杨　凭 /41
杨　凝 /44
崔元翰 /46
张正甫 /48
牛锡庶 /50
尹　枢 /52
李　程 /54
徐　晦 /60
王源中 /62
柳公权 /64
李固言 /74
张又新 /77
柳　璟 /79

裴思谦 /81
郑　颢 /83
卢　肇 /86
颜　标 /88
孔　纬 /90
韩　衮 /99
孙　偓 /101
崔昭纬 /103
陆　扆 /106
卢文焕 /109

五代十国

王　溥 /113
王　朴 /118

宋

杨　砺 /125
张去华 /129
马　适 /135
苏德祥 /137
刘蒙叟 /139
柴成务 /141
安德裕 /144
安守亮 /147
宋　准 /149
王嗣宗 /152
吕蒙正 /161
胡　旦 /171
苏易简 /179
王世则 /188

梁　颢 /192
程　宿 /196
陈尧叟 /198
孙　何 /206
孙　仅 /213
孙　暨 /216
陈尧咨 /220
王　曾 /224
李　迪 /233
姚　晔 /247
梁　固 /249
张师德 /252
徐　奭 /254
张　观 /256
蔡　齐 /258
王　整 /267
宋　庠 /270
王尧臣 /281
王拱辰 /292
张唐卿 /298
吕　溱 /300
杨　寘 /307
贾　黯 /310
冯　京 /320
郑　獬 /328
章　衡 /337
刘　辉 /343
王俊民 /345
许　将 /347
彭汝砺 /353
许安世 /361
叶祖洽 /363
余　中 /367
徐　铎 /369

时　彦 /372
黄　裳 /375
李常宁 /380
马　涓 /382
毕　渐 /384
李　釜 /386
霍端友 /388
蔡　薿 /390
贾安宅 /396
莫　俦 /398
何　㮚 /400
王　昂 /407
沈　晦 /409
李　易 /413
张九成 /417
汪应辰 /427
黄公度 /439
陈诚之 /441
刘　章 /443
王　佐 /446
赵　逵 /456
张孝祥 /464
王十朋 /480
梁克家 /495
木待问 /499
萧国梁 /501
郑　侨 /503
黄　定 /506
詹　骙 /508
姚　颖 /510
黄　由 /512
卫　泾 /514
王　容 /518
余　复 /520

第三卷

陈　亮　/522
邹应龙　/532
曾从龙　/534
傅行简　/540
毛自知　/542
郑性之　/544
袁　甫　/548
吴　潜　/556
蒋重珍　/560
王会龙　/563
黄　朴　/565
徐元杰　/566
吴叔告　/574
周　坦　/576
徐俨夫　/577
留梦炎　/579
张渊微　/583
方逢辰　/585
姚　勉　/588
文天祥　/590
周震炎　/611
方山京　/613
阮登炳　/615
陈文龙　/617
张镇孙　/621
王龙泽　/623
薛　奕　/625
蔡必胜　/627
周　虎　/631

西夏

李遵顼　/637

第四卷

辽

张 俭 /643
杨 佶 /649
王 棠 /654
张孝杰 /657
王 鼎 /662
韩 昉 /666

金

胡 砺 /671
石 琚 /675
郑子聃 /686
孟宗献 /689
徒单镒 /691
杨云翼 /707
纳兰胡鲁剌 /719
李 演 /722
李献能 /724
王 鹗 /727

元

张起岩 /735
泰不华 /740
宋 本 /748
李 黼 /753
李 齐 /758
陈祖仁 /765
普颜不花 /771

明

吴伯宗 /779
丁　显 /784
任亨泰 /786
黄　观 /788
张　信 /793
陈　䢿 /796
韩克忠 /798
胡　广 /800
曾　棨 /807
林　环 /813
萧时中 /816
马　铎 /818
陈　循 /821
李　骐 /827
曾鹤龄 /829
邢　宽 /832
马　愉 /835
林　震 /837
曹　鼐 /839
周　旋 /845
施　槃 /849
刘　俨 /852
商　辂 /855
彭　时 /865
柯　潜 /875
孙　贤 /878
黎　淳 /881
王一夔 /883
彭　教 /885
罗　伦 /888
张　升 /894
吴　宽 /897

谢　迁 /904
曾　彦 /911
王　华 /913
李　旻 /926
费　宏 /929
钱　福 /939
毛　澄 /941
朱希周 /949
伦文叙 /953
康　海 /955
顾鼎臣 /966
吕　柟 /970
杨　慎 /980
唐　皋 /999
舒　芬 /1002
杨维聪 /1010
姚　涞 /1013
龚用卿 /1015
罗洪先 /1017
林大钦 /1023
韩应龙 /1027
茅　瓒 /1029
沈　坤 /1033
秦鸣雷 /1035
李春芳 /1038
唐汝楫 /1044
陈　谨 /1047
诸大绶 /1050
丁士美 /1054
申时行 /1056
范应期 /1069
罗万化 /1071
张元忭 /1074
孙继皋 /1077

沈懋学 /1079
张懋修 /1081
朱国祚 /1083
唐文献 /1090
焦竑 /1093
翁正春 /1100
朱之蕃 /1105
赵秉忠 /1108
张以诚 /1113
杨守勤 /1116
黄士俊 /1118
韩敬 /1122
周延儒 /1125
钱士升 /1138
庄际昌 /1144
文震孟 /1146
余煌 /1157
刘若宰 /1163
陈于泰 /1165
刘理顺 /1168
刘同升 /1172
魏藻德 /1176
杨廷鉴 /1182
周崶 /1184
尹凤 /1186
顾凤翔 /1188
黄钺 /1190
方仪凤 /1192
王来聘 /1194

清

傅以渐 /1199

吕　宫	/1205
刘子壮	/1210
邹忠倚	/1213
麻勒吉	/1217
史大成	/1225
图尔宸	/1228
孙承恩	/1230
徐元文	/1233
马世俊	/1246
严我斯	/1249
缪　彤	/1253
蔡启僔	/1256
韩　菼	/1262
彭定求	/1267
归允肃	/1271
蔡升元	/1274
陆肯堂	/1279
沈廷文	/1282
戴有祺	/1284
胡任舆	/1287
李　蟠	/1289
汪　绎	/1293
王式丹	/1295
王云锦	/1299
赵熊诏	/1301
王世琛	/1304
王敬铭	/1306
徐陶璋	/1308
汪应铨	/1310
邓钟岳	/1312
于　振	/1314
陈德华	/1316
彭启丰	/1320
周　澍	/1327

第七卷

陈 倓 /1329
金德瑛 /1332
于敏中 /1338
庄有恭 /1346
金 甡 /1354
钱维城 /1358
梁国治 /1368
吴 鸿 /1378
秦大士 /1381
庄培因 /1384
蔡以台 /1387
毕 沅 /1389
王 杰 /1396
秦大成 /1401
张书勋 /1403
陈初哲 /1405
黄 轩 /1409
金 榜 /1411
吴锡龄 /1415
戴衢亨 /1417
汪如洋 /1427
钱 棨 /1429
茹 棻 /1436
史致光 /1438
胡长龄 /1442
石韫玉 /1444
潘世恩 /1448
王以衔 /1457
赵文楷 /1459
姚文田 /1461
顾 皋 /1472
吴廷琛 /1474
彭 浚 /1479
吴信中 /1481

洪　莹　/1483
蒋立镛　/1485
龙汝言　/1487
吴其濬　/1491
陈　沆　/1505
陈继昌　/1509
戴兰芬　/1512
林召棠　/1514
朱昌颐　/1516
李振钧　/1518
吴钟骏　/1520
汪鸣相　/1522
刘　绎　/1524
林鸿年　/1527
钮福保　/1529
李承霖　/1531
龙启瑞　/1533
孙毓溎　/1537
萧锦忠　/1539
张之万　/1541
陆增祥　/1546
章　鋆　/1549
孙如仅　/1551
翁同龢　/1553
孙家鼐　/1576
钟骏声　/1580
徐　郙　/1582
翁曾源　/1584
崇　绮　/1586
洪　钧　/1595
梁耀枢　/1603
陆润庠　/1605
曹鸿勋　/1612
王仁堪　/1616

黄思永 /1624
陈　冕 /1625
赵以炯 /1627
张建勋 /1629
吴　鲁 /1631
刘福姚 /1633
张　謇 /1635
骆成骧 /1659
夏同龢 /1666
王寿彭 /1668
刘春霖 /1672
王玉璧 /1676
马　全 /1679
王懋赏 /1685
张从龙 /1688

附录一　大西政权状元 /1691
张大受 /1692

附录二　太平天国状元 /1695
傅善祥 /1696
覃贵福 /1699

附录三　历代状元表 /1703

后记 /1737
修订再版后记 /1739

本卷目录

唐

孙伏伽 /3
李　昂 /8
王　维 /11
崔　曙 /28
常　衮 /30
齐　映 /36
杨　凭 /41
杨　凝 /44
崔元翰 /46
张正甫 /48
牛锡庶 /50
尹　枢 /52
李　程 /54
徐　晦 /60
王源中 /62
柳公权 /64
李固言 /74
张又新 /77
柳　璟 /79
裴思谦 /81
郑　颢 /83
卢　肇 /86

颜　标 /88
孔　纬 /90
韩　衮 /99
孙　偓 /101
崔昭纬 /103
陆　扆 /106
卢文焕 /109

五代十国

王　溥 /113
王　朴 /118

宋

杨　砺 /125
张去华 /129
马　适 /135
苏德祥 /137
刘蒙叟 /139
柴成务 /141
安德裕 /144
安守亮 /147
宋　準 /149
王嗣宗 /152
吕蒙正 /161
胡　旦 /171
苏易简 /179
王世则 /188
梁　颢 /192
程　宿 /196
陈尧叟 /198
孙　何 /206

唐

(618—907)

据《旧唐书·杨绾传》、刘肃《大唐新语》等记载,科举取士始于隋,但隋代进士科的具体情况今已不得而知。有确切材料可证的第一榜进士,始自唐高祖武德五年(622),迄哀帝天祐四年(907),可考的榜数为264榜,但状元的姓名多已失传,姓名可考的仅147人,其中,有4人科分不详,一人仅知姓氏。在147名状元中,事迹可考的极少,本书仅收集了29人的材料,整理成传。另将姓名可考者,列在附表中。

孙伏伽

◎ 张仁玺

武德五年(622)冬十二月的一天,旭日初升,寒风飒飒。大唐帝国的京都长安(今陕西西安),皇城礼部贡院,人头攒动,熙熙攘攘。唐朝开国以来的首次科举考试于今日放榜,应试的举子们蜂拥榜前,争睹榜文,但见进士科14人中,"孙伏伽"三字赫然榜首。

大唐王朝进士科头榜状元的桂冠落在孙伏伽的头上。

对孙伏伽其人,朝野吏民并不陌生,已到中年的他有着让人赞叹的不凡履历。

孙伏伽,贝州武城(今河北清河西北)人。在隋朝时,他涉足官场，做了一名官位卑微的小吏，几经升迁，到隋炀帝末年，成为京畿万年县（今陕西西安）的法曹，负责审理刑狱，督捕奸盗，查办赃贿，是万年县颇有点儿权势的官员。不过，他并不满足于小小的法曹，还在编织着飞黄腾达的美梦。然而，他的愿望还没实现，隋王朝就覆灭了。李渊在长安称帝，孙伏伽很识时务地降顺了大唐王朝，积极地为唐王朝出谋划策。李渊建唐数日，他便上疏谏言三事：

"臣听说，天子有诤臣，虽无道也不能丧失天下；父有诤子，虽无德也不能陷于不义。所以说，子不可不诤于父，臣不可不诤于君。隋朝君主之所以失天下，那是因为不愿意听到自己的过失。当时不是没有直言的人，而是君主不接受劝谏，把自己比为德盛天下的唐尧，认为自己的功德超过了夏禹，穷奢极欲，恣肆妄为。天下才士，肝脑涂地，人口渐少，盗贼日多，君主却不了解，臣子也不敢奏报。假若隋朝君主能广开言路，选贤任能，赏罚得当，人人乐业，谁能将其推翻呢？陛下起兵晋阳，天下响应，但切莫以为唐得天下容易，要知道隋失天下也是很容易的。陛下贵为天子，富有四海，一言一行都由史官记录下来。既然如此，怎么可以恣肆所为而不慎重呢？狩猎，要依据农时，不能没有节制。臣听说陛下接受了别人贡送的猎鹰，这是消磨人意志的玩物，是小孩子玩的游戏，陛下岂可如此？又听说相国参军卢牟子献给陛下一把琵琶，长安县丞献给陛下一副弓箭，这几个人都得到了奖赏。《诗经》上说：'普天之下，莫非王土；率土之滨，莫非王臣。'陛下想要得到的，有什么不能得到！陛下所缺少的，是此类玩物吗？

"百戏散乐本来就不是雅正的乐舞，隋朝末年非常兴盛，人称淫风，不可不改。最近臣听说太常寺从民间借取了500件妇女的裙襦，做为百戏散乐使用的服装，准备在五月五日于玄武门演出。臣以为这种做法不妥,望陛下明诏禁止。

"臣还听说,性相近而习相远。皇太子及诸王身边的人不可不严格选择。凡是不义无赖之徒,喜欢狩猎、歌舞,沉迷声色之人,决不可任用。历史上许多子孙不孝、兄弟离间之事,都是身边的人教唆造成的。望陛下选任贤明,作为皇太子及诸王的幕僚。"

孙伏伽的奏疏,直言无讳。自李渊称帝以来,他是第一个上疏进谏的人。李渊乃贤明之君,对孙伏伽的逆耳忠言颇为赞赏,提升他为治书侍御史,职司评议狱案得失,还赐给他精美的丝绸300匹。

皇上的赏识使孙伏伽大为亢奋,他不断上疏,指陈时政,评说得失,多为李渊采纳。李渊更加赏识孙伏伽。一次,他对大臣裴寂说:"隋朝末年,皇帝昏庸无道,大臣只知阿谀奉承,君臣之间互相蒙骗,上不闻过,下不尽忠,所以社稷倾覆,国家灭亡。朕拨乱反正,志在安定民心。平息叛乱要用武将,守住江山依靠文臣。希望他们各尽其能,以纠正失误。朕很希望博采众议,但只有李纲忠心为国,可嘉可敬;孙伏伽上疏言弊,诚直可嘉。其他人仍重蹈前朝的弊风陋习,只是俯首听命而已。这哪是朕所希望的呢?"那李纲是观州蓨县(今河北景县)人,慷慨有气节,时为礼部尚书。

李渊称帝三四年,有效地控制了关中地区后,命秦王李世民等麾兵东进,鏖战数月,打败了雄居黄河南北的王世充和窦建德。李渊闻捷,大为亢奋,颁诏大赦天下。但诏下不久,他又命令惩治王世充、窦建德的部下,把他们流放边远地区。孙伏伽闻悉,上疏进谏道:"皇上无戏言,自古如此!陛下已下令将这些人赦免,现在又要将他们流放。所谓法律,由陛下制定,陛下也应以身作则去遵守,这样才能使天下人畏服。自己不讲信义，而让别人讲信义，这可能吗？行赏施罚，没有贵贱亲疏之分，全凭道义。对王世充、窦建德部下已赦免了的，应维持原判。"李渊再次采纳了他的逆耳忠言。

到武德五年，孙伏伽已是颇受李渊器重、名闻朝野的官员了。但他并不满足，又以极大的热情参加了这年十二月举行的第一次科举考试。主考官是职司官吏考核的吏部考功司副长官——考功员外郎（从六品上）申世宁。在参加进士科角逐的30名举子中，他最欣赏孙伏伽的卷子，列为第一。此外，又录取了13人。

进士科始创于隋炀帝，但由于历史湮没，隋炀帝时的开科情况今已不详。在中国科举史上，有名可考的第一个状元，便是孙伏伽。

当时，科举制度初创，状元郎不像后世那么荣耀，也不像后世那么受人推重。孙伏伽中状元后，官位并没升迁，仍做他的治书侍御史。

各地的割据势力一个个被铲除，天下一统于唐，大唐帝国的江山渐趋稳固。然而，李氏皇族内部的权力争夺日渐激烈，秦王李世民力图夺取皇太子李建成的储君位子，齐王李元吉站在李建成一边。武德九年六月，李氏兄弟的争斗白热化，李世民在太极宫的北门——玄武门设下埋伏，射杀李建成和李元吉。两个月后，李渊无可奈何地禅位李世民，自己做太上皇去了。

在这场"玄武门之变"中，孙伏伽拥护李世民，鞍前马后，奔走效劳。李世民即位后，论功行赏，赐孙伏伽男爵，食邑乐安（今山东广饶）。第二年，即贞观元年（627），又提升他为大理寺的副长官——少卿。

李世民鞍马征战多年，养成了爱骑马射箭的习惯。孙伏伽上疏说："臣听说天子居住的地方，禁卫九重；天子若要行动，则出警入跸。这并不是为了显示皇帝的威风，而是为皇帝着想。为皇帝着想，也就是为国家百姓着想。陛下跑马射箭，是极危险的事，臣窃以为不可。"李世民读了他的奏疏，非常高兴。

贞观五年，孙伏伽审理一桩案子，不慎失误，被罢免官职。不久，李世民重新起用他为刑部郎中。郎中位次尚书、侍郎，是刑部的高级官员。任职不久，官复原职，再度出任大理寺少卿，旋即调任吏部的副长官——侍郎。贞观十四年，孙伏伽被提升为大理寺的长官——寺卿。数年后，出为陕州（州治陕县，今河南三门峡）刺史。

到李世民的儿子李治坐天下的第六年，即永徽五年（654），孙伏伽因年老辞官。4年后，即显庆三年（658），孙伏伽寿终正寝。

李 昂

◎ 张仁玺

　　开元二年(714)二月，唐玄宗李隆基君临天下的第三年，长安城(今陕西西安)礼部贡院外，士兵荷枪仗矛，如临大敌；贡院内，从全国各州县选拔来的学子们正在参加尚书省吏部的考试。主考官是吏部考功员外郎(从六品上)王邱。从前科举取士，请托风行，王邱杜绝请托，量才取舍。

　　考生应试的科目不一，有进士、明经、直言极谏、哲人奇士、手笔俊拔等。其中，进士科最受人推重，竞争也格外激烈。进士科考试共有3场。第一场考贴经，选经书中的一行，把其中的3个字贴上，让考生读出被贴的字是哪几个；第二场考杂文，作诗一首，赋一首；第三场考时务策，就时务出个题目，让考生回答自己的见解。3场考试都实行淘汰制，每场皆定去留。其中，第二场考试最为重要。开元二年考试题目是《旗赋》，且规定须以"风日云野、军国清肃"8字为韵。李昂挥毫写道：

> 遐国华之容卫，谅兹旗之多工。
> 文成日月，影灭霜空。
> 乍逶迤而挂雾，忽摇曳以张风。
> 排回惊鸟，飞天断鸿。
> 至若混羽旗以横野，则睹之者目骇；
> 杂金鼓而特设，则见之者气雄……

全文洋洋洒洒，27句，327字，文辞雄劲，用韵准确。王邱读后，大加赞叹。3场考试下来，他量才录取进士17人，李昂名列第一。同榜登科的，都是一时才士。如潞州涉县（今属河北）人孙逖，才思敏捷，是当时有名的才子，他不仅考中进士，还荣登哲人奇士、手笔俊拔二科。

中状元后，李昂步入仕途，拼搏多年，做了从六品上的考功员外郎。考功员外郎是吏部考功司副长官，职司文武官员的选叙、考课等，遇上科举考试，则出为考官。李昂主考，奖拔寒素，不重门第，杜绝请托，以刚直著称。

开元二十四年，李昂奉诏出任考官。考前，他对应试者说："文章的好坏，是完全可以衡量的；取舍与否，一定要秉公行事。如有请托，一概不录取。"李昂的舅舅与应试的李权毗邻而居，两人私交很深。舅舅找到李昂，替李权说情。李昂大为不满，发誓要让李权当众出丑。考试结束，他将李权文章中的不通之处摘出来,张贴在墙上,让众人品评,以羞辱李权。李权愤恨难抑,拱手上前说:"礼尚往来,来而不往,非礼也。拙作的毛病,您已指出来了;您的佳作,鄙人是否可谈点儿浅见?"李昂冷笑一声,道:"有何不可!"李权说:"'耳临清渭洗,心向白云闲',是您的诗句吗?"李昂道:"是的。"这是他赞美许由的诗句。许由是传说中的隐士,他崇尚自然,视功名富贵如粪土,尧年老后,要禅位于他,他认为受了莫大的侮辱,跑到河边去清洗耳朵。李权就李昂此句大加发挥,说:"从前尧年老力衰,厌倦天下,让位许由,许由不愿听这样的话,才跑到河边去洗耳。现在,皇上正当年富力强,也没打算把天下让给您,阁下说'耳临清渭洗'是什么意思?"李昂张口结舌,无言以对。他向宰相们诉说此事,宰相们认为考功员外郎品位低,不足以慑服众人,于是决定,此后的科举考试改由礼部侍郎(正四品下)主持。李昂是最后一个以考功员外郎主考的人。

李昂诗文俱佳,他应试时的《旗赋》,是他的代表作,备受后人称道。

王 维

◎ 涂 晓

一、京兆府解头

唐玄宗开元七年(719),大唐帝国一派太平盛世景象。长安城(今陕西西安)某公主府邸,忽有王爷来访。王爷名叫李范,睿宗皇帝第四子,当朝天子玄宗的弟弟,此时为歧王。歧王道:"请贵主移步庭堂,小王有酒乐奉献。"张筵布席既毕,歧王带来的一班伶人款款而入。他们当中有一美少年,怀抱琵琶，风度翩翩。公主瞧见了，问歧王："那是何人？"

歧王但道："一个娴于音律的人。"随即令他弹曲。

少年弹起琵琶，悲凄哀切，举座耸容。

"这曲子叫什么？"公主问。

"叫《郁轮袍》。"少年答道。

歧王见公主欣赏少年的曲子，不失时机地道："这人不只擅长音律，诗赋也极妙。"

公主问少年有成作没有，少年从怀中掏出一卷呈上。公主披阅大惊，说："这都是我时常诵习的，还以为是古人佳作呢！"命设雅座相待。

"若京兆府今年以此人为解头，真是国家的光荣。"歧王道。

公主问为什么不遣他应试，歧王说："此人不做解头，誓不应举。贵主不是已嘱咐考官，让张九皋做解头了吗？"

"与那小儿何干？"公主笑道，"是他人所托。"顾谓少年道："我为你尽力为之。"

少年致谢。公主传令京兆府考官来见，让宫婢传话，以那少年为今年乡贡的解头。考官惟命是从。

这少年姓王名维，字摩诘，太原祁县(今属山西)人。父亲王处廉，官至汾州(今山西汾阳)司马。司马是州的佐官，没有什么权力，用以安置那些仕久资高、耆昏体弱而又不忍罢免的人。王处廉做了汾州司马，便把家搬到蒲县(今山西永济)。他有5个儿子：维、缙、绅、纮、纭，还有一个女儿。王维是老大，生于武周长安元年(701)。

王家笃信佛教。王维的母亲崔氏是个虔诚的佛教徒，师事大照禅师30余年，褐衣蔬食，持戒安禅，向往山林，喜好寂静。大照禅师乃北宗禅的开山祖神秀的大弟子，《旧唐书》卷191《神秀传》附有他的传记。王维兄弟也深受佛教熏陶。佛经中有个有名的佛教徒，叫维摩诘。王维的名(维)和字(摩诘)合起来，便是这位大师的名字。王维、王缙与大照禅师都有往来。

王维聪明伶俐，多才多艺。他擅长音乐，弹得一手好琵琶；他的草隶也很洒脱、漂亮，绘画也颇出众，诗文更是驰名天下。在他的文集中，有一首15岁时写的《过秦皇墓诗》：

古墓成苍岭，幽宫象紫台。
星辰七曜隔，河汉九泉开。
有海人宁渡，无春雁不回。
更闻松韵切，疑是大夫哀。

一个年方15的少年便写得如此秀蕴工整的诗，显示出王维的才气。

秦皇墓即秦始皇陵，在长安东面，骊山脚下。至少在写这首诗时，王维已离家南下，游历西京长安和东都洛阳(今属河南)。在洛阳，他结识了诗人祖自虚和祖咏，成为挚友。王维频频出入王公贵族之门，是歧王李范、宁王李宪、薛王李业的座上客。那些王公贵族附庸风流，府邸中常常延揽些文人乐工，他们吃喝玩乐时，要文人乐工赋诗奏乐助兴。王维常从歧王、宁王、薛王宴游，写了若干应景助兴的诗。如《从歧王夜宴卫家山池应教》写道：

座客香貂满，宫娃绮幔张。
涧花轻粉色，山月少灯光。

积翠纱窗暗，飞泉绣户凉。
　　还将歌舞出，归路莫愁长。

　　王维诗琴书画无不精妙，深得王公贵族宠爱。
　　王维出入王公贵族之门，想得到提携。
　　到王维之时，科举取士已实行百余年。科举取士虽是考试，择优录取，但往往为王公贵人所左右。一个人即使有真才实学，没有他们荐举，也很难考中。
　　王维自然洞悉这一点，故去结交他们。
　　他果然从中得到好处，年方19，便成了京兆府的解头。
　　解头，也叫"解元"，是州府试第一名。这京兆府的解头可非同一般，京兆府地处京师，凡是京兆府贡送的士子，前10名至少有7～8人能登科。有时尚书省的省试不问成绩如何，凡是京兆府荐送在前数名的一概录取。而这第一名解头，若无特殊情况，定会入选的。有唐一代，京兆府的解头落第的，仅仅9名。

　　王维靠公主而得解头之事，见诸《集异记》卷2《王维》。明人传奇中有《郁轮袍》，即敷演此事。今人傅璇琮考证说这事不足信，因张九皋在中宗景龙三年(709)便已明经登第，那时王维才8岁。这事可能有出入，或许不是与张九皋争解头。但王维府试高中榜首，有王公贵人相助，是无疑的。这正是他托身王公贵族之门的目的。
　　不过，王维夺魁也凭真才实学。他参加府试的诗迄今尚存。府试的题目是《赋得清如玉壶冰》，王维应试的诗是：

　　藏冰玉壶里，冰水类方诸。
　　未共销丹日，还同照绮疏。

> 抱明中不稳，含净外疑虚。
>
> 气似庭霜积，光言砌月馀。
>
> 晓凌飞鹊镜，宵映聚萤书。
>
> 若向夫君比，清心尚不如。

这诗确实做得很好。当然，若无人相助，王维凭这首诗也许得不到解头。

州府试在七月，当时有"槐花黄，举子忙"的谚语。孟冬十月，各州府进贡的物品和举子陆续抵达京师。

从这个月起，举子们便进入科场角逐了。

像其他举子们一样，王维先向尚书省的户部报到，呈送"文解"——府的荐举信和家状——籍贯、三代名讳、本人姓名、曾用名、简历等，然后，结款通保。

按照惯例，王维把自己的诗文精选些出来，写成卷轴，送呈达官名人，请他们向考官推荐。

开元八年正月初一，玄宗皇帝在含元殿接见王维等众举子。礼毕，众举子去国子监谒拜先师孔子。王起《贡举人谒先师闻雅乐》道：

> 蔼蔼观光士，来同鹄鹭群。
>
> 鞠躬遗像在，稽首雅歌闻。

王起是中唐人，开元八年的谒见仪大致也如此。

考试一般在二月，地点在礼部贡院。贡院有东、西廊，举子们就在廊下考试。贡院四周有棘篱围着，再派兵把守。举子入院，是要搜身的，除了《切韵》——一部韵书外，其它书籍一概不许带入。否则，一经查出，逐出考场。在贡院门口，设有香案，主考官——吏部考功员外郎李纳与举子们一一对拜。

举子们考试的科目是不一样的，有秀才、明经、进士、明法、明算等等。王维参加的是最受青睐的进士科，当然也是最难考的一科，有"三十老明经，五十少进士"之说。30岁中明经，就算年老了；50岁中进士，还算年轻呢！

王维在这次角逐中落第，他成为京兆府屈指可数的落第解头之一。

以王维的才气，以京兆府解头的条件，原是不会落第的。3场考试中，杂文最重要。这恰是王维的拿手戏。看来这次落第，盖是省试中无人提携。

二、状元及第

初次省试失败，王维进一步洞悉科场奥妙，更加结交王公权贵。

王维出入王公贵人府邸，赋诗助兴。不过，他并非一味地投其所好，有时也以诗文来讥斥、讽谏。宁王李宪，骄奢淫逸，府中豢养着几十个色艺俱佳的歌妓，犹不满足，还到处寻花问柳。一天，宁王见左邻一个饼师的妻子很美，就强行霸占过来，倍加宠爱。饼师妻在王府度过了锦衣玉食、荣华富贵的一年，宁王问她还想饼师不，她默不作声；宁王令人把饼师叫来，她见了泪流满面。宁王顾谓在座的门客赋诗吟咏这事，王维最先写成，诗云：

莫以今时宠，能忘旧日恩。
看花满眼泪，不共楚王言。

这诗题作《息夫人》。息夫人乃春秋时息侯的夫人，楚文王灭息，将她占为己有。到楚国后，她一直不说话，楚王问她为什么，她道："像妾这样，又有什么可说的！"饼师妻的遭遇和她的行为很像息夫人，诗人便借息夫人来咏叹。在座门客不乏有才艺者，但见这首《息夫人》写得很好，就不敢再作了。诗中流露出对饼师妻的同情、赞美，对宁王的愤慨。

当然，他对王公的谴责是有限度的，不会惹他们恼怒而坏了自己的大事。

开元九年，王维再次参加省试。这年省试主考官是吏部考功员外郎员嘉静。3场考试，王维顺利通过，中第是无疑了，就看排名先后了。

放榜日，那第一名赫然是"王维"二字。

这年，王维年仅21岁。

接下来，是一系列的礼仪活动。以王维为首的新科进士先去拜谢主考官员嘉静大人，谢鉴拔之恩。然后，去参谒宰臣。以后，便是众多的宴集，像曲江宴、杏园宴等。王维等人还去慈恩寺雁塔题名。

三、初仕不利　被贬济州

进士及第，吏部再加考试，合格者方授予官职。新科状元王维顺利地通过考试，被任命为太乐丞——太乐令的副手，职司音乐、舞蹈等的教习、排演。

王维从此踏上仕途。官场险恶，王维的仕途会怎样？他虽然少年得志，仕途却极为坎坷。

任太乐丞不久，王维便出了事。

他辖下的伶人偶有不慎，私自表演了只能为皇帝表演的黄狮子舞，王维坐谪济州司仓参军。这是济州(州治卢县，今山东东阿西北)一个主管仓廪、庖厨等事的属吏。被贬出京师，王维愤懑不已，作《被出济州》：

　　微官易得罪，谪去济川阴。
　　执政方持法，明君无此心。
　　闾阎河润上，井邑海云深。
　　纵有归来日，多愁年鬓侵。

这年秋天，他离京上路，先到洛阳，乘船顺黄河而下。夜宿郑州。翌日上路，到了济州。

在济州，他结识了一些怀才不遇的人。从自己和这些人的不幸遭遇，想起那些纨袴子弟，靠祖先的荫庇而飞黄腾达，他心中愤愤不平，挥毫发泄道：

　　翩翩繁华子，多出金张门。
　　幸有先人业，早蒙明主恩。
　　童年旦未学，肉食鹜华轩。
　　岂乏中林士，无人献至尊。
　　朱绂谁家子？无乃金张孙。
　　骊驹从白马，出入铜龙门。
　　问尔何功德？多承明主恩；
　　斗鸡平乐馆，射雉上林园；
　　曲陌车骑盛，高堂珠翠繁。
　　奈何轩冕贵，不与布衣言！

仕途挫折，使他体验到人世的不平。

就在他被贬济州期间，约30岁那年，妻子不幸病亡。他是个很重感情的人，从此终身独处30年，至死未再婚娶。

四、干谒张九龄　回京做官

王维在济州度过10多个春秋。开元二十二年，他的命运有了转机：新上任的中书令张九龄征聘王维为右拾遗。

张九龄，字子寿，韶州曲江（今属广东）人。武周二年（702）进士。《集异记》中那个被王维挤掉的解头张九皋，便是张九龄的弟弟。他是个有名的诗人，《唐诗三百首》的第一首，就是他的《感遇》。开元二十一年，张九龄累迁为中书侍郎同中书门下平章事，翌年迁中书令。张九龄忠谔刚直，尽心国事。玄宗武惠妃想诬陷太子李瑛，遣家奴密告张九龄："阁下若能在废太子事上助一臂之力，这相位可长期坐下去。"张九龄怒斥道："房帷之人岂可干预国事？"遂将武惠妃的阴谋奏告玄宗，玄宗为之动容。他执政以来，所推引的都是刚直不阿的贤人君子，鄙夷那些靠资历升迁的人。

身在济州的王维闻悉张九龄被擢为中书令，执掌朝政，便竭力干谒，遂被征回京师，做了右拾遗。这右拾遗是武则天时始置的，为中书令下的谏官。官品不高，但很有权势，是皇帝的近臣。次年，他做了一首诗献给张九龄，诗云：

宁栖野树林，宁饮涧水流。
不用食粱肉，崎岖见王侯。
鄙哉匹夫节，布褐将白头。

> 任智诚则短，守仁固其忧。
> 侧闻大君子，安问党与雠。
> 所不卖公器，动为苍生谋。
> 贱子跪自陈，可为帐下不？
> 感激有公议，曲私非所求。

他在诗中表白自己是有气节的，不得其人，宁愿不食粱肉，布褐白头；不管是同党，还是仇敌，只要政见相同，就尽心效力；张大人刚正不阿，一行一动都是为了天下百姓，诱使他投身门下；张大人应量材使用他，他的干谒决非出于私求。

这诗使得张九龄更加器重王维。

但是，张九龄的开明政治受到朋党阿私的李林甫一伙的攻讦。张九龄犯颜直谏，也使得玄宗皇帝日益反感。开元二十四年，张九龄被罢相，李林甫出任中书令。从此，奸臣专政，政治日趋黑暗，大唐帝国由盛而衰。开元二十五年四月，张九龄被逐出京师，贬为荆州长史。

对于自己崇敬的长官的不幸，王维相当沮丧，他写了一首《寄荆州张丞相》表述心迹：

> 所思竟何在，怅望深荆门。
> 举世无相识，终身思旧恩。
> 方将与农圃，艺植老丘园。
> 目尽南飞雁，何由寄一言！

年方三十有七的王维对未来悲观失望，产生了归隐山林的念头。

但他并未就此归隐，仍在朝廷做官。他虽然同情遭贬的张九龄，为他鸣冤叫屈，但他的仕途并未因此而受影响，升官为监察御史。监察御史属御史台的察院，掌分察百僚，巡按州县，是个颇有权势的官职。

这年秋天，王维衔命去凉州劳军。左散骑常侍河西节度副大使摄御史中丞崔希逸率兵大败吐蕃，玄宗皇帝命王维带着钱物去犒赏三军。踏上塞外，长空雁形、大漠孤烟、长河落日的壮景把心灵上的阴影一扫而光，使王维心旷神怡，粗犷豪放的《使至塞上》脱口而出：

单车欲问边，属国过居延。
征蓬出汉塞，归雁入胡天。
大漠孤烟直，长河落日圆。
萧关逢候骑，都护在燕然。

王维留在河西节度使幕中兼为判官——节度使的佐官，在凉州呆了两年多，回京后出为殿中侍御史。这是御史台的殿院之官，共有6人，掌推鞫狱讼、殿廷供奉仪式，纠察非法。开元二十八年，被派去襄阳(今属湖北)主持"南选"考试——对黔中、岭南、闽中一带郡县官的诠选。一天，当地长官请他去汉江(今汉水)边登临饮宴，他即兴创作《汉江临眺》一诗：

楚塞三湘接，荆门九派通。
江流天地外，山色有无中。
郡邑浮前浦，波澜动远空。
襄阳好风日，留醉与仙翁。

到了襄阳，王维不禁想起了好友孟浩然。

一代诗人孟浩然出生在襄阳，苏轼说他不是个才气纵横的诗人，却很懂艺术，写的诗很有韵味。开元十六年，他年过40，去京师应试，在太学赋诗，举座叹服。王维邀他进了内署，俄而玄宗皇帝至，孟浩然吓得藏到床下。王维据实说了，玄宗皇帝大喜，道："朕听说这个人，但未见过，为什么吓得藏起来？"叫孟浩然出来。孟浩然爬出来，玄宗问他写了什么诗，孟浩然自吟道：

　　北阙休上书，南山归敝庐。
　　不才明主弃，多病故人疏。

玄宗皇帝不悦，说："你不求官，朕也未尝弃你，为什么诬朕？"遂要他回老家去。

孟浩然多次去京应试，皆不中。开元二十八年，溘然长逝，年仅五十有一。

到了孟浩然的老家，王维颇为这位怀才不遇、英年早逝的诗人悲哀，赋《哭孟浩然》：

　　故人不可见，汉水日东流。
　　借问襄阳老，江山空蔡州。

路过郢州（今湖北钟祥），王维在刺史亭上为孟浩然画了一副像，以示悼念。后来人们便把刺史亭叫做"浩然亭"。直到咸通年间（860—874），来了一个叫郑諴的刺史，把亭子更名曰"孟亭"。

"南选"事毕，王维便北上回京复命去了。

五、半隐半仕　亦官亦隐

自襄阳回京后,王维的生活步入半隐半仕时期。

一方面,奸臣李林甫一伙弄权,顺之者昌,逆之者亡,王维既羞与他们为伍,又不敢忤怒他们,怕招来杀身之祸;20载的仕官生涯,也使他对官场感到厌倦。他想逃避现实,学陶潜挂冠归田园。"不厌尚平婚嫁早,却嫌陶令去官迟。"另一方面,他又留恋富贵,过不惯清贫生活。"小妹日成长,兄弟未有娶,家贫禄既薄,储蓄非有素。几回欲奋飞,踟蹰复相顾。"在晚年所作《与魏居士书》中,又批评陶潜不肯为五斗米折腰,结果穷得向人家乞贷。

于是,他在矛盾的夹缝中寻求一条半隐半仕、亦隐亦仕的处世方针。他仍在做官,虽然官位不太高,但逐渐升迁,天宝元年(742)迁为常侍,从讽谏的左补阙,再迁为掌军器、仪仗、乘舆的库部郎中。天宝十一年,迁为掌文官阶品、朝集、禄赐、告身的文部郎中。天宝十四年,迁为掌封还驳正诏事违失、纠正审理不当刑狱的给事中。但他对政事采取不闻不问、敷衍了事的态度,身在朝廷,心在山野,办完公事,便寄情于山水。先是隐居在长安附近的终南山,赋《终南别业》(又名《初至山中》)一诗,以咏其志:

　　　　中岁颇好道,晚家南山陲。
　　　　兴来每独往,胜事空自知。
　　　　行到水穷处,坐看云起时。
　　　　偶然值林叟,谈笑无还期。

不久，又在长安附近的蓝田辋川买了一份产业，作为他母亲奉佛修行的场所。这里有山有水，风景宜人，原是初唐大诗人宋之问的庄园，不过早已荒芜了。他重新整理，使它更加美丽。他和好友裴迪等浮舟往来，弹琴赋诗，啸咏终日，很是惬意。他很喜欢这个去所，偶然离开，总是依依不舍，有诗道：

依迟动车马，惆怅出松萝。
忍别青山去，其如绿水何？

他曾画《辋川图》，闻名海内。

王维对佛信仰已久，此时更加虔诚，食不荤，衣不文彩。

王维吃着皇粮，玩着山水，念着佛经，无忧无虑，逍遥自在。不曾想，风云突变，他平静的生活被打乱了。

六、安禄山的阶下囚

天宝十四年(755)十一月，范阳(今北京大兴)、平卢(今辽宁辽阳)、河东(今山西太原)三镇节度使安禄山在范阳起兵反唐。唐朝划时代的"安史之乱"爆发了。叛军长驱直入大唐东都洛阳。第二年正月，安禄山在洛阳称帝，号曰"大燕皇帝"。叛军西进，六月九日，长安门户潼关失守。十三日，玄宗皇帝带着杨贵妃姊妹和少数亲信仓皇出逃四川。绝大部分文武官员都被蒙在鼓里，一早照例上朝，却不见皇帝的踪影。他们惊慌失措，来不及逃出，便为叛军所俘虏。给事中王维也成了阶下囚。

安禄山下令把唐王朝的文武官员、宫妃和乐工等押解洛阳。王维吃了泻药，伪称瘖疾。安禄山对王维的文才仰慕已久，把他软禁起来，强迫他出任"大燕国"的官。

一天，安禄山在长安凝碧池大宴将士。宴席上，安禄山把唐玄宗的御宝陈列出来，让数百名梨园乐士奏乐歌舞。梨园弟子目睹唐帝旧物，欷歔泪下，乐曲乱了套。叛军纷纷拔刀，逼迫、威胁乐士好好演奏。著名乐师雷海青按捺不住心头怒火，"呼"地一声，把手中的乐器摔得粉碎，向着唐玄宗去的西方叩头恸哭。叛军把雷海青绑了起来，他怒骂不绝，被活活支解了。

乐工和雷海青的事迹很快传扬开来。王维的好友裴迪来看他，说起这事，王维悲愤难抑，吟了一首七绝：

万户伤心生野烟，百官何日再朝天。
秋槐落叶深宫里，凝碧池头奏管弦。

唐军收复两京，做过伪官的分等定罪。王维写的那首诗，新皇帝唐肃宗早已闻悉，很是嘉许。但王维被赦免，更重要的还是弟弟王缙救助。

王缙，字复卿，年少时与兄俱以名闻天下，他也信佛，但与兄有几点不同之处：一是贪财；二是官运亨通，历侍御史、武部员外郎，安禄山叛乱，擢为太原少尹，佐大将李光弼平叛有功，迁为刑部侍郎。他上书唐肃宗，愿削己官以赎兄长之罪。肃宗皇帝很看重王缙，便赦免了王维。

经过这场变故，王维更加消沉、颓唐了。

七、诵经念佛的王右丞

乾元元年(758)，王维重新被起用，为太子中允——一个掌礼仪等事的官。俄而升为侍从太子的中庶子，再迁为中书省的属官——中书舍人，职司制诰。不久，官复原职，再次出为给事中。翌年，转为尚书右丞。右丞是尚书仆射的佐官，负责兵、刑、工三部事务。

虽然有所升迁，王维却心灰意冷，每日退朝之后，就在长安的官邸念佛诵经，很少去辋川别墅。有一次，大诗人杜甫去蓝田访友，顺道去辋川探望王维，只见人去屋空，不由叹道：

何为西庄王给事，柴门空闭锁松筠。

王维不再游山玩水，也很少吟诗，除了读佛经，便做斋饭招待和尚，与他们玄谈。家中除了茶铛、药臼、经案、绳床之外，别无他物。

上元二年(761)七月，王维罹病，越来越重。他预感到将不久于人世了，提笔给在凤翔任职的弟弟王缙修书作别，又给亲朋故友写了几封信，搁笔躺下，再也没有起来。他的遗体被安葬在辋川别墅旁边。

王维给世人留下了一笔宝贵的财富，这便是弟弟王缙编辑的《王右丞集》。集中收录了479首清新意远、优美文雅的诗，还有17篇赋表，8篇状文书记，7篇序，7首文赞，11首碑文碑铭，15首哀辞祭文，3篇画论。王维的诗对后世产生了巨大影响，他成为山水田园诗的开山祖之一。

　　王维还是一位杰出的书画家，他工草隶，善山水人物，而以山水画闻名。在山水画中，最为后人推崇的是水墨山水，通过单纯的墨色变化来表达朴素平淡的景色和心境。王维的画带有浓厚的浪漫主义色彩，他作画往往不拘泥于表象真实，画物多不问四时，桃杏芙蓉莲花同画一景，雪景中出现芭蕉。王维曾自作画像；还曾为好友孟浩然画像；在凤翔开元寺东塔下画《祇园弟子像》，苏轼在《凤翔八观》中极推许王维此画，说他画出了"祇园弟子尽鹤骨，心如死灰不复萌"的景象。王维的山水画有《辋川图》、《雪溪图》等，而以《辋川图》最负盛名，是隐居辋川时所作。到宋代，《辋川图》已流传多种版本，真赝难辨。据记载，宋宣和内府收有王维画126幅，当然，这些画未必都是真迹。

　　王维的诗和画融于一体，把诗一般的意境鲜明凝炼地收入画图，故苏轼说："味摩诘之诗，诗中有画；观摩诘之画，画中有诗。"

崔　曙

◎ 张仁玺

崔曙，一作崔署，宋州（今河南商丘）人。他在《送薛据之宋州》诗中云：

无媒嗟失路，有道亦乘流。
客处不堪别，异乡应共愁。
我生早孤贱，沦落居此州。
风土至今忆，山河皆昔游。
一从文章事，两京春复秋。
君去问相识，几人今白头。

诗中说他少年孤苦伶仃，沦落宋州。他的祖籍是哪里，为何沦落宋州，今已不可得而知。从诗中看，他少年时代的生活是极为艰辛的，多年后仍难以忘怀。

崔曙少年时代的艰难生活，并没有打破他金榜题名的梦想，他每日栖居草堂，刻苦研读。开元二十六年(738)，崔曙赴礼部参加进士科考试，试诗的题目是《明堂火珠》，崔曙挥笔写道：

正位开重屋，凌空大火珠。
夜来双目满，曙后一星孤。
天净光微灭，烟生望欲无。
还知圣明代，国宝在名都。

主考官大人极欣赏此诗，说此诗清拔脱俗，遂以崔曙为第一名。崔曙成为此科状元，并因这首诗而名声大噪。

崔曙中状元后步入仕途，出任河内(今河南沁阳)县尉。县尉为县佐官，掌军事，通常以进士出身者任之。

第二年，崔曙罹病，不治而死。遗下一女，名叫星星。

崔曙英年早逝，时人惜之。

常　衮

◎ 张仁玺

　　常衮，京兆(今陕西西安)人。出身于一个小官僚家庭。他的父亲常无为曾任三原(今陕西三原)县丞，常衮在政治上得势时，其父已逝，被追赠为仆射。封建社会子贵父荣，可惜只能在阴间显赫了。

　　天宝十四年(755)，常衮进士科状元及第。同年十一月，爆发了安史之乱。十二月，安禄山攻下东都洛阳，次年称帝，又挥兵占据长安，并使其部将史思明占据河北十三郡。玄宗逃往四川，肃宗在灵武(今宁夏灵武)继位。至德二年(757)，唐军收复长安，肃宗、玄宗相继返京。宝应二年(763)，叛乱被平定。同年，代宗继位。在此之前，常衮历任太子正字，累授补阙、起居郎。其突出的文学才能早为代宗所赏识。继位当年，常衮便被任命为翰林学士、考功员外郎中、知制诰。到永泰元年(765)，迁为中书舍人，仍掌知制诰。当时的中书舍人还有杨炎，与常衮同知制诰。常衮善于撰写除授官吏的制书，杨炎善于撰写赦免罪人、减免赋役的诏令。开元以后，撰写制诏最好的官员，首推此二人，时称"常杨"。其实，常衮的文学才能在其他方面也很突出，其诗文皆有名。大历十年(775)，独孤氏贵妃去世，为其撰写悼词只有当代最有文才的大臣才堪当其任。常衮首当其选，所撰悼词，文旨凄悼，凡是看到的人莫不感到伤心，悲哀之情油然而生。其哀词至今保留在《旧唐书·后妃传》中。

  常衮性情耿直孤洁，不随便结交朋友和外出游览。代宗时，宦官的气焰十分嚣张。如鱼朝恩，在肃宗时，掌管神策军。代宗时，任天下观军容宣慰处置使等职。身为太监，却干预政事，贪污骄横，私设刑狱，迫害异己，人称其为"地牢"。朝中许多大臣对其巴结攀附，不与之同流合污者敢怒不敢言。鱼朝恩曾招集一些庸儒及轻薄文人在其门下讲授经籍，稍微了解经义的皮毛，便大言不惭地称自己有文武才干。迫于鱼朝恩的威势，代宗任命他判国子监事，兼任鸿胪寺礼宾使。鱼朝恩竟不知羞耻，在国子监讲解经义，让宰臣百官都当他的学生，听他胡说八道。有一次，鱼朝恩手执《周易》用其中的章句讥讽宰相元载等人，元载也只能装做无事一般。常衮冒着被迫害的危险上奏代宗，指出："国子监官员应该用名儒担任，不应该用宦官提领。"他是唯一敢于反对鱼朝恩管理国子监的人，许多人都为他的敢说敢为捏了一把汗。

  在平定安史之乱过程中，回纥族的叶护王子曾率兵援助唐军，与大唐合兵进击叛军，收复了长安、洛阳。因此，代宗与他结拜为兄弟。回纥军虽为唐军平定叛乱立下了功劳，但他们无军纪可言，杀人放火，沿途抢劫，唐地方官稍有不周即遭杀害。回纥军队回国后，一些有战功者留在京城，这些人自恃扶唐有功，十分骄横，在长安创邸店，建佛祠，以此为据点，经常出来无端寻事，杀害居民。他们丝毫不听从长安城门官吏的约束，抢夺通行凭证、鱼契，随便出进。代宗为报答回纥助战之功，不但不予制止，还一再迁就。常衮上奏代宗：对回纥兵不可纵容轻信，要加强防范，一旦他们和西北的吐蕃兵攻唐，其后果将十分严重。代宗对常衮的提议未予重视，更谈不上做准备了。永泰元年(765)，果然发生了回纥、吐蕃联兵攻唐的战争，其军队长驱直入，一直打到奉天(今陕西乾县)。大历十三年(778)，吐蕃、回纥再次攻唐。回纥军攻入太原(今山西太原)，纵兵大掠，杀害唐朝军民1万余人。事实说明，常衮是有远见的。

代宗时，安史乱事虽平，但国内藩镇势力割据八方，吐蕃、回纥又不断兴兵进犯，朝廷陷入内外交困的境地。桂管观察使陈少游请求每年向朝廷贡银钱5万缗，很快被迁为宣歙观察使。当时，每逢元旦、冬至、端午和皇帝生辰，各地州府在常赋之外竞相纳贡，称为"四节进奉"。进贡多者就得到优待提升。一些武将奸吏，打着给朝廷进贡的旗号，乘机侵渔百姓。大历元年(766)十月十三日，代宗生辰，诸道节度使献金帛、器服、珍玩、骏马等，共值缗钱24万。常衮对这种搜刮钱财的做法十分不满，上书力谏。指出："汉文帝退还千里马不骑，晋武帝焚烧雉头裘不穿，宋高祖击碎琥珀枕不用。这三位君主并不是以聪惠圣明来治理国家，使国家太平，只不过是以身作则而已。现在各地方馈献供奉的，都是些淫侈不必需的玩物，而节度使、刺史又不是男耕女织之人，所献财物都攫取于百姓，这是结怨于百姓，献媚于皇上。恳请皇上把这些物品都退回原处。"代宗见钱眼开，对常衮的意见置若罔闻。漫无边际的进献纳贡，加剧了社会矛盾，使唐朝进一步衰落。

当时，唐朝流行的主要宗教是道教和佛教，其中以佛教信徒最多，势力最大，影响最深。宗教盛行带来严重的社会问题。

唐代前期修了很多佛寺，许多人出家为僧。全国僧尼人数超过数十万。僧尼道士有免税的特权，建庙塑像又耗费大量的人力、物力、财力。代宗是一个佛教信徒，永泰元年(765)，郭子仪打败了吐蕃的进攻，斩首5万余人，代宗竟认为这不是人力所为而是菩萨保佑的结果。于是下令广造佛寺，以期得到菩萨更多的保佑。这没有阻止吐蕃、回纥入侵，代宗便令众僧讲《仁王护国经》，敌人抢掠一番后回国，代宗认为是众僧讲经有效，退敌有功。对众僧赏赐难以计数。常衮对代宗这种做法不以为然，并提出批评，指出：现在正是多事之秋，军旅未宁，人民逃亡，京师附近百姓的户口十不存一。道观、寺院却花大量钱财去写经造像，焚币埋玉，国家赏赐的钱财数以万计。陛下如果用这些钱来换粮食，减轻百姓的赋役，那天下人可谓受惠不浅啊！"代宗表面上总算接纳了常衮的建议。

大历十年(775)至十二年(777)，常衮以礼部侍郎身份知贡举。当时宦官刘忠翼权倾内外，泾原节度使马璘累著功勋，恩宠莫二。他们各自有亲戚参加这次考试，希望通过人情关系考中进士，或引入弘文馆、崇文馆学习，但都被常衮拒绝。当时的人很佩服他的正直和胆略，一些想托人情拉关系的人也不敢找他了。

大历十二年(777)，发生了元载案。元载是凤翔岐山(今属陕西)人，字公辅。肃宗时累官至度支使并诸道转运使，同中书门下平章事。代宗时仍任宰相，与宦官李辅国等勾结，为政贪横，公行贿赂，奢侈荒淫，有庄田数十处。大历十二年(777)，元载被收审，代宗命常衮与刘晏、李涵等会同审讯。元载被处死后，常衮被任命为门下侍郎、同中书门下平章事，弘文崇文馆大学士，与杨绾共掌朝政。杨绾不拘小节，弘通多可；常衮颇务苛细，为人清俭。二人为政之道不同，俱备受代宗信任。杨绾死后，常衮独掌大权。当时文武百官的俸禄很少，常衮奏请增加。韩滉判度支，常衮与其关系密切，对文武百官俸禄的增减，全凭自己的好恶而定。如常衮厌恶少詹事赵惎，就串通韩滉只给他俸禄2.5万缗，而国家规定的数量是3.5万缗。太子文学为洗马官之副，常衮的姻家任文学，其俸禄却比洗马高。其轻重任情，受到时人讥讽。

常衮为相期间另一举动值得称道。按惯例，内厨每天免费向宰相提供可供十数人吃的饭菜，常衮上奏罢免，并说："宰相领取国家俸禄已经够多了，不应该再用朝廷赐给的饭菜。白吃白喝，于心何安？"便取消了这一制度。这可引起一些白吃饭人的不满。他们说："厚禄重赐，是为了优贤崇国政，没有才干的人，可以辞去职位，不应该辞去禄食。"但常衮不为所动。政事堂有一后门，是为了宰相到中书舍人院咨访政事用的，常衮下令塞绝其门，不相往来，以示尊大。他接受元载案的教训，杜绝卖官之路，一切以公议决定取舍，非因人才过人而登第者，一律摈弃不用，尤其重用科举出身的人。

常衮为相时，没有封号爵位，郭子仪上奏代宗，代宗乃加封常衮为银青光禄大夫，河内郡公。当时，中书省侍郎一职缺员，中书舍人崔祐甫权领中书政务，常衮以同中书门下平章事兼领中书省事，崔祐甫因得不到升迁而不平，因而与常衮不合。常衮令崔祐甫分管吏部考选事务，而崔祐甫推荐的官员常衮又不任用。及代宗死，常衮与崔祐甫争论丧服轻重，意见不合，遂将崔祐甫贬为河南(府治洛阳，今河南洛阳)少尹，再贬为潮州(州治海阳，今广东潮州)刺史。

建中初年，杨炎入相，常衮被任命为福建观察使。在此之前，闽人不知道学习，常衮上任后，就为他们建立学校，并亲自教导，其风俗由此一变，每年贡献给朝廷的文人与内地一样。

建中四年(783)，常衮去世，终年55岁。皇帝追赐其为尚书左仆射。闽人怀念他，常在学校祭祀。

齐 映

◎ 程广文

大唐帝国到唐玄宗坐天下时由盛而衰，每况愈下。玄宗后期，政治一片昏暗，贪官污吏肆意搜刮，战祸连年不断，瘟疫流行。齐映，就是在这样的社会背景下出生在瀛州高阳（今河北保定）一个官宦人家。那年是天宝六年（747）。

齐映自幼聪敏过人，博闻强记，过目不忘。家中藏有许多珍贵古籍，齐映通读的甚多。

唐代宗大历四年（769），常科开科考试，齐映参加进士科的竞争。这年考试分两地举行，一在西京长安，礼部侍郎薛邕为考官；一在东都洛阳，权知东都留守张延赏任考官。齐映在东都考试。贴经、诗赋、试策3场下来，齐映以优异的成绩高中榜首。

这年，齐映年仅22岁。

经吏部考试，齐映被任命为河南府（今河南洛阳）参军，掌管河南府的军事。不久，滑亳（今河南滑县、安徽亳县一带）节度使令狐彰看齐映德才兼备又思维敏锐，辟任他为掌书记。

几年后，令狐彰病重，滑亳的重任大都落在了齐映的身上。他励精图治，悉心操持，和令狐彰商议如何安排后事，并建议令狐彰让长子建回长安，彰均一一采纳。

齐映忠心耿耿，深得令狐彰的信任，便把自己的女儿许配给齐映。齐映不仅是令狐彰的僚属，还是他的乘龙快婿。

年末，令狐彰病死，唐代宗下诏哀之，诏令全国大小官员以令狐彰为楷模，效忠国家。

令狐彰病死不久，部分官员对握有滑亳实权的齐映不服，鼓噪而起，发动兵乱。此时，全国各地均不稳定，皇上又没及时派遣新的节度使上任，齐映无力抵抗乱军，只好设计脱身，返回东都洛阳。

回东都不几日，河阳三城（北魏、北齐之际于河阳筑南城、中潬城、北城三城。唐天宝十四年，安禄山起兵，派史思明攻占洛阳，唐将李光弼固守河阳三城，以防御史思明攻占洛阳，即此地。唐建中二年，置河阳三城节度使，自此常为重镇）的节度使马燧任命齐映为判官，佐理政事。

大历十四年（779），唐代宗死，李适即位，这就是唐德宗。德宗猜忌心很强，而且性情急躁，是一个轻举妄动，刚愎自用的皇帝。

德宗即位不久，就免去名将郭子仪的一切职务，任用臭名昭著的卢杞任宰相，使朝政更加腐败。卢杞也很欣赏齐映的才干，在他的荐举下，齐映被任命为刑部员外郎，适逢张镒去镇守凤翔（今陕西凤翔），被任命为张镒的随从判官佐理政务。齐映通晓军事，代张镒上书，很合德宗的旨意，不久便进为行军司马、兼御史中丞。

建中二年（781），大唐帝国再次陷于动乱。这年九月，平卢节度使李纳举兵叛乱，德宗任命宰相李希烈将兵讨伐。李希烈拥兵3万，与李纳通谋，联兵反唐。德宗命哥舒曜为将，讨伐李希烈。八月，李希烈围攻哥舒曜于襄城（今河南襄城），德宗调泾原兵解襄城之围。泾原兵路过长安，京兆尹王翃遣吏犒军，饭菜粗粝，泾原兵不肯吃，鼓噪道："我等弃父母妻子，冒死上前线，就给这样的饭吃，怎能上阵杀敌？琼林、大盈库财宝堆积如山，不去拿点儿还去哪里？"节度使姚令言遂率军反，进攻长安。德宗仓皇出逃奉天（今陕西乾县）。

长安城中，一场新的更大的叛乱在酝酿。太尉朱泚在姚令言的窜说下，当上了叛军的总头目，率大军逼近凤翔。凤翔节度使张镒性情懦弱，对领兵打仗一窍不通。他的部下有个叫李楚琳的，粗暴剽悍，见全国动乱，德宗出逃，叛军嚣张，认定天下非李唐所有，想乘机渔利，举兵响应叛军。此前数日，齐映发觉李楚琳图谋不轨，请求张镒先下手除掉李楚琳，张镒没有采纳，想以宽宏大量来唤醒李楚琳的良心。他把李楚琳召到府中，盛情款待。对他说："我打算请你外出一趟，怎样？"楚琳心中甚为恐慌，估计张镒已觉察他的阴谋，遂于当天夜里杀死张镒，发动叛乱，投降朱泚。齐映很受士卒爱戴，得免一死，逃奔到皇帝暂住的地方——奉天。齐映到奉天后，被授任为御史中丞，主司监察。

兴元元年（784），德宗起驾去梁州（今陕西南郑东），齐映随驾而行。道多险阻，齐映亲为德宗牵马。马突然受惊，狂奔起来，齐映紧紧抓住辔头不放。德宗怕伤了齐映，要他松手，齐映不听。马终于停了下来，皇上问他何以如此。齐映说："马奔腾跳跃，最多不过伤臣罢了。如果松开了马，万一伤了皇上，臣死一万次也难偿罪责。"德宗感叹不已。到了梁州，德宗擢齐映为给事中，掌封还驳正诏书，纠正审理刑狱，权任颇重。

齐映高个，宽额大眼，五官端正，容貌俊美，体态强壮，声音宏亮悦耳。德宗很喜欢他这样的人，让他侍奉左右，宣读诏令。不久，进官中书舍人，掌起草诏令。

齐映成了德宗皇帝的重臣，很受宠爱，他也更加忠心耿耿。德宗很是感慨，如此忠心不贰的人实在是太少了。贞元二年（786），德宗下诏，齐映加官中书门下平章事。旋即升为中书侍郎同中书门下平章事，封河间县男，与崔造、刘滋一同辅政。

三人中，刘滋端重文静，沉默寡言；齐映谦虚和蔼，对事从不置可否。军国大权操持在崔造手里。不久，崔造罹病，齐映便掌起大权。

当时，吐蕃多次出兵攻唐，关中震动，公卿百官劝德宗出京避难。齐映入宫上奏："戎狄乱我中华，这是为臣的罪过。现在，朝野惊慌，说皇上已经准备好了车马粮草，准备出行。这么大的行动怎么不和宰臣们商议一下呢？"一边说着，一边伏地流涕。德宗为之感悟。

齐映应进士科考试时，张延赏是主考官。齐映做了中书侍郎同中书门下平章事，张延赏仅是个左仆射，不是宰臣。他时常为齐映出谋划策，齐映对恩师很是敬重。但张延赏私心颇重，见昔日的学生做了宰相，便乘机为子弟求官。对此，齐映婉言谢绝了。张延赏恼羞成怒，说齐映不是做宰相的料。翌年，齐映被贬为夔州(今四川奉节)刺史，寻徙衡州(今湖南衡阳)刺史。后来，又迁为桂管、江西两观察使。

齐映罢相，不是因为他有罪，而是张延赏的诬告。齐映很想官复原职，千方百计地讨德宗皇帝的欢心。

起初，各地进贡的银瓶高仅5尺。李兼做江西观察使，进献的银瓶有6尺高。齐映多方搜刮，铸成8尺高的银瓶，献给德宗。

但是，他未能如愿以偿，仍然是个地方官。

眼见复相无望，将在地方了却一生，齐映很是伤感，抑郁成疾，不治而死，年仅48岁。德宗皇帝闻讯，诏令追赠礼部尚书，谥号曰"忠"。

杨 凭

◎ 张仁玺

　　杨凭，字虚受，一字嗣仁，虢州弘农（今河南灵宝）人。幼年丧父，母训导有方，与弟杨凝、杨凌皆长于文辞，闻名天下。大历九年（774），杨凭进士科状元及第，杨凝、杨凌也都在大历年间进士及第，时人称为"三杨"。

　　杨凭喜欢结交朋友，尚节气，重信用，与穆质、许孟容、李鄘相友善，并称"杨穆许李"。后来，王仲舒也成了杨凭的好朋友。这些人都是当时的正直博学之士。比如，穆质天性耿直，曾任给事中，政事得失，多直言诤谏，尽心尽力。元和时，盐铁、转运诸院擅自捕人，许多人由于受到严刑拷打而死去。穆质直奏朝廷才得以改革。后来，杨凭被贬，穆质因受牵连而贬为开州(今四川开县)刺史。许孟容为礼部员外郎时，公主的儿子引荐某些人到崇文馆学习，许孟容坚决不允。公主把这件事告诉了德宗，要德宗做主。许孟容又以法律条文为凭，据理力争，驳回了公主的无理要求。王仲舒在元和初任吏部员外郎，知制诰。杨凭被贬的诏令下来后，无人敢过其家门，王仲舒数次去拜访慰问，并为他申冤。由此，王仲舒也被贬为地方任刺史。杨凭就是结交了这样一些耿直之士。

　　杨凭曾在节度府供事，不久被授为监察御史。因为他不愿就任，被免去。历任起居舍人、右司员外郎、礼部郎中、兵部郎中、太常少卿、湖南观察使、江西观察使、左散骑常侍、刑部侍郎、京兆尹等职。

　　杨凭的缺点也比较突出，他秉性简傲，不能搞好与僚属的关系，因此得罪了好多人。任湖南江西观察使期间，生活奢侈。回京师后，在永宁里建起了豪华住宅，又暗藏妓妾在其中，朝臣议论颇多。杨凭与御史中丞李夷简本来就相处不好。那还是杨凭在江西任职时，李夷简前去巡视，杨凭对其极其怠慢，李夷简记恨在心。杨凭回朝后大兴土木，引起了众人的议论。李夷简乘机劾奏他在江西的不法之事，以为应处杨凭死刑。宪宗因杨凭治理京兆颇有功绩，才将其贬为贺州临贺(今广西贺县东南)县尉。其诏书称："杨凭在先朝任职藩镇，累任要职。近来，宪司弹奏其贪赃枉法，计算累万。这样严重的罪责是不可逃避的。在京师又营建居室，豪华过度，侈靡之风，有伤节俭的美德。但念其任京兆尹期间有突出政绩，特从宽处理，可使其守贺州临贺县尉。"

　　自贞元以来，德宗一贯姑息藩镇势力，所以，藩镇大员历来奢侈无度，无所畏忌。宪宗即位后，想改变这种状况，李夷简首举杨凭的罪行,时人认为是得当的。但李夷简因为有私怨欲置杨凭于死地,也未免太过分了。杨凭被贬不久又转任杭州(州治余杭、钱塘,今浙江杭州)长史,后又奉诏进京,任太子詹事,不久去世。

杨 凝

◎ 张仁玺

杨凝，字懋功，虢州弘农（今河南灵宝）人，大历九年（774）进士科状元杨凭之弟。幼年丧父，在母亲的训导下，与兄杨凭、弟杨凌研习诗文，名闻海内。在杨凭中状元的第5年，即大历十三年，杨凝也进士科状元及第。杨凝兄弟三人，两状元一进士，时人荣之。

中状元后，杨凝入仕，由协律郎三迁至侍御史，又迁司封员外郎。司封员外郎属吏部，职司封爵、袭荫、褒赠诸事。上任不久，因釐正嫡媵封邑事受到牵连，遭贬。后稍迁至右司郎中。右司郎中属尚书省，与左司郎中一同处理尚书省事务。

做了几年右司郎中后，杨凝出为宣武节度使董晋的判官。宣武节度使驻节开封(今属河南)，判官为节度使佐官，佐节度使处理军政事务。亳州(今安徽亳县)刺史缺员，董晋推举杨凝管理州事。任职期间，增垦荒田，疏决淤堰，建筑堤防，根治水患。当时，宣武军掌管钱谷的判官孟叔度对士兵非常苛刻，他本人又纵情声色，引起众怒。董晋死后，士兵哗变，杀死孟叔度。杨凝走还京师，杜门3年不出。

后来，杨凝重新出仕，官拜兵部郎中。不久，因病去世。

崔元翰

◎ 张仁玺

崔元翰,博陵(今河北蠡县)人。名鹏,以字行。父崔良佐,考中明经科,授任湖城(今河南灵宝)主簿,后因母丧,回家守制,遂不复任,致力于《诗》、《易》、《书》、《春秋》的研究,造诣颇深,并撰写《演苑》、《忘象》、《浑天》等论著数十篇。隐居共北白鹿山之南,治学授徒。去世后,门人尊其谥号为"贞文孝父"。

崔元翰于建中二年(781)进士科状元及第。登博学宏词科,又应贤良方正科、直言极谏科,三科皆中甲等,年已50余。初在李勉府中任从事。北平王马燧在太原闻其名,召至门下，为马燧府掌书记。后入朝为太常博士、礼部员外郎。窦参辅政时，用为知制诰。崔元翰用辞温雅，颇有古典之风。但他性情刚褊，不容于时。他发表议论的时候，毫无顾忌，由此而得罪了朝中权贵，所以掌制诰2年，始终得不到升迁。后降职为比部郎中，当时年已70多岁。不久，郁愤而死。

崔元翰苦心文章，好学不倦，性孤介耿直，不结交权贵。他所撰写的对策、奏记及碑志等，师法班固、蔡邕，构思精密，颇受称誉。

张 正 甫

◎ 张仁玺

张正甫，字践方，南阳(今河南邓县)人，出身于世代官宦之家。其曾祖张大礼，曾任坊州(州治中部，今陕西黄陵)刺史。祖父张绍贞，官至尚书右丞；父张泚，曾任苏州(州治吴县、长洲，今江苏苏州)司马。张正甫于贞元二年(786)进士科状元及第。之后，随樊泽为襄阳(今属湖北)从事，累转监察御史。于𬱖代樊泽，要张正甫留任，被张正甫坚辞拒绝。于𬱖遂上表诬陷，将其贬为郴州(今属湖南)长史。于𬱖原为山南东道节度使，平定吴少诚叛乱后，请升襄州为大都督府，又广募勇士，制造军械，大有专汉南之意。有不顺从者，皆以军法处治。德宗对他姑息纵容，凡有所奏请，德宗必定准许。此人还以待部下苛酷而闻名，有的人甚至不堪忍受虐待而自杀。张正甫正是因为了解他的为人，才坚辞不与他共事的。

张正甫后来被任命为殿中侍御史，迁户部员外郎，又转任司封员外，兼侍御史知杂事之职。再迁户部郎中，改任河南府尹。由尚书右丞为同州(州治冯翊，今陕西大荔)刺史，入拜左散骑常侍、集贤殿学士判院事，转工部尚书等。晚年，官至吏部尚书，后致仕还乡。大和八年(834)九月去世，享年83岁，追赠太师。

史称张正甫仁而端亮，莅任清强。

张正甫之子张毅夫也登进士第。当初，张正甫之兄张式，大历时进士登第，随后，张正甫又名登榜首。张式之子元夫、傑夫、征夫也相继登科。大和年间，张家文章之盛，被世所共称。

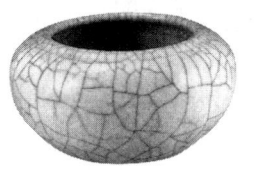

牛锡庶

◎ 刘 一

牛锡庶,里籍失传。他性恬静寡合,热衷科举功名,但屡试不中。唐德宗李适君临天下的第7年,即贞元二年(786)的一天,牛锡庶去算了一卦,问自己什么时候才能登科,算命先生安慰他说:"君明年将状元及第。"牛锡庶只希望能成为一名进士,从没想中状元,对算命先生的话一笑置之。当时,已是八月,德宗还没任命主考官。一次,牛锡庶路过礼部尚书萧昕的府邸,萧昕拄着手杖,准备去逛南园。牛锡庶见是萧尚书,遂上前拜谒,并呈上自己的诗文请萧尚书指教。萧昕一人独居,很是寂寞,遇上牛锡庶,大为兴奋,遂请牛锡庶进府说话。他读了牛锡庶的诗文，大加赞赏，问牛锡庶："人们议论谁当主持科举考试?"牛锡庶道："尚书大公无私，定会再出任考官。"萧昕说："那是不可能的了。假若我再当考官的话，你就是状元。"牛锡庶起来拜谢。他还没坐下，圣旨到了，萧昕被任命为考官。牛锡庶再次拜谢说："尚书刚才已经把学生定为状元。皇天后土，都听说了。"萧昕道："一定照办！"第二年进士科省试，牛锡庶遂大魁天下。

尹 枢

◎ 刘 一

尹枢,阆州(今四川阆中)人,唐代自荐的状元之一。

唐德宗君临天下的第 13 年,即贞元七年(791),礼部侍郎杜黄裳知贡举,主持科举考试中的最高一级考试——省试。他决心公平取士,量才录用。第 3 场考试结束后,他对参加角逐的举子们说:"皇上让才识浅陋的鄙人知贡举,为社稷选拔栋梁之才。诸位学士都是一时英俊,怎无人救我一把?"参加考试的举子 500 余人,相顾无言。惟年已 70 多岁的尹枢小步疾走到杜侍郎面前,叩拜道:"不知侍郎有什么吩咐?"杜黄裳说:"还没有填榜。"尹枢道:"枢不才,愿为大人效力。"

杜黄裳大为高兴,延请尹枢填榜,让人拿纸、笔给他。尹枢挥毫书写,每札一人,高声宣读此人的姓名。不一会儿,榜就填完了。众举子耳闻目睹,无不叹服尹枢取士公道。尹枢填完后,跪呈侍郎杜黄裳。杜黄裳从头到尾看了一遍,十分满意,只是状元还空着,他请尹枢定夺。尹枢道:"状元非老夫不可!"杜黄裳大为惊奇,但仔细一想,尹枢的确是最佳人选,遂提笔亲自把尹枢的姓名填上。

李 程

◎ 涂 晓

一、杨员外相助,落第生竟中状元郎

唐德宗贞元十二年(796)二月某日,尚书省礼部贡院,荷枪持刀的士兵环立,戒备森严,进士考试正在举行。这天考赋,题目是《日五色赋》。

陇西成纪(今甘肃秦安县北)人、襄邑恭王李神符五世孙李程,几经斟酌,作成一赋,云:

德动天鉴，祥开日华。

守三光而效祉，彰五色而可嘉。

验瑞典之所应，知淳风之不遐。

禀以阳精，体乾爻于君位；

昭夫土德，表王气于皇家。……

全文30句，344字，一气呵成。

李程步出贡院的大门，遇上了杨于陵员外。杨员外问李程赋写得怎么样，李程从靴靿中拿出底稿呈上。杨员外一见破题句“德动天鉴，祥开日华”，便恭贺道：“你一定中状元！”

谁知，杂文场下来，李程竟名落孙山。

杨员外大为李程鸣不平，遂在一本旧书上抄上李程的赋，而抹去“李程”二字。他携着这本旧书，去找主考官礼部侍郎吕渭，从容地骗他说：“侍郎今日考赋，为什么用旧题?”吕渭说没那回事儿。杨员外道：“不仅是题目有人做过，就连韵脚也一样。”

杨员外拿出抄在旧书上的李程的赋，送给吕渭侍郎看。吕侍郎草草阅过，又从头细看，赞叹不已。

“当今考场上若有人作得此赋，侍郎何以待他?”杨员外问。

“没有就罢了。若有，那状元非他莫属了。”吕渭道。

杨员外不失时机地亮了底：“苟如此，侍郎已经漏掉了贤人。这赋乃是考生李程所作。”吕侍郎急命把李程的答卷拿出，两相对照，一字不差。他向杨员外致谢，遂擢李程为状元。

新科进士共30人，李程名下，还有洛阳(今属河南)孟郊等29人。

李程除中状元外，还高中博学宏词科，同中此科的有后来大名鼎鼎的柳宗元等人。

二、极尽荣华的礼仪活动

放榜后，李程领头，去拜谢主考官吕渭侍郎。一行人在侍郎府门下马，缀行而立，李程领衔署名呈上。吕渭大人传呼请进。一行人鱼贯而入，在阶下站好，徐徐登阶而上，站在堂的西边，面东。吕侍郎令人布席，他坐在东边，面西。在主事的引导下，从李程起，新科进士与吕侍郎一一对拜。礼毕，李程致谢词，退回原位，进士们一一拜谢吕侍郎，吕侍郎答拜。拜讫，主事道："请诸郎君叙中外。"自李程起，一一向吕侍郎汇报籍贯、年龄，谢吕大人知遇之恩。

拜完主考官，李程等又去参谒宰相。

唐代实行三省制，中书令长宫中书令、门下省长官侍中、尚书省长官尚书令（唐太宗在武德年间曾任此官，故阙而不置，以左、右仆射代居其位）皆为宰相。三省长官位高权重，皇帝不肯轻易授人，往往以品位较低的官员加"同中书门下三品"、"同中书门下平章事"的名号行使宰相职权。李程中状元时的宰相有：贾耽，尚书右仆射；张延赏，尚书左仆射同中书门下平章事；卢迈，尚书右丞同中书门下平章事；赵憬，中书侍郎同中书门下平章事等数名。宰相们在尚书省大堂坐好，进士们在吕渭的带领下，站在阶下。李程出列致词，道："今月日，礼部放榜，某等幸忝成名，获在相公之下，不任感惧。"言讫，退揖入列。自李程以下，一一自报家门姓名。

接下来，便是一系列的礼仪性的活动。

参加在长安城东南角的游赏胜地曲江设的宴会。宴会是在一个漂亮的亭子里举行。彻馔后,泛舟水上。公卿贵人倾家来观,在新科进士中挑选女婿。

在曲江西南的杏园,举行探花活动。他们当中选出两个俊少的人,骑马游遍长安各处的名园,采摘名花。这两人叫"两街探花使",也称"探花郎"(宋以后,进士第3名称"探花",盖由此而来)。与李程同科登第的孟郊,赋诗描述探花盛举,道:

> 昔日龌龊不堪言,今朝放荡思无涯。
> 春风得意马蹄疾,一日看遍长安花。

去慈恩寺雁塔题名。他们推举一个字写得漂亮的人,将他们的名字一一写在塔上。日后有谁做了宰相,他的名字再用红色描一遍。

在各种礼仪活动中,新科状元李程是最引人注目的,极尽荣华。

三、踏上坎坷的仕途

经吏部的考试,李程被任命蓝田(今属陕西)尉。

蓝田县始置于秦孝公,是关中地区最古老的县之一。尉是治安官。蓝田地区在京畿,县尉职权颇重。李程来前,蓝田治安很差,滞留未判的案子长的达10年。李程到任,速判速决,京兆府推举为第一。贞元二十年,即中状元的第8年,李程迁为监察御史。这年秋天,又迁为翰林学士,掌起草诏令,参与谋议,预闻朝政,是皇帝最亲近的顾问,常值宿内廷,有

"内相"之称。

一年季秋，德宗皇帝出去打猎，有寒意，顾谓左右曰："九月还穿单衫，二月著棉袍，不合时节。朕想改月，怎样？"左右阿谀奉承，都说好。惟李程道："玄宗皇帝著《月令》，十月开始穿裘，不可改。"德宗皇帝矍然而止。

学士们入署办公，以日出为准。李程散漫懒惰，日出有八砖高了才到，时称"八砖学士"。

但是，李程在翰林学士这个高位上仅坐了几个月，便被赶下台来。事情是这样的：

翌年正月，德宗皇帝驾崩，皇太子李诵即位，是为顺宗皇帝。顺宗做皇太子时的侍读、越州山阴（今浙江绍兴）人王叔文被命为翰林学士，兼充度支、盐铁副使，掌财权。他是一名匡正救弊的有作为的大臣，罢宫市，免进奉，惩贪污，反宦官专权、藩镇割据。但学士之间，难免龃龉。李程受到新贵王叔文的排挤，被罢免翰林学士，做了一名职权低微的京官，官名今已不可得知。

王叔文的改革使宦官们大为光火。宦官俱文珍等发动政变，逼顺帝退位，拥立李纯为帝，是为宪宗皇帝。王叔文被贬出京师，次年被杀。

王叔文的失败并没有给李程带来转机。相反，宪宗元和三年（808），李程被外放为随州（今湖北随县）刺史。他在随州干得很出色，宪宗皇帝班赐金紫服以示嘉奖。

陇西成纪人李夷简，是郑惠王李元懿的四世孙，与李程同宗。元和八年，李夷简出任剑南西川节度使，辟李程为成都少尹——成都府的佐官。

李程的官运有了好转，在成都少尹位上干了几年，征入京师，出为兵部郎中。郎中是尚书、侍郎、丞之下的高级官员。

李程又以兵部郎中的身份知制诰,即起草皇帝的诏令。此后,他又做过御史中丞、鄂岳观察使、吏部侍郎,不断升迁。

到唐敬宗李湛坐天下时,李程以吏部侍郎同中书门下平章事,成了一名宰相。他终于实现了用红色重描慈恩寺雁塔上的题名的宿愿。

德宗皇帝好宫室田猎,奢靡无度。李程上书曰:"先帝以俭约而德化天下。陛下刚即位,不宜大兴土木,应把节省下来的钱用在先帝陵园上。"德宗嘉纳。他又奏请置侍讲学士,选名臣以备顾问,也被采纳。

李程官运亨通,几经升迁,爬上了尚书左仆射的高位。自唐太宗起,尚书令阙而不置,左仆射便是尚书省的最高长官,职司帝国的行政。

唐武宗时,李程出任东都留守,老死在这个官位上。

四、盖棺定论,谥号曰"缪"

李程学识渊博,机辨多智,然性放荡,不修边幅,滑稽诙谐,虽为高官,典掌机要,却无重望。他死后,有司根据他一生的行为,给他一个谥号,叫"缪",意蕴乖错。

李程儿子李廓,元和十三年进士,累迁刑部侍郎、武宁节度使。

徐 晦

◎ 张仁玺

徐晦,字大章,贞元十八年(802)进士科状元及第,受杨凭荐举,授栎阳(今陕西临潼)尉。杨凭获罪后被贬到外地,姻亲朋友怕受连累,只有徐晦将杨凭送至蓝田(今属陕西),与杨凭洒泪告别。当时,前宰相权德舆与杨凭交情很深,知道徐晦的所为后,对徐晦说:"你去送杨凭,难道不怕受连累吗?"徐晦回答说:"我还是布衣百姓的时候,就受到杨公的器重和眷恋。现在他落难,我能忍心无言而别吗?"权德舆感叹其直诚,在朝廷大臣之间大加宣扬。不数日,御史中丞李夷简荐举徐晦为监察御史。徐晦问李夷简:"我与公素不相识,您为什么提拔我呢?"李夷简说:"君不负杨凭,还能负国家吗?"徐晦从此名声大振。

　　后来,徐晦历任殿中侍御史、尚书郎、晋州(州治临汾,今属山西)刺史、中书舍人等职。宝历元年(825),出任福建观察使。宝历二年(826),入为工部侍郎,出为同州(州治冯翊,今陕西大荔)刺史,兼御史中丞。大和四年(830),征拜兵部侍郎。大和五年,为太子宾客,分司东都。徐晦性格强直,不随世态,为官期间守正不阿。因嗜酒太过,晚年双目失明,以礼部尚书致仕。开成三年(838)三月去世,追赠为兵部尚书。

王　源　中

◎ 张仁玺

王源中，字正蒙，籍贯失传。唐宪宗元和二年（807），进士科状元及第，累迁左补阙。补阙，武则天君临天下时置，掌侍从讽谏，有左、右之分，左属门下省，右属中书省。王源中当上谏官后，直斥宦官专权之祸。唐自玄宗起，宦官受到重用，高力士权倾朝野。从肃宗开始，宦官典掌禁军。代宗时，又以宦官二人充内枢密使，典掌机密，承宣诏旨。到宪宗坐天下时，宦官擅权更烈，他们掌管禁军，时常把不依附于他们的官员抓去拷打审讯。身为谏官的王源中十分痛恨宦官的为非作歹，他上疏说："官府是代表国家纲纪的地方。如果官吏有罪，应由司法部门处理，怎么能允许宦官乱抓官员呢？"宪宗深以为然。王源中进官户部郎中、侍郎，擢为翰林学士。

到唐文宗时，王源中进官为翰林学士承旨。翰林学士承旨位在诸翰林学士之上，凡是重大的诰令、废置和军国大事，皆得单独提出看法，职权颇重。王源中成为文宗的重臣。

王源中嗜酒能饮。一次，他办完公事回到太平里府邸，与兄弟们蹴鞠。蹴鞠，颇似今日之踢足球，唐代颇为盛行。球飞了起来，击中王源中的前额，略有损伤。正在这时，文宗急召王源中入宫问事，见王源中额头有伤，问他是怎么回事。王源中不敢隐瞒，如实地回答。文宗道："卿一家真是和睦！"遂赐他两大盘酒，每盘放有10只金碗，每碗足有1升。王源中逐碗喝下，连一点儿醉的样子都没有。

大和八年（834），王源中出任礼部尚书，更加嗜饮。文宗宣召，他常常不能到，文宗极为不满，当年十一月便把他贬为山南西道节度使，后又召入京任命为刑部尚书。他上任不到1个月，又被贬为天平军节度使。在天平军，他曾上疏要求增加常平仓储粮10万石，以备荒年。

开成三年（838），王源中病逝，文宗诏令追赠尚书右仆射。

王源中淡泊名利，为政清简，为时人所称。

柳 公 权

◎ 涂 晓

一、柳家的书法迷

大唐帝国京兆郡有个华原县(今陕西耀县),县里有个柳家。一家之长柳正礼,官至邠州(今陕西彬县)士曹参军。他的两个儿子柳子华、柳子温都做过州刺史一类的官。在华原县,柳家还是颇有名望的。

柳子温娶崔氏为妻。崔夫人病亡,续娶薛氏。子温有3个儿子：公绰、公权、公谅。长子柳公绰，字起之，聪敏好学，稳重谨慎，动循礼法。唐德宗贞元元年(785)，年方18的柳公绰参加德宗皇帝在宣政殿主持的制科考试，连中贤良方正科和直言极谏科。贤良方正科是选拔品德高尚、行为端正之士的；直言极谏科是考拔敢于直言、勇于劝谏之人的。4年后，他再次参加制科考试，又登贤良方正科。公绰官运亨通，做过刑部尚书、兵部尚书之类的高官，为官廉正。唐文宗大和六年(832)病故，诏赠太子太保。《旧唐书》卷165、《新唐书》卷163有他的传记。

柳公绰是柳氏子弟中以官位光宗耀祖的一个。

柳公权，字诚悬，生于代宗大历十三年(778)。柳公权也极聪敏，酷爱书法。《旧唐书》卷165《柳公绰传》附有他的传记，说他"志耽书学"。这"书学"，译成今文，就是书法学问。迄今，在他的故乡还流传着一个他学习书法的故事。

柳公权小的时候字写得很糟，常受先生和父亲的训斥。小公权很要强，他下决心一定要练好字。经过一年多的日夜苦练，他写的字大有起色，和年龄相仿的小伙伴相比，他的字已成拔尖的了。

从此以后，他写的大字得到同窗称赞、老师夸奖，连严厉的父亲的脸上也露出了微笑，小公权感到很得意。

一天，柳公权和几个小伙伴在村旁的老桑树下摆了一张方桌，举行"书会"，约定每个人写一篇大楷，互相观摩比赛。柳公权很快就写了一篇。这时，一个卖豆腐脑的老头儿放下担子，来到桑树下歇凉。他很有兴致地看孩子们练字。柳公权递过自己写的字，说："老爷爷，你看我写得棒不棒？"老头儿接过去一看，只见写的是："会写飞凤家，敢在人前夸。"老头儿觉得这孩子太骄傲了，皱了皱眉头，沉吟了一会儿，才说：

"我看这字写得并不好，不值得在人前夸。这字好像我担子里的豆腐脑一样，软塌塌的，没筋没骨，有形无体，还值得在人前夸吗？"柳公权见老头儿把自己的字说得一塌糊涂，不服气地说："人家都说我的字写得好，你偏说不好，有本事你写几个字让我看看。"

老头儿爽朗地笑了笑，说："不敢当，不敢当，老汉我是一个粗人，写不好字。可是，有人用脚写的都比你的好得多呢！不信，你到华原城里看看去吧！"

起初，柳公权很生气，以为老头儿在骂他，后来想到老头儿和蔼的面容，爽朗的笑声，又不大像骂他，就决定到华原城里去看看。华原城离他家有20多公里路。第二天，他起了个五更，悄悄给家里人留了张纸条，背着馍布袋就独自往华原城去了。

柳公权一进华原城寿门，见北街一棵大槐树下挂着个白布幌子，上写"字画汤"3个大字，字体苍劲有力，笔法雄健潇洒。树下围了许多人，他挤进人群一看，不禁目瞪口呆。只见一个黑瘦畸形的老头儿，没有双臂，赤着双脚坐在地上，左脚压住铺在地上的纸，右脚夹起一支笔，挥洒自如地在写对联。他运笔如神，字迹龙飞凤舞，博得看客们的阵阵喝彩。

柳公权这才知道，卖豆腐的老头儿没有说假话。他惭愧极了，心想：我和字画汤老爷爷比起来，差得太远了。他"扑通"一声跪在老人面前，说："我愿拜您为师，我叫柳公权，请收下我，愿师傅告诉我写字的秘诀……"字画汤慌忙放下脚中的笔，说："我是个孤苦的畸形人，生来没手，干不成活，只得靠脚巧混生活，写几个歪字，怎配为人师表？"

柳公权一再苦苦哀求。字画汤才在地上铺了一张纸，用右脚提起笔，写道：

写尽八缸水，砚染涝池黑。

博取百家长，始得龙凤飞。

　　老人对柳公权说："这就是我写字的秘诀。我自小用脚写字，风风雨雨已练了50多个年头了。我家有个能盛8担水的大缸，我磨墨练字用尽了8缸水。我家墙外有个半亩地大的涝池（旱塬上盛水的大池子），我每天写完字就在池里洗砚，池水都乌黑了。可是，我的字还差得远呢！"

　　柳公权把老人的话牢牢地铭刻在心里，他深深地谢过字画汤，才依依不舍地回去了。自此，柳公权发愤练字，手上磨起了厚厚的茧子，衣肘补了一层又一层。他学习颜体的清劲丰肥，也学欧体的开朗方润；学习字画汤的奔腾豪放，也学宫院体的俊秀妩媚。他经常看人家剥牛剔羊，研究骨架结构，从中得到启示。他还注意观察天上的大雁，水中的游鱼，奔跑的麋鹿，脱缰的骏马，把自然界各种优美的形态都融注到书法艺术里去。

　　这故事虽系传闻，但亦非毫无根据的杜撰。那《旧唐书》不就说柳公权是个"书法迷"吗？

　　执著的追求，使柳公权的书法精进，真、行、草三体皆独步天下，成为一代宗师，他的书法号曰"柳体"。

　　使柳家闻名海内、名垂千古的，是柳公权的书法。

二、戊子科状元

　　唐宪宗元和三年（808），农历戊子年，尚书省礼部贡院，进士科开科考试。这进士科是最受看重的一科，竞争格外激烈。为登科而请托送礼者，历来是大有人在。

参加戊子科的士子是幸运的；主考官卫次公大人是个刚正不阿、注重真才实学的人。

卫次公，字从周，河中郡河南县(今山西太原)人，进士出身。元和三年，他以中书舍人的身份出任主考官，秉公执法。《新唐书》卷164《卫次公传》说他在这科的选举上，贬斥华巧，推举真才实学，不受权贵们的干扰。

这是唐代科举史上为数不多的几次量才录取中的一科。

戊子科录取进士19人，京兆郡荐举的柳公权高中榜首，荣登状元行列。

柳公权还参加了制科考试。宪宗皇帝亲加策问，录取24人。柳公权中博学宏词科。该科是考拔博学能文之士的，中此科的很少，今可考者惟有柳公权一人。同登制科的人中，后来还出了几个赫赫有名的人物，像贤良方正科的牛僧孺、李宗闵等人。

放榜之后，柳公权照例去参加一系列的礼仪，如拜谢主考官大人，参见当朝宰相，出席曲江宴、杏园宴，去慈恩寺雁塔题名等等，极尽荣华。

这年，柳公权正值而立之年。

三、出仕做官

按照惯例，经吏部考试，柳公权被委任为秘书省校书郎，校正典籍。

有个叫李听的，洮州临潭(今属甘肃)人，家世武将，曾在柳公绰手下做过武官。元和十四年左右，李听出为夏绥银宥节度使，辟柳公权为掌书记，职司文字事务。

柳公权在李听府中住了一年，京师传来噩耗：宪宗驾崩。他是被侍奉左右的宦官李弘庆杀死的。宦官专权，妄言病死。不久，李恒即位，是为穆宗。李听遣柳公权去京师长安（今陕西西安）朝贺。穆宗召见柳公权，道："朕曾在佛寺见过爱卿的笔迹，已思念爱卿好久了。"当即拜柳公权为右拾遗、翰林院侍书学士。这样，柳公权成了皇帝的近臣。

不久，柳公权迁为司封员外郎。

穆宗朝的政令邪僻，柳公权不满。一次，穆宗问柳公权怎样才能使书法尽美，柳公权道："用笔在心，心正则笔正。"穆宗改容，知道这是笔谏。

历穆宗、敬宗、文宗三朝，柳公权的官位没有升迁。与他一同登科的李宗闵已是宰臣了，柳公绰写信给李宗闵，说："家弟潜心于辞赋，先帝任为侍书学士，颇类巫祝，羞于为之。乞请换个闲散无职事的官位。"于是，柳公权被迁为尚书省的右司郎中，辅佐右丞处理兵部、刑部、工部事务。后来，又做过司封郎中、兵部郎中、弘文馆学士。

文宗很想念柳公权，又诏令他做侍书学士，侍奉左右。随即迁为职掌起草诏令的中书舍人，备皇帝顾问的翰林书诏学士。文宗很器重柳公权，有次召他问事，烛尽而话未完，文宗便让宫人用蜡泪揉纸点上，继续交谈。柳公权曾随驾游未央宫的花苑，文宗叫辇车停下，顾谓柳公权："我有件好事告诉你。戍边士卒的军服长期以来不能及时供给，今年二月，春装就发完了。"柳公权上前祝贺。文宗道："光祝贺不行，做首诗吧。"宫人随声附和，要柳公权口吟。柳公权朗声道：

去岁虽无战，今年未得归。
皇恩何以报，春日得春衣。

文宗称颂，令他再吟一首。柳公权不假思索，出口成章。文宗高兴地说："曹子建七步成诗，爱卿只三步。"

一年夏日，文宗与学士们联句做诗。文宗先道："人皆苦炎热，我爱夏日长。"柳公权续曰："薰风自南来，殿阁生微凉。"其他人都续了一句。文宗惟欣赏柳公权那句，道："辞清意足，不可多得。"遂命柳公权将他的诗句题写于殿壁上，字方圆5寸。文宗审视良久，叹道："钟（钟繇）、王（王羲之）复生，无以加也！"

柳公权虽颇受文宗宠爱，却有些"不识时务"。

文宗与翰林院的6个学士商讨军国大事，谈到汉文帝恭俭以为天下先，文宗举起他的衣袖道："这衣已洗3次了。"学士们颂扬皇上节俭，惟柳公权不做声。会开完了，文宗把柳公权留下，问他为何不吱声。柳公权道："君主治国，擢用贤良，黜斥不肖，虚心纳谏，赏罚分明，方是大事。穿几件洗了几次的衣服，乃为小节。"

第二天，柳公权和另一个叫周墀的学士被文宗召去问事，柳公权直言不阿，吓得那周墀直打哆嗦。

在晚唐诸帝中，文宗还算贤明，即使他也觉得柳公权未免有些过分了。他打量着凛然正气的柳公权，说："爱卿有诤臣之风，可做谏议大夫。"谏议大夫是个谏官，官位比中书舍人低得多。

柳公权因直言极谏而被贬官。

但他一如既往，并未从中汲取"教训"。

开成三年（838），柳公权出任工部侍郎。文宗召他进见，问："近来，外面有什么议论没有？"

柳公权道："郭旼领邠宁节度使，论者多有臧否。"

"郭旼是太皇太后的叔父，在官无过，从金吾大将出镇邠宁，有什么可议论的？"文宗不解。

"郭旼确实是勋将老臣，"柳公权道，"但有人说郭旼献二女入宫，才得到这个官，有这事吗？"

文宗急忙分辩："他女儿是来拜见太皇太后的，哪是献入宫的？"

"瓜田李下之嫌，怎能家喻户晓？"柳公权道。

文宗遂命郭旼的两个女儿出宫回家。

柳公权的官位升为学士承旨。居此官者，位在诸学士上，凡军国大政，皆可发表自己的意见。

开成五年(840)正月，年方33的唐文宗驾崩。李炎即位，是为武宗。

武宗皇帝不喜欢柳公权，罢了他学士承旨的官，迁为中书省的一个顾问官——右散骑常侍。官位虽也很尊贵，但无实权。后来，刑部尚书同中书门下平章事崔珙荐举柳公权为集贤殿书院学士。集贤殿书院属中书省，负责撰集文章，校理经籍。柳公权以学士的身份主持书院事务。

这事引起门下侍郎同中书门下平章事李德裕的不满。

李德裕，字文尧，赵郡(郡治今河北赵县)人，父李吉甫是元和年间的名相。元和三年戊子科考试，应试的牛僧孺、李宗闵等指斥时政，攻击当朝宰相李吉甫。长庆元年(821)，李德裕揭发李宗闵在科举考试中营私舞弊。这样，便形成了以李德裕为首的"李党"和以牛僧孺为首的"牛党"。两党相互攻讦，势若水火。武宗即位，李德裕从淮南节度副大使入为门下侍郎、同中书门下平章事，与崔珙同为宰臣。崔珙属"牛党"，与李德裕有隙。

尽管柳公权也是戊子科的，但李德裕很看重柳公权。谁知，当崔珙荐举柳公权后，李德裕敌视崔珙，便拿柳公权开刀，把他降为皇太子的管家——太子詹事，旋改侍从规谏皇太子的太子宾客。不久，加官金紫光禄大夫，再加柱国。金紫光禄大夫正三品，柱国正二品，都是虚衔。他还被封为开国县公，食邑2000户。

做了一个时期的太子宫后，柳公权出任门下省的右散骑常侍，在皇帝左右规谏过失。接下来，做过最高学府国子监的长官——国子祭酒，工部的最高长官——工部尚书。

会昌六年（846），武宗死，李忱即位，是为宣宗。柳公权已近花甲之年，不堪吏职，便出任教导皇太子的太子少师。入宫谢恩，宣宗召他上殿，叫观军容使西门季玄捧砚，枢密使崔巨源润笔，让柳公权给他写3张条幅。柳公权大笔一挥，写真书10字："卫夫人传笔法于王右军"，行书11字："永禅师真草《千字文》得家法"，草书8字："谓语助者焉哉乎也"。宣帝看了大加褒扬，赏赐锦彩、银器等物。

柳公权年事已高，神志渐昏。大中十三年（859）正月初一，百官朝贺宣宗。年已81岁的柳公权忘了自己的身份，居然第一个去祝寿，寿辞也多有不当。执法的御史弹劾他违礼，罚了一季的俸禄。

这年八月，宣帝病亡，李漼即位，是为懿宗。柳公权迁为太子太保，不久便以此官退休。

四、爱砚笔图书　不重钱财

柳公权书法出类拔萃，做官也算顺当，但不会理财治家。他的字写得好，公卿大臣家死了人，没有他写的碑铭，便认为是对不起死者。少数民族入朝，都另带一笔钱，标明"此买柳书"。他靠写字得到的钱,一年便有上亿文,都交给仆人海欧、龙安保管,他俩合伙偷窃,给主人留下的寥寥无几。柳公权曾收藏一筒银杯等酒器,封条完好,杯子却不见了。他问海欧,海欧道:"不知道怎么就没有了。"柳公权笑曰:"银杯羽化了。"再也没说别的。

柳公权珍爱的,惟笔砚图书而已。这些东西都是他自己收藏着。他评论砚,说青州(今属山东)产的石末砚天下第一,用此砚研墨,墨易冷;绛州(今山西新绛)产的黑砚次之。

在《诗经》、《尚书》、《左传》、《国语》、《庄子》上,柳公权下过苦功,潜心钻研,造诣很深。每解释一个意思,必广征博引,融会贯通,写上数十百言。

他精通音律,却不爱听音乐,说那东西听了令人骄怠。

咸通六年(865),柳公权病逝,享年88岁。

李 固 言

◎ 张仁玺

李固言,字仲枢,赵郡(今河北邯郸)人,为人朴质,好学上进。唐宪宗君临天下的第7年,即元和六年(811),李固言入京,准备参加来年的进士科角逐。他有个表亲,姓柳,家居京师,李固言遂投奔柳家,暂时寄身。柳氏子弟常戏弄他。李固言的盘缠用尽,柳氏兄弟便在他的头巾上贴了一张字条"此处有屋租赁"。李固言没有觉察,戴着上街,见者无不大笑。唐时科举,荐举风行。李固言向柳氏兄弟请教该求谁荐举,柳氏兄弟骗他说许孟容是最佳人选。许孟容时为常侍,朝中鄙夷此官,骂为"貉脚",不为人看重,是难以荐举人的。李固言向他求助，许孟容惭愧地说："鄙人官位极为冷闲，不足以高扬李君风采。不过，李君品学，已铭刻于心。"他瞅见李固言头巾上的字，知他朴质，是个书呆式的人物。不久，许孟容进官兵部侍郎。第二年，他以兵部侍郎的身份担任省试考官，遂录取李固言为进士科第一名。

中状元后，李固言入仕，累官至驾部郎中、知台杂等职。到唐文宗大和四年（830），李宗闵为宰相，任命李固言为给事中。李宗闵是贞元进士，元和三年（808）在对策中批评时政，遭到宰相李吉甫的反对。李吉甫下台后，李宗闵入朝为监察御史，同牛僧孺等结为朋党，与李吉甫之子李德裕等互相倾轧，形成牛李两党之争。大和三年（829），李宗闵任宰相，又引荐牛僧孺为相，罢斥李德裕一党。李固言即属于牛党一派。

大和五年（831），宋申锡被王守澄诬陷，李固言与同党在御前据理争辩，为其鸣冤。将作监王堪修奉太庙，弛慢不恭，遭到罚俸，仍改官为太子宾客。诏发出后，李固言封诏不宣，并指出："东宫是调护之地，陛下当以名臣左右太子，不能让弛慢被罚之人充任太子宾客。"于是，王堪被改为均王傅。大和六年（832），李固言迁工部侍郎。大和七年四月，转尚书右丞，奉诏修定左右仆射上事仪注。大和八年（834），李德裕辅政，李固言出为华州（州治郑县，今陕西华县）刺史。同年十一月，李宗闵复入，召拜李固言为吏部侍郎，执掌选拔官吏之事。当政期间，李固言大量选用寒门之士，整顿吏治，政绩非常突出。大和九年（835）五月，迁御史大夫。六月，李宗闵被贬，李固言代理李宗闵为门下侍郎、平章事，不久，加升崇文馆大学士。但当时文宗皇帝所倚重的是李训和郑注。大和九年（835），李训与郑注等向文宗建议诛灭宦官，收复吐蕃贵族占据的河湟地区，清除河北的藩镇势力，因而得到文宗重用。同年九月，李固言以兵部尚书的身份出任兴元节度使，李训继任平章事。李训、郑注被杀后，文宗认为李固言谠正坦直，开成元年(836)四月，将其召回京师，复任平章事，兼管户部。李固言以敢言著称。开成二年(837)，文宗对大臣们说："听说州县有些官员不称职，是这样的吗？"李固言直言相告："邓州刺史王堪、随州刺史郑襄尤其不称职。"王堪是由朝臣郑覃推荐的，郑覃认为李固言有意攻击自己，于是辩解说："臣知道王堪的为人，所以推举他为刺史。天下不称职的人，何独王堪、郑襄二人呢？"文宗为避免大臣间不协，对此也就不再追问了。

不久，李固言以门下侍郎、平章事的身份出任剑南西川节度使。李固言让还门下侍郎，乃检校尚书左仆射。会昌初年，李固言又回到朝廷，历任兵、户二部尚书。当时，武宗要征伐回鹘，诏令各方镇捐献财物以助军费，李固言上疏固谏。

宣宗即位后，李固言累任检校司徒、东都留守、东畿、汝防御使等职。大中末年，拜太子太傅，分司东都，不久去世，享年78岁，追赠太尉。

据史书记载，李固言口吃，接待宾客少言寡语，但在君主面前讨论时政，则滔滔不绝，能言善辩。

张 又 新

◎ 张仁玺

张又新，字孔昭，深州(今河北深县)人。其曾祖张鹫，曾任岐王府参军、长安尉、鸿胪丞等职。开元中，入朝为司门员外郎。张鹫下笔敏速，著述尤多。当时，许多文人以他的文章为楷模。新罗、日本的使者每次来唐，必出重金购求他的文章。张又新的父亲张荐，也是文才出众，史学造诣尤深，很受当时名臣颜真卿的赏识。贞元二十年(804)，吐蕃赞普死后，张荐以工部侍郎兼御史大夫的身份充任入吐蕃吊祭使，不幸病死于途中。张荐的两个儿子都进士及第，一个叫张希复，另一个便是张又新。

张又新初应博学宏词科考试中第一名，又是京兆地区考试第一名，元和九年(814)，又为进士科第一名，时人称之为"第三头"，即3个第一名：进士状头、宏词敕头、京兆解头。张又新的为人不像他父亲那样正直，而是如史书中所记载的"性倾邪"。他以献媚巴结宰相李逢吉，甘愿为其鹰犬，而臭名远扬。李逢吉在长庆年间任宰相。当时的翰林学士李绅很受穆宗信任，与李德裕、元稹同在宫禁之中，时称"三俊"。敬宗即位后，李逢吉对李绅不与自己结为朋党非常恼火，便指使张又新等构陷李绅，说李绅与裴度等人当初曾极力反对立敬宗为太子。结果，敬宗信以为真，将李绅贬为端州(州治高要，今广东肇庆)司马。李逢吉最信任的党徒有8人，又有8人为其附庸，同时，还掌握着生杀予夺的大权，凡有求于他者，必须先通过这16人，故称为"八关"、"十六子"。张又新便是其中一个。他们不但排挤一般官吏，并且将当时持不同政见的副宰相李程挤出朝廷，牛僧孺为逃避纷争主动外任，身负众望的李德裕、裴度也因他们的阻挠长期滞留外地。由于充当李逢吉的鹰犬，张又新被李逢吉任命为祠部员外郎。李逢吉被罢相后，出任山南东道节度使，张又新为行军司马，后又被贬为汀州刺史。李训掌权后，又召张又新为尚书郎。李训败后，张又新又被贬为运州刺史，不久卒于贬所。时人评论说，张又新靠谄媚起家，又因此而败，真是丧其家风，辱其门面。

张又新善写诗文，诗文中也流露出其淫荡之行。他曾说过："我少年有美名，志不在任官，惟得美妻，平生足矣。"娶杨虔州之女，有德无色，感到很扫兴。后路过淮南，在李绅处得一歌妓，风流无比，遂与之偕老，其狂荡大都类此。

张又新酷嗜品茶，恨自己生在陆羽之后，自著《煎茶水记》一书，记录自己所品尝之水20种，并分出水之等次。

柳 璟

◎ 张仁玺

柳璟，字德辉，蒲州河东(今山西永济)人。出身于官僚家庭。其祖父柳芳，开元末年进士，由永宁尉升任直史馆。肃宗诏令柳芳与韦述增修吴兢所撰《国史》，著述未完成，韦述便病故了。柳芳一人完成了上自高祖、下至肃宗的130卷《国史》。上元年间，柳芳因罪被贬居四川，路遇被贬的宦官高力士。柳芳详细询问了高力士关于开元、天宝时的政事，了解了一些外人不易了解的有关禁中之事，又编成了《唐历》40篇。后来，柳芳历任左金吾卫骑曹参军、史馆修撰、拾遗、补阙、员外郎等职，皆居史任，官终右司郎中，集贤学士。柳璟的父亲柳登，字成伯，勤奋好学，博览群书。60多岁时，才进入官场，累迁至膳部郎中。元和初，为大理少卿，与刑部侍郎许孟容等7人，奉诏删定开元以后敕格。后因病改右散骑常侍，不久致仕还乡。去世时，年已90余岁，追赠工部尚书。家庭环境对柳璟的影响很大，使他从小就养成了读书好学的习惯，为以后的成长奠定了基础。

宝历元年（825），柳璟进士科状元及第。三迁监察御史，再迁度支员外郎，转吏部。文宗开成初年，转任库部员外郎，知制诰，随即以本官充任翰林学士。当初，柳璟的祖父柳芳精通谱学，永泰年间，按宗正谱牒，撰写了皇室家谱20卷，称之为《永泰新谱》，自后无人续修。文宗即位后，诏令柳璟续修皇室家谱。柳璟将德宗以后的事，写成10卷，随在《永泰新谱》之后。开成五年（840），升任中书舍人。

史称，柳璟为人宽信，喜欢结交士人，善于称赞别人的长处。经他引荐的人，大都成了当时的名人。会昌元年（841）及会昌二年（842），柳璟两度知贡举，取进士60人，时称得人。如会昌元年进士薛逢，入《唐子才传》和《旧唐书·文苑传》，以文章闻名于世；杨收入《旧唐书》传，位至宰相；会昌二年（842）进士郑畋，入《旧唐书》传。

会昌二年，柳璟之子受贿，柳璟受到牵连，被贬为信州（今四川奉节）司马，官终郴州（今湖南郴县）刺史。

裴思谦

◎ 张仁玺

裴思谦，字自牧，他是唐代靠关系而成为状元的人之一。

那是在唐文宗开成二年(837)，礼部侍郎高锴知贡举，主持科举考试。他标榜公正，宣言杜绝请托。裴思谦凭仇中尉的关节要求高锴让他当进士科第一名。仇中尉，名士良，是赫赫有名的权宦，历任内外五坊使、左神策军中尉等职。太和九年(835)十一月二十一日，宰相李训等发动"甘露之变"，欲诛杀宦官，事情败露，仇士良指挥禁军戮杀朝臣。此后，生杀除拜，都由宦官说了算，文宗成为傀儡。裴思谦自恃后台强硬，公然要做进士科状元。不料，高锴不买账，把他责斥了一番，轰了出去。裴思谦回头厉声道:"明年非取状元不可!"

翌年,高锴仍知贡举,他告诫手下官员不得接受任何人的荐举信。不久,裴思谦怀揣仇士良的荐举信步入礼部贡院,他换上只有高官才能穿的紫衣,趋至阶下,对高锴嚷道:"中尉有信,荐裴思谦秀才!"高锴不得已,接了过来,只见信上要求高锴放裴思谦为状元。高锴说:"状元已有人了,状元以外可按中尉的要求办。"裴思谦道:"卑吏面奉中尉吩咐,裴秀才非状元不放!"高锴俯首沉思很久,自知再不给仇中尉个面子,大祸要临头了。他抬起头来,说:"既然如此,鄙人要见见裴秀才。"裴思谦道:"卑吏便是!"高锴仔细一瞧,果是裴思谦,遂无可奈何地把裴思谦录为状元。

裴思谦靠权宦仇士良高中进士科榜首,自感荣耀,殊不知,他的丑行被钉在历史的耻辱柱上。他状元及第后的经历,史书未详。

郑 颢

◎ 刘 一

郑颢，荥阳(今属河南)人。祖父郑细，好学善文，中进士后入仕，历事德宗、顺宗、宪宗三朝，官至宰相，为政清廉，号为贤相。郑细生子郑祗德，郑颢便是郑祗德的儿子。他出身名门，好学上进。唐武宗李炎君临天下的第三年，即会昌三年(842)，郑颢参加在礼部贡院举行的进士科考试。主考官是礼部侍郎(正四品下)柳璟。贴经、杂文、时务策三场考试下来，柳璟录取进士30人，郑颢高中榜首。

中状元后，郑颢步入仕途，初任弘文馆校书郎，迁右拾遗，职司劝谏皇上，被授予从三品的银青光禄大夫官衔，任进宫起居郎，负责记录皇上的起居言行。他的仕途平稳，无大起大落。

不久，一桩让他富贵而他极不情愿的殊荣落到他的头上。继武宗而立的宣宗有个心爱的万寿公主，到了嫁人年龄，宣宗命宰相白敏中物色人选。白敏中看中郑颢。郑颢出身名门，又有状元桂冠，年轻英俊，是最理想人选。无奈，郑颢已与楚州（州治山阳，今江苏淮安）卢家千金缔结婚姻，正在迎娶的路上。当郑颢走到郑州（州治管城，今河南郑州）时，白敏中遣人持宰相的手令把他追回。回到长安，白敏中向他摊牌，要他退掉与卢氏的婚事，另娶万寿公主。娶了金枝玉叶的公主，虽然攀上了皇亲，但那些公主大都仗势欺人，凌辱丈夫。所以，文人学士大都不愿娶公主。当年，唐玄宗想把一个女儿嫁给自称有仙术的张果，张果说："娶妻得公主，是一件极可怕的事！"郑颢钟情于卢家小姐，也不愿娶公主。但白敏中拿皇命压他，他只得屈从。

在中国历史上，郑颢是惟一的一个可考的驸马状元。

做了驸马后，郑颢被授予驸马都尉的官衔，成为宣宗皇帝的近侍。他官运亨通，历任给事中、礼部侍郎、刑部侍郎、吏部侍郎等职。他虽然成了皇亲国戚，但从不以势凌轹，为人公正，深受时人称道。

然而，荣华富贵并没有使他忘怀卢家女子，他对白敏中耿耿于怀，一有机会就发泄不满。大中五年（851），白敏中免相，出任邠宁行营都统，临行前，他上疏说："从前，公主下嫁，皇上命臣选婿。当时，郑颢去楚州迎亲，走到郑州，臣派人把他追回，了却了皇上一桩心事。郑颢不愿攀国婚，对臣恨之入骨。臣在中书省时，郑颢对臣无可奈何；臣今外放，从此以后，他必找茬，臣大祸临头了！"宣宗道："爱卿怎么这么晚才说这事？"他命人取来一只小木匣，对白敏中说："这里面都是他弹劾你的文字,今天顺便赐给你。若听了他的话,早就罢了你的官了!"

那万寿公主对郑颢也没什么感情。一次,郑颢弟郑颛重病,宣宗遣使探视,万寿公主却在慈恩寺兴高采烈地看戏。宣宗闻讯大怒,道:"朕从前还奇怪士大夫为何不愿与我家为婚,今日方知,事出有因!"他宣公主入宫,严加责斥。

郑颢的仕途终于检校礼部尚书、河南尹。

卢 肇

◎ 张仁玺

卢肇，字子发，袁州宜春（今属江西）人。少有才气，颇为自负。唐文宗时，他参加袁州的取解试，考官没有录取他。卢肇写了封感谢信给考官，道："臣鳌贔屃，首冠蓬山。"巨鳌是一种大龟；贔屃，猛壮有力；蓬山，即传说中的仙山蓬莱。考官看后，说："昨日因人数限制未能录取阁下，深感惭愧。怎有'首冠蓬山'之说？"卢肇道："我知道明公一定会问的。凡是顽石处士，大龟戴着，岂不是'首冠'？"他把考官骂做乌龟。后来，卢肇终于考中取解试。

会昌三年（843），卢肇与同乡黄颇一同赴京应试。二人才能不相上下，在当地都很有名气。黄颇家里富有，财粗势大，而卢肇家境贫寒。赴试之日，当地官员仅为黄颇饯行，卢肇昂首从旁边走过。出城10余里，才停下来与黄颇同行。省试时，卢肇一举夺得进士科第一名。主考官是王起，卢肇赋诗致谢：

嵩高降德为时生，洪笔三题造化名。
凤诏伫归专北极，骊珠搜得尽东瀛。
褒衣已换金章贵，禁掖曾随玉树荣。
明日定知同相印，青衿新列柳间营。

他状元及第，荣归故里，当地官员前来迎接，极为尴尬。后来，他们设宴为卢肇贺喜，卢肇对这帮势利小人的前倨后恭颇为感慨，遂在酒席上赋诗曰："向道是龙君不信，果然衔得锦标归。"

状元及第后，卢肇出任著作郎，职掌撰写碑志、祝文、祭文等事。迁为职司全国仓储出纳的仓部员外郎，充任集贤院学士。唐懿宗君临天下后，出任地方官，历歙州(州治歙县，今属安徽)、宣州(州治宣城，今属安徽)、池州(州治贵池，今属安徽)刺史，卒于任所。

颜 标

◎ 刘 一

宣宗大中八年(854)，礼部侍郎郑薰知贡举，主持省试。在应试的举子中，他最欣赏一个叫颜标的；而他欣赏颜标，则是因为推崇颜真卿的缘故。颜真卿是京兆万年(今陕西西安)人。天宝十四年(755)十一月九日，安禄山起兵反唐，直下东都洛阳(今属河南)。颜真卿时任平原(今山东平原东北)太守，坚守平原，联合从兄常山(今河北正定)太守颜杲卿起兵反抗，响应者17郡，被推为盟主，合兵30万，迫使安禄山不敢急攻潼关。叛乱平定后，封鲁郡公，人称"颜鲁公"。后为叛臣李希烈所杀。他的书法自成一家，人称"颜体"。郑薰是颜真卿的崇拜者，他见颜标与颜真卿同姓——大概还是同里，不过，史书未明言，遂误以为是颜真卿之后。时值藩镇举兵，海内不宁，为了激励忠烈，他把自以为是颜真卿后裔的颜标录为进士科第一名。放榜后，以颜标为首，新科进士去拜谢主考官郑薰侍郎。郑薰非常高兴，从容地问起颜标家的庙堂如何，颜标道："学生乃贫穷人家，未曾有庙堂。"郑薰目瞪口呆，知道自己弄错了，这颜标不是颜真卿的后裔！他默默无语，后悔不已。此事传开后，有人编了一句顺口溜嘲笑郑薰："主司头脑大冬烘，错认颜标做鲁公。"这位被"误放"的状元后来的经历，文献未详。

孔　纬

◎ 涂　晓

一、孔家第一状元

　　孔子，是矗立于中国传统思想源头的思想巨擘，古代中国人的"圣人"、"先师"。孔子死后，他的思想学说不断地被发展、抬高，到汉武帝时，终于排斥了法、墨、阴阳、道等思想流派，登上了独尊的地位。孔子后裔却大多是平庸之辈，人才寥寥。三世孙孔伋，发挥了他的"中庸观"，创立了一个儒学门派——"子思之儒",成为一代宗师。八世孙孔鲋也是个人物,秦朝末年,出于对"焚书坑儒"的秦王朝的愤恨,毅然参加了陈胜、吴广领导的起义军。8世孙孔融是孔氏后裔中较杰出的一个,以诗文闻名于天下。20代孙孔纬也算得上个人物。

孔纬,字化文。父亲孔遵孺一辈子做了个小小的地方官,老死于华阴(今属陕西)县丞——华阴县副县长。孔遵孺去世的时候,孔纬年龄尚小,他的叔父孔温裕官至天平节度使,堂叔孔温业做过吏部侍郎、太子宾客。孔纬藉叔叔们的余荫生活,虽难免有寄人篱下之苦,倒也结识了不少达官贵人,年龄不大,名声却不小。

唐宣宗大中十三年(859),孔纬参加省试。主考官黄门侍郎郑颢,是当朝驸马,会昌二年(842)状元。宣宗喜好儒术,郑颢秉承他的旨意,亦推重儒学。贴经、杂文、时务策三场考试下来,共录取进士30名,孔纬高中榜首。他在这场科举考试中夺魁,与他是孔子第20代孙不无关系。

在孔门子孙中,孔纬是第一个跻身文魁行列的。

经过吏部考试,孔纬被委任为秘书省校书郎,掌校勘典籍。这是唐代文人初仕的最好官职。

孔纬就职不久,唐宣宗驾崩,享年50岁。在唐代诸帝、特别是后期诸帝中,宣宗皇帝是较有作为的一个。自宣宗以后,唐朝更加腐败,宋代名人欧阳修写完《新唐书·宣宗纪》后叹道:"呜呼,自是以后,唐衰矣!"

在这国势颓唐之时,孔纬步入仕途。摆在他面前的路有两条:或随波逐流,明哲保身;或奋起搏击,力挽狂澜。孔纬选择了后者。

二、为达官贵人所不容

唐中叶以来，地方势力膨胀，形成藩镇割据局面。孔氏子弟多在地方做官。孔温业为吏部侍郎，请求出任地方，宰相白敏中道："我们有些吃惊，孔吏部不喜欢在朝做官！"孔纬初仕校书郎，不久也外迁，在华州(今陕西华县)刺史崔慎由幕下为官。崔慎由改任河东(治今山西太原)节度使，孔纬仍旧相随。

懿宗皇帝咸通四年(863)五月，冯翊(今陕西大荔)人杨状出为中书侍郎、同中书门下平章事，成为宰臣之一。他奏请任命孔纬为长安尉，主管长安县治安。孔纬回到京师。

唐僖宗初年，孔纬出任御史中丞。御史中丞是御史大夫的佐官，职司监察。孔纬虽儒雅，但嫉恶如仇。他上任后，百官闻风而悚，不绳而自肃，奸邪之辈更是望而生畏。但是，唐朝的腐败已不可救药。当朝天子僖宗皇帝终日吃喝玩乐，尤喜斗鹅，鹅价暴涨，一鹅至50万钱。军国大政悉委宦官田令孜。田令孜贪赃枉法，卖官鬻爵。左拾遗侯冒蒙上疏弹劾，竟被僖宗皇帝赐死。上行下效，官僚腐朽日甚。他们不能容忍孔纬职司监察。不久，孔纬便迁为户部侍郎，管理户口、田赋去了。

像孔纬那样有才干的忠谔之臣，僖宗朝毕竟不多。僖宗皇帝为了李唐的家天下，又离不开孔纬这样的大臣。孔纬从户部侍郎转为兵部侍郎，不久又转为吏部侍郎。吏部职掌官吏的铨选，居六部之首。自懿宗以来，官吏选拔便不以真才实学，私请、贿赂成风。孔纬作为吏部副长官，走他后门的人络绎不绝，达官贵人的请谒信堆满几案。孔纬对私请一概回绝，一遵制度办事。达官贵人见孔纬不买账，愤懑难已。在他们的诋毁、诽谤下，孔纬被调离吏部，做了职司皇家宗庙文化的太常卿。

三、受命于危难之际

孔纬之世，大唐帝国已是病入膏肓，靠他等一二忠谔大臣，是挽救不了的。拯救中国社会，已到非农民们起来造反不可的时候了。

僖宗乾符二年（875）年初，濮州（今河南范县南）人王仙芝在长垣（今属河南）聚众起义。冤句（今山东菏泽西南）人黄巢率众响应。义军发展迅速，所向披靡，大唐帝国岌岌可危。

广明元年（880）十二月初，黄巢麾军攻破潼关，向长安逼近。唐廷惊恐万状，宰臣卢携自杀。宦官田令孜挟持僖宗，效法"安史之乱"时玄宗出城西逃，辗转入蜀。

孔纬随驾扈从，到蜀后，僖宗皇帝委任他为刑部尚书，兼理户部事务。

僖宗和他的遗臣入蜀，仍然醉生梦死，朋比为奸。田令孜以左金吾卫上将军判四卫事的身份执掌大权，僖宗终日与嫔妃们赌酒喝。遗臣们结党营私，排斥异己。中书侍郎、同中书门下平章事萧遘，是当时少有的贤臣，乘机报复与他素不相睦的孔纬，以供给调度不及时的罪名，奏罢孔纬刑部尚书判户部的官职。僖宗皇帝不分青红皂白，当即恩准，将孔纬迁为徒有虚名的太子少保。

中和三年(883)四月,在官军和沙陀贵族李克用围攻下,加上驻防同州(今陕西大荔)大将朱温叛唐,黄巢被迫率义军撤出长安,向东退却,节节失利。翌年六月,黄巢退至狼虎谷(今山东莱芜西南),部众丧失殆尽,绝望自刎。

在蜀的僖宗君臣闻讯大喜,动身还都。中和五年三月,僖宗的车驾进了长安城。

黄巢的义军被镇压了,但天下未得安宁,又陷入军阀混战局面。

田令孜的养子田匡祐宣慰河中,节度使王重荣厚礼相待,但田匡祐极为傲慢。王重荣历数田令孜之罪,责斥田匡祐无礼。田匡祐回京,把王重荣的举止向养父汇报了。田令孜大怒,传檄天下,历数王重荣十罪,率邠宁节度使朱玫、凤翔节度使李冒符等讨伐王重荣,被王重荣打败。

沙陀贵族李克用乘田令孜的中央军战败之机,进军长安。田令孜慌忙下令焚烧长安,劫持僖宗西逃陈仓(今陕西宝鸡)。

孔纬再次扈从,相随至陈仓。

朱玫耻为田令孜驱使,遂与王重荣结盟,联名上书,请诛田令孜以谢天下。田令孜害怕,深夜劫持僖宗皇帝逃至兴元(今陕西汉中)。

天亮,扈随至陈仓的百官见皇上没了,大惊。

过了几天,忽有诏书传来,命孔纬为御史大夫,率百官赴兴元。僖宗虽然荒淫,但对群臣的为人也了解一二,他不命别人,特命孔纬为最高监察官,监督百官随驾,可谓得人。孔纬受诏,忙去见宰臣萧遘、裴澈。萧遘、裴澈二人害怕田令孜,不敢前往,称病不见孔纬。孔纬命属吏督促百官上路,他们以没有朝袍、朝笏为由拒行。孔纬无可奈何,召集他的属吏,道:"我辈也荷国恩,身为监察官。皇上被劫持,召我们前去，百官竟不从命，违背了臣子之义。布衣百姓，还讲有福同享，有难同当，况且君臣！既为帝臣，便为帝效力，岂可不听诏令？"说完，痛哭起来。

属吏见状，道："不是不想皇上，但身无余粮，讨饭都没地方。若我们率先前去，用一天时间准备粮饷，次日再出发。"

孔纬拂衣而起，怒气冲冲，道："我妻病危，且不保夕，大丈夫岂敢以夫妻之情怠慢君父？诸位好自为之，我决心独自前往！"

他去找凤翔节度使李冒符，说："皇上一再下诏，敦促百官前去。观诸公之意，没有动身的打算。卑人身为监察官，不能落后。道多险阻，请阁下借50匹马，送我去陈仓。"

李冒符赞许孔纬的胆识与忠心，说："路上没有供粮的，吃的东西准备好了吗？"孔纬说没有，李昌符送给孔纬50缗钱，命骑兵护送孔纬上路。

孔纬到了陈仓，听说邠宁节度使朱玫率军迎驾，怀疑他图谋不轨，亟奏道："关城小邑，不足以驻六师，请皇上速去梁州。"翌日，车驾上路，刚入关，朱玫的大军便包围了宝鸡（今属陕西），攻打散关（今陕西宝鸡西南），直逼陈仓。

僖宗一行到了褒中，诏拜孔纬为兵部侍郎、同中书门下平章事，旋改为中书侍郎、集贤殿大学士。孔纬成了僖宗的宰臣。朱玫被杀，京城收复，僖宗还都，诏拜孔纬为尚书左仆射，还赐他铁券，恕十死罪；又赏给他天兴县一座庄园，长安城善和里一座府邸。

四、昭宗朝的沉浮

僖宗驾崩，李敏在僖宗灵柩前即帝位，是为唐昭宗。

孔纬被委任为山陵使，职司僖宗葬礼。礼毕，孔纬以先帝遗臣隐居在家，不入朝。昭宗遣宦官诏令孔纬依旧视事，进位司空。太学焚于战火，昭宗让孔纬督修，兼领国子监祭酒。不久，进位司徒，封鲁国公。

孔纬崇尚礼义，刚正不阿，即使那些灼手可热的权贵，也不曾假以颜色。

有个叫李顺节的人，颇得昭宗信用，为天武都头领浙西节度使，旋即又加同中书门下平章事，成为当朝宰臣，号称"天武相公"。李顺节去中书省受百官祝贺，掌礼仪的官员问孔纬是否让百官列队，孔纬说，李顺节的本官仅是一个都头，无需列队。届时，李顺节趾高气扬地来到中书省，见百官没有列队，心中怏怏。翌日朝会，李顺节委婉地问孔纬为何不列队，孔纬道："早就知道阁下不满。公卿百官，天子之廷臣。列队见宰臣，辅臣居首，是尊敬长官的意思。阁下统领天武健儿，而在政事厅受百官列队拜谒，能自安吗？若用此仪，等阁下高升，去了'都头'二字，就可以了！"

有时，在不违背礼仪的情况下，孔纬也会做一些妥协。

昭宗想去谒祭宗庙，有宦官扈从，他们要求穿朝服助祭。有人援引前例，说宦官不能穿朝服助祭，少府监也没有给他们穿的冠服。宦官火了，立令制造。太常礼院上疏，称大唐帝国从无宦官穿朝服助祭之礼，谏官也弹劾宦官无礼。一时间，闹得不可开交。孔纬见状，为了平息统治集团内部的分歧，便上疏说："宦官不得穿朝服助祭，乃国典；陛下若要他们参加，可依他们所兼官职做朝服。"昭宗高兴地接受了这个折中方案。谒见礼毕，昭宗下诏，孔纬兼太保。

过了不久，他便被黜官罢免了。事情是这样的：

幽州节度使李匡威等上疏，请求讨伐为非作歹、寇略不臣的河东节度使李克用，群臣都说国祚未安，不宜动干戈。宰臣张濬力主讨伐，孔纬赞同张濬的观点。谁知，出征不利，大败而归。张濬罢相贬官，孔纬贬为检校太保、江陵（今属湖北）尹、荆南节度观察使，还未离京，又贬为均州（今湖北均县）刺史。张濬、孔纬偷偷派人给汴州（治今河南开封）节度使朱全忠送信，请他出来说情。于是，昭宗诏令张、孔二人可以不去就职，随便去个地方寓居。孔纬去了离京师很近的华州（今陕西华县）。

孔纬寓居华州的第六年五月，靖难军节度使王行瑜、镇国军节度使韩建、凤翔陇右节度使李茂贞联兵攻进长安，杀宰臣韦昭度、李谿。昭宗深感大臣多依附藩镇军阀，朋比为奸，想用骨鲠正人，遂遣特使召孔纬入朝。孔纬染病，未能上路。六月，诏授孔纬太子宾客，随改授吏部尚书。翌日，拜司空，兼门下侍郎、同中书门下平章事、太清宫使、弘文馆大学士、延资库使。使者敦促，相望于路。昭宗皇帝求贤之心甚切。

孔纬抱病上路，朝见昭宗，奏道："臣前些日子待罪宰相，智术短浅，有负陛下。陛下特予宽赦，保全性命。臣原以为只能报效黄泉，未曾想活着叩拜殿阶。复见龙颜，实臣荣幸。但臣年老多病，卧床数年，躯体虽存，精力衰竭。身强力壮时，办事犹有疏忽，况且老病，怎堪重任？国祚兴隆，英贤满朝，岂敢以腐朽之人，再掌机要？臣竭力来京，再拜殿庭，乞陛下准许老臣自便。"呜咽流涕。孔纬久病，拜起艰难，昭宗让宦者制止他行礼，令人护送去中书省视事。

10多天后，沙陀人进军河中，同州节度使王行约率兵入京，想搞叛乱，昭宗出奔石门。孔纬随驾至莎城，病情加重，又返回京城。九月的一天，卒于长安城光德里府邸，昭宗诏赠太尉。

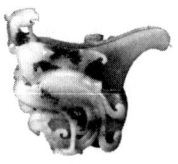

韩 衮

◎ 刘 一

河阳(今河南孟县东南)人韩愈是唐代杰出的文学家、哲学家,他的散文、诗和儒学思想,都开一代风气。韩愈的儿子韩昶,无甚大的作为。韩昶有两个儿子:韩绾、韩衮。韩衮性刚直,恃才傲物,不避权贵。唐懿宗咸通七年(866),韩衮参加进士科省试。考官是礼部侍郎赵骘,考试题目是《王者被衮以象天赋》。结果,第一名状元的桂冠落到韩衮的头上。放榜后,以韩衮为首的进士去拜谢考官赵骘。赵骘设宴款待。宴席上,赵骘一再赞赏新科进士欧阳琳的文章,韩衮不满,鄙夷道:"明公何必再三称道一个复姓汉?"赵骘愕然,酒宴不欢而散。按照惯例，新科进士在曲江会后，参加杏园宴。宴会正在进行，兵部尚书蒋伸来了。蒋伸做过宰相，他的儿子蒋泳考中此科进士。众人见蒋尚书来了，都备感荣耀。韩衮却厉声指斥蒋伸不该来这个地方，蒋伸大为惊愕，随即悻悻而去。回到家，蒋伸怒气未消，把儿子蒋泳叫来，斥骂道："席中有酗酒的疯子，不早点儿告诉我，让我受此辱，你还是我的儿子吗？"从此以后，无人敢与韩衮痛饮了。

孙 偓

◎ 张仁玺

孙偓，字龙光，籍贯不详。他出身于达官贵人家庭，父亲孙景商，官至天平军节度使，是个独霸一方的权势人物。唐僖宗李儇君临天下的第六年，即乾符五年(878)，孙偓参加进士科省试，高中榜首。中状元后，累官至户部侍郎、同中书门下平章事，成为宰臣。后又历任礼部尚书、行营节度诸军都统招讨处置使等职，成为权震朝野的人物。因事坐贬衡州(州治衡阳，今属湖南)司马，死在衡州司马任上。

孙偓通达简约，不矫饰，谦逊礼让。他曾说："士人如果有品行的话，那么，就不要拿自己的长处和别人的短处比，不要拿自己的优点和别人的缺点比。"他为人和气,从不发怒,即使家里的奴仆斗殴,他见了也不动声色。他说:"动怒发火,徒寻烦恼而已。"其为人处世多类此。

崔昭纬

◎ 张仁玺

　　崔昭纬，字蕴曜，清河(今河北清河)人。其祖父崔庇，曾任滑州酸枣县(今河南延津)尉。其父崔璙，曾任鄂州观察使。崔昭纬于中和三年(883)进士科状元及第。历中书舍人、翰林学士、同平章事等职。史称崔昭纬性险刻，内结宦官，外连方镇，挟制皇帝，以固其权。

　　景福二年(893)，唐昭宗改任凤翔节度使李茂贞为山南西道节度使，要他让出凤翔节度使，李茂贞恃兵不从，表章不逊。昭宗十分恼怒，欲加兵问罪，于是让宰相杜让能筹划军事，准备出兵进攻凤翔。当时也是宰相的崔昭纬和杜让能有矛盾，企图借机将其挤出朝廷，以泄私愤。于是便暗中和李茂贞勾结，传递朝廷的信息，致使朝廷的一举一动李茂贞都了如指掌。结果，昭宗派出的3万人马被李茂贞中途截击，大败而归。李茂贞乘胜进逼京师，表列杜让能罪状，要昭宗将其诛杀。昭宗迫于兵势，杀了西门君遂等3个宦官，并声明，用兵与杜让能不相干。李茂贞坚持不杀杜让能就不退兵，崔昭纬又从中怂恿，昭宗无奈杀了杜让能。从此以后，李茂贞等节度使的气焰更加嚣张。

乾宁元年（894），昭宗欲任命李磎为户部侍郎，同平章事。崔昭纬怕李磎分权，指使其党羽四处活动，加以阻止。说李磎奸邪，党附内宫，不可任相职。昭宗只得罢休。崔昭纬的党徒崔胤却被任命为兵部侍郎，同平章事。乾宁二年（895）五月，李茂贞，邠州节度使王行瑜，华州节度使韩健，各率精兵数千人入觐，以此向朝廷示威。京师人心慌恐，百姓四处逃亡，官吏无法制止。此时，李磎已被任命为宰相，并深受昭宗信任。崔昭纬十分妒嫉，便使人告诉王行瑜，说李磎在朝可能学杜让能用兵。李茂贞、王行瑜便迫使昭宗贬杀了李磎。他们还阴谋废昭宗，另立吉王为帝。恰在这时，李克用在太原起兵，声称要保卫朝廷，讨伐三镇，废立阴谋才被迫停止。七月，李克用举兵讨伐李茂贞、王行瑜。十一月，王行瑜兵败，被部下所杀。李茂贞上章请罪。这场乱子才算告一段落。

昭宗对崔昭纬的所作所为早已恨之入骨。王行瑜被杀后，崔昭纬便被罢相，降为右仆射。崔昭纬不甘心，妄图东山再起，于是请朱全忠推荐自己，又厚赂诸王替自己讲话。事情败露后，被贬为梧州（今属广西）司马。昭宗下诏，历数其五大罪状，赐其自尽。诏书大意是：崔昭纬身为宰相，不能忠贞报国，却结交奸臣，漏泄机密。勾结王行瑜等，进兵京师，胁迫君主，使李磎等被害。又厚赂诸王，别谋托附等。崔昭纬在去贬所的路上行至江陵（今属湖北），朝廷使者追至，将其处死。

陆 扆

◎ 张仁玺

陆扆，字详文，原名允迪。祖籍吴郡(今江苏吴县)，后徙家陕州(今河南三门峡)。曾祖陆沣，官至殿中侍御史。祖父陆师德，曾任淮南观察支使。父陆鄎，任陕州法曹参军。陆扆于光启二年(886)进士科状元及第。他这个状元是自定的。事情是这样的：陆扆一次在旅店与中书舍人郑损邂逅，结为知己。陆扆有文才，出入宰相韦昭度之门，屡请韦昭度上奏开科，让他登第。当时已是六月，早已过了考试日期，韦昭度耐不住陆扆的一再请求，问他："已是深夏季节了，谁可担任考官？"陆扆推荐郑损，韦昭度同意了。于是，陆扆请出郑损，说了自己的打算，郑损一口答应。录取何人及名次先后，都是陆扆定的。他把自己安排到进士科第一名的位置上。陆扆此举遭到后人讥斥。不过，他也不是滥竽充数的庸才，确有才华。

就在他登上进士科榜首那年，当朝天子文宗李儇在宦官田令孜挟持下出走兴元（今陕西汉中）。田令孜是在藩镇将领要杀他时挟天子出逃的，随行文武官员颇多，新科状元陆扆也在其中。九月，宰相韦昭度领盐铁，陆扆被任命为巡官。次年，被任命为直史馆，得校书郎，因母亲亡故未能任职。龙纪元年（889），召授蓝田（今属陕西）尉，直弘文馆，迁左拾遗，兼集贤学士，改任监察御史。大顺二年，奉诏充任翰林学士，改任屯田员外郎。景福元年（892），加升祠部郎中，知制诰。二年（893）元日朝贺，御赐金紫之服以示荣耀。五月，拜授中书舍人。

陆扆文思敏捷，为文不假思索，挥笔如飞，文理俱佳，同舍都佩服他的才能。入仕后深得昭宗宠爱。昭宗作赋，命诸学士和，陆扆总是第一个完成。昭宗感叹地说："朕闻贞元时有陆贽、吴通玄兄弟，能作内庭文书，后来无人相继，现在有了爱卿，真是后继有人了。"

乾宁初年，陆扆转任户部侍郎。乾宁二年（895），改任兵部侍郎，封爵银青光禄大夫、嘉兴男，食邑300户。三年（896）正月，又授任为学士承旨，不久改任左丞。其年七月，改户部侍郎、同平章事。八月，加中书侍郎、集贤殿大学士、判户部事。当时，凤翔节度使李茂贞率兵进逼京师，昭宗命覃王率兵抵抗。陆扆上书反对在京师附近交战，特别是亲王统兵，一旦失败，影响太大。昭宗很不满意，将其贬为地方刺史。结果，朝廷军队果然失败，昭宗被迫逃出京城。乾宁四年（897）二月，任陆扆为工部尚书，转任兵部尚书。八月，陆扆同昭宗一起返回京城。

　　光化元年(898)正月,陆扆被任命为中书侍郎、同平章事。三年(900)四月,兼任户部尚书,进封吴郡开国公,食邑1000户。九月,转门下侍郎、监修国史。天复元年(901)五月,进阶特进,兼兵部尚书,加食邑500户。

　　昭宗还京后,赐诏各道,大赦天下,只是没有提及茂贞。陆扆上书说:"凤翔离京城最近,李茂贞固然有罪,但仍然守职纳贡,没有与朝廷断绝关系。从大局考虑,也应对其加以赦免。"

　　当初,崔胤罢相后,由陆扆代为宰相。崔胤为此对陆扆怀恨在心,于是上书诬陷陆扆和李茂贞暗地勾结。昭宗不明真相,便将陆扆贬为沂王傅,分司东都。崔胤死后,陆扆复任吏部尚书,从昭宗迁洛。当时的中书侍郎柳璨为迎合巴结朱全忠,准备杀尽朝廷中有声望的大臣,先将陆扆贬为濮州(州治鄄城,今山东鄄城北)司户参军,又在滑州白马驿(今河南滑县)将其杀死,时年59岁。

卢文焕

◎ 刘 一

卢文焕，唐昭宗光化二年(899)进士科状元及第。他的仕宦生涯、建树作为等，文献不载，留在文献中的，仅是他好宴饮一项。这位状元以宴饮为急务，还喜欢戏谑人。他时常拉同榜登科的进士们去吃喝，朋友们大都清贫，没钱赴宴。一天早晨，卢文焕骗他们去游齐国公亭子，他们到了后，宽衣解带，从容游玩。这时，卢文焕让人拉来一头驴，准备宰了吃。一同来游玩的柳璨告诉卢文焕，这驴不是他们的。卢文焕道："药不瞑眩，厥疾弗瘳。"这句话出自《尚书·说命上》，原话作"若药弗瞑眩，厥疾弗瘳。"意思是说，用药不到头晕目眩的地步，病是不会好的。卢文焕引用此句，是在戏谑柳璨他们那伙穷鬼：不让你们多花点儿钱，你们吝啬的毛病是改不了的。柳璨愤恨不已。过了4年，柳璨显贵，而卢文焕穷困潦倒。每次遇上他，柳璨都忘不了说一句："药不瞑眩，厥疾弗瘳。"

五代十国

(907—979)

　　五代与十国大都实行过科举取士,但由于记载阙如,今已难道其详。本书收有 2 名状元的传记,其余的状元史料匮乏,仅列表附于书后。

王　溥

◎ 涂文君

王溥，字齐物，山西祁县人，出生于一个小官吏之家。其父王祚，为人颇有心计，后晋初跟随石敬塘进入洛阳，专门掌管盐铁要政。不久，以母老辞官还乡。后汉时官至三司副使，后周朝历任随州(今湖北随县)、华州(今陕西华县)等地刺史。宋初，升为宿州(今安徽宿县)防御史，后致仕归里。

王溥自幼好学。后汉高祖乾祐元年(948)参加礼部考试，知贡举为户部侍郎王仁裕。王仁裕因见王溥器宇不凡，便录取他为状元。当时，王溥年仅26岁(王溥自谓："余年二十有五，举进士甲科")。从此以后，王溥在仕途上青云直上，6年

后拜相时,其座主王仁裕特地写诗向他祝贺:

一战文场拔赵旗,便调金鼎佐无为。
白麻骤降恩何极,黄发初闻喜可知。
跋敕案前人到少,筑沙堤上马归迟。
押班长得遥相见,亲狎争如未贵时。

王溥见诗后,也依韵和了一首诗:

挥毫文阵偶搴旗,待诏金华亦强为。
白社幸当宗伯选,赤心旋遇圣人知。
九霄得路荣虽极,三接承恩出每迟。
职在台司多少暇,亲师不及舞雩时。

王溥状元及第后,初任秘书郎一职。当时,方镇叛乱,天下动荡,各地战火不息。后汉末,河中节度使李守贞首先发难,占据河中府(治所在今山西永济蒲州镇)。随后,京兆府(治所在今西安)牙将赵思绾发动叛乱,凤翔府(治所在今陕西凤翔)王景崇与之遥相呼应,共推李守贞为秦王。后汉王朝岌岌可危。枢密使郭威率兵讨伐,辟王溥为从事。平定河中后,郭威从李守贞军中搜出文书,记载着朝中达官显贵与藩镇势力互相勾结之事。郭威打算回朝后按名单追查,王溥及时阻止了这件事,并建议其将文书烧毁,以安定众官之心。郭威采纳了王溥的建议。班师回朝后,王溥升为太常寺丞。

郭威(即后周太祖)建立后周王朝后,王溥被授为左谏议大夫、枢密直学士。太祖广顺二年(952),迁中书舍人、翰林学士。广顺三年(953)加户部侍郎,改端明殿学士。不久,太祖皇帝病危，召学士起草遗诏，诏命王溥为宰相，领中书门下平章事一职。宣读遗诏后，太祖皇帝说："我没有忧心的事了。"即日驾崩。

世宗刚刚即位，北汉刘崇就勾结契丹，大举南犯。当时，世宗皇帝血气方刚、锐气正盛，决定率兵亲征。大臣冯道等人极力谏阻，只有王溥表示赞成。及世宗凯旋，加王溥兼礼部尚书，监修国史。世宗曾从容地问王溥："后汉宰相李崧，曾以蜡丸封密信勾结契丹，还有人能记得他信中的言辞，你相信吗？"王溥回答说："李崧身为大臣，假设真有投敌的阴谋，岂肯轻易透露给外人知道？不过是苏逢吉诬陷他罢了。"世宗恍然大悟，下诏追赠其官职。在后来世宗皇帝统一全国的战争中，王溥也每每出谋划策，屡建功勋。

显德四年(957)，王溥的父亲不幸去世，他急忙回家守制。丧服未除，世宗便下诏起复。王溥连续4次上表，乞求终丧，结果触怒了世宗皇帝。多亏宰相范质上表解释，方免灾祸。显德六年(959)夏天，重新任命他参知枢密院事。

恭帝嗣位后，加王溥右仆射之职。当年冬天，王溥上表请修《世宗实录》，得到皇帝的同意后，遂与扈蒙等人开始一同编写。

显德七年(960)正月初四凌晨，归德军节度使、殿前都点检赵匡胤在开封东北陈桥驿发动兵变，黄袍加身，建立北宋，后周灭亡。

北宋初年，王溥被免除参知枢密院一职，进位司空之职，兼门下侍郎、同平章事。宋太祖乾德二年(964)，王溥被免除宰相之职，降为太子太保。按旧朝惯制，文武百官上朝时，一品官员的列班位于台省官员的列班之后。太祖皇帝因见王溥也位列台省班之后，特地对左右大臣说："王溥是前任宰相，应当对他特别尊宠。"立即下诏,将台省官员分为东西两列。从此以后,遂为定制。

乾德五年(967),王溥的母亲亡故。服终以后,加升为太子太傅。开宝二年(969),迁太子太师。入朝谢恩的时候,太祖皇帝对左右的大臣说:"王溥做了10年宰相,3次升迁为一品官,福履之盛,近世没有人能够和他相比。"宋太宗太平兴国初年,王溥被封为祁国公。

太平兴国七年(982)八月,王溥不幸去世,终年61岁。太宗皇帝为此两天没有上朝,追赠其为侍中,谥号"文献"(一作"文康")。

王溥为人至孝,是当时有名的孝子。在他任宰相时,其父王祚领衔宿州防御使,却居住在家中。每当朝廷官员来此地,因王溥的关系,必定首先来拜访王祚。王祚置酒设宴招待,王溥则身着朝服,在酒席左右趋走侍候。席中的客人在朝廷中都是王溥的下属,见宰相大人侍候左右,往往坐不安席,引退回避。王祚却说:"此豚犬耳,不必麻烦诸位起坐。"后来,王溥也觉面上无光,就暗示其父上疏,告老求退。王祚估计朝廷未必会允许他的告退请求,就上了一道奏疏。不料,皇帝却批准了他的"请求",同意他致仕还乡。王祚闻讯后,大骂王溥:"我筋力未衰,你想巩固自己的名位,就要幽禁我吗?"举着一根大木棒就来打王溥,多亏亲戚们劝阻开导,方才罢手。然而,王溥孝心不改。其父去世后,王溥为守制终丧,几乎忤旨被罪。

王溥生性宽厚,风度潇洒,相貌堂堂。在他为政期间,特别重视有才能的年轻人,喜欢汲引后进。由他推荐、后来官至显位的年轻人很多。然而,他为人吝啬,其父尤好积聚田宅资产,以至家累万金,富甲一方。

王溥一生好学,常常手不释卷。他曾汇集苏冕的《会要》及崔铉的《续会要》,并增补其中的阙漏,编为100卷,名为《唐会要》;又采录后梁至后周之事,编为30卷,名为《五代会要》。王溥又喜欢收藏,他所收藏的古书有1万余卷,并且还收藏有许多著名的书画。

王溥的后人也颇有作为。其长子王贻孙累官至右司郎中;次子王贻正官至国子博士;三子王贻庆官至祠部郎中;四子王贻席(后改名贻矩),景德二年(1005)进士,官至司封员外郎。其孙王克明(贻正之子),娶太宗皇帝之女郑国长公主,为驸马(后改名贻永,诏令与其父同行)。可谓世代显赫。

王 朴

◎ 涂文君

  王朴,字文伯,山东东平人。出生于唐哀帝天祐三年(906)。他的父亲名叫王序,门庭并不显贵。王朴自幼聪明、机警,开始读书后,更是勤奋好学,并且特别善于写文章。由于当时的社会动荡不安,青年的王朴未能通过科举的道路成名立业,实现他的宏图大志。后汉隐帝乾祐三年(950),45岁的王朴方才考中进士,并且是当年17名进士中的第一名——状元。随即授予他校书郎一职,在枢密使杨邠手下供事,并住在杨邠府第。

  当时,后汉小朝廷朝政混乱,隐帝年少孱弱,任用小人;

杨邠虽身为宰相，却与文武大臣不和，尤其与大臣史弘肇等人相仇视。王朴估计这样的朝廷不会维持很久，就果断地离开了杨邠。不久，在李业等人的唆使下，后汉隐帝诛杀权臣，杨邠、史弘肇等人皆被杀害，凡与他们有关系的人也都受到牵连，惟有王朴免遭其祸。

后周初年，王朴在太祖皇帝的养子柴荣手下任节度掌书记。柴荣升任开封府尹，拜王朴为右拾遗，充任开封府推官之职。显德元年（954），柴荣即皇帝位，是为后周世宗。世宗即位后，马上提升王朴为比部郎中，并赐给他紫袍，以示荣耀。从此，王朴青云直上。

显德二年（955）夏天，世宗皇帝为了寻求政治改革和统一全国的方略，召集翰林学士承旨徐台符等20余人，每人写《为君难为臣不易论》和《平边策》各一篇。王朴在《平边策》中，首先分析了后唐、后晋两朝的兴衰得失，进而建议世宗皇帝以南方的吴国为开端，迅速平定江北、江南各国，统一天下。并说："方今兵力精练，器用具备，群下知法，诸将用命，一稔之后，可以平边。"当时，世宗皇帝刚刚即位，锐意征伐，显德元年（954），曾亲率军队，在高平大败北汉刘崇、契丹杨衮。班师回朝后，又加紧训练士卒，确实抱负非凡，有统一天下的宏伟大志。而朝中大臣多数不同意皇帝急于用兵，主张先修文德。王朴的《平边策》正合世宗皇帝之意，因此，深得世宗皇帝的赏识和器重。不久，王朴就被提升为左谏议大夫，任开封府尹。随即又被提升为左散骑侍郎，充端明殿学士，兼任开封府尹之职。当时正扩建京城，王朴奉命规划，诸凡街道、建筑的布局均由他设计。

显德三年（956），世宗皇帝率兵亲征淮南，命王朴为东京副留守，协理京师事务。及世宗皇帝班师回朝，王朴又被提升为户部侍郎兼枢密副使。不久,又晋升为枢密使、检校太保。恰在此时,王朴的母亲不幸去世,他急忙回家守孝。丧服未除,又被起复授任原官。

显德四年(957),世宗皇帝再次率兵南征,仍令王朴兼任京师留守。凡京师的军民政务,均由王朴自行处理,不必请示圣旨。王朴本来就性格刚烈,再加上皇帝的授权,使他更加独断。凡是他的所作所为,没人敢阻拦。据《旧五代史考异》记载:当时,京城的扩建工程仍在进行。有一位督工的乡虞侯散漫无状,王朴非常生气,就在大街上将其当众鞭背,打了数十鞭,以示惩诫。事后,这位乡虞侯发牢骚说:"我是皇帝亲自宣补任命的官吏,怎么能不请示圣旨,就随便责罚我呢!"恰巧这话又传到王朴耳中,他马上命令侍从将这人捉来,二话不说,将其立毙于马前。后来,世宗皇帝听说这件事后,笑着对左右的大臣说:"这人真是个笨蛋!他竟敢去对王朴夸耀自己是宣补虞侯,这不是自己找死吗!"因为王朴法度严厉,所以,当世宗皇帝班师回到京城时,只看到一派肃整景象。

显德六年(959)三月,世宗皇帝诏令在汴口建一处宣泄洪水的"斗门",王朴奉命前往巡视,不久回朝。在回京师时,路过前任宰相李谷的府第,前往拜访。正交谈之际,王朴突发疾病,倒在座位上。随从急忙用肩舆将他抬回府第,到晚上就去世了,年仅54岁。世宗皇帝闻讯,大惊失色,急忙赶到王朴家中,来到灵柩前,将手中所拿的玉钺拄在地上,失声痛哭。

据记载,后周世宗皇帝在宫禁中建了一处功臣阁,里面悬挂着李谷、王朴、郑仁海等大臣的肖像。宋太祖赵匡胤登基后,有一天经过功臣阁,门突然被风吹开,正好与王朴的画像相对。太祖皇帝一望见王朴的画像,马上耸然却立,整龙袍,理御带,向王朴鞠躬致敬。左右的侍卫说:"王朴不过是前朝的一位臣子,陛下贵为天子,何必行这么大的礼呢?"太祖皇帝用手指着龙袍说:"如果这个人现在还活着的话,我就穿不上这件龙袍。"(事见《东平县志》卷17)由此可见,王朴确实是五代末朝一位颇有名望的大臣。

王朴本性刚决果断,为人聪敏机智,并且博学多识,再加上备受世宗皇帝的信任和器重,所以,一生多有建树。在军事上,他颇具长远的战略眼光,他在谈到诸国兴亡的次序时说:"淮南吴国,可最先攻取;并州的北汉乃必死之寇,但会最后灭亡。"后来,宋太祖赵匡胤平定四方,统一中国,结束五代十国的混乱局面,北汉是最后一个降服的——正如王朴所言。

王朴除了在政治、军事上的功绩外,还考正过声律,校定过历法。显德二年(955),王朴奉诏校定历法,他抛弃了近代流俗不经的学说,创立了"通、经、统"3种方法,以岁星轨道离交朔望的周期变化,推算日月五星的运行,写成了《大周钦天历》一书。显德六年(959),他又奉命考正乐律。他认为十二律管互吹,以校定乐律的传统方法不够准确,就以西汉人京房(前77—前37)的"京乐推律"为标准,"以九尺之弦十三,依管长短分寸设柱,用七声为均,乐成而和"(《新五代史》卷31),写成《律准》一书,流传很久。

另外,王朴还著有《乐府》、《秤经》、《显德三年七政细行秤》等书。

宋

(960－1279)

宋代从太祖建隆元年(960)开科取士,迄度宗咸淳十年(1274),共118榜进士,状元118人。但有几位状元文献记载阙如,有的连籍贯都已失传,难以立传。本书立传的有109人,另将118人列表附于书后。

武举始于唐,但唐代武举的具体情况今已不可得而知,有材料可证的武举始自宋。不过,宋代武举文献也语焉不详,可考的武状元仅41人,其中有4人科分不详。41名武状元中,事迹可考的也极少。本书立传的仅3人,另将41人列表附于书后。

杨 砺

◎ 涂 晓

宋太祖建国后，采取了一系列措施强化君主专制主义中央集权。为了选拔治国理民的优秀人才，在建国的当年，即建隆元年(960)，便开科取士。考试分两级，一是各州举行的取解试，一是礼部举行的省试。省试的第一名即为状元。大宋帝国第一位状元是杨砺。

杨砺，字汝砺，京兆府鄠县(今陕西户县)人。他的家世可追溯到唐朝。

唐朝末年，皇宫中有个宦官，姓杨名复恭。杨复恭略通学术，很有心计。唐僖宗时，官为左神策军中尉，六军十二卫观军容使，封魏国公，赐号"忠贞启圣定国功臣"。僖宗驾崩，杨复恭册立昭宗，威福自断。他养子600人，分布在中央和地方，把持政权。养子中有个叫杨守信的，官居山南西道节度使、同中书门下平章事，是杨复恭的心腹之一。昭宗不能容忍杨复恭的专权自恣，贬斥杨复恭。杨复恭一伙图谋不轨，被斩首。

杨守信也被杀死了，他有个儿子存活下来，叫杨知礼。杨知礼仕石敬瑭开创的后唐王朝，官至均州（今湖北均县西北）刺史。

杨知礼之子杨仁俨，出仕孟知祥建立的后蜀，为丹棱（今属四川）县令。乾道三年（965），宋太祖发兵灭蜀，杨仁俨降宋，被任命为渭南（今属陕西）主簿，累迁至永和（今属山西）县令。

杨仁俨就是杨砺的生身父亲。

如此看来，杨家曾有过显赫的门第。但对于曾祖杨守信，杨砺却羞于提起。杨家那个显赫时期，杨砺是忌言的。

杨砺本名"励"，自幼好学上进。在后周王朝统治时期，杨砺已以文章闻名。广顺三年（953）的一天，他拿着自己的文章去见晋王、开封府尹柴荣，柴荣命馆舍接待杨砺。杨砺在一天夜里梦见一位穿古时衣冠的人对他说："你能随我来吗？"杨砺欣然前往。他们来到一个地方，那里宫殿巍峨，似非人间所能有。大殿上有30多个王秉珪南向。杨砺上殿拜谒。只见领头的大王前面有张几案，上面放着簿册录人姓名，他的姓名居首，但不是写作"杨励"，而是"杨砺"。他向大王请教吉凶祸福，大王说："我不是你的老师。"他用手指一人道："那位来和天尊，将来是你的主人，可去问他。"名"来和天尊"的人笑曰："此后40年，你的功名便可成就，而我也就贵显了。"梦醒了，杨砺颇感惊奇，为了祈求梦中的来和天尊所说的富贵，他把名字改为"砺"。

建隆元年，他中了状元。高兴之余，他更加相信那梦中的来和天尊所言不妄。

但是不久，家门便遭不幸。他刚中状元，杨仁俨就病死了。杨砺悲恸欲绝，数日滴水未进，乡人莫不为之叹息。3年父丧结束后，杨砺打算在家侍养老母。后经官府催促，他才出仕，担任凤州团练使推官。过了1年，老母罹病，杨砺闻讯，挂冠而去，回家侍养老母。

他在家一住多年，似无复出之意。

因为他相信梦中的来和天尊说的话，再有30多年，他才能大贵，因此，他迟迟不愿出仕。

开宝九年（975），杨砺诣阙献书，太祖召试于学士院，授陇州（今陕西陇县）防御史推官，掌审理刑狱。

杨砺再度出仕，到西北边地做了一名州史。这年十月二十日，宋太祖驾崩，他的弟弟赵光义即位，是为太宗。

杨砺被召入汴京开封，出为光禄寺丞。光禄寺负责祭祀所需供品，丞是佐官。不久，老母病死，杨砺回家服丧。服满，起仕，做了很长时间的光禄寺丞，转为秘书丞，辅佐秘书监、少监掌图籍。后改任屯田员外郎，出知鄂州（州治江夏，今湖北武汉），治绩卓著。

端拱元年（988）正月，太宗第三子赵恒封为襄王，杨砺出任襄王府记室参军，负责王府的文字工作。杨砺一见赵恒，又惊又喜，回家偷偷地告诉儿子："我今天看见襄王仪貌，就是梦中的来和天尊！"赵恒掌理开封府，杨砺又出任开封府推官，负责审理刑狱。一日，赵恒问杨砺："你是哪年成为进士的？"杨砺唯唯，没有回答。后来，赵恒得知杨砺为建隆元年状元，自悔问得不得体，对杨砺不以状元自傲，甚为推重。

淳化六年(995)八月,赵恒立为皇太子,杨砺兼任右谕德,掌赞谕道德,侍从文章,赵恒对他极为看重。

2年后,即至道三年(997)三月二十九日,太宗驾崩,赵恒即位,是为真宗。

杨砺进为给事中,判吏部铨。给事中为寄禄官,仅代表品级、俸禄,他的真正职位是判吏部铨,负责铨选官吏。不久,拜为翰林学士。翰林学士掌起草诏令,为皇帝近臣,一经授予此职,即有入相的希望。过了1年,即咸平元年(998),拜工部侍郎、枢密副使。工部侍郎也为寄禄官,他的真正职位为枢密副使。枢密副使为最高军事机构枢密院的副长官,职位颇重。

自真宗即位后,杨砺青云直上。

当然,这并非因为真宗为杨砺梦中的来和天尊,而是由于杨砺才堪大任,再加上他曾是真宗为襄王时的记室参军,开封尹时的推官,故升迁很快。

但是,正当杨砺官运亨通之时,病魔突然降临,杨砺病倒了。咸平二年(999),杨砺病死,享年69岁。

真宗闻讯,大为悲痛,对宰相说:"杨砺耿直清廉,正准备委以重托,谁知竟去得这么快!"遂冒雨前去吊唁。杨砺住宅在一条狭巷中,车驾进不去,真宗步行,来到杨砺的灵前,嗟叹良久。回宫后,真宗诏令罢朝致哀,追赠兵部尚书。

杨砺作文繁长,无师法,他的诗有的一题,有的多至数十篇。在翰林学士院时,起草诏令迂怪,见者无不哂笑,他却不以为意。有文集20卷。杨砺的几个儿子都很有出息,杨峤官至祠部郎中,杨峰官至太常博士,杨峭官至太子中舍,杨嵎官至祠部郎中。

张去华

◎ 涂 晓

一、建隆二年状元

开封府襄邑县(今河南睢县)有个叫张谊的，好读书，不事产业，性耿介。张谊少孤，叔父让他监督雇工种地。一天，叔父去视察，田中不见张谊身影，后来在一颗大树下找到了他，他正在那里聚精会神地看书。叔父大怒，谩骂责斥。张谊对他哥哥说："若不出外求学，壮志难酬！"遂偷偷地离家出走，去了洛阳,入龙门书院读书。

后唐明宗李嗣源长兴(930~933)年间,张谊考中进士,出仕,历任后唐、后晋、后汉三朝,官至中书舍人。以耿介、多才著称。

张谊有个儿子叫去华。张去华像父亲一样,好学上进,善诗文。他性亦耿介,不甘屈人。显德二年(955)十一月,周世宗柴荣发兵进攻南唐,张去华时年18,慨然叹曰:"兵戈不息,民事不修,不是治国的长久办法。"遂著《南征赋》、《治民论》进献周世宗。周世宗阅后大为欣赏,特加召试,授他御史台主簿一职,负责御史台的文字事务。御史台辖下的台院、殿院、察院三院长官议事,张去华官卑,不得预坐,对几个好友说:"主簿一职,非男子汉大丈夫干的!"挂冠而归,杜门不出。

张去华在家一住就是3年。第4年上,即显德七年(960)正月,后周禁军统帅赵匡胤发动兵变,黄袍加身,建立大宋王朝,是为太祖。

太祖君临天下不久,张去华便带着自己的文章游历京师开封,拜访达官名人。饶阳(今属河北)人李昉,名重天下,时为中书舍人,读了张去华的诗文,大为赞赏。经李昉等一班文人名士称扬,张去华名声大噪。

这年秋天,张去华考中开封府的取解试。第二年,即建隆二年(961)春,参加礼部的省试,一举夺魁,成为大宋开国以来的第二位状元。

这年,张去华年仅24岁。

二、仕宦生涯

中状元后，张去华被授予秘书郎的官衔，入值史馆，参与修史。过了1年，他的官位没有升迁，遂上疏自诉，指斥知制诰张澹、卢多逊和殿中侍御史师颂三人学识浅陋，而居高位，请求太祖考校他与张、卢、师三人的优劣。太祖为张去华此举而惊叹，遂命大臣陶穀等考校。果然，张澹等的成绩欠佳被降秩，张去华被擢升为右补阙，太祖还赏赐他一套衣服、银带和鞍马。右补阙为寄禄官，仅代表官秩。

但是，朝中大臣鄙斥张去华汲汲于功名，急于进取，多方贬抑，张去华在右补阙位一待就是16年，不得升迁。

一天，太祖召见张去华，问及他的家世，张去华乘机以父亲为喻，说老父因得罪权贵而被贬谪，以发泄他对当朝权臣的愤懑。宰相薛居正也说张去华的父亲因耿介而遭贬。太祖动容，说："汉室不道，奸臣擅权，朕亲自目睹的。"不久，命张去华通判道州(州治营道，今湖南道县)，即道州的副长官。

当时，岭南地区还有一个割据政权——南汉。张去华到道州后，经过调查，上疏太祖，建议先夺取五岭要冲桂州(今广西桂林)，若夺取桂州，大军南下，如入无人之境。太祖下诏嘉奖。

在道州通判任上干了不长时间，张去华调任磁州(州治滏阳，今河北磁县)知州。

大约在此前后，太祖驾崩，他的弟弟赵光义即皇帝位，是为太宗。

张去华的官职升为中书舍人，出知凤翔府(府治天兴，今陕西凤翔）。

太平天国四年（979），太宗御驾亲征割据太原（今属山西）一带的北汉。张去华奉命随行，负责征收、颁赐粮饷。在出征路上，受命为京东路转运使，职司京东路财赋。太平兴国七年，调任江南路转运使。雍熙三年（986）正月，宋太祖遣兵收复被契丹人占领的燕云十六州。张去华奉命督宋州（州治宋城，今河南商丘）财赋北上以为军饷，至宋、辽交界的拒马河，奉命调任河北路转运使。不久，调任陕州（州治陕县，今河南三门峡西北）知州。临行前，张去华把他编著的《大政要录》30卷献上，太宗阅后大为赞赏，赐绵帛50匹，把他留在京师。

这时，太宗次子元僖进封许王，出任开封尹。太宗的长子元佐已被废为庶人，太宗意欲以元僖为皇嗣，命张去华为开封府判官，殿中侍御史陈载为开封府推官，负责审判案件。太宗对他俩说："两位爱卿都是朝中的端正之士，故特加选用，好好辅佐吾子。"各赐钱百万。第二年，张去华的官秩升为左谏议大夫，太宗又让最高军事长官枢密使王显传旨，要张去华尽力辅佐。

至此，张去华的地位如日东升。

但为时不久，他便在一桩案子上栽了跟头。

庐州（州治合肥，今属安徽）有个尼姑，叫道安，向开封府状告弟媳不孝。张去华说道安诬告，把她押送回庐州。道安状告的弟媳是广陵（今江苏扬州）人徐铉夫人的外甥女。徐铉在朝中为官。道安经过调查，发现徐铉曾致函张去华，要他从中斡旋。张去华遂判道安诬告。于是，道安入京，击登闻鼓告御状。太宗闻知大怒，贬张去华为安州（州治安陆，今属湖北）司马。

过了1年，太宗起用张去华，授他将作少监的官秩，出知在兴元府(府治南郑，今陕西汉中)。张去华还未上路，又改任晋州(州治临汾，今属山西)知州。不久，官秩升为秘书少监，出知许州(州治长社，今河南许昌)。

至道三年(997)三月二十九日，太宗驾崩，他的第3个儿子赵恒承嗣大位，是为真宗。

张去华的官秩升为左谏议大夫，寻即升为给事中，出知杭州(州治钱塘、仁和，今浙江杭州)。

杭州曾是吴越国的地盘。吴越统治时，征收人头税，人死了也不豁免。太平兴国三年，宋灭吴越，但仍按吴越的人头征税，直到张去华出任杭州知府时还没改变。张去华上疏，请求免去死者的人头税，但有关部门以财政吃紧为由，不予准许。

咸平二年(999)，张去华调任苏州(州治长洲、吴县，今江苏苏州)知州。到苏州不久，张去华罹病，请求分司西京洛阳(今属河南)。在洛阳，他修建了一所别墅，在里面建造了一个亭子，名曰"中隐亭"，打算从此隐居。景德元年(1004)，以工部侍郎的官衔退休。第3年病逝，享年69岁。

三、众人艳称的父子状元

张去华长得貌美，口才也好，善谈论，为人刚正，崇尚气节，极重友情。在任道州通判时，遇到父亲生前好友何氏遗下的2个孩子，张去华收养，教他们读书。何氏二子后来都做了官。张去华为官，关心民间疾苦，曾著《元元论》，论述为政应以养民重农为急。他将此文献给真宗，真宗大为赞赏，命用丝绢书写成18轴，悬挂在龙图阁四壁。龙图阁是在咸平四年建成的，收藏太宗手迹及各种图书。张去华不修边幅，因而遭到一些人的讥斥。他留下了文集15卷。

张去华才华非凡，但入仕43年，实际官职仅至知州、知府。他之所以官职不显，《宋史·张去华传》说是由于他不修边幅，故而为士大夫所贬斥。这是原因之一，另一重要原因是他刚正不阿，触犯了官场大忌。

张去华有10个儿子，后来成名的有张师古、张师锡、张师颜、张师德四子。张师古官至国子监博士官，张师锡官至殿中丞，张师颜官至国子监博士官，最有名的是张师德。张去华最器重张师德，说惟有师德可以继承他的壮志。大中祥府四年（1011），张师德参加殿试，大魁天下。在老父张去华夺魁后50年，儿子师德也中了状元，时人以为荣。

马 适

◎ 刘 天

建隆四年（963），宋太祖赵匡胤称帝的第三年，宋朝内部的统治已趋稳固，开始"先南后北"统一中国的军事行动。壬戌科进士省试，就在这种局面下，在京师礼部贡院开考。参加省试的是上一年通过各州取解试的举子。为了防止考官徇情取舍，师生结党，太祖赵匡胤于建隆三年九月颁布诏令：今后，考生不得称考官为"恩师"、"师门"，亦不得自称"门生"。这项诏令从壬戌科开始实施。考试结果，录取进士11人，马适高居榜首，成为北宋开国以来第3位状元。

马适，九江湖口（今江西湖口）人。湖口位处碧波万顷的鄱阳湖的岸边，鄱阳湖从这里注入滔滔长江，故名"湖口"。在建隆四年，湖口还是南唐的地盘，处在后主李煜的统治下。马适却参加了北宋的进士科考试，可能他的籍贯是湖口，后来迁居他地。马适从小聪明好学，孝事父老，是有名的孝子。他中状元不久，荣华喜悦之时，母亲罹病，不几日便身亡了。马适奔丧，极度悲哀，母亲刚刚入土，他也病倒了，终于不治而死。宋代科举取士，一经录取，立即授官。马适因母亲猝死，回家奔丧，朝廷也就没授他官职，故马适死时，身膺状元的桂冠，却是一介平民。

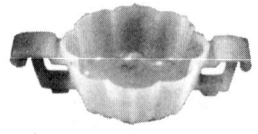

苏德祥

◎ 刘 天

显德七年(960)正月,赵匡胤黄袍加身,建立宋朝后,为了网罗士人,选拔人才,连年开科取士。建隆四年(963),第4次开科,苏德祥夺得第一。

苏德祥,益都(今山东青州)人。祖父苏仲容,精于儒经,有名当时。父苏禹珪,性谦和,虚襟接物,承继父业,颇通儒学。天福十二年(947),后晋河东节度使刘知远称帝,建立后汉,拜苏禹珪为丞相。后周王朝建立后,苏禹珪仍为权臣,封莒国公。显德三年(956)正月初一,与客人宴饮,暴病身亡,时年四十有二。苏德祥承嗣父祖学业,以上乘佳作夺得大宋王朝第4位状元的桂冠。

大魁天下后，苏德祥衣锦还乡，太守大人设宴庆贺。宴席上，伶人歌舞，太守命伶人献辞："昔年随侍，尝为宰相郎君；今日登科，又是状元先辈。"

新科进士授官，苏德祥入仕，累官至右补阙。右补阙是寄禄官，仅代表品秩，位次后行员外郎，高于左右拾遗。苏德祥工诗，但流传下来的不多，《宋诗纪事》卷三辑有他的《赠南岳宣义大师英公》一诗，诗云：

　　学就书闻在道林，几年辛苦用身心。
　　九霄雨露酬知早，百首风骚立意深。
　　青白野云闲里卧，古今碑碣醉中寻。
　　因何负此多般艺，可惜教师鬓雪侵。

刘蒙叟

◎ 刘 天

大宋帝国应天府(府治宋城,今河南商丘)有个宁陵县(今河南应陵东南),县里有个刘家,是赫赫有名的衣冠世家。还在唐朝时,刘仁轨(603~685)便官至宰相。刘仁轨的第11代孙叫刘熙古,聪明好学,年15便通晓《易》、《诗》、《书》。他在后唐时中进士,出为金州(今陕西安康西北)防御史孙铎的从事。后晋时,出任下邑(今河南夏邑)县令。后汉时,出任卢氏(今属河南)县令。后周时,做过几任州的佐史。宋朝建立后,刘熙古很受太祖信用,累官至参知政事。

刘熙古有两个儿子,长子刘蒙正,颇有父风,善骑射,自宋太祖时起，便在皇帝身边做内侍官，历任太祖、太宗、真宗三朝。次子刘蒙叟，名气比哥哥大得多，乃宋初名人。

刘蒙叟，字道民，好学上进，擅长诗文，他虽不像父兄那样擅长骑射，却继承了父亲的阴阳象纬之术。乾德五年(967)大魁天下，成为大宋开国第8名状元。中状元后，刘蒙叟历任岳州(州治巴陵，今湖南岳阳)、宿州(州治符离，今安徽宿州)推官，职司刑狱。后拜监察御史，出知济州(州治巨野，今属山东)。不久，太宗任命他的弟弟、秦王赵廷美之子赵德恭判济州事，刘蒙叟降为通判，即副长官。不过，赵德恭仅仅挂名而已，一切政务都委任刘蒙叟。此后，刘蒙叟历任庐州(州治合肥，今属安徽)、濠州(州治钟离，今安徽凤阳东北)、滁州(州治清流，今安徽滁县)、汝州(州治梁县，今河南临汝)知州。

宋真宗即位后，刘蒙叟上疏，劝真宗崇俭戒奢，谦逊谨慎，轻徭薄赋，勤理政事，受到真宗嘉奖，让他入值史馆，参与修史。刘蒙叟进献《宋都赋》，以赋的形式述说国家受命建号之地应建都，立宗庙。当时未及实行，后来终从刘蒙叟之言。真宗命史馆各臣把自己的旧作进献上去，在众多的作品中，刘蒙叟的大作最佳。此后，刘蒙叟改任职方郎中，掌管图书典籍。

景德(1004～1007)年间，刘蒙叟因足疾而上疏乞请退休，真宗诏令他以太常少卿的官衔退休。刘蒙叟卒于家，享年73岁。

刘蒙叟著有《五运甲子编年历》三卷。子刘宗儒、刘宗弼、刘宗海，皆登进士。

柴成务

◎ 刘 一

大宋王朝乾德六年(968)的状元是柴成务。

柴成务,字宝臣,曹州济阴(今山东菏泽西南)人。父柴自牧,擅长诗文,举进士,官至兵部员外郎。柴成务在乾德五年(967)参加开封府府试,开封府的长官开封尹,是已内定为皇嗣的宋太祖的弟弟赵光义。赵光义早就闻悉柴成务好学上进,才华非凡,遂把他定为第一名。第二年,礼部省试,柴成务又大魁天下,成为大宋开国以来第9位状元。

中状元后,柴成务出任峡州(州治夷陵,今湖北宜昌)军事推官,职司司法;调任曹州(州治济阳,今山东定陶西南)、单州(州治单父，今山东单县)观察。他的官衔升为大理寺丞。

太祖死后，赵光义承嗣大位，是为太宗。柴成务转为太常丞，出任陕西路转运副使。不久，升为殿中侍御史。太平兴国八年(983)以后，历任果州(州治南充，今属四川)、苏州(州治长兴、吴县，今江苏苏州)知州，两浙路转运使。他的官衔改为户部员外郎，入值史馆，参加修史。太宗赐金紫，即三品以上大员的服饰。不久，出任户部判官，掌理本部案件。他的官衔升为户部郎中。太宗选郎官为各寺副长官，柴成务入选，出任掌管祭品的光禄寺副长官——光禄少卿。

到任不久，太宗派他出使朝鲜半岛上的高丽国。当时，高丽人还很迷信，因不到所谓的黄道吉日，稽留柴成务。柴成务多方劝说，高丽人信服。

回国后，柴成务出任京东路最高财赋官——转运使。上任后，黄河在宋州(州治宋城，今河南商丘)决口，柴成务上疏说："河水所流经地肥沃，请免租税，劝民垦种。"太宗诏准。柴成务的官衔升为司封郎中，出任知制诰，负责起草制、诰、诏令、赦书等。太宗赐钱30万。当时，洛阳(今属河南)人、太平兴国二年状元吕蒙正为宰相，与柴成务联姻，柴成务避嫌，辞知制诰一职，太宗不许。2年后，与魏庠同知给事中事。凡诏敕有所不便者，皆许封还驳正。

就在柴成务出任知给事中事时，茶农王小波领导几百户佃客在青城(今四川灌县)起义。太宗急忙调集军队镇压。至道元年(995)，起义烽火被扑灭。太宗命柴成务去四川安抚民众。回京后，官衔升为左谏议大夫，出知河中府(府治河东，今山西永济西南)。府城河东，街道狭窄，柴成务说："国家太平日久，若皇上车驾临幸，怎样驻千乘万骑？"遂奏请拆除民房，扩建街道。后来，真宗于大中祥符四年(1011)去宝鼎(今山西万荣西南)祭祀地祇,留跸河东,见街道宽敞,称赞方便。

至道三年三月二十九日,太宗驾崩,他的第三个儿子赵恒承嗣大位,是为真宗。

柴成务的官衔升为给事中,出知梓州(州治郪县,今四川三台),未几召还,遣知青州(州治益都,今山东青州)。柴成务上疏,请待太宗陵墓封土后再到任。旋奉诏与钱若水等编纂《太宗实录》。书成,出知扬州(州治江都,今江苏扬州)。真宗诏还,出判刑部,职司全国死罪的复审及官员冤案的昭雪。刑部的一个小吏傲慢无礼,柴成务大怒,杖责了他一通。那个小吏击登闻鼓告御状,真宗诏令调查处理此事。柴成务道:"忝为长官,杖一个小吏而遭劾,有什么面目坐在大堂决断案子?"上疏辞职而去。

柴成务退出官场,回归田园。在家住了数年,于景德(1004~1007)初年病死,享年71岁。

柴成务博学多才,能言善辩,擅长诗词。如他的《禁林宴会之什》:

内署延宾宴玉堂,紫闱深启会琳琅。
云霏宝额题宸翰,金错瑶编勒御章。
整荐异羞罗彩翠,盏倾醇醴湛清光。
柳当朱槛春先到,日过花砖影渐长。
吟客尽容窥绮阁,栖禽应许托雕梁。
欢荣共乐文明代,惟愿登歌颂圣皇。

安 德 裕

◎ 刘 天

安德裕,字益之,一字师皋阜,河南(今河南洛阳)人。父安重荣,在沙陀人石敬塘开创的晋朝(史称"后晋")官至成德军节度使,统辖今河北石家庄一带。晋末,安重荣举兵反,兵败身亡。乳母抱着安德裕躲进一个水沟中,被搜出,士兵押着他们去见将官秦习。秦习与安重荣私交甚厚,遂偷偷收养了安德裕。秦习有个养子,叫石守琼。石守琼壮年无子,秦习便让石守琼把安德裕收为养子。于是,安德裕改姓秦。秦习是武将世家,以弓矢、狗马为务,而安德裕从小就喜欢笔砚,见到书就拿在手诵读,秦家人大都瞧不起他,惟秦习特别器重他。待安德裕长大了，秦习便让他拜师读书。安德裕力学不辍，博通文史，尤精于《礼记》、《左传》和《汉书》。秦习死后，安德裕服丧3年，然后改回本姓。秦习的家人把家产都给了安德裕，共有白金万余两，安德裕推辞道："这是秦氏的家产，与我何干?大丈夫应自己去建功立业，博取富贵，岂屑于他人财富?"凡是听到他这话的人，无不赞叹。

赵匡胤建宋的第10年，即开宝二年(969)，安德裕参加己巳科省试，一举夺魁。此时尚无殿试，省试第一名便是状元。安德裕成为宋代开国以来第10名状元。

中状元后，安德裕出任归州(州治秭归，今属湖北)军事推官。历官大理寺丞、著作佐郎。太宗赵光义即位后，迁为秘书丞、知广济军(今山东定陶)。秘书丞是寄禄官，仅代表品秩，他的实际职位是广济军知军。当时，广济军的军城新建，安德裕著《军记》及《图经》三卷，太宗下诏褒扬，寻即进官太常博士。太平兴国八年(983)，奉诏通判秦州(州治成纪，今甘肃天水)，即秦州的副长官，旋即以通判的身份摄理知州。雍熙元年(988)，迁主客员外郎，通判广州(州治南海、番禺，今广东广州)。他还未动身，宰相李昉奏言他有史才，太宗遂诏令他以主客员外郎的官衔入史馆修史。淳化元年(990)，出知开封县。时值选拔三馆(史馆、昭文馆、集贤院)官员，安德裕入值昭文馆，收藏经、史、子、集四部图籍，编修、校雠文献。淳化三年，壬辰科殿试，安德裕与史馆修撰梁周翰出任考官。太宗对宰相说："他俩都是有名望的大臣而老于郎署，周翰心胸狭隘，德裕嗜酒好饮，朕听说他们能改正。"诏赐两人金鱼袋与紫衣。不久，迁为司勋员外郎。至道元年(995)，安德裕进献《九弦琴五絃阮颂》一文，太宗皇帝赞叹他的文采古雅。至道三年，转办金部郎中，出知睦州(州治建德，今江西建德东北)。后召还京师,出判太府寺,职掌祠祀所需的香巾、帨巾、神席及校造斗升衡尺。

真宗赵恒即位的第6年,即咸平五年(1002),安德裕病死,享年63岁。

安德裕耿介自持,常以远见卓识自负。他好奖掖后进,王禹偁、孙何初涉文词科场,安德裕竭力为他们延誉。王禹偁、孙何后来都成为赫赫有名的大臣、文学家,孙何还是安德裕主考时的状元。但安德裕嗜酒太甚,遭人指斥,官位不显。有文集40卷。

安守亮

◎ 刘 天

安守亮，河南(今河南洛阳)人。安家是河南望族，累世显贵。安守亮的祖父安重荣，在沙陀人石敬瑭开创的晋朝(史称"后晋")官至成德节度使。晋末，安重荣举兵反，兵败身亡。父亲安德裕，是宋太祖开宝二年(969)的状元。开宝五年，安守亮参加壬申科进士考试。考场在京师礼部贡院。考试结束，考官根据成绩录取了进士11人，还有明经等科目的17人。在进士科11人中，安守亮高中榜首，成为北宋开国以来第13位状元。距父亲大魁，仅有3年，隔两科。父子同中状元，在宋代科举史上还是第一次。

自太祖赵匡胤建隆元年(960)以来,每年录取的进士都不过几人、十几人,最多的一次是 19 人,其余在 6~11 人之间。录取结束,考官向太祖奏告被录取的进士的姓名,然后放榜。到安守亮这一科,太祖听完了考官的汇报后,在讲武殿召见了安守亮等 11 名进士和其他科目的 17 人,询问了他们一些问题,然后才满意地诏准放榜。在宋代科举史上,这也是第一次。

放榜后,人们得知安德裕状元的儿子又中了状元,莫不以为荣,京师争睹安守亮的风采。

到真宗大中祥符二年(1009),河南项城(今河南沈丘)人梁固在父亲梁颢中状元 24 年后又大魁天下;大中祥符四年,河南襄邑(今河南睢县)人张师德在父亲张去华中状元 50 年后复大魁天下。有宋一代,共有三起父子状元,都出在河南。

宋 準

◎ 刘 天

赵匡胤建立大宋王朝的当年,便开科取士,网罗人才。考试共分两级:各州府的取解式,礼部的省试。开宝六年(973),情况有了变化。

这年的省试,考官为翰林学士李昉。李昉,字明远,饶阳(今属河北)人,后汉乾祐进士。开宝六年,他以翰林学士的身份知贡举,录取进士及其他科38人,进士科的第一名为开封雍丘(今河南杞县)人宋徹。太祖召对,进士武济川、《三传》刘睿育学识浅陋,回答太祖的提问语无伦次,太祖将他们黜落。

武济川是李昉的同乡，像他这般庸才竟能考中进士，太祖不由地怀疑李昉徇私舞弊。

这时，落第的徐士廉击登闻鼓，状告李昉徇私去舍，请求太祖亲试。太祖诏准从已经录取的和考试终场而未被录取的考生中选取195人，在讲武殿考试，太祖亲临，考试题目是《未明求衣赋》、《悬爵待士诗》。结果，录取进士26人，《五经》4人，《开元礼》7人，《三礼》38人，《三传》26人，《三史》3人，学究18人，明法5人。而原李昉录取的38人中有10人落选。

太祖断定李昉徇私舞弊，把他贬为太常少卿。

从此以后，省试之后再加殿试，成为制度，历元、明、清而未改。

李昉录取的进士科第一名宋准，在太祖主持的殿试中，表现出色。太祖召试宋准，见宋准相貌堂堂，答卷迅捷，文笔优美，大加赞赏，遂复钦定为第一名。

宋准成为宋开国以来第14位状元。

他也是殿试产生的第一位状元。

宋准，字子平，祖父宋彦升，官至库部员外郎。父亲宋鹏，官至秘书郎。宋家乃书香门第，宋准从小好学上进，诗文极佳。在李昉主持的省试和太祖主持的殿试中，宋准都为进士科第一名，表明他是有真才实学的。

宋准被太祖钦定为状元后，出任秘书省校书郎，负责校雠典籍，并入值史馆。开宝八年，奉命修定诸道图经，旋即奉使契丹人建立的辽国，复命称旨。翌年，出知南平军（军治当涂，今属安徽）。

就在宋准出知南平军这年的十月，宋太祖驾崩于万岁殿。他的弟弟赵光义承嗣大位，是为太宗。

太平兴国二年(977)，南平军升为太平州，宋湜出任知州。他的官衔升为著作郎，通判梓州(州治郪县，今四川三台)，即梓州副长官。他的官衔转为左拾遗，应召回京，编纂文献。太平兴国八年，担任省试考官，出为河北路转运使，职司河北路财赋。雍熙元年(984)，以左拾遗的身份知制诰，成为皇上近臣，他的官衔升为主客员外郎。不久出判大理寺，负责详断各地奏报的案件。

雍熙四年，宋湜罹病，官衔升为金部郎中，罢知制诰一职。第3年，即端拱二年(989)，宋湜病逝，年仅52岁，太宗赐钱百万助丧。

宋湜风度翩翩，能言善辩，诗文秀丽；他为官尽职，所到皆有治绩；他刚直不阿，敢说敢作。太平兴国七年，赵普诬陷宰相卢多逊与秦王赵廷美勾结，图谋不轨。卢多逊被剥夺官职，流放崖州(州治朱崖，今海南崖县西北)。阳武(今河南原阳)人李穆与卢多逊为同榜进士，时为中书舍人，也受到牵连，被罢黜官位。对此，无人敢言。宋湜一次上疏奏事，顺便提及李穆，盛言他为忠厚长者，有操守，对卢多逊专权极为不满，断非卢多逊同党。太宗感悟，不久，诏复李穆官位。当时，人们都称颂宋湜此举。

为褒扬宋湜一生的功德，天禧三年(1019)，真宗录用宋湜的儿子宋大年为秘书省校书郎。

王嗣宗

◎ 涂 晓

一、与陈识角力争状元

宋太祖赵匡胤坐天下的第16年,即开宝八年(975),进士科殿试在讲武殿举行,太祖亲临。考生王嗣宗、陈识最先完卷,一同上呈,且两人的卷子皆为上乘佳作,难分轩轾。谁为第一?太祖犯难了。最后,太祖让二人角力,胜者为状元。角力即相扑,自唐末、五代以来,极为兴盛。王嗣宗与陈识便在大殿上扑斗起来。结果，陈识倒地，王嗣宗获胜，成为大宋帝国的第 15 位状元。

王嗣宗与人角力争状元一事，司马光《涑水纪闻》中也有记载。不过，他说王嗣宗是与赵昌言角力争状元的。书中记载：赵昌言是个秃头，开扑不久，他的帽子掉了。王嗣宗见状，撒手奔向太祖，跪奏说："臣胜了！"太祖大笑，遂以王嗣宗为第一。元人编纂的《宋史·王嗣宗传》也持是说，当是沿用司马光的说法。但赵昌言中进士，是在太平兴国四年(979)，比王嗣宗晚 4 年。看来，司马光把赵昌言误为陈识了。

在中国科举史上，像王嗣宗这样靠相扑而最终大魁于天下的，绝无仅有。

王嗣宗，　　　　　（今山西汾阳）人。曾祖王同节，祖父王待价，　　　　　官职不高，但在汾州，王家也算是　　　　　自励，曾独自游学京师开封，以　　　　　重。他恃才傲物，无所忌惮，好讥斥人。

天宝八年，王嗣宗大魁天下后，出任秦州(州治成纪，今甘肃天水)司寇参军，职司刑狱。知州路冲，为政苛急，民怨沸腾，王嗣宗直言劝说，路冲大怒，把他投进监狱，给他戴上枷锁。一天，有人给路冲送来一筐新鲜果子。路冲把王嗣宗叫来，对他说："你对一句诗，对得好，就脱掉你的枷锁。"王嗣宗让他出题，路冲望着那篮果子吟道："佳果更将新合合。"王嗣宗应声道："恶人须用大枷枷。"路冲很欣赏此诗句，遂让人给王嗣宗解下枷锁。但是，这只是他一时的高兴而已，他绝不会放过触犯他的王嗣宗。他已把王嗣宗投进大牢，就得有个罪名。于是，路冲唆使一些犯罪的无赖诬告王嗣宗。朝廷派殿中丞王廷范查处此事，查明真相，王嗣宗才得以出狱。

初入仕途，王嗣宗便遭此坎坷。

大约就在王嗣宗出狱前后，太祖驾崩。他的弟弟赵光义入承大统，是为太宗。王嗣宗的仕途进入了一个新的时期。

二、太宗朝的沉浮

在大宋帝国的北方，有个北汉小王国，在契丹族的羽翼下，割据太原(今属山西)一带。开宝元年，宋军曾乘北汉内乱之际出兵攻打，但在契丹与北汉的联合抗击下失利而归。太平兴国四年(979)，宋太宗决定御驾亲征北汉。

远在秦州的王嗣宗闻讯，上疏陈述征汉方略，太宗大喜，诏令王嗣宗马上到他身边来，授他大理寺丞，通判睦州(州治建德，今属浙江)。大理寺丞是寄禄官，仅代表品级、俸禄，他的真正职位是通判睦州，即睦州的副长官。不久，迁为河州(今甘肃临夏西南)通判。太宗派耳目侦察边地臣民言行，他们到了河州，被王嗣宗抓了起来，押送回京，王嗣宗上疏说："陛下不相信天下贤人才士，猥信此辈以为耳目，臣窃认为此举不可取！"太宗见王嗣宗这般放肆，龙颜大怒，遂派人逮捕王嗣宗，投入监狱。直到大赦，王嗣宗才得以出狱，官复原职，寻即通判澶州(州治濮阳，今属河南)。黄河流过澶州，王嗣宗命人在黄河两岸植树万株，以固堤防。

不久，太宗召王嗣宗回京，拜为三司开拆推官。开拆司为三司辖下的衙门，负责接受皇帝诏令及诸州府申报的公文，分发盐铁、度支、户部三司；推官为开拆司属官，掌理各案公事。寻以左正言出为河北路转运副使，佐转运使掌财赋。当时边境用兵，崔翰为大将，王嗣宗常以言语激励他效命朝廷。王嗣宗在河北路转运副使位上干得很出色，被召入京，出任度支判官，佐度支使、副使掌管财政开支。

出任度支判官不久，王嗣宗便又出了事。事情是这样的：王嗣宗的妻子病了，王嗣宗连夜撬开度支衙门的大门取药，被值日官宋镐发现。结果，王嗣宗被罢官。

其后不久，太宗起用王嗣宗，任命他为兴元府（府治南郑，今陕西汉中）知府，迁为京西路转运使，又改任河北路转运使。贝州（州治清河，今属山东）守兵50余人密谋窃盗，王嗣宗率兵擒获，太宗下诏嘉奖，授他虞部郎中的寄禄官，赐钱百万。

至道（995～997）初年，王嗣宗调任河东路转运使，为政粗暴，迁为耀州（州治华原，今陕西耀县）知州，再迁为同州（州治冯翊，今陕西大荔）知州，加比部郎中、淮南转运使、江浙荆湖发运使。长江中游一带巫风盛行，有窆家神庙，民有病不服药，祭祀以禳灾。王嗣宗下令毁掉祀庙，选择最好的药方，刻石立在州城大门旁，巫风稍减。他还上疏说，外任官俸禄少，便想方设法搜刮，而那些廉洁奉公的则贫困寒酸。建议以公田上的收入赏赐外任官。

三、真宗朝的升迁

至道三年三月二十九日，太宗驾崩。他的第三个儿子赵恒承嗣大位，是为真宗。

真宗即位第4年，即咸平三年（1000），王嗣宗因出色的工作而升任太常寺的副长官——太常少卿。翌年，迁为户部使，寻即调任盐铁使，职司矿冶、商税、茶、盐等。他曾与度支使梁鼎、户部使梁颢一同上疏说："国家经费开支浩大，赋税收入越来越少，闲散人员众多，耗费甚大。故应裁减闲散人员，节约开支。若费用不够，势必加派，骚扰民人；况且，西北有强敌，运送粮饷多有骚扰。臣等以为，有些事是可以节省的，愿逐项列出奏上。"真宗诏准。第二年，将要举行郊祀仪式，王嗣宗通过精心计算，节省钱物合银10.6万两，节省劳工合银9.9万两，共计20.5万两。

咸平六年，官制改革，盐铁使、户部使、度支使废止。王嗣宗改任左谏议大夫，知通进、银台司兼门下封驳事。左谏议大夫为寄禄官，通进司掌理百官上奏皇帝的章疏，银台司负责抄录百官的奏疏交通进司。知通进、银台司，为通进司、银台司的长官；门下封驳使为门下封驳司的长官，掌封还驳正诏敕。出为并州（州治阳曲，今山西太原）知州，兼任并代都部署，即并州、代州（州治雁门，今山西代县）兵马统帅。并州境内有卧龙王庙，每至冬尽，全境致祭，时值风雪寒冬，老幼多有冻僵道上的。王嗣宗下令毁掉。转送使郑文宝上疏奏报王嗣宗的政绩，真宗下令嘉奖。以前，官府从西北买马，以给北疆的战士，瘠弱马匹即送开封，因路远，死者甚多。王嗣宗奏请在水草丰美的汾州等地就地放养，可节省费用，减少损失。真宗诏准。

真宗极赏识王嗣宗的才干，召拜御史中丞。宋代御使大夫无正员，仅为加官，御史中丞即为御史台长官。王嗣宗成了最高监察官。

一天，真宗告谒太庙。王嗣宗立班失仪，请罪。真宗认为监察官应守礼法，但王嗣宗性情豪放，不拘小节，遂不加责。

后王嗣宗又加官为工部侍郎，权判史部铨，代理官吏的选拔工作。

王嗣宗为人刚烈，无所畏惧，每次朝见真宗，均直言时事，就连民间小事，也加以评说。他汲汲于功名，戚戚于富贵，有时不惜损人利己。他常常诋毁副相——参知政事冯拯，颇欲取而代之。另一方面，又竭力巴结王旭，以讨好他的哥哥——宰相王旦。王旦厌恶王嗣宗之为人，庇护冯拯，王嗣宗大怒。

不久，他借王曾一案打击王旦。

王曾的堂妹嫁给了孔子的后裔孔冕，闺门不睦。王曾随从真宗东封泰山，去拜会孔冕，喝茶中毒，吃了一些好药才化解。事后，王曾上疏，说正在举行封禅大礼，希望不要追查此事了。宰相王旦也觉得孔冕乃先圣后裔，宜加隐讳。

王嗣宗得知此事后，决定借此打击王旦。他说王曾诬告孔冕，后害怕反坐，遂求不要声张，而丞相也帮他说话。不仅如此，他还面见真宗，揭发侯德昭、李永锡两人的所谓"罪行"。说侯德昭靠欺骗手段得官，而李永锡犯法罢官又复官。还说近日来阴雨不断，是因为有些人胡作非为，上天惩戒，云云。真宗龙颜大怒，急令王旦入见，大加责斥。王旦分辩说侯德昭的骗术败露后，已夺回官位。李永锡为县吏，为长官买羊不交税而被除名，后来因沿堂侍从缺人，而李永锡长得魁梧，用为副行首。他在尚书省干了4年，请求叙用，才将他送吏部铨叙。真宗听王旦一说，才明事情真相，便反诘王嗣宗："就这些，能止雨吗？"王嗣宗无言以对，叩首谢罪。

王嗣宗不甘心失败，又借别的事诋毁王旦。不过，王旦不予理睬，王嗣宗终也无可奈何。

自这年八月至第二年十月，久旱不雨。到了秋天，兖州(州治瑕县，今山东兖州)、郓州(州治须城，今山东东平)一带大雨，黄河暴溢，泛滥成灾。

王嗣宗见状，又借天灾把王曾一案翻了出来，上疏说："政刑有失，导致天灾。孔冕冤枉，人人都如此说。王曾仍旧身居要职，望加黜退，以正朝典。臣请上章纠奏。"真宗对王旦说："王曾实际上无罪，但若王嗣宗上疏纠劾，也得裁处。"

王旦道："孔冕不善之迹甚多，仅仅因他是圣人的后裔就不加追究了，反说他冤枉，恐不合理。"大臣赵安仁说："今若再加追究，孔冕难逃罪责。"大臣王钦若说："臣请质问王嗣宗，若再审问孔冕，其罪迹难以隐讳，如何处理？"

第二天，王嗣宗上朝谢罪，说他昨天的话不对，真宗未加责斥。

大中祥符三年（1010），真宗准备去宝鼎县（今山西万荣西南）祭后土。临行前，他觉得永兴军（军治永兴，今湖北阳新）地理位置很重要，想委任一名才兼文武的大臣镇抚这一地区。他对宰相王旦讲："王嗣宗曾讲他懂军事，可让他担当此任。"遂拜王嗣宗为耀州观察使、知永兴军。观察使为寄禄官，永兴军知军方是真正的职位。

这时，洛阳（今属河南）人种放去官归终南山。王嗣宗在传舍迎接他，很是礼敬。种放喝醉了，有点儿傲慢，王嗣宗很生气，讥斥种放。种放反唇相讥道："阁下靠角力夺得状元，何足道哉？"王嗣宗羞恨，上疏道："种放与他的子弟常侵渔百姓。"要求把种放徙置嵩山。真宗宠爱种放，命他徙居嵩山南，以避王嗣宗。

大中祥符四年，王嗣宗调任邠州（州治新平，今陕西彬县）知州，兼邠宁环庆路都部署，即邠州、宁州（州治安定，今甘肃宁县）、环州（州治通远，今甘肃环县）、庆州（州治安化，今甘肃庆阳)军事统帅。邠州城东有灵应公庙,旁有洞穴,群狐出入,民人奉祀,以求福佑。从前,地方官到任,均先去拜谒,然后才视事。王嗣宗下令拆掉灵应公庙,用烟火熏洞穴,捉住了10只狐狸,全部宰杀。

不久,调任镇州(州治真定,今河北正定)知州。在镇州知州任上,他查办了贪官边肃。

王嗣宗把徙种放、熏邠狐、查边肃目为"去三害"。

在镇州任知州两年后,真宗召王嗣宗还京,授枢密副使、检校太保。枢密副使是最高军事机构枢密院的副长官;检校太保为加官,没什么实际作用。当时,枢密使为寇准,是华州下邽(今陕西渭南北)人,为人刚正。王嗣宗与寇准不和,屡上表解职,遂授检校太傅、大同军节度使、知许州(州治长社,今河南许昌)。王嗣宗曾游历许州,他的别墅还在,时人以他复至许州为荣。不久,移知河南府(府治洛阳、河南,今河南洛阳)。天禧(1017~1021)初年,调任感德军节度使,徙知陕州(州治陕县,今河南三门峡)。

王嗣宗上表,乞求退休,且请入京朝见。真宗遣使召他入京。入京后,又患足疾,不能入朝,遂上疏请求再知许州,而不再提退休之事。

四、晚年遭遇

寇准在天禧三年再度出任宰相。他素恶王嗣宗之为人,特令王嗣宗以左屯卫上将军、检校太尉的身份退休。王嗣宗无奈,上疏乞求面见真宗。他患有足疾,拜起艰难,真宗特命敕免,并特许他儿子搀扶,赐钱百万。

不久，寇准遭副相参知政事丁渭的谗毁而被罢相，贬为道州（州治营道，今湖南道县）司马。

王嗣宗闻讯，大为亢奋。

一些公卿大臣说王嗣宗遭寇准贬抑，应加优待。经朝议决定，特给王嗣宗月俸5万钱。

这时，朝中极为混乱，丁渭专权行事。天禧四年十一月，真宗病情加重，不得不命皇太子赵祯监国。

赵祯监国的第二年，即天禧五年，王嗣宗病逝，享年78岁。赵祯废朝致哀，诏令追赠王嗣宗侍中，谥曰"景庄"，录其2个儿子、2个外甥为官。

王嗣宗历事三朝，在当时的大臣中，他的资格最老。他为人刚烈，为政严明，逞强好胜，喜以丑话凌挫别人，因此，常常惹是生非。王嗣宗喜欢写文章，尤爱书札，著有《中陵子》30卷。他留下的诗文不多，代表作有《题关右寺壁》，诗曰：

> 欲挂衣冠神武门，先寻水竹渭南村。
> 却将旧斩楼兰剑，买得黄牛教子孙。

文豪苏东坡在关右寺壁上见到此诗，极为喜爱，当时不知此诗出自王嗣宗之手。

王嗣宗做御史中丞时，讥斥大臣宋白、郭贽、邢昺年70还不请老退休，屡请真宗敕令他们致仕，又遣人讽激三人。他晚年患病，犹贪恋官位，徘徊不去，曾对人说："鄙人惟此一事，未能免遭非议。"众人嗤之。

吕蒙正

◎ 涂 晓

一、流落龙门山

开运三年(946),契丹国的皇帝耶律德光发兵推翻了不听命令的"儿皇帝"——后晋出帝石重贵。就在政局大变的这一年,距后晋京师开封(今属河南)不远的河南(今河南洛阳),吕龟图喜得贵子。吕龟图是个起居郎,在皇帝临殿朝见群臣时,他在左面仰观皇上的举止,倾听皇上的言行,退朝后记下来。

他给儿子起名曰蒙正。

吕蒙正的生母姓刘,刘夫人与丈夫吕龟图的关系很不好,因丈夫有几个宠爱的妾,刘夫人大为光火,常与丈夫吵闹。吕龟图一气之下,把母子俩赶出家门。

刘夫人带着儿子流落龙门山的利涉院。

龙门山在洛阳南,伊水穿山而过,两山相对,望之若阙,故又名"伊阙"、"阙塞",相传乃大禹凿通以疏伊水。自北魏宣武帝迄晚唐,在阙口东、西两个断崖上修凿了2100多座佛龛,题记3680余种,造像97000余尊。这便是驰名中外的龙门石窟。

利涉院是龙门山下的一所寺院。

有个和尚见吕蒙正神态不凡,便在山间凿建了一个石窟,让母子俩居住。

母子俩栖身石洞,相依为命,倍受艰辛。

一天,吕蒙正正在伊水岸边游玩,看见一人卖瓜,馋得他直流口水,无奈没钱买。碰巧,那人不慎掉了一个瓜,吕蒙正悄然捡起,几口吞下。

从这件事上可以窥见母子俩的窘困生活。

元代杂剧名家关汉卿的《吕蒙正风雪破窑记》和王实甫的《吕蒙正风雪破窑记》,便是以吕蒙正的贫寒生活为素材创作的戏剧。

尽管孤贫寒酸,但吕蒙正没有放松学习。刘夫人想方设法让儿子读书,希望儿子能金榜题名,脱出苦海。

吕蒙正没有辜负母亲的厚望。

二、丁丑科状元

太平兴国元年(976)，吕蒙正参加河南的取解试，中选。是年冬，他与其他举子一同聚集于开封，准备参加来年礼部的省试。

翌年春，礼部开考。贡院的门阶上，设有香案，考官与考生相互对拜。考场里设置帐幕毡席，并有茶水供应。考场外，甲兵环卫，戒备森严。

考试分三场，一场贴经，一场诗赋，一场试策。

三场下来，吕蒙正的成绩极佳。但能否登科，还得看殿试的成绩。

宋太宗赵光义御殿复试，录取进士109人。

在109人中，吕蒙正高居榜首，成为丁丑科的状元。

这年，吕蒙正年方31岁。

放榜之后，照例有一系列礼仪活动。新科状元吕蒙正大出风头。

吕蒙正夺魁，曾被人说是命中注定的。宋人王铚《默记》中有这么一说：

吕蒙正、张齐贤、钱若水、刘烨同学于洛阳人郭延卿。一天，他们一同去请道士王抱一看相。王道士见了五人，抚掌叹息："我踏遍大江南北，寻访贵人，了不可得，不曾想贵人皆在座上。"众人大喜，求他指点一二。王道士说："吕君科举夺魁，10年做相，12年出判河南府，出将入相，有30年富贵；张君后30年富贵，也皆富贵终生；钱君可做执政，但不过百日；刘君有执政之名，无执政之实。"他一一评说众弟子，惟独不提老师郭延卿。

郭延卿愤然，讥斥王道士胡说八道。

王道士不动声色，半响才缓缓说道："让我慢慢告诉你：后12年吕君出判河南府，您方能取得贡生的资格，次年登科，但切不可做京官。"

郭延卿更加愤怒，众弟子不安，各自离去。

事态的发展，一如王抱一道士所说。

如此说来，吕蒙正中状元，乃是他生来便是贵人风骨。

自然，这是荒诞不经的，不足为信。

科举登第，一要凭借真才实学，二要靠机遇。状元的桂冠落在吕蒙正头上，是才学和机遇的有机结合。

中了状元的吕蒙正陪着老母亲衣锦还乡。吕龟图哪敢怠慢这新科状元，不得不重新接纳蒙正母子，但他誓不与刘夫人同房。刘夫人也不肯与他同住。夫妻俩分居两室，直至吕龟图病亡。

三、两朝辅弼

登第后，吕蒙正被委任为将作监丞。这将作监原是管土木建造的，宋初将土木建造划归三司修造案，将作监成了掌祠祀供品的官。丞是将作监的佐官。不久，朝廷派他通判升州（治今江苏南京）。通判位次知州，但握有连署公事和监察官吏的实权，号称"监州"。临行，吕蒙正去叩谢太宗。太宗皇帝降旨：民事有不便者，许快马奏告。赐钱20万文。这是很破格的优遇。

太平兴国四年正月，太宗决定御驾亲征割据河南（治今山西太原）的北汉小朝廷。北汉有契丹人的支持，宋太祖赵匡胤两次出兵，均无功而还。太宗皇帝以潘美为北部都招讨制置使，统帅数路大军分进合击。二月，大军出征，太宗的车驾离京北上。

就在御驾亲征途中，吕蒙正奉诏北上面见太宗。太宗任命他为著作郎、直史馆。著作郎掌编"日历"——每日时事，直史馆就是在史馆值日。除委任这两个官职外，又加官左拾遗——侍从规谏过失的谏官。吕蒙正随驾出征。

宋军进展顺利，连战皆克。五月，北汉皇帝刘继元纳降。

第二年，太宗亲拜吕蒙正为左补阙，侍从讽谏，又让他以左补阙的身份知制诰，起草诏令。

老父吕龟图病亡，吕蒙正上疏辞官服丧。丧期未满，太宗下诏，要吕蒙正除去丧服出仕，迁为都官郎中，掌簿录配役、官私奴婢、俘虏囚徒等事。不久，入为翰林学士，备皇上顾问。

到太平兴国八年冬十一月，太宗下诏，擢吕蒙正为参知政事，赐他一座豪华的府第。年仅37岁的吕蒙正成了大宋的副宰相。太宗召见，对他说："学者士子没有贵显的时候，看见不合理的事情，心中怏怏；及做了官，可以评论朝政得失，应当尽心尽职，虽然所说未必皆对，但也应认真听取，如此方能有益于社稷。朕绝不高高在上，自以为是，使百姓臣民不敢说话。"吕蒙正大加称颂，他心里明白，皇上这番话是要他克尽职守，匡失救弊。

翌日，吕蒙正上朝。有个官员很看不起这位年轻的参知政事，指指点点地对他人说："这小子也是参知政事？"吕蒙正装作没听见。有人出来打抱不平，诘问那官员的姓名，吕蒙正忙加阻止，道："不要问了，若知道了他的姓名，怕是一辈子不能忘，不如不知为好。"众人咸称海量。

吕蒙正做了5年的参知政事。

端拱元年(988)二月，太宗调查官僚队伍，罢免宰相李昉，擢吕蒙正为宰相。

这年，吕蒙正年方42岁。

上任不久，便遇上一桩不愉快的事。

有个叫张绅的人，官居蔡州(治今河南汝南)知州，贪赃枉法，吕蒙正奏免此人。有人奏告太宗："张绅家里很富，怎会贪那几个钱？吕蒙正孤贫时勒索张绅不成，今天报复人家罢了。"太宗便下诏复张绅的官。

吕蒙正对此不加申辩，像不知道一样。

与吕蒙正同居相位的，还有开国元勋赵普。赵普，幽州蓟县(今北京西南)人，是太祖的得力辅弼。吕蒙正拜相时，他年已67，已是三登相位。赵普为政多专权，朝臣忌之。太平兴国年间，卢多逊与赵普同为宰相，颇多龃龉。吕蒙正为人质厚，与赵普相处很好，赵普很是推许。

当官的大都为己着想，趁着掌权之时，捞点儿钱财，为子弟谋个官职，是司空见惯的事。自卢多逊起，宰相子起家入仕例授水部员外郎。吕蒙正上疏道："臣忝为状元，释褐初仕仅授九品京官。天下才士，老于岩穴，寸禄未得者比比皆是。今臣男儿刚离褓褓，便膺此殊荣，实不堪当。乞授臣初仕时官。"诏准。从此以后，宰相子例授九品京官。

吕蒙正贬抑子弟，时人大加称颂。

他做了宰相，趋炎附势之徒想方设法献媚、巴结。有个官吏珍藏一面古镜，为了讨好吕宰相，忍痛割爱，悄悄地送给吕蒙正，说："此乃宝镜，能照200里。"吕蒙正笑曰："卑人脸不过盘子大，哪用得着照200里的镜子？"

听说这事的人，无不叹服。

吕蒙正年少时孤贫，做了宰相，富贵无比，讲究起饮食来，尤喜喝鸡舌汤，每天早上必喝一碗。一天晚上，他出游花园，远远望去，见墙角有一小山，问身边的人："谁人堆的山？"有人答曰："这是相公杀鸡的毛。"吕蒙正很惊讶："我吃了多少鸡，怎么会有这么多的鸡毛？"那人道："一只鸡一条舌，相公一碗汤用几条鸡舌？喝了多久了？"吕蒙正默然，从此不再喝鸡舌汤了。

不料，一场厄运降临吕蒙正头上。事情是这样的：

淳化二年（991），谏官宋沆上疏，忤怒太宗。这宋沆是吕蒙正夫人的娘家人，因这层关系，吕蒙正也受牵连。九月，吕蒙正被革除相位，贬为吏部尚书。太宗起用李昉、张齐贤为相。

这次罢相，实属无辜。过了两年，即淳化四年十月，太宗复相吕蒙正。蒙正入宫谢恩。太宗一见他，便道："那张绅果然贪赃枉法。"原来，职掌州县官考核的考课院立案调查张绅在蔡州贪赃一事，查明了真相，张绅确犯有贪赃罪。太宗此话，算是向吕蒙正认错。吕蒙正默不作声。太宗见状，和他谈起征战来，说道："朕近来发兵征讨契丹等，乃为民除暴；若穷兵黩武，则天下生灵涂炭。"吕蒙正对曰："隋、唐数十年中，四征高丽、突厥，民不堪命。隋炀帝全军陷没，唐太宗自运土木攻城。即使这样，也无功而还。治国之要，在于内修政事。如此，远方归顺，天下自然安宁。"太宗称是。

在对待契丹人的问题上，他因此被指斥为妥协派。这样说是不妥当的。宋对契丹多次开战，失败居多，究其原因，是大宋帝国的国力不强。惟有增强国力，方能卫国安邦。吕蒙正建议把注意力转向内政，不失为高见。

吕蒙正第二次拜相，仍然处处以国事为重，从不为保富贵而阿谀奉承，讨皇上的欢心。有时，太宗正在兴头上，吕蒙正却浇一盆冷水。

一天夜里，太宗宴饮，吕蒙正旁侍。太宗对他说："五代之际，生灵蒙灾，周太祖从邺（今河北临漳西南）南归，士庶劫掠。下有火灾，上见彗星，黎民恐惧，认为无太平之日了。朕躬亲政务，诸事大致都处理得有条有理。常以为大宋兴盛乃苍天保佑，实则治乱在人。"吕蒙正离席叩拜，道："京师乃皇上所居，四方辐凑，故显得繁盛。臣曾看见去京师不几里，饥寒而死的人很多。全国各地不都像京师一样繁华。若陛下的视野能由近及远，那么，苍生就万幸了。"

太宗虽为英主，但见吕蒙正浇他冷水，兴致顿失，脸色很难看，默不作声。吕蒙正侃然回到座上。

有时，吕蒙正十分固执，令堂堂天子也无可奈何。

拿出使契丹这事来说吧。太宗要中书省选个合适的人选，吕蒙正退朝，选定一人奏上，太宗不同意。他日，太宗问另选人没有，吕蒙正仍奏以那人，太宗还是不同意。过后，太宗再次问起人选一事，吕蒙正再次推举那人，太宗仍不同意。当太宗又一次问人选有了没有时，吕蒙正奏告的仍是那人。太宗面有愠色，道："爱卿为何这般固执？"

"不是臣固执，而是陛下不了解臣。"吕蒙正道，"出使契丹，此人是最合适的人选，他人莫及。臣不想阿谀奉承，坏了大事！"

在场的公卿百官见了这场面，心惊胆战，悚息不敢动。

太宗退朝，对左右的侍从说："蒙正气量，朕不如。"诏用吕蒙正推荐的那人。那人出使，果然不辱使命。

吕蒙正算得上是贤相，但他的所作所为，太宗皇帝实在难以容忍。至道元年(995)四月，太宗罢免了他的相位，以尚书省副长官——右仆射的身份出判河南府。吕蒙正去洛阳上任，政尚清静，事委僚属，他总裁而已。

2年后，宋太宗病死，他的第3个儿子赵恒即位，是为真宗。

真宗诏迁吕蒙正为尚书省的长官——左仆射。上任时，正值朝廷营建宋太宗陵墓，吕蒙正追感太宗的厚遇，捐家财300余万助用。葬日，伏哭尽哀。

吕蒙正做了4年尚书左仆射，再次登上了相位。

在宋朝历史上，3次入相者，惟赵普与吕蒙正了。

拜相不久，诏加官司空兼门下侍郎。两年后，授太子太师。

四、告老还乡

景德二年(1005)，吕蒙正年59岁，感到有些力不从心，上疏辞官。真宗诏准。吕蒙正入宫谢恩，真宗特命吕蒙正的肩舆至东园门，让他两个儿子扶掖上殿。吕蒙正奏言："远人请和，弭兵省财，乃古今上策，惟请陛下以百姓为念。"临去之际，仍不忘与契丹人讲和。

吕蒙正回到了故乡洛阳，整日与亲朋好友宴集，子孙环立，轮流祝寿，蒙正怡然自得。真宗去朝拜太宗陵墓、封禅泰山路过洛阳，都去吕府看望蒙正。他问吕蒙正："爱卿诸子谁可重用？"吕蒙正道："诸子皆不足用。有侄吕夷简，现任颍州(治今安徽阜阳)推官，真乃宰相器也！"吕夷简从此为真宗注重。

吕蒙正在洛阳度过6年安祥舒适的生活，大中祥符四年（1011）病逝，享年68岁。真宗下诏追赠中书令，谥曰"文穆"。

蒙正娶宋氏为妻，生有五子：从简、惟简、承简、居简、知简。五子皆以父任官，他们当中，居简最有出息，有父风。仁宗庆历年间（1041～1048），居简提点京东路（治今河南商丘）刑狱。有个叫夏竦的上疏，言儒学大师石介诈死，北投契丹，请开棺检验。这实属诬告。那夏竦刚被真宗任命为枢密使，就被罢免，以杜衍出任。石介时为太子中允——一种阶官，在集贤院校勘典籍，写了一篇《庆历圣德诗》，歌颂范仲淹、富弼、欧阳修、蔡襄、杜衍等一班大臣。夏竦因此衔恨。石介病死，徐州（今属江苏）人孔直温造反，官府搜查他家，发现有封石介的书信。夏竦借此大做文章，妄言石介诈死云云。真宗不明真相，遣宦官前往开棺验尸。石介乃兖州奉符（今山东泰安东南）人，地属京东路，吕居简官居提点刑狱，掌司法、刑狱和监察，石介一案属于他的职权范围。他对钦差说："万一石介果真死了，朝廷便是无故掘人家坟墓，怎么办？"那位钦差的宦官没了主意，问吕居简："你说咋办？"居简道："石介死，必有亲朋门生送葬，问他们就明白了。"调查结果，石介真死。

吕居简官至兵部侍郎判西京御史台。

胡 旦

◎ 涂 青

一、状元及第

宋太宗君临天下第一年的某天,有个书生遨游至一县,知县大人设宴款待。知县的公子很轻蔑那书生,有人告诉他,不可小看此人。公子问此人有何特长,说工诗。公子让人诵篇来听,有人诵了一篇,最后一句是"挑尽寒灯梦不成"。公子笑道:"此乃一瞌睡汉而已。"书生听了很是不平。

书生姓吕，名蒙正，字圣公，河南(治今河南洛阳)人。年少时被老父赶出家门，流落洛阳南边的龙门山。第二年，即太平兴国二年(977)，吕蒙正应进士试，一举夺魁。他写信给那公子："瞌睡汉状元及第了！"公子阅毕，冷冷一笑，道："待我明年第二人及第，输你一筹。"

这位狂傲的公子姓胡名旦，字周父，滨州渤海(今山东滨州东)人。胡旦很有文才，恃才傲物，目空一切。

就在吕蒙正中状元那年，胡旦通过了取解试——州一级的考试。年冬，他与各州贡举的考生集中于京师礼部。翌年春，礼部贡院开科考试。贴经、诗赋、试策三场下来，胡旦榜上有名。太宗举行殿试，擢胡旦第一。

胡旦年前夸下的海口，果然实现了。

二、几度起落

新科状元胡旦被派去掌管祭祀供品的将作监，出任将作监丞。不久，派他通判升州(治今江苏南京)，做知州的佐官。

升州的治所曾是南唐小朝廷的都城。胡旦到任时，南唐平定不久，宋廷下令：南唐的僧人裁减十分之六七。胡旦说："这些人无家可归，势必啸聚山林为盗。"将他们脸上刺字充军。不久，胡旦迁为左拾遗，还去史馆当值。出为淮南东路(治今江苏扬州东北)转运副使、知海州(治今江苏灌云)。转运副使辅佐转运使掌一路之米粮、钱币的转运。对胡旦来说，他的本职是海州知州。出知海州不久，便有人上疏劾胡旦。胡旦犯了何事，今已不可确指。但调查结果，胡旦犯法，证据确凿。还未查办，适逢大赦，太宗便诏令他回京。

以此为标志，胡旦仕途开始坎坷起来。

胡旦回京，适逢黄河口被封塞，便作了一首《河平颂》，献给太宗皇帝，诗云：

>　　天祚我宋，以君兆君。
>　　配天成休，惟尧与邻。
>　　粤有大水，昏垫下人。
>　　非曰圣作，孰究孰度。
>　　蔽贤者退，雍泽者罪。
>　　我防大患，河岂云败。
>　　逆逊远投，奸普屏外。
>　　圣道如隄，崇崇海内。
>　　帝曰守文，是塞是亲。
>　　调尔卫兵，实彰令式。
>　　我塞长河，融流惠泽。
>　　明明圣功，万代成败。

太宗御阅胡旦献的诗，至"逆逊远投，奸普屏外"一句，甚为不满。

"逊"指怀州河内（今河南沁阳）人卢多逊。太宗初即位，擢为宰相。秦王赵廷美，乃太宗之弟，按母亲的遗嘱，太宗万岁后，应传位赵廷美。卢多逊觉得赵廷美将入承大统，便遣亲信赵白与赵廷美通谋，多次将国家机密泄露给赵廷美，对赵廷美说："愿皇上仙逝，以便尽力事大王。"赵廷美派亲信回报卢多逊，道："君所言正合我意，我也希望皇上早点儿归天。"还偷运一批弓箭给卢多逊，准备武装夺取帝位。太平兴国七年四月，东窗事发，卢多逊被罢相，流放到崖州（今海南崖县)。

"普",指幽州蓟县(今北京西南)人赵普。赵普是大宋帝国的开国元勋,3次拜相。赵普虽然能当大事,但为政颇为专断。太平兴国八年冬十月,第3次登相位的赵普出为武胜军(治今四川武胜)节度使、检校太尉兼侍中。太宗皇帝对宰臣说:"赵普有功国家,朕过去多与他交游。如今年老体弱,不应再以国事相累,选个好地方让他安度晚年。"对赵普这次罢相讲得冠冕堂皇。但有一点是可以肯定的:太宗对赵普还是很敬重的。

胡旦把卢多逊骂做"逆贼",还是可以的,但骂赵普"奸臣",太宗就不能容忍了——即使是把赵普赶出京师的,他也不能容忍。因为如果容忍了,那么,就等于他也承认赵普是奸臣。如此对待开国元老,岂不令天下人齿寒。

太宗皇帝震怒了,召见宰臣说:"胡旦献颂,词意悖谬。朕亲擢他为状元,做了几任地方官,都没有什么治绩。知海州时被属官讼告,案子已查明,遇上大赦。朕看重他的才能,不纠他的罪过,让他回京做官,且当值史馆。然而,胡旦不思改过,恣肆妄为如此。快把他驱逐出京!"遂贬胡旦为殿中丞、商州(今四川宜宾西南)团练副使。殿中丞是掌供奉皇帝衣食诸物的殿中省的属官。团练副使是散官,无执掌,常用以安置贬谪官员。胡旦的本官为商州团练副使,只得离京去了商州。

在商州期间,胡旦又上了一篇《平燕议》,建议出兵收复被契丹人占领的燕云十六州。他从敌、我两方面对战役做了周密的策划。

太宗很欣赏这篇文章,擢胡旦为左补阙,复入值史馆。不久,迁为修撰,参加编修国史。再迁为户部员外郎,知制诰,负责起草诏令。

胡旦起草诏令往往讥讽捉弄人。他起草给江仲甫的诏令道："归马华山之阳，朕虽无丑；放牛桃林之野，汝实有功。"江仲甫小名叫芒儿，俚语以牧童为芒儿。范应辰为大理评事——一个掌平决刑狱的官，胡旦画了一只布袋，袋里画一乞丐，题曰"袋里贫士"，送给范应辰。

这种恶作剧使他丢掉了知制诰的权力，迁为掌封爵、袭荫、褒赠诸事的司封郎中的属官——司封员外郎。

有个叫翟颖的，是胡旦好友赵昌言的书童，胡旦替他改姓名曰"马周"，比做唐代名士马周。马周上书诋毁朝政，自荐可为大臣。官府查办，说是受胡旦的指使。结果，马周被流放渔岛，胡旦贬为坊州(治今陕西黄陵)团练副使。

在坊州期间，胡旦擅自去鄜州(治今陕西富县)谒见宋白，被弹劾。太宗特加宽赦，徙为绛州(治今陕西新绛)团练副使。

过了几年，胡旦被任为工部员外郎，去集贤院当值。又迁为工部郎中、知制诰、史馆修撰。

有个叫王继恩的宦官，陕州陕县(今属河南)人。宋太祖死，皇后命召贵州(治今广西贵县)防御史赵德芳，而他矫诏召晋王赵光义入。赵光义即位，是为太宗，王继恩遂得宠遇。李顺起义军攻占成都，王继恩受命为剑南两川招安使，率兵镇压，攻陷成都，特立宣政使授之。他久握重兵，骄横恣肆。胡旦很推重王继恩，为他写的诏令大加褒美。

至道三年(997)二月，太宗罹病，王继恩图谋废黜皇太子赵恒，拥立太宗长子楚王赵元佐。有记载说，胡旦、参知政事李昌龄和太宗李皇后都参与这一阴谋。说胡旦参与废立，恐不可信。三月二十九日，宰相吕端入宫问疾，见太宗危在旦夕，侍奉左右的仅有李皇后、王继恩等人，独不见赵恒，怀疑有变，急忙退至中书省，写了"大渐"二字，遣心腹驰送东宫，促赵恒入万岁殿。这时，太宗驾崩，王继恩来到中书省，传旨说皇后一会儿来中书省与宰臣们商议帝嗣。吕端找了个借口抽身出省，将王继恩反锁在里面，赶至万岁殿。李皇后见吕端突然到来，情知王继恩已经出事，但仍然说"皇上已经驾崩，立嗣以长"云云。吕端道："先帝立太子正为今日，岂能更有异议？"正说着，赵恒到了，李皇后不敢再说什么了。

赵恒即位，是为真宗。真宗诏令贬黜王继恩，籍没家产。听说胡旦曾为王继恩大唱赞歌，遂将他贬为安远军（治今江西安远）行军司马，随即流放浔州（治今广西桂平）。

过了几年，真宗起用胡旦为通州（治今江苏南通）团练副使，徙为徐州（今属江苏）团练副使，迁为主管祭祠等事的祠部员外郎。不久，进为保信军（治庐州，今安徽合肥）节度副使，通判襄州（治今湖北襄阳）。真宗封泰山，迁为祠部郎中。母丧，3年服除，胡旦上疏请为亡父再追行服3年。诏书未下，双目失明。

三、失明的秘书监

失明后，胡旦以秘书少监的官衔退休，退居襄州。

胡旦喜读书，手不释卷，失明之后，令人高声诵读经史，他靠在几案上孜孜不倦地听。他让人制作了一块大砚，摸索着书写，著成一部《汉春秋》。稿成，砚上刻字曰："胡旦修《汉春秋》砚。"深埋于地下。

他学问渊博，头脑灵活。遇上难题，官员们不远千里去请教。史官的修撰们为一个显贵作传，此人年少时贫贱，宰猪馂口。修撰们犯难了：隐瞒他宰猪那段历史，传便失实；秉笔直书,又怕有损他的形象。他们难以下笔,跑去问胡旦。胡旦道:"何不如此写:少年操刀以割,有宰天下之志。"修撰们拍手称妙。

像过去一样,胡旦仍喜讥讽时政,臧否人物。时夏竦镇襄阳,他曾师从胡旦。一天,胡旦问他:"还读书吗?"

"郡务繁忙,无暇读书,只作了几首绝句。"夏竦道。

胡旦矜持地说:"念首给老夫听听。"

"近日作了首《燕雀诗》,"夏竦说,"就读这首请先生指点吧。"他朗读道:

燕雀纷纷出乱麻,汉江西畔使君家。
空堂自恨无金弹,任尔啾啾到日斜。

这是在劝戒胡旦不要信口讥讽、臧否。胡旦略收敛了些,但老毛病总是难以彻底改掉。

在襄阳住了几年,胡旦忽请襄州官员代他上奏,要入京朝见。真宗诏准。王曾听说胡旦将至,谓公卿曰:"此老言辞刻薄,若面对皇上,必定要妄讦时政。"公卿密谋了一番,王曾便抢先启奏真宗:"胡旦失明已久,入殿行走失仪,恐为卫士耻笑。乞请让他去中书,问有什么事要见皇上。"真宗诏准,令人传旨:"送胡旦去中书省。有什么事要说,中书省记下呈上来。"

胡旦闻旨,知有人从中作梗,甚为遗憾。

到了中书省,王曾等宰相行学生拜见恩师礼,胡旦长揖而已。胡旦刚入座,王曾等迫不及待地问:"先生的眼病近来怎样了?"

"近来好了些,相公参政们仅能瞧见一二分。世态炎凉至此！"胡旦道。

问他此来有何事，他坚持要面见皇上才说。真宗令人再传圣旨，要他向宰相们说就行了。胡旦一看没法了，只好撒谎说襄州没有书读，乞个秘书监官，弄点儿书看。宰相们道："这事准能成。"连忙上疏，真宗诏可。

胡旦得了个秘书监的官衔，回到了襄州。

过了几年，胡旦病逝。家里一贫如洗，子孙们无钱安葬他，停棺房中。直到皇祐(1049～1053)末年，襄州知州王由上书，朝廷赐钱20万，方得入土。

他给后人留下了《汉春秋》、《五代史略》、《将帅要略》、《演圣通论》、《唐乘》、《家传》等300卷著作。

苏易简

◎ 宋晓英

一、屡知贡举的考官

苏易简，字太简，梓州铜山（今四川中江东南）人，他自小聪明颖悟，勤勉好学，气质不凡。父亲苏协是五代时蜀国的进士，与同是蜀人的严储是好友。苏协于广政二十一年(958)参加进士科考试，易简正好出生。苏协为儿子做生日酒，同时庆贺自己进士及第。许多亲朋好友前来赴宴。严储和一个会占卜的人同席，就问他自己什么时候能得中进士。那人先是手捋胡须，微笑不语，接着又说："我看您哪，先别着急。待日后苏公的儿子中了状元，您也就不远了。"酒席上的客人都笑着说这话讲得无理，但后来严储果真屡试不中。

太平兴国五年（980），苏易简参加殿试。当时，考生们全都在绞尽脑汁打腹稿。苏易简也不打草，看了题目便笔不停辍写起来。三个题目，几千余言，顷刻就完成了。太宗一看他写的文章立意清新，文笔也美，大为称赏，就把他定为第一甲第一名。而那严储，果真在苏易简榜下进士及第。

那年苏易简刚20岁出头，太宗让他做了监丞，通判升州，后来又改做左赞善大夫。太平兴国八年（983），以右拾遗身份知制诰。

雍熙二年（985），苏易简和贾黄中一同知贡举。那年，朝廷对科举非常重视。为严禁营私舞弊，太宗下诏令，实行"别头试"制度。即参加进士科考试的人，若与考官有亲戚关系，必须到另置的考场参加考试。苏易简的妻弟崔范，本来因为父亲逝世没有考试资格，却被应允应试，而且考分又很高。还有个叫王千里的人，是水部员外郎王孚的儿子。苏易简父亲苏协是王孚的门生，王千里也想利用这层关系让易简举荐他。太宗听说了这两件事，不但取消了崔范和王千里的录取资格，还给二人定了罪。又追究苏易简的责任，罢免知制诰。不久复其职。雍熙三年（986），苏易简升为翰林学士。

这一年，苏易简和宋白一起知贡举。当年，苏易简被推荐为开封府的第一名——解元，宋白是考官。几年后，宋白做了翰林学士，苏易简随后进入翰林院。为感谢宋白当年举荐之恩，苏易简曾做《赠翰林学士宋公》：

> 天子昔取士，先俾分媸妍。
> 济济俊兼秀，师师麟与鸾。
> 小子最承知，同辈寻改观。
> 甲等叨荐名，高飞便凌烟。
> 遂使拜宸坐，果得超神仙。
> 迄今才七岁，相接乘华轩。

淳化三年(992)，苏易简再知贡举，接到诏令后，直接进入贡院，以回避请托。从他开始，就建立了锁院制度。锁院，就是在考选期间，考官一旦受命，就锁居贡院，和外界隔离，和家人也不能相见。锁院时间依据考选时间长短而定，有时长达50天。

蜀人何光逢是苏易简父子的好友，当过几任县令，因为受贿被罢官。后来他流落到京城，靠替人参加考试赚取钱财。适逢苏易简掌管考试事务，派人把他赶出考场。何光逢于是写了许多上告信，针砭时政，议论易简。苏易简气愤不过，让人把他抓了起来。何光逢大骂政治黑暗，易简忘恩负义。苏易简依刑律把他处以死刑。杀何光逢并非本意，苏易简一直心怀愧疚，闷闷不乐。母亲薛氏责怪他说："你杀了父亲的好友，人家怎能不说你忘恩负义呢！"苏易简哽咽着对母亲说："不要再提这件事了！这是儿的罪过，儿为此一生都不安。可不这样做，违背法令，您让儿怎能担得起呢。"

就这样，连续7年，苏易简一直知贡举。

二、君臣之间

苏易简在翰林院期间，很得太宗恩宠。他先做中书舍人，后升为翰林学士承旨。虽然没做参知政事，但待遇和参政一样。太宗怕他心中不快，经常对他安抚。一次，赐给他白金3000两后，又下谕旨说："朕虽没让你做参政，可仍是很珍重爱卿的。"并作诗曰"君臣千载遇"，易简表示"忠孝一生心"。

太宗曾做五言、七言诗各一首，写成楷书、行书、草书三体，让人刻于石，赐给易简。易简续唐代李肇的《翰林志》做《续翰林志》两卷，呈献太宗。太宗再次赐诗表示嘉奖，并在绸缎上挥笔写了"玉堂之署"4个字，让易简装裱起来，做成匾额，置于翰院厅堂之上。过后，苏易简特邀秘书监李至，知制诰柴成务、吕祐之、钱若水、王旦，直秘阁潘慎修，翰林侍书王著，侍读吕文仲等10多人，在翰林院中宴饮庆贺，共同欣赏太宗的神来之笔。太宗听说后，赏赐了丰富的酒菜。李至等人都赋诗吟颂此事，宰相李昉等赠诗易简。苏易简兴之所至，挥笔作《禁林宴会之什》：

> 雨晴禁署绝纤尘，宴会名贤四海闻。
> 供职尽居清显地，崇儒同感圣明君。
> 翩然飞白璇题字，焕若丹青翠琰文。
> 梓泽笙歌诚外物，兰亭诗酒不同群。
> 少年已作瀛洲老，他日终栖太华云。
> 莫怪坐间全不饮，心中和气自醺醺。

苏易简把这些诗作呈给太宗看。太宗对李昉说:"这是儒学兴盛的表现,学士文人的光彩,可以把它整理成册,传于后世。"其后,又把原本赐还易简,让他留做纪念。

淳化三年(992)冬天,朝廷举行大型祭祀活动,苏易简充当礼仪使。扈蒙建议太宗以宣祖升配。苏易简引用唐朝惯例,说服了太宗,以宣祖、太祖同配。

淳化四年八月,太宗草书宋玉《大言赋》赐给易简,易简又比照《大言赋》另做诗赋献上。

一天,苏易简直禁中,用江南徐邈所做敧器注水试验。敧器是一种底尖、肚子大、口小的陶罐,古代多做祭祀之用。它空着的时候,罐体倾斜;灌水到一半,罐体便直立;灌满了水,水罐便翻倒,水全部洒出来。易简正在把玩,有人看见了,不知是什么东西,便密奏皇上。等晚朝过后,太宗召见易简,赐他便坐后,亲自比试敧器。加的水稍多一丁点儿,敧器便倾斜,只有一毫不差,它才凝然不动。所以,试了好长时间,才得以成功。太宗直起酸疼的腰背,长吁了一口气,连连赞叹,说这东西是个神物。易简趁机进谏道:"臣下认为,太阳中天了便会西斜,月亮圆了就会转亏,容器满了自然要倾覆。这就可见一切事情都不能做得太过。物盛则衰啊!愿陛下治理国家也以此敧器为鉴,持盈守成,慎终如始,那样才能强化祖宗留下来的基业,使之和天地共久长啊!"又引经据典讲述孔子名言。原来,孔子当年在鲁桓公庙中见到此物,看见学生注水试验后,曾经这样叹息:"唉,哪有事物极盛而不满,满而不翻覆的道理啊!"从那以后,敧器便成了体现"虚则敧,中则正,满则覆"的中庸思想的劝戒之器。太宗听到这里,连连点头称是,并说:"这等神物,很配做圣人鉴戒后代的器物。"太宗转念一想,微微含笑,目视易简说:"要是人肚子里头盛酒，也和这欹器一样节制，大概就不会有醉酒的过失了吧！"说得易简满面羞愧地低下了头。第二天上朝，易简便呈上书信表示重谢。太宗亲笔回信表示鼓励，并撰写《欹器铭》，草书《诫酒》、《劝酒》两首诗赐给他。

一次，太宗命令易简给他讲书。讲到《文中子》里杨素遗子喝残粥吃野菜的故事，太宗问："食物中的珍品是什么呢？"易简答："臣听说没有绝对的珍品，对口味的就是最好吃的。"停了一下，又说："我只知道咸菜汁很好吃。"太宗笑问是怎么回事。他回答："记得有一天晚上，天气很冷。臣拥着火炉取暖，乘兴痛饮，喝得大醉，朦朦胧胧进入梦乡。醒来的时候已经四更天了。因为酒喝得太多，酒肴太腻，被子又盖得太厚，所以便燥热不安，口渴难熬。当时院中明月朗照，残雪中放着一只腌酱菜的大缸。自己也来不及呼唤僮仆，便披上衣服下炕，走到院里，拂去水缸上的雪，揭开盖子，双手捧起菜汤，连喝数口。又咀嚼菜梗，顿觉鲜美无比。即使凤凰的胸脯，龙做的腊肉，也未必有这么鲜美。臣当时便自认为比仙界的神厨还有见识呢。臣几次想写个《冰壶先生小传》，记载下这件事。这不因为忙乱，还没来得及写呢……"太宗听到这里，忍不住大笑，连连称是。

三、升任参知政事

苏易简在翰林院呆了8年，虽然颇受太宗宠爱，有时甚至一天召见3次，官位却不过翰林学士承旨、给事中。当初，贾黄中、李沆差不多和他同时入朝，李沆比他还要晚，排名本在他下面，二人却都先做了参政。易简虽享受参政一样的馈赠，比别的承旨待遇优厚，但他一直有看法。虽然太宗曾这样解释："朕所遵循的是祖宗的旧典，凡升迁一般按资历年龄作为先后。本来也打算先用你，但考虑到李沆资历比你要老，所以先用他。等你在宫中呆久了，有了威望，再给你升职。你先别在意。"易简因为母亲已老，过几年恐怕要回乡尽孝，所以急于上进。他曾为此做诗10首，其中有"玉堂臣老非仙骨，犹在丹台望泰阶"的句子。皇上召见他时，他也说些时政过失等等。太宗明白他的意思。不久，李沆等不再连任参加政事，太宗就让易简做了参政。

这年11月，太宗在长春殿犒劳武宁节度使曹彬。按唐、宋旧例，每当将帅出征还朝，皇上便在便殿宴请，当直的翰林学士、枢密直学士都要陪皇上就坐。宋太祖开宝年间，梁迥是阁门使，他对太祖说："陛下宴请将帅，我们无功无德，在这里瞎搀和什么？不如不用侍坐了吧。"太祖听了觉得有理，从那便取消了这种做法。这次苏易简奏请皇上说："依先朝惯例，皇帝御坐丹凤楼，翰林学士承旨等该侍坐在楼的西南角。现在陛下亲临楼中，希望让承旨和枢密一同侍立在御榻旁边。"太宗从之。于是太宗、曹彬坐在主席，易简等陪坐。自此恢复了这种惯例。

苏易简屡次举前朝旧例给太宗听。他做承旨时，太宗对他敬若宾客，亲如至友，每有建议，一定采纳。现在他做了参政，太宗每次见他，却不再有亲如故友的情态了，只是照习惯认真听问政事，对他的建议也不像以前那样上心。这时，苏易简才后悔求进心切，欲速则不达了。

这时候，赵昌言和苏易简一起做参政，共同当政。两人互相敌视，关系很坏，几次争执，都闹到皇上那里。太宗对二人总是各打50大板，让他们以国家大局为重，互相宽容，消除一些不必要的嫌隙，收效却甚微。

四、老母与老父

苏易简母亲薛氏，贤德明达，太宗极为称赏。一次和身边的人闲谈，太宗说："贾黄中的母亲有贤德，70多岁了还不糊涂。贾黄中终日小心翼翼、谨慎得要死，恐怕得老在他母亲前面。"又对易简说："你母亲也这样，是个明白人。自古以来，又娴淑又知大礼明大义的妇人真是少见啊！"苏易简做了参政后，太宗在宫里召见其母，赐给她凤冠霞帔，请她上坐，并问："老人家您用了什么方法教育儿子，才使他这么有出息呢？"薛氏说："也没什么，不过就是小时候教他些礼貌尊让，做人的道理；待他长大，再教他些诗书六经，辅佐的学问。"太宗听到这些，环顾周围，对身边的人说："听到没有？这真是孟母啊！没有这样一个母亲，怎能教出这么有才智的儿子来呢！"

苏协做过几届州县行政长官。待易简入翰林以后，他任开封县兵曹参军。为人豪爽不羁，幽默滑稽。后来做京府掾，当时亲王为尹。父子二人每天早上整理好衣衫，戴上官帽一起出门。苏协到亲王府，易简到皇宫中。苏协有一次和别人谈笑，说："父亲参见皇上的儿子（指亲王），儿子朝拜亲王的父亲，这事应该倒过来才好呢！"后来，苏协任汝州司户，易简通判苏州。他这样写信给易简："吾在汝，汝在吴，吾思汝，汝知之乎？"诙谐谈笑如此，一时传为笑谈。苏协死后，被追认为秘书丞。

五、抑郁而死

苏易简外表坦率豪爽，但内有城府，心里爱存事。由知制诰升为翰林学士时，还没满30岁，写出的文章神采飞扬，但不大符合宫廷体例。等到升为承旨，便自我勉励，不只以文采见长，而且论策得当，所用体式符合公文要求了，一时被推为翰林学士、知制诰起草公文的范例。

苏易简性嗜酒，爱之成瘾。刚入朝时，上朝那天还不敢多喝，后来便时时呈现半醉状态。太宗草书《劝酒》二诗后，命令他每天对母亲诵读，反省自责，又多次查问遵循情况。他曾节制一段，每当上朝，不敢多喝，但一旦有了闲暇，便抑制不住。再后来，又沉湎不已了。有时，宾客还在朝中等他，他却已经醉倒在家中了。

翰林学士张洎，和易简最不对事。后来，易简被罢了参知政事，由张洎代之。至道元年(995)，苏易简以礼部侍郎身份出知邓州(今河南邓县)。他心情悒郁，常有不胜闲冷之叹。邓州有位知名老僧独处郊外寺院，苏易简常去看他，并赠诗："憔悴二毛三十六，与师气味不争多。"消极遁世之情溢于言表。又在给朋友的信中说："退位的菩萨难做啊！"迁职陈州(今河南淮阳)后不久，就抑郁而死，年仅39岁。太宗听到这个消息，热泪盈眶，感慨地说："易简果然因为饮酒而死！"赠挽词，有"时向玉堂寻旧迹，八花砖上日空长"句。

苏易简旁通释典，知识渊博。所著《文房四谱》、《续翰林志》及其它文集20余卷，可惜没传于后世。他的3个儿子苏宿、苏寿、苏耆，在宋真宗大中祥符年间，都封了官职。

王 世 则

◎ 李 晓

王世则,长沙(今湖南)人,太平兴国八年(983)状元。当年六月,以他为首的甲科进士18人被授为大理评事、知令录事等职,不久又分派到各州担任通判。也正在此时,宋太宗喜气洋洋地看着亲自录取的进士们,发表了有名的关于优待士大夫的言论:"朕亲自遴选士子,快到了废寝忘食的程度,每每召见临问,以观其材,选拔出来加以重用,目的就在于实现民间无遗贤,而朝廷多君子。朕每逢见到他们当中有举止端雅、品行才学为众人所推者,都禁不住替他们的父母感到高兴。到了授予他们官职的时候,也必定要选择良辰吉日,为的是让他们善始善终。朕待士大夫真可谓无微不至了。"

宋太宗的优待政策其实并没有使王世则这位一度声名赫赫的状元在政治上取得多大的造诣,如果不是他参加了一次比较重要的外交活动,并且把亲眼目睹比较详细地记录下来,保存至今,我们从他身上也许找不到什么闪光点了。王世则值得一书的事迹,便是他出使交趾的见闻。

交趾即今越南北部,宋太祖时曾敕封其首领为交趾郡王,双方建立起较为友好的宗主和属国关系。宋太宗即位后,交趾大将黎桓策动兵变,囚禁国王丁璿,把持朝政。宋太宗发兵征讨,被黎桓击败。黎桓毕竟不敢过分得罪强大的宋朝,几次遣使修贡,请求册封。宋太宗同样不愿与毗邻的藩属持续交恶,相继派官出使。淳化元年(990)正月,官任右正言直史馆的王世则作为宋朝使节与左正言宋镐等人一起踏上南行旅途。

经过几个月的跋涉,当年秋末,王世则等人抵达交趾边境。黎桓派遣其牙内都指挥使丁承正率士卒300人、船9艘前来迎接,又在海中颠簸了半个月,才登上陆地。凡途中住宿之处都有新建的茅舍3间,权做驿馆。走到距交州(今河内)15里的地方,又有茅亭5间,名唤"茅经驿"。

黎桓为了向宋朝使者夸耀本国武力,做了一番部署。先是在海边河汊集中大批战舰渔船,让一些老百姓混在士卒队伍中,穿着杂乱无章的服装,击鼓喊叫。在离交州100余里的路上,突然放出一大群牲畜,谎称官牛。王世则等粗略估算不满千只,对方却声称10万之多。交州附近的山上,更是插满白旗,装出驻屯重兵的模样。

黎桓在众人簇拥下出城迎接,只见他骑在马上,"咯噔""咯噔"跑了几步,勒住马缰,侧着身向王世则等寒暄几句皇帝起居安否之类的客套话,欢迎仪式就算结束了。然后，宾主按辔偕行，骑马回城，一边走，一边时不时地赠给王世则等人几枚槟榔，在马上咀嚼——据说这是此地最为隆重的迎宾礼节。

黎桓举止粗鲁，并且瞎了一只眼睛，又自称近年与蛮寇交战，坠落马下，摔伤了一条腿，所以，接受宋太宗的诏令时不肯下拜。王世则等休息一夜之后，黎桓便设宴款待，还请他们在海边河汊游览。黎桓赤着双足，手持渔竿下水钓鱼，每钓起一条，随从便欢呼雀跃。凡是举行宴会的时候，座中宾主都得解去腰带，戴上帽子。黎桓喜欢穿着花缬和红色的衣衫，戴的帽子全部用珍珠装饰。有时他还亲自唱歌劝酒，咿里哇啦，也不知唱了些什么。有一次，黎桓派数十人用大竹竿抬了一条数丈长的大蛇，送到王世则下榻的使馆里，说："你们如果想吃，就把它烹制成菜肴献上。"还送了两只老虎供使者观赏。这些可怕的礼物都被王世则婉言谢绝。

交州城中没有一户居民，只有数十片茅竹屋，属于军营。士兵有3000余人，额头上都刺有"天子军"3个字。每天只供应稻穗作为军粮，士兵自己舂米为食。兵器有弓弩、木牌、棱枪、竹枪等，大多粗糙不堪使用。城中官府衙门狭隘简陋。有一座木塔，尽管又小又破，黎桓还是当成名胜宝贝，特地请王世则等人爬上去游览一番。当地气候温暖，十一月份尚可只穿夹衣，中午还要挥挥扇子。

黎桓轻狷残忍，亲信小人，不管走到哪里，都有七八个心腹宦官侍立身边。黎桓还好狎饮酗酒，以猜拳行令为乐。凡是官员中讨他欢心的，他都提拔到亲近左右，稍有小过，轻则鞭打一二百，重则处死。就连一些心腹亲信，稍不如意，也要责打50大板，罚去守门，等到消了气，才让他们官复原职。

淳化二年(991)六月，王世则等人返回汴京，把出使所见写成详细文字，奏报宋太宗。这道奏折保存在《续资治通鉴长编》及《宋史·外国传》等书中，成了后人研究中越关系史和越南古代社会的珍贵资料。

梁颢

◎ 刘 一

梁颢,字太素,郓州须城(今山东东平)人。曾祖梁涓,官至成武(今属山东)主簿。祖梁惟忠,官至天平军(驻节兖州,今属山东)节度判官。父梁文度早死,梁颢由叔父收养。巨野(今山东巨野)人王禹偁以诗文著称,梁颢拜他为师。一次,梁颢向王禹偁请教一个问题,王禹偁拒绝回答。梁颢发愤读书,一个月后,再次向王禹偁请教,王禹偁大为器重。梁颢第一次参加省试不中,留在北京,献疏,就科举考试提出己见。他认为唐代取士科目众多,故人才济济。及至五代,科举衰落。宋振兴科举,但惟以诗赋、策论取士,限制了人才的选拔,应广开科目，甄拔人才。他的奏疏呈上，如泥牛入海，当朝天子宋太宗没有理睬。

雍熙二年(985)，梁颢再次参加省试，中选。殿试结束，太宗召见梁颢，询问门第出身，钦定为第一名。

梁颢成为北宋开国以来第 20 名状元。

这年，梁颢年方 22 岁。

中状元后，梁颢出任大名府(府治大名、元城，今河北大名)观察推官。第三年，召为右拾遗、直史馆。右拾遗是寄禄官，仅代表品秩，他的真实职务是在史馆修史。不久，奉诏判鼓司、登闻院，掌受文武官员及士民章奏表疏，凡有关朝政得失、公私利害、军事机密、理雪冤滥等的上书，无成例通进的，都到他那里投进。

任职不久，梁颢便被卷入一桩案子中。

梁颢在大名任观察推官时，孝义(今属山西)人赵昌言是知府。盐铁副使陈象舆与赵昌言私交很深，知制诰胡旦、度支副使董俨都是赵昌言的同年——同榜进士，梁颢曾是赵昌言的部属。陈、胡、董、梁 4 人时常在赵昌言府聚会。当时，京师给他们编了首歌谣，道："陈三更，董半夜。"那胡旦是太平兴国三年(978)状元，狂傲不羁，尤喜恶作剧。赵昌言有个书僮，叫翟颖，常与胡旦玩耍，胡旦为他写了一篇奏疏，让他奏上，为他改名"马周"。疏中自荐为大臣，列举数十人为公辅，让赵昌言做内应，图谋不轨。此事传出去后，赵昌言、陈象舆、胡旦、董俨、梁颢、翟颖都受到惩处。梁颢被贬为虢州(州治虢略，今河南灵宝)司户参军。

不久，起知鱼台(今山东鱼台西北)，加官大理评事。旋即奉诏入京，迁为殿中丞，复入史馆修史。历任开封府推官、三司关西道判官，迁为太常博士。

老母病逝，回籍服丧。服满，起用为右司谏。

至道三年(997)三月，太宗驾崩，皇太子赵恒即位，是为真宗。

真宗初即位，诏群臣直言国事。梁颢奉命去陕西公干，途中作《听政箴》以献。回京后，迁为度支判官，佐判度支掌财政开支。翌年，即咸平元年(998)，与杨励、李若拙、朱台符一同主持科举考试。钱若水重修《太祖实录》，奏请梁颢参修，诏准。梁颢兼修起居注。

咸平二年九月，辽圣宗耶律隆绪亲率大军南侵。十二月，真宗御驾亲征，至大名驻下。梁颢随驾扈从。真宗诏群臣就战争问题提出己见。梁颢上疏说：自古用兵之道，在于严明赏罚而已。大将傅潜奉诏统兵御敌，畏缩不前，致使敌军长驱直入，城池被毁，生灵涂炭，应斩傅潜以谢天下。汉将李广用兵，无部伍行阵，就善地而居，人人自便；唐高祖防备北部边地，选劲兵为游骑，不带军粮，逐水草而居，遇敌则杀。他们的经验可以借鉴。请在边将之中，不分名位高低，选拔勇武有谋略、士兵拥戴的将官10人，各率骑兵5000，装备精良的甲兵，少带粮草，逐水草而居，发现敌军，马上进击，并用烽燧（夜里以火光为号，曰"烽"；白天以烟为号，叫"燧"）传警，各路骑兵合击。他的奏疏呈上去后，朝野无不称赞。

第二年正月，神卫都虞侯王均在四川举兵反，十月，被宋将雷有终镇压。真宗命梁颢为峡路安抚使，安抚四川。回京后，奉诏职掌供奉官、殿直、殿前承旨三班，负责三班使臣的注拟、升移、酬赏。职司大理寺的韩国华断刑失中，宰臣共推梁颢代替他。翌年，真宗遣前宰相张齐贤安抚关右，以梁颢为安抚副使。冬，河北饥荒，群盗蜂起，梁颢又奉命出任巡检使。回京后，进官右谏议大夫，以此官衔充任户部使，职司户口、两税等。第二年，户部使撤销，梁颢改任翰林学士同知审官院、三班。景德元年(1004)，权知开封府。

梁颢出任代理开封知府仅数月，便于六月暴病身亡，享年42岁。

梁颢风度翩翩，博学多识，尤长于历史。他的诗文明快，备受真宗称赞。为人友信，对朋友的情谊终久不减。家庭和睦，闺门整肃。有文集15卷。梁颢有三子：固、述、适。梁适官至宰相，梁固为大中祥符二年(1009)状元。

程 宿

◎ 刘 一

宋太宗赵光义君临天下第十三年,即端拱元年(988)闰五月,戊子科进士考试开考,礼部侍郎宋白担任考官。宋白是大名(今属河北)人,学问宏博。三场考试下来,宋白录取28人,程宿名列榜首,成为北宋开国以来第21名状元。

程宿是衢州人。衢州州治西安(今浙江衢州),辖西安、龙游(今浙江衢州东北)、江山(今属浙江)、常山(今属浙江)、开化(今属浙江)五县,程宿为哪县人氏,今已无从得知。

放榜后,舆论哗然,说取28人,多遗才。太宗遂诏令在崇政殿复试落第举子,又取了99人。有个叫叶齐的,第二次仍没入选,击登闻鼓告御状,说取士不公。太宗遂诏令在武成王庙再次复试。考官们极痛恨叶齐嚣讼,出题为"一叶落而天下知秋",录取数百人。太宗亲加策试,放31人为进士,叶齐犹居31人之首。这样,程宿一榜共录取158名进士。

中状元后,程宿步入仕途,做过玉山(今属浙江)知县,官至职方员外郎。职方员外郎是寄禄官,仅代表品秩。程宿仕宦多年,官位不显。

陈尧叟

◎ 涂 青

一、陈氏三兄弟

阆州阆中(今属四川)人陈省华,在孟昶君临蜀国(史称"后蜀")时,官居西水(今四川阆中西南)县尉。乾德三年(965),宋太祖赵匡胤发兵灭蜀,陈省华成了赵宋的臣子,被任命为陇城(今甘肃天水西南)主簿,累迁为栎阳(今陕西高陵东北)县令。一些豪强大族强行拦截郑白渠,无人敢问,陈省华到任,命掘开堤坝,使利益均沾,民众称颂。不久,调任楼烦(今山西岚县东南)县令。

陈省华到楼烦没几年,长子陈尧叟便大魁天下。

陈省华娶妻冯氏,生有三子,长子陈尧叟,次子陈尧佐,三子陈尧咨。3个儿子都很聪明,但相比之下,老大果敢,老二伶俐,老三放任。不过,在父亲督责下,3个儿子都力学不辍,以诗文著称。

陈尧叟,字唐夫。陈家远祖是黄河北边人,故陈尧叟虽生于阆中,犹有北方大汉的魁梧。28岁那年,即端拱二年(989),陈尧叟参加己丑科殿试,一举夺魁,成为北宋开国以来第22名状元。二弟尧佐同榜进士及第。11年后,三弟尧咨又大魁天下。陈氏三兄弟,二状元一进士,时人以为荣。

己丑科金殿传胪那天,陈尧叟趋拜进退,风度翩翩,应问对答,声音朗朗。当朝天子宋太宗极为欣赏,问是谁人子。参知政事(即副相)王沔说是楼烦县令陈省华的儿子。太宗当即下令,征陈省华入京,任命他为太子中允。

二、建功立业于岭南

中状元后,陈尧叟被授予光禄寺丞,入史馆修史。弟尧佐被授予魏县(今河北魏县东北)县尉。陈尧叟与父亲陈省华同日受赐绯衣——五品官官服。不久,陈尧叟升为秘书丞。他在史馆修史多年,出为三司河南东道判官,佐理河南东道财赋。陈州(州治宛丘,今河南淮阳)、颍州(州治汝阳,今安徽阜阳)、亳州(州治谯县,今安徽亳州)、宋州(州治宋城,今河南商丘)一带发生饥荒,陈尧叟奉诏与人赈济。事毕,升为工部员外郎，以此官衔充任广南西路转运使，掌理广南西路财赋，监察各州县官吏。岭南人信巫，有病不服药，祷神祛灾。陈尧叟把医书《集验方》刻在石头上，立在桂州(州治临桂，今广西桂林)驿站。岭南炎热，陈尧叟命人植树凿井，每二三十里修建一座亭子，供应行人水喝。岭南人无不感激。

淳化四年(993)二月，太宗加封静海军节度使黎桓为交趾郡王，命陈尧叟为信使。

黎桓曾是在今越南北部一带的王朝的最高军事长官——十道将军。宋太宗坐天下第五年，黎桓自立，都华间(今越南河内)，年号"天福"。翌年，与宋交兵，宋军败北。不久，黎桓遣使通好。宋太宗诏命他为静海军节度使，后又加官检校太尉。淳化四年，再封为郡王。

从前，出使的宋臣都能得到黎桓数千缗馈赠，这笔钱是黎桓从民间横征暴敛来的，交不出的人往往被打断手脚。黎桓统治下的人民极为愤恨。因为这笔钱是给宋朝使者的，他们对宋使也极痛恨。

陈尧叟听说这事后，奏请召见黎桓的儿子，班赐诏令，不准他们私觌使臣，宋使不得收受馈赠。

黎桓的臣民有若干投奔北宋，北宋接纳。陈尧叟把他们遣送回去，黎桓大为感激，捕捉入宋抢掠的海寇作为酬谢。

海南岛当时归广南西路管辖，朝廷在海南驻兵，军粮从大陆运去，负责运粮的藤州(州治镡津，今广西藤县)等地士兵不习风浪，溺海的很多。雷州半岛南端有个叫递角场的地方，与海南相对，顺风一天便可抵达。陈尧叟在深入调查研究后，命把粮米运到递角场，让琼州(州治琼山，今海南海口南)遣习水的蜑民来运，人以为便。

陈尧叟在广南西路转运使任上一干就是四五年，政绩卓著。太宗皇帝还没来得及重用他，便于至道三年(997)驾崩。太宗死后，皇太子赵恒即位，是为真宗。

咸平元年(998)，真宗诏令诸路督课民人种植桑枣。陈尧叟上疏指出：广南风土有异，田多山石，民人在耕种水田外，贫瘠的土地种植苎麻。苎麻一年可收获3次，若加强管理，能活10余年。苎麻割下后，加工一下纺成布。因纺织的人很多，麻布很便宜，一匹仅卖100钱。臣到任后，劝令民人扩大种植、纺织，用钱或盐来折价收购，不到两年，已收购37万余匹。从前朝廷每年仅能征收万余匹。现在民人的生产热情很高，奏请以苎麻亩数折充桑枣之数，民人去官府卖布，免税。这样，朝廷可以收购到大量廉价的麻布，民人也能得到好处。真宗降旨，批准他的奏请。

不久，真宗征陈尧叟回京，加给刑部员外郎官衔，命他充任度支判官，佐度支使、副使掌财政开支，兼掌漕运。

三、遭到指斥的逃跑主义

任度支判官没几天，居住在抚水州(州治龙水，今广西宜山)一带的少数民族"抚水蛮"首领蒙令国杀了朝廷使臣，当地发生骚乱。抚水地属广南西路，陈尧叟在这里为官多年，威望极高，真宗遂任他为广南东西两路安抚使前往安抚，特赐三品紫色官服。骚乱很快平定，陈尧叟进官为主客郎中、枢密直学士、知三班兼银台通进封驳司、制置群牧使。主客郎中仅是官衔；枢密直学士备皇帝顾问；三班为供奉官、殿直、殿前承旨，知三班为三班院长官，职司三班使臣的注拟、升移、酬赏等事；银台司负责抄录章奏案牍，送通进司，通进司进呈皇上；封驳司掌封还驳正诏命；制置群牧使职司养马事务。陈尧叟身兼数职，成为颇有权势的大臣。

黄河在澶州(州治濮阳，今属河南)王陵口决口。陈尧叟奉命与枢密直学士冯拯同为河北、河东安抚副使，安抚灾民。

事毕还京，奉诏与冯拯裁减冗事。

当时，朝廷内外上疏言事者甚众，有些事情无关紧要也都奏上，真宗命陈尧叟与冯拯审查奏疏，裁减冗杂。旋即一同进官为右谏议大夫、同知枢密院事。右谏议大夫是官衔，同知枢密院事为最高军事机构枢密院副长官。陈尧叟兼任的制置群牧使一职被罢免。有人奏劾三司(盐铁、度支、户部)官员玩忽职守，公文有拖延六七年不处理的。真宗遂命陈尧叟与冯拯会同三司使裁减烦冗，处理滞务。结果，省去烦冗公文账簿21.5万余道，裁减河北路冗官75员。

翌年，陈尧叟进官给事中。祥符(今河南开封)人王继英以办事谨慎、勤敏而为真宗倚重，擢为枢密院长官——枢密使，陈尧叟奉诏签署枢密院事，佐理军务。他的官衔升为工部侍郎。

一二年后，即景德元年(1004)，辽军20万人马南下，绕过河北诸城，直逼澶州北城，准备渡河南下。

澶州距京师开封不远，宋廷朝野震恐。

参知政事王钦若是新喻(今江西新余)人，密请真宗迁都金陵(今江苏南京)；陈尧叟是阆中人，奏请迁都华阳(今四川成都)。宰相寇准力斥王陈二人的逃跑主义，坚请抗战，奏请真宗御驾亲征。真宗虽然怕赴前线，但觉得南逃更不可取，遂硬着头皮听从寇准的建议。在亲征前，他命陈尧叟先赴前线视察战事，特准他可以便宜从事，有些事情可自行了断。十二月，真宗抵达澶州前线，辽军失利，与宋议和，胁迫宋每年交银10

万两、绢20万匹，双方订立盟约。

在这次战事中，陈尧叟的逃跑主义受到指斥，成为他人生旅途上的一大污点。

四、参与东封西祀

不过，陈尧叟的仕途没有受到什么影响，官衔仍是工部侍郎，不久改为刑部侍郎，又改为兵部侍郎。他与王钦若都是逃跑主义者，现在又一同出任枢密院长官。翌年，即景德四年，真宗巡幸西京洛阳，命陈尧叟为东都留守，职司宫钥与京城守卫、弹压及京畿地区军政大事。

陈尧叟的官位不断上升。

陈尧叟办事果敢但不慎重。审理案件，速审速决，即使死罪，也只当面审问，然后批斩，不做深入细致的调查、取证。这样，虽然狱无系囚，案无滞留，但错判之事不时发生。真宗闻讯，说："尧叟向来果敢，但重大案件应吩咐有关衙门详加调查、取证，然后再慎重地判决才好。"他器重陈尧叟，没有公开训斥，只是秘密地谕示。

不久，复命陈尧叟兼任制置群牧使。陈尧叟制定养马条令，撰写《监牧议》一文，阐述马政的重要性。

大中祥符元年（1008）十月初四，真宗起驾东封泰山。

封泰山是王钦若等人为迎合真宗厌兵而好功的心理鼓噪实施的，这是一项粉饰太平、劳民伤财的举动。陈尧叟积极参与封禅一事，这年正月，一些大臣伪造"天书"，便是由他启读的。真宗起驾东封，陈尧叟加官尚书左丞，奉诏撰《朝觐坛碑》，进官工部尚书。他又撰《封禅圣制颂》一文，歌功颂德，真宗高兴地赋歌赐复。

东封之后，王钦若等又筹划西祀地祇。

大中祥符三年六月，一些官员正式奏请西祀。真宗询问年景如何，陈尧叟说："秋苗茂盛，谷价低贱。"又问财政何如，以奸诈著称的三司使丁谓道："府库充牣，仓廪盈衍。"真宗遂诏令于明年春西祀，命陈尧叟为经度制置使，宰相王旦为大礼使，王钦若为礼仪使。陈尧叟赴河中府(府治河东，今山西永济西南)准备西祀事务，奏称解州(州治解县，今山西运城西南)池盐不种自生，凡数十里，味道甚佳云云。龙图阁待制孙奭则据实奏言连年水旱，谷价腾贵，不可西祀。真宗对陈尧叟的谎言深信不疑，对孙奭的逆耳忠言根本听不进去。大中祥符四年正月二十三，真宗在浩大仪仗的扈从下，起驾西祀。

西祀礼毕，陈尧叟进官户部尚书。

真宗诏令王钦若撰《朝觐坛颂》，王钦若荐举陈尧叟，真宗未准，别命陈尧叟撰《亲谒太宁庙颂》。事毕，加位特进，赐功臣。陈尧叟擅长草隶，真宗命他书写东封西祀时御制的诗歌，刻于石。

五、寿终正寝

西祀第二年，陈尧叟与王钦若一同以本官检校太傅、同平章事，充枢密使，旋即加检校太尉。陈尧叟成了宰臣。

不久，扈从真宗巡幸太清宫，加开府仪同三司。未几，与王钦若一同罢守本官。

翌年，复与王钦若以本官检校太尉、同平章事，充枢密使。

陈尧叟患有足疾，上疏辞官。大中祥符九年，真宗亲自临问。陈尧叟病情加重，屡表求退。真宗派阁门使杨崇勋去陈府慰问，拜他为右仆射、知河阳（今河南孟县南）。陈尧叟坐着肩舆入殿谢恩，真宗特许他的3个儿子扶着他升殿，赐诗饯行。

第二年，即天禧元年（1017），陈尧叟病危。他让儿子执笔，笔录他的奏疏，请求回京。真宗诏准。陈尧叟乘肩舆还京，不久病死，享年57岁。

真宗废朝二日致哀，追赠侍中，谥"文忠"。

陈尧叟为官明辨，处事果敢。母亲冯氏教子严厉，陈尧叟孝侍母亲。家富，禄赐丰厚，冯氏训导儿子节俭，不许华侈。真宗朝，陈尧叟典机密，弟尧佐、尧咨并至大官，父陈省华官至左谏议大夫。父子4人皆贵显。子孙居官者十几人，宗亲登科者数人。陈氏家族荣盛无比。有客拜见陈省华，陈尧叟兄弟在一旁侍立，客人不安。陈省华说："学生辈立侍，是极平常的事。"

陈尧叟娶马尚亮的女儿为妻。马家也是官宦人家。马氏嫁给陈尧叟后，每天端菜端饭，心中十分委屈，便向父亲说了。一天，马尚亮与陈省华在上朝的路上相遇，马说女儿不会端菜端饭，请不要让她干这些贱活了。陈省华道："从未让她做饭。从今日起，让她随山妻（封建士大夫对妻子的称呼）下厨房吧！"马尚亮语塞。马氏为陈尧叟生了3个儿子。

孙 何

◎ 涂 青

一、宋代第一个"三元"

宋初,殿试以最先交卷且无纰漏者为第一名,即状元。淳化三年(992)殿试题目是当朝天子宋太宗亲自出的,名曰《卮言日出赋》。太宗出完题,顾谓侍臣说:"近来举子应试极为轻率,答卷不求义理,惟求快捷。今科这个题目渊奥,能使他们穷究义理,那种求快的弊端陋习从此可以逐渐改正了!"太宗话音未落，临安(今浙江杭州)人钱易便交卷。这位17岁的才子极为得意，自以为新科状元非他莫属。岂不知，太宗正在鞭挞惟快是尚的陋习，见钱易这么快就交卷了，龙颜不禁大怒，叱出考场。另一考生孙何，才思不敏，但稳重谨慎，他冥思苦想，发挥义理。太宗见了他的卷子大喜，钦定为第一。

孙何成为大宋王朝开国以来的第23名状元。

那少年才子钱易，7年后考中进士。

另据欧阳修于治平四年(1067)编成的《归田录》，淳化三年殿试被黜的不是钱易，而是李庶几。他说，这年孙何与李庶几同场殿试，李庶几才思敏捷，孙何迟钝，担心状元的桂冠被李庶几夺去。正在这时，有人奏白太宗："应试举人轻薄，著文不求义理，惟以快捷相尚。"孙何见状，乘机进言："李庶几在烧饼店里作赋，以一饼熟作成一韵者为胜。"太宗对李庶几这个人大为愤恨。不久，有个人最先完卷，呈上太宗，太宗一看姓名，此人正是李庶几，不禁大怒，将他逐出考场。孙何则稳拿第一名状元。

倒霉的是钱易还是李庶几，今难断言。孙何夺得此科殿试第一名，是千真万确的。

孙何，字汉公，汝阳(今河南汝南)人。祖父孙锱，以学问著名。唐末，上蔡(今属河南)人秦宗权割据蔡州，强迫孙锱做他的宾佐，孙锱坚决不从，隐居乡里，以教书为生。父孙庸，有文才，周世宗时献《赞圣策》9篇，世宗极为欣赏。入宋后，做过几任州官。孙何受家风熏陶，自幼好学，博闻强记。10岁便懂音韵，15岁能作文章。他特别喜好古文和儒经，写文章必本经义。曾著《两晋名臣赞》、《宋诗》20篇、《春秋意》、《尊儒教议》等，闻名于世。长洲(今江苏苏州)人丁谓，通晓诗、画、棋、音律，也是有名的才子。孙何与丁谓，一北一南，名闻天下，当时人号曰"孙丁"。以诗文著称的王禹偁极推崇孙何的才学。

在科举考试上，孙何凭借出众的才学而一帆风顺，开封府府试、礼部省试和殿试皆第一，成为众人艳称的"三元"，即解元、省元(后世称"会元")和状元。两宋319年，开科118次，连中"三元"者仅4人，孙何为第一人。自唐武德五年(622)开科取士，迄光绪三十年(1905)废止科举，凡1283年，可考的榜数为745榜，"三元"仅13人。孙何跻身"三元"行列，名垂青史。

二、入木三分的奏疏

中状元后，孙何出任陕州(州治陕县，今河南三门峡西北)通判。通判，俗称"倅"，为州府副长官，有监察所在州府官员之权；州府的一切文书，知州或知府与通判联署，方能生效。不久，太宗召孙何入京，让他入值史馆，参与修史，升为秘书丞、京西转运副使。秘书丞为寄禄官，仅代表品级和俸禄，他的真正职位是京西转运副使，佐转运史掌京西路财赋。他的官品从秘书丞晋升为右正言，再升为右司谏。

至道三年(997)三月，宋太宗病逝，他的第三个儿子赵恒承嗣大位，是为真宗。

真宗登基，孙何献上5条建议：第一，择选儒臣而知兵法者统兵。第二，世官世禄人家子弟入太学肄业；寒素之士由州官推荐，禁止毛遂自荐，谋求禄位。第三，恢复制科考试，选拔特需人才。第四，州府实行乡饮酒礼，养老敬老，感化民人。第五，根据才能授官，勿以恩赐或庆典时例迁。对于这五条建议，真宗皇帝大为称赞。

咸平二年(999)，孙何又上疏，就官制改革提出建议，他认为以吏、户、礼、兵、刑、工六部分掌政权是最佳体制。自唐玄宗皇帝后，六部分职体制遭到破坏，出现以他官判度支的局面，还增设租调地税使等官。这种混乱局面历五代而迄宋犹未改。目前亟需改革官制，恢复六部职掌。孙何是较早提出官制改革的官员。宋神宗元丰三年(1080)至五年官制改革主要内容之一，就是恢复六部职掌。

不久，有情报说，契丹人将大举入侵，真宗命马步军都虞侯傅潜为将，率军御敌。同时，下诏亲征。孙何就边防问题上疏说："陛下即位以来，训师择将，为数众多，但边防不固，契丹、党项人不断入侵。"造成这种局面的原因何在？他认为有四：第一，将帅不称职。或有勇无谋，或拥兵自保，不顾百姓死活。第二，边塞奏疏不实。守塞之臣固禄守位，谎报军情。城池焚劫，不据实奏报；百姓伤亡，托言盗贼所为。第三，危急时刻不相救援。缘边州县唇齿相依，但当强敌入寇时，各州县却不互相救援，或托言兵少不出，或谎言无诏不敢妄动。第四，粮饷运输不及时。敌骑行动迅速，倏忽往来，而我军粮饷运输迟缓，耽误行军，待我军到达，敌骑早已无踪无影。这四点入木三分，指出边防不固症结所在。

针对这四大弊端，孙何提出匡正方案：择将帅，应任用谋士做参谋；凡边地上奏，皇上需亲自召问；严明军令，命相救援，并允许他们自行其事；运输粮饷，少带一些，轻装急进。

真宗御览孙何的奏疏，大加赞赏。

九月，契丹君主辽圣宗率大军南侵，围攻遂城(今河北徐水西),守将杨延昭即杨六郎率部坚守,激战数日。契丹人被迫撤围而去,转攻狼山镇(今河北清苑西北)石寨,寨破,契丹人兵分两路,一路东进,一路南下。南下一路越过保州(今河北保定),进攻定州(今河北定县)。傅潜统兵8万,驻防定州,闻契丹人至,闭城自守,不敢出战。契丹人越过定州,一路抢掠,兵锋及于淄州(今山东临淄)。

直到十二月,真宗才率军亲征,经澶州(今河南濮阳)至大名(今属河北)驻下。孙何随从至大名。

皇帝亲征,大大鼓舞了宋军的斗志,契丹人仓促北撤。

真宗奖赏有功将士,惩治罪犯。孙何力主将拥兵不前的傅潜斩首,以谢天下。真宗开恩,没杀傅潜,将他流放。

从大名回京后,孙何出任代理户部判官,出为京东转运副使。他又上疏择优选任州县官,裁减三司冗员,遴选司法官,增加官吏俸禄等。不过,这次上疏没有什么结果。

三、英年早逝

出任京东转运副使不久,孙何升为两浙转运使。

两浙路是当时最富庶的地区,是财赋主要征收地。孙何在两浙转运使任上,以严刑峻法绳下,州县官吏无不畏惧。他喜欢古文,州县官吏便寻求一些字迹磨损殆尽的碑帖贴在官衙墙上。孙何到了,忙去看碑帖,辨识文字。他不修边幅,头经久不洗,边看碑贴边用手搔痒,还不时把挠下来的污垢放在鼻子下嗅。那些碑帖往往让他琢磨一整天,无暇审理公事。那些官吏便可逃脱惩处。

景德元年(1004),真宗召还孙何,委任他判太常礼院,职司礼制。太常礼院名义上隶属太常寺，实际上直属皇帝。判太常礼院，简称"判院"，为太常礼院长官。不久，与晁迥、陈尧咨一同被任命为知制诰。晁迥是清丰(今属河南)人，太平兴国进士。陈尧咨乃阆州(今四川阆中)人，咸平三年状元。知制诰掌起草制、诰、诏、令、赦书、德音等，为皇帝近臣。孙何还掌理三班院，负责武官三班使臣的注拟、升转、酬赏等事。

在出任知制诰以前，孙何已经罹病，任命下达后，他支撑着身子视事。他眼睛近视，病后更加厉害。一天上朝，孙何奏事，奏疏散落于地，慌忙俯拾，零乱倒错，读不到一块儿。孙何心急如火，一不小心，朝笏坠地。监察官吏弹劾他失礼，真宗不予追究。孙何极为羞愧，上疏请改任太常少卿，分司西京洛阳(今属河南)以养病，真宗未准。

孙何病情加重，真宗遣太医诊治。太医要给孙何针灸，孙何道："秉受父母完肤，从小护养，罹病反以针艾刺穿，是不孝。况且生死有数，若针灸不愈，我岂甘为强死鬼！"遂不让针灸。

这年冬十二月，孙何病死，享年44岁。

当时，真宗正在澶州抗辽前线，闻悉孙何英年早逝，甚为悯惜，诏授孙何之子孙言为大理评事。

孙何重视礼教，热情好客，后进中有擅长诗词的，必加称扬。但他性急，不能容物。他好学，著述不辍，除登科前著《两晋名臣赞》等外，还有《驳史通》10余篇，文集40卷。他的诗文有名于当时。如《汛吴江》诗：

晚滩如雪起沙鸥，咫尺姑苏亦胜游。
逸势泻归沧海远，冷声分作太湖秋。

莳田几处连僧寺，橘岸谁家对驿楼。
鲁望不存无可语，片帆中夜渡清流。

他的《桐柏观》也为佳作，诗云：

玉坛三级接秋空，此是仙家第几重。
羽客有时来驾鹤，王人无岁不投龙。
微吟海月生岩桂，长啸天风起涧松。
司马先生何处去，篆碑犹有白云封。

孙何的弟弟孙仅，少好学，与孙何俱有名于当时。继孙何中状元后，孙仅于咸平元年大魁天下。兄弟二人接连夺魁，当地人以为荣耀。

车吉心 主编

● 第二卷

中国状元全传

山东教育出版社

顾　问　安作璋
主　编　车吉心
副主编　刘德增

本卷目录

孙　仪　/213
孙　暨　/216
陈尧咨　/220
王　曾　/224
李　迪　/233
姚　晔　/247
梁　固　/249
张师德　/252
徐　奭　/254
张　观　/256
蔡　齐　/258
王　整　/267
宋　庠　/270
王尧臣　/281
王拱辰　/292
张唐卿　/298
吕　溱　/300
杨　寘　/307
贾　黯　/310
冯　京　/320
郑　獬　/328
章　衡　/337
刘　辉　/343
王俊民　/345
许　将　/347

彭汝砺 /353
许安世 /361
叶祖洽 /363
余　中 /367
徐　铎 /369
时　彦 /372
黄　裳 /375
李常宁 /380
马　涓 /382
毕　渐 /384
李　釜 /386
霍端友 /388
蔡　薿 /390
贾安宅 /396
莫　俦 /398
何　㮚 /400
王　昂 /407
沈　晦 /409
李　易 /413

孙 仅

◎ 刘宝全

孙仅,字邻几,宋朝蔡州汝阳(今河南汝南)人。祖父孙锡,是非常有名望的学士。唐朝末年,秦宗权占据蔡州,强邀孙锡为其宾幕,孙锡托病推辞。父亲孙庸,字鼎臣,周世宗显德年间,献上《赞圣策》9篇,盛赞唐太宗"贞观之治"。周世宗因而召见面询,孙庸答道:"武不可黩,敛不可厚,奢不可放,欲不可极。"周世宗十分欣赏,任命孙庸为开封兵曹掾。宋太祖时,经人推荐,官至龙州(州治江油,今四川平武东南)知州。

孙仅少年时代学习勤奋,才思敏捷,在同辈中崭露头角。

与他的哥哥孙何一样，在当时名声很大。孙何喜欢结交士人，但是性情急躁，不能容物。孙仅不同于孙何，他性情端厚，尽心钻研儒学，不喜与人竞争。

宋真宗咸平元年(998)，孙仅参加戊戌科殿试，一举夺魁，成为北宋开国以来第24名状元，距兄长大魁天下仅6年。兄弟二人接连夺魁，时人极为羡慕。

孙仅中状元后，即被委以舒州(今湖南怀化)团练推官。这期间宋真宗下诏举荐贤良方正之士，孙仅被推荐，提拔为光禄寺丞，负责集贤院。很快，出任浚仪县(今河南开封)知县。

景德初年(1004)，孙仅升官为太子中允、开封府(府治祥符、开封，今河南开封)推官。这时辽国请求与北宋休战，讲和结盟。宋朝廷派出使节与辽议和。孙仅因其端厚稳重，首次作为国母生辰使出使。

这一年冬天，水兴知军(军治万年、长安，今陕西西安)孙全照请求朝廷另派官吏来代替他。真宗皇帝希望选择循良之士莅任永兴，亲笔写下边肃与孙仅两人，与宰相们商议。有的人说孙仅长期在京府任职，熟悉民政，于是就任命孙仅为永兴军知军。孙仅在永兴做官期间，为政颇宽，像是一个纯厚的长者，受到当地人民爱戴。真宗皇帝诏令全国各地官员，以孙仅为榜样，多施仁政，关心百姓疾苦。

后来孙仅回到京城，负责审刑院工作，升任右谏议大夫，开封府知府。接着，又改为左谏议大夫，出任河中府(府治河东，今山西永济西)知府，时间不长，奉调回京，再次负责审刑院。孙仅从此在这个职位上，默默无言，兢兢业业地干了许多年，才被提升为给事中。

天禧元年（1017）正月，孙仅因病去世。这一年，他49岁。朝廷因为孙仅只是默默为官，从不与别人争夺功名，提升他的儿子大理评事孙和为卫尉寺丞。

孙 暨

◎ 李 晓

宋真宗咸平元年(998)十月,开封府举行的发解试闹出了一场不小的风波。

在习惯上,开封府发解试前10名被称为"等甲",意思是与殿试甲科相等,录取的多是学业优秀享有盛名的人物。由于开封是天子脚下的首善之区,才能出众者比较容易为皇帝和权贵大臣所知,一旦发解试考中前10名,将来省试和殿试时便极有可能名列高第,因此,跻身"等甲"就成了当地士子们科场追逐的第一个目标。

开封是个才子济济、能人荟萃的地方,在一般人看来,能够挤进"等甲"已属万幸，要夺得第一名即所谓"解元"，更是难上加难，可是有的人偏偏非要当第一不可。咸平元年发生的这场风波就是一个名叫钱易的人为争当第一闹出来的。闹的结果，钱易自己不仅没争到第一，反而从第二降为第三，原来与此事毫不相干的孙暨却成了状元。

钱易字希白，出身于吴越王族，其父钱倧当过不长时间的国王，被将领胡进思等人兵变废黜，另立钱倧的弟弟钱俶为国王。从此，钱倧一家遭受极度冷遇。后来钱倧投降北宋，所有亲戚封官晋爵，惟独钱易和哥哥钱昆连个一官半职都没捞着。坎坷的经历迫使兄弟俩发愤苦读，立志出人头地，争回这口气来。钱易资质聪颖，才智出众，17岁那年，他初次参加科举，发解试、省试都顺利通过了，殿试时他愈战愈勇，3道试题，没到中午就全部写成交卷。才思敏捷，文章也写得漂亮，照理应该题名高榜的，有人却认为钱易是轻率浮躁，故意哗众取宠，几道奏章就将他黜落孙山。但钱易的名字从此传扬开了，人人都知道钱家出了个少年才子。有一次，宋太宗与翰林学士苏易简评论唐朝的文人，很为当今没有李白那样的奇才而叹息。苏易简说："钱易就是个很了不起的人物，他写的诗歌恐怕还不在李白之下哩。"宋太宗惊喜地说："若真是这样，我一定把他从平民布衣破格任命为翰林学士。"不巧，此时四川爆发了王小波起义，宋太宗忙于镇压，转眼就把此事忘得一干二净。

出头争气的强烈欲望像烈焰一样炙灼着钱易那机敏的心灵，初次科举无辜被黜更如火上烧油，使他的这种欲望冲动到了极点。现在他拥有了这么大的名气，自然不甘屈居人下，所以，当他闻知此次开封府发解试得了第2名的消息后，仿佛蒙受奇耻大辱一般，再也按捺不住悲愤激越的情绪，决心大闹一场,发誓不仅夺回解元,还要把那班有眼不识泰山的考官整个人仰马翻、身败名裂。

于是,一道弹劾奏疏很快就从钱易那枝生花妙笔之下炮制出来,遣责发解试中赋、诗、论、策的试题存心谤讪朝廷,特别是《朽索驭六马赋》的题目,把驾驭6匹马的缰绳说成朽索,这不明摆着在挖苦皇上吗?这种断章取义、从字眼里挑毛病的做法,显然有些强辞夺理、无限上纲,使人们很容易想起文字狱的惯用伎俩。但宋朝举人进士闹事是很有传统的,大概这次发解试也确实存在一些问题,钱易的奏疏一抛出,立刻像火星一样在干柴上燃起了熊熊烈焰,数百名举人聚集起来,跑到开封府,状告发解官取录不当。就连已经公布为第一名的高辅尧也写状子说自己无德无才,难以担当状元的盛名,请求将钱易改为第一。

开封府前的喧闹声惊动九重,宋真宗诏令集贤院长官钱若水等人重新评阅开封府举人试卷,同时令中书省研究发解试试题是否真的存在谤讪朝廷问题。

这时,翰林学士承旨宋白特别赏识钱易,便在各种场合大说钱易的好话。开封府考官、度支员外郎冯拯为证明发解试录取是正确的,就上书揭发宋白与钱易属于长期勾结的朋党,宋白是在为自己拉帮结派。宋真宗见一场考试竟在大臣之间闹出攻讦,颇有愈演愈烈之势,大怒,派宦官闯进冯拯家中将他逮捕,关进御史台监狱。冯拯抗章自辩,并且抛出一大堆材料,说钱易向来轻浮无行,丝毫没有资格当开封府解元。作为皇帝,宋真宗对士大夫们聚众闹事、相互攻讦的做法其实是非常讨厌的,他不愿意过于放任,更怕会搞出更大的乱子,于是下令释放冯拯,撤回重评试卷和研究试题的决定,只令钱若水等人在开封府举人中重新选出一位品行兼优者作为第一名。

不久，钱若水等人重选的结果得到宋真宗认可，原先名次较后的开封人孙暨变成第一，高辅尧第二，而钱易则从第二降到第三。

鹬蚌相争，渔翁得利。孙暨不但神使鬼差地成了解元，而且一路顺风地在次年二月殿试中稳稳当当地戴上状元的桂冠。这是皇帝钦定人选，才名兼备的钱易即使再有怨愤，也不敢轻易发泄了。

由于资料太少，孙暨中状元之后的事迹已无从详考。只知道咸平四年（1001）八月，孙暨在怀州防御推官任上又参加制举考试，名列第四等的次等，并升为光禄寺丞。宋仁宗康定元年（1040），他官任直集贤院。这时他的儿子孙日新几次科举考试都名落孙山，侍御史知杂事张奎上书说孙暨在真宗时当过状元，他的儿子应该受到特殊照顾，于是，仁宗特地诏封孙日新为郊社斋郎。

陈尧咨

◎ 刘 一

真宗咸平三年(1000)状元是阆州阆中(今属四川)人陈尧咨。

陈尧咨,字嘉谟。父陈省华娶妻冯氏,生三子:尧叟、尧佐、尧咨。陈尧叟是太宗端拱二年(989)状元,陈尧佐是此年进士。在兄长登科11年后,陈尧咨又大魁天下,时人以为荣。他中状元时,父兄并在京任职。

夺魁后,陈尧咨被授予将作监丞的官衔,以此官衔通判济州(州治巨野,今属山东),即济州副长官。召为秘书省著作郎、直史馆、判三司度支勾院。著作郎仅是官衔;直史馆,即入史馆修史；三司(盐铁、度支、户部)都有勾院，掌管出纳账目。不久，三司勾院合而为一，由陈尧咨总领。擢为右正言，带此衔知制诰，负责起草制、诰、诏、令。奉诏担任殿试考官，因接受三司使刘师道请托，从中提携他的弟弟刘几道，坐贬单州(州治单父，今山东单县)团练副使。不久，授著作郎、光州(州治定城，今河南潢川)知州。寻复官右正言、知制诰，出知荆南(府治江陵，今属湖北)。改任起居舍人，判吏部流内铨，掌文官从初仕至幕职州县官的铨选、差遣等事。他破例起用寒门素士，受到真宗嘉奖，升任右谏议大夫、集贤院学士，旋即以龙图阁直学士、工部郎中身份出知永兴军(军治长安、万年，今陕西西安)。长安地多盐碱，无甘泉。陈尧咨到任后，引龙首渠入城，民人称颂。

在陈氏三兄弟中，老大陈尧叟果敢多智，老二陈尧佐文雅多才，而老三陈尧咨刚戾傲物。母亲冯氏向以教子严厉著称。陈家富有，冯氏训诫儿子俭约。但陈尧咨根本不听她那一套，奢靡无度。他自恃状元出身，门第显赫，目空一切，放纵恣肆，不循法度。在永兴军任上，修建府第，出入列兵自卫，用刑惨急，常常致死人命。永兴军路转运使乐黄目因不堪欺凌而上疏辞官。

乐黄目的辞呈递上去后，真宗把陈尧咨调任河南(府治洛阳，今河南洛阳)知府。到任不久，有人上疏弹劾他在永兴军的种种不法行为。他的兄长方受信用，真宗从轻发落，将他削职徙郑州(州治管城，今河南郑州)。

陈尧咨觉得受了委屈，悒悒不乐。

一天，兄陈尧叟进见，真宗问起陈尧咨，陈尧叟道："尧咨怎知皇上保佑才能至此，还以为是受谗言遭贬呢！"于是，真宗降旨，历数陈尧咨的种种不法行为，严加切责。陈尧咨害怕了，惶恐称谢。

不久，召还，判登闻检院。凡吏民上书，都先向登闻鼓院投呈，如被拒绝，再投登闻检院。检院收到上书后，如事关重大，即日上达皇帝，否则，五日一通进。他的龙图阁直学士一职恢复。旋因失职被降为工部员外郎。

兄陈尧叟病死，陈尧佐因失职遭贬。老母冯氏不久病故。陈尧咨与陈尧佐回家服丧。丧满，起用为工部郎中、龙图阁直学士、会灵观副使。出使陕西，安抚缘边诸州县。事毕还京，升为右谏议大夫、知泰州（州治成纪，今甘肃天水），徙知同州（州治冯翊，今陕西大荔）。进官工部侍郎，代理开封府（府治开封、祥符，今河南开封）知府，入为翰林学士，起草制、诰、诏令。

这时，已是仁宗赵祯坐天下了。陈尧咨是真宗朝状元，尽管他刚入翰林学士院，但仁宗为了优遇他，特诏他的位次在先他入院的蔡齐之上。蔡齐也是状元出身，晚陈尧咨15年。

不久，出知天雄军（军治大名，今属河北），朝位在丞郎之下。陈尧咨不满，辞不就任。皇太后特以双日召见，敦谕他从命。陈尧咨不得已，就任。到任后，葺缮废坏已久的兵器，但驭下暴横，列士卒持大木棍侍前，吏民说话不中意，立加杖打。后以安国军节度使观察留后知郓州（州治须城，今山东东平），拜武信军节度使，知孟州（州治河阳，今河南孟县南），徙知澶州（州治濮阳，今属河南），复徙天雄军。

再次到天雄军不久，罹病而死。仁宗诏赠太尉，谥曰"康肃"。

在陈氏三兄弟中，陈尧佐最有文才，诗词极佳，在文坛上占有一席之地。陈尧咨也能赋诗弄文，如他出知永兴军时，父亲有别墅在长安，名曰"三桂亭"——陈氏三兄弟俱登科，陈尧咨赋《题三桂亭》一诗，诗曰：

> 不夸六印满腰悬，二顷仍寻负郭田。
> 当日弟兄皆制羽，如今鸿雁尽摩天。
> 扶疏已问新栽柳，清浅犹寻旧漱泉。
> 大尹今来还又去，夕阳旌旆复翩翩。

诗中流露出自负高傲之气。在陈氏三兄弟中，他最缺文采。他超越二兄之上的，是射技。他的射术极高，以钱为的，一发命中钱孔。时称他的射术当世无双，他也颇为自负。一天，他在家院射箭，有个卖油翁负担而立，睨视着他，久久不离去。见他十箭命中八九，微微地点头，曰仅此而已。陈尧咨不满，道："你也懂射术？"卖油翁说："没什么了不起的，手熟罢了。"陈尧咨怒吼道："你怎敢小视我的射术？"卖油翁说："你看我酌油，就知道了。"拿一只葫芦放在地上，用一个圆形方孔钱盖在葫芦口上，慢慢地用杓子盛油倾沥而下，从钱孔穿入而钱不沾。他表演完后说："我也没什么，也只是手熟罢了。"

王　曾

◎ 涂　晓

一、众人艳称的"三元"

王曾，字孝先，宋太宗君临天下的第三年，即太平兴国三年(978)，出生在青州益都(今山东青州)，8岁而孤，叔父王宗元收养了他。王曾少力学，拜同里张震为师，研习文史。他才思敏捷，擅长诗文，年纪轻轻，便以文才闻名遐迩。

科举入仕，是文人学士最理想的人生旅途，王曾也梦寐以求。科举第一关是州府"取解试"，王曾参加青州"取解试"，高中榜首，夺得第一名"解元"。遗憾的是，这是何年月的事，今已难以考究。24岁那年，也就是真宗赵恒坐天下的第六年——咸平五年（1002），王曾赴京师开封（今属河南）参加礼部省试。省试的题目是《有教无类赋》，王曾写道：

神龙异禀，犹嗜欲之可求；
纤草何知，尚薰蕕而相假……

王曾赋冠群士，一举夺魁，成为省试第一名——"省元"。

王曾省试的那首赋广为流传，有轻薄之徒拟作4句云：

相国寺前，能翻筋斗；
望春门外，驴舞柘枝。

有人说，此诗虽俚但也颇为切题。

不久殿试，王曾又大魁天下，成为北宋开国以来第27位状元。

王曾取解试、省试、殿试连中三元。在中国科举史上，荣膺"三元"桂冠的仅有13人（一说12人，或云14人），王曾是13人中第五人。

金殿传胪后，王曾修书向叔父王宗元报喜，信中写道：曾今日殿前，唱名忝为第一。此乃先世积德，大人不必过喜。

不久，王曾荣归故里。青州知州闻讯，命父老载歌载舞，却郊外欢迎。王曾闻悉，变姓名，换衣服，骗过人群，悄悄地从另外的城门入城。他去谒见知州，知州惊奇地问："听说王状元荣归，已派人去欢迎，门吏没报，王君怎么竟到了？"王曾道："不才幸忝榜首，岂敢烦知州父老迎接。若那样，是增添了鄙人的罪过，故改名换姓，骗过欢迎的人群和门吏，前来拜谒大人。"知州叹曰："君乃真状元！"

二、参知政事

中状元后，王曾被授予将作监丞、济州（州治巨野，今属山东）通判。将作监丞是寄禄官，仅代表品秩；通判是州的副长官。不久，奉诏入京。按惯例，王曾应去学士院应试，宰相寇准十分赏识王曾，特地在宰相办公的地方——政事堂召试王曾。考试结果，更增加了寇准的好感，遂上奏真宗，任命王曾为著作郎、直史馆、三司户部判官。著作郎也仅是官衔；直史馆，即入史馆当值，修纂史书；三司户部判官，职司户部公案。

当时，宋与辽和议，宋遣使聘问，国书上称辽为"北朝"，自称"南朝"。王曾奏言："称他们国号就足够了！"但使者已派出去，来不及更改了。

景德元年（1004），王曾的官衔升为右正言，奉诏以此官衔知制诰，起草诏令，同时兼史馆修撰。一天，真宗高兴地对王曾说天降祥瑞，是好兆头。王曾却道："这确实是国家承平所致，但望陛下推辞而不自居，他日若有灾异，也可免遭物议。"在众臣中，敢于直言极谏的，仅有王曾等少数几个人。

判大理寺向来用郎中官，真宗为了加强案狱审判，特命王曾判大理寺。他召见王曾，对他说："案狱，是重典，今屈卿负责。"王曾顿首谢，真宗赐钱30万。王曾请求自己选用属吏，真宗允准。王曾克尽职守，审案公正、严明，进官翰林学士。一天晚上，真宗在承明殿召见王曾，君臣谈了很长时间。王曾退出后，真宗忽然又想起一件事，忙命内侍传谕："近来十分思念爱卿，匆忙之间，未来得及换上朝服见卿，爱卿别以为朕怠慢。"

改知审刑院，负责复查大理寺审理的案件。按惯例，违背诏命判徒刑2年，王曾奏请须是亲自接受诏命而违犯的才罪罚。不久，有人违背诏命，王曾按过失论处。真宗道："如果像爱卿说的那样，就没有违背诏命的了。"王曾说："天下广大，岂人人都知晓诏命？如陛下所说，也就没人有过失了。"真宗觉悟，听从王曾的建议。

王曾进官为尚书主客郎中，知审官院、通进银台司、勾当三班院。审官院负责考校京朝官，定其官爵品级，拟定内用还是外任；通进银台司职司接受并进呈章奏；三班院负责武官三班使臣的注拟、升移、酬赏等事。旋即以右谏议大夫参知政事，即副相。

这时，奸邪险伪的王钦若受真宗宠信。王钦若结党营私，排斥异己。王曾不想与他抗衡，有时还拉拢一下，但王钦若始终视王曾为眼中钉。天禧元年（1017），王钦若出任宰相。就在这年，王曾买下贺皇后家的旧房子。贺家还没搬走，王曾便让人担土堆在门口，贺家向真宗告状。第二天，真宗把这事告诉王钦若，王钦若不失时机地奏罢王曾的参知政事，让他出知应天府（府治宋城，今河南商丘）。到任后数年，民间讹言有飞妖作祟，说它状若帽子，在空中飞来飞去，人人惶恐。王曾传令夜里大开里门，谁人再敢传言，马上逮捕，谣言遂止。

事后不久,王曾调知天雄军(军治元城、大名,今河北大名),旋即参知政事,官衔升为吏部侍郎兼太子宾客。

当朝天子真宗病重,刘皇后预政专权。刘皇后是华阳(今四川成都)人,幼年而孤,15岁随同乡龚美流落京师。刘氏擅长播鼗(一种小鼓),渐渐闻名开封,被当时还是皇太子的赵恒纳入宫,备受宠爱。大中祥符五年(1012),立为皇后。真宗病重,刘皇后乘机干预朝政。皇太子赵祯虽然奉诏监国,但他年仅11岁,政事一决于刘皇后。

对此,朝中大臣深为忧虑不安。

王曾见状,去找钱惟演。钱惟演的妹妹嫁给龚美,与刘皇后攀上亲。王曾对钱惟演说:"太子年幼,非宫中不能立;加恩太子,则太子安;太子安,刘氏的地位也就稳固了。"钱惟演深以为然,奏白刘皇后,太子赵祯得以保全。

乾兴元年(1022)二月十九日,真宗驾崩,刘氏大权在握。王曾奉命入殿起草遗诏:"皇后辅立皇太子,权听断军国大事。"刘氏党徒、奸相丁谓硬要王曾去掉"权"字,王曾斩钉截铁地说:"皇上年幼,太后临朝,已是国运不兴。称'权'还足以示后人。且增减诏书有法则,想破坏这法则吗?"丁谓胆怯了,不敢再坚持。这个"权"字虽让已是太后的刘氏不满,但没激怒她,政局稳定下来。

赵祯即位,是为仁宗。王曾进官礼部尚书。群臣商议太后临朝的仪式,王曾请按东汉制度,太后坐在皇帝的右边,垂帘听政。丁谓却力主仁宗仅每月初一、十五日两次上朝接见群臣,军国大事由太后决断;非大事命呈宦官雷允恭,由他转奏。王曾道:"皇上、太后不在一处,而权柄交给宦官,祸乱将起。"丁谓不听。

此后,丁谓与雷允恭勾结弄权,专横跋扈。丁谓为了固位专权，把已被排挤出庭的前相寇准、李迪一贬再贬，必欲置之死地，以防他们再被起用。王曾说对寇李二人贬责太重，被丁谓指为"寇党"，王曾只得缄口，把愤恨埋在心里，寻求时机。丁谓的任意妄为激起朝野愤慨，京师流传这样一首民谣："欲得天下宁，当拔眼中钉；欲要天下好，莫如召寇老。"那"眼中钉"指丁谓，"寇老"乃寇准。刘太后见丁谓闹到这般地步，开始对他不满。王曾见状，遂借雷允恭擅移真宗陵穴一事，奏白刘太后，说丁谓与雷允恭相互勾结，包藏祸心，图谋不轨。刘太后大怒，诏令杖杀雷允恭，斥贬丁谓。

奸相丁谓终于败在王曾手下。

三、宰相任上

丁谓被逐后，余党未除，他刚被贬出朝廷，便有人为他喊冤叫屈。当朝天子仁宗年幼，刘皇后仅仅垂帘听政，发号施令，但令发出后执行与否，执行得怎样，深居内宫的太后就鞭长莫及了。一时间，局势颇为严峻。

位居参知政事的王曾果敢料理政务。他为人端正，铲除丁谓、雷允恭又立首功，正直的大臣都信赖他。刘太后见状，遂拜王曾为中书侍郎、同中书门下平章事、集贤殿大学士、会灵观使。不久，兼任户部尚书，进位昭文馆大学士、玉清昭应宫使。

王曾成了执掌朝政大权的宰相。

他上任后，克尽职守，整饬朝政。选名士孙奭、冯元为仁宗的师傅，贬抑奸邪，荐引贤俊。一次，仁宗对他说："臣僚上疏，大多邀功请赏。"王曾道："只要陛下贬抑钻营的小人，推重恬静的贤士，便可使那些小人难以谋私而易于罢退他们。"王曾嫉恶如仇，容不得任何人胡作非为，又极为大度，宽以待人。他初为宰相时，枢密使曹利用位居其上。进为昭文馆大学士、玉清昭应宫使后，入宫谢恩，曹利用仍想位居其上。仁宗和太后坐在承明殿上，等王曾等入朝，负责朝见仪式的阁门使不敢得罪曹利用，又不敢得罪王曾，迟迟不能排定上朝的位次。仁宗遣人催促，王曾厉声对阁门使说："只奏宰相王曾等入殿谢恩！"曹利用无奈，只得位次王曾入朝，心中怏怏不平。不久，曹利用的从子曹汭被指控为图谋不轨而被杖死，曹利用受到牵连。王曾上疏替他开脱，刘太后说："卿曾说利用强横，今日怎又为他辩解？"王曾道："利用恃恩强横，故臣曾据理折其傲气。今给他加上大恶的罪名，则不是臣所明白的了！"太后怒气稍消，从轻发落了曹利用。王曾明辨是非，持重难动摇。一年夏天大雨，京师讹传汴河决口，洪水将至，京师人人惶恐，准备出逃。仁宗问王曾如何是好，王曾说："河决，奏报未到，那就是讹传，不必费神！"不久证实，根本无决口之事。

王曾深为仁宗和朝臣所倚重。

然而，刘太后对王曾始终不满。当初，是他坚持太后只能摄理国政，坚决不同意去掉"权"字。太后受册命，准备御大安殿，他又以非礼阻止。逢节上寿，太后的亲戚纷纷谒见，王曾又多所裁抑。对诸如此类的事情，刘太后极为怨恨。天圣七年（1029）六月，真宗倾尽财力修建的玉清昭应宫遭雷击起火，化为灰烬。王曾兼领玉清昭应宫使，刘太后借此罢免了王曾，把他贬出京师，到老家青州做知州。不久，以彰德军节度使身份知天雄军。

明道二年（1033）三月，刘太后寿终正寝，仁宗亲政，擢王曾为天平节度使、同中书门下平章事、判河南府(府治洛阳、河南，今河南洛阳)。第二年，任命他为最高军事机构枢密院长官——枢密使。翌年，拜尚书右仆射兼门下侍郎、平章事、集贤殿大学士，封沂国公。

王曾又回到宰相位上。

王曾为相，进退士人，都不让外人知道。有人对此不满。一次，范仲淹对他说："公开地任用贤人名士，是宰相的职责。公德高望重，惟缺这一点。"王曾道："作为执政大臣，把恩赏全揽到自己身上，那怨恨归谁？"范仲淹叹服。

有名吕夷简者，寿州(今安徽凤台)人，咸平进士，王曾第一次做宰相时，他是参知政事，谨事王曾，王曾力荐他为相，后遭贬。待王曾二度入相时，吕夷简早已复相，位居王曾之上，他不把王曾放在眼里了，事多专断。王曾大为不满，二人政见常有分歧，王曾遂上疏辞职。仁宗问他："卿亦有所不足吗？"就在这时，外边传言吕夷简纳贿，王曾遂奏白仁宗。仁宗召问吕夷简，吕夷简不服，二人在仁宗面前争辩不休。仁宗大怒，将二人一同罢免，王曾以尚书左仆射、资政殿大学士身份出判郓州(州治须城，今山东东平)。

王曾的宰相生涯从此结束。

四、猝死郓州知州任上

到郓州第二年，即宝元元年(1038)冬，王曾暴病而亡，享年61岁。仁宗闻讯，诏赠侍中，谥曰"文正"。

王曾眉目如画，一表人才。为人端厚、谨重，在朝为官，进止有礼；闲时平居，寡言少语。年轻时，与建州浦城(今属福建)人杨亿同为侍从。杨亿好戏谑,爱与人开玩笑,与王曾说话总是一本正经。他对人说:"鄙人不敢与他开玩笑!"王曾平生极为节俭。他当宰相时,有个朋友的儿子来京,去看望他,王曾留他吃饭。饭后,王曾送他数轴简纸,打开一看,都是他人写完后剪裁下来的。

王曾死后10余年,仁宗亲篆其碑曰"旌贤之碑",后改其乡曰"旌贤乡"。大臣赐碑篆,自王曾始。仁宗死后,继立的英宗诏令择仁宗朝的将相配享,群臣共推王曾为第一。

妻李氏,是名相李沆的女儿。李沆是洺州肥乡(今属河北)人。王曾赴京应试,李沆正在宰相位上,想从应试举子中物色一个女婿,他看中了王曾,对夫人说:"我找到了一位佳婿!"把王曾的品学夸赞一番,然后说:"此人今科不第的话,后定高中,为公卿。"当时,河南(今河南洛阳)人、太平兴国二年(977)状元、宰相吕蒙正也向王曾求婚,王曾听到李沆的话后,说:"李公知我!"遂答应李家。

王曾无子,养子王绎,又过继弟弟王皞之子王绎为后。王绎官至兵部郎中、秘阁校理。

李 迪

◎ 朱玉婷 葛培贤

一、景德状元

李迪(971—1047)，字复古。其先祖为赵郡(今河北赵县)人，后来迁至幽州(今北京)。至其曾祖李在钦时，恰值唐末战乱，五代更迭，社会动荡。为避躲战乱，李在钦举家南迁，定居于濮州(今山东鄄城北旧城)，所以，宋人称李迪为濮人。

李迪降世之时，赵宋王朝立国仅十余年，正是草创、发展和上升时期；尤其是于太平兴国元年（976）继宋太祖赵匡胤即位的宋太宗赵匡义统治时期，兴文教，抑武事，以文致治；加上地方基层组织州县缺官，科举盛兴，仕途向文人广泛开放，学而优则仕，使文风大盛。一般的士人必须经过科举考试，方可飞黄腾达，显亲扬名，求得富贵。"书中自有千钟粟，书中自有黄金屋，书中有马人拥簇，书中有女颜如玉"，当时流传的《劝学诗》就是这样劝告天下的。因此，每次均有一二万举子会聚京师开封，参加省试；而科举登科之人亦多为乡村平民，世代仕宦的官家子弟很少，正如后来苏辙所言："今世之取人，诵文书，习程课，未有不可为吏者也。其求之不难，而得之甚乐，是以群起而趋之。凡今农工商贾之家，未有不舍其旧而为士者也。"如此社会风气，李氏家族亦不能外。李迪自幼便从师诵文，孜孜不怠，以求功名。

李迪早年从学于种明逸，以诵文善悟而得种明逸喜爱，赴京师赶考之前，曾恳求种明逸想法引见当世名望公卿，以便得到举荐。种明逸告诉李迪说："滑州（今河南滑县东）知州柳开，为当世奇才，你当以书通报姓名求见，以期引荐。"于是，李迪打点行装，赶赴滑州，携其书信求见柳开，并将其所作文章作为初次见面的礼物呈递柳开，深得柳开赞赏，因此留驻柳开门下就学。

柳开（947—1000）是北宋著名的散文家，以韩愈、柳宗元继承者自居，主张为文要有助于封建教化，即以孔孟之学教人，提倡古文，反对北宋初期流行的华靡文风。其思想和文风给李迪以极大影响。李迪刻苦而聪慧，性沉稳而有雅度，深得柳开宠爱。一天，柳开出一题目，令门生作赋。阅李迪所作，深为其文宏伟而惊奇，激动地对门人说："此公日后必为栋梁之才。"遂令门生跪拜谒李迪，并说："日后李公发达，勿忘吾等。"李迪因此名声大噪。后来李迪位至宰相，原柳开门下客柳某官至侍御史，李迪主动与柳某联姻，令其长子李柬之娶柳某之女，以表示不忘昔日恩师柳开之言。

景德二年（1005），李迪奔赴汴京（今河南开封）参加礼部省试。与李迪一样名重于世的贾边也来到京师参加这场角逐。主考官想把两个名士一同录取，谁知，二人却榜上无名，取出卷子一看，原来，李迪的赋押韵不当，而贾边以"当仁不让于师"立论，与朝廷钦定的儒家说教相悖。朝廷中为他们两人当不当录取展开一场论争，最后，宰相王旦认为李迪的失误属于疏忽，其过可以宽恕；而贾边独树一帜，另立新说，此风不可助长，否则，日后士子步其后尘，科场条规势必大乱。结果，取李迪而黜贾边。

李迪通过了省试，接着参加殿试。

据说，李迪应试之时，一脸络腮胡子。殿试前的一天夜里，李迪睡梦中忽觉有人至其面前，将其胡须剃刮净尽。梦醒之后，李迪甚是厌恶。言之于人，有解梦者说："秀才须做状元。今岁省元是刘滋，已潜滋矣，非状元而何？"次日殿试，果然名列第一。

上文所记，显然是后人穿凿，进士中第且名列第一，却是真的。中状元后，李迪出任将作监丞，历任徐州通判、兖州通判、知郓州。后召还京师，纠察在京刑狱案件，因政绩卓然迁起居舍人，以尚书吏部员外郎为三司盐铁副使，擢知制诰。

二、锋芒初露

澶渊之盟后,宋真宗赵恒所担忧的外部威胁暂时缓解,难好大喜功的心理,遂假称"天书"降临,东封泰山。

大驾路过亳州(今安徽亳州),真宗闻悉亳州"盗贼"横行,打家劫舍,剽掠城邑,屡次围剿皆未能平息,遂命李迪出知亳州平息"盗贼"。

李迪奔赴亳州上任。他暗中派人追踪察访,探得盗贼的聚散地和活动规律,亲率精锐官兵围捕,擒获甚多,亳州从此安定下来。

不久,李迪被召回京师,进官为右谏议大夫、集贤院学士、知永兴军(治所在京兆府,今陕西西安)。不久,又徙为陕西都转运使。李迪上任,很快便掌握陕西驻兵及粮储情况,深为真宗赏识,入为翰林学士。

由于澶渊城下结盟,厚赐党项,加以官俸、军费支出日增,自真宗时起,宋廷已出现财政危机,入不敷出。某日,李迪退朝回府沐浴,忽然诏旨到,传李迪速至内东门召对,李迪匆忙更服前往。至东门后,宋真宗将三司使马元方所奏每年财政收支数目表拿给李迪看,并说:"如今连年发生蝗旱之灾,国家财政已难以为继,有何妙计可以共济?"李迪阅后,建议真宗皇帝发内藏库以佐国用,并采取轻徭薄赋措施,可以应付局面。真宗又说:"朕想以李士衡代替马元方,等到李士衡至朝,就从内藏库拿出数百万钱财,暂借给三司。"李士衡时任河北转运使,真宗于大中祥符元年(1008)十月赴泰山封禅时,曾诏令诸州贡献的助祀礼品务必于十月之前运抵泰山脚下,李士衡首先将本路所征收的金帛与粟49万献助祀事，真宗十分高兴，特诏褒奖。随后真宗西祀，李士衡再献钱帛30万，真宗大悦，又诏褒奖。李迪深知真宗之意，便说："钱财对于陛下而言，无所谓内外之分，臣愿陛下出诏特赐三司，以示皇上恩德，何必说借呢？"真宗闻言，十分高兴。李迪又说："陛下东封泰山时，曾下诏谕令所过之处，勿伐木除道，就以驿舍或州治所为行宫，只是下令稍加修缮而已。及陛下巡幸汾州和亳州，土木之役，过往时几近百倍。如今发生蝗旱之灾，或许是天意吧。"真宗赞叹李迪直言。

李迪熟知陕西驻兵及粮储，更晓得赵宋王朝西北边患，不仅来自"西掠吐蕃健马，北收回鹘锐兵"，威慑宋朝的党项人，居住于青海湟水流域的吐蕃部族筋厮啰，亦是潜在的威胁。

筋厮啰(997—1065)，一作嘉勒斯赉。藏语译音，"佛子"的意思，为吐蕃赞普之后。本名欺南陵温，是青海东部藏族首领。大中祥符八年(1015)，宗哥城(今青海西宁以东大小峡之间)僧人李立遵和邈川(今青海乐都)大首领温逋奇拥立筋厮啰，建立地方政权，汉文典籍称之为"筋厮啰"，或称"吐蕃"、"西蕃"，统辖洮湟流域广大地区，拥有数十万人口。其地是当时宋与高昌之间的重要商道，以贸易致富。同年九月，筋厮啰聚集数十万兵马，向北宋表示"请讨平夏人以自效"，但宋廷对他采取防范态度。后来，筋厮啰与李立遵不和，同温逋奇徙居邈川，又深感党项政权的威胁，即归附赵宋王朝。

明道元年(1032)，元昊继位后，北宋便想利用筋厮啰的势力牵制西夏，遂封筋厮啰为宁远大将军、爱州团练使。宝元元年(1038)，又进封为保川军节度观察留后。元昊初立，积极准备称帝建国，为了巩固后方，又为了惩罚筋厮啰归附宋朝，便不断发动对筋厮啰的战争，双方互有胜负。筋厮啰虽然归顺大宋王朝，但常有反复，乃至骚扰北宋西北边境，予北宋边地以较大威胁。所以，宋朝边帅曹玮驻陕西沿边时，一方面注意西夏、筋厮啰的动向，另一方面屡次上书朝廷，要求增兵西北沿边，以加强边防。结果，反引起真宗皇帝的疑忌，认为曹玮不过虚张声势，恐吓朝廷而已。

一天，真宗赵恒召见李迪于龙图阁，令李迪起草诏书，并说："边帅曹玮统兵于秦州(今甘肃天水)，屡屡上书请求增兵固防，不过懦怯而已，当斩首以戒妄言边事者。爱卿以为谁可代曹玮守边？"李迪回道："曹玮是忠诚武将，长年在边鄙戍守，性情耿介，有时难以顾及朝廷事体，便急切奏请增兵固守，因此不可过分怪罪。曹玮知晓筋厮啰欲入侵边境，而且窥视关中，所以才屡屡请求朝廷增兵固防，并非胆怯。臣不久前曾任职陕西，对西北边鄙有所了解，综观戍守边鄙诸将才略，尚无人能超过曹玮；他有勇有谋，勇猛善战，他日定能为国家建功立业，亦无人可以取代。陛下若以此加罪，臣甚为陛下惋惜。"真宗皇帝听后，点头称是。李迪乘机奏言："作为一名上将良才，曹玮必定不会妄言边事，他请求增兵，应引起朝廷重视，及早发重兵增边。臣观陛下之意，只是不想从郑州出兵而已，臣下认为现时关右官兵较多，可以分批派遣给曹玮。"真宗问，关右宋军到底有多少可以遣发。李迪说："臣下在陕西任职时，曾以方寸小册记录关右各郡军队数量，以备粮草安排，因此深知关右宋军的数量与分布。这本小册子就放在佩囊中，随身携带，只是未敢奏进皇上。"真宗令李迪拿来，并与李迪分析边情，决定以某处军队留守某处，以某处军队调赴曹玮；又令李迪传诏枢密院，立即遣发军队，开赴边地，加强边防。事后不久，筋厮啰果然变乱，入掠北宋边地。真宗诏令曹玮率兵迎击，对李迪说："曹玮此次率兵出击，能否大胜而归呢？"李迪答道："必胜无疑。"居数日，捷报传来，曹玮与筋厮啰大战于三都谷，大破筋厮啰，并收复宋廷失地。真宗大喜，便问李迪："爱卿何以知道曹玮一定能获胜呢！"李迪说："筋厮啰军队长途跋涉，远途而来，虽然筋厮啰派人至边营声言某日克下秦州，以此激怒曹玮，引其出击；但曹玮勒兵不动，坐待筋厮啰到来，此为以逸待劳，因而必胜。臣因此而知之。"真宗闻后，高兴地对李迪说："此次三都谷大捷，完全是爱卿的功劳。"此后，真宗更加器重李迪，并欲大用。

三、几度沉浮

景德四年（1007），真宗赵恒正宫郭皇后病故，欲立刘皇后，李迪屡屡上疏谏言，表示反对，理由是刘皇后出身寒微，不可以母仪天下。

刘皇后是益州华阳（今四川成都）人，幼年而孤，被送人抚养，学得一手播鼗（一种小鼓）之技。15岁时，随其同乡龚美流浪至京师开封。龚美以锻制银器首饰为业，因此时常出入官宦府宅；刘氏也常为人表演播鼗，并渐渐闻名京城；又因其貌美出众，便被当时为太子的赵恒纳入宫内。赵恒即位后，相继进封为修仪、德妃，极受宠爱。景德年间，真宗欲立为后，因诸大臣反对而未果。翰林学士李迪屡屡上疏，深为刘氏所忌恨，埋下遭贬的祸根。大中祥符五年（1012），在真宗赵恒坚持下，刘氏被立为皇后。龚美被赐刘姓，加官封爵，官至马军都虞侯，娶翰林学士钱惟演之妹为妻。钱惟演乃阿谀附庸之辈，既与刘皇后攀亲，又见丁谓权倾一方，便与丁谓联姻，从而使真宗晚年的党争公开和复杂化。

自大中祥符九年（1016）夏起，许多地区连续发生旱蝗之灾。真宗忧心忡忡，几次亲自或遣官分赴各道观，建道场祈上天，乞求保佑。又数次下诏灭蝗，但均无收效。七月某日，有报飞蝗飞掠京师，仁宗出门观望，但见飞蝗遮天蔽日，不见首尾。真宗忧形于色，意甚不怿，从此忧郁成疾。自患病后，真宗日益迷信，频频幸谒宫观，拜神求仙。于天禧二年（1018）八月立皇子赵祯为太子，对军国大政敷衍应付，避居深宫，沉湎丹鼎，仅单日临朝听政。皇后刘氏渐渐干政，与丁谓、曹利用、钱惟演等沆瀣一气，联党固权，加剧了政局动荡。

天禧元年（1017），李迪拜给事中，参知政事，辅佐朝政，常于宫内为真宗祈祷。当时在朝大臣慑于病中的真宗喜怒无常，无人敢言早立皇储之事；而受封诸王中，八大王元俨颇有威名，亦希望被立，所以时常入禁中问疾，侍候真宗左右，乃至屡日不出，宰执们深为忧虑。一日，翰林司给元俨端热水，被李迪遇见，李迪当即拿起案上墨笔，尽将热水搅黑。元俨见后大吃一惊，以为有人下毒于水中，惊骇未定，即刻乘马而去。次年，真宗立年仅9岁的赵祯为太子。同时，真宗诏令李迪为太子太傅，李迪上疏辞谢。自唐代以来太师太傅已徒有虚名，宋太宗时亦未尝设立太师太傅之职，所以，李迪只兼任太子宾客。真宗闻言大悦，诏令太子赵祯以师傅之礼待宾客李迪，又加拜礼部侍郎。

丁谓等人联党固权，引起朝廷议论。宰相寇准上疏建议由渐已成人的皇太子总领军国大事，以免奸佞专权，固万世之本。李迪极表赞成。丁谓却认为不可，说："待他日陛下身体康复，朝廷何以处此？"李迪反驳说："太子监国，难道不是古制吗？"力争不止。真宗权衡再三，便诏令皇太子赵祯于资善堂听常事。不久，寇准又奏："丁谓为人奸佞，决不可以辅佐皇太子。愿陛下思社稷之重，择方正大臣以为羽翼。"真宗点头同意。不料此事被丁谓查知，丁谓急忙找钱惟演等人，与刘皇后合谋，谗言寇准专权，图谋不轨。真宗患疾后，事多健忘，此时竟忘记与寇准的前番谈话，轻信丁谓等人之语，将寇准罢相。

寇准罢相后，真宗欲擢参知政事李迪为相，李迪辞谢。某日，李迪被召对于滋福殿，有顷，皇太子赵祯出而拜谢，说："蒙圣上之恩，任用太子宾客为宰相、儿叩拜谢恩。"真宗甚喜，回头对李迪说："既如此，爱卿还能再推辞吗？"于是，李迪拜为吏部侍郎兼太子少傅、同中书门下事、景灵宫使、集贤殿大学士。

随后，丁谓与真宗的亲信宦官、入内副都知周怀政发生矛盾。周怀政与客省使杨崇勋等人合谋，欲杀掉丁谓，复相寇准，奉赵恒为太上皇，禅位太子赵祯，废掉刘皇后，并商定于天禧四年(1020)七月二十五日起事。但在政变前夕，杨崇勋临事畏惧，向丁谓告发。丁谓闻讯，急忙与枢密使曹利用商量对策。次日，曹利用进宫入奏真宗。周怀政正欲起事，突然闯进一队卫士，将周拘捕；其同谋亦一一束手就擒。刘皇后亲自审问周怀政等人，并奏告真宗。真宗大怒，欲责及太子赵祯，群臣无人敢言，惟有李迪从容上奏，说："陛下有几子，乃欲为此计？"真宗顿时醒悟，即刻诏令将周怀政等人斩首，未牵联太子。赵祯的皇太子地位得以保全。

政变之后，丁谓更加专权，凡不阿附之人，即被指斥为"寇党"，轻者贬官，重者流放。引用私党钱惟演为枢密副使，又欲对冯拯等人加官进爵，从而引起李迪的愤懑不平。李迪愤慨地对同僚们说:"李迪起于布衣,今位至宰相,有心报国,犹死不恨,又怎能依附权贵而只求个人安危呢?"自此,李迪与丁谓不和,时有角争。李迪常常郁郁不乐,曾亲手题诗于中书省壁间,共有数十处,其中有一联云:"灰心缘忍事,霜鬓为论兵。"晏殊曾赋即事诗:"惨惨高槐落,凄凄余菊寒。粉墙多记墨,聊为拂尘看。"正是对李迪处境心态的描述。

一日,丁谓又矫书圣语,想让林特迁官枢密副使,而迁李迪为中书侍郎兼尚书左丞。按旧制,宰相不能为左丞。李迪气愤不过,与丁谓争辩,对骂起来。李迪顺手用笏板去打丁谓,丁谓躲开,未曾打着。官司打到真宗赵恒面前,真宗周围都是钱惟演、冯拯、曹利用等丁谓的走卒,真宗受蒙蔽,承认曾出任免诏书,并令李迪接受。李迪慷慨进奏,说:"东宫官属不当增加,臣不敢受此诏命。宰相丁谓擅权专政,欺上瞒下,力结朋党林特、钱惟演等人,而嫉妒寇准。林特之子杀人,至今未能有人出面定罪;寇准却无罪罢斥。丁谓等人阴结朋党,操纵朝廷,天理不容。臣愿与丁谓同时罢相职,并由御史台来弹劾驳正。"真宗闻言,盛怒,将李丁二人俱罢,李迪出知郓州(今山东东平)。次日,丁谓复召为相。朝政为丁谓、曹利用等人把持,史称此时"朝中正人为之一空"。真宗的病情日见危重,不仅喜怒无常,且更健忘,语言错乱。寇准被贬后,官员慑于丁谓权势,莫敢言者。李迪被罢相后,真宗欲起用王钦若为相,丁谓却矫旨王钦若出判河南府。真宗只听说王钦若新任官职,但任何职,却未过问。

李迪被贬知郓州不足半年,真宗于乾兴元年(1022)二月十九日一命呜呼。年仅13岁的皇太子赵祯继位,是为宋仁宗,由刘皇后居中决断,开了宋代垂帘听政的先例。

宰相丁谓等人对刘太后极尽奉承，以固其势。1023年正月改元，丁谓为取悦刘太后，议改为"天圣"（取"天"字析为二人，即二圣人同执政之意），深得刘太后欢心，丁谓亦因此更加飞扬专横。为固位专权，他更加排斥异己，将已被贬出朝的前相寇准再贬至雷州（今广东湛江）为司户参军；又以"寇党"之名，再贬前相、知郓州李迪为衡州（今湖南衡阳）团练使，必欲置其死地，以防重被起用。为此，丁谓特派侍禁王仲宣出京，前往郓州，押送李迪到衡州。仲宣到郓州后，遍见郓州通判以下各官，惟独不见李迪。李迪闻知，惶恐不安，自知凶多吉少，便以刀自刎，幸亏有人及时相救而幸免于难。仲宣对李迪横加迫害，极尽所能。谁前往探视，便将其姓名记下；有人不忍心，曾送些食物来，仲宣宁肯让食物腐烂变质扔掉，也不给李迪吃。李迪部下邓余闻后，愤怒地吼道："竖子想杀我李公，以献媚丁谓吗？我邓余不怕死，你杀李公，我一定杀了你。"邓余随从李迪前往衡州，形影不离，尽力保护。仲宣惧怕邓余，不敢轻举妄动。因此，李迪顺利地到达衡州。曾有人讽谕丁谓，说："李迪若被贬而死，丁公当如何解释呢？"丁谓狂妄地答道："他日诸生记事，不过以'天下惜之'一语略过而已，没有什么大不了的。"丁谓内外勾结，日益骄恣，无所惮惧。

丁谓等人专横，激起朝野强烈不满。当时，京师开封流传一语："欲得天下宁，当拔眼前丁；欲得天下好，莫如召寇老。"不久，王曾借内侍雷允恭擅移真宗陵穴之事，奏明刘太后，说是丁谓与雷允恭相勾结，包藏祸心，欲为不轨。刘太后听后大怒，杖杀雷允恭，贬丁谓河南府（今河南洛阳），再贬崖州。王曾擢为相，李迪起为秘书监，知舒州，历知江宁府、兖州、青州。

到青州不久，诏至京师，任兵部侍郎、知河南府。是时，仍由刘太后垂帘听政。某日，刘太后对李迪说："卿一向不主张我干预国事，大概是卿的过错吧。时至今日，我保养天子如此，卿以为如何呀？"李迪答道："臣受先帝厚恩，如今见天子明圣如此，实是臣的愚知，不晓得皇太后的盛德，以至成此过失，恳请皇太后明鉴。"刘太后闻言，面有悦色。不久，诏命李迪以尚书左右丞知河阳。

明道二年（1033）二月，刘太后病卒，仁宗赵祯亲政。仁宗平息了指斥刘太后垂帘听政的纷议之后，大规模地调整官僚队伍。首先罢黜内侍罗崇勋等人，接着把刘太后所亲信的官吏，如枢密使张耆、枢密副使夏竦和范雍、参知政事陈尧佐和晏殊等人，全部外贬。宰相吕夷简虽然力助赵祯，但也因被怀疑曾阿附刘太后而罢相，贬出判陈州。重新起用张士逊为相；召李迪为资政殿学士、判尚书都省，不久，又拜同中书门下平章事、集贤殿大学士，辅佐仁宗。因张士逊排挤异己，不久罢相，重新起用吕夷简为相，擢宋绶为参知政事。

李迪曾为赵祯太子宾客，此次重新起用，自以为受不世之遇，尽心尽力，辅佐仁宗，却为首相吕夷简忌恨，二人渐产生矛盾。吕夷简为固其相位，网罗亲信，进用佞幸，又杜塞言路，贬抑台谏，为李迪所不齿。吕夷简遂常常寻机潜短于仁宗，极力排挤李迪。景祐二年（1035）二月，知兖州范讽被人弹劾，仁宗命吕夷简、李迪处理此案。因此前李迪曾奏弹吕夷简私交荆王元俨，为吕夷简忌恨。吕夷简乘机暗奏仁宗，说李迪党庇范讽。仁宗闻言，不分青红皂白，即刻将李迪罢相，贬为刑部尚书，先后出知亳州、相州、密州、徐州等地，寻改户部尚书、知兖州，复拜资政殿大学士。李迪曾感慨仕途，对人说："迪不自量，自以为与圣主仁宗有相知之情，又自比唐代宋璟，视吕夷简为姚崇，力图振兴朝政，却不知他们竟如此待我，真令人伤心啊！"

李迪罢相后，仁宗复擢枢密使王曾与吕夷简同为相。实际上，由吕夷简独揽朝纲。吕夷简极力迎合仁宗赵祯天下大治的太平心理，极尽粉饰，一味奉承，使宋王朝陷入日益严重的危机之中。

四、终愿守边

早在元昊称帝立国之前，西夏就已开始派兵入侵宋朝边地，并集中数十万军队于边境地区，予北宋以很大威胁。元昊称帝，更使仁宗皇帝感到震骇，急忙重做布置，无奈武事久弛，难以立见成效。

宝元二年（1039）四月，元昊派人使宋，要求宋朝承认西夏国，册封帝号，与北宋"并建大位"，宋廷久议不决。六月，决定削去宋封元昊官爵，备兵征讨。十一月，元昊先发制人，率兵入侵保安军（今陕西志丹），又以大兵围攻承平寨（今陕西延安西北），试图攻占延州（今陕西延安）。

延州是宋朝西北边地的军防重镇，为要冲险峻之地。宋军防守却十分薄弱，既无重兵，又无宿将，知延州兼鄜延、环庆安抚使范雍是一个懦弱无能不知兵的书生，听说元昊要攻延州，十分害怕，急向朝廷请兵。金明都巡检使李士彬虽然勇猛无比，有18寨羌兵，近10万人，延州人称他为"铁壁相公"，在元昊的诈计面前，却显得勇气有余而谋略不足。他对待部下严酷，稍有过失，便施以重刑，民怨载道。康定元年（1040）二月，元昊亲率10余万大军攻宋，连克安远、塞门、永平等寨堡，直抵延州城下。三川口（今延安西北西河口）之战，宋将黄德畏敌遁逃，宋军阵脚大乱，一溃不可止。恰值雪天，元昊撤兵。

延州之战，宋军损失惨重，关辅震动。仁宗忧心忡忡，三番五次召诸臣商议对策。李迪愤然上书，指斥边事松弛，边将无能，请求出知边地，整顿边防，率军出讨西夏，其意甚是坚决。然而，仁宗深忌前事，诏令不许，并命李迪为彰信军节度使，知天雄军，徙青州。李迪不仅未能遂愿出知边地，反而出知内地，心中积郁不快。时隔1年，便请老告退，以太子太傅致仕，归故里濮州。

李迪告老之时，其长子李柬之为侍御史知杂事，于是，柬之将其父接至京师，以便及时照顾。仁宗皇帝曾多次派人前去探问，并几次召见，均为李迪以身体有疾不适而委婉拒绝。庆历七年（1047），李迪去世，享年77岁。赠司空、侍中，谥曰"文定"。仁宗亲自撰其墓碑，因其以亮直称誉于时，故曰"遗直之碑"，又改其所葬邓侯乡曰"遗直乡"。

李迪有三子：柬之、徽之、辅之。其中长子柬之朝中有名，晓国政典故，赐进士出身。历职地方和京朝，以政德显闻。与长沙浏阳人李受齐名，时人称为"二李"。柬之之子孝基，亦进士高第，历职地方，为士大夫称誉。

姚 晔

◎ 刘 一

大中祥符元年（1008），宋真宗君临天下的第 12 年，一片太平盛世景象。从这年正月起，不断有各种"祥瑞"出现，吏民乞请真宗皇帝封泰山，禅梁父。封禅是一项大典，易姓而王，致太平，行此礼以报天地群神的福佑。夏四月，真宗颁诏，定于十月举行封禅大典。不久，戊申科进士考试开考，真宗皇帝升殿，亲加策试。考题是《清明象天赋》。考试结束，录取进士 207 人，姚晔为第一。

姚晔，商水（今属河南）人。聪明好学，以一首《清明象天赋》夺魁。他是北宋开国以来第 29 位状元。放榜后，真宗皇帝特赐袍笏、淡黄绢衫一领、淡黄绢带一条。宋代科举，一经录取，立即授官。姚晔步入仕途，累官至著作郎。著作郎是官衔，代表品秩，位次殿中丞。

梁 固

◎ 刘宝全

梁固，字仲坚，宋朝郓州须城（今山东东平）人。梁固的曾祖梁惟忠，官至太平军节度判官。祖父梁文革早逝，父亲梁颢雍熙二年（985）中进士第一名，官至开封府（府治开封、祥符，今河南开封）知府。梁颢有3个儿子，即梁固、梁述、梁适。

梁固从小就很有志节，勤奋读书。除了学习各类经书，梁固尤其喜欢历史，熟读《春秋》、《史记》、《汉书》。他还根据读书所得，写成《汉春秋》一书。梁固在三兄弟中最受父亲器重，父亲对他的要求也最严格。

起初，因为父亲梁颢的遗荫，朝廷赐梁固进士出身，并授以闲职，天天无事可做。梁固不甘心碌碌无为地混一辈子，决心凭自己的才干博取功名，闯出新的天地，干一番大事业。他向登闻院提出申请，要求朝廷收回对他的任命，并同意自己参加科举考试。他的要求得到批准。

大中祥符元年（1008），梁颢在宋真宗亲自主持的殿试中高中第一，随即被授以密州（州治诸城，今属山东）通判。不久，奉调回京，任著作佐郎，负责史馆工作。在这期间，梁固利用史馆藏书丰富这一有利条件，博览群书，写出大量高水平的文章和著作，后来汇编为10卷，流传后世。

梁固与其父梁颢一样，明于吏道。马元方曾为三司使，主管全国财政工作，处理公务非常拖沓、草率，工作多有纰漏，影响了朝廷财政收入。梁固了解到这一状况后，竭尽心力，搜集整理马元方的失误，分列条目，屡屡上奏朝廷，终于引起重视，认真处理了此事。梁固开始受到器重。

过了一个时期，全国刑狱工作出现混乱，错判、误判案件比比皆是，全国上下愤愤不平，鸣冤叫屈者不计其数。这时梁固奉诏复查刑狱，接到旨意后，他仔仔细细研究了许多有疑点的案子，明查暗访，多方调查，终于正确地处理了一批大案，人们都纷纷称赞他案子判得公平合理。

梁固博览群书，才学渊博。他的文章文辞优美，内容丰富，尤其是公文，更为人们称道。

梁家父子兄弟同朝为官，深得朝廷器重，权倾一时，家富万贯，成为当时颇有影响的豪门望族。梁家父子与人交往，诚信无欺。尤其是梁固，为人豪爽仗义，慷慨疏财，善于交友。因此，士大夫都乐意与他交住。公务之余，他们经常聚于梁府，或饮酒赋诗，或听歌看舞。

梁固33岁时因病离世，到梁府吊唁的人络绎不绝。这些人大都是梁固生前好友或得到他帮助的人。他们或敬重梁固的为人，或感激他的恩德，直到多年之后，仍有不少人怀念他。

张 师 德

◎ 刘 天

开封府东南，汴河岸边，有个襄邑县（今河南睢县），县里有个张家，书香门第。张家的张去华，是北宋开国以来的第二位状元，官至工部侍郎。张去华有10个儿子，最有出息的是张师德。张师德，字尚贤，张去华最器重此子，常说："这孩子必定继承我的衣钵！"张师德力学不辍，以诗文著称乡里。大中祥符四年（1011），宋真宗去宝鼎（今山西万荣西南）祭后土地祇，河南府（府治洛阳、河南，今河南洛阳）知府薛映在真宗的车驾路过河南府时，朝见真宗，并荐举了张师德，说他才学可堪大任，献上张师德写的《汾阴大礼颂》一文，真宗大加赞赏。就在这年，张师德考中辛亥科进士第一名，成为北宋开国以来第31名状元。

在父亲夺魁50年后，张师德又大魁天下。张氏父子成为众人称艳的"父子状元"。

中状元后，张师德被授予将作监丞，以此官通判耀州（州治华原，今陕西耀县），即耀州的副长官。迁为秘书省著作郎、集贤院校理、判三司都理欠凭由司。著作郎是寄禄官，仅代表品秩；集贤院校理负责校勘典籍；三司都理欠凭由司，职司清理在京及天下欠负官物的账籍，立限催收。张师德上任后，上疏真宗皇帝："有些人欠负官物而被逮捕，他们不是侵盗，若确实孤独贫穷无力自偿，乞请赦免。"真宗诏准。一次，张师德上殿奏事，真宗问了他一些时政，张师德回答极为详备，真宗高兴地说："朕在藩邸时就知道爱卿父亲的才气，今天又耳闻目睹爱卿的贤才！"以后每次派人出使，真宗就说："张师德可用。"辽和高丽遣使来聘，真宗都派张师德接待。天禧元年（1017），张师德奉命安抚淮南，罹病，改判司农寺，职司籍田、祭祀所需物品、常平仓等事。擢为右正言、知制诰。右正言为寄禄官，知制诰负责起草制、诏、诰、令、赦书，职权颇重。张师德成为朝中重臣。不久，又奉诏判刑部，负责刑部事务。旋即出知颍州（州治汝阳，今安徽阜阳），进官为刑部员外郎、判大理寺，负责大理寺事务。再迁为吏部郎中，因病出知邓州（州治穰县，今河南邓县），不久调任汝州（州治梁县，今河南临汝）。进官为左谏议大夫，罢知制诰一职。

张师德仁孝，为人谨重，洁身自好，不结交权贵，宰臣们对他颇为不满。他身体多病，不堪重任。结果，升到左谏议大夫后，一连9年没再升迁，死在任上。他遗下文集10卷。子张景宪，官至太中大夫。

徐奭

◎ 李 晓

徐奭，建安（今福建建瓯）人，宋真宗大中祥符五年（1012）状元。

天禧二年（1018）十月，徐奭在朝中任著作郎、直集贤院，被委派为开封府发解试的考官。不知是出于好奇，还是因为有亲朋故旧参加考试，徐奭想暗中帮一下忙，竟胆大包天地干了件傻事，考试结束后，将密封的试卷偷偷拆开瞧了瞧。宋代科举制度相当严密，规定各级考试答卷都必须将考生姓名、籍贯、家世等记录封贴起来，叫做"弥封"或"糊名"。目的在于使考官搞不清举子是何方之人、谁家之子，防止凭好恶有所取舍，影响考试的平等性。弥封之法最初只限于殿试，后来逐渐推行于诸州发解试。徐奭身为考官，执法犯法，自然为朝议所不容。宋真宗一面命翰林学士承旨晁迥、知制诰陈尧咨在秘阁重新评阅试卷，一面将与徐奭共事的开封府发解试考官降职，责监诸州酒税。屯田员外郎、判度支勾院任布贬往邓州（今河南邓县），度支判官杨侃贬往汝州（今河南临汝），太子中允麻温其、丁度分别贬往池州（今安徽贵池）、齐州（今山东济南），徐奭则被贬到洪州（今江西南昌），只有太常少卿张复处罚较轻，被罚铜10斤。

宋仁宗即位后，徐奭当上两浙路转运使。这时太湖及其入海河渠堤坝因年久失修都已埋废，每逢雨季就积涝成灾，淹灌农田。朝廷命徐奭协助淮南、江浙、荆湖制置发运使赵贺主持此地水利设施的修复。他们发动百姓，从外地运来石料，重砌太湖堤岸。又疏浚5条河渠，把太湖积水导入海中，基本解除太湖水患。这一建设很快产生巨大经济效益，2.6万多户因受灾迁往他乡的流民被吸引回来，第二年官府就收获苗租30万石。后来，徐奭入朝升任礼部郎中、知制诰。据说他虽然俊迈有才，但非常热衷于追求高官厚禄。世上的事情就是这样，你越渴望得到什么东西，偏越难以如愿。大概因为徐奭尽快向上爬的企图暴露得太猴急了，引起不少同僚嫉忌，所以，他在知制诰任上一直呆了四五年，不见升迁。直到天圣八年（1030），徐奭才不知走了哪位宫中贵人的门路，与垂帘听政的刘太后拉上了关系，刘太后便不通过中书门下，直接降懿旨封徐奭为翰林学士、代理知开封府。想不到徐奭居然连这样一个职位都无福受用，不出半年，就暴病而死。

张　观

◎ 刘　一

　　张观，字思正，绛州（今山西绛县）人。宋真宗君临天下的第 18 年，即大中祥符七年（1014），张观参加甲寅科进士殿试，一举夺魁，成为北宋开国以来第 33 位状元。中状元后，张观被授予将作监丞，通判解州（州治解县，今山西运城西南）。将作监丞是官衔，通判为州的副长官。乾兴元年（1022）二月十九日，真宗皇帝驾崩，皇太子赵祯承嗣大位，是为仁宗。张观进官为翰林学士，擢为御史中丞。不久，出现星变，正月响雷。仁宗慑于自然变异，诏令臣下直言朝政得失。张观上疏，条陈四事。

张观是个大孝子，他中状元入仕后，上疏真宗，乞请把授给他的官位转授给父亲张居业。真宗为他的孝心所感动，特赐张居业京官。张居业从绛州去京师开封(今属河南)上任，路过洛阳(今属河南)，深深爱上洛阳的山川风物。张观见状，遂在洛阳购置田地、房舍，种花栽草，营造园林，作为父亲的别墅。每天早晨起来，洗漱完毕，站在饭桌边，侍奉父亲吃完，然后自己再用餐。天天如此，年年如此。

张观的孝行名闻朝野，吏民称颂。

父亲年过90，张观请求到地方做官，侍养老父。仁宗诏准，让他以观文殿学士身份出知许州(州治长社，今河南许昌)。许州地处京师南方，潩水环绕，是达官贵人外放的最佳地区之一。

不久，老父病死，张观悲痛万分，把父亲遗体入敛后，他也病倒了，不治而死。仁宗皇帝闻讯，诏令追赠吏部尚书。

张观不仅是个孝子，而且言行谨重。他一生都一笔一画地写正楷，从不作行书、草书。文如其人，人如其文。

蔡 齐

◎ 朱玉婷 葛培贤

一、祥符状元

蔡齐(988—1039)，字子思。据说其先祖为周朝子孙，自武王之侄蔡仲始，累封于蔡(今属河南)，世为著姓望族。春秋战国纷乱，多次迁移，后迁至洛阳，因此人称其先祖为洛阳人。自秦汉以来，蔡姓家族中代代有伟才名誉之人。蔡齐曾祖蔡绾，曾为胶水（今山东平度）令，居官9年，卒于任上。为官期间，深察民情，注重安抚，尤得胶莱民众爱戴，其子孙也因此籍家胶水。蔡绾卒后，官赠太保。祖父蔡邻，长期隐居丘园，谢官拒禄，以闲赋作文为乐，卒赠太傅。父蔡梦臣，博通经史，尤擅诗文，以孝友闻誉于时，官赠中书令。生母张氏，得封楚国太夫人，对蔡齐疼爱备至，但不溺爱，尤重家教，常常谆谆告诫蔡齐，要以善待人，视宾客如亲人。幼年的家教与母爱，予蔡齐性格以极大影响。

蔡齐幼孤，寄居舅舅刘氏家中。他自幼聪慧，长得眉清目秀，状貌俊伟，举止端重，深得乡人喜爱。蔡齐自幼好学，孜孜于经籍，得助于刘氏，就学于彭城（今江苏徐州）。初学吟诗作赋，便有动人之语，为时人所赞。后为辅臣的李迪，当时判监彭城，曾读过蔡齐的诗赋，深为其文语所惊诧。为此，李迪曾见蔡齐曾祖，说："此儿有大志，应善待他，不可轻视。"蔡齐因此名声大噪。

大中祥符八年（1015），蔡齐以乡试第二名至京师汴京（今河南开封）参加礼部省试，榜上题名。接着，参加殿试。殿试仅确定进士的名次，例不黜落。据记载，殿试前夕，当朝天子宋真宗梦见龙床上生出青菜，其中一株长得很茂盛，与殿基一般高。真宗大为惊异。次日，读了蔡齐的对策，大为欣赏，对左右的人说："此人乃宰相辅佐之才也！"按照宋制，凡殿试必须召见高第数人，而后选择其中材质优秀者赐为甲第，排列名次，张榜公布。及蔡齐被召对，从容而入，不慌不忙，落落大方，进对得体，举止端雅。真宗皇帝大悦，回头对宰相寇准等人说："得人才啦，再无人能超过他。"遂钦定为第一甲第一名。真宗特赐7名金吾卫士为蔡齐回馆舍清道。

至此，真宗方明白了那棵高与殿齐的菜的意蕴。

蔡齐大魁天下，中了状元，光宗耀祖，拜谒者纷至沓来，宴请不绝，其本人亦得意非凡，一时沉醉于觥光杯影之中。当时，山东人贾同亦金榜题名，因为同籍，数次拜见，均因蔡齐宴请酣饮，未曾谋面，于是留诗为记：

圣君宠厚龙头选，老母恩深鹤发垂；
君宠母恩俱未报，酒如为患悔何追？

蔡齐见诗，幡然醒悟，从此戒酒。

二、初入仕途

宋代科举省去吏部选，一经中第，便可直接为官。名列前茅者，可很快得到高官显位。因此，蔡齐直接受官将作监丞、通判兖州(今属山东)。

当时，兖州判官王臻为政严急，虽然喜用明察暗访的方法来辨明是非，但政苛律繁，兖州民众动辄触条，人人自危。蔡齐上任后，一反王臻之法，务行宽政，省简繁条，损济有度，狱讼无冤，民风大变。蔡齐入仕，初露锋芒，以政名起于时世。

一年后，蔡齐改判维州(今四川理县)，上任不久，便有人告发集氏私刻税印，获取厚利，时间长达10年之久，参预和受牵连者已达数百人。蔡齐闻言，感叹不已，说："尽利于民，民无所逃，此所谓法出而奸生者邪？实在是当政者的过错。"于是，将其中十几个重犯减免死刑，其余数百人皆释放回乡，不加责问。对此，维州人感激不尽，说："蔡公有德于维州人，是他让我们重新做人，此恩不能不报。"从此，维州社会风气大变，民众安居乐业，盗掠不行，奸利不存，社会秩序井然。

天禧二年（1018），蔡齐职满还京。按宋朝制度，应召试改任他职；因有妒嫉臣僚从中用事，竟使蔡齐居京数月不得应召。后来，真宗赵恒想起蔡齐姓名，派人召试，才拜秘书省著作郎、直集贤院、主判三司开拆司，赐绯衣银鱼（五品官级），寻迁右正言，居言职。

乾兴元年（1022）二月，真宗赵恒病逝于延庆殿，年仅13岁的皇太子赵祯继位，是为仁宗，军国大权握于刘太后手中。蔡齐因前誉，得迁右司谏、修起居注，寻改礼部员外郎兼侍御史知杂事。

吴越王钱俶之子钱惟演，善文辞，博学多闻，入为翰林学士，又与刘太后攀亲，位列外戚。他见丁谓权势日盛，不惜屈身附阿，与结姻好。因此，钱惟演守河阳（今河南孟县西）时，竟奏请朝廷拨给镇兵钱，刘太后准备答应。蔡齐闻讯，即刻上疏，说："皇太子刚刚继位，钱惟演又为外戚，若满足其请求，就是偏赏以示私恩，决不可应许。"同时，蔡齐又上疏弹劾钱惟演，因而得罪丁钱党徒。

自大中祥符年间，丁谓、曹利用、钱惟演等人便内结刘皇后，沆瀣一气，联党固权，专权干政。丁谓曾派人拉拢蔡齐，欲许以知制诰，使其归附，蔡齐断然拒绝。不久，寇准遭谗言，罢相出贬道州（今湖南道县），其他正直不阿附丁谓的官员，均以"寇党"之名，轻者贬官，重者流放。后来，将寇准再贬雷州（今广东湛江）司户参军。蔡齐异常愤慨，感叹不已，说："蒙先帝厚恩，岂能为权臣所协迫而迁罪于人？并非我惧怕谁，天理不容啊。"遂上奏仁宗赵祯："寇准以忠义闻名于天下，实乃社稷之臣，岂可为奸党所诬陷？"仁宗阅疏，表示理解。

丁谓党徒所为，很快激起朝野上下愤慨。当时，京师开封流行一语：

　　欲得天下宁，当拔眼中丁；
　　欲要天下好，莫如召寇老。

此话传至刘太后耳朵，开始对丁党有所不满。不久，王曾奏明刘太后，说丁谓与内官雷允恭勾结，欲为不轨，丁谓被贬，初贬河南府（今河南洛阳），再贬崖州（今海南崖县）。王曾、冯拯、吕夷简、鲁宗道等人俱被重用。蔡齐改判流内铨，赐金紫服，奉诏出使契丹。天圣八年（1030），拜起居舍人、知制诰、同知审官院、会灵宫判官，充翰林学士，加侍读学士，赐爵汝南县开国子，食邑500户。

刘太后临终前，曾出资修建景德寺，由内侍罗崇勋主持修筑。修成后，刘太后令蔡齐撰文记叙，蔡齐奉命属文。待奏之日，罗崇勋暗中派人诱使蔡齐，说："尽快属文上奏太后，太后必喜，你便可位至参知政事。"蔡齐鄙其言而久不上奏，罗崇勋数次派人催促，蔡齐始终不为之动，不奏其文。罗崇勋十分恼火，便谗言于刘太后；刘太后亦十分不悦，诏罢蔡齐，迁礼部郎中，改为龙图阁学士，出知河南府（今河南洛阳）。参知政事鲁宗道数次奏请刘太后收回成命，留蔡齐任职京师，未果。因其母年事已高，便改知密州（今山东诸城）。

蔡齐任职密州时，正值旱灾，田地干裂，颗粒不收，饿殍遍地，民不聊生。蔡齐数次上疏，奏请减免密州及受灾诸州百姓租赋；又力请开放渔利，弛解盐课，使京东民众得利于海，以此换取食物，救其饥荒。朝廷权衡利弊，批准实行，使京东数百万民众得生，避免了一场大规模农民起义。京东民众深感蔡齐之恩，皆曰："我京东数百万人得以生存，实赖于蔡公，此恩须铭记不忘。"不久，蔡齐徙南京（今河南商丘）留守，晋爵侯，增食邑500户。旋召还京师，拜右谏议大夫、权御史中丞、判吏部流内铨，增食邑为1500户。

史载，蔡齐两次入居宪台，未曾屈阿；执法严明，百官畏惧；即使权臣、亲戚有过，也一样弹劾，深为士人称道。

三、执政大臣

明道二年（1033）三月，刘太后病卒，遗命亲政的仁宗赵祯尊真宗宠妃、皇太妃杨氏为皇太后，像她一样垂帘听政，军国大政与杨氏一起裁处。杨氏极想步刘太后之后尘，染指朝政。但是，朝廷中百官围绕刘太后的遗命，就要不要垂帘听政，展开激烈的论争，各执己见，莫衷一是。蔡齐明确表示反对，他说："天子明圣，已尊奉刘太后听政十余年；如今，既然陛下已经亲政，完全可以独立处置军政要事，何必再由女后称制呢？况且亘古无有此制。望执政明鉴，以慰天下之心。"又严禁台谏官员随波附势，前往阁门向杨太后致贺。宰臣们经过反复辩难，多数人认为蔡齐之言为是。最后，在宣布刘太后遗命时，删去了"皇帝与太后裁处军国大事"一语，只存后号。杨太后退居保庆宫，称保庆皇太后，终未预政。蔡齐因此受到仁宗赵祯器重，迁为龙图阁学士、权三司使。

还在宋真宗赵恒弥留之际，曾用手指胸，又伸五指，再展三指，示意叩榻问疾的诸大臣，以其弟"八大王"元俨为摄政王，辅佐年幼的仁宗赵祯。早已垂帘听政的刘太后却在诸大臣离开后，派人对大臣们解释说：适才皇帝所为，是说三五天内即可病愈，别无他意。诸大臣因畏惧刘太后的权势，无人敢反对。荆王元俨闻知，恐招来杀身之祸，便闭门谢客，装疯卖傻，直至刘太后病卒。仁宗亲政后，京师谣传荆王元俨要做天下兵马都元帅。仁宗赵祯闻讯大怒，派人追捕传言者，乃三司一小吏，而受牵连者达数百人之多，皆下大狱，京师骚动，官民惊恐不已。蔡齐认为这不过谬妄之论而已，不可小题大做，便上奏仁宗，说："此小人无知，不足穷治，何况如此兴师动众，又无以安抚荆王，徒劳无益。"一夕三奏，仁宗赵祯大悟，同意其奏，仅答数人，余者尽释放归。不久，此事平息，朝野上下安然。蔡齐因此拜枢密副使，进爵公，增食邑为2000户，升入执政行列。

四川大姓王齐雄，是杨太后姻亲，为官期间，因杀人坐罪被除名。杨氏称后不久，王齐雄复官。有人告知蔡齐，蔡齐深表惊异，说："果真如此，必当以法阻止。"次日，蔡齐入奏仁宗赵祯，说："王齐雄依恃权势杀人，不仅未绳之以法，处以极刑，反而因势复官，此乃朝廷以恩废法，臣为陛下忧虑啊。"仁宗道："降一级官职如何？"蔡齐答曰："以恩废法，对朝廷有何益处呢！"仁宗思量再三，遂治王齐雄罪。

仁宗时，交趾酋长为政严苛，残酷勒索其民，民怨载道，有800余人北迁宜州（今广西宜山）。如何对待此事，宋朝内部意见不一，多数官员认为不可让其内迁，因为他们是交趾叛民，应当遣返，以免生边事。惟有蔡齐独树己见，上疏仁宗，说："交趾部民去暴归我，不过求生而已；朝廷应将他们内迁荆湖地区，给他们田地，令其自营；若遣返，他们必不愿；若强迫他们回返，不仅不成，会适得其反，使他们散聚山林，落草为寇，其后患无穷，望陛下明鉴。"仁宗未听，强行遣返。其后数年，果生乱事，他们驱杀宋朝地方官吏10余人，聚众起事，宜州、桂州以西地区顿时形势紧张，宋廷深以为忧。蔡齐闻讯，面有愧色，悔前时未能力谏阻止。

四、贬谪颍州

景祐元年（1034），蔡齐迁官礼部侍郎、参知政事。

早在刘太后听政之时，便由太后做主，立郭氏为皇后，赵祯十分不满，始终耿耿于怀。亲政后，仍极力疏远郭皇后，宠爱后宫尚氏等嫔妃。为此，郭皇后心怀愤懑，曾当着仁宗赵祯的面，与尚氏对骂厮打。仁宗袒护尚氏，竟挨了郭皇后一个耳光。仁宗不禁恼怒，不久便以郭后无子为借口，废黜郭氏，削发为尼，幽居长宁宫。寻又宠幸寿州（今安徽凤台）茶商陈氏之女，欲立为后，从而引发一场废立皇后的论争。宰相吕夷简、宋绶极力反对，蔡齐也认为不可，屡屡上奏，其意甚坚。仁宗稍悟，终未立陈氏为后，并送其归里。不久，于景祐元年（1034）九月诏立刚刚入宫的前勋臣曹彬的孙女为皇后，立后之争暂告平息。

在朝中，蔡齐与王曾友善，往来密切。当时，王曾身居亚相，极受首相吕夷简排斥。吕夷简专权跋扈，王曾极为反感，二人日益不和，时有角争。王曾以吕夷简纳赂市恩，暗奏仁宗；吕夷简极力推脱，二人当着仁宗的面，吵得面红耳赤。盛怒之下，仁宗将吕夷简、王曾俱罢相职，贬为外官；参知政事宋绶和蔡齐被认为各自党附吕、王，同时被贬。景祐四年（1037），蔡齐以户部侍郎归班，赐推诚保德功臣，勋上柱国。

不久，出知颍州(今安徽阜阳)。

知颍州期间，蔡齐注重农业生产，兴修水利，政简刑宽，盗掠不行，社会安定，恩惠于民，吏民视之如父母。当时，正值宋夏战争，蔡齐十分关心，因其待罪出职，不能直言征战，便让其弟蔡禀详言西北边事，上奏朝廷。宝元二年(1039)四月四日，蔡齐因病而死，享年52岁。仁宗诏命三公举行典礼，赠兵部尚书，谥曰"文忠"。康定二年(1041)十一月，葬于许州阳翟(今河南禹县)。颍州吏民痛不欲生，深切悼念。后来，其故吏朱寀赴颍州会丧，颍州吏民面见朱寀，跪拜于马前，号泣不止，纷纷指点，说："此蔡公之迹也。"

蔡齐早年无子，以从子延庆为后。延庆官至太常寺太祝，历任地方，多有惠政，以政名著于时。蔡齐卒后，有遗腹子，名叫延嗣，后中进士第，历职地方，曾出知西北，亦以政名闻于世。长女，嫁给其生前好友刘颜之子、将作监主簿刘庠。次女尚幼，在室。

蔡齐平生不喜自表功德，善知人，喜荐举贤士，其所荐如杨偕、郭劝、刘随、庞籍、段少连等人，俱为北宋中期名臣。所以，范仲淹赞曰：

"以进贤为乐，以天下为忧；见佞色则嫉，闻善言必谢，孜孜论道"，"与大臣居，和而不倚，正而不讦，无亲疏之间，有方大之量，朝廷为之重，刑赏为之平。"

"呜呼！公之生也，天有意也；公之亡也，天有意乎？使在位而寿，则道德功名，非竹帛可胜也矣！"

王　整

◎ 李　晓

王整，字子齐，咸阳（今属陕西）人，宋真宗天禧三年（1019）状元。

宋仁宗庆历元年（1041），官任崇仪副使的王整假借六宅使身份与知制诰刘沆一起被任命为"契丹国母生辰使"，前去辽朝祝贺萧太后诞辰。

出使外邦虽是一项比较重要的任务，但由于生辰使只是一种礼节性的差使，算不上什么了不起的功劳，所以，出使回来的官员大多仍居原职，得不到提拔。或许由于王整是先朝状元的缘故，宋仁宗对他高看一眼。在庆历二年（1042）二月任命他为提点河北刑狱的同时，颁布诏令说：王整曾在出使辽朝时假借过六宅使的身份，现在辽朝来使即将途经河北，一旦遇上，只怕因其前后官职不同产生误会，特命王整改任六宅使。

知谏院张方平当即上书反对："崇仪使和六宅使级别相差甚远。北国使臣到来，按惯例提点刑狱官是不能参与宾主会见的，王整即便不是真正的六宅使，别人又怎会知道？假若朝廷担心王整前后官职不同容易在来使面前造成误会，为何不事先将他派到别的地区？况且我朝每年派遣使者，照例都在原有职务上假借级别更高些的官职，以便显得朝廷对此事的重视，如果他们回国后都来效仿王整的做法，把假官变成真官，长此以往，如何了得？如今官制之大弊就在于吏员冗滥；堵塞其途，尚恐难以遏止，故意开此先例，朝廷何以为政？倘若这件事是王整本人的请求，恐怕极有可能是他私心作祟，企图欺罔陛下，坐得美官。果真如此，陛下就应惩其邪念，修明法度，厉行斥责，以戒为臣！"结果，王整不仅没当成六宅使，就连河北提点刑狱的任命也被取消了。

不久，辽朝使者又带来一个对王整不利的消息。原来，王整随刘沆出使时，辽朝派其大臣杜防担任馆伴。这位杜防不知出于什么样的用心，在款待他们时，接二连三地劝刘沆喝酒。刘沆不胜酒力，数杯下肚就已有了三分醉意。星眼朦胧之中，又见杜防高举大碗劝了上来，不由得勃然大怒，忽地站起身，喊着："我不能喝，为何逼我?！"随即指着杜防的鼻子破口大骂。宋朝自恃礼仪之邦，又深恐得罪辽朝，自然把此事看成失礼丢脸的大丑闻。宋仁宗勃然大怒，把刘沆贬出朝廷。王整当时在场，没能及时劝止刘沆，也有一定责任，虽然没被贬官，但也靠边站了好久，迟迟没得到新的委派。

直至庆历二年八月底，王整才仍旧以崇仪副使职务得到一个去京东路"体量安抚兼催捉盗贼"的差使。此后，他就在史书中销声匿迹了。

宋 庠

◎ 管 平

大宋帝国的建立，暂时恢复了华夏一统局面，随着宋初专制主义中央集权的加强，为帝国经济、文化的发展提供了良好的社会环境，成就了中国封建社会中一段辉煌的历史。

北宋前期、中期的统治，一般都还比较清明，从宋真宗末年，到刘后预政乃至仁宗继位这一段，内忧外患已开始暴露，国势不比从前，但帝国之庞大框架的威严依然存在。这就更迫切地需要当权者重视科举，广纳耳目，举用更多的文人雅士为其出谋献策，甚至粉饰太平。

宋庠正是在这样的时代氛围里，在由无数个历史偶然串成的舞台上出场、表演、隐退。

一、命运的恩宠

宋庠,字公序,至道二年(996)出生于安州安陆(今属湖北)。父亲宋玘那时在九江(今属江西)担任一个官职,虽然不是大富大豪,家境总算过得去。当宋玘年轻的妻子钟氏怀上第一个孩子时,夫妻二人双双去了一个叫庐阜的地方求神,之后,钟氏梦见一个道士拿了本书,对她说:"以遗尔子。"醒来,她居然还记得书上是《小戴礼》几个字。当时心中不解,异日恰见到许真君的塑像,可不就是前日梦见的那个道士?待长子出世,这件神秘而又似乎带有某种暗示的事情终于让人释然了——年幼的宋庠的确是个聪慧温厚、不同于众的孩子。两年以后,也就是咸平元年(998),宋庠的弟弟宋祁出世。据说,他降生之前也曾有朱衣仙人显形呈样。

然而,不幸的是哺育这两兄弟的慈母没能看到两个儿子给宋家带来的荣耀,很早就死去了,年幼的宋庠与宋祁寄居外祖家。那是一段比较简朴的生活。有一年冬至,他们请朋友饮酒,宋庠解释说由于手头没钱,只好用剑鞘上镶裹的一两多银子来置办。话音没落,宋祁大笑道:"冬至吃剑鞘,年节当吃剑耳。"正所谓天将降大任于斯人,生活的寒素,兄弟二人皆能从容面对,莫不如清水中的水仙,花虽未到张放的时候,即已经有绝于俗的身姿了。

后来,宋庠和宋祁随着父亲辗转来到雍丘(今河南杞县),那里靠近大宋帝国的京都——汴梁(今河南开封)。这一点对他们甚为重要,帝王的神威,达官显贵的奢华,唐宋诗歌词赋的优雅，都随着书塾里青灯旁《四书》、《五经》的诵读声印在他们的脑海中。

乾兴元年（1022），久病的真宗皇帝死去，幼子仁宗即位。先前预政的刘太后索性垂帘，担当起皇帝应尽的一切责任。谁也不会料到，这个后来被追谥为章献太后的女人竟改变了宋庠兄弟的命运。此时宋家二子都已少负盛名。宋祁思路敏捷，喜欢大块大块地做文章，不时地发表些对时政的议论，兴致到处，每每淋漓痛快，字句精辟，总能让人点头称是。这也许与他本人办事明快爽利、桀骜不羁的品性有关，另一方面，这种性格也往往使他不善于给人余地回旋，留下锋芒太过的印象，日后为官为臣也不似其兄那么有起色。他曾因言辞不谨得罪韩琦，在他晚年从四川迁职回京的问题上，韩琦一再作梗。宋祁不久就去世了，再没能回到京城。在他做翰林学士的时候，正巧逢上仁宗加封宠妃张氏为贵妃，他看不惯，又是让有关部门制册，学士院写词文，又是加盖一系列公章的陈规陋条，不等官制文件下达，就写好词文用了印并径直送了上去。结果，不仅惹怒了张妃，也使仁宗感觉受到侮辱，对宋祁的这层印象始终无法去除。

宋庠则是另外一种风格。他生就一副好男儿体貌，有股天生的聪明干练，知道的东西比别人多，但偏偏不爱显示，别人发现得最多的是温厚儒逸、知书识体。至于宋庠所做出的文章，虽比不上宋祁精美风流，却自然而然地显出清逸超脱的风味来，庄重而不失灵秀，素朴而透着高雅。当初他还是安州布衣时，即以一联"汉皋佩冷临江失，金谷楼空到地香"的"落花诗"博得知州大人盛赞，足见其为时人推崇。宋庠所具备的这些，是众多知识分子趋而求之的，它们是跻身仕途的有利基础，又是千百年封建传统文化沉淀出的理想人格的内核。那个时代的著史者在品评宋庠、宋祁二人的时候，总是让宋庠占上风。他们在当时的影响，仅从"人呼曰'二宋'，以大小别之"就可略见一斑。

天圣二年(1024)，宋庠和宋祁一同参加科举。宋代发展了唐朝的科举制度，从宋太祖后期有了一种常规：举人经礼部试(省试)之后，必须再通过由皇帝亲自主持的"殿试"，才算最后排定名次，即成为"天子门生"。据说，宋庠省试成绩本不是第一，也许是他临阵发挥不好吧，作《良玉不琢赋》，写下"怀奇擅名"、"而无刻画之名"的句子，重复一韵。主考大人不忍心埋没人才，竟然偷偷将"擅名"改为"擅声"，得到一份圆满的答卷。继而在章献太后主持的殿试上作《德车结旌赋》的时候，宋庠又偏偏押错一韵，然而，他实在幸运得很，经考试官奏禀太后，他的名字依然魁登榜首，作为北宋中叶的又一名状元名垂史册。至于宋祁，他的笔下功夫虽不逊于宋庠多少，但似乎一开始就不那么得意，莫名其妙地被排在第10位。

二、皇帝身边的学问

从踏上仕途的那一天起，宋庠就受到章献太后赏识。高中状元，得到大理评事的封职不久，老太后把他召到跟前随便询问，传下诏书，让他兼任太子中允。最初几年，宋庠没遇到什么挫折。北宋政府除了通过科举制度封官，还有恩荫制度以及荐举孝廉等封授制度，再加上官场中营私舞弊，给愿意花钱买官的人打开了方便之门，官僚阶层骤然庞大起来，而凭各种关系混上仕途不学无术的"阿斗"型人物在朝廷内外不占少数。

相形之下，年纪轻轻而又才华横溢的宋庠好比鹤立鸡群，很快升到左正言的位置。这个官职级别虽不很高，却负责朝中的规谏讽谕，皇帝朝政的过错，大臣百官任用不当，三省至一切官署的过失，都可以当朝谏正，故而地位是很重要的。宋庠在这个职任上，明道二年(1033)，章献太后不幸得病死了，年轻气盛的仁宗皇帝登上宝座。本来这对于曾做过太子老师的宋庠来说是绝无不利影响的，可他毕竟是个书生味很浓的人，无意之中做了件冒犯皇帝的事。不知新登基的君王腻烦了皇后与几个美人的争风吃醋，还是很有兴趣地想检验一下手中无上的权力，在继位这年年底，就借口皇后没给他生下儿子而废逐出宫。一时朝野皆惊。宋庠壮着胆子多说了几句，龙颜不悦，他受到"罚款"的回报。一丝苦涩的滋味袭上心头，宋庠意识到即使他得到皇室的器重，也不能对神龙的尊严有什么微词，"伴君如伴虎"，他做官的最大职责便是一力维护天子、天朝的荣耀。

过了些日子，仁宗皇帝的怒气渐渐消退，他到底是个有头脑的人，便让宋庠做知制诰，起草诏书、敕令一类文件。这无异是仁宗的友好表示，宋庠积极地做出反应，很快他就针对科举时文人武士混杂受皇帝考测的做法提出疑问，认为这既不符合朝廷祖制，也有损君王礼待天下贤士的名声，最好文武分试。仁宗非常痛快地听从了，至此，二人的关系变得相当融洽，甚至超过从前。然而，宋庠还能有如初的心境吗？仁宗皇帝已经不是当年聆听他训导的懵懂顽童了，而他自己则永远是一名臣下、侍仆。

宋庠兼任知审刑院，参与处理过这么一件案子。密州(今山东诸城)地头蛇王澥私自酿酒时被邻人发现，他诬邻为盗，怂恿手下将邻人父子4口杀死。当时北宋政府为了增加收入，对盐、酒等物品实行专卖政策,在各州县都有酒务专管酿酒、卖酒,王濰私自造酒按法制是要严惩的,何况他又出了人命。但由于有当朝宰相陈尧佐替他说情,案子一时陷于窘境。宋庠在此关头表现出异常的坚决,最终判了王濰死刑。这件事深使仁宗满意。宋庠改任权判吏部流内铨,升为尚书刑部员外郎。

此时的仁宗皇帝,了然宋庠的一片忠心,信任有加,他决定更迅速地将他提拔到自己左右,于是提出任命宋庠为右谏议大夫、同知枢密院事。北宋自建国以来,就不断地分割宰相(即"同中书门下平章事")的权力,不但添设"参知政事"为副相,还用枢密使、三司使分取宰相的军政、财政大权,故而这几处职位都是举足轻重的,也足见仁宗对宋庠的垂爱。迫于没有从知制诰破格提拔参政的先例,仁宗先封了他一个翰林学士。其实,宋庠那会儿并不叫这个名字,而是名郊,字伯庠。一天,他和仁宗在一起,仁宗带着戏谑的口吻对他说:"你这名字倒很有趣的呢。宋,与帝国承天启运的大号相同;郊,不就念'交'么?"其实,这点发现并非仁宗的创造,有人嫉妒宋庠的才华,别有用心地这么提醒皇帝。仁宗信任宋庠,并没在意,随口说说而已。宋庠呢,却马上改掉"郊"字,更名为"庠",字公序。仁宗有些诧异,但很快高兴起来。

三、兄弟间的反差与一致

当宋庠这个哥哥平步青云的时候,弟弟宋祁怎么样呢?中进士之后,宋祁被委派为愎州(今湖北天门)军事推官,不久转做国子监直讲、太常博士等职,又被提升为尚书工部员外郎。他一向条理分明,对时弊看得透彻,上疏,痛陈官吏、厢军、僧道之"三冗",并道场斋醮、寺观、使相节度之三费,又逐条提出根治措施,请求皇上躬身自俭,改变朝廷财政日益紧张状况。慷慨陈词,提醒当权者注意"积贫积弱"之国势的苦心跃然纸上。

一向拿得起放得下的宋祁也有苦闷的时候。上元夜,他和歌妓们一起玩笑,一杯接一杯地喝酒,真应该重新快活起来的——那些他叫上或叫不上名字的善良女人永远都喜欢他,甚至崇拜他,他说什么做什么,她们永远都会赞同。在书院通宵读书的宋庠送信给他:"听说你挑灯夜宴,穷奢极侈,不知是否还记得我们一起吃烂菜的日子?"宋祁笑着让来人回禀:"你去问你家相公,我们当初吃剩菜冷汤,又为了什么呢?"宋庠一向洁身自好,品行堪为人模,宋祁却喜欢浪漫的生活,灯红酒绿,花香人妍,他不认为是堕落,倒是以为找到暂时忘却官府中令人窒闷空气的方法了。词曲可以回肠,于是写诗填词这些原本闲暇时的爱好竟一发而不可收拾。曾经因为一联"色映栅云烂,声迎羽月迟",京城举子赠以"宋采侯"的美称;出任工部尚书第二年,又于《玉楼春·春景》吟出"绿杨烟外晓寒轻,红杏枝头春意闹"的佳语,在上层社会不胫而走,旋即得"'红杏枝头春意闹'尚书"的雅号。

宝元二年(1039),宋庠官拜参知政事,宋祁的职务频繁更动。宋庠依然是不急不火温文尔雅的样子,他认为国家面临许多困难,并非精简人员和让皇帝厉行节约就能解决的,而是急需完备朝廷纲常,重振天子声威。他深入研究先朝典制,对废免在正殿之上设置仪仗队的做法深表遗憾。

尽管宋庠至慎至静,克尽职责,但顶头上司——宰相吕夷简与他过不去,他被罢免参知政事。在废黜郭皇后那件事上,吕夷简竭力赞成皇帝,就和宋庠结下怨仇,于是给仁宗打小报告，说宋庠私结朋党，如郑戬、叶清臣等等，都有鼻子有眼地列在"黑名单"上。恰在此时，又发生了一件事。吕夷简素来对范仲淹怀有敌意，一次，见到范仲淹写给西夏元昊书信的录本奏报，故意当宋庠的面自言自语地说："哎呀，哪有守边重臣和叛敌通信的？"（西夏国曾对宋称臣）又说："奏本这么写，谁又知道他到底对元昊说了些什么呢？"宋庠闻听事关重大，第二天便参了范仲淹一本。吕夷简站出来说："私自写信当然不应该，可若说范仲淹对皇上有二心，那是万万不对的。"宋庠反倒成了造谣诽谤的小人。宋庠出了京城，任扬州知府，不久，又跑到郓州（今山东东平）。"一荣俱荣，一辱俱辱"，宋祁也被调派陈州（今河南淮阳）。

庆历元年（1040），迫于朝野形势，仁宗做出些改革朝政的姿态，推行参知政事范仲淹的一些主张，实行所谓"庆历新政"。然而，变法开始就遭到保守派强烈反对，范仲淹等人被迫离职，变法流产了。那时章得象做宰相，仁宗向他征求可以接替范仲淹的人选，章得象推荐宋祁。仁宗召回宋庠，第二年，改任枢密使。皇祐元年（1049），宋庠出任同中书门下平章事，迎来官宦生涯最显赫的一刻。这时，他居然请求恢复群臣家庙制度，提议被搁浅。

宋祁复被召为翰林学士，上奏指出人主应当加强专制，选拔贤能之士，敦促皇帝首先解决有关社稷安危的大事。简明扼要，切中时弊。北宋王朝多次与西夏作战失败，实行清野固守政策，良将精兵屯卫的重点放在陕西、河东（今山西），宋祁则认为河北是防范重点。论战略地位，那里是打击劲敌契丹的门户；论地理形势，却无险可倚。进一步进言，提出增强精锐步军，对付契丹骑兵，以及真定府（今河北正定）、定州（今河北定县）兵权指挥权统一问题。为了具体、细致地阐述这些思想，宋祁做《御戎论》7篇，献给皇帝。

　　宋祁的职位不时提升，很快官拜三司使。这个官衔并无多少实权，处处受枢密院牵制。据言，三司的将领多用资历浅、容易驾驭的人担任。当初有人推荐宋家兄弟时，皇帝曾说："大的(宋庠)可以重用，小的(宋祁)每若上朝，大臣们的不是就都出来了。"

　　一天，宋祁偶过繁台街，巧遇内宫彩车，不意听得车中有人轻声喊他"小宋"，待回过神来，车早已远去，却勾起宋祁对人生机缘的满腹感受，归而作《鹧鸪天》词，其中"身无彩凤双飞翼，心有灵犀一点通"之句脍炙人口，流传至今。当时亦广为传唱，甚至闻于仁宗耳中。被召见的宋祁亦惧亦愧，不料仁宗宽容大度，甚至将那天车中宫人的赏赐给了宋祁。那首词末两句为"刘郎已恨蓬山远，更隔蓬山一万重"，仁宗居然开起玩笑来，说道："蓬山不远了。"

四、痛苦的没落

　　3年为相生涯，宋庠没有什么惊人的举动。他固执地恢复完备朝纲、礼制，朝中任何一件事情，都用礼法衡量。他刚做参知政事的时候，皇帝召集枢密院和中书门下"二府"要臣到资政殿，要他们对朝政发表意见，宋庠认为这种讨论方式有失礼节，轻视朝臣。仁宗这么做并非心血来潮，他嫌宰相陈执中既少学问又缺乏能力，想借机整治一下，偏偏半路杀出个程咬金，真是哭笑不得。宋庠认为，宋制礼法关系社稷，若是被当做戏弄人的工具，即便是当今圣上，他也是要进言干预的。

　　宋庠没有多大建树，大臣们不满，仁宗对他也不那么热情了。这时又发生一件事,给了谏官包拯以弹劾的口实。越国夫人曹氏有个叫张彦方的门客,竟敢伪造公文替人补官,犯了死罪。这样一名无耻之徒竟跟宋祁的儿子有关系,故宋庠家法不严、纵容子弟的过错就很明显了。他很快地辞去宰相职,出知河南府,包拯还指责他的家人挪用公款,生活浪费,于是他被放到亳州(今属安徽)。接下来就是不停的奔波,一会儿是许州(今河南许昌),一会儿是河阳(今河南孟县南),一会儿又是相州(今河南安阳)。宋庠已经60多岁,秋霜染鬓,骄傲与奋斗已经成为历史。仁宗并没有忘记他,封给"莒国公"爵位。"国家一定要巩固根本。京畿周围置军40万,守内虚外,这是太祖的远谋,不可轻易更改。"他依旧谈论治国之道。

宋祁年过50,被召主修《唐书》。古今历史的参照,使他发出"乃知文章之难"的感叹,每见从前写出的东西,几乎到了"憎欲烧之"的地步。因为儿子交友不慎,他被弹劾出京,亦将《唐书》书稿带在身边,每每歌舞宴乐之后,雅兴勃发,便闭门燃烛,通宵著作。当朝韩宰相屡次阻挠他回京迁职,又有谏官说他生活奢侈腐化。于是,他没能再看汴梁城一眼,只留下"碧云漫有三年信,明月常为两地愁"的不尽遗憾。

公元1061年,宋祁死在群牧使任上。遗奏中,奉劝皇帝为定人心、防祸患,应早定太子人选。丧葬礼节无所谓,不请谥,不立石人石马守坟……他唯一的要求是请哥哥代他照料两个最小的孩子。

有个叫沈邈的官员老跟宋庠过不去,后来的儿子吃了官司,府尹想替宋庠出口气,却被劝止了。终日,宋庠携亡弟的两个孩子各处游玩,相识与不相识的人,有官职与无官职的人,见了许多,回到家中,书是他最好的朋友。

公元1064年,英宗继位,宋庠告老还乡。英宗没有答应,让他出判亳州(今属安徽),御史不同意宋庠带着那两个年幼的孩子一同赴任,英宗说:"宋庠年纪大了,让孩子跟随着他,又会怎么样呢?"宋庠明白,英宗留用是碍了先帝的情面。刚到亳州,他就请求辞官。治平三年(1066),宋庠静静地死去了,谥号"元献"。英宗为他的墓碑题写"忠规德范之碑"字样,并为宋祁追谥"景文"。

宋庠、宋祁都有不少著述。宋庠留下别集40卷、《国语补音》3卷、《纪年通谱》12卷、《掖垣从志》3卷;宋祁著文集百卷、《大乐图》2卷、修撰《唐书·列传》150卷。

王尧臣

◎ 朱玉婷　葛培贤

一、天圣状元

王尧臣(1003—1058)，字伯庸。其先祖为太原祁(今山西中部)人，乃世宦之家。唐朝时，六世祖官至辉州刺史。为避唐末五代战乱，举家迁至砀山(今河南永城东北)。五代后期，王氏家族又从砀山迁至宋州虞城(今属河南)。

据记载，天圣四年(1026)夏，海州(今江苏连云港西南)属吏隽宗远曾对人讲，某夜做梦，忽有神至，告诉他说："来年状元，是虞城王尧臣。"出于关心与猎奇，隽宗远特将此语记于衙府墙壁上。是年秋天，京东路依制举行乡试，隽宗远对此特别留意。待乡试揭榜之日，他特去观榜，王尧臣果然榜上题名。隽宗远心中暗喜，对同僚们说："此人是明年的状元。"同僚们不以为然。次年（1027），各地举人齐聚京师开封，参加省试。待省试出榜，王尧臣又名列于榜；隽宗远见榜，心中愈喜。待殿试出榜，王尧臣果然举进士第一，为是年状元，年仅24岁。

王尧臣中第后，授将作监丞、通判湖州（今浙江吴兴）。不久召试，改秘书省著作佐郎、直集贤院。其间，因其父王冲坐事，王尧臣出知光州（今河南光山）。是岁，光州地区发生严重饥荒，许多人起而为盗，劫富济贫，发仓廪以赈济贫民。宋廷急令镇抚，以法从重处置，重者立斩不赦。王尧臣认为处罚不当，便上疏说："这些人所以结而盗仓，非他故，不过饥民求食而已。之所以形成如此局面，实在是宋廷荒政所致。因此，不可苛重于民众。请陛下诏令，对被捕的饥民减刑、免死。"仁宗皇帝嘉而纳之。

不久，其父亲过世，王尧臣便去职服丧，服满后回朝，召为三司度支判官，再迁右司谏。

仁宗赵祯即位时，年仅13岁，奉遗诏尊刘太后为皇太后，军国大事则与皇太后一起听奏处理。实际上，由刘太后总揽国家一切军政大权。随着日月流逝，年龄增长，尤其是政局变动，赵祯逐渐成熟，有了主见，开始摆脱刘太后的约束和控制。15岁时，即天圣二年（1024），由刘太后做主，立前勋戚郭崇的孙女郭氏为皇后，赵祯十分不满。他极力疏远郭氏，而宠幸与郭氏一起入宫的张氏，进为才人，旋又进为美人。明道二年(1033)，刘太后病卒，仁宗赵祯便无所顾忌，开始放纵色欲，疏远郭皇后，宠恋后宫诸嫔妃。为此，郭皇后心怀愤恨，有一次竟在仁宗赵祯面前与后宫受宠尚氏吵骂厮打起来。仁宗袒护尚氏，郭皇后挥臂扇了仁宗一巴掌。仁宗盛怒，要废黜郭皇后。右司谏范仲淹上疏奏谏，认为郭皇后无甚大过失，不可轻易废黜。宰相吕夷简因与郭皇后有过节，便支持仁宗的意见。终于，仁宗以郭皇后无子为口实，废黜，削发为尼，幽居长宁宫。右司谏范仲淹等人因谏言被贬官地方。

废黜郭后，仁宗更加放纵，以酒色度日，钟鼓弦乐之声不绝，政事日渐荒疏。后宫嫔妃争风吃醋，明争暗斗，仁宗也因而生病。一时宫廷传言，朝议纷哗。百官臣僚皆以国是为忧，纷纷上疏，各抒己见，力求整肃。不得已，仁宗令尚氏诸妃出宫。仁宗复思郭氏，便派内侍阎文应把废后郭氏接回宫内。此时，郭氏身已染疾，郁郁寡欢。仁宗闻知，甚是哀怜。面对仁宗的安排，郭氏坚决回绝，死不回宫。仁宗愠怒，痛斥内侍阎文应，说他办事不力。郭氏为皇后时，阎文应便与她有些过节，仁宗指斥，使阎文应尤为恼怒，便迁罪于郭氏，欲加报复。仁宗曾屡派太医问疾郭氏，又命阎文应负责此事。阎文应则以郭氏重病在身，趁奉仁宗诏命赐药之机，将郭氏毒死。仁宗闻知郭氏暴卒，悯悼不已，诏命以大礼敛葬。朝廷官员多怀疑阎文应以奸谋致郭氏暴卒。王尧臣以为此事不可臆断，应以事实为据，便上疏请求由御史负责考察虚实，向朝野上下明确解释。不久，阎文应被贬死于岭南。王尧臣又上奏，要求穷治郭氏左右侍医之人，但仁宗未能同意。

郭氏的治丧活动，正赶上一年一度的元宵节，因正值道教上元，故而宋人称上元节。按旧制，自正月十四日至十八日，观灯五天；自岁前冬至以后，就由开封府负责，缚扎山棚，置灯烛数十万盏,热闹非凡。是时,朝廷仍依旧制,张灯观盏,仁宗皇帝也准备出游赏灯。王尧臣以为此事不妥,待仁宗乘轿出宫,便跪于轿前,以礼相谏:"郭氏幸得陛下皇恩厚爱,方能复位号;既然郭氏已复号为天子皇后,而且方今在殡,陛下万万不可游幸,上元灯节可以停止。"仁宗闻言,点头称是,并诏命停止上元观灯活动,以示悼念。

景祐四年(1037),王尧臣以本官擢知制诰,服金紫,同知通进银台司兼门下封驳提举诸司库务,知审刑院,旋入翰林学士、知审官院。

二、陕西体量安抚使

"南牧"中原是党项贵族反宋自立的战略方针之一。元昊立国之后,西夏正处于上升时期,党项贵族垂涎中原财富,不惜以暴力攫取。元昊早在青年时代便立言:"小则恣意讨掠,大则侵夺疆土,上下俱丰,于我何恤!"

宋夏之间,隔横山山脉。横山由东北延伸向西南,在1000余公里边境线上,形成一条天然的军事分界线,名曰"山界"。双方均十分重视此界,积极经营,互为前哨与阵地。

景祐元年(1034),元昊将兵马集结于横山沿边险要之地,做好入侵准备。二月,元昊领兵攻宋,揭开宋夏战争的序幕。

元昊大兵压境,仁宗赵祯深感威胁,尤其是元昊称帝,更使他震惊。于是,宋廷匆忙部署,起用前相王曾为枢密使,专典军政大事。诏令西北各路整饬军备,任命延州知事范雍、知永兴军夏竦为最高军事统帅,负责西北边务,断绝与西夏的互市和榷场贸易。派人出使唃厮啰等西方各部落，以从其背后牵制西夏。

同年，仁宗任命王尧臣为陕西体量安抚使，出行西北。临行前，王尧臣上疏，说："按宋廷旧制，使者所至，称诏存问只局限于官吏将校，不过问民政事务。自元昊起兵，已3年有余，关中地区广大民众深受其苦，男儿征战，农田荒芜，生产凋蔽，严重危及社会秩序。臣恳请陛下出诏慰藉，令免两年租赋，以调动民力同心御敌。"仁宗采纳。

王尧臣至边，认真巡察西北鄜延路、泾原路、环庆路、秦凤路，尤其是山川险峻要塞之地及各地驻军。还朝后，即刻上疏："陕西有兵20万，分别驻扎在4路要塞重地，然而，可以出战迎敌者，只有一半。西夏军队入侵，常常数万人，数倍于宋朝官军。西夏是以十战一，我们则以一战十，所以，西夏军队屡次入侵皆获利而归，宋朝官军却损兵折将，大伤士气。实际上，这是众寡悬殊的结果。泾原路离西夏最近，地位尤其重要，应首先考虑增兵固防。臣请迅速派遣军队，以两万军队屯驻渭州（今甘肃平凉），为镇戎山外之援；以万人屯驻泾州（今属甘肃），为原、渭之势；以两万军队屯驻环庆（今甘肃庆阳），以万人屯驻秦州（今甘肃天水），固守防备。"又说："西夏军队犯边，不患不能入，而患不能后撤。边境地区，虽然地势险峻有异，但西夏骑兵必行军于大川平地；而河谷平地，俱有宋朝官军修筑的砦栅驻守。西夏军队入寇，利在掳掠，人自为战，故所向无前。如延州的金州砦、塞门砦，镇戎军的刘璠堡、定川堡，渭州山外的羊牧隆城砦、静边砦等，均不能抵挡住西夏军队入侵。所以，西夏军队不患不能入寇掳掠。但是，既入宋境，分兵抄略，驱掠人畜，劫夺财物，士马俱疲，匆忙而归，无复斗志。此时，若以精壮兵马扼守要塞，集中优势兵力，巧设埋伏，断其首尾，且追且击，西夏军队不败待何？所以，西夏军队患不能归返。西夏军队屡屡乘机得胜，重掠而归，宋朝边将不敢也不能追击，实是兵寡之故。若今日仍循旧辙，不调整边务，宋朝军队决无可胜之理。"他还指出："延州、镇戎军、渭州山外三战，宋军所以战败，均为西夏军队主动出击，占据险峻胜地，诱引宋朝官军，宋军将帅不能据险地要塞，主动迎击，而只求近功短利，匆忙出征，不辨形势，待兵马疲惫，便遭伏击，遂致战败乃至全军覆没。实际上，这是主帅没有总结教训、不思应变的结果，主要责任在于将帅。臣恳请陛下诏敕边地将帅，遇西夏军入寇，不可轻言出战，而应根据情况立营砦，量敌出征，奋击夏军，必获全胜。"

仁宗闻奏，即刻颁诏，以王尧臣之意告诫边将，务必谨慎应变，不得妄自匆忙征战。同时，王尧臣又向仁宗举荐将才20余人，随即遣往西北，后来皆有名于边。

庆历元年(1041)，宋将任福轻敌，中夏军诱兵之计，于好水川(今宁夏隆德东)被夏军分割包围，宋军大败，死亡近万人，宋将桑怿、刘肃、任福及其子任怀高等人战死。好水川之战，是宋夏交战以来最重的一次惨败，予宋朝以沉重打击。宋仁宗震惊，即刻颁诏，以韩琦指挥有误，罢其陕西经略安抚副使之职，贬知秦州；以范仲淹拥兵不进，罢其陕西经略安抚副使之职，贬知耀州(今陕西耀县)；户部尚书夏竦的陕西都部署兼经略安抚职，亦被免；其余陕西方面将帅逐一贬降。王尧臣认为仁宗处置不妥，便上疏谏言，说范韩二人皆为当世英才，不仅以忠义智勇闻名天下，而且令夏人闻风丧胆，元昊兵士相互告诫："今小范老子(范仲淹)腹中自有数万甲兵，不比大范老子(范雍)可欺也。"所以，不应因小故处置韩范；况且，好水川战败，皆因主帅任福轻敌，盲目进攻，指挥不当所致，不应过多责怪主将韩范二人。同时，向仁宗举荐种世衡、狄青二位将帅之才。

庆历二年（1042），元昊再次发兵，自镇戎军、原州分两路入侵宋朝。宋仁宗命镇戎军守将葛怀敏率军抵御，在定川寨（今宁夏固原西北）被夏兵围攻，宋军阵乱溃败，葛怀敏与诸将战死，士兵死伤9400余人，损失战马600匹。夏军乘胜挥师南下，直抵渭州，攻略平凉、潘原，纵横驰骋六七百里，焚烧房屋，毁夷城砦，掠夺财物，关中震恐，自邠、泾以东，皆闭垒自守。仁宗若有觉悟，下诏复以韩琦、范仲淹为陕西招讨使，又置府泾州，增兵3万人屯驻。同时，遣王尧臣为泾原路安抚使。

临行前，王尧臣上疏，说："陛下重新起用韩琦、范仲淹任职西北，实为天下大幸，然而，这并非御兵的根本，臣请陛下允准臣下便宜行事。"前几次战争宋军的弱点及战争结局均为王尧臣言中，因而知王尧臣无戏言，宋仁宗答应他的要求，并诏命各路。

当初，曹玮开山外之地，曾设置笼竿等四砦以为要塞，召募大批弓箭手，在四砦耕战自守，以固边防。后来，四砦将帅失其制，肆意占田夺地，民怨众怒。当王尧臣出使至泾州时，德胜砦官兵劫迫守将姚贵关闭城门，反叛宋廷。王尧臣愤恨不已，立于道左，以箭射书城内，招降姚贵及其部众，且调发附近宋兵讨伐。

曾有属吏劝诫王尧臣，说："王公奉诏出使，现已完成使命，对于姚贵及其部众反叛，只须附报朝廷便可，余非王公之事。"王尧臣闻言，面有愠色，答道："姚贵，土豪也，在此地颇得士心；虽然他是被迫反叛，并非主使，但不可轻视。现在如不乘其未定尽快招降，稳定四砦局面，日后必生大乱，为朝廷大患。"果然，姚贵见书即率众出降。王尧臣对姚贵及其部众晓以大义，安排妥当方始离去。

还朝后，上疏奏言："自陕西用兵以来，夏竦、陈执中并以两府旧臣为陕西经略使、安抚使、招讨使，而韩琦、范仲淹仅为经略副使、安抚副使。既而张存知延州，王沿知渭州，张奎知庆州，俱为学士、待制之职，也只负责本州事务。到夏竦、陈执中被罢职，四路置帅，并各带都总管及经略使、安抚使、招讨使等衔，武臣副总管亦因此改为副使。如今韩琦、范仲淹、庞籍既然已为陕西四路都总管、沿边经略安抚招讨等使，四路当统一节制。可事实上，仍有9人带有经略使名衔，且各置司行事。虽然名号没有什么不同，但节制不统一，不利于边防。臣请废各路都总管、副总管以及经略使之职，只设安抚使，以便统一节制行事。"不久，滕宗谅也上书陈说此事。仁宗权衡利弊，接受王尧臣等人的建议，罢黜经略使等职。

王尧臣又上疏说："西北鄜延路和环庆路，地势险峻，易守难攻。惟有泾原路，自汉唐以来，便是冲要之地。从镇戎军到渭州，沿泾河河谷直抵泾、邠，地势坦荡而无险阻。虽然沿河谷平地遍设城砦，但无险可据，夏军入侵，难以捍御。所以，唐朝郭子仪等人，常以重兵戍守此地。自元昊起兵反宋以来，数年之间，夏军主力曾3次自此入寇。朝廷于泾州置帅设府，控扼关、陕，实在是明智之举。但是，宋军屡屡战败，损失惨重，士气不振，边地空虚，令人担忧。臣愿朝廷深鉴近弊，精择将佐之才，以充边地；对于新征士兵，当严格训练，未经训练不得守边，应以原来守边军队为主，加强防务。倘若一路兵力充足，具有较强的战斗力和高昂的士气，则夏军不敢轻举妄动，长驱入寇。"并提出5项措施。又奏请允准泾原等五州士兵营田,充实给养,增置弓箭手,加强边军装备等,皆获恩准。

王尧臣不仅谙悉西北边事,在庆历年间社会危机之时,还力主变革,为范仲淹的上书言变叫好,予以支持,又为范仲淹的几上几下表示不满,上书为范仲淹鸣不平,抨击因循守旧势力,推动了庆历年间的变革,成为当世名士之一。

三、裁抑激倖

卸职陕西安抚使后,王尧臣以学士、户部郎中权三司使,以张灿之、杜杞等十余人为副使、判官,组成新的"计省"班子。

自西北宋夏战争以来,宋廷财政支出日增,出现危机,虽然前任三司不断加征摊派,但仍入不敷出。王尧臣受命于危难之时,上疏仁宗:"如今天下国贫民困,陛下命臣主三司,臣愿竭尽全力,恳请陛下听臣便宜用事。"仁宗同意。王尧臣从全局出发,压缩日常费用,开源节流,根据缓急先后,废除一些苛捐杂税。又将三司中昏聩的副使、判官等15人全部罢免,更荐才贤者任职。经过调整,当年见效,财政入不敷出现象稍见好转。第二年,财政有余数十万,仁宗大喜过望。王尧臣却上书说:"臣之术不过如此,况且臣母年事已高,请解职供养。"仁宗允准,召拜翰林学士承旨兼端明殿学士、群牧使。

权三司期间,内都知张永和曾建议仁宗,加收民房钱十分之三,用以军费专项开支。王尧臣坚决反对,并上奏仁宗,说:"此为衰世之事,只能引起民怨,引发民变。这正是唐德宗时爆发朱泚之乱的祸根，陛下不可不鉴。"张永和为谋私利，暗中派人贿赂王尧臣，要求三司同意并执行，王尧臣予以拒绝。度支副使林潍因畏惧张永和，曾附会其说，使论争迭起。王尧臣上奏仁宗，罢黜林潍，此事方息。

夔州（今四川奉节）转运使上疏请增盐井岁课，并言如此每年可收80余万缗，王尧臣也表示反对。他认为，在西南加征于朝廷无利，只能让地方势力牟取厚利，于民只能招怨，甚或有不测之事发生。结果，加征之议否决。

王尧臣任职三司，多有谏言裁抑，因此得罪同僚，常有官员于仁宗面前谗言诋毁，只因仁宗信任不疑，未曾罪罚。王尧臣一如既往，坦然自若。退职后，仁宗曾亲往慰劳，称其为政有绩。王尧臣顿首称谢，说："非臣之能，完全是陛下信用臣下的缘故。"

王尧臣去职服丧，服满还朝，复为学士、群牧使，迁右谏议大夫，再迁给事中，皇祐三年（1051），以本官充枢密副使。是时，凡宗室、宦官、医师、乐工诸辈，莫不串通枢密以获恩幸，使朝中恩幸济济。王尧臣请奏定制，裁损滥幸，著为法令。由是小人怨恨，写匿名书信谗害王尧臣。王尧臣得书拜见仁宗，力请解机务。仁宗不以为疑，更是信任，认为王尧臣之辈方可称为忠臣。同时，急令有司追查陷害王尧臣之人。王尧臣闻知，甚是感动。

皇祐四年（1052），广源州（今越南广渊）壮族首领侬智高起兵反宋，声势浩大，危及宋朝西南地区。王尧臣力主平乱，并上疏请将广西宜州（今广西宜山）、容州（今广西容县）、邕州（今广西桂平）辟为路，以融、柳、象3州隶属于宜州，以白、高、窦、雷等12州隶属于容州，以钦、横、浔等5州隶属于邕州。若叛兵入寇，由三路会集各州县兵掩击。由经略安抚使坐镇桂州(今广西桂林)，统一指挥。同时，征运全、永、道3州粮米以充军饷，速调兵南遣。仁宗匆忙诏令狄青率兵南讨，大败侬军。

狄青凯旋，以军功见信。皇祐五年(1053)，升枢密使。对此，左司谏贾黯曾连连上疏表示反对，认为狄青以军功起于行伍，骤至枢密显职，有悖于先帝"兴文教，抑武事"的成规。狄青居功自傲，出言不逊，引起更多朝官不满。王尧臣亦曾对臣僚们说，自古以来，将帅起于微贱而暴至富贵，不能保其禄位、性命者，大有人在，可以引为鉴戒。狄青闻言，稍有沮畏。然而，终为众矢之的，不久便被罢知地方，忧郁而卒。

嘉祐元年(1056)三月，王尧臣拜户部侍郎参知政事。嘉祐三年(1058)，仁宗欲以王尧臣为枢密使，因当制学士胡宿反对未成，便进吏部侍郎。不久，王尧臣得疾居养。

嘉祐三年(1058)，王尧臣病卒。享年56岁。

临终前，王尧臣授其弟纯臣遗奏，劝仁宗皇帝早立嗣，皇子赵曙久养宫中，当为皇太子。仁宗闻言，忧伤不已，诏令辍朝一日，以示悼念，赠尚书左仆射，谥"文安"。

元丰三年(1080)，加赠太师、中书令，改谥"文忠"。

时人称誉王尧臣为人纯质，虽然贵显，但不忘俭约，与其弟纯臣相友爱。其曾祖，官赠太傅；祖、父，赠中书令兼尚书令；曾祖母、祖母、母，皆得封；妻丁氏，受封安康郡夫人。有二女，三子。长子同老，官至大理评事；次子周老，官至太常寺太祝，早卒；三子明老，官至大理评事。

王 拱 辰

◎ 宋晓光

一、为国争辩

王拱辰，原名王拱寿，字君贶，咸平（今河南通许）人。宋仁宗天圣八年（1030）进士第一，那年他才19岁。仁宗厚爱，赐"拱辰"。他先是通判怀州（今河南沁阳），后入直集贤院，历任盐铁判官、知制诰等职。庆历元年（1041），为翰林学士。

契丹的使臣刘六符曾经对贾昌朝说："你们留着塘泺这样

的小河沟干什么?恨不能一根芦苇横在那儿人就能通过,扔个木棍就能把它填平。不如决了堤防,弄10万方土把它填平,变成大路。我们两国来往不就更方便了吗?"

仁宗就这件事请教王拱辰。王拱辰说:"现在军事形势比较紧张,对方诡计多端。您想他凭什么给我们提出这样的建议呢?这是别有用心的。在险要的地方设立边卡,我们的祖宗一直就是这样做的,从没有废弃,目的就是限制敌人。现在我们若听了他们的话,开通这个地方,不正是中敌人的下怀么?"

不久,契丹又派刘六符来,要求把关南10县割让给他们,理由是太宗进攻燕国,那是侵略行为,现在应割地赔偿其损失。宋朝满朝文武不知如何应对,王拱辰从容对答:"王师征讨河东,契丹那时已和我们建交,却占领着石岭关,援助我们的敌人。太宗怒不可遏,才发兵惩罚,怎么能说是无敌伐燕呢?"又写了答复契丹的外交文书,说:"既然有石岭关的交锋,就不怕再有蓟门之战。"契丹得了回音,知道宋人态度坚决,收敛许多。仁宗非常高兴,对左右辅臣说:"要不是王拱辰熟知史实,真难以答复呢!"

二、大胆进谏

任翰林学士不久,王拱辰做了开封府(今河南开封)尹,其后出任御史中丞。当时夏竦为枢密使,把握军权。王拱辰进言说:"夏竦任西师统帅,没立过什么战功,可以说无任何威望。现在让他掌管枢密院,怎能服天下之人?"仁宗听不进去,起身欲走。王拱辰急忙叩拜,扯住其皇袍据理陈情。仁宗采纳了意见,罢免了夏竦的枢密使职。

王拱辰又进言说:"滕宗谅在庆州(今甘肃庆阳一带)所做的事不符合朝廷法令。为了避免守边大臣都学他的样子,应对他施以重责。"仁宗不听。王拱辰于是闲居家中,不去上朝,托辞是自己的话总是和皇上的意思相悖,在家自责反省。仁宗于是降滕宗谅到岳州(今湖南岳阳),命王拱辰入朝。见了他的面,仁宗说:"你的那些升迁降职的建议,朝廷会认真考虑,酌情处理的。不要因为寡人没有立即采取相应措施,就急躁不安或者闹情绪,那样做不好。今后有什么要上陈的,还望继续禀告,不要有什么顾虑。"

僧绍宗用铸佛像的名义来迷惑众人,京都之人竞相把金子投到冶炼炉中,宫廷也出钱资助。王拱辰上奏说:"西边的驻防部队急需军费,我们却不出资,把钱财浪费在这等沽名惑众的事上。这样很容易动摇军心,引起民怨。"仁宗下令立即禁止铸像。

仁宗在迩英阁供置《太玄经》,经常用它来占卜祷告。一天,他对王拱辰说:"我每天都读这本书,获益非浅,你知道它讲的是什么道理吗?"王拱辰把全书的内容讲给仁宗听,和背诵过了一般完备周详。然后,他进谏说:"希望陛下留意《六经》,旁采史策。《太玄经》这类书不足为学问,不值得花这么大气力去研究。"

三、出使契丹

至和三年(1056),王拱辰任三司使,出使契丹,和契丹王在混同江相见。契丹王在江边设宴,二人边钓鱼边喝酒。契丹王亲自弹奏琵琶助兴,每钓到一条鱼,就请拱辰喝一杯酒,并对他的宰相说："这是南朝当年的少年状元，入翰林已经15年了，博学多才，很受宋王重用。所以，今天我把他奉为上宾。"王拱辰完成使命回到朝廷后，御史赵抃认为不该接受这么重的礼遇，并说："假如以后北朝使者也援引这个例子，要求享受这样高的待遇，我们用什么推托呢？"

四、屡遭排挤

一次，苏舜钦邀请宾客在进奏院宴饮。王益柔喝醉了酒，写了一篇《傲歌》，其中满是骄狂之词，连皇上也没看在眼里。王拱辰把此事告诉皇上。当时杜衍、范仲淹当政，改旧制为新政。王拱辰一派正不得势。苏舜钦、王益柔都是范仲淹举荐上来的，苏又是杜衍的女婿。众人都倾向于苏、王，王拱辰很受孤立。

湖南转运判官李章、知潭州任颛买了私商的真珠。事情败露后，王拱辰把那些真珠全部没收，交进宫中。赵抃把他和李章等人一起弹劾。当时仁宗正欲任王拱辰为宣徽北院使。赵抃说："宣徽使的职务，本来是用来奖赏那些有功勋的人或前朝元老的，一般只有前任参知政事或节度使才有资格得到这个职位。王拱辰有什么资格任这个职务？"于是，王拱辰只以端明殿学士身份知永兴军。后来又历任泰（今江苏泰州）、定（今河北满城一带）两州及河南大名府（今河北大名、山东临清及河南内黄一带）执政官。

神宗继位后，打算晋升王拱辰为仆射。欧阳修说仆射是宰相职位，不应该轻易晋得。于是，王拱辰只做了太子太保。熙宁元年（1068），又以宣徽北院使职位召还。王安石任参知政事后，嫌他是异己，上奏让他出知应天府（今江苏南京）。熙宁八年（1076），再度回朝，任中太一宫使。元丰初年（1078），又转为宣徽南院使。神宗赐金方团带，再判大名府，后来改做武安军节度使。

五、力拒保甲法

王安石当政后，实行一系列新法令。其中，保甲法是为加强地主武装服务的。该法规定，乡村农户以10户组成一保，50户为一大保，10大保组成一都保。由主户中"财力最高"和"有材干心力者"充当保长、大保长和都保正。主客户有两丁以上的人家都要抽一个做保丁，训练武艺。每一大保逐夜轮差，5人巡警。遇上盗贼，便报大保长追捕。天天操练，有的农户地里的活儿忙不过来，庄稼就欠收。操练和巡夜时纪律很严格，不得有误，否则，追究责任。这时王拱辰上疏说："这样做不仅夺了农民的农时，使庄稼欠收，更重要的是打不出粮食，就可能离家去做盗贼。这就简直等于用法令把们赶到犯罪的道路上去。现在就有许多农民成了小偷小摸，甚至四处流窜作案。这种情况，各地郡县官都不敢往上呈报。这样下去怎么得了！纵然不能废止此法，解除所有农户的负担，也希望对下等户宽容一些。"朝中有些人趁机指控王拱辰败坏法令，王拱辰愤然说："这正是老臣所以报效国家的地方！"神宗斟酌利弊，有所省悟，于是采纳他的建议，使第五等户得免。

哲宗继位后，王拱辰改任彰德节度使，加封检校太师。当年病逝，终年74岁。哲宗追赠他为开府仪同三司，谥号"懿恪"。他的女婿李格非是宋代著名学者，外孙女李清照是历代罕见的女词人。

　　史学家这样评论说：张方平、王拱辰的才德都远远超乎常人之上，却不免被司马光、赵抃议论排斥。王拱辰争保甲之法，言辞恳切；对契丹使臣，据理争辩；置个人私利安危不顾，上书极谏。这才叫一心为国，气度不凡啊。

张 唐 卿[①]

◎ 李 晓

　　一天，淄州(今山东淄川)通判韩琦接待了一位年仅17岁的少年后生。韩琦见他举止文雅，彬彬有礼，心里便种下了一个很好的印象。又见他带来请教的几篇诗文，才气横溢，文思飞动，更是赞叹不已，大生爱意，认定他将来必会大有出息，

---

　　① 张唐卿，《宋史》卷443作"孙唐卿"，而《续资治通鉴长编》卷114、《文献通考》卷32《选举考》所载景祐元年状元乃张唐卿，而非孙唐卿。韩琦《安阳集》卷47《故将作监丞通判陕府张唐卿墓志铭》所叙事迹与《宋史·孙唐卿传》相同，显是《宋史》有误，今据诸书改正。

遂与他结下忘年之交。这位少年便是表字希元的青州(今属山东)人张唐卿。

韩琦没有看错,景祐元年(1034)三月,张唐卿果然技压群雄,一举夺魁,摘取状元桂冠。这是宋仁宗亲政后主持的第一次科举考试。为了充分显示自己的德泽,宋仁宗对新科进士们的恩礼特别优厚。张唐卿官拜将作监丞,出任陕州(今河南三门峡)通判。

张唐卿处事干练,对行政事务决断如流,仿佛曾经办理过一样。有个百姓的生母改嫁后病死了,父亲生病而亡,他为了让亲生父母能够相聚于九泉之下,便偷偷将母亲的尸骨挖掘出来,与父亲葬在一起。在当时盗掘坟墓是违犯法律的,有关部门主张将这位百姓依法治罪。张唐卿说:"此人不过是只知有孝而不知有法罢了。"决定释放此人,只把案件奏报朝廷。

在张唐卿看来,孝与法相比,在一定情况下,孝是首要的。因为他本人就是一位出名的大孝子。

谁也没有想到,就在张唐卿处理罢这桩案子不久,刚刚开始在仕途上崭露头角的时候,父亲病故。可怜张唐卿因孝出名,也因孝而亡,在办理父亲丧事时,悲痛过度,吐血而死。噩耗传来,韩琦惋惜不已,含泪撰写墓志铭。

吕溱

◎ 李 晓　宋晓英

在身份财富决定一切的封建社会里，势家豪族及其亲朋故旧们包揽了这个世界所能给予的荣华富贵，享尽了所能得到的各种优渥。但是，在个别情况下，最高统治者出于特殊需要，抑豪族，扬寒门，把无尚的荣耀降临到普通平民子弟头上。范镇落一甲，吕溱中状元，便是其中一例。

宋仁宗宝元元年（1038）二月，汴京城依然春寒料峭，汴河水刚刚解冻，举世瞩目的礼部省试已告结束。范镇压倒天下数千举子，名列省试第一，荣膺"省元"头衔。

范镇是成都华阳（今四川成都）人，父亲担任过成都府孔目官，一个偶然的机会，范镇得到成都知府薛奎赏识，被聘为府中教师，给薛氏子弟讲学。范镇处世谦恭，每次去薛奎官邸讲课，都起个大早，先乘小驴行至铜壶阁下，然后步行进府，待守门人也总是毕恭毕敬。一年多了，人们还不知道他是薛知府的座上客。薛奎对他愈加器重，离职还朝时，把他带回京城。有人问薛奎："公自成都归来，得到什么宝贝？"薛奎说："川蜀珍宝虽多，却都微不足道，老夫只带回一个伟人。"宋庠、宋祁兄弟俩此时已是名噪天下的学者，经薛奎介绍认识范镇后，开始很有些瞧不起这位外表傻里傻气的四川人。一天，宋氏兄弟约集一班朋友举行笔会，以"长啸却胡骑"为题各写一篇赋，范镇笔走龙蛇，一气呵成。宋氏兄弟取过一读，齐声叹服，自己的作品竟一直没敢拿出来，当即与范镇结为友好。从此，范镇愈益声名鹊起，朝中大臣纷纷与之结朋交友，翰林学士陈尧咨将他频频请至家中谈诗论文，来往密切，就连深居九重的宋仁宗都知道范镇是陈家门客。

范镇既为省元，又成了朝中名臣众口推许的儒林新秀，可谓才名兼备，多数人认为，在接下来的殿试中，他既使不得状元，也跑不了甲科优等。然而，天有不测风云，谁也没想到，范镇恰好因与陈尧咨等朝臣权贵交往甚密而遇到麻烦。

原来，陈尧咨的次子陈博古以及参知政事韩亿的4个儿子均参加这年的科举考试。北宋为了革除唐代权贵操纵科举、营私舞弊的沉疴，自宋太祖开始，就加强了对权贵子弟的监督限制。乾德三年（965），翰林学士陶谷之子陶邴考取进士第6名，宋太祖翻览进士名单时，纳闷地说："听说陶谷家教甚差，他的儿子竟能考中第6名？"立即下令对陶邴等人进行复试，并规定官僚子弟考中进士的一律复试。雍熙二年（985），宋太宗故意取消已经通过省试的4名大臣子弟的殿试资格。一般说来，考中进士便可做官，考得名次越好，升迁得越顺利，将来做大官的希望越大。宋太祖、太宗对权贵子弟加以限制得，害怕他们利用科举制度发展家族势力，构成对皇权的威胁。

像陈博古这样的官僚子弟，要想轻轻松松地考取进士已经不太容易了，这位陈家少爷偏偏公开散布对朝政的不满。宋仁宗颁布密诏，指示主考官丁度：殿试时，陈博古、韩亿4子包括陈家门客范镇的试卷一律不予评阅。丁度能出以公心，反复进谏，说范镇确实有学问，早已名声在外，并不是攀附权贵、拉关系走后门的无能之辈。宋仁宗收回成命，仍指示必须降低范镇的名次。

按照惯例，凡省试考取第一名的，即使殿试成绩较差，在正式赐予进士及第时，也要提升到一甲。早年关育、欧阳修曾先后考取"省元"，考官唱念进士名单时，他们发觉前3名中没有自己，便挺身而出自陈。

三月十七日，宋仁宗在崇政殿亲自主持的殿试顺利结束，二十三日，举子们厮守寒窗为之苦苦奋斗十几年乃至数十载的赐第仪式，终于在一派肃穆气氛中举行。大名鼎鼎的范镇只得了个二甲第79名，头名状元却是素来默默无闻的扬州人吕溱。

吕溱，字济叔，扬州（今属江苏）人，查遍他的祖宗三代，确实是一个半点儿关系背景也没有的平民子弟。北宋的科举制度相当严密，不要说中状元，即使考个一般进士也不是件容易事。一代文豪苏洵曾大发"莫道登科易，老夫如登天"的感慨，考到七老八十依然是个"童生"者大有人在，四五十岁者中进士，人们并不觉得他年龄多大，所以，当时有"五十少进士"的说法。吕溱少年时的事迹已无从稽考，从中状元年仅

25岁看，他禀赋聪颖，治学勤奋。

吕溱先是到亳州(今属安徽)担任几年通判，后调回朝廷，当了集贤院长官兼修起居注。朝官日子没过几天，就因参与一次进奏院的宴会，被弹劾治罪，赶出了朝廷。

进奏院是一处向诸州传达朝廷文件，向朝廷投递诸州奏报的机构，最早由各州常驻京城的进奏官组成，类似今天各地的驻京办事处。各衙门举办宴会原本是极平常的事，吕溱即使不该赴进奏院的宴会，参加了喝顿酒也算不上什么了不起的罪过，居然因此免职，可见他当时的处境了。吕溱就这样到蕲州(今湖北蕲春)、楚州(今江苏淮安)、舒州(今安徽潜山)，各当了3年知州，又回到朝中，重操修起居注的旧职。

皇祐四年(1052)，盘踞广西的少数民族首领侬智高自称"仁惠皇帝"，率众连陷十余州郡，围攻广州五六十日，企图在中国南部建立一个割据政权。这时的宋朝内地，阶级矛盾相当尖锐，农民起义和士兵暴动此起彼伏，宋仁宗生怕侬智高事件引起连锁反应，诏令朝廷发往各地的邸报不得刊载这一消息。①吕溱反对说："一个地方出现警报，应当让各地知道，共同做好防备。向臣民封锁消息，这是何意？"

后来，吕溱晋升知制诰，出任杭州知州，3年期满，入朝升为翰林学士。这时，陈执中在朝中担任宰相已达8年之久，没取得什么政绩，被苏轼视为"俗吏"，60多岁的人了，仍贪恋富贵，想方设法保住自己的权位。朝臣王洙、宦官石全彬等人仗着给宋仁宗的爱妃张贵妃大办丧事而得宠，陈执中竟不

---

① 汉唐时地方长官在京师设邸，邸中传抄诏令奏章等，以报于诸藩，故称邸报。后世泛称朝廷发往地方的官报为邸报，是我国最早的一种报纸。

顾廉耻，低声下气地巴结他们，把王洙提拔为翰林学士，石全彬封为观察使，享受留后的俸禄。陈执中的卑劣行径激起朝臣们的强烈不满，御史中丞孙抃率领属官集体论奏，吕溱也上疏谴责陈执中是彻头彻尾的"奸邪"，言辞激烈。宋仁宗退还吕溱的奏疏，吕溱说："只凭口舌抨击别人，这是暗地中伤大臣的举动。既然我决意参劾奸人，就要把事情做在明处。请求陛下允许我把奏疏拿给陈执中看，好让他当面与我辩论。"

不久，陈执中被罢免，吕溱以侍读学士之职离开朝廷，出任徐州知州。侍读学士负责为皇帝进读书史，讲解经义，是皇帝的老师，一般由学术修养较高的翰林学士等官员担任。吕溱在离开朝廷之际升任此官，尽管当时宋仁宗并不想多么重用他，但仍表现得对这位状元出身的人高看一眼。临行之日，仁宗特地在资善堂赐宴，派人对吕溱说："这顿宴席是特意为你准备的，你可以开怀畅饮，一醉方休。"并且诏令凡是以经筵之职派往地方的官员一律赐宴资善堂。

据说，吕溱为人开朗敏捷，擅长议论，其言论很为当时名流所推许。邸报进谏、弹劾陈执中两件事，尤体现了他光明磊落、耿直进谏的风范。吕溱在日常生活中可以说是个典型的闷葫芦，接待宾客，有时自始至终说不上几句话，人们给他送了个绰号"七字舍人"。

对待政事吕溱竟然也具有颟顸苟且与果敢精干两种作风。徐州任满后，吕溱调为成德军知军。在这里，他豪侈放任，对行政事务爱理不理，得过且过，并且与河北都转运使李参闹得关系极僵，两人偶尔见上一面，也总是争得面红耳赤，不欢而散。吕溱返回朝廷任判流内铨之后，李参仍上疏弹劾，数罗了擅自借官麹造酒，私下派人到河东（今山西）地区做买卖，以及收受贿赂等一大套罪状。朝廷认为事体重大，着令大理寺立案审查。吕溱极力辩解，大理寺查来查去也没有发现受贿实据，但朝廷内外沸沸扬扬地传说吕溱犯下死罪了。宋仁宗出面保护，只把吕溱降职，派为和州知州，御史们觉着处罚太轻，交章参论，迫使宋仁宗收回成命，令吕溱分司南京（今商丘），当一个闲差去了。直到宋神宗即位，吕溱才恢复集贤院学士之职，并加封龙图阁直学士，调任知开封府。

"洛阳帝城多近臣"。开封是天子脚下首善之区，有头有脑的贵族权臣比比皆是，在这里当地方长官没有后台靠山是很难立足的，所以，向来知开封府，大都缩头缩脑，不敢稍有作为，像包拯那样称职者寥寥无几。吕溱或许对宋神宗感激涕零，很想有所报效，也或许想借此机会施展一番，改过自新，蔪雪贬官的耻辱，到任后，他兢兢业业，勤于职守，辨讼断案雷厉风行，严于执法，不避权贵，不长时间，就使开封的社会治安面貌发生明显变化，豪恶敛迹。然而，谁也想不到，此时的吕溱快要走到生命的尽头。

有一天，吕溱上殿向宋神宗奏事，开封府推官周约随从。奏事完毕，宋神宗忽然关心地问："卿近来身体可好？没生病吧？"吕溱丈二和尚摸不着头脑，说："臣没病呀。"过了一会儿，神宗又问："卿果真觉着没病吗？还是赶快请郎中瞧瞧吧。"吕溱笑了笑说："臣怎敢隐瞒陛下！"吕溱退到一边。宋神宗又叫住周约，问道："你看吕知府身体怎样？"周约说："臣整日与他共事，确实没见他有什么病态。"回府后，吕溱很是疑惑，特意洗了洗脸，照着镜子反复端详，问周约："你仔细看看我是不是真有些异样？"周约打量再三，肯定地说："阁下容颜红润，神态安详，的确是健康的模样，不知圣上为何一再询问，阁下尽可宽心。"

岂料没过几天，吕溱果然暴得急症。宋神宗一面派御医多方诊治，一面晋升他为枢密直学士，提举醴泉观。不久，吕溱与世长辞，享年55岁。

宋神宗对吕溱之死深表哀悼，特地下诏中书省："吕溱在朝廷中最为孤立，懂得事君之节，从来不结交权臣，当了十几年地方官，没有一个人出面荐举他。刚刚提拔到要害部门，他就溘然长逝，令人痛惋不已。他家向无积蓄，孩子又小，遭此大祸，必定难以度日，应当多给抚恤，由官府出资安葬，以励为臣之节。"追封吕溱为礼部侍郎，敕令他的内兄护送灵柩归葬家乡。

杨　寘

◎ 刘宝全

宋代官吏考选，大体上沿用唐代科举考试制度，但经过改革，愈加严密。庆历二年（1042），宋仁宗又想做些变革。端明殿学士李淑总结科举取士的历史，认为以诗赋第一场，论第二场，策第三场，贴经第四场，这种考试办法，每场都有人落选，士子能否考中，就看运气如何，显然不公平。他认为，应该按策、赋、贴经、墨义的次序，让参试者并试4场，经过综合测评，再行定夺，不能以一场得失而定去留。仁宗采纳这一建议，下诏实行。

殿试制度早在宋太祖开宝元年（973）就实行了。到仁宗庆历二年（1042）二月，知制诰富弼上疏论殿试有三短：一是殿试考官泛取而不择优劣；二是典试诗、赋、论三篇，不能人尽其才；三是考试时间短，无法研究好坏、名次。唐武则天始有殿试，这种办法不足取。若让礼部定出名次高下之后，由皇上宣布，就可以了。仁宗看了这份奏折，不加思考就同意了。这个举措却遭到翰林学士王尧臣，同修起居注梁适等人反对，认为殿试乃宋太祖所定，不可遽废。几天之后，仁宗下诏恢复殿试。

这年三月，仁宗亲御崇政殿，经过考试，赐进士杨寘等237人及第，122人出身，731人同出身。

这次高中状元的杨寘，字审贤，宋朝河肥（今安徽合肥）人。杨寘祖籍晋（今山西），唐朝末年黄巢农民起义军大举攻破潼关，进入关中，唐僖宗仓皇西逃入蜀，杨寘祖上跟随而去，安家于成都（今属四川）。直到北宋灭亡后蜀，祖父杨钧随后蜀后主孟昶投顺宋王朝。杨钧之子杨居简，即杨寘的父亲，任官于宋真宗朝廷，官至尚书都官员外郎。后来，杨居简外官庐州（治今安徽合肥），杨家举家迁往河肥。

杨寘年幼时，其父不幸早逝，家境一落千丈。所幸的是，母亲十分贤德，颇有才气，一面苦苦支撑着日渐败落的家，一面亲自教杨寘和他的哥哥杨察读书识字，做着他们的启蒙老师。兄弟二人刻苦勤奋，没有辜负母亲的心血，年纪轻轻就才思敏捷，写得一手好文章。杨寘之母教子十分严厉，两个儿子稍有越轨和懈怠之处，就严加管教。杨察省试时获第二名，其母大怒，觉得受到奇耻大辱，多日不与杨察答话。杨察发愤攻读，终于在景祐元年（1034）考中进士，授官宿州通判。杨察为官，遇事明决，勤于吏职，颇得仁宗器重，深受同僚称赞。他写的公文更是雅致有体，备受青睐。

杨寘才学胜于其兄。他参加县试夺得第一名。庆历二年，杨寘赴京参加壬午科省试，夺得第一。殿试一举夺魁，成为北宋开国以来第 41 名状元。他是中国科举史上屈指可数的几个"三元"之一，即县试、省试、殿试皆第一。不幸的是，大魁不久，母亲便病死了，杨寘回家奔丧。母亲丧事办完后，过度的劳累和悲哀击倒了杨寘，从此一病不起，日渐羸弱，离开了人世。

杨寘少年俊才，高中状元，仁宗亲授官职，却没有能够上任，人们都为他难过和惋惜。仁宗降旨表示慰问，诏赐钱 5 万，米麦各 50 斛，绢 50 匹。

贾黯

◎ 葛培贤　朱玉婷

一、大魁天下

贾黯(1022—1065)，字直孺。据宋人王珪《华阳集》记，其先祖为西周康王时唐叔少子公明，公明受封于贾，便以贾为姓。到曹魏时，贾氏开始显贵，逐渐成为名门望族。其后，贾氏世代定居于真定府获鹿县(今属河北)。曾祖延隐辈，贾氏家族由真定迁徙到穰下(今河南邓县)。

贾延隐官至太子右监门率府副率；贾黯祖父昭逊，位至内殿崇班阁门祗候；其父贾汶，以著作佐郎致仕，赠少府监；其母陈氏，封为仁寿郡太君；继母史氏得封唐安郡太君。贾黯曾四娶妻室，其中马氏、任氏、周氏皆较早去世，最后娶薛氏。薛氏是北宋尚书郎、直龙图阁薛绅的女儿，知书达礼，受封延安郡君。贾黯有两个儿子，长子元素，早年夭亡，次子士彦，官至太常寺太祝；另有5个女儿，贾黯病逝时，都还年幼。

贾黯生母陈氏早年被其父所逐，贾汶另娶史氏。贾黯幼时聪明活泼，好学不倦。9岁时，便能作诗，出口成章，言辞不凡，时人深表惊奇，盛赞不绝。贾汶引以为荣，再三劝诫发奋攻读，日后必能功成名就。15岁时，贾黯便参加科场角逐。庆历六年(1046)进士科考试名列第一，年仅25岁。

贾黯中状元后，直接授官将作监丞，通判襄州(今湖北襄樊)。任职期满返回朝廷，召试学士院，拜秘书省著作佐郎，直集贤院；不久，迁左正言，判三司开拆司。从此，开始了长达20年的仕宦生涯。

二、备位谏官 多言人事

贾黯备位谏官，正当血气方刚之年，可谓少年得志；其幼时遭遇，又造就其耿介严肃的性格，爽直宽谅，是非分明，凡事以朝廷为重，敢于言事。仁宗统治时期，贾黯前后所上数十事，深得仁宗赵祯赏识。

仁宗在位期间，贾黯首论韩琦、富弼、范仲淹可大用，历史证实这一预见。在宋夏战争中，韩琦、范仲淹力主出战，积极防御，韩琦被任命陕西方面统帅，韩琦又举荐范仲淹。范仲淹奉命知延州，坚固清野，率兵攻打西夏，收复西北部分失地。庆历三年（1043），范仲淹上奏改革。韩琦不仅支持，也提出一些改革建议。虽然庆历新政昙花一现，却为后来的变法提供经验。韩琦、范仲淹被时人称做"韩范"。仁宗晚年，政荒民弊，韩琦重被起用，与富弼共掌枢府，号为贤相，又被时人称为"韩富"。

时有开封府张彦方狱案，案情不定，尚书郎杜枢受命复审。此案上连执政，下连权贵，牵扯方面诸多。杜枢秉公，依法裁定，结果得罪了执政。事后数月，杜枢便遭贬衡州（今湖南衡阳）。当时，朝中上下皆知杜枢枉屈，却无人敢言，只有贾黯上疏，说："杜枢无罪，被贬事冤，当为匡正，希望皇上明察颁旨。否则，贵幸近臣，偏听权臣之言，则将阴肆逸毁，害及善良臣僚，于国于民均为不利。"随后，谏官御史纷纷上言，谏论此事。贾黯趁机上疏："本朝谏官、御史已经被远疏，未曾预闻当朝时政。朝政所出，不免有的来自于传闻，与事实难符，一旦失言，诘难沮辱便随之而来。这种状况有悖于广开言路，集思广益。恳请皇上如唐太宗贞观年间任用王珪、魏征故事，每次执政奏请朝事，由谏官一人随入。"其时，谏官、御史纷纷进封论事，喧哗于廷上；宰相更担心言官屡有进封，于皇帝面前论争不止，便劝仁宗出诏，规定："凡是想要合班上殿的台谏官，必先禀白中书等候圣旨，由中书转奏，待许可后方可上殿。"此诏一出，贾黯又上言论争，说："朝中百官，独得与皇上论事者，首推谏官、御史；依皇上之诏，自此而后，谏官，御史不能随时晋见皇上议事，这实际上是把朝中言路堵塞，皇上也难以听到朝野上下的任何事情，不能明察秋毫。所以，恳请恢复旧制。虽然谏官、御史于廷上喧哗谏言，有碍体面，却正是他们耿直忠诚的表现，这于朝于国又有何伤呢？"贾黯所言均未允准。

皇祐四年（1052）四月，北宋羁縻广源州（属广南西路邕州管辖，治所在今越南高平省广渊）的壮族首领侬智高起兵反宋，攻占横山寨（今广西田东）；五月，攻陷邕州（今广西南宁），建政权大南国，自立为仁惠皇帝，改年号为"启历"。又自邕州沿江而下，攻破横（今横县）、浔（今桂平）等9州，所向皆捷，进而围攻广州，57日不下，又北上准备进攻荆湖，因受挫于全州而复返广西。声势浩大，危及宋朝西南地区统治。当时北宋统治者腐败，民不聊生，流民盈道，哀鸿遍野；仁宗心焦于皇位继承人，广选美女，设赤帝像于宫中，日祈夜祷，以求皇嗣。宋廷匆忙诏令知桂州（今桂林市）余靖，广南东、西路安抚经略使杨畋，均可便宜行事，以平息叛乱。对此，贾黯不以为然，上疏指出："两人同临事，步调难以协调一致，下属人员则无所适从。况且，余靖节制西路，若东路出了乱子，余靖便无法指挥和调动军队，不如暂时由余靖节制东西两路，以便于行事。"朝廷采纳贾黯的建议，于次年诏令枢密副使狄青率禁军南下平叛，在昆仑关归仁辅大败侬智高。侬智高退走云南大理，不知所终。

皇祐四年（1052），贾黯受诏同修起居注，迁判盐铁勾院，寻迁左司谏。其间屡次上言，建议恢复隋唐以降的义仓制。由于各路反映不一，各持己见，尽管贾黯反复辩析，但最终未能推行。

宋太宗以后诸帝，对宋初矫枉过正的东西奉为成法，这种时代政治特点，在贾黯身上表现甚是鲜明。

当时，北宋著名大将狄青被任命为枢密副使，贾黯以为此命有悖于先帝"兴文教，抑武事"成规，连连上疏，声称："大宋王朝开创初期，武臣宿将平定列国，扶建大业，有功勋者不可胜数，但从未有以行伍而列高位，参予决策的。"宝元初年，宋夏关系紧张，行伍出身的狄青守边4年，为先锋出征，参战25次，勇不可挡，屡立战功，被韩琦、范仲淹（时为经略使）所擢用，由士兵升为大将。仁宗升任他为马前副都指挥使，并劝他用药除去士兵脸上刺的符号（称面涅），他不肯，说留着可以激励士气。后升迁枢密副使，率兵南下镇压了侬智高变乱。皇祐五年（1053），升为枢密使同平章事。贾黯之论，多是因循守旧之语。狄青却因此屡遭排挤，不久便出判陈州而死。

贾黯同修起居注期间，发现仁宗视事退朝之后，到迩英阁召侍臣讲读，咨访治国之道，起居注史官却不能参与。按宋初定制，迩英阁和延义阁讲读官与皇帝论道，自己留有记录，所以，史官多不预闻。贾黯认为此制不利于朝政，便上奏指出："君臣访对，内容多有关国本政体，而史官不能参与记录，则为一大缺陷。"仁宗采纳。此后，修起居注的史官便得以预闻迩英阁、延义阁的君臣访对，并且成为定制，行至宋末。

皇祐年间（1049—1054），贾黯历迁三司判官，赐绯服，同修起居注。曾奉命出使契丹，还朝后，迁右司谏。至和元年（1054）八月，以本官知制诰，赐金紫权判吏部流内铨。当时，宋朝立国近百年，机构臃肿，各级官员大多尸位素餐，铨衡不过形同虚文，早已名不副实。贾黯欲救其弊，力图振兴。

益州（今四川成都）推官桑泽在蜀3年，很有些政绩，其父在乡里已故3年，桑泽却不知。桑泽任官期满回朝，举荐的人很多。宋代任官制度，凡符合升迁条件的官员，均可投书自荐。桑泽自觉够格，便也投书，参加选拔考试。朝廷里许多人知道桑泽为官期间丧父，因而没有人肯做保，证明桑泽符合条件。桑泽感到奇怪，后来闻知内情，即刻回乡为父发丧。事后回朝，请求磨勘(即升迁)。贾黯以为，3年不与其父通函致安，显然没有父子亲情，尽管桑泽不是故意隐瞒，但难道称得上孝吗？贾黯上疏朝廷，被采纳，最终使桑泽坐废田里。

又有晋州(今山西临汾)推官李亢，早年曾以钱得官，任职期间，曾因小事违制，便主动引咎辞职。后来，李亢隐匿这段历史，参加科举考试，不仅榜上有名，而且很快授职任官。10年后，李亢理当磨勘升迁。引对中，他主动说出曾以钱得官任职，贾黯则援引宋朝律例，认为这是罔冒，即刻上奏朝廷，最终取消李亢的劳考。

雍丘(今河南杞县)主簿陈琪，是庞丞相的女婿，为官期间3次升调，均未经过铨衡。从陈琪的政绩看，未尝比其他人突出，举荐者却多达24人。贾黯认为，朝中官员承望于其岳丈的权势，这是十分恶劣的作风，于是，上疏劾奏，只是陈琪在磨勘时引对得体，才得以循资升迁。

宋初，吏部、审官院对京朝官每3年考核一次，即所谓磨勘。磨勘时，先由够年限的文武京朝官自己提出要求，申请磨勘转官。只要任期内无甚过失，引对时不失大体，一般照例均可升迁。因此，磨勘制度有很大弊端，造就了大批冗官冗员。磨勘之时，由朝廷颁诏当迁京朝官，由吏部、审官院负责考核，或由显贵举荐；而被提名的官员为表示身价，往往推辞。贾黯认为，这种考核转迁官吏的办法弊多利少，让当磨勘者自己提出升迁，只会使官员追求虚荣，乃至恬不知耻，不求进取，而应旗帜鲜明地表彰少数政绩卓然的官员并擢升。一些官员所以推辞磨勘，实际上是阳取恬退之誉，阴图进擢之望。现在，审官院考核官员，不须官员自陈政绩，何况考课之法，不仅核察为官时间，更主要的是考察政绩，显者升迁，无政绩者当黜，即使任职年限再长，为官平庸没有政绩，也不能升迁。

朝廷采纳贾黯的建议，对磨勘之法进行变通，收到一定的成效。

嘉祐元年（1056），贾黯以其父年事已高，且有疾在身，请求就近任职地方，得到朝廷允准，先是出职知陈州（今河南淮阳），未待赴任，便改知许州（今河南许昌）。十月，加朝散大夫，封为长东县开国男，食邑300户。次年（1057），迁兵部员外郎，徙知襄州（今湖北襄樊）。当时，老父留居邓州（今河南邓县），病情日见加重。贾黯上疏请求改换地方任职，或者解职归养，但未得回准，遂弃官而去。御史吴中复等纷纷上书弹劾，贾黯遂被降徙知郢州（今湖北钟祥）。未及出行，其父过世。贾黯精心料理后事，深得乡人称誉。服满后，还为兵部员外郎，知制诰。仁宗下诏，称赞贾黯闻父之疾，委政归养，孝也；上章自劾，不肯苟免，忠也。贾黯仍以前事，不敢入朝。仁宗又下诏，召差勾当三班院。次年（1058），召入翰林学士，判昭文馆。嘉祐五年（1060），贬为吏部郎中，翰林侍读学士，出知邓州。未及出行赴任，朝中台谏官纷纷上疏，称誉贾黯忠孝，当留职于朝。于是，改为翰林学士，知审官院。

三、请议不辍　病卒京师

嘉祐七年（1062）三月，贾黯迁左司郎中，知开封府。九月，加轻车都尉，进封开国伯公。

在仁宗、英宗两朝，贾黯以刚正著称，所到之处，人人自危，惧怕三分。出知开封府期间，属官拜谒言事，皆倾心尽意，言语谨慎。

是时，两军狱中囚犯每年瘐死者甚众，原因在于吏卒玩忽职守，不尽职尽责。于是，贾黯上疏："狱囚致死，主要原因是府吏不负责任，不按时巡视，以至狱囚饥渴过度，生病而死。因此，应按照每年狱囚死亡数量来惩罚府吏，以示惩儆。"

开封府原有旧吏700余人，其中许多人因罪去职，但又叙官外补。贾黯认为这样做不足以惩罪奖勤，便详列个中利弊数条上奏，指出：凡以罪去职而又复叙，必须待缺职时，根据情况稍补数员。于是，待复者大失所望，便互相串通，编造谎言陷害贾黯，御史亦弹劾不止。御史中丞王畴及其下属陈经、吕诲、傅尧俞，谏官司马光、龚鼎巨、王陶等，皆弹劾贾黯刚愎自任。尽管仁宗皇帝曾为此咨询执政，执政明确表示贾黯没有私情，但仍被罢职，降贾黯为同提举在京诸司库务。

嘉祐八年（1063）四月，新天子英宗赵曙即位，贾黯受诏迁中书舍人，并参与编撰《仁宗实录》，权知审官院，为群牧使。

治平二年（1065），迁给事中，权御史中丞，充理检使。尽管几番沉浮，但仍耿介。权御史中丞不久，朝廷任命吕诲知杂事。吕诲曾随王畴上弹贾黯，因而心存介蒂，有意引避。贾黯闻知，上疏朝廷，明确表示：臣之所以荐举吕诲为御史，是知吕诲为人方正谨厚，并有声望，贾黯决无嫌怨，愿始终与吕诲共事。于是，吕诲打消顾虑就职。

英宗即位之初，曾纳听下言。贾黯数次上言，每次晋见，从容阔论天下之事。王广渊、周孟阳曾是英宗太子府旧属，英宗数次召对王、周，贾黯却不以为然，上疏说："满朝文武官员，不乏俊秀，却无人被召应对。皇上惟独亲近一二旧属，并非明智之举，实际上是示天下以不广。臣恳请遵从太宗旧制，召集侍从馆阁之臣，以备顾问，共商大策。"英宗从容而言：

"朕亦想用人，只是未识其可用之人。"贾黯答道："自古治世，皆选举当代贤人以任当世之事，而非借贤才于异朝他代。难道当今天下缺少贤人吗？只是皇上如何使用的问题。"退朝后，又上疏，陈述用人之法。

治平元年(1064)五月，韩琦提出尊礼英宗的生身父母问题。英宗之父赵允让，是太宗四子，商王元份子。先授官汝州防御使，累迁宁江军节度使，自景祐初任大宗正司，大宗正事，长达20余年。庆历年间，封汝南郡王，死后追封为濮王。次年(1065)四月，英宗即令礼官及大臣合议崇奉典礼。对这个敏感问题，朝中臣僚相顾不敢先言，只有司马光敢陈己见，认为为人后者为之子，不得复顾私亲，尊无二上，主张尊濮王允让及其夫人高官大国，却未明确提出应尊何高官大国。于是，英宗诏令复议此事。翰林学士王珪等人提出："濮王于仁宗为兄，于皇帝宜称皇伯而不名。"贾黯也力主称皇伯。有人提出应尊濮王为皇伯考。英宗又诏令三省和御史台奏议。当时，台谏官多主司马光、王珪之论，宰辅韩琦、欧阳修却坚决反对，一时众论纷纭，英宗也没主张。这时，曹太后出手诏，责怪韩琦等人。英宗担心事情闹大，便匆忙下诏说："闻集议不一，宜权罢议，当今有司博求典故以闻。"

事隔不久，判太常寺范镇具列《仪礼》及汉儒议论，提出："凡称帝，称皇，称皇考，立寝庙，论昭穆，皆非是。"韩琦闻知，召责范镇，但范镇拒不认错。当时正抱病的御史中丞贾黯及侍御史知杂事吕诲等台谏官纷纷上疏，主张早从王珪所议。结果，韩琦愠怒，欲杜塞言路，便暗奏英宗，罢同知谏院蔡抗谏职，贬贾黯以翰林学士知陈州(今河南淮阳)。贾黯被罢，未及出任，便于十月十二日病卒于京师，享年44岁，赠礼部侍郎。

治平三年(1066)正月，归葬于邓州穰县冠军里，立碑于墓，由太原王珪为之序，成都范镇为之铭。其铭曰："世言直孺举进士第一，不十余年践两禁，为得志；而不知直孺之事，两朝开陈补益如此。呜呼，使天假之年，尽其所蕴，则其泽于天下，可胜既耶！"

冯 京

一、风流倜傥

冯京，字当世，鄂州江夏（今湖北武昌）人。冯京小时候聪明过人，过目不忘，被称为"神童"。少年时喜欢喝酒游乐，常常纵饮不羁。据传，冯京有一天晚上醉卧郊外一条小溪旁。有个打鱼人收了网，躺在船中睡觉，忽然听到有人喝斥："冯侍中在这里，你竟敢如此放肆，还不快避开！"打鱼人惊醒,才知道是梦,借着月光来到岸上,却见一个人睡在乱草中,一问,马上跪拜说:"先生今后显贵了,可千万别忘了小人!"冯京不知怎么回事。渔人便把刚才梦见的情景讲给他听,并邀请他到船中歇息,以避风寒。冯京一觉睡到天亮,又坐渔人的小船回到城中。后来,冯京做了大官,到处查访渔人踪迹,却再也打听不到了。

冯京当年颇有豪侠之气,名士之风。交游广泛,三教九流,无所不包,特别和那些官家子弟来往频繁。一天,因为饮酒取乐,狂饮豪歌,吵烦了四邻,被夜巡的卫兵抓了去。鄂州太守王素立即下令放了他。后来冯京入朝做官,二人成了同僚。一次,冯京出使关内,王素正率兵镇守渭滨,两人以诗酒相聚,相知之情甚笃。冯京作诗赠给王素,有"吞炭难忘当日事,积薪深愧后来恩"的句子。传说当年冯京因为生活局促,为人有些贪利,又因为外表堂堂,风度颇佳,有人送他外号叫"金毛鼠"。

那时,冯京尚未及第。一次,他客居余杭县(今浙江临安旧余杭),因为没法还债,坐立不安,就在一所寺院的墙壁上题了一首诗。余杭县有一胥魁看了这首诗,马上报告余杭县令,说:"冯秀才虽然穷困潦倒,但看他留在寓所墙上的诗句,将来说不定能当大官。"诗中这样写着:

韩信栖迟项羽穷,手提长剑喝西风。
可怜四海苍生眼,不识男儿未济中。

仁宗庆历年间,冯京以鄂州第一的成绩被选送京城,参加殿试。至大江,风大浪高,波涛汹涌,差点儿把小船掀翻。第二年春天,他廷试第一,回鄂州重过大江,却见风平浪静,寂若无声，小船在微波荡漾中飘飘欲仙。冯京突发感慨，在江亭上题诗道：

江神也世情，为我风色好。

二、宰相之婿

冯京中状元时，还没有婚配。宋仁宗的岳丈张尧佐正受皇上恩遇，炙手可热。他一心想再找一个出色的女婿。见冯京连中三元，天资过人，体貌英俊，又受皇上喜爱，就想把另一个女儿嫁给他。殿试唱名后，他怕冯京被别人抢先拉走，就拥着他来到自己家中，亲自给他束上金带，说："这是皇上的旨意。"果然，说话之间宫中便赐来酒菜。张皇后随后给妹妹送来一套价值连城的妆奁。张尧佐要冯京亲自观看，冯京只是笑着不看。看张非要他承认这门亲事不可，就赶快婉言谢绝。后来，冯京娶了宰相富弼的女儿。

富弼是宏词科出身，和状元蔡齐、进士出身的宰相李沆同是著名文人宰相晏殊的女婿。据说，当年晏殊择婿也有一段佳话。晏殊对范希文说："我有个女儿到了出嫁年龄，希望你给我推荐个出色的女婿。"范说："国子监里有两个举人，一个是富弼，一个是张为善，都有文有德，今后必为辅佐大臣，两人都可以选做贤婿。"晏殊又问哪一个更好。范说："富弼为人稳健持重，张为善为文才智过人。"晏殊就选富弼当了女婿。富弼果然以他的老成持重几次当政，辅佐几代君主，是宋代德高望重的知名宰相之一。

以后，冯京先是做了监丞，通判荆南府（今湖北江陵）。后来回到京都，直集贤院、判吏部南曹，同修起居注。吴充因为议论温成皇后追册的事被贬知高邮。冯京上疏说吴充的议论是有道理的，不该遭到贬斥。刘沆请求皇上一块儿追究冯京的责任。仁宗说："冯京有什么罪？"只解除了他记注的职务，但很快就复其职。仁宗想让他做知制诰，冯京以丈人富弼当政，怕人说任人惟亲为理由婉言谢绝，只答应做龙图待制、知扬州府，后又改知江宁府（今江苏南京）。

后来，冯京以翰林侍读学士身份被召回京，纠察在京刑狱，后又升为翰林学士、知开封府。在这期间，他经常数月不到丞相府去。韩琦就对富弼说："冯京这小子太倨傲无礼了。就算您是宰相，常人不宜接近，可您还是他的泰山哪，他总不能不讲孝悌吧。"冯京解释说："公为宰相，下属不敢轻易造访，是怕打扰。这是敬重大人，不是鄙人自傲。"

不久，冯京离京做陕西路安抚使，后升为端明殿学士、知太原（今山西太原）府。

三、与王安石有隙

神宗继位后，冯京仍做翰林学士，后改为御史中丞。这时，王安石当政，试行新法。冯京多次上疏论改革旧政，实施新政的害处，加起来有数万字。王安石指斥这些议论是异端邪说，请求皇上免他的职。神宗认为冯京可用，反而提拔他为枢密副使。

河东路的麟（今陕西神木东北）、府（今陕西府谷）、丰（今陕西府谷北）三州，一直是官兵各自为营，不但经济上不去，而且屡战屡败。冯京以身为枢密副使，统兵不利为由上书请罪："在这种情况下，我一定追究各路领兵的渎职责任。他们有的已经调离原职，自以为可以逃避惩罚，他们以后也许能侥幸窃取更大的名利，但我对他们这一段的失职行为加以追究。倘若有人隐瞒罪责，我一定加以重责，甚至绳之以法。这样，以后谁也不敢玩乎职守了。"他的意见虽然没有听从，但还是晋升为参知政事。

熙宁中年，王安石当了宰相，成都准备设立市易务。冯京举出"王小波之乱"因榷买货物而起的事例来反对市易。神宗有些动摇。熙宁六年（1073）八月，天下大旱，神宗很是忧虑，终日嗟叹。保守派纷纷归咎于新法，惹得神宗心动，想罢除新法。王安石上奏道："水旱是天下的常事，就是尧舜禹汤时也不能避免。陛下就位以来，连年丰收。今年才几个月不下雨，有什么大害？"神宗皱着眉说："我恐怕老百姓怨声载道。现在近臣和后宫皇后们都说新法是弊政，看来不如暂且停止实行吧。"冯京应声说："臣下也听说百姓有怨言。"王安石插言道："那些对皇上有怨言的人都是因为觉得自己大材小用，嫌给他们的官小才发怨言，议论新法。别人都没听到过这些议论，惟有冯京听到过，可见他和这些人关系密切。不然，为什么他能听到呢？"神宗听到这里，也不说话，起身进入内室。王安石和冯京怒目而视，各怀怨恨。

不久，光州（今河南潢川）司法参军郑侠急奏，说去年大闹蝗灾，秋冬大旱，今年春天又不下雨，都是大臣（指王安石）辅佐不当，违备古圣先贤治国之道，有违天意造成的。并随奏疏附上流民图数幅。神宗一看，只见流民形状惨不忍睹，卖儿鬻女，流离失所，不禁长夜不眠。于是决心停止新法，王安石也被罢相。王安石临行推荐吕惠卿做参知政事。郑侠又上疏说吕惠卿"朋党奸邪"，请求罢了他的官，并用冯京为宰相。神宗大怒，免去郑侠的官职。吕又说冯京是郑侠的幕后操纵者，欺君罔上。于是，冯京被免去参知政事职务，出知亳州(今属安徽)。不久，以资政殿学士身份出知渭州(今甘肃平凉)。

茂州(今四川茂汶)地方发生夷族叛乱，冯京改知成都府(今四川成都)。蕃部将领何丹领兵攻占鸡宗关，听到冯京率部前来，忙举手请降。这时候有人建议朝廷扫荡何丹的老巢，以绝后患。冯京上奏说，为了避免他们再度为寇，烧杀抢掠，宜不再追究以往行为，而应该发农具，给粮饷，使他们归附大宋。夷人感激涕零，争相拿出鸡羊割血盟誓，愿世世代代做宋的臣民。

后来，吕惠卿和王安石有了磨擦，拿出王安石以前写给他的密信给皇上看，其中有"勿令齐年知"字样。"齐年"即冯京，冯京和王安石同年生。神宗读到这里，才知道冯京是无辜的，感叹他忍辱负重，没有异心，于是召为枢密使。冯京称病，不去上任。神宗半夜呼唤身边的人说："刚才梦见冯京入朝，我很感欢欣。"于是，赐诏书给冯京，里面有"渴想仪形，不忘梦寐"的话，即渴想爱卿的仪容，梦寐以求。等冯京上任时见了面，神宗首先把梦里的情景告诉他。不久，神宗想出兵征服西夏，冯京对此事持保留态度，上疏请求免去枢密使职务。神宗允准，冯即以观文殿学士身份出知河阳(今河南孟县)。

四、"国之老成，可以倚信"

哲宗即位后，拜冯京为保宁军节度使，知大名府(今北京），后又改镇彰德。司马光极力举荐冯京，说他是"国之老成，可以倚信"。范祖禹说："冯京几次做参知政事，先是和王安石不合，后来又被吕惠卿排挤。那种中立不倚的节操，是先朝皇帝极力称赞的。而且，昭陵学士中只有冯京一个人还在世，要是能让他主持枢密院事务，一定不会辜负陛下的重托。"哲宗听了这话，准备采纳。当时冯京自觉年纪已老，便以精力不济为由推辞。于是，改任中太一宫使兼侍讲。后来又改为宣徽南院使，拜太子少师。绍圣元年（1094）病故，年74岁。哲宗亲自临奠哀悼，追认他为司徒，谥号"文简"。

五、"有貌大臣"

科场的进士作文，有时多做笑谈。英宗治平年间，国子监试策，老师问什么样子才算是有体有貌的大臣。有学生对策说："比如文彦博、富弼，都是有体的大臣；冯当世、沈文通都是有貌的大臣。"可能因为文、富高大丰硕，而冯、沈俊逸洒脱。从这以后，刘厚甫见了冯京便戏称"有貌大臣"。

冯京有一次患了伤寒病，已经昏死过去，家里人大哭。过了好长时间，他却又苏醒过来，并说："刚才我到五台山去了，看见以前做和尚时屋里的东西都还在。高僧却说我俗缘未尽，又派我回来了。"病好以后，他写文章记下这件事，并且嘱咐儿子不必写在墓志铭上。

史学家评论：进士中从乡试到廷试都能得第一的才3个人。王曾、宋庠是名宰相，冯京是名参政。3人风节相映，都无愧于当年科场之名啊!

冯京著有文集《灊山集》,未能留传于世。

郑 獬

◎ 许春英

一、刷不掉的考生

郑獬，字毅夫，安州安陆（今湖北安陆）人。

郑獬少负俊才，写诗作文辞采丰富，风格豪放，而且才思敏捷，当时人望尘莫及。在国子监读书的时候已经很有名气了，他自己也有鹤立鸡群的感觉。仁宗皇祐四年（1052），国子监发送优秀生参加会试，把他排在第五，平时远在他下面的学生却排名在他前面。郑獬感到非常愤懑，就在例行给主司大人（主考官）的谢启中发牢骚说："李广事业，自谓无双；杜牧文章，止得第五。""骐骥已老，甘驽马以先亡，巨鳌不灵，因顽石在上。"意思是说自己的事业正像汉代的飞将军李广那样天下无双，自己的遭遇却像唐代文学家杜牧一样受人冷落。虽然有《阿房宫赋》那样的绝妙文章，也只能够排名第五。自己像骐骥、巨鳌，有些考生像驽马一样，却能遥遥领先。这都是因为主司是"顽石"，不辨黑白，一味压制人才的结果。主司看了这篇傲气凌人的谢启大为恼怒，决心一有机会一定狠狠整治这个桀骜不驯的家伙。后来郑獬参加殿试，这位主司又被任命为主考官。他一心想使郑獬落选，以报其不逊。自以为熟悉郑獬的文风，认得他的字迹，阅卷时遇到几份类似郑獬文笔的卷子，都判为"不通"，黜落不用，又挑了一份和郑獬文风不同的卷子列为榜首。这位主考官认定郑獬的卷子被淘汰了，谁知偏偏把郑獬送上榜首。殿试结束，一经拆封唱名，郑獬为第一甲第一名。

据说，廷试那天，曾明仲是巡察官。他正来回巡视，见一名考生不假思索奋笔疾书，试卷铺开，也不怕别人偷看，一边洋洋自得，吟哦有声。曾明仲探头看过去，见破题的两句话是："大礼必简，圜丘自然。"禁不住低声对这个考生说："单起一行，单起一行。"考生因为沉湎其中精力专注而大吃一惊，抬头一看才知是巡察官。低头读自己的卷子，恍然明白他的意思，于是另起"大礼"、"圜丘"两句，自觉破题更有精神。到唱名时，果然列为第一，曾明仲才知这个考生就是郑獬。

郑獬是郎官郑纾的儿子。郑獬早已以诗文闻名于时，却多次在省试、殿试中失败。当时已30多岁了，很感忧虑。郑纾那年做狄青的部下，正在和侬智高打仗，郑獬到京城参加殿试。两人把家眷留在雍丘（今河南杞县）的一条船中。一天，家人正忧心忡忡，既担心郑纾的生命安危，又担心郑獬仍被黜落，一家人坐在船头默然相对。忽然听见船尾正做早饭的锅发出鸣笛一样的声音，声震两岸。全家人正手忙脚乱不知所措，忽听岸上有人寻找郑郎中的船。原来，南方打了胜仗，郑纾差人报捷。来人说侬智高军已被打败，全军覆没。郑纾马上邀功请赏，调职升迁了。这里话音还没落，又有从京城来报榜的人飞马而至，说昨天殿试唱名，二秀才中了头名状元。两件事闹得全家惊喜万分，忙着发赏银给报信的人，又要应酬络绎不绝的庆贺者，直到深夜，才得以歇息。大家想起锅鸣，感叹那恐怕是报喜的吉音。

二、才思敏捷

有个叫西方琥的人，和郑獬同榜登进士第。他对郑獬说："考中的人里面年龄数我最小，能不能照顾一下，把我报成第三'探花郎'呢？"郑獬答：已经有两名探花郎了。西方琥又说："探花郎的名额没有定数，加上一个又何妨呢？"旁边一个差役说："加上的话，你得出铺地钱20缗。"西方琥答应出钱。于是，把他定成第三甲。事成之后，他却再也不提出钱的事了。郑獬责备他，他说愿意受罚。先罚做诗。他对郑獬说："晚辈才疏学浅，对做诗没有研究，希望状元先做一首为我做个示范。"话音刚落，郑獬脱口而成《代探花郎》一首：

嫩绿轻红相向开，一番起码探春回。

青衫不怕露痕湿，直入乱花深处来。

几天后再看见郑獬，西方琥又说："一听您做的诗，格调那样清新，小子很愧不如，一时不敢下笔了，明天再献上拙作。状元是否再指点一下敝人。"郑獬听了，又脱口而出：

朝来已与碧桃约，留住春风不放归。

郑獬不只以思维敏捷、做诗迅速闻名。其为文还有丰富多彩、风格各异的特点，可以说写什么像什么，为当时许多人称赞。

三、力主求谏

仁宗时，郑獬通判陈州(今河南淮阳)，后又入直集贤院，做知制诰，为皇帝起草各类诏书。嘉祐八年(1063)，出知荆南(今湖北江陵)。

英宗继位后，治永昭山陵，大兴土木，用的是真宗乾兴年间的制度，规模宏大。郑獬上疏说："现在国库空乏。不用说别的，只军队所发粮饷，就得靠从老百姓手中聚敛。现在连比较富庶的人都有了怨言，更不用说那些穷苦人家了，全京城的人都在议论这事。要是再劳民伤财，那百姓的呼声不是更大了吗？先帝节俭爱民，天性纯朴，在自己的事上，从来没有过大的用度。凡吃穿用具，都是能省则省，极其简陋，这是天下百姓人人尽知的。现在的山陵制度，打算效仿乾兴时候的规模，岂不是有悖于先帝简朴的传统，反有损于他的名节么？"又说："陛下初登皇位，谦恭缄默。虽然对大臣的建议积极采纳，但和陛下共商大业的人，平时也就是那七八个大臣而已。这哪能囊括天下治国安邦的良策呢？希望陛下能诏示天下，让天下贤士都畅所欲言，出谋划策。凡是有可采录的，就召那人进宫和他详谈。大臣官吏上朝进见时，陛下也虚心求教，问他们国家兴衰、政权成败的方策。如果陛下能做到这些，一定会有益于国家统治。"英宗诏示天下，让各州县推荐明达之士晋见，亲自和他们讨论国家大事，并授给官职。许多州县欺上罔下，随意举荐亲信，朝廷又宣布这种做法暂时停止。

郑獬不服，进言说："古时候荐士，认为10个人里面能挑出5个优秀者，能得一半的人才就很好了。现在，我们在10个之中总能挑出5个以上优秀者。这么快就因为社会舆论偏废这种政策，不是一种明智的做法，希望尽快恢复，使天下豪俊之士不再有'英雄无用武之地'的慨叹。这样，有用之材才不致埋没遗漏。"未及实行，郑獬被派出知荆南。

治平年间，京城下大雨，宫廷内外淹没，官家府第和百姓人家房屋毁坏不计其数，许多人被淹死。英宗火急下发诏书，请大家直言进策。谏官遵旨直陈，仍然是一些"要听贤言勿听佞语"、"要用贤臣不用奸人"一类的隔靴搔痒的话，好像"虎狼屯于阶陛，尚谈因果"。郑獬又上疏说："陛下求贤若渴，纳谏取士的话重又提起，这很好。却不想求忠言的目的是为了实施。考证前代君王的故事，因为国家危亡，突发急难等求谏的人也不少，但屈指一数，能把那些谏言用于行动的，却不多见。现在奏疏像雪片一样飞过来，陛下亲自翻看，这固然很好。只陛下一人，日理万机也处理不完啊。平时中书省、枢密院的官员面对许多实际问题束手无策。这样下去，谏言仍是谏言，并不能救国家于危难之中，不也和前代君王崇尚空谈，虚有纳谏之名一样吗？不如选拔一些官吏专门处理上疏事务。了解其内容，归并其意义，和两府近臣仔细推敲，分门别类，理出个上下。那些可以用的马上采纳，付之以行动；不行的便搁置在一边；有疑问的则再到下面去征询意见，然后决定取舍。这样，群臣心中有了数，陛下也有了主张，一起制定出方针和具体对策来。问题解决了，危难排除了，百废俱兴，皆大欢喜。且说天下人能够进谏就够难的了，一般的君主们虽然口称纳谏，把声势造得很大，却往往忽略实施。这次愿陛下采纳这些谏言之后，整理成册，载入史书。上面写上哪年哪月发大水，皇上下诏求言，用了某人的建议做了什么事，取得了哪些成效。这样一来，不就远远超过那些虚有纳谏之名的君主了吗？得之不易的谏言也就不至于成为挂在墙上欣赏的一纸空文了。"

神宗继位，一天，召郑獬夜入内廷，命他起草吴奎出知青州（今属山东）和张方平、赵抃任参知政事的诏书，赐一对蜡烛，亲自送他回舍人院。当时夜深人静，无人知晓，郑獬和神宗倍感君臣知遇之情。不久，他升任翰林学士。

朝廷中许多人建议收复横山。郑獬说这样做必然会引起兵祸。不久，种谔诈取绥州。郑獬说："我曾见到皇上手谕，一再强调守边大臣不要轻举妄动，以免引起战乱。如今要是对种谔这种诡变奸诈之人宽容姑息，对他不讲信义、用不光彩手段夺取敌城的行为加以默许，这岂是帝王的雄才大略？种谔擅自兴兵攻城，是犯了死罪的，该杀！"郑獬时常这样极言进谏，议论朝臣，得罪了不少人。

四、举贤让能

郑獬为人清高,却能举贤让能。他做翰林学士后,不几个月,王左揆相继而入。按常规,先进入翰林的人排名在上。郑獬却奏请道:"我的德才识见及治国谋略都在王某之下。现在把我排在他前面,臣下惶惶然心有所愧,请把我列在他的名下。"神宗对左揆说了,左揆力辞说:"哪能因为郑公谦让就改了祖宗法度呢?"又过了些天,郑獬仍坚决奏请,并托辞不去上朝。皇上破例准奏:"王某班列郑某之上,以后下不为例。"后来,王左揆给郑獬的父亲郑纾写墓志铭,用语优厚,极其推重。挽辞中有"欲知阴德事,看取玉堂人"的话。意思是说其人德能如何,只要看他在翰院中儿子的所作所为,就可想而知了。

五、消极退隐

王安石一向对滕甫、郑獬没有好感,把他俩说成是"滕屠"、"郑酤"。两个人一向不把这话放在心上。郑獬一天送客人到郊外,路过朱亥的墓,遂做诗:

高论唐虞儒者事,卖交负国岂胜言。
冯君莫笑金椎陋,却是屠酤解报恩。

这首诗名为自嘲,实为自许。王安石听了不满,但又不好发作。一天，王安石看见郑獬的《梦仙诗》里有"授我碧涧书，奇篆蟠丹砂。读之不可识，翻身凌紫霞"的句子，大笑说："这人不识字，不自量力。"郑獬说："我这是引用李白的话。"王安石又笑说："不打自招，你这人学问更减一等。"

郑獬知开封府，管辖区里有个叫喻兴的人和他的妻子合谋杀了一妇人。郑獬不肯用新法问罪，更被王安石厌恶。后来，郑獬做了翰林侍读学士，知杭州(今属浙江)。不久，又迁知青州(今属山东)。当时，青苗法正实行，郑獬说："光看见实行青苗法的害处，没看见过好处。我不忍心让老百姓这样没有罪而陷到法网中。"于是托辞有病，辞官回乡。神宗熙宁五年(1072)，逝于安州，时年51岁。因为家贫子弱，无力安葬，棺材放在破庙里10多年。滕甫后来知安州，出钱解救，得以安葬。

六、诗风疏朗

郑獬做官正直，体恤下情，这从他的诗中也可以看出来。如《道旁稚子》：

  稚儿怕寒床下啼，两肝赤立仍苦饥。
  天之生汝岂为累，使汝不如凫鹥肥。
  官家桑柘连四海，岂无寸缕为汝衣？
  羡尔百鸟有毛羽，冰雪满山犹解飞！

又如《采凫茨》：

朝携一筐出，暮携一筐归。
十指欲流血，且急眼前饥。
官仓岂无粟？粒粒藏珠玑。
一粒不出仓，仓中群鼠肥。

郑獬做诗不只思维敏捷，落笔流畅，而且诗风清新质朴，简练明快，不做作，少用典，淡妆饰。如《好事近》词一首：

把酒对江梅，花小未禁风力。
何计不教零落，为青春留得。
故人莫问在天涯，尊前苦相忆。
好把素香收取，寄江南消息。

章 衡

◎ 陶 雪

章衡,字子平,浦城(今福建浦城)人,生长在南浦溪上游山区。他自幼刻苦好学,甚为勤奋,历经乡试、会试,于宋仁宗嘉祐二年(1057)高中状元。此时正值北宋盛世。

一、十年馆阁 方得升职

宋代吸取唐代藩镇权力过大,以至于不听命于中央的教训,在各州、府设通判,即与知州、知府共同治理政务的官职,地位仅次于州、府长官,握有连署州府公事和监察官吏的实权,号称"监州"。章衡高中状元后,按例要先到地方任职,被任命为湖州(今浙江吴兴)通判。湖州地处长江三角洲,是鱼米之乡,十分富庶。任职期间,颇为尽责。

任通判期满后,章衡被调至馆阁集贤院。馆阁管理图书经籍和编修国史等事务,设昭文馆、史馆、集贤院三馆,又增设秘阁、龙图阁、天章阁等。工作人员统称馆职,一般从文学之士中考选授职,称为入馆。章衡入馆后,一直勤勤恳恳地做着图书经籍编校工作。宋代,有些人取得状元的功名后,经过15～16年即可升为两制。两制,即中书舍人与翰林学士的总称。中书为外制,掌管正式诏敕;翰林为内制,掌管临时的特殊文告。两者都是与闻机要、接近皇帝的重要官职。有些状元任职10年后,甚至官至宰相。章衡在馆阁任职10年之久,依然默默无闻,没得到升迁。

熙宁元年(1068)冬,皇帝圣驾至馆阁,按例迎接圣驾,各官按顺序站列。章衡环顾左右,看到同科中者,甚至以后各科中者尚留在馆阁的已经没有几个人了,不禁叹道:"不久前的冬月在这里接圣驾,记得掌禹锡冻倒在地上,时间真快呀,转眼10年过去啦!"这话传到皇帝耳中,遂任他为盐铁判官,兼修起居注。

二、敢于指摘时弊的好官

章衡担任盐铁判官和修起居注后,发现许多财产空留账面,实际上久已无物,便奏请皇上注销。经他调查,还发现许多问题,便向上疏说:"户部、度支、盐铁三司的经费十分混乱，开支多少没有计划。遇到需要，就匆忙地从各地百姓那儿收敛钱财。仓卒之间，各地难以及时收集提供。希望皇上敕令三司判官，每年按时制定计划，若要征收赋税时，应先期下达给百姓。这样，对官府和百姓均有好处。"

章衡作为盐铁判官，竟然敢对全国的财政税收等大政方针品头论足，这使得掌管全国钱粮、平衡全国财政收支的最高财政长官——三司使十分恼火，便趁机把他从中央排挤到地方。于是，章衡先后到汝州（今属河南）、颍州（今安徽阜阳）任知州。

重回中央后，章衡任太常寺卿，掌管朝廷祭祀宗庙礼仪等。上任不久，向神宗建议："从唐朝开元年间编纂《礼书》之后，大凡宗庙礼仪便有所依据。后来，因为'国恤'一章以预卜凶事为内容删去，现在遇到一些国家大礼时，便因《礼书》残缺不全而没有根据。应编成《厚陵集礼》，就宋英宗陵寝诸项仪礼编纂成集，以传后世，作为依据。"神宗采纳这项建议。

一个时期，章衡曾任郑州（今属河南）知州，将官领牧地4200多顷交由百姓种植。不久，回任太常寺卿，主持审官西院工作。宋代审官院掌管文武官员选授、勋封、考课。至熙宁三年（1071）另置审官西院，以原院为东院。东院主文选，西院主武院。章衡恪尽职守，严格把关。

后来，章衡在吏部兼流内职。从三国魏开始，官职分为九品，历代相沿不改、唐宋自九品至一品官，称为流内，不入九品的称为流外，吏部铨选官员有流内、流外之分。宋时武臣职官，分东、西、横三班。凡做官的人，先为三班供职，后转为三班奉职。当时，常有九品以内官职空缺的时候，吏部正准备铨用人才时，三班院却已经随意使用，并且反过来责备吏部用人不当。于是，三班院与吏部对人才任用之权互有争讼。当朝宰相支持三班院，章衡认为吏部铨选人才之权不可设，便上奏争辩。有人劝章衡，宰相是皇帝宠臣，掌一朝大权，不可与之交恶，但章衡坚持原则，据理力争，官司一直打到神宗御前。神宗听完章衡的申诉，命内侍偕他同至中书省面见宰相。宰相见章衡如此大胆，竟敢告御状，十分恼怒。章衡说："宰相请息怒，我为的是朝廷大法，并非个人恩怨。"然后，以所见所闻，就其利弊一一剖析。宰相三思后说："如果是这样，那就是三班院错了，由吏部先铨选人才是对的！"从此，人才铨选有了明确规定，章衡的名气大了起来。

宋代在银台门内设置一处掌受天下奏状、案牍的衙门，叫银台司。不久，章衡知通进银台司，主持舍人院。

三、频繁转换的地方官

在中央供职一个时期后，章衡外放知澶州（今河南濮阳），开始了地方官生涯。临行时，循例上朝陛辞。神宗说："你是仁宗朝状元，朕的宝文阁为收藏御集之处，还从未设过待制，今特授你为宝文阁待制。"章衡深感皇恩，感激拜谢。

澶州当地同许多地区一样，严禁民间贩盐，那些贩盐的人一旦被官府查获，必受重刑。章衡对此持有看法。他认为，食盐是百姓生活不可缺少的东西，为了生计，才有人冒死贩盐。硬加禁止，徒增监狱人犯，应允许照过去那样办。章衡的意见难以采纳，也很难推行。

章衡改知成德军（今河北正定）时，因朝中同僚犯案而遭同坐，被免去官职。

元丰八年(1085),神宗驾崩,太子赵煦即位,是为哲宗。章衡被起用,元祐年间(1086-1093),加集贤院学士,历知秀州(今浙江嘉兴)、襄州(今湖北襄阳)、河阳(今河南孟县)、曹州(今山东曹县)和苏州(今江苏苏州)。晚年,授待制,仍外放,先后知扬州(今属江苏)、庐州(今安徽合肥)、宣州(今安徽宣城)和颍州(今安徽阜阳)。

章衡历经仁宗、神宗和哲宗三朝,76岁时因病去世。

四、文武兼备的赴辽使臣

辽(契丹)是统治中国北部的一个王朝,与北宋政权对峙,不断侵扰中原。宋真宗景德元年(1004),辽萧太后与圣宗亲率大军南下,深入宋境。宋朝宰相寇准亲至澶州(今河南濮阳)督战,宋军顽强抵抗,在澶州城下大胜。辽恐腹背受敌,提出和议。于是宋辽订立和约,宋输岁币10万两,绢20万匹。这便是著名的"澶渊之盟",因澶州亦名澶渊郡而得名。此后,宋辽处于和平共处时期。宋朝还在雄州(今河北雄县)等地设"榷场",与辽进行贸易,场内贸易由官吏主持。

宋辽两邦之间的使节不断往来。章衡曾被授以赴辽使节,出使辽国,文韬武略令辽人叹服。一次闲暇时,与辽国大臣射箭,章衡箭箭射中靶心。他是状元出身,文武兼备,辽帝尊重他,十分优待。

辽道宗耶律洪基说,辽宋和好多年,两国百姓安居乐业,不愿再发生战事。章衡往返途中,了解辽国的军事布防情况,向神宗上疏说,辽国军备松懈,应趁机收复一些被占领的失地。神宗认为,朝廷通好北虏几十年,不可轻启战事,没有采纳章衡的建议。

五、《编年通载》问世

任馆阁期间,章衡认为,当代百官、士子对中国历朝史实不甚了解,一些史书浅陋不足观,历代帝系亦有篡改。于是,他写成一部编年体史书——《编年通载》。

《编年通载》共 10 卷,上自唐尧,下至宋英宗治平四年(1067),跨 3400 余年。主要讲世数代易、历统相传、年名国号、灾祥善恶等。凡有关治乱盛衰、兴亡分合等重要史实,则按编年纪录,以甲子纪年冠其首,对旧史讹谬疑误进行辨证。记述简明,便于阅读。

熙宁七年(1074),章衡将《编年通载》呈送神宗皇帝。神宗赞赏,赐三品服,以示嘉许。

《编年通载》曾付梓问世。至今不全,仅见残本。

刘 辉

◎ 刘 天

　　刘辉,字之道,信州铅山(今江西铅山东南)人。刘辉原叫刘几,字之道。刘几好学,但文风险怪奇涩,学者仿效,蔚然成风,欧阳修深以为患。欧阳修是吉州庐陵(今江西吉安)人,他主张文以载道,提倡清新自然的文风。嘉祐二年(1057),欧阳修知贡举,主持省试。他批阅试卷时,见一考生写道:"天地轧,万物茁,圣人发。"考卷是密封的,但欧阳修一看文风,便知是刘几的试卷,他愤愤地说:"这一定是刘几!"提笔续道:"秀才剌,试官刷。"然后,用红笔把此卷涂抹了一遍,称之为"红勒帛",在卷首大批一个"谬"字。拆封后一看，此卷果真是刘几的。经过这次挫折，刘几痛改前非，文风大变，趋向平实朴素。

嘉祐四年，刘辉通过省试，殿试时，又遇上欧阳修担任御试考官。他宣言："除恶务本，今定痛斥那些轻薄之徒，以除文章之害！"他仔细审阅试卷，寻找刘几的卷子。他看见一份卷子上写道："主上收精藏明于冕旒之下。"大喜，道："我已经找到刘几了！"遂将此卷黜落。他把他极欣赏的一份卷子定为第一，上呈仁宗皇帝圣裁。仁宗钦准。金殿传胪，那第一名叫刘辉。有人告诉他，刘辉就是刘几，他改名了。欧阳修愕然。那个被他黜落的原来是吴县(今江苏苏州)人萧稷。

刘辉成为北宋开国以来第46名状元。

中状元后，刘辉步入仕途，初任大理评事，签书河中府节度判官厅公事。河中府府治河东(今山西永济西南)，签书判官厅公事是府的佐官。刘辉把祖母接到河中侍养。祖母因水土不服，患病，刘辉遂上疏，奏请回老家赡养祖母。仁宗诏令移住金陵(今江苏江宁西南)。不久，祖母病死，刘辉力请解官，为祖母服丧。

刘辉回到铅山，蔬食水饮，摒弃乐舞声色，守礼服丧。居丧期间，见有些族人贫困不堪，遂买义田数百亩以养活他们。他又设立义学，聚徒讲学，闻风而至者甚众。刘辉的行为大受朝野称颂，知县改其里曰"义荣社"，榜其学曰"义荣斋"。3年丧服未满，刘辉便于治平二年(1065)病死，年仅36岁。刘辉英年早逝，天下惜之。他为世人留下《东归集》一书。他的诗写得很好，如《与客游太平僧舍》云：

两道翠阴迎骑合，四围清气逼人来。
林端有路云千级，物外忘机酒一杯。

王俊民

◎ 刘一

　　王俊民，字康侯，掖县（今山东莱州）人。少力学，工诗文。宋仁宗嘉祐六年（1061），王俊民参加辛丑科省试，榜上有名。考官把考试合格的人奏告仁宗，准备殿试。还未殿试，京师便传言王俊民为状元。及至殿试，王俊民果然大魁天下，成为北宋开国以来第47位状元。他的双亲都已白发苍苍，身体还很康健，当地人莫不以为荣。当朝名臣、相州安阳（今河南安阳）人韩琦作诗祝贺，有"青云一第人恒易，白发双亲世每难"句，赞叹他考中状元，双亲健在。

　　中状元后，王俊民步入仕途，奉诏出任应天府（府治宋城，今河南商丘）发解官。到任不久，便得"狂疾"——大概是一种精神病，在应天府贡院对着一通石碑狂呼不已。然后，奔回官衙，取出文书，用剪子铰得一块块儿的。一些官员扑上去抱住他，夺下文书。王俊民的"狂疾"日加严重，不久便病死了。他的诗文流传下来的不多，《宋诗纪事》卷22辑有《句》一诗：

　　　　寒窗一夜雪，纷纷来朔风。
　　　　之子动归兴，轻袂飘如蓬。
　　　　问子何所如？家在济水东。
　　　　问子何所学？上庠教化宫。

许 将

◎ 薄文军

许将,字冲元,宋仁宗景祐四年(1037)生于福州闽县(今福建福州)。嘉祐八年(1063)参加癸卯科殿试,一举夺魁,成为北宋开国以来第48位状元。当时的文坛领袖欧阳修读了许将写的赋,称赞说:"你的辞韵与先朝状元宰相王沂公(王曾)相似,年轻有为,前途无量啊!"

中状元后,许将被任命为昭庆军判官。任满回京,按常例要考试入馆,这是文人学士升迁的一个重要阶梯。许将推辞说:"我自家中被征召出来为官,本来是为食禄罢了,不敢有更高的奢望。愿意在守选的这段时间,多读一些先前没有见过的书。"宰相赞成他的想法，让他去做明州（州治鄞县，今浙江宁波）通判。宋神宗熙宁四年（1071），许将为太常丞，后经皇帝召对，被授任集贤院校理，同知礼院，负责编修中书省有关条例。按照惯例，太常丞应当转任博士，许将却因为得到皇帝赏识，超迁为右正言；第二天，直舍人院；第三天，判流内铨掌管文官自初仕至幕职，州县官的铨选、注拟和对换、差遣、磨勘功过等事宜。许将不负圣恩，恪尽职守，上任不久，便就候补官员任用做了重大改革。北宋初年，候补官员任用程序繁杂，先南曹，次考功，其中周折颇多，综合考评又不得其法，主管官吏乘机渔利，依靠文字作奸行伪，候选者无法控告。许将奏请皇帝撤销南曹，设立公舍，接待那些上诉的人，使士人不再受到刁难而难以及时就任。神宗大加赞赏，破例不经考试擢为知制诰，负责起草制、诰、诏、令、敕书。

当时，契丹贵族建立的辽国在北方崛起，成了宋朝北部边疆的主要威胁。辽军连年南下，攻城占地，掠夺人口牲畜。宋朝军队几度出击迎敌，多以失败告终。神宗在位时，辽国发20万大军逼近代州（州治雁门，今属山西），派使臣向宋朝索取代州。这样，按规定每年入辽行聘的使节不敢再去辽国了，于是宋朝朝廷改派许将前往。许将觐见皇帝说："为臣既然充任侍从，朝廷的重大决策不能不知道。这次出使辽国，万一他们言及代州的事，如果没有足够的理由折服他们，则有伤国体。"于是，神宗皇帝让许将到枢密院查阅有关文书，做到胸中有数。许将到了辽国，辽国人都出来围观，说："看看南朝的状元。"到了比较射技之时，许将最先中的，更使那些擅长骑马射箭的辽国人不敢小瞧。辽国派萧禧作为馆伴。不出所料，萧禧果然问起代州之事。许将成竹在胸，随问随答，不卑不亢。萧禧说："宋辽边界未定，顾念两国和好为重，我将要到大宋国去磋商这件事。"许将道："这件事，告诫边臣不轻起战端，不就行了吗，哪里用得着专门派遣使臣。"萧禧自知理亏，竟无言以对。许将归来，提升为知审官西院、直学士院、判尚书兵部。

北宋时期，全国各地都有一些民间自卫组织，如河北一带的保甲，陕西、河东一带的弓箭社，闽楚一带的枪杖手等等。因为正处在边患不绝时期，这些组织在一定程度上受到宋朝统治者重视。但是，这些毕竟属于民间组织，每年参加的人数参差不等，以致难以操练和巡行检阅。许将统一调整，使这些民兵基本达到规范化。

熙宁十年（1077），许将进为翰林学士，代理开封府（府治祥符、开封，今河南开封）知府，可谓荣宠一时，遭到忌妒。适逢办理太学虞蕃诉讼案，许将释放了太学生中一些无罪者，蔡确、舒亶因而陷害许将。许将父子被拘入御史府，一个多月才得以解脱。许将被黜，左迁为蕲州（州治蕲春，今属湖北）知州。第二年，许将以龙图阁待制身份任秦州（州治成纪，今甘肃天水）知州，随即改知扬州（州治江都，今江苏扬州），再改知郓州（州治须城，今山东东平）。在郓州期间，许将体恤民情，端正风化，无为而治，颇有政绩。上元节闹元宵的时候，许将手下的差役把一些盗贼拘捕入狱。许将说："这是断绝他们重做新人的路啊！"下令把那些人都放走了。从此以后，民人再没有犯法的，监狱都空了。当地父老赞叹说："自从王沂公到现在56年了，才重新见到监狱变空了。"郓州习俗，读书人喜欢聚在一起讥斥时政，许将不加禁止，这种风气却自行消失。

元丰六年（1083），许将又被召回京师，任兵部侍郎。他上疏说："一定形势之下，该进该退，很明显，大家也都容易知道。在隐而未发之时，权衡利弊得失，最难以看清楚，一般人难以做到。这是世上的一个至理。正因为这样，治理军队要有制度。士兵编列虽各不相同，但是，让他们或纵或横或方或圆排成阵势，能使上万之众犹如一个人那样协调统一。军车战马要有计划，虽然用途不同，但是，要让它们或合或分或聚或散差遣自如，远取四方犹如咫尺跬步那样易得。制作器械要充分考虑，其工用虽各不相同，但是，要让它们或左或右或近或远互相配合。筹划这些事情要如同掌上观纹那般明了清晰。倘若不是有神谋的人，谁又能做得到呢？"他认为养兵的种类有三：保卫京师的禁军，镇守诸州郡的厢军，地方民人组织的民团。战马可以有3种筹备方式：一是养马，二是买马，三是牧马。兵器方面有两个问题：一是制造修理，二是供给使用。等到宋朝要在西部用兵的时候，神宗皇帝派近侍询问需要兵马之数，许将当即开列清楚，上呈皇帝。第二天，再询问枢密院大臣，竟无一人回答。此后，许将又以龙图阁直学士的身份任成都府(州治成都，今属四川)知府。宋哲宗元祐三年(1088)，许将再次为翰林学士，次年，官拜尚书右丞。许将曾在先朝为侍从，所以每每讨来熙宁、元丰年间的旧奏章阅读，从中了解信息。哲宗皇帝有意用王文郁、姚兕领军，执政大臣复议的结果是要任用张利一和张守约。许将开始与执政大臣共同议定此事，随之又秘密向皇帝上疏，说张利一不可用。于是，言官责怪许将窥伺皇帝私意，表现自己，出卖同僚。许将由此遭到弹劾，被贬职，以资政殿学士衔出知定州(州治安喜，今河北定县)，后又改知扬州，再改知大名府(府治大名、元城，今河北大名东)。适逢黄河多处决口，许将说："应该留下梁村的口子，让水向东流，留下内黄的口子。让水向北流，而把其他口子封住，以绝大名府各州的水患。等到汛期大水下来，如果看着黄河故道仍能承受得住，就把北边内黄的口子堵上，如果承受不了，东边梁村的口子也便不起作用了。这样河水两不相夺，可以放任自流，以观其势，从而做出裁决。"

绍圣元年（1094），许将再次入朝，出任吏部尚书，上疏请求皇帝依照元丰年间先帝的诏书，夏至日到北郊亲祀。绍圣二年（1095），许将拜为尚书左丞；绍圣四年（1097），拜为中书侍郎。当时章惇为相，与蔡卞串通一气排挤元祐党人，上书要求发掘元祐党首领司马光的墓。哲宗皇帝问许将如何看待。许将回答说："发掘死人的墓葬，不是有盛德的君主该干的。"随即又有人向皇帝引证汉唐两代均有过诛戮死者的事。哲宗皇帝再次问许将，许将回答说："汉唐两代有这样的事，大宋朝自太祖开创基业以来，却是从没有过这样的事。我们大宋朝治世之道远远超过汉唐，正是因为没有随便杀戮大臣啊！"哲宗皇帝终于听从许将的劝告。许将曾经谈论征伐西夏，他认为泾原路（路治渭州，今甘肃平凉）临近西夏，地域广阔，为将困难。他推荐章楶，章楶果然有功于国。

宋徽宗崇宁元年（1102），许将进官为门下侍郎，累官至金紫光禄大夫，抚定鄯州（州治湟水，今青海乐都南）、廓州（州治广威，今青海尖扎）。当时守卫边疆的大臣要举兵渡河，收复失地。朝议时，大臣们纷纷阻挠，惟有许将说："国家对外不可以爽信，用兵时机不可以失去。既然他们已经约好日期，希望能准许出兵。"不久，果然捷报传来。许将因为收复河州（州治枹罕，今甘肃临夏东北）、湟水（时属廓州，今青海乐都南）有功，位至特进。

御史中丞朱谔收取许将当年的谢章奏表，分析文句，寻找毁谤的口实。他说，"许将为人左顾右盼，见了好处就回头，一改初衷，所以，大家开始对他没有定论。元祐年间，他曾为丞辖，于是一改元丰年间的操守，与元祐党人同流。绍圣之初，许将掌握国家大权，于是又隐匿其元祐年间所作所为。到了建中靖国年间，他依然冒居高位，便又把绍圣年间的做法都变了。到了今日，他依旧苟且偷安，建中靖国年间的做法又变了。"许将再次被黜，以资政殿大学士衔出知河南府(府治河南、洛阳，今河南洛阳)。弹劾者仍不甘休，许将又被降为资政殿学士，改知颖昌府(府治长社，今河南许昌)，再改知大名府。后加观文殿学士，奉国军节度使。在大名府呆了6年，几次告老欲归，被召为佑神观使。政和元年(1111)卒，时年75岁。赠开府仪同三司，谥号"文定"。

许将的儿子许份，官至龙图阁学士。

彭汝砺

◎ 陶雪

一、乡人的荣耀

彭汝砺，字器资，庆历元年（1041）出生于饶州鄱阳（今江西波阳）。他自幼好学，宋英宗治平二年（1065），会试列第一，为会元，殿试时高中进士魁首，为状元。

这年，彭汝砺24岁。

彭汝砺有一位老乡叫熊本，字伯通。两人自小在一起读书，关系甚好，两人的父亲又恰好都是郡中的小官吏——孔目。彭汝砺中状元后，闻报之日，饶州知州将自己平时乘坐的马车给彭汝砺的父亲坐，并令郡吏护送其还家，十分隆重。邻里均以乡里出了个状元郎而引以为荣。当时，有人说："彭孔目的儿子已做了状元，熊孔目的儿子怎么样呢？"谁料想，次科，熊本高中进士。这时候原任太守已经离职，现任太守便循前例，用自己的马车送熊本的父亲还家。这两件事，在饶州传为佳话，各家都勉励自己的子孙用功学习，求取功名。以后多年，每次科举都有数十位饶州人得中。

二、刚直的谏官

彭汝砺中状元后，按例在地方上锻炼一段时间，历任幕职官，先后担任保信军（今属安徽）节度使幕府推官，武安军（今湖南长沙）主管文书，潭州（今湖南长沙）节度使军事推官。当时，王安石变法改革，见到彭汝砺写的《诗义》，认为其见解独特新颖，是有才学之士，于是荐举为国子直讲，改任大理寺丞，升为太子中允，在太子府任职。

过了一段时间，宋神宗任命彭汝砺为监察御史，监察百官。他到职后，立即上陈10条意见，包括：1. 正己；2. 任人；3. 守令；4. 理财；5. 养民；6. 赈救；7. 兴事；8. 变法；9. 青苗；10. 盐事。诸项建议，陈述利害，讲了许多别人不敢讲的话。

中国封建社会，几乎历朝历代都不同程度地发生过宦官干预朝政而危及社稷、蒙蔽皇上的事情，宋代也不例外。王中正是宫中的宦官，受到宋神宗宠信，经常干预朝政，神宗甚至以王中正和李宪统帅军队。彭汝砺进谏说，不能把兵权交给宦官，更不能让他们带兵。他以历史上汉、唐两代由宦官掌兵权，从而祸及朝廷、危及社稷的事为例，直言极谏。神宗宠信王中正，闻谏不悦，不作答复。彭汝砺在御前侍立不肯离去，并再次面陈利害，神宗终于采纳。朝官同僚都为他捏一把汗，对这种抗争精神十分叹服。

当时，有的皇亲贵族为了发不义之财，不惜将宗室女子以高价卖到民间，与平民通婚，一时舆论沸扬，有人提出应加以禁止。彭汝砺坚决反对这种做法，说："这些女子虽然是宗室较远的亲属，但都是帝王家子孙，绝不可以让那些卑贱的平民以金钱就可以买到。请朝廷重新撰述婚姻法。"

这一时期，王安石在宋神宗支持下正锐意推行新法，户部判官吕嘉问不仅赞成王安石的变法，还提出许多具体主张。彭汝砺对吕嘉问推行的市易聚敛法持反对态度，主张废除。为此，得罪了支持吕嘉问的御史中丞蔡确。蔡确便千方百计把他排挤出中央。元丰初年，彭汝砺以馆阁校勘为江西转运判官，从中央外放为转运使助理。按例，离京时应上朝陛辞。他说："当今朝廷不用忧虑没有顺从的大臣，忧虑的应是没有勇于谏诤的大臣；不用忧虑没有敢说敢做的大臣，而应忧虑没有敢于讲真话的大臣。"神宗对他的话表示赞许。

三、以德报怨　世人称颂

元丰八年（1085），宋神宗驾崩，他的儿子赵煦即位，是为宋哲宗。哲宗尚幼，还不满 10 岁，朝中大事，实际掌握在哲宗的祖母高太后手中。神宗任用王安石变法，希望改变"积弱积贫"的局面,但其新政在推行过程中触及皇族利益,限制了他们的某些特权,因而以高太后为首的皇族对新政不满。哲宗即位后,高太后独揽朝政,当时人称"女中尧舜"。她重用守旧派司马光为相,废除了王安石所立的各项新法。

哲宗元祐二年(1087),彭汝砺被召为起居舍人,重新入职中央。有人问他对新政和旧政有什么看法,他回答说:"政无彼,也就无所谓此,只要行得通就可以。我认为今天应当改变的,是取士及差役法。这两种法实行以来,无论是士,还是民,都不满意,没见有什么可行性。"他赞成新法部分内容,但决非王安石新法拥护者。第二年,他升任中书舍人,受赐金紫①,掌起草诏令,事有不当者,可奏请皇帝重新考虑。

吴处厚与蔡确本来关系甚密,蔡确曾跟吴处厚学赋,还有师生之谊。不过,在神宗后期,两个人之间因政见不同而分道扬镳。哲宗即位以后,高太后掌权,调整官僚队伍,蔡确升为尚书右仆射,吴处厚被罢官,二人反目成仇,势不两立。可是,不久吴处厚复出,任职汉阳军(今湖北汉阳),而蔡确被贬了官,以中央外放知安州(今河北高阳县东)。吴处厚听到传言,说蔡确对他十分不满,还写诗讥讽他,对蔡确更加仇恨。不久,吴处厚得到蔡确的几首诗,为借机报复,便加了笺注,并呈高太后。他说蔡确的诗中,"何处机心惊白马,谁人怒剑逐青蝇"这两句是讥谗中伤朝廷,以发泄不满;"叶底出巢黄口闹,波间逐队小鱼忙"两句是讥讽新近提拔重用的大臣。吴处厚以笺注的名义,对蔡确的诗任意曲解,无限上纲,引起高太后和朝廷大臣对蔡确的不满。

---

① 金紫:金印紫绶的简称,是高级阶官的名号。秦汉时,丞相、大司空、列侯等皆金印紫绶。魏晋以后,光禄大夫得假金印紫绶,象征权力很大。

当年，彭汝砺担任监察御史时，曾为吕嘉问之事，与当权的蔡确意见不合，以至于被外放江西达10年之久。现在，吴处厚无中生有地诬陷，以莫须有的罪名，欲将蔡确置于死地。彭汝砺说："这简直是罗织罪状嘛！"他不计个人恩怨，多次向执政陈述。又上疏哲宗，仍未奏效。有人劝他就此罢休，他却说："此时我不挺身而出，谁还敢站出来负这个责任呢！"

谏官见彭汝砺为蔡确说话，便上疏称彭汝砺与蔡确是朋党。幸好，高太后说："彭汝砺哪会是蔡确的朋党呢？他不过是关心朝中大事，表示个人意见罢了。"但是，彭汝砺仍遭到许多人攻击，于是贬知徐州（今属江苏）。人们议论纷纷，说当年彭汝砺在御史台时遭蔡确攻击而降职外放，而今他不计个人恩怨，洗刷蔡确的罪名，又落得个降职外放，以大是大非为准则，以德报怨，真是难能可贵。此事使彭汝砺声誉鹊起，人们认为他是个贤德君子。

不久，彭汝砺任集贤殿修撰，代理兵刑二部侍郎。他仍恪尽职守。一次，有个人犯了案，责任不大，应当宽免，执政却下特旨要杀了那人。彭汝砺坚决反对。执政大怒，便惩罚他的下属。彭汝砺说："制书有不妥之处，应允许大臣们论奏，这是法制，更何况下属又有什么罪呢？"于是，他4次上章请求自劾，把责任揽到自己身上。后来，高太后亲自处理这件事，并下诏免除对下属的处罚。彭汝砺调至礼部，并任吏部侍郎，掌文武官员铨选等。

四、遭人奏劾　忧郁而终

元祐八年（1094）九月，哲宗成年亲政，年号改为绍圣，表示要继承父亲神宗的遗志。他启用章惇、曾布等一批变法派人物，重新推行青苗、免役等新法。元祐间一度得势当权的保守派人物被排挤出中央重要部门。

在这一变化中，很多朝廷命官借更迭的机会，表现自己，攻击别人，惟独彭汝砺静观事态发展，无所事事。

彭汝砺不卑不亢，刚正不阿，很得哲宗赏识，提升为吏部尚书，也遭到很多人妒嫉。尚书右仆射刘挚，性情耿直，王安石变法时期曾上疏极论新法之弊，并建议罢免蔡确、章惇，后被谗言所中，外放为鼎州(今湖南常德)团练副使。于是有谏官上奏，说彭汝砺曾经攀附刘挚。哲宗最痛恨曾反对王安石新法的人，因为父亲神宗是新法支持者，于是，贬彭汝砺为宝文阁直学士，知成都府(今四川成都)。尚未赴职，又受谏官奏劾，说他曾反对新法，于是再降为待制，改知江州(今江西九江)。

彭汝砺第3次从中央外放地方，临行之时，仍循例陛辞。他说："陛下今天所要恢复的是，政令不能不明是非，用人不能不辨良莠。政令若正确，则无不善；若使用贤德的人管理国家，则没有做不到的事情。"

彭汝砺从吏部尚书降至知江州，仅几个月，便患病不起。正在此时，朝廷降旨，任命他为枢密都承，召回中央。当圣旨到达江州的时候，彭汝砺已告别人间，享年54岁。

彭汝砺临终前，写有遗表数百言。其中说："国家的疆土广阔，要以仁来安抚治理；国家财用充实，要以礼来节制。阿谀奉承，起初可能让人高兴，而后患无穷；忠言逆耳，但有利于行。"

五、婚姻　为人　治学

彭汝砺在江西任运判时，妻子宁氏因病去世。当时，有一个监管洪州(今江西南昌)仓的官吏姓曾，刚死不久，其妻宋氏姿色出众，与彭汝砺一见如故，十分投契，两人相见恨晚。彭汝砺便想纳为妻，可宋氏丈夫去世不满3年，于是，他便立誓等她。谁知，这一等便是13年，几经波折，两人才终为夫妇。

彭汝砺被贬知江州，病势已重，拿笔写道："宿世冤家，5年夫妇，从今而往，不打这鼓。"写完投笔而逝。他与宋氏只做了5年夫妻便要永别，悲伤之情不可言状。

彭汝砺为人诚恳。他一生饱经沧桑，真诚待人是做人准则。他哥哥没有儿子。哥哥死后，为其立了个义子，并让其做官。老师倪天隐去世，他极为悲痛。后来，他不仅操办老师的母亲及妻子的丧事，甚至担负起照顾老师女儿生活的责任。

彭汝砺是一位学者，著有《易义》、《诗义》等书。他还写了许多诗词，汇辑为《鄱阳集》12卷传世。诗文典雅，有古人风。如《城上》诗曰：

孤城纵目尽来东，山转溪回翠旦重。
云际静浮滨汉水，林端清送上方钟。
今时汉北无雏凤，当日襄南有卧龙。
万事废兴无足问，登临君乐正从容。

又如六言绝句《拟田园乐》：

买田何须近郭,作屋却要依山。
青松共我始终,百鸟随人往还。
青酒家家初熟,春光处处光辉。
看花更携酒去,酒醉却插花归。

许安世

◎ 刘 一

许安世，字少张，襄邑(今河南睢县)人。父许拯，博学多才，尤精于儒经，及第后做过几任县、州佐官。元丰六年(1083)病逝，遗下文集10卷。许安世生于康定元年(1040)，即宋仁宗君临天下第19年。许安世少好学，以诗文著称乡里。庐陵(今江西永丰)人欧阳修、舒县(今安徽潜山)人王珪等文坛巨擘都十分欣赏许安世的诗文。宋神宗坐天下第一年，即治平四年(1067)，许安世参加丁未科考试，在被录取的250名进士中，他高居榜首，成为北宋开国以来第50位状元，时27岁。

中状元后，许安世步入仕途，累官至尚书都官员外郎。都官属刑部，员外郎为都官的属员，没什么职掌。

元丰六年(1083)，老父许拯病死，许安世弃官奔丧。第二年，他罹病，不久谢世，时43岁。许安世英年早逝，时人为之惋惜。大文豪、眉山(今属四川)人苏东坡曾解衣助葬。

许安世的诗文流传下来的不多，《宋诗纪事》卷33辑有《咏史》一诗：

　　天下有诛赏，固非君所私。
　　太宗泣君集，意恐劳臣疑。
　　至公一以废，智术相维持。
　　哀哉功名士，汲汲尚趋时。

叶祖洽

◎ 刘 宁

北宋末年刚直不阿、誓死抗敌的李纲,可谓家喻户晓,尽人皆知。在他之前不到半个世纪,邵武(今属福建)还出了一位与他同是状元的叶祖洽,知道的人恐怕就不多了。

熙宁初,生长于南方水乡的叶祖洽不远千里来到京城应试。许是地灵人杰的缘故吧,年轻好学的叶祖洽接受新事物的能力很强,而他本人所表现出的气质,正如同他的表字"敦礼"一样,敦厚而有礼。他参加考试时,王安石的各项改革已经全面展开。表现在叶祖洽的答卷上,则是顺应潮流,所答都是经世致用的文字。不巧的是,主考官苏轼和宋敏求都属科举改革的反对派，对于叶祖洽的"赶时髦"很是反感，便想不取他。然而，当时王安石变法的得力助手，大权在握的吕惠卿插手此事，他似乎在芸芸众生中发现了一位变法派的后备力量，便不顾二位主考的意见，将叶祖洽排名进士第一，从而荣登状元宝座。此时守旧派正处于"落花流水春去也"的境地，虽不满但无奈。

叶祖洽荣为状元，被任命为签书奉国军判官，判登闻检院；不久，以国子监丞出任湖州（今浙江湖州）知府，后任校书郎。

直到元祐初年，中状元近 20 年后，历数他所担任的官职，也不过是职方（掌管地图、图经等）、兵部员外郎（管仪仗、武举事务的中层小吏）、集贤院校理（负责收藏、校勘典籍）、礼部郎中（管杂务）等等，都是一些职轻权微的小官。

对叶祖洽有着知遇之恩的吕惠卿开始忙于变法，王安石被罢相后，他一心夺权，标新立异。王安石再次出任宰相，他不仅不助，反而想取而代之。王安石第二次罢相，变法运动在宋神宗支持下扭转方向，变法派人物的声气今非昔比，叶祖洽自然无人问津。

叶祖洽在变法派内部并不居于重要地位，但他的那张状元答卷已贴上变法派的标签，所以，当守旧派卷土重来的时候，他便不可避免地要随变法派那艘几经风雨的破船漂流四方了。

偏偏此时，叶祖洽因为言谈不谨慎而被人指责有讪谤朝廷之嫌，处理这事的官员正是曾不愿取他为进士的苏轼。还好，心地坦荡的苏轼并没有计较前嫌，反而替他说了好话，只说是他的言论有些乖僻荒谬，实则并无讪谤朝廷之意，本是为朝廷社稷和严整国家法度着想的。但京城不能再呆下去了，叶祖洽出任提点淮西刑狱。

绍圣年间（1094—1098），变法派再度得势，叶祖洽回到朝廷，由左司郎中、起居郎、中书舍人，直升到给事中。

高太后死去，哲宗亲政。叶祖洽申斥王珪，说王珪在册立哲宗问题上有异议，要求放逐王珪。开始，连哲宗自己都不相信。叶祖洽慷慨陈词，又举出黄履、刘拯之流作证。对于皇帝来说，这是个敏感问题，宁可信其有，不可信其无。哲宗半信半疑，但还是将王珪放逐了。

叶祖洽出手成功，便开始频频向哲宗进言，不知为什么替蔡确说起好话来了，请求抚恤其家属。蔡确其人，开始依附王安石，积极推行变法；王安石罢相，他又议论其过失；后来，由于涉嫌谤讥宣仁太后而被贬。从这两件事上，年轻的哲宗已经打心眼里瞧不起叶祖洽了。当有人推荐叶祖洽时，哲宗很轻蔑地说："这个人是不值得重用的。"

对叶祖洽的仕途产生重大影响的还有一个人物，大文学家曾巩的弟弟曾布。曾布无论在才学还是人品上都不及乃兄，是一个趋炎附势的卑鄙小人。开始时他积极支持变法，很受王安石信任，后来见神宗怀疑新法，便又迎合皇上的意思，否定"市易法"，从而引起改革派内部分裂。哲宗死后，他又附和向太后意见，立了轻佻、昏庸的端王赵佶为皇帝，即宋徽宗。

叶祖洽与这样一个人成为好朋友，被人称为"小训狐"，大概是顺从的小狐狸之意吧。曾布大权在握，立即任命叶祖洽为吏部侍郎。然而，此事遭到同样大权在握的韩琦之子韩忠彦的阻挠，只好暂时作罢。待到韩忠彦被排挤，叶祖洽终于如愿以偿地进入吏部。好景不长，曾布不久便被蔡京排挤，丢掉相位。叶祖洽贬到定州（州治定喜，今属河北）任知府。

叶祖洽居居然将曾向哲宗皇帝提的两条建议做为"不朽"政绩来表白，由于言辞不妥，徽宗大为恼怒，训斥他狂妄浮躁，一气之下，降为集贤院修撰。

叶祖洽进入集贤院，于书本文字中寻找安慰。此后十七八年，他都待在这里，过着平静的生活。后来，任过一二个州的知府，时间极短。去世前，加封为徽猷阁直学士。

政和末年(1111—1118)，七八十岁的叶祖洽死去，长达50年的仕途生涯画上句号。

余 中

◎ 刘 一

余中,字行老,宜兴(今属江苏)人。余中从小颖悟多才,孝事兄长余贯。余贯才不及余中,但余中极尊敬他。兄弟二人一同考中常州举行的取解试,成为举人。熙宁五年(1072),哥俩一同北上,赴京师开封(今属河南)参加礼部会试。发榜日,余中榜上有名,而余贯落选。余中请求黜退自己而录取兄长,朝廷不许。

第二年,殿试开考,余中夺魁,成为新科状元。

在这科考试中,宜兴人邵材夺得开封府取解试第一名,邵刚夺得礼部会试第一名,而余中夺得殿试第一名。一邑三魁,天下传为盛事。

中状元后，余中为大理评事，掌平决刑狱，充任国子监修撰、经义局检讨。这时，同中书门下平章事王安石正在力行变法。余中是王安石的拥护者。熙宁七年，王安石被迫上疏辞相，神宗诏准，让他以观文殿大学士身份出知江宁府（府治江宁、上元，今江苏南京）。王安石奏请以余中等人随行。

元丰（1078—1085）初年，余中出任职司礼仪、祭祀等事务的太常寺属官——太常丞，佐太常卿、少卿，助理寺事。不久，他因收受太学生的贿赂而被革职。

元丰八年三月，宋神宗病死，长子赵煦即位，是为哲宗。余中重新出仕，历任秘书省正字、秘阁校理，迁著作佐郎。绍圣二年（1095），奉命出使辽国。回国后，他奏言北部边境城池残破，应予修葺，以防不虞。朝廷没有采纳。20多年后，金人大举入侵，北宋城池难以固守，人们才想起余中的建议。

余中上疏，谏行新法，忤旨，出知湖州（州治乌程、归安，今属浙江），调任杭州（州治钱塘、仁和，今属浙江）知州。不久，致仕，死于家中。

徐铎

◎ 秦汉

徐铎，字振文，一字振甫，祖籍莆田（今属福建），徙家平阳（今属浙江）。熙宁九年（1076），徐铎与兄徐锐一同考中丙辰科进士，徐铎高中榜首，成为北宋开国以来第53名状元。

中状元后，徐铎被授予签书镇东军判官，佐理事务。他步入仕途时，正值神宗皇帝任用王安石大张旗鼓地进行变法。变法触动大官僚、大地主的利益，自耕农和佃农也没得到什么好处。元丰八年（1085）三月，神宗驾崩，皇太子赵煦即位，是为哲宗，年号"元祐"。哲宗年仅10岁，祖母高太后临朝听政。她是反对王安石变法的首领人物,临朝后起用反对变法最卖力的司马光等人,废除改革措施,史称"元祐更化"。元祐八年(1093)九月,高太后病死,哲宗亲政,起用变法派章惇等人,以明年为"绍圣元年",宣言继承神宗皇帝的事业。章惇等人变本加厉地清算元祐大臣司马光等人。这时,徐铎以给事中直学士院。给事中职司封驳失当的政令;学士院掌起草制、诰、诏、令,他官入院而未授学士者称"直学士院"。徐铎成了颇有权势的大臣。徐铎上任不久,中书舍人蹇序辰上疏,奏请把元祐大臣的言行汇编成册,作为罪证收藏。哲宗诏准,命徐铎主持编辑。徐铎秉承章惇的心意,分类编辑,纤微不遗。事毕,进官礼部侍郎。蹇序辰被擢为礼部尚书。

徐铎为人不正,攀附宰相章惇,惟命是从。他兼给事中一职,负责封驳失当的政令。有些政令章惇不赞成,便授意封驳,徐铎从来不敢违背。一次科举考试,有个举人挟书进场被查获,送到开封府(府治开封、祥符,今河南开封)处理。开封府尹蒋之奇准备从重处罚,把他判刑。徐铎身为礼部侍郎,主管科举,他认为判刑过重,与蒋之奇力争。蒋之奇妥协,从轻发落。上报之后,章惇大怒,处罚了蒋之奇等开封府有关官员,把那个举人判刑。徐铎一句话也不敢讲,唯唯而退,众人无不讥斥。后来,廷议提升他为御史中丞,即职司监察的御史台长官。有人指斥他攀附权贵,不敢主持正义,不可任此职。结果,这项任命撤销。

元符三年(1100)正月初八,哲宗驾崩,赵佶承嗣大位,是为徽宗。神宗皇后向太后临朝,她也是反对变法的人物,一听政便贬逐章惇等人,追复司马光等人的官职,任用变法的反对派,时号"小元祐"。

徐铎是章惇的追随者,从礼部侍郎降为龙图阁待制、知青州(州治益都，今属山东)。不久，御史中丞丰稷上疏弹劾，说徐铎曾主持编辑元祐大臣的言行，诽谤元祐大臣，首倡此事的蹇序辰已被罢官，而徐铎之罪不在蹇序辰之下。结果，徐铎被贬知湖州(州治乌程、归安，今属浙江)。

一年后，向太后病死，徽宗亲政，像兄长哲宗一样，宣言承继神宗皇帝的事业，贬斥反对变法的官员。

不久，徐铎被召回京师，出任礼部尚书。上任时，适逢朝廷讨论宗庙制度，他建议立九庙，被采纳。进为吏部尚书。

做了几年吏部尚书，徐铎罹病而死。

时 彦

◎ 秦 汉

时彦，字邦美，开封（今属河南）人。据说，母亲怀他10个月时，梦见9个黑衣人抬着一个金紫人径直进了房间。第二天，时家的一只老狗生了9个崽儿，都是黑色。到了晚上，遂分娩，故时彦乳名"十狗"。时彦少好学，读书不辍。神宗皇帝君临天下第13年，即元丰二年（1079），时彦参加己未科殿试，高中榜首，成为北宋开国以来第54位状元。

中状元后，时彦被授予签书颍昌（府治长社，今河南许昌）判官，佐理颍昌府事务。知府韩纬，门第显赫，父亲韩亿，官至参加政事。儿子韩综，天圣八年（1030）进士，知制诰；韩绛，庆历二年（1042）进士，位至宰相；韩纬，因他父亲辅政，不试进士，神宗封淮阳郡王、颖王，韩纬都为记室参军，颇受器重。时彦被任命为签书颍昌府判官时，韩纬正在知府任上。时彦到任，拜谒时自称状元，韩纬大怒，道："状元没官吗？"从此叫他"时签判"，时彦终身衔恨。不久，召为秘书省正字，掌校正典籍讹误。在此前后，神宗病死，皇太子赵煦即位，是为哲宗。时彦累迁至集贤院校理，职司校勘典籍。进官为右司员外郎。右司分管兵、刑、工3部事务，员外郎为副长官。他奉命出使辽国，失职，被罢免。旋复任集贤院校理，迁为提点河东刑狱，负责河东路的司法、刑狱。朝廷派蹇序辰使辽，他回来说，时彦使辽时曾接受辽国君主赏赐的礼物，结果，时彦又被罢官。

元符三年（1100）正月初八，哲宗皇帝驾崩，端王赵佶承嗣大位，是为徽宗。

徽宗即位，起用时彦为吏部员外郎，擢为起居舍人，笔录皇上的言行，乃皇上近臣。改任太常寺副长官——少卿，以直龙图阁身份出为河东路转运使，掌河东路财赋。不久，加官集贤殿修撰，出知广州（州治南海、番禺，今属广东）。时彦还未动身，又诏拜吏部侍郎，旋即以吏部侍郎身份出任开封府（府治开封、祥符，今河南开封）府尹。开封府是京师所在地，治安很乱，盗贼横行。时彦到任后，采取一系列措施，强化治安，盗贼敛迹，坊邑安定。数月后，被擢为工部尚书。不久，调任吏部尚书。

时彦成为朝中权臣，任职不久，卒于官。

时彦的词极佳，《全宋词》辑有《青门饮》，词云：

胡马嘶风，汉旗翻雪，彤云又吐，一竿残照。古木连空,乱山无数,行尽暮沙衰草。星头横幽馆,夜无眠,灯花空老。雾浓香鸭,冰凝泪烛,霜天难晓。

长记小妆才了,一杯未尽,离怀多少。醉里秋波,梦中朝雨,都是醒时烦恼。料有牵情处,忍思量,耳边曾道。甚时跃马归来,认得迎门轻笑。

宋　时彦

黄　裳

◎ 刘宝全

　　黄裳,字文叔,隆庆府普成(今四川梓潼东北)人。少有奇才,日诵数千言,能融会贯通,文章也写得很好,以聪颖闻于乡里。宋孝宗乾道五年(1169),黄裳参加壬戌科殿试,一举夺魁,成为南宋第55名状元。

　　中状元后,黄裳被授予巴州通江(今属四川)县尉,开始仕宦生涯。

　　在巴州任内,黄裳关心民众疾苦。巴州总领李蘩饷师,名为"和籴",实际上是在压榨、剥夺农民的财产。黄裳作为一个小官,不畏权贵,作了一篇《汉中行》赋,借以讥讽李蘩。

毕竟黄裳有状元头衔，李从此取消"和籴"。这件事使黄裳名声更著。调任兴元府(治今陕西汉中)录事参军时，四川制置使留正推荐他向朝廷上奏，就四川的军民大事发表见解，很受孝宗赏识。不久，提升为国子博士。

由于母亲过世，他辞去官职，回家乡服丧。孝宗得知，赐钱70万，以示抚慰。服丧期满，仍召为国子博士。

淳熙十六年(1189)，光宗赵惇登基，改元绍熙，广求治国之计。黄裳趁机上奏，论军国大计。他认为：中兴与守成不同，纵观天下形势，有3项大事要做：一是设行都，因为出攻入守，应该据利便地势，最便于能攻能守的行都当设在建康(今江苏南京)；二是富国强兵，不可不求功利之实，要讲求实效，不能不搞好吏治，对各级官吏，要严加考核，根据他们的功劳大小升迁；三是立重镇，捍内御外，应有缓急之备，从吴至蜀，设汉中、襄阳、江陵、鄂渚、京口5座重镇，用朝廷重臣据守，守好五镇，南宋可以平安无忧。这五镇之中，最重要的是荆、襄二地，因为荆、襄属于江苏至四川一线的中央，地势又平，金人入侵必以二地为易取。如果金人占领二镇，就切断了吴蜀这条防御线。这是南宋边防最重要也是最让人担忧的一段，应多多分兵把守。

在国子博士之后，黄裳还做过太学博士、秘书郎等，时间都不长。一生中比较重要的一段经历是担任嘉王(即后来的宋光宗)府翊善。他援古证今，即事明理，不断开导嘉王，且敢于直言，表明自己的观点。黄裳善于以古讽今，如讲授《春秋》"王正月"篇，说明周代的国王，犹如现在的皇帝。那时国王不能号令天下诸侯，就不称其为王。同样，如果皇上不能统御郡镇，也就不成为皇帝了。因为现今的郡县，就好比周代的诸侯国。周朝末期，由于国王不能号令诸侯，所以，《春秋》中一定要写"王正月"一篇，旨在让诸侯明白国王的正统地位。当今大宋之境土，和宋太祖时比，不及当时的4/10，然而，仍跨吴、蜀、荆、广、闽、越200州。统治他们的是各州知府，统帅部队的是九都统。设若当今皇上不能统御这200州守和九都统，那也就不能统治天下了。黄裳还拿唐太宗和嘉王相比，认为唐太宗年仅18就举义兵，平祸乱，而嘉王年纪比唐太宗大，却连九都统都不知道，从而劝他好好学习。第二个例子是黄裳借吴端事教育嘉王。嘉王提升东宫旧人吴端。吴端感激涕零，拜谢嘉王。对这样一个人物，嘉王却在中厅迎接他。黄裳就此事给王讲授《左氏春秋》"礼有等衰"，认为王者之学，应当见诸行动。而嘉王待吴端显然没有轻重之节，就是没有懂等衰之义。一番言语，使嘉王更觉自己学识肤浅，从此更加敬重黄翊善，也更爱学习了。黄裳趁机因势利导，自制八图(太极、三才本性、皇帝王伯学术、九流学术、天文、地理、帝王绍选和百官)献给嘉王，供他学习。

黄裳崇尚心学。他给嘉王规定的学习方法，就是学习体之以心，以心为严师，凡于心有一丝一毫不安的事，都不可以做。由于黄裳教导有方，讲解明白，给嘉王开列的书目虽多，嘉王亦乐于用心研读，不觉其繁。即使黄裳有些话使人难堪，嘉王也乐于接受。孝宗对黄翊善的教育也很赞赏。

黄裳在嘉王府利用一切机会教导嘉王努力学习，不忘国耻。每年的节日，他都写诗寄托心意。有一年春节，他曾尝试制造浑天仪和舆地图，并作诗献给嘉王，教导他学习应如天运之不息，同时看到舆地图则不忘祖宗开创的基业已大半陷于异族之手，至今未归。以此激励嘉王立志向学，收复失地。嘉王对黄裳所写之诗十分赞赏，亲笔抄好赐给黄裳。

黄裳十分敬佩朱熹的才学，上奏以朱熹40年学问之积淀，如果召他为府僚，那将对朝廷大有裨益。光宗高兴地接受了他的意见。

从绍熙二年（1191）起，黄裳先后担任起居舍人、中书舍人和给事中等职。他利用接近皇帝的机会，参与朝政。由于性格刚直，敢于直言，能扶正压邪。某年，赵汝愚出任同知枢密院。监察御史汪义端以为祖宗之法，宗室不能执政，不断上疏痛诋赵汝愚，想让光宗罢他的官。黄裳则认为赵汝愚事父孝，事君忠，居官廉，忧国爱民，出于天性，如青天白日一样光明正大，斥责汪义端之见还不如奴隶看得清，建议将汪驱出朝廷。结果，赵汝愚保住了官，汪义端被贬出京城。像这种事，黄裳在给事中任内，一个月封驳不下十数次。由此引发出有关台谏的一番宏论，深为当朝及后世所推崇。他认为：自古以降，皇上不能从谏，无非出于三方面原因：一是"私心"，人有私心，就会固执己见，对谏言就听不进，所谓忠言逆耳；二是"胜心"，以私心处理事情，就处处事事追求以己之见胜过谏者之言；如果台谏力主正确观点，那么，就会与谏者为仇，生出"忿心"，这是第三个原因。因私而生胜，因胜而生忿，忿心一生，做事就会有悖常理，作为一国之君，就可能犯大错误。

对于黄裳的这些劝诫，光宗并不十分欣赏。而在对待孝宗的态度上，光宗和黄裳的分歧就更大了。光宗一直对孝宗疑心重重，甚至忧疑成疾，未尽孝敬之道。有些别有用心的人趁机推波助澜。内侍杨舜卿甚至劝光宗连孝宗所在的重华宫也不要去朝拜。他们父子之间的隔阂越来越大。

黄裳对皇上父子之间的猜疑深感忧虑。尽管有疾在身，毒疮折磨得坐立不安，但是，他仍然多次上奏折，劝光宗尽孝尽忠。首先，主张对内侍杨舜卿之类从中作梗的人定斩不饶，建议光宗对孝宗五日一朝。其次,用人之时请皇上注意念恩、释怨、辨谗、去疑、责己、畏天、防乱、改过。黄裳最注意的还是从根本上解决问题,即除去光宗的疑虑,使之宽心,主动亲近孝宗。他认为,孝宗只有光宗一个儿子,对光宗疼爱有加,会尽力助他成功,不会有三心二意。父子之间互相猜疑,将会贻害无穷。

当时孝宗身体欠安,国家内外交困。黄裳出于忧国忧民之心,在多次劝谏无效的情况下,请求辞职。他认为:担任待制,本当朝夕面见皇上言事,以补救圣上过失,而光宗既不听谏,待制之职就可以废除了;侍讲本当引经援古,劝君以孝,光宗却不向孝宗问安,大义已丧,讲书又有什么用呢?侍讲之职也就可以不设了;翊善当穷义理,教皇子以孝,光宗既不能以孝事父,此职亦可废。黄裳自作主张,离开京城,坚决要求辞掉待制、侍读和翊善三职。孝宗下诏,他才回到京城。

宁宗即位之时,黄裳已病重不能上朝了。宁宗仍任命他为礼部尚书兼侍读,黄裳以病辞谢。虽不任官于朝,仍时时关心国家大事。他不断上书提出一些问题,如委任大臣要得时、得人,奖用台谏,笃于孝爱,勤于学问,薄于嗜好等等。

宁宗朝中韩侂胄潜弄权柄,宰相赵汝愚并未发觉。黄裳为此十分忧虑,毒疮痼疾加上忧伤过度,使他过早地离世,时年49岁。宁宗听到黄裳过世的消息,既吃惊又悲伤,遂赠资政殿学士。

黄裳为人简易端纯,笃于孝友,与人言谈,言无不尽。有《王府春秋讲义》及《兼山集》传世。嘉定年间(1208—1224),追谥"忠文"。

李 常 宁

◎ 刘 一

元丰八年（1085）三月初五日，神宗皇帝赵顼病死于福宁殿，他的长子赵煦即位，年号"元祐"，是为哲宗。哲宗年仅10岁，他的祖母宣仁高太后垂帘听政。她是反对王安石变法的首领人物，掌权后对神宗时推行的新法全盘否定，贬黜参与和拥护变法的官员，史称"元祐更化"。就在这种局面下，哲宗朝第一次殿试于元祐三年（1088）举行，应试考生共523人，结果，一个叫李常宁的老汉夺得第一，成为北宋开国以来第57名状元。李常宁，字安邦，开封府廪延（今河南延津东北）人。开封府是京师所在地，文化兴盛，登科者极多。李常宁推崇科举入仕，刻苦攻读，梦寐以求金榜题名。但他的科举考试极为不顺，屡试不就。然而，他并不气馁，一次次地参加角逐，终于在元祐三年大魁天下。这年，他已52岁。从他出生那年迄元祐三年，已历四朝(仁宗、英宗、神宗、哲宗)。他是中国历史上老年状元之一。中状元后，李常宁被授予签书镇海军节度判官。刚刚就任，多年来的忧劳使他病倒了，医治无效，于这年六月撒手人寰，结束了短暂而辉煌的状元生涯。哲宗皇帝闻讯，赐钱30万助葬。李常宁事亲孝，对二弟友爱，为人恭俭、廉洁。

马 涓

◎ 秦 汉

　　马涓，字巨济，保宁(今四川理县东北)人。其父婚后多年无子，买了个年轻美貌的姑娘为妾。大喜之日，那女子对镜理发，回避马涓的父亲，不肯照面。马涓父亲过去一瞧，见那女子表情悲凄，问其故，女子说："家父在外地做官，不幸病死，无钱归葬。母亲把小女子卖了，以安葬家父。父亲死了，小女子还没尽哀，头上还扎着白绢，便蒙以红绸，担心您看见。"马涓的父亲为之恻然，遂把那女子送了回去，雇了一条船，把她父亲的灵柩运回家乡。这天夜里，马涓的母亲梦见神人告诉她说："天赐你一个儿子，福贵涓涓。"10个月后，贵子降生，遂取名曰"涓"。

马涓聪明好学，热衷科考功名，考入太学肄业，刻苦研读，期望有朝一日能登科入仕。宋哲宗赵煦君临天下第2年，即元祐元年（1086），马涓参加丙寅科殿试。考试结束那天晚上，马涓做了一个梦，梦中人告诉他："你想考中进士，须得13个第一才行。"马涓把自己有生以来考试所得第一数了一遍，仅有12次，还差1次。他有些担心。金殿传胪，他高中榜首，又是一个第一。

中状元后，马涓步入仕途。

当时，户部尚书蔡京支持宰相章惇恢复王安石变法时制定的改革措施，打击曾反对王安石变法的官员。马涓时任御史，上疏弹劾蔡京，被贬斥。元符三年（1100）正月初八，哲宗病死，他的弟弟赵佶承嗣大位，是为徽宗。徽宗登基后，继续以恢复王安石的改革措施为旗号，打击那些不阿谀奉承的官员。蔡京被任命为宰相，负责查处"奸党"，司马光、吕公著等人被列入。马涓因为上疏，弹劾过蔡京，也被列入"奸党"名单中，被免官禁锢，永不叙用。

马涓成为一介平民，隐居乡里，名声非但没降，反而更高了。他时常应邀出席豪门权贵的筵席，憎恨他的人极为愤怒，却又无可奈何。

毕 渐

◎ 刘 一

毕渐,潜江(今湖北潜江西北)人。少好学,读书不辍,擅长诗文。宋哲宗君临天下第 10 年,即绍圣元年(1094),毕渐参加甲戌科殿试,在 512 名应试者中一举夺魁,成为南宋第 59 名状元。中状元后,毕渐步入仕途,历官太常、鸿胪寺少卿等职,做过几任知州。毕渐以文学进身,刚介自立,为时所称。他的诗文流传下来的不多,《宋诗纪事》卷 34 辑有《赠林子山》一诗,诗云:

儿童闻说子山名,将谓先生是古人。

海上偶经仙洞府,岩前犹见玉精神。

南华久彻逍遥梦,兜率重来自在身。

携得新诗天上去,不教辜负到全闽。

这是他在福建任职时,去罗源视察,号"南华翁"的林子山住在南华洞,年已 80 余,赋诗欢迎毕渐,诗中有"当年春榜首传名,对御如君有几人"之句。毕渐遂赋此诗相赠。

李 釜

◎ 刘 一

　　李釜，字元量，大名(今属河北)人。李家乃世代书香门第，家传儒学，承继不绝。李釜的母亲怀他时，一天晨起釜(古时的一种锅)鸣，声绝，母亲分娩，父亲遂给他起名"釜"。李釜少好学，工诗文。宋徽宗君临天下第一年，即元符三年(1100)，李釜参加在礼部贡院举行的省试，夺得第一。按照规定，省试后还得进行殿试，殿试虽不黜落，但重新排列名次。这年正月初八，哲宗驾崩，新即位的徽宗因哲宗丧期未满，不亲试进士，遂诏令以省试第一名李釜为新科进士第一名。这样，李釜成为北宋开国以来第60名状元。

中状元后，李釜入仕，历官河中(府治河东，今山西永济西南)通判等职，终于筠州(州治高安，今属江西)知州。李釜诗文极佳，但流传下来的不多，《宋诗纪事》卷35 辑有《留题王官谷》一诗，诗云：

> 司空唐达士，寂寞卧云岑。
> 扰扰任群态，休休信此心。
> 泉声半山急，柳色旧庭深。
> 仿佛登临处，遗踪一访寻。

这是李釜从河中通判任上解官东归时写的诗。他解官东归，河中府官员邹信、周谓等为他在王官谷饯行，酒后至瀑布亭取水煮茶，日暮分手。

霍端友

◎ 刘宝全

霍端友，字仁仲，常州武进（今江苏武进）人。

北宋徽宗登基之年，建中靖国元年（1101）开科取士，霍端友高中进士第一名，拜师访友之后，被任命为宣议郎。此后，陆续升迁为秘书省校书郎、著作佐郎、起居郎和中书舍人等职。在他任中书舍人以前，此职官员只能佩黑角带，徽宗以为过于寒酸，又因给事和舍人本是相等之职，因而下令舍人亦可扎犀带，佩鱼符，穿金紫衣服。改服之制始自霍端友，这自然是十分风光的。

从中书舍人之职，霍端友一跃而为给事中，后又迁大司成、礼部侍郎。针对当时为加强专制主义中央集权而形成的重内轻外的弊端，霍端友建议："可令内外侍从更出迭入以奉禁囿，殿大邦，俾天下之势如持衡，庶无首重尾轻之患。"上疏之后，霍端友身体力行，请求到郡府任职，朝廷遂命他以显谟阁待制之职做平江(今江苏苏州)知府。

数年之后，霍端友改任陈州(今河南淮阳)知府。在陈州时，他为政宽仁，不以严刑酷法立声威，在百姓中享有很高的声望。

陈州这个地方，地势低洼，一旦持续下雨日久，极易积水成涝，百姓生活极为不便。霍端友下令疏浚新河800余里。尽管工程浩大，然而由于新河离淮河尚远，积水不易流入淮河，仍不能起到排洪防涝的作用。霍端友在请示朝廷之后，复开河200里，使洪水得以经淮河入大海。陈州地区水患得以解除，成为富庶之乡。

霍端友治府有方，为人亦十分正直。在陈州任内，内侍石𤫊借皇帝旨意，让霍端友进贡瑞香花数十株，遭拒绝。石𤫊怀恨在心，在徽宗面前诬陷霍端友，将他贬官。

之后，霍端友又被礼部征用，转任吏部通议大夫。死后，朝廷追赠宣奉大夫。

蔡 蕤

◎ 陶 雪

北宋末期，国势日衰，金人以咄咄逼人之势拥兵进逼中原。当朝皇帝宋徽宗昏庸无能，荒淫无度。他最宠信的人是蔡京、朱勔、王黼及宦官李彦、童贯、梁师成6人，他们以恢复新法为名结党营私，公行贿赂，妄起边衅，使内外俱困。太学生陈东伏阙上书，请诛蔡京等6人，称之为"六贼"。而六贼之首，当推蔡京。蔡京是熙宁间进士，初知开封府，后任户部尚书。徽宗即位后，他与童贯相互勾结，取得徽宗信任，崇宁元年（1102）任右仆射，官至太师，翌年进为左仆射。蔡京排斥异己，大兴土木，挥霍国财，却深受徽宗重用，视为栋梁。六贼沆瀣一气，在朝中顺我者昌，逆我者亡。一些奸佞小人拼命钻营于六贼门下，以求功名利禄。蔡薿就是其中之一。

一、阿谀奉承　得中状元

蔡薿，字文饶，开封（今河南开封）人，生于北宋治平四年（1067）。他是一个善于阿谀奉迎的生徒。起初，他想依附于谏官陈瓘。陈瓘初知卫州（今河南汲县），后召为右正言，左司谏，掌规谏讽谕，凡朝政阙失，大臣至百官任用不当，三省至一切官署事有违失，都可谏正，而陈瓘被认为"论议持平，务存大体"。蔡薿就写书信给他，大加吹捧，说他"直言极谏像陆贽，刚正不阿像狄仁杰，贤明有方像韩愈"，极尽谄媚之能事。陈瓘秉性正直，并未被蔡薿几句拍马屁的话所打动。蔡薿只得另辟蹊径，他看到徽宗最重用的乃是当朝宰相蔡京，于是就四处打听，一味揣测蔡京的喜性爱好及言论。

崇宁五年（1106），蔡薿以诸生试策时写道："熙宁、元丰年间的业绩，足以配天，不幸的是后来出现了元祐更化；绍圣朝继往开来，不幸的是后又出现了靖国时的衰乱。陛下两次下诏，广开言路，希望听到肺腑之言，以能对匡失救弊起作用。但到元符末年，有人乘局势动乱而肆意褒贬，怀有二心。诋毁诽谤先烈毫不迟疑，撼动破坏国是毫无惧色。望陛下立即采取措施，防患于未然。"以上这些话都是蔡薿反复揣摸了徽宗和蔡京的心思后写成的，真正是"投其所好"。于是，蔡薿殿试定为671位进士中的第1名，高中状元，徽宗还将他的对策颁行大下，以示嘉许。这一年，他已近40岁。

二、攀援权贵　诬陷钻营

高中之后，蔡薿四处奔走，巴结蔡京等权贵。刚穿上官服，任为秘书省正字不久，就迁起居舍人，很快，又提升为中书舍人，主管起草诏令，参与机密，权力很大。就连《宋史》都认为，蔡薿从一个平民百姓，累升至侍从皇帝掌管机要的中书舍人，一共才9个月，其升迁速度之快，从未有过，真可谓青云直上，令天下人侧目。蔡薿万分得意，也更巴结蔡京。很快又被提升到门下省为给事中，这是个备顾问应付、讨论政事的官，掌抄发章疏，封驳政令之失当处，其权力亦很重。

蔡薿与蔡京同姓，这使他多了一条巴结的门路。一天，他去拜见蔡京，想与之叙族属，尊蔡京为叔父。但是，当蔡京把儿子蔡攸、蔡修召出与他相见时，蔡薿却说："看来过去是我搞错了，您乃是叔祖辈，他们才是叔父！"

后来，皇帝大赦天下，下诏令门下省和中书省将元祐党人中情节轻者开释。蔡薿一向憎恨元祐党人，故而不肯起草诏令，有人便上告说他不能弘扬皇恩，让那些获罪已久之人得以洗刷罪名。为此，蔡薿被贬官，在和州（今安徽知县）做郡守。第二年，加显谟阁待制，出知杭州（今浙江杭州）。

蔡薿曾肉麻地吹捧谏官陈瓘，而陈瓘是反对蔡京的，故受到蔡京的仇视。如今，蔡薿已攀援蔡京，害怕陈瓘将来告他过去的行径，就自忖如何加害于陈瓘以灭口。陈瓘曾对他的儿子陈正汇说及蔡京的一些劣迹，陈正汇便上告蔡京不轨。正知杭州的蔡薿见时机已到，便以诬陷朝廷命官为由，将陈正汇押送京师开封。这样，蔡薿算是立了一"功"，又被调至中央，再次任给事中。他仍不死心，又与宰相何执中共同设谋，指使一个叫石悈的人陷害陈瓘。陈瓘终未逃脱蔡蕴的奸计。

御史毛注了解到蔡蕴制造冤案，加害于陈氏父子的情况后，非常愤慨，上疏徽宗说："陛下修善政以应天，贬斥奸臣以定国，蔡蕴却巧言惑众，制造事端。"由于蔡京一伙把持朝政，毛注的上疏没有送到徽宗手里，而被搁置一旁。

蔡蕴不甘心现有地位，继续钻营。他见太学博士范柔中因上书谈论时政颇得徽宗重用，就要得到提拔，十分妒嫉，便寻机进言道："范柔中曾经诋毁皇考神宗，哲宗与他有不共戴天之仇。自今春元祐党人重新复官，士大夫们议及此事都很惊愕，有人对继承神宗时的新法持有异议。我请求陛下不要提升范柔中，以向天下昭示好与恶。"徽宗相信谗言，范柔中被贬官，调到边远地区。张商英做了宰相后，御史常安民写书信给他，激励他要行善政。蔡蕴的弟弟蔡莱将这封书信偷偷抄来给蔡蕴看，蔡蕴即诽谤常安民巴结张商英。

通过这些卑鄙手段，蔡蕴受到重用，又升为翰林学士，专掌"内命"，即由皇帝直接发出的极端机密的文件。

蔡蕴作恶多端，终于引起公愤，以其"妄议政事"被罢官。

宋徽宗笃信道教，所以道教极盛，各地修建许多宫观，即道教祀神的祠庙，也叫道宫、道观，设置宫观官26等。这些宫观官多由反对派官员充任，每月领取给俸，算作资任。蔡蕴罢官后，被任为提举洞霄宫。不久，又提升知建宁府（今福建建瓯县）。蔡蕴在兴建神霄宫的工程中分外卖力，受到徽宗褒奖，重新召为学士承旨、礼部尚书，掌有关礼乐、祭祀、朝会、宴飨、学校、贡举等政令。

三、恶人有恶果

蔡嶷重回中央后,继续玩弄权术,阳奉阴违,巴结钻营,为许多朝廷官员所不耻。后来,其阴附权幸的恶行被人告发,徽宗令他入对,要当面责问。蔡嶷心虚,一个月不敢上殿面君。徽宗龙颜大怒,下诏削去官职。御史趁机进言:"蔡嶷游学于太学时,则挟诡计以钳制诸太学生;居中书舍人时,则以揭发他人隐私来要挟宰相;处门下给事中时,则借国法以发泄私忿;为郡守时,则妄自尊大而轻视属下。召自金陵,嫣然以宰相自居;即使后来提升为礼部尚书,却仍怀不满之心。应当严厉惩处。"把他贬为单州(今山东单县、成武、鱼台及安徽砀山等县)团练副使,名义上掌管当地军务,实际上安置在房州(今湖北房县)。"安置"是对犯罪官员的一种处分,官员被贬谪,指定地区居住,行动受到一定限制。

蔡嶷重施故技,使出浑身解数,终于在宣和年间(1119—1125)再次被起用,以龙图阁直学士第3次知杭州。在杭州期间,他"为政喜怒徇情,任刑大惨",是一酷吏。

宣和二年(1120),青溪(今浙江淳安)境内的摩尼教首领方腊,以诛杀"六贼"之一的朱勔为名,聚众揭竿起义。两浙百姓早就苦于花石纲之扰,争相附之,发展至数十万人,声震东南。宣和三年(1121)正月,徽宗以宦官童贯为江、淮、荆、浙等路宣抚使,发抗辽戍卒15万南下镇压。八月,方腊在京师被杀,余部至宣和四年(1122)三月失败。

参加镇压方腊起义的西北抗辽士卒,想把奖赏得来的绢布拿来与百姓换些钱物。蔡嶷却禁止百姓与他们进行交易。甚至将绢布价格降低,然后强行取之。一天晚上,蔡嶷正在府中设宴待客,饮酒作乐之际,士卒们放火焚烧了杭州衙门,并想将蔡嶷杀死。蔡嶷见引起兵变,慌忙跳墙而逃。

朝中官吏纷纷上疏弹劾,徽宗下诏罢其官,召回京师。第二年,蔡嶷又被授为徽猷阁待制,掌管御制文集。

蔡嶷受到惊吓,当年就病死了,享年 57 岁。

北宋熙宁至宣和末年(1070—1121)50 年间,共有 18 位状元,《宋史》只有 7 人入传,而蔡嶷被认为是有"害人心术"的"险邪小人"。

贾安宅

◎ 刘 一

贾安宅,字居仁,乌程(今浙江湖州)人,乌程地处碧波万顷的太湖南岸,经济发达,文化兴盛,名士辈出。贾安宅少力学,博通经史,擅长诗文。18岁那年,他考入最高学府——太学,学识更为长进。宋徽宗君临天下第10年,即大观三年(1109),贾安宅参加乙丑科殿试,在685名应试者中独占鳌头,成为北宋开国以来第64位状元。这年,他22岁。中状元后,贾安宅入仕,初任秘书省校书郎,累官至户部侍郎兼太上皇赞读官。他多次担任考官,取士公正。他选拔的士人成名者极多,宋徽宗曾手书诏令嘉奖。

靖康元年(1126)闰十一月二十五日,金兵攻占汴京开封,做了太上皇的徽宗和当朝天子钦宗都成了阶下囚。翌年五月一日,康王赵构在应天(今河南商丘)称帝,重建大宋王朝,史称"南宋"。贾安宅被任命为给事中,负责封还驳正不当的政令。他恪尽职守,封驳无所回避,直声闻朝野。

贾安宅的诗流传下来的不多,《宋诗纪事》辑有《苕溪》一首,诗云:

广苕山下有深源,发此清流去不浑。
直抵太湖三百里,滔滔分入海天门。

贾安宅的儿子贾选,官至刑部侍郎。

莫俦

◎ 刘 一

　　莫俦，字寿朋，平江吴县(今江苏苏州)人，宋徽宗君临天下第13年，即政和二年(1112)，莫俦参加壬辰科殿试，在713名应试者中一举夺魁，成为北宋第65名状元。

　　这时的北宋帝国已是朝不保夕了。莫俦就在这种局面下步入仕途，累迁国子监司业。司业是国子监长官——祭酒的副手，佐祭酒掌国子监的教务、政令，正六品。宣和六年(1124)，召试中书舍人。中书舍人掌起草诏令，如事有失当及除授非人，可奏请皇帝重新考虑。靖康元年(1126)，擢为吏部尚书、翰林学士、知制诰。吏部尚书是吏部长官，掌文武官员选试、拟注差遣、资任、叙迁、荫补、考课等事；翰林学士掌起草制、诰、诏、令；知制诰是翰林学士的加衔。莫俦成为执掌大权的人物。

就在这年闰十一月二十五日，金兵攻克汴京（今河南开封），做了太上皇的徽宗赵佶和当朝天子钦宗赵桓都成了阶下囚。赵匡胤开创的北宋王朝至此灭亡。

莫俦成了金兵的俘虏。

若干被俘的宋臣惨遭杀戮。莫俦胆怯了，变节降顺金人，为金主奔走效力。

翌年二月六日晚，金人遣莫俦和降金的翰林学士承旨吴开拿着金太宗的诏令向汴京及全国百姓宣布：废除宋徽宗、钦宗，贬为庶人。金主为天下主宰。金人下令，命朱皇后和皇太子赵谌去金营，一些宋臣想把皇太子藏起来，统制官吴革想率兵微服保护皇太子突围出去，结果，事都未成。不久，莫俦、吴开一伙胁迫卫士把朱皇后和皇太子押到一辆车上，驰向金营。百官军民奔随车后号哭。太子在车上哭喊："百姓救我！百姓救我！"汴京城外哭声震天，惨不忍睹。

三月七日，金人扶立张邦昌为"大楚"皇帝。莫俦积极参与其事，替金人传旨，向原大宋臣民宣布"大楚"皇帝君临天下。论功行赏，莫俦出任"大楚"王朝的尚书右丞相。

四月一日，金兵大肆掳掠后，押着徽钦二帝及后妃、公卿大臣向北撤退，把中原地区交给张邦昌统治。张邦昌做了32天的"大楚"皇帝，迫于众怒，宣布退位。

五月一日，康王赵构在应天（今河南商丘）称帝，重建大宋王朝。

"大楚"君臣受到惩处。张邦昌被流放潭州（州治长沙、善化，今湖南长沙），莫俦被押送到潮州（州治海阳，今广东潮州）安置。

何 桌

◎ 陶 雪

一、官运亨通

何桌，字文缜，仙井监（今四川仁寿）人。他出生在北宋末期，处在辽、金先后对宋朝进行战争的动荡年代。宋徽宗政和五年（1115），何桌参加殿试，在670位进士中名列第一，年方27岁。宋人吕荣义在《上庠录》中说："政和丙申殿试，何桌为状元，潘良贵次之，皆年少有风貌，而第三郭孝友颇古怪。唱名之日，呵出御街。观者皆曰：'状元真何郎，榜眼真潘郎，第三真郭郎也。'"

何桌大魁天下后，颇得徽宗青睐，首授秘书省校书郎。秘书省掌古今经籍图书、国史、实录、天文历数等事，校书郎属秘书省，掌校雠典籍；次年提举京畿学事，掌管本路学政，每年巡察所部州县学官及生徒的优劣勤惰，予以奖惩；不久，又召为主客员外郎，主管接待周邻各族、各国朝贡人使、宴设、赐予及审批柴氏袭封、祭享等事；又任为中书省起居舍人，这是一个侍从皇帝记录其言行的官职，皇帝无论是御正殿还是外出时，皆随从，凡朝廷命令赦宥、礼乐法度因革损益、赏罚劝惩、群臣进对、文武官员任命、祭祀宴享、临幸引见等事，以及四时气候、户口增减、州县废置、各地异常自然现象等，皆记录以授著作官；又升任为中书舍人兼侍讲，前者掌起草皇帝诏令，如事有失当及除授非人，可奏请皇帝重新考虑，后者以学士、侍从之学术修养较高的人充任，为皇帝讲读书史，讲说经义，备顾问应对等。何桌肩负重任，恪尽职守，深得徽宗信赖。

何桌少年得志，又才华横溢，官运亨通，引得朝野许多人钦羡。相传，有一次他在宗戚贵人家饮宴，有位颇具丽姿的侍儿叫惠柔，十分倾慕他，密解香帕私赠何桌，并约他牡丹花开时相会。何桌也很喜欢惠柔，展示香帕，深有所感，写下一首词《虞美人》：

> 分香帕子揉蓝腻。欲去殷勤惠。重来直待牡丹时。只恐花枝相妒故开迟。别来看尽闲桃李。日日阑干倚。催花无计向东风。梦做一只蝴蝶绕芳丛。

二、不畏权势的监察官

由于职务之便，何㮚有机会接近徽宗，阐述自己的政见。徽宗曾经多次咨访，感到他有见解，且秉性刚直，准备迁他为谏官。可有人出于妒嫉，诬告何㮚为苏轼的乡党，而且崇拜苏轼的学说，而被外放四川，出知遂宁府(今四川遂宁县)。由于政绩卓著，很快调回中央，任御史台长官御史中丞。御史台是监察机关，掌纠察官邪，肃正纲纪。

何㮚任御史中丞后，首先弹劾王黼。王黼，字将明，开封祥符(今河南开封)人。此人口才甚佳，且多智善佞。他因助蔡京复相有功，累迁至御史中丞。宣和元年(1119)拜特进、少宰，宠极一时。蔡京致仕，代其执政。他阳奉阴违，置应奉局，自兼提领，四方水土珍异之物，皆强取豪夺占为己有。他借联金抗辽之机，大肆搜刮，以钱6200万缗由金人手中换回五六座空城而奏凯，甚至率百僚称贺。后进太傅，封楚国公，被称为"六贼"之一。据《清波别志》载，王黼骄侈淫欲，"穷极富贵，于寝室置一榻，用金玉为屏，翠绮为帐，围以小榻数十，择美姬处之"。不仅如此，他还贪污受贿，卖官有定价。时人讥讽说："三千索直秘阁，五百贯擢通判。"

何㮚列举王黼15条罪状，上疏弹劾。王黼自然不服，竭力辩白。徽宗犹豫不决。何㮚并未罢休，又连续上7章。结果，王黼及其同党胡松年、胡益等人皆被罢官。何㮚因弹劾王黼等人得罪朝中某些权贵，以徽猷阁待制知泰州(今属江苏)。

三、不谙军事的谈判官

宣和二年(1120)，宋与金订立夹攻辽的约定，宋允许在攻取燕京(今北京)等地之后，将原来输辽岁币改输给金。由于宋金使者往返渡海订立盟约，故称"海上之盟"。宣和四年(1122)金人攻占燕京，辽天祚帝被金人俘获之后，金人乘胜进犯宋朝京城开封。宣和七年(1125)十二月，徽宗闻金兵南下，急忙禅位给太子赵桓，即位为宋钦宗。尊徽宗为教主道君皇帝，随即改称教主道君太上皇帝。

钦宗一向憎恶"六贼"，即位后，太学生陈东等上书，请杀蔡京、王黼等六贼。6人中除蔡京死于流放途中外，其余5人先后被诛。

随后，钦宗任用一些新人，重新任何㮚为御史中丞，次月加翰林学士，进尚书右丞兼中书侍郎，掌辅佐中书令，参议大政，奉宣诏旨，以待参知政事。

何㮚负责与金的谈判，这是一个相当艰巨的任务。何㮚颇有才气，对军事、对外交谈判则毫无经验，甚至闹出许多笑话。据《三朝北盟会编》记载，成忠郎郭京领兵7777人，称"六甲正兵"，何㮚召募5000士兵，同由郭京指挥。何㮚自己说有"折冲之术"，朝中大臣王宗濋信以为真，请他讲解，何㮚便用猫和老鼠做实验。

他拿来一只猫和一只鼠，然后在地上画一个圆圈，开两个角为生死道。先入鼠于死道，入猫于生道，鼠就被猫咬死；然后又把鼠入生道，猫入死道，猫找不到鼠。他一面演习，一面说："择日出师，便可致太平，直抵阴山而上。"并大言不惭地说，尽管准备好几十辆装载战俘的槛车好了，就等着逮住金帅粘罕啦。

靖康元年(1126)正月，金帅斡离不率领东路军，由平州(今河北卢龙)取道燕京南下，直逼京师开封；西路军，正是由粘罕率领，从云中(今山西大同)南下，来势汹汹。当钦宗派何㮚与金人谈判时，他迟迟不答应。吏部侍郎李若水骂他说："国家到了今天这个样子，都是由于你们这辈人造成的！现在社稷已经如此危急，你们万死何以塞责！"

何㮚奉旨北上心中十分惧怕，竟然跨不上马去，由随从扶出朱雀门。上马之后，他双手仍在发抖，马鞭掉下来3次。

四、有瑕疵的主战派

由于宋朝驻守燕京的官兵全部投降，金帅斡离不便长驱直入，渡过黄河，将宋都开封团团围住。何㮚与王云一同来到斡离不军中谈判。

金向宋提出的条件主要是：输金500万两，银5000万两，牛马万头，绢帛100万匹，割太原(今属山西)、中山(今河北定州)、河间(今属河北)三镇20个州县。何㮚是宋朝高官，但金人待他傲慢无礼，颇多侮辱，对大宋政权也颇多不敬。何㮚没有答应。斡离不大怒，退回礼品，说如果20天之内不再来谈判，将再次大举进兵。

宋朝君臣最后议定割三镇议和。何㮚说："三镇20州乃是我国的根本，怎么能一旦拱手让人呢？何况，从我接触看，金人变诈莫测，谁能保得准割地之后他们就此止兵呢？"宰相唐恪等坚持议和，甚至主张把河北割给金人。何㮚急辩道：

"河北百姓都是大宋朝的赤子。放弃了土地，等于把百姓也弃给金人，这是做父母能办的事吗？"

钦宗颇有所悟，问："如果不从金人的要求，又该怎么办呢？"何㮚提议建四道总管，召他们统兵入援，四道分别由胡直孺、王襄、赵野和张叔夜率领。钦宗立即下诏，四道总管即刻响应。唐恪伙同尚书左丞兼门下侍郎耿南仲同知枢密院事，力主割地求和，对钦宗说："只有实行和议，才能避免战争，息民休养。如若军队调发不已，金人闻后再次举兵，那时可怎么办？"钦宗许割三镇，又同意割让河北、河东，并派耿南仲、聂昌出使两河，与金议和。何㮚则被解参知政事职，改以资政殿大学士领开封府尹，不得参预中枢大事。

当宋廷主和派占上风的时候，金兵再次进逼京师，开封危在旦夕。钦宗将唐恪罢相，重新起用何㮚，拜为尚书右仆射兼中书侍郎，执行中书令职务，位居宰相要职。

这时，徽宗的第9个儿子康王赵构正领兵于河北，带有一支战斗力颇强的军队。但由于战乱，信息传递不畅。何㮚便向钦宗建议密诏康王为元帅，回都拒敌。于是，钦宗便下诏令康王为天下兵马大元帅，陈遘充兵马元帅，宗泽、汪伯彦为副元帅。

但是，远水解不了近渴，这些措施已不可扭转大局。靖康元年（1126），金人渡过黄河。十一月，金将粘罕率西路军与东路军会师于开封城下，攻破了宋都。钦宗请降，金人便把徽宗、钦宗扣押营中。何㮚忙入视开封国库里的钱财，令司农卿胡思确定仓米数量。金兵攻入开封城后，把各个府库所存以及官方、民间的金银币帛尽数加以搜刮。

靖康二年（1127）四月初一，金兵北撤，携徽钦二帝和后妃、皇子、皇女、宗室、贵戚以及官吏、内侍、宫女、技艺工匠、倡优等3000多人北去。宋朝廷的舆服、法物、礼器、天文仪器、铜人、漏刻，所收藏的书籍、地图以及府库蓄积，均被搜罗一空。北宋王朝凡9帝168年至此灭亡。史称这一事件为"靖康之变"或"靖康之祸"或"靖康之难"或"丙午之耻"。

金人攻陷宋京师以后，曾拟另立异姓傀儡皇帝，提出："惟有何㮚、李若水不得参预讨论此事。"

何㮚同徽钦二帝一起被金人掳去。陷入金地之后，他仰天大哭，绝食而死，年方39岁。

康王赵构于靖康二年（1127）五月即位于南京（今河南商丘），改元建炎，是为宋高宗。南宋始此。

建炎初，对北宋末年被掳诸臣有分赠。宋高宗下诏任何㮚为观文殿大学士、提举玉局观使，前者凡曾任宰相的人才能除授，以示尊崇，俸禄归其家。听到何㮚已死的讣闻，赠开府仪同三司的荣典。

许多大臣认为何㮚，有误国之罪。比如说，他与金人谈判中每日饮酒，酒后说："便饶你漫天索价，待我略地酬伊。"还对金人说："细雨共斜风，日日作轻寒。"当金兵攻陷开封时，他竟用司农卿胡思的名字戏言："大卿切勿令人'胡量'仓米呵！"国难当头，他竟有心思开玩笑，不是国之忠臣。因而反对封赐何㮚。

与此同时，传出何㮚身陷北庭之后的诗作：

念念通前劫，依依返旧魂。
人生会有死，遗恨满乾坤。

建炎四年（1130），秦桧自金还朝后，说及何㮚不屈于金人，最后绝食而死的情形。宋高宗改赠以大学士，他的家人有7位做了官。

王 昂

◎ 刘 一

徽宗重和元年(1118)三月,戊戌科殿试开考,参加此科角逐的有位亲王,他便是徽宗第三子赵楷。考试结果,赵楷名列榜首。徽宗觉得自己的儿子得头名状元桂冠,天下士人难免说闲话,遂把第2名王昂提为第一。这样,王昂成为北宋开国以来第67位状元。

王昂,字叔兴,元祐五年(1090)生于江都(今江苏扬州)。江都乃江北名城,经济繁荣,文化兴盛,名士济济。王昂聪明好学,擅长诗词。他热衷于科举功名,28岁那年侥幸成为状元。

中状元后，王昂被任命为秘书省校书郎，负责校雠文献典籍。这时的北宋王朝已腐败不堪，难以维系。王昂考中状元第9年，北宋王朝覆灭，康王赵构在应天府（府治宋城，今河南商丘）重建大宋王朝，任命王昂为起居舍人，负责记录皇上言行。皇上御正殿时，与起居郎同侍于门庑外；皇上外出时，扈从；大朝会时，对立于殿下螭首之侧，笔录皇上言行。王昂官至秘书省副长官——少监，佐秘书监掌古今经籍图书、国史、实录、天文历数等事。

王昂的词作得很好。《全宋词》中辑有《好事近》一首，云：

> 喜气拥朱门，光动绮罗香陌。行到紫薇花下，悟身非凡客。不须脂粉涴天真，嫌怕太红白。留取黛眉浅处，画章台春色。

此词曾误入赵长卿《惜香乐府》卷八，误为王益之作。

沈 晦

◎ 涂 晓

钱塘(今浙江杭州)，风光秀丽，文化兴盛，名士辈出。沈晦即是其中之一。

沈晦，字元用。祖父沈遘，官至翰林学士。沈晦勇侠，胆气过人，好学上进。宣和六年(1124)殿试，大魁天下。他是宋代第69位状元，也是北宋最后一位状元。

中状元后，沈晦出任秘书省校书郎，负责校雠典籍。不久，迁任著作佐郎，掌修纂日历。

宣和七年十月，金兵分两路大举南侵，西路以粘罕为主将，东路以斡离不为统帅，两路大军分道南下，准备会师大宋国的京师开封(今属河南)。当朝天子宋徽宗赵佶惊慌失措,于十二月二十四日禅位皇太子赵桓,把破烂摊子交出,自己做太上皇。赵桓即宋钦宗,建元"靖康"。

靖康元年(1126)正月初三,金兵突破黄河防线,渡河南下。太上皇赵佶仓皇出逃。初七,金兵兵临开封城下,开始攻城。兵部侍郎李纲等人率军民奋起抗击,屡屡挫败金兵的进攻。但宋钦宗无意抗战,一味求和。

金兵提出的议和条件之一,是要宋廷以亲王、宰相做人质。于是,宋钦宗以康王赵构和少宰张邦昌为人质,送去金营。

这时,各地勤王之师纷纷赶来,宋钦宗想抗击一下,遣人袭击金营,想救出赵构和张邦昌。不料,走漏了风声,偷袭失败。金兵要求改换人质,钦宗遂以肃王赵枢换回赵构。

沈晦被借给一个给事中的官衔,随同赵枢出质金营。

二月初八,金兵北撤,带走了人质。

秋八月,金兵再次兵分两路南下。赵枢、沈晦被押解着随军行动。闰十一月二十五日,金兵进了宣化门,京师被攻破。第二年三月七日,金人扶立张邦昌为"大楚皇帝"。张邦昌乞求把扣押的宋臣放回来,金人答应,沈晦得以南归。

四月一日,金兵在大肆掳掠后,押着徽钦二帝及后妃、亲王、公主、大臣等北撤。

五月一日,康王赵构在南京(今河南商丘)天治门登坛受命,即皇帝位,是为宋高宗。

沈晦辗转投奔高宗,出为给事中,职司封还驳正诏令。有人说沈晦做人质,备受艰辛,给事中一职不足以赏功。于是,高宗拜沈晦为集英殿修撰,出知信州(州治上饶,今属江西)。

金兵再次大举南下,想铲除宋室残存势力。

高宗带着六宫、宠臣和卫士逃往扬州(州治江都，今属江苏)。他准备召沈晦为中书舍人，负责起草诏令。晋陵(今江苏常州)人张守时为侍御史，奏言沈晦在民间时的一些不太光彩的事，反对任命他为中书舍人。高宗道："朕在金营见过沈晦，慷慨刚烈。士人的一些小节，岂足视为终生的污点？"沈晦调任明州(州治鄞县，今浙江宁波)知州，后知处州(州治丽水，今属浙江)。

金兵渡江追击高宗，高宗落荒而逃，逃至会稽(今浙江绍兴)，命沈晦出知婺州(州治金华，今属浙江)。有个叫成皋的率人入寇婺州，沈晦采用州学教官孙邦的建议，组织数百名百姓出城狙击，大败而回。沈晦恼怒，把孙邦绑了起来，欲斩，过了一会儿，怒气渐消，释放了孙邦。浙东防遏使傅崧卿当时在婺州城中，单骑去劝说成皋，成皋遂降。沈晦进官为徽猷阁待制。有人弹劾沈晦无诏令而用兵，遂降为集英殿修撰，以此官提举临安府(府治钱塘、仁和，今浙江杭州)洞霄宫，管理宫观去了。不久，官复原职，以徽猷阁待制身份出知宣州(州治宣城，今属安徽)，后调任建康府(府治江宁、上元，今江苏南京)知府。到任1个月，遭御史常同弹劾，被罢官。

绍兴四年，高宗重新起用沈晦，命他出知镇江府(府治丹徒，今属江苏)，兼两浙西路安抚使。沈晦面辞，对高宗说："各州府兵可用。今沿江千余里，若命镇江、建康、太平(州治当涂，今属安徽)、池州(州治贵池，今属安徽)、鄂州(州治江夏，今湖北武汉)各有兵一二万，用本州府的赋税易官田分给他们，金兵至，五州府以水兵把守长江，步兵扼守关隘，金兵很难渡江；即使过了江，五州府兵合击，金兵虽善战，不能一天攻克诸城；若围五州府，则兵分势弱；若以偏师牵制我军，大军南侵，五州府尾随追击，金兵不敢深入。待这个制度确立，3年后推行到江北，粮饷、器械都自备。"当时，高宗刚刚任命韩世忠屯军镇江，没有采纳沈晦的方案。

金兵退出江南后，在北方扶立一个傀儡政权，国号"大齐"，册封宋降臣刘豫为皇帝。伪齐政权屡屡发动对南宋的军事行动。绍兴五年，伪齐兵再次南侵，韩世忠在扬州一带阻击，沈晦奏请命张浚率部支援，大臣赵鼎称颂。高宗道："沈晦的确可嘉，但朕深知他言辞甚壮，胆子却很小。不信，就再看看他的行为，是否和他的言辞一致。"然而，韩世忠不喜欢沈晦，沈晦被贬，又去管理临安洞霄宫。

过了一段时间，高宗起用沈晦为广西经略兼静江府（府治临桂，今广西桂林）知府。

西南边陲有个少数部族，宋时叫"南州蛮"，酋长莫公晟归顺宋，宋任命他为本路钤辖。后莫公晟叛宋，联络一些部族酋长，不时劫掠。沈晦选老将罗统戍边，招诱各酋长，孤立莫公晟。莫公晟势单，不敢再寇掠。

沈晦在静江府，每年为朝廷买马3000匹。继他出知静江府的，无人能买这么多。

沈晦以出色的治绩进为徽猷阁直学士，后任衢州（州治西安，今属浙江）知州，潭州（州治善化、长沙，今湖南长沙）知州。出知潭州后又遭贬，提举太平兴国宫。

沈晦死在提举太平兴国宫任上。

沈晦胆气过人，好说大话。他曾说天下秀才只有3个，一个是孔大头孔夫子，王安石、苏轼合起来算一个，再一个就是他沈晦。沈晦为官不能尽循法度，遭人讥斥。

李　易

◎ 李晓

南宋建立第 2 年，即建炎二年(1128)十月，宋高宗在扬州首次开科取士，录取进士 451 人，名列榜首者是江都(今江苏扬州)人李易。

李易授官承事郎，派到江阴(今属江苏)担任签书判官厅公事。刚上任几个月，就经受一场战火的考验，暴露贪生怕死的本性。

金朝灭亡北宋后，视新生的南宋政权为心腹之患，决意穷追猛打，捉获宋高宗。建炎二年七月，金朝派娄室部进攻陕西，又派粘罕部主力从河东南下，直指宋高宗临时驻跸的扬州。次年二月，金兵逼近扬州，宋高宗狼狈出逃，从瓜州乘小船渡江跑到镇江。金兵继续追击，战火很快蔓延到长江南岸的江阴。

江阴守将胡纺闻知金兵已打到夏港，距江阴城只有8里，忙派统制官王唤等人整兵御敌。他见李易显出惊慌失措的模样，严肃地告诫说："国难当头，我们只有死守城郭了，你虽是文官，也应尽心竭力，不能退避。"

李易表面答应，内心却十分害怕，六神无主地回到家中，把战况告诉母亲蒋氏，想请她出城躲避。蒋氏深明大义，斩钉截铁地说："我若离去，只怕你就不肯坚守了，我还是留下来与你同生死吧！"

金兵见江阴已有防备，主动撤走。李易从此患上"恐金病"，每当听到金兵来犯，都要心惊肉跳；朝廷派他到临近前线的地方做官，他总是以各种理由逃避，即便只在长江北岸。

绍兴四年（1134）三月，抗金名将韩世忠奏荐已升任左承议郎的李易出任淮东安抚司参议官，李易推辞，朝廷只好改派他知常州。后来，朝廷派他担任扬州知州，他又以扬州是自己的家乡为理由推托不去。

到绍兴十年（1140），经过岳飞等人浴血奋战，抗金形势一派大好，岳家军打到开封附近，韩世忠、张浚、刘锜、杨沂中的军队也连战皆捷。这时秦桧和宋高宗导演的议和丑剧也达到高潮。宋高宗严令岳飞班师，其他军队也接到同样的命令。被秦桧派到韩世忠军中传达撤退谕旨的，就是连长江都不敢跨过一步的李易。

岳飞因为抗金被秦桧迫害致死，李易则因破坏抗金得到秦桧赏识。从绍兴十年五月到绍兴十二年（1142），短短两年半，李易的官职数月一变：先是官拜起居舍人，接着升为起居郎，一个月升为中书舍人,最后爬上给事中侍讲、敷文阁待制的高位。

正当平步青云、扶摇直上的时候,绍兴十二年底,李易突患急症,呜呼哀哉。

车吉心 主编

中国状元全传

● 第三卷

山东教育出版社

顾　问　安作璋
主　编　车吉心
副主编　刘德增

本卷目录

张九成 /417
汪应辰 /427
黄公度 /439
陈诚之 /441
刘　章 /443
王　佐 /446
赵　逵 /456
张孝祥 /464
王十朋 /480
梁克家 /495
木待问 /499
萧国梁 /501
郑　侨 /503
黄　定 /506
詹　骙 /508
姚　颖 /510
黄　由 /512
卫　泾 /514
王　容 /518
余　复 /520
陈　亮 /522
邹应龙 /532
曾从龙 /534
傅行简 /540
毛自知 /542

郑性之 /544
袁　甫 /548
吴　潜 /556
蒋重珍 /560
王会龙 /563
黄　朴 /565
徐元杰 /566
吴叔告 /574
周　坦 /576
徐俨夫 /577
留梦炎 /579
张渊微 /583
方逢辰 /585
姚　勉 /588
文天祥 /590
周震炎 /611
方山京 /613
阮登炳 /615
陈文龙 /617
张镇孙 /621
王龙泽 /623
薛　奕 /625
蔡必胜 /627
周　虎 /631

西夏

李遵顼 /637

张九成

◎ 陶雪

一、状元的故事和传说

北宋元祐七年(1092),张九成(字子韶,号横浦居士)出生于开封(今属河南)。这时的大宋帝国已开始走下坡路,边患日重。靖康元年(1126),金兵渡过黄河,攻下开封,掳走了徽宗、钦宗二帝及后妃、皇子、皇女、宗室贵戚和大批财物。宋徽宗的第9个儿子康王赵构正在河北作战,得以逃脱。靖康二年(1127),被拥为皇帝,是为高宗,年号建炎。

在战乱中,张九成一家南迁钱塘(今浙江杭州)避难。张九成的幼年及青年时代均是在人心惶惶的动乱年代里度过的。他从小刻苦读书,8岁能默诵六经,10岁时就擅长文学,14岁时来往于郡里的乡学,十分用功,不畏艰难,潜心学习。曾拜理学家杨时为师,学问日益长进。

由于连年战乱,科举停止。张九成为无法实现科举入仕的理想而叹息。有一次,他梦见殿试放榜,高中状元。虽是南柯一梦,却更加激起学习热情。

建炎三年(1129)年初,金兵南下扬州。十月,金将兀术率兵过江,追击宋高宗,被击败于桐庐(今浙江桐庐)牛山下,掳掠人财北退,又遭韩世忠大军截击,受阻达480天,从此退守长江以北,一个时期没敢再用兵。高宗在临安(今浙江杭州)建立偏安政权,暂时平稳以后,绍兴二年(1132)第二次开科取士。高宗为了光复中兴,提出在殿试对策中,如有能为治国安邦提出好的建议者,给以好的名次。

杨时对张九成说:"这是中兴以来第二次开科,你在对策中应鼓励皇上要有刚强宽广的胸怀,不要为一时的挫折而灰心丧气。"

殿试时,张九成在策文中写道:"愿陛下刚强奋进,不要为艰难而沮丧。臣以为,金人有必亡之势,中国有必兴之理。因为从历史上看,好战的必败,不讲礼义的必败,人心不明的必败,金人占了这3个必败的因素。"

在具体问题上,张九成着重提出不要任用、更不要听信宦官的建议。他写道:"历代中兴的帝王,大都以仁义为尚,不听谗言,不任小人,这是中兴的根本。宦官插手朝政,是国家不祥的征兆。现在,有的宦官干预朝政,这是臣所担忧的。应该让宦官们按其职责服侍皇上，打扫宫苑。如果他们当中有结交往来的，应明令严禁；如果有干预政事的，应立即诛灭。"

相传，张九成写到"竖貂闻于齐而齐乱，伊戾闻于宋而宋危"，即竖貂、伊戾两个宦官祸国的史实，有宦官前来偷看他的对策，张九成掩卷正色说："正在说你们呢，请不要看！"宋人罗大经《鹤林玉露》对此事有记载，但略有不同，说："张九成参加殿试，到吃饭时策文还没写完。宦官来催，张九成说：'现在正谈到你们呢！'"

张九成还写道："民间百姓都知道享受天伦之乐，陛下贵为天子，冬不得温，夏不得凉，早晚无处去请安，感时遇物，难道不想念被掳走的两位皇帝吗？"

张九成的殿试受到高宗赏识，钦定一甲第一名。这一年，他40岁。他对策中的一些名句，在社会上广为流传。如"澄江泻练，夜桂飘香。陛下享此乐，必曰：'西风凄动，两宫得无忧乎？'"后来，李清照在诗中写有"桂子飘香张九成"，就是指他策中的用语。

据说，由于张九成的对策忠愤激发，无所顾忌，被钦点为第一，凌景夏第二。当时，有一个叫吕顾的大臣说凌景夏的词比张九成好，请高宗更改。高宗却说："士人初进，便须区别是忠是佞。张九成所对，上自朕躬，下至百执事，所讲无所畏避，宜首选。"

二、初入仕途多艰辛

张九成高中以后，初次外放，任为镇东军签判。签判全称"签书判官厅公事"，是个幕僚官。

金主为了镇抚华北地区，并为了在金宋之间建立一个缓冲地带，把宋的叛臣刘豫扶持起来，建立所谓齐国，管辖陕西、河南等地，这实际上只是金人手中的一个傀儡政权。

早在张九成殿试的对策中就认为："刘豫背叛君亲，委身于夷狄，奸邪无道，这是小人，如同儿戏，不必顾虑。"因为张九成策文的内容、文采均好，在民间广为流传，伪齐在宋朝的间谍也得到了它，见内容涉及刘豫，就带回伪齐，呈给刘豫。刘豫读后恨透了张九成，召了刺客，去临安寻找机会刺杀张九成。张九成听说后十分坦然，毫无惧色。

刘豫还在大街上张贴告示，讨伐张九成。这些话传到了高宗耳中，却误传成了张九成去开封归附刘豫。他问沈必先："有没有这件事？"沈必先上奏，张九成正在做官，两天前还有文字上报。高宗调查以后，明白了原因，对他进行了褒嘉。

当时，有些百姓为了生活，违犯了食盐只准政府晒制贩运的"盐禁"，私自晒盐。提刑官张宗臣要逮捕几十个晒私盐的百姓。张九成偏向百姓，说不可逮捕。张宗臣不高兴地说"这是丞相批准的法令。"张九成说："皇上多次下诏，要体谅民情。你不领会皇上的意思，只听丞相的，这是为什么？"张宗臣大怒。张九成辞官而去。

张九成在经学研究上素有成就，遐迩闻名。辞职之后，许多人慕名前来求学，其中不乏名士。

赵鼎出任丞相以后，在政治上主张对金作战，以图恢复中原，同时推荐、选用人才。他推荐张九成为太常博士，到职时改为著作佐郎，不久由副职任为正职，即著作郎，负责朝中撰拟文件告示，同时负责记录每日朝中大事，称为"日历"。

以后，张九成又外放为浙东提刑，但是他辞官未就。赵鼎再次举荐，任为宗正少卿，礼部侍郎兼侍讲，又兼刑部侍郎。

侍郎为中央各部的副职，仅次于尚书。张九成既有学术上的侍讲官职，又身兼礼部、刑部两部的侍郎，成为朝中有权势的大官。

任职期间，发生了一个案件。有一个人因被诬告而判罪，最后定为"大辟"罪，这是一种残酷的死罪。张九成详细阅读了案件的卷宗，认为证据不实，可疑处很多，请复审。结果，真是一桩冤案。朝廷以为张九成平反了一宗冤案，应该给予奖赏，而他说："我在刑部任职，造成冤案，我也有责任，哪能领赏？"坚决辞却。

三、主战反被秦桧罢官

宋高宗时期，对金人的和与战一直是争论的焦点。一派力主讨伐，恢复大宋版图；一派主张委曲求全，与金议和，有的甚至不惜投降卖国。高宗在秦桧等人唆使下，杀害了抗战派爱国将领岳飞，解除了韩世忠、张俊等抗战将领的兵权。朝中大权逐渐为投降派把持。

金主向宋诱降，提出"议和"，而其实质是要宋向金俯首称臣。金人提出以后，朝中大臣议论不止。赵鼎是主战派，张九成支持赵鼎，对他说："金人实际上是虚张声势，以图撼动中国。"他提出，如果议和，应该以宋的条件为依据，不能任凭金人所为。他提了10项条件，说金人承认这10项条件才能谈判和议。正在这时候，赵鼎因竭力主战，反对秦桧被罢官。投降派秦桧独揽大权。皇上问张九成的看法，他仍坚持："敌人多诈，不可轻信其言，不可不查！"秦桧借口张九成在皇帝面前妄议西汉灾异，有忤皇帝之罪，谪为邵州（今湖南邵阳）知州。

秦桧，世之奸贼，对张九成仍不肯罢休。张九成到邵州后，前任留下的是空虚的仓库。秦桧死党何铸把罪名加在张九成身上，又把他诬为赵鼎一党。张九成终于被免去职务，连州官也做不成了。张九成心底坦荡，并不避讳与赵鼎意见一致。秦桧以此向高宗进谗言："自古朋党为奸，无不害怕皇上知道，这个张九成却不怕。这样的人不能做行政官，让他管宫观吧。"宋代建了一些道教宫观，各有一名官员管理。于是，张九成被彻底罢去行政职务，去江州（今江西九江）管理太平观。

四、婚姻生活

张九成少年时代，有一天晚上与朋友凌季文在河边散步，见到前边有一个女子，衣冠楚楚，他们二人快走，却怎么也赶不上，二人心里奇怪。走到一个空旷的地方，女子突然回头一笑，竟是一个绝色美人。二人又惊又喜，才要上前询问，那个美人却从水面上缓缓走去。

张九成结婚后，妻子不幸早逝。中状元以后，为他说媒的很多，他却选了浦口马氏为继妻。这个马氏是个寡妇，人人都惊奇张九成的做法。

原来，马氏初嫁于义乌（今浙江义乌）人吴察，生了一个儿子，已经7岁，吴察死后，由姑姑龚氏抚养。张九成偶见马氏，见她姿色同少年时见到的女子很像，因而，不顾社会舆论娶了这个寡妇。这个马氏却无福分，嫁给张九成仅2年便患病而死。马氏死后，张九成为她撰写了墓志铭，叙说了自己与她的结合，毫不隐饰这段恋情。

张九成早年信佛，晚年更为诚笃，与爱情婚姻不如人意亦有关系。有一天，他参拜参喜禅师，禅师以话试探他："缘何起得早，妻被别人眠。"张九成听后大怒，认为这是对自己的侮辱。于是，参喜禅师笑道："看来，你俗心还很重呀。"

张九成婚姻的不幸，导致他曾一度削发为僧，号为"无垢子"。

明代邵灿曾以张九成为生活原型，写成传奇剧本《香囊记》，描写张九成考中状元后，与妻子贞娘悲欢离合的爱情故事：张九成大魁天下后，因得罪了丞相，被遣为岳飞幕下，参加抗金战争，不久又奉命出使金邦，被拘囚。张九成的母亲及妻子贞娘等在家中。有一乞丐拿着九成的紫香囊讨食，并伪说九成已战死疆场。张九成的弟弟张九思听说后乃赴前线寻兄。金兵破汴京开封后，贞娘与母亲逃难，中途失散，寄居在周姥姥家。有赵运使之子，从乞丐处将紫香囊买来，作为聘礼，欲强娶贞娘为妻。这时，九成自金邦逃归临安（杭州），得授观察使，遇贞娘持紫香囊前来告状，夫妻相会。终又找到母亲与弟弟，全家团圆。

这个故事虽然是虚构的，但它表现了张九成对爱情的忠贞。

五、谪居南安14载

张九成被秦桧贬去管理太平观，但秦桧心毒手辣，仍不肯罢休。

经山名僧宗杲，喜谈禅理，不少人慕名而来，向他请教。张九成一向研究佛学，因而也往来于宗杲门下。秦桧以小人之心，认为这些人聚集在一起，难免说他的坏话，于是，指使詹大方，像当年诬陷岳飞一样，诬陷张九成谤讪朝政。高宗不知真假，遂罢去张九成一切职务，贬谪南安军(今江西大余)。

在南安军期间，张九成潜心读书，研求学问。《鹤林玉露》记载，他住在城西宝国寺，他的居室有一扇矮窗。或每日黄昏，室内渐暗，或清晨天尚未大明，他就拿着书在窗前阅读。时间长了，当他离开南安军宝国寺的时候，他居室窗前每天站立读书的地方，方砖上已留下了深深的一双鞋印。

被贬谪之后，张九成生活清贫，但他安之若素，有人送他黄金，他坚辞不受。

张九成虽然离开了官场，但仍与官场上的朋友往来。汪应辰也因反对秦桧而遭贬，二人仍书信往来。张九成父亲病故，汪应辰前来吊唁，互通声气。

另一个反对秦桧而遭贬谪的人洪忠宣，死后其灵柩经过南安运回原籍。张九成不顾个人安危，亲自祭奠。祭文中写着："年月日具位某，请以清酌之奠，告于某官之灵，呜呼哀哉！"

张九成被谪南安达14年之久。

六、创"横浦学派"

张九成被秦桧贬谪的地方，地滨横浦，因而曾名横浦，张九成也就自号为横浦居士。

在学术上，他著述甚丰，学生也不少，终生研究经学，注释儒家经典,有很多独创性,是宋代的一个大儒学家,他的门徒继承其学,世称横浦学派。

张九成在研究儒家著作的同时,也研究佛学,并与宗杲、参喜等大师交往。他在访问参喜禅师时说:"打死心头火,特来参喜禅。"认为已解除俗念,而参喜以为他"轻轻扑一扇,炉内便起烟"。说他世俗观念并未摆脱,仍是一扇就着火。

他的学说揉合儒佛而为之。他开创的横浦学派,遭到朱熹等人的攻击,未能大兴。

张九成的主要著作有《横浦集》20卷,早在宋绍定年间,已梓刻问世。

他还著有《尚书详说》50卷。后人于明代编成的《横浦全集》,收有他关于《大学》、《中庸》、《孝经》等疏证。另外,他还写有《孟子传》29卷,《书传统论》6卷,《心传》3卷。

七、"见玉带则止"

秦桧死后,张九成才被召回京都,任命为温州(今属浙江)知州。到任以后,吏部派来官员督促郡中居民缴纳军耗,百姓不胜其负担,无力缴纳。张九成上书吏部,力陈这种做法的弊病,而吏部不听,坚持征收。于是,张九成挂冠辞官而去。

宋人叶绍翁在《四朝闻见录》中记载,张九成读书的时候,遇到一位异人,说他"见玉带则止"。他中状元当了官,有人说已经应验了。但辞官以后已经病重。有一天与客人交谈,共同看一条玉带,客人介绍说:"这是王钦若当年以计取的上方玉带。"张九成一生遭奸臣陷害,痛恨奸臣,他见到玉带就说:"奸臣!奸臣!"声音渐小,溘然而世。此说虽然虚妄,却也反映了张九成痛恨奸臣的心情。张九成死时68岁。宝庆初年追赠为太师,封荣国公,谥号"文忠"。

汪应辰

◎ 陶 雪

一、聪慧的读书郎

宣和三年(1128)，汪应辰(字圣锡)出生于信州玉山(今属江西)。他2岁那年，金兵攻占开封，徽宗、钦宗二帝成了阶下囚，开国166年的北宋王朝至此结束。

汪应辰的家乡在长江以南的山区，还感受不到战争的灾难。幼年的汪应辰，不像别的孩子那么顽皮，年龄虽幼却十分凝重，大人们很惊奇。他的父亲是县衙的一名弓手，家境十分贫寒。从5岁起，他开始读书识字。家中没有钱买灯油，他就到山上砍一些油性大的松枝，点燃照明。汪应辰在火光下苦读，虽艰苦，却备感快乐。渐渐地，他成为一个远近闻名的才童。

汪应辰没有钱买书，只有向别人借。应辰很聪明，过目不忘。邻居们都夸奖汪应辰，认为他将来必有成就。许多一般人不认识的字，他却能认得出。10岁时已经会写诗，做对联。

一天，乡校的教书先生听说他能文会诗，就戏问："唐代的韩愈13岁能写很好的文章，你比他怎么样？"汪应辰朗声道："孔夫子教了3000弟子，能论道，你比他怎么样？"才思如此敏捷，教书先生十分吃惊，一时也传为美谈。

喻樗，字子材，当时在玉山县任县尉，常亲自为县学上课。汪应辰父亲的同事对他说："汪应辰年幼而有才学。"喻樗便召见了他，看到他长得奇伟不俗，就出一个上联"马蹄踏破青青草"，要他对下联。汪应辰不假思索，立即回答："龙爪拏开白白云。"喻樗十分惊讶，对人说："这个孩子以后必成为有用的人才，会做大官。"于是，把他留在县里读书。

喻樗有两个女儿，富家子弟来他家求婚的不少，他都不答应，而分别许配给了汪应辰和张孝祥。汪应辰和张孝祥后来都成了状元，又是连襟，同为喻樗的女婿。张孝祥官至安抚使，显谟阁直学士，又是大诗人。

汪应辰参加乡试，成了举人。丞相赵鼎听到他才学俱佳，聘他在馆塾任课。

二、少年状元郎

北宋灭亡后,康王赵构在临安(今浙江杭州)建立偏安政权,是为高宗。汪应辰参加会试中试。殿试的时候,对策的题目是"吏道、民力、兵势"。汪应辰写道:"治国的根本应该为'诚',皇上作为人主,自己应先做到这一点。"高宗对他的试卷十分满意,钦定为一甲第一名,并以为汪应辰定是个老成持重的人。没想到金殿唱名时,看到的竟是一位翩翩少年,年仅18岁。这么年轻,竟能写出如此成熟的文章,高宗甚为惊叹。

汪应辰原名汪洋。高宗御笔点为状元时,认为"汪洋"有语病,不算是好名字,便将"洋"改为"应辰"。高宗还特书《中庸》赐给这位少年状元郎。曾敏行《独醒杂志》记载说:皇上所以给他取名"应辰",是因为过去有个王拱辰也是18岁中了状元,所以给他取名为"应辰"。

一般,中进士一甲的,最初都是在翰林院某机构任馆职,不担任具体行政职务。丞相赵鼎进言说,汪应辰少年得志,中为状元,应该外放到地方上锻炼,以期成为有用之才。于是,高宗授他为镇东军,做一名幕僚官。

汪应辰少年时从喻樗学习,中状元后仍感知识不足,听说南宋第一状元张九成很有学识,向喻樗提出再拜张九成为师,喻樗很支持他。于是,应辰又从张九成学,学识水平得到很大提高。

赵鼎一直十分赏识汪应辰,幕府中有些大事难以决定,或有些事不明白,经常屈尊咨询。有一年,天旱无雨,禾苗枯死，官民焦虑。赵鼎令应辰去祷雨。汪应辰诚心地祷告，祈求上苍降下甘霖，以解救一方百姓。也凑巧，果真下雨了，旱情解除了。百姓们高兴地说："这是相公雨啊！"赵鼎说："他不是一般相公，是状元，应叫它状元雨。"

汪应辰在地方任职期满，调至中央任秘书省正字，掌管校勘书籍，这一官职历来都是从进士中任选的。

三、受秦桧排挤打击

汪应辰中魁的年代，正是南宋初年。金人仍不断进攻南宋，金主完颜亮亲率大军，从几个方向对南宋用兵。秦桧在靖康间同徽宗、钦宗一起被俘虏。到了金国，他卑躬屈膝，替金人策划怎样能灭掉宋，取得了金人的信任。后来，他潜回南宋，以花言巧语，取得了高宗的信任，由礼部尚书升为参知政事，又晋升为宰相。秦桧掌大权以后，推行投降政策，利用权势，结党营私，组成一个投降帮派。于是，主张作战恢复中原的朝官纷纷被罢官，有的还被判刑。

汪应辰虽然年轻，却很是爱国，一向仰慕爱国抗金的岳飞等人。他调至秘书省的时候，正值金人提出，如果宋愿和平，可以把河南地区归还宋，"和平"的条件中包括向金人纳贡称臣。秦桧力图说服高宗与金人和谈。

汪应辰了解情况后上疏说："达不成和议没有什么可怕的，可怕的是达成和议，国内失去了防御的准备；朝中对战与和有争论没有什么关系，可怕的是朝中没有主战的人。我们万万不能忘掉靖康时受到的奇耻大辱啊！"

汪应辰又针对秦桧进行抨击："当今，倡言抗金复国的大臣,有的被逮捕判刑,有的被去官职;迎合当权者,却可以升官重用。造成了小人当道、庸禄无能之辈在位的局面,忠臣义士却无立足之地,这是当今存在的最重大的问题。"

汪应辰的上疏引起秦桧的忌恨,把他从秘书省外派到建州(今福建建瓯)任通判。汪应辰请求辞去官职,被批准。这一贬谪,竟长达17年。

辞职后,汪应辰到了常山(今江西境内),住在永年院。此处偏僻,院内长满蓬蒿,连路也没有。室内惟有床铺、桌椅而已。有时连粥饭也吃不上。许多人对才华横溢、年轻有为的状元遭此待遇极为不平。汪应辰却处之泰然,每日以修身、自学和讲学为事,不曾有丝毫的懈怠,浩然之气凛然不可屈。

张九成是汪应辰前一科的状元,也是赵鼎赏识的人。赵鼎主战,被罢了官。张九成上疏说:"绝不能苟安,不能冤枉好人。"结果,同汪应辰一样被秦桧免去官职,贬放去邵州(今湖南邵阳)。许多人害怕秦桧一伙人心狠手毒,没有人敢和张九成来往。汪应辰却和他不断以书信往来。张九成父亲逝世,汪应辰不远千里前去吊丧,张九成十分感动,两人友情更深。

宋代,崇尚道教,各地修了一些道观,并派官管理。汪应辰被任命主管崇福观,后来调任袁州(今江西宜春)通判,是知州的副职,协助知州处理一州政务。汪应辰初到袁州的时候,很多人认为他是一介书生,缺乏行政经验。但是他到职以后,处理政务,很有魄力。

赵鼎因反对秦桧卖国投降而被罢官后,闭门谢客,不与生人来往。他对儿子赵汾说:"秦桧一定要杀死我才放心,我如不死,全家都要株连;我如果死了,你们就可以幸免了。"于是，绝食而死。赵鼎死后，家人将其灵柩运回故乡。途径袁州时，汪应辰不顾个人生死，亲自写文祭之。祭文中说："惟有公两次登宰相之位，都值国家危亡之时。事已定于盖棺，思还有待于旧骨。"相信日后定会给他公正的评价。赵汾从汪应辰那里借了几个人一同护送灵柩，途经衢州(今浙江衢县)，知州章杰为了巴结秦桧并报私仇，把护送灵柩的人逮起来，说汪应辰与赵鼎是死党，想从行李中搜出汪应辰的祭文和与赵鼎的往来信件，幸好赵汾事前已经焚烧了。

此后，汪应辰又担任过静江府(今广西桂林)通判和广州通判，为政清廉。

四、重新任用　积极主战

秦桧死后，高宗起用了一些被秦桧贬下去的旧官，主战派重新受到任用。汪应辰初任吏部的郎官、右司。他以母年老多病，应尽孝道，在家侍奉，要求外放。高宗同意了他的要求，委任为婺州(今浙江金华)知州。不久，母亲病故，按制辞去官职，在家守墓。

服满后，汪应辰调至中央，任秘书少监，就是秘书省的副职，接着任命为吏部尚书，成为朝中大臣。

李显忠是抗金前线的将军，但是人品不好，有贪污军款等罪。汪应辰发现了李显忠冒领5000多人的赏金，及时给予处理。他在吏部任职期间，发现贪污浪费现象十分严重。如班直转官3天，堂使就增拨1万余钱；工匠洗泽器皿仅发给100余钱，堂吏食钱却600钱；塑显仁帝神像，过了半年，还没修一半，却已开支3万多钱、绢6000多匹。高宗览后也吃惊浪费如此严重，令吏部节约开支，裁减多余的职官。

金人撕毁了与南宋订的和议，大举南侵。南宋都城临安乱成一团，达官贵人纷纷把家眷送往南方，高宗甚至想遣散百官，浮海避敌。宰相陈康伯极力主张誓死守土抗敌。高宗下诏，令朝中大臣陈述"足食足兵"的良策。

汪应辰上奏说："臣最忧虑的不在于兵力不足，在于军事、政治腐朽。自秦桧与金人讲和以来，将士骄惰，士兵不操演，敌人还没打过来就望风而逃，敌人退去又谎报战功。这样的将士不仅不会受到惩罚，甚至还会受赏。在天下无事的时候，皇帝的诏令有时都行不通，一旦遇到紧急情况，谁能听命而为国家效力卖命？希望圣上能英明决断，赏善罚恶，使人人听命，这样，号令才行得通。"汪应辰言外之意，指摘了高宗前一时期任用奸佞，造成了恶果。对此，高宗不太愉快。

高宗虽然妃嫔众多，却只有一个独生儿子，且独子早卒，便从宗室中选了10个孩子入宫培养，以后留下2人，即赵璩和赵瑗。赵瑗小名"羊"，高宗赐名"瑗"。绍兴三十二年（1162），决定建立储君，选中赵瑗。因为与唐庐江王、晋楚王名讳相同，诏改为"晔"。汪应辰闻诏，上奏说，"晔"又与唐昭宗名讳相同，于是改为赵昚。

高宗决定禅位于储君。登基大典，各项事宜，多为汪应辰主持。汪应辰说："唐太宗受禅于高祖，次年正月始改元。"封建社会每个皇帝都有年号，有时因天象，或外敌入侵，或图个吉祥，也要更改年号。一般，皇帝驾崩，新皇即位，应立即换用新的年号。汪应辰认为，高宗是禅让，人仍在世，应于次年改元，高宗接受了他的意见。初议年号"重熙"。汪应辰又上奏，说契丹曾用过"重熙"的年号，不可用。于是改为"隆兴"，以1163年为隆兴元年。"隆兴"只用了2年，又改元为"淳熙"。

高宗禅让以后，居于宫中，还要给他一个尊号。李焘、陈康伯等建议称为"光尧寿皇"。汪应辰说："尊号是从唐代开元年间开始的，但宋代元丰以后再也没有过。现在，不应该再恢复。况且，太上皇一直并不看重权势，何必加上什么尊号呢？"

在讨论中，赞成的和反对的各占半数，争执不下。汪应辰说：'光尧'一词不通，'尧'怎么可以'光'呢？"这话传到了高宗耳中。高宗说："汪应辰一向对朕不满意。"高宗退位以后，还干预朝政，使得孝宗十分为难。

五、外任四川

汪应辰一再要求离开中央去地方任职，于是，孝宗任他为福州（今属福建）知州。不久，升任为敷文阁待制。汪应辰又以朱熹很有才学，举荐朱熹任职。孝宗任命汪应辰为敷文阁直学士，外放四川，制置使兼成都府知府，掌管一方军政大权。

任命地方官，皇帝要召见，职官向皇帝辞行。汪应辰去四川之前去见皇上，孝宗希望他能治理好地方。

南宋时期对百姓进行苛刻的压榨。夏秋两税，身丁钱米，以及名为和买和籴而实际上由纳税户无偿输纳的绢帛米粟等等，都较旧定额数增加了 5～7 倍。汪应辰对一些害民的税收提出了意见。他还提出有关守卫边疆的士兵口粮供给等方面的建议。

吴璘当时担任宣抚使，所率精兵被赞为天下之冠，驻守川陕一带，金兵不敢进犯。但吴璘年事已高，且又多病，已难当此重任。汪应辰十分担心，怕一旦吴璘去世，无人执掌兵权，金兵将乘虚而入。于是，密奏孝宗，说川陕地区十分重要，涉及国家安危，对吴璘军职应早做安排。于是孝宗传旨，若吴璘病重，由汪应辰代理其职务，军中不可一日无帅。果然不久吴璘病死，汪应辰代理四川宣抚使，使四川保持安定。

不久，孝宗任命虞允文为枢密使，兼任四川宣抚使，即为全国军事统领兼四川军事统领。汪应辰援引张浚的先例，请求辞去制置使，皇上不允。

朝中拟委派命官到四川检查匿报的税款。汪应辰上奏说："不必兴师动众。如果派出大批人员检查，第一妨农废业，第二纵吏扰民，第三会产生违法事件，第四可能出现争执。现在，在法令的威慑下，已有匿报的自首，各州县增收已经不少，还有不够的地方，可通过行政法令解决，不必另派人员，以免扰乱地方官及百姓。"孝宗认为他的见解极有道理。

四川遭受大旱，孝宗问："怎样解决四川的灾荒？"应辰回答说："四川的利、阆、绵、梓等各州的军马粮料，过去都是根据老百姓的承受能力均摊，官方给的收购粮款，百姓实际得不到半数。如果改变一下，派官在粮食丰收的地方收购，可以解决一些问题，对确实无收的地方应予免税。"孝宗采纳了他的意见。当时，刘珙初任同知枢密院事，他说："汪应辰的学识才能是我所不能及的。"

四川的邛县一带连年灾荒，盗贼群起，波及附近的州县。汪应辰上奏朝廷，下令招捕。不到1个月的时间，逮捕了盗贼首领，斩首示众，并招降他的余部。有人一向忌妒汪应辰，就向虞允文说："地方上出了盗贼大案，汪应辰隐匿不报，是怕影响自己的政绩。"上司派人调查，汪应辰说："我每一次活动都及时上报了，没有丝毫隐匿。"拿出报告的留底来，虞允文十分惭愧,知道是受了坏人的挑拨。

汪应辰进京述职,孝宗召见的时候,他以"畏天爱民"相进言。孝宗说:"卿久在四川,使得朕解除了西南地区的担忧。你任职期间,对军政民事方面许多弊端做了改革,民间也能得实惠。"汪应辰见孝宗高兴,趁机进言:"四川现在还有两件事应该改革:一是予借,二是对籴。地方上为了向中央缴钱粮,不但收当年应缴的,还以预借的名义从民间多收。除了上缴中央,地方财政为了补开支不足,除了让百姓上缴皇粮以外,以对籴的名义,以半价甚至不给钱从百姓手中征钱、粮、绢。如果将这两项不合理的措施革除,就更好了。"其实,南宋王朝以大敌当前为借口,对百姓进行苛酷的压榨,名目繁多。汪应辰的谏言,不会有什么结果。

六、刚直遭贬官

汪应辰在四川任职几年,有较好的政绩。于是,调回中央,升任吏部尚书兼翰林学士、侍讲,成为中央的高官。

汪应辰长期在地方,人事关系较为简单,又与皇帝不直接接触。到中央以后,要经常上殿奏事,又要与各部、司联系,还要处理地方上奏的事务,由于一向刚直不阿,汪应辰得罪了许多同僚,也为孝宗皇帝所不满。

汪应辰在一次上奏中提出了"爱民六事",孝宗与朝臣听后都大为不快。有一天上朝,孝宗对陈良佑说:"汪应辰奏你在四川政务不勤,说话荒诞。"陈良佑却回奏说:"这是汪应辰为了个人名誉利益编造的谎言。臣与应辰昨天同时上朝,应辰请求外放,臣觉得他离去可惜,请求把他留下。他对臣不满，造了这个谣。"孝宗说："原来是这样！"从此对汪应辰更加不满。

高宗禅让以后，居于德寿宫。德寿宫建造了水池，以水银浮金凫鱼在上面。孝宗去见寿皇，高宗指着水池说："要用水银，说没有水银，这是从汪尚书家买来的。"高宗多年来对汪应辰不满，所以这样说。而现在孝宗也对他不满，听了之后大怒，说："汪应辰力言朕建置房廊是与民争利，他自己哪里来的水银？"汪应辰听了这件事之后，叹了一口气，说："看来，我不能再在中央任职了。"于是辞职，孝宗允准，以端明殿学士之衔任平江府（今苏州）知府。

在平江期间，韩玉从这里经过，汪应辰没有请客送礼。韩玉回京以后，向孝宗上奏："臣经过许多州县，没有一个州县像平江府那样糟。"

淳熙二年（1175），王季海任宰相，举荐汪应辰为负责教育与科举的"大宗伯"。汪应辰有一个布衣朋友，两人交情甚厚，但一生屡试不第。汪应辰认为他才学很好，是命运不好或者得罪了人。因自己负责科举，就想帮他一下，把他约到一个寺庙里，在一个房间对榻而宿。科举考试，答卷全部密封，批卷人不知道答卷人的姓名。所以，汪应辰对他说："我主持本年科考。为了帮助你，请你在答卷的开头用3个古字。我阅卷时见了这3个古字，知道是你的，一定录取。"那人千恩万谢。

汪应辰在批试卷的时候十分仔细，果然有一份试卷，开头用了3个古字，把他录取了。但是，解开密封以后，一看姓名却不是他的朋友，十分奇怪，也很不高兴。

过了些天，朋友来看他，汪应辰责备道："一定是你轻名重利，把咱们二人约定的事卖给了别人，以得到些钱。"那个人指天盟誓说:"考试期间,我得了一场大病,险些丧命。这不,病刚好就来看你,并没有将约定的办法泄露给别人。"汪应辰耿耿于怀。

又几天过去,那位因写了3个古字而得中的人来拜见宗师。汪应辰问他:"头场试卷,你为什么开始用了3个古字?"那人起初不说,汪应辰一再询问,他才回答说:"这是一件奇怪的事。先生既问,不敢不说。我来考试以前,住在寺中,与寺僧在廊下散步,见放着一具棺木,已布满了灰尘。寺僧对我说:'这是一位官员的女儿,在这里放了100年,没有亲朋来管。'这天晚上做梦,见廊下有一女子对我说:'官人去赴试,头场卷子可用3个古字,必登高科。官人果然得中,请将妾之朽骨埋入土中。'我当时认为十分奇怪,但照她说的做了,果然得中。于是,到寺内把那具棺木埋葬入土,然后来拜见宗师。"汪应辰听后感到十分惊奇。这事见于宋朝人罗大经写的《鹤林玉露》,当然,只是一个奇妙的传说而已。

七、抑郁而死

汪应辰晚年不为孝宗皇帝赏识,又受同僚排挤,一再被贬,忧郁成疾。淳熙三年(1176)辞官回到家乡,不久便病亡,享年59岁,谥号"文定"。他的儿子汪达,也中进士,任过吏部尚书、端明殿学士。

在学术上,汪应辰研究义理,对《易经》、《尚书》都有自己的见解,也是一位学者。他的著作有《文定集》传世。

黄 公 度

◎ 李 晓

黄公度，莆田（今属福建）人，宋高宗绍兴八年（1138）状元。最初授官左承事郎、签书平海军节度判官厅公事。绍兴十五年（1145）正月，升任秘书省正字。

正当黄公度在仕途上缓慢前行时，一个意外的打击突然降临到他的头上。

绍兴十五年十一月，秦桧的走狗侍御史汪勃上书说："李文会任殿中侍御史的时候，有一天接到一封信，信上劝他不要仰宰相秦桧的鼻息，要敢于提不同意见，还威胁说如若不从，就把他的所作所为记录在野史上，让他遗臭万年。这封信的作者就是黄公度，他意在替赵鼎摇唇鼓舌，包藏祸心，阴怀向背，真可怕！伏望陛下特赐严惩。"

李文会也是秦桧的爪牙，秦桧把他安插在言路之上，专门充当攻讦政敌的鹰犬。赵鼎担任过两次宰相，既支持岳飞抗金，又荐举过秦桧，但终因反对秦桧议和，遭到了秦桧的无情打击，被一贬再贬，后绝食而死。由于秦桧之流迫害政敌，惯于捏造罪名，无中生有，所以，黄公度是否真的给李文会写信，替赵鼎游说过，我们现在已难以考查，但这件事至少可以证明他当时是与秦桧进行过斗争的。黄公度就这样被赶出朝廷，贬为肇庆府（今属广东）通判。

黄公度在肇庆足足待了10个年头，直到秦桧病死，才被召回朝，当了左朝奉郎。

一天，高宗在召见黄公度时问道："你在肇庆待了很久，可知岭南一带有何弊政吗？"黄公度说："广南东西路有几个小郡，如贵（今广西贵县）、新（今广东新兴）、南恩（今广东阳江）等地，有达十几年不委派长官的，代理者大都苟且混日子，郡政废弛。有的地方即使派来了长官，不过一年半载就卸任而去，朝廷只好另派新官，弄得地方疲于迎送，民受其害。"高宗说："怎么会出现这种事呢？"黄公度说："据臣观察，大概因为官缺归政事堂掌握，想干的不给，给的不干。"高宗说："如果拨归吏部来管，恐怕就不会出现这种弊病了。"于是，当即下诏，封黄公度为考功员外郎，专门负责此事。

不久，黄公度罹病身亡，享年48岁。

陈诚之

◎ 刘 一

绍兴十二年(1142)四月,壬戌科殿试开考。当朝宰相秦桧的儿子秦熺(原为秦桧妻兄之子,秦桧过继为嗣)参加角逐。殿试结束,考官们把秦熺定为第一名。秦桧觉得这么做太扎眼了,便让陈诚之做了状元。

陈诚之,字景明,闽县(今福建福州)人。他之所以被权臣秦桧看中,是因为他在卷中力倡对金和议,正合乎秦桧的口味。他是南宋第5位状元。

中状元后,陈诚之入仕,任秘书省正字,负责校正典籍讹误。进为秘书省校书郎,职司校雠典籍。迁为秘书省秘书郎,掌集贤院、史馆、昭文馆、秘阁的图籍。绍兴十五年，被任命为祠部员外郎。祠部是礼部的衙门之一，主管官员申请坟寺，僧道帐籍、度牒，赐紫衣师号、主持教门，祠祭奏告、奉安、祈祷，神庙加封赐额，兼领医官磨勘、医生试补等事。后以礼部侍郎出知泉州(州治晋江，今福建泉州)。召为翰林学士，掌起草制、诰、诏、令。累官至枢密院副长官——同知枢密院事，终官于端明殿学士。死后，谥为"文恭"。

刘 章

◎ 刘宝全

刘章,字文孺,衢州龙游(今浙江衢县)人,南宋高宗绍兴十五年(1145)状元。

刘章少年时聪明伶俐,异于常人,特别是记忆力惊人,日诵数千言皆能过目不忘。十几岁的年纪,就精通《小戴礼》,并且在乡举中4次夺冠。中状元之后,授官镇江军签判。当年冬天,入秘书省为正字。第二年(1146),升任秘书郎兼普安、恩平两王府教授。在两王府执教4载,竭尽忠诚,专门以经谊之学启迪训导,很受高宗器重。

但当时秦桧当国,恨刘章不依附自己,放出风来要治他的罪，以无中生有的伎俩，把刘章赶出朝廷，到筠州（今江西高安）任副职。

绍兴二十五年（1155）秦桧死后，刘章入朝为司封员外郎、检详枢密院文字兼玉牒检讨官。后又提升为秘书少监、起居郎。出使金国回来后，代理工部侍郎，不久兼吏部、兼侍讲。

刚到吏部任职，有御史弹劾刘章指使胥长贩卖绸绢。这种传闻连高宗听了都大为惊愕，认为必无此事。这位御史大人却坚执此说，不肯罢休，终使刘章罢为提举崇道观，举朝上下都为他惋惜。起居郎王佐为刘章讼冤，亦被贬官。

后来，刘章被起用，任信州（今江西上饶）知府。不久，离职出任闲差。高宗于绍兴三十二年（1162）禅位于孝宗，念刘章旧学，起用他知漳州（今福建漳浦），被谏议大夫王大宝阻拦。不久，官拜秘阁修撰、敷文阁待制，召任为提举佑神观兼侍读，就职礼部侍郎。上疏奏请禁遏淫祀，并于《三朝史》中删去"道释"、"符瑞志"，认为不合春秋笔法。刘章待人宽厚。当时，朝廷讨论经略中原，调兵北伐。少卿赵彦端上言反对，有人指责赵彦端说："陛下决意举兵克复旧疆，所做布置只为赵彦端提供一种笑料罢了。"赵彦端怕得要死。孝宗有天夜里问刘章："听说秘书监中有讥笑朕的？"刘章不知就里，从容回答说："圣主所为，别人焉敢取笑？议论不同或许是有的。"孝宗疑虑顿释，赵彦端免遭罪罹，人称章长者。

孝宗下诏垂询唐太宗所问魏征德仁功利优劣，刘章上疏应答，并言："太宗问魏征是在贞观十六年，陛下即位迄今已历十载，请求益加着意朝政，超越商、周，绍继唐、虞，唐太宗的政绩更不是难以达到的。"

晋升代理礼部尚书兼给事中，孝宗在选德殿召见他，问："你偌大年纪却容貌未衰，是不是曾经学过道术？"刘章拱手回答:"臣一介书生无别的长处,只是节俭自度。晏婴一件狐裘穿 30 年不换,人们觉得是难事,但臣以为很容易。"宋孝宗久久嘉叹,亲笔书写条幅赐予他,让他安心任职,刘章却极力请求告老还乡,终以显谟阁学士之职出任祠官。

淳熙元年(1174),刘章之子刘之衡出守广德军(今安徽广德),在便殿陛辞时,孝宗问刘章安否。慰劳再三,要之衡代他转达此意。不久,即遣阁门祗侯苏曦至刘家慰问,拜刘章为端明殿学士,并赐绢 400 匹。淳熙四年(1177),刘章上表告老,以资政殿学士致仕。不久去世,享年 80 岁。追赠光禄大夫,谥号"靖文"。

刘章容状魁硕,历事两朝,但他并不恃宠而骄,言行谨慎,从未有一句话泄露过宫禁机密。

王 佐

◎ 涂 晓

一、得罪秦熺

王佐,字宣子,号敬斋,山阴(今浙江绍兴)人。曾祖王仁,祖王忠,世有仁德。父王俊彦,以进士起家,官至左宣义郎、太平州(州治当涂,今属安徽)州学教授。王俊彦品行端正,精通儒经。他两娶同邑叶氏。王佐是王俊彦前妻所生,幼而颖异不群。7岁时,父亲给他讲解《孟子》,讲了一遍,他便能背诵，不差一言。众人夸赞，他毫无矜色。王俊彦叹曰："我家积善百年，当有富贵的，难道就是此子吗？"18岁那年，考入最高学府——太学。3年后，参加戊辰科省试，名列前茅。殿试时，夺得第一名。

这年，是宋高宗建立南宋的第22年，即绍兴十八年（1148）。王佐时年21岁，是南宋第7位状元。

金殿传胪日，王佐趋拜进止，极合礼仪，高宗大为高兴，授他承事郎、签书平江军节度判官。还未赴任，便召为秘书省校书郎，掌校雠典籍。

秘书省的长官为秦熺。秦熺是当朝宰相秦桧的儿子，秘书省的官员纷纷巴结秦熺，从中渔利，惟王佐洁身自好，未尝妄交一语。他曾对同僚说："唐三馆故事，丞相与京畿各县的县尉都是学士，岂可妄自屈事他人？"秦熺闻悉，愤恨不已，唆使监察官弹劾王佐。王佐上疏，请求祠禄，即去管理宫观，实则仅拿俸禄而已。高宗诏准，命他提举台州（州治临海，今属浙江）崇道观。

王佐初入仕途，便遭挫折。

二、贬知地方

王佐刚就任提举崇道观一职，父亲王俊彦病死，遂回籍服丧。丧满，适逢秦桧病死，秦熺也被斥逐，王佐被起用为秘书郎，职掌集贤院、史馆、昭文馆、秘阁的图籍，同时兼任玉牒所检讨。玉牒所掌修纂帝系及各帝在位年数，记政令赏罚、封域户口、年岁丰歉等。迁为吏部员外郎，吏部右司郎缺员，高宗诏令王佐兼领。

秦桧的妻子王氏上疏，乞请动用受赐的还未使用的恩数，自请"冲真先生"。王佐不同意，对执政们说："妇人岂可称此名?从前误赐，有关部门不能主持正义，是失职，今天应当改正。况王氏封两国夫人，盖祖宗以宠亲王的配偶及外戚中的年尊者，怎能动辄援引，败坏礼制?应一起追夺。"但是，执政们未听从他的建议。后王氏病死，朝廷追夺"冲真先生"之号，众人无不恨当初没能采取王佐的建议。

王佐母亲的墓在山阴，被盗贼盗掘。王佐闻讯，来不及请假便奔回山阴。一天，盗贼被捉获，王佐和母弟王公袞欲手刃了他，亲友劝阻说："按国法，此人当死，不要担心仇耻不雪。"王佐方罢休，将盗墓贼送交官府。王佐重新安葬了母亲后，还不忍心离开，后来朝廷一再催促，才回京任职。1个月后，案子审完，盗墓贼未被判处死刑。王公袞愤愤不平，杀了盗墓贼，割下他的头投案自首。王佐闻讯，乞请用他的官位来赎弟罪。高宗诏令百官议处此事。给事中杨椿等说："《春秋》之义，复仇是正义的，王公袞无罪，王佐纳官赎罪的请求，可不予准许。"高宗诏准，命王佐从速就职。

绍兴二十九年二月，高宗诏拜王佐为起居郎，笔录皇上言行。王佐克尽职守，遇事径直奏言，多所裨益，高宗大加称赞。

王佐的得宠引起了一些官员的忌妒，他出任起居郎不到两个月，便横遭诋毁，甚至有些官员呼吁把他流放边地。高宗对王佐还是信任的，但迫于舆论的压力，让王佐出知永州(州治零陵，今属湖南)。

自入仕以来，王佐第一次到地方任职。他到任后，每次处理公事，属吏都抱着文牍立在数步外，不叫不敢近前。王佐时常与百姓交谈，有冤者让他们把冤屈吐出;遇上无赖则一再诘问，直到他们屈服为止。王佐还经常延见官学的学生，劳问年长的老人。对于有才干的人，他竭力荐举。他还奏言永州的士人比道州(州治营道，今湖南道县)多，但贡举的名额仅是道州的1/4，请加以平均。不久，调任吉州(州治庐陵，今江西吉安)知州。吉州州治庐陵，号为难治，众人都觉得王佐将陷于纷杂的事务中，难以自拔。谁知，王佐处理得干净利索，庐陵大治。1年后，调任明州(州治鄞县，今浙江宁波)知州。

三、横遭排挤

王佐被任命为明州知州时，高宗已禅位太子赵昚，是为孝宗。王佐奉诏入京言事，丞相张浚竭力推荐他，侍郎王十朋、舍人张孝祥也都说他可堪大用。王、张两人也都是状元出身，张孝祥是绍兴二十四年的状元，比王佐晚6年；王十朋是绍兴二十七年的状元，晚张孝祥3年。已做了太上皇的高宗传谕王佐，将任用他为京官。不久，诏令下达，委任王佐为中书门下省检正诸房公事，负责处理中书门下省的文书，兼任户部侍郎。王佐力辞户部侍郎一职。因为户部有令，江东地区岁歉，于江西和籴粮食50万石，王佐认为江西一路绝凑不足此数，他若做户部侍郎，就得负责这项和籴任务，而这实难完成，故辞户部侍郎一职，愿任中书门下省检正诸房公事一职，或再到地方做官。孝宗乃诏令他为中书门下省检正诸房公事，兼侍讲。侍讲属翰林院，负责为皇上讲解经义。

不久，金兵南侵，丞相汤思退领江淮都督，统兵御敌。汤思退奏准孝宗，让王佐参谋军事。王佐对汤思退说："敌人刚议和，忽又南侵，这不是他们主子的意思，是某些人邀功妄为。应选骁将精卒,乘他们骄怠猛击,敌军败退,主将势必受罚,我们可以从容料理此事。"但汤思退不久被罢相,王佐也罢参谋一职。

这时,适逢继母卧病,王佐乞请祠禄,以便侍养继母。孝宗不允,任命他代理吏部侍郎。王佐一再上疏请求祠禄,孝宗遂命他以直宝文阁的官衔出知宣州(州治宣城,今属安徽),不久,调任建康府(府治江宁、上元,今江苏南京)知府、行宫留守。建康乃南宋别都,留守建康的,多是执政要员,惟王佐官微而以威望被擢为此官。朝野都明白孝宗有相王佐之意。

王佐刚上任,便破获了一起谋反案。

建康人朱端明等勾结官兵中的不轨之徒,图谋不轨。他们蓄谋已久,因时机不成熟而迟迟未举兵。王佐到任,他们害怕了,说此人精明,再不起事必定被他识破,不如乘他刚到任,先下手为强,遂约定在春季阅兵那天起事。谁知,他们的阴谋很快便被王佐侦知。一天,王佐坐堂,命人捕拿朱端明等首犯,审讯后立即批斩。然后,下令把其他几名要犯流放边地,其余人释而不问。一起谋反案就这样被破获了。建康府的要员都在堂中,起初还不知发生了什么事,见王佐批斩朱犯,才知道是怎么回事。了断此案后,王佐像往常一样批阅文牍,处理政务,好像那桩案子没发生一样。

不久,王佐调任平江(府治吴县、长洲,今江苏苏州)知府,还未赴任,便改知隆兴府(府治南昌、新建,今江西南昌)。王佐还未动身,便出事了。他辖下的上元知县李允升收受贿赂,未被察觉,借口治病辞官。就在王佐准备动身时,案子发了。一些妒恨王佐的官员乘机奏劾,说他放跑了李允升。结果,王佐被削官。

不久,奏劾王佐的官员中,有人犯事被贬,孝宗开始觉察他们的奸行，遂恢复王佐的官位，让他暂任提举台州崇道观，旋即命他担任饶州(州治鄱阳，今江西波阳)知州。不久，改知扬州(州治江都，今江苏扬州)。

王佐入京奏事，孝宗召见，对他的治绩大加赞扬，留他在京担任宗正少卿兼户部侍郎。孝宗去南郊祭天，让王佐扈从。每次询问政事，王佐的回答都大令孝宗满意，孝宗甚为高兴。

王佐受宠，再次引起一些人的忌恨，他们寻找时机，排挤王佐。

就在这时，发运使史正志因渎职被贬。发运使掌漕运等事，归户部管辖。于是，那些忌妒王佐的人在贬谪了史正志后，硬把王佐牵扯进去，把他罢官。

四、镇压陈峒

1年后，孝宗起用王佐提举台州崇道观，旋即任命为福建路转运判官，佐转运使掌福建路财赋及监察州县官吏。不久，改知潭州(州治长沙、善化，今湖南长沙)。

在潭州，王佐又干出了几件大事。

淳熙六年(1179)正月，郴州宜章(今属湖南)人陈峒率众揭竿而起，他们向西进军，攻占了桂阳军(军治平阳，今湖南桂阳)、道州、连州(州治桂阳，今广东连县)若干州县，众至数千。

潭州隔衡州(州治衡阳，今属湖南)、永州与郴州、桂阳、道州相望。王佐闻讯，马上奏请朝廷发兵围剿。诏令还没下达，王佐便迫不急待地把流放在潭州的一个叫冯湛的人找来，对他说："君若能戴罪立功，不仅可以雪前耻，而且还能重新做官。"冯湛请命。王佐说："今天不能等朝廷的批复了，我把军队交给你。你既受命，就得剿灭叛贼。否则，军法从事！"然后传令，以冯湛为代理湖南路兵马钤辖，统制军队。当天，命冯湛从潭州官军及百姓中自选精兵800人，誓师出征。传令各州县兵皆听冯湛调度，怠慢者立诛。又出军令牌给冯湛，军队路过之处，秋毫无犯；临敌畏缩不前；因抢夺叛军财物而使叛军逃跑，凡此皆按军法严惩。

冯湛出征了。王佐却以擅自发兵奉诏待罪，等候处置。王佐没有考虑个人得失，奏请朝廷火速再派官兵进剿，又担心叛军在冯湛的进击下必定往南逃，应派兵拦截，但南部州县自己无权指挥，心情十分焦急。就在这时，孝宗赦免了他的罪过，命他以"节制会合诸路兵马"的官衔指挥围剿行动。王佐传令广南路将官黄进、张喜分屯要冲，防敌南逃。陈峒见冯湛大兵压境，南逃之路已被断绝，遂把抢掠的财物带上，退回了宜章。荆湖南路转运使奏称，陈峒等已退守岩穴，勿征调大军进剿，以防影响农业生产。王佐闻讯大怒，传檄荆湖南路转运使及各州县，说贼人虽退守但未失败，宜章地处荆湖南路、广南西路、广南东路三路交界处，草木丛生，出入莫测，不可大意。又奏言朝廷，说围剿方有头绪，若放松，贼必更加猖獗。他力请征调大军进剿。不久，获悉陈峒等正在大量制作毒箭，图谋大举。朝廷在招降还是进剿上犹豫不决。王佐上疏说："从前，连州叛民李晞接受招安，朝廷大加犒赏，但不久复举兵反，如今成了陈峒的副手。从这事来看，若不一心讨伐，容他们不死，湖广之患不除。等击败叛军，诛杀首犯，宽赦胁从，也不算过晚。"最高军事机构枢密院仍主张招抚，但孝宗最终采纳了王佐的建议，命王佐亲临前线，督兵进剿。

王佐接旨，即日率军出征。大军悄悄向宜章进发，居民不受骚扰。

抵达宜章前线，王佐命冯湛于四月二十三日进屯阿阜山。二十九日深夜，王佐发令，命冯湛等于五月初一清晨，兵分五路进击。官兵大获全胜，陈峒等首领被杀。王佐下令宽恕胁从，开官仓发粮安辑，局势遂安。

朝廷论功行赏，王佐调任扬州知州，旋即命为京畿临安府（府治钱塘、仁和，今浙江杭州）知府。王佐上疏说："人都有能与不能。天府，臣不能胜任。祖宗时，用人莫重于三司、开封，都选贤杰出任，号为'储相'。权贵惮其威望，莫不敛避，故培养了大批名宦。自巡幸以来，用人渐轻，只要能献媚权贵，便算称职，沿袭非一日了。若使方正自守者担任，就像陆地行舟，绝不可行。即使臣想降心下气，周旋其间，但臣的赋性已定，如燥湿不可改变一样，终有难以自抑的地方。若让臣出任知府，只会加速臣的覆败而已。"他三次上疏，都未批准，遂就职。

五、寿终正寝

王佐就任临安知府，入见孝宗，孝宗特赐他金带，进官工部侍郎，兼临安知府，旋即进为代理工部尚书，兼临安知府，还兼任侍讲。不久，进为侍读，代理户部尚书，仍知临安。王佐做了3年临安知府，还兼着户部的事务，工作繁忙，但管理得头头有绪，事皆立办。贵臣权家敛手，不敢营私利。一年岁饥，贫苦农民把农具抵押于大户，借粮度日，但又担心明年无法进行生产。王佐闻悉，命开春之日，把农具还给他们，待秋收后还清借的粮米，谁若违背，立即惩处。民人无不拍手相庆。孝宗更加器重王佐，曾夜召他入宫，拿出御书的《三都赋》赐他，将委以大任。

就在这时，王佐的长子王履常病死。遂力请祠禄，孝宗挽留，王佐坚请，遂命他以宝文阁直学士提举江州(州治德化，今江西九江)太平兴国宫。

继母病死，王佐回家服丧。丧满，提举隆兴府玉隆万岁观。

淳熙十六年正月，孝宗禅位太子赵惇，是为光宗。光宗即位的第二年，即绍熙元年(1190)，王佐开始自己准备丧葬用具。他还很健康，众人都觉得奇怪。第二年二月十一日，王佐清晨起床，像往常一样读书，处理家务，不久，中风而死，享年66岁。

十一月四日，王佐被安葬在山阴县天乐乡竺里峰的一块平地上。

王佐娶同邑高氏为妻，高氏早死，续娶季氏，也先王佐而死。他有二个儿子，长子履常，次子克常，都先他而亡。有女4人，到王佐死这年，仅有次女在世，且次女的丈夫也已死。孙二人，孙女二人。

王佐死后3年，长孙王宿请山阴人、文坛名士陆游为祖父撰写墓志铭，对王佐的一生做了高度评价。铭曰：

惟宋中兴，三圣相承。
公听并观，以出贤能。
公奋于幽，有德有勋。
知我者天，用我者君。
蹈义秉节，迄至耆艾。
山立在庭，以道进退。

大厦方建，拱把毓材。
岂兹栋梁，万牛莫回。
生或忌之，亦叹其死。
我铭弗诬，用谂太史。

赵 逵

◎ 李 晓

赵逵，字庄叔，其先辈本是陕西人，到他八世祖赵处荣的时候迁至四川，定居于资川（今四川资中）。赵逵自幼聪明伶俐，读书能数行俱下，还好搜求古籍，对历代兴衰治乱之迹和当世名人的言论事迹，他曾下苦功进行深入的研究。

绍兴二十年（1150），赵逵参加了四川制置司举行的"类省试"。省试在北宋时本来是由礼部主持的，各地通过了发解试的举子都应在规定时间聚集到京城开封应考。南宋建立之初，兵荒马乱，道路阻隔，举子们难以按时赴试，朝廷便采取了权宜之策，令各路的提刑司选官于转运使司所在的州府举行类省试，意思是考试虽由地方官府组织，但它的形式、作用与中央省试完全类似。类省试的录取比例是14∶1，考中者可直接参加殿试。绍兴五年(1135)，南宋恢复了中央省试，只有四川因路途遥远仍采取类省试的办法。

这年四川类省试的主考官杨椿是奸相秦桧的亲信，他为了讨好秦桧，策问便公然以"当今君臣同德之懿"为题。举人张震在答卷时顺着杆子向上爬，大肆吹捧秦桧与高宗如何同心同德，被杨椿录取为第一名。秦桧闻知此事后，非常高兴，打算来年殿试时把张震定为状元。绍兴二十一年(1151)闰四月，殿试结束，在考官评定合格的400多位进士中，高宗感到比较满意的并不是秦桧相中的张震，而是赵逵，遂将赵逵从考官拟定的第五名提拔为第一名。

秦桧作威作福惯了，这次没能按自己的意志行事，难免不悦，便把一腔怒气发泄到主考官王昞和状元赵逵头上，王昞被贬官，赵逵则被任命为左承事郎，派回四川"签书公事"去了。很久之后，在高宗的一再询问下，赵逵才被召回朝廷担任秘书省校书郎。就在赵逵只身赶赴临安(今杭州)时，秦桧仍企图找岔子把他排斥在外，授意赵逵途经之地的征税官对他严加盘查。结果查来查去，赵逵的行囊中除了几箱书籍外，只有数贯铜钱而已。

绍兴二十五年(1155)二月，赵逵回到临安。在此之前，赵逵和秦桧并没有直接打过交道。秦桧对他印象不好，只因为他中状元不是出于自己的操纵，他那亢奋的权欲、鼠肚鸡肠受到了一点儿挫伤罢了。现在，两人同朝为官，低头不见抬头见的，如果赵逵对秦桧的态度稍有冷淡，立刻就会被秦桧视为大大的不敬，使两人的关系雪上加霜。

转眼间，赵逵入朝已有好几个月了，除了在公务交往中按正常的礼节对待秦桧外,他一次也没有私下去秦府拜访过,秦桧更加怀恨在心。有一次,高宗写了一首《芝草诗》,令侍从大臣和韵续做。赵逵做的诗中有一句"皇心未敢宴安图",意在歌颂高宗居安思危、不敢佚豫。在当时金兵劲逼,外患严重,民变迭起,内忧剧烈的形势下,赵逵的这句诗丝毫也不违时,何况,其本意明显地在于吹捧高宗。但由于长期以来秦桧一直在大唱和议,挖空心思地粉饰太平。"山外青山楼外楼,西湖歌舞几时休。暖风熏得游人醉,直把杭州作汴州。"这首流传甚广的歌词,生动地反映了当时南宋朝廷的政治气氛。对于自己不喜欢的人,秦桧是不放过任何一个打击机会的,赵逵的这句诗尤其让他觉得刺耳,不由得怒气冲冲地说:"赵逵还以为天下没有太平吗?"

然而,赵逵毕竟是高宗较为赏识的状元,特别是赵逵写的文章,高宗十分赞许,称之有古文之风。有一次,高宗当着众人的面夸奖说:"我朝的四川真是人才辈出,以前出了个苏东坡,现在出了个赵逵,两人的文风颇为相似。"高宗经常开玩笑似的称赵逵为"小东坡"。

作为一个老奸巨猾的权臣,秦桧为了谋宠固位,把持朝政,自然少不了要网罗党羽,培植亲信。对于赵逵这种既有一定才分,又颇受高宗欣赏的人物,秦桧未尝不想笼络过来为己所用。赵逵不主动投靠他,他需要打上一下,以显示自己的权威;打过之后,他还想适当地拉上一把,以丰满自己的羽翼。

有一天,赵逵去政事堂办公事①,秦桧故作关怀地和他拉起了家常:"听说君的宝眷还在四川老家,为何不携来团聚呢?"赵逵老实回答:"路途遥远,家资贫乏,来了以后也不

---

① 唐宋称宰相办公议事处为政事堂。

好安置。"秦桧扭头向身边侍立的小吏嘀咕了几句。小吏进到里屋，不大工夫捧出一只包裹。秦桧说："这是一些黄金，君拿去权做接来宝眷的舟楫之费吧。"赵逵婉言谢绝，忙不迭地告辞退了出去。

回到宿舍，小吏竟已把包裹送了来。同舍居住的人都劝赵逵收下，千万别辜负了老秦的"好意"。赵逵板起脸厉声说："命薄不发外来财。你们以为冰山是好依靠的吗？"这可是句要命的话，吓得同舍人缩着脖子躲到了一边。

黄金终于被赵逵退了回去，他的那句话也很快传到了秦桧的耳朵里。秦桧恼羞成怒："赵逵算个什么东西，竟然这样不识抬举？我杀他，还不像捏死只苍蝇一样容易吗？"随即授意其爪牙知临安府曹泳罗织赵逵的罪名，企图将他置于死地。为了使阴谋顺利得逞，秦桧首先制造舆论，向高宗上疏说："近来，秘书省的官吏大多行为不检，不少人与宫中内侍有勾结，图谋不端，臣准备察访此事。"岂料，阴谋尚未付诸实施，秦桧就一命呜呼了。

这时，赵逵升任著作佐郎兼权礼部员外郎。高宗前往供奉北宋历代帝后牌位和衣冠的景灵宫祭奠，秘书省派去侍奉高宗起居的只有赵逵一人。高宗几次注目赵逵，祭礼结束当天就召见他。高宗极其亲热地说："卿知道吗，卿的职位自始至终都是朕亲自提拔的。自从卿中状元之后，一直遭受大臣的压抑，好久见不到卿的面。秦桧天天都来向朕举荐人，可从来没有一个字提到卿。由此可知，卿不攀附权贵，真正是天子门生啊！"当即诏封赵逵为普安郡王府教授。

此后，高宗又再三夸奖赵逵不攀附权贵。绍兴二十六年（1156），赵逵升任著作郎，不久又提拔为起居郎。进宫拜谢时，高宗又说："秦桧气势炎炎，不攀附他的只有卿一个人。"赵逵说:"臣不能效法古人抗折权奸的风范,只是不与之同流合污罢了。但平时对待宰相的礼节,也不敢稍有不敬。"还说:"享受着陛下赐予的爵禄,却又奔走权贵之门,这样的行径臣下不仅不敢,而且于心不忍。"

赵逵的回答深令高宗满意,不出几个月又将他升为中书舍人。中书舍人掌管起草诏令,如果皇帝处事不妥或授官不当,可奏请皇帝重新考虑,属于中书省比较重要的一个职务。赵逵考中进士只有6年就身居此职,这在南宋建立以来是从未有过的。高宗对知枢密院事王纶说:"赵逵本质纯正,可以重用,我在四川人中没有见过像他那样优秀的。我之所以这么快提拔他,就是为了报答他不攀附权贵。"

其实,那时能做到不攀附秦桧的官员又岂止赵逵一人。与岳飞、胡铨、王庶等和秦桧针锋相对,势不两立的豪杰相比,赵逵充其量只是个温和的中间派,他不过是对秦桧敬而远之,不卖身投靠、主动巴结罢了。人们从来没有听到他说过半句揭露谴责秦桧的言论,他自己所说的"对待宰相也不敢稍有不敬",还算是忠诚坦白的老实话。

在当时,秦桧权势熏灼,一手遮天,顺之者昌,逆之者亡,赵逵之所以能够不为其利诱所动,大概与他对历代兴衰治乱之迹进行过深入研究很有些关系吧。他或许已看透了,秦桧虽然一时之间能够威福在握,操生杀予夺之权,但只是一座不足以凭恃的"冰山"而已,一旦严冬过后,娇阳普照,这座冰山终究会被彻底消融的。在赵逵看来,即将融化秦桧这座冰山的娇阳,便是已经得到了高度强化的专制皇权。同时,能够对自己的身家性命乃至官职禄位提供根本保障的仍将来自皇权,而具体体现皇权者,就是当今圣上高宗。

正是基于这样的考虑,赵逵在秦桧和高宗之间做出了明确的抉择。他一方面在不与秦桧同流合污的前提下敬而远之，明哲保身，避免成为秦桧排挤打击的牺牲品；另一方面，又对高宗极尽讨好、忠诚之能事。

有两个例子足以证明赵逵的这种心态。

绍兴二十五年十月，太庙中长出一株灵芝，据说有9棵枝叶。右宣教郎周麟之上疏说："这是非常难得的祥瑞之征，称得上卓绝仅见，请求令有司特制一面华旗，将灵芝之形绘于其上，以彰明一代之伟绩。"灵芝原本只是一种产于朽木腐叶中的稀有菌类，因为滋补之效，最大的价值是用来入药。但在迷信的封建社会，灵芝却被人为地赋予了一种神秘的灵光，当成了吉祥的象征。统治者为了歌功颂德、缘饰太平，常常拿它当成上天垂佑、政治安绥的物证。高宗自诩中兴，自然也乐于在这上面大做文章。周麟之一上疏，高宗立即诏令有关部门制作华旗。然而有人仍嫌不够，又上疏请求将各地报告的稀奇古怪、与众不同的树木、禾苗、瓜果、莲蓬等都加上"瑞"字，绣到华旗上。提出这个建议的有3个人，其中一个是秦桧的孙子秦埙，一个就是本文主人公赵逵。当我们看见赵逵的这则建议时，实在觉不出它与秦桧为邀宠固位而大搞的粉饰太平的伎俩有什么不同。

赵逵担任普安郡王府教授的时候，有一次给普安郡王赵伯琮讲解《汉书·武五子传》，讲到了戾太子的故事。戾太子即汉武帝之子刘据。汉武帝晚年多病，经常疑神疑鬼，有次梦见数千个木头人打他，醒后就病倒了，认为是臣下吏民诅咒造成的，派特务江充去调查，大兴"巫蛊之祸"，先后害死数万人。太子刘据与江充素有矛盾，江充就诬告刘据也在宫中利用木偶人诅咒武帝。刘据被迫假传圣旨捕斩江充，发兵攻占长安各要害部门。武帝大怒，令丞相刘屈氂发兵逮捕刘据，两军在长安大战数日，刘据兵败自杀。这一案件到第二年被认为是冤狱，刘据得以平反昭雪。后来，武帝觉察到所谓巫蛊活动多无实证，纯属江充等人制造的冤案，下令诛杀江充全家，中止了这一惨祸的蔓延。

赵伯琮就是后来的宋孝宗赵昚（shèn 慎）。宋高宗在惟一的儿子赵旉早夭后再未生育，便从宋太祖的七世孙中选出赵伯琮入宫抚养，预备将来立为储君。赵伯琮向来对秦桧欺君罔上、恣意妄为的行径深怀不满，秦桧也几次企图把他废黜，另立别人。所以，当赵伯琮听赵逵讲刘据受江充诬陷的故事时，不由地联想到了秦桧。便问赵逵："当时，如果戾太子在捕杀江充后去向武帝自首，怎么样？"赵逵明白他发问的真实意图，立即板起脸说："这可不是臣子所应当做的！"在赵逵看来，即使戾太子刘据受江充诬陷是出于无辜，也不应该假称诏旨，擅杀江充，动武京城，只能耐心等待汉武帝查明真相，拨乱反正。

正由于赵逵做到了想天子之所想，说天子之欲说，坚定不移地维护皇权之独尊，所以高宗才在众多曾与秦桧进行过不屈不挠斗争的臣僚中单单看上了他。

赵逵为人虽然极善明哲保身，但总的来看他还算得上是一个忠于职守的官员。他在四川任职时，有一年担任类省试的主考官，总领四川财赋官符行中有个儿子应考，就暗中给赵逵写了封信。赵逵明白符行中意在求他照顾，故意不把信打开。考试结果符氏之子名落孙山。绍兴二十七年（1157），赵逵又担任了礼部省试主考官，他公平考阅，切实杜绝了权贵大臣营私请托的旧弊，录取了王十明、阎安中等人才。

在一定程度上，赵逵也能慷慨直谏。他官拜著作佐郎之后，曾上奏说："向朝廷进言之路不通畅已经很久了，请求陛下广赐开纳，勿嫌微贱，以逐渐养成敢言之气。"有一次，高宗降旨封蒋璨为户部侍郎，负责起草诏命的给事中辛次膺指出蒋璨交结权贵，投机钻营，不应升迁，把高宗的御旨退还。高宗发了怒，罢免辛次膺，改令赵逵起草。赵逵也予拒绝，提出了与辛次膺相同的意见，终于迫使高宗收回成命，令蒋璨出知苏州，辛次膺恢复原职。

赵逵还能够知人善任，通过他荐举做官的杜莘老、唐文若、孙道夫等人，都是蜀中名士。后来，赵逵又推荐了冯方、刘仪凤、李石、郏次云等人。高宗说："四川道路遥远，其间人才不通过保荐无由得知。在此之前，四川士人久被秦桧压抑，很少有到朝廷为官的，真是可惜。"对赵逵的赞赏再一次溢于言表。

从绍兴二十五年起，赵逵一直供职于朝廷，成了高宗身边得心应手的笔杆子。后来，赵逵突然生了重病，请求派往地方。高宗一面挽留，一面遣御医王继先前往诊治，然而已经来不及了，不多久，赵逵就撒手归西，年仅41岁。有《栖云集》30卷传世。

赵逵曾说："司马温公(即司马光)不近非礼之色，不取非礼之财，我虽不肖，但还能做到向他看齐。"从赵逵的一生来看，他大概还算无愧于这个自我评价吧。

张孝祥

◎ 陶 雪

一、高中状元

张孝祥，字安国，号于湖居士，和县乌江(今安徽和县乌江)人。他生于南宋初年的宋高宗绍兴二年(1132)，幼年随父亲寓居芜湖(今安徽芜湖)。父亲张祁，字晋彦，号总得居士。伯父张邵，字才彦。都在朝中做官。

张孝祥从小聪明好学，博闻强记，过目不忘；他才思敏捷，下笔数千言，一挥而就。16岁时，乡试中举。绍兴二十四年（1154），22岁的张孝祥进京参加会试，又中了进士。

自北宋开宝六年（973）以来，会试中试者还得参加由皇帝主持的殿试。殿试虽由皇帝亲自主持，但皇帝本人并不阅卷，而是由几个大臣充任读卷官，评阅全部考卷，定出名次后，将前几名的卷子送呈皇帝御批。

殿试时，当朝宰相秦桧的孙子秦埙会试亦中试，与张孝祥一同参加殿试。为使孙子在殿试时夺魁，秦桧在人事方面做了精心安排。殿试结束，读卷官评定名次，秦埙为状元，张孝祥为榜眼，曹冠为探花。然后，送呈高宗御批。据《宋史》记载，御批时，高宗因对秦桧专权有些不满，见秦埙的"对策"里尽是秦桧的论调，于是就把张孝祥擢为状元，曹冠第二，秦埙仅列为第三。

张孝祥被皇帝钦点为状元，只有22岁，是宋史上的美谈。但各书的记载不尽相同。除上述《宋史》的记载外，还有几种说法。如宋朝人周密《齐东野语》中说，张孝祥在集英殿参加殿试，考官把他列为第7名，秦埙是头名状元，高宗御览考卷，见张孝祥的试卷最厚，且字写得极漂亮。第二天在殿上又夸赞张孝祥的诗词写得好，并亲笔把他擢为状元。另一位宋朝人叶绍翁《四朝闻见录》中说，在殿试时，张孝祥就题目对策，文不加点，洋洋一万多言，一气呵成。高宗喜欢书法，而张孝祥笔墨甚精，深为高宗欣赏。他的诗也尤隽永。于是，御笔亲点他为头名状元。

当时，秦桧在朝中为宰相，执掌大权。他得知考官原定秦埙为状元，以后又御定张孝祥为状元，心中十分不悦。进一步打听，才知道张孝祥是张祁的儿子，而张祁与当时颇得高宗赏识的徽猷阁直学士胡寅是至交好友，而胡寅又曾有恩于秦桧，秦桧只得忍下这口气，但始终耿耿于怀。

孙子没能夺魁，秦桧极为恼怒。但那状元是皇上点的，他权势再大，也不过是个臣子，只有暗自生气。

新科状元得中以后，要拜见宰相。张孝祥不敢怠慢，即去相府叩见秦桧。秦桧说："皇上不但喜欢你的策文，又喜欢你的诗，还喜欢你的字，可谓'三绝'啦！"张孝祥连说："不敢！不敢！"秦桧又问："你的诗学的是谁人？"张孝祥答："学的是杜甫。""你的书法宗的是哪家？"张孝祥答："颜真卿。"秦桧冷笑着说："天下的好事，都被你占断了！"张孝祥唯唯不敢说话，告退而归。

张孝祥的伯父张邵，被金人拘去，监禁15年才得放回。他的妻子已死，所以精神受刺激，有些失常，妄言张孝祥的父亲张祁"杀嫂"，结果张祁被拘捕。张孝祥中状元后，父亲被立即释放。

二、恋情难舍

历史上文魁众多艳事。达官贵人往往攀附嫁女，就连堂堂天子，也愿招状元为驸马。集英殿唱名，张孝祥夺魁，有个叫曹泳的大臣便在殿上向他求婚，要把女儿嫁给他。张孝祥婉言拒绝了。曹泳丢了面子，极为恼怒。

张孝祥拒婚，非但因那曹泳系奸相秦桧的死党，羞与为伍，他实在是有难言之隐。

原来，张孝祥早有心爱之人，与一个李姓姑娘同居。那李家姑娘原籍桐城（今属安徽），金兵南侵，李氏一家南逃避难。李家姑娘容貌秀丽，聪明伶俐。张孝祥乃风流才子，与李家姑娘一见钟情，两人爱得如火如荼，只有16岁的张孝祥便与李氏同居了。不久喜得贵子，取名曰"同之"。

在那个时代，未婚同居生子不仅遭人耻笑，而且也是不合礼法的。如今，张孝祥状元及第，其风流韵事若张扬出去，他的名声必然要受到影响。最好的解决办法，是李氏悄然离去。绍兴二十六年(1156)，张孝祥中状元后的第3年，张孝祥决定把李氏母子送回其老家。临别之际，两人难分难舍。事后，张孝祥感慨万分，写下了一首词《念奴娇》：

风帆更起，望一天秋色，离愁无数。明日重阳尊酒里，谁与黄花为主？别岸风烟，孤舟灯火，今夕知何处？不如江月，照伊清夜同去……

日后，他满怀对李氏的思念之情，又写了两首《木兰花慢》词，以诉衷肠。其中一首写道：

紫箫吹散后，恨燕子、只空楼。念璧月长亏，玉簪中断，覆水难收。青鸾送碧云句，道霞扃雾锁不堪忧。情与文梭共织，怨随宫叶同流。

人间天上两悠悠。暗泪洒灯篝。记谷口园林，当时驿舍，梦里曾游。银屏低闻笑语，但醉时冉冉醒时愁。拟把菱花一半，试寻高价皇州。

送走李氏母子，张孝祥明媒正娶大学者喻樗的女儿为妻。但他一生中，始终没有忘记自己初恋的情人。

三、仕途沉浮

宋代科举，一经录取，立即授官。可是，新科状元张孝祥因反对和议，上疏请为岳飞平反昭雪，触怒权奸秦桧。直到第二年，也就是绍兴二十五年（1155）秦桧死后，方得重用。张孝祥起初被任命为承事郎、镇东军（今浙江绍兴）节度判官，旋被任命为秘书省正字。秘书省是宋代主管图书、秘籍的中央机构；"正字"是秘书省一个较低的官职，掌校勘书籍。以往，新科状元一般在第二年才能授实职，而张孝祥当年便出任实职，这是相当破格的优遇。

张孝祥耿直敢言。宋代，皇帝常召见朝臣，听取意见。张孝祥初次被召见，就向高宗建议要"总揽权纲"。以后，又不断提出一些建议。王安石在宋神宗时主持变法改革，到南宋时对他仍评价不一。张孝祥对王安石持有看法，认为王安石把成绩揽在自己身上，造成不良影响，使当今许多朝臣都掠取他人成果占为己有。他建议利用朝中记录政事的《日历》审核是非曲直，纠正误记。高宗采纳了他的建议。

张孝祥做了1年的秘书省正字，升任校书郎，这也是秘书省的一个属官，掌校正典籍，只不过官品略高。做这类官的人一般都有好名声，很受人尊敬。

这年，太庙长出灵芝，被看做瑞兆。张孝祥向高宗献了一篇《原芝》。原来，高宗惟一的儿子即太子夙夭折，没有子嗣，而高宗又迟迟不立嗣，以明确谁来继承皇位。张孝祥在《原芝》中说，天生灵芝是天意，表示朝中要早定大计，明确嗣君。当时，朝中不少大臣也正为立嗣问题担忧。后来，高宗立太祖七世孙赵昚为嗣子。

高宗见张孝祥一片忠心，擢为礼部员外郎。绍兴二十八年（1158），迁起居舍人，负责记录皇帝起居。次年，兼司中书舍人，这是个职司起草诏令、典掌执要的要职。张孝祥稳步提升，十分得志，兢兢业业，毫不懈怠。

张孝祥初入仕途，一帆风顺，这颇得力于汤思退的提拔。汤思退，处州青田（今属浙江）人，是投降派秦桧的党徒。秦桧临死之际，召见汤思退，赠黄金千两，汤思退没敢接受。高宗从这件事判断，汤思退同秦桧并不一样。

秦桧死后，朝中的主战派一度占了上风，坚持与金作战，以图恢复中原。就在这种局面下，高宗拜沈该、汤思退为宰相。于是，汤思退露出了真面目，与金人勾结。所以，民间说："死了一个秦桧，又生出一个秦桧。"

张孝祥出自汤思退门下，是其弟子，有师生之谊。所以，张孝祥中状元后一再升官，应当说与汤思退的提拔分不开。主战派在反对主和派的新首领汤思退的同时，也认为张孝祥在政治上与汤思退立场一致，对他也产生了不满。

其实，张孝祥平生意气豪迈，不忘恢复大计，有爱国之心，报国之志。入仕不久，就曾疏请为岳飞昭雪，为秦桧所忌。对于汤思退，因为不仅有师生之谊，而且有知遇之恩，因而从不得罪汤思退，但并不是依附。

汪彻曾与张孝祥一同修先朝实录，他为人老成畏祸，不敢直书历史，尽力美化。张孝祥年少气锐，直笔不讳，对汪彻多有凌抑。后来，汪彻出为职司监察的御史中丞，反对汤思退妥协投降，同时弹劾张孝祥奸滑不轨，应速速查办。高宗免了张孝祥的官职，但没有把他赶回老家，而是让他到地方任职。张孝祥请祠禄，这官名义上掌管某地某个道教宫观，实际上只拿俸禄不管事儿，多以那些退休、罢官的官员为之。高宗诏准，派张孝祥提举江州(今广西崇左南江州)太平国宫。次年，在汤思退保举之下，他又被提升为抚州(今江西抚州)知州，这一年他28岁。《宋史》中称赞他在任职期间，办事精确，一些多年担任知州、知府的官吏都赶不上他。

张孝祥到抚州后，一次宴请客人，陪席的妓女唱《蓦山溪》词，当唱到"金杯酒，君王劝，头上宫花颤"时，张孝祥想起当年中第时的盛况，得意之际，不由地头颤动了几下，陪客都觉得可笑，他却一点儿都不知道。宋代官吏宴客，招妓女坐陪是一种风尚，有的妓女能歌，有的还能诗。一次，庐陵郡太守王宜子路过抚州，张孝祥宴客，又招妓女陪酒，其中有一个妓女会作诗。同座的陈汉卿说："太守称为五马，今天有张、王两位太守在座，成了十马，你以这个内容写一首诗吧。"那妓女当场吟道：

同是天边侍从臣，江头相遇转睛亲。
莹如临汝无瑕玉，暖做庐陵有脚春。
五马今朝成十马，两人前日压千人。
便看飞诏催归去，共坐中书秉代钧。

张孝祥竟然认为这诗写得甚好，大加赞赏。

在抚州期间，有一天，他父亲张祁在书斋里招呼人取笔笺发文书，来了两个人侍立一旁。张祁问："你们是何人？"两人答："我们是抚州管文件信函的书表司，听到您要发书，特意来侍候应差的。"张祁一听，十分不悦，打发他们走后，把儿子找来说："抚州的书表司是为你这个太守服务的，怎能为我服务呢?我要发书，应该你这个当儿子的侍候！"张孝祥连声答是，侍立一旁。

就在这一年，临川(今属江西)在押犯人抢了兵器库造反。张孝祥闻讯，单骑驰入叛乱者中。他镇静自若，好言安抚众人，擒杀领头闹事的人。一场叛乱就这样被平息了。他还张榜严禁出售假药，维护患者的利益。

尽管如此，张孝祥仍受到一些人的攻击，不到1年，又被革职。

令他欣慰的是，绍兴三十一年(1161)十一月初八日，宋将虞允文在采石(今安徽当涂西北)大败金兵，金国皇帝完颜亮被部下杀死，南宋政权可以稳定一个时期了。张孝祥以激动的心情挥毫写了一首《水调歌头·和庞祐父》：

> 雪洗虏尘静，风约楚云留。何人为写悲壮，吹角古城楼。湖海平生豪气，关塞如今风景，剪烛看吴钩。胜喜燃犀处，骇浪与天浮。
>
> 忆当年，周与谢，富春秋。小乔初嫁，香囊未解，勋业故优游。赤壁矶头落照，肥水桥边衰草，渺渺唤人愁。我欲乘风去，击楫誓中流。

这首词在歌颂宋军大胜的同时，表示了以今天的胜利来洗去靖康之耻，也表达了自己未能亲自参战的遗憾心情。

绍兴三十二年(1162)六月，高宗禅位，嗣子眘即位，是为孝宗。从此，主战派一度占了上风，7日即追复岳飞原官。也正是在这时，隆兴元年(1163)，张孝祥以集英殿修撰，任平江府(今江苏苏州)知府。

平江在长江三角洲，十分富庶，官务繁忙。张孝祥处理政务、刑事及民事都很决断，从来不积压案件。当时平江府滨海，境内的富豪与海盗勾结，共同获利。张孝祥不畏权势，逮捕了人犯，把他们的非法所得全部没收，共得稻谷数万石之多。第二年，江苏一带遇灾，民间饥荒，张孝祥便把这些没收的粮食拿出来，赈济灾民。百姓感恩不尽。

张浚，绵竹（今属四川）人，南宋抗金名将，也是主战派的重要代表人物之一。因一向与秦桧、汤思退意见相悖，被外放川陕京西宣抚使，镇守地方，与金兵多次交战。隆兴元年（1163），孝宗即位的第二年，张浚乃被起用，任枢密使，管理军务，屡败金兵。

张浚认为张孝祥年轻有为，并有爱国之心，很是赏识他。原来，隆兴元年（1163）张浚回朝前夕，曾出任判建康府（今江苏南京）兼行宫留守，张孝祥应邀前去做张浚的门客。建康乃江南重镇，地处宋金交战的前线。此时，南宋北伐失败，主和派得势，急于向金屈辱求和，建康城内的达官贵人醉生梦死，苟且偷安，而逃难来的北方人饥寒交迫，苦不堪言。张孝祥目睹此景，悲愤交加。一天，在张浚府中宴席上，他即席吟了一首著名的词篇《六州歌头》：

长淮望断，关塞莽然平。征尘暗，霜风劲，悄边声。黯消凝！追想当年事，殆天数，非人力；洙泗上，弦歌地，亦膻腥。隔水毡乡，落日牛羊下，区脱纵横。看名王宵猎，骑火一川明。

念腰间箭，匣中剑，空埃蠹，竟何成！时易失，心徒壮，岁将零。渺神京。干羽方怀远，静烽燧，且休兵。冠盖使，纷驰骛，若为情。闻道中原遗老，常南望翠葆霓旌。使行人到此，忠愤气填膺。有泪如倾！

这首词，上片写中原沦陷的凄凉情景及金人的骄横，下片写作者同情那些渴望北伐的中原人民，但又报国无门的满腔悲愤。全词悲怆感人，淋漓尽致，鞭挞了苟安投降者流，抒发了自己的情怀，忧国忧民之心洋溢于字里行间。

张浚听后十分激动，想到自己作为大将，守土有责，岂能在此饮酒作乐？于是，连酒也吃不下去，竟为之罢席。可见，此词在当时是如何震动人心了。

当时，张浚受到孝宗的重用，便极力在孝宗面前推荐张孝祥。闻荐之后，循照旧例，孝宗召见了张孝祥，让他陈述政见。张孝祥说："当今任用贤才的途径太窄，应该广泛培养、任用人才，并有充足的备用人才。"孝宗对他的见解表示嘉许。

汤思退与张浚一直矛盾很深，一个主和，一个主战。汤思退认为张孝祥是自己的门生，一向受自己提拔，现在又倒向张浚，十分不悦。张孝祥得知后，就向孝宗进言："希望汤、张二相能够同心戮力，以合陛下恢复之志。靖康以来，和、战两派争论不休，遗害无穷，应该首先建立自治之策，然后才能确定是'和'还是'战'。"张孝祥这种双方都不得罪的态度，使朝中许多人士都认为他是"骑墙派"。

张孝祥被任命为中书舍人，后任直学士院兼都督府参赞军事，不久，又兼任建康留守。但是当金兵进犯时，张孝祥在汤思退影响下却说："金人不过是为了订立盟约。"他的这种言论遭到弹劾，并被解除官职。

孝宗乾道元年（1165），张孝祥重新被任用，以集英殿修撰之职，外任为静江府（今广西桂林）知府，兼广南西路经略安抚使。他在任职期间，显示了非凡的才能，有一定政绩。但随即又被弹劾，再次罢官。

乾道二年（1166），张孝祥起为谭州（今湖南长沙）知州，权荆湖南路提点刑狱公事。审理诉讼，为一妇人平反冤狱。翌年秋，出为荆南、荆湖北路安抚使。荆州（今湖北江陵）地滨长江，也是南宋国防的前线。张孝祥在《浣溪沙·荆州约马举先登城楼观塞》中写道："万里中原烽火北，一尊浊酒戍楼东，酒阑挥泪向悲风……"表达了一片爱国忠心。

在荆州期间，他也有一定的政绩。主持修建了寸金堤（也记为守金堤），这项水利工程使得荆州许多年没遭水患；他还主持建造了万盈仓，作为漕运的一处仓储库房。

张孝祥是南宋朝中一个有争议的人物，时常遭人弹劾，在仕途中几上几下，使他十分郁闷，屡次上疏辞官。乾道五年（1169）三月三日，张孝祥进为显谟阁直学士，遂以身体有病为由，辞去官职。至此，张孝祥15年的仕途生涯结束了。这年，他才37岁，正值人生黄金时期。

退休不久，张孝祥在烈日下陪好友虞允文泛舟芜湖，两人边玩边饮，张孝祥突然中暑倒下，再也没有醒来。

张孝祥英年早逝，时人为之惋惜，当朝天子孝宗也有用才不尽之叹。《宋史》在评论张孝祥的一生时，认为他潇洒俊逸，文章过人，书法诗词均好。任官职期间，他亲自书写奏折函件，受到高宗、孝宗两位皇帝称赞。遗憾的是，他出入汤思退和张浚两人门下，游离于和、战两派之间，时人对此感到惋惜。

他的后人在《宣城张氏信谱传》中写道，张孝祥中状元时是出自汤思退门下，但见到魏公（张浚）一心为国，志在恢复失土，他就改为赞成张浚。这样，张浚才在皇帝面前，几次举力推荐张孝祥，张孝祥也从此不与汤思退相一致。就张孝祥留下的诗词文章看，他确实是爱国的。但处在和、战两派争斗的中间,他确实有时态度暧昧。因此,他死后,虽然被认为是难得的人才,但并没有谥号。

张孝祥的遗体被安葬在建康钟山。年代久远,其墓今失所在。

四、一代词人

张孝祥少年时写诗,崇拜杜甫,尝学杜诗;后又学词,尝学苏轼。他一生创作了许多诗,但成就较大的是词,且词风接近苏轼,气势豪迈,词境雄阔。据《四朝闻见录》记载,张孝祥乘船游于洞庭湖上,金沙盈射,月光如泻。张孝祥边饮酒,边填词,写好以后,问门人:"比苏东坡如何?"门人说:"超过东坡了!"他感到十分满足。门人因以"过东坡"称之。

中国文学史上,以宋代的词成就最大。张孝祥与张元乾两人,被称为南宋初期词坛上的"双璧",受到很高的评价,认为他是伟大词人辛弃疾的先行者,开一代词风。辛弃疾等人正是在张孝祥影响下成长起来的。

前面提到的《六州歌头》中"忠愤气填膺。有泪如倾"等句,抒发了壮志未酬的忠愤之气,清人陈廷焯《白雨斋词话》评此词云:"淋漓痛快,笔饱墨酣。读之令人起舞。"张孝祥的确是在辛弃疾之前,努力开拓的词人。乾道二年(1166),张孝祥被谗言从桂林落职北归,泛舟湘江时,想起了愤而投江自杀、死于汨罗江的屈原,同时也为自己多次被罢官而感愤,便写了《水调歌头·泛湘江》:

濯足夜滩急,晞发北风凉。吴山楚泽行徧,只欠到潇湘。买得扁舟归去，此事天公付我，六月下沧浪，蝉蜕尘埃外，蝶梦水云乡。

制荷衣，纫兰佩，把琼芳。湘妃起舞一笑，抚瑟奏清商。唤起《九歌》忠愤，拂拭三闾文字，还与日争光。莫遣儿辈觉，此乐未渠央。

其实，屈原一生爱国，悲愤而死，张孝祥是无法与之相比的。

张孝祥称自己的诗词是学北宋词人苏东坡，所以，他的诗词与苏东坡的词相仿。有人认为，张孝祥的世界观甚至也与苏东坡相仿，有消极处世的一面。处于北宋时期的苏东坡对是否变法感到困惑，认为身处政治漩涡之中；张孝祥对和、战两派，不愿得罪任何一方，因而也有消极思想。如其七言绝句《和如庵①》：

厌听诸方三昧禅，却思夜雨对床眠。
欲知千偈如翻水，看取朝来绿涨川。

就表现了一种欲排除一切杂念，使心神归于平静的意愿。在他的词中还写有"万事只今如梦"、"万事举杯空"等句。

张孝祥的诗词，从内容上看，除抒志、爱国等内容以外，也有许多是写景的。其抒情、潇洒自如的作品，描绘了祖国山河雄丽的景色，寄意深远。这是他诗词的又一特点。如《念奴娇·过洞庭》：

洞庭青草，近中秋，更无一点风色。玉界琼田三

---

① 如庵：昭亭山（即敬亭山，今安徽宣城北）广教讲寺长老。作者对他很敬仰，有多首怀赠之作。

万顷，著我扁舟一叶。素月分辉，明河共影，表里俱澄澈。怡然心会，妙处难与君说。

应念岭海经年，孤光自照，肝胆皆冰雪。短发萧骚襟袖冷，稳泛沧浪空阔。尽挹西江，细斟北斗，万象为宾客。扣舷独啸，不知今夕何夕。

本词上片写湖光水色、交相辉映的壮丽自然景色；下片写作者怡然心会的坦荡高洁的胸怀。词中张孝祥完全沉醉在大自然的优美境界之中，兴会洋溢，显示了他豪迈的气概，蔑视小人对他的谗害。此词富有浪漫主义色彩，表现了作者独特的艺术造诣和风格。

唐宋时期，许多政治家同时也是颇有成就的大诗人、大词人，张孝祥便是其中之一。以诗词写景，其实是寄托情怀。黄叔旸评论他的词说："笔酣兴健，顷刻即成，却无一字无来处。"如《水调歌头·金山观月》：

江山自雄丽，风露与高寒。寄声月姊，借我玉鉴此中看。幽壑鱼龙悲啸，倒影星辰摇动，海气夜漫漫。涌起白银阙，危驻紫金山。

表独立，飞霞佩，切云冠。漱冰濯雪，渺视万里一毫端。回首三山何处？闻道神仙笑我，要我欲俱还。

这首词被誉为"泠然，洒然"，如同神仙所作，可与苏东坡的那首《水调歌头·快哉亭作》相比美。

德安人王阮，慕张孝祥之名，随他学诗。两人同游庐山的时候，张孝祥写诗两首，王阮读后感叹地说："先生的诗气吞河山，而学生我是无法赶得上的。"

张孝祥少年得志，诗书双全，一代风流。他去临江时，宿在一个女贞观内，观内有一位带发修行的女尼，叫陈妙常，年方20余岁，姿色超群，诗文俊雅，还精通音乐。张孝祥住在观内，写词以赠，表示爱慕之意。陈妙常也回一首，表示拒绝。此事在词坛传为佳话，词收在《名媛玑囊》一书中。后来，陈妙常与张孝祥的朋友潘德成相爱，这一故事被元代著名剧作家关汉卿编成戏曲《萱草堂玉簪记》，被明代无名氏写成话本《张于湖宿女贞观》，又被明代高濂写成传奇《玉簪记》。

后世许多诗词评论家对张孝祥的诗词给予很高的评价。陈应行在《于湖先生雅词序》中赞美他的诗词"自在如神之笔，返往凌云之气"，汤显在《紫薇雅词序》中称他的词"骏发踔厉，寓以诗人句法"。

张孝祥的诗词多收于《于湖集》、《于湖词》中。

五、著名书法家

张孝祥不但是一代词人，还是南宋著名的书法家。

早年，张孝祥寓居芜湖的时候，庭园中建有池塘，种有芙渠，岸边有杨柳，鹭鸥出没其间，烟雨变幻其中。他自书堂匾为"归去来"，笔墨饱酣，见到的人，无不称赞。于是，张孝祥被叫做"紫府仙"。

张孝祥书法宗学颜真卿。早在当年殿试时，他在试卷中就显露了精湛的书法，高宗阅览后对当朝宰相秦桧说："张孝祥词翰俱美。"就是说，他的文章、书法都很好。从此，他的书法更是出了名。

他在京口（今江苏镇江）时，境内建了一座多景楼，是一处名胜。有人慕张孝祥为书法家，特请他题写楼匾，他提笔写了3个颜体大字，看到的人无不称好。公库送他200两银子作为润笔报酬。张孝祥没有收银子，而是要了100匹红罗。一天，他在楼上宴请宾客，又招来妓女陪酒。喝酒当中，张孝祥写了词，让妓女当场和唱，一时间大家甚为欢畅，他就把那些红罗送给了妓女。

南宋首都临安（今浙江杭州）南山的慈云岭下有一寺院，寺前有一个池塘，水特别甘甜，称为凤凰泉。有人特请张孝祥题字刻于石上，为"凤凰泉，于湖张紫薇孝祥书"。夏执中是皇后的哥哥，被尊称为国舅。这一天，夏执中来到凤凰泉，看到张孝祥题写的刻石，觉得不如自己，就在木牌上手书了"凤凰泉"3个字，命人将张孝祥原刻取下，换上他写的字。

孝宗曾经到寺中进香和游览，见过张孝祥题字的刻石，十分欣赏。这天，孝宗又来寺中进香，看到"凤凰泉"三字已不是张孝祥所书，很生气，便下诏令僧人用斧子把夏执中题字的木牌劈成碎片做柴烧。幸好，张孝祥原先写在纸上的题字还被寺中僧人保存着，于是，雇工重新刻于石上。

王 十 朋

◎ 陶 雪

元朝人柯丹丘写有一部传奇——《荆钗记》,说的是宋代状元王十朋以荆钗聘娶钱玉莲为妻的悲欢离合故事。《荆钗记》流传了几百年,还被改编为京剧、湘剧、川剧等。因而,王十朋也就成了妇孺皆知的人物了。其实,王十朋一生与《荆钗记》所叙有很大不同。

一、严伯威"转世"的奇才

王十朋(1112—1171),字龟龄,号梅溪,浙江温州乐清人。乐清濒临东海,瓯江北岸。少年时代,王十朋在温州江心寺读书。他天资特异,日诵数千言。清代人王应奎在《柳南随笔》中说,温州江心寺的住持是法号为真歇了的禅师。这位禅师很有道行,他一眼就看出十朋天资颖悟,非同凡响,断定他是"龙种",特别钟爱。江心寺建在瓯江中心洲上,寺门外是为挡江水而建的围埭。江心寺山门就建在土埭上,但是屡筑屡塌,每次建起便被大水冲毁。真歇了禅师认为这是得罪了龙王。他认定王十朋是"龙种",便想借助王十朋的神威来巩固山门。

一日,王十朋饮酒过量,醉卧寺内。禅师说:"请你舍山门前一块地给寺中吧!"王十朋很奇怪,问:"我怎么能办到呢?"禅师说:"你写一个将埭地赐给江心寺的券书就行了。"王十朋醉酒,也不当真,信笔写好给了禅师。数日后的一天,禅师坐在寺门摇扇纳凉,有一位白发老人扶一个童子,来向真歇了禅师索要寺前土地。禅师把王十朋写的券书给老人看,老人大哭而去。从此,江心寺山门屹立。据《柳南随笔》记载,至清代,寺中还存有王十朋写的券书。

明代人朱国桢《涌幢小品》中也记载了王十朋的一些传闻:王十朋年幼时,同乡的和尚见了他便说:"这是严伯威的后身。"王十朋屡闻这话,便问叔父宝印大师:"严伯威是谁啊?为什么说我是他的后身?"叔父讲了他的身世。王十朋祖母的哥哥，姓严名阇黎，号伯威。他是法门大师，博学多才，诗文出众，戒行修身，是江浙一带最有学问的人，为僧俗所推崇。王十朋的父母，婚后多年没有儿子，眼看年岁已老，十分焦虑，每日祈祷，以求福佑。到政和二年（1112）正月，严伯威谢世而去。这天晚上，王十朋的祖父梦见严伯威，手里拿着用一大束花编成的花球，对王十朋的祖父说："孝祖，你家中求孙子很久了，所以我来了。"就在当月，王十朋的母亲果然怀孕，10个月后生下了王十朋。严伯威在世的时候，眉浓黑而下垂，眼窝深陷有神，人人都说王十朋的长相与严伯威完全相同。所以，人们都说他是严伯威投胎转世。

转世投胎是佛教的说法，在我国民间也很流行，这是一种迷信。王十朋面貌酷似严伯威，所学及爱好却不尽相同。两人都喜欢做诗，也都写得很好，但是严伯威的字写得很漂亮，王十朋却一般。叔父宝印大师说："人家都说你是严伯威舅父转世，诗文还相似，书法怎么就不行了？"王十朋也对自己书法拙劣而遗憾，自嘲说："严伯威出家之人，只食蔬菜，为什么诗、书都那么好？我终日食肉，为什么这般愚笨呢？"

关于王十朋是严伯威转世的说法，流传很广。《坚瓠集》中收了王十朋的一首《天台石梁》诗，其中写道：

石桥未到已先知，入眼端如入梦时。
僧要我为严首座，前生应写石桥碑。

说他初次到天台石桥却好像曾经来过，这恐怕都是附会之词了。

二、年47而魁天下

王十朋科举之途并不十分如意，直到绍兴二十七年(1157)会试中试，参加殿试。殿试的时候，高宗说，对策中有对朝政提出切实可行的方案者，名列前茅。王十朋写道："皇上要树立权威，使臣民畏服，不能单靠暴力镇压，也不能只靠良相贤臣，而应从皇帝起身体力行。朝中要真正做到令行禁止，如禁止以翠为饰品，但是以翠品为首饰的人很多，根本不当一回事。这种法令还有什么权威呢？国家的大政是选拔人才，最重要的制度是科举考试。可是这些年来，科举取士越来越多，大家也就不重视了。有些权臣以科举取士做为巴结上司的手段，这样，国家得不到真正的人才。"

王十朋这篇策文，洋洋数万言，高宗十分赏识，定为第一甲第一名。有人夸赞其策文"经学淹通，议论醇正"。高宗于当日即诏天下不得以金翠为饰。王十朋此文传出之后，其中一些句子，如"愿陛下正身以为本，任贤以为助，博采兼听以收其效"，在士大夫中间广为传播，许多人称赞说，此文可以与汉代的晁错、董仲舒的文章相比。这年，王十朋年已47岁，可谓大器晚成。

与王十朋同科登第的进士共426人，王十朋为状元魁首。他的温州同乡吴已正排在第三甲之末，而福州人李之英仅列入"例赐进士出身"，附在正名后面。吴已正写了一首诗，其中一句是："举头不忍看王十，回面犹欣见李三。"就是说，向前看看王十朋，十分惭愧；而往后看看李之英，又觉欣慰。

王十朋及第以后，给他的弟弟王梦龄、王昌龄写信报喜，信中说："今天殿上唱名，蒙皇帝圣恩赐一甲一名，可惜二老双亲都已不在世了。"他让二位弟弟把这封喜报给妻子和两个儿子王闻诗、王闻礼看，共享喜悦。

三、受到高宗重用

王十朋是高宗相中的人才，所以十分器重他，授他绍兴府鉴判，总理诸案、文卷。他到职后，克尽职守，执法严明，下属官吏不敢犯奸。

高宗在秦桧死后，颇想整治一下朝政。当时，军事局势已趋稳定，他听从王十朋的意见，把交阯(今越南)进贡的翠物全部销毁，重申一律不准佩戴翠品。在朝中实行以德行、言语、政事、文学的"四科"取士，就是在国内选拔这4个方面都优秀的人才。结果，王十朋被首批选中，使得他名声远扬。

高宗任命他为秘书郎，掌图书典籍。当时正为建王延聘老师，王十朋以德行、言语、政事、文学四科俱佳，被任命为建王府詹事，主管东宫(太子宫)事务，教授建王"小学"，即语言文字。从前，给王爷授课，都是王爷居中而坐，师傅坐在宾位上。王十朋教授建王，却是王十朋居中，建王坐在侧位。

南宋建都临安，苟且偷安。投降派秦桧已死，朝中大权又旁落于杨存中手中。杨存中朋比为奸，左右朝政。王十朋极为愤慨，上疏高宗说，秦桧死后，权力回归于陛下，但政出多门，等于死了一个秦桧又出现了100个秦桧。王十朋揭露了杨存中独断专权的恶行。他说，汉朝的灭亡是用人不当，唐代之祸是由于大臣与藩镇相勾结。杨存中结党营私，他的子弟亲戚都占居高位，御史台、谏院没有人敢说话；他作威作福，甚于唐朝时的监军。在军队中，将帅们剥削士卒，贿赂杨存中，士卒都很怨恨；在民间，肆意抓人当兵，百姓怨声载道。这样下去，十分危险。

王十朋的话，竟然为高宗所接受，解除了杨存中的兵权，重新规定了中央各部门的职责。自秦桧当权以来，没有人敢说话，人人自危。王十朋大胆上疏，并被皇帝采纳，改变了朝中的政治空气。随后，冯云、胡宪、查籥、李浩也相继就朝政大事上疏议论。太学的学生们写了《五贤诗》，称他们5人为"五贤"。王十朋升任著作郎，隶属中书省，主修国史，兼编每日时事，称"日历"。王十朋受到高宗重用，也受到宰相陈俌等人的忌妒、仇视。

在金主完颜亮率兵进攻南宋期间，他的堂弟、担任东京留守的完颜雍趁机自立为帝，改元为"大定"，即金世宗。

金世宗即位以后，下诏宣布完颜亮的罪状。完颜亮麾兵，在采石(今安徽当涂西北)强渡长江，被宋军击败，完颜亮被部下射死，金兵溃退。金兵的败北，使南宋朝内的很多人盲目乐观，认为金人自相残杀，不会重来进犯。针对这种思想，王十朋向高宗进言："从建炎年间到现在，金人多次自相争斗，一个主子死了，又一个主子接替，对我国有什么好处呢？重要的还在于我们要加强战备，不懈地防御。"在秦桧当权的时候，一些抗金名将，如张浚、刘锜都被解除军权。秦桧虽死，他们仍未被任用，因而，王十朋说："御敌，最重要的在任用人才。有的人忠心耿耿，才兼文武；有的人长于带兵，士卒们愿听他的指挥。可是，这些人才还都闲在家里。愿皇上起用他们。"当时，高宗没有立即任命。但当金兵再次进攻南宋的时候，高宗想起了王十朋的上疏，遂任命刘锜为江淮浙西制置，分管这一带的防务；张浚在金陵(今南京)任元帅。他二人在抗金作战中都立下了赫赫战功。

四、辅佐孝宗　上疏直谏

绍兴三十二年(1162)夏末，高宗禅位于他过继的儿子赵昚(shèn)，是为孝宗。

孝宗受禅后，任命王十朋为严州(今浙江建德东北)知州。王十朋上殿辞行时，对孝宗说："太上皇将国家传给陛下，其贤可与尧、舜媲美。"

孝宗也很赏识王十朋，任命他推荐的张浚为枢密使，这是宋代最高的军事长官。不久，将王十朋从严州召回，任为司封郎中，国子司业。王十朋对孝宗说："贵为皇帝，一国之主，最重要的事有3条：任用贤才，虚心纳谏，赏罚分明。"孝宗很赞同他这3条，改任他为起居舍人，又升为侍讲，为皇帝进读书史，讲说经义，备顾问应对等，是翰林院的高级职官。

史浩及其子史弥运，都曾为宰相。史浩被封为越王，当权于朝。朝中的官吏都怕史浩权大、心毒，没有人敢说话。王十朋上疏说史浩有八大罪状，他一一列举：(1)玩弄权术，是一个大奸臣；(2)身为当朝一品宰相，却一再延误国事；(3)培植一批个人势力，结党营私；(4)滥用职权，为非作歹；(5)独霸专权，人人自危，不敢谏言；(6)任人唯亲，不用贤士；(7)蒙蔽皇上，欺君无道；(8)胆大妄为，讪笑皇上。

孝宗御览王十朋的奏疏后，将史浩由宰相降为绍兴(今属浙江)知府。王十朋再次上疏说："陛下虽然能同舜一样斥逐奸臣，但是，没有同舜一样把奸臣治罪。绍兴府近在临安，史浩到职有何面目见全府父老?"于是,孝宗再次下诏,免去史浩一切官职。

史浩结党营私,手下还有一批人,在朝中身居要职。如史正志与史浩不是同族,在史浩任宰相的时候,拜史浩为父亲,从而当了官。王十朋说像这种奸人,应予以严惩,罢去一切官职。林安宅也曾投靠史浩,虎假狐威,欺压百姓,王十朋说也应治罪。王十朋的几次上疏,都为孝宗接受,史浩及其同党从朝中被清除出去。

五、积极的主战派

南宋偏安江南,爱国志士都盼望朝廷发兵北伐,收复中原。王十朋也是极力主张北伐的。每当见到孝宗时,便倡言派兵北伐。王十朋征引史实,论述道:做为一国之君,最大的孝是能发扬祖宗的功业。历史上的君主有不同的作为,如周代的成王、康王,汉代的文帝、景帝,都是继承了父辈的功业而稳坐江山;又如商高宗、周宣王,在即位的时候,国势衰微,他们励精图治,国家兴旺发达;少康、汉光武帝诛灭了窃国大盗。这些皇帝事迹虽然不同,但由于都使国家统一、强大,发展了祖宗留下的事业,都是孝。

王十朋历述了古代帝王的业绩后说:"靖康之祸,徽、钦两帝为金人俘获,囚于北国,这在历史上是从未有过的耻辱。幸好皇上将此牢记在心,时刻想复仇。曾经见到皇上谈起被俘的徽、钦两帝时十分悲伤。臣以为,陛下可与少康、高宗、宣王、光武这些光复中兴的皇帝相比。朝廷大臣若都能与皇上同心同德,那样,中兴就会实现。"

孝宗任命张浚为枢密使总揽兵权以后，于隆兴元年（1163）夏天，派兵北伐，命李显忠和邵宏渊二将带兵分两路北上。他们先后进取了灵壁、虹县（今安徽五河西）、宿州（今安徽宿县）。一时间，民情沸腾，士气旺盛，在金人统治下的许多汉人都来归附，很快就达1万多人。就连许多金朝将士也来投降。王十朋及时向孝宗上疏说："战争，首先要顺民心。对投降的金朝将士，要立即给以奖赏，这样有利于争取更多的金人。"孝宗采纳了他的建议。

北伐刚刚取得初步的胜利，军中的将领之间就产生了矛盾。在前敌指挥作战的李显忠和邵宏渊意见不一，甚至谋私利。大将李显忠私吞军饷，士兵因为犒赏不均而争吵，斗志消退。将校们也不服从指挥。

金军乘机大举反攻，在宿州（今安徽宿县）南面的符离（今符离集）与宋军交锋。李显忠和邵宏渊各自作战，互不相顾，士卒没有斗志，将校也不愿指挥。一夜之间，南宋的13万大军大败溃逃，盔甲兵器丢的到处都是，军用粮草丧失殆尽，许多士兵在逃跑中被人马踏死，惨不忍睹。

宋军宿州大败，朝中的主和派借机发起攻势，说反攻必败，还是应该与金朝议和。张浚上表自劾请罪。孝宗龙颜大怒，对王十朋十分不满，因张浚是他推荐的人，他又极力主张北伐。孝宗认为这都是王十朋造成的。

王十朋上疏说："臣与张浚并没有任何私人关系，过去也不认识，只是听说他有抗敌复国的壮志，誓不与敌人共存。臣对他这种爱国精神十分佩服，才推荐了他。"

王十朋仍坚持对金作战，恢复统一大业。他说："现在，反攻一出现不利，那些投降派、议和派又蠢蠢欲动。为了恢复祖宗留下的大好河山，希望陛下坚持抗敌复国，不要为一些小人的话所动摇。"

胡铨也是高宗亲自选拔任用的人才,因反对秦桧被处罚,秦桧死后被任命为秘书少监起居郎,力主伐金,因而与王十朋政见一致,上疏赞同王十朋的观点。

主和派在朝中又开始掌权。王十朋在殿上问孝宗:"臣听说陛下近日准备派龙大渊去淮南,是否有这件事?"龙大渊曾是史浩的同党,早已罢官。皇帝说:"没有此事。"王十朋又问:"听说要任命杨存中为御营使,带领军队?"皇帝低头不语。实际上,孝宗只求保全半壁河山,不愿再战。他任用秦桧旧党汤思退派人去金议和。隆兴二年(1164)双方签订了和约,史称"隆兴和议"。主要条款为:(1)金宋为叔、侄关系;(2)宋每年向金进贡绢20万匹,银20万两;(3)宋割商、秦地,两国地界恢复"绍兴和议"原状。

六、四郡太守

孝宗任命王十朋为吏部侍郎,他因朝中都是议和派掌权,不愿与他们共事,坚辞不就。孝宗改任他为饶州(今江西鄱阳)知州。饶州地处鄱阳湖畔,湖上有一帮水盗,出没无常,打家劫舍,官府拿他们没有办法。听到王十朋来饶州做知州,一夜之间,全部逃出饶州境界。

当时,浙江黄岩,还有一个姓赵的人名"十朋",是浙江有名的贤士。王十朋很佩服赵十朋。有一次,他与客人一起下棋饮酒,他说:"赵十朋曾经写过一首诗:'四枚豚犬教知书,二顷良田尽前余。鲁酒三杯棋一局,客来浑不问亲疏。'表示出一种不与人争,淡泊人生,养育好子孙的心情。"又对客人说:"我家中也有薄田几顷,两个儿子也都在读书。"于是,用赵十朋诗原意合了一首:"薄有田园种斗升,两儿传授读书灯。客来一局三杯酒,王十朋如赵十朋。"

在饶州任职1年之后,奉命调为夔州(今四川奉节)知州,饶州百姓听说后,纷纷请求王十朋留任。在他离境那一天,百姓把桥挤坏了,苦苦挽留。宋代制度,地方官必须时常调换,不能连任。王十朋只得改道离开了饶州。他走之后,百姓重新把桥修好,定为"王公桥",以纪念王十朋这位好官。

夔州任命期满以后,又调为湖州(今浙江湖州)知州。有人请孝宗将他留在中央,孝宗说:"湖州闹水灾,只有王十朋才能治理好。"在湖州任职期间,户部让他补上前一任太守欠下的34万两银子,王十朋不干,请求辞职。孝宗不允,又任为泉州(今福建泉州)知州。在泉州期间,他建了一座贡院,十分宏伟。泉州下辖7县。有一次他与7县知县饮酒时,写了七绝一首:"九重天子爱民深,令尹宜杯恻隐心。今日黄堂一杯酒,使君端为庶民斟。"表达了王十朋希望各县的县官尽心为黎民办事的心愿。

王十朋先后在饶州、夔州、湖州、泉州四州任知州。他每到一地,就访问当地的有道德、有知识的贤士,以礼相待。每月的初一、十五,到学校了解生员学习情况,或亲自讲经。下属的同僚有错误,就反复告诫,使他们改过。向老百姓征收各项税款,考虑到百姓的承受能力,他没有拖延交税的情况,有的还把欠款交上。对于老百姓打官司,王十朋以教育和调解为主,使许多人退回了诉状。《宋史》中记载,在他任职的各州,有些人家画了他的画像在家里供奉。

《宋史》还记载,王十朋到饶州以前,饶州久旱不雨,土地龟裂;王十朋到任后,天降大雨,旱情解除。王十朋调到湖州的时候，正值水灾，大片土地为水淹没；他到职以后，天晴雨停，不久排除了积水。因而《宋史》说，王十朋由于至诚之心，不但感动了人，也感动了上天，说他"动天地鬼神"。

七、晚年岁月

孝宗立储，任王十朋为太子詹事，辅佐太子。王十朋以年老多病辞职，孝宗不准。王十朋遂带病任职。他患有足疾，上朝有困难，皇上特准用人扶着上朝，免于参拜。

太子对王十朋很尊敬，派太监、内臣赏赐给金带。王十朋处处谨慎。他在自己的书居题了一块匾，上写"不欺"二字，以此来要求自己。他一生中崇拜的人有诸葛亮、颜真卿、寇准、范仲淹等人，常以这些人来对比，看看自己还有什么不足的地方。他对朱熹、张栻二人也很尊敬。

宋代的词最盛，成就也最高。当时，文士大多会填词，王十朋也不例外，如他写的《点绛唇·酴醾》：

野态芳姿，枝头占得春长久。怕钩衣袖。不放攀花手。

试问东风：花似当时否？还依旧。谪仙去后。风月今谁有？

再如《二郎神》：

深深院，夜雨过，帘栊高卷。正满栏、海棠开欲半。万朵花、红深红浅。遥认三千宫女面。匀点点、胭脂未遍。更微带、春醪宿醉,袅娜香肌娇艳。

日暖。芳心暗吐,含羞轻颤。笑繁杏夭桃争烂漫。爱容易、出墙临岸。子美当年游蜀苑。又岂是、无心眷恋。都只为、天然体态,难把诗工裁剪。

王十朋的词被收入《全宋词》及各类宋词的选集中。

王十朋为学以孔孟为正宗,以韩愈、欧阳修、司马光为师,精通六经,尤长于《春秋》。他曾经在梅溪聚徒讲学,学生达数百人之多。他的声望也很高。其著作有《〈论语〉、〈尚书〉、〈春秋〉解》、《梅溪前后集》、《奏议》三卷。

王十朋身体愈来愈差,几次请辞官养病。乾道七年(1171),孝宗任他为龙图阁大学士。诏令刚下,王十朋就病逝了,享年60岁。

绍熙三年(1192),赐谥号为"忠文"。

八、《荆钗记》与王十朋

中国古代有许多以状元为题材的文学作品,如戏曲、传奇、话本及笔记等,而且多以他们的婚姻爱情为主线。以王十朋的爱情为题材的文学作品主要有两种,一是元代柯丹丘所作南戏《荆钗记》,流传很广;一是明太祖第17子朱权根据柯丹丘原剧改编的传奇《荆钗记》。

柯丹丘的《荆钗记》为著名的四大南戏之一,以王十朋、钱玉莲的婚姻波折为主线,着重刻划了这对夫妻对爱情坚贞不屈的优良品德。剧情梗概是:温州才子王十朋,家境贫寒,以荆钗(木制的女子头饰)为聘礼,与本郡女子钱玉莲成婚,夫妻恩爱。婚后半年，王十朋赴京应考，得中状元，并被选派到江西饶州为官。王十朋寄信回家，准备接母亲和玉莲一同赴任。谁知，他去拜见丞相万俟时，万俟以"富易交，贵易妻"为辞，欲招王十朋为婿。王则以"糟糠之妻不下堂，贫贱之交不可忘"为辞婉拒。万俟怒，改调烟瘴之地广东湖阳去做官。行前，王十朋托"承局"送信回温州，接家眷赴任。

温州有一富豪名叫孙汝权，先也羡玉莲美貌，请玉莲姑妈说媒，到钱家去求过亲，但遭到拒绝。他忌妒王十朋与钱玉莲成婚，便想方设法将王十朋的家书改为休书，诈说王十朋已经入赘相府，并要玉莲改嫁。又勾通玉莲继母张氏，逼娶玉莲。玉莲不信丈夫会如此无情无义，不肯改嫁，被逼无奈，只得投江自尽。幸遇钱安抚相救，认为义女，并带她一同赴福建上任。

王母到京，王十朋才知自己书信被改和玉莲投江之事，十分悲痛。而钱安抚派人去饶州打听王十朋消息时，误以为十朋已死。玉莲痛苦异常。

5年后，王十朋升任吉安（今江西吉安）知府，钱安抚欲把义女嫁给他，十朋以玉莲为自己守节而亡，誓不再娶。及见荆钗，方知钱安抚义女即玉莲，自此，夫妻喜庆团圆。

在以男人为中心的封建社会，王十朋的作为的确是难能可贵的。数十年来，这本戏一直盛演不衰，并与《白兔记》、《拜月记》和《杀狗记》并列为南戏"四大本"，主要原因恐怕与王十朋形象的成功塑造是分不开的。

明代朱权的传奇《荆钗记》的故事情节，与上述南戏《荆钗记》大致相同。是说王十朋很有才，钱玉莲的父亲钱载和准备将女儿许配给他。钱载和的继室孙氏不同意，孙氏已答应把钱玉莲嫁给他的侄子孙汝权。夫妻二人争论不休，最后说，让玉莲自己选择。结果，钱玉莲愿嫁给王十朋。

王十朋进京参加会试，虽然得中，但触怒了秦桧的死党万俟卨，遭到了罢官的处分。孙汝权在家乡说王十朋已判罪，借机逼钱玉莲嫁他为妾。钱玉莲坚决不从，投江自杀。但被人从水中救起，后来，终于和王十朋结成眷属。

上面是《荆钗记》描写的王十朋的爱情故事。在其他一些书里有不同的记载。清代人褚人获写的《坚瓠集》一书中说，孙汝权是宋朝的一位颇有名声的进士，是王十朋的好朋友。玉莲不姓钱，是孙汝权的女儿，为孙玉莲。王十朋弹劾宰相史浩，罗列了八大罪状，就是在孙汝权建议下进行的。史浩及他的儿子、侄子以后均是高官，对王十朋、孙汝权恨之入骨，所以找人编了一个剧本，说玉莲是王十朋的妻子，而被孙汝权夺了去。这种说法也值得怀疑，因《荆钗记》写成于明代，距南宋已100多年了。

另一位清朝人王应奎在《柳南随笔》这本书里说，钱玉莲是钱塘（今杭州）的一位名妓，她看中了王十朋，二人甚为恩爱。王十朋说，我现在是一介书生，如果能中进士，做官之后就来娶你。但王十朋中状元之后，3年多了，未回家乡，也未到钱塘，钱玉莲也不知道王十朋到底怎样了，被逼嫁给了别人。后来，她在桑门江投江而死。这与《荆钗记》较为接近。

其实，王十朋妻子为邑人马氏，夫妇恩爱，白头偕老。何况，他中状元时已40余岁了。

梁 克 家

◎ 陶 雪

梁克家,字叔子,泉州晋江(今福建泉州)人。幼聪敏绝人,读书过目便能背诵。宋高宗赵构建立南宋第34年,即绍兴三十年(1160),梁克家考中庚辰科殿试第一名,成为南宋第11位状元。

中状元后,被授予平江(今属湖南)签判,佐理政务。翌年,金主完颜亮率军南侵,于十一月二十七日被臣下杀死,金国政局动荡。一些宋臣建议乘机北伐中原,梁克家致函代理兵部尚书陈俊卿,说尽管金主完颜亮被杀,金兵北撤,但大宋的兵力未振,不量力而行,后悔莫及。陈俊卿把他的建议报告丞相陈康伯,陈康伯赞叹他远见卓识,奏准高宗,召梁克家入京,任用他为秘书省正字,掌校正典籍讹误。不久,晋官著作佐郎,掌修纂日历。

绍兴三十二年(1162),宋高宗禅位太子赵昚,是为孝宗。

天多灾异,梁克家借灾异上疏,乞请下诏求直言,诏准。梁克家条奏六事:第一,端正心术;第二,整肃纲纪;第三,匡正风俗;第四,明确职权;第五,制定谋略;第六,上下同心。关于制定克敌谋略,他解释说,关键在于将良、兵强、财足。孝宗大加赞赏。梁克家进官中书舍人,掌起草诏令,如事有失当或除授非人,可奏请皇帝重新考虑。

不久,孝宗派他出使金国。金人因他是大宋的状元而格外敬重。在宴会上,宾主比试射技,文状元出身的梁克家连射数十箭,箭箭中的,金人叹服。金使来朝,梁克家奏请金使入朝走南门,百官入朝走北门,仆从不得随便跟至殿门外,以整肃朝仪。孝宗下诏,著为法令。

迁为给事中,职司封驳失当的政令。任职3年,遇有认为不可的事,必直言无隐。他曾奏言:"陛下想任用有真才实学的人,不喜空言。空言当然是没有好处的,但若因害怕说空话而敛口,谏诤之路势必堵塞。请皇上多加开导。"孝宗欣然接受,让他条陈风俗之弊,梁克家列举了4条:欺上罔下,苟且偷安,因循守旧,营私舞弊。孝宗手诏嘉奖。

乾道五年(1169)二月,拜端明殿学士、签书枢密院事。端明殿学士仅备顾问,签书枢密院事为最高军事机构枢密院的副长官。翌年,进官参知政事,即副相。过了1年,又兼任枢密院的长官——知枢密院事。

梁克家上任后,整饬兵备。当时,金宋虽已和议,但金兵不断挑起边衅。梁克家奏准孝宗,修筑楚州(州治山阳,今江苏淮安)州城，派重兵驻防，金兵不敢轻举妄动。在朝廷，他与虞允文密切合作。虞允文是仁寿(今属四川)人，抗金名将，时为宰相。梁、虞以国事为重，通力合作。但梁克家决不苟合。虞允文是主战派，而梁克家是主和派，虞允文建议遣兵出击，恢复中原。梁克家认为国力不足，不同意出兵。朝臣大都赞同虞允文的主张，孝宗也认同。梁克家见力争不得，遂上疏辞官。孝宗问他："难道真的不能用兵吗？"梁克家道："用兵以财为先，今国库空虚，怎可用兵？"孝宗改容说："朕考虑一下。"第二天上朝，孝宗面谕梁克家："朕终夜都在考虑你的主张，所言极是，不要走了吧。"梁克家遂留京继续任职。

第二年，即乾道八年，更定官职，定尚书仆射为左右相，孝宗任命虞允文为左丞相兼枢密使，梁克家为右丞相。虞允文推荐梁克家任左丞相兼枢密使，孝宗未准。数日后，虞允文又借口有病，荐举梁克家代替他的职位，孝宗还是不允。梁、虞二人同心协力，辅佐孝宗。一天，孝宗对宰相们说："近日去德寿宫，太上皇颐养天年，十分愉快，朕回来后喜不自禁。"梁克家道："尧未得舜时很忧愁，既得舜，心情就舒畅了。"虞允文接着说："相比之下，在五帝之中，尧最为高寿。"孝宗高兴地说："是的。"君臣同心，朝廷出现少有的和睦局面。

孝宗欲任用曹勋为枢密使，虞允文说曹勋人品卑下，不可用。不久，孝宗任用张说为签书枢密院事，右正言王希吕与监察官又纷纷上疏弹劾张说。孝宗大怒，手诏责斥王希吕，虞允文却把诏令交了回来，没有下达。孝宗更怒，梁克家见状，奏言："希吕论张说，是他的职责；左相救希吕，是国家体制。"孝宗怒气渐消。

不久，虞允文辞相，梁克家一人秉政，他不畏权贵近戚，又不失和气。张说入枢密院时，有些人不同意，他出为签书枢密院事后，报复那些大臣，梁克家尽力救护。朝野称颂梁克家，号为"贤相"。

但为时不久，梁克家便辞去了相位。

事情起因于金使朝见时的授书礼上。高宗时，金使到宋，高宗须降座接金的国书，屈尽陪臣之礼。孝宗即位，不愿降座受书，宋、金之间为此发生纠纷。梁克家一向主和，主张按高宗时的仪式行事。孝宗不悦。梁克家遂上书辞职。孝宗诏准，让他以观文殿学士知建宁府(府治建安、瓯宁，今福建建瓯)。陛辞时，孝宗问他对国政有何见解，梁克家劝皇上无求奇功。不久，朝廷试图对金用兵，结果无功而还。

梁克家在建宁府一待就是七八年，直到淳熙八年(1181)，才调任福州(州治侯官、闽县，今福建福州)知州。淳熙九年九月，拜右相，封仪国公。1个月后，梁克家罹病。淳熙十三年，孝宗诏令他以内祠兼侍读，赐他府邸，不断遣使存问。

淳熙十四年六月，梁克家病逝，享年60岁。

孝宗闻讯，为之垂涕，诏赠少师，谥曰"文靖"。

木待问

◎ 刘一

木待问,字蕴之,永嘉(今浙江温州)人,少力学,师事同乡郑伯熊。郑伯熊,字景望,德行夙著,邃于经学,为一代宗师。他的弟弟伯英、伯海也精通儒经。木待问在郑伯熊门下学习多年,在儒学上有较高造诣。隆兴元年(1163),癸未科殿试,木待问一举夺魁,成为南宋第12名状元,也是宋孝宗朝的第一位状元。中状元后,木待问步入仕途,累官太子詹事、焕章阁待制、礼部尚书。

木待问为人刻薄自私,为官多年,无所建树。他官至尚书时,恩师郑伯熊已死,木待问兴建府第,侵占了郑家的地。郑伯英愤愤不平，去找木待问算账，把木待问辱骂了一通，并动手打了他。木待问的子弟把郑伯英揍了一顿。第二天，木待问向台州衙门告状，台州知府畏惧木尚书的权势，不问青红皂白，派人逮捕郑伯英。木待问幸灾乐祸地随同前往捉拿郑伯英，郑伯英闻讯，扶着老母迎出家门，木待问羞愧难当，掉头走了。永嘉人因此事更加鄙夷木待问的为人。

木待问的诗写得很好，如《千里思》：

君行千里轻所历，妾驰千里心匪石。
春房酌酒意匆匆，愁不在离愁在忆。
鸳鸯瓦上昏无色，鹦鹉杯中尘更积。
灯前独坐制君衣，泪湿剪刀裁不得。

《郊寺》：

红委墙阴花寂寂，翠滋亭角草纤纤。
风翻书叶常交案，雨压炉烟不过帘。

不过，孝宗很看不起木待问。一次，他问木待问："木姓起源于什么时候？"木待问没有回答上来。孝宗道："端木本是子贡之姓，后来有叫木虚元的，大概是去掉'端'字而姓木。"木待问是洪迈的女婿。洪迈，鄱阳（今江西波阳）人，学识博洽，著述弘富，是个大学问家。孝宗对洪迈说："木待问是爱卿的女婿，他被擢为状元而不知祖姓的来源，这行吗？卿应劝他多读点儿书。"

萧国梁

◎ 刘 一

萧国梁，字挺之，永福（今福建永泰）人。一说他是闽县（今福建福州）人。宋孝宗赵昚称帝第5年，即乾道二年（1166），萧国梁参加丙戌科殿试，在492名应试的贡生中，独占鳌头，成为南宋第13位状元。

关于他中状元，永福一带还有个传说。

在永福，有句谶语："龙爪药红，状元西东。"乾道二年，永福东乡石壁豀岩松上生出龙爪花，萧国梁遂魁天下。紧接着，莆田（今属福建）人郑侨于乾道五年大魁，永福人黄定于乾道八年夺魁。三人的里籍相去不过百里。永福县令赋诗云：

翀峰龟岭与龙屿，三处家山亦壮哉！
相去未逾一百里，七年三度状元来。

当然，这只是巧合而已。

中状元后，萧国梁步入仕途，历任著作郎、太子侍讲兼礼部郎中。著作郎为秘书省官员，掌修纂日历，位次秘书丞；太子侍讲为太子讲读经史，备顾问应对；礼部郎中位次礼部侍郎，是礼部的高级官员。他的仕宦生涯终于广东路运判。运判是转运判官的简称，佐转运使掌一路财赋，监察各州官吏。

郑 侨

◎ 刘 一

郑侨,字惠叔,莆田(今属福建)人。他出身于一个书香门第的士大夫家庭,叔父郑厚、郑樵,都是小有名气的理学家,人称"溪东先生"、"溪西先生"。郑侨颇受叔父的影响,热衷理学。他是汪应辰的女婿。汪应辰,字圣锡,玉山(今属江西)人,绍兴五年(1135)进士第一,是南宋第3位状元。汪应辰是著名的理学家,人称"玉山先生"。清人全祖望补修黄宗羲的《宋元学案》,撰了一篇《玉山学案》,列入《宋元学案》卷46。郑侨不仅是汪应辰的女婿,也是他的门徒,全祖望《玉山学案》收录汪应辰的高足弟子,其中有郑侨。

宋孝宗赵昚君临天下的第8年,即乾道五年(1169),郑侨殿试夺魁,成为南宋第14位状元。

中状元后,郑侨被授予签书镇南军节度判官,步入仕途。淳熙十四年(1187),在德寿宫做太上皇的高宗寿终正寝。孝宗在位多年,已感到厌烦,有意借服丧之机退位。郑侨上疏谏言:"服丧不离君位,这是礼。"孝宗为之泣下。

郑侨奉命出使北方的金国,金人以国君有病为由,让郑侨到阁门投递国书,郑侨力争,终于按礼投递国书。

淳熙十六年二月,孝宗禅位太子赵惇,是为光宗。郑侨出任代理吏部尚书。

绍熙五年(1194)六月,大臣赵汝愚、韩侂胄等发动政变,拥立嘉王赵扩为帝,是为宁宗。

郑侨是政变的拥护者、参与者。宁宗登基,郑侨出任参知政事,即副相。后进官为知枢密院事,成为最高军事长官。

韩侂胄弄权,大儒朱熹愤恨,上疏谏言,宁宗置之不理。韩侂胄闻讯大怒,谗言朱熹迂阔不能重用。于是,宁宗罢免了朱熹侍讲一职。郑侨不满韩侂胄专权跋扈,接连4次上疏谏争,劝宁宗留任朱熹。宁宗一概不理。韩侂胄对郑侨恨之入骨。

韩侂胄为了铲除异己,把朱熹的理学指斥为"伪学",开列了59个人的名单,任官的即刻罢黜,未任官的不能录用,和这些人有瓜葛的也不许再任官职。

郑侨因为朱熹说话而受牵连。韩侂胄的爪牙高似孙作《右道学图》,以郑侨为首领,说他庇护"伪学"。郑侨被贬出京师,去福州(州治侯官、闽县,今福建福州)做知州。陛辞时,他劝宁宗博采众议,不要偏听;加强边防,不要轻信。但宁宗无动于衷。

后来,郑侨以观文殿学士的身份退休,死于家。朝廷追赠太师，谥曰"忠惠"。

郑侨擅长行书、草书，著有《书衡》三编。他的诗也极佳，如《题夹漈草堂》：

> 杪秋寻远山，幽怀郁冲冲。
> 草堂跨层崖，夕阳山影空。
> 高人辞天禄，结交杖藜翁。
> 游氛暗九土，岁晚余曷从。
> 冷冷夹漈水，谡谡长松风。
> 思之不可见，泪落秋云中。

黄 定

◎ 秦 汉

黄定,字泰之,永福(今福建永泰)人,幼好学,擅长填词。宋孝宗即位的第9年,即乾道八年(1172),黄定参加壬辰科殿试,夺得第一,成为南宋第15位状元。中状元后,黄定步入仕途。淳熙三年(1176),被擢为秘书省校书郎,掌校雠典籍。淳熙八年,出任工部员外郎。淳熙九年,任军器监,职司监督制造兵器,以供军用。不久,出任最高学府国子监的副长官——司业。淳熙十年,擢为显谟阁直学士,出知温州(州治永嘉,今浙江温州)。他的仕宦生涯终于广东提举常平官。提举常平官简称"提仓",掌各路役钱、青苗钱、义仓、赈济、水利、茶盐等，还负责监察各州官吏。黄定的词颇有点儿名气，《全宋词》辑录了他的《鹧鸪天》一词，词云：

　　间世文章万选钱，清时平步八花砖。
　　大开紫府瑶池宴，正是橙黄橘绿天。
　　金烛里，玉堂前。翰林元是武夷仙。
　　雍容草罢明堂诏，留取天香馥寿筵。

詹骙

◎ 秦 汉

詹骙,字晋卿,会稽(今浙江绍兴)人,少好学,以诗文著称乡里。宋孝宗赵昚君临南部中国的第14年,即淳熙二年(1175),詹骙参加乙未科殿试,一举夺魁,成为南宋第16位状元。

詹骙大魁天下,是因为他的答卷言中了孝宗的心意。

绍兴三十二年(1162)六月,宋高宗禅位皇太子赵昚,赵昚即位,是为孝宗。孝宗是个很有作为的皇帝,锐意进取。已做了太上皇的赵构告诫他:"天下事不必求快,重要的是坚忍。只要坚忍不拔,事必有成。"孝宗拜谢,把父皇此话大书于殿堂，作为座右铭。消息传出，应试的举子都自以为明了了孝宗的心意，殿试时，或倡言持成，或主张慎终，惟有一卷开头便道："天下未尝有难成之事，人主不可无坚忍之心。"孝宗读了，大为欣赏，擢为第一。

此卷的作者便是詹骙。他大魁那载，正值而立之年。

考中状元后，詹骙步入仕途，历官中书舍人、龙图阁学士等职。中书舍人属中书省，掌起草诏令，如事有失当或任用非人，可奏请皇帝重新考虑。龙图阁是宋殿阁之一，咸平四年（1001）建，收藏太宗御书、御制文籍，各种典籍、图画及宗室名册、谱牒等物。龙图阁学士是大中祥符三年（1010）开始设立的，为文学侍从之臣。后出知宁国府（府治宣城，今属安徽）。詹骙仕宦多年，官位并不显赫。比他的官位更为知名的，是他的诗。他的诗写得很好，如《游云门》：

轻裘肥马春三月，到此经游花正红。
欲觅上方幽隐处，老僧笑指白云中。

遗憾的是，他的诗多已散佚，流传下来的不多。

姚　颖

◎ 秦　汉

姚颖，字洪卿，鄞县（今浙江宁波）人，出身于书香门第。祖父姚孚，笃学力行，端谨正直。他与秦桧的弟弟是同窗，秦桧乃卖国求荣的奸臣，姚孚颇为鄙夷。在秦桧当国、权力熏天时，姚孚洁身自好，未曾登秦桧兄弟的家门。姚孚官至左奉议郎。父亲姚孝全，为人端正，不事权贵，官至承事郎。姚颖少力学，博闻多识，文章俊赡。宋孝宗即位的第17年，即淳熙五年（1178），姚颖参加戊戌科殿试，在417名应试者中，名列榜首，成为南宋第17位状元。

中状元后，姚颖被任命为签书宁国军节度判官厅公事，到任不久，奉诏出任秘书省校书郎。秘书省掌管图籍、国史、实录、天文历数等事，校书郎负责校雠典籍。与秘书省其他官员一样，校书郎也为文臣清贵之选。淳熙六年，姚颖出为平江府(府治吴县、长洲，今江苏苏州)通判。通判为府副长官，有监察全府官员的权力。姚颖到任不久，便罹病身亡，享年34岁。

死后1个月，他的遗体被安葬在故乡鄞县阳堂乡延寿寺山上。他的儿子姚善长还未成人，只有7岁。4年后，姚善长请温州永嘉(今浙江温州)人、理学巨擘叶适为亡父撰写了墓志铭，概述了父亲短暂的一生。

黄 由

◎ 刘 一

　　黄由,字子由,号盘野居士,长州(今江苏苏州)人。父黄云,字鼎瑞,号成斋。黄云自幼好学,十二三岁便能教孩童读书,俨然一教书先生。20岁时考入最高学府——太学,学问更是日进。后在家乡教书,慕名来学者常数百人。黄由深受父亲的影响,好学上进。淳熙八年(1181),黄由参加辛丑科殿试,在379名应试者中,夺得第一,成为南宋第18位状元。

　　中状元后,黄由入仕,为秘书省正字,校正典籍讹误,累迁至著作佐郎,负责修纂日历。后奉命出使北方的金国,完成使命回来,迁为嘉王府赞读。嘉王赵扩是光宗之子,颇为光宗宠爱，打算立为皇太子。但太上皇孝宗赵昚不同意。淳熙十四年，高宗赵构病死，孝宗心灰意冷，遂于淳熙十六年禅位赵惇，自己做太上皇。皇后李氏竭力离间赵昚父子，光宗对父皇逐渐疏远，后来连父皇的面都不见。赵昚罹病，光宗也不去看望，赵昚伤心极了。就在赵昚独自悲伤时，皇孙赵扩来看他，赵昚大为高兴，他问皇孙是谁让他来的，赵扩说是赞读黄由，赵昚十分感激他钦点的这位状元。

绍熙五年（1194）六月，赵汝愚等拥立赵扩为帝，是为宁宗，年号"庆元"，尊光宗为太上皇。

黄由曾做过赵扩的赞读，赵扩即位后，黄由进官为摄理礼部尚书。侍御史张岩奏劾黄由结党，遂遭贬谪。嘉定（1208～1224）初年，起官为浙东安抚使，累迁至刑部尚书兼直学士院。死后追赠太子少师。

黄由留下的诗文不多，代表作有《归来》，诗云：

> 归来三阅月，无事一关心。
> 刈草寻花径，开池漾竹阴。
> 江边问明月，天际数归禽。
> 幸有高宾至，相逢似竹林。

这大概是在遭贬退隐时的诗作，诗中描写了他的田园生活。

卫 泾

◎ 涂 青

卫泾，字清叔，昆山（今属江苏）人。他的先祖原是齐地人，唐末战乱，避居华亭（今上海松江），到他的祖父卫阒时，始占籍昆山石浦乡。父卫季敏，官至镇江府（府治丹徒，今江苏镇江）通判，即副长官。卫泾少有大志，力学不辍，受业于永嘉（今浙江温州）人李去智。李去智不幸病死，卫泾为他服丧，众人赞叹。宋孝宗即位的第23年，即淳熙十一年（1184），卫泾参加甲辰科殿试，一举夺魁，成为南宋第19位状元。

大魁后，卫泾被授予承事郎，添差签书镇东军节度判官厅公事。添差是在正员以外，再额外加派官员主管或处理某事，或仅有空名不管事。卫泾在殿试对策时曾指斥添差之弊，现在他却添差了，遂上疏请求待任，不添差。他连上三疏，孝宗因他实践自己对策的言论而允准了他的请求。

按惯例，状元初仕，任职将满时，需去拜谢宰相。卫泾不按习惯办事，没有依例去拜谢当朝宰相王淮，他也没有按例及时升迁，直到淳熙十四年才迁为秘书省最低一级的官——正字，负责校正典籍讹误。上任不久，卫泾上疏孝宗，直言孝宗即位之初锐意进取，后来渐渐懈怠，惟求无事苟安，官吏持禄保身，风俗日坏，士气日落，百姓日贫，他劝孝宗振作起来，整饬纲纪，建功立业。但孝宗已难以振作了。

2年后，孝宗禅位太子赵惇，是为光宗。

光宗登基，卫泾进官著作佐郎，掌修撰日历。光宗初立，为政谨慎、守成，卫泾上疏说："今风俗颓靡，典制纵弛，人才凋零，国力衰弱，汲汲有为，尚恐不济，若因循守成，将不堪设想。"他还说宋、金势不两立，宋必须图谋北进，收复中原。然而，光宗受制于皇后李氏，与太上皇关系紧张，又长期痼疾缠身，有心作为而力难从。卫泾进官著作郎兼司封郎官。著作郎也负责修纂日历，但位高于著作佐郎；司封郎中职司封爵、赠官、荫袭等事。见李皇后弄权，卫泾借正月天响雷下雨等变异上疏，说自然逆转，阴气制阳，而人世间君被臣欺，夫被妻抑。结果，被贬出朝，出为淮东路提举常平官，负责役钱、青苗钱、义仓、赈济、水利等事。后调任浙东路提举常平官。

绍熙五年（1194），大臣韩侂胄、赵汝愚等拥立光宗次子赵扩，是为宁宗，让光宗做太上皇。

第二年，即庆元元年（1195），卫泾应召入京，出任尚书右选郎官，铨注武臣升朝官自皇城使、职事官自金吾阶仗司以下非枢密院宣授的。第四年，以起居舍人代理工部尚书的头衔出使金国。当时，金国正受到蒙古的攻击，宁宗有乘机北进之意，嘱咐卫泾留心察看金国局势。卫泾认为宋国力不强，即使乘机灭金，又将面对更强大的蒙古，势难对付。完成使命回来，他上奏说，金虽有危亡之势，但宋无自强之策，若不发愤自强，苟安岁月，即使灭了势弱的金，那强大的蒙古势将成患。后进官直焕章阁、知庆元府(府治鄞县，今浙江宁波)、沿海制置使。不久，遭人弹劾，被罢官。

卫泾在家一住就是十余年。他在家里修建了一个西花园，取范仲淹"后天下之乐而乐"语，名其堂曰"后乐"，自号"后乐居士"。

开禧元年(1205)，卫泾奉旨入朝。翌年，卫泾被任命为中书舍人，负责起草制、诰、诏、命，兼直学士院。当时，宰相韩侂胄正在北伐，卫泾上疏，说北伐不合时宜。韩侂胄北伐失败，礼部侍郎史弥远等乘机倒韩，卫泾积极参与。开禧三年，他自吏部尚书进拜御史中丞，上疏请诛韩侂胄。十一月，史弥远等先斩后奏，杀掉了韩侂胄，卫泾进官参知政事，成为副相，封昆山开国伯，不久兼太子宾客。但那史弥远实乃奸邪之辈，倒韩后逐渐把持了朝政，卫泾颇以为患，想除掉他，史弥远觉察，抢先下手，把卫泾贬出朝，出知潭州(州治长沙、善化，今湖南长沙)。3年后，即嘉定八年(1215)，改知隆兴府(府治南昌、新建，今江西南昌)。翌年，调任扬州(州治江都，今江苏扬州)知州。9个月后，以资政殿大学士、金紫光禄大夫的官衔告老还乡，封吴郡开国公。

就在这年八月，宁宗驾崩，理宗赵昀即位。

第3年，即宝庆二年(1226)，卫泾病死。理宗闻讯，辍朝一日致哀，追赠太师，追封秦国公，谥"文穆"，改谥"文节"。

卫泾历仕三朝，出入内外40余年，忧国忘家，始终一节，谋深虑远，不邀近功，洁身自好，不畏权贵，奖拔后进。在潭州时与大儒朱熹来往，结为知己。韩侂胄指朱熹为"伪学"，斥逐之。韩侂胄死后，卫泾奏请召朱熹还朝，而朱熹已死，遂取朱熹遗著，刊刻传世。

卫泾擅长诗文，遗有《后乐集》一书。

王　容

◎ 秦　汉

宋孝宗赵昚是南宋最有作为的皇帝,他登基的第26年,即淳熙十四年(1187),丁未科殿试开考,435名通过省试的举子参加角逐。考试结束,孝宗委任的考官评判试卷,排定名次,呈报孝宗。孝宗对列为第3名的王容的卷子最为欣赏,擢为第一。

王容,字南强,湘阴(今属湖南)人。湘阴西枕湘江,北眺洞庭,风光秀美。出自这方水土的王容自幼好学,博闻强记,终于以上乘的答卷大魁天下,成为南宋第20位状元。

王容十分感激孝宗皇帝的知遇之恩,大魁后赋诗一首,进献孝宗。诗云：

天上催班晓色晴，五星伏尽极星明。
奎章读罢三千字，胪唱传来第一声。
名实两言虽朴语，始终一节悉真诚，
圣恩深厚难图报，愿罄愚衷毕此生。

新科进士授官任职，王容被授予秘书省正字，负责校正典籍讹误。秘书省的官职都被称为"馆职"，乃文臣清贵之选。不久，进官为秘书省校书郎，掌校雠典籍。擢秘书省著作佐郎，职司修纂日历。嘉泰二年(1201)，进为中书舍人，负责起草诏令，如事有失当，则奏请皇上重新考虑。他还兼修国史。第4年，即开禧元年(1205)，出任镇江(府治丹徒，今江苏镇江)知府。累官至礼部侍郎而死，孝宗皇帝诏赠银青光禄大夫。

余 复

宋光宗赵惇即位的第二年,即绍熙元年(1190)五月,临安(今浙江杭州)皇宫崇政殿上,孝宗亲自策试558名礼部省试合格的举子。他特别欣赏余复的卷子,对身边的侍臣说:"余复耿直而不攻讦别人。"擢为第一。

余复,字子叔,福州宁德(今属福建)人。他是光宗朝第一位状元,光宗皇帝赐他一诗:

临轩策士岂徒然? 嗣守丕基务得贤。
尔吐忠言摅素蕴,吾縻好爵副详延。

爱君爱国毋终怠，厚泽深仁赖广宣。

锡宴琼林修故事，朕心期待见诗篇。

余复感激涕零，和诗一首，敬献皇上。诗云：

风虎云龙岂偶然？信知盛世士多贤。

虞庠教育蒙深泽，汉殿咨询愧首延。

襕褐遽沾琼宴宠，锡诗齐听玉音宣。

爱君忧国平生志，敢负周王燕乐篇。

新科进士授官，余复入仕。

绍熙五年(1194)六月，赵汝愚等大臣拥立光宗次子，是为宁宗。宁宗诏命余复入史馆修史，同时兼任实录院检讨，负责编修实录。过了一个时期，厌倦了官场的余复辞官南归。

回到故乡后，余复在宁德南面选了块风景优美的地方，修亭辟园，觞咏其间，读写不辍。他在儒家经典的研究上，造诣颇深，著有《礼经类说》、《左氏纂类》等。

陈 亮

◎ 涂 晓

一、寄托着陈家厚望的陈汝能

赵构在临安(今浙江杭州)称孤道寡的第13年(1143),婺州永康(今属浙江)龙窟南5里的陈家,传出婴儿的啼哭声,邻人们知道,陈家14岁的儿媳黄氏分娩了。

此儿与众不同,一生下来,两眼大睁,炯炯有神。得了贵子的黄氏和丈夫陈次尹喜不自禁。更高兴的,是公婆。公爹陈益，豪爽耿直，孙儿出世后，他在一天夜里梦见一个状元叫童汝能，觉得那人就是自己的孙子，便给孙儿取名曰"汝能"，字同甫。

陈家有过红火的时候，那时的田地多达200亩，是远近闻名的大财主。宋朝初年，陈家落魄。汝能的曾祖陈知元是个小武官，靖康元年(1126)，金兵攻破汴京(今河南开封)，陈知元战死于固子门外。陈益梦寐以求科举登第，终未如愿；想从武进身，也不成。他儿子陈次尹，是个老实巴交的农夫。陈家把振兴家门的希望寄托在陈汝能身上。

时局的发展，却大令他们不安。

赵构在临安建立偏安政权，苟延残喘，无北进收复失地之意。抗金名将岳飞在陈汝能出生前2年，被赵构和奸相秦桧以莫须有的罪名杀害。黎民百姓自发地组织起来，抵御、打击金人，却得不到官府的支持。

金人南下虽屡受挫折，但灭宋之心不死。绍兴十八年十二月——陈汝能5岁那年，金兀术死去，海陵王完颜亮升为右相。次年，完颜亮杀掉金熙宗，自立为帝。他好大喜功，梦想灭宋，不断发动军事进攻。

肩负着父祖厚望的陈汝能从小就关心国事。他虽然在龙窟山中攻读，但于国计民生颇为留心，喜欢那些治国理民的学问。

他很推崇李白的为人，赋诗道：

> 我生恨不与同时，死犹喜得见其诗。
> 岂特文章为足法，懔懔气节安可移！

为了实现抗金救国的壮志，陈汝能极留意历代兴亡史。十八九岁的时候，他查阅了曹操、诸葛亮、吕蒙等19个历史人物的事迹，研究他们的成败得失，写出20篇论文，汇编为《酌古论》。他认为，文人不应只会雕琢文辞，须有治国理民的才能；武将不应只会舞刀弄枪，须有料敌制胜的智慧。这部以经世致用为指导思想的文集问世后，影响甚大。

婺州知州周葵看到《酌古论》，大加称赞，认为陈汝能是个了不起的人物，是未来的国士。周葵后来调往临安，出任参知政事(即副宰相)，邀陈汝能为门客，待以上宾。每当文武官员汇报，请示政事，周葵总是让他们先与陈汝能谈谈。

隆兴二年(1164)，周葵罢官，陈汝能也做不成门客了，只得回归故里。

不幸的事接连发生。母亲于乾道元年(1165)病亡，年仅36岁；父亲被人诬告下狱；祖父母忧愤成疾，相继谢世。这对一个年方20余岁的陈汝能来说，打击是够大的。

仕途挫折、家庭不幸，并没有使陈汝能意志消沉。更大的不幸——国家破碎促使他奋发进取。

二、以天下为己任

乾道四年(1168)秋，陈汝能改名曰"亮"，决心继承祖父陈益的未竟事业，走科举入仕的道路。

这年，陈亮参加乡试得中，补上了太学士的员额。乾道五年，参加婺州的取解试，高中榜首。这年冬，他被贡送临安，参加来年的省试。省试在礼部贡院进行。乾道六年的省试分两场，一场考诗赋、经义，一场考策论。考生的姓名、籍贯照例是糊上的。答卷交上，另有人再誊抄一遍，以防止主考官作弊。但主考官仍然可以根据自己的好恶来取舍。同知贡举的国子监祭酒何澹极不喜欢陈亮的策论。此人乃处州龙泉（今属浙江）人，乾道二年进士，是个势利小人，阿附权奸，贬斥善类。陈亮倡言抗金救国，与苟安的权贵们意图相悖，被何澹黜落。

第一次省试落第，陈亮有些悲哀、愤懑，对人说："亮老了，反被何澹那小人侮辱。"索手东归，闭门读书，进一步研究历史和现状。他的思想更加成熟。

淳熙五年（1178），陈亮北上，来到杭州，接连3次上疏当朝天子孝宗。当时的太学仍遵循秦桧的禁令，不许太学生员上疏论事。陈亮上疏用了"陈同"这个名字。《上孝宗皇帝第一疏》中，他总结了中国历史南北对峙的经验教训，指出抗金复国乃大势所趋，苟且偷安没有出路。孝宗皇帝看后，赫然震动，打算张贴于朝堂以激励群臣，并召陈亮上殿，准备擢用。朝臣曾觌闻讯，抢先去拜访陈亮，想巴结这个将大贵的书生。谁知，陈亮鄙夷此类溜须拍马的小人，越墙避走。曾觌自讨没趣，心中愤恨。一些朝臣也敌视陈亮，他们把孝宗的诏令扣压。过了七八天，陈亮不见回音，便上了第二疏，要求面见圣上，借古论今，力陈抗金的必要性。朝中大臣多加阻梗，使这次上疏仍无结果。20天后，陈亮第3次上疏，历陈南宋因循守旧，政治腐败，不适应抗金斗争的需要；只有改革，才能完成抗金复国大业。孝宗既迫于群臣的反对，又不能无视陈亮的真知灼见，便以庸人之心惴度陈亮：他不厌其烦地上疏，大概是邀名誉，要求一官半职吧。遂欲给陈亮个官做，了结此事。陈亮道："我是想为国家建百年之基业，岂是为了一官半职？"愤懑而归。

陈亮有点儿心灰意冷，终日饮酒，一醉方休。

一天，他与同村一个狂生喝酒，狂生把陪酒的妓女呼做"妃子"。旁边有个吃酒人见状，想引逗二人犯法，他好去告发，以求封赏，便问狂生："既已册封了妃子，谁做宰相？"

"陈亮就是宰相。"狂生信口道。

吃酒人问："怎么安排我呢？"

"你做右相。我用二相，大事就好办了。"狂生道。

吃酒人遂请狂生高座，他与陈亮北向而拜。狂生端坐，妓女敬酒，唱《降黄龙》歌祝寿。陈亮、吃酒人和妓女高呼"万岁"。

游戏完后，吃酒人便去临安向刑部告发。那个黜落陈亮的何澹正在刑部侍郎任上，他想起陈亮骂他的话，想报私仇，便把陈亮和狂生逮捕入狱，严刑拷问，打得陈亮体无完肤。陈亮受刑不过，只好承认有不轨行为。结案后，上奏孝宗，孝宗密遣使者去永康调查，弄明真相。大臣奏请孝宗批示陈亮一案，孝宗道："秀才醉了，胡说八道，何罪之有？"批了陈亮的案牍，掷于地上。

陈亮和狂生高高兴兴地出狱而归。

后来不久，陈亮的家童杀了一个人。被杀的这个人曾侮辱过陈亮的父亲，死者家属怀疑是陈亮指使家童干的，向官府告发。官府逮捕家童，严加拷问，打得他死去活来，就是不承认陈亮参与。官府又囚禁陈亮，死者家属又去临安找御史台官员，请托送礼，请求严惩陈亮。陈亮又被解往临安，投入大牢。

孝宗闻讯，有意放陈亮一命。宰相王淮秉承孝宗旨意，与陈亮好友辛弃疾一同救援，陈亮这才获释出狱。

孝宗两次救了陈亮的性命，是因为自己有抗金的意愿，而陈亮是抗金复国论者。但太上皇高宗一心苟安，孝宗受他的制约，不敢作为。

淳熙十四年，投降派的总代表高宗赵构病死，陈亮认为这是推动抗金事业发展的有利时机。谁知，赵构死了，投降派的势力犹在，而且加紧叛卖活动，遣使赍厚礼向金屈膝报丧，还散布"江南不易保"、"长(江)淮(河)不易守"一类的谬论。陈亮义愤填膺，于淳熙十五年赴长江沿岸的京口(今江苏镇江)、建业(今江苏南京)一带察看地形，随后赶回临安上疏，指出江淮险要的地理优势，加之金内部矛盾激化，政局不稳，江南可保无忧，不必畏惧金人，应积极抗战。但这时孝宗意志消沉，正准备让位于儿子赵惇，对陈亮的上疏根本不予理会，一些朝臣乘机中伤陈亮。陈亮愤懑难抑，在朝廷上发起怒来，被那班官僚骂做"狂怪"。

陈亮愤愤不平地回了老家永康。

一次，同乡有人宴客，在陈亮的肉汤中加了些胡椒粉。与陈亮同席的一个人回家后暴死，有人怀疑是食物中毒。陈亮又不明不白地被投入大牢，酷吏拷问，无所获。众人想，陈亮这次怕要完了。大理寺少卿郑汝谐审阅陈亮的供词，很是钦佩，道："此人乃天下奇才，国家若无罪杀人，上犯天威，下伤国脉！"他上疏当朝天子光宗，竭力为陈亮申冤，陈亮获释。

陈亮抗金复国壮志难酬，且屡遭小人陷害。但他对理学的批判，却大有进展。

三、与理学大师朱熹的辩论

到陈亮之时，理学臻乎鼎盛。理学大师朱熹长陈亮13岁，当陈亮步入社会时，朱熹已是遐迩闻名的理学大家。朱熹的思想不断完备，终于成了集理学之大成的宗师。

理学空谈义理，朱熹则属于理学中的心性派。陈亮倡言经世致用，反对性命之学。淳熙九年(1182)春，朱熹以浙东常平茶盐司的身份巡视衢州(今浙江衢县)、婺州时，陈亮找上门去，与朱熹进行了为期10天的辩论。淳熙十一年，陈亮为部分官僚诽谤、陷害，被捕下狱。他刚获释出狱，便遭到了朱熹的指斥。陈亮致函反驳。两人书信往来，各执一端，相互攻讦。

朱熹说"道"是超乎自然与社会之上的一种先验的道德，非人力所能干预，人们对它只能默识体悟；陈亮则云"道"存在于人、事、物中，是任何人都可以体察、认识的。

朱熹称颂"王道"，主张以仁义治天下，贬斥"霸道"，反对凭国力称雄，崇义黜利，视义、利势不两立；陈亮主张"王"、"霸"并用，"义"要体现在"利"上，故"利"即"义"，义、利双行不悖。

朱熹倡言追求道德的自我完善，不问世事；陈亮呼唤人们以天下为己任，做一个大有为的英雄豪杰。

两人辩论了多年，至绍熙四年(1193)方结束。在《陈亮集》中，还保留着陈亮致朱熹的8封信和朱熹写给陈亮的15封信。这是两人"书信战"的见证。

辩论的结果，不分胜负。这种局面实际上是宣布陈亮小胜。因为，在他们论战的时候，理学业已盛行于世，备受统治者的青睐。朱熹高居理学宗师的地位，但不能击败陈亮，仅仅打了个平手，这等于宣布他小败。

经过这场辩论，陈亮的影响日渐扩大，不仅浙江多有人信奉，就连江西也大有人赞同。于是，陈亮开创了"永康事功学派"，成为一代宗师，黄宗羲《宋元学案》卷56有《龙川学案》，记录陈亮和他的门人的思想。

四、好友辛弃疾

淳熙五年，陈亮诣阙上疏，经同乡吕祖谦的引见，与辛弃疾相识。

辛弃疾，字幼安，号稼轩居士，济南历城人，长陈亮3岁。像陈亮一样，他也以抗金复国为己任；像陈亮一样，他也是壮志难酬。盖因两人志同道合，故吕祖谦引他俩相会。

当时，辛弃疾任大理寺少卿，而陈亮不过一介布衣。但共同的追求使他们结为挚友。

临安分手后，陈亮几次致函辛弃疾问候，辛弃疾也多次探问陈亮的状况。淳熙八年，辛弃疾被劾罢官，退居上饶带湖。淳熙十年，陈亮致函辛弃疾，回顾当年临安相聚之乐及别后相思之切，说秋后即赴上饶去会晤好友。但陈亮被诬告下狱，被关了二三个月。直到淳熙十五年，陈亮才得以成行。

陈亮此行，不仅仅是探友，更重要的是与辛弃疾探讨抗金复国大计。为壮大声势，增强号召力，他暂时放下与朱熹的思想分歧，邀他同行。但朱熹对此不感兴趣，说他新种了几畦杞菊，脚一出门，便吃不上此物。

辛弃疾住在他淳熙十二年营造的新居里，旁边是瓢泉，水质甘冽。距瓢泉新居不远，便是美丽的鹅湖山。辛弃疾正在小病中，见好友来了，十分高兴，病好了大半。两人游鹅湖，饮瓢泉，长歌互答，但更多的时间是一同切磋抗金复国大计。

陈亮在辛弃疾处逗留了10天，飘然东归。

陈亮走后的第二天，恋恋不舍的辛弃疾顺路追去，想挽留陈亮再多住几天。雪深路滑，追至鹭鹚林，精疲力尽，怅然停步。当晚投宿于吴氏泉湖四望楼,听邻人悲切的笛声,10天来与陈亮相聚的情景浮现眼前,激情难抑,遂填了一首《贺新郎》,其中有"看渊明,风流酷似,卧龙诸葛"句。陈亮闻讯,致函索词,读后以原韵和了一首《贺新郎》,其中写道:

只使君、从来与我,话头多合。
行矣置之无足问,谁换妍皮痴骨?但莫使、伯牙弦绝!

收到陈亮的词,辛弃疾又用前韵和了一首《贺新郎》。两人更迭答和,写了五六首悲壮慷慨的《贺新郎》。

五、51岁的状元

多年奋斗,壮志难酬,陈亮深刻体会到人微言轻,不为世人所重。鉴于此,他试图再走科举入仕的道路,谋取官位,以实现抗金复国的抱负。

绍熙四年四月,年已51岁的陈亮,毅然参加了礼部的省试。五月,礼部省试的第三场对策,宋光宗策问治国之道,陈亮一开头就说:"天下大势之所趋,天地鬼神不能易,而易之者人也。"接着,他详细阐述了自己的见解。他的答卷交上后,被主考官评为第三名。光宗皇帝御阅,擢为第一。揭卷后,知是陈亮,光宗高兴地说:"朕所擢果然不谬!"特赐第告,词云:"尔蚤以艺文首贤能之书,旋以论奏动慈宸之所。亲阅大对,嘉其渊源,擢置举首,殆天留以贻朕也。"

光宗设"闻喜宴"款待新科进士,赐陈亮诗一首。陈亮当即写了《及第谢恩和御赐诗韵》一诗,其中虽不免对皇帝的歌功颂德,但他更以饱满的爱国激情,表达自己至老不衰、矢志不渝的抗金复国决心:

复仇自是平生志,勿谓儒臣鬓发苍!

这年七月,光宗诏授陈亮佥书建康军(今江苏南京)判官厅公事。

不幸的是,在赴任途中,陈亮一病不起,于次年年初逝世,享年52岁。

邹 应 龙

◎ 刘 一

邹应龙,字景初,号南容,泰宁(今属福建)人,少力学,性刚直。宋宁宗即位的第3年,即庆元二年(1196),邹应龙参加丙辰科殿试,一举夺魁,成为南宋第23位状元。

这年,邹应龙年方二十有四。

中状元后,邹应龙步入仕途,累官起居舍人,笔录皇上言行。以直龙图阁代理赣州(州治赣县,今江西赣州)知州。迁为江西提点刑狱,职司刑狱、司法,审问囚徒,复查有关文牍,并负责监察地方官吏。寻迁中书舍人,掌起草诏令,如事有失当及除授非其人,可奏请皇帝重新考虑,同时兼任太子右谕德、太子左庶子。不久，被试用为户部尚书。奉诏出使北方的金国，回来后进官为太子詹事兼中书舍人，寻迁给事中兼太子詹事。进为代理礼部侍郎兼侍讲，旋又代理工部尚书兼同修国史、实录院同修撰。不久，擢为刑部尚书。邹应龙乞请去当宫观官，即管理宫观，实际上仅拿俸禄而已。诏准，以敷文阁学士提举安庆府(府治怀宁，今安徽潜山)的真原万寿宫。起知太平州(州治当涂，今属安徽)。不久，以敷文阁学士提举玉隆万寿宫。拜礼部尚书兼侍读。嘉熙元年(1237)，拜端明殿学士、签书枢密院事。端明殿学士仅备顾问；枢密院为最高军事机构，长官为枢密使或知枢密院事，签书枢密院事为副长官。进官资政殿学士、知庆元府(府治鄞县，今浙江宁波)，兼沿海制置使。不久，提举洞霄宫。

邹应龙年老，辞职引退。理宗手书"南谷"二字赐他。他仕宦多年，为官刚正，著称朝野。淳祐四年(1244)，邹应龙病逝，享年73岁。理宗诏赠太子少保，谥曰"文靖"。

曾从龙

◎ 刘 宁

宋宁宗庆元五年（1199），南宋朝廷又出了一名状元，他便是泉州晋江（今福建泉州）人曾从龙。

曾从龙出生于一个世代做官的官宦人家。他的从祖父是北宋时历官仁宗、英宗、神宗三朝的元老重臣曾公亮。曾公亮为宰辅15年，官位显赫，曾力荐王安石于神宗。曾公亮为政名声很好，不少人称赞他有才能，并且老成持重。虽然也有人说他善于迎合，持禄固宠，但总的说来，他给人的印象还是不错的。把握了做官的艺术，才能如此显赫闻达。他的子孙也多受其教导，因而得以稳居于官场，维持家世的不败。

作为曾公亮第四世从孙的曾从龙出生时，家世虽已不比从前显赫，但也还是过得去的。从龙是这个家庭中的长子，原来叫一龙。他还有3个弟弟：用虎、天麟、治凤。从他们的名字可以看出，长辈们对他们的期望甚高，希望他们都能成为才德高超的人，从而光宗耀祖。对长子从龙，他们更是寄以厚望。他从小沉静温厚，喜读书，善思考，待人谦虚谨慎，温文尔雅，处事三思而后行，身上颇具从祖父遗风。长辈们都说，从龙肯定是一个相才。

从龙呢，也不负长辈厚望。虽然出身官宦世家，他身上却毫无半点儿纨袴子弟习气，他总是清晨即起，读书用功。晚上很晚了，还在书房秉烛夜读，丝毫不像别的官宦子弟那样吃喝玩乐。也正因为如此，他才得以学识渊博，经纶满腹，明是非之辨，通天下道理，以天下太平，国家兴盛为己任。在他的影响下，几个弟弟也发愤读书，以为将来报效国家之用。

曾从龙参加皇帝亲自主持的殿试考试时，文章句句切中要害，辞采飞扬，旁征博引，年轻的宁宗皇帝看了大为高兴，召他到面前来。由于他平时刻苦读书又善于思考，对宁宗提出的问题对答如流，滔滔不绝，且有理有据。又见他本人神采飞逸、气度不凡，宁宗更加欢喜，当场便决定他为状元。当时从龙还叫一龙，皇帝那天正好翻了本《易经》，想起其中有句"云从龙，风从虎"的话，便将他的名字改为"从龙"，意为"随从帝王创立帝业"。

中状元做官后没多久，从龙便升为兵部员外郎、左司郎中、起居舍人兼太子右谕德。太子右谕德是管太子东宫事务的官，虽然无职司，以其他官来兼，却是与皇帝未来接班人紧紧联系在一起的，不是随便谁可以担任的。曾从龙年纪轻轻，便兼任此职，足以看出宁宗对他的重视程度了。不久，朝廷又命他出使金国，他以出色的才干顺利完成了任务。在返回的途中，他看到不少州郡，尤其是边远地区的州郡，或是由于战乱，或是因为旧官离任而新官还未到任，或是因为官员害怕艰苦而不到任，以致使许多州郡几个月没有正长官，仅以副长官代理执政，而副长官因为是暂时替人管事的，知道也不会长久，不尽心尽力致力于民事。这种状况使得监狱诉讼拖延，政令松弛，一郡的事务几乎都交给胥吏们管。曾从龙实地调查后，决定将此事回禀皇帝。

当时，曾从龙的年纪与宁宗相当，由于他学识渊博，为人谨严庄重，深沉刚毅，宁宗很喜欢他，常常召见他，询问道理，探讨问题，君臣志同道合，很谈得来。曾从龙一有机会便同宁宗谈论天下大事，议论民间疾苦，但丝毫没有持宠沽权，巧媚逢迎。

使金回来后，宁宗召见曾从龙，赞扬了一番他出使的成功，问他有什么见闻。曾从龙便将州郡几个月没有长官的情况做了禀报。他建议每郡多设二三个大臣做替补，一有缺守，即刻补上。宁宗点头称是，但接着又问："如果有人拖延或请求不去呢？"

"那您就驳回他的请求，严令他迅速起程。"从龙毫不犹豫地说。接着，他又补充说："您可以下诏说，已去边郡任过职的，其后代可以不必再去。这样他们便会去了。"宁宗很赞同，便下旨照办。果然取得了良好的效果。

开禧年间（1205～1207），曾从龙请求到地方去做官，以亲身体验民情。宁宗便任命他为信州（州治上饶，今属江西）知州。他到任没多久，发现有戍卒在境内抢劫，便立即将他们绳之以法。后来，从他们家里搜出了被他们残害的妇女的衣服，曾从龙觉得不从严处理他们，难以平民愤，便下令将他们斩首示众。当地人民拍手称快。信州治安状况很快得以改善。

几年后,曾从龙又被召回京城任礼部侍郎兼中书舍人和太子宫的左谕德。在此期间,他无意中做了一件事,以致被封了一连串的官。

这件事便是他驳回了张镃的复官请求。要说这事也不是什么大不了的事,何至于加官进爵呢?

还是先来看看张镃这个人吧。或许是由于出生在都城临安(今浙江杭州)的原因吧,他从小喜好富贵荣华,声色狗马,为人狂放不羁,且喜欢广交游。开禧三年(1207)他任左司郎官时,投靠史弥远等人,参与谋杀当时权臣韩侂胄。后来又嫌对他的赏赐和晋升太少,与已经做了宰相的史弥远发生了冲突,而史弥远已大权在握,便将他贬至京外。不久,他上疏要求复官,这件事正好由曾从龙处理。曾从龙平时便对张镃的不务正事深有反感,更重要的是,张镃曾经竭尽资财使他的侄女与韩侂胄的主要助手苏师旦的儿子结婚,而现在苏师旦已被诛杀,与他有亲戚关系的不宜再回京做官。因此,他便驳回了张镃的复官请求。

此事传到了史弥远的耳朵里,他大为高兴。史弥远权力很大,皇帝几乎什么都听他的。于是,在他的左右下,皇帝授予曾从龙一系列头衔:太子谕德(太子宫总管),兼同修国史;宝箓院同修撰,兼国子祭酒(最高学府长官);不久又为吏部侍郎,仍兼太子宫职,并兼给事中、直学士院;又授为刑部尚书。

嘉定六年(1214)的秋天,连绵的阴雨下个不停。就在此时,曾从龙上疏宁宗,请求释放囚犯。宁宗不解其意,便召见曾从龙询问原由。曾从龙利用宁宗的迷信心理,说:"古来治国,都讲求'宽以从政,惠以爱民',即所谓修德政。只有这样,才能积蓄人才，国泰民安。现在连绵阴雨下个不停，或许我们实行些仁政，就不会造成灾难了。这些囚犯虽然有罪，但只要我们施恩惠于他们，他们一定会感激涕零的。同时，也可以把他们充实到边备中，增强边境的防守，于他们、于国家都是有利的。"宁宗认为他说得极对，便下旨照此而行。

嘉定七年（1215），曾从龙又被任命为知举官，主持科举考试。从考生们的试卷中，曾从龙看到大部分人的文章文风不正，没有气势，萎靡不振，言辞空洞不得要领，议论疏而陋。显示出他们学习涉猎不精，没有打下坚实的根底，只是表面的模仿而已。曾从龙因此上疏："国家以科举来召集天下人才为国效力，考义，是为了看他是否通经；考赋，是为了看他是否通晓历史；考论，是为了看他是否有见识；考策，是为了看他是否有经世致用的才能。谋王政、治国家，都是要靠这些的。而现在参加科举考试的举子大部分都不明白这些道理，做的都是些表面文章。这是不能选拔出人才的。我希望皇上能下诏，让举子们知道参加考试的目的是治国安邦，以勉励他们用功读书，真正成为有用的人才。"宁宗遂诏令天下举子阅读曾从龙的奏文，以改其文风靡滥之弊。

不久，曾从龙又升任端明殿学士、签书枢密院事，同时还任太子宾客。端明殿学士虽是出入侍从，以备顾问，无官守，无典掌，但是资望极高，一般只有曾任宰相者才能委任，以示尊崇。曾从龙兼任这一职务没多久，便改任参知政事（即副宰相）。这可以说是皇帝对他的恩宠，也可以说是当朝权臣史弥远对他的拉拢。然而没过多久，曾从龙便以他的清正廉明、明辨是非证实史弥远打错了算盘。

史弥远的心腹薛极、胡榘等人，倚仗权势，胡作非为，贿赂公行，明抢豪夺，简直无法无天。当时的民谣骂他们为"草头古，天下苦"。曾从龙对此也痛恨至深，便上朝弹劾他们，尤其谴责了胡榘巧言谄媚的行径。胡榘气急败坏，声称："谁弹劾我，我必叫他罢官！"

果然，没过多久，史弥远将曾从龙赶出朝廷，贬为建宁（府治瓯宁、建安，今福建建瓯）知府。正在此时，曾从龙的母亲因病去世，按照惯例，他被解除了职务，回乡为母守丧。

服丧期满，曾从龙被任命为湖南安抚史。他常常深入民间，了解民间疾苦，整顿吏治，严明法纪。他还注意发展地方教育，广泛兴办学校，召纳有才能的人任教。曾从龙离任后，当地人民将他的政绩刻在石碑上以纪念他。

端平元年（1234），曾从龙返回京城，被拜为资政殿大学士，重任宰相，兼管长江防务及建康（今江苏南京）知府。文臣出身的曾从龙还颇有将才。当时，蒙古军队分三路南侵，举国上下恐慌不安。曾从龙临危不惧，极力劝告大家不要惊慌，说蒙古兵轻率南攻，必然准备不周，只要我们奋力坚守，他们久攻不下，粮草供应不足，自然会很快退去。当前首要的任务是组织力量坚守。不久，蒙古兵果然退去。曾从龙也因为其卓越的才能和胆识而被任命为兼知枢密院事，即最高军事机构的长官，并负责都察江淮地区及荆江重镇襄阳的防务。曾从龙实地考察了军事防务后，上疏理宗："江淮、荆襄两地的边线太长，恐怕一旦有事，难以及时声援，最好能同时建两道防线。"理宗于是诏令曾从龙专管江淮地区，而将荆襄地带划归另一重臣魏了翁管辖。

不久，曾从龙病死，朝廷破格追赠他为少师，这是仅用于少数开国元勋或累朝元老重臣的封号。

傅 行 简

◎ 刘 一

绍熙五年(1194)六月十日,大臣赵汝愚等拥立赵扩为帝,是为宁宗,光宗皇帝被迫做太上皇。宁宗即位的第8年,即嘉泰二年(1202),壬戌科礼部省试结束,录取497人。按照科举制度,还须进行殿试。宁宗因父皇3年之丧未满(光宗是庆元六年即公元1200年八月忧病而死的),宣布不亲试,命省试第一名傅行简为进士第一名。

傅行简,字居敬,一字敬父,鄞县(今浙江宁波)人。他是南宋第25位状元。

中状元后,傅行简入仕。开禧元年(1205),出任秘书省正字，掌订正典籍讹误。秘书省的官员号为"馆职"，为文臣清贵之选。不久，进官为秘书省校书郎，负责校雠典籍。再进为秘书省秘书郎，职司集贤院、史馆、昭文馆、秘阁的图籍。嘉定三年(1210)，进官为秘书省著作郎，掌修纂日历。翌年，傅行简告老还乡。

从大魁天下到退隐田园，傅行简的仕宦生涯仅9年。

数年后，傅行简寿终正寝于鄞县老家。

毛 自 知

◎ 刘 一

相州安阳(今属河南)人韩侂胄是拥立宁宗赵扩的功臣之一,宁宗即位后,他恃功弄权,位至太师,爵为郡王。为了建立盖世功勋,他力倡北伐金人。嘉泰四年(1204),韩侂胄完成了北伐的准备工作,敦促宁宗改元,以振作士气,宁宗遂以明年为开禧元年。但是,反对北伐的仍大有人在。就在这种局面下,开禧元年(1205)的乙丑科殿试开考。在433名考生中,有个叫毛自知的,衢州西安(今浙江衢县)人,他的父亲毛宪是考官,在毛宪的授意下,他在卷中力倡北伐。韩侂胄闻悉考生毛自知力主北伐,极为高兴,在他的干预下,毛自知成为此科的状元。

翌年五月,宁宗在韩侂胄的敦促下颁诏北伐。然而,出师不利,金兵反击,宋军一败涂地。奸臣史弥远乘机策划倒韩政变,韩侂胄被杀。韩侂胄死后,史弥远敦促宁宗清洗"韩党"分子。有人上疏弹劾毛家父子迎合韩侂胄,结果,毛宪被免官,毛自知的状元头衔被褫夺,降为最末一名。

毛自知在失意、潦倒中结束了他的一生。

郑 性 之

◎ 刘 宁

宋孝宗乾道八年(1172),福州(今属福建)一户姓郑的人家新添了一个婴儿。许是父亲希望他将来成为诚实的人吧,为他取名自诚,字行之。

自诚刚到上学的年纪便被送到书斋去读书了。依山带水的福州,风景秀丽,气候宜人,就是在这景致如画的地方,自诚开始接受儒家思想的熏陶,熟读四书五经,在他幼小的心灵里存下了修身、齐家、治国、平天下的信念。稍长以后,他又博览群书,诸子百家之言,史通列传之记,使他幼稚的头脑走向成熟。前代的荣辱成败,功过得失,给他留下了深刻的印象。

此时的他，也似乎慨然要以天下为己任了。在众多的历史人物中，他选定了唐代的名臣魏征作为自己的榜样。魏征以国事为重，不计个人安危，多次犯颜直谏唐太宗，先后上奏章200余道，帮助太宗匡正过失，从而出现光照史册的"贞观之治"，而魏征也以"可明得失"的"人镜"而流芳千古。尤其是魏征的"忠臣良臣论"更令年轻的自诚折服，他内心早已定下了要做"敢谏直言，利国安民"的良臣，而不做"惟上言是听，使君陷昏恶，国家败亡"的所谓忠臣的决心。

郑自诚抱着报国利民的志向投身科举考试，但初次应举便名落孙山。当他终于如愿以偿，荣登状元宝座时，光阴已经走到了嘉定元年（1208），这时他已经36岁，真可谓大器晚成了。为了纪念自己的这段不平常的岁月，他为自己起了个号：毅斋。

按照宋代制度，及第进士立即任命为官员。郑自诚也不例外。他走马上任的第一个官职是赣州（州治赣县，今江西赣州）知府，后来又改知建宁（府治瓯宁、建安，今福建建瓯）。

这时的南宋政局更加腐败无能，理宗皇帝仅仅只是个傀儡，朝政完全把持在宰相史弥远手中。史弥远一伙飞扬跋扈，气焰熏天，排斥异己。官场上各级官吏，有的贪酷成性，大捞钱财，中饱私囊；有的惟上是从，阿谀奉承，投机钻营；有的事不关己，高高挂起，明哲保身。社会上，则是民不聊生，农民起义方兴未艾。

此情此景，令欲以天下为己任的郑自诚痛心疾首。他不顾自己官轻言微，愤然上疏，对当时状况一一进行分析，并提出自己的建议和看法，认为当前首要的任务是大开言路，广泛听取众人意见。他指出，任何人的才智都是有局限的，皇帝也不例外，皇帝身居深宫，对民间的事不能亲自看到，必须经常听取各方面意见,才不会与外界隔绝。他又说,臣子总是爱护君主的,一旦广开言路,必会有众多的人提意见,就像放开闸的水一样奔涌而来。其中虽然会有说得多的,言辞激烈难以接受的,但这是好事情,皇上应该虚心,耐心地听取,真心地接受。这样,那些谗媚欺谄的勾当就不敢趁虚而入了。

然而,在史弥远一伙的把持下,郑自诚的奏章不仅未被采用,反而被怀疑为有攻击、影射之意,郑自诚也险遭毒手。幸亏他两袖清风,光明磊落,深为世人所敬仰。因此,当权者虽对他的清正直言所恼,但也一时找不到下手之处,只好将他闲置一边。在史弥远倒台前的日子里,他一直在馆阁中任些闲职,搞点儿御制、文集之类的东西。

郑自诚虽长期受到冷落,但他在混沌的官场中始终保持着自己耿直、清廉的性格,丝毫不肯曲媚取宠。这种信念随着日月的推移,不仅不动摇,反而更坚定了。为此,他特取《礼记·中庸》中"天命之谓性"的句意,为自己取名"性之",意即天赋的不可变的本质,来表现他刚正的气节。

直到端平元年(1234)史弥远死去,40多岁的理宗才开始亲政。他知道史弥远当政时的所作所为很不得人心,因此,在史弥远死后不到半月,便下诏改年号,以示更化。为了标榜自己欲有一番作为,理宗还提拔了一大批名流,以装饰门面。郑性之也被任命为吏部侍郎,不久,改任左谏议大夫。

这时,郑性之已是60多岁的老人了,他不顾年迈体衰,继续向理宗开诚进言,希望理宗以尧舜为榜样,使国家得到善治,行尧舜之道,为子孙后代创太平之业;建议理宗明诏百辟,去除陈旧腐化的东西,整肃朝纲,不能将权力都委任于一个人,以免出现趋炎附势,影响政治的清明。

当时,由于史弥远集团的倒台,许多官吏为了表明自己的清白，互相攻击。其中有些是狗咬狗，有的则是直言驱恶，朝廷内外，抨击之声鼎沸。针对这种情况，郑性之又说，现在台臣们相互攻击诋毁，陛下应该借鉴古今天下安危之变，明君子小人之别，凡事以事实为依据，使是非分明，公正处理。他还一再对理宗说，古来忠君上疏，难免言辞激烈，否则难以使君王动心，皇帝应先看它是否符合国情，是否是治国之道，有益国民。假如真能纠正弊端，安国利民，即便言辞激烈，也没什么妨碍，应该虚心接受。如果真的因此而天下大治，那么，激烈的言辞也自会平静下去，国家却可以强盛了。

也许是郑性之的一片赤诚忠心感动了理宗，他的建议虽未被采纳，不久却被升为同知枢密院事，兼参知政事，职位如同宰相。

此时金已灭亡，蒙古对南宋构成强大的威胁，多次骚扰边镇，抢劫财物，杀戮人口，南宋的半壁江山有些站立不稳了。根据宋的实力及宋、蒙力量的对比，郑性之提出了"于冲要之处增设防卫"的坚守方针，西守潼关，北依黄河天险，在襄阳、四川加派守军，多蓄粮草和兵器，以保国内之安。他的建议得到抗蒙名将孟珙的实施。

然而，这时的理宗日趋昏聩，重用了以真德秀为首的所谓"道学家"执掌朝政，把三纲五常当成"扶持宇宙之栋干，奠安生民之柱石"，整天谈些正心、修身、齐家、治国、平天下的空话。士大夫们不问世事，纷纷钻研理学。而郑性之、孟珙这样留心政事，保卫边境的官员则被斥为"俗吏"、"粗才"。南宋朝政江河日下，不可收拾。

宝祐二年(1254)，82岁的郑性之满怀忧愤地离开了人间。

袁 甫

◎ 毕秀卿

一、从签判到衢州知州

在鄞江(今奉化江)岸边,有个鄞县(今浙江宁波),县里有个袁燮,字和叔,学者称为"絜斋先生"。袁燮曾师事理学大师陆九渊,淳熙进士,历官江阴(今属江苏)县尉、权知隆兴府(府治新建、南昌,今江西南昌)、都官郎官、司封、国子祭酒、礼部侍郎、温州(州治永嘉,今浙江温州)知州。袁燮为人朴直，勤于学问，著有《絜斋集》。

袁燮有个儿子，叫袁甫，字广微。袁甫好学上进，为人诚直。宋宁宗坐天下第 20 年，即嘉定七年（1214），袁燮大魁天下，成为众人艳称的状元。

中状元后，袁甫出任签书建康军节度判官厅公事。签书判官厅公事，简称"签判"，京官充任州府判官，叫"签书判官厅公事"，佐理政务，是建康军的佐官。不久，授秘书省正字，掌订正典籍讹误。袁甫入京，上疏宁宗，道："君临天下不可一日无恐惧之心。当今值得害怕的，大别之，有五：端正贤良遭斥逐，谄谀奉承被任用，杜忠臣敢谏之门，此为一可惧。战事既开，粮饷接济不上，士卒无饷，则有萧墙之祸，此为二可惧。陛下深居简出，群臣处理簿书，多独自决断，少虚心咨访，天下大事难以上达，此为三可惧。外患未弭，内患方深，但朝野熙熙，无异平时，大臣自谓雅量足以镇抚天下，不知宴乐实为鸩毒，此为四可惧。陛下恭俭有余，刚断不足，庸夫奸人，苟求富贵，但未闻圣上黜陟；武将交结，州郡贿赂，都是受贵幸近臣的影响，此为五可惧。其他祸根隐患，不可悉数。局势如此，将何以答复上天的谴责，召致太平？"他还建议严格择选守土将帅，集中军权，兴建屯田。

袁甫的上疏，切中时弊。但宁宗赵扩昏庸，是非不分，忠奸莫辩，袁甫的上疏也就难有什么效果。

过了一段时间，袁甫进官为校书郎。校书郎也属秘书省，高于正字，掌校雠典籍。升官不久，袁甫上疏说："边事的弊病不在国外而在国内。偷安的祸根不去，国本终久难立；壅塞的祸根不去，血脉终久不通；忌妒的祸根不去，将帅终久难择；欺罔的祸根不去，粮饷终久难办。祖宗统治天下，政事虽委宰臣，但必选刚直不阿的人为御史，敢于论驳的人为给事中，以惩治奸臣，振肃朝纲。若能真正地体察这些问题而革除弊端，哪里还有偷安、壅塞的人？"但他的这番上疏也没有什么效果。

不久，袁甫出任湖州(州治乌程、归安，今浙江湖州)通判，即湖州副长官。袁甫在湖州，探讨征粮的弊端，加以革除，以增加国库积贮；核查隐瞒不报的田产；增设婴儿局，收赡孤儿。他的治绩颇为显著。

袁甫被征召入京，出任秘书省秘书郎，掌集贤院、史馆、昭文馆、秘阁图籍。寻即升任秘书省著作佐郎、徽州(州治歙县，今属安徽)知州。袁甫治徽州，以教化为先，提高学校的地位。他咨访民人，问他们有什么难事，有何要求，然后，归纳成几条上奏：请蠲减婺源(今属安徽)紬绢1.7万余匹，茶租折帛钱1.5万余贯，月桩钱(杂税名称，绍兴二年即公元1132年始置，令江南东路每月堆桩并发送10万贯以供军需)6000余贯；请照咸平(998～1003)、绍兴(1131～1162)、乾道(1165～1173)年间的宽恤方法，收购徽州帛绢定为每匹10两银；请诏令转运、常平两个衙门，预先储备常平、义仓粮米以备荒年，兴修陂塘，修造桥梁。但是，他的这些请求也只是一厢情愿而已。

他的老父病死，袁甫从徽州回家奔丧。3年丧满，袁甫起仕，出知衢州(州治西安，今浙江衢州)。在衢州，袁甫设立旬讲，每旬聚众讲解经义，务以义理，感化士人，并每年拿出数千缗钱助养士大夫。西安、龙游(今衢州东北)、常山(今属浙江)三县积欠预借，袁甫为三县代输3.5万缗钱。衢州有义庄(买田收租以赡宗族内贫困户，产业归宗族所有)，袁甫买良田200亩赠给义庄。

二、从提举江东常平到起居郎

在衢州数年，袁甫调任提举江东常平，职司江东路役钱、青苗钱、义仓、赈济、水利、茶盐诸事，并负责监察各州官吏。他到任时，正遇上大旱，亟发粮仓存粮，凡是隶属于他的各州县的粮仓，他都遣人催促，征集钱6.1万缗，米1.37万石、麦5800石，遣员分路赈济，饥者给粮，病者给药。不久，江东又出现连阴，酿成水灾。袁甫向朝廷求救，上疏说："江东有的地方大旱后大水，有的地方大水后大旱，加上连日雨雪，道殣相望，甚至有举家枕藉而死的。距离麦熟还很远，事势更加危急。"朝廷拨出一部分粮款助赈。不久，江西、福建一带的造反者向饶州(州治鄱阳，今江西波阳)、信州(州治上饶，今属江西)进逼。饶州、信州都属于江东路，袁甫怕当地百姓起来响应，便出榜安民，传檄州县，通告各衙门，奏闻朝廷，做了周密的防范。造反者见无机可乘，撤了回去。朝廷诏令袁甫提点江东路刑狱，职掌司法刑狱，巡捕贼盗。他走马上任时遇上水灾，急忙向朝廷求助，朝廷拨钱粮赈济。一伙饥民在常山(今属浙江)起事。常山不属江东路，属于浙东路，袁甫调集州县兵屯驻毗邻常山的信州严加防备。

这时，坐在临安(今浙江杭州)皇宫龙位上的已是理宗赵昀。拥立理宗的宰相史弥远专权用事，理宗皇帝仅是个傀儡而已。

袁甫对奸相弄权不满。绍定四年(1231)九月，临安发生特大火灾，殿前司副都指挥使冯榐带领禁军专门防护史弥远的相府，其他地方就无人管了。结果，大火烧了太庙、三省、六部、御史台、秘书省，连存放皇帝家谱的玉牒所也陷入火海，史相府却安然无恙。袁甫借这次大火上疏："下情难以上达，臣僚不敢说真话。天意人心，实同一机，京城大火，实因此而起。望陛下下哀痛之诏，检讨失误，以回天意。"不久，他又上疏要求理宗黜退小人，任用贤明，与天下更始。但史弥远弄权，袁甫的请求毫无结果。

袁甫见状，遂致力于本职工作。

他巡行州县，问民疾苦，荐举贤良，奏劾奸邪，处理滞狱。他十分注重教化，每到一地，便去学宫讲解经书；在贵溪(今属江西)南，创建书院，祭祠陆九渊。遇上旱涝，便设法赈济；出现瘟疫，便创建医院诊治病人。被他救活的，不可数计。

袁甫进官为将作监。将作监原是掌祠祀所需镇石、炷香等物的。自乾道后，将作监以久任台省官及地方官中有声望的充任，号称"储才之地"。袁甫还兼任提举江东常平的职务，他力辞兼职，诏准。彗星出现，古人认为是上天在惩戒世人，理宗下诏，让臣下直言国事。袁甫上疏说："皇天所以震怒，是因为愁苦之民太多；民人所以愁苦，是因为贪污之风太盛。望改变上下交征之弊。"

绍定六年十月，史弥远病死，理宗开始亲政。

袁甫以直徽猷阁出知建宁府(府治建安、瓯宁，今福建建瓯)。翌年，兼任福建转运判官。福建的盐归转运使司管辖，按照旧例，征收两纲(一纲10船)为税，后来增至12纲，吏卒从中渔利，且抑州县变卖，官府和民人叫苦，袁甫奏请恢复旧例。泉州(州治晋江，今福建泉州)、兴化(军治莆田，今福建)、漳州(州治龙溪，今福建漳州)久苦丁米钱，漳州知州赵以夫奏请以废寺租为民代输，袁甫把泉州、兴化、漳州缴纳给转运使司的钱2.7万贯拿出来援助。

理宗诏袁甫入京,委任他为秘书少监,佐秘书监掌古今经籍图书、国史、实录、天文历史数等事。理宗皇帝对他说:"卿长期以来一直在外任职,忠心爱民,每览爱卿的上疏,倍见忠直。"袁甫乘机进奏《无逸》。《无逸》是《尚书·周书》中的一篇,乃周公姬旦劝戒周成王勿耽于享乐之辞。袁甫借《无逸》来劝戒理宗。不久,进官为起居舍人兼崇政殿说书。他在一次进讲经书时奏言:"'刚'这个字,最适合陛下。陛下徒有慕尚汉宣帝励精图治之名,却堕入元帝、文宗柔弱不振的泥潭。元帝、文宗果断,但不用来贬斥奸邪,反用来斥逐贤人,这两个国君不懂得'刚'这种品德的真谛。真正的刚强,当做的一定做,不当做的坚决不做。"他多次上疏,指陈时政。

宰相郑清之以国用不足为由,奏请核查田亩,按亩输券。袁甫上奏:"避开贵族豪门,压榨百姓。有势力的顽抗不从命,破产失业、无以谋生的,多为中下人户。"一天,进讲经书,理宗问他朝野近来有什么动向,他说:"惟有核查田亩一事,人们最反对。"他读《资治通鉴》,读到汉高祖入关,辞秦民牛酒一节,大为感叹,遂上疏说:"没有什么给百姓,反横征暴敛,百姓是高兴,还是愤恨?本朝以仁义立国,陛下以为核查田亩是仁政,还是非仁政?"理宗恻然。

端平元年(1234)正月,南宋朝廷与蒙古军队联兵灭金。金亡了,南宋君臣以为雪了靖康之耻,兴高采烈。但不久他们就发现:南宋正面对比金更强大的敌人——蒙古军队。在与蒙古的关系上,宋臣意见不一。袁甫是主战派,而主和派的代表人物、江西安抚使史嵩之又恰是他的鄞县同乡。袁甫顾不上什么同乡之谊,上疏奏劾史嵩之:"臣与嵩之是同乡,未尝相知,但嵩之的父亲弥忠,与臣多有交往。嵩之力主和议,弥忠戒斥他轻易。今朝廷竟用父子异心之人。臣认为不仅史嵩之主和草率,朝廷用人也太轻率了。"疏入,理宗没做答复。袁甫见状,上疏辞官。理宗未准,提升他为起居郎兼中书舍人。起居郎属门下省,与中书省的起居舍人一同笔录皇上言行;中书舍人职司起草诏命,职权颇重。未几,史嵩之被擢为刑部尚书。袁甫上疏说:"臣和嵩之本无怨仇,但国事所系,势难缄默。"理宗任命史嵩之为刑部尚书的诰命,袁甫坚决不起草。理宗龙颜大怒,把他贬出京师,出知江州(今广西崇左东南)。一些大臣力争,理宗谎言:"江州知州一职本来是授给他哥哥袁肃的,传旨传错了。"派人勉励袁甫不要有别的想法。翌日,实授袁肃江州知州。过了几天,任命袁甫为婺州(州治金华,今属浙江)知州。江州是个县级州,婺州乃府级州。但是,袁甫辞而不去,在家闲住。

三、从中书舍人到兵部尚书

嘉熙元年(1237),袁甫出仕,任中书舍人。他入殿谢恩,理宗问他对边事有什么看法,他仍坚持原来的看法,反对议和。当时应召入京的还有徐清叟。徐清叟曾任殿中侍御史,在袁甫被贬江州时,他风闻袁甫有贪污行为,上疏弹劾,当弄清实无此事后,悔恨不已。他这番应见入京,羞见袁甫,故未与袁甫一同入殿。袁甫奏言:"谏官风闻言事,也没什么恶意。如今人才匮乏,像清叟这样的应在朝为官,他回避未来是我的缘故,乞请敦促他入见。"袁甫的大度,公卿大为叹服。接着他又上疏建议积极备战,以防不测。史嵩之时任沿江制置使,负责江防事务，袁甫上疏，说史嵩之轻浮不可靠，恐误国事。理宗不置可否。

翌日，理宗命袁甫摄理吏部侍郎，袁甫以罹病为由请求离职休养，7次上疏，理宗都未准。第8次上疏，理宗给假1个月。假满，理宗任命他兼修玉牒官，并兼任国子监祭酒，袁甫辞而不就；改知嘉兴府（府知嘉兴，今属浙江），辞不就；改知婺州，还是辞不就。理宗再次下诏，任命袁甫为兵部侍郎。袁甫应命入京，入殿谢恩，奏言国事艰难，危在旦夕，君臣应同心同德，共赴国难。理宗命他兼任给事中，给他封还驳正诏书、纠察刑狱的大权。

不久，袁甫进官为吏部侍郎兼国子监祭酒。他每天都要召见一些监生，问他们对义理之学有什么心得体会，并反复为他们讲解。边境吃紧，局势危急，理宗擢袁甫为兵部尚书，并命他暂时代理吏部尚书。

袁甫的官位高了，职责也更重。正当他准备大展身手之时，不幸罹病，不治而死。

理宗闻讯，大为惋惜，追赠通奉大夫，谥曰"正肃"。

袁甫结束了他刚直不阿、为官廉明的一生。

他好学不辍，著述颇丰，计有《孝说》、《孟子解》、《后省封驳》、《信安志》、《江东荒政录》、《防拓录》、《乐事录》等书。

吴 潜

◎ 耿 虎

吴潜，字毅夫，南宋宣州宁国（今属安徽）人。其父柔胜官秘阁修撰。吴潜自小受到良好的家庭教育，在嘉定十年（1217）的丁丑科殿试中，一举夺魁，成为南宋第 30 位状元。

吴潜从此步入仕途。

偏安江南的南宋政权是北宋腐败政治的继续。皇帝昏庸无能，奸臣恣意擅权，特别是理宗时期，政治更加黑暗。处在这种氛围中的吴潜，算得上是一位头脑清醒的大臣。绍定四年（1231），都城临安发生了一场火灾，损失惨重，由于财力匮乏，致使灾民长期得不到救济，都城一片混乱。当时担任尚书右郎官的吴潜，上疏理宗，借分析火灾，恳切地对皇帝进行劝谏，希望最高统治者能从自身做起，厉行节俭，亲贤臣，远小人，取信于民，以图国家的长治久安。同时，他还给当时的丞相史弥远写了一封信，针对国家每况愈下的时局，提出了6条具体的建议，呼吁从君心入手，下大力整顿吏治，使国家走上中兴之路。

南宋中期以后，土地兼并恶性发展，赋税极其繁重。地主阶级疯狂的掠夺，迫使农民一次次起来反抗。理宗当政时，平江府吴县（今江苏苏州）佃农联合抗租拒捕；嘉兴府德清（今浙江德清）也发生了数万人的农民暴动，抗交租税，要求"降斗"。这些此起彼伏的农民起义，沉重地打击了南宋地主阶级的统治。在严峻的形势下，端平元年（1234），理宗下诏征求治国之术。具有改革思想的吴潜痛感政治的腐败是导致阶级矛盾激化的主要原因，因此强烈要求统治者应"顾天命"，"植国本"，端正教化，广招人才，实行宽舒政治。但这些开明的意见，与当时弄权奸臣的所作所为相抵触，吴潜也因此大受排挤，由太府少卿降为一名宫观的供奉。黑暗的形势和个人的恶劣处境，并未动摇吴潜的报国信念。作为一个具有清醒头脑和革新精神的封建官吏，吴潜不只从言论上，更是从行动上竭尽努力，力图挽救行将衰亡的南宋政局。宦海沉浮，此后，吴潜又被提拔为太常少卿，他对国家的财物运输问题提出很好的建议：在担任平江府（今属江苏）知府时，他采取许多有效措施，旨在减轻劳动人民的负担；在担任浙西制置使时，注重加强国防设施；在庆元府（今属浙江）知府任上，他根据地方上的实际情况，采取切实措施增加财政收入，年均达到4703800多钱，并借此替百姓输纳国家的赋税，共计5491700多钱。在贪官酷吏横行的年代里，吴潜政绩卓著，的确是一位不可多得的廉吏。

如何在军事上有效地防范蒙古人的进攻，是南宋后期面临的一个重要问题。嘉定和议后，金受蒙古的侵逼而渐趋衰弱。蒙古军在灭掉西夏、西辽和金之后，便展开了消灭宋政权的战争。端平元年(1234)，蒙、宋联合灭金后，蒙古便把矛头对准了南宋。而这时的宋王朝财政亏空，阶级矛盾尖锐。为此，吴潜主张对外应采取积极防守的战略，不可轻易出兵，并力陈出兵的利弊。然而，当政者对此置若罔闻，仍依约派兵接收河南地区的三京(开封、归德、洛阳)，结果，蒙古军不但不践约，反而决黄河淹阻宋军，并用武力阻止宋军收复河南诸地，其结局是以宋军的惨败而告终。事实证明，吴潜对战局的分析是十分正确的。识见虽高，可惜未受重视，充分暴露了南宋政治的黑暗。面对已经形成的危局，吴潜仍然多次上疏理宗皇帝，提出进一步防范蒙古进攻的措施。他向当时的执政建议：在京西已经丢失的情况下，应当首先解救襄阳，并招收京淮地区的精壮劳力，增强军队实力，全力保住江西；大敌当前，应及时选拔合适的帝位接班人，稳定民心等等。但这些意见也不过说说而已，难以贯彻实施。宝祐五年(1257)，蒙古正式发动对南宋的全面进攻，南宋军队连吃败仗，处于蒙古军的包围之中。内忧外患，国势日衰，吴潜痛切感到奸臣当道，用非其人，是招致军事一再失利的根本所在。因此，他不止一次地告诫最高统治者，要冷静地听取和思考群臣们的意见，明辨是非，任用贤才，以刚正清明的政治来杜绝奸臣恶行。在最后一次上疏中，吴潜直言不讳地点出了几位当朝奸臣的姓名，希望能引起理宗的警惕。与此同时，他又劝理宗重用那些开国老臣，让他们发挥余热、报效国家，以此彻底刷新吏治。

作为一个封建时代的官吏，吴潜始终把振兴国家的希望寄托在皇帝个人身上，多次建议皇帝重视对接班人的选拔和培养。吴潜也曾长期兼任侍读官。时光流逝，年龄渐长，在晚年的一次上疏中，吴潜总结了几十年来的从政经验，语重心长地向统治者提出了"畏天命，结民心，进贤才，通下情"的治国之策。他老而弥笃的报国热情，感动了理宗皇帝，淳祐十一年（1252），吴潜被提拔为参知政事、右丞相兼枢密使，后又晋封为左丞相、庆国公。

仅靠少数仁人志士的作为，毕竟挽救不了南宋腐朽政权灭亡的命运。黑暗的政府是不能容纳吴潜这种人物的存在的。在他担任左丞相不久，朝中奸臣为向蒙古统治者屈膝求和，想立度宗为太子。吴潜直言劝阻，触怒了理宗皇帝，终因奸臣沈炎的弹劾而被削职，远徙循州（今属广东）。

"曰民穷，曰兵弱，曰财匮，曰士大夫无耻。"这就是南宋中后期的社会现实。作为地主阶级中的一名开明知识分子，他宦海沉浮几十年而始终充满着强烈的爱国热情，热切希望国家稳定和强盛，并为此做过不懈的努力。他屡次上疏中的言论切中时弊，本人也曾几度受到统治者的重用，在任上做出了突出的政绩，但终其一生，他力图强国和革除时弊的政治思想并未得到实现。这是当时腐朽统治中不可避免的悲剧。

景定三年（1263）五月，吴潜怀着满腔的遗憾，在一个风雨交加之夜，寂寞而逝。

蒋重珍

◎ 刘宝金

蒋重珍，字良贵，无锡（今属江苏）人，宋宁宗嘉定十六年（1223）状元。

中状元之后，蒋重珍签判建康军。不久，即因母亲谢世，回家服丧。之后改为签判昭庆军。在任内，因公事和同僚产生不同意见，蒋重珍以此为借口，回家祭奠母亲亡灵。随后改签判奉国军。

宋理宗绍定二年（1229），蒋重珍奉召入京言事，他以"自天子至于庶人所当先知者本心外物二者界限"为题上言，提出如下意见：分清了本心和外物的界限，就会清楚有治世和乱世之别，知道百姓有苦难、幸福之分；要使国泰民安，达到天下大治、百姓幸福，就应该遵守祖制，勿从百姓那里榨取太多。这些治世主张，表明了他惜民、爱民的思想。这次入对之后，他升迁为秘书省正字。

蒋重珍多次上疏，切中时弊，得罪了专权的史弥远丞相，被赶出京师，到镇江（府治丹徒，今江苏镇江）做通判，蒋重珍坚辞不就。就在这时，京城起火，太庙、三省、六部、御史台、秘书省等衙门被烧，而惟史弥远的相府因殿前副都指挥使冯榯带人保护而安然无恙。蒋重珍借此事上疏指斥时政，他说：臣不久以前上疏谈本心外物界限之说，是想让陛下（宋理宗）亲揽大权，而不是推托于人。倘若以个人富贵私事为中心处世，一言一行，不忘私利，那就是以天下生灵、社稷宗庙之事为轻，不顾国事和百姓。这种做法不只上负天命，就连祖宗、朝臣对陛下的期望也难以实现了。现今陛下临御8年，没听说有什么大作为。相反，诸如选人用官、政事兴废，人人都说是丞相的意图。陛下为天之子、为人之主，怎么可以让百姓、朝臣只知道宰相而不知道陛下呢？这次，上天之所以焚宗庙、烧都城，大概就是因为此事。尤其令人痛心的是，在这次大火中，宰相的广袤华屋保存得十分完好，这是因为人们畏于权势，特意保住了他的住宅。由此可见，人心不古，只知有宰相而不知有君父了。陛下如此孤立，将来一旦有所变故，又将依靠谁呢？为陛下着想，现今之计，对诸大臣可以使其富贵，但不可使其久掌大权。

理宗读了蒋重珍的奏折，非常感动，遂授他宝章阁直学士，主管云台观。宝章阁直学士属兼职，当时也叫"贴职"，是皇帝优遇大臣的一种表现。蒋重珍辞不就。

蒋重珍考虑到权柄可能被少数人操纵，皇上的意见被坏人左右,导致大权旁落,就进言《为君难》六箴。之后召为秘书郎兼庄文府教授。端平元年(1234),蒋重珍请求召名士真德秀、魏了翁为官。理宗说:"人主之职无它,惟辨君子小人。"意对真、魏二人不放心。蒋重珍则说:"小人亦指君子为小人,此为难辨。人主当精择人望,处之要津,正论日闻,则必知君子姓名、小人情伏矣。"在他的坚持下,真、魏二人被起用。

蒋重珍生活的时代,正是南宋衰微之时。朝廷内部对议战、议和争论不休,主战与主和两派互相斗争。蒋重珍在这个问题上,主张选用强将贤帅,亲至边关,审度时势,逐步收回失地。理宗对此却不采纳,盲目出兵,结果一败再败,致使国势日弱,君威下降。

在朝中为官多受排挤,建议又不被采纳,忠正之心未被理解,蒋重珍失去了对理宗和朝廷的信心。朝廷对他的任命如起居郎、刑部侍郎等职,他都辞掉了,他宁肯闲散在家。最终因疾病缠身,一病不起。

死后,理宗赠蒋重珍为朝请大夫,谥"忠文"。

王会龙

◎ 刘 一

王会龙，字君遇，台州临海（今属浙江）人，生于宋光宗绍熙三年（1192）。临海地处临海江（今灵江）岸边，东望大海，风景秀丽。生长在这方水土上的王会龙聪睿多智，好学上进。像其他文人学士一样，他也热衷于科举入仕，但屡试不中，直到34岁那年，即宋理宗宝庆元年（1225），参加乙酉科礼部省试，在989名考生中，名列第一。省试通过后，还得参加殿试。不过，殿试概不黜落，只分名次。因为宁宗刚死，理宗没有亲加策试，诏令以省试名次作为殿试名次。这样，王会龙成为南宋第33位状元。

中状元后，王会龙步入仕途，历任工部郎中、右司郎中等职。工部郎中位次侍郎，右司郎中为右司长官。右司属尚书省，与左司分管六部事务，左司管吏部、礼部、户部，右司管兵部、刑部、工部。他的仕宦生涯终于太府卿一职。太府卿是太府寺的长官，职掌国家财税政令以及库藏出纳、商税、贸易等事。

黄　朴

◎ 刘　一

　　黄朴,字成父,侯官(今福建福州)人。宋理宗登基的第6年,即绍定二年(1229),黄朴参加了乙丑科殿试,夺得第一。中状元后,黄朴入仕,累迁为著作佐郎兼崇政殿说书,著作佐郎掌修纂日历;崇政殿说书负责为皇帝讲解经史,并备顾问应对。后又兼任考功郎,主管文武官员考课、磨勘、关升、资任的政令及名谥、碑碣等事。进官著作郎。著作郎高于著作佐郎,也掌修日历。出知俺吉州(今属浙江),升任泉州(州治晋江,今福建泉州)知州。官终于广东提举常平,掌役钱、青苗钱、义仓、赈济、水利、茶盐等事,并负责监察各州官吏。

徐 元 杰

◎ 陶 雪

一、大魁天下

信州上饶(今江西上饶)人徐元杰,字仁伯,从小就非常聪颖有悟性,每日读书数千言,而且读书时总要冥思精索。

朱熹门人陈文蔚,其学以求诚为本,以亲身实践为事,人称"克斋先生",在铅山(今江西崇义西南)讲学。徐元杰去铅山从陈文慰学习,得理学真谛。后来,他又师承于真德秀门下。真德秀学宗朱熹，世称"西山先生"，经常说："三纲五常，扶持宇宙之栋干，奠安生民之柱石。"

名师出高徒，徐元杰从学于两位理学大师门下，才学得以提高，科举连连中试。绍定五年（1232），他高中进士第一，时年38岁。

二、赤胆忠心 敢于直言

徐元杰大魁天下后，即被任为签书镇东军（今浙江绍兴）节度判官厅公事，此职简称"签判"，即以京官以上充镇东军判官，掌审判案。理宗亲政后，徐元杰于嘉熙二年（1238）被召为秘书省正字，又迁校书郎，掌修日历，撰祠祭祝文，刊写、分贮经籍图书。校雠典籍，为文臣清贵之选。任职后，他上奏说，任何事情都不能做得太过分，否则，物极必反，好事可能变成坏事，坏事可能变成好事。况且，当今皇上一直没有立储君太子，总觉得他还不是正直老诚之人，不肯轻易将担当国家社稷的重任交付给他。皇帝应当尽早立皇子赵竑为太子，以期早定社稷大计。谏官蒋岘竭力反对徐元杰的主张，使他的上奏未被理宗重视。于是，徐元杰便请外放，理宗不许。他谒见理宗告归后，朝拜了宗祠，又接连上奏12章。

嘉熙三年（1239），迁秘书省著作佐郎兼兵部郎官，徐元杰以身体有病，坚辞不就。后又派遣他知安吉州（今浙江吴兴），仍托辞不去就职。理宗只得召赴行在奏事，可他这次更坚决地辞却。

到淳佑元年（1241），理宗又命徐元杰知南剑州（今福建南平），徐元杰见无法再推辞，只得去就职。到任后，正赶上峡阳一带盗贼烽起，老百姓叫苦不迭。徐元杰果断地下令逮捕盗贼的8个大魁首，斩首示众，并放其余盗贼一条生路。一时间，这里的社会得以安定。南剑州的父老奔走相告："徐侯爷不来，我辈还得被这伙盗贼继续鱼肉啊！"

在南剑州期间，徐元杰率郡博士到郡内的延平书院亲自为诸生演讲。对民间的诉讼，他采取教育、疏导的方针，以大道理教诲他们，语言诚恳，百姓们大都受到感动，高兴地回去了。据记载，当他因母亲去世而遵制去官回家守孝时，郡中百姓跪在路边挽留。可见，他深受百姓爱戴。

服丧期满后，徐元杰又调回中央，授为侍左部官，掌文武官员的选拔、资任等事。

1234年，蒙古军与宋军联合灭亡了金之后，蒙古人开始向宋大举进犯，在洛阳以东袭败宋军。面对这种局面，徐元杰上奏说，目前朝中都在议论敌国外患，我希望皇上以国家社稷为念。又上奏说，皇帝巡行钱塘（今浙江杭州），不应崇尚骄奢，而应文饰浮华、崇尚质朴。

不久，徐元杰又兼任崇政殿说书，为皇帝讲解经书史传，并备顾问应对。此职一般以士人官秩低、资历浅而学识可备讲说者充任。徐元杰每次进宫说书，必先斋戒，并常以仁宗时期的史实为例，劝说理宗当以古训引以为戒，所言多切中要害，深得理宗欣赏。又拜为将作监，掌宫事、城郭、桥梁、舟车营缮等事，此职多以有声望的大臣充任。他将杨雄的《大匠箴》进奉理宗，陈述古人是如何节俭的。当时，天久不雨，臣民都很忧虑，徐元杰据《书经》之《洪范》篇中的天人感应之理，陈述古今帝王在遇到灾害时是如何修心养性进行反思的，并请求理宗励精图治，振兴国力。言辞非常中肯。

宋代为皇帝讲解经传史鉴特设讲席，叫经筵，自大学士、翰林侍读学士、韩林侍讲学士至崇政殿说书皆得充任讲官。以每年二月至端午节、八月至冬至为讲期，逢单日入侍，轮流讲读，然后再由皇帝宣御论。作为崇政殿说书，徐元杰得以为理宗进讲，而且他也敢于说出别人所不敢说的话。

史弥远的侄子史嵩之，在金亡后，因反对乘机收复河南而被罢官。嘉熙三年（1239）复出任右丞相兼枢密使，专权独断，排斥异己。淳佑四年（1244），他父亲去世，按制应当辞去官职回家守丧，理宗却下诏起复（古时官员遭父母丧，守制尚未满期而应召任职，称为"起复"）。如今，理宗诏令史嵩之继续留任，朝廷内外虽有不少人有看法，但都不敢讲话。惟因史嵩之力主和议，遭太学、武学、京学、宗学诸生数百人的强烈反对。

徐元杰适时向理宗进言："臣前日在经筵晋侍，陛下向我提到要起复大臣史嵩之，臣奏请陛下若发诏令就太轻率了，很可能引起朝中议论。陛下自应尽陛下之礼，大臣自应尽大臣之礼。按说皇帝金口玉言，不用我这做臣下的多说，但如今读到各学诸生们的上疏，真令人感叹不已。况且大臣读圣贤之书，畏天命，畏人言。家中有人去世，理应去官服丧致哀，期满后方可任职，这在礼法上是有规定的。臣认为何至于忽略了守丧之大事而轻率地发出诏令引得舆论四起呢？前日早朝时陛下就下达了诏令，士论慷慨激昂，因为陛下是四海纲常之主，而大臣又是捍卫这些纲常的人。自从听说大臣史嵩之守丧未满而下起复之命，虽然尚不知道他是否去就职，但是凡有父母之心者对此莫不失声痛哭。这怎么可以呢？人心乃天理，谁没有呢？如果这件事议论太大，连邻国都会知道而影响我朝的声誉呀！如果这样，陛下不后悔吗？大臣能忍心这样吗？臣所讲都是忠言，怎么敢胡言乱语呢？实在是为了陛下爱惜黎民百姓，为大臣爱惜名节而已。"

徐元杰的上疏为朝野所传诵。理宗亦观察到他的确是有忠亮之心。每当他很从容地调查天下事后，在经筵之上就更加重申前议。不久，理宗夜降御笔，使起复之命得以终止。而史嵩之也因为公论所不容，闲居13年之久，直到宝祐四年（1256）才授观文殿大学士。

通过这次上疏，徐元杰帮助了太学生及诸生，双方建立了深厚的感情。

三、官运亨通　暴疾而终

从此以后，徐元杰可算得上官运亨通，在不到1年的时间里，升迁极快。兼右司郎官，拜太常少卿，兼给事中，国子祭酒，权中书舍人。徐元杰成为朝中位高权重的大官。

不出一年，史嵩之因父丧去官，理宗便以范钟、杜范为左、右丞相。在范上任后，朝中开始继续讨论军国大事。徐元杰为此连连上疏，前后不下数十次，而且所言皆朝廷大政，以及边疆的军事防范等大计。据记，每当他写至涉及宗社隐忧之处时，经常搁笔痛哭失声，写就随即毁掉，这些事连他最亲近的子弟也不知道。

淳祐五年（1245）六月初，轮到徐元杰侍立，但忽来报说他得了急症，不能上朝。理宗特拜他为工部侍郎。当夜四更，徐元杰便去世了。徐元杰去世的前一日，他去谒见丞相范钟后，又折到简察院刘应起处，商量明日所奏之事。谁知，到了黄昏时，他忽然发起高烧来，心境烦躁，手指脚趾忽然暴裂，以致死去，年52岁。

徐元杰暴病而死，在朝野中引起极大震动。朝中大臣及三学①诸生前往凭吊，见其死状，面面相顾，大为惊骇，不由落下泪来。理宗听到徐元杰去世的讣闻后，十分震惊地说："徐元杰前日尚侍立朕身旁，没有听说他有什么病呀，怎么就这么快死掉了呢？"并立即派内廷官前去询问情况，赠银200两、绢200匹。

徐元杰的猝死，的确是个疑问。太学诸生伏于宫门联袂上奏，说徐元杰肯定是被人毒死的，并且说："过去有些小人想谋害君子，不过使之自死于蛮荒之地，而今蛮荒瘴雨之地不在岭南，而在陛下之朝廷。望陛下奋发睿断，大明典刑。"三学诸生相继上奏章为徐元杰讼冤，还合写了一首词《沁园春·挽徐元杰》，以示追悼：

　　三学上书，冤乎天哉，哲人已萎。自纲常一疏，为时太息，典刑诸老，尽力扶持。方哭南牀，继伤右撑，死到先生事可知。伤心处，笑寒梅冷落。血泪淋漓。

　　人心公论难欺。愿君父，明明悟此机。昔九龄疏谏，禄山必叛，更生累奏，王氏为危。变起范阳，祸成新室，说著当年人噬脐。君知否，但皇天祚宋，此事无之。

三学诸生为徐元杰之死鸣冤叫屈。谏官将他们的申诉汇集起来上奏，负责掌管太学的监学官也与谏官一道将此事提交到御前。于是，理宗降旨临安府（今浙江杭州），逮捕怀疑对象医

---

① 宋代把太学再分为外、内、上三舍，也叫三学。

生孙志宁，并对他进行审问，后又押往负责详断各种奏报案件复审定罪的大理寺继续审理。理宗下诏，令殿中侍御史郑寀监督此案，并张出告示募集告发者，可得赏银10万钱，并给九品官。徐元杰的儿子徐直谅、徐直方亦请求朝廷迅速查清死因。

由于皇帝亲自过问徐元杰之死一案，大理寺进行了审理调查。最后大理寺正黄涛却宣布结果说，徐元杰不是被人毒害的，而是中暑而死。徐直谅、徐直方不服，认为这一结论有误，乞请理宗斩杀昏官黄涛以谢先臣父亲徐元杰。

然而，徐元杰一案最终毫无结果。海内人士对这样一位正直敢言的朝中大臣死得不明不白而深感悲伤，理宗也悼念不已，赐给徐元杰家官田500亩、钱5000缗作为恤典，赐谥号为忠愍。

总之，徐元杰的猝死为历史之谜。

四、诗词成就

徐元杰一生勤于笔耕，景定二年(1261)，其子徐直谅将其作品辑刻为《楳埜集》12卷。

徐元杰的诗，独具一格，是宋代著名诗人之一。所作诗赋，曾被收入各类诗选，为后人传诵。人们最熟悉的，恐怕要算他的《湖上》：

花开红树乱莺啼，草长平湖白鹭飞。
风日晴和人意好，夕阳箫鼓几船归。

其中,"夕阳箫鼓"一词被很多文人引用。

不仅如此,徐元杰的词也写得极佳。其《满江红·以梅花柬铅山宰》被收入《全宋词》第4册中:

> 似玉仙人,三载相见,西湖清容。撼不碎、一团和气,只伊消得。雪里水中霜态度,腊前冬后春消息。看帘垂、清画一张琴,中间著。
>
> 寒谷里,轻回脚。魁手段,堪描摸。唤东风吹上,兰台芸阁。只怕傅岩香不断,摩挲商鼎羹频作。管一番滋味一番新,今如昨。

吴叔告

◎ 刘 一

　　吴叔告，字君谋，绍熙四年(1193)生于莆田(今属福建)，为人狷介寡合。宋理宗即位的第12年，即端平二年(1235)乙未科殿试，吴叔告夺魁，成为南宋第36位状元，时年42岁。理宗即位后，奸相史弥远弄权，直到绍定六年(1233)史弥远病死后，理宗才开始亲政。吴叔告是他亲自选拔的第一位状元，特别器重。金殿传胪后，即授予他秘书省秘书郎一职。秘书郎高于校书郎，而低于著书郎，掌集贤院、史馆、昭文馆、秘阁的图籍，有些状元为官多年才能做上此官。吴叔告克尽职守，多次上疏言事，皆切时政。不久，出知抚州(州治临川，今江西抚州)。吴叔告在抚州,以端正风气、扶良抑邪为先,治绩卓著。改知严州(州治建德,今浙江建德东北)。后征为刑部郎中,因他不善迎合而遭人讥斥,被贬一秩。数年后,召为尚右郎官,职掌尚书右选,铨注武臣升朝官自皇城使、职事官自金吾阶仗司以下非枢密院宣授者。累官至大理寺副长官——少卿。他以年老为由乞请引退,理宗诏准。理宗驾崩的第二年,即咸淳元年(1265),吴叔告病逝,享年73岁。

周　坦

◎ 刘　一

　　周坦，字平仲，一字平父，温州永嘉(今浙江温州)人。宋理宗赵昀称帝的第 15 年，即嘉熙二年(1238)，周坦参加戊戌科殿试，在 422 名应试者中，一举夺得第一，成为南宋第 37 位状元。这时的南宋小王朝已是江河日下，日趋衰颓。周坦就在这种局面下步入仕途。初授镇东军节度判官，佐理事务。进官秘书省正字，掌订正典籍讹误。进官校书郎，掌校雠典籍。擢为著作佐郎，掌修纂日历。再进为著作郎。著作郎也掌修日历，但位高于著作佐郎。出知安吉(今属浙江)。淳祐五年(1245)，出任工部郎官。他的仕宦生涯到此结束。

徐俨夫

◎ 刘 一

淳祐元年(1241)五月,理宗赵昀驾临集英殿,策试已通过礼部省试的367名举子。理宗最欣赏徐俨夫的卷子,定为第一。

徐俨夫,字公望,号桃渚,平阳(今属浙江)人。他才高学广,擅长诗词,在文坛上颇有名气,淳祐元年殿试夺魁,成为南宋第38位状元。

中状元后,徐俨夫入仕,在被目为清贵之选的秘书省任职,职司典籍的校雠等事。他为人刚正,不避权贵。时镇江(今属江苏)人丁大全专权用事,为非作歹,徐俨夫极为愤恨,直言其非，忤怒丁大全，被罢免。有人劝徐俨夫克制一下，向丁大全道个歉，便可复出做官。徐俨夫严辞拒绝，题诗于堂壁，云：

一任瞪龟成白鳖，谁能拜狗作为龙！

杜门不出。开庆元年(1259)，丁大全被贬，在去贬所的路上，被将官毕遇挤落水中溺死。两三年后，理宗皇帝下诏，拜徐俨夫为礼部侍郎。不久，徐俨夫罹病，不治而死。

徐俨夫工诗词，著称当时。如他的《直钩和韵》一诗云：

一曲湖边一钓矶，桃花风定柳绵飞。
渔人岂识濠梁趣，祗解沙头尽醉归。

他的《西江月》一词是他的词中佳作，词云：

曲折迷春院宇，参差近水楼台。吹箫人去燕归来，空有落梅香在。花底三更雨过，酒阑一枕惊雷。明朝飞梦隔天涯，肠断流莺声碎。

留 梦 炎

◎ 涂 晓

淳祐四年(1244)的进士科殿试如期举行,中试进士424人,留梦炎夺得第一,成为宋代第108位状元。

留梦炎是衢州(今属浙江)人,家世和早年的经历,史书未详。他大魁天下时,龙位上坐着的是理宗赵昀,这是一个昏君,怠于政事,声色是娱,大宋帝国兵连祸结,疆土日蹙,岌岌可危。留梦炎就在这样的局面下步入仕途。他为人奸诈,见风使舵,升迁很快。

景定五年(1264)十月,嗜欲过度的理宗皇帝驾崩。理宗在位多年,嫔妃如云,却只生了一个儿子,又不幸夭折,遂立侄儿赵禥为继承人。理宗死后，赵禥即皇帝位，是为度宗。度宗也是个昏君，耽于女色，把国家大事委任奸臣贾似道。贾似道是台州(今浙江临海)人，贾妃之弟。贾妃受宠于理宗，因此，贾似道恃势专横，累官至右丞相。度宗即位，加平章军国重事，位居太师，独揽大权。

狡诈的留梦炎见状，遂党附贾似道，从中渔利。他果然得到了好处，从代理礼部尚书进官为端明殿学士，签书枢密院事。不久，升为枢密使，成为最高军事长官。第4年，即咸淳四年(1268)，以观文殿学士出知潭州(州治长沙、善化，今湖南长沙)，兼任湖南安抚使，成为封疆大吏。

咸淳十年七月，度宗病死，子赵㬎即位，是为恭宗。恭宗年仅4岁，群臣奉理宗皇后谢太后垂帘听政，贾似道仍绾大权。

元军统帅伯颜率兵攻破长江防线，督师抵御的贾似道败逃扬州(州治江都，今江苏扬州)。伯颜遣兵南进，逼近南京都城临安(今浙江杭州)。

留梦炎奉诏入京，出任右丞相、枢密使，都督诸路兵马，守卫京师。

一些大臣弹劾贾似道误国，奏请把他流放岭南，籍没他的家产。留梦炎庇护贾似道，仅令他散官居住，且说籍没家产，扰及无辜。大臣高斯得、王爚力争不得，相继罢官而去。

不久，留梦炎进位左丞相。

元兵逼近临安，文武大臣纷纷逃命。谢太后大怒，张榜朝堂，申以国法，但也难以阻止大臣们逃跑。当了仅1个月左丞相的留梦炎，也封印逃遁，溜回了衢州老家。谢太后两次遣使召他入京视事，他都拒绝了。谢太后无奈，为了笼络他，封他为江东西湖南北安抚大臣。

第二年，元将唆都攻陷衢州，留梦炎为了保全性命，遂降。

留梦炎降元第三年上，即祥兴元年(1278)十二月二十日，率领军民抗元的文天祥被俘；翌年四月二十二日，被押解北上；十月初一，被押入燕京(今北京)。元世祖忽必烈十分器重文天祥，对他极为优遇，待以上宾，不断派人劝降。第一个奉命去劝降的，便是留梦炎，结果，被文天祥骂了个狗血喷头。

多方劝降不成，元世祖诏令使用酷刑，迫使文天祥降顺。但文天祥坚贞不屈。

一些降元的宋臣见状，去和留梦炎密议，想请求元世祖放文天祥一命，让他做个道士。留梦炎以为此举不妥，说："假若文天祥被释放后，再在江南起事，我们将处于什么境地？"那些宋臣遂打消了救文天祥的主意。

十二月初九，文天祥在柴市刑场英勇就义。

南宋的最后一个忠臣被处决了，留梦炎放心地做起元朝的官来。

元世祖很优遇降元的南宋官员，特别是进士出身的，格外重视。留梦炎是淳祐四年的状元，又是左丞相，故被授予礼部尚书的官位。

一次，元世祖问赵孟頫，留梦炎和叶李相比，谁优谁劣。叶李，字太白，杭州人。贾似道当权时，叶李是个京学生，指斥贾似道误国，后也降元。赵孟頫是宋太祖之子秦王赵德芳的后裔，他父亲赵与訔与留梦炎私交颇深。他奏白元世祖："梦炎是臣的父执，其人重厚，笃于自信，多谋善断，有大臣气度。叶李读的书，臣都读过；他知道的，臣也知道；他能做的，臣也能干。"元世祖道："你认为留梦炎优于叶李吗？留梦炎身为状元，官至宰相，党附贾似道，病民误国，伴食中书，无所建树。叶李当京学生时，力诋贾似道，远胜于留梦炎。"他责斥赵孟頫不敢直言父亲朋友的缺点，命赵孟頫赋诗讥斥留梦炎。赵孟頫赋诗云：

状元曾受宋家恩，国困臣强不尽言。
往事已非那可说，且将忠直报皇元。

元世祖很欣赏这首诗。不过，他欣赏的是赵孟頫的品行、才学，对留梦炎没什么好感。

留梦炎仕元20余年，官至翰林学士承旨，没有什么可值得一述的政绩。以年迈辞官，老死于故乡。

张 渊 微

◎ 刘 一

张渊微，字益博，一字孟博，建昌军新城（今江西黎川）人。他少颖悟，好学上进，年龄不大，便通晓《五经》——儒家的5部经典，即《周易》、《尚书》、《诗经》、《礼记》、《春秋》，特别是在《春秋》上，造诣极深；他为人质直，不虚美，不掩饰，崇尚仁义；他才思敏捷，赋诗作文，操笔立就。

淳祐七年（1247），丁未科殿试开考。在527名应试者中，张渊微跻身其列。当朝天子理宗升殿，迟迟不见应试的举子入场，问身边的侍臣是怎么回事，侍臣说尚书郑起潜正在让人搜查举子们,看他们是否夹带作弊的书籍等物。理宗龙颜不悦,道:"对待士人岂可如此!"诏令不得搜身。张渊微等人大为感激。考试结果,张渊微夺得第一,成为南宋第40位状元。

放榜后,按例要举行琼林宴。开春以来久旱不雨,张渊微上疏,主张节用,乞罢琼林宴,理宗极为赞许地诏准。天下吏民称颂。

新科进士授官,张渊微步入仕途,历官起居郎兼右庶子等职。起居郎属门下省,与中书省的起居舍人一同笔录皇帝的言行。皇帝御正殿时,与起居舍人同俟于门庑外;皇帝外出时,与起居舍人扈从;大朝会时,并对立于殿下螭首之侧。凡朝廷诏命,礼乐法度的因革损益,赏罚劝惩,群臣进对,文武官员的任命、临幸接见等等,举凡皇帝的一切重大活动,都笔录下来。庶子为皇太子东宫官员,有左、右两员。张渊微的官职几经升迁,至侍郎。他为官刚正不阿,名震朝野。

方逢辰

◎ 刘一

严州淳安(今属浙江)有户方家,远祖方纮在吴地做官,王莽代汉,中原政局动荡,方纮遂留居南方。他们是千百万"客家人"中的一家。传至方镕这一代,方家已定居淳安千余年了。方镕有三子,长子方梦魁,字君锡(一作"圣锡"),少力学,苦读不辍,读书时常通宵达旦,诸子百家之书,无所不窥,尤崇尚程朱理学。他擅长诗文,写的文章多被奉为范文,家传人诵。宋理宗在临安(今浙江杭州)称孤道寡的第25年,即淳祐十年(1250),方梦魁考中严州的取解试。翌年,参加庚戌科省试,名列前茅。殿试时,一举夺魁,成为南宋第41位状元。金殿传胪日,当朝天子理宗皇帝给他改名"逢辰"。

就在这年,郑清之的权势达到了顶峰。

郑清之是鄞县(今浙江宁波)人,嘉定十年(1224)参与废皇子赵竑,拥立理宗。史弥远死后,他出任左丞相,秉政专权。方逢辰大魁这年,他晋封齐国公。郑清之年老,放浪湖山,无意朝政,政事大多由侄孙郑平原代理,他的妻子儿女乘机纳贿。适逢不是打雷的时候天中响雷,刚中状元的方逢辰借灾变上疏,指斥执政大臣败坏朝政。理宗虽夸赞他的忠心,却不能按他的建议去整饬朝政。

不久,方逢辰被任命为承事郎、签书平江军节度判官厅公事。宝祐元年(1253),理宗召他入京,任命为秘书省正字,掌校正典籍讹误。宝祐二年春,进官校书郎,掌校雠典籍。当朝皇帝理宗即位已29年,年近花甲,醉生梦死。一些奸佞小人察颜观色,投其所好,渐渐开始窃权。方逢辰上疏,指斥朝政日非。宝祐三年夏,他又长篇大论地上疏指责时政,言辞激切、尖锐,入木三分。理宗皇帝龙颜不悦。方逢辰见状,称病辞职。宝祐四年,诏除著作佐郎。那些遭方逢辰指斥的奸佞奏劾方逢辰,方逢辰还未上任,就被罢官了。不久,诏除宁国府(府治宣城,今属安徽)知府,又被劾罢。开庆元年(1259),奸相丁大全被逐。嘉定十年(1217),状元吴潜出任宰相,征方逢辰为著作郎,掌修纂日历。翌年,代理尚书左选郎中,铨注文臣自大理正以下非中书省敕授者。丁大全虽被逐,但余党尚存,一些大臣上疏,乞请诛灭,理宗未允,方逢辰上疏力谏。不久,奸臣贾似道入相,罢黜了刚直不阿的方逢辰。景定二年(1261),诏除婺州(州治金华,今属浙江)知州,还没上任,便横遭贾似道党羽的弹劾,被罢免。再除嘉兴(府治嘉兴,今属浙江)知府,又被劾罢。改知瑞州(州治高安,今属江西)知州，不久，又遭劾被罢免。

景定五年十月，理宗驾崩，太子赵禥即位，是为度宗。

度宗即位的第二年，即咸淳元年（1265），起用方逢辰为司封郎官。方逢辰辞谢，度宗不允。度宗为太子时就知道方逢辰的品学，方逢辰入宫谢恩，度宗见了他十分高兴，命他兼国史院编修、实录院检讨、直舍人院。寻除秘书省副长官——少监。不久，又任命为起居舍人，负责笔录皇上言行。咸淳三年，出为秘阁修撰、江东路提刑。咸淳四年，任江西转运副使，佐转运使掌江西路财赋。咸淳五年，任命为代理兵部侍郎。咸淳七年，改为吏部侍郎。母死，回籍服丧。丧满，度宗任命他代理户部尚书，方逢辰辞不就；改为礼部尚书，仍辞不就。这年夏，老父病死，方逢辰负土造坟，在家服丧。

方逢辰从此退出官场，在家收徒讲学，学者尊称"蛟峰先生"。

景炎元年（1276），南宋灭亡。方逢辰经历亡国之痛。15年后，即至元二十八年（1291），方逢辰病死，享年71岁。

方逢辰为人刚直，疾恶如仇，不避权贵，因此仕途极为坎坷。贾似道相国16年，而方逢辰不仕10余年。他擅长诗文，醉心理学，在儒学经典研究上，造诣尤深，著有《孝经解》、《易外传》、《尚书释传》、《学庸注释》、《蛟峰文集》等。

姚　勉

◎ 刘　一

姚勉，字述之，一字成(或作"诚")一，新昌(今属浙江)人。父某(名已失传)，字行简，号菊坪先生。姚勉生于嘉定九年(1216)，少力学，工诗文。37岁那年，即宝祐元年(1253)，参加癸丑科殿试，一举夺魁，成为南宋第42位状元。父亲在他大魁不久病逝，姚勉回籍奔丧。丧满，被授予秘书省校书郎一职，掌校雠典籍。时奸相丁大全专权，太学生陈宜中等人上疏弹劾，被丁大全开除学籍。姚勉上疏论救，语甚切直，得罪了丁大全，遂引退故里。开庆元年(1259)，丁大全被罢相，嘉定十年(1217)的状元、宁国(今属安徽)人吴潜入相，起用姚勉，仍官校书郎，兼任皇太子的授读师傅。时理宗贾贵妃的弟弟贾似道受到理宗的重用，专权跋扈，姚勉大为愤恨。一次，理宗偶至东宫，正遇上姚勉在指斥贾似道，遂将他免官，赶回老家新昌。回乡不久，姚勉便病死了，享年仅47岁。遗有《雪坡文集》一书。他的妻子邹妙庄，字美文，小姚勉14岁，宝祐五年，即姚勉中状元的第5年，不幸病死，年仅28岁。姚勉擅长诗词，如《新晴晓步》一诗：

晴晓芳蹊润，幽情得自怡。
雾黏行草蝶，风舞胃花丝。
竹静闻邻语，林虚度客棋。
意行无伴侣，池上只莺知。

他的词也极佳，《全宋词》辑录20余首，其《贺新郎》一词云：

月转宫墙曲，六更残、镛鱼声亮，纷纷袍鹄，齰坐临轩清跸奏，天仗缀行森肃。望五色、云浮黄屋。三策忠嘉亲赐擢，动龙颜、人立班头玉，胪首唱，众心服。

殿头赐宴宫花簇。写新诗、金戋兢进，绣床争蹙。御渥新霑催进谢，一点恩袍先绿。归袖惹、天香芬馥。玉勒金戋迎夹路，九街人、尽道苍生福。争拥入，状元局。

这是他大魁后写给友人潘月崖的一首词，词中抒发了他的雄心壮志。

文天祥

◎ 涂 晓

一、富川镇的文家

偏安半壁江山的南宋王朝辖下的吉州庐陵（今江西吉安），有个富川镇，富川水如带，绕镇而过，镇北是颇有丘壑之胜的文山。

镇上有个文家，家有一些田产，佃与人种。主人叫文仪，字士表，人称"革斋先生"。文仪好学，嗜书如命，读起书来,废寝忘食。家里有丛竹子,爱竹的文仪在竹林旁筑了间书斋,号曰"竹居"。晚上,孤灯如豆,熬到深夜;有时黎明了,他还在孜孜不倦地研读。文仪兴趣广泛,涉猎经史、诗文、天文、地理、医药、卜筮。那些他喜欢的书,他都逐字逐句地抄写下来,积累了上百册的抄本。平时与人谈论,广征博引,某事见哪书哪卷,都能随口讲出。在学风上,他鄙斥泥古不化,主张推陈出新。"革斋先生"的"革"字,便意蕴"革新",他把这个字刻在玉佩上,以表心志。

文仪好交游,来访的客人络绎不绝。来者无论亲疏贫富,他都热情款待。孤贫的戚友,家有丧事买不起棺材,他解囊相助;没有丧服,他捐资购置。他常邀友人做文字之游,得意时纵情歌唱。

文仪娶泰和(今属江西)梅溪曾家二女儿曾德慈为妻。22岁那年,即宋理宗端平三年(1236),文仪喜得贵子,取名云孙。翌年,又得一子,取名璧。此后,曾氏又生了二子三女。

文仪对孩子们的教育抓得很紧,他是孩子们的启蒙老师。那"竹居"便是文家父子朝夕读书练字的地方。每得到一本书,文仪先让长子云孙诵读,读完了,让他教给弟弟们。白天教授的课,到晚上便进行考查,读、背、提问,直到孩子们领会为止。有时夜深了,考查还在进行,哪个瞌睡,他便,呵斥一通。

妻子曾氏,也时常讲些精忠报国的故事给孩子们听。

文仪也曾给孩子们延聘名师曾凤等来家里教授。日子一长,经济拮据,请不起老师了,文仪只好自己来教。

在严父慈母的教育下,诸子长进很快。

二、理宗皇帝点状元

云孙长大了，朋友们送给他一个字：天祥。

18岁那年，天祥去庐陵城参加全县学子的考试，他作了一篇名为《中道狂狷，乡原如何》的文章，获得第一名。只是，此文失传，今已不可得知。

庐陵县的学宫中祭祀着乡贤，天祥瞻仰他们的遗像。当看到本朝的乡贤欧阳修、杨邦乂、胡铨时，崇敬备至，叹道："我身后如果不能和他们并列，便不是个男子汉！"欧阳修是宋朝著名的文学家，赫赫有名的宰辅。杨邦乂乃抗金名士，被金兵俘虏，不屈而死。胡铨也是个人物，绍兴九年（1139），宋高宗任命亲金的秦桧为相，与金人议和，俯首称臣。胡铨上疏，请斩秦桧和参知政事（副相）孙近、出使金国的使者王伦，与金决战到底。奏疏震动朝野。

天祥下定决心，要像欧阳、杨、胡那样，生为人杰，死享英烈。

2年后，天祥入吉州白鹭洲书院肄业。

白鹭洲书院是都昌（今属江西）人江万里于淳祐元年（1241）创立的，位于吉州城东的白鹭洲上。当时的"山长"——书院里主持讲学的人——是欧阳守道。守道山长也是吉州人，淳祐元年进士，学问广博，注重德行，号为"儒宗"。《宋史》卷411有他的传。守道山长治学，强调经世致用，鄙夷高谈阔论。在这一点上，天祥颇与山长同，故最受山长宠爱，山长悉心为他指点迷津。

天祥在白鹭洲书院住了几个月，被选为吉州的贡士。弟弟文璧也入选。

吉州贡士的名簿上，写的是"天祥"，没写他的名"云孙"，这大概是个误会。但名簿既上了朝廷，便不可更改了。于是，便以字为名，另取字曰"履善"，而那"云孙"则算做小名了。

十二月十五日，文仪带着两个儿子去临安。临行，天祥赋《次鹿鸣宴》诗，诗云：

> 礼乐皇皇使者行，光华分似及乡英。
> 贞元虎榜虽联捷，司隶龙门幸缀名。
> 二宋高科犹易事，两苏清节乃真荣。
> 囊书自负应如此，肯逊当年祢正平。

他认为真正的光荣，不是登科，而是"清节"。

这是他流传迄今的第一首诗。

翌年开春，兄弟俩参加礼部的考试。二月初一开榜，哥俩皆中选。五月初八，理宗在集英殿举行殿试，试题长达586字，大半都是空话，主要是问为什么天灾人祸不断、人才匮乏、士习浮华、国用殆尽、兵力衰弱、盗贼横行、边患危重。已中了礼部试的人要就试题中提出的问题陈述自己的看法、建议。

考前两天，天祥罹病。初八这天，他勉强支撑着去应试。进场的时候拥挤，出了一身汗，觉得好了许多。拿到题目，挥笔写道：

> 臣闻天变之来，民怨招之也；人才之乏，士习蛊之也；兵力之弱，国计屈之也；虏寇之警，盗贼之因也……

他一口气写了9300余字，连草稿也没打。

写好呈上。考卷上的姓名、籍贯都被密封起来，答卷另有人誊录一遍，防止考官评阅时徇情取舍。

考官姓王名应麟，庆元(今广西宜山)人，淳祐元年进士，博学多识，著有《深宁集》、《困学纪闻》、《玉海》等23种。王考官评审诸考生的卷子，列出名次，上奏理宗皇帝。

理宗御览考卷，特别欣赏第7名考生的卷子，擢为第一。王应麟把卷子拿来细读一遍，叩谢道："恭喜皇上得一才士！"

五月二十四日，理宗皇帝御殿唱名："文天祥！"殿上一声传呼，殿下一声声接传。新科状元的桂冠落在了21岁的文天祥头上。理宗玩味着文天祥的名字，道："此天之祥，乃宋之瑞也。"因理宗有此一语，朋友们便给天祥又起了个字：宋瑞。

接下来唱了600个人名。他们当中出了几个赫赫有名的人物：第22名谢枋得，第27名陆秀夫。但文璧殿试落第。

新科状元出宫回下榻的客寓期集所，金吾卫士7人扈从，前面有4人呼喝清道，煞是威风。民人纷纷涌来观瞻。

及第的进士们要参加一系列的宴集活动，新科状元当然是大出风头的了。文天祥抱着愉快、感激的心情出席了理宗皇帝亲临的闻喜宴，并向理宗献了一首谢宴诗：

于皇天子自乘龙，三十三年此道中。
悠远直参天地化，升平奚羡帝王功？
但坚圣志持常久，须使生民见泰通。
第一胪传新渥重，报恩惟有厉清忠。

不幸的是，天祥父亲文仪病了。二十八日，即文天祥中状元的第4天，病情恶化，一命归天，享年42岁。六月一日，哥俩扶柩南归。

按封建礼教，文天祥要在家为亡父守丧3年。

他没有做上官，但并不惋惜。

"3年之丧"实际上是2年60天。宝祐六年（1258）八月，孝服除去，有人劝文天祥给宰相丁大全写信，要求出来做官，他道："何必这么汲汲于做官呢？"吉州地方官想代他申请，也被他拒绝了。

三、坎坷仕途

开庆元年（1259），文天祥陪伴弟弟文璧进京应试。文璧中了这科的进士。五月二十八日，文天祥被授予承事郎、签书宁海军（今浙江宁海）节度判官厅公事的官位。以京官充任判官曰签书判官厅公事，简称"签判"，掌案牍文书。由于谢恩等手续的耽误，他迟迟未上任。

就在这时，风云突变：九月初三，蒙古军队在黄陂（今属湖北）突破长江天险。翌日，忽必烈率蒙军主力渡江，进围鄂州（今湖北武昌）。南宋朝廷惊恐万分。理宗于九月十八日下诏责己，勉励各路军马奋力作战；罢免奸相丁大全，任用贾贵妃之弟贾似道为相，督军迎敌。内侍董宋臣劝理宗迁都四明（今浙江宁波），因为四明靠海，一旦敌兵逼近，可以乘船下海。当年金兀术渡江，宋高宗就是这样做的。

胆怯的理宗动心了。

对皇帝来说，这"走"字不失为保全性命的上策。但对社稷江山来说，却极为不利。皇上一逃，人心动摇，国都临安难保。

滞留京师的文天祥上疏理宗，请斩董宋臣以安民心。

奏疏呈上去，如泥牛入海，不见消息。

文天祥为理宗皇帝庇护董宋臣而愤懑难已，但又无处发泄。

十二月初一，鄂州前线传来喜讯：蒙古兵北撤。原来，蒙古大汗蒙哥率军进攻四川，死在合州（今四川合州）城下，一些蒙古贵族欲立阿里不哥为大汗，忽必烈闻讯，无心再战，与贾似道讲和，北撤回去争夺汗位了。

临安城内欢声雷动。理宗下诏改元"景定"，王公贵族放下心来，纸醉金迷的生活又开始了。

景定元年（1260）二月，文天祥改为签书镇南军（今江西南昌）节度判官厅公事。他不去就职，请求祠禄。祠禄是主管某地某宫观（道教寺庙）的官，实际上不管事，只拿俸而已，是优待那些退休、罢官的官员的职位。文天祥要求做此官，分明是不愿与那些贪官污吏为伍。朝廷依他所请，派他主管建昌军（今江西南城）的仙都观。次年十月，委任他为秘书省正字，掌校正典籍。他再三推辞不脱，于翌年就职。

至此，文天祥算是真正步入仕途了。

他做了1年多的京官，景定四年十一月，出知瑞州（今江西高安）。次年，理宗驾崩，度宗即位，改元"咸淳"，文天祥被提升为江西提刑（全称叫提点刑狱公事，主管司法、刑狱、监察），兼司农桑。

就职不久，有个叫黄万石的御史奏劾他不称职，办事不力。实际上，文天祥就职两个月，便平反了一起冤案。有个姓陈的银匠被指控杀人越货，屈打成招，判了死刑。母亲替他申冤。文天祥多方查询，弄清真相，判处审理、逮捕陈银匠的官员死刑。这怎么能说不称职？但度宗不问青红皂白，诏罢文天祥的官。

那些对廉洁自守的文天祥不满的人，又乘他的伯祖母梁夫人去世之机，捏造罪名，想把他的名声搞臭。

梁夫人实乃文天祥祖母，文仪是她的次子，出嗣给叔父为子，梁夫人便成了文仪的伯母。梁夫人丧夫后，改嫁刘家。文仪长大后，把她接到家里居住，但同刘家的人仍经常往来。咸淳元年（1265），梁夫人病死。她已是刘家的人了，故文天祥没有戴孝守丧，只是申请解官服心丧。

一些人抓住这一点大造舆论，说文天祥违背礼教，不为祖母服丧。他们还编了一本叫做《龙溪友议》的小册子，印了上万本，到处散发。一些不明真相的人唾弃文天祥的为人。

在这种局面下，文天祥的老师曾凤、欧阳守道挺身而出，分别写了《详目》、《或问》，替文天祥辨白，说梁夫人从改嫁那天起，就是刘家的人了，文天祥只能服心丧。

诽谤被粉碎了。但文天祥受的刺激很深，一时心灰意冷，打算退出官场，做个隐士。他在家隐居了两年，咸淳二年（1267）九月，朝廷起用他为吏部的尚左郎官，他推辞不掉，于十二月去临安就职。

文天祥再次步入仕途，等待他的仍是打击、诽谤。他每做一个官，总有人找他的不是，而往往是诽谤者得胜，文天祥被罢官。出任尚左郎官不到两个月，便于咸淳四年正月被弹劾免官。这年冬天，朝廷刚任命他为福建提刑，就有人出来攻击，朝廷收回了命令。咸淳五年三月，江万里出任左丞相，他很器重曾在白鹭洲书院肄业的文天祥。四月，起用文天祥为宁国府（今属安徽）知府，十一月到任，寻改为军器监，掌缮治兵器，兼崇政殿说书、学士院权直、玉牒所检讨官等职。崇政殿说书，为皇帝讲解经书史传，并备顾问应对；学士院，掌起草诏令，并备咨询；学士阙，由他官暂理，叫权直；玉牒所，绍兴十二年始置，掌修《玉牒》——皇帝的编年史。

咸淳六年六月，文天祥在学士院当值。太师平章军国重事贾似道假意上疏要求退休，度宗皇帝让文天祥起草诏书，挽留贾似道。贾似道权势显赫，连度宗皇帝都是他拥立的。他住在西湖葛岭，深居简出，军国大事、官员的任免，都要送到他家里审批。他大权在握，却又装腔作势地要退休。度宗皇帝也明白他的意图，总是下诏褒美他的功绩，加以挽留。文天祥起草了两篇稿子，一篇说去职违众人之心；一篇说大臣应以国家安危为重，不能因为有一点儿小病就退休。按惯例，稿子要先送贾似道过目，他同意了才呈给度宗。文天祥既没说一句恭维的话，又把稿子径直送给了度宗，贾似道大为恼火。结果，他拟的两篇稿都没有用。过了1个月，他便被弹劾免职了。

这回，文天祥决心退隐了。他在文山建造房舍，想沐浴清泉，坐卧树下，畅饮醇酒，悠闲自在地消磨岁月。

但是，咸淳九年正月，任命他为湖南提刑的诏令下达了，文天祥只得打点行装上路。他到职后，处理了一批案件，并协助湖南安抚大使、知潭州（今湖南长沙）江万里镇压秦孟四起义军。这年冬天，他上疏请求调回江西本省，以便侍奉祖母和母亲，朝廷任命他为赣州（今属江西）知州。次年正月，他便回江西去了。

四、起兵勤王

暮春三月，文天祥到赣州任上。七月，度宗驾崩，嘉国公赵㬎即位，是为恭帝，年仅4岁，太皇太后谢道清临朝。九月，从前线传来消息：忽必烈大汗命伯颜以丞相身份率20万大军从襄阳(今属湖北)出发，兵分三路，沿汉水南下。十二月，元年突破长江天险，攻占鄂州。宋军溃败，半壁江山岌岌可危。

朝廷一面敦促贾似道出兵御敌，一面下《哀痛诏》，要各地起兵勤王。未几，文天祥又接到下达给他的专旨，任命他为江西提刑，速起兵赴临安勤王。

接到专旨的第4天，文天祥便传檄江西，招兵买马，组建了一支2000人的义军，其中有他的棋友刘洙，有江西的地方官尹玉、张云，有同乡的邓光荐，也有妹夫彭震龙。文天祥带头捐出家产充军费。

四月一日，大军开拔，抵达吉州，接到太皇太后的诏令：留屯隆兴府(今江西南昌)。

这是黄万石搗的鬼，他奏报朝廷，说文天祥的部队乃乌合之众。朝中也有人随声附和，说文天祥太猖狂。太皇太后即降诏，派人快马加鞭，阻止文天祥入京。

文天祥勤王受阻的消息传开，舆论大哗。朝廷迫于舆论的压力，准许文天祥入京，但派他去平江府(今江苏苏州)知府。他还未动身，朝廷便追封叛将吕文焕的哥哥文德和义郡王，擢他的侄儿吕师孟任兵部尚书，想以此讨好叛将。文天祥上疏，请斩吕师孟以明抗元决心，振作士气。但奏本送上去了，宛如石沉大海。文天祥见状，领了兵马，赶去平江。

文天祥到平江不久，朝廷派将官张全领兵2000人，增援吃紧的常州。文天祥分兵3000人，让朱华、尹玉统领一同前去。他们在五木(今江苏常州东)与元兵遭遇。朱华、尹玉率兵奋战，张全却隔河旁观。义军以寡敌众，支持到晚上，一支元兵迂回过来，把尹玉所部500人围住。张全乘夜遁逃，朱华立脚不住，也往东撤退。尹玉孤军恶战，杀敌无数，除4人突围外，其余全部战死。尹玉身被数创，浴血苦斗。元军不敢和他交手，拿4根长枪架住他的头颈，用棍击死。

五木一战，江西义军威名大振。文天祥上疏，请斩临阵逃跑的张全。结果，朝廷姑息了事。

伯颜留下一支兵看住江北扬州等地的宋军，主力兵分三路，进取临安。朝廷闻讯大惊，急令文天祥移守独松关（在浙江余杭西北独松岭上）。这是错举，平江重地，一旦失守，关系重大。但朝廷连下3道诏令，敦促文天祥速速前往。文天祥留下一支兵守平江，自己引兵奔独松关。他还没到，独松关便失守了。文天祥只得退入临安。

临安城中一片混乱。左丞相留梦炎溜走了，右丞相陈宜中与太皇太后想请降苟安。他们任命文天祥为签书枢密院事，负责军事机密，不久又委任他为临安知府。文天祥知道临安是保不住了，他建议把三宫（太皇太后、皇帝、皇后）南迁，做保卫南方的打算。但陈宜中想求和，怕此举惹怒元军，说他们求和没有诚意，故没有采纳。

正月初五，朝廷大官逃得差不多了。那天任命吴坚做左丞相时，偌大的殿上，文官只有6人。

正月初九，称臣表正式送出了。文天祥做最后一次抗争，但无人理睬。

五、出使被扣留

正月十八日，元兵三路大军抵达皋亭山，距临安仅30里，哨马一直放到临安北门外。文天祥和力主抗战的张世杰将军建议移三宫下海，背城一战。但太皇太后和陈宜中不愿抵抗，派一员御史把传国玺和降表送到元营。伯颜接了玺表，命陈宜中来营接洽。当夜,陈宜中逃走。张世杰不愿投降,扬帆出海,往南去了。

十九日,元兵一部进驻临安城外的教场。陈宜中跑了,左丞相吴坚年老懦弱,国事没人主持,太皇太后便命文天祥为右丞相兼枢密使,收拾残局。元军催人去洽谈投降事宜,几个大臣谁也不肯出头,异口同声地推荐文天祥去。

二十日,文天祥和吴坚等4人进了元营,他想借此行探听一下元军虚实,回来再做打算。见了伯颜,他一口回绝投降一事,说那是前任丞相干的,他一概不知。他要元军退到平江或嘉兴(今属浙江),然后双边再举行会谈。文天祥态度强硬,慷慨陈辞,威然不可犯。

伯颜等人还未曾见过这等刚强的人物,很是钦佩。

会谈僵住了,因为元军绝不会撤退至平江或嘉兴。

伯颜一伙密谋一番,请宋使进帐,派降将程鹏飞随同吴坚等去临安见太皇太后,要她投降,留文天祥在营,待程鹏飞回来,再做商议。文天祥抗议,要回城,伯颜不听。

一夜过去了。二十一日,奸臣贾庆余趁文天祥被扣留之际,代文天祥做了右丞相。他和吴坚等备下正式的降表,送进元营。

伯颜请文天祥进帐,说太皇太后已下诏纳降了。文天祥怒斥在场的贾庆余,责斥伯颜不守信用。降将吕文焕出来打圆场,被文天祥骂做"乱贼"。他的侄儿吕师孟也来了元营,上前道:"丞相上疏要杀师孟,奈何不杀?"

"你叔侄降北,不曾杀你,是本朝失刑。我不能杀你叔侄,实乃憾事。你叔侄要杀我,正是周全我做大宋的忠臣!"文天祥道。

吕师孟张口结舌,无言以对。旁边的蒙军将帅见了,更加钦佩文天祥。伯颜打定主意，扣压这个人才，劝他投降，为元朝效力。他命万户忙古带、宣抚唆都办理此事。

忙古带、宣抚唆都百般劝降，封官许愿，文天祥皆不为所动。

元人无奈，决定押文天祥北上。

景炎元年(1276)二月初九，宋祈请使向元帝祈请。文天祥被押上船，随行的有杜浒、余元庆等12人。

文天祥不断盘算，寻找时机逃脱。

船沿运河北上，至镇江暂住。文天祥借住在一个叫沈颐的家里。元军派王千户看守文天祥。此人凶狠，日夜监视，文天祥不敢轻举妄动。

杜浒和余元庆两人还较自由，他俩天天出去活动。余元庆是真州(今江苏仪征)人，距镇江不远，人地较熟，但胆识不如杜浒。

要逃得有船，但所有的船只全被元军扣压。杜浒整天找人闲谈，结交了一个老兵，他熟识道路，届时可领大家抄小路到江边；还结识了一个专管查夜的刘百户，多用银两，刘百户贪财，答应随时差人提官灯来接，可不受宵禁的限制。但船还没有找到。

余元庆天天在街上游荡，希望能碰上个熟人。二十九日这天，他果真遇上一个老朋友，说在元军管船。余元庆大喜，便托他设法，答应送他1000两银子和承宣使官职——一种加给武官的虚衔。那人慨然道："我为宋朝救一位丞相，好去建功立业，赶走敌军，要钱做什么？但求丞相批张文书，太平之后，好去拜见。"

事情谈妥了。不料，这天中午，元军派人来通知，说要马上过江去瓜州(今江苏邗江南)。文天祥大惊，推说还未来得及打点行装，答应明天动身。好在元军催得不紧。情况有变，文天祥决定当夜行动。

文天祥推说买酒辞别乡土，请房东和王千户吃酒。王千户见天色已晚，城里城外兵马众多，也就放心吃喝起来，喝得酩酊大醉。

趁王千户睡过去了，文天祥正要动身，一个仆人跑来报告，说那领路的老兵胆怯了，喝酒装醉，他的妻子起了疑心，再三盘问，要唤起四邻。杜浒考虑了一下，吩咐他们把老兵带来，一旦老兵真干上了，他妻子投鼠忌器，也就不敢声张了。老兵一到，杜浒把300两白银缚在腰里。老兵见状，只得硬着头皮干了。

刘百户手下的人把官灯送来，一行人出了门，跟着老兵向江边走去。到了江边，却不见有船。余元庆踹水沿江寻去。过了一会儿，一只水船划来。原来，船停在1里多外。文天祥一行上了船。

江面上到处都是元军的船只，他们只得硬着头皮在中间穿梭前进。有只船上的元军起了疑心，想追击，但船搁浅了，动不了。文天祥一行摇船急行。

走了大半夜，他们在离真州5里处上岸，向真州走去。

真州守将苗再成热情地款待文天祥一行人。但到三月初三，文天祥出城视察防务，苗再成却把他关在城外，不准他入城。

原来，元营发觉文天祥逃走，一面四下搜捕，一面用反间计，企图借刀杀人。驻扎在扬州的大将李庭芝从俘虏口中得到有个丞相往真州赚城的情报，他本来不大相信文天祥会那么轻易地脱身，便断定文天祥已经叛国，到真州是来赚城的。他致函苗再成，让苗再成杀了文天祥。苗再成心里踌躇，决定先把文天祥关在城外，看他怎样举动。

文天祥一行在城外徘徊，忽有苗再成的两个姓张、徐的小头目率50人前来，说是奉命护送，问文天祥要去哪里。文天祥决心到扬州见李庭芝，剖明心迹。张、徐多方试探，见文天祥执意要去扬州，才道他们是奉命来试探的，若发现文天祥有叛国的迹象，当场格杀。他们护送了一段路，便回去了。

到了扬州城下，文天祥踌躇起来，担心李庭芝不信他的话，把他杀了。杜浒等人也坚决反对进城。余元庆引了个卖柴人来，说他家离此20~30里，暂去躲避一下。但当文天祥等人上路后，他却和另外3人溜了。

他们向卖柴人家走去。道路崎岖，腹中饥饿，走到一个土山上，他们实在走不动了。山上有个没了屋顶的破房子，四面颓垣，像个土围子。卖柴人自告奋勇去扬州籴米，文天祥等人进了土围子歇息。

元军习惯，每天上午出哨，过午即归。眼看日过中午，文天祥等人放下心来。

突然，外面马嘶人喧，从墙缝望去，元军大队骑兵从东面过来，向西开进。文天祥等人大惊，这土围子矮小，只消往里看一眼，便什么都完了。他们没有别的办法，只有紧靠墙壁，伏在地上躲藏。

这支元军正是押送宋祈请使的。好在这时风雨大作，元军急于赶路，无暇旁顾，他们才幸免于难。

天黑了，卖柴人失约不来，文天祥他们下山，进了一座古庙歇息。刚进庙还未坐定，进来几个樵夫，他们说元兵迫近扬州，扬州城午后便闭门了。文天祥等人才知那个卖柴人被关在城里，出不来了。

樵夫们很热情，喊文天祥他们一同用餐。文天祥把自己的境遇如实说了,请樵夫们帮忙,送他们去高邮(今属江苏)。樵夫们爽快地答应了,领他们去贾家庄休息一天。当天夜里,他们在向导的领导下,启程去高邮。走了一夜,天亮时与一支元兵遭遇,文天祥等人躲进一丛竹林。元兵来搜索,捉去几个人,文天祥幸免于难。元兵走了,他们继续赶路。又碰上一群樵夫,他们慷慨相助,弄来一只大竹箩,让文天祥坐在里面,几个人轮流抬着他走。

到了高邮,文天祥没进城,绕城直取泰州(今属江苏)。二十四日,抵达通州(今江苏南通),知州杨师亮把文天祥接去州衙安歇。他在通州住了半月,把一路上写的诗编辑成《指南录》,并作了一篇序。半月后,渡海南下。五月二十六日,到了福州。在福州即皇帝位的端宗任命他为右丞相、枢密使、都督诸路军马。文天祥上疏辞相,端宗便改授他为枢密使、同都督诸路军马。

文天祥结束了逃亡生活,率领军民进行抗元斗争。

六、进军江西

在福州成立的端宗小朝廷,把持在左丞相陈宜中手里。临安城是在他手上丢的,他不愿让其他人收复失地,那样,更显得他无能。文天祥无事可做,便继续整理编辑《指南录》。他觉得在通州作的那篇序不够痛切,又写了一篇后序。4卷《指南录》和两篇序文,皆为千古绝唱。

七月十三日,文天祥离开福州,去南剑州(今福建南平)建立督府,号召四方起兵。各地纷纷响应。

经过一番准备,景炎二年(1277)五月中旬,文天祥麾军越过南岭，反攻江西。江西士民奋起响应，文天祥的妹夫彭震龙、孙桌也在家乡起兵。文天祥驻扎于兴国（今属江西），指挥反攻。一些州县光复了，江西的局势为之一变。

元廷震恐，立即以李恒为元帅，率精兵赶赴江西增援。义军虽然英勇，但都是临时聚集起来的，没有战斗经验，不是元军的对手。元军连连得手，直取兴国。文天祥率部退避。

八月十七日，文天祥走到庐陵东固方石岭，被元军追上了。老将巩信率10名士兵扼住山口，掩护文天祥撤退。他们死战不退，元军疑是伏兵诱敌，不敢贸然强攻，退到岭下，用箭猛射。巩信等人连中数箭，或坐或靠在岩石上，岿然不动。元军绕道从小路登上山，才发现守山的义军都是死人。

文天祥率部走到空坑，人困马乏，只得歇息。次日凌晨，元军追来，文天祥仓皇出走。

他的部下有个叫赵时赏的，是宋朝宗室，坐着一顶轿子，被元军追上。元军见轿中人是个大官，喝问是谁，赵时赏道："姓文。"元军把他当成了文天祥，押着他去主将那儿领赏，没心思去追别人了。经过多方查询，才知道那人根本不是文天祥，就把他杀了。

文天祥的家属随军行动，空坑一仗，除12岁的长子道生侥幸脱身外，妻欧阳夫人、次子佛生，女儿柳小娘、环小娘，皆被元军俘获。

赵时赏冒名顶替，使文天祥得以脱身。他退到汀州（今福建长汀），又转移到循州（今广东龙川），屯兵南岭（在今广东永安东南），做重整旗鼓的打算。

他在南岭过了冬天。次年二月进兵海丰（今属广东）。五月中旬，得到端宗已于四月十六日病死，群臣拥立卫王赵昺为帝，改元"祥兴"，驻跸广州湾中的硐州。陈宜中逃走，张世杰、陆秀夫执政。六月中，赵昺政府迁往厓山（今广东新会南）。文天祥也于十一月中移屯潮阳（今属广东）。

元军在主帅张弘范的指挥下，海陆两路南下广东，进击宋残部。文天祥闻讯，奏告赵昺政府早做准备，他自己率部于十二月十五日撤出潮阳，二十日到了海丰北面的五坡岭，安营做饭。有个叫陈懿的惯匪引元军轻装追袭，追上五坡岭。文天祥正在岭上和幕僚吃饭，措手不及，一同被擒。

七、浩然正气

被俘的时候，文天祥取出身上携带的冰片，吃了两片左右，想一死殉国。谁知，药力无效，昏眩许久，却没有死。

元军把他押去潮阳，见元帅张弘范。元官吩咐他见了元帅要跪拜，文天祥严辞道："我不能下跪。我见过伯颜、阿术，都不过作个揖而已。"

"哪有不下跪的道理？"元官倒惊异了。

"我能死不能拜。"文天祥斩钉截铁地说。

那元官没法，去向张弘范请示。张弘范在临安皋亭山大营中见过文天祥，领教过他那种铁铮铮的大丈夫气概，知道无法使他屈膝，便道："杀了他，反而成全了他的名声，不如待他以礼，我也落得个美名。"遂礼见文天祥。

祥兴二年（1279）正月初六，张弘范的部队乘船向厓山开进，文天祥也被押着随行。十二日，船队驶到零丁洋，文天祥心潮起伏，挥毫写下了《过零丁洋》一诗：

辛苦遭逢起一经，干戈落落四周星。

> 山河破碎风抛絮，身世飘摇雨打萍。
>
> 皇恐滩头说皇恐，零丁洋里叹零丁。
>
> 人生自古谁无死，留取丹心昭汗青。

船过零丁洋，距厓山不远了。十三日，元军进抵厓山附近，张弘范妄想不战而下厓山，派张世杰的外甥去劝降，被张世杰拒绝。张弘范又命一个姓李的军官，去劝文天祥写信招降张世杰。

"我自己救不得父母，岂能劝别人背叛父母？"文天祥道。他抄了《过零丁洋》诗，交给姓李的，算是答复。

招降不成，张弘范决定采取军事行动。元军与宋军对峙22天。二月初六，元军在补充了兵力后，向厓山发起进攻。一天恶战，宋军溃败，陆秀夫把9岁的小皇帝赵昺背在身上，跳入大海，壮烈殉国。张世杰带着一部分人突出重围，在海陵山(即海陵岛，今属广东阳江)招集旧部，突遇飓风，战船被风浪打破，他端坐船中，溺死于大海。

宋王朝结束了，文天祥的希望也彻底破灭了。

四月二十二日，文天祥被押解北上，两次自杀未成。十月初一，被押入燕京(今北京)，囚禁在会同馆。

元朝统治者对文天祥十分优遇，待以上宾，不断派人劝降。来的第一个劝降使者是那个在临安危急关头私逃的丞相留梦炎，被文天祥骂了个狗血喷头。第二个是被俘的恭帝赵㬎，他只不过是一个9岁的孩子，元朝统治者想利用君臣关系，叫文天祥投降。面对旧君，文天祥跪倒在地，痛哭流涕，只是连声道："圣驾请回！"再也不讲别的。

两个说客都没完成使命，宰相阿合马亲自出马了。他来到会同馆，在大堂坐定，传呼文天祥来见。文天祥坦然而入，作了个揖，坐下来，昂首挺胸对着阿合马。

"你知道我是何人？"阿合马盛气凌人地问。

"刚才听说，是宰相来了。"文天祥道。

"既知我是宰相，何以不跪？"

"南朝宰相见北朝宰相，为什么要跪？"

宋已经灭亡了，文天祥还口口声称"南朝宰相"，阿合马反诘道："那你怎么到这儿来了？"

"南朝早一点儿用我做宰相，北人就到不得南方，南人也不会到北方来！"文天祥正色道。

阿合马见文天祥无所畏惧，不禁骇然，对左右的人说："此人死活还在咱们手里，却……"

文天祥不等他说完，毅然道："亡国之人，要杀便杀，说什么在你们手里，不在你们手里！"

阿合马无可奈何，站起来走了。

诱降不成，元朝统治者决定使用暴力迫使文天祥屈服。初五中午，文天祥被移送兵马司衙门，戴上枷，绑住手，拘禁在一所空屋里。外面戒备森严。

关了1个多月，十一月初九，文天祥被押到枢密院审讯。但文天祥仍不肯低头，元朝统治者只好再把他送入牢房。

十二月初八，元世祖忽必烈决定亲自会会文天祥。文天祥被押入皇宫，见了忽必烈，也只作了个揖。忽必烈让人传话："你在这里日子久了，如能改初衷，做大元朝的忠臣，中书省有你一席。"

"天祥乃大宋状元宰相。大宋亡了，天祥惟有一死！"

忽必烈让人问："那么，你希望怎样呢？"

"一死而已，别无所望！"

忽必烈也无法使文天祥屈服，只得批斩。

十二月初九，持刀举枪的元兵押着文天祥走向柴市刑场。那柴市在今北京东四北大街府学胡同，是元朝有名的刑场。文天祥的衣带上写着他临终遗言：

> 吾位居将相，不能救社稷，正天下，军败国辱，为囚虏，其当死久矣。顷被执以来，欲引决而无间。今天与之机，谨南向百拜而死。其赞曰：孔曰成仁，孟云取义，惟其义尽，所以仁至。读圣贤书，所学何事？而今而后，庶几无愧。宋丞相文天祥绝笔。

燕京百姓听说要杀文丞相，纷纷涌向柴市。监斩官怕百姓闹事，忙令人高声宣布："文丞相南朝忠臣，皇上让他做宰相，文丞相不愿，所以听从他本人的意愿，赐他一死，不是寻常杀人可比的啊！"

时辰到了，监斩官做最后一次努力："丞相可有什么要说的？回奏还可以免死。"

文天祥怒喝道："死便死，有什么可讲的？"他问围在身边的百姓哪儿是南方，有人指给他看，他庄严地向南拜了两拜，昂首挺胸。

屠刀落下了，文天祥壮烈牺牲。

目睹这一壮烈场面的人，无不泪下。元朝统治者虽杀了文天祥，但惶恐不安，一连好几天，燕京城门紧闭，城墙上、街道上，荷枪持刀的士兵往来巡逻。城中百姓，不准往来走动；街上行人，不得交头接耳。

文天祥死了，但英名烈魂常在。

周震炎

◎ 刘 一

周震炎，字名光，当涂（今属安徽）人。当涂地处长江南岸，西枕姑孰溪，南望丹阳湖，风光秀美。出自这方水土的周震炎，长得一表人才。宋理宗开庆元年（1259），周震炎参加己未科礼部省试，在被录取的422人中，他跻身其列。省试通过，还得殿试，区分名次先后。

这时，理宗的公主正在物色驸马，丁大全对公主的婚姻大事极为操心。此公是镇江（今属江苏）人，为人猥琐，阴险狡诈，时官居右丞相兼枢密使，权势显赫。为了讨好理宗，他积极为公主物色人选。他想从新科进士中挑个才貌双全的人作为驸马的候选人，故特别留意应试的举子。周震炎的才貌引起了他的注意，被他目为最佳人选。他召见周震炎，把他的想法说了，周震炎自然万分高兴，像个奴才一样侍奉丁大全。殿试开考前，丁大全偷看了试题，告知周震炎。周震炎打好了腹稿，才步入考场。考试结果，周震炎果然中了状元。丁大全向理宗皇帝祝贺说："这真是太平状元啊！"竭力夸赞周震炎的才貌是如何如何得好，堪为驸马的最佳人选。理宗动心了，准备金殿唱名时看个究竟，还让公主届时在帘后偷看一下。金殿唱名时，周震炎出班叩谢龙恩，公主见他果真一表人才，但年龄大了些，已近30岁了，心中不悦，理宗也只得作罢。

不久，丁大全因作恶多端被罢免，在去贬所的路上，被将官毕遇挤落水中溺死。朝廷追究丁大全和他同党的罪行，周震炎被褫夺状元头衔，降为最末一名。

方 山 京

◎ 刘 一

　　方山京，字子高，号砚菴，慈谿(今浙江宁波西北)人。父方季仁，嘉定进士，做过南安军(军治大庾，今江西大余)的学官——教授。方季仁曾在余姚(今浙江余姚北)住过，余姚有家姓孙的，仰慕方季仁的才学，遂妻以女。方山京出生不久，方季仁就病死了。在母亲的教导下，方山京刻苦攻读。宋理宗景定三年(1262)壬戌科殿试，方山京一举夺魁，成为南宋第45位状元。第三年，理宗驾崩，他的侄子赵禥承嗣大位，是为度宗。度宗即位的当年，方山京被授予秘书省正字，负责校正典籍讹误，他还兼任沂靖惠王府的教官——教授。不久，进官为校书郎,职司校雠典籍,兼任庄文府的教官——教授。上任不久罹病,不治而死。

阮登炳

◎ 刘 一

度宗赵禥即位的第二年,即咸淳元年(1265)六月,度宗皇帝颁诏:命宰相复试省试合格的635名举子。按惯例,省试之后,应由皇帝再加殿试。因为理宗皇帝于去年驾崩,3年之丧未满,故度宗不亲考,命宰相代他复试。复试结果,阮登炳高中榜首,成为南宋第46位状元。

阮登炳,字显之。他的祖先是闽县(今福建福州)人,后来徙居吴县(今江苏苏州)。中状元后,阮登炳被任命为绍兴府(府治会稽、山阴,今浙江绍兴)签判,佐理事务,同时兼任福王府教授。后改任秘书省正字,校正典籍讹误。不久,进官秘书郎。咸淳十年七月,度宗驾崩,年仅 4 岁的皇太子赵㬎即位,是为恭帝。这年十月,元军进抵长江北岸,翌年十一月,逼近南宋都城临安(今浙江杭州)。明年二月初五,赵㬎君臣投降,阮登炳也成了降臣。三月,赵㬎君臣被解北上,五月到了大都(今北京)。阮登炳也在其中。他到大都不久罹病,奏准回乡,寿终正寝于吴县,享年 82 岁。

陈 文 龙

◎ 杨秋雨

陈文龙，字君贲，福州兴化(今福建莆田)人，初名子龙。先祖陈俊卿官至丞相。乾道元年(1165)，陈俊卿任吏部侍郎，同修国史。他发表政论，认为评论人才应当以气节为主，所上奏请都是关于治乱安危大事。严正忠节的家风，熏陶着陈文龙。他在个性修养方面注重气节，又写一手漂亮文章。咸淳五年(1269)，陈文龙考中状元，宋度宗给他改名为文龙，想必是受其文章文采飞扬之启发而为。此时的南宋王朝行将崩溃，元朝大军攻至长江边，国家危在旦夕，陈文龙宦海沉浮与南宋王朝的命运息息相关。

中状元后,陈文龙步入仕途,以文笔优美备受当朝丞相贾似道赏识,由此官运亨通,历任镇东军节度判官、崇政殿说书、秘书省校书郎。几年后,又荣升监察御史。出人意料的是,丞相对陈文龙恩宠有加,而陈文龙并不怎么领情,屡屡惹贾似道不快。十几年来,贾似道设置的台谏官,都是惟命是从,有什么建议陈白,先向贾似道禀告,然后再上报皇上,而单单陈文龙不遵这个惯例,贾似道当然不高兴了。还有一件事,临安(今浙江杭州)知府洪起畏请求宋度宗实行类田,得到贾似道赞同。陈文龙则上书表示反对,力陈不能实行的原由。贾似道很生气,对其奏折不理不问。

襄阳(今湖北襄樊)是南宋抗元防线上的重镇,与樊城夹汉水对峙,借浮桥来往,相互声援。咸淳三年(1267),元军围攻两城已达6年之久,被围宋军多次向临安求援。贾似道身为当朝国相,沉溺于花天酒地之中,对宋理宗阳奉阴违。他给理宗上奏章请求派自己去监督打仗,背地里又指使他的党羽大造舆论,阻止他出京督师,因而始终没有向襄阳发派援兵。咸淳八年,元军增加兵力,截断宋军外援。第二年,元军采用水陆夹攻的办法,烧毁浮桥,并用远射程的"回回炮"轰击。襄樊失守,襄阳守将之一吕文焕投降元朝。南宋门户大开,形势急转直下。

陈文龙对襄樊失守的来龙去脉看得清楚,上疏理宗痛责贾似道的罪过。范文虎领兵无功,贾似道还庇护他,并让他升任安庆(今安徽安庆)知府,又提拔赵潜做建康(今江苏南京)知府,黄万石为临安知府。陈文龙说:"范文虎丢了襄阳,反而得到重用,该罚却奖;赵潜不过乳臭未干的毛孩子,怎能担当建康知府这样的大任?黄万石疏怠政事,却当京都长官,如何能使京都太平兴盛?皇上当罢免这帮无能之辈。"如果说陈文龙前几次忤逆丞相，只是引起他不快，那么，这一次则是大大激怒贾似道。陈文龙被贬官至抚州（今江西抚州），随后贾似道又让台臣季可上书弹劾。

陈文龙被贬不久，降将吕文焕引元军东下，初任安庆知府的范文虎立即出城迎降，随吕文焕东进。贾似道率军在鲁港迎敌，大败，赵潜最先逃跑，宋军阵脚大乱。其余城池守将见状，也纷纷逃遁。贾似道在这个时候才幡然悔悟，后悔不该不听陈文龙的话。于是起用陈文龙为左司马，不久升任侍御史。

当时，边地形势非常紧张，朝中重臣王爚和陈宜中却勾心斗角。驻守平江的潜说友投敌，台臣主张俘虏其家眷，王爚说可以，陈宜中马上反对。张世杰等诸将军分4路出兵迎敌，却没有大臣护送，朝廷议论纷纷。王爚请求出巡边地，宋度宗交给公卿大臣讨论是否可行。陈宜中请求随军督师，度宗又让大臣讨论。陈文龙面对国家危难，心急如焚，上疏写道："《书经》上说'三后协心，同底于道'。现在元军南下，今天夺一城，明日占一堡，国土几食殆尽。我们的人还在这里吵吵闹闹，尔虞我诈。已是拯溺救火的紧急关头，怎能安步徐行？请皇上召大臣同心图强，再不要空谈虚议了。"王陈之事不了了之。

这年冬天，陈文龙升任参知政事不久，朝廷酝酿与元朝议和。国家危局无力挽回，陈文龙不愿受此大辱，奏请度宗允许自己回家养老，出了京都又后悔了，身为朝臣当与皇上荣辱与共的古训又萦绕耳边，于是，再次上疏请求回朝廷效力，皇上没回音，陈文龙无奈不得不回归故里。五月，益王在福州（今属福建）称帝，是为端宗，重新起用陈文龙为参知政事，恰逢漳州（今福建漳浦）发生叛乱。宋端宗任命陈文龙为闽广宣抚使前往讨伐。黄恮曾率兵驻守漳州，颇受当地百姓爱戴。陈文龙按兵泉州(今属福建)，命黄悛为参谋官入漳州招抚。百姓见黄悛，都叩头谢罪。兴化叛乱也轻而易举地平定。

不久，降将王世强引元军占领广州，建宁(今福建建瓯)、福州的守军都投降了。福州知府王刚中派使节去兴化劝陈文龙投降。陈文龙斩其来使，留其副使回去报信，斥责王世强、王刚中背叛国家，有负祖宗。随后，发动城中百姓、军队坚守城池。城中军队一共不满1000人，元朝大军攻城，却久攻不下。王世强派陈文龙的亲家公送书信招降，陈文龙烧了书信，斩其使节。军队中有人议论，让陈文龙投降。陈文龙说："诸位很怕死，难道这辈子能不死吗？"接着派大将林华到边境侦探。不料，林华降元，并引元军到城下，通判曹澄孙打开城门投降，把陈文龙及其家人抓到军中，要他投降，陈不从。士兵辱骂殴打他，陈文龙指着肚子说："这里面都是气节忠义文章，逼，又有何用？"陈文龙终不屈服，元军无奈，只得把他解送杭州。陈文龙离开兴化后就开始绝食，一路饥疲不堪，忧愤交加，到杭州不久，就殉国了。陈文龙的母亲被监禁在福州一座尼寺中，病得气息奄奄，没有医药，旁人见了都暗自流泪。她却说："我和我儿子一起死去，有什么可痛惜的呢？"不久也病死了。众人感叹："有这样的母亲，就必定有陈文龙这样的儿子啊！"

泉州降元的蒲寿庚说："陈文龙不是不忠义，可是对老百姓有什么好处呢？"听者嗤之以鼻。元军退后，陈文龙的侄子陈瓒举兵杀林华，光复兴化。没多长时间，兴化再度失守，陈瓒阵亡。

张 镇 孙

◎ 刘 一

张镇孙,字鼎卿,号粤溪,南海(今广东广州)人。少力学,博闻强记,名闻乡里。咸淳七年(1271)辛未科殿试,张镇孙一举夺魁,成为南宋第 48 名状元。

就在张镇孙大魁天下那年,蒙古君主忽必烈改国号为"大元",雄心勃勃地要做天下君主。南宋腐败日甚,亡国指日可待。张镇孙就是在这种局面下步入仕途的。他初任秘书省正字,掌校正典籍讹误。进官秘书省校书郎,职司校雠典籍。不久,出任婺州(州治金华,今属浙江)通判,即婺州的副长官。双亲年迈,张镇孙把他们接到婺州侍养。

咸淳十年七月，昏聩的度宗驾崩，年仅4岁的皇太子赵㬎承嗣大位，是为恭帝。这年十月，伯颜统帅元军进抵长江北岸。德祐元年(1275)十一月，元兵逼近南宋都城临安(今浙江杭州)。

双亲住在婺州府，张镇孙担心遭难，遂奉父母返回老家南海。张镇孙临阵弃官，遭到弹劾，被罢免官职。

翌年二月初五，临安皇城举行受降仪式。脱去了皇袍的小皇帝赵㬎宣布退位，并遣使四出诏谕各州县投降。大宋王朝覆灭了。五月初一，幸免于难的一些宋臣在温州(州治永嘉，今浙江温州)拥立益王赵显为帝，是为端宗，年号"景炎"。

端宗刚即位，便重新起用张镇孙，任命他为龙图阁待制、广东制置使兼经略按抚。张镇孙闻诏，马上就任，招募士卒，组建了一支军队。当时，广州已经陷落，张镇孙积极备战，准备进取广州。景炎二年(1277)，张镇孙率军进击，夺取了广州。端宗下诏嘉奖。这年冬，元兵大举进攻广州，张镇孙率军力战，兵败被俘，不屈而死。率军转战东南地区的文天祥闻讯，赋诗以悼之。

张镇孙的诗文流传下来的不多，《宋诗纪事》卷75辑有《谢恩诗》一首：

当宁宵衣务得贤，草茅何足副详延。
天人要语垂清问，仁敬陈言上奏篇。
愧乏谋猷裨乙览，忽惊姓字首胪传。
乾坤大德知难报，誓秉孤忠铁石坚。

这是金殿传胪后奏谢度宗钦定他为状元的诗。

王龙泽

◎ 刘 一

咸淳十年(1274)七月,度宗皇帝病死,皇太子赵㬎即位,是为恭帝。九月,礼部上奏省试合格的506名举子。恭帝因父皇新死,正值丧期,不亲加殿试,命宰相代为复试。考题是"中国夷狄"、"君子小人"、"朝廷郡邑"、"田里边陲"等10个问题。结果,王龙泽夺得第一。

王龙泽,字潜渊,又字及翁,义乌(今属浙江)人。祖父王若讷,历官监榷货务都茶场。王龙泽是宋朝最后一个状元。第二名是路万里,第三名乃路幼黄。临安城(今浙江杭州)有首歌谣说:

龙在泽,飞不得;

路万里,行不得;

幼而黄,医不得。

中状元后,王龙泽被授予承事郎,签书昭庆军节度判官厅公事。第二年,即德祐元年(1275),元军进逼临安。翌年二月初五,赵㬎君臣向元将伯颜投降,南宋王朝宣告灭亡。王龙泽随同赵㬎一同降元。他是南宋状元,元世祖忽必烈很器重,任用他为监察御史。

薛 奕

◎ 刘天

在中国科举史上，状元分文武，文的曰"状元"，武的叫"武状元"。武状元是武举(或曰"武科")的天下第一。

武举始置于长安二年(702)，即武则天女皇临天下的第13年。应武举的考生由各州县举送，兵部考试。唐代武状元即兵部考试第一名。遗憾的是，唐代的武状元于史无征，无一人留下姓名。

中国科举史上第一个可考的武状元，是宋神宗熙宁九年(1076)的薛奕。

薛奕，字正显，兴化(今福建仙游东北)人。他的生年、家世出身，今已不可得知。像进士科一样，武举也锁试于礼部贡院，考试科目有马射、步射和策文等，既考武艺，也试文才。薛奕在熙宁九年大考中力挫群雄，夺得第一。

至此，武举已有374年历史了。

在北宋一代，仅有薛奕一个武状元留下姓名。

在薛奕中武状元的同时，邵武（今属福建）人徐铎夺得进士科第一名，成为这年的文状元。

邵武与兴化同属福建路，文武两状元同出一路，被目为一桩盛事。当朝天子宋神宗高兴地赋诗曰：

一方文武魁天下，四海英雄入彀中。

不过，宋代重文轻武，武状元薛奕不像文状元徐铎那么受宠，他大魁天下后，被授予凤翔府都监的官位。凤翔府在关中地区，府治天兴（今陕西凤翔）；都监位次钤辖，掌屯戍、训练等军政。薛奕恪尽职守，积功累迁至正将。将是禁军的编制单位，将下设部，部下设队。一将兵力一般有几千人，少数的将达万人。正将是将的最高长官，其下有副将、押队使臣、训练官、部将、队将等。薛奕成为一名高级军官。

元丰五年（1081），宋夏爆发"永乐城之战"。

夏是党项人建立的国家，都兴庆府（今宁夏银川）。宋夏之间，时战时和。元丰五年，宋神宗接受徐禧的建议，在银州（今陕西横山东北）东南筑永乐城作为银州治所，谋占夏国横山地区，进逼夏都。城成，夏倾全国之兵来攻，败宋军于城下，遂围城。城中乏水，渴死者大半。城破，守军被歼。

薛奕在这次战役中壮烈殉国，战死沙场，神宗诏赠防御使。

蔡必胜

◎ 刘天

南宋第二代君主孝宗赵昚君临天下的第五年,即乾道二年(1166),武举开考,蔡必胜夺得第一,成为武状元。

蔡必胜,字直之,平阳县(今属浙江)万全乡步廊村人。祖父蔡钦,父蔡蔚,生平事迹今已不详。蔡必胜自幼好武也好文,故能大魁天下。中武状元后,出任江东将军。按照惯例,将官参拜主帅,都是身着小袖衫,拜于堂下。蔡必胜去参拜主帅安抚使大人,却冠冕朝笏,肃穆揖于堂上,不亢不卑。参知政事兼枢密使虞允文想委任蔡必胜做学官,蔡必胜坚辞不受。他协助其他将领缴获一批私相贩卖的茶盐,应当受赏,却秘而不言。孝宗召试阁门舍人,朝会宴飨时,传宣赞谒,此职多以武臣充任。他的顶头上司权知阁门事为开封(今属河南)人曾觌,曾觌恃宠干政,声势甚张。他想拉拢蔡必胜,让人传话,希望蔡必胜去见他,蔡必胜不肯去。曾觌大怒,伺机报复。但过后不久,蔡必胜被孝宗召见,陈说六事,孝宗大为欣赏,直谈到日影大移。蔡必胜受到孝宗赏识,出知澧州(州治澧阳,今湖南澧县)。

蔡必胜离开武职,做起了文官。

知澧州不久,调任邵州(州治邵阳,今属湖南)知州,上疏评论各方面的人才,纵论天下大计。孝宗称奇,勉励说:"卿前途远大,不可估量。"命丞相周必大留蔡必胜在京师担任馆伴使——陪伴金国使臣的官员。蔡必胜辞不就,仍去邵州上任。在邵州2年,廉明奉公,吏民称颂。蔡必胜奉命调任光州(州治定城,今河南潢州)知州,邵州吏民乞请蔡必胜再留住1年,并准备将他的功绩铭刻于碑石,蔡必胜谢绝。

蔡必胜北上赴任,未到光州,孝宗诏令他重新出任阁门舍人,进官为带御器械,成为皇上的亲信侍卫武官。

在做了3任知州后,蔡必胜又做起武官。

不久,父亲蔡蔚病死,蔡必胜辞官服丧。

蔡必胜走后,孝宗多次问起蔡必胜什么时候才除服,很是思念。3年丧满,除服,蔡必胜奉诏官复原职。当时,带御器械已经满员,蔡必胜辞不就,孝宗未准,命他于员外供职。

阁门使一职空缺,孝宗准备委任蔡必胜。一个宰臣不喜欢蔡必胜,在诏令还未下达之际,安插了一个叫刘弼的担任阁门使,孝宗大为不快。不久,遂诏蔡必胜为之。

淳熙十六年(1189)二月,孝宗禅位皇太子赵惇,是为光宗,自己做太上皇去了。5年后,绍熙五年(1194)六月九日,太上皇驾崩。光宗自即位以来，受皇后李氏的挟持、挑拨，与父皇关系紧张，自己疾病缠身，太上皇病死，他也不临丧。大臣叶适建议让皇子嘉王赵扩参政，以定人心。丞相留正率群臣上疏，奏请立嘉王赵扩为皇太子，光宗先是同意，后又含糊其词。留正与宗室赵汝愚商议，赵汝愚建议干脆拥立嘉王赵扩，让光宗做太上皇。留正怕担风险，托病溜了。大臣徐谊要赵汝愚早定大计，赵汝愚觉得丞相已经溜了，孤掌难鸣。徐谊说："今日之事，须由皇太后出面。韩侂胄是太后妹妹之子，托他出面禀明太后，事可成功。"赵汝愚赞同。

韩侂胄时在阁门任职，蔡必胜与他私交甚好。于是，劝说韩侂胄的重任就落在蔡必胜肩上。蔡必胜对韩侂胄说："你是皇太后的外甥，我想把你送到赵公汝愚那里去。"

韩侂胄是个聪明人，马上明白了蔡必胜的话意，欣然应允。于是，韩侂胄入宫，向皇太后陈明利害，皇太后同意。

六月十日，赵汝愚等拥立嘉王赵扩即位。赵扩担心负不孝之名，推辞不就。韩侂胄与蔡必胜扶抱着赵扩登上御榻，接受百官朝贺。赵扩泪流满面，不得已而南面称君，是为宁宗。

宁宗君临天下，韩侂胄恃功专横。刘弼忌惮蔡必胜，对韩侂胄说，"蔡必胜素来厚待名士，今内参机密，外扶正论，非君之福！"韩侂胄此由疏远蔡必胜，把他外放为池州（州治贵池，今属安徽）知州。蔡必胜叹曰："我受太上皇深知，不幸太上皇驾崩，局势危急，我置家族于度外而劝进当今皇上，原是为了报答太上皇的知遇之恩。如今国事安定，为什么还要有那么多的私心，分你我呢？祸从此起。"他急忙离开京师，去长江边上的贵池就任池州知府，绝口不提参与宫廷政变之事。

池州所属建德县（今安徽东至）解送10名强盗至州。囚犯喊冤，蔡必胜起了疑心，细加审理、调查，擒获了真正的罪犯,平反了一桩冤案。

在池州几年,蔡必胜调任楚州(州治山阳,今江苏淮安)知州。一伙少年以剽掠境外为业,几任知州都束手无策。蔡必胜任用他们的头头为军吏,余人为兵,10天一检查他们的行为。他们从此改过自新。有个叫张唤的军士,聚众度淮,自称元帅,准备攻占金人统治下的桃园镇(今江苏泗阳西南)。蔡必胜担心挑起边衅,明令张唤撤回,但张唤不听。于是,蔡必胜设计擒获张唤,把他押回池州,斩首示众。然后,奏告朝廷,诸将叹服。

蔡必胜调任庐州(州治合肥,今属安徽)知州。

蔡必胜久任地方长官,见多识广,到庐州后,建议修筑城池,增设兵士,浚疏肥河,修巢湖西口闸以通漕运,造战舰于巢湖,招募湖中渔民愿为水军者,加以编练。巢湖中有孤姥山,乾道(1165~1173)年间在山上修建城堡,建有500多间房屋,70余个粮仓,作为危急时避难场所,后废弃。蔡必胜加以修复。

从这些举动看,蔡必胜是一个抗战分子。

在庐州数年,蔡必胜乞求当个只拿俸禄不管事的宫观官,以便侍养老母。宁宗诏准。于是调任吉州刺史。吉州州治庐陵(今江西吉安);刺史为武臣官衔,不驻本州,无职掌。蔡必胜以刺史的官衔提举崇道观。嘉泰三年(1203)八月,宁宗准备起用他为扬州(州治江都,今江苏扬州)知州,正要颁发诏令,而蔡必胜病死,享年64岁。

周 虎

◎ 刘 天

南宋第4个君主宁宗赵扩即位第3年,即庆元二年(1196),武科状元的桂冠被周虎夺得。

周虎是常熟(今属江苏)人,为人倜傥,轻财重义,擅长文词,尤善大字,名重一时。武科夺魁后出仕,曾任殿司步军同正将、武学教谕、阁门舍人,出知光州(州治定城,今河南潢州)、楚州(州治山阴,今江苏淮安),调任和州(州治历阳,今安徽和县)知州。和州地处长江北岸,军事位置重要。知和州时,周虎第一次名扬天下。

事情得从韩侂胄当权说起。韩侂胄是北宋名相韩琦曾孙,参与赵宋宗室赵汝愚等人的宫廷政变，拥立宋宁宗，自宜州（州治宜山，今属广西）观察使兼枢密都承旨，封平原郡王，拜平章郡国政事，把持朝政。为了建立盖世功名，他于开禧二年（1206）五月分兵数路大举北伐，夺取了泗州（州治盱眙，今属江苏）等军事重镇。

金章宗调兵遣将反击，宋军溃败。十月，金章宗调集十四五万人马，在数千里边境线上，分兵9路，大举攻宋。金兵进展顺利，在东线，占领楚州、滁州（州治清流，今安徽滁县）、庐州（州治合肥，今属安徽）等地；在中部，攻占襄阳（今属湖北）；在西线，占领了凤州（州治梁泉，今陕西凤县东北）等地。十二月，金国丞相督兵进攻和州。

这时，周虎正好在和州知州任上。

金兵包围了和州州城历阳，攻势强劲。周虎指挥将士在城墙上拒守。母亲何老夫人携儿媳、孙儿上城，誓与儿子和全体将士共存亡。何老夫人的义举震撼人心，激励将士奋勇杀敌。周虎大声对全城父老说："我为国家守臣，一旦放弃州城，便成了逃兵。失节而苟活，不如战死沙场；坚守而丧生，虽死而活在人们心中。我誓与城池共存亡！"他指挥将士击退金军34次进攻，杀死金军骁将10余人，射死金兵右元帅石砣砣。金兵伤亡惨重，撤围北逃。

和州保卫战取得重大胜利，周虎名震天下。

在宋军打击下，金兵于第二年春天留下数千人屯驻濠州（州治钟离，今安徽凤阳东北），大军撤回淮河以北。

朝廷嘉奖有功将士，周虎把和州保卫战的功劳归于母亲何氏，宁宗诏封何氏为永国太夫人。和州父老感激何氏母子，为母子立庙祀祠。

翌年，宋金议和，宋向金称侄，增岁币30万两白银，犒军银300万两。宋金仍维持原来的边界。

自和州保卫战后，周虎的功名遭到一些官员嫉妒。他的官位进为武功大夫，这是个有名无实的虚衔。不久，进为成州团练使。成州州治同谷(今甘肃成县)，僻在西北。团练使也是个虚衔，不驻本州，高于刺史而低于防御使。尽管他不掌实权，但仍然遭到一些人的攻击、诽谤，被贬徽州(州治歙县，今属安徽)。

不久，何老夫人病死，周虎回家服丧，立誓不再出仕。

嘉定十七年(1224)九月，宁宗驾崩，理宗即位。绍定三年(1229)，理宗诏授周虎和州防御使。防御使也是虚衔，不住本州，高于团练使而低于观察使。

周虎病死于和州防御使位上。朝廷谥号"忠惠"，庙号"忠烈"。

西夏

(1038—1227)

西夏曾开科取士,但文献语焉不详,具体情况今已不可得知。本书仅收录一名状元。

李遵顼

◎ 宋继和

　　李遵顼，夏韡都五年(1162)生于西夏都城兴定府(今宁夏银川)，乃齐王李彦宗之子。少年时，李遵顼在其父督促之下，致力于学习，学业日有长进，青年时已经博通群书，具有较高才学。同时，他坚持演兵习武，堪称文武双全。夏天庆十年(1203)李遵顼参加西夏科举考试，考中进士第一名，成为状元。后来李彦宗去世，李遵顼继承父爵，受封为齐王，不久升任大都督府主，统领西夏军事力量。

　　皇建二年(1211)七月，李遵顼发兵围住宫廷，发动政变，废襄宗皇帝李安全而自立为帝，是为神宗，改元"光定"。由状元而皇帝,这在中国历史上不仅是史无前例,也是后无来者的,堪称空前绝后的奇事。废帝李安全第二天就不知何因死去,从此李遵顼坐稳了皇位,并立长子李德任为皇太子。李遵顼为皇帝后,为报复应天五年(1909)蒙古第3次入侵西夏时,西夏向金国求援而金国拒不发兵救援的事,便一改联金抗蒙传统,以依附蒙古进攻金国为国策。光定七年(1217),西夏应蒙古征调出兵3万,随蒙古大军攻打金国,却被金国在宁州附近打得大败。蒙古依然向西夏征兵,李遵顼拒绝蒙古的要求。这年十二月,蒙古以此为借口第4次出兵攻打西夏,大军包围西夏政治中心国都中兴府(兴定府于1205年改称中兴府)。为躲避蒙军兵锋,李遵顼出奔西凉(今甘肃武威)。他转而采取联金抗蒙政策,起用主张联金抗蒙的秘书监苏寅孙为枢密都承旨,请求与金国议和修好,以抵御蒙古进攻,却遭到金国拒绝。李遵顼恨金国不给面子,转而采取联宋攻金策略。光定九年,李遵顼派遣使者到四川与宋朝守将联络,遂达成攻金协议。光定十年,夏宋联军攻金取得惠州大捷,李遵顼方感到出了一口恶气。接着,西夏军乘胜直逼巩州,但宋军配合不力,严重受挫,损失重大,联宋攻金策略遂告失败。光定十一年,李遵顼又采取联蒙攻金方略,实则是做蒙古的附庸,西夏受蒙军调派,出兵攻打金国的凤翔,在凤翔城下又被金军打得大败。本来就不强盛的西夏,由于连年征战,国力大大衰败,领土大片丧失,临近亡国险境。

　　光定十三年,对西夏中兴丧失信心的李遵顼废坚持联金抗蒙的太子李德任,同时宣告退位,把皇位传给次子李德旺,自称"上皇",心灰意冷地打发余年,不再过问政事。李德旺即位,是为献宗。

　　献宗乾定四年(1226),蒙古大军发起灭亡西夏战役。退位赋闲的李遵顼在惊惧中死去,享年65岁。谥号曰"英文皇帝",庙号神宗。

先当状元而后做皇帝,李遵顼是中国历史上惟一一个,遗憾的是他缺乏治国理政的才能,大政方针屡屡改变,夏朝一步一步走向衰亡。他死后第二年,夏朝就灭亡了。

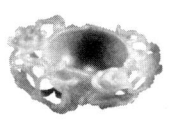

车吉心 主编

中国状元全传

● 第四卷

山东教育出版社

顾　问　安作璋
主　编　车吉心
副主编　刘德增

本卷目录

辽

张　俭　/643
杨　佶　/649
王　棠　/654
张孝杰　/657
王　鼎　/662
韩　昉　/666

金

胡　砺　/671
石　琚　/675
郑子聃　/686
孟宗献　/689
徒单镒　/691
杨云翼　/707
纳兰胡鲁剌　/719
李　演　/722
李献能　/724
王　鹗　/727

元

张起岩 /735
泰不华 /740
宋 本 /748
李 黼 /753
李 齐 /758
陈祖仁 /765
普颜不花 /771

明

吴伯宗 /779
丁 显 /784
任亨泰 /786
黄 观 /788
张 信 /793
陈 䢍 /796
韩克忠 /798
胡 广 /800
曾 棨 /807
林 环 /813
萧时中 /816
马 铎 /818
陈 循 /821
李 骐 /827
曾鹤龄 /829
邢 宽 /832
马 愉 /835
林 震 /837
曹 鼐 /839
周 旋 /845

辽

(907—1125)

辽代科举,从圣宗统和六年(988)迄萧德妃德兴元年(1122),进士科可考的有55榜,其中有一榜科分不详。状元姓名可考的54人,其中有一人科分不详。54人中,事迹可考的不多,本书仅将7人的材料整理成传,另将54人列表附于书后。

张 俭

◎ 李红艳

自五代后唐河东节度使石敬瑭把燕云十六州割让给辽，换取辽帮助他建后晋以后，辽向中原进攻的门户大开，此地成了辽重要的经济、军事区。在契丹与宋多次交锋后、宋也没有能力将此地夺回，河北大部分地区尽归契丹所有。为了在汉人居住区站稳脚跟，必须和汉族地主知识分子联合，为了使更多的有才能的汉族地主知识分子服从于辽的统治，辽景宗时实行科举制度，自此，揭开辽代科举入仕的封建历程。许多汉人积极参与，张俭便是其一。

一、科举夺魁

在河北宛平县境内,有一张姓地主,其子张俭自幼勤奋好学,从不注意衣着穿戴,在县里小有名气。辽圣宗统和十四年(996),他参加乡试、府试和省试,一举夺得本科进士第一。当时,能考取进士的很少,在圣宗统和十一年到十八年每年中举者不过2至3人。科举不完善,能考中很不容易。接着,他便被派到重镇云州(今山西大同),去做节度使幕僚,从此开始政治生涯。

二、圣宗云州得"宝"

张俭品性简朴纯厚,为人处事谨慎老练,分析事理明了透彻,甚得云州节度使喜爱,知其非平庸之辈,很想找机会荐举。

辽代有这样的惯例,皇帝出驾所经之处,当地官员必备礼物向皇帝进献。圣宗皇帝是个极有作为的君主。他每年都要以狩猎方式训练军队,视察地方,尤其对与宋接壤的边寨十分关注。这年秋,他来到云州狩猎。云州节度使跪拜上言:"臣下所管理的境内没有什么奇特产品,但臣下有一幕僚名张俭,是一代之宝,愿以此为献。"一听此言,圣宗心头一动,立即召见。原来,在圣宗出发前,曾做了个奇怪的梦:梦中有4个人侍立两侧,他赏赐给他们两口吃的东西,醒来大惑不解。等到云州节度使讲到张俭的名字时,圣宗皇帝恍然而悟:张俭之俭古字写做"俭"为4个"人"两个"口"。圣宗立即诏见,想见见梦中所得之人。见门外走进一个身材魁伟,浓眉大眼,举止文雅,衣着朴实的男儿,圣宗心中暗喜。赐座之后,向他询问治世之道,30多条问题,张俭对答如流,很有见地。自此,圣宗待如上宾。

三、位居相职

云州的幕僚生活给张俭提供了丰富的社会经验,为从地方到中枢机构工作打良好的基础。他不负圣望,严己宽人,清正廉洁,踏实肯干,在朝中享有"明干"之称。圣宗开泰年间(1012至1021),逐渐提升为同知枢密院事,参予执掌汉人兵马之政。圣宗太平五年(1026)调任武定军节度使,移镇大同,总管一方军政。因他政绩显著,太平六年(1027)调回朝中,任南院枢密使。辽制,以皇宫为中心,以北为北面官,以南为南面官。北面官专门为统治契丹和其他游牧民族设立,官吏一律任用契丹贵族,掌管一切军政大权,是辽朝最高权力机关。在北面官中又有北、南朝官等,其中北、南枢密院是辽最高行政机关,分别执掌契丹的军政和民政。南面官专门为统治汉人及渤海人而设立,其官吏主要由汉人充当。在南面官中设有汉人枢密院,掌管汉人兵马之政。还有三省等机构,多是有名无实的虚官。经过景宗、圣宗的封建化,在北面官中亦重用汉人。如汉人韩德让曾任南枢密院和北枢密院使。张俭被圣宗从云州带回上京临潢府后,多受重用,引起汉官中某些人不满。其中参知政事吴叔达事事与张俭作对,他自认才能不比张俭低,张俭又是从幕僚起家,很看不起。当张俭官运亨通,深为圣宗倚重之时，他很嫉妒，经常找张俭的麻烦。圣宗得知后，大怒，将吴叔达调离中央，派到边远的康州（今甘肃东南）做刺史去了。康州是宋、西夏与辽接壤地带，偏僻荒凉，无疑是一种流放。这下更巩固了张俭的地位，提升为左丞相，封韩王，荣幸莫比，即使契丹贵族也敬畏三分。

圣宗太平十一年病危，诏张俭等人辅立太子。同年，圣宗驾崩，太子宗真立，是为兴宗。

四、尽职尽责 规谏君王

兴宗耶律宗真政治上无建树，没有革除圣宗后期弊政。他嗜酒成性，好赌好佛，同时擅长书画。圣宗死后，他赐张俭为"贞亮弘靖保义守节耆德功臣"，拜他为太师、中书令，加尚父，改封陈王，名义上提高了官位，实际是让他退居二线，尊以名誉官。兴宗敬重张俭。张俭位居相位之时，权势显赫，但没有谋私利。兴宗上台后，对张俭的5个兄弟特赐进士出身，张俭说什么也不同意，硬是劝阻了兴宗。

重熙五年（1037），兴宗来到礼部贡院，亲自考试中举的进士。这是辽代皇帝首次殿试，凡是考中者，兴宗便让张俭签发其名。特准张俭进见时不必通报姓名，还赐诗文赞美他的才德。

辽自兴宗以后，人人追逐生活享受，大讲排场。张俭却只穿绸帛，不讲究吃喝，俸禄剩余周济亲戚旧友。这一年正值寒冬，他到便殿奏事，皇上见其衣袍破旧，私下让近侍在他的袍子上烧了个小洞做记号，此后多次见他不换此袍。兴宗感到不解，便问他为什么只穿这一件衣袍，张俭回答道："臣穿此袍已30年。"兴宗见他太清贫了,很是怜惜,便特准他到内府随便去拿所需用品,张俭只拿了3匹布,皇上更加怜惜他,益加看重他。

有一次,司法部门抓获8个盗贼,全部杀害。后来捉到真正的盗贼,被枉杀的家人前来诉冤。张俭很是痛心,多次上疏乞请重新审理此案。兴宗勃然大怒:"你是想让朕偿命吗!"张俭耐心地劝谏说:"臣下不敢。臣只是见8家老幼无处告状申冤,想圣上圣明,稍加抚恤,使他们收敛了尸首,就足以安慰活着的和已死的人了。"兴宗想张俭说得不无道理,勉强听从,但心里很不是滋味。

五、晚年尽忠

张俭居相位20多年,为朝政多有裨益,因年事已高,多次要求回乡安度晚年,兴宗答应了他的请求。他回乡后,仍旧十分关心朝政。

辽宋澶渊之盟后,双方互派使节,礼尚往来,维持了近30年和平局面。但是,辽对宋一直存心不良,宋对辽也怀有戒心。自兴宗重熙九年(1041)起,宋与西夏连年作战,且连吃败仗,对辽的防守空虚,兴宗便想乘机敲诈,召集大臣商议。北院枢密使楚王萧孝穆认为辽的大将都过世了,不能轻易举兵南下;南院枢密使齐王萧惠认为宋师西征,伤财劳民,我若大军南下,必能取胜。兴宗同意萧惠之说,萧孝穆的分析也有道理,犹豫不决时,想起老谋深算的张俭。下朝后,便起身前往张俭家问计。张俭做了最好的饭菜给皇上吃,兴宗却要家常便饭,张俭只得用葵羹、干饭款待,他吃得很香。席间,他把话题扯到伐宋上,让张俭出计。张俭赞同萧孝穆的意见,又出了一计,要兴宗派使者赴宋恫吓,宋不得不乖乖地答应辽的要求。几经周折,宋果然每年增纳绢10万匹,银10万两。

重熙二十二年(1053),张俭病逝,享年91岁,敕葬宛平县。

杨 佶

◎ 李红艳

一、初入仕途

辽圣宗统和二十四年（1006）三月的一天，南京城（今北京城）里热闹非凡，老远便听见鞭炮、锣鼓声，引来许许多多围观者，人们奔走相告，杨老爷的少爷中了状元。谁不知道杨老爷的少爷杨佶啊，那是自幼便名传四方的神童。

杨佶字正叔，三四岁时就表现出非凡的聪明才智。他的悟性很高，十几岁已小有名气。他出生于普通的地主知识分子家庭，深受封建礼教熏陶，勤奋好学，终以优异成绩夺得圣宗统和二十四年状元。

辽宋自澶渊之盟以来，互派使臣，经济贸易往来不绝，基本上维持了双方安定的政治局面。辽圣宗加紧封建化改革，重用汉族地主阶级的人才，帮助契丹族巩固加强对汉族地区的统治。为了将汉族地主知识分子吸收到统治集团来，开科举选拔官吏。最初选中的进士很少，满足不了需求，于是，圣宗统和二十四年，扩大名额，杨佶等30多名知识分子入仕。

辽制设北面官和南面官，北面官主要是由契丹贵族担任，南面官主要是汉人充任。北面官是中央中枢机构所在，南面官地位不及北面官。像杨佶这样的头名状元，只在南面官中担任校书郎而已。圣宗汉化极深，十分注重汉文化。校书郎专门负责对书籍的整理、收集，宣传汉文化，以加速契丹族的封建化过程。他认真负责，有才识，不久升任大理正，参予刑法审理。他充分施展才华，办案公允，执法严明，深得圣宗信赖。圣宗开泰六年（1017），转任议曹郎，负责书写诏令，并加谏议大夫的官职，对皇帝负有劝谏上议的责任。

二、几经风雨　位居要职

开泰七年，杨佶出任易州（今属河北）知州，易州位于河北省中南部，地理位置十分重要，是辽统治汉人的重要地区。杨佶来到易州后充分发挥才干，提倡节简，清达，使易州百姓崇尚朴实，追求清廉。他要求别人这样做，要求自己更为严格。对百姓征收赋税，征发徭役，都严格按国家标准执行，绝不多收税，也不拖延徭役期限。这些措施，使百姓更加信赖政府。因治理易州成绩显著，他调回中央任大理少卿，升迁为翰林学士。

圣宗开泰八年，燕地发生自然灾害，百姓饿死、病死者不计其数，许多人被迫流亡他乡，严重的灾情威胁到重镇——南京。在这种情况下，圣宗想起治理易州成绩显著的杨佶来，将杨佶调任同知南京留守事。杨佶来到故乡，眼见乡亲因饥饿而死，心如刀绞，到南京后，家也没回，直奔衙门，下令开仓赈济。接着发出布告，对那些卖儿卖女者实行计佣的办法，让他们为官府干活积累钱财，再赎回儿女。不久，圣宗又将他调回朝廷，任翰林学士。

杨佶不仅有治理地方才能，还有外交才能。辽宋每年互派使臣，外交往来成了双方不流血的较量。每当宋派使臣来，往往要派杨佶去接待。他对迎送之礼，君臣之礼等等，非常熟习，对答自如。宋使梅询每次相见都夸赞他的才华。

太平十一年（1031），圣宗病逝。同年，其子耶律宗真继位，是为兴宗，改元景福。兴宗重熙元年（1032），杨佶升任翰林学士承旨，专门为皇帝起草诏书法令。不幸传来其母病逝的消息，他只好辞职赶回南京老家守孝去了。

3年过后，他被起用为工部尚书。鉴于他机敏能干，在很短时间内连连提升，先是担任忠顺军节度使，后任朔州、武川等地观察使、处置使，不久又调任天德军节度使。这几任实践，大大地丰富了社会经验，使他变得更老练、更成熟了。不久，便提升为特进检校太师、同中书门下平章事，又拜为参知政事,兼知南院枢密使,一跃成为大权在握的宰相,参予国家大政方针的制定和谋划。

三、深得民心

兴宗皇帝不是个积极有为的国君,自他上台后,社会风气败坏,政治日趋腐败,自然灾害接连不断,他对杨佶等人的规劝也不放在心上。重熙十五年(1046),武定军境内大旱,庄稼眼看无望可收,兴宗派杨佶任武定军节度使。杨佶上任,竟带来甘雨,庄稼起死回生。当地百姓歌唱道:"凭什么让我复活?是老天爷降了及时雨;由谁来安抚我?是杨大人来做我的主人。"没过多久,雨下不止。灅水(今桑干河山西段)失修,成为祸害。杨佶把自己的钱物捐出来,让百姓在灅水上修了一座桥。从此,百姓再也没有涉水之苦。回朝时,武定军百姓拦住车马,不让他走,有的人甚至伏在车上大哭起来。兴宗皇帝大受感动,在清凉殿设宴,为他接风洗尘,当天任命他为吏部尚书,并门下侍郎,同中书门下平章事。

在宴会上,兴宗让杨佶坐在自己身边,说:"爱卿可比吕望(姜太公)遇见文王!"杨佶答道:"吕望比臣下的今天有10年之晚!"兴宗大悦,赏赐一些珍玩,宴会圆满结束。

四、安度晚年

杨佶在相位多年,着重于人才收罗,为辽朝选拔了一批有才能的人。他认真负责,总揽全局,严格监察下属部门,使之各尽其职。他办事公允，不徇私情，朝中官吏人人乐为之用。

杨佶不仅在政治上、军事上、外交上有成绩，还是辽代颇有名气的文学家，著有《登瀛集》，流行于当世。

随着岁月流逝，杨佶年事已高，多次上疏要求退休。最后，皇上允准，每月发给钱、粮，配备卫士，每个季度都派人来看望他。杨佶度过了幸福的晚年，病死家中。

王 棠

◎ 李红艳

一、辽代唯一的"三元"

科举考试最荣耀的是连中三元,即州县的取解试(明清为各省乡试)、礼部的省试(明清叫会试)、皇帝的殿试皆为第一。在中国科举史上,连中三元的仅13人(一说12人)。辽代三元仅一人,即王棠。

王棠,涿州新城(今河北新城东南)人。他出身于一个士大夫家庭，自幼好学，深受封建儒教影响。及长，博览史籍，号为"博古"。他擅长文辞，写得一手好文章。

辽是契丹族建立的国家，契丹人尚武。对汉族士大夫来说，科举及第是一条入仕之路，王棠以极大的热情参加科场角逐。辽兴宗重熙十四年（1046），王棠参加州县考试，当时叫"乡贡"，夺得第一名。翌年，参加礼部主持的省试，又一举夺魁。在不久举行的殿试中，复大魁天下，成为辽代第34位状元，惟一的"三元"。

此科进士共68人，王棠是杰出的一个。

二、刚正不阿的清官

政局安定与否，关键因素是官吏，个人道德才能直接联系着政权兴衰。辽经过圣宗时期的封建化，到兴宗时期汉文化的因素上升。他不仅首开殿试，也敢于放手重用汉官。

王棠中状元后，被任命为上京临潢府（今内蒙古昭乌达盟巴林左旗林东镇南）盐铁使。盐铁是重要财经来源，历代均为官营。辽是个半游牧半农垦部族，盐非常重要；铁不仅可以做生产工具，还广泛用于军事。所以，辽代对盐铁格外重视，私运盐铁要受严酷刑罚。

上京是辽朝的首都，是政治中心，居住着大批契丹贵族及其他少数民族上层人物，长期以来，他们的地位比汉官高，养成了无恶不做的劣习。他们互相勾结，贪污受贿，不少人私下经营盐铁。王棠到任后，严刹歪风邪气，整治衙门，收到显著效果。因成绩卓著，久任此官不调。为了将王棠赶出上京，地方豪霸与契丹贵族上书诬告王棠收受贿赂。兴宗把他关进牢房，经过调查，纯系诬告，王棠被释放出狱。

兴宗皇帝为了不得罪上京权贵，把王棠派到东京辽阳府（今辽宁辽阳）任户部使。户部使管理户籍，据此制定赋税徭役，是关系百姓存活和国家财政来源的重要官职。王棠到任后，核查户籍，从不乱定税额，不向百姓额外摊派。他体察民情，了解百姓疾苦。

王棠任户部使经管得方，多年未动官职。道宗大康二年（1076），辽东发生饥荒，百姓因饥饿而死者遍野。王棠针对灾情上疏请求开仓赈恤，皇上允准。

大康三年，提升王棠为枢密副使，并拜南府宰相。

三、始终如一

任宰相期间，王棠克己尽职，对政事一丝不苟，从不拖延或搁置一边。他不流于习俗，妥善处理各部门之间的关系，严明法度，对不执法或执法犯法者严惩。

在相位没几年，因体力不支，王棠多次上疏要求还乡。大安末年，病逝家中。

张孝杰

◎ 李红艳

一、穷困的少年时代

张孝杰出生在建州永霸县(今辽宁朝阳)的一个极其贫困的百姓家中。父母都是大字不识的安分百姓，村里都说老张头将来准保有享不完的荣华富贵。张孝杰暗自下决心，一定让父母吃好穿好，不再终年劳苦而不得温饱。张孝杰长得一表人才，他自幼酷爱学习，利用劳动时间和夜晚时光拼命读书。功夫不负有心人,兴宗重熙二十四年(1055),考取进士第一名——状元。

二、阴险狡诈　奸臣横行

张孝杰考取状元这年,兴宗耶律宗真驾崩,耶律洪基继位,改元清宁,是为道宗。道宗十分昏庸,不关心国家大政,却热衷于佛教。当时,社会风气极坏,官吏们崇尚奢侈腐化,多贪污受贿,正直的官吏得不到重用,能拍马屁的人却连连升级。清宁年间(1055~1064),张孝杰累官至枢密院直学士。正当他踌躇满志的时候,咸雍初年(1065)奏事失误,道宗大怒,将他调出上京,到惠州(内蒙昭乌达盟宁城)任刺史。他见形势不妙,多方周旋,才官复原职。不久,让他兼任户部司事。咸雍三年(1068),被任命为参知政事,同知枢密院事,兼工部侍郎。

道宗崇尚佛教,张孝杰也信佛。他常和皇上大谈佛事,皇上欣赏他对佛教的研究,格外看重。当时权臣最有名的是耶律乙辛。这位出身贫困的契丹人,是出类拔萃的美男子。清宁九年(1063),皇太叔耶律重元为争夺帝位而叛乱,耶律乙辛参予平定叛乱的战斗,因功被封为北院枢密使,封魏王,赐"匡时翊圣竭忠平乱功臣",掌管辽的兵权,权势显赫。张孝杰私下拜访乙辛,成了知心朋友。咸雍五年(1070),耶律乙辛加封为太师,对全国军队有权自作主张。凡阿顺者蒙荐擢,忠直者被斥窜。咸雍八年,张孝杰进封陈国公。在皇上眼里,张孝杰是难得的人才,勤勉又有才干,谨慎谦和。皇上有拿不定主意的事,便找他来商议,认为张孝杰的才能比耶律乙辛还强。耶律乙辛经常干些伤天害理的事，偶尔也不把皇上放在心上，所以，皇上便想用张孝杰来牵制他。不久，张孝杰被提升为北府宰相。辽制，北面官中一律用契丹人及少数民族，自封建化改革后，开始使用汉人。北面官分北、南朝官，汉人一般任南院朝官，契丹人任北院朝官。特别是掌握军政大权的北枢密院，只准使用契丹人。北枢密使只用契丹贵族。张孝杰为北府宰相，耶律乙辛任北枢密使两人沆瀣一气，更加目中无人了。

太康元年(1075)，道宗赐张孝杰国姓耶律。同年，皇太子濬始预朝改。皇太子参政，使耶律乙辛和张孝杰的行为得到限制。他们便阴谋陷害皇太子。太康二年秋，皇上带着群臣狩猎。这天，道宗射中30头鹿，十分高兴，设宴招待随从官员。酒过三巡，道宗兴致大发，命张孝杰作赋，张孝杰立即作《云上于天诗》，献于皇上。道宗把张孝杰拉到御座旁大吃大喝，酒酣之处，得意地唱起《黍离》诗："知我者谓我心忧，不知我者谓我何求。"张孝杰接着说："今天下太平，陛下何忧?陛下富有四海，又有何求?"道宗大悦。

太康三年，群臣侍宴。酒席间，道宗说："先帝重用耶律仁先、耶律化葛，因为他们是贤智之人。我用张孝杰、耶律乙辛，他们的贤智不在仁先、化葛之下。"

皇太子濬预政，修明法度。皇后萧观音有才华，和道宗感情非常好，曾有专宠之幸，经常以诗赋相赠。自打重用耶律乙辛，道宗一天比一天昏庸，皇后多次劝告，道宗非但不听，还疏远皇后，感情出现裂痕。太康三年夏，乙辛诬告皇后与伶人赵惟一私通，终将皇后害死。太子怎受得住，多次向道宗申冤。乙辛怕太子继位后自己性命难保，便与张孝杰合谋害死皇太子。张孝杰给耶律乙辛出点子，表面上还装得像个人样。护卫萧忽古得知乙辛等人的阴谋，便想刺杀乙辛，未遂。林牙萧严寿密奏道宗说："乙辛自皇太子参政，内怀疑惧，又与宰相张孝杰勾结。恐怕有他变，不可使他们身居要职。"道宗半信半疑，就将乙辛调出上京，出任中京（今内蒙古宁城）留守。乙辛哭着对别人讲，他没有过错，只是因为谗言才被调出上京。他的死党在上京活动，在道宗面前讲好话。道宗又后悔了，将乙辛召回，复任北枢密使。乙辛与张孝杰密谋一出苦肉计，诬告皇太子结大臣想废道宗自立为帝。这样，道宗监禁太子与太子妃。后来，乙辛派人害死太子与太子妃。

道宗称赞孝杰为官廉正，可比唐代著名宰相狄仁杰，赐孝杰名为仁杰。张孝杰摇身一变成了耶律仁杰。道宗特别允准孝杰放海东青。海东青是一种珍贵的雕，善捕水禽小兽，产自辽东女真人居住区。辽代非契丹贵族不得据有海东青。辽每年向女真人征索。皇帝在行春捺钵（春猎）时，放海东青捕天鹅，是辽朝固定的典礼活动。他人是不能放海东青的，汉人就更不能放海东青了。

太康五年正月，道宗又要出猎。乙辛要留皇孙在上京，道宗正想听从，同知点检萧兀纳说："陛下如听从乙辛之言，皇孙还太小，请求留我来保护，以防不测。"出猎时，见文武群臣尾随乙辛之后，毕恭毕敬，道宗心里很不是滋味，开始怀疑乙辛。太康六年，将乙辛调出北院，任知南院大王事，把张孝杰调任武定军节度使。后来，以私自偷贩广济湖盐及擅改诏令罪，削夺其爵位，贬到安肃州。

三、最后的结局

张孝杰在相位多年，贪赃枉法之事不绝。他公然宣称：

"无百万两黄金，不足为宰相家。"张氏宗族借他的权势显赫一时。

张孝杰在安肃州呆了多年，道宗才允准回乡。大安中（1090），他病死家乡。寿隆七年（1101），道宗驾崩。唯一的皇孙耶律延禧继位，是为天祚帝，改元乾统。延禧登基后，为生身父母报仇，下令将张孝杰剖棺戮尸，没收张氏宗族财产分赐给臣下。

王 鼎

◎ 李红艳

一、博览群书 科举入仕

辽道宗清宁五年(1060)的三月的一天,皇都上京(今内蒙古巴林左旗)热闹非凡,原来是科举揭榜,本科状元是王鼎。

王鼎字虚中,涿州(今属河北)人。他出身于地主家庭书香门第,自幼嗜好读书,十分聪明机敏。为了专研学问,青少年时代便在太宁山中造室,谢绝宾客,闭门读书。山野自然风光陶冶了清高淡雅的品性。在这期间，他阅读了大量的古籍经典，史称"博通经史"。虽然隐居山中，但他关心国家大政，立志做一番大事业。

当时，在燕、蓟境内(辽宁和河北)，有一个很有名气的文人，叫马唐俊。他性格豪爽，才华横溢，周围聚集许多文人墨客。他们经常宴饮赋文，一起出游，吟诗作画。有一年春天，赶上上巳节，马唐俊等人相聚水滨，畅饮赋诗，巧遇王鼎。马唐俊见他衣着朴实，举止大方高雅，但长相平常，把他安排到下座，出诗对答。王鼎见马唐俊不把他放在眼里，也不在乎，从容提笔，不一会儿功夫，一篇佳作问世。马唐俊边看边暗自叫道："好！好！好！"走到王鼎面前，要结拜为兄弟。

王鼎入仕，恰是道宗统治时期。这个佞佛成性，将辽王朝推向衰亡的皇帝，奢侈好色，又极为残忍。正直的大臣得不到重用，重用的多半是阿谀奉承之徒。王鼎这新科状元，到易州当了个观察判官。易州地方官把他看成眼中钉，总是出难题，不久，被排挤到易州属下的涞水县，当了个县令。他虽然苦闷，但辛勤工作，过了许多年，提升为翰林学士。

二、坎坷人生

辽发展到道宗时期，封建制度尚不健全。王鼎力主继续改革，提出一些意见。有一次，上疏言治世之道，提出10条办法，道宗赞赏。

当时朝中奸党佞臣比比皆是，最有名的便是耶律乙辛。他为了向上爬，害死皇后萧观音，还害死皇太子。王鼎一介书生，对乙辛这帮人看不惯，又得罪不起。他品性鲠直，凡人有过错，必当面批评，也得罪了不少人。

道宗寿隆初年（1095），王鼎任观书殿学士。一天，他在一同僚家中宴饮，喝了个酩酊大醉。他大讲当今皇上昏庸，不重用人才，枉屈了自己的才华。消息很快传到道宗耳朵里，王鼎当啷入狱，杖责之后，黥其面，夺其官，流放到边远的镇州（今河北石家庄附近）。

道宗在寿隆七年（1101）驾崩，延禧继位，是为天祚帝，改元乾统，大赦天下，王鼎却不在赦免之内。镇州守臣向新皇帝上贺表，到处找善写的才子找不到，便想到王鼎。王鼎借此机会赋诗一首，其中有两句："谁知天雨露，独不到孤寒。"天祚帝下诏赦免其罪，官复原职。

据说，王鼎任涞水县令时，有一天中午躺在床上乘凉，本来天气很好，顷刻间暴风骤雨，将他的床徐徐吹离地面几丈高。王鼎面不改色，只觉得枕床一块儿升高。他说道："我乃品行端正的官员，行得正走得直，从不干邪恶的事，慢慢将我放下来。"不一会儿，床果真回到原地，风也停了。

三、辽代文学家

王鼎自幼酷爱文学创作，收集整理许多诗歌，汇编成《焚椒录》。辽代流传下来的文学作品较少，赖此书保存不少珍贵诗歌。如书中记载契丹女诗人、皇后萧观音的诗作。她姿容俊美，能书善诗，好画，并且擅长音乐，能自作词曲，在她的诗作中可见北方民族的豪爽气概。"清宁二年（1056）八月，上（道宗）猎秋山，后（萧观音）率妃嫔从行在所，至伏虎林命后赋诗，后应声曰：'威风万里压南邦，东去能翻鸭绿江。灵怪天干俱破胆，哪教老虎不投降。'"这便是有名的《伏虎林待制》诗。《焚椒录》不仅是珍贵的文学作品，也是史学研究的宝贵资料。

官复原职没多久，王鼎这位一生刚直不阿的状元官，便辞别人世。

韩 昉

◎ 宋继和

韩昉,字公美,辽国燕京(今北京)人,生于辽道宗太康八年(1082),其先祖世代为辽国名门望族。韩昉5岁时,父亲病逝,他哭得哀痛,时人称为孝子。丧父之后,韩昉家道中落,生活渐趋不易。但跟着母亲长大的韩昉,从小喜爱读书学习,常常废寝忘食。辽天祚帝天庆二年(1112),韩昉参加科考,考中进士一甲第一名。授官右拾遗,继而转任史馆修撰。以后几经升迁,官至少府少监、乾文阁待制(正五品)。后来投降金国。金国为了安抚降官,给韩昉加卫尉卿衔,迁知制诰,担任金朝与高丽国之间的信使。

高丽国与金国早就通好，金太宗天会四年（1126），高丽自称藩臣属国，但不肯上呈效忠誓表。金国几次派遣使臣到高丽国要求其上誓表，高丽君臣总是热情接待，一谈此事却王顾左右而言他，使金国使臣不得要领，无功而返。韩昉受命又去高丽国，面对高丽国的盛情款待，他不为所动，不厌其烦地再三劝说高丽君臣应及早上表。高丽遍寻国中博览群书通古知今的饱学之士，集中商量怎样推辞婉拒，从中挑选能言善辩者应酬。过了差不多10天，对韩昉说："我们小国服事辽国、宋国200年了，也没有上过誓表，却从来没有失过作为藩臣属国应遵循的礼仪。现在臣事上朝大金国，当然要与服事辽国、宋国的礼仪相同，绝不敢偩殆。如像古国那样，因屡次设下盟誓而导致国内长期的混乱，这是圣人所不能做的事，所以，我国绝对不敢上呈誓表。"韩昉正色说："希望贵国一定要准备使用立誓表这一古老的礼节。须知，古时舜5年一次巡猎，各方集中起来4年一次朝见。周朝定制，侯服、甸服、缓服、要服、荒服这五服诸侯每6年要入朝晋见一次，而且这6年间周王随时可以各处巡视，天子巡狩到某一方岳，则某一方诸侯就朝会于此。现在我大金国天子正要西巡，那贵国君臣就应当跟随着参加朝会了。请贵国考虑吧。"高丽国人无言以对，于是要求说："请容许我们慢慢商量，从长计议。"韩昉果绝地说："是上誓表还是参加朝会，请用一句回话决定了吧！"于是，高丽只得同意上誓表，保证做到几条。这样，韩昉才回国复命。辅政的国论左勃极烈完颜宗干听完韩昉的报告非常高兴，夸赞说："除了爱卿，谁也办不了这件大事。"借此机会，完颜宗干对参知政事与左丞、右丞诸执政官说："从今以后派出国外的使臣都要挑选合适的官员。"

天会五年，韩昉加衔昭文馆直学士(官级从四品)，并兼任堂后官。不久，又加衔谏议大夫(官级正四品)，升任翰林侍讲学士。天会十二年，再升任礼部尚书(官级正三品)、翰林学士，并兼任太常卿、修国史。韩昉在礼部尚书任内连续干了7年。这个时期，朝廷正在评议礼制因革，对于各种礼仪、制度，朝中大臣看法不一，有的主张继续沿用，有的主张变革，久拖不决，这就是韩昉在礼部又兼太常寺(主管礼乐、祭祀、封赠等事)卿很长时间的原因。金熙宗天眷三年(1140)，韩昉任职济南尹，被拜为参知政事(官级从二品)。金熙宗皇统四年(1144)，韩昉上表，请求辞官养老，未被批准。皇统六年，韩昉第二次上表，坚请辞官安享天年，熙宗授其汴京留守之职，封爵郓国公。韩昉再三上表请求致仕，终于得到批准，以仪同三司(官级从一品)的级别退了下来。海陵王天德元年(1149)，加衔开府仪同三司。同年去世，享年68岁。

韩昉生性仁厚，宽忍豁达。曾有一个奴仆诬告韩昉用很大一笔钱资助叛贼逃出国去，经过调查，根本没有这回事，有关官吏便将这个奴仆交给韩昉处理。韩昉不加惩治，说："奴仆以某种罪名诬告主人，无非是为了求得摆脱奴隶地位，做一个自由良民，这没有什么大惊小怪的。"韩昉做了朝廷高官，身份贵重，仍刻苦读书，手不释卷。他善于写文章，尤其擅长诏书册文，所作《太祖睿德神功碑》文，被当世称颂。他从高丽国回来后，高丽每一位使者都要探问韩昉身体是否安康，表现出极大敬重。

韩昉早年仕辽，后来降金，为金国的兴盛做出了贡献，可谓楚材晋用。

金

(1115—1234)

　　金代科举,从太宗天会十年(1132)迄哀宗正大七年(1230),进士科可考的榜数为28榜,其中9榜科分不详。状元29人,其中9人科分不详。

　　在29名状元中,事迹可考的不多。本书仅将10人立传,另将29人列表附于书后。

　　金代武举,仅知一榜,事迹亦不详。

胡 砺

◎ 宋继和

胡砺字元化,汉族人,辽天祚帝乾统七年(1107)生于磁州武安(今河北武安)。金太宗天会年间,金国大军攻下河北,胡砺同家乡民众一样,被金兵掳掠。当他被押到燕京一带的时候,乘监押士兵疏忽逃亡,跑到燕京近郊的香山佛寺藏匿。以慈悲为怀的佛门师父不管兵荒马乱,收留了他,让他与杂役人员同居一室。时已降金的辽国状元韩昉遇见胡砺,并与之交谈,见他小小年纪满腹经纶,感到惊异,请他赋诗以明志向。胡砺提笔立即写就,思路清晰深刻,语言流畅婉约,韩昉更加高兴。于是,韩昉让胡砺住到自己家中,与儿子同居一室,亲自给他们上课,督促其学习。韩昉对别人说:"后生胡砺才华学识一日千里,非平庸之辈可比,他日必然名扬天下。"胡砺果然没有辜负韩昉的厚望,经过科举考试,成为金国建立以来第一位状元,名留史册。

金朝自金太祖完颜阿骨打于辽天祚帝天庆五年(北宋徽宗政和五年,公元 1115 年)建元,立国称帝之后,由于国家初创,百废待兴,还顾不上开科取士。金太宗天会元年(1123)十一月,为了尽快得到汉族有识之士的辅佐,以管理安抚投顺归附乃至军事征服的宋、辽地区的百姓,太宗与群臣商议后决定,仿效宋、辽选官制度,尝试着开科取士,设科计有词赋、经义、策试、律科、经童 5 项。取士无定额,考期也不确定。天会二年二月开考,八月又开考,且无殿试,不列考中者先后名次,无状元产生。天会五年,因河北、河东大片地区初降,大量缺乏地方官吏,加之辽、宋两朝所定制度互有不同,金太宗便下诏金国南北两处各按以往通常习学的课目开科取士,北方选 100 名,南方选 150 名,合计 250 名,词赋、经义两科并举,取其名曰"南北选",又称"南北通注铨法"。

天会十年(1132)开始确定进士名次,胡砺脱颖而出,高中榜首,成为金朝第一个状元郎,当时他刚刚 25 岁。授其官职为右拾遗,充任翰林院修撰。过了很长时间,改任定州观察判官。定州的学校质量,在河朔一带首屈一指,学生们聚集一处求学者,常常超过百人。胡砺诲人不倦,经他指点的学生,全都成为乡校骨干。当时人称胡砺的科举考试示范文章为"元化格"(胡砺字元化)。

金熙宗皇统初年(1141),胡砺被调到真定府,升任河北西路转运都勾判官。胡砺性格刚直,从不屈服于权势。行台平章政事高桢在去汴京开封府的途中路过真定府,地方官员在漕司官署设宴款待，胡砺出席作陪。正当他准备入座时，高桢却指责他官微不该来赴宴。胡砺立即反驳说："您在朝内可以使礼仪的规格超过百官，不与下级官吏同席，今日的宴会却是我们请您，自有宾主礼节。"高桢说："你将来当上三省高官，又当如何呢？"胡砺正色答道："当上那样的官就做那样官的事，并没有什么干不了的。"高桢为他的壮言所动，立即道歉。

后来，胡砺改任同知深州军州事，加朝奉大夫。深州郡郡守脾气暴戾，对下级僚属往往不放在眼里，胡砺到任后经常用礼仪折服他，郡守对胡砺逐渐恭敬起来，把郡内政事委托胡砺办理。深州下辖5个县，按惯例设置弓手100余人，最少保持在60～70人之间，每年征收5000多万钱作为雇用这些人的费用。这些弓手都是市井无赖之徒，经常以捉拿盗匪为名四处骚扰百姓，平添许多社会治安问题。胡砺深知雇用这些人的弊病，便把这批人全部裁去。很快，社会上就有流言诽语传播，说："某某日将有盗贼来袭，准备杀掉郡守郡吏。"有好心人请胡砺早做防范，胡砺回答："盗贼所关心的无非是钱财，我为官贫穷到这种地步，为何要做防范呢？"当天晚上，命令郡公署撤去守卫，竟没发生一点儿事。

胡砺奉调回京，出任翰林学士院修撰，接着升任礼部郎中，各种典礼规格都要经其手裁定。海陵王完颜亮在皇统九年十二月杀金熙宗夺占皇位后，随即除掉曹国王完颜宗敏、左丞相完颜宗贤等，封完颜秉德为左丞相兼侍中、左副元帅，封唐括辩为右丞相兼中书令，封完颜乌带为平章政事等，百官皆在宗庙明堂叩首，表示对新任宰相等的祝贺，只有胡砺立而不跪。海陵王完颜亮问为何不跪，胡砺说："身着朝服跪拜，这是在朝中面见君父的礼仪，不可乱用。"海陵王完对胡砺深深器重。天德初年，晋升为侍讲学士，兼修国史。正值老母去世，胡砺辞官归家守丧尽孝。守丧期满，担任宋国岁元副使，刑部侍郎白彦恭为正使。完颜亮解释说："白彦恭官职过去比你低，但因他有大功于国家，所以以他为正，你做他的副手。"不久胡砺担任翰林学士，改任刑部尚书，官级未得提升，职权却大多了。大定元年（1161）六月，胡砺随海陵王完颜亮到达汴京开封。由于旅途劳累，再加水土不服，胡砺得了病。完颜亮几次派人问候探望，并请医生诊治。胡砺的病情日益严重，不治身死，享年55岁。海陵王完颜亮深感惋惜，隆重治其丧事，从优给予抚恤。

石 琚

◎ 宋继和

一、幼年的家教与科举为官

石琚,字子美,汉族人,辽天庆元年(1111)生于定州(今属河北),是金朝立国以来的第2位状元。

石琚之父石皋,曾被朝廷委任为定州郡吏,以廉洁自持,威望颇高,被尊为长者。石皋曾跟随鲁王完颜阇母攻打青州(今属山东),青州军民在外无救兵的形势下,仍坚守孤城，不肯出降，惹得完颜阇母怒气冲天，令昼夜猛攻，终于将城攻破。破城之后，完颜阇母为发泄满腔怒火，命令石皋统计青州城内的居民人数，准备将他们及其财产分给破城的各支军队。石皋故意拖延不办，完颜阇母恼怒地指责石皋办事拖拉。石皋回答说："大王的职责是为朝廷安抚新附的州县，应该使各处百姓安堵如初，不使他们受侵凌残害之苦。如果攻占一个城邑就侵害当地百姓，那么，还未曾攻下的城池必然拼命死守以抵御我们。石皋办事迟缓拖拉，怎么敢逃避罪责呢？请大王发落！"完颜阇母闻言感悟，于是下令："敢有侵害骚扰当地百姓的，当以军法论罪。"然后指着自己的坐椅对石皋说："您的子孙后代一定会有人坐在我这样的坐椅上。"后来，石皋升为定州知州。适逢唐县人王八策划作乱，把几千人登记在册引为同党，其中绝大多数是无辜者。王八的一个同伙拿着册子到定州告发，此案由石皋主持审理。当时正值天寒地冻的冬季，石皋抱着册子走上厅堂问案，他佯装突然摔倒，将名册整个摔进取暖用的炉火之中，全部烧掉。这样就无法再得到册子上那些人的姓名，只能将为首的王八等几人治罪，其余的不再追究。

石琚天资聪慧，少时家教又好，7岁时就阅读了许多书籍，过目成诵。年岁稍大，博通经史，才华渐露，尤其擅长词赋文章。金熙宗天眷元年（1138）五月，皇帝下诏南北选以经义、词赋两科取士，把科举课目统一起来，并决定次年中举者入京城殿试。石琚通过全国第一次统一的科考，第二年进京殿试，高中进士第一名。接着，奉调至弘政县、邢台县担任县令。管辖邢台等县的郡守对属下各县肆意贪暴，搜刮民财，以满足私欲。上行下效，下面的官吏纷纷贪占自肥，只有邢台县令石琚不为所动，保持清廉操守，未曾拿国家与百姓一丝一物。后来，该知州贪赃枉法罪行败露，朝廷追查下来，他就招出属下官吏，全部受到了惩罚。惟独石琚因清廉自持，而改任秀容县令。后来，提升为行台礼部主事，旋任左司都事，进为吏部郎中（官级从五品）。贞元三年（1155），其父去世，归家守丧。不久起复，任命为吏部侍郎。

二、初逢明君辅世宗

金世宗登基，大定二年（1162）提升石琚担任左谏议大夫，仍兼吏部侍郎。石琚奉命详细考定制度，借机上疏6件事：端正纲纪，严明赏罚，亲近忠诚直率之臣，贬斥邪佞奉迎小人，省去无关宏旨的政务，废除没有名目的差役。世宗非常高兴，夸奖石琚有眼光，全部采纳这些建议。接着，石琚晋升为吏部尚书。

从任吏部员外郎到吏部尚书，10年来石琚从未离开吏部。凡是金与宋国、齐（刘豫的伪齐）国官员级别的转授和类比，以及金国南北通用的官吏铨选方法，他都了如指掌，依次列出差等。不久，金世宗又提拔石琚为参知政事（副宰相），石琚再三推辞不受，世宗说："爱卿的才能资历各方面没有不行的地方，就不要推辞了吧！"当时右丞苏保衡监管16项募役工程，皇帝下诏令石琚参与其事，同苏保衡共同负责，给了24面皇帝遣使之凭证的银牌，准许他们从宽规划工程。金世宗还将石琚召去，亲自嘱托："这样的工程朕不准备给纳税百姓增添麻烦，所需役夫工匠都要给足工钱，不要使贪官污吏借这个机会谋取私利，克扣工钱，巧立名目搜刮百姓,以激起百姓对朝廷的怨恨。爱卿等一定要去办好它,以让朕放心。"石琚、苏保衡遵命尽心去做,终于圆满完成。

金大定初年,平定原契丹所属窝斡叛乱,世宗完颜雍认为,把所有契丹部众——不管否曾参与叛乱,还是主动归附,都同叛乱者一样,统统划归女真猛安直接管辖,是没有道理的,未曾叛乱者应仍按过去自治的方法对待。平章政事完颜元宜上奏:因参与叛乱,已被迁徙离开居住地区的契丹部的弃地,可以令女真猛安迁入,同不参与叛乱的原契丹居民杂居。世宗皇帝就此事是否可行问右丞苏保衡和参政石琚,二人毫无思想准备,答不上来。世宗就责备他们说:"你们几个人对于每件政务应先仔细商议之后再上奏,朕有疑问,你们就应有个明确的答复,怎么能回答不出来呢!"苏保衡、石琚惶恐地叩头请罪。世宗指示说:"分别隶属于女真猛安的契丹居民,各猛安暂以本处租税安排其生活。至于他们的弃地,可让附近的女真人及留居的户民处理,自愿居其处者自便。至于该处猛安谋克官,可以选拔没有参与叛乱的契丹人担任。"这件事得到妥善处理。对石琚来说,是受指责最严厉的一次。他接受教训,办事稳妥多了。

定国公徒单合喜平定陕西叛乱之后,石琚上疏赦免秦陇一带响应叛乱的百姓,世宗经过反复考虑,接受了这个建议。

后来,石琚升任尚书右丞。上朝时,新任户部侍郎李偲与高德基窃窃私语。世宗完颜雍非常不满,问新任右丞石琚:"李偲是个什么样的人呢?"石琚回答:"他是个有能力能办大事的官吏。"诏旨改任同知北京留守,沂州防御使,李偲果然做了一些利国利民的好事,史称"能吏"。

天长观发生火灾,损失很大,皇帝命令有关官员监管修缮，尽快完工。那些官员便趁机拆毁民房，以扩大道观，花费30万贯。仅蔚州为道观采办地蕈这类菌类植物一项就征集成百上千的劳力。石琚据实上报，金世宗指示："从今以后凡是声言在京城兴办的建筑项目，都要详报朕知。"石琚对孟浩说："圣上的指示摆在这里，这是百姓的福分啊！"朝廷讨论禁止拉大网猎捕狐兔等野生动物，最重者要发配充军。石琚认为处罚太重，上奏说："捕猎禽兽的罪行能达到流放的程度，这恐怕不是陛下的本意，我认为杖责而后释放也就行了。"皇帝马上表示同意。后来，石琚封为左丞，兼任太子少师。有一次，皇帝问："自古就有身份微贱地位低下的人士忧国为民，敢于仗义直言而不惧权势，现在这样的人为什么没有了呢？"石琚回答："不是没有这样的人，只是未能上达而已。"世宗指示说："卿应尽心访查提携这样的人。"

三、郊祀答问和平治国家

金世宗准备举行郊祀，与群臣商量取何人配享。石琚说："配享从祀者，是辅助神灵做天下的主宰啊。从来天下无主都是不行的，所以历代皆推崇宗祖以配享天帝，后人像尊敬天地一样尊奉先祖。《孝经》上说：'郊祀后稷以配享于天。'汉朝、曹魏、晋代都以一个帝王配享于天。到大唐时高宗李治开始以唐高祖、唐太宗两位先皇配祀。武则天垂拱年间，更以高祖、太宗与高宗3位先帝共同配享于天。唐玄宗开元十一年(723)，废除共同配天礼仪，单以高宗李渊配享从祀。宋太宗时，以宣祖、太祖配天；宋真宗时，则以太祖、太宗配天；宋仁宗时，以太祖、太宗和真宗一起配天。礼部讨论配享从祀，认为对于天地、神灵来说，不会有两个主宰，应当以太祖一个人配天，此议被采纳。唐朝、宋代虽改变惯例以3位帝王配天，最终还是依照古制以一位帝王配天。我朝天子郊祀，臣意应依照古礼，以一位先帝配天。"金世宗表示赞同，并说："唐宋两朝以3位先帝配天的做法不足效法，我大金朝只供奉太祖皇帝配天就可以了。"

石琚身为太子少师，曾向世宗请求让太子学习管理政务，把一些国事交给太子去办。有人到金世宗面前告发："石琚想巴结讨好东宫太子，拉帮结伙。"金世宗经过调查没发现石琚的不规言行，就把别人告发的话告诉石琚。石琚说："臣在朝中本来无依无靠，承蒙陛下提拔重用，现已做了高官，并辅助陛下执掌朝政，还让臣兼职太子少师之重任，臣感恩不尽。臣认为，太子是天下的根本，应当使他了解熟悉民事政务，于是才有人向陛下提到上面的事。"接着石琚以别人告发为由，请求解除太子少师，但未被批准。大定十年二月，祭祀社稷，负责官员奏请皇帝御笔书写祝版。世宗问石琚道："朕应当写吗？"石琚回答："早就有此先例。"世宗说："祭祀典礼是大事，爱卿你等应格外慎重对待，不要使后世讥笑本朝。过去熙宗崇奉先祖上谥号为'太祖'，投降过来的汉员宇文虚中制定谥号的礼仪，规定以日常穿的朝服进行这样的活动，当时朕虽然只是个幼稚的儿童，仍然感到那种做法不对。"石琚回答说："祭祀是朝廷的大事啊，臣已深知，没有先例的事臣等绝不敢乱来，一切遵从法度礼仪。"

大定十年三月，金世宗对石琚说："女真族人往往随意居住，任意行动，不愿受礼仪制约，不知道民间的疾苦。爱卿身为宰相主政，民间的什么事不知道？但凡关系到国家利害的事，都要极力陈说，不要有顾虑。"金世宗又与石琚等重臣讨论国家铸钱的事，有人认为铸钱工费很高，打算采集金银矿石分别冶炼铸造。世宗说："山泽之利可以使百姓富裕，只有钱币不能各行其是，私自炼铸。财富货物流布四方，同放在官府库中没什么区别。但是，铸钱不应允许私家进行。"石琚进言道："臣闻天子的财富藏于天下各处，就如同泉水的源头将要到处流通一样。"世宗问："古代允许民间私自铸钱吗？"石琚回答："如果让百姓私自铸钱，那么，一定会有小人贪图厚利，把钱越铸越薄，质量也越来越差，所以，古代严禁民间铸钱。"经过这场讨论，金朝即由国家垄断了铸钱业。

世宗一朝，完颜雍虽然励精图治，政治也较开明，但社会秩序仍不稳定。民间常有编造谣言、装神弄鬼，妖言惑众者，更有结党欲谋不轨之徒，事情败露经常是人头落地，却难以禁绝。皇帝问石琚等大臣："南方仍然多有反叛朝廷事件发生，原因是什么呢？"石琚答道："南方的许多无赖之徒，假借佛祖释迦牟尼和道教主李耳的名义，以佛道二教骗人，以妖幻之术迷惑人跟着他们捣乱。愚昧的百姓无知，识不破其诡计，于是导致追随他们犯法的恶果。"皇帝说："像僧人智究那样，就用不着宽容，但往往在军队抓捕他们时，士兵趁机搜刮索取民财，殃及良民百姓。不杜绝这种害民现象，叛乱等事端会恶性发展。"世宗提到的智究，是大名府的和尚，与他同寺的僧人苑智义曾对智究说："《莲华经》中记载五浊恶世佛出自魏地，《心经》中载有梦想竟能成佛的语句，你的法名叫智究，正好应了经文，我们的先师藏瓶和尚早知道你是有大福分的，专门作《颂》(颂：文体的一种)一篇交给你。"智究相信苑智义这番话，于是就为谋反做乱做准备工作。他先后游历大名、东平等州郡，假托为佛寺募求财物，以佛法诱惑愚昧的百姓，暗里结成阴谋作乱的同党，计划在大定十一年十二月十七日起事，先夺取兖州，然后几路人马会师峰山，以"应天时"3个字作为口号，分别攻取东平等各州府。到了那天黄昏时分，智究令同党首领胡智爱等率领乌合之众，劫掠附近驻军营寨，梦想夺取武器，被驻军击败。当时，正逢刘宣、傅戬等在阳谷、东平等地作乱。后来，这些为首的人都被抓捕杀掉，牵扯到同党 450 多人。对于这次变乱，石琚是非常清楚的。

四、晚年的荣耀

皇朝完颜宗室子弟有些人做官并不称职，世宗准备设置散官，授给他们品级，按品级支给俸禄，使这些人食用充足又不管事。他问朝内众臣："这样做是否可行，前代有这种做法吗？"石琚回答说："圣贤尧对九族亲属都很关照，周武王立国，家族内部互相关照，非常和睦，都成为帝王史上的千古佳话了。"于是，金朝散官出现。

大定十三年，石琚已是 63 岁高龄，自感体力大不如前，便上表请求致仕回籍颐养天年。世宗好言挽留，不准他退休。3 年以后，石琚再次上表请求退休，仍未得到批准。参知政事唐括安礼几次违背世宗的意旨，惹得皇帝很不高兴，便将他远调出任横海军节度使，一去几年不再召回。有一次，在非正式场合，金世宗同石琚闲聊，石琚趁机为唐括安礼讲了公道话，进言说："唐括安礼为人忠诚正直，调到外面做官时间已很长了。"世宗感到石琚说的很有道理，便将已担任南京留守职务的唐括安礼召回京城，任命为尚书右丞。石琚曾推荐室绍先担任右司员外郎，室绍先精明干练，处事稳妥，受到各方好评，遗憾的是由于患中风，过早地去世了。世宗皇帝深感惋惜，对石琚说："他是爱卿推举的人才啊！"后来多次感叹失去一个人才。

大定十七年，石琚被提升为平章政事，封莘国公。大定十八年，官拜右宰相。这时主修起居注的负责官员移剌杰上疏："朝廷在陛下主持下讨论政要大事时，通常都屏退左右的人，虽然史官的职责是记录圣上的言行，也不允许旁听，这样就没有记录的根据了。"石琚与右丞唐括安礼一同回奏说："过去的史官，天子的言论行动如实记载，以此警戒人间的君主，也许能使身为人君者做事有所顾虑。周成王剪桐叶为圭，开玩笑说把它封给叔虞，史佚严肃地劝诫：'天子不能轻言玩笑，说了什么，史官全部会记录下来。'从这个事例可以看出，君主的一言一行，史官都要记录，因此，他们在朝中议事时，是不应该回避的。"金世宗接口说："朕详细阅读《贞观政要》，看到唐太宗李世民与大臣们议论政务，开始时说的什么，后来又怎么决定的，写得清清楚楚，原来是史官在旁边记录写下来的啊。今后本朝照此办理，如果事关国家机密，可慎重挑选忠诚可靠的史官负责这项事务。"从此，机密要事上奏和讨论，负责记录起居注的史官不再屏退。

皇帝宗室内院，只有亲王公主驸马等人才可进入，有一天世宗完颜雍却特意把石琚召入谈话。亲王以下诸人对皇帝这一做法窃窃私语，感到非常疑惑。世宗察觉这些异样神态，立即说明缘由："使我们家天下与阖家人等能够安然无事,并能安享天伦之乐,靠的是这个人的力量啊。"接着历举石琚近期妥善处理的几十件事,都是为当时人称道且无人不晓的。众人听了,都俯伏在地表示道歉。世宗对石琚如此推重,石琚也竭尽忠诚辅佐皇帝。大定后期,世宗完颜雍打算立元妃张氏为皇后(周皇后乌林塔氏早已去世),同石琚商量。石琚屏退左右,说:"元妃立为皇后,本来不应该有其他说法,但这对东宫皇太子又预示着什么呢?"世宗惊愕地问:"你这话是什么意思?"石琚回答:"元妃自己生了儿子,她被立为皇后,那东宫皇太子的地位就不稳固了。"世宗立刻悟到这层意思,于是打消了立元妃为皇后的念头。对于君主私事,臣子很难插言。历史上许敬宗帮助武则天主持朝政,曾进言立武家后人为皇太子,险些葬送李唐天下。石琚答复金世宗,真可以说为完颜氏的金朝尽忠谋划到家了。

五、辞官致仕

石琚以年老多病体力衰竭为由,上疏要求告老还乡。世宗完颜雍把他召去,好言慰留说:"朕知道爱卿年事已高,且身体有病,但仍请你为了辅佐朕再留一个时期,一两年后,朕会考虑让你回乡安度晚年的。"石琚只得继续任事。有一天上朝时,世宗对众大臣说:"朕身为天子,遇事却从不敢独断专行,每件事都要遍问众位爱卿,可以办的即刻办理,不能办的坚决不办。"石琚与平章政事唐括安礼一起奏道:"好问并耐心听取别人的意见,则会使人才充分发挥作用,处理问题就比较妥当,游刃有余;而刚愎自用独断专行,则会使阿谀奉承的小人得志,把国家搞糟。陛下的做法，是天下百姓的极大福分啊。"过了一年，石琚再次上表辞官。世宗完颜雍终于准许，下诏封石琚的一个孙子为阁门祇候。石琚走了以后，一天上朝，世宗怅然对左右说："能够全面地知人是最难的事，最近一个时期文官选拔提升大多不合适。只有石琚为宰相时，才基本上使官员的推举能够名副其实，左丞移剌道、参政粘割斡特剌所推荐的武将，还比较合适。朕常常认为不能全面地辨识各种人才是本朝的不足。这完全是宰相职权范围的事。朝中经常接近朕的近侍人员，虽然常替官员说好话，朕却不敢轻信。"接着又说："近日刺史县令有很多缺员，应当尽快选拔干练称职的官吏充任，资历不够或级别不到的也没什么关系。"最后长叹一声说："只有石琚最能知人善任啊。"

在唐括鼎即将出任定武军节度使时，金世宗召见他，对他说："朕很长时间没见到石琚了，不知道他的身体精力同过去相比是否好一些。你到任之后替朕去看一看他。"皇太子完颜允恭非常想念自己的老师，每到石琚生日时，总是亲自赋诗寄去，以表心意。

大定二十二年（1182），赋闲在家的石琚因病去世，享年72岁，谥号"文宪"。金章宗完颜璟泰和元年（1201），诏令将其图像挂在衍庆宫中，以示奖掖，同时下令石琚牌位配享金世宗完颜雍的庙廷。

石琚后半生辅佐史称"小尧舜"的明君金世宗完颜雍。据史书记载，世宗对他可谓言听计从。他则竭尽忠诚，使金朝政治清明，社会稳定，官序无缺，上下相安，国君享其美名，臣子则终身食用国家俸禄。当然，这种写法不乏封建史书虚美之处，但世宗一朝堪称金史盛世。对于这个盛世的建立和巩固，石琚做出一定的贡献。

郑子聃

◎ 宋继和

郑子聃，字景纯，大定府(今内蒙古昭乌达盟喀喇沁旗)人，生于金太宗天会四年(1126)。其父郑宏是辽国管理金源(系水名)的官吏。郑宏有两个儿子，长子子京，次子子聃，皆聪慧过人，非同凡响。当地名士杨丘行曾对人这样说："金源令郑宏的两位公子，都是当今凤毛麟角似的人物。二公子郑子聃才能尤其突出，今后一定会扬名于世。"郑子聃刚20岁时，在当地就有了能诗善赋的盛名。

金太宗天会十一年，创立女真进士科，开始只有试策，后来增设试论，统称策论取士。海陵王天德三年(1151)，杨丘行担任太子左卫率府率。殿试第二天，海陵王将郑子聃的科举考试示范文章拿给杨丘行看，杨丘行认真阅看后回答："可以考中一甲几名。"等到全部阅卷完毕，拆卷排定名次，郑子聃果然中了进士一甲第三名。接着调郑子聃到翼城(今山西翼城)任县丞，升任赞皇(今河北赞皇)县令，又召回京城任书画直长。

郑子聃颇以才华名望自负，经常悔恨没有考中第一甲第一名。海陵王正隆二年(1157)会试结束之后，海陵王完颜亮将会试第一名的科举考试示范文章拿给郑子聃，并问水平如何，郑子聃对该试卷评价不高，并多有指责挑剔。完颜亮问郑子聃怎样作赋，郑子聃回答："非常容易。"流露自得神色，认为其他人都不如自己水平高。完颜亮很不高兴，于是令郑子聃与翰林修撰綦戬、杨伯仁，宣徽判官张汝霖，应奉翰林文字李希颜一起混杂在进士科中参加考试。这年七月，完颜亮御驾宝昌门临轩监督廷试，并亲自出考题，以《不贵异物民乃足》为赋题，《忠臣犹孝子》为诗题，《忧国如饥渴》为论题。接着，完颜亮对读卷官翟永固说："朕亲自出的赋题，能讲明其中道理的或能践行的，还不知道有多少。朕出的诗题、论题，希望以这两条劝诫朝内我众多臣子。"月末，完颜亮在便殿亲自阅看试卷，中第者共有13人，郑子聃果然高中进士一甲第一名。完颜亮心中暗暗称奇。过了几天，即将郑子聃官升3级，担任翰林修撰，很快改任侍御史。

不久，京城附近发生旱灾，完颜亮下诏将监禁狱中的囚犯抓紧审理处置。郑子聃断案公平迅速，该杀则杀，该放则放，很快处理完狱案。正巧天降喜雨，京城内外称颂郑子聃的公正与才华，把他比做唐代名臣颜真卿。郑子聃升任翰林院待制，兼吏部郎中，后改任秘书少监。

金世宗即位，郑子聃同样深受器重，提升为翰林直学士，兼皇太子左谕德，与太子完颜允恭结下很深的友谊。后来，郑子聃因身体不适请求调出京城，世宗任命他为沂州(今山东临沂)防御使。郑子聃出京时，皇太子完颜允恭恋恋不舍，以珍贵礼物和大量钱财相赠，嘱咐他用这些东西结好沂州官员。到沂州不久，郑子聃奉诏回京城，升任左谏议大夫，兼翰林直学士，后改任吏部侍郎兼同修国史，翰林直学士，进官为翰林侍讲学士。金世宗当着群臣的面说："撰写《海陵(即完颜亮)实录》，能够详细了解情况的人当中，谁也比不上郑子聃。"于是，郑子聃专门负责修史。大定二十年，郑子聃因病去世，终年55岁。

郑子聃长相英俊，面带正气，文章畅达而有气势，一生所著2000余篇传世。

孟宗献

◎ 郑 一

在科举考试上,连中"三元"即州府取解试(明清为乡试)、尚书省礼部省试(明清叫会试)和名为皇帝亲试的殿试皆为第一,是莫大的荣耀,获此殊荣的史籍所载仅有13人(一说12人,或云14人)。在这13名"三元"中,包括一名"四元",此人便是金朝的孟宗献。孟宗献,字友之,开封(今属河南)人,晚年自号"虚静居士"。少聪睿,工诗文。

作为一个少年才子,孟宗献颇为自负,满怀信心地参加开封县试,竟然名落孙山。初试受挫,对他是个巨大的打击,从此以后,他痛改前非,折节谦学。浑源(今属山西)人刘㧑,号

"南山翁",工诗赋。孟宗献独居一室,把刘扬的诗赋粘贴在四壁上,坐卧讽咏深思。就这样,孟宗献着实下了一番苦功,学业日进。再次涉足科场,县试、府试连连夺魁。金世宗即帝位第三年,即大定三年(1163),孟宗献参加礼部省试,又夺得第一。殿试时,再次夺魁。孟宗献连中四元,人称"孟四元"。

孟宗献成为中国历史上唯一的"四元"。

大魁后,孟宗献入仕,但官位不显。性恬淡,留意养生术,著有《金丹赋》行于世。

徒 单 镒

◎ 宋继和

一、初入仕途

徒单镒本名按出，女真族人，祖籍上京路速速保子猛安（今黑龙江阿城）。其父徒单乌辇，任北京（今内蒙古昭乌达盟宁城西大明城）副留守。徒单镒幼年就很聪明，悟性极好，在同年龄段里是出类拔萃的。刚满7岁时，就开始学习女真文字。女真文字是参考契丹字和汉字制成的，有大字、小字两种。大字由完颜希尹与叶鲁遵太祖完颜阿骨打之命创制，于金太祖天辅三年（1119）颁行；小字则颁行于金熙宗天眷元年（1138），熙宗皇统五年诏令全国使用。金世宗大定四年（1164），皇帝下诏命令用女真文字翻译汉文图书典籍。大定五年，翰林侍讲学士徒单子温向世宗献上了他所翻译的《贞观政要》、《白氏策林》等书。大定六年，徒单子温又献上《史记》与《汉书》等译本，世宗皇帝下诏在金国印制、颁行这些书。又令选拔各路女真学生 30 多人，命编修官温迪罕缔达教授他们学习古书，练习写诗、策论。徒单镒也在被选拔出来的 30 多名学生之中，而且是最用功、进步最快的一个，很快就掌握了契丹大小字以及汉字，具备了研习经史的深厚基础，开始了对经史的钻研，以为今后的科举考试做准备。

几年以后，徒单镒各方面的知识大有长进。这时，朝中重臣枢密使完颜思敬请求朝廷独立设置女真人科举进士科，世宗令尚书省讨论这一建议。经多次讨论，尚书省上疏奏道："开始设立女真进士科时，可以暂时免去乡试、府试这两试，其礼部试、殿试只设对策一道即可，但要限制字数最低不能少于 500 字。在中都（今北京）设立国子学，在各路设立府学，并让新考中的进士充当教师，凡是士民的子弟愿学的都予允许。这样时间一长，女真的学者当然也就多起来了。现在，女真科举考试可以同汉人进士科一样，每隔 3 年考一次。"世宗批准了这一奏折，于大定十一年创设女真进士科。大定十三年八月，世宗皇帝下诏开试策论进士，以求贤为治之道相垂问。侍御史完颜蒲涅，太常博士李晏，应奉翰林文字阿不罕德甫、移剌杰，中都路都转运副使奚鼞主持考试，徒单镒等 27 人及第。徒单镒高中进士一甲第一名，因策论做得格外好，被授予应奉翰林文字等两个官职。一甲中的另外两名被授予一个官职，三人都担任中都路国子学教师，其他24名则分别到各路任府学的教师。

大定十五年，世宗皇帝下诏用女真文字翻译《论语》等儒家经典，著作佐郎温迪罕缔达、编修官完颜宗璧、尚书省译史阿鲁、吏部令史杨克忠等从事翻译注释，翰林修撰移剌杰、应奉翰林文字移剌履等探讨研究其中的义理。此时，徒单镒已由中都路国子学教师升为国子学助教，他也参加了翻译注释经书的工作。左丞相纥石烈良弼经常到国子学中与徒单镒讨论问题、谈论经史，他对徒单镒渊博的学识、深刻的见解、敏锐的思想，越来越感到可贵与可敬。不久，徒单镒的母亲病逝，他辞官回家乡治丧守孝。守制期满，起复为官，当上了国史院编修官。

二、不断升迁

有一次，世宗完颜雍问当朝太尉完颜守道："徒单镒是个什么样的人啊？"完颜守道回答："是个有才华、有能力的官员，可以任命他在朝廷中协助处理政务。"完颜雍说："好吧。不过，应先让他担任一个比较难干的职务，也算是个考验吧。"完颜守道又说："徒单镒温文尔雅，为人处世和善大度，气质性情温和宁静，将来定能辅佐王室成就大业。"过了不久，徒单镒兼修起居注，时刻不离皇帝左右，不辞辛勤地忠实记录帝王每天的言行举止。由于成绩突出，被晋升为翰林待制，并兼右司员外郎。徒单镒将自己精心写就的《汉光武中兴赋》进献给皇帝，将完颜雍作中兴汉室的汉光武帝刘秀，以古喻今，颂扬中兴之主的文韬武略。世宗看完后非常高兴地说：

"不设女真进士科,怎么能得到像徒单镒这样的人才呢?女真进士科设得好啊!"

大定二十九年,世宗完颜雍去世,章宗完颜璟即皇帝位,徒单镒又晋升为左谏议大夫,兼吏部侍郎。章宗明昌元年(1190),再晋级为御史中丞。过了不长时间,又被拜为参知政事,成为朝廷中握有实权的重要官吏,并兼修国史。徒单镒曾这样说:"人当然有各种欲望,如果不加以适当限制,就会使侈华贪欲恶性膨胀,永远也无法得到满足。现在国家治平相承已有许多年了,应当继续谨慎地按这个路子走下去,不可放纵人们的私欲,要使百姓既能吃饱穿暖,又不存留过分的奢望,这才是达到长治久安的根本措施。"如果撇开他说此话的阶级性,其中还是有几分道理的。

章宗完颜璟锐意于治理国家,徒单镒上疏献策,其大意是:"臣认真读了古之太平盛世陶氏(尧)与有虞氏(舜)时代的典籍图书。据上面记载,当时大臣对君王的进言尽是'谨慎从政'、'建功立业',还告诫君王'招揽贤才'、'知人安民',既直言治国安民不应当采取的办法,又用好的措施来引导君王,助其实行。君王倾心为了国家的平治,一定会说:'与大众协调一致,放弃己见依从众人。'既能够采纳大臣们的正确意见,又能够按照它去实行,还能够团结大家使国家不断振兴。君臣之间的团结一致,是太平盛世能够持续发展的根本原因。现在,陛下您继承了前朝隆兴的国运,把握着太平盛世的根基,更应向古之盛世君主看齐,在国内推崇高尚的道德节操,把心全放在这方面。不要因景物不同而好恶喜怒,更不能因自身的好恶喜怒轻视小善而不为,毫不顾及众人的说辞。君臣之情有通畅的时候,也有阻隔的时候;天地的时运有好的时候,也有坏的时候。唐代的陆贽曾全面地讲到将君臣之情阻隔开来的9种原因，其中君王自身的原因有6种，臣的原因有3种。如果陛下能慎重地避免那6种情况，做臣子的怎敢不竭尽全力克服那3个方面呢？君臣既然情相通，同心协力，那么，大纲举则众目张，太平盛世的长存就有望了。"徒单镒的这些话确实让完颜璟激动了一阵子，并将他晋升为尚书右丞（正二品），依然兼修国史的职务，主持修史事务。

三、仗义执言

明昌三年，徒单镒因受它案牵连而被罢免尚书右丞职务，接着外放为横海军节度使，又改任武定军节度使，再知平阳府事。过去，郑王完颜永蹈担任过定武军节度使，镐王完颜允中任过平阳府知府。明昌四年，完颜永蹈欲结皇宫内侍发动政变夺取皇位，但事机不密被家奴告发，获罪处死；明昌五年，完颜允中及两个儿子因诅咒朝廷，"语涉不道"，也被处死。这两件震动朝野的大案，处死两位亲王及诸多皇室宗亲，牵连到的朝臣也甚多。章宗怀疑徒单镒也是同党，因为徒单镒任过定武军节度使，当时又身为平阳府知府，但既无证据又无人告发，于是，诏令徒单镒离开平阳府，改任西京（治所今山西大同）留守。章宗承安三年（1198），又改任上京（治所今黑龙江阿城）留守。承安五年，章宗皇帝问辅政重臣说："徒单镒与完颜宗浩（时任枢密使）谁更好一些？"平章政事张万公回答说："他们两人都是俊杰之士，但两人比较，徒单镒更强一些，因为他能持之以恒保持一贯的操守，而完颜宗浩只是多算计罢了。"章宗皇帝进一步追问："什么是多算计呢？"张万公从容答道："完颜宗浩在小的方面只考虑与别人相似，在大的方面则随时想着同别人相对应。"章宗赞许地说："爱卿说得很对呀。"不久，便拜徒单镒为平章政事，并封为济国公。

　　淑妃李师儿倚仗着完颜璟的宠爱，经常在他面前说三道四，干预朝政，其兄李喜儿、其弟李铁哥也仗势肆意妄为、横行不法。朝中大臣有趋炎附势者，为巴结权贵常常出入李家大门，李家真可谓门庭若市。后来，李喜儿官升至宣徽使、安国军节度使，李铁儿则升为近侍局使、少府监。有一次，狂风大作，刮得昏天黑地，而且一连刮了几天。皇帝下诏问风灾产生的原因。徒单镒上疏说："仁、义、礼、智、信，这是五常；父义、母慈、兄友、弟敬、子孝，这是五德。现在，五常不立，五德不兴。士大夫及学者们舍弃礼仪，忘却廉耻；普通百姓违道叛义，身在迷途却不知返回，背弃、毁坏天定纲常，骨肉之间相互残害，一举一动常伤和气。这些已不是一朝一夕的问题了。而今应先端正起码的礼俗，顺乎人心，使父亲像父亲的样子，儿子像儿子的样子，丈夫像丈夫的样子，妻子像妻子的样子，各自按照各自需遵循的礼仪行事，才会有普天下的和睦融洽，福禄就会频接而来。"接着论证道："处理政务的方法，要分清轻重缓急。抓紧须整治的急务有两项，第一项叫做正臣子下人之心。我看到为臣的好多都不明礼仪，舍义趋利的人众，靠什么劝戒百姓遵从礼仪教化呢？说到朝廷用人，当以道德气质为首要，而才华仪表只是次要的。道德气质与才华仪表兼有者，则以最高官职与礼仪待之；才华一般，而多行善事者要次一等；虽然很有才能，行为却不合礼仪或违背礼仪，就坚决予以降职处分，直至削去一切官职贬为下民。这样一来，臣下的价值取向就端正了，人人愿学品德端正的正人君子，国家也就兴盛有期了。第二项叫做引导治学者树立远大的志向。朝廷对民众施以教化的行动，最重要的场所是学校。现今，学者荒废了其根本的业务,嫌经、史、子、集高雅深奥难于掌握,把它们推到一边不去研习;对于花哨华丽而无实际内容和意义的客套虚辞,却视为至宝,到处乱用,以钓取私利、谋得俸禄。因此,请求陛下下令,今后开科取士一定要兼问经史上足以令后人效法的事,以使学者皆奉经学不变,以经史的学习为要,不被急功近利地研习虚辞以谋利的腐朽风气所迷惑。这样就好了。"奏疏还说:"凡天下之事的发生,尤如生长的丛草一样,并非只有一条根或一种原因,外表相似的事物不一定性质相同。国家法律制度总有不够严密完备的地方,存在着上面说的那种情况,于是就会产生完全相反的解释。孔子曾说过:'礼仪是天下能够得到妥善治理的根本制度。'《礼记》上说:'礼仪是朝廷治定的法度的一个关键环节。'恳请陛下在日理万机时,如果遇到对同一个问题有不同说法,不必就事论事地思虑,而应寻求产生差异的原因。这样,您的裁决判断就能够确定了,而其中的疑问自可辨析清楚。"徒单镒的这些言论切中时弊,章宗完颜璟虽然表示接受,却不能实行。

上朝时,章宗皇帝问群臣汉高祖刘邦与汉光武帝刘秀相比谁优谁劣。平章政事张万公说:"高祖刘邦各方面占优。"徒单镒则反驳说:"汉光武帝刘秀再造汉室江山,当皇帝长达30年,却没有沉溺于酒色的事情。高祖刘邦被戚氏女子迷惑,致使他死后国家发生了动乱。通过这些事实评价二人,当然是光武帝刘秀优于高祖刘邦。"章宗沉默良久,知道这是徒单镒以皇帝对元妃李师儿(此时李师儿已晋封元妃)隆遇宠幸太过分的事曲折进行的劝谏。这是章宗无法接受的,终于招致后来章宗死后,卫绍王完颜匡为帝时,李师儿及其兄弟皆被逼自尽或遭斩决的大祸。此是后话。

章宗泰和四年(1204),徒单镒被降职,出任咸平府(今辽宁开原)知府。泰和五年，改任南京(今河南开封)留守。泰和六年，又调任河中府(今山西运城)知府，并兼任陕西安抚使。

四、一品大员

平章政事仆散揆行尚书省职、督管河南、陕西。陕西兵马元帅府虽名义上受仆散揆节制，实际上是元帅府专擅大权，不听调拨。章宗考虑用智谋之臣来辖制元帅府，于是特设宣抚使一职，官级一品，令徒单镒改任京兆府(今陕西西安市)知府，并担任陕西路宣抚使，明令陕西兵马元帅府与当地政务一样，都要受徒单镒管辖节制。章宗所下的诏书中说："统军将帅虽然英勇强悍，久经沙场，不怯战阵，但是宋国军队狡猾奸诈，因此，需要从计谋算度上战胜他。爱卿的智慧谋略，朕早有深刻的了解，而且你是股肱旧臣，所以朕才对你有如此大的期望。你应当从长远的谋略对付敌人，不可急功近利，应安抚百姓以稳定人心，激励士气以战则必胜，使朕称心如意。"徒单镒就军情上报传递一事上疏奏道："设立急递铺的本意是为了转送公文书札，而现在干什么都乘用驿马，传信就很不方便了。"章宗认为徒单镒说得很对，于是下诏各地设置提控急递铺官统一管理，规定：于军马要道上每10里设一急递铺，共四人，内有铺头一人，铺兵三人。腰系响铃，日行300里。凡元帅府、六部文书，以敕递、省递牌子入铺转送。自中都(今北京)至真定(今河北正定)、平阳(今山西临汾)者，达于京兆；自京兆至凤翔者，达于临洮(今甘肃临洮)；自真定至彰武(今河南安阳)者，达于南京；自南京分路至归德(今河南商丘南)者，达于泗州(今江苏盱眙西北)、寿州(今安徽凤台)；分路至许州(今河南许昌)者,达于邓州(今河南邓县);自中都至沧州(今河北沧州)者,达于益都(今山东青州)。经此番整顿、完善与规范,邮路从此畅达,再也没有出现过缓慢或中断的情况。对于金代急递铺的建设,徒单镒是有一定贡献的。

泰和七年,宋国降将蜀王吴曦率军10万沿嘉陵江而下,拟约金兵夹攻襄阳,被宋将杨巨源、安丙、李好义、李贵等杀死。接着,安丙等分兵出击秦、陇之间的金国州县。为反击宋军,十月,章宗下诏令徒单镒督军出兵金州、房县一线,以牵制宋国在梁、益、汉、沔等州的部队。徒单镒派行军都统斡勒叶禄瓦,副都统把回海、完颜掴刺率领步骑兵5000人打出商州。十一月,斡勒叶禄瓦攻下鹘岭关,完颜掴刺分兵攻破燕子关新道口,把回海则拿下小湖关敖仓。接着,把回海兵进营口镇,奇袭击溃宋军1000余人,一直追到上津县附近,斩首800余级,接着乘胜攻取了上津县。斡勒叶禄瓦指挥所部主力,在平溪一线大破宋军精锐部队2000余人,斩杀多半,兵锋直逼金州。宋军守将王柟致书军前请求休兵罢战,此时宋求和的使臣也到了金国中都,金、宋很快达成协议,章宗下诏令徒单镒将斡勒叶禄瓦的部队召回驻守鹘岭关。泰和八年正月,宋大将安丙不顾和议,派部将景统领率兵由梅子溪、新道口、朱砂谷偷袭鹘岭关,想打金军一个措手不及,夺回关隘。但枕戈待旦的金军,在把回海、完颜掴刺的率领下果断反击,打败了前来偷袭的宋军,并立斩景统领于阵前。这一年,除此仗,双方再也没交战。徒单镒因功升为特进,接着改任真定(府治真定,今河北正定)知府。

五、尚书右丞相

卫绍王大安初年，加衔仪同三司，晋封濮国公，又改任东京(今辽宁辽阳)留守。在任职途中路过中都时，奉诏进见皇帝。卫绍王完颜永济对徒单镒说："爱卿是前两朝的旧臣，有高尚的德行操守，朕本欲起用你为宰相。但当朝太尉完颜匡乃是你的门生，朕不能让你屈居于他之下。"接着给他加衔开府仪同三司，佩金符，并兼任东安抚副使。大安三年(1211)，改任上京留守。严章政事独吉思忠领兵在会河堡一带被蒙古大军击败，其部溃散，震动了金廷。在蒙军的军事压力下，卫绍王宣布中都戒严，以御敌锋。这时在上京领兵的徒单镒看到军情紧急，立即召集部将会商，说："军情急迫，蒙军已威胁到中都，我军应火速出兵增援中都。"于是，选调2万精锐之士，派上京同知乌古孙兀屯为统帅，向中都增援，协助驻军守卫。朝廷对徒单镒的援兵入京举动，表示非常满意，即拜徒单镒为尚书右丞相，并兼任监修国史。

上朝时，徒单镒针对金、蒙双方攻防战守的军事态势上奏说："自从我国与蒙军大动刀兵以来，敌军从来就是聚集在一起，形成一个较大的军事集团统一行动，动作敏捷，能打则打，不能打就走；而我军则是分散开来，四处防守，兵力和行动都不能统一。敌军以集中的兵力，进攻我分兵把守的州县，我国的失败就是必然的了。不如我们也把兵力相对集中起来，开入城防坚固的大城池设防，形成几个稳固的据点，随时做抗击敌军进攻的准备。敌人来攻时，互相配合，并力拒敌，使敌人处于坚城与几方面重兵的抗击之下，进不得退不得，则我可获抗敌之大胜。为此，一些靠近边境的孤立州城，就只得放弃，以集中兵力，避免大的损失。边城昌州(今内蒙古锡林郭勒盟太仆寺旗白城子)、桓州(今河北正蓝旗以北)、抚州(今内蒙古和境)三州素称殷富民实，猎户很多，人人勇猛健壮，放弃这三座州城时，可以把当地居民迁往内地，以增强我军的兵源和实力。这样，我国的人员、牲畜、财产等等也不会遭受太大的损失。"平章政事移剌某某、参知政事梁璫不赞成，两人一起上奏："这样做是自己减少自己的领土，把领土割让给敌国，是帮助敌国。"卫绍王完颜永济听别人一说，非常气恼，声色俱厉地指责徒单镒的建议是误国害国之举。徒单镒置个人荣辱于不顾，又上奏说："辽东一带本是我国兴盛的发祥地，是宗庙之本，但距离中都有几千里路程，万一那里被侵袭，各州府之间相互观望，必将军情报入中都，由中都布置救援增兵之事，经此往返必然延误时间，耽误国家的大事啊。因此，应当派得力大臣前去，并设置行尚书省，全权代表朝廷镇守此处。"卫绍王听完更加反感，斥责他说："无缘无故设置行省，只能动摇人们的信心，没有任何好处。"遂拒绝了徒单镒提出的两条建议。后来，在很短的时间内，昌州、桓州与抚州被蒙军攻取，三州的兵马钱粮、土地民众全部落入蒙军手中。消息报入中都，卫绍王深感懊悔，不住地叹息说："当初如果听从了丞相徒单镒的建议，哪能到如此糟糕的地步！"过了不久，在卫绍王崇庆元年(1212)十二月，蒙军又攻破了辽东军事重镇东京，从此，辽东大片国土不复为金国独有。败讯传来，满朝震惊，君臣个个恐惧不已，卫绍王完颜永济自感祖宗基业已失，全国大势已去，不复振起，连连哀叹自责说："朕有何脸面再见丞相徒单镒啊？不听忠言，结果弄得国势衰败，这是朕的罪过。"

泰州(今吉林洮安)刺史术虎高琪率3000精锐劲旅入卫中都，驻扎在缙山附近。术虎高琪很有一套收买人心的方法，深得将士拥戴，都愿意为他所用。卫绍王至宁元年(1213)，尚书左丞完颜纲准备将行尚书省机构设置在缙山，尚书右丞相徒单镒对完颜纲说："行尚书省没有必要迁往那里，现在干什么都不如向缙山增兵重要，这是当务之急。"但完颜纲根本不听，仍然令行尚书省的人员克期出发。在他们将要上路时，徒单镒又派人前来劝止："如若开战，术虎高琪的功劳就是行尚书省的功劳，你们就不必去了，否则，多一层指挥机构反而会误事。"完颜纲依然不听劝说，我行我素，向缙山进发。完颜纲到了缙山不久，金、蒙在此交兵，金兵果然大败。

六、宫廷政变中

不多久，徒单镒骑马外出时不慎从马上掉下来摔伤了腿脚，只好告假在家养伤。权臣胡沙虎(即纥石烈执中)以军队为后盾专擅朝政，别人难与他合作。他与完颜丑奴勾结作乱，以"御敌无方，指挥失误"的名义，废了卫绍王完颜永济的帝位，并将其杀死，时间是崇庆二年(1213)八月。胡沙虎自称监国都元帅，但在立谁为帝问题上还拿不定主意，于是传下命令，让徒单镒坐车去尚书省。乘车走在路上，就有人告诉徒单镒说："尚书省府第及宰相幕僚居住办公处，都有士兵严密把守，不能进出了。"很快，又看到一群士兵在大街小巷搜捕人犯。于是，徒单镒转车回到自己家。胡沙虎不知道徒单镒是怎样想的，他自己也犹豫不定，不知下一步如何是好。于是，派人假托到徒单镒家看望，实际上是想在立谁为帝上听听徒单镒的意见，打听一下皇族中谁可即帝位。徒单镒非常明白胡沙虎的用意，便对来人从容地说："翼王(完颜珣在金章宗时被封为翼王)是章宗的兄长、显宗(完颜允恭。此人从未当过皇帝，被其子完颜珣追封为帝)的长子，乃众望所归的帝王。胡沙虎元帅如果能决策立他为帝，那就是名垂万世的大功臣了。"那人回去报告后，胡沙虎沉默良久，最终决定立翼王完颜珣为皇帝，派人去彰德迎接完颜珣来中都即位。完颜珣自是喜出望外，星夜兼程赶往中都。胡沙虎杀了过去执朝廷权柄的大兴府徒单南平及其子邢部侍郎驸马都尉徒单没烈，又杀了左丞完颜纲等，还准备捕徒单南平胞弟真定府(今河北正定)知府徒单铭。徒单镒劝止说："新皇帝的车驾必走真定府，镐王完颜允中家又在威州(今河北井陉以北)，河北路的人心本来就不稳，如果徒单铭被逼发动叛乱，挟持皇帝，兵进中都，必定能蒙蔽很多人加入叛军，大金朝廷就很危险了。元帅不如将金字牌符给他，承认他的现职地位，令他迎奉保护皇帝的车驾，给他记功赏赐。这样，徒单铭一定感激元帅的大恩，而终身报效。"胡沙虎经过考虑，接受了徒单镒的建议。徒单铭果然依令行事，是年九月迎奉新皇帝，并一路保驾至中都，因功拜为尚书左丞。在崇庆至(金宣宗)贞祐的政局变乱中，国家能够由乱到治，徒单镒自是功不可没，《金史》上称"惟镒是赖焉"，虽有夸张，却也有些根据。

完颜珣即位，是为宣宗，随即拜徒单镒为左丞相，并封为广平郡王，授予中都路迭鲁都世袭猛安蒲鲁吉必刺谋克的食邑。徒单镒的腿脚仍然有病，落下了伤残，宣宗专门下诏令他上朝时侍立不拜，可算格外开恩。

七、忧愤而死

贞祐二年(1214),由于蒙军的步步进逼,金一败再败,无力抵御,更谈不到反击。徒单镒上奏皇帝,建议将女真皇室公主嫁与成吉思汗,以和亲来消弭亡国的灾难。完颜珣立即采纳,将已被杀死的卫绍王之女岐国公主嫁给成吉思汗,又向元军献上童男童女500人,彩绣衣3000件,御马3000匹,大量的金银珠宝以及粮草玉帛等物,终于使蒙军自中都撤围北返,暂时保存了已处穷途末路的金朝廷。有谏议之官上奏请撤罢按察司(专主巡查各地的要员)。徒单镒反驳说:"当今,我朝郡县多被侵袭残毁,正需按察司安抚整顿以图恢复,因此,按察司只能加强,不可废黜。"于是,谏议官的建议被搁置不论。在蒙军兵锋威迫下,宣宗打算放弃中都,迁都南京汴梁,以避敌锋。为此召集群臣讨论迁都之事。徒单镒坚决反对迁都,上奏劝谏说:"京城一旦变动,人心必乱,北边诸路就都守不住了,国家也就危险了。现在已同元军讲和,应抓紧时间聚集人马,筹措粮草,做好固守京城中都的一切准备,这才是惟一的上策啊。南京汴梁无险可守,乃四战之地;辽东却是国家宗庙所在,依山险临大海,其险要的地势足可用来防御元军进攻。中都、辽东联成一线,共同抵御来自一个方向的敌人,以徐图国家元气的恢复,这也是可行的计策。总之,中都是不能放弃的。"这些说法是很有道理的,但已成惊弓之鸟的宣宗完颜珣,无心固守中都,自然不肯采纳。而冠冕堂皇的迁都派立即反驳徒单镒的说法,他们认为,中都虽居全国之中,乃巍巍帝都,但现在已与敌境为邻,如果冒锋镝之险而守这样一座空城，京师必危，君臣的死活还未定，更不用谈国家的安危了。泥古不变，实不可取，应当迁都备战，休整士卒，待兵精粮足之时，再反攻不迟。这种说法委婉圆滑，明明是胆怯惧敌，却偏偏装得气壮如牛。宣宗听了，暗表赞赏。善于察颜观色的大臣聂希古知道宣宗意在迁都，便讨好地说："中都应当迁移，已无须再议。请各位休要再费口舌，只讨论迁往何地就行了。"大臣俞宪之、雍迪齐声说："此言很对。太原土地贫瘠，又接近敌境；中山（今河北定县）离燕京不远；京兆偏远，交通不便。这三处都不可迁居。商旅荟萃、人烟辐辏的大名、汴京、洛阳三处，请陛下选择。"大臣费歆说："汴京为四通八达之衢，赵宋宣和之事殷鉴不远，不可不虑。况且，当时汴京有东南漕运供给，我朝如迁都于汴，则无漕运之利。不如迁都洛阳。"聂希古则说："就地势而论，洛阳不如京兆，汴京不如洛阳。但洛阳宫阙多已损坏，要想修复，国力承受不了。汴京宫阙自海陵王修缮以来，至今完好无损，应把都城迁到那里，徐图恢复。"尽管主张迁都的大臣振振有词，但徒单镒等反对迁都者也敢于据理力争。不过，宣宗早有成竹在胸，当即决定迁都汴京。徒单镒观点的坚定支持者、霍王完颜从彝再做最后一次努力，进谏说："祖宗陵墓、宗庙社稷、百官衙门俱在中都，怎么能弃之而去呢？"宣宗回答说："中都乏粮，不能应办。现在迁都汴京，不过是权宜之计，待一二年后粮储丰足，再回来不迟。"元帅府经历官纳坦谋嘉认为，河南地狭土薄，他日宋、夏共同侵扰，河北之地就非全国所有了，应当选派干练的亲王分别镇守辽东、河南，中都切不能丢弃。宣宗仍拒而不纳。太学生赵日方等400多人跪伏在宫阙下联名上疏，陈述利害。宣宗迁都意决，置之不理。因不能劝止宣宗南迁，徒单镒忧愤成疾，于这年四月病逝。宣宗下诏：丧事从优办理，家人从优安置，不必顾虑花钱多少，一定要办好。五月，宣宗调大车3万辆、骆驼2000头，开始了迁都行动；十八日，率百官离开中都南下，再也没有回来。

徒单镒为人机敏、正直善良，学问功底深厚，并且终生苦学不辍，当时的文坛名士许多都出自他的门下，有好几个做到了上卿宰相。徒单镒经常叹息当朝文士疲惫不勤奋，他认为虽然每个人的巧拙不同，但都应以仁义道德为立身之本。为使仁义道德能深入文士之心，徒单镒专门写了《学之急》、《道之要》两篇文章，国子监的几位学生将这两篇文章刻于石头上，以志不忘。另外，徒单镒还著有《弘道集》6卷，现已亡佚。徒单镒为官几十年，最大的失误，就是在立完颜珣为帝上起了决定性的作用，使历史上又多了一个昏君。

杨云翼

◎ 宋继和

一、攻读刻苦　科举入仕

杨云翼,字之美,祖籍赞皇檀山(今河北赞皇檀山),到第6世祖杨祖忠时才迁居乐平县(今山西昔阳),并在那里安家。杨云翼的曾祖父杨青、祖父杨郁、父亲杨恒都在朝廷做过官。杨云翼于金世宗大定十年(1170)出生,自幼天资聪颖,悟性很好,学会说话后,很快就画地作字,学习热情很高。由于刻意攻读，天资又好，一天竟能背诵几千字的范文，而且对天文、医学、数学等知识也努力钻研。但历史环境决定了他日后只能走科举入仕这条道路。

金朝科举发展到这时已日趋完备。按制度规定，凡是进士举人，都要经过由乡试到府试，由府试到会试，最后到殿试四试，只有四试都中选的，才可以授予相应的官职。如果连续5次都是进入殿试才落选，则可以赐予进士及第，授给官职，这种规定称为"恩例"；还有皇帝格外照顾特定进士及第的，称为"特恩"。乡试日期为三日二十日。府试日期：策论进士定在八月二十日试策，隔3天试诗；词赋进士定在八月二十五日试赋及诗，再隔3日试策；经义进士定在八月三十日或九月一日试经义，间隔3日试策；然后试律科，试经童，每场正考与副补都间隔3日进行。会试日期：策论进士定在次年的正月二十日试策，其他各科皆隔3日类推应考。殿试日期：策论进士定于三月二十日试策，三月二十三日试策论；词赋进士三月二十五日试赋诗论，经义进士也于这一天试经义，三月二十七日两科一同试论。如果考试这天恰逢雨雪天气，就向后顺延等候晴天。到大定二十九年，这些规定已成定制，不再更改。

金章宗明昌四年（1193），杨云翼参加乡试，又在府试中取得好成绩，次年进京会试中选，接着夺取了殿试策论、经义两科进士一甲第一名，词赋科也考中乙科。因此，特授其职务郎、应奉翰林文字。时年24岁。金章宗承安四年（1199），出任陕西东路兵马都总管判官。金章宗泰和元年（1201），被召回京城担任太学博士，接着升任太常寺丞，兼任翰林修撰。泰和七年，因要出任上京、东京等路按察司事而被章宗完颜璟召见，章宗以天下形势及政事要务等事向杨云翼询问，杨云翼遵旨一一答复。卫绍王大安元年（1209），翰林承旨张行简向朝廷推荐杨云翼不但有文学上的才能，而且还精于数学、历法，因此，杨云翼又被召回担任提点司天台，仍兼翰林修撰，不久又兼任吏部郎中。卫绍王崇庆元年（1212），杨云翼因病辞官回家休养。金宣宗贞祐二年（1214），有关官员向皇帝呈上官员们的花名册，宣宗完颜珣翻看着花名册，猛然记起了已辞官两年、正在家中休养的杨云翼，随即传旨起用杨云翼为官，仍任提点司天台，兼任吏部郎中。贞祐三年，杨云翼被提升为礼部侍郎，但仍兼提点司天台。

二、忠心为主　备受信用

贞祐四年，蒙古大军与西夏兵马侵入鄜延州（今陕西富县），接着军事重镇潼关又失守了，军情危急。朝廷商议挽救危局的办法，多数人主张以兵部尚书蒲察阿里不孙为金国兵马副元帅率军出征。杨云翼极力陈说蒲察阿里不孙好说大话，言过其实，任用他统帅部队，一定会耽误国家大事。但杨云翼的意见未被采纳，蒲察阿里不孙领兵出战，果然遭到惨败，金国又丧失了大片领土，国势越来越衰落了。所幸，成吉思汗这时亲率大军西征，只留下木华黎带一支偏师对付金国，才使金又苟延残喘了20年。

金宣宗兴定元年（1217）六月，杨云翼升任翰林侍讲学士，兼任修国史，知集贤院事，并仍兼着过去的那些职务。宣宗完颜珣在给杨云翼的诏书中说："为官的定制：升入三品的应先外放任职一个时期。因为爱卿遇事敢于直言，主持正义，据理力争，无愧朝廷，所以朕专门为你破一次例，留你在朝任职。望你不要辜负朕的一番厚意。"这一个时期是右丞相术虎高琪主持朝政，宣宗在很大程度上依附于此人。有人上疏朝廷，请求对于百姓日常必需的食用油同盐一样，也征收重税，实行国家专卖。术虎高琪见到这样的奏疏很高兴，极力主张照这样办理。宣宗完颜珣感到这是件大事，下诏召集朝中百官共同讨论。户部尚书高夔等 26 位高官惧于权臣术虎高琪的淫威，同声表示同意。只有杨云翼、赵秉文、时戬等少数官员认为此事不可行，明确表示反对意见，并说明了理由。讨论的结果，由于杨云翼等人的理由充足，因此，仍然按过去的办法实行。这使权势鼎盛的术虎高琪对杨云翼恨之入骨，屡屡找杨云翼的麻烦，无端予以指责，而杨云翼根本就不理睬他。兴定二年，杨云翼被提升为礼部尚书，仍同过去一样兼着那些职务。兴定三年，修筑京师子城，服力役的百姓与士兵多达几万人，夏秋之交，疾病流行，劳工们纷纷受传染而病倒。精通医术的杨云翼提着药箱，奔忙在工地上为病人治病，并安排护理、调养诸事，经他看过的病人，绝大多数很快痊愈了。这一年年底，权臣术虎高琪因妒贤能，树党羽，窃弄权威，自作威福，恶迹昭著，而被宣宗完颜珣设计处死。从此，完颜珣摆脱了傀儡地位，杨云翼的地位也更重要了。兴定四年，杨云翼改任吏部尚书。自从由朝廷筹集财物供应军务以来，那些以钱粟买官吏资格和靠战功得以升迁的官员，实职授予以后，吏部的有关部门在礼仪规程方面对他们要求比较严苛，甚至他们稍微有点儿不合礼仪规程，就马上予以降职或罢免。杨云翼担任吏部尚书后，对此做法十分不满，决心改掉。为此，他先上奏皇帝说："赏罚之事关系到国家最大的信义，既然允许人们用钱捐官和通过战功晋升，对这一批官员就应当从宽录用，不能过于苛刻，起码不应比对其他官吏还严，这样才能劝勉人们出钱粮买官或在战场上为国家拼命作战、勇立战功。"他的这一建议很快被朝廷采纳，致使金朝末年冗官更滥。

这一年的九月，宣宗皇帝召杨云翼和户部尚书高夔、翰林学士赵秉文三人到内殿议事，对他们全部赐坐，问与蒙、宋、夏怎样才能讲和，有什么好的计策。高夔主张倾全国之力对敌死战，方可战而胜之。宣宗听了这番话很不高兴，因为他清楚再战离亡国就不远了，所以低下头去，很长时间未置一言。见此尴尬场面，杨云翼慢言细语地先以亚圣孟轲的小国侍奉大国、大国亲近小国的道理劝说宣宗。《孟子·梁惠王下》中有："惟智者为能以小事大，故太王事獯鬻，勾贱事吴。"因此，杨云翼认为，当时的金国应侍奉蒙古，而亲近宋，同两国休兵罢战，与夏也和睦相处，以求国祚安存。他进一步指出："为今日之急谋大计，就是尽快使全国百姓卸去战争的重负，喘气歇肩安定地从事农耕生产，那就是社稷民众最大的福分了。"听杨云翼这么一说，宣宗的脸色渐渐温和下来。但单靠言论是救不了国的，金亡只是时间问题，非杨云翼这等文人能拯救。

同年十一月，杨云翼改任御史中丞。金宗室完颜庆山奴出任参知政事，在京兆府路掌管着尚书省的实权。有大臣上奏说完颜庆山奴有违犯朝廷法度的事，宣宗完颜珣下诏命令杨云翼负责审理这个案子。经查，所上告完颜庆山奴的罪状属实，但并不愿得罪皇族宗室的杨云翼却在上朝时避重就轻圆滑地奏道："完颜庆山奴所犯的都是小过失，没有必要细问。只是过去元军攻掠平凉以西的时候，几个州郡皆被攻破，形势危急，完颜庆山奴却手握精兵不敢向前迎敌。鄜延州领兵将领完颜合达以一座孤城英勇抵抗敌军大部队的猛攻，屡败强敌，战功显赫。同为领兵将领，完颜合达的战功如此之大，完颜庆山奴却怯敌惧战，简直是犯罪。希望陛下明确诏示他们的功罪，给以恰当的奖赏与惩罚。这样，天下臣民就知道大金朝所鼓励和惩戒的各是什么了。至于完颜庆山奴的那些小过失，就不值得再追究了。"于是，完颜庆山奴违犯朝廷法度的罪责被轻易放过，只因畏敌怯战之罪而被免官；而完颜合达因功得到破格提拔，先任职尚书省掌管朝廷机要，后升任平章政事，封芮国公。不久，完颜庆山奴又被起用，官至留守京兆。

三、直言战和　无力回天

杨云翼天性高雅庄重，自我要求很严格，待人却很宽容，与人的交情一经确定，不管死生祸福就都不改变了。他对于国家的事，尽心尽力，知无不言。在贞祐年间，主持防务的将领们不能抵御蒙古大军的进攻，就打算出兵攻打宋，以夺取宋的领土来补偿失去的土地，所以连续几年调动大军南伐。朝廷中也曾有有识之士建议停止攻宋并与宋和好，但对持这种见解的人，手握军队指挥权的权臣，都以通敌论处。逐渐便无人再提异议了。至于当朝的宰相，他对任何事没有不谈的，只是对于南伐宋一句也不敢提及。杨云翼偏在这时建议说："国家所忧虑的，并不在于得到南宋的淮南之前，而在于得到淮南以后该怎么办。因为我朝占领淮南后，长江以北就全部成了金与宋的战斗场地了，进而双方有可能争利于长江之上、舟船之间，恐怕我们占优势的劲弓良马就派不上大用场了。宋军如果扼守长江各处要隘，谨慎布防，然后出奇兵潜入淮南，截断我军后勤补给的通道，或趁雨季决堤坝淹没淮南之地，那么，我军如何对付？又怎能保证全军的安然无损呢？"代行枢密使职务的同签枢密院事时全倡议继续南伐宋时，宣宗完颜珣问朝臣是否可行,杨云翼私下里对宣宗说:"当朝大臣全都爱说好话。天下本来有乱有治,国势本来有强有弱,战争本来有胜有负,现在大臣们却只说治理好的一面,而不说乱的一面;只说国势强盛的一面,而不说失败的一面。因此,他们的说法都是片面的。请允许我从两个方面说一说。我认为:当前,我国有人欲发动对宋国的战事,并不是贪图宋国的土地,恐怕是西面金夏边境上有警报传来,北面蒙古大军又加紧了对我国的进攻,如宋国再从南面与他们配合行动,则我国就要三面受敌了。所以有人想先下手为强,在宋军尚未准备完成时,我大军乘势先动,给其重大打击,以瓦解宋军对我国的攻势。假使我军出兵攻占淮南一带,宋军战败后,不敢再挑起战端,那么,此战我们就胜利了。但这只是一厢情愿。实际上,即使战争的发展像他们预料的这样,也未必对我国有利。宋国长江以南的地方仍很广大,虽然失去了淮南,难道就不能再召募训练几万人马,等到我国有战争危难时乘机出兵进行报复吗?对宋作战得胜尚且如此,如不胜则将带来更大的灾难。并且我军以骑兵与宋军步兵交战,从道理上说取胜是有绝对把握的,但我仍觉得还有问题,不敢保证我军一定胜利,因为当今的形势与章宗泰和年间(1201～1208)已不一样了。泰和年间是冬天出征,现在是夏季采取行动,这是天时上的不同。冬天雨水稀少且河流结冰,大地干涸,陆路畅通;夏季多雨水,道路泥泞,交通不便,这是地利上的不同。泰和年间,全国上下一心,倾全力南伐,精锐无比的乣军充当先锋,现在还能做到这一步吗?显然不可能,这是人事上的不同。"宣宗听了默然无语。杨云翼接着说,"要求出兵南伐的人以及赞成这一主张的大臣,只看到了泰和年间伐宋取胜的容易,而不知今天我国的诸多难处。我们且以西夏人为例仔细分析一下。过去,我国把一般的小部队布置在西部边境上，一遇到西夏军就趋前与敌搏战，甚至脱掉上衣杀个痛快；西夏部队吓得四处奔逃，人人自顾不暇，根本不敢接战。今天的西夏人就不得了了，他们攻陷我国的城池，俘虏封疆大臣，屡次击败我国精锐部队，擒杀领兵的主要将帅。过去他们那样害怕我国，现在却对我国百般欺压凌辱。西夏人既同过去不一样，为什么认为南宋人始终如过去呢？请陛下认真思考一下此次如伐宋得胜对我国的益处，再仔细想一想如果失败将带来的灾祸。以上这些话语也许陛下听了不高兴，却是忠言，我说出来后，就没有什么遗憾和后悔的了。"但杨云翼这席谏阻南伐的话最终没起作用，因为金国要转嫁危机，舍伐宋再无良图。兴定六年（1222），金大举伐宋，果然被宋军击败，且有一支部队在淮河上架桥遭宋攻击，全军覆没。宣宗为此斥责众将说："这种结局使我有什么脸面去见当初劝阻南伐的杨云翼呢？"

四、辅佐新主　竭尽心力

元光二年（1223）年底，宣宗完颜珣因病去世，哀宗完颜守绪继任大统。刚一即位，完颜守绪就命令杨云翼代理太常寺卿，很快又拜他为翰林学士。哀宗召集群臣商议修复河中府（今山西郓城蒲州镇）的事，杨云翼与礼部尚书赵秉文一同奏道："陕西民众已很疲惫，再也无力承担修筑城池这样繁重的力役了。请圣上囧断。"于是，哀宗便打消了重修河中府的念头。哀宗正大二年（1225）二月，又任命杨云翼为礼部尚书，同时兼任侍读学士。不久，哀宗又下诏令群臣讨论如何减少行政费用，杨云翼说："节省行政开支这事较小，户部司农就完全办得了，不必在这里商议。现在朝中的大问题是：枢密院专门管理军机要务，枢密使独断专行掌握了武备机密之事，不许尚书省过问，导致其对尚书省的轻视。尚书省乃国家的最高行政机构，是发布政令的地方，政务不分大小，都应由尚书省总管统领，尚书令的职权就是'总领纪纲，仪刑端揆'。军旅内的大事，关系到社稷的安危、国家的命运，而包括尚书令在内的5位宰相对于武备情况、军队调动部署等事项，事先却无法得到一点儿消息。据说，是为了保守秘密。这样做的好处与弊端是不能互相抵消的，弊大于利是很明显的。"哀宗对他这番言论非常赞赏，并高兴地予以采纳，下诏令枢密院今后必须将重要军情机密及时通报尚书省，不得以任何理由拖延不报。

正大二年，哀宗决定设立掌管内延经筵的益政院，以有学问、善议论的文臣数人兼任，每天有两人轮番向皇帝讲述《尚书》、《资治通鉴》、《贞观政要》等书，并兼政务顾问。杨云翼被确定为益政院的首选人才，每次哀宗召见他都赐坐椅，并不要他自报姓名。当时，杨云翼给完颜守绪讲的是六经之要——《尚书》。他认为帝王应掌握的不是应付科举考试的那一套内容，比如经的产生、如何划分章节、怎样分析句子等，而只要明确把握治理国家、安抚百姓的大纲就足够了。所以他专门选择了《尚书》中"任贤"、"去邪"、"与治同道"、"与乱同事"、"有言逆于汝心"、"有言逊于汝志"等几条，本着儒家正心诚意的经书义理，铺陈扩展考据，解说详细明了。他广征博引、深入浅出、引人入胜的讲解，使皇帝听得入了迷，竟然忘记了疲劳。不久，他又向哀宗进讲了《龟鉴万年录》、《圣学》、《圣孝》之类的文章共20多篇，完颜守绪自觉受益很大。

当时上朝的官吏，在廷议中绝大多数不能把该说或想说的话说完，退朝时大家便互相观望，迟疑不决，逐渐养成了习惯。这一天，杨云翼给皇帝讲完了经书，就趁机说："若大臣们有事上奏而君主待之有礼，大臣们有事相求而君主施以恩义，则臣民们就都会遵守国家的礼仪法度，连君主的路马（古之天子与诸侯所乘路车之马）也不敢妄加议论，践踏了喂路马的草料的人就会受到处罚，进入君主的门则小步疾走，看见君主赐的几案与手杖会恭敬肃立，君主召见不等车马备好就立即前去，接受君命后就不再在家中住宿。这些都是侍奉君主的礼仪，是做臣子的所应尽的义务。然而，国家的根本利益与灾害，天下百姓的安定与危难，能够让大家畅所欲言，上朝时形式上严明的礼仪规定成了毫无内容的摆设了。让人讲话，君主认为可行的事，认为其事不可行的大臣就会毫无保留地说出不可行的理由；君主认为不可行的事，认为其事可行的大臣也会坦然讲述可行的道理。言语之间有不相合的地方，虽是引经据典、犯颜直谏、中断公务、以头轫君乘舆轮等行为也毫无顾忌。当前的形势严峻，如果只是屈从侍奉君主的那些虚礼，而不知协助君主治理天下，那么，国家又指望谁呢？因此，应打破上朝礼仪的束缚，让大家把关心重视的大事议完。"听完这席话，完颜守绪很受感动，满怀深情地对杨云翼说："没有你，朕听不到这样的忠言啊。"于是下诏上朝时大臣不必拘礼，有什么想法就说什么，时间也可以视情况延长。

杨云翼晚年犯了手足麻木不仁的病。他病情稍微好转的时候，哀宗完颜守绪亲自前去探问，并问他治疗这种病用的是什么方了，见效这么快。杨云翼回答说："只是治疗心病，内心平和了邪气就不可能侵入，同治国的道理是完全一样的。为人君的首先要端正自己的心气，那么，朝廷百官就没有不跟着端正自身的了。"哀宗听了矍然失态，知道杨云翼是借医病的道理来劝谏自己治国的原则，对杨云翼一心为朝廷着想的忠心深感赞许，安慰他几句后即回宫了。

正大初年，金与夏和议始成，开始通好。夏国派遣徽猷阁学士李弁来金国商议互相贸易的事，李弁在两国之间往返了几次都不能定下来，于是金国派杨云翼为使去夏国谈判，只一次就确定了贸易之事。

五、盖棺定论　史册留名

正大五年，杨云翼病逝，终年59岁，朝廷给他的谥号是"文献"。

杨云翼生在金朝末年，为官时金的盛世已过，衰败已是必然，势不可挽，在此形势下，他既要保住官位与自己一家的富贵，同时也想发挥才智有所作为。因此，他只能是一方面极力维护金朝统治者的利益；另一方面又在不触动统治阶级根本利益的条件下，做一些有利于国家与人民的事。例如，他几次试图劝阻金国的南侵行动，于国于民都有好处。金宣宗时，有一次，黄河以北的11位金国居民由于被蒙军游骑追杀无路可走，被迫泗水过河，到了当时南宋的地界。危险过后，他们回到金国，被当地官员抓捕。按律论罪，私自跑入敌国应当处死。报到朝廷，杨云翼开脱说："法律所以要从重惩处那些私自渡河进入敌国的人，是为了防范间谍和奸民。平民被追兵所迫，泗水过河进了敌国，本是不得已的救死之策。他们没有死于追兵之手，却要死于自己国家的法律。倘使以后再遇上这种情况，就只有投降敌国不再回来这一条道路可走了。因此，如何处理这11个人关系重大，应当慎重。"宣宗完颜珣立即理解了他的意思，下令将狱中的11位平民无罪释放。金哀宗时，有一年，黄河以南的大片金国国土遭到旱灾，迷信思想极重的统治者认为这是国家治理得不好，上天对君主的"谴告"。因此，朝廷很快下诏令，派遣官员到全国各地审理冤狱，只有陕西一地没有派人去。杨云翼为此上朝奏报说："天、地、人为一体。人某一部分有病了，使得四肢都不得安宁，治病时怎么能单治生病的这一个地方，而置其他地方于不顾呢？遭旱灾的地方应重审冤狱，不遭灾的地区就不需要重审冤狱而使蒙冤者永远含冤负屈呢？"完颜守绪认为他讲得很有道理，马上诏令派员去陕西。可见，杨云翼的确做过一些利国利民的事。

另外，杨云翼精通自然科学知识，这在苦读经书的儒学学子中无疑是佼佼者，也是难能可贵的。他通数学、天文、历法、医卜等学科，并有一定的建树。在兼任提点司天台时，该处有人写了《太乙新历》进献朝廷，尚书省行文令杨云翼订正。杨云翼运用自己掌握的知识，用心考订，指出了该历法中的20多条错误，被后世历法家所称赞。杨云翼在自然科学方面编辑校订了《勾股机要》、《象数杂说》、《五星聚井辨》等书，当然，其中不乏迷信与附会之说，但对于科学发展来说仍不失为宝贵的材料。在文学方面，宣宗南迁之后的20年，杨云翼与当朝名士赵秉文同执文坛牛耳，时人称其为"杨赵"。他所著文集有几卷，具有一定文学价值，并编校了《大金礼仪》、《续通鉴》、《周礼辨》、《庄子》等大量书籍。这些书他都保存于家中，为中华民族文化的枳累与发展做出了一定的贡献。

杨云翼与赵秉文一同被《金史》赞为"金士巨擘"，是金代杰出的人物之一。

纳兰胡鲁剌

◎ 宋继和

纳兰胡鲁剌，女真人，金世宗大定年间生于大名路(今河北大名)怕鲁欢某个猛安中。他性格淳朴耿直，从小不苟言笑，但喜欢读书学习，博古通今，在学业上颇有造诣。

金宣宗承安二年(1197)，纳兰胡鲁剌参加科举考试，考中进士一甲第一名，授职应奉翰林文字。接着奉诏到上京路、临潢路等处统计耕牛的头数。常山郡王左丞相完颜襄有大量耕地在肇州(今黑龙江肇源)，其家奴自恃是豪门望族，不把朝廷官员放在眼里，隐匿耕牛头数，不据实上报。纳兰胡鲁剌查知后，命令随从立即将完颜襄家管家锁拿归案，明确宣布其抗拒朝廷"括牛"的罪责,喝令对其杖打,然后责令他清点耕牛头数,如实报来。经过这番处理,各处豪强富户都深感惊惧,再也没有敢隐匿不报的了。顺利完成这项使命回京之后,主持朝政的完颜襄豁达大度,不计私怨,反而表彰了纳兰胡鲁剌办事果断干练。

不久,纳兰胡鲁剌的父亲去世,他辞官回家乡为父治丧守制。在守制期间,他事事遵守儒家礼仪,御史对他清正的操守非常推崇。守制期满,纳兰胡鲁剌转任翰林修撰。泰和六年(1206),平章政事仆散端以纳兰胡鲁剌清廉有能力且文章写得好而向皇帝推荐,他被晋升为同知顺天军节度使事,跟随仆散端指挥的金国大军,一同讨伐宋,获得大胜。因其功劳,被加封朝请大夫衔,后来改任礼部员外郎、曹州(今山东菏泽南)刺史。

曹州地方豪强恶人仆散扫合擅自私设渡口于定陶附近,因战乱逃散的士兵盗劫掳掠的赃物,他全部收购入私囊,然后从水路运出转卖。几任曹州官吏都不敢过问这件事。纳兰胡鲁剌到任后,听说了此事,立即派人查实,逮捕了仆散扫合,依据刑典重治其罪,并且彻底追究与仆散扫合一同作恶者的责任。经过这番治理,曹州社会治安为之肃然。不久,纳兰胡鲁剌又改任沃州刺史,接着改任南京路按察副使。金宣宗贞祐二年(1214),再改任泗州防御使,后又奉诏回京升任吏部侍郎,接着转任绛阳军节度使,代行河东南路宣抚副使的职务,驻守绛州(今山西新绛)。

这时,蒙古大军对金国的攻势越来越猛烈。纳兰胡鲁剌带领当地军民认真准备战守,修城墙,整治兵甲器械,招募青壮年做乡兵,以为军队的后援力量。还谦恭地向老年人请教,延请有学问的人,以咨询抵御蒙古军的办法。粮米盐布等都做大量储存，劝说当地富户捐纳钱粮，以保卫州郡的完整，避免蒙军侵害。纳兰胡鲁剌的这些做法上报朝廷，宣宗非常高兴，亲笔书写诏书对他表示褒奖，令其他郡守也照此办理，并加封他为资善大夫，将其次子纳兰吾申晋封为朝廷命官，按月支取俸禄。

不久，诏令纳兰胡鲁剌转任代理经略使。接受诏书后，他已身患重病，不能赴任。几天后，死于绛州任所，享年不足50岁。

李 演

◎ 宋继和

李演,字巨川,济州任城(今山东济宁)人,约生于金世宗大定末年。少时学习努力,于金章宗泰和六年(1206)经殿试考中进士第一名,被授职翰林学士院应奉翰林文字。不久,李演因父亲去世,辞官回家乡守制尽孝。接着,母亲也因病死了,他治理完母亲丧事,继续在家乡守制。

金宣宗贞祐初年(1213),蒙古军大举南侵,济州州治所在地的任城也成了交兵之地。李演身着丧服自告奋勇出任济州刺史,为制定御敌保城大计而出谋划策。他下令征召州内青壮年当兵,拼凑起一支人马,但由于未经训练毫无战斗经验,这支乌合之众只经过3天的战阵,就不能支持,纷纷逃亡散去。成了光杆司令的李演本是手无缚鸡之力的书生,城破之日就被如狼似虎的蒙古兵抓住押到了帅府。领兵破城的蒙军大将见李演儒服冠带非同寻常,并且知道自己的名字,便带有猜测性地问道:"先生难道就是李应奉吗?"李演毫无惧色地回答:"我就是李演。"两边侍卫令李演给领军大将跪下,李演昂然挺立坚决不跪,侍卫要上前动强,被大将制止。蒙军大将好言好语安抚李演,要求他与蒙军合作,李演不为所动,蒙军大将又以高官厚禄相许,请他帮助蒙军。面对利诱,李演严辞拒绝,说:"我李演本是一书生,幸而中举为官,食君禄、受国恩,大金朝并无对不起我的地方,我岂会见利忘义,做背叛国家的小人呢?收起你的官禄厚利,给愿意接受它的人吧!"受到这番斥责,蒙军大将恼羞成怒,下令士卒先将李演小腿骨打折,迫使其跪下,极尽羞辱后,命人将李演拖出去杀掉。李演时年仅30余岁,正是年富力强之际。李演英勇抵抗蒙军入侵,宁死不降,勇赴国难的事迹传到金国中都燕京(今北京),君臣甚为惋惜,为表彰李演奋勇抗敌、壮烈殉国的义举,宣宗决定追赠济州刺史,并下诏书,隆重厚葬李演,令有关官员给李演立碑,以示纪念。

李献能

◎ 宋继和

李献能，字钦叔，河中府（今山西运城蒲州镇）人。其先辈有担任过金国金吾卫上将军的，当时人称李家为"李金吾家"。到了李献能这一辈，兄弟们都以文学见长而闻名，其堂兄李献卿、李献诚，堂弟李献甫都相继考中进士，再加上李献能这个状元，因此，李氏家族又有"四桂堂"之称。

李献能刻苦攻读，博览群书，对于赋诗作文，最擅长的就是四六句的骈体文。金宣宗贞祐三年（1215），他参加科举，应考特赐词赋进士，在廷试中高中进士一甲第一名，文论非常突出，旋被授予应奉翰林文字。在翰林学士院待了10年后，于金哀宗正大二年（1225）出任鄜州（今陕西富县）观察判官。后来，李献能推荐别人担任鄜州观察判官，本人回京任应奉翰林文字，不久升任翰林修撰。正大八年（1231），以镇南军节度副使的身份担任河中帅府经历官。后来，蒙古大军攻破河中府，李献能等逃到南京路陕州（今河南陕县），暂时任职行尚书省左右司郎中。

金哀宗天兴元年（1232）初，任河解元帅的是赵三三。赵三三，名伟，乃一介武夫，正屯军金鸡堡，其军务隶属南京路统辖，由南京路按月拨给粮饷。有一次，赵三三的部队断了粮饷，他就下令士兵在附近州县抢劫掳掠以充军资。有一天，赵三三到陕州见李献能，李献能早已听说赵三三纵兵抢掠民间的事，就嘲笑赵三三说："从老百姓处夺取军资很容易，击败敌军却是极难的事。"由此，赵三三便与李献能结下了怨仇。这年十月，赵三三部队的军粮又告匮乏，他几次报告南京路方面，结果都答复无粮可供给。于是，赵三三就挑拨部下说："我与行尚书省员外郎李献能过去不睦，现在他看着我军忍饥挨饿，却不拨粮抚恤。"激起全军愤恨，于是发生了兵变。赵三三领兵到永宁一带，对当地百姓连劝带吓，迫使大家献出粮食，有的士兵挖了富户粮仓。十一月，乱兵攻破金鸡寨，但解州久攻不下，于是，赵三三派遣总领王茂带军士30人秘密潜入陕州，藏在菜园中躲了三四天，观察周围动静。在一个月黑的夜晚，他们乘行尚书省参知政事阿不罕奴十刺宴请宾朋不做防备之机，首先偷袭杀掉了北城巡逻的士兵，然后发信号引导赵三三的800多军兵渡过护城河，杀入城中，杀害了阿不罕奴十刺、李献能等行省官员21人。由于乱兵最恨李献能，所以对他残害得最厉害。这一年，李献能仅43岁。

李献能为人谦虚，但又敢于主持正义。他面色黑红，长着美髯,善于言谈,每当谈古论今时,声音宏亮,抑扬顿挫,格外投入。他作诗志于风雅,又刻意于韵律乐章。在翰林学士院,他应对机智,反应敏捷,言语得体。当朝名士赵秉文、李纯甫曾说:"李献能是天生于今世的翰林院奇才。"所以,到处宣扬他的才学,很长时期不让他离开翰林院,并创造条件,使他深入钻研学问,更上一层楼。

李献能家过去是很有资财的富户,但在贞祐年间的动乱中全部失去了,几乎一贫如洗,使在京城翰林院任职的他除朝廷按月拨发的俸禄外,再无其他资财,生活较为贫寒,堪称一介"寒士"。李献能的母亲平素为人豪爽,过惯了富裕日子,花费很大,对于自己的享受用银要求较多,而且稍微有一点儿不满就严词斥责,恶语相加。人们认为她这样严厉苛刻,简直不能忍受,李献能却对母亲事事恭顺,相处很好。因此,当时人们都称李献能为忠纯的孝子。李献能年轻时曾对人这样说过:"我幼年时曾做过一个梦,梦见我官做到了正五品,寿限却不到50岁。"不管这种说法是何等的荒诞不经,或他做的那个梦是多么偶然,后来却都应验了,这也算是一桩奇事。

赵三三率兵杀掉李献能等后占据了陕州城,接着上奏朝廷,诬告李献能、阿不罕奴十剌等人谋反,说这些乱臣贼子已被他除掉了云云。在蒙古军咄咄逼人的进攻面前,处于风雨飘摇、朝不保夕的金国朝廷,明明知道李献能等人是冤枉的,却不敢为他们辩冤,更不敢斥责处罚赵三三,反而顺水推舟,加封镇压"反贼"有"功"的赵三三为元帅左兼军,并兼任西安军节度使,代行总帅府事。正是李献能等人的鲜血,为赵三三等乱兵换来了封赏,明知其冤而不能申,李献能死得真是冤上加冤。

王 鹗

◎ 张艳霞 陈 艳

王鹗,字百一,出生在曹州东明(今属山东)有名的书香门第,其祖父名王立,父名王琛。王鹗出生时,有一只大鸟落到王家庭院中,当时有位同乡先生张瀹(yūn)见到这种情形,便对王鹗的父亲说:"你的儿子有大名了,就叫鹗吧。"于是,王鹗便有了这样的名字。王鹗小时聪明灵敏,悟性很强,日诵千余言,擅写词赋,从小便闻名乡里。

金正大元年(1224),王鹗中进士第一甲第一名,授以应奉翰林文字;正大六年,被授以归德府(府治宋城,今河南商丘)判官,行亳州城父(今属河南)令;至大七年,改为同知申州,行蔡州汝阳（今河南汝南）令。这一年，王鹗因母亲死去，回乡守孝。

这时，金已是内外交困，四面楚歌。末帝完颜守绪即位时，金已处于风雨飘摇之中。北部成吉思汗的铁骑早已踏遍太行山，饮马黄河；窝阔台继承蒙古汗位后，于正大八年五月率兵分三路南下，围困汴京；金南部重与南宋开战，遇到南宋军民的顽强抵抗，金陷入了宋、蒙南北夹击的困境；金内部各地人民反抗金统治的起义不断发生。哀宗决定出逃，开始到归德，天兴二年（1233）六月，又到蔡州。蔡州虽然远离蒙军，但与宋接壤，面临南宋的威胁，且蔡州无险可守，形势仍然不利。哀宗下诏尚书省，令人劝说恒山公武仙进兵。哀宗拿着诏书问谁能前往，主持军政的左丞完颜仲德道："前翰林应奉王鹗能行。"哀宗问："就是那个朕即位时的状元吗？"立刻召见王鹗，后悔用之太晚。于是，下诏授王鹗尚书省右司都事，升左右司郎中。

哀宗入蔡以后，看到蔡州守御困难，准备向西去，到南宋的四川扩展地盘。但此时南宋已与蒙古商定联合灭金，蒙宋两军夹攻蔡州。蔡州被围困整整3个月，城中粮尽。天兴三年（1234）正月初九，蒙军突入城中，哀宗自缢而死，文武百官有的战死，有的被杀。就在王鹗生命受到威胁之时，蒙军万户张柔早就闻知王鹗其名，救了王鹗，用车将他送出城，在保州找个地方安置下来。

多年以后，忽必烈在漠北潜藩时期，同大批中原汉族士大夫取得了密切的联系，他的周围渐渐形成了一个汉儒幕僚集团。忽必烈仍然派人访求遗逸之士，当他听说王鹗后，专门派人去迎他。王鹗到达忽必烈的藩邸时，见到许多使者站立迎候，甚为感动，感到忽必烈同其他蒙古贵族不一样。忽必烈得到王鹗后，每天召对，询问古今兴亡的道理。而王鹗也尽心尽力，为忽必烈进讲《孝经》、《书》、《易》等，并讲齐家治国之道，古今事物之变，常常到夜里。忽必烈很欣赏王鹗的才学，对他说："我现在虽然不能立行君之言，但总会有实行的那天。"一年过去了。一天，王鹗请求还乡，忽必烈应允，并赐马。虽然王鹗不在藩府，但忽必烈仍派人询问，还让近侍阔阔、柴祯等五人拜王鹗为师，学习"治道"。不久，忽必烈又让王鹗迁到大都居住，赐给他一所住宅。有一天，王鹗求见忽必烈，有些难为情地说："天兵攻克蔡州时，金主自缢而死，有些遗臣将他葬在汝水之旁。我为金主旧臣，又为其所爱，想去葬处祭奠。"忽必烈想了想，同意王鹗去。当王鹗到汝水旁，葬哀宗的地方已为河水所没。想起哀宗励精图治，整顿朝纲，亲自督军作战，却落得国破人亡的下场，没有能够把亡国之君的罪名洗掉，王鹗不免失声痛哭，对着河水摆了祭具、牲酒。

中统元年（1260），忽必烈继承蒙古汗位，授王鹗为翰林学士承旨。蒙古族习惯以十二生肖做纪年，自成吉思汗起，虽建国号为大蒙古国，但一直没有年号。忽必烈即汗位后，采纳了王鹗和其他谋臣儒士的建议，宣布建元"中统"，采用了中国传统的王朝年号纪年。接着，忽必烈采用"汉法"，命人考定前代典式，参照当时的实际情况，逐渐确定了国家机构和职官制度，意在按中原原有的封建格式来建立自己的政权机构。当时的制诰典章，都是由王鹗等人裁定。中统二年，王鹗上奏忽必烈："自古以来，帝王的兴废与得失之所以可以考察，是因为有历史记载。我蒙古以神武定四方，天戈所临，没有不臣服的，是太祖皇帝（成吉思汗）雄才大略奠定了基础，如果不及时将太祖的功绩记录下来，恐怕日久就要被遗忘。应该设置专门机构,编纂太祖实录,同时还要附修辽、金二史。"王鹗提出的建议得到了忽必烈的赞许。接着,王鹗又提出:"唐太宗始定天下,设置弘文馆学士18人;宋太宗时设内外学士院,使史册辉煌一时,号称"文治"。我们堂堂国朝,难道没有唐、宋时的英才吗?我们也应该设立翰林学士院。"深受汉文化影响、一直重视汉族统治阶级统治秩序的忽必烈,立刻下诏设立翰林学士院,王鹗还推荐了李冶、李昶、王磐、高鸣等儒士为学士,同时设馆撰修实录及辽、金二史、忽必烈根据王鹗的奏请,诏令右丞相史天泽、左丞相耶律铸、平章政事王文统监修。但由于义例未定,迟延时久,未能成书,只有王鹗根据张柔所得的金朝《实录》修成《金史》稿,现已佚。后来,元顺帝至正年间修成辽、金、宋三史。那时,王鹗已于地下70多年了。王鹗还劝忽必烈设立十道提举学校官,负责管理学校,使蒙古贵族逐步重视文化教育。

中统年间,忽必烈重用王文统。王文统本是江淮大都督李璮的谋士,其女嫁与李璮为妻。忽必烈听说王文统理财有术,便诏见他,并任他为平章政事。当时,有人揭发李璮有谋反之意,王鹗便同儒士姚枢、许衡等人告诫忽必烈:"王文统学术不正,必祸天下,不宜居相位。"忽必烈此时正在外作战,无暇兼顾内政,未予理睬王鹗等人之语。王文统趁机派儿子王荛送密信给李璮,信里有"期以甲子"之约。谋叛之事暴露后,忽必烈召集王鹗、姚枢等文臣问如何处治王文统,王鹗等人都说当处以死罪。于是,王文统父子一并被处死。后来,忽必烈重用宠臣阿合马。阿合马官至平章政事,日益骄横,许多官员都是他的爪牙。忽必烈认为丞相非同一般官员,要肩挑国家重任,于是,召集王鹗等儒臣廷议可以任丞相之人。当时阿合马欲趁机谋取相位,有的大臣趋炎附势,帮助阿合马,也有的畏惧阿合马的权势，默不作声。王鹗非常气愤，将笔掷到一旁，大声说道："我已到衰老之年，无以报国，但不能做误国之事，让我推荐阿合马为相，我不能！我不能插驴尾。"说罢，拂袖而起。由于王鹗的抵制，阿合马谋取相位之计未能得逞。

至元元年(1264)，王鹗被加封为资善大夫。至元五年，王鹗已是年近八旬的老人，他向忽必烈上奏，请求辞官。忽必烈看到王鹗年岁已高，上朝不便，同意了他的请求，并下诏王鹗的俸禄如旧发放，直到终生。朝廷如遇有大事，忽必烈仍派人到王鹗府上询问计策。至元八年，忽必烈采用王鹗、刘秉忠的建议，改蒙古国号为"大元"，取《易经》"大哉乾元"之义，表示国家广袤无疆。至元十年，84岁高龄的王鹗离开了人世。忽必烈深为痛惜，诏谥"文康"。

王鹗为一方儒士，注重治学，一生究心《乐》、《易》，写文章从不雕饰。他强调，写文章应以理为先，分章析句是经生举子所为，不能算是真才实学。王鹗著有《论语集议》一卷，《汝南遗事》二卷，诗文共40卷，集成《应物集》。

元

(1206—1368)

元代自仁宗延祐二年(1315)开科取士,迄顺帝至正二十六年(1366),共开进士科15次,皆蒙、汉分榜,状元30名,但事迹可考的不多。本书将其中7人的材料整理成传,另将30人列表于书后。

张 起 岩

◎ 张艳霞

张起岩,字梦臣,山东禹城人,出生在汉族官僚家中。他的祖先世居山东章丘,在他上五辈时金、宋之间连年争战,为躲避战乱迁到禹城。在金统治北方时期,张荣在山东成为割据势力,控制着章丘、邹平、济阳等地,后来归附了成吉思汗的蒙古国。那时,张起岩的高祖张迪是张荣的部下,任元帅右监军,驻守济南;曾祖张福也在济南为官,为济南路军民镇抚兵钤辖;祖父张铎为东昌录事判官;父亲张范为四川行省儒学副提举。史载:张起岩的母亲丘氏在要分娩时,忽然见一条数丈长的蛇爬到榻下,不一会儿就不见了。丘氏受惊而生下了张起岩。在至元二十二年(1285)三月,元世祖统治时期,太史入奏,文昌星近日格外明亮,文运将兴。这时元世祖行幸上京。第二天,皇孙爱育黎拔力八达在儒州降生,这一天夜里,张起岩也降生了。后来,爱育黎拔力八达即皇位,是为仁宗。仁宗大兴儒学,始诏设科取士。在廷试时,张起岩中左榜进士第一,二人又同日出生,不能不说是历史的巧合。

张起岩从小便师从其父张范,年满20,以察举任福山(今属山东)县学教谕。元代在科举制度恢复以前,官员的来源主要是荫叙和察举,承荫为官的人数不是很多,主要来于察举。张起岩在福山县任职其间,县官率人去捕蝗虫,将县里的政务交给张起岩管理,时间一长,由于张起岩聪断明选而深得民心,许多百姓说:"如果张教谕为真县尹,我们跟着他怕什么灾害呢?"后来,张起岩因政绩突出被推为安丘县(今属山东)县尹,将家迁到安丘。

至大四年(1311),仁宗即位,第二年改元"皇庆"。仁宗在其师李孟等人的辅佐下,确立了尊孔崇儒、推行"汉法"的政治方针。仁宗重视人才的选拔,根据李孟的建议决定实行科举取士制度。唐、宋以来,科举制度是儒士入仕为官的主要途径,但元朝建立后科举停废长达半个世纪。世祖忽必烈时期,元廷围绕科举行废问题展开反复讨论;成宗、武宗时,也一再议贡举"法度",但仍然没有结果。到主张以儒治国的仁宗时,朝廷才制定出科举考试的各项制度和章程。皇庆二年(1313),仁宗以行科举诏颁布天下,决定恢复科举制度。元代科举考试每3年举行一次,分为乡试(行省考试)、会试(礼部考试)、御试(殿试)三级。各级考试时,蒙古人和色目人与汉人、南人分开考。在考试科目方面,蒙古人、色目人试2场,汉人、南人试3场，题目以四书五经为主。考毕，唱榜公布，蒙古人、色目人列右榜（蒙古人以右为上），汉人、南人列左榜。两榜各分三甲，第一甲各1人，赐进士及第，秩从六品；第二甲赐进士出身，秩正七品，第三甲同进士出身，正八品。

延祐二年(1315)，元朝首次开科取士，深通儒学的张起岩荣中左榜榜首。按规定，张起岩被授以登州知事，但仁宗十分垂爱这位与他同日出生的状元，于是，特旨将张起岩改为集贤修撰，转国子博士，升任国子监丞，进翰林待制，兼国史院编修。这时，张起岩的母亲丘氏去世，他回家乡为母守孝3年。期满后，出任监察御史。当时，中书参政杨廷玉因有错被台臣奉旨逮捕，丞相倒剌沙痛恨台臣纠劾了他的同伴，便诬蔑台臣欺君罔上。张起岩虽然新任台臣，但他不畏惧权高势大的倒剌沙，抗章奏道："台臣按例劾纠百官，论列朝政，这是他们的职责。而现在有人不顾法纪，令忠良寒心，这不是盛世所该出现的。况且世祖皇帝设立台阁，广开言路，维持治体，沿续已久。现在台臣都被谴，公论被杜塞，何以为法，何以维护祖宗治体？"张起岩三上奏章，但都未报与仁宗皇帝。张起岩在上朝时又与倒剌沙廷争，终于使仁宗感悟。不久，张起岩升为中书右司员外郎，进左司郎中，兼经筵官，并被拜太子右赞善。任职其间，张起岩的父亲张范去世，守孝期满后改任燕王府司马，礼部尚书。

文宗即位后，曾亲郊，张起岩充任大礼使，他引导文宗陟降，步武有节，前后衣襟随风飘动，陪位百官，看上去就像古画中绘的人物，文宗非常高兴，后来赏赐给张起岩许多物品，是别人得不到的殊荣。文宗死后，宁宗懿质璘班即位，在位仅43天便死去。文宗皇后不答失里与权臣燕帖木儿按文宗遗言迎立明宗长子妥欢帖睦尔，妥欢帖睦尔远在桂林，尚未抵京。

这时，燕南有人告变，声称部使者欲图谋不轨，经调查无一属实，而告变者未被治罪，张起岩对此不满，但主管法司的人说："唐律就有过告变者不反坐。"张起岩愤然地对同列说："现在嗣君未至，人情危疑，不诛此人，恐怕有妨大计，应及早处理这件事，以杜奸谋。"顺帝即位后，令中书省官员列坐铨选，张起岩推荐一位儒士，中书右丞相伯颜不高兴，张起岩抬身而起，伯颜认为张起岩与他相忤，但张起岩不畏伯颜权势熏天，从不向伯颜趋附。顺帝即位不久，张起岩升为翰林侍讲学士、知制诰兼修国史，修前三朝实录，同时兼任经筵官。御史台上奏请拜张起岩为浙西廉访使，顺帝未从。但不久，将张起岩擢为陕西行台侍御史，张起岩将行时，又被留在大都，任侍讲学士，后转为燕南廉访使。

张起岩在燕南任职期间，打击豪强，百姓拍手称快。那时，滹沱河水时常泛滥成灾，真定一地受害最深，百姓苦不堪言。张起岩派人修堤以防水患，为真定百姓解决困难。后来，张起岩回京任职，真定百姓相拥而送。回京后，张起岩任翰林学士承旨、知制诰，兼修国史、知经筵一事。中书右丞相别里怯不花被台臣纠劾，顺帝将其罢官。不久，别里怯不花再度为相，向顺帝进言台臣是非。张起岩在上朝时与别里怯不花发生争执，闻者都认为张起岩论事刚直，无所顾忌，但因为张起岩秉直，与上官多不合。

至正三年（1343），顺帝下诏修辽、金、宋三史。早在世祖中统二年（1261），王鹗就曾请修辽、金二史，南宋灭亡后又修宋史，元仁宗延祐年间也曾诏修二史。但终因义例未定，一直未能定稿成书。直到至正三年，中书右丞相脱脱请修三史，顺帝决定设局修史。以中书右丞相脱脱为三史都总裁，帖木儿塔识、贺惟一（太平）、张起岩、欧阳玄、揭傒斯、吕思诚为《辽史》总裁官，帖木儿塔识、贺惟一、张起岩、欧阳玄、揭傒斯等人为《金史》、《宋史》总裁官。这样，张起岩参加三史修撰。张起岩熟于金元典故，宋儒道学原委，尤多究心潜研，史官中有自以为是的，每当立言不当，张起岩总要据理力争。至正五年(1345)，三史修成，这时张起岩已是65岁的老人，他上疏请求告老还乡，顺帝应允，授张起岩荣禄大夫。

史载：张起岩面如紫琼，美髯方颐，眉目清扬，一望便是雅量君子。他临政决议，屹若泰山，不可夺回。与人发生争执时，面额红赤，许多人都怕他，而了解他的人都说他是外和中刚。张起岩不受人笼络，如同欧阳修，名闻四裔。至正九年(1349)，张起岩卒于乡里，谥曰"文穆"。

张起岩性孝友，对父母很孝顺，总是亲自从百里外背米送给父母；抚养幼弟张如石，对弟弟关怀备至，教他学习；出钱葬亲族人20余人，并买田送其亲属；每当得到俸赐，总是与故人宾客共享。在他亡卒之后，家无余财，廪无余粟，两袖清风。

张起岩博学多才，尤善篆、隶，著有《华峰漫稿》、《华峰类稿》、《金陵集》等。

泰不华

◎ 张艳霞

泰不华，原名达普化，又叫他哈布哈，伯牙吾台氏，字兼善，本奚族，元文宗赐名为泰不华，生于元成宗大德八年（1304）。泰不华的祖籍在白野山，其父塔不台曾经当过宫廷宿卫，后来被派到台州路（路治临江，今属浙江）做禄事判官，于是，泰不华一家便居住在台州。禄事判官是一个很低的小官，俸禄微薄，仅够一家人糊口，泰不华就出生在这样一个比较清贫的小官僚家中。泰不华出生时，他的父亲给他取名叫达普化。他从小酷爱读书，记忆力惊人，凡是看过的书多不会忘记。当时集贤待制周仁荣很喜欢他，便和塔不台商量，将泰不华接到自己家中抚养，并教他读书。在周仁荣的影响下，泰不华进步很快，接受和学习汉文化，经文诗书样样精通，还写得一手好字，尤喜篆隶，史载他的字温润遒劲。在他17岁时，便中江浙行省乡试第一。第二年，即元英宗至治元年（1321），刚刚18岁的泰不华便和诸多考生对策大廷，荣登右榜第一名。元英宗受其父仁宗推行"汉法"的影响，非常重视学习汉民族文化，大规模起用汉族地主官僚和儒臣，并对蒙古旧制进行了改革。英宗比泰不华大1岁，当时英宗即位不久，对这位满腹经纶的新科状元格外喜爱，先授泰不华为集贤修撰，后转为秘书监著作郎，又拜为江南行台监察御史。

泰不华性情耿直，注重气节，不随俗浮沉。当时有位御史大夫脱欢仗势欺人，贪暴横行，许多人趋炎附势，而泰不华不畏权暴上奏弹劾，力陈脱欢之害，皇帝终于罢免了脱欢。到了天历年间，文宗崇文尊儒，大兴文治。天历二年（1329）二月，文宗为了传播汉文化，下令在京城大都建立奎章阁学士院，让精通汉文化的翰林学士承旨忽都鲁都儿迷失和赵世炎担任奎章阁大学士，并专设授经郎二员，给近侍大臣和贵戚的子弟讲授经学。泰不华因精通汉文化而入选，擢为典籤，拜中台监察御史，得到了文宗的赏识，赐名为泰不华。

泰不华为官历任7朝。元朝中后期，统治阶级内部发生了激烈的斗争，每一个皇帝的更换都有一番剧烈的争斗，围绕着皇权的角逐，也展开了权臣们派系的斗争。英宗在位仅3年便被权臣谋害，泰定帝即位后内部矛盾进一步激化，泰定帝死后，5年之间更换了5个皇帝，最后末帝顺帝即位。元统元年（1333），顺帝即位后追封已死的权臣燕帖木儿为德王，其子唐其势袭封太平王，以高邮府（府治高邮，今属江苏）为封地；大臣伯颜被封为秦王，受田500顷。泰不华时任监察御史，上奏道："按国制，只有宗亲才能封王封地，相臣不当受王土。"但泰不华的奏章未能引起顺帝重视。至元元年（1335）十二月，顺帝加封文宗皇后即顺帝婶母卜答失里为太皇太后。文宗是被燕帖木儿拥立为帝，但迫于形势，即位1年后让位于异母兄长和世㻋，即明宗，明宗在位仅半年多便被文宗和燕帖木儿密谋害死。卜答失里曾参与谋害明宗一事并害死了明宗皇后八不沙，她一直希望自己的儿子能当上皇帝，但文宗害死兄嫂后临死时想赎罪，执意立明宗长子即顺帝，卜答失里只得听从。顺帝即位后，卜答失里以皇太后身份位居后宫，现被顺帝尊为太皇太后。太皇太后是历代帝王尊奉祖母的封号，而卜答失里是顺帝的婶母，若尊太皇太后则乱了辈分。于是，泰不华率诸言官上奏："皇上于太后，是母子关系，若加太皇太后，则降为孙辈。况且，按今制度如封赠祖父母，则降父母一等。太皇太后封号不宜加于叔母。"奏章呈上去后，无声无息，好几天不见发落，泰不华便密探消息，注意朝廷动向。一天，泰不华正在御史台办事，忽然有人密报说："君等要遇祸了，怎么还在这儿从容办事？"泰不华问："是不是为太皇太后一疏之事？"那人告诉他："听说皇太后阅了奏章，勃然大怒，要将你们治罪，可能明天就会下旨。"话刚落，御史台一片哗然。与泰不华会奏的人员，更是惶急，有几个胆小的让泰不华出主意，想办法保全性命。而泰不华神色如故，对他们说道："此事由我发起，皇太后如要加罪，由我一人担当，甘受诛戮，绝不连累你们。"大家才有些放心。第二天，未见诏旨下来。又过一天，内廷反而颁赐给泰不华两枚金币，泰不华惊诧不止，私问宫监，宫监告知他："太后初阅奏章原有怒意，准备加罪言官，昨天怒气已平，说御史中有如此直臣，实在难得，应赏赐金币，旌扬直声，所以今日才有特赏。"泰不华听后不免上疏谢恩。只是卜答失里被尊为太皇太后的议案仍未改变,直到至元六年(1340)才被驱逐出皇宫。

事过不久,泰不华出任河南廉访司事,又移到淮西任廉访司事,继而升迁江南行省御史台经历,因泰不华家居浙江,请求转至江浙行省,顺帝奏准,泰不华便出任江浙行省左右司郎中。元统末年,浙西出现水害,许多田地颗粒不收,百姓苦不堪言。泰不华作为地方官,为百姓着想,入朝奏与中书省,力言免浙西租税,得到批准。后来,泰不华又被召回朝廷,任秘书少监,又升为礼部侍郎。至正元年(1341),泰不华被派往绍兴路(路治会稽、山阴,今浙江绍兴)任总管。在绍兴任职其间,他革清吏弊,废除了官牛的租税,让百姓根据田地实有数目交纳赋税;教民兴让,饮酒也要以礼行之,把儒士礼仪传到百姓之家,绍兴路风俗一时大为改观。

至正三年(1343),顺帝下诏命中书右丞相脱脱为都总裁官,中书平章政事帖木儿塔识、中书右丞太平、御史中丞张起岩等为总裁官,负责监修宋、辽、金三史。泰不华被召入史馆,参加修史。在修史时,泰不华以严谨的态度考证实据。泰不华治学修史颇有成就,他曾考证伪字,重新分类编写了《复古编》,共10卷。至正五年(1345),三史修成,泰不华被授以秘书卿。不久,又升至礼部尚书,兼负责管理会同馆事务。

至正四年(1344)六月,一场大雨使黄河暴溢,北决白茅堤、金堤(今河南兰考境内),山东、河南、安徽、江苏等沿河地区受灾,有的地方水深两丈。泰不华奉诏用珪玉、白马致祭河神,以求平安。祭神之后,泰不华认为黄河泛滥的原因在于泥沙沉积过多,致使河水溢出河堤,于是上疏道:"应该在淮安以东的黄河入海处,仿效宋朝设置撩清夫,用辊江龙铁扫搅拌沙泥,使沙土随潮入海,不致积沉,黄河遂安。"顺帝听从了泰不华的建议，但时值朝廷招募屯田，一时抽不出人力，这件事也就被搁置起来。

泰不华好交友，注重友情，不随波逐流。在顺帝朝，有位中书左丞相叫太平，与泰不华私交很好。太平本姓贺，名惟一，曾任中书平章政事、御史大夫。元制重蒙轻汉，凡省院台三署正官，非国姓不得授。贺惟一因是汉人，执意辞退，但顺帝偏偏不肯，特赐他国姓，并改名为太平。后来，太平被奸臣弹劾觊觎要职而罢去相位，放归故里。平日与他来往的人都躲得远远的，怕受牵连，只有泰不华独自为他饯行，并要亲自送太平到都门外。太平感动地对他说："君且留步，不要因为我而受连累。"泰不华答道："士为知己死，怎么能怕灾祸！"一直坚持将太平送出城门。后来果然因这件事而受人排挤，但没有人不佩服他的。

至正八年（1348），台州黄岩（今属浙江）盐贩方国珍率众数千人入海，打劫元政府的漕运粮食，进攻浙东沿海，并抓获海道千户德流于实，一时称雄海上。朝廷得知后，命江浙行省参政朵儿只班总领水兵征讨。方国珍见势不妙，率人沿海南逃，朵儿只班紧追不舍，追至福州五虎门时，方国珍见追兵已至近前，知道事危，便孤注一掷，命人放火烧船，元军见状大为惊恐，怕大火烧到自己船上，慌乱中不战自溃，方国珍将朵儿只班抓获。不久，方国珍向元乞降，顺帝下诏招降，并授以庆元（今浙江宁波）定海尉。方国珍虽然被授官，但又回到黄岩招兵买马，不断扩充实力。朝廷为了探清方国珍的虚实，决定派遣熟悉浙江的泰不华前往察看。至正九年（1349），泰不华奉诏到了浙江，很快摸清了方国珍的情况，然后上奏朝廷，提出围捕方国珍的建议和策略。但朝廷未能听从，而是招回了泰不华，授泰不华为江东廉访使，又改为翰林侍读学士，知制诰同修国史，不久又出为都水庸田使。

至正十年(1350)十二月，方国珍再次入海反叛，烧掠沿海州郡。由于泰不华对方国珍的情况比较熟悉，所以顺帝于至正十一年(1351)二月下诏任泰不华为浙东道宣慰使都元帅，统领温州路(路治永嘉，今浙江温州)军队，同时命孛罗帖木儿为江浙行省左丞，率军抵达庆元，然后分两路夹击方国珍。泰不华刚达温州不久，方国珍便率船队从海上攻打温州。泰不华见方国珍的船队排列成行，便仿效三国时周瑜火烧曹营之故事，放置许多带火的木筏，焚烧了方国珍的船队，方军败退。然后，泰不华与孛罗帖木儿秘密约定在六月中旬分别从温州、庆元出发，合兵进讨方国珍。但孛罗帖木儿急功近利，于六月初便开始行动，率船队行至大闾洋，驻扎在那里。方国珍闻知后，在夜里率精兵数千人，悄悄将船驶到元军附近，点燃火把，高声呐喊。元军一时摸不着头脑，以为方国珍夜袭，纷纷逃向岸边，落水而死的人超过一半。方军见势，杀向元军，活捉了孛罗帖木儿。孛罗帖木儿被放回后，反为方国珍饰词上奏，说方国珍诚愿请降。泰不华闻知痛愤已极，绝食数日。朝廷不了解真情，以为方国珍诚心降元，便派大司农达识帖木儿等前往黄岩招降。方国珍听说朝廷派的人来了，便携二弟登岸叩拜道旁，并让出了民间小楼与达识帖木儿居住。达识帖木儿非常高兴，当天便奉诏授方国珍及其弟官职。这天晚上，正是中秋佳节，一轮明月悬挂在空中，柔和的月光洒在不平静的大地上。方军的军营里不时传出阵阵笑声、喝彩声，士兵们在对月饮酒、高歌，欢庆连日来取得的战果。而元军的大营在秋风中静悄悄的，好像有什么大事发生。泰不华一直想选择时机进攻方国珍，他断定中秋之夜，方国珍等会因达识帖木儿的到来而麻痹大意，于是，准备夜晚派壮士袭杀方国珍。几名壮士着好行装，备好武器，只待令下。泰不华夜访达识帖木儿，并将此事告诉他。达识帖木儿不允，而且斥责泰不华说："我受诏招降他，你怎可袭杀失信？你难道想违诏抗命？"尽管泰不华再三说明方国珍狡诈，不可轻信，但达识帖木儿仍不让。由于他的阻拦，泰不华的计策未能实行。天亮后，达识帖木儿又命泰不华亲自到海滨，解散一直处于战备状态的元兵，并将船和兵器扣留，送给方国珍，泰不华只得怏怏地交出。不久，泰不华出为台州路达鲁花赤。

至正十二年（1352），农民起义军芝麻李占据徐州（今属江苏），元中书右丞相脱脱亲自出马，率军围困。为配合进军徐州，朝廷命江浙行省招募舟师守卫长江，方国珍怀疑朝廷与他为难，再次入海反叛。泰不华作为台州路最高军事指挥官，决心以死报国，派兵扼守黄岩的澄江，并派遣义士王大用前往方国珍处送信，希望方国珍归降。方国珍顿起疑心，拘捕了王大用，然后派兵乘200只小船突入海门，沿台州港口，进犯马鞍山。泰不华率军力守台州，他对部众说："我是以书生身份登至今天显要位置的，总担心会有负于我之所学。现在受命守卫海隅，方贼刚刚降朝廷又反复为变，你们要助我击杀。如果攻克方贼，这算是你们的功劳；如果不克，我则以死报国！"泰不华的话感动了元军，许多人愿意跟随他尽忠尽职。这时，方国珍派其戚党陈仲达前来报知泰不华，表示如约愿降。泰不华率部下数十人，偕陈仲达乘船趁涨潮而行，船上悬挂着陈仲达送来的降旗，突然船触沙搁浅，不能前行。正在船上人不知所措的时候，猛然间见方国珍站在一条大船的船头，士兵挥桨前来。泰不华急忙叫陈仲达说明情况，但见陈仲达目动气索，泰不华知有异谋，用刀将他砍死，然后扑上前抓住方国珍的船，砍倒五人。方国珍船中尽藏伏兵，这时齐起，一跃而登泰不华的船，泰不华举刀乱挥，砍倒数人。这时，方军有一兵士举槊来刺泰不华，被泰不华抓住折断。又有许多方军士兵涌到泰不华的船上，想将泰不华拖到方国珍的大船上，泰不华怒目呵叱，用力挣脱，夺过一把刀，又砍倒两人。许多方军士兵齐上，用槊刺他，正中泰不华脖颈，流血不止，但还是直立不倒，直到流尽最后一滴血，方军将其尸体投入海中。泰不华的数十部众也都战死。这一年是至正十二年（1352）三月，泰不华时年49岁。

泰不华死后不几日，顺帝任命他为江浙行省参知政事的诏书到达行省，但泰不华只能是地下有知了。3年后，顺帝追赠泰不华为荣禄大夫、江浙行省平章政事、柱国，封其为魏国公，谥忠介。在台州立庙纪念他，庙的匾额上写着顺帝赐的两个大字——崇节。

宋 本

◎ 张艳霞

元世祖至元十六年（1279），也就是元吞灭南宋、一统天下那年，宋本出生在大都（今北京）一个清贫的文人家庭。宋本从小聪颖，超出常儿，八九岁时便找出经史，日夜诵读。宋本的父亲宋祯在南中谋了个低等的官职，为官清廉，保持气节，生活十分贫苦，不得不卖掉在大都的旧宅。当时宋本和其母居住在大都，宋本年少尚未弱冠，便担起奉养母亲的重担，召集许多少年帮助母亲租赁房屋。后来宋祯到江陵（今属湖北）做官，宋本跟随父亲到了江陵。江陵有位名人王奎文，深明性命义理之学，宋本前去拜访求教，得到王奎文的指点，造诣日深，尤擅古文。他的文章峻洁刻万，寓意深邃，为时人所称赞。在江陵生活了20多年，直到40岁时才返回大都。

宋本回到大都不久，至治元年(1321)，英宗初即位便举行廷试，宋本中左榜进士第一名，赐进士及第，授以翰林修撰。英宗即位后，以拜住为中书右丞相，革新政务，推行"汉法"，大规模起用汉族地主官僚及儒臣。宋本以文学精深而得英宗垂爱。但英宗所进行的改革，触犯了大多数保守的蒙古贵族的利益，引起他们的抵制和反对。至治二年(1322)，答己太后和权臣铁木迭儿死后，以铁失为主要代表的旧势力仍布列朝中，他们拉帮结伙，密谋策划，准备发动宫廷政变。至治三年八月，铁失勾结知枢密院事也先帖木儿等人，乘英宗自上都(今内蒙古多伦西北)南返大都、途经上都以南的南坡时，发动政变，刺杀了英宗和拜住，史称"南坡之变"。接着，晋王也孙铁木儿被拥立为帝，是为泰定帝。十月，皇权在握的泰定帝为维护其皇权的正统性和合法性，将杀君的铁失等人处死。这时宋本为监察御史，他在泰定元年春(1324)向泰定帝首言："逆贼铁失等人虽伏诛，但其党枢密副使阿散因为告发铁失而逃脱了罪名。现在他窜到岭南，应该早些将他抓获。"泰定帝未能听从。

泰定帝统治期间，天灾人祸屡屡发生，社会秩序紊乱。泰定元年，太庙内丢失了两块金神主牌，一座是仁宗神主，另一座是仁宗后神主。元代规定神主牌用黄金制成，曾有大臣提出应改用木制以免丢失，但朝臣认为宗庙社稷各有守官，无人敢去盗窃。因而一直采用黄金。当泰定帝得知神主牌丢失后，令守京各官，派员缉获，但官吏昏庸无能，追索十几天，毫无赃证。宋本针对此事，上奏提出："民间失盗，尽管是事后逮捕了偷窃者，仍治罪。现在，主管太庙的太常失职而丢失神主牌，应立即议罪。"奏入，但未能报与泰定帝。宋本又针对中书省官员不到署办公一事提出建议："中书宰执，每天都在内廷，常半月不到中堂，殆滞机务，应劝戒他们到所署办公。"但泰定帝自幼生长漠北，所受的都是正统的蒙古教育，对汉人的防范甚严，而且不能从贤纳谏，因此，宋本所上之言，泰定帝未予理睬。

泰定元年铁失等人被诛以后，旭灭杰担任中书右丞相，与左丞相倒剌沙权倾朝野。这年有宿卫士从漠北来到大都，不久泰定帝又将他们派回漠北。在归北途中，宿卫士结群在桓州(今内蒙多伦西北)剽劫杀人，当地官员将他们逮捕，但旭灭杰上奏请求释放。泰定帝见被捕者都是在漠北藩府时的部下，便下诏免罪开释。又有从漠北来的千户抵达大都后，住在旭灭杰的府中。一天，民间朱甲的妻女乘车路过旭灭杰府邸，千户看中颇有姿色的朱甲妻女，并派人将她们母女掠入府中。朱甲向中书省哭诉妻女被夺一事，但旭灭杰包庇千户，草草地打发了朱甲。就在这时，许多地方发生灾异，雷迅风烈，山崩地震，吓得泰定帝忙召集诸臣杂议如何消灾。当时宋本以国子监丞参加廷议，他对屡次发生的事不满，便愤愤地说道："铁失余党未诛，仁庙神主失而未得，桓州盗未治罪，朱甲之冤未申，是刑政失度，以致民愤天怨。这些灾异，都是上天的惩罚。"宋本越说越激愤，许多大臣都害怕了。

泰定元年冬，宋本调任兵部员外郎，泰定二年，转为中书左司都事。宋本高亢不屈的性格为诸臣所知，他持论坚正，行为正派，从不谋私事，许多人对他又敬又畏。当时有一位代理兵部尚书，是故将李牢山之子，曾跟随诸王征讨谣民。这位代理兵部尚书在进军时纳妾，留军不前，兵败而归。枢密副使王卜邻吉台却上奏认为他平谣有功，应当升官。宋本抗言道：

"他弃军娶妾，逗挠军期，应该将其问罪，怎么能升官呢！"王卜鄰吉台神色沮丧，不敢再说什么。旭灭杰死后，中书左丞相倒剌沙朝权在握，且深得泰定帝信任。倒剌沙与平章政事乌伯都剌都是西域人，西域有些富商将他们的国珍异石献给倒剌沙和乌伯都剌，这些人有的出自二人门下，有的因罪被夺官。泰定三年冬的一天，乌伯都剌从宫内出来到政事堂，召集僚臣，让左司员外郎胡彝将拟好的诏书递与宋本看，准备明日宣读。宋本接看，原来是因为近日许多地区发生地震，皇帝要诏赦天下，命中书省酬计各地所献诸物之值，用来擢用那些被夺官的人。宋本看罢竟自说："现在各地都报灾异，害怕献物，本来他们就不满。夺有罪之官，这是世祖时就定下的制度，现在要擢用这些人，这不是废成宪而反世祖诏吗？有的人藏匿所献之物，难道不应治罪？皇上怎么不问问？"在场的臣僚听了宋本的言语，相视叹息，无可奈何地离开了。第二天，宣诏完毕后，宋本称病不出。

泰定四年，宋本升为礼部郎中；天历元年（1328），升吏部侍郎；天历二年，改为礼部侍郎。泰定帝死后，其子仅做了1个月的皇帝便被文宗图帖睦尔赶下台。文宗自幼受儒学熏陶，坐稳皇位后，大兴文治，信用文臣，宋本等一批老文臣得到信任。文宗在天历二年设置奎章阁，讲授经文，又设置艺文监，命人校点书籍，搜集元代历朝资料。宋本在此期间发挥了他文人的特长，参与许多工作。至顺元年（1330），宋本进为奎章阁学士院供奉学士；至顺二年，出为河东廉访副使，尚未赴任，文宗又升宋本为礼部尚书。文宗死后，明宗子、年仅7岁的懿璘质班即位仅43天便死去。文宗皇后不答失里按照文宗遗言，迎立远在桂林的明宗长子妥欢帖睦尔为帝。至顺三年冬，妥欢帖睦尔尚未到大都，正旦节日到了，按旧例，文武百官应在大明殿向皇帝行朝贺礼，而新皇未至，文宗皇后在兴圣宫仍让行朝贺礼。宋本对诸臣说："我们应当上表递与兴圣宫，请皇后放弃这次大明殿朝贺。"众臣响应，文宗皇后只得作罢。

元统元年（1333），妥欢帖睦尔即位后，让宋本担任礼部尚书，兼任经筵官，侍从皇帝左右，讲授经史。这年冬天，又拜宋本为陕西行台治书侍御史。宋本因病未能赴任，留在大都，任奎章阁学士院承制学士，仍兼经筵官。元统二年，转为集贤直学士，兼国子监祭酒和经筵官，同年冬，病死于任上，时年54岁，谥正献。

宋本为人正直，一直保持着文人的气节，始终不依附权贵，为官清廉。他的官阶从承务郎至太中大夫，历仕通显，但他一直租房居住。宋本疾恶如仇，对待朋友热情诚直，时人都愿与之交往。宋本去世时，执绋事近两千人，都是缙绅大夫、门生故吏和国子诸生，没有一个杂宾，时人都以之为荣耀。宋本是元代著名的文学家，与其弟宋褧齐名，人称之为"二宋"；与同出一师的谢端并称做"谢宋"，诗、赋皆精通，著有《至治集》40卷。

李 黼

◎ 张艳霞

元成宗大德元年(1297),李黼出生在颍州(今安徽阜阳)一个汉族官僚地主家庭。他的父亲李守中,当时在大都(今北京)任工部尚书。李守中脾性急躁,对子女极其严厉,李黼从小十分畏惧父亲,但非常孝顺。李守中一饮酒便大醉不醒,常持续几天,李黼想尽一切办法帮助父亲,李守中仍卧床不醒,李黼便跪在父亲的床头,责备自己,往往跪到天明,丝毫没有厌怠之意。

元仁宗尊孔崇儒,推行"汉法",大兴国子监,培养选拔人才,亲自规定国子生名额为300人,另外增加20名陪堂生,任命自己的老师李孟掌管国子监学。李黼作为汉人官员子弟,进入国家的最高学校国子监学习。泰定四年,年近30的李黼参加科举考试,并荣中左榜进士第一,授翰林修撰。泰定五年,李黼代理祭祀西岳时,有个大臣私下对他说:"每次我的名字都排在后面,这一次能变一变吗?"李黼正色道:"周王势力虽小,但在《春秋》序中列在诸侯之上,这是尊君,怎么能怕在后面呢!"这位大臣无言以对。

不久,李黼改任河南行省检校官,升为礼部主事,后又拜为监察御史。李黼在任监察御史时,曾上疏提出3项建议:第一,太庙只有二祭,每天供佛祠、神御,这是非礼,应该根据经典而行;第二,教化之根本,不应当隶属集贤,应归属省臣兼领;第三,诸侯王每年赏赐有定额,分封换代之际,世系亲疏,无从可考,应该仿效先代,修正玉牒。但李黼的上疏被扣押,没有呈报给皇上。后来李黼转任江西行省郎中,又入为国子监丞,升为宣文阁监书博士兼经筵官,侍从皇帝,讲解经史。李黼总是为皇帝讲述圣贤之法。中书省曾命他巡视河渠,李黼巡视后上疏言道:"蔡河源出京西,宋朝时因为有运输,是以平地作堤,水位低于平地;而现在河底已淤塞,高出地面,夏秋之季,暴雨倾泻,河水横溢为灾。应该按河故迹修浚,如若他日通惠河有不测,阻塞运输,则江淮之物可由蔡河到达大都,这是万世之利。"由于这时元朝皇族卷入争夺皇位斗争的漩涡,朝中大臣结党倾轧,尽管李黼提出了有利国计民生的建议,可是无人理睬,李黼只得作罢。

元顺帝时,李黼升为秘书太监,拜礼部侍郎,奉旨详细定出中外所上封事。后来廷议内外官应当通调,李黼离开大都,被授为江州路总管(路治德化,今江西九江)。

至正十一年(1351)五月,韩山童、刘福通揭开了轰轰烈烈的元末农民大起义的序幕,并攻占河南许多地区。接着,北方有李二(号芝麻李)智取徐州;南方有徐寿辉攻占蕲水(今湖北浠水),建国号为"天完",接着攻克黄州路(今湖北黄冈),在长江北岸造船,准备南攻。江州位于徐寿辉天完军的下游,若乘风顺水而下,很快便到达,而且江州是连接江西与江东地区的交通要道。因而李黼非常重视守城,他派兵修治城壕,检查兵器,并招募壮士,分别把守要害之处。然后李黼又向江西行省平章政事道童上攻守之策,请求行省派兵屯于长江北岸,扼守天完军的通路,凭长江之险守卫江州。但李黼的计策未能通禀给道童,李黼叹道:"我并不是怕死才上疏的。"李黼只好杀牛慰劳将士,以激励他们,振作士气。几天之间,元军风气有所改变。尽管李黼做好守城准备,但他知道此时的元军已非同昔日,无法与成吉思汗、忽必烈时相比。军队本是元朝的支柱,随着统治集团的日益腐朽,元军也急遽腐朽,丧失战斗力。元末明初人叶子奇把元朝军队的腐败归纳为:"元朝自平南宋之后,太平日久,民不知兵。将家之子,累世承袭,骄奢淫佚,自奉而已。至于武事,略之不讲,但以飞觞为飞炮,酒令为军令,肉阵为军阵,讴歌为凯歌。"这样的军队当然是不堪一击的。

至正十二年(1352)正月,徐寿辉的天完军兵分两路进攻元军。一路渡江西上,攻克武昌,威顺王宽彻普化、湖广平章和尚及其他大臣皆弃城逃跑;另一路乘船顺风而下,直逼江西,江西行省大为震惊,天完军乘胜攻破瑞昌。当时右丞孛罗帖木儿正在瑞昌附近驻扎,听说瑞昌被攻占后,慌忙逃走。沿江州县官员也闻风皆逃。李黼传檄兵民,募集丁壮,准备同天完军血战。黄梅县主簿也孙帖木儿愿意帮助李黼出击天完军,李黼大喜,立刻请来也孙帖木儿,与他共同对天发誓,饮血酒以表作战的决心。刚毕，天完军已兵临城下，李黼急命诸将士在险塞之处堆积木石，阻止天完军的进攻。连守粮、守船的士兵也参加作战，一时无号，便将士兵的脸用墨汁涂上。李黼亲自率军出战，身先士卒，大呼冲向阵前，也孙帖木儿也配合作战，暂时守住了江州城。徐寿辉的天完军北退60里，准备水陆联军再度攻城。江州战场平息后，李黼对左右的将士说："贼从陆地进攻受挫，必然由水道再度攻城，不要放松防御，否则只有死路。"他又派人找来数千根长木，在上面钉上铁锥，放置沿岸水底，想以此来刺破天完军的船只，李黼把这些东西叫做"七星椿"。过了几天，天完军果然乘西南风顺流而下，船遇到"七星椿"不能前进，一时又无法后退。李黼乘机命将士击杀，用火翎箭射杀天完军，天完军损失严重。李黼守城有功，江西行省上报元廷，请升李黼为江西行省参政、行江州路、南康路军民都总管。

至正十二年二月初，徐寿辉的天完军攻占江州附近的其他州县，西自荆湖，东到淮甸，沿路元军都溃败而逃。李黼据守的江州已变成了一座孤城，四处皆无援可待。天完军数万人四集江州城下，昼夜围攻。李黼率军连日迎战，许多将士支持不住，意欲逃走，李黼斩杀了几个贪生怕死的人。激战数日之后，江州城内粮草断绝，外又无援兵，已是难守。这时，在江州城的平章政事秃坚不花从城北门逃跑，江州的形势是无守可言，但李黼决意死战到底。李黼带兵登上城墙，并亲布战具，看到天完军已到了甘棠湖，焚烧西门，李黼忙命将士张弩射箭。天完军见西门一时难以攻下，便转攻东门，李黼慌忙引兵去救东门，但天完军已攻破城门入城。李黼与天完军进行巷战，自知力不能敌，挥剑高声喊道："杀我！不要伤害百姓！"天完军从李黼的背后杀过来，将李黼刺落马，李黼和他的侄子李秉昭一同战死。一些江州的百姓听到李黼的死讯，相拥而至，用棺将其葬于东门外。李黼时年55岁。在李黼死后不久，朝廷任李黼为参政之命才下到江西行省。

元廷闻知李黼战死江州，认为他是当时少有的忠臣。顺帝下诏表彰李黼，命人在江州为李黼立庙，赐庙额为"崇烈"，并赠李黼为"据忠秉义效节功臣"。资德大夫、淮南江北等处行中书省左丞、上护军，追封李黼为陇西郡公，谥忠文。1367年，朱元璋在平定南方时，称李黼为"忠臣义士"，命人为李黼建造祠堂，图画肖像，每年祭祀。

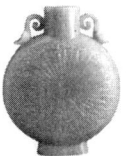

李 齐

◎ 张艳霞

　　李齐,字公平,广平(今属河北)人。年少时家境十分贫寒。李齐聪睿,好学上进。家穷买不起书,就常常到邻人家里借阅,他就是这样博览了古文诗书、儒家经典。他的文章写得很好,尤擅韵文,闻名遐迩。后来,迫于家境,李齐不得不离家谋生,去江南做私塾先生。江南自唐宋以来便是中国经济、文化的重心,经济发达,文化兴盛,名士才子辈出。李齐深受南方文风的影响。

　　私塾先生的生活是较为清贫的。为了出人头地,博得功名富贵,李齐决心参加科举考试,走科举入仕之路。

不过，科举入仕对于他来说绝非易事。

元朝是由蒙古贵族建立起来的封建王朝，元政府实行民族歧视和民族压迫的政策，科举取士也不例外。元朝统治者把全国各族分成四等：第一等是蒙古人，地位最高；第二等是色目人，包括西域各族、西夏人（由于他们归附蒙古较早，也最得信任，因而地位仅次于蒙古人）；第三等是汉人，指原金朝统治下的各族人；第四等是南人，指原南宋统治下的汉族和其他各族人，地位最低。元朝政府对四等人在政治地位、科举待遇等方面，都做了不同的规定。元代科举考试分为乡试（行省考试）、会试（礼部考试）、御试（殿试）三级，分左、右两榜录取。蒙古人以右为上，因而蒙古人、色目人中者都为右榜进士，汉人、南人则为左榜，列在右榜上的都算上选，列在左榜上的汉人、南人就低一级。蒙古人由科举出身者，一正式任职就是从六品官，而色目人、汉人、南人则递降一级。在各级考试时，蒙古人、色目人与汉人、南人分开考；考试内容上，蒙古人、色目人的题目比较容易，而汉人、南人的题目则比较难。如果蒙古人、色目人愿意参加汉人、南人的考试，取中后授予的官职可以提高一级。由于待遇不同，加上元朝科举录取名额少（每次录取五六十人，最多时百余人），像李齐这样的汉族知识分子要通过科举做官是非常难的。但李齐知难而进，参加了科场角逐。

元统元年（1333），顺利地通过了乡试、会试的李齐和其他取得御试资格的考生在翰林国史院进行殿试。殿试那天，李齐和考生们由执事官带引到翰林国史院门前，先由卫官搜检有无夹抄，然后进入考堂。李齐等汉人、南人考生与蒙古人、色目人考生分别进入不同考堂。此时，考堂中的大案台上摆着策题。考生们朝着皇宫方向拜了两拜，赐给策题时又拜了两拜，然后各就其位。每个考生身旁有一名怯薛官（护卫军）看守。李齐等汉人、南人考生需要考3场：第一场，考明经经疑1问，限300字以上；经义1道，限500字以上。第二场，考赋、诏、诰、表、内科1道。第三场，考时务策1道，限1000字以上。而蒙古人、色目人仅需考二场，内容也极简单。但李齐以义理高深、文辞典雅而高中左榜进士榜首，成为元代第7位左榜状元。

此科进士共100人，是元朝取士较多的一次。

李齐榜上题名时，正是元朝多事之秋。顺帝重用伯颜，一任权奸胡作非为，天灾人祸接踵而至：黄河泛滥，两淮亢旱，徽州、凤州等地大山崩裂。后来，汴梁下起红雨，衣裳淋雨红水直淌；新德路下白毛，像一条条细绒，当时有民间歌谣道："天雨绒，民起怨，中原地，事必变。"蒙古贵族为了巩固统治，对汉族地主和知识分子采取笼络的态度，使他们为元朝效忠，李齐便是其中一位。李齐这一介文人书生就在这种情况下被授以官职，走马上任了。

按元制，李齐被授予正七品官，起初任河南淮西廉访司事，后来调任高邮（今江苏高邮）任知府，颇有政绩。

高邮府，属河南江北行省管辖，居里下河（运河的一段）东岸，北通淮河，南达长江，物产丰美，贸易繁盛，是出了名的好地方。南宋末年，由于战乱，这里曾一度冷落萧条，元统一后渐渐恢复，尤其是大运河开凿和疏通以后，格外繁忙，是漕运的必由之路，南来北往的人常在这里停留，人员混杂。元朝末年，由于阶级矛盾和民族矛盾进一步激化，动荡不安的社会局势影响到了这里。高邮城西有湖泊，周围树茂草高，常有盗贼出没。至正十年（1350），有一天，一伙盗马贼突然闯进高邮驿站的马厩，偷了12匹良马后逃走。李齐得到禀报，亲自率人追捕,追回了被盗的良马并逮捕了以谢长为首的几名盗马贼,依元朝法律处死了谢长等人。

元代禁止民间藏匿和使用弓箭、斧钺等兵器,就连供神用的器物,也都以假物代替。尽管规定对私藏者重惩,但仍有违禁的。至正十一年(1351),民人秦观保私下制造了几样兵器,准备用来打家劫舍,被李齐查出,将其抓获处死。

在李齐任高邮知府期间,元已经处于风雨飘摇之中了。许多百姓不堪忍受压迫,纷纷揭竿而起,在元朝境内,东西南北到处起火。高邮南部有泰州城,位于长江以北。至正十三年(1353)正月,泰州(今属江苏)白驹场亭民、以贩盐为生计的张士诚因与富家有仇,与其弟联合壮士李伯升等18人,杀仇家,焚其舍,并招集附近盐场许多人起兵反元。盐丁们苦于赋役沉重,纷纷响应,很快攻占了泰州。当时江浙、河南、江西等数省官军正大举围剿其他义军,河南行省一时来不及调更多的军队,难以攻下泰州,便采取招降的办法,派李齐前往泰州招降张士诚。

李齐得令后,就上路赶往泰州。在路上,他心里沉甸甸的。近年来,对于皇帝沉溺声色,朝中大臣争权夺利,他略有耳闻,不禁为国家的前途担忧,而各地人民掀起风暴般的起义更令他焦急。他常感到元廷已经处于四面楚歌的境地,他想助朝廷一臂之力,又苦于官位太低,他关注着从各地传来的消息,正与义军作战的元军经常失利使他痛心。现在,距离高邮仅百里的泰州发生民变,他预感到这将是一场大风暴,他不敢想像也无法预料自己前往泰州会有什么结果。李齐一行人到了泰州城下,张士诚马上令人打开城门,可李齐入城后便感到气氛有些不对。原来,这时张士诚的部众已达万余人,攻占泰州后士气高昂,群情激愤,拒绝投降。张士诚让李齐进城是想把他作为人质，可怜李齐未等传达朝廷旨意和辩解便被扣押起来。后来义军内部发生矛盾，张士诚平息内讧后降元。河南江北行省授给他官职。张士诚为讨好元，放出了李齐。李齐回到高邮府，正当府中庆贺李齐平安归来、泰州事态已平息的时候，风波又起。张士诚降元后，河南江北行省派参知政事赵琏镇守泰州，张士诚趁赵琏无备，再次起兵反元，占领泰州，杀死赵琏，接着开进得胜湖，在湖旁安营扎寨。不久，又攻克兴化县（今江苏兴化），在江北、淮南一带声势很大。河南江北行省一面派兵征讨，一面加强对距离泰州、兴化仅百余里的高邮府的防守，派左丞偰哲笃和诸宗王率军镇守高邮。李齐则出守高邮外围，守卫甓社湖。

至正十三年（1353）五月中旬，张士诚派水陆两军袭击高邮，屯兵在高邮东门。张部士兵在城门外一边大喊，一边用火筒、火镞射死、射伤许多元兵。驻在高邮城的官员听到城外喊声震天，早已魂飞胆丧，纷纷逃跑。李齐得到张士诚攻城的消息，急忙率军赶回营救高邮，但当他赶到城下时，高邮城门紧紧关闭，义军已经占领了高邮。李齐知道单凭自己的人马一时难以攻下，只好退回甓社湖。这时，张士诚已将兴化、高邮、得胜湖连成一片，势力达到宝应县。元统治者看到此时的元朝已是千疮百孔，于是，对各地义军采取进攻和安抚并用的政策。顺帝下诏，凡是叛逆者只要不再与朝廷为敌都可赦免无罪，并以万户告身招降张士诚。诏敕到了高邮，河南江北行省派人送与义军。不料，张士诚对送诏的使者说："一纸诏书休想招降我。让你们李知府来，如果李知府能亲自来一趟，我就去当万户告身。"原来，张士诚看到各地义军纷纷建立政权，自己的势力在不断强大，元政府已是狂风大浪中的一叶孤舟，因而根本没有投降的意思。他痛恨所有的朝廷命官，能捉一个就杀一个，上次放回了李齐，他一直不甘心，现在正好有机会可以诱使李齐来。河南江北行省再次将李齐派往张士诚的军中。对上次张士诚的行为，李齐仍心有余悸，虽然李齐与张士诚没有很多的接触，但他感到张士诚是个反复无常的人，现在又点名要他去，他知道自己前往是凶多吉少。但行省的命令他是不能违背的，听天由命吧，如果张士诚能降元，自己就算替朝廷解除一份忧虑；如果张士诚没有降意，不会像上次那么轻易地放过自己了。李齐虽是文人出身，但在两军阵前不能死在疆场上而是自投罗网，他总是有些不甘；但如果不去，那便是抗命，作为朝廷命官，他无论如何也不会做出违命之事。李齐没有带任何人，只身前往高邮。

　　高邮，这是李齐做了10多年父母官的地方，李齐熟悉这里的每扇城门，每条街道。如今，高邮城墙竖着一面大旗，旗上写了一个大大的"张"字，把守城门的军卒手中握着自造的武器。李齐入了城，尚未见到张士诚便被押到狱中。李齐心想：与其等待贼寇处置，不如试试看能否说服张士诚。于是他大喊："叫张士诚来见我！"可是任凭他怎么喊，还是无人理睬。河南江北行省的官员见李齐去而不回，便派人乔装入城打探，得知张士诚无降意，李齐已被关押在狱，便派军再次攻城。一天，关押李齐的牢门开了，李齐被押着向城门走去，尽管这时李齐已是憔悴不堪，但走起来还是不失文雅。李齐一边走一边想：张士诚不会轻易放自己回去，那么，到城门干什么呢？李齐很快被带到城门楼上，他一眼就看见了坐在两列卫兵中间的张士诚，随后又望见了城门外元军的营帐。张士诚命李齐跪下，李齐正色道："朝廷何负于你？你弃信逆天，罪在不赦，我堂堂元廷命官，膝盖如铁，怎能为你等贼寇屈膝！"张士诚恼怒，让两个卫兵上前按倒李齐，李齐挣扎着站起，大声痛骂，张士诚又命人将其按倒，用兵器捣碎李齐的膝盖，李齐痛得晕了过去，醒后仍是大骂不止，张士诚恼羞成怒，对李齐，凌迟处死。

陈祖仁

◎ 张艳霞

陈祖仁,字子山,河南汴梁(今河南开封)人。仁宗皇庆二年(1313),陈祖仁出生在一个小官僚家中。其父陈安国做过常州晋陵(今江苏常州)尹。陈祖仁生长在南方,从小便爱读书,他父亲为他请了老师,在少年时代,他就成了远近闻名的小文人,许多人赞誉,如果行科举必当夺魁。

可是,元顺帝妥欢帖睦尔即位后,信用伯颜,伯颜权倾朝野,独断专行,于至元元年(1335)煽动顺帝下诏废除科举,直到伯颜被黜。至正元年(1341),顺帝恢复了科举取士制度。陈祖仁以答《春秋》而中河南乡贡;在第二年礼部考试时,陈祖仁名列前茅；至正二年三月，顺帝亲试，陈祖仁荣中左榜第一名。待顺帝亲赐陈祖仁进士及第时，只见陈祖仁相貌丑陋，身材瘦小，有一只眼睛还瞎了，这与陈祖仁字迹隽秀、文章简质、诗文清丽大相径庭，顺帝暗想：这个状元和其他人不一样。陈祖仁夺魁后被授以翰林修撰、同知制诰，兼国史院编修官。后来历任太庙署令、太常博士、翰林待制，又出为山东肃政廉访司事、监察御史、翰林直学士、侍讲学士、参议中书省事。

　　陈祖仁一生在顺帝朝为官，这时元朝的统治已病入膏肓，无可救药。各地农民起义军，尤其是刘福通和徐寿辉的红巾军日益壮大，严重威胁着元的封建统治。而顺帝开始深居宫中，即位时的图治之心早已消失殆尽；群臣之间互相结党拉派，争权夺利；地方官互相勾结，鱼肉百姓。至正二十年（1360）五月，在元朝大厦将倾之际，顺帝欲修上都宫殿，工役大兴，陈祖仁上疏谏阻，大意是："自古人君，不幸遇到艰难之时，谁不想奋发有为，以光复祖宗之业。如果上不奉天道，下不顺民心，缓急失宜，举措不当，就会导致纷乱，更何况在乱世中呢？上都的宫阙，始创于先帝，各朝都修复过，现在宫阙毁于大火，陛下日夜痛心，应该极早修复。可是现在四海未靖，疮痍未平，仓库告虚，财政将竭，又要驱使疲民以供大役，荒其田地，这不是扼其喉、夺其食吗？如果陛下不考虑现状，恐怕大事还在后面呢。而上都宫阙暂缓修复，并不影响陛下休息；如果修复则违天道，失人心，还可能使祖宗之业倾废。但愿陛下以养民为本，以恢复天下为务，信赏必罚，亲正人，远邪佞，以图谋治道。如果能这样，则承平之观，可望恢复，上都宫阙也可修了。"陈祖仁将此奏章呈给顺帝，统治阶级摇摇欲坠的现状使顺帝不得不采纳。

至正二十三年(1363)十二月,陈祖仁任治书侍御史。这时顺帝整天沉溺于后宫。宦官朴不花是顺帝后奇氏的宠臣,二人同为高丽人,奇氏之子、皇太子爱猷识理达腊与母亲策划逼顺帝禅位,朴不花便与宣政使脱欢内侍皇太子,外结丞相搠思监,将军政大事都压下不让顺帝闻知。御史大夫老的沙支持监察御史傅公让对搠思监、朴不花进行弹劾,皇太子大为不满,传旨将傅公让贬为吐蕃宣慰司经历。其他御史连章论谏,全都被外除;新任命的十几个台官又因弹劾此事,也都被外除。御史台的人见状,纷纷辞职。陈祖仁上疏皇太子,直言切谏,他提出:"御史纠劾朴不花、脱欢等事,并非是御史之私言,而是天下之公论。台臣们已审视仔细才上奏的。今殿下未仔细辨察,则加以阻抑,摈斥御史,诘责台臣,使奸臣蠹政之情难达于君,这是殿下的过失。台谏之臣,是祖宗建立的,以二奸臣之微同天下之重相比,殿下应该倾于哪一边?殿下可以不听台臣之言,难道不念祖宗吗?况且,殿下的职分只是监国抚军、问安视膳而已,此外的予夺赏罚之权应该在于皇上。现在殿下便使谏臣结舌,这不是令皇帝徒有虚名吗?"陈祖仁的奏章呈上后,皇太子大为恼怒,命御史大夫谕示陈祖仁,说:"台臣所言虽对,但脱欢、朴不花俱无是事,御史纠言不实,所以方皆外除。裕宗为皇太子时兼任中书令、枢密史,凡军国重事都奏给他,并不是只有我才这么做。"陈祖仁不顾皇太子发怒,又强谏:"御史们的纠劾是得于常日,而殿下所闻只在宫墙之内,所以不见二人奸诈。唐朝时,唐德宗不知卢杞为奸,倘使唐德宗早觉,卢杞安得为相?而卢杞之奸邪,当时皆知,只有德宗不知。今朴不花、脱欢二人亦皆奸邪,举朝知之,独殿下不知。"陈祖仁又针锋相对地指出:"裕宗为太子时领军国重事,如果有台谏的封章,都是在御前拆开。而现在奏章都经由太子殿下，如果有台臣谏皇上过失，太子将奏与皇上还是不奏？奏与皇上则伤父皇之心，不奏则陷父于恶，殿下又将如何处置呢？如按此说，则今的纠劾之章不应阻，御史不应斥。"陈祖仁上疏时，提出了辞呈，皇太子恼羞成怒，但也不免脸红。一帮大小台臣也都上疏求退，皇太子心里有些发怵，不得不据实向顺帝禀奏。顺帝这时已昏聩糊涂，无意理政，只是让朴不花、脱欢二人暂行辞退，以平众怒。陈祖仁知道后，又上疏死谏，措辞刚烈："祖宗以天下传于陛下，今已乱得不可救药，是陛下刑赏不明所致。朴不花只区区小臣，犹不能除，更何况大者？愿陛下从台谏之言，摈斥奸佞，使海内皆知陛下信赏必罚，可还祖宗之旧；若陛下还是优柔不断，我宁可在家饿死，也不与之同朝，牵连及祸，以待后世正人同罪。"顺帝把奏章摔到一边，随即又拣起另一奏疏，是侍御史李国凤的上疏，也言摈斥朴不花等人。顺帝在盛怒之下，下了一道诏旨，台臣自老的沙以下都降职录用，并令陈祖仁出为甘肃行省参知政事。当时正值冬天，天气寒冷，陈祖仁将弱女托付给其友朱毅，便赴甘肃。

以镇压农民起义军而起家的孛罗帖木儿与朴不花、搠思监有怨，至正二十四年（1364），他带兵入京，杀了朴不花、搠思监。孛罗帖木儿入为中书左丞相，将陈祖仁召回京师，拜为国子监祭酒，不久迁为枢密副使。陈祖仁在此期间多次上疏言军政利害，都未报与顺帝，陈祖仁遂辞职，后来又任中书参知政事。这时天下已大乱，而陈祖仁性情刚直，与当时要臣对时局看法总不一致，于是顺帝授其为荣禄大夫，仍回翰林学士院，又迁为太常礼议院使。

至正二十七年（1367），在北方，元朝军队发生混战；而南方，朱元璋已消灭了张士诚的割据势力，并开始南征北伐。至正二十七年，朱元璋命右丞相徐达为征虏大将军，常遇春为副将军，率军20万人北伐。首先兵取山东。就在元朝的统治受到威胁之际，朝廷许多大臣怀疑拥兵的扩廓帖木儿有不臣之心，欲谋反，遂专设抚军院，总兵马以防备他。在朝廷危亡面前，陈祖仁与翰林学士承旨王时、待制黄哻、编修黄肃联合上疏："近来，南方之军已攻占山东全境，用不了1个月就会逼近京师。朝廷虽命丞相也速出师，但兵力甚少，势力孤危；而中原诸军，左牵右制，调度失宜。京城四面，毫无屏障，宗社安危，已在今日。臣等认为，驾驭天下之势，应当论其轻重强弱、远近先后。前日，南军僻在一方，而扩廓帖木儿近在肘腋，其势将窃持国权，因而应先致讨，南军当时远而轻；现在，扩廓帖木儿势力日蹙，而南军突至，已不利于宗社，因此应先救难，扩廓帖木儿是弱而轻，南军为重。陛下、皇太子当此之时，应审视其轻重强弱。况且，现在扩廓帖木儿势力微弱，岂能复振？如若抓获他，只需分拨一军，其余应令其勤王赴难，与也速等一并阻击南军。"陈祖仁等人的上疏未能报与顺帝。扩廓帖木儿兵权被罢，皇太子总制天下兵马。至正二十七年十二月，陈祖仁又上疏给皇太子，说："臣闻近日降诏，削扩廓帖木儿的兵权，虽属当然，但此军终究是为南军所忌，假设扩廓帖木儿真有悖逆之心，朝廷以忠臣待他，他就会愧疚。现在未有所见，就以逆名加给他，他怎能甘心背负此名呢？他曾多次上疏以表心迹，说明他未悖于朝廷，等待朝廷开悟。现在朝廷之计，不过战、守、迁三事。战，则资其椅角之势；守，则望其勤王之师；迁，则假其藩卫之力。极力勉励行使，犹恐迟晚，怎能使数万之师，弃置于一方？当此危急之秋，宗社存亡之际，不幸有那么一天，像唐玄宗一样仓促而出，则是以祖宗百年的社稷去换得逃命，到那时，即使碎首杀身,又何济于事?请皇太子以宗社存亡为重。"陈祖仁的上疏仍然未能呈报。

至正二十八年(1368)秋,明军压境,逼近京师近郊,顺帝大惊失色,只有逃回北方一条路了。于是,顺帝命陈祖仁及同佥太常礼仪院事王逊志等载太庙神主,跟随皇太子北行。陈祖仁上奏说:"天子有事出,则载主以行。跟随皇太子,非礼也。"不从北行,顺帝同意,命他守太庙待命。八月初,明军抵达齐化门,顺帝仓皇向北逃去,而陈祖仁仍旧守太庙,不从顺帝北奔。八月二日,京城被攻破,陈祖仁将出健德门时,死于乱军之中。

陈祖仁虽相貌不雅,但语言洪亮,负气刚正,俨然不可侵犯。陈祖仁还是个博学多才的才子,天文、地理、律历、兵乘、术数等方面都很精通。他的文章简洁有力,诗文清新,被世人所传颂。

普颜不花

◎ 张艳霞

　　普颜不花，字希古，蒙古人，元朝至正五年（1345）为右榜进士第一，被授职为翰林修撰，累升至中书参知政事、山东宣慰使。至正二十七年（1367），朱元璋的明军进入山东，普颜不花困守益都，城破身亡。

　　普颜不花在童年时天资聪慧，超出儿辈，能默诵经文，讲说经史，考中了元代童子科，进入元代中央教育机构、国家最高学校——国子监读书，与其他国子生们学习蒙古字、汉文、四书五经等。同时，他保持着蒙古的旧俗，骑马、射术也颇在行。普颜不花生活的时代是元朝末期，顺帝即位初，权臣伯颜专权。伯颜专政自恣，肆行贪暴，是个顽固守旧的蒙古贵族。他曾对顺帝说："陛下有太子，不要让他读汉人书。"适逢中书省官员建议废除科举，深得伯颜赞赏，他立即上奏皇帝，请求批准。至元元年（1335）十一月，在伯颜的煽动下，顺帝下诏停止科举取士，又下令禁止汉人、南人学习蒙古文字。这样，元已开科8次的科举取士制度中断。直到至正元年（1341）伯颜被除后才恢复了中断6年的科举制度，同时，大兴国子监，选名儒雅士传授儒学，因而普颜不花在国子监受到了封建正统教育。至正五年（1345），普颜不花参加了元代第9次科举考试，荣登右榜榜首，被授以翰林修撰，后调任河南行省员外郎，至正十一年（1351）升迁江西行省左右司郎中。

　　元后期，统治阶级进一步腐朽，对人民巧取豪夺；水灾、旱灾、蝗灾又不断发生。天灾人祸全部落到人民头上，各地人民起义此起彼伏。至正十一年（1351）八月，罗田布商徐寿辉在蕲州（今湖北蕲春）率众起义，并被推为领袖，起义军头裹红巾，号称红巾军。十月，攻占蕲水（今湖北浠水），并以此为都城建立政权，徐寿辉称帝，国号"天完"，意在压倒"大元"。徐寿辉的天完军与北方刘福通的红巾军遥相呼应。至正十二年（1352）正月，徐寿辉在攻克黄州路（今湖北黄冈）后，兵分两路进攻元军，一路沿长江西上，连克汉阳、武昌，占领江陵、沔阳等地；另一路南下，直逼江西。沿路州县官员闻风皆逃，当时有民谣："满城都是火，府官四散躲。城中无一人，红巾府上坐。"元政府大为震惊，命江西行省派兵围剿。江西行省平章政事道童是个义臣，对军事一窍不通，面对军务，仓皇无措。这时普颜不花在江西行省任左右司郎中，他为道童献计道："现在城中防守不善，如果贼寇攻城，很有可能失守，形势危急，必须找一个懂军事的人指挥作战。我知道有一位左丞叫章伯颜，现在在抚州(今江西临川)做官，他熟知军务。我们现在来不及向朝廷请示调他，但我们可以请他来，向他陈述省城困状，使他暂时署我省左丞，专门负责指挥调派军队。只有这样才能缓和局势，变守为攻。"道童忙派人请章伯颜。章伯颜认为这正是他报国的好机会，于是欣然而至。普颜不花与他详细设计防御徐寿辉的天完军。

至正十二年(1352)二月，徐寿辉的天完军已兵临江西重镇江州(今江西九江)城下，平章政事秃坚里不花仓皇逃回行省驻地龙兴(今南昌)，行省又派普颜不花前往江州救援。当时江州正在酣战，江州总管李黼(泰定四年左榜进士第一)死守江州，被打死。当普颜不花率军到达石头渡口时，遇上徐寿辉的天完军，两军交锋，尽管普颜不花奋力作战，但元军仍不堪一击，普颜不花只得收拾残余队伍回到龙兴。道童听到普颜不花兵败、江州城陷的消息后大为恐慌，以为龙兴难守，连忙怀揣行省大印逃走。普颜不花料定徐寿辉在攻占江州后必定围攻省城龙兴，于是挑起守城重担，与章伯颜共同商讨守城大计。不久，逃到百姓家躲藏的道童回来，普颜不花与道童、章伯颜商议分门把守迎敌。三月，徐寿辉的天完军包围了龙兴，普颜不花建议在城中各处设置厢官、巷长，昼夜坚守，有功者必给重赏，无功者也不加罪。一时，军民振奋。普颜不花等在省城坚守两个月，一直未能找出良计突破天完军的包围。一天深夜，正当天完军熟睡之际，突然军营外鼓声大震，接着闯进数千名面涂青色、头扎黄布、身着黄衣的"怪人"。天完军在蒙眬中以为是神兵来到，来不及抵挡，纷纷败退。原来，这是普颜不花与章伯颜的解围之计，趁夜偷袭天完军的大营。元军能守住龙兴，普颜不花之功最大。

至正十六年(1356)，普颜不花升为江西廉访副使职务。不久，被朝廷召回，授以益都路最高长官——达鲁花赤，后升为山东廉访使、中书参知政事。

至正十八年（1358），顺帝下诏令普颜不花与治书侍御史李国凤一同经略江南。这时江南的红巾军声势浩大，朱元璋的军队已攻占集庆（今南京），并建立了政权，势力推进到浙东、皖南地区；徐寿辉的天完军实权掌握在陈友谅的手中，已攻占龙兴、安庆等地，在江南一带势力最强。普颜不花与李国凤兵分两路。普颜不花进入福建，行至建宁（今福建建宁）时，陈友谅派部将邓克明围攻建宁，普颜不花立即做好迎战准备，但平章政事阿鲁温沙见围兵众多，趁夜深人静之时逃跑。与普颜不花一同镇守江南的李国凤当时正分镇延平，普颜不花得知延平也被围困时，便派人送信给李国凤，要他坚守城池，牵制天完军。但李国凤在危急关头未做努力抵抗，天完军攻陷了延平，李国凤兵败逃走，建宁变成一座孤城。普颜不花得到李国凤逃跑的消息后，愤慨地对守城将士道："我奉命来此地，怎能逃走?堂堂朝廷命官岂能贪生怕死?我誓与此城共存亡！"于是，命将士再加筑各城门，分兵把守，并不时激励元兵，亲自指挥战斗，前后共战64天，最后击退了邓克明的围兵。

至正十九年（1359），普颜不花被召回北方，授以山东宣慰使，再转为知枢密院事，总管山东行省军政事务，守卫益都。普颜不花本是进士出身，通晓儒理，但在天下纷乱的局势下，他受命统兵，是时代造就了他这样一位驰骋疆场的儒将。由于普颜不花屡建战功，他在为官14年中，从六品官累升至从一品官，其母受封，其妻也被封为"齐国夫人"，普颜不花一家都居住在益都。

元经过10多年的农民起义军的打击后，已是大厦将倾，而统治阶级内部又不断发生混战，更是摇摇欲坠。这时在长江流域有一股势力在悄然增强，最终推翻了元的统治，这便是朱元璋的势力。朱元璋于至正二十三年(1363)始，剪除江南群雄，先后灭掉陈友谅、张士诚、方国珍的势力，基本平定南方，并于至正二十七年(1367)十月，命徐达为统帅，常遇春为副帅，开始了北伐元的战争。山东是元大都的屏障，自世祖时期开凿了在山东境内的会通河后，这里便成了漕运的必由之路，是大都粮食及各种货物来源的咽喉，也是连接南北的通道。元朝在这里一直派重兵把守，位置格外重要，普颜不花受命驻守山东，实则护卫大都。徐达的20万大军首先直指山东，很快占领了大片土地，十一月，明军已兵临普颜不花守卫的益都城下，率军奋战，但明军已是势不可挡，腐朽的元军不再是忽必烈时代东征西讨、铁马铜兵、踏遍东自朝鲜西至欧洲大地区的军队了。普颜不花苦战几日，益都城破，参政保保出城投降，普颜不花知道自己再没有能力抵抗，他绝非是贪生怕死之人，不会投降，只有以死报国。于是他回到府中，面对年迈的老母，双膝跪下："儿忠孝不能两全。现在是儿为国尽忠的时候，我今不能拯救江山社稷，只有以死报国。母亲年迈，令儿放心不下，好在我还有两个弟弟，他们会为您养老送终，儿也就瞑目了。"说罢，拜别老母，辞别家人，来到官舍，整理好衣帽，端坐在堂上。徐达早就闻知普颜不花的贤名，想要招降，派人请普颜不花到明军帐中，请了几次，但普颜不花仍旧坐在堂上，不肯去。明军涌入官舍，用绳索捆绑普颜不花，普颜不花大声道："我乃元进士，官至极品，臣各为其主，不事二君。"不屈而死。

普颜不花离开家后，其妻阿鲁真便召集家中人，对他们说："我夫受国恩，我也被封为齐国夫人，身为朝廷命妇，事到如今，我也只有一死，你们都各自去吧。"家中人听后劝阻，但阿鲁真死意已定，家中人没有不叹息流泪的。不一会儿，普颜不花两个弟弟的妻子各怀抱幼子，投院中南井而死，一些婢妾也跟着投井。到阿鲁真要投井的时候，南井已被填得容不下她了。于是她抱着儿子转而奔向北井，阿鲁真之女、妾女及孙女等都随她投井而死，时至正二十七年（1367）十一月。普颜不花死后不到1年，明军攻入大都，元亡。

明

(1368 – 1644)

明代自太祖洪武四年(1371)开科取士,迄崇祯十六年(1643),共有进士88榜。其中,洪武三十年"丁丑科"状元陈䢿夺魁后不久被杀,另取韩克忠为状元。这样,明代状元计有89人,本书全部立传,并列表附于书后。

明代武举,从世宗嘉靖三十五年(1556)迄崇祯十六年,可考的榜数为17榜,其中有6榜科分不详。17名武状元中,事迹可考的不多,本书仅将其中6人的材料整理成传,并将17人列表附于书后。

吴伯宗

◎ 涂晓

一、明朝第一状元

洪武三年(1370)夏五月二十二日夜,抚州(州治临川,今属江西)通判王黻梦见抚州城奏乐,迎接荣归的新科状元。王黻很是惊奇。二十五日,从南京来了使者,宣布今秋开科取士。

这年,明太祖朱元璋即帝位仅3年,百废待兴,正需人才,故明太祖迫不及待地开科取士。

抚州府辖下的金溪县(今属江西)有个书生,姓吴名祐,字伯宗。他的名很少有人叫,以字行。他踌躇满志地赴南昌(今属江西),参加八月举行的乡试。

乡试分3场,头场于八月九日举行,试《四书》义3道,经义4道;第二场于八月十二日举行,试论1道,判语5条,诏、诰、表内科1道;第三场于八月十五日举行,试经史策5道。考试地点在南昌贡院。贡院门口警备森严,有专官负责搜身,不许夹带。吴伯宗进入贡院,到了自己的"号舍"。这是一个小单间,有两块板子分别架在"号舍"两边壁上,一高一矮,高的当桌,矮的作凳。"号舍"门口还有一名凶神恶煞的士兵监视。

3场之中,头场考试最重要;头场之中,3篇《四书》经义最重要。吴伯宗学识广博,答得称心如意。

按照太祖的规定,江西一省乡试可以录取40人。吴伯宗入选,且名列榜首。乡试第一,俗称"解元"。

于是有人说,通判王黻大人的梦已经应验了。

翌年,吴伯宗赴京师南京,参加会试。会试在礼部贡院举行,也分3场,于二月初九、十二、十五日举行,考试内容基本与乡试一样。但入场时的搜查极宽,这是按照太祖的诏令放宽的,他说:"那些考生都已考中举人,干吗还像盗贼一般搜查他们?"不过,"号舍"的规矩还是有的。

主考官是陶凯,临海(今属浙江)人,时为礼部尚书,在诗文上造诣颇深。

二月二十八日发榜,吴伯宗榜上有名。

三月初一殿试,试时务策1道,时间以1日为限,日落前交卷。太祖对第一次殿试很重视,亲拟了考题。殿试入殿也不搜查,数十排试桌呈东西排列,一人一桌。桌子很矮,如炕几，北方睡炕的考生盘腿而坐，很习惯；出生于南方的吴伯宗就不行了。后来，准许南方人携带折叠式桌子入内。当然，这是后话。答完卷后，卷子弥封，即把姓名、籍贯密封起来。

殿试名为太祖亲自策试，实际上看卷的乃"读卷大臣"。他们评阅完试卷，挑出10份最好的，排定名次，送呈太祖裁决。他在最满意的一份卷子上朱批"第一甲第一名"6个大字。

待拆开弥封一看，此卷乃吴伯宗的。

此科共录取进士120名。

三月三日发榜，殿上传胪，第一声传唱"吴伯宗"时，吴伯宗和众考生及文武大臣才得知，这大明第一状元的桂冠落在了他的头上。太祖也很高兴，赐吴伯宗冠带袍笏。

官府差人驰报金溪吴家，吴家欢天喜地。

抚州人闻讯，纷纷传言：通判王大人的梦，至今日方应验。

二、得罪胡丞相

吴伯宗中状元后，太祖诏授礼部员外郎。礼部为中央六部之一，掌礼仪、贡举；员外郎是礼部的官员之一，尚书、侍郎、郎中之下便是员外郎。洪武六年，吏部尚书詹同上疏，奏请编纂《大明日历》，太祖诏准，命詹同与开国元勋宋濂为总裁官，吴伯宗等为纂修官，具体负责编撰。第二年五月，书成，记事自起兵濠州(今安徽凤阳东北)迄洪武六年，共100卷。这是吴伯宗步入仕途后做的第一桩大事。

编完《大明日历》不久，吴伯宗便酝酿一个重大的举动：弹劾右丞相胡惟庸。

胡惟庸是定远(今属安徽)人。明太祖起兵第3年上,即至正十五年(1355),胡惟庸来投奔,明太祖很器重他,把他从一个地方小吏提拔为中书省副丞相。当时,丞相(即左丞相)空缺,胡惟庸以副相的身份执掌中书省大权。他仗着皇上的信任,专权跋扈,独操生杀黜陟权,有些事连皇上都不奏问,独断专行。百官的奏疏,他往往先私下拆看,不利于己的就藏匿不报,寻机报复上疏人。就连赫赫有名的开国第一元勋徐达,他都敢暗算。《明史·奸臣传》收录六大奸臣,胡惟庸名列第一。

吴伯宗官位不高,但他是开国第一状元,很有些名声,胡惟庸想拉他入伙,结为腹心。吴伯宗刚正不阿,不肯攀附。胡惟庸大为愤恨,找了个借口,把他贬出京师,谪居凤阳(今属安徽)。

吴伯宗不是个轻易屈服的人,虽遭贬谪,但决不肯向权臣胡惟庸低头。他不顾个人安危,毅然上疏,弹劾胡惟庸专恣不法,告诫太祖不宜让胡惟庸独理中书省事,否则,必将祸国殃民。言辞极为激切。值得庆幸的是,胡惟庸漏看了他的奏疏,送到了太祖手中。太祖御阅,大为吴伯宗的刚直而感叹,下诏召他回京,特赐衣纱。

到洪武十三年,太祖终于不能容忍胡惟庸擅权了,以谋反罪对他处以极刑,并下令废黜丞相,永不再设。

三、老死于翰林院检讨任上

吴伯宗被召回京师后,太祖遣他出使安南。

安南卫(治安南,今贵州晴隆)地处南疆,为少数民族杂居区。吴伯宗出使,以名望、德行为当地人所敬重。后来,洪武二十一年的状元任亨泰以礼部尚书出使安南。安南人提起两位状元来，引以为荣。吴伯宗完成使命回奏，太祖很满意，授他国子监助教一职。助教是最高学府国子监的教官，位次博士。接着，太祖命他进讲东宫，为皇太子朱标讲解经义。他是第一个向朱标灌输"正心诚意"之理学说教的人。后改任翰林典籍，掌管图书。太祖出了10个题目，让吴伯宗为赋，吴伯宗操笔立就，极其优美，明太祖很高兴，赐他织金锦衣。

后来，吴伯宗被授予掌管祭祀事务的太常任司丞，他辞不就；任他为国子监的副长官国子司业，他又辞不就。太祖火了，把他贬为金县（今甘肃榆中）教谕。金县偏在西北，教谕是县学的教官。吴伯宗离京赴任，还没有到金县，太祖觉得他是个人才，贬谪金县殊为可惜，遂召他回京，任命他为翰林院检讨。翰林院检讨位次翰林院编修，是个小官，一般以第三甲进士留馆者充任。

至此，吴伯宗的官位几度升降，一直都不高。

洪武十五年，太祖诏设殿阁大学士。原来，太祖杀胡惟庸废丞相后，从前属于丞相分管的事务，都压在他的身上，日理万机，仍忙不过来。于是，他决定设置殿阁大学士来襄理事务。殿阁大学士名目很多，有华盖殿、文华殿、武英殿、文渊阁、东阁等大学士，皆以官位较低的编修、检讨、讲读充任，帮助他阅读奏章，处理和起草文书，顾问应对。吴伯宗被授予武英殿大学士。

有明一代，状元官为大学士者23人，吴伯宗为第一人。

翌年冬，吴伯宗的弟弟、三河（今属河北）知县吴仲实，荐举人才不实，遭处罚，他的供词牵连吴伯宗，吴伯宗的武英殿大学士官被革掉，降为翰林院检讨。不久，他老死于翰林院检讨任上。

丁 显

◎ 周玉山

丁显,字彦伟,福建建阳人。洪武十七年(1384)中举,次年廷试第一,那年他27岁。洪武四年(1371)曾依元制开科取士,后废科举,改荐举,此年首次科举考试。会试前3名为花纶、练子宁、黄子澄。殿试前一天,据传明太祖朱元璋做了一个怪梦,见殿前墙上有巨钉,下缀白丝数缕,飘于烈日之下,久思未解其义。次日,考官进呈试卷,首为花纶。皇上阅时,觉花纶方一十几岁未娶之少年,做状元未免年龄太小,及阅至丁显卷,豁然想起昨夜所做之怪梦,钉子不就是"丁"吗?日下数丝不就是"顯"("显"的繁体字)的左边吗?天下竟有如此巧合之事！此乃天意，不可违背，遂案定丁显为状元。据说，花纶会试第一的消息，都中内外早有传闻，时人遂传其为"花状元"。《练子宁集》中亦有《送花状元归娶》诗。揭榜时见丁显为状元，时人颇感意外，"花状元"心中更不是滋味。丁显及第后，授官翰林院修撰。明代以科名入翰林，丁显为第一人。丁显状元得来侥幸，但仕途并不侥幸，其日后的官位远不及同科的蹇义、练子宁、黄子澄显赫。就在他仍做修撰的时候，有一次得罪了太祖朱元璋，被谪遣归家，至死未得叙用。丁显博通经史，文思敏捷，下笔立成，著作有《建阳集》。

任 亨 泰

◎ 刘 一

任亨泰,襄阳(今属湖北)人,洪武二十一年(1388)举进士第一甲第一名。中状元后,入翰林院为修撰,掌修国史。不久,与分宜(今属江西)人、洪武十八年进士第一甲第三名黄子澄同为詹事府少詹事。詹事府乃太子东宫衙门,少詹事为詹事府副长官。不过,任亨泰的少詹事仅是虚衔,他仍兼任翰林院修撰,也就是说,他的真正职务仍是掌修国史。

太祖很宠爱任亨泰,把他从少詹事兼修撰的位上擢为礼部尚书,命官府在他的家乡修建"状元坊"以旌表。圣旨建"状元坊",自任亨泰始。太祖每诏任亨泰议事,即赐手谕,但书

"襄阳任"而不名，群臣以为荣。

任亨泰为礼部尚书时，日照（今属山东）有个叫江伯儿的人，他母亲病了，久治不愈，遂杀死自己3岁的儿子祭祀泰山，说是为母祛病，实则沽名钓誉，想得个孝子名声。有关部门把此事奏告太祖，太祖大怒，说他灭绝伦理，命杖100，流放海南（今海南琼山）。又诏令任亨泰定旌表孝行事例。任亨泰上疏说："当儿子的事双亲，要恭敬，尽力赡养。有病，要请医下药。卧冰割股，不是常规。割股不行，有的割肝；割肝不行，有的便杀子。违背天道，荼毒生灵，没有比这更厉害的了。杀子绝祀，不孝之大罪，应严加戒谕。倘愚昧无知，也听其所为，不在旌表之列。"太祖诏可。

洪武二十八年八月，太祖命都督杨文为征南将军，统兵讨伐龙州（今属广西）土官赵宗寿。命任亨泰偕同御史严震直去安南（今贵州晴隆）安抚民心。太祖谕令他谨慎行事，无纳逋逃。任亨泰至安南，发布文书，陈述朝廷对龙州用兵的缘故，安抚民众。安南人大悦。在此前，洪武四年状元吴伯宗曾出使安南。安南人以一朝两状元先后出使为荣。

完成使命回来时，任亨泰买了一个少数民族人为奴仆，被弹劾，降为御史。不久，思明（府治思明，今广西宁明）土官与安南争界，词连任亨泰，太祖大怒，命任亨泰戴着枷锁，手持砺石，磨国子监的题名碑。任亨泰不堪其苦，请除名为民，太祖诏准。

任亨泰以一介平民的身份老死于家。

黄 观

◎ 涂 晓

黄观,字伯澜,一字尚贵,池州府贵池县(今属安徽)人。贵池位于长江南岸,风光秀美。黄家很穷,黄观的父亲娶不起妻,到一家姓许的人家做了倒插门的赘婿。在古代中国,男娶女嫁,赘婿违背了这一礼法,受人歧视。黄观从小随母姓许。

许家的家境较好,故许观能入学读书,师从大元帝国的待制黄哷。待制是典守文物之官,于各殿阁置之,以饱学之士充任。元末红巾军起义,豪强地主、官僚也纷纷起兵,黄哷为大元帝国尽忠身亡。老师死后,许观刻苦自励,发愤自学。

当此之时,烽烟四起。池州的军事地位很重要,各路兵马都想据有之。至正十六年（1536），徐寿辉所部攻占池州；至正十七年十月，朱元璋的大将常遇春进军池州，徐寿辉部败北；至正十八年四月，池州再次落入徐寿辉部之手；至正十九年四月，朱元璋部将俞通海再克池州。至正二十年五月，徐寿辉部将陈友谅将兵进攻池州，为朱元璋部将徐达、常遇春击溃。池州处于战乱之中，死伤惨重。

兵荒马乱之中的许观克服重重险阻，读书不辍。

朱元璋逐灭群雄，建立明朝。洪武（1368～1398）中期，许观以出众的才华被选入国子监学习。

国子监位于南京鸡鸣山下，设祭酒一人，总领监务。在国子监学习的学生通称"监生"。监生有很多种，以举子身份入监的叫"举监"，官僚子弟入监的名"荫监"，花钱入监的曰"例监"，像许观这样被地方选送入监的，称"贡监"。监生在学校学习儒家的四书五经，还有律令、书法、数学、起草诏令等。每天习200余字，由各班斋长监督。每月考试一次。

许观在国子监受到了系统的教育，学识更加渊博。

他的父母已经去世，有个弟弟许觏在家。许观思念父母，他绘了一幅父母坟墓图带到国子监，挂在寝室，以时拜祭。每次拜祭，都不禁凄然泪下。他的学业出众，孝也有名。

洪武二十四年（1391）二月，会试在南京礼部贡院举行。会试共分3场，分别于初九、十二、十五日举行。许观参加了此年的会试，一举夺得第一名，即会元。会试中选者，于三月初一参加殿试。殿试不黜落，仅确定各甲名次。此科殿试题目是《御戎策》，许观从天文、地理写到人事、练兵讲武，立论高深，文字优美。担任评阅的"读卷大臣"将前10名考生的卷子送呈明太祖朱元璋裁决。朱元璋在他欣赏的一份卷子的卷首上朱批"第一甲第一名"6个大字。待拆开弥封一看，此卷是许观的。

此科进士录取人数较少,第一甲3名是定例,第二甲12名,第三甲16名,总计31名。这是明朝录取进士最少的一次。

在这31名进士中,后来最有作为的,要数许观了。在洪武一朝,他的事迹文献较少记载,仅知他累官至礼部右侍郎。当上此官后,他上疏太祖,请恢复自己的族姓。从此以后,他便叫黄观了。

黄观的业绩主要是在建文朝。

洪武三十一年闰五月,年71岁的明太祖朱元璋结束了他轰轰烈烈的一生。他的长子朱标、长孙朱雄英都先他而死,他遗命朱标子朱允炆承嗣大位。朱允炆即位,年号"建文"。他即位的第二年,即建文元年(1399)七月五日,叔父、燕王朱棣便在北京起兵与他争夺帝位。

黄观

这时,黄观官居右侍中,与方孝孺等人并为建文帝信用。黄观草拟诏令,要燕王朱棣罢兵归藩,束身谢罪。言辞颇多诋斥。燕王看了大怒。

建文帝的中央军和燕王的藩兵在北方鏖战3年,互有胜负,燕王对取胜失去了信心。恰在此时,建文帝皇宫里的太监叛变,给燕王送去绝密情报,说南京空虚,不必与中央军在北方纠缠,可直捣南京。燕王大喜。建文三年十二月,燕王誓师南下,一路上不计一城一池之得失,快速推进。建文四年春正月,燕兵从馆陶渡黄河,直趋南京。

南京城内一片慌乱,达官贵人纷纷设计外逃。就连献计削藩、为建文帝亲信的齐泰、黄子澄也借口出外募兵,不待建文帝应允,便匆匆而逃。

这时,黄观奉诏去长江上游募兵。他没有趁此机会逃命,竭尽全力招募士卒，又纠合一些府县地方兵，率领他们驰援南京。

黄观一行抵达安庆怀宁（今安徽安庆），距南京尚有千里之遥，燕王的军队已渡江，直逼南京城下。燕王的弟弟谷王朱橞和建文帝的大将李景隆开金川门迎降。皇宫失火，建文帝下落不明，或说葬身火海，或云化装出逃。

南京城完全被燕王的军队占领，燕王开始报复依附建文帝反对他的人。他开出一份50余人的名单，指斥他们为奸臣，张榜公布，通缉捉拿。黄观在这份"奸臣榜"上排名第六。

燕王下令清查国库及皇宫中的财物，发现国库中的珍宝所剩无几，便下令搜查。有人说黄观去长江上游募兵时，建文帝把珍宝给了他，作为募兵的费用。燕王特令重点缉拿黄观，派人抄了黄观的家，逮捕了黄观的妻子翁氏和两个女儿，把娘仨指配给一个驯象的奴隶。象奴见了她们，便要她们头上的钗钏去换酒肴吃喝。翁氏把所有的钗钏都给了他，象奴非常高兴，拿去换酒肴去了。翁氏乘机带着两个女儿和10多个家仆跑上附近的淮清桥，投河自尽。

黄观仍在率军东进。他对众人说："吾妻素有志节，定不受辱而死！"招魂葬于江上。率军进至东阳河，他从南京传来的消息得知，局势已不可挽救了。就在这时，朱棣派来的使者到了，命他入贺新君。黄观说："入贺新朝，当预习一下礼仪。"遂整官服，东向揖拜，投江自尽。船上的人急忙打捞，仅捞上一顶帽子。

朱棣闻讯，命人扎了个草人，给它戴上黄观的帽子，押解刑场，一点点儿剐碎。

翁氏被誉为"节妇烈女"。她死后，民间流传着一个传说，说她投水时，吐血于石上，形成一个很像她的人形。此后,每逢阴天下雨,石上就显出她的形象来。后来,有个尼姑把此石带去庵中,翁氏托梦给她,说:"我,黄状元妻也!"待到天明,尼姑往石头上洒了些水,翁氏的形象更加明显,一副凄惨的样子。

万历三十一年(1603),青阳(今属安徽)人施益臣建祠纪念黄观,奏请于春秋祭祠。人们把那块石头也移入祠堂,名曰"翁夫人血影石"。直到清代康熙、乾隆年间修《明史》时,此石尚在,史学家把它写进了《明史·黄观传》。

张 信

◎ 周玉山

张信,字诚甫,浙江定海人,国学生员出身,为治《书》国子生。明洪武二十三年(1390)乡试中举,洪武二十七年(1394)廷试成状元。定海县僻处海岛,从这里走出来的闻人达士少之又少,至于状元,更是闻所未闻,而今,突然冒出个天下第一号才子,自然成了乡人热衷谈论的话题,一些神乎其神的传闻也附会在他身上。据说,张信的老家昌国(原为县,洪武二十年并入定海县)境内先前修建了一座石桥,桥尚未建成,便有童谣说:"人从桥上走,状元此时生。"因此,称此桥为"状元桥"。桥刚建成,一中年汉子外出归家,路过此桥，归家后其妻刚好生下一子，此子即张信。据说，当年浙江鄞县(今浙江宁波)人单仲友奉召至京，在皇帝朱元璋面前曾谈起过状元桥的事。又传张信赴京应试时曾做一怪梦，梦见有竹片反押狗头，置于几上，解梦者说此乃"状元"二字。张信廷试中试后，按照惯例，授职修撰，不久升为侍读，被委派为韩王朱松的诗文教师。张信的诗作得不错，但官做得并不顺畅，在他做韩王师的时候，即因事得罪了太祖。原来，张信研读杜甫诗颇有心得，因而专给韩王讲授杜诗，而杜诗中多讥刺朝政的内容，刚刚从元王朝手里夺过政权的朱元璋是颇为忌讳这一点的。张信向韩王大讲"舍下笋穿壁"等诗句，朱元璋闻知此事，大发雷霆，认为这是讥诮大明王朝。韩王诗册上有"御制"二字，张信随意勾掉，也使朱元璋感到不快。张信从此失宠。洪武三十年(1397)，3年一度的会试又届期举行，主试官为刘三吾及白信蹈。会试结果，江西人宋琮等52人中选；接着进行的廷试，福建人陈䢿被擢为状元。此次中试之52人全为南方人，这激起了江北应试士子的强烈不满。他们公开宣称主试官刘三吾为南人，对北人心存偏见、歧视。这起风波为朱元璋始料未及，对他震动很大。其实他在如何对待北方读书人的问题上，早就有自己的想法。他认为，作为刚刚建立的大明政权，根基并不牢固，尤其是北方人受元朝统治时间较长，其遗民尚有故国之思，其士人对新兴的明王朝多心存疑虑，这对明政权来说是一个潜在的不安定因素，为收买人心、巩固政权，必须设法笼络他们。对于此次所取皆为南人，他心中已是不悦，及闻北士抗言不满，勃然大怒，对刘、白及诸考官大加责难，并委派前科状元张信、侍讲戴彝、新状元陈䢿等12人复阅已落选的北人试卷，规定每人阅卷10份，挑好的交给他看。刘三吾系资深大臣，而且在朝臣中号称"天不怕"，对朱元璋的做法颇不以为然，抗言说："科举取士，一向不分南人北人，择优而取，才是正理。况且此次考试南人确优于北人。"刘、白二人还私下嘱咐张信等人专挑低劣的试卷上达。张信作为南人，当然也倾向于刘三吾等人的观点，故此12人仍以原选奏闻，并上达所阅取北人之试卷。朱元璋见后暴跳如雷，一怒之下，杀掉张信、白信蹈等10余人，刘三吾因年事已高，发配戍边。只惜张信抱负尚未施展，便命赴黄泉，成了这一科场大案的牺牲品。

陈䢿

◎ 刘 一

在中国科举史上，有个刚刚大魁天下便被革夺桂冠、凌迟处死的状元，他便是陈䢿。

陈䢿是福建闽县（今福建福州）人，家世史书未详。洪武三十年（1397）二月，陈䢿赴京师南京（今属江苏）参加会试，泰和（今属江西）人宋琮夺得桂冠，陈䢿也榜上有名。三月初一殿试，陈䢿大魁天下，成为明朝开国以来第6位状元。

但是，陈䢿还未来得及高兴，便大祸临头。

此科进士共51人，碰巧全是南方人。本来，自唐宋以来，中国经济重心南移，文化重心也渐次南移，南方士子自宋以来在科举考试上渐占上风。此科进士全是南方人也是有内在因素的。

更巧的是,考官刘三吾、纪善、白信蹈全是南方人。

南方考官录取的全是南方人,北方考生不服,断定刘三吾等人偏袒同乡,贬斥北方士子。

明太祖朱元璋闻讯,龙颜大怒,特命侍讲张信、陈䢿等12人复查。有人说张信在刘三吾的指使下有意将水平不高的卷子送呈皇上审阅,太祖闻言震怒,诏令重治刘三吾等人。

据《明史》记载,白信蹈、张信、陈䢿等被处死,刘三吾年老免死,充军新疆。有的史籍还记载说陈䢿也被流放充军,后又赦免召回,授以官位,但过后又被杀了,云云。但明末举人查继佐在《罪惟录》中讲,刘三吾、陈䢿被流放充军等,都与史实不合,实际上,刘三吾、陈䢿面对面地被凌迟处死。

查继佐在《罪惟录》中为陈䢿立了一个小传,在传后的《论》中,他说:"三吾非有私,则陈䢿何罪?"的确,陈䢿是无罪的,他是科场大案的牺牲品。

韩 克 忠

◎ 刘 一

明太祖朱元璋君临天下的第 30 年，即洪武三十年（1397）的二月初九、十二、十五日，会试在礼部贡院举行，茶陵（今属湖南）人、翰林学士刘三吾等为考官。3 场考试结束，刘三吾等人评阅试卷，录取 51 人，泰和（今属江西）人宋琮为第一。三月初一殿试，闽县（今福建福州）人陈䢴夺得第一。此科进士 51 人，全是南方人。北方考生不服，说刘三吾等是南方人，偏袒南方人而贬斥北方人。太祖闻讯，非常生气，派侍讲张信等 12 人复查。有人揭发说张信在刘三吾的指使下，有意将水平不高的卷子送给皇帝阅审。太祖闻讯大怒，将张信等斩首，刘三吾凌迟处死。他亲自阅卷，录取任伯安等61人，全是北方人。六月殿试，韩克忠夺得第一。

韩克忠，字守信，武城（今山东武城）人。他这榜进士叫做"北榜"，或称"夏榜"。

中状元后，韩克忠按照惯例入翰林院为修撰，掌修国史。他为人淳朴，太祖很是欣赏。任修撰3个月，便升为国子监的副长官——司业。国子监是最高学府，位于南京鸡鸣山下。祭酒为国子监长官，总领监务，司业负责教务工作。当时的国子监祭酒为张显宗。在韩克忠出任国子监司业时，国子监学政废弛，混乱不堪。韩克忠与张显宗整饬学政，修订监规，国子监再次兴旺起来。

第二年，即洪武三十一年闰五月，71岁的明太祖朱元璋驾崩，遗命皇太孙朱允炆嗣位，年号"建文"。

韩克忠升任河南按察使佥事，分领各道司法事务。出任河南按察使佥事不久，韩克忠罹病，不久病死。

胡 广

◎ 涂 晓

一、指斥宗藩而中状元

洪武三十一年（1398）闰五月，71岁的明太祖朱元璋溘然长逝，他的嫡孙朱允炆承嗣大位，史称建文帝。

这帝位原本是轮不到朱允炆坐的。朱元璋生有26个儿子，嫡长子朱标先他而亡，朱标的嫡长子又先朱标而亡。按封建社会的继承原则，朱标的第二个儿子朱允炆当为新的皇储。

但朱元璋嫌他优柔寡断，意欲立他的第四子、朱允炆的叔父、燕王朱棣为储君，遭到了翰林学士刘三吾等人的反对。洪武二十五年九月，朱元璋极不情愿地立朱允炆为皇太孙。

朱元璋病逝，年方22岁的朱允炆即位，成为大明王朝第二代皇帝，年号"建文"。

他即位的第二年，即建文二年（1400）二月，3年一次的礼部会试揭晓，前3名依次是王艮、胡广、李贯。三月初一，如期举行殿试。殿试考时务策1道，考试时间是1天。交卷后，弥封，即把考卷上的姓名、籍贯密封起来。第二天，评阅试卷的"读卷官"们便紧张地评卷，每人要评阅数百份。评完卷，挑出3份最优秀的，呈给皇帝御批。这次殿试，"读卷官"们推荐的第一名建文帝看后不满意，接着往下看其他考卷。他见一份卷上有"亲藩陆梁，摇动人心"之语，顿时高兴起来。

当朝天子何以见此语而兴奋？

原来，他承嗣了皇位，他的叔叔们身为藩王，心中不快。特别是燕王朱棣，深受朱元璋的宠爱，只是由于刘三吾等人的反对，才没有做上储君。他手握重兵，不甘心俯首向侄子称臣。建文帝对此是清楚的，他登基不久，便找侍臣齐泰、黄子澄等人密谋削藩，废黜了周王朱橚、岷王朱楩、湘王朱柏、齐王朱榑、代王朱桂，准备向燕王朱棣下手。谁知，燕王朱棣先发制人，于建文元年七月五日起兵反叛。

此时，明太祖朱元璋死去才2个月。

朱棣打的旗号是"清君侧"，他骂齐泰、黄子澄是惑君殃国的奸臣，须加清除，自称举兵是"靖难"。

这便是朱氏皇族同室操戈、争夺皇位的"靖难之役"。

朱棣击败建文帝派遣的平反大将耿炳文、李景隆。

建文二年的殿试就是在王师败迹的情况下开考的。见此卷指斥宗藩，建文帝怎能不高兴？遂在卷首用朱笔写了"第一甲第一名"6个大字。

拆封后方知，建文帝钦点的状元是胡广，吉水（今属江西）人。原"读卷官"推荐的第一名是王艮，在最后的评比中，建文帝把他列为第二名。

第三天唱名，相貌堂堂的胡广在听到"第一甲第一名，胡广"的宣唱后，出班叩谢。建文帝见胡广不但文章写得好，人也长得英伟，甚为高兴。想起战事不利，他取"靖卫"之意，赐胡广一个名：靖，希望胡广能帮他平定天下。

按照惯例，胡靖被授予翰林院修撰的官位。

二、变节事从新君

战局的发展越来越不利于建文帝。胡广中状元后1个月，燕军在白沟河（今河北雄县北）大败建文帝的军队。燕兵乘胜追击，连克德州、济南。建文帝罢免李景隆，以左都督盛庸来接替他的职务。盛庸麾军在东昌（今山东聊城）大败燕军，但未能扭转整个战局。自朱棣起兵以来，南征北战，战果辉煌，然将士损伤很大，攻下的城池大多旋即复失。朱棣的信心有所动摇。恰在此时，建文帝身边的太监给朱棣送来情报，说京城空虚，疾速南下，必可攻取。朱棣闻讯，决定不计一城一池得失，千里跃进，直取南京。

建文三年十二月，朱棣誓师，麾兵南下。

燕军过关斩将，直下镇江。南京在望，朱棣停止进攻，整顿疲惫之师，伺机攻取南京。

南京城内一片混乱，大臣们纷纷要求到外地守城，借口离开南京，保全身家性命。曾为建文帝出谋划策削藩的齐泰、黄子澄，自知是朱棣扬言诛灭要犯，便借口出外募兵，不待建文帝应允，便匆匆逃出南京。

毗邻相居的胡广、解缙、王艮、吴溥聚集吴家，商量对策。解缙严申君臣大义，激切地道："身为朝臣，蒙受皇恩，纵不能保全圣上，也当与圣上同赴死难！"

"臣为君死，理当万死不辞！"胡广也慷慨激昂地说。

王艮却坐在一边，默默不语。

待胡、解、王三人离去后，吴溥的儿子吴与弼深为解缙、胡广的忠心所感动，对父亲说："胡叔叔是皇上钦点的状元，若能为国尽忠，定会鼓舞士气，振奋民心。看来，天下有望啊！"

"不然！"吴溥淡然一笑，道，"依我看来，真正视死如归的，恐怕只有你王叔叔一人。"

话音未落，隔壁传来胡广申斥奴仆的声音："外面兵荒马乱，你等要谨守庭院，万不可让猪丢失了！"

吴溥看着儿子，道："你听到了吧?当此危难关头，连猪都怕丢失的人，岂肯舍命?"

不久，从王家传来悲恸的哭声，王艮拜别老母，仰药自尽了。

翌日，朱棣麾兵渡江攻城。把守金川门的，是他的弟弟谷王朱橞和败将李景隆，二人见大势已去，开门迎降。燕兵蜂拥进城。皇宫燃起熊熊大火，建文帝下落不明，或云自焚身亡，或曰逃出京城，剃度为僧。真相如何，已难以查究了。

城中建文帝的余兵，不是被消灭，便是投降。京城被燕军完全控制了，燕王朱棣在侍卫的扈从下，趾高气扬向京城走来。

一些贪生怕死的建文朝遗臣，从藏身的角落里钻出来，降顺朱棣。解缙和胡广也抛却昨日的誓言，急急忙忙地奔到郊外，叩迎新君。

三、成祖朝的重臣

朱棣做了皇帝，是为成祖。对建文朝的遗臣，他恩威并施，逮杀了一批不肯降顺者，其中，建文朝的辅佐大臣方孝孺被诛灭10族，计873人；那些肯归顺的，他便曲意笼络。

胡广是前朝状元，名气很大，他主动归降成祖，成祖很是高兴，擢为翰林院侍讲，旋即改任侍读。侍讲、侍读负责皇帝读书，是近臣。成祖还诏令他恢复以前的名字。

不久，胡广迁为右春坊右庶子，这是东宫（太子宫）官职之一，仅备翰林官升转之用。永乐五年（1407），胡广进官为翰林学士，兼左春坊大学士。这两个官职也都是供升转之用的，也就是说，胡广还有高升的希望。

永乐八年春，成祖御驾亲征蒙古草原的鞑靼，50万大军浩浩荡荡向北进发，胡广、杨荣和金幼孜等文臣随行。成祖多次召见胡广，询问征战方略，有时谈至午夜。过山川陀塞，胡广有时落后了些，成祖马上遣骑四处寻找，惟恐有失。有一次，胡广走错了路，脱衣乘一匹瘦马渡河，水淹没了马，胡广腰以下全泡在水里，幸运的是他安全抵达对岸。待追上大队人马，成祖见了，慰藉有加。胡广字写得很好，大军所至，多勒石记事，成祖都让胡广用笔。永乐十二年，成祖再次北征鞑靼，胡广、杨荣、金幼孜三人仍随行，成祖命他们为随行的皇长孙朱瞻基讲解经史。

永乐十四年，胡广进官为文渊阁大学士，兼职如故。文渊阁大学士是内阁中的大学士之一，参与机务，是皇帝的顾问官。

跻身大学士行列，胡广行事更加谨慎，竭心尽力为成祖效命。有时候，他迎奉成祖的旨意，大唱赞歌。如成祖征召西藏的僧人为太祖和马皇后做法会，胡广赶忙写了一篇《圣孝瑞应颂》献上。成祖十分高兴，令人谱成佛曲，在宫中歌唱。有时候，他也上疏劝谏。如礼部郎中周讷奏请举行封禅大典，胡广上《却封禅颂》，说此事不妥。成祖见了，更加宠爱胡广。

四、与解家联姻

解缙是和胡广一同迎降朱棣的，也是吉水人，两人同朝为臣，都为成祖器重。一次，成祖在宴席上问及他们儿女的婚事，解缙说："臣有一子，名祯亮，年尚幼。""臣妻有孕在身，不知是男是女。"胡广道。

成祖闻言，随口说道："你们二人是同乡，同殿为臣，做的官也一样。日后，胡爱卿若生的是女儿，就许配给解爱卿之子，再结秦晋之好。"

胡、解二人连连顿首称是。

不久，胡广妻分娩，果然是个女孩。胡广找到解缙，结为儿女亲家。

解缙的命运却很不幸，晚年出了事。

解缙恃才傲物，好臧否人物。淇国公丘福曾建议立朱高煦为皇储，解缙反对，竭力主张立皇长孙朱瞻基，成祖采纳了他的建议，朱高煦深为怨恨，伺机报复。永乐八年，朱高煦奏言解缙伺皇上北征，私觐皇太子。成祖闻言大怒，逮捕解缙，投进大牢。解缙在狱中度过了整整5年。永乐十三年，锦衣卫长官纪纲奏报囚犯的名籍，成祖见有解缙的名字，遂道："解缙还活着呀？"纪纲回去，让人灌醉解缙，埋在雪中。解缙死了，他的家被抄，妻子儿女流放辽东。

胡广不愿和罪臣联姻，想解除女儿的婚约，他女儿却道："薄命之婚，是皇上钦定的，父亲当着皇上的面应诺的。父亲悔婚，女儿惟有一死！"胡广诱逼不成，只好作罢。后来，仁宗皇帝即位，诏归解缙的妻子儿女，在家待夫的胡广女儿遂与解缙之子解祯亮完婚。

五、遭人讥斥

胡广为人行事，善看时机，见风使舵，他背叛建文帝降朱棣，与解缙联姻又悔婚等事，甚为世人所唾弃。胡广虽然位极人臣，备受成祖宠爱，却无什么建树，世人把他比做汉代的"中庸公"胡广。

永乐十六年，胡广年49岁，身罹重病，回家调养，有人赋诗一首寄给他。诗云：

汉朝胡广号中庸，今日中庸又见公。
堪笑古今两奸宄，天教姓名正相同！

胡广读罢此诗，羞恨交加，病情加重，不几日，便撒手归天。

成祖闻讯，诏赠礼部尚书，谥曰"文穆"。明代文臣有谥号，从胡广始。他的灵柩被运回老家安葬，离开南京时，皇太子朱瞻基致祭。翌年，成祖授给他儿子胡穜翰林检讨的官职。仁宗即位，又加赠胡广为太子少师。

曾 棨

◎ 云 高

一、永乐朝第一状元

建文四年(1402)六月初三,燕王朱棣的"靖难军"强渡长江,他的弟弟谷王朱橞和大将李景隆开门迎降。建文帝不知去向,朱棣在部将和降顺的建文遗臣的拥戴下登上帝位,年号"永乐",是为成祖。

成祖君临天下的第3年,即永乐二年(1404)三月初一,甲申科进士举行殿试。这是永乐朝第一科殿试,成祖格外重视。他审阅"读卷官"进呈的前10名的卷子,钦定曾棨为第一甲第一名。

曾棨,字子启,永丰(今属江西)人。永丰在恩江(今乌江)岸边,是个名士辈出的地方,大文学家欧阳修就出自这方水土。曾氏是永丰的名门望族,曾棨的高祖曾晞颜,是宋代名臣,官至兵部侍郎、江西湖广南安抚使。曾祖曾选甲,仕元,官至应奉翰林文字、同知制诰兼国史院编修。曾选甲和他的兄长、翰林直学士曾德裕,皆有盛名。祖父曾如瑶,集贤院司直。父亲曾叔本,官至左春坊大学士兼翰林侍读。曾棨深受家风的熏陶,好学上进,端庄稳重,不苟言笑。他很聪明,5岁时便开始诵读经书。

殿试考时务策1道,以1日为限,日落前必须交卷。曾棨才思敏捷,下笔2万言,一气呵成,连草稿都没打。成祖惊奇他的才华,批语:

"贯通经史,识达天人。有讲习之学,有忠爱之诚。"

在卷首朱书"第一甲第一名"6个大字。

曾棨成为永乐朝第一位状元。

这年,他三十有一岁。

甲申科进士共470人,后来出了一批名人,曾棨是最杰出的一个。

二、受宠信的文学侍臣

中状元后,曾棨入翰林院为修撰。

成祖刚得天下,急需人才,特别是有学问的文人。他命大臣解缙从新科进士中挑选28人为庶吉士，开文渊阁，让他们在阁中读书、深造。这28人是：

曾　棨　　第一甲第一名
周　述　　第一甲第二名
周孟简　　第一甲第三名
杨　相　　第二甲第一名
王　训　　第二甲第三名
王　直　　第二甲第四名
吴　绅　　第二甲第七名
彭汝器　　第二甲第八名
刘子钦　　第二甲第十二名
余学夔　　第二甲第十四名
章　朴　　第二甲第十七名
卢　翰　　第二甲第二十一名
熊　直　　第二甲第二十五名
王　道　　第二甲第二十六名
罗汝敬　　第二甲第三十名
沈　升　　第二甲第三十二名
柴广敬　　第二甲第四十四名
王　英　　第二甲第四十六名
余　鼎　　第二甲第五十九名
汤　流　　第二甲第六十一名
洪　顺　　第二甲第七十名
叚　民　　第二甲第九十名
杨　勉　　第三甲第三名
章　敞　　第三甲第三十二名
李时勉　　第三甲第三十四名

倪惟善　第三甲第三十九名

陈敬宗　第三甲第一百六十一名

袁添禄　第三甲第三百三十三名

　　这28名庶吉士是470名新科进士中的佼佼者，成祖对他们寄予厚望，他召见曾棨等28人，对他们说："人要立志，有了志向就能功成名就，没有无志而能建功立业的。你们是从数千人中选拔出来的进士，又是从数百名进士中选拔出来的庶吉士，都是当今的英俊。但是，你们要有远大的志向，切不可因这点儿成绩而骄傲自满。治学要注重道德，学以致用；写文章要与司马迁、班固、韩愈、欧阳修并驾齐驱。有了这样的志向，便能天天向上，没有不成就功名的。古人的才学，难道都是天生的吗？是刻苦自励、日积月累的结果。你们好自为之。朕不委派你们事务，文渊阁乃古今文献荟萃之处，你们各食俸禄，每天在阁中诵习，务必有所得。你们将来都是国家栋梁，切莫自怠，辜负朕的厚望。"曾棨位冠28庶吉士之首，深为皇上的期望感奋，刻苦学习，学问日进。成祖不时召试28庶吉士，曾棨迅笔千言立就，词美义深。成祖还常常摘录群书中的疑难问题考问曾棨，曾棨都能详细而明白地解答，成祖极为赞赏，曾棨名闻天下。

　　第二年，曾棨被任命为中国第一大类书《永乐大典》的副总裁。永乐五年，《永乐大典》完书，曾棨升任侍讲，常侍奉成祖，赋诗作文，甚见亲信。每当大臣荐举文士，成祖必问："是不是像曾棨那样的？"

　　老母张氏病死，曾棨去职服丧。

　　永乐七年，成祖巡幸北京，召曾棨起仕扈从。

　　同乡有个人被指控为建文帝的人，逮捕下狱，供词牵连曾棨。成祖没有问罪曾棨，对他说："朕珍惜你的才学啊！"曾棨的府邸在长安石门外，家里失火，延及宫垣，成祖也不加追究。

不久，曾棨奉命参加编修《太祖皇帝实录》。永乐十一年，成祖巡幸北京，又诏令曾棨扈从。永乐十二年，出任北京乡试考官。永乐十三年，充任殿试读卷官。《太祖皇帝实录》完书，成祖赐曾棨纱衣文绮。永乐十六年，出任会试考官，进官侍读学士，担任全国地方志的副总裁。永乐二十二年，复任会试考官。

这年七月，成祖驾崩，皇太子朱高炽承嗣大位，年号"洪熙"，是为仁宗。

曾棨进官左春坊大学士，兼翰林院侍读学士。

仁宗君临天下仅 10 个月，便于洪熙元年(1425)五月驾崩，皇太子朱瞻基即立，年号"宣德"，是为宣宗。

曾棨奉诏参加编修《太宗实录》、《仁宗实录》。宣德二年(1427)，出任会试考官。宣德五年，充任殿试读卷官。两朝"实录"完书，宣宗赐曾棨金织衣、银币，进官詹事府副长官——少詹事，仍兼翰林院侍读学士。

曾棨素有痰疾，宣德六年冬天，病情加剧，宣宗遣太医诊视。翌年正月二十一日，不治而死，享年 61 岁。

曾棨入仕 28 年，以文学侍臣，大见宠信。

宣宗闻曾棨病逝，甚为痛惜，诏赠嘉议大夫、礼部左侍郎，遣侍郎章敞赐祭，命官府营造坟墓，给船运送灵柩还乡，朝臣自公侯以下都临奠。

三、诗文品性

曾棨擅长诗文。他的诗文如源泉、浑厚、沛然、奔放，一泻千里；又如园林逢春，群芳争艳。兹录二三首诗以窥一斑。题为《海子桥》诗云：

> 鲸海遥通一水长，沧波深处石为梁。
> 平铺碧甃连弛道，倒泻银河入苑墙。
> 晴绿乍添垂柳色，春流时泛落花香。
> 微茫迥隔蓬莱岛，不放飞尘入建章。

《送彭巡检子韶赴闽》一诗云：

> 送君南去片帆归，五月薰风白纻衣。
> 路绕闽山征骑远，月明蛮徼逻兵稀。
> 桄榔绿暗经残雨，荔子红垂映落辉。
> 小弟衫关烦寄语，客心长伴鹁鸪飞。

他赋诗作文，兴之所至，奋笔疾书，一气呵成。

曾棨的书法也极佳，特别是他的草书，雄劲奔放，有晋人风度。

他嗜酒能饮。一次，一位外国使臣到了，朝廷找人伴酒。这使臣自称善饮，朝廷找了员能喝酒的武将，犹恐不胜。皇上命朝臣自荐，曾棨请命。皇上问他酒量几何，他说无量。他与那使臣喝了一天的酒，使臣酩酊大醉，他一点儿事都没有。回去复命，皇上笑曰："岂止文学，就这酒量也足以做大明状元！"

曾棨孝友忠信，孝事父老，喜欢奖掖后进，急人之所急。

林 环

◎ 周玉山

　　林环，字崇璧，福建莆田人。幼极聪敏，读书过目数遍即成诵，善作文，为诸生时，文章即为时人所重。及稍长，为人倜傥洒脱，好饮酒、赋诗，永乐三年(1405)中举，次年廷试成状元。明清时期，福建莆田的林氏家族在科甲中久负盛名，单明代即有80余人中进士，故福建一向有"无林不开甲"的民谣。关于此事，有一个有趣的传说。据传，林氏先世有一老母，乐善好施，为救济穷人，暑天施茶，冬月供应姜汤，天天做粉团布施于人。当地有一个穷道士，专靠其施舍为生，前后达3年。老母并不责怪，道士知其心诚，有一天对老母说：

"老母施食3载，使贫道赖继余生，无以为报。贫道观施主房后之空地，乃千古绝无之风水宝地，老母作古后，若葬于此处，您的后代做官晋爵的人，大约相当于1升芝麻的数量。"老母死后，其子按道士所指葬之，下一代果然有9人中进士，其后愈来愈多，盛极一方，又由莆田遍及福建全省。明代福建林姓进士达280余人，其中6人名列鼎甲，有人说这些姓林的进士大多是老母的后裔。又传永乐四年(1406)林环将赴礼闱会试时，忽梦其友李文渊送狗肉一片，林环曲一臂受之，起初不解何意，及第后方知片狗(犬)乃"状"字，曲一臂似"元"字。后林环官文渊阁学士，亦与其友"文渊"之名合。其赴京(指南京)会试，乘船途经吴江(今属江苏)，时已入夜，系舟岸边，忽见临河一高楼浓烟滚滚，火光时见，有一年轻女子赤身裸体破窗跳楼，恰好落入林环船中。时当初春，余寒未尽，此女冻得浑身发抖，林环正自惶惧不安，情急之中，将身上穿的狐裘脱下，披在她身上，使其遮挡御寒。因思己一孤客，彼一少妇，恐遭闲言中伤，不便久留，遂移舟至僻处，送其上岸。及至会试结束，林环与一同考士子前往拜见本房考官，谈及此事，忽见同来士子跪在地上，大呼恩人，弄得林环不知所措。原来，跳楼女正是此人之妻，火灾当晚，该士子有事外出，及回来时家里已被烧得面目全非。从灰烬中扒出两具尸体，勉强辨认出是他家一老一小两位仆人，惟独不见其妻之尸，不知是否脱难。次日一早，终于寻到妻，却见身上穿着别人的狐裘，心中顿时犯了疑，不问青红皂白，休归母家。至此，吴江士子知错怪其妻，归家后又破镜重圆。放榜后，林环为状元，该士子名列二甲。林环之同乡陈寔亦中进士，但陈寔恃才不服，扬言考官录取不公。成祖召而诘问，陈寔答："臣百问百答，从无纰漏，缘何不取？"成祖怒其不恭，欲制其狂气，乃命学士解缙出题，题为："孔门七十二贤，贤贤何德?云台二十八将，将将何功?"成祖亲临考问，陈寔一一对答不误，文采亦可称；林环亦应对如流，毫无遗漏。因二人不分上下，成祖乃加罪陈寔，充军三边。林环始官翰林院修撰；次年晋升侍讲，参与《永乐大典》的纂修工作，担任其中《书经》部分之总裁官；先后2次充任会试考官，拔取了不少有用人才。林环识略过人，通晓世务，深得成祖器重，一时硕儒皆目为翘楚。永乐十三年(1415)，成祖驾幸北京，林环为扈从官员，并受命为经筵讲官，以讲说经义时嗓音洪亮清晰，得到成祖宠爱。不久，林环患病不治，卒于北京，年仅40岁。时林环入仕未及10年，成祖方欲重用，时人惜其早逝。林环擅长作诗，诗风颇似其人。其未及第时，常纵酒自放，诗作倜傥大度，不拘一格；入词馆后，诗作亦毫无台阁之气。《列朝诗集》、《明诗综》皆收录其作品，有《絅斋集》13卷。

萧 时 中

◎ 周玉山

萧时中，名可复，字时中，但他自己和他人都称其"时中"，"可复"一名很少叫了。他是庐陵（今江西吉安）人，为人温和，从不动怒发火；言行谨慎，谦虚礼让，一副难以自持的样子。成祖朱棣从侄儿建文帝朱允炆手中夺取帝位的第8年，即永乐七年（1409）二月，萧时中赴京师南京参加在礼部贡院举行的会试，3场考试下来，他榜上有名，但会元的桂冠被临海（今属浙江）人陈璲夺得。按惯例，应于三月初一殿试，但当朝天子成祖皇帝在二月出巡北京，留皇太子朱高炽在南京监国。皇上不在，殿试无法如期举行。直至第二年十一月，成祖才回到南京。第三年，即永乐九年三月初一，殿试开考，萧时中一举夺魁，成为明朝开国以来第 11 位状元。会试第一名陈璲，殿试时仅列第二甲第 12 名。此科进士共 84 名，后来成名的不多。萧时中中状元后，入翰林院为修撰，掌修国史。上任不久，天有灾异，萧时中借此上疏，指陈时政，共谈了 8 件事情，都极尽时弊。他的奏疏虽然入木三分，但言辞和缓、委婉，成祖读后大加赞赏。然而，就在成祖准备重用他时，萧时中却罹病倒下了，不久便撒手人寰。

马 铎

◎ 周玉山

马铎,字彦声,号梅岩,福建长乐人。父马谷进,娶妻卓氏,不育,又纳妾,生马铎。该妾因遭卓氏嫉恨,势不相容,遂改嫁同邑李姓,生子名马,后改名李骐。李骐与其同母异父兄马铎皆中状元,当时成了旷世奇闻。马铎自幼聪颖异常,年稍长即拜师问学,最初从乡先生郑孟宣学《礼》,渐旁通《易》、《诗》、《书》,于子史百家多所涉猎,作文不假思索,下笔立成。被选为治《诗》太学生。永乐九年(1411)参加应天府乡试,中举人,次年会试中试,廷试擢为状元,时年46岁。和马铎一同参加此科会试的,有一个叫林志的人,是马铎的同乡和同学,其才实高出马铎一筹,福建乡试即为全省第一。此次会试又为第一。马铎深知自己比不过他,而林志也暗暗以状元自居。1个月后,林志以会试第一的身份与马铎等人一同参加廷试。廷试刚结束,林志即打听别人的答题情况,他可能是怕有人超过他,逐个问询,觉得都比自己所答差得很远,更相信状元非己莫属。但令人感到意外的是,殿试结果,马铎被钦点为状元,林志屈居第二。林志大失所望,怏怏不乐,仿佛到嘴的肥肉没有吃到,心中特别难受,对于自己屈居于马铎之下,尤为不服,常当面奚落马铎:"你一个十足的草包状元,何以居我之上?岂不是老天没眼?"马铎已是事实上的状元,当然受不了这样的嘲讽,因而反唇相讥,当仁不让,二人甚至不惜于朝堂上争得面红耳赤。这件事很快传到成祖朱棣的耳朵里,为调息纷争,成祖遂想一妙法。某一天,成祖皇帝将二人唤至殿前,说:"朝廷开科取士,本为招纳贤才。依理说,朕当日亲笔点定状元,不容异议。然朕更不想误屈贤才,以招天下非议。思之再三,决定当二位之面,再考一次,以决高低。朕有一联在此,你二人谁先对出下联,谁便是真正的状元。朕的上联是'风吹不响铃儿草'。"没等说完,马铎便应声答道:"雨打无声鼓子花。"皇上大为叹赏。再看林志,憋了半天,一个字也没憋出来,遂表示服气,还赔了不是,表示以后再也不找马铎的茬了。其实,成祖此举完全是糊弄人。马铎年幼时即听说过此联,一直熟记于胸,故而应对如流;而林志未闻此联,任他胸罗10万卷,也只能临阵瞠目。马铎及第后,官翰林院修撰承务郎。马铎为人刚直不阿,表里不二,仗义执言,不避权贵,颇得上司信任。此时明政权已迁都北京,而留皇太子朱高炽监国于南京,马铎亦留南京为太子之辅佐。其办事认真、不避艰劳,给皇太子留下了深刻的印象。此后,马铎屡得重用，每当翰林学士、国子祭酒、司业因公外出，皆命马铎兼摄其事，并且每每不辱使命。仁宗明于用人，马铎勤于事君，一时传为美谈。有一次，永乐皇帝自北京赐书给南京国子学师生，按规制，必须由国子监祭酒专程北上答谢皇恩，但正巧祭酒因事罢职。1个多月后，马铎方受命署国子监事，此时再往答谢，为时已晚。众人都劝马铎，说他到任已迟，可免此行，但马铎执意北往，众人见劝阻不得，又相率奉送旅费，马铎一概谢拒。又，国子监中有一些资历较高的积年老臣，见了年轻的官员，老爱摆架子，甚至有意寻茬。马铎遇有这种人，即当众直刺其非，令其改正，从来不讲面子，惟知以理服人，公事公办。马铎一生，居官有刚直之声，居家有孝友之名，居世有助人之誉。他有一个弟弟，虽为异母所生，但两人极为要好。弟弟比他死得早，弟去世时，他悲恸欲绝，专程回家，为其择地而葬。马铎临死前，遗嘱家人与其弟同葬一处，真可谓生死相依了。马铎在京城做官时，其住处道旁有一个水塘，有一年冬天，半夜忽有人坠入其中，马铎闻声披衣急起，忍着刺骨的寒风，将落水者救起。其时，溺水者已奄奄一息，铎唤家人将其抬至家中，为其换衣、喂饭、吃药，终于得救。其济人危难，类此尚多。闲暇时，他常以读书鼓琴自娱，名其读书处曰"梅岩书屋。"尤擅作诗，有《玉岩集》行世。其《送人归平阳》诗曰：

太行山上西日微，桐乡城下竹人稀。
关河万里愁归客，汾水秋风孤雁飞。

其诗颇具唐人遗风。永乐二十一年（1423）六月，马铎卒于官任上，时年58岁。

陈　循

◎ 涂　晓

一、入阁典掌机务

明成祖朱棣以燕王的身份起兵，从侄子建文帝手中夺得帝位后，于永乐四年(1406)下令筹建北京宫殿，准备迁都北京。永乐十三年三月，在北京举行了首次进士科殿试，录取进士351名，钦定陈循为第一甲第一名。

陈循，字德遵，泰和(今属江西)人。他是明代第12位状元,也是在北京录取的第一位状元,他以前的11位状元都是在南京考取的。中状元后,陈循入翰林院为修撰,掌修国史。他熟悉朝廷典故,很受成祖器重,是他的重要侍臣之一。

永乐二十二年(1424)秋七月,成祖驾崩,他的长子朱高炽即位,是为仁宗,年号"洪熙"。洪熙元年(1425),陈循进官侍讲,为仁宗讲解经史。但是,他当了不到半年的侍讲,仁宗便病死了,享年40岁。

仁宗死后,他的长子朱瞻基即位,是为宣宗,年号"宣德"。陈循入直南宫,宣宗每有大事,便征询他的意见,颇见信用,还赐给他玉河桥西面的一座豪华府第。宣宗每有巡行,都命陈循随从。不久,进官为侍读学士。

有个叫张楷的御史向宣宗献了一首诗以邀宠,谁知,宣宗看了不合心意,大为恼火。陈循劝谏说:"他也是个忠臣。"宣宗遂不追究。

宣德十年(1435)春正月,年38岁的宣宗驾崩,他的长子朱祁镇即位,是为英宗,年号"正统"。

英宗年方9岁,遵照宣宗遗训,军国大事由太皇太后张氏裁决。张太后委政内阁大学士杨士奇、杨荣、杨溥,时号"三杨"。但英宗宠爱的是个叫王振的太监。王振是蔚州(今河北蔚县)人,自阉入宫,被宣宗指派到东宫,服侍当时还是皇太子的朱祁镇。他善于迎逢,大得皇太子欢心,英宗即位仅半年,便提拔他做了司礼监太监。司礼监是明朝宫廷24个宦官衙门中最重要的一个,掌管皇城的一切礼仪、刑事,更重要的,是替皇帝管理一切奏章,代皇帝批答一切奏疏。那些奸邪之辈往往乘机弄权,王振便是这样。他狐假虎威,依恃英宗专权跋扈,不把"三杨"放在眼里。

正统元年(1436),陈循以侍讲学士的身份兼任经筵讲官,与英宗讲论经义。后进为翰林院学士，成为英宗的顾问。正统九年四月，入直文渊阁，参与机务。

这时，杨荣、杨士奇已先后病死，剩下一个杨溥也已年迈。礼部援引"三杨"典掌机务之例，奏请以陈循、马愉、曹鼐三人职掌内阁。马愉是宣德二年（1427）状元，曹鼐为宣德八年状元。内阁三大臣皆为状元郎。正统十年，陈循进官为户部右侍郎，兼翰林院学士。

二、景泰朝的宠臣

正统十四年七月，蒙古瓦剌部首领也先分兵四路，大举入侵。明军溃败，塞外城池仅剩一座大同（今属山西），也被也先包围。在王振的鼓动下，英宗御驾亲征。结果，在土木堡（今河北怀来东南）大败，英宗被俘。

消息传到北京，举朝震恐。为了安定人心，太皇太后下诏，立英宗年仅2岁的儿子朱见深为皇太子，以英宗的弟弟、郕王朱祁钰监国。也先跃跃欲试，准备南下。一些胆小的官员鼓噪着迁都南逃，兵部左侍郎于谦坚决反对。于谦是钱塘（今浙江杭州）人，生性刚直，不事权贵，他主张坚守京师。陈循极赞同于谦的观点，建议敕令沿边各地遣精锐骑兵入卫京师；驰檄西北回族人，让他们采取行动，做出进攻瓦剌的样子，以疑敌。朱祁钰深以为然。

九月初六，朱祁钰即皇帝位，年号"景泰"，是为代宗。十月十一日，也先的大军攻临北京城下，列阵西直门外。京城军民顽强抗敌，两军相峙5天，也先屡败，仓皇撤围西去。

"北京保卫战"的胜利，有陈循一份心血。

陈循博学多才,他把古时帝王的言行编辑成《勤政要典》一书,献给代宗,以资借鉴。代宗大为高兴。黄河以南、长江以北下大雪,麦苗多死,陈循上疏请拨款和麦种给贫民,代宗允准。

陈循的言行颇受众人称誉。

但是,景泰二年(1437)发生的一件事却让众人失望。

这年,陈循的夫人病死,运回家乡下葬。陈循看中一块风水宝地,但此地不属于陈家,陈循硬要弄到手,和人家争执起来。巡按御史判决陈循不对,陈循便上疏攻击巡按御史。宁德(今属福建)人林聪时为吏科都给事中,稽察官吏违误,上疏弹劾陈循,言辞激切,力主绳之以法。代宗肯定了林聪的言论,但对陈循置之不问。

陈循的名声本来很好,但出了此事后,名声狼藉。

不过,代宗很欣赏他,他的官位照旧升迁。争地事过后不久,他又进官为太子少保,兼文渊阁大学士。

代宗之所以如此厚待陈循,是有原因的。

一个特殊的机遇使他登上了帝位,但皇太子不是他的儿子,而是英宗之子朱见深。他想废黜朱见深,立自己的儿子朱见济,这样做必然会有人反对。因此,代宗便有意拉拢一批大臣,届时好拥护他更易太子。陈循是内阁大臣,举足轻重,正是代宗笼络的重要对象。

为了进一步拉笼陈循等人,代宗又赐陈循白金100两,另一位内阁大臣高谷也得到白金100两,江渊、王一宁、萧镃三位内阁大臣各得50两。

但是,仍有一些人反对,就连皇后汪氏也不赞成。代宗一怒之下,废了汪皇后,另立朱见济的生母杭妃为皇后。即使如此,也不能完全平息反对派的谏争。不过,几个内阁大臣得了好处,表示不会反对,代宗也就放心了。

景泰三年五月，代宗正式下令废皇太子朱见深为沂王，另立自己的儿子朱见济为皇太子。

陈循对此事没有反对。

代宗见更易太子一事很顺利，十分高兴，给陈循加官太子太傅，又以皇太子的名义赏赐金银布帛。1个月后，又赐陈循等5个内阁大臣黄金各50两，擢陈循为华盖殿大学士。

陈循的儿子陈英参加顺天乡试落榜，便与一同落榜的太子太保王文之子王伦构陷考官刘俨、黄楝，给事中张宁等上疏弹劾。

看在陈循的面子上，代宗没有罪罚陈英。

当时，陈循是内阁中资格最老的大臣，加上受到代宗的信用，颇刚愎自用。内阁大臣高谷十分不满，但又拿他没办法，他想把为人强悍的太子太保王文拉入内阁以对付陈循，遂上疏请增加一名阁臣。代宗诏准。陈循推荐他的同乡萧维祯，高谷荐举王文。王文得到宦官王诚的帮助，入直文渊阁。但王文入阁后很快便与陈循抱成一团，高谷极为怨恨，却也无可奈何。

景德一朝，是陈循最得意的时期。

但是，厄运不久便降临到他的头上。

三、流放铁岭卫

景德八年春正月，代宗病倒了。眼看一年一次的郊祀大典即将来临，他支撑着病体来到南郊斋宫，把武清侯石亨召到榻前，要他代行郊祀礼。

石亨，渭南（今属陕西）人，勇武过人。也先兵临北京城下，石亨于德胜门大败也先兵，被封为武清侯。代宗召见他时,他官居太子太师。石亨应召入斋宫,见代宗已病入膏肓,出来后便去找都督张軏、左都御史杨善和太监曹吉祥,密谋请太上皇朱祁镇复位。

原来,也先俘虏英宗后,要挟不成,军事进攻又遭失败,遂于景泰元年八月初二释放英宗。英宗回北京后,他的弟弟朱祁钰已即帝位,英宗以太上皇的身份幽居南宫,但念念不忘复辟。

石亨想帮助英宗复位,以永保富贵。在他和张軏、杨善、曹吉祥的周密策划下,正月十六日夜,朱祁镇重新登上了阔别8年的帝位。

英宗复辟后,废代宗为成王,迁往西山。不几日,成王便病死了,年仅30岁。接着,英宗在石亨的唆使下,大肆报复代宗的宠臣,于谦、王文被处死,陈循被狠揍100棍后,流放铁岭卫(今辽宁铁岭)。明代,那是一个极荒凉的地方。

陈循在铁岭卫过了4年的流放生活,从北京传来消息,石亨因弄权而被捕下狱,死在狱中。陈循上疏英宗,说:"天位,陛下所固有。当天命和人意都归于陛下时,群臣备法驾,恭诣南宫,奏请陛下再次临朝。皇宫没有任何骚动不安,可以表明天下永远是陛下的。而石亨等侥幸一时,其计谋也不过顺从天命人意而已。最后,他们都自趋灭亡。臣效命多年,曾有一些苦劳,被石亨等排挤,惟请陛下怜悯、明察!"他此道奏疏,为英宗歌功颂德,替自己分辩,乞求英宗开恩。英宗阅毕,诏令释放陈循为平民。

1年后,陈循病死。

英宗死后,其子朱见深即位,是为宪宗。宪宗为于谦平反昭雪,陈循的儿子乘机上疏,说其父亦应昭雪。于是,宪宗诏令恢复陈循的官位。

李骐

◎ 周玉山

　　李骐，本名马，字德良，福建长乐人，祖居长乐太平港。其先祖有仕宋为提幹者，乡人称"提幹李家"。父李原善，母叶氏，自同邑马家改嫁李氏。李骐与永乐十年(1412)状元马铎为同母异父兄弟。李骐年少时即颖悟异常，10岁能通读《孝经》、《论语》，洞悉其义。年稍长，入补县庠弟子员，赋诗为文，多出前辈之上。永乐十五年(1417)福建乡试第一；十六年(1418)会试中式，是科考官曾棨亦为前科状元；廷试毕，成祖皇帝亲擢第一。当皇上阅其卷时，嫌"李马"名不甚雅，遂改"马"为"骐"。3日之后，士子齐集朝堂，听候揭榜。唱名者高叫"李骐"，3声过后，竟无应者。原来，皇帝为李马改名，事先并没有和他通气，以致出现了这样的笑话。皇上慌忙出来解释："李骐就是李马，朕已为他改名。"李骐这才出列听诏受赐，领受状元及第应受之纱帽、银带、朝服等，受官翰林院修撰。骐秉性严毅方正，有过于其兄马铎，为人极为正统，甚至有些刻板，与人相处总是一本正经，很少和人开玩笑，遇有不顺眼的事，总是单刀直入地直刺其过，毫不讲情面。其在翰林，多从事文献纂修工作，勤于所事。永乐二十一年（1423）他奉命典应天府乡试，去取进退，丝毫不徇私情，时论称善。永乐二十二年（1424）夏李骐染病，病中忽得永乐皇帝驾崩的消息，大为哀痛，加以身体虚弱，大有不胜之态。有人劝其节哀注重身体，他动情地说："皇上给我的恩典够重的了，我未好好报答，而今皇上宾天，我岂不应大哭一场，以报皇恩？"悲恸过甚，以致病情加重，从此卧床不起。次年正月，新皇帝以其忠勤尽瘁，重典赐恤其家，赐其父同李骐之官，追赠嫡母叶氏为安人，继母黄氏、妻陈氏同为安人。然而，家庭的不幸接连而至，数月之后，继母黄氏去世，骐抱病回籍奔丧；不到1个月，结发之妻陈氏又得病身亡。不到半年连丧二亲，这对他是一个沉重的打击。洪熙元年（1425），李骐病危而亡，年仅48岁。其死时官仍为修撰，抱负未展身先亡，时人甚为叹息。

曾鹤龄

◎ 周玉山

曾鹤龄，字延年，一字延之，号松坡，一号臞叟，江西泰和人。父名伯高，母胡氏。鹤龄出生时，其母梦有星落于卧内，一说其母梦有丹顶鹤翔于空中，遂名鹤龄。鹤龄少具异秉，与其兄椿龄习学于家，稍长即精通《书经》，与兄同领永乐三年(1405)乡荐。椿龄永乐四年(1406)中进士。鹤龄本当与兄同往应考，而家有父母俱年长，需人照料，遂放弃应考机会，在家侍养双亲。不久，其兄病故，鹤龄又承担起扶养遗孤的责任，其孝悌之名闻于远近。为维持家计，鹤龄又开馆教授生徒，累年所积学馆收入，都用于营建家业。数年之后，家产初具规模，子女也都长大成人，心中没有了后顾之忧，其时父已病逝，仅有老母在堂，遂北上应试。时为永乐十九年（1421），曾鹤龄已39岁，自领乡荐之年起，已过16载。北上取道浙江，所乘船中正好有数人同赴京城应考，几人时而聚于一处，高谈阔论，惟独曾鹤龄一人坐在一边，默无言语。数士子想考一考曾鹤龄的功底，举出书中的疑难问题请他回答，他谦逊地推说不知，数人见他不过如此，便一齐嘲笑道："此凡夫也，能够预荐应考不过是偶然的侥幸！"随即一齐起哄，叫他"曾偶然"，还不时投来鄙夷的目光。对此，曾鹤龄并不在意，一路无话，来至京城。及会考3场毕，阅卷时，其质朴典雅的文风打动了本科典试官、大学士杨士奇，置为前茅。1月之后的殿试，曾鹤龄发挥更佳，被擢为状元。可笑的是，当日舟中同行的几个举子统统名落孙山。曾鹤龄回思舟中之事，不觉失笑，不妨也将他们戏弄一番，以抒快意，随即挥毫题诗二句，分别寄给那几个人："世间固有偶然事，岂意偶然又偶然。"再说那几个举子闻知状元就是同行的"曾偶然"，即感到大大的意外和尴尬，及收到曾鹤龄的赠诗，更羞得无地自容。曾鹤龄及第后，除官翰林院修撰；宣德元年（1426）奉命祭祀南岳及舜陵，预修《太宗实录》；宣德五年（1430）为庚戌科会试同考官，同年秩满升翰林院侍读。因老母年事已高，心终未安，宣德六年（1431）乞归家省母得准，未至家而母已病逝，此后3年，服阕在籍。正统初复职，预修《宣宗实录》，3年（1438）书成，升侍讲学士，掌南京翰林院事，寻又授奉训大夫。正统三年秋土考顺天府乡试，第一场考试的当天晚间，试场突发火灾，大火烧掉了不少已呈交的试卷。有关部门官员因惧怕获罪，未敢呈请改试，打算大事化小，修葺一下场屋即进行第二场、第三场考试。曾鹤龄对这种胆小怕事、不负责任的做法非常不满，身为主考，必须对科试的公正和士子的前程负责，毅然决定第一场考试作废，待修葺完毕，重考第一场。有关官员无法，只得将两种拟议一并上达。结果，曾鹤龄的方案得到正统皇帝的首肯，众人方始叹服。时曾鹤龄年近60岁，身体渐衰。一夕课其子读书，不觉已到深夜，次日早朝尚与同官谈笑自若，归家忽暴病，不及半日而身亡，时为正统六年（1441），曾鹤龄年59岁。曾鹤龄一生优游翰林20年，文章之美，中外称之。诗以五言见长，近人陈田谓"愨质有味"，《四库总目》谓其诗多牵率之作，而文章则说理明畅，条理有法，"大抵规枑欧阳，颇近王直《抑菴集》"。作品有《松坡集》、《朥叟集》，后人合刻为《松朥集》28卷。

邢 宽

 周玉山

邢宽,字用大,南直隶无为(今属安徽)人,家境殷实。祖、父皆为当地之刑官,常怜悯囚犯,为之宽刑,甚得乡里好评。其父有子,为弘扬祖德,即取名邢宽。因为家里很富有,不需为生计而奔忙,邢宽自幼即专事于读书,亦好声伎游乐之事。永乐二十二年(1424)会试,他以第7名中试。及廷试时,主考官曾棨呈上录取名单,拟江西丰城人孙曰恭为一甲第一名。大概是名单上"曰恭"两个字写得太近吧,成祖一眼看上去,竟像一个"暴"字,顿感不快,自言自语道:"人君以仁为本,岂能容'暴'字?"至于其试卷优劣如何,竟看都不

看，一笔将孙曰恭的名字划掉，又命再取他人名单，一眼看到邢宽的名字，笑道："邢宽不就是'刑宽'吗？好极了，就让他当状元！"成祖皇帝为什么对"暴"字这样敏感？原来，成祖的皇位是从他侄子朱允炆手里夺过来的，当时号称"靖难"，实际上杀了不少忠于建文朝的人，以致人心浮动。虽事过20多年，他仍没抹去心中这道浓重的阴影，故一看到"暴"字，像被蝎子蛰了一样，联想到"暴君"，越想就越不对劲了。邢宽所以侥幸，是因为有一个好听的名字；孙曰恭虽然吃了亏，但成祖并没有无情到底，最后还是给了他一个探花。其实，孙曰恭为人淳笃，操持学问颇有可称之处，颇得"三杨"器重，仕至翰林院侍讲，其性情行事，与"残暴"一点儿也不沾边。传说，状元及第后被召见的时候，邢宽好奇皇后的仪态容貌，正退出时，情不自禁地甩头偷看了一眼。这一切都被成祖看在眼里，按内廷规矩，臣子进宫，仪轨极严，像邢宽此种作态无疑是违禁的，遂诘问道："邢状元留步！朕问你，既然退出殿门，为何又甩头乱瞅？"邢宽吓得慌忙下跪，他虽然不懂内宫仪轨，但私看皇后罪在不赦他还是知道的，于是情急生智地说道："臣因看见陛下宫内梅花垛子墙庄严富丽，真乃我主万世基业之象征也，故不禁回头观望，万望陛下恕罪。"一套甜嘴蜜语，打动了成祖，龙颜大悦，笑道："卿既喜欢此墙，朕赏你10万两银子，回家造一个就是了。"邢宽因祸得福，名利双收，后来真的在家乡无为建了一个梅花垛子城。邢状元的这些轶闻趣事远近传扬，当地就有民谣说："邢宽因为名字好，为自己捞了个状元；因回头看皇后貌美，为家乡捞了个梅花垛子城。"邢宽及第后，除官翰林院修撰，先后参与修纂《仁宗实录》、《宣宗实录》，升翰林院侍讲，正统四年（1439）主考己未科会试。邢宽素患足疾，行走不便，不久即乞疏归家养病。时家中老母身体尚健，邢宽无所事事，遂注意体察民情，将考察所得总结为十余事，上达皇帝，得到嘉许。正统十一年(1446)复受召至京，重任前职；次年主考顺天府乡试；景泰三年(1452)升南京翰林院侍讲学士；兼署南京国子监事。景泰五年(1454)六月卒于任内。邢宽一生优游翰林10余年，为人随和无忤，亦无甚突出才能。居家有"孝友"之名，一家数世同堂，兄弟子侄居于一处达数百人，邢宽皆能与其和睦相处。

马 愉

◎ 涂 青

马愉,字性和,临朐(今属山东)人,宣德二年(1427)进士第一甲第一名。这年为农历丁未年,故名"丁未科",录取进士共101名。自宋以来,中国经济、文化重心南移,登科者以南人为多,状元的桂冠也多为他们摘取。有明一代,90名状元中,北人仅占12人,马愉是其中之一。

按惯例,马愉中状元后,也入翰林院为修撰,掌修国史。宣德九年,宣宗诏令简选史官及庶吉士中的优秀者37人进学文渊阁,马愉为之首。次年,宣宗驾崩,皇太子朱祁镇继立,年号"正统",是为英宗。英宗年幼,太皇太后张氏秉政,委政杨士奇、杨荣、杨溥，时号"三杨"。正统元年(1436)，杨士奇荐举四人为侍讲、侍读，侍从英宗诵习经史，马愉跻身其中，并充任经筵讲官，侍从英宗讲论经义。不久，进官为侍读学士。

当时，司礼监太监王振专权用事，不把"三杨"放在眼里，插手内阁，欲排挤"三杨"。一日，他对杨士奇、杨荣说："朝廷里的事久劳你们了，你们年事已高，也该疲倦了吧？"

"老臣鞠躬尽瘁，死而后已！"杨士奇气呼呼地说。

杨荣多谋，看出了王振的心思，遂说："我等衰老，无以效力，当选后生可任大事的入阁，以报圣恩。"王振大喜，高高兴兴地走了。杨士奇也明了王振的用意，见杨荣如是说，岂不正合了王振的心意？杨荣道："他早就厌恶我们了，必欲去之。一旦皇宫中飞出片纸，令某某人入阁，怎么办？不如及早选一二贤人入阁，同心协力，还可有所作为。"杨士奇深以为然。

第二天，"三杨"上疏，荐举马愉、曹鼐、苗衷三人入阁。马愉遂以侍读学士的身份入阁参与机务，不久，进官为礼部右侍郎。

有明一代，状元入阁者11人，马愉是其中之一。马愉入阁后，杨荣、杨士奇、杨溥先后病死，内阁诸臣陈循、曹鼐等，都资历较浅，难以抑王振。王振专权跋扈，朝政日非。马愉等人除了尽力匡失救弊外，很难有所作为。正统十二年，马愉病死，英宗诏赠礼部尚书兼学士。赠官兼职，自马愉始。

马愉为人端重谨慎，门无私谒；他为政宽厚，仁慈为怀。他曾上疏说囚犯多幽死，应遣使者审理决遣，英宗采纳。边关报警，英宗正命将御敌，敌方的使者到了，众人都主张把他抓起来，马愉说："赏善罚恶，为治国之本。一味宽赦，不对；乘人家来使而执之，非武。"英宗以为然，遂厚遣来使。

林震

◎ 周玉山

林震,字起龙,一字敦声,福建长泰人。出身于贫寒的农家,自幼躬力于樵耕。他尤好读书,每于劳作之时,携书自随,休卧树下,捧读不止。年稍长,读书于境内之九龙山,日夕与师友研讨。有一天,课业之余,林震偶尔看到墙上有宋人陈尧叟的两句诗:"人生五马贵,山有九龙游。"不知何人所题,大约是用以赞颂此山之壮美。陈尧叟是宋代状元,林震景慕的就是这种人,感触所至,诗兴大发,挥笔续曰:"极品何荣贵,须先占状头。"其抱负如此不凡。从此,读书更加勤奋,逢人常说:"孔老夫子读书尚孜孜不倦,韦编三绝。吾人比起夫子差之远矣,岂可有半点儿懈怠?"寒窗苦熬,数易寒暑,终于实现了自己的状元梦。永乐十八年(1420)乡试中举;宣德五年(1430)赴京会试,名列第15名;殿试被擢为状元。殿试前,宣宗皇帝向群臣表明了科举取士的原则:"朝廷并不提倡浮饰、空洞之虚文,朕欣赏像刘蕡、苏辙这样能直言抗谏、不避时议的人。若试卷中有这样的文章,朕当优先选拔。"即席赋《策士歌》,遍示群臣。在应考士子中,林震的文章最合宣德皇帝的口味,理所当然地被选为状元。状元及第后,授职翰林院修撰。林震很聪颖,学问赅博而又不耻下问,颇得同僚及上司的好感。其后数年,林震一直居身词馆。正统间因病告归,养疴于家,寻山林之趣,日以诗文自娱,后病逝。林震才高而官不显,时人深为惋惜。

曹鼐

◎ 刘一

一、典掌机务

曹鼐，字万钟，宁晋(今属河北)人。燕赵古多悲歌慷慨之士。曹鼐从小粗犷豪爽，有大志。母早殁，事继母如生母，以孝闻。宣德(1426～1435)初年中举，授代州(今山西代县)训导，曹鼐上疏，请改授别职，遂授泰和县(今属江西)典史。泰和县在江西中部，赣江岸边。典史乃知县属官，每县一员，连品秩都没有，是个收发公文、缉捕盗贼、看守囚犯的小吏。

一次，曹鼐追捕一伙盗贼，捉了一名女贼，此女有倾城倾国之貌，曹鼐见了心动。为了提醒自己切勿轻举妄动，他拿来一张纸，手书"曹鼐不可"4个大字，点燃焚之，烧完再写一张，再焚之。一晚上写了数十张，烧了数十次。

宣德七年(1432)，曹鼐奉知县之命督工匠至京师服役，上疏乞求参加顺天乡试，再次中举。翌年二月，参加礼部会试中选；三月殿试，一举夺得第一甲第一名。宣宗皇帝下诏赐宴，于礼部举行。进士赐宴礼部，自曹鼐始。

中状元后，曹鼐入翰林院为修撰，掌修国史。过了二年，即宣德十年春正月，宣宗驾崩，皇太子朱祁镇继立，是为英宗，年方9岁，军国大政悉听太皇太后张氏裁决。太皇太后委政杨士奇、杨荣、杨溥，时称"三杨"。正统元年(1436)，曹鼐出任经筵讲官，为英宗讲解经史。这个帝师职位素以德高望重或饱学之士充任。正统三年，《宣宗实录》修成，百官晋爵，曹鼐进为侍讲，赐三品章服。

至此，曹鼐仕途平淡无奇。

他的命运的转折，是在正统五年。这次转折，是王振促成的。

王振，蔚州(今山西蔚县)人，年少时自阉入宫，被派往东宫，侍奉皇太子朱祁镇。他善于迎逢，深得朱祁镇欢心，两人形影不离。朱祁镇即位后，把他提拔为司礼监太监。司礼监是明朝宫廷24个宦官衙门中最重要的一个，掌管宫中礼仪、刑事，更重要的，是替皇帝管理奏章，代皇帝批答奏疏。起初，慑于太皇太后和"三杨"的权威，王振还不敢放肆。但渐渐地，他便狐假虎威，放肆起来，不把"三杨"放在眼里。有时他奉太皇太后去内阁问事，"三杨"等阁臣尚未决断，他便自作主张。杨士奇大为恼怒，一连3天不上朝。

一天，他对杨士奇、杨荣说："朝廷大事一直有劳二位，二位年老，也该疲倦了吧？"

"老臣尽瘁报国，死而后已！"杨士奇气呼呼地说。

杨荣道："我辈衰老，无力效命，当择后生可任大事的，以报圣恩。"

王振听杨荣这么说，高高兴兴地走了。

杨士奇责怪杨荣失言，杨荣说："他早就厌恶我等了，一旦皇宫内飞出片纸，令某人入阁，怎么办？不如先选一二贤人，同心协力，还可有所作为。"杨士奇深以为然。

第二天，"二杨"遂奏请侍读学士苗衷、侍讲曹鼐及马愉入内阁效力。诏准。

曹鼐入直文渊阁，参与机务。

曹鼐其人，表面上很柔和，让人觉得容易接近，但实际上他是个城府很深的人，处事果敢，从不拖泥带水。他很熟悉官场上周旋应酬那一套，多么繁杂的政务都能应付自如。他入阁不久，杨荣病死；杨士奇年已75岁，体弱多病，很少去内阁视事；杨溥为人谨慎，每入朝，总是循墙而走，缺乏进取、开拓性。故朝政大事，多由曹鼐决断。

英宗很欣赏曹鼐，擢他为翰林学士。正统十年，进官为吏部左侍郎，兼翰林学士。

二、土木堡殉难

正统十四年七月，蒙古族瓦剌部分四路大举入侵。

瓦剌是蒙古族的一支，宣德十年，瓦剌部酋长脱欢吞并了鞑靼的阿鲁台部，势力强大起来。正统四年，脱欢死，其子也先嗣立，执掌大权。也先继续扩张势力，同时，年年向明进贡，使英宗放松了警惕。也先的势力向西伸展到新疆，向东达到辽东。在做了充分的准备之后，正统十四年七月，也先以明曾答应把公主嫁给他儿子又自食其言为借口，大举入侵。

明对瓦剌缺乏必要的防御，兵备松弛，塞外城堡一一陷落，只剩下一座大同城(今属山西)，孤零零地被也先围了个水泄不通。

消息传到北京，举朝震恐，英宗匆忙命驸马都尉井源等4名将领统兵万人前去迎敌，并紧急召集百官开会，商议对策。

王振竭力主张英宗御驾亲征，阁臣曹鼐、张益，兵部尚书邝野，侍郎于谦等力陈不可，他们认为，当务之急，应加强边防力量，重申号令，蓄锐以待；塞外秋暑未退，草木不丰，水源奇缺，不宜用兵。但英宗一贯听信王振的话，遂命太监金英辅佐弟弟、成王朱祁钰留守京城，阁臣曹鼐、张益，英国公张辅，兵部尚书邝野，户部尚书王佐扈驾随征。发兵50万人，限3天之内准备完毕，待兵出征。

七月十六日，大军从北京出发，向大同方向开进。由于时间仓促，动用兵力大，准备极不充分。

群臣望着杂乱的行军队伍，极为担忧。曹鼐更是忧心重重，他试图再做一次努力，拯救大明。他于行军途中联络随征的众御史，鼓动他们说，此番出征凶多吉少，但不杀王振，皇上绝不会返回。如今，天子蒙尘，六军丧气，对王振早就恨之入骨，如果用一名武士在驾前摔杀王振，大家一同历数他误国罪行，局面定可挽回。御史们听到这般"胆大妄为"的言论，一个个吓得不敢吱声。曹鼐无奈，又去找英国公张辅商量，也没得到支持。曹鼐只好放弃自己的打算。

也先得知英宗御驾亲征，佯装败退，诱使明军深入。

英宗带着曹鼐等人向西行进，出居庸关，过怀来（今河北怀来东南），至宣府（今河北宣化）。一路上风雨连绵，人困马乏，军中乏粮，僵尸满路。曹鼐、邝野、王佐等人屡次劝驾回京，王振大怒，命邝野、王佐两个尚书跪在草丛中受罚，从早一直跪到晚。钦天监监王彭德清以天象示警说，继续前进，于皇上不利。王振骂道："你知道什么！若果真如此，也是天命！"

曹鼐见状，对王振说："我们做臣子的死不足惜，但皇上关系天下安危，岂可轻举妄动？"王振置之不理。

八月初一，英宗率众官兵进入大同。也先早已撤走，明军未遇任何抵抗，英宗和王振很得意，打算"乘胜"追击。这时，藏在草丛里的大同镇守太监郭敬见皇上来了，从躲身的地方钻出来，把瓦剌人的情况密告王振。英宗和王振听说也先是在诱敌深入，惊恐万分，匆匆班师回京。定襄侯郭登对曹鼐、张益说："从这里去紫荆关，才40余里。车驾应从紫荆关入。"曹鼐、张益深以为然。王振却要走居庸关，这样可路过他的老家蔚州，让皇上临幸他的故乡，耀武扬威。正走着，王振忽然想到，50万大兵过蔚州，还不把他田里的庄稼踩坏了！于是，他又命令大军改变行军路线，掉头奔向宣府。

如此行军，如同儿戏。曹鼐一班大臣愤懑不已，却也无处发泄，只得随在英宗的后面，气呼呼地赶路。

也先闻悉英宗撤退，派骑兵日夜兼程追击。明军本有时间从容撤退，但经王振那么来回一折腾，丧失了大好时机，被也先的骑兵追上。明军殿后部队不敌，被也先的骑兵击溃。

十三日，英宗一行来到土木堡（今河北怀来东南），距怀来城还有10公里。王振因他的辎重车骑未到，拒绝进城，就在土木堡驻扎下来。兵部尚书邝野一再上疏说土木堡不可久留，王振将奏章截留不报。邝野无奈，径直闯进行宫，力请英宗迅速移驾。王振大怒，喝令士兵将邝野架了出去。

第二天，土木堡被也先的大军重重包围。

土木堡地势高，无水，士兵挖地两丈多仍不见水。断水两天，人马饥渴难忍。这时，也先设计，假意派人讲和，指挥军队诈退。讲和是英宗求之不得的，他立即命令曹鼐起草诏书，派通事二人去瓦剌军中议和。王振见也先退兵，信以为真，立即下令移营取水。大军乱哄哄地走了一二公里，也先麾军围了上来，疲惫不堪的明军溃败，英宗被俘，曹鼐、张辅、张益、邝野、王佐等50余名大臣战死沙场。护卫将军樊忠见英宗被俘，怒不可遏，冲着王振猛吼一声："我为天下诛此贼！"举起铁锤砸向王振，王振一声惨叫，坠马而死。

土木堡大败，英宗被俘的消息传入北京，朝野大恐。国不可一日无君，在太皇太后和大臣于谦的坚持下，立英宗2岁的儿子朱见深为皇太子，以英宗的弟弟朱祁钰监国。九月六日，朱祁钰即皇帝位，年号"景泰"，是为代宗。

代宗遥尊英宗为太上皇，褒奖从征死难的官兵，追赠曹鼐太子傅、吏部尚书、文渊阁大学士，谥号"文襄"，授给他儿子曹恩大理评事一职。

代宗既立，英宗就没什么价值了。景泰元年（1450）八月初二，也先释放英宗，派人送他回北京。英宗在南宫当了8年的太上皇，景泰八年正月十六日，英宗乘代宗病重之机复辟帝位。他再临天下后，再次褒奖从征死难官兵，加赠曹鼐太子太傅，改谥"文忠"，官其孙曹荣为锦衣卫百户长。

周　旋

◎ 周玉山

周旋，字中规，号畏菴，浙江永嘉(今浙江温州)人。祖父名思贤，父名大顺，母陶氏，家境甚为贫寒，然而贫不移志。据传，其邻居某人富甲一邑而无子，平时与大顺交往甚密，打算让其妻借种于大顺，其妻勉强同意。至晚，召大顺至其家饮酒，酒喝了一半某甲佯退，令妻出陪，其妻羞言相告："我家男人见你儿女满堂，特命贱妾冒耻求种。若来日得生男孩，定有重谢，且我家的万贯家财都将归您的儿子所有。"大顺瞠目，不知所措，欲告辞而门已关闭，不得出，遂以手指空写道："欲传种子术，恐欺心上天。"断然拒绝。某甲之妻羞愧难当，不欢而散。周旋生仅6岁，其父即病故，家计因此更加艰难；年未及冠，其母亦亡，与家中兄妹相依为命。生活的磨难使他早早成熟，奋而为学，入郡庠为弟子员，以习学不倦，大为同辈推许。自20余岁即投身科场，一次又一次落第而归，但登科之志不为稍挫，每临考前，皆以大魁自期。宣德八年(1433)春，温州府知府何文渊选拔儒士于郡之明伦堂讲经，周旋时年37岁，亦被选中。据传，有一次众人正讲说时，忽有一蜂王领群蜂飞集堂内楹梁之间，何知府忽发奇想，回头对周旋说："群蜂中有蜂王为之主，正好暗示士林中有你这样的巨儒为之领袖，这大概是下一次您中状元的先兆吧。"这虽然是知府的即兴瞎猜，但此后数年，周旋竟然在科场上一帆风顺。宣德十年(1435)乡试中举，正统元年(1436)考中状元。但他的这个状元得来颇具戏剧性。其会试列第95名。廷试完毕，大学士杨士奇欲从中选出一甲三人，但第一名尚未最后敲定。原来，明代科甲录取时，除观应考者的学识，还特别重视仪表，状元尤其如此。考官内定人选时，已将周旋列名状元，但周旋相貌甚为丑陋，按照当时主考者的标准，是不能做状元的。状元榜公布之前，要严格保密，参与拟定榜中名单的，仅为大学士杨士奇等少数几个人。当时虽已拟定周旋为状元，但主考杨士奇还是担心他的仪表是否符合要求，而参与内定的人员中无人认识周旋，于是只好询问其他同僚："你们谁认识浙江人周旋?其长相怎么样?"当下有一浙江籍官员出列答道："此人状貌修伟，皮肤白皙。"原来，这次应考的浙江人中，除周旋外，还有一人叫周瑄，淳安县人，"旋"、"瑄"二字音同。这个浙江官员误以为问的是周瑄，就阴差阳错地将周瑄的相貌上闻，或许该官员压根儿就不知道还有一个叫周旋的。杨士奇听后，就放心地将已拟定的一甲三卷上达英宗皇帝批阅。英宗皇帝刚刚即位，年尚幼稚，哪有能力批阅试卷？加之"三杨"为顾命大臣，秉持国政，主持此事的又为"三杨"之一的杨士奇，英宗皇帝当然不会有何更改，就走过场般地点定周旋为状元。及受诏陛见之日，英宗见周旋状貌甚丑，大为诧异，及询知原委，万分懊悔，但宸断已出，不能再加更改，只好承认既成事实，让周旋当了状元。旋状元及第后，除官翰林院修撰。不久，英宗下诏选拔庶吉士，于中秘继续进修，周旋为首选，即入其中，日夜与师友研讨，学识日进，声名日隆。正统七年（1442）壬戌科会试，周旋充同考官，能慧眼识才，阅至刘俨卷，大为称赏，拟置为优等，遭同僚反对，周旋坚持己见。该卷上达，果被擢为状元。周旋所处之时代，正是明王朝政治、经济走向中衰，民族矛盾日趋激化的时期。英宗即位之初，以"三杨"为首的臣僚集团尚能维持"仁宣之治"的局面；正统六年之后，"三杨"相继去世，英宗尚年幼，大权被太监王振窃取，振私树党羽，打击忠良，在其操持下，宫廷糜财日甚；又连年用兵，加重了人民的负担；对北方草原新兴的瓦剌贵族采取了错误的政策，导致了正统十四年（1449）的"土木之变"，英宗被俘，北京遭到瓦剌部队的围困。景泰帝即位后，以于谦为首的抵抗派担负起保卫京都和明政权的重任。这期间，周旋因病长期归养在家，景泰即位初年，始还朝复职。时朝廷鉴于前朝之教训，大开言路，臣民皆得上言议政，周旋目睹时艰，上疏万余言，对于国家之危难、时局之急务，剀切陈述己见，主张内修明政，外拒强敌，亲近贤良，疏远奸佞，君主须勤于政事，并建议重开荒废已久的经筵，恢复宫廷讲学之传统。疏上，得到景泰帝的褒奖，并多有采纳。数年后，以秩满升翰林院侍讲，并担任经筵讲师，又参与纂修《君鉴》50卷。景泰五年（1454），病卒于早朝之际，终年58岁。周旋善交际,亦擅为文。其作文不袭陈腐,务出己意,故所为篇章多出奇语。每作文前,先呼童倾酒,饮满3杯,醉意微发,文思随即勃兴,乘兴索纸笔,千百言一挥而就,字不加稍改,而文采灿然,理趣横生。慕其名而求文者接踵而至。其诗亦颇可诵,如《泉川耕读》云:"孺子掩柴扉,摊卷青灯前。读罢命浊酒,取醉辄复眠。"颇有陶诗神韵。所著有《畏菴集》6卷。

车吉心 主编

中国状元全传

● 第五卷

山东教育出版社

顾　问　安作璋
主　编　车吉心
副主编　刘德增

本卷目录

施　槃　/849
刘　俨　/852
商　辂　/855
彭　时　/865
柯　潜　/875
孙　贤　/878
黎　淳　/881
王一夔　/883
彭　教　/885
罗　伦　/888
张　升　/894
吴　宽　/897
谢　迁　/904
曾　彦　/911
王　华　/913
李　旻　/926
费　宏　/929
钱　福　/939
毛　澄　/941
朱希周　/949
伦文叙　/953
康　海　/955
顾鼎臣　/966
吕　柟　/970
杨　慎　/980

唐 皋　/999
舒 芬　/1002
杨维聪　/1010
姚 涞　/1013
龚用卿　/1015
罗洪先　/1017
林大钦　/1023
韩应龙　/1027
茅 瓒　/1029
沈 坤　/1033
秦鸣雷　/1035
李春芳　/1038
唐汝楫　/1044
陈 谨　/1047
诸大绶　/1050
丁士美　/1054
申时行　/1056

施 槃

◎ 周玉山

施槃,字宗铭,直隶吴县(今江苏苏州)人,幼警敏异常,而落拓不群,不修边幅,优游里中,时人目为狂生。父施遵道,为商人,常经商于淮安。施槃虽自幼跟随父亲在外,但对继承父业并没有表现出多少兴趣,而专心于读书问学,显露出非同一般的天赋。当时淮安有个财主叫罗铎,与遵道过从甚密,遵道在此经商,便携施槃寄居于他家。罗铎见施槃聪明好学,非常喜爱,视同己子。罗铎也有个儿子,与施槃年龄相仿,于是就让二人一同读书,并专门为他俩延请宿儒老师,日夕教授,所用学费悉由罗铎供给。有一次,罗铎的一个熟人张都宪来访，铎命二人相见，都宪当下出一对联令二人属对，其上联是：

新月如弓，残月如弓，上弦弓下弦弓。

槃应声对出下联：

朝霞似锦，晚霞似锦，东川锦西川锦。

都宪惊叹不已。弱冠时，施槃自淮阳归老家。时周忱巡抚三吴，不惮流言，锐意兴学，扩建学舍，广收俊才。周忱与罗铎亦为故交，忱久闻施槃之名，及施槃归，见而更奇之，寻即补施槃为县学生员，由是学业日进。正统三年(1438)参加顺天乡试，以第10名中举。施槃颇恃才自负，次年参加会试，信心十足，发誓要折桂而归，赴京前曾作《咏蝴蝶》诗：

莫怪风前多落魄，三春应做探花郎。

会试结果，槃果名列前茅，中式入围。三月廷试后，英宗本已拟定昆山(今属江苏)张和为第一，但仍不放心，想了解一下张和的相貌、外表。于是，暗派一小黄门至张和下榻处侦视，发现该人有一只眼是瞎的，当然不能做状元。这才改定施槃为状元。时槃年仅23岁。及第后，授翰林院修撰，因其少年及第，风度翩然，京城公卿皆与之交，以"洛阳少年"目之。其在翰林，恭勤职守，并继续求师问学，日夕披读中秘藏书，师事同僚长者，拜大学士杨溥为师学习古文，其好学精神大为朝中诸大臣所称赏。平时雅好作诗，《明诗纪事》录其《送友》

诗云：

> 杨柳含烟翠欲流，杨花飞雪点行舟。
> 春风送别淮阴道，落月啼鹃动客愁。

此诗大约为其少年客居淮安时的作品。正统五年(1440)五月，槃忽患寒疾，请医生诊视，医生开补剂，服后不见好转，不得已又另请医生，竟误开泻下之药，导致猝死，年仅24岁。施槃未及施展抱负，英才早夭，时人深为惋惜。

刘 俨

◎ 云 高

刘俨，字宣化，吉水(今属江西)人。他嗜书好学，尤擅古文；为人耿直，疾恶如仇，面斥人过，非正人君子不与交往。他以才学和品行闻名海内。

像其他文人学士一样，刘俨也热衷于科举，但他的科考极不顺利。在成祖朱棣坐天下时，刘俨考中江西乡试，且为第一名——解元，来年的会试却落选了。此后，屡考不第。不过，他不气馁，始终以极大的热情参加角逐。功夫不负有心人，正统七年(1442)二月，他终于考中会试。三月初一殿试，他一举夺魁，成为明朝开国以来第22位状元。

此科进士共159名，后来出了不少名人。

中状元后，刘俨按惯例入翰林院为修撰，掌修国史，累迁至太常寺的副长官——少卿，兼任侍读，侍奉皇上讲读经史。

出任太常少卿兼侍读不久，他便卷入了一桩科场案中。

这是景泰七年(1456)的事。

这年八月，刘俨主持顺天乡试，内阁大臣陈循、王文的儿子都参加此科乡试，陈循、王文嘱托刘俨多加关照。刘俨根据考试成绩公正地录取，结果，陈循之子陈英、王文之子王伦落选了。陈循、王文大怒，遂一同构陷刘俨。王文上疏说："洪武年间殿试不公，考官都被逮捕下狱。今年。臣子王伦参加顺天乡试，他把答卷讲给臣听，臣估计应名列前茅，谁知，竟然榜上无名。然而，许多才学低劣的考生却入选了。臣乞请按照国初的事例，复查奏闻。"陈循也奏言："洪武朝时，刘三吾等主持考试，题有忌讳不祥的文字，且取士不公，御史劾奏，请求治罪，遂诏令复考；永乐年间，邹缉等会试贡士，试题有《孟子节文》、《尚书·洪范九畴》，极为偏僻，御史奏劾，诏令复试。今年顺天乡试，多有凶恶犯讳的字：《易经》试题犯了章皇帝(即宣宗朱瞻基——引者)御讳，策论2道试题出得都很偏，考生诵习它经的都不解。还听说考官刘俨主考昏愦，致使许多人冤枉，臣子陈英也在其列。乞请敕令多派官复查，以定取舍。"当朝天子代宗朱祁钰对陈循、王文两位内阁大臣颇为依重，见二人如是说，遂诏令复查。

当时，内阁中还有位叫高谷的大臣，为人正直。他正在家中休假，听说陈循、王文为了儿子而奏劾刘俨，遂强打精神起身上朝。朝参结束，高谷奏请面见皇上言事，代宗诏准。高谷力言刘俨取士公正，陈循、王文不应庇护儿子。代宗对陈循、王文二人徇私舞弊也略有所闻，但又不好不给他们面子，遂命高谷负责复查。结果，没有发现刘俨有舞弊行为。最后，代宗以赐陈英、王伦为举人，黜罢了一个叫林挺的人而结束这场科场案。

翌年正月十六日，退居南宫的太上、皇英宗朱祁镇，乘代宗病危之际发动政变，重登帝位，年号"天顺"。

英宗诏令刘俨署理翰林院事务，颇为看重他，准备重用。不料，刘俨罹病，不久就卧床不起，撒手人寰。

英宗闻讯，大为惋惜，诏令追赠礼部侍郎，谥号"文介"。

刘俨为人刚正不阿，在士大夫中间很有名声。他还是个大孝子，事亲至孝，居丧毁脊。同族数十人，他一视同仁，谁人有难，总是慷慨相助。乡人向他借钱，他接过借条就撕掉，不要他们偿还。他的仕途虽然很短，但因秉公办事、不事权贵而名垂青史。

商 辂

◎ 李红艳

一、明代唯一的"三元"

成化末年的一天，当朝权势显赫的内阁大臣刘吉去江南巡视，路过浙江省淳安县时，吩咐手下快去备礼，他要去见一位多年共事、如今已离职休养的老朋友。他换上便装，带一名随从来到了一座豪华气派的大宅院。宾主俩相见过礼，刘吉见过主人的全家人后，感叹道："吉与公同事多年，未尝见公笔下枉杀一人。如今，公家子孙满堂，当是老天给你的回报啊！"主人笑道："公言过矣，只是为臣不敢妄使朝廷错杀一人而已。"那么，这位不曾枉杀一人的主人是谁呢？他就是有明一代空前绝后的"三元"——商辂。

商辂，字弘载，浙江省淳安县人，出生在明成祖永乐十八年（1420）的一位缙绅地主家里。自幼所受封建伦理的教育，培养了他专研经史的兴趣。在明英宗正统九年（1445），他从淳安县赴省城杭州参加乡试。经过3场激烈的笔答、问答，他以第一名的成绩夺取了乡试解元。接着，他发愤努力，正统十年，从遥远的江南赴京城参加二月举行的全国举人参加的会试。经过近半个月的问答，他又以第一名的成绩夺取了会试会元。三月初一，英宗皇帝亲自举行殿试，殿试结束，午门外高张的黄榜上面开头便是"商辂"。殿试第一名为状元。商辂连中解元、会元和状元，为当时士人艳称为"三元"。明朝300年左右的历史长河中，科举考试连中三元者，惟商辂一人。

二、罢官赋闲

中状元后，他留在翰林院学习3年，成绩优异，留任翰林院修撰。不久，与刘俨等10人到东阁进学。英宗亲自选他做展书官。

正统十四年，瓦剌也先在土木堡俘获了亲征瓦剌的英宗皇帝。形势急转直下，北京城里人心惶惶，皇太后孙氏下诏，英宗的弟弟、郕王朱祁钰监国。经阁臣陈循、高穀的推荐，商辂入内阁参与机务。由于边防危机，朝廷中分出了两派意见：一派要迁都南京；一派要固守北京，积极组织兵力抵抗瓦剌的入侵。商辂就是后者的积极拥护者。同年，郕王坚决支持抗战派的首要人物——兵部尚书于谦，接连打败瓦剌的入侵。这年九月，郕王即帝位，是为代宗。商辂升为侍读。景泰元年（1450），瓦剌求和，放回英宗，景帝派商辂到居庸关迎太上皇英宗回朝。之后，商辂又被擢升为翰林学士。

英宗回到北京，就不再是当朝天子了，被代宗安排在南宫居住。代宗怕英宗夺权，不允许大臣去朝见英宗，英宗实际上在南宫过着禁锢的生活。代宗为了巩固帝位，在景泰三年五月，将皇太子朱见深——英宗的儿子废为沂王，立自己的儿子朱见济为皇太子。代宗这一做法的目的是路人皆知的，他通过收买阁臣，使之在废立问题上表示沉默，以达到巩固其地位的目的。可是，任何事情不都是一帆风顺的，尤其是关系国家大政的继承人的问题。这年七月，御用监阮浪侍奉太上皇英宗，英宗赐给他一个镀金绣袋和一把镀金刀，阮浪又给了宦官王瑶，却被锦衣卫指挥卢忠所见。卢忠为了向上爬，就请王瑶喝酒，将王瑶灌醉后，偷走了金绣袋和镀金刀，然后上疏代宗，称英宗使阮浪传以袋、刀结纳王瑶，图谋复位。代宗一听大怒，下令将阮浪、王瑶投入大牢，严刑拷打。卢忠又到巫术家同寅处占卜，看看自己什么时候高升。没想到，同寅厌弃这种小人，说："此为大凶兆，死了也不抵事。"卢忠一听，吓得脸色苍白，回家后便开始装疯，希望免除死罪。这时，商辂与宦官王诚对代宗说："卢忠疯得很厉害，他说的话不足以听信。陛下不足以听妄言，而有伤于大的伦理。"听他俩的劝解后，代宗才稍解怒气。于是，将卢忠下狱，又以其他罪名发配到广西当办事官吏，以功赎罪；将阮浪禁锢于狱中，杀了王瑶。此事没有牵连到更多的文武百官，实在是商辂等人的功劳。

同年，商辂晋职为兵部左侍郎，兼左春坊大学士。代宗赐给他南薰里一套住宅。当时，边塞的少数民族经常威胁明的边疆，尤其是瓦剌族。边境守军的军粮仅靠内地运送，十分不方便。为了军需，商辂上疏要求将边境上为豪强势族所侵占的丰腴之田，检实之后没收归军队，以兴军屯。开封、凤阳各府饥民流亡到济宁、临清一带的，政府要驱逐他们返乡。商辂担心他们因走投无路而造反，于是，上疏请求招抚流民开垦京内8府的闲田，并由政府给他们粮种。因此，流民有所依托，缓和了社会动荡。

景泰四年十一月，皇太子朱见济病逝。礼部郎中章纶与御史钟同一起上朝，谈到了沂王朱见深，伤感泪下。于是，相约共同上疏，请求代宗给沂王复太子之位。第二年，定州抓获瓦剌的间谍，称瓦剌将在秋天大举进攻。钟同便乘机上疏，指论时政，又论及皇储问题，说："父亲有天下，本应当传给他的儿子。但皇太子已病逝，足知天命有所指。如今，皇储未建，国本空虚。臣认为，太上皇之子，即是陛下之子。沂王天资厚重，足令社稷有所依托。乞望陛下扩天地之洪量，敦友于仁，选择好日子商讨此事，再还储位。"代宗见疏，十分不高兴，但是还是将他的上疏下发，让大臣商讨。虽然代宗恨钟同，但没有什么表示。过了3天，章纶上疏要修德弭灾，又涉及皇储问题，要求"还沂王于储位"，并提出要代宗在初一、十五或节日里率领群臣朝见太上皇。疏入，代宗大怒。当时天色已晚，宫门紧闭，但仍从门隙中传旨出去，立即将章纶下狱。不久，钟同也一并入狱，严刑审训，要他们供出幕后主使人。在两人生命攸关的时刻，商辂极力为他俩争辩。但是，这种关系国家根本的大事，代宗怎么会轻易地放过呢？第二年，下令锦衣卫重杖两人各百。钟同被杖死，章伦亦禁囚于狱中。商辂也因代宗大为恼火而不得重用。

景泰八年，代宗病危。群臣上疏要求还立东宫，代宗不许。群臣又要上疏，商辂提笔写到："陛下是宣宗章皇帝之子，当立章皇帝之孙。"在场群臣都被感动了。因为天色已晚，疏未等交上，便发生了宫廷内部争权夺势的"夺门之变"。

代宗得病是在这年正月十三日，召武清侯佞臣石亨至榻前，让他替代宗行祭祀礼。石亨见代宗病入膏肓，退下后，就与都督张轨和大宦官曹吉祥图谋，认为立太子不如让英宗复位，这样可以领功赏。第二天，石亨、张轨深夜来到右副都御史徐有贞家，同时，暗中派人通知在南京的英宗。徐有贞一直不得志，见此事有利可图，也积极参与。又过了两天，即正月十六日，石亨、张轨、曹吉祥矫太后制，夜入徐有贞家问计。徐有贞说："时在今夕不可失。"第二天，代宗将要上早朝，宫门早已打开，徐有贞击鼓3下到了朝房，石亨、张轨等率群从子弟家兵，混入守御官军中一起入宫。天色还未亮，徐有贞带领他们冲到南宫，毁坏宫门而入，见英宗后，全体跪下磕头，请英宗复位。在徐有贞等人扶持下，英宗来到东华门，守卫兵不让进，英宗说："我是太上皇帝。"于是入东华门，到奉天门，升帝座。当时，文武百官都在漏阙下等待早朝，忽听南宫声音纷杂震动，全部变了脸色，知道发生了事变。不久，只听钟鼓齐鸣，徐有贞出来见群臣，宣称：太上皇复位了。这便是"夺门之变"。

"夺门"之后的第二天，英宗召见商辂和高榖入偏殿，令他们起草复位的诏书。看来，英宗还没忘记他所提拔的"三元"才子。石亨私下对商辂说："赦天下不要别具条款。"商辂说："这是祖宗旧制，不敢更改。"石亨很不高兴，怂恿言官弹劾商辂结纳朋党，要将他入狱。商辂无奈，只得上疏自辩，称《复储疏》就在礼部，可以考证他是无罪的。但他不听英宗的暗示，故英宗也没有过问他的上疏。宦官兴安深知商辂，于是为他解释，英宗更是气愤。兴安说："当初，徐有贞等在陛下临危之际，提议迁都南京，没有考虑到陛下处于何种境地。"言外之意，商辂是力主坚守北京的。英宗这才渐渐消除了疑惑，但放商辂为民，不再起用。即使如此，英宗常常独自叨念："商辂是我选拔的人才，曾经与姚夔侍东宫。"终因朝廷的内争而不起用他。

三、再次出仕

天顺八年，英宗驾崩，朱见深即位，是为宪宗。成化三年（1467）二月，下诏召商辂以原官入内阁参与机务。商辂上疏辞职。宪宗说："先帝已知道你被冤枉了，不要再推辞了。"于是，商辂二次走马上任，提出了8项当务之急：勤学，纳谏，储将，防边，省冗官，设社仓，崇先圣号，广造士法。宪宗阅后，赞扬了他，并采纳了他的建议。其中，他提的纳谏，是要宪宗诏复曾上言纳谏而被排斥的官员。于是，罗伦、孔公恂等因上言被贬的官员，都平反复了原职。

成化四年，彗星出现。给事中董旻、御史胡深弹劾不尽职的大臣，涉及到了商辂。御史林诚又诋毁商辂曾参与代宗时易皇太子一事，不应重用他。宪宗不听，但商辂上疏要求自罢，宪宗因此生言官的气，下令廷杖拷问言官，加重惩罚。商辂见此，急忙上疏："我曾经上疏恳请陛下宽容上言的人，如今言官弹劾到我的头上,反而谴责他们,对公众的舆论怎么办呢?"宪宗听了他的一番话,十分高兴,只是杖打了董旻等几板便复其职了。不久,晋升商辂为兵部尚书。后来又进为户部,改兼文渊阁大学士。

商辂为人,一向求全谨重,宽厚待人;每临大事,断决大议,果断不能改。仁寿太后是宪宗的生身母亲,她的庄户与百姓争夺田产,宪宗想将百姓迁徙到塞外。商辂上疏曰:"天子以天下为家,怎么能以皇庄为生?"所以,迁徙百姓的事才算了结。宪宗因继嗣无人十分忧虑。一天,宪宗召太监张敏,张敏为他梳发,宪宗照镜叹息说:"我快老了,却没有儿子。"张继赶紧跪下说:"万岁已经有儿子了。"宪宗惊愕道:"儿子在哪儿?"张敏叩头道:"万岁应当给皇子做主。"这时,太监怀恩叩头说:"张敏说得对。皇子被偷着养在西内,如今已6岁,藏着不敢声张。"宪宗大喜,当日来到西内,派人迎皇子。纪妃抱皇子哭泣道:"儿去,吾不得生。儿见穿黄袍有胡鬓者,便是儿父也。"当皇子来到宪宗面前时,宪宗将他抱起放到膝盖上,亲抚良久,悲喜交加:"我的儿子,长得像我。"于是,派怀恩到内阁,将此事告诉阁臣。群臣大喜。怀恩又传帝意,想将此事宣告于外廷。商辂说:"应当下敕礼部,以定名分为辞。"于是,廷臣相率称贺。过了几天,宪宗命皇子出见廷臣。又过了数日,宪宗召商辂等入相商皇子问题,辂叩头曰:"陛下即位已10年了,储位未定,天下人翘首盼望已久。应当立即立为皇太子,以安定中外人心。"宪宗点头称是。这年冬天,立皇子为皇太子,定名为朱祐樘,并下诏颁布天下,时为成化十一年。商辂加太子少保,进吏部尚书。

虽然皇太子走出了西内,留在宫中享福,其母纪妃却仍旧留在西内。商辂恐有他变，难以讲清楚，就同阁臣上疏言："皇子聪明又特别高大，是国家根本所依，深得纪妃的保护、养育，其恩已超出了平常。外人议论却说皇子的母亲因久病而别居他处，母子久不得相见。应将纪妃移就近所，使母子朝夕相见，而皇子仍由纪贵妃抚养，这是国家的万幸啊！"于是，纪妃迁到了永寿宫住，多次为皇帝召见。这下可惹到了皇帝宠爱的万贵妃的头上，她对纪贵妃恨得要命。过了1个月，纪贵妃病情加重，商辂请曰："如有不测，其葬礼应当从厚。"并且请皇帝命司礼监的太监侍奉皇子，到纪妃宫去探视。没过几天，纪妃暴亡。关于纪妃的死，一说是皇帝赐死的，另一说是万贵妃派人让纪妃自杀的。同时，太监张敏也吞金而亡。看来，纪妃的死的确令人生疑。纪妃的葬礼是根据商辂的请求安排的，十分隆重。

宪宗皇帝要在宫北建玉皇阁，命太监办理，建阁之礼与郊祀礼相同，商辂等力争罢免此事。正遇上黑眚出现，于是，商辂上疏称：外国僧人当国师法王，不要滥赐印章；天下除征收常贡之外，不要再收玩好之物；允许各位大臣直言上谏；分别派遣使者查实各省刑狱，以减少冤案；不是紧急工程要停止建造；充实边境军队的积储；严守沿边各个关口要塞；设置云南巡抚。宪宗采纳了多数的建议。

四、罢官归故里

明太祖朱元璋为了加强中央集权统治，首创了特务机构——锦衣卫，监督文武百官。明成祖时，又于锦衣卫之外，开设东厂,以太监充任,缉访谋大逆者,与锦衣卫分割了权势,横行天下,时称"厂卫制度"。宪宗皇帝也学了老祖宗的办法,于东厂之外,开设西厂,以太监汪直统领,其权势远在锦衣卫与东厂之上,屡兴大狱,为非作歹,搞得朝廷上下人心惶惶。于是,商辂率同事上疏,列举了汪直的11条罪状:"陛下委任听从于汪直,大政要事也取决于汪直。汪直又信任他的耳目爪牙。他们在外都自称奉密旨如何如何,因此得以专任刑杀,擅作威福,像暴贼一样,侵虐百姓。陛下如若说揭举奸罪、严禁作乱,法律不得力,那么,前此数年间,国家怎么能安然无事呢?况且,曹钦之变,实由逯杲刺事激化而成〔英宗天顺五年(1462)七月,太监曹吉祥及其养子曹钦谋反。原来,英宗得曹吉祥之力得以复位,所以,曹氏父子权势显赫,私结死党,横行不法。英宗就派佞幸逯杲私下侦探曹氏动静,然后上报英宗,英宗下令将曹氏父子的情况颁示群臣。曹钦听后,大吃一惊。不久前,英宗用佞杲而消灭了石亨这位夺门有功的佞臣,所以,这回该轮到曹家了。于是,曹钦反心乃定,密结养父曹吉祥,企图以父为里应,废英宗。不料,事泄,英宗收捕了曹吉祥。曹钦知事已败露,连夜赶到逯家,杀逯杲。又到朝房砍伤了阁臣李贤,提着逯杲的头对李贤说:"这全是逯杲激我所为。"英宗派怀宁、伯孙镗率军镇压了曹钦的叛乱〕,可以此为鉴啊!自从汪直任事以来,士大夫不安于职守,商贾不安于路途,庶民不安于农耕。如不尽早去掉他,天下的安危不可预料!"宪宗见疏,十分不高兴,说:"朕不过用一太监,何以危及到国家的安危?谁是此奏疏的主使者?"命太监怀恩传旨,严厉训斥阁臣。商辂大义凛然地回答:"朝臣无大小,有罪皆请旨再逮捕审问,而汪直擅自抄没三品以上京官;大同、宣府这样的边城要塞,一刻都不能没有守备,而汪直一天竟撤掉数人；南京，是祖宗的根本所在，汪直擅自收捕留守大臣；陛下左右的宦官，汪直随心所欲地更换。汪直不去掉，天下又怎么会没有危险呢？"其他阁臣万安、刘珝、刘吉也一起引经义慷慨陈词，怀恩见状也无话可说了。商辂感激地对同僚们说："各位大臣都能为国家如此尽心，我商辂又有什么忧愁呢？"

正遇上九卿项忠等人也弹劾汪直。于是，在成化十八年二月，下诏罢除了西厂。汪直虽然不管厂事了，但其宠幸如故，所以，他想尽办法找时机陷害商辂。于是，他诬告商辂曾经收过指挥杨晔的贿赂，想开脱其罪。商辂感到很不安，又遇上御史戴缙歌颂汪直的功劳，请求恢复西厂。于是，商辂上疏，极力请求辞职。宪宗一味信任汪直，也就下诏给商辂一个名誉头衔——少保，令他回乡。商辂一去，士大夫更是违心侍奉汪直，再也没有敢与他抗争的了。

商辂参加了编写《寰宇通志》、《宋元通鉴纲目》这样大部头的历史地理名著。他为人刚正不屈，又谦和待人。钱溥曾因不得提升，作《秃妇传》讥讽他；高瑶请复代宗位号，黎淳上疏反对，并极力诋毁他。但是，他都不曾与他们计较，像以前一样对待他们。万贵妃十分重视他的名望，想让他为其父写赞词，以重礼金帛相赠，他却极力推辞，说："不是皇上的命令，我不敢承担。"万贵妃知后十分不高兴，但他始终没顾及此事。他为人温和而又执著，皆此类也。

这位在位多年的重臣，不曾妄杀一人，但因汪直的陷害而不得终仕途。此后，他居家修养，平平安安地与家人享了10年的天伦之乐。孝宗弘治六年（1443）病卒，享年73岁，赠太傅，谥曰"文毅"。

彭　时

◎ 李红艳

一、追行丧服的状元郎

明英宗朱祁镇正统十三年（1448），全国的举子汇集都城北京，准备参加三年一次的会试。在人才济济的举子之中，谁能夺取第一名呢？二月的京城仍旧寒风凛凛，举子们下榻的号房里却是热热闹闹。初九这天是第一场考试，一场下来，其紧张的情绪陡然增加了十分。十二日是第二场考试，十五是最后一场角逐。三月初一，英宗皇帝亲自于奉天殿考中试的进士们，即为廷试。接着，午门外张挂出黄榜，只见上面名列第一的是彭时。

彭时，字纯道，江西省安福县人。这个默默无闻的青年以优异的成绩轰动了京城的千家万户。他留在翰林院，当了初中状元的官职——修撰，是个正七品官。正当彭时初入宦途之时，国家政局却面临着一场暴风雨。

正统十四年，居住在明北部边疆的瓦剌族强盛起来，不断进攻明的北部地区。这年七月，瓦剌首领也先兵围大同(今属山西)，参将吴浩战死，前线敌情迅速送达英宗处。在太监王振的怂恿下，英宗下诏亲征，并令其弟郕王朱祁钰留守北京，掌管大政。英宗率领人马浩浩荡荡北征瓦剌去了。八月，在土木堡(今河北怀来)为瓦剌军击溃，英宗被俘。消息传来，举朝惊慌失措。国不能一日无君，皇太后孙氏下令命郕王监国；并以英宗之子朱见深为皇太子，组织人马对付瓦剌的入侵；令兵部侍郎于谦为兵部尚书，负责军事作战。就在这时，翰林院修撰商辂与彭时同入内阁参与机务。九月初六，秋高气爽，郕王朱祁钰正式登上帝位，遥尊英宗为太上皇，他便是代宗皇帝。不幸的是，从江西传来了彭时继母病逝的消息。这个孝子立即上疏，要求辞职还乡为继母守丧。可是在国家面临危机之时，代宗正需人才帮助他度过难关，怎会允许彭时离开京城呢？疏上之后，代宗下令不准回乡。于是，彭时脱掉孝服换上官服入内阁听命。这种父母去世，官方强行不准官员回家守丧的做法，谓之"夺情"。彭时在内阁任职1之后，边疆危机在于谦的军事抵抗下，得到了缓解，代宗允准了彭时回家追行丧服。过了3年，丧期满后，代宗命他到翰林院做侍读——专门给帝王讲经史的官员。这已是景泰五年的事了。此后，他极少过问政事，专心于经史的研究，勤勤恳恳地干着自己的本职工作。在此后3年中，朝廷中争权夺利所引起的灾祸才没有波及到他的身上。

二、英宗的重臣

英宗被俘时，翰林院侍讲徐程主张迁都南逃，遭到众臣的指斥，他的声誉大降，遂改名徐有贞，赋闲无事。后来，黄河多次泛滥，派他去治理黄河。没曾想，他治河成绩显著，深得代宗的嘉奖，但仍没有得到重用。他曾托于谦向代宗说好话，虽然于谦也推荐了他，但代宗仍未用他，他便怀疑于谦说了坏话。景泰元年，英宗被放回，但不甘心做个没有实权的太上皇。景泰八年，在徐有贞、石亨、曹吉祥等人帮助下，英宗复辟，再登帝位。英宗任命徐有贞入内阁，参与机务，并加兵部尚书。他上台后，将于谦杀害了。当时的大权全部为徐有贞一人操纵，因此他得意忘形，想把石亨和曹吉祥排挤下去，结果反为石亨和曹吉祥所害，以另谋不轨之罪被发配到金齿（今云南保山南）为民。接着，太常少卿许彬因入内阁前交游了许多浮荡人士，他参与大政后，又杜门谢客，为浮荡之士竟相讥谤，被贬到南京做了礼部侍郎。与此同时，入阁不久的翰林院修撰岳正因揭发曹吉祥的罪行而为曹吉祥所陷害，贬为钦州（今属广西）同知，很快又将他下狱治罪，杖打之后发配到肃州（今甘肃酒泉）。正当朝廷风云变幻莫测的时候，彭时突然接到圣旨，要他快快面见圣上。他不知是福是祸，就是祸也是躲不开的。他急忙整装入朝，英宗在文华殿召见了他，行过大礼，英宗说："你难道不是我选拔的状元吗？"的确，彭时是被他选上的,问此话何意?彭时仍不敢抬头,急急忙忙地跪下向英宗磕头,英宗见此,说:"退下吧!"回到家,他一夜翻来覆去睡不下。第二天一早,宦官传旨下来,命彭时入内阁参与机务,并兼任翰林院学士。当时,为英宗亲自提拔的人只有岳正和彭时,岳正的下场是可悲的。所以,彭时并不是乐观地接受此重任。这是他第二次入阁参与大政了。

英宗虽起用了彭时,但并未委心于他,而是委心于阁臣李贤,多次召见他,和他私下秘谈要事。李贤十分敬重彭时,每见皇帝回来,一定要去彭时处询问计谋。所以,虽然表面上彭时很少参与政事,实际上起着不可忽视的作用。有时,两个人为争论某事争吵起来,彭时往往引用大义来说服李贤。虽然李贤有时很不高兴,但时间长了,也佩服彭时的正直坦诚,对人称赞他说:"彭公,真正的君子!"

天顺二年(1458),给皇太后孙氏上徽号,曰"圣烈慈寿皇太后"。徽号是指加在帝后尊号上的歌功颂德的美好称号。明代给后宫加徽号,是从此开始的。诏告一下,彭时想借此时机推恩百姓,李贤提出反对意见,认为犯罪1年多的,不适合推恩赦免,彭时说:"不是要赦免罪犯,而是推行优老法典;朝臣父母凡70岁的皆给诏敕,即受封的敕书;百姓80岁的,赐给冠带。这就是尊吾老以及于他人之老。"李贤听此,称善,立即上奏皇帝,推行他的建议。

英宗十分欣赏彭时的风度,所以在选庶吉士时,令李贤尽可能地用北方人,南方人只有像彭时这样的才能选用。李贤将此事告诉了彭时。不久,宦官牛玉又宣读了同样内容的圣旨,彭时对牛玉说:"南方士人在我之上的不少,怎可以抑制他们的才能呢?"选完庶吉士,录取了15个人,南方人仅有6个。

佞臣门达用事,锦衣卫横行霸道,朝中上下引以为患。李贤多次请求禁止，英宗无奈，只得告诫门达收敛一下，而门达恃宠益骄；李贤乘机再次陈述门达的罪过，英宗又召见门达以训诫。由此，门达暗暗地恨李贤多管闲事，到英宗处告李贤收纳贿赂等等，引起英宗对李贤的怀疑，说："罢除李贤，行事专用彭时。"有人传给了彭时，彭时听后，急切地说："李公有经国救济之才，怎可免除？"因此，他极力提高李贤的地位，并宣称："李贤去，彭时也不能独自留下。"英宗知彭时心后，才理解了李贤。

　　天顺八年，英宗病危，口授遗诏，要定后妃的名分，并且特别规定了不要以妃嫔殉葬等4件事。明代至英宗，每代天子驾崩都有宫妃殉葬，多者数十人，而英宗特别在遗诏中废除了殉葬，怕是他在位以来做的惟一一件大好事了。彭时读诏后，伤感地流下了眼泪。当宦官回报给英宗时，英宗也不禁流下了眼泪。

三、持正不阿

　　宪宗朱见深即位（1465），下诏让大臣讨论给两宫上尊号的事。宦官夏时据周贵妃的密旨，声称钱太后长期有病，不应当称为太后；而周贵妃是宪宗的生身之母，应该只给她上尊名。李贤说："先帝遗诏已定，还有什么可说的呢？"原来，英宗被瓦剌俘后，钱后倾自己的私钱解救，英宗怜悯她家势孤单，欲封其家，钱后不同意，深深地感动了英宗。所以，英宗病危时，立遗诏曰："钱皇后千秋万岁后，与朕同葬。"当时，李贤记了下来，所以，他反对只给周贵妃上尊号。彭时也力争说："李公所言极是。朝廷所以让天下人信服，在于正纲常。如不是这样，就有损于圣德，那可不是一件小事了。"不久，宦官又传周贵妃旨:"儿子当皇帝,母亲应当为太后,怎能有无儿子却称太后的人呢?宣德年间也有故事:宣宗的皇后是胡氏,英宗是孙贵妃养大的,英宗即位后,尊孙氏为皇太后。"李贤听此言,脸色大变,给彭时递眼色。彭时装作没看见,继续力争:"今天的事和宣德时不同。胡皇后上表要让位,退处别宫,所以在正统初年没有加尊号。今天,两宫名分由先帝皇帝定好了,怎么能与宣德时相比呢?"宦官立即说道:"如果是这样,为什么还不起草钱氏的让位表呢?"彭时反驳道:"先帝在时未曾起草实行,如今谁敢起草?如果为人之臣阿谀顺从,就是万世的罪人!"宦官听此,厉声威胁彭时。彭时却淡然冷笑,拱手向天道:"太祖太宗神灵在上,谁敢有二心。钱皇后无子,有什么利害而与之相争呢?臣义不忍沉默,只想保全主上的圣德。如推大孝之心,那么,两宫应同时尊称太后为宜。"李贤也极力称善,关于两宫上尊号的事也就这样定下来了。册封尊号时,彭时又建议:"两宫同称不应有区别,而钱太后应加两个字,以便于称呼。"于是,尊称钱太后为慈懿皇太后,周贵妃为皇太后。事过之后的一天,宦官覃包到内阁说:"皇上的意思本来就是这样,但迫于周太后而不敢自作主张,要不是李、彭二公力争,几乎误了国家大事。"讨论上尊号时,阁臣陈文默在场,但没讲一句话。现在听了覃包的口旨,他甚感愧疚。大礼完毕后,彭时调到吏部当了右侍郎,兼学士,同知经筵。

成化元年(1465),彭时进为兵部尚书,兼官如故。第二年秋天,上疏要求回老家。成化三年二月,下诏催促他还朝,参加《英宗实录》的编修。书成后,加彭时为太子少保,兼文渊阁大学士。

成化四年,慈懿太后驾崩。下诏商定其陵墓所在。彭时说："慈懿太后作配先帝，是中宫中的正位，陛下尊她为太后，下诏示天下。先帝全夫妇之伦，陛下尽母子之爱，于义俱得。如今，慈懿太后的梓宫应当合葬于英宗的裕陵，其神主当祔庙，此为不易之礼。近来多次听说要另外卜占葬地，臣等实在是既怀疑又惧怕。私下认为皇上所以犹豫不决，一定因为当今皇太后万寿之后，应当同先帝同陵，怀疑两位太后同配先帝，不是祖宗的规定。考之于古，汉文帝尊所生母薄太后，而吕后仍祔主于汉高祖刘邦的长陵；宋仁宗追尊生母李宸妃，而刘太后仍祔主于宋皇帝的祖庙——太庙。如今，若陵庙之制稍有不合，那么；就背离了前代之美德，而贻讥于后世。"阁臣商辂也说："如不祔葬先帝，就有损于圣德。"礼部左侍郎刘定之说道："孝从义，不从命。"宪宗沉默了许久，说："不从命，怎得为孝呢？"宪宗的犹豫不决，使彭时感到有责任劝说到底。连着几天朝廷大臣反复劝谏，宪宗皇帝都没有下定决心。于是，彭时与文武百官一起跪在文华门外哭泣，请求宪宗纳谏。宪宗听到宦官的报告，大吃一惊，他没想到廷臣们会来这么一手，于是，急忙下令叫群臣退下。但是，没有得到皇帝的答复，他们怎么能白跪一场呢？群臣纷纷叩头，声称不得皇帝的圣旨同意他们的请求，不敢退下。自上午9点至下午5点，群臣一直不肯离去。宪宗、周太后被他们感动了，允准了他们的请求，群臣高呼"吾皇万岁"，方算结束了这场讨论。

就在这年的秋天，彗星屡次出现，一种不祥的征兆引起朝臣们的议论。原来，宪宗皇帝专宠万贵妃，万贵妃无子，却是个非常有心计的人。她4岁入掖廷，做孙太后的宫女，及长大，就在东宫侍奉宪宗。宪宗16岁即位，而万贵妃已是35岁了。她非常善于迎合宪宗的心意，进谗言废除了吴皇后。六宫女子很少见到龙颜。成化二年正月，她生了一个儿子，不曾想，没满月，孩子就夭折了。但也是因她生子，宪宗封她为贵妃。从此后，她就没有妊娠过。其他宫女若有妊娠，她却想办法打掉孩子。所以，皇位的继承人问题已摆到面前了。到成化四年，万贵妃已是40岁的人了，朝廷难免担忧、议论，加上彗星多次出现，所以彭时上言："外廷大政本应放在首位，但宫中的接班人更为重要。俗语道：'子出多母。'今嫔嫱众多，却没有生男孩的征兆，一定是陛下宠爱有专，而专宠的人已过了生育年龄的缘故。希望陛下均平恩爱，为宗社大计。"宪宗却说："这是我的家内事，朕自有主张。"没有听从彭时的正确意见。

九月，给事中董旻、御史胡深等9人请罢商辂及礼部尚书姚夔，下狱，杖责之。彭时上言："大臣黜陟，应断于圣上的心意，或者召集群臣一起商议。不能全部委托给臣下，使君权旁落。"宪宗虽不能听从彭时的建议，心里却称赞他的忠心。

接着，又发生了满俊（满四）的叛乱。满俊是生活在甘肃的少数民族人，其祖先在洪武初年率所部归明，被封为千户，过着游牧生活。满俊平素就十分强悍，而且藏匿奸贼。有关案件牵连到满俊，政府派人到他家捕人，激起了他的叛乱。他据石城（在甘肃省固原县西北）抗击官军，明军屡次败在他的手下，朝廷不得已派都御史项忠去征讨满俊。到石城后，前锋部队屡屡失败，朝廷下诏命抚宁侯朱永率京军支持。而朱永不愿远征，就邀请各大臣为他说好话。彭时厌恶他铺张浪费，搞歪风邪气，又估计到京军不去也能取胜，暂且下令整装待命。宪宗派宦官怀恩、黄赐与兵部尚书白圭、程信等到内阁商议对策。彭时说："贼四处攻掠，其锋不可抵挡。眼下入石城自保，我军围困得很严，这时困兽容易被擒获。"程信说："你怎么知道项忠不乘机退兵呢？"彭时答："那部分已定下，为什么要自退？

请问今日出兵，何时才能到达？"程信说："明年春天。"彭时说："如果是这样，也无济于事。此事成败，今冬便可见分晓。"程信愤恨其言，威胁说："项忠若败，一定要斩那么两个人，然后再出兵。"别人一听，都替彭时捏了一把汗。有人问彭时何以见得今冬定分晓，他说："看项忠的疏文，便知道他有能力。如果听说另外再派禁军，就会退避，不敢承担重任，那么，就不知胜负了。"当时，只有商辂认为彭时的意见是正确的。到了冬天，项忠果然平息了叛乱，人们才佩服彭时的高见。也在这年冬天，彭时改任吏部尚书。

四、彭时的晚年

成化五年，彭时得病，在家休假，过了3个月，宪宗皇帝下令催促他赴内阁视事，免除他的早朝。这年冬天没下雪。于是，彭时上疏言："光禄寺采办，各城门抽分，百姓不堪其搜刮；而献珍珠宝石的人，加倍地提高要价，侵吞府藏。乞请革除这些弊端，以救济百姓。"宪宗下诏赞扬了他的建议。当时，京城附近及山东、河南出现了大旱，彭时上疏请免除夏税、盐钞以及太仆寺征收的马；又京城米价上涨，彭时请求开仓储50万石米来稳定米价。宪宗听从了他的建议。

彭时因是旧臣，被皇上倚重。他遇事争执，不曾躲避。而当时，宪宗怠于政事，崇信佛教，整日求长生不老，很少接见大臣。内阁首辅大臣万安又是个阿谀奉承、结交宦官和外戚贵族的人，见了一次皇帝不知陈述政事，只知呼万岁，故为时人讥笑为"万岁内阁"。在这种上下壅隔、不理朝政的情况下，彭时不得志，十分忧虑。

成化七年，他旧病复发，上疏乞请退休。宪宗下诏安慰，不予允准。这年冬天，彗星又出现。彭时上疏言政本7件大事：(1)不要迷惑于佛事，浪费金钱。(2)传旨专门委任司礼监(太监的衙门)，不要他人插手，为防伪诈。(3)召见大臣商议政事。(4)近幸赐予得太多，工匠冒官无纪，而重囚死徒者，法不蔽罪。应该戒除淫刑僭赏。(5)应虚怀纳谏，不要厌恶切中要害的耿直的人。(6)严戒廷臣阿谀奉承，凡政令失当，应直言论奏。(7)清理牧马草地，减退权贵豪势的庄田。这7条都切中了时弊，却没有实施。

宁晋伯刘聚替他的养父、太监刘永诚请求封谥号，并乞请祠额。刘永诚在英宗复辟时，曾率兵参与政变，所以，封其子刘聚为宁晋伯。礼部根据以往的规定，拒绝了他的要求。而皇帝却特别赐额曰"褒功"，下令内阁草拟封谥。彭时等人上言："如果答应了此事，将来守边的宦官都借此陈请封谥，这是变祖宗之法开始于今日。"有人提出宋代宦官童贯被封王，彭时说："童贯封王是在宋徽宗末年，怎么会是盛世发生的事呢？"经过他的力争，才算停止了此事。

彭时每每因灾变上言，有的留中不发，有的下所司，大部分都被搁置一边，因此，他悒悒不得志，感到十分苦闷。5年以后，他7次休假，宪宗派太医探视他，多次派内臣(太监)赏赐他。成化十一年正月，他以年资威望晋封少保。仅过1个月，他便病逝了，享年60岁。赠太师，谥号为"文宪"。

彭时在朝30年，孜孜不倦地工作，持正存大体，在家从未和子弟谈论政事，有所论荐，也不使其他人知道。退朝而居，无情室，服御节俭，无声乐之好，非义不取，故时人称他"有古代大臣的风范"。

柯　潜

◎ 涂　晓

柯潜，字孟时，莆田（今属福建）人。莆田滨海，延寿溪、大兰溪逶迤流过，风光秀丽。深受这方水土陶冶的柯潜，聪明伶俐，尤好文学。景泰二年（1451）三月初一殿试，柯潜一举夺魁。此科共录取进士201名。

当时，坐在龙位上的是英宗的弟弟朱祁钰，庙号"代宗"。柯潜是他即位以来钦点的第一名状元。在代宗一朝，柯潜从翰林院修撰进为太子洗马，官位不显。景泰八年正月十六日，在南宫做太上皇的英宗发动政变，再次登上帝位，年号"天顺"。天顺年间（1457～1464），柯潜进官为尚宝少卿，兼翰林院修撰。尚宝是掌宝玺、符牌、印章的衙门,全称叫"尚宝司";少卿是尚宝司的副长官。内阁大学士吕原病死,英宗问文渊阁大学士李贤谁可代。李贤道:"柯潜。"李贤出宫,告诉吏部尚书王翱。王翱说:"按位次,詹事府詹事陈文应入阁,为何贬抑他?"第二天,李贤入宫,荐举了陈文。柯潜未能入阁。天顺八年(1464)正月,英宗驾崩,太子朱见深即位,年号"成化",是为宪宗。柯潜被擢为翰林学士。《英宗实录》书成,百官晋级,柯潜进为太子东宫衙门詹事府的副长官——少詹事。

成化四年六月,慈懿皇太后病死,她的葬事引起争论。

慈懿皇太后姓钱,是英宗的皇后。宪宗的生母周氏,乃英宗的贵妃。宪宗即位,尊钱皇后为慈懿皇太后,周贵妃为皇太后。慈懿皇太后死后,有官员提出她不能与英宗合葬裕陵,与英宗合葬的,应是周太后。柯潜与翰林院修撰罗璟上疏,认为按礼慈懿皇太后应与英宗合葬。群臣争执不下,柯潜上疏说:"朝廷大事,臣子大节,除了这个还有什么值得用心的?"遂再上疏抗争,宪宗诏准,慈懿皇太后得以合葬裕陵。

此后,柯潜父母相继去世,柯潜守完父丧又守母丧。丧服未完,宪宗诏起为国子监祭酒。柯潜上疏固辞,要求守完丧。不久病死。

柯潜为人刚正不阿,门无私谒。他曾主持应天(今江苏南京)乡试,有个考生晚上来拜见,柯潜大怒,不与相见。那考生不走,柯潜让他进来,他拿出金银放在柯潜面前。柯潜更怒,命人把他绑起来,交给官府惩处。这次乡试纪律严明,择录公正,咸称得人。他还曾与学士吕原一同为会试考官,发榜后,有个落第举人奏劾考官徇私舞弊。宪宗问文渊阁大学士李贤,李贤道:"这是发泄私愤,考官确实没有弄虚作假,像臣的弟弟周谠也落榜了，可见其公正。"宪宗乃命九卿会同翰林院考核那个上疏人，考题多数答不上来。宪宗诏令把那人枷号于礼部前示众。

柯潜喜爱文学，办完公事，往往偕二三知己，游览名胜，赋诗作文。他为翰林学士时，在后花园建了一座清风亭，开凿水池，栽种芙蓉，于后堂种柏2棵，人称清风亭为"柯亭"，柏为"学士柏"。院中有井，是学士刘宝之当年住在那里时造的时人称之为"刘井"。"柯亭"、"刘井"，翰林中以为美谈。柯潜闲暇时，常坐于亭上，吟诗诵文，有如神仙。

柯潜的孙子柯英，官至徽州(府知歙县，今属安徽)知府；曾孙柯维骐，举嘉靖二年(1523)进士，即退隐山林，潜心著述，历20年而成《宋史新编》一书。此书把《宋史》、《辽史》、《金史》合而为一，以宋为主，辽金附之，而列辽王、金王于本纪。《明史·柯维骐传》称此书"褒贬去取，义例严整"。此外，他还著有《史记考要》、《续莆阳文献志》等，为传世佳作。

孙 贤

◎ 周玉山

孙贤，字舜卿，河南杞县人，父名景隆。孙贤于景泰元年（1450）中举。景泰二年（1451），他赴京会试，途中投宿一民户，本素不相识，但令孙贤奇怪的是，主人招待礼节异常隆重，美味佳肴摆满一桌，家人殷勤伺候，尊为上宾。孙贤自思己乃一区区举子，与他家又不沾亲带故，因想肯定不是宴请他，而是晚间另有约会，问道："东家这样铺排，莫非有期会之举？若果如此，我来的便不是时候了。"主人道："所宴贵宾，正是客官。"孙贤更是费解。主人细说缘由道："昨夜忽做一梦，说是今日有状元到我家，须加意招待。鄙虽一介农夫，却知鬼神之语不可违，故今日早早起来准备奉迎之事。先生进京赶考，光临敝舍，正应梦兆，先生此去，必得状元无疑。"当晚，酒酣畅叙。贤思此事，窃窃自喜。次早，他欣然辞谢北上，踌躇满志，准备大殿对策，金榜题名。不料，事与愿违，不仅与状元无缘，连三甲也没有进，只好败兴而归，徐图再试。景泰五年（1454），孙贤再次进京应试，终于夺得状元。此科一甲三人，状元孙贤面部黧黑，榜眼徐溥，探花徐辖，一个脸白，一个脸黄，人称"铁状元，银榜眼，金探花"。及第后授修撰，与修《寰宇通志》，景泰七年（1456）书成，升侍讲。天顺初，为会试同考官，后改左春坊左中允，为太子侍讲官。宪宗即位，升太常寺少卿，兼翰林侍读。宪宗以其东宫旧人，特加优宠，孙贤乞归家省亲，破格赐乘传，并赐金绮宝锭等物。又与修《英宗实录》，书成，升太常寺卿兼侍读学士。孙贤为人刚急易怒。成化六年（1470），东宫位置尚缺，时宪宗已有一子，年仅3岁，为妃嫔所生，万贵妃虽未正名，已有皇后之实，但一直不育，而妒心奇重，妃嫔中有身孕者皆强令坠胎，宪宗能有此一子，实属不易。孙贤乘机上疏乞立太子，以正名分，为表明自己并无政治野心，同时又乞疏引疾致仕。宪宗一并批准，同年十一月该皇子立为太子，孙贤则悻悻回籍。原来，他声明引疾致仕不过为表明心迹，思想上没有真正致仕的打算，当时他年仅40余岁，年富力强，尚大有发展余地，没成想宪宗真的让他退了休。归家后，他郁闷不乐，又难以向人诉说，经此打击，不数年已未老先衰，身染重病，成化十三年（1477）病故于家中，终年54岁。孙贤为人素有度量狭小的毛病，护短忌才，做事轻举妄动，因而得罪了不少人。平时也不大读书，有人劝他，他却不高兴地说："读书又怎么样？现在的人再怎么读书，也不过尔尔。君观现在读书人中，哪一个能比程朱?哪一个能比韩柳?"其不谦虚，一至于此。这些，恐怕都是他仕途不顺、过早退休的原因。不过他死后，宪宗皇帝还是念及东宫旧情，赠官为礼部左侍郎兼翰林学士，赐谥"襄敏"。所著有《恩荣鸣盛集》，大约皆为应制应酬之作。

黎 淳

◎ 李勇慧

　　黎淳,字太朴,号朴菴,湖南华容县人,少年苦学,胸怀大志。明英宗天顺元年(1457)入京会试,同辈中多去青楼游玩,惟黎淳不往,任凭旁人如何劝解,黎淳也不答应。有人欲戏弄他,就找来一妓女,对她说:"你若遇黎淳与我们同行,你就与他打招呼。"一天,他们约黎淳上街散步,忽见一妓女"黎淳,黎淳"地喊,同行的人轰然大笑,说:"黎淳,你说你从不到青楼来,为何此妓女知道你的名字呢?"只见黎淳不慌不忙朗朗说道:"十里红楼五里程,忽闻花底唤黎淳。状元本是天生定,故遣嫦娥报姓名。"果然揭榜时,黎淳独占鳌头，举进士第一，被授翰林修撰，与修《大明一统志》。成化年间(1465～1487)修《英宗实录》、《资治通鉴纲目》，成化三年(1467)进左庶子，成化十四年(1478)擢礼部右侍郎，弘治元年(1488)始擢南京工部尚书，寻改礼部。黎淳性格耿介寡合，尤好直言。为左庶子时，高瑶上书请追代宗朱祁钰庙号，说："正统十四年(1449)之变(指"土木之变")，先帝(指英宗)北狩，国家社稷危在旦夕，假如没有郕王即位，使国有君主，那么，蒙古族的祸乱怎么能够平息？先帝又怎能平安返回？迨先帝复辟，他据功名为已有，使郕王蒙受不白之冤。请为之追加庙号。"黎淳反驳说："郕王即帝位，承国于何君？受命于何主？在当时，虽说'主少国疑，四方多事'，然而周成王时，姬旦实有功之叔父，为什么没有夺取王位？虽说'神器久虚，不可无人'，然而共和之际(前841)，周公、召公皆王国之懿亲，为什么没有瓜分周室？这都是因为自古君臣皆有定分，他们不敢冒天下之大不韪！先帝再次即位后，人心已定，若误听高瑶追加郕王庙号的建议，必定要祭告太庙，建造陵墓，追加皇太后、皇后等称号，恢复当时执行的政策，任命当时的人。这样一来，就会诬陷先帝英明的美名，使陛下陷入不孝的境地。我看，他背后肯定有人支持，否则，以他的职位，是不敢妄言以乱陛下的。"宪宗说："景泰之事，朕不在意。"当时，士论纷纷，莫衷一是。黎淳素来俭朴，对当时奢侈之风，身体力行加以制止，红白宴席皆从简处理。在吏部为官时，人有请托，总是笑着答应下来，但从来没有为其办过。而无论听说谁有困难，总是设法帮助。其兄嫂早亡，遗孤皆年幼，黎淳把他们收养在身边，视如己出。平生好著述，其诗文典赡雄伟，成一家之言，著有《龙峰集》。卒谥"文僖"。

王 一 夔

◎ 刘 一

　　王一夔，新建(今属江西)人。王家原本姓谢，王一夔的祖父与人结仇，避祸躲在外祖父王氏家中，因冒姓王。王一夔的父亲王仁，字得仁，由卫吏升任汀州府(府治长汀，今属福建)经历，是一个掌文书的属吏。王仁通晓兵事，勇而有谋。沙县(今属福建)人郑政景纠合清流(今属福建)人蓝得隆等攻掠汀州，知府刘能与王仁统兵进剿，多有杀伤。反叛者退守将乐(今属福建)，王仁率兵追击，身染恶疾，将士要他去就医，他不肯，说："我一动，贼必长驱来攻。"遂端坐帐中而卒。
　　王一夔深为父亲的英雄气概而自豪，发愤攻读。英宗天顺四年(1460)三月,王一夔参加殿试,一举夺魁。此科进士共156人。

按照惯例,王一夔中状元后出任翰林院修撰,掌修国史。进官为左谕德,这是太子东宫官员,掌赞谕道德,侍从文章。

天顺八年正月,英宗驾崩,皇太子朱见深即位,年号"成化",是为宪宗。

王一夔仍在东宫任左谕德。他在这个职位上干了七八年。

成化七年(1471),宪宗要群臣疏陈政事。王一夔上疏,提了5条建议:正宫闱,亲大臣,开言路,慎刑罚,戒奢侈。言辞极恳切。谁知,宪宗阅后大为恼怒,下诏切责。

此后数年间,王一夔累迁至工部尚书,死在此职上。朝廷赠官太子少保。武宗正德(1506~1521)中叶,谥曰"文庄"。

彭 教

◎ 周玉山

彭教,字敷五,号东泷,江西吉水人。父彭汝弼,永乐十八年(1420)举人,为人简重方严,不轻苟于言行,一生为低级教官,先后任广东阳春、江苏句容、安徽祁门训导,终睢宁教谕。彭教生于正统三年(1438),时其父适在祁门任上,县令颜某与其父过从甚密。传说彭教出生那天,颜公做了个怪梦,见有一轮红日光照天下,忽冉冉下坠,落于县学之内。醒而亟告其妻,妻说:"一定是彭夫人分娩了。"当日颜县令乘舆经过彭家,果如妻言,知此子日后必有作为。彭教幼时即秉异赋。据说其为幼儿尚不能言语的时候,其父亲、哥哥戏指堂中扁额上数字说给他听，至明日试问此数字，他即手指扁额以答。四五岁时，父亲教他写字，笔画丝毫不爽；教他作诗，咿呀口占，亦往往押韵成诵。年稍长，即博读群书，好臧否古今人物，是是非非，都有独到的见解。他为人傲爽不群，事无巨细，动辄以古人自比。天顺三年（1459）江西乡试成解元。天顺七年（1463）二月，会试礼闱，试场突遭火灾，烧死举子90余人，彭教幸得免祸。改于八月会试，彭教得第二名；次年三月殿试，钦点为状元。是年彭教27岁，授翰林修撰承务郎，与修《英宗实录》，以编校精勤，得到褒奖。成化三年（1467）进职儒林郎，其父、母、妻皆受赐封。"实录"成，升侍讲。成化四年（1468）父去世，八年（1472）母去世，彭教先后丁忧回籍。彭教事父母孝，双亲去世时哀恸逾常，以致非杖不能起立。据说其父停柩待殡时，邻居突遭火灾，大火延及远近200余家，独停柩之室无恙，时人皆谓此是彭教孝诚所致。成化八年（1472）同考壬辰科会试，成化十三年（1477）主考顺天乡试，拔取了不少有用之材。成化十五年（1479）始为经筵讲官，次年因病而亡，年仅42岁。彭教自年少时即才气横溢，其文章往往奇气勃发，不可方物，锻章炼句，典则森严，时人多不及。才高必自傲，群僚同事中极少有他能看得起的人，对于素所鄙夷的人，轻蔑之情常溢于言表。据说有一次，馆中诸翰林聚处一斋中，闭户作诗，刚好彭教有一童仆自窗外窥见，见众人脸色皆发青，彭教闻知，以"青"字起韵，作诗嘲之，引起众人不快，几致反目，幸有李东阳从中调解，方得平息。后有人就此事赋诗云：

拟向麻池争白战，瘦来鸡骨岂胜拳？

闻者皆笑。因其性情如此孤傲，同辈多不喜欢他，仕途上亦郁郁不得志。其诗作或隐存讥讽，或舒其郁抑之气，如《月印龙潭》诗云：

一月在天心，影落寒潭底。
闲抚曲栏杆，问龙何日起？

状元张昇离京归省，彭教以诗饯行，中有"何用有才如董贾，不愁无命到公卿"之句，乃恭维张状元之词。时人有谓每句去其前二字，正好是对彭教本人的写照，可做他的挽词。后果如其言。作品有《东泷遗稿》4卷。

罗 伦

◎ 李红艳

一、殿试夺魁

宣德五年(1430),罗伦出生于永丰(今江西广丰)一个普通农民家里,自幼深受封建礼教的熏陶,谦让温和,孝仁恭敬。他5岁那年,曾跟随母亲去一处果园,满园飘逸着花果的芳香,地上也落了不少成熟的果子,许多人纷纷抢夺落在地上的果子吃,唯独罗伦不去抢,等到人家给他,他才接受。家境的贫寒使他过早地成熟起来,他上山砍柴放牧,总是带着书去诵读,从没有中断过学习。考上县学以后,他立志于从事对圣人学说的研究,他说:"学习知识不能使一个人变坏,坏人都是自己学坏的。"吉安(今属江西)知府张宣对他家的贫困深表同情,有时周济他家一些粮食,但是,罗伦总是满怀感激地将他的粮食退回去。人穷志不短的罗伦,就这样磨炼了自己的意志。家庭的贫困使他的双亲过早地离开了人世,罗伦为丧失了双亲而悲痛欲绝。

功夫不负有心人。明宪宗朱见深成化二年(1466),他在考完会试之后,参加了殿试。洋洋万余言的答卷使他高中榜首,成了明帝国又一个状元。

二、关于"夺情"的奏疏

三月的北京,春天已悄悄来临。被授为翰林院修撰的罗伦更是意气风发。不久,内阁大学士李贤奔丧之后,就奉诏回朝了,没有守3年的孝。罗伦针对此事,写信给李贤,劝他不要这样做,但是,李贤不听他的劝阻。于是,罗伦上疏言:"我听说朝廷援引杨溥的故事。"罗伦在此所说杨溥的故事,是指宣宗时,召杨溥入内阁,与杨士奇等共典机务,后来他母亲病死,他办完丧礼后,朝廷把他召回起用,没有守3年的孝。罗伦继续说:"现在又起复大学士李贤。我私下对李贤说,起复乃是大事,与纲常风化密切相连,不可不慎重。过去,陛下的制策中说过:'朕夙夜拳拳,欲正大纲,举万目,使人伦明于上,风俗厚于下。'臣以为,所谓明人伦,厚风俗,没有比孝更重要的了。在礼中,儿子有了父母之丧,国君应当3年不到其家叫他出来任职。子夏问孔子说：'3年之丧，金革（甲、兵）不回避，这也是礼吗？'孔子答："鲁公伯禽（周公的儿子。周公辅佐周成王，留在东都洛阳，封伯禽于鲁地。他在位46年，是个有作为的君主）这样做过。'如今能那样做的人，我没听说过。陛下对于李贤，是因为金革之事而起用他吗？这是没有的事。是以重臣来起用他吗？礼中也从未见过。

"作为人君，应当以先王之礼教导他的臣下；作为人臣，应当遵守先王之礼来侍奉他的国君。从前，宋仁宗起用大臣富弼，富弼辞道说：'臣下不敢遵从旧制，去重复前代的错误。当根据《礼经》来行今天正确的事情。'宋仁宗最后听从了他的请求。孝宗时，曾起用刘珙，刘珙推辞说：'身为百姓，国家没有门外之寇，很难冒金革之名，以私窃利禄之实。'孝宗不再勉强他。这二位国君，没有以所谓的旧制强制其臣子；二位臣子，未尝以旧制顺从其国君。所以，史书上称赞他们做得好，士大夫也以此为美谈。就因为国君能以孝教导其臣子，臣子亦有孝心对待国君。宋代自此而后，就没有什么礼仪可谈了。权臣王黼、史嵩之、陈宣中和贾似道之徒，都援用旧制起用，使天下风俗败坏，社稷倾危，给国家带来了大灾大难，亦为后代人所讥笑。就因为君不以孝教导臣下，臣下也没有以孝心忠于国君。陛下一定要李贤肩负国家大事，那么，李贤虽然身不可留在朝廷，口还可以说。应该下诏使他像刘珙一样虽身不在朝廷，但得以参与国家大事，对国事知必言，言必尽。陛下对李贤的建议，闻必行，行必尽力。李贤虽不再起用，就像得到起用一样。如果他知道而不能尽言，言后又不能尽力推行，即使起用也没有什么益处。

"况且，陛下并不是没有庙堂之贤臣，庶官无贤士。君如盂，臣如水。水之方圆，取决于盂。臣下是否正直、奸佞，国君要如实奖惩。陛下在退朝之闲暇，应亲近直谅博洽的大臣，讲圣人之德，崇圣人之学；询问大政的得失，体察老百姓的生利病死；访求人才，研讨考证古今的盛衰之道，舍弃独断的偏见，纳逆耳之忠言。贤人群策群力为朝廷尽心，又何以等待违背先王的《礼经》，损坏重臣的名节，然后才使天下达到治世呢？

"臣见近年来，朝廷以夺情（丧服未满，而朝廷强令出仕）为常规，缙绅以得到起用为美名，食稻穿锦之徒一个个出现在庙堂上，不知此种人对国家有多大的干系？况且，妇对于舅、姑之丧，都要服丧3年；孙子对于祖父、祖母，则要服齐衰（五服之一，次于斩衰，以粗麻布做成，因其缉边缝齐，故称齐衰）1年。夺情于夫，最初不干于其妻；夺情于父，最初不干于其子。如今，有的家庭如故，妻子儿子不回来，于是号称天下曰：'本想守完丧期，但朝廷之命不允许。虽是三尺童子，我知道他也不信这样说。'为人父者，都盼望其子之回报，怎么能像现在这样呢？为人子者，都应有回报父母之心，怎能容忍像现在这样呢？自己理亏，不能教别人正直，忘掉了双亲的人，不能做忠臣。陛下为什么要选这种人并起用呢？

"如今，大臣被起用，群臣不以为是错事，而顺从称赞他；群臣的起复，大臣也不以为错，而且从中促成其事。这样，上行下效，形成风气，混然同流，天下人都有无父而不归的思想。臣下不忍看圣明之世，纲常废坏，风俗沦落。诚愿陛下秉礼行事，允许李贤回家服丧。其他已经起复的人，再令他们奔丧；未起复的，全部允许他们守完服丧期。倘若有金革之变，也应从墨衰之权宜（墨衰是黑色丧服。在家守丧制，丧服用白色，如有战争或其他重大事件不能守丧制，要以服墨色服丧代替丧服），使之对外勇猛作战，对内尽心守丧。这样会使朝廷端正风俗，天下大一统，大臣重视法规，群臣效仿。人伦由此而得明，风俗由此而得以纯厚。"

他这篇长疏宏论一上报，像一块巨石投入平静的湖面，引起了巨大的反响。大臣们惊慌失措，宪宗也气愤至极，下诏将罗伦从北京赶到福建任市舶司副提举，管对外贸易去了。御史陈选上疏为罗伦开脱，宪宗不听；御史杨琅上疏为他申辩，也遭到宪宗的严厉训斥。不久，李贤病逝，罗伦的事才有了解决。

三、闭门研读圣贤之学

在罗伦贬为市舶司副提举时，御史涂棐到福建巡按考察。司礼监太监黄赐求见涂棐，涂棐拒绝了。泉州(今属浙江)知府李宗学因为收受贿赂被涂棐按察，于是，他攻讦涂以自解，黄赐从中主张其奏为实。涂棐、李宗学被征发，在审训中，其词牵涉到罗伦，应当一起被逮捕。镇抚司某个人却说："罗先生怎会至于此呢？"当即审问之后，罗伦才得以幸免，涂棐也复了官职。

李贤死后的第二年，大学士商辂上言，劝皇上要善于纳谏，对于敢于上谏的言官要支持，因上谏而被冤枉的言官应该平反。罗伦的事情才算有了了结，官复原职，后改任南京。不管怎样，总算是名义上给了答复。任职2年后，罗伦因病归乡，从此没有再入仕途。

罗伦为人刚正，严于律己，只要是大义所在，就会毅然决然地去做，视名利富贵淡如水，这和他自幼的教育及家庭的贫困都有关系。当他归乡安居时，提倡节俭，邻里人都遵从，没有反对的。他虽为朝廷命官，但衣食粗淡，有的朋友实在看不下去，就送给他一些衣服，结果，他看到路边有挨饿受饥者，又将自己的衣服脱下来给他们穿。更有甚者，一次，有个朋友来访，早上留客吃饭，一看家中竟无米，他妻子只得向邻居家借，到中午才开始做饭。但罗伦都不以为然。

他不追求富贵名利，专心于研究圣贤之学。金牛山是人烟稀少之处，他便在此建一小陋室，闭门读书、著书。因他才学渊博，慕名而来求学的人很多，在学者中，有"一峰先生"之称。

成化十四年，因贫病交加去世，年仅 48 岁。嘉靖初年，世宗皇宗听从御史唐龙的建议，追赠罗伦为左春坊谕德，封谥号为"文毅"。一代刚正不阿的封建卫道士就这样去了。他在福建时的所作所为为福建百姓所尊敬，在他死后，福建百姓专门为他建立了祠堂，以纪念这位清正的好官。

张 升

◎ 云 高

张升,字启昭,南城(今属江西)人,成化五年(1469)进士第一甲第一名。此科进士凡247人。

当时,君临天下的是宪宗朱见深。这是一个昏君,宠爱着一个叫万贞儿的贵妃,不惜重金召集僧道,修建寺观,陪着万贵妃拜佛炼丹。代他理政的内阁三大臣万安、刘吉、刘珝,人称"纸糊三阁老",除了弄权之外,不会干别的。刘珝被万安、刘吉排挤出去后,入阁的尹直也是个奸悖之徒。六部尚书也大都是平庸之辈,人称"泥塑六尚书"。

张升刚正不阿,疾恶如仇,不肯与万安等同流合污,仕途也就不会得意。从成化五年中状元到成化二十三年，他从翰林院修撰升至谕德，从史官变为太子东宫的一名侍从官，官位一直不显。

成化二十三年八月六日，宪宗结束了他昏庸的一生，皇太子朱祐樘即位，年号"弘治"，是为孝宗。孝宗是个贤明的君主，励精图治，奋发有为。张升遇上明君，开始施展他的才华，实现他的抱负。

孝宗即位不久，张升便进官为太子庶子。庶子是太子的侍从顾问官。他任职后做的第一桩事，是弹劾刘吉。

原来，孝宗君临天下后，万安、尹直被罢黜，作为内阁首辅的刘吉，施展手段，竭力取媚于孝宗，拉拢谏官，遂得以留任。张升通过调查、核实，掌握了刘吉大量罪证，遂上疏弹劾道："陛下即位，言者都在谈论万安、刘吉、尹直三人，万安、尹直被斥逐，刘吉独留。然而，刘吉倾身阿佞，取悦谏官，昏暮便去敲门，祈免弹劾，还答应事成提拔他们。因此，谏官缄口，他的奸计遂得逞。外戚万喜依倚万贵妃为非作歹，凶焰炽张，刘吉竭力巴结，与他联姻。后来万喜下狱，刘吉设法为他开释。他老父尚在，但撇开老父，另起炉灶；父死，不守丧，走万喜的后门，让宪宗诏他夺情起仕，与宾客谈笑风生，毫无悲戚之容。他广纳姬妾，恣肆淫荡。"他还历数刘吉收受贿赂、纵子妄为等10罪。最后，他说："今天，下人敢怒而不敢言，就是因为奸臣尚在枢机之地。李林甫之口蜜腹剑，贾似道之牢笼言路，合而为之，便是刘吉。伏望陛下施天威，清除这一妖孽，将他拿送法司，明正典刑。如此，则普天欢庆，阴阳调和。"

刘吉闻讯大怒，忙去找受他笼络的监察官商量对策，让他们弹劾张升乃轻薄小人，诋诬执政。一时间，舆论对张升大加鞭挞，孝宗受刘吉等人的蒙蔽，不明真相，将张升贬为南京工部员外郎。张升临行，同乡何乔新赠诗云：

乡邦交谊最相亲，忍向离筵劝酒频。
抗疏但求神圣治，论思端不忝儒臣。
自怜石介非狂士，任诋西山是小人。
暂别銮坡非远谪，莫将辞赋吊灵均。

刘吉的丑恶嘴脸日渐暴露。弘治五年，孝宗遣宦官去刘家，令刘吉上疏辞职。刘吉无奈，遂引退。

刘吉罢退，孝宗诏令张升官复原职，进官为礼部右侍郎、左侍郎。弘治十五年，出任礼部尚书。

弘治十八年五月七日，孝宗驾崩，皇太子朱厚照即位，年号"正德"，是为武宗。武宗不类其父，荒淫无度，军国大权操持在宦官刘瑾手里。刘瑾结党营私，为非作歹。给事中胡煜、杨一汉、张炟上疏劝谏，武宗把他们的奏疏交礼部处理。张升借此机会上疏，劝武宗亲贤人、远小人，亲政理政，励精图治。武宗觉得张升言之有理，却不能实行。张升见状，遂上疏乞请退休，武宗未允。

正德二年（1507）。秦府镇国将军诚潆请袭封保安王，张升以为不可，忤刘瑾，遂以病辞去。武宗诏加太子太保。卒于家。

吴 宽

◎ 涂 晓

一、才华横溢、忠厚仁义的书生

吴宽，字原博，长洲(今江苏苏州)人。长洲地处吴中，风光秀丽，文化兴盛，名士辈出。吴宽受吴中山水、人文的熏陶，好学上进，年少时便以诗词、书法闻名遐迩。他忠厚仁义，孝事父母，宽以待人，大令乡党称赞。

距长洲百里之遥有家富人，闻知吴宽大名，聘他为馆师，教儿孙读书写字。主人家有个女儿，年方十六七，颇秀美。有一次，她窥视新来的教书先生，见吴宽一表人才，听人说他德才也佳，大为倾心，每天早晚都精心烹制一碗肉羹，遣身边的丫鬟送去。当吴宽得悉小姐有意于他时，便托辞离去。

这件事他一直讳言，深怕影响了那位痴心女子的名声，直到老年听说那位女子已死去，才向子孙道及。

像这样处处为他人着想的事，不胜枚举。

他十分海量，即使被当面羞辱，也不介意。

他有个同乡，因某事怨恨他，一心想报复。一次，吴宽携夫人出游，那人跟在他的车骑后面大骂。仆人想教训他一番，被吴宽喝住。他像没听见一般，心平气和地坐在车上。那位同乡不解气，又凿去了吴宽为苏州府府学题写的碑文。官府追查，吴宽为同乡开脱道："我那篇文字也的确不值得保留。"

有文献记载说，吴宽这种宽以待人的行为，不可胜纪。

吴宽虽然才华横溢，但科举也不是一帆风顺。一次，他落第后闻讯母病，匆忙回家，过关卡时忘了通报。关吏扣留了他，他赋诗一首献上：

献策金门苦未收，归心日夜水东流。
扁舟载得愁千斛，闻说君王不税愁。

那关吏读罢诗，很是惭愧，释放了他。

他才气高，有时不免狂傲一些。

有一次，有人来求徐有贞写道墓志。徐有贞的名声不是太好，"土木堡之变"后，蒙古族瓦剌部首领也先扬言南下，徐有贞害怕了，建议迁都南逃，遭到于谦的指斥，为人讪笑。但此人很有学问，《明史·徐有贞传》说他于天文、地理、兵法、水利、巫术等等，无不谙究。他是吴县(今江苏苏州)人，苏州府所在分做两县，一是长洲，一是吴县，故吴宽与徐有贞算是同乡。吴宽慕他才学，投在他门下。见那人来讨墓志，吴宽问："你是想让大官写墓志以光宗耀祖，还是想得到传世佳作呢？"

那人道："当然要传世佳作了！"

"那好。"吴宽说，"有个吴宽秀才，他的作品足以传世，何不去求他？"

二、老死礼部尚书任上

宪宗成化八年(1433)二月，吴宽终于考中会试，并且夺得第一名。按科举程式，会试后的殿试于三月初一举行，而成化八年的殿试延至三月十五日举行。吴宽以一道出众的时务策，一举夺得第一甲第一名的桂冠。

中状元后，吴宽入翰林院为修撰，掌修国史。不久，被派往东宫，侍从皇太子朱祐樘。秩满进官为右谕德，这是一个教导皇太子仁义道德，侍从他赋文弄墨的官职。

成化二十三年八月，宪宗驾崩，皇太子即位，年号"弘治"，是为孝宗。吴宽迁为左庶子——一个东宫的侍从顾问官。当时，孝宗年方18岁，还没儿子，吴宽这个官位是个虚衔，他以此官参修《宪宗实录》，书成，进官为少詹事，兼侍读学士。少詹事是太子东宫衙门詹事府的副长官，也是个虚衔，他的真实职务是侍读学士，侍从孝宗读习经史。

弘治八年(1495)，吴宽被擢为吏部右侍郎。不幸的是，老母去世，他离职奔丧，守丧3年。服满回京，出任詹事府詹事，入直东阁，凡有诰命，都由他起草，但平时仍在东宫，侍从皇太子朱厚照。

孝宗是励精图治、有所作为的皇帝，但皇太子朱厚照不学无术，变着花样玩乐。他身边又有刘瑾等奸宦，迎合他的心理，纵他游玩，常以游玩来打搅他学习。作为太子东宫衙门的长官，吴宽有教导之责却无训斥之权，只得率其同僚上疏孝宗，说："东宫讲学，寒暑风雨则停，朔望令节又停，一年不过讲数月，一月不过讲几天，一天不过讲数刻。进讲时间少，辍讲之日多，岂容再以别的事来妨碍诵读？古人8岁从师，即宿于外，无非是想去掉孩童习气，亲近正人君子。老百姓都这样，况且皇太子！"孝宗嘉而纳之。

弘治十六年，进官礼部尚书，兼职如故。

当时，内阁首辅乃洛阳(今属河南)人刘健，内阁大臣有余姚(今属浙江)人谢迁、茶陵(今属湖南)人李东阳。谢迁也擅长诗词，但不及吴宽，他是成化十一年状元，比吴宽晚一科。谢迁觉得吴宽的才学和资历都比自己高，想引吴宽入阁，共掌朝政。但刘健不同意，吴宽遂不能入阁。

弘治十八年五月六日，孝宗病死，皇太子朱厚照即位，年号"正德"，是为武宗。这是一个荒淫无道的君主，整日与奸宦刘瑾等人玩乐，置国政民事于不顾。正德元年(1506)十月，刘健、谢迁两人辞职回乡。临去时，谢迁再次荐举吴宽入阁，武宗未准。

吴宽虽众望所归，但终未能入阁，老死于礼部尚书任上。武宗诏赠太子太傅，谥号"文定"，又诏官其一子为中书舍人。当时，吴宽的长子吴奭已靠父官承荫为太学生，故吏部建议以其次子吴奂为中书舍人。武宗览奏，改吴奂为太学生，以吴奭为中书舍人，说做弟弟的不可先于兄长。

三、品行备受称道

吴宽从小仁义厚道，入仕之后，官场上的尔虞我诈风气并没使他同流合污。有名贺恩者，与他是同榜举人，在北京染疾，吴宽把他迎入府邸，朝夕侍候。贺恩不幸病死，吴宽极悲，素衣1月，为他服丧。有个乡人死在京师，没钱买棺材，其子借贷于人。吴宽闻知恻然，亟命把钱还给人家，自己拿钱买棺材给乡人。家乡有田数顷，收获物常常用来周济贫困的邻里亲戚。

他为人和气，无激烈言行。但他绝不盲从，遇有他认为不可以的事，必加谏争。

他对功名利禄看得很轻，不汲汲于功名，不戚戚于富贵。在翰林院当修撰时，他在居室的东边建了一个花园，种上花草，退朝后手执书卷，吟哦其中；逢良辰佳节，设宴招客，分题联句以乐，像个不知有官位者。他的名望很高，却不能入阁，众人都替他惋惜，他却说："我就没想入阁，如今做个尚书就心满意足了。"

他的品行备受时人称道。万历十七年（1589）状元焦竑在8卷本《玉堂丛话》中，记载吴宽品行的条目最多，啧啧称颂；清人修的《明史·吴宽传》也说他品行高洁，不沽名钓誉，自守以正。

四、诗词隽永

吴宽在诗词上造诣极高。他赋诗作词，不事雕琢，意味隽永，纡徐如欧阳修，老成如韩愈。在他的诗中，《赋黄楼送李贞伯》是佳作之一。诗云：

维河有源星宿同，导河积石思神功。
浊流汗漫失故道，积石却与澶渊通。
平郊脱辔万马逸，一夜径度徐州洪。
徐州太守苏长公，夜呼卒伍登城墉。
一身未足捍大患，岂无木栅兼竹笼。
戏马台旁二十里，筑堤横亘长如虹。
高城不浸三版耳，挽回鱼鳖仍耆童。
防河录成天有工，黄楼高起城之东。
五行有土可制水，底用四壁涂青红？
太守登楼宾客从，举杯酹水临长风。
河伯俯着受约束，不敢更与城争雄。
水流滔滔向东去，纡徐演漾殊从容。
负薪投璧竟何用，汉家浪恐宣房宫。
自公去后五百载，水流无尽恩无穷。
我生慕公公不逢，安得置我兹楼中。
颍滨淮海独何幸，留得两赋摩苍穹。
凤池舍人今李邕，南行别我何匆匆？
此邦万灵日凋瘁，赖尔继续前贤踪。
暇日登高倘能赋，封题须附冥飞鸿。

他的词在当时独步文坛，备受称道。《采桑子》是其代表作。词云：

纤云尽卷天如水，芦荻风残，松竹霜寒，更着前溪月满山。画船红映金尊酒，子夜歌阑，缓吹轻弹，得意人生且尽欢。

谢 迁

◎ 涂 晓

一、理事明快的内阁大臣

谢迁，字于乔，号木斋，余姚（今属浙江）人。余姚北滨杭州湾，姚江逶迤而过，风光秀美，文化兴盛，名士辈出。谢迁聪明伶俐，博闻强记。成化十年（1474）八月，他参加浙江乡试，一举夺得第一；翌年二月，赴京会试中选；三月殿试，又一举夺魁。

中状元后，谢迁入翰林院为修撰，掌修国史。累迁为左庶子，侍从皇太子朱祐樘，以备顾问。

成化二十三年八月，宪宗病死，年18岁的皇太子朱祐樘即位，年号"弘治"，是为孝宗。弘治元年（1488）春，宦官郭镛上疏，奏请预选良家美女以充后宫。当时，宪宗刚下葬四五个月，孝宗还在服丧，大选嫔妃是不合礼仪的。于是，谢迁上疏，奏言："大行皇帝的陵墓还没修好，选妃事理应来日。况且，丧满除服也为期不远。陛下富于春秋，请等守丧期满，再议此事。"孝宗乃贤明之君，虽年轻，但稳重持成，勤于政事，也能听进逆耳忠言。他欣然接受了谢迁的建议。从这件事上，年轻的皇帝觉得谢迁是个人才，擢为日讲官，每天为他讲解经史。

谢迁恪守儒家的"衣冠正，动作慎"这一教导，每逢进讲，他都衣冠整洁，正襟危坐。进讲的前一天晚上，他穿戴好官服，像给皇上当面进讲一样，预习一番，直到熟练为止。他的讲解，言简意赅，大令孝宗称赞。

不久，谢迁进官为少詹事兼侍讲学士。少詹事是太子东宫衙门詹事府的副长官，仅是授给谢迁的一个虚衔，他的真正职位是侍讲学士，侍从皇上，讲论经史。

弘治八年，孝宗诏令谢迁与李东阳入阁，参与机务。李东阳是茶陵（今属湖南）人，天顺八年（1464）进士，很有文才，时为礼部右侍郎，兼侍读学士。谢迁有丧在身，在家守丧，力辞不就，服满始入内阁。当时，内阁首辅是宜兴（今属江苏）人徐溥，为人谨重有气度。同在内阁的还有洛阳（今属河南）人刘健，为人举止端庄。几个内阁大臣同心协力，匡失救弊；孝宗是英明贤主，励精图治。大明帝国至此再度焕发生机，史称"弘治之治"。

当然，同朝为臣，龃龉也是有的。谢迁擅长诗词，但略逊于吴宽。吴宽是长洲（今江苏苏州）人，成化八年的状元。谢迁入阁后，向首辅刘健推荐吴宽，引他入阁。刘健坚决不同意，谢迁道："吴公科第、年龄、声望皆先于迁，迁实自愧，岂有私于吴公哉？"不过，几个大臣还能和睦相处。

弘治十一年，谢迁加官为太子少保、兵部尚书，兼东阁大学士。他上疏劝皇太子要亲贤人，远小人；勤学问，戒逸豫。孝宗嘉之。

孝宗虽是贤明之君，但有时也不免为一二宦官所惑。弘治十一年，奸宦李广劝孝宗建毓秀亭于万岁山，孝宗采纳，遂兴土木。亭子刚建好，孝宗的幼女便夭折了。不久，清宁宫又失火。望日者说是李广建亭触犯了忌讳，故遭天罚。李广畏罪自杀。于是，已代徐溥为内阁首辅的刘健、谢迁、李东阳借此事而上疏谏诫道："古时帝王没有不遇灾而惧的。近来，奸宦迷惑圣上，贿赂公行，赏罚失当。天灾降临，正是因此。今幸元恶殄丧，圣心开悟，但余患未除，积弊未革。伏愿圣上发愤图治，进贤黜奸，赏罚分明。凡应实行的，不要犹豫不决，要果敢；不要因循守成，不敢作为，以贻后悔。"孝宗嘉而纳之。

谢迁是个善于处理问题的人，他处理问题机智果敢，能切中要害。有一次，他发现禁军中的御马监、腾骧四卫吃空额、冒领军饷的现象很严重，就向孝宗揭发了此事。孝宗听说堂堂禁军竟有此事，大为光火，命谢迁拟旨禁止。谢迁说："虚言设禁，于事无益，应令有关部门查明真相，据实奏闻。然后严立法令，有犯必诛。这样，问题大致可以解决。"孝宗采纳了这一建议，多年的积弊果然被革除了。

当时，内阁的3个重臣李东阳、刘健、谢迁办事各有特点，李东阳多谋，刘健果敢，谢迁明敏，且口才极好，时人为之语曰："李公谋，刘公断，谢公尤侃侃。"天下称三人为贤相。

二、遭刘瑾迫害

弘治十八年五月六日，病危中的孝宗于病榻前召见内阁首辅刘健和内阁大学士谢迁、李东阳，他强打精神，坐起来，絮絮叨叨地自叙他即位以来的所作所为。最后，他拉着刘健的手，对他和谢迁、李东阳说："诸位爱卿辅佐朕劳苦功高。太子聪明，但尚年幼，好玩乐，卿等要督促他好好读书，辅佐他成为英明君主。"刘健、谢迁、李东阳歔欷顿首，受命而出。

翌日，孝宗驾崩，皇太子朱厚照即位，年号"正德"，是为武宗。

武宗与他那位励精图治的父亲恰好相反，他虽不失聪明，但心思全用在玩乐上，踢线球、斗蟋蟀，相扑，放鹰，走狗……朝政大事，不管不问。臣子们呈上来的奏疏，他只画上"闻知"两字，便掷到一旁。身边又有一个怂恿他游玩的奸宦刘瑾。此人生于兴平（今属陕西），年少时自阉入宫，入东宫服侍当时还是皇太子的朱厚照。他生性狡诈、阴险，极力迎合主子的癖好，怂恿他游玩。

刘健、谢迁、李东阳3个顾命大臣对武宗原是抱有希望的，他们将孝宗想兴办和革除的事情以孝宗遗诏的形式颁布，奢想继续推行改革，完成孝宗未竟事业。但武宗对此根本不感兴趣，他在刘瑾的陪同下恣肆玩乐。眼看孝宗创下的基业就要毁于一旦，谢迁忧心如焚，他多次上疏劝谏，武宗置若罔闻。

劝谏是没用了，谢迁与刘健、李东阳密议，决定采取行动,拿刘瑾开刀。

正德元年(1506)十月,户部尚书韩文联合若干大臣上疏,历数刘瑾及其同党罪行,力请将这伙奸人明正典刑。武宗见众人已是怒不可遏的样子,感到难以再庇护刘瑾了,遂把韩文等人的奏疏下发内阁讨论,提议从轻发落刘瑾,让他去南京服苦役。刘健召集内阁大臣商议此事,谢迁建议杀了刘瑾,刘健等极赞同。武宗无奈,只得同意。刘瑾的死党焦芳闻讯,连忙报告尚蒙在鼓里的刘瑾。刘瑾大惊,带着几个心腹火速奔赴武宗寝宫,围着他放声大哭,乞求皇上饶命。武宗本就不想严惩刘瑾,经刘瑾他们这么一闹,觉得处死刘瑾未免太过分了,越想越气,遂下令赦免刘瑾,且任命他为24个宦官衙门中最重要的司礼监的太监,命他的同党马永成、谷大用提督东厂、西厂两个特务机构。

刘健、谢迁、李东阳等未曾料到局势逆转,遂上疏辞官回乡。武宗批准了刘健、谢迁的辞呈,但没让李东阳走。因为李东阳为人和缓,当初内阁讨论诛杀刘瑾时,他不像谢迁那么积极,故武宗把他留了下来。给事中吕翀、刘蒉等15人上疏,称刘、谢不能走,刘瑾下令重重杖责15大臣。

第二年三月,刘瑾召群臣跪在金水桥南,听他宣布"奸党"名单,谢迁名列第二。而刘瑾的死党焦芳尤怨恨谢迁。当初谢迁临走时,荐举礼部尚书吴宽、吏部左侍郎王鏊入阁,以排挤竭力想钻进内阁的焦芳。焦芳大为愤怒,遂奏请武宗批准,贬谢迁之弟、兵部主事谢迪和谢迁之子、编修谢丕为民。

正德四年,刘瑾、焦芳再次拿谢迁开刀,欲治之罪。

这年二月,浙江应诏令荐举4名怀才抱德之士,其中,余姚3名,即周礼、徐子元、许龙;上虞(今属浙江)1名,即徐文彪。谢迁是余姚人,上虞毗邻余姚。刘瑾、焦芳借此事大做文章，说谢迁从中做手脚，使荐举的人都是他的同乡，并下令逮捕周礼等人，严刑拷问。周礼的供词中牵连谢迁，刘瑾欲逮捕谢迁，籍没其家，李东阳竭力反对，为谢迁辩解。焦芳在一旁厉声说："即使宽贷，亦应把他除名！"武宗遂按焦芳的意思，把谢迁除名，免为平民，将周礼等人流放戍边。尚书刘宇又弹劾这次荐举人才失实，谢迁被罚米若干。武宗还下令，自今以后，余姚人不得当京官，著为法令。这年十二月，谏官按刘瑾的意思，奏请夺谢迁的诰命，追还赏赐的玉带。同时被夺诰命的还有刘健等675人。

刘瑾、焦芳之流处心积虑要置谢迁于死地，人们都替谢迁担忧。而谢迁不以为然，整天谈笑风生，与人下围棋，或赋诗自娱。时人叹服。

三、再度出仕

刘瑾等祸国殃民，使大明江山日下，正直的大臣不顾个人安危，纷纷弹劾，武宗对他也有所不满。正德五年八月，刘瑾被寸磔于北京，族人、同党皆伏法。武宗诏令受刘瑾迫害的谢迁等人以原官退休。

正德十六年三月十四日，武宗病死，他的堂弟朱厚熜即位，年号"嘉靖"，是为世宗。世宗遣使存问谢迁，起用谢迪为参议，谢丕官复原职。谢迁遣子谢正去北京谢主龙恩，带去一道奏疏，劝世宗勤学、法祖、纳谏。世宗赐诏褒赞。

嘉靖二年，复遣使存问谢迁。嘉靖六年，内阁大学士费宏受奸人排挤，被迫辞官。临去，他推荐谢迁入阁。新出任内阁首辅的安宁（今属云南）人杨一清为了阻止奸臣张璁入阁，也力主起用谢迁。于是，世宗遣使赍他的手敕去余姚谢家，诏命谢迁入阁理事，命巡抚、巡按等官敦促谢迁立即上路。谢迁时已79岁，不得已而受命。等他到了京师，张璁已入阁；而官居首辅的杨一清资历远较谢迁为浅，见张璁已经入阁，担心谢迁来了影响他的地位。谢迁入阁数月，见处境尴尬，力辞阁臣，奏请回家养老。世宗不允，特加优遇，天冷时免他上朝；除夕之夜，特赋诗以赐；听说他生病，遣太医诊视，赐药。尽管如此，谢迁在内阁实在无法与杨一清等相处，遂于次年辞去。

正德十年，年83岁的谢迁病死于家。世宗诏赠太傅，谥号"文正"。明代状元90人，获谥号的27人，谢迁是其中之一。

他的弟弟谢迪官至广东布政使，儿子谢丕官至吏部左侍郎。

曾 彦

◎ 周玉山

曾彦，字士美，江西泰和人。年少即好学不倦，凡读经书子史，必穷究力索，直至有心得方作罢。后为监生。据传曾梦见自己被悬发于县明伦堂的大梁上，自以为这是来日金榜题名的吉兆，因颇自负。自20余岁投身科场，屡试屡败，先后7次受挫于乡闱而不气馁，终于成化七年(1471)中举；先后又于成化八年、十一年两次参加礼部会试，皆不中；至成化十四年(1478)会试时，彦已年近60，白发染鬓，此次会试，其半生苦心终于得到报赏，廷试时，彦对策简约，被皇帝赏识，被擢为状元。时值朝野太平，文风靡丽，多重形式而轻内容。当政者欲救其弊，故特别看重内容充实、文风朴实之作。状元及第后，依例授职翰林院修撰。彦为人坦诚质朴，在馆中年虽长，但退避如后学。而遇事敢坦述已见，所发多颇为得体。数为会试考官，亦能称职。成化二十三年(1487)升为侍读；弘治初，与修《宪宗实录》得力，迁左谕德；弘治七年(1494)晋升侍讲学士，掌南京翰林院事。弘治十年(1497)致仕，卒于家。

王 华

◎ 涂 青

一、机敏好学的童年

魏晋南北朝时期,大名鼎鼎的书法家王羲之定居于会稽(今浙江绍兴)。王羲之的第23代孙又徙家余姚(今属浙江)。余姚王家传至第5代王性常,正值元末。王性常才兼文武,有知人之明。青田人刘基曾造访王性常,王性常一见刘基,惊呼:"先生真乃王佐之人也!"结为知己。后来,刘基参加了朱元璋起义军。朱元璋建立明朝后,封刘基为诚意伯。经他推荐,王性常出仕为兵部郎中,擢广东参议。苗族人起事,王性常被杀。他的儿子王彦达,时年16岁,裹父尸而还。念父死忠节,遂恶衣疏食,终生未改,乡人为他的孝心而感叹不已。王彦达的儿子王与准,相貌英俊,精通《礼》、《易》,著《易微》数千言。王与准的儿子王世杰,也精通经书,被选入最高学府——太学读书,当时叫"太学生",死后受赠嘉议大夫、礼部右侍郎。王世杰的儿子王天叙,娶岑家女儿为妻。

正统十一年(1446),即明英宗朱祁镇坐天下的第12年,王天叙夫妇喜得贵子。据说,岑氏分娩前一天晚上,婆婆孟氏梦见她婆婆赵氏手抱一个穿红衣、扎玉带的小孩交给她,说:"你平时孝敬我,今孙媳事你也孝,我与你祖乞求于上帝,把这孩儿送你做孙子,世世荣华不衰。"故这个新生儿取名叫王华。

王华聪明机敏。他刚咿呀学语,祖父王世杰便教他古诗;略大一点儿,教他读书,王华能过目不忘。6岁时,他与一群小儿在河边戏水,一个人来洗脚,此人已酩酊大醉,把钱囊忘在河边就走了。小儿们打开一看,内足有数十两黄金。王华心想,那人酒醒以后定会来寻,但是,现在若让人抢去怎么办?他眉头一皱计上心来,提起钱袋扔进河中,坐在岸上等失主来。过了一会儿,那人号泣着跑来。王华迎了上去,道:"来找你的金子吗?"把扔金子的地方指给那人。那人跳入河中,捞出钱袋,高兴地跳了起来。他拿出一两金子酬谢王华,王华笑曰:"不拿你数金,反要你一两吗?"那人十分惭愧,尾随王华去了王家,不论年长年幼,见人就拜谢。王华之聪明,由此可略窥一斑。

王华好学上进,苦读不辍。

一天，王华的母亲在窗下织布，王华在旁边读书。明日就是立春，县令穿着官服、戴着官绅，敲锣打鼓去东郊迎接春牛芒神，热闹非凡。大人小孩都蜂拥而出，观看"迎春"大典。王华却不为所动，读书不辍。母亲说："孩儿休息一会儿吧，出去看看热闹。"王华道："母亲错了，观春哪比得上看书。"母亲高兴地说："好孩子，我错了。"

11岁时，王华拜同里钱希宠为师受业。从钱希宠学习的学生很多。王华入学后，初学对句，1个月后学对诗，2个月后请习文。不出数月，王华的学识大大超出其他学生。钱希宠叹曰："到年底，我就没什么可教你的了。"一次，县令大人巡视，到了钱希宠的学堂，众学生都拥出去争看县令大人的风采，而王华坐在那里照常诵读，像什么事也没发生似的。钱希宠大为惊奇，逗他道："即使不屑于看县令，但若县令说你傲慢无礼而呵斥，牵连到我怎么办？"王华道："县令也是人，看他做什么？我读书，他也方便，干吗呵斥？"钱希宠大喜，对他的父亲王天叙说："阁下之子如此大器，定非凡儿。"

14岁那年上，王华与亲朋数人读书于龙泉山寺。寺中从前有妖怪作祟，那些亲朋都是富家子弟，不信有什么妖怪，且素以豪侠自负，又多侵侮寺里的和尚，和尚甚是愤恨。一天晚上，妖怪们果然来了，亲朋中有好几个人被伤了。和尚们大加渲染，亲朋们害怕了，狼狈而逃。王华独自留下来，安居如故。和尚们很惊奇。每天夜里，他们爬上屋顶，有的狂笑，有的悲号；有的扔石，有的掷瓦。有时乘风雨雷电之夜去敲王华寝室的门，他们从门缝窥视王华，只见他正襟危坐，神气自若。于是，他们又想方设法装神弄鬼，但直到黔驴技穷，也对王华无可奈何。他们去问王华："从前妖怪作祟，好多人伤了，你不害怕吗？"王华道："我有什么可害怕的？"和尚们又说:"那些妖怪,凡触犯他们的,无一幸免。你怎么能什么也没看见?"王华笑道:"我只看见几个沙弥作祟罢了。"和尚们相顾失色,疑心王华看穿了他们的伎俩,便装模做样地讲:"这大概是我们寺中死去的师兄作祟吧。"王华笑道:"不是你们死去的师兄,而是你们诸位。"和尚们说:"你亲眼见过我们吗?猜测而已。"王华道:"我虽然没亲眼看到,但如不是你们干的,怎知我一定见过?"和尚们叹服,道:"你真是天人,我们不过想试试你罢了,你以后定会福德无量!"

二、殿试夺魁

英宗天顺六年(1462),王华17岁,参加余姚县学考试。县令对王华的文章大为欣赏,但也疑心这篇文章出于偶然。数日后,特地加试王华。县令出了一个题目,王华一挥而就。县令还是疑心,又冥思苦想了3个题目,王华又是下笔立就。县令彻底相信了,高兴地说:"你日后一定会大魁天下。"

王华的名声更响了,附近富家争相延聘他教授子弟。提学张时敏考校余姚学子,以王华和谢迁为首,称誉说:"你二人皆当状元及第,福德无量。"浙江布政使宁良想找一个老师教授子弟,问张时敏谁人合适,张时敏讲:"若只想考取功名,某某人都可以;若想品学兼优,惟有王华。"宁良遂亲请王华为师。宁良是祁阳(今属湖南)人,王华去了祁阳,住在宁良的梅庄别墅里,湖湘士子闻风而投师者数十人。梅庄别墅藏书数千卷,王华如饥似渴地诵读,3年没出去游玩过。祁阳富家子弟多以妓女陪酒,王华严禁。一天,一帮富家子弟在湖心亭子上宴请王华,把两个妓女藏在一边。喝完酒,他们留王华宿于亭上，然后悄悄地离去。两个妓女从藏身的地方走出，要侍宿。王华大惊，急喊船夫摆渡，但船夫早已被那帮富家子弟支走。王华见状，遂撤下亭子上的门板，以此代舟，逃之夭夭。

到祁阳的第3年，一天夜里，他做了个梦，梦见官府举行"迎春"礼。回来时，直趋他家，鼓乐喧天，旌旗飘扬，白色的土牛后面，一个人坐着肩舆，仔细一瞧，乃布政使杜谦。梦醒后，王华细想，甚感不妙。父亲王天叙、母亲岑氏都生于农历辛酉年，是属牛的；白色，乃凶杀之色。王华把他的梦告诉了学生们，想回家去看看。宁良的公子解梦说，这个梦预兆王华将大魁于天下：牛，丑属；辛，金属，色白；春为一岁之首，世以状元为"春元"。他说："先生大魁于天下，将在辛丑年。按惯例，送状元归第的，乃京兆尹。辛丑那年，杜公将为京兆尹。"王华不信，力辞而归。

船过洞庭湖君山祠，遇上大风。王华无奈，遂下船进了祠庙。祠庙中的祭祀人员问："公可是王状元？"王华道："你怎知我姓王？怎知我为状元？"那人讲："前天晚上我做了个梦，梦中山神对我说：'后天黄昏，有王状元来。'我因此而知。"王华大为惊奇，心想：这与宁公子对梦的解释完全一样，难道我真能中状元吗？

回家以后，家人均安然无恙。参加科举考试，却屡遭失败。当年，提学张时敏说他与谢迁皆当状元及第，人家谢迁已在成化十一年（1475）应了张时敏的预言，大魁于天下，而王华连个举人都屡试不中。

直到成化十六年，王华才考中浙江乡试第二名，成为一名举人，取得了参加明年会考的资格。次年二月初九、十二、十五日，礼部举行会试，3场考试下来，王华榜上有名。三月十五日，举行殿试，王华一举夺魁。

这年，恰正是农历辛丑年，送状元归第的京兆尹，正是杜谦。

王华在祁阳的梦，正如宁公子所解。

当时，人们大力渲染此事，说王华中状元，是命中注定的。王华死后，最高学府国子监的副长官陆深撰写的《海日先生行状》，郑重其事地写了这桩奇事。但是，这只是当时人的杜撰，或是一种巧合。王华考中状元，是凭他的才学。

此科进士共298名，后来出了不少名人。

这年，王华已35岁。尽管已过了而立之年，但他的学问早已有成，名声早已遐迩。

三、仕宦生涯

中状元后，王华入翰林院为修撰，掌修国史。成化二十年，担任殿试弥封官。二十三年，出任会试同考官。

这年八月六日，当朝天子宪宗驾崩，皇太子朱祐樘即位，年号"弘治"，是为孝宗。

王华奉命参加编修《宪宗实录》，进为经筵官，为皇上讲解经史。到弘治二年（1489），王华已担任了9年的翰林院修撰——弥封官、同考官是临时差遣，经筵官为兼官。至此，王华该升官了。就在这时，王华听说父亲王天叙罹病，遂托病不出，待在家中。官府督促他出仕，亲友们也劝他，王华道："父亲罹病，不能回去侍养，已经不孝，又岂可为升官而奔走？需家信至，父亲幸而无恙，那时出仕也不晚。"弘治三年正月下旬，老父病死的噩耗传来，王华悲痛欲绝，即日南下奔丧。安葬老父后，王华在墓旁搭了间小茅屋，住了进去，为父服丧。3年丧满，出仕，升任右春坊右谕德，侍从皇太子，赞谕道德。又充任经筵讲官。他上疏说，经筵和日讲应经常开设。孝宗采纳，特命王华为日讲官，赐金带、四品官服，眷赐日隆。

按照惯例，讲官在给皇上进讲之前，都先演习一番。即使这样，进讲时也不免紧张。王华从未曾预习，进讲却条理、流畅。一天，孝宗已到了学堂，进讲者突然昏眩倒地。众讲官公推王华替代，王华从容地在桌子上展开讲稿，讲读起来。众讲官无不叹服。

当时，宦官李广贵宠，与张皇后串通一气。王华一次在文华殿讲《大学衍义》，讲到唐代宦官李辅国与皇后勾结弄权时，众讲官担心落个影射李广、张皇后的罪名，遭他俩报复，想省去不讲。王华却直言无忌，众人无不咋舌。

弘治十五年，王华被擢升为翰林学士，寻命教习庶吉士鲁铎等。庶吉士是从新科进士中挑选的最优秀的，入庶常馆深造。不久，王华奉旨参加编纂《大明会典》，历时1年多。书成，王华迁任太子东宫詹事府的副长官——少詹事，兼翰林院学士。接着，奉旨编修《通签纂要》，擢为礼部右侍郎，仍兼日讲官。这年冬，奉命祭祀江淮诸神，王华奏请顺便回家探望亲人，诏准。还朝后，上疏乞休，归养母亲岑氏，孝宗未准。寻升礼部左侍郎。

弘治十八年五月七日，孝宗驾崩。孝宗是一位贤君，在位期间励精图治，大明帝国一度中兴。他死后，皇太子朱厚照即位，年号"正德"，是为武宗。武宗是个昏君，信用宦官刘瑾，刘瑾擅权，为非作歹。朝中大臣纷纷出入刘瑾大门。

王华鄙夷刘瑾之为人，未曾登过他的门槛。正德元年

(1506)，刘瑾逮捕一批不顺从他的官员。王华长子王守仁，时为兵部主事，上疏为被捕的官员开脱，刘瑾大怒，廷杖王守仁40大板，贬谪贵州龙场驿（今贵州修文）驿丞。刘瑾幼时曾师从王华的同乡方正，屡听方正说王华孝友忠信，很是敬慕。由于这层关系，王华未受株连。刘瑾派人对王华说，他与王华有旧，若王华去见他一面，可立登相位。王华不去，刘瑾见状，大为不悦。正德二年，王华升任南京吏部尚书（明朝自成祖迁都北京后，南京仍保留六部衙门）。刘瑾决定再做一次努力，派人对王华说，不久将委以重任，希王华去拜谢他。王华还是不去。这次，刘瑾恼羞成怒，发誓要报复王华。但王华为官谨慎清廉，刘瑾实在找不到报复的口实，便把一些与王华无关的事扯到王华身上，勒令他退休。王华闻命，欣然打点行装南归，说："从此我可以免于祸矣！"

王华走后不久，有人奏劾与他同榜中进士的一个友人，并诬及王华。亲友都劝王华上疏辩白，王华道："若上疏辩白，便是攻讦他的朋友，这不是玷污我了吗？"不做任何分辩。儿子王守仁复官后，听人谈起此事，欲上疏辩白。王华闻知，亟命人驰至京师制止。他在给王守仁的信中说："你以为这是我的平生大耻吗？我本来没有什么可耻的地方，如今，无故而攻讦朋友之阴私，反而给我找了一大耻辱。人家都说你比我聪明，我看未必！"

从成化十七年入仕，到正德二年致仕，王华的仕宦生涯仅仅16年。

四、儿子王守仁

王守仁，字伯安，是王华的长子，王华原配郑氏所生。郑氏与王华同甘苦，温顺恭谨，孝侍公婆。据《明史·王守仁传》说，郑氏妊娠14个月始生王守仁。还说他祖母岑氏梦神人从云中送下一小儿，郑氏遂生王守仁，故名"云"。这当然均为谎言。王云5岁时，改名王守仁。王守仁曾讲学于阳明洞，故人又称之为"阳明先生"。

王守仁深受父亲的影响，好学上进。弘治十二年，王守仁考中第二甲第六名进士，出为刑部主事，决囚江北，因病辞归。起补兵部主事，因上疏营救被刘瑾逮捕的官员而得罪刘瑾，被贬谪贵州龙场驿丞。正德五年，刘瑾被诛，王守仁起为庐陵(今江西吉安)知县，累迁为右佥都御史，巡抚南康(今属江西)、赣县(今江西赣州)，镇压福建、江西等地的农民起义，进为右副都御史。正德十四年六月十四日，宁王朱宸濠起兵反叛，王守仁急令各府州县发兵会剿。六月二十六日，剿灭叛军，生俘朱宸濠。朝廷论功行赏，王守仁受封为特进光禄大夫、柱国、新建伯。他的功名遭到一些人的妒嫉，横遭诽谤，而武宗是个昏君，听信谗言。王守仁的官位名义上是世袭，但朝廷不给世袭的凭证——铁券，应给的1000石岁禄也不给。嘉靖六年(1527)，王守仁以原官兼左都御史，总督两广兼巡抚，镇压广西少数民族起义。翌年，王守仁病死。

王守仁一生，在功名上不甚得意，但在思想界影响极为深远。

王守仁18岁时，曾向理学家娄谅求教，听娄谅讲宋儒

"格物之学"。21岁时，随父住在京师，到处寻求理学大师朱熹的遗著阅读，试图按照朱熹的说教去做。但不久，他就对朱熹的学说产生了怀疑。以后，他逐渐走向主观唯心主义的"心学"。

"心学"始创于金溪(今属江西)人陆九渊，王守仁加以发扬光大。他宣扬人心是宇宙的本体，天地万物的主宰，要人们"致良知"，即用己心去体验本来就存在于己心的伦理道德。"王氏心学"对于打破程朱理学的束缚，启发人们思想，有积极作用。

"王氏心学"很快风靡全国，席卷整个思想界。

王守仁因他的"心学"而名垂青史。

王氏家族也因王守仁而显赫一时。父以子贵，王华的名望更高。

五、在朱宸濠之乱中

王华素闻朱宸濠的种种劣迹，曾对人说："他日天下之祸，必从此人始。"他命人在上虞(今浙江上虞东南)的龙溪选地筑屋，作为避难的场所。

正德十四年六月十四日，朱宸濠果然起兵反叛。

消息传到余姚，人们惊慌不安，传言王守仁已遇害。王氏家族惶恐，劝王华马上逃往龙溪避难，王华道："我去年筑屋龙溪作为避难所，是因为有老母在。今老母已经去世入土，假如我儿果真遇害，天地之大，我又有什么可逃的？"饬令家人不要轻言逃难。不久，王守仁起兵讨伐朱宸濠的檄文传到余姚，亲朋好友都来祝贺，纷纷对王华道："你应马上去龙溪避难。现守仁既已起兵,与朱宸濠对阵,朱宸濠定会派人谋害于你。"王华道:"我儿能弃家杀贼,我哪能先跑掉,以失民望?祖宗的德泽在,天下必定不会让恶贼覆乱,朱宸濠不久就要失败。我身为国家大臣,恨已年老身弱不能荷戈杀敌。假若朱宸濠得势,我将与乡里子弟一同战死于此城。"他派人敦促附近州县急调兵粮,禁绝讹言,以防动摇民心。

有人偷偷地窥伺王华,见他安然若素。乡人们听说后,惊恐不安之心也稍稍安定下来了。

过了十余天,朱宸濠叛军于六月二十六日被王守仁剿灭的消息传到余姚,亲朋邻里携酒来祝贺。王华说:"此乃祖宗的仁德深入人心,纲纪法度统治严密,朝廷威灵震慑四方,苍生不应遭此荼毒。故旬月之间,罪人擒获。都是天意啊,岂我一书生能立此功业?然而,我已垂暮之年,幸免于死,家门无杀戮之惨,乡里子弟皆免于征输调发,我儿幸全首领,父子相见有日,凡此皆足以稍慰了。"诸亲友兴高采烈,极饮尽欢而去。

不久,武宗南巡,一些官员忌恨王守仁之功,诽谤诬陷。一时间,王家又危在旦夕。一帮小人偷偷地调查核对王家的田地、房屋、牲畜,为将来抄家做准备。王家亲友皆惶恐,不知所措。王华镇静自若,每天照常在田野散步,惟诫家人言语举止谨慎一些而已。

正德十六年,新即位的世宗皇帝下诏,宣扬王守仁之功,召他入京。王守仁因请顺便回家探望老父,世宗诏准,并赐羊、酒。

王守仁到家,适逢王华76岁寿辰,亲朋均来祝贺。王守仁捧觞为父亲祝寿,王华戚然道:"我父子离别已有数年了。当初,你在南康、赣县平寇,日夜操劳,我虽担心你的身子,但那是臣子的职责，不敢为你担忧。朱宸濠叛乱，传言你遇难了，但你安然无恙；都以为这场叛乱难以平定，但最终平定了。我虽为你剿灭叛贼而高兴，但那是天意，非人力可及，我不敢为你高兴。待谗言蜂起，祸机四发，前后2年几乎难以幸免。人皆为你担忧，我能不为你担忧吗？然而，在这种情况下，惟有听天命，耐心忍性。虽为你担忧，又为你高兴。天开日月，忠良得以表彰，显官高爵，滥冒封赏，父子又相聚于一堂，人皆以为荣，我却觉得没什么光荣的。盛者，衰之始；福者，祸之基。虽以为荣，又惊惧不安。知道满足的人不会受辱，懂得适可而止的人不会有危险。我老了，能父子相保于门户之下，就足够了。切勿志得意满，使功业坠毁，名声扫地！"王守仁洗耳恭听，叩谢老父道："大人的教诲，儿铭记在心，念念不忘！"耳闻目睹此事者，无不感叹。

  王华的身体已很虚弱，寿辰过后不久便病倒了。翌年，即嘉靖元年(1522)正月，病情加重。到二月十二日，终于不治而死，享年77岁。

  弥留之际，王华神志清楚。当时朝廷褒扬王守仁之功，晋封王华及其父王天叙为新建伯的圣旨到了王家大门，王华对侍奉在身边的王守仁等人说："虽然我病危，但不可因此而废朝廷之礼，你们都出去迎接圣旨。"听说迎接之礼一完，王华溘然长逝。

六、忠孝长者

  王华气质敦厚，无矫言饰行，为人宽仁，坦直诚实，不修边幅。与人交往，无论地位高低、年龄长幼，他均一视同仁，言语发自肺腑。他疾恶如仇，见人有过失，直言不讳，往往因此而遭忌恨。谁人有难，他慷慨相助，毫不迟疑，俸禄皆与亲友共享。他侍父母以孝闻。母亲岑氏年迈后，王华随侍左右，共享天伦之乐。有时出游，想起老母亲，立即返回。岑氏心情舒畅，活到100岁。老母去世，已70多岁的王华悲痛欲绝，寝苦疏食，哀毁踰节。出殡时，王华光着脚扶柩走了数十里。安葬老母后，他也病倒了，调养了1年多，才见好转。

王华才识过人，聪敏机智，行事能瞻前而顾后，无论多么难的事情，他都能得心应手地予以妥善处理。

他意志坚强，不可动摇，即使是灭顶之灾，也吓不倒他。

王华博学，赋诗作文皆信笔立就，不事雕琢。著有《龙山稿》、《垣南草堂稿》、《礼经大义》等书，凡46卷。

王华原配郑氏，在王华41岁那年病死，享年41岁。继室赵氏，妾杨氏。王华有4个儿子：长子王守仁，郑氏所生；次子王守俭，杨氏所生；三子王守文，赵氏所生；四子王守章，也为杨氏所生。杨氏还生有一女，许配同乡、南京工部都水郎中徐爱。

李　旻

◎ 周玉山

李旻，字子阳，号东崖，浙江钱塘(今杭州)人。少聪敏善悟，稍长即好诗书，博闻强记，日诵数千言，致力于科第。其八股之作文格华畅，地方考试常列第一，名闻远近，时学者皆慕名而来，争识其面。成化十六年(1480)浙江乡试第一。该科浙闱初拟王华为第一，后因临谢时考官嫌其穿白衣服，不成体统，黜置第二，而以李旻为第一。后来此二人皆中状元，可见考官慧眼识人，为一时之盛事。成化十七年(1481)，李旻参加辛丑科会试落第，成化二十年(1484)再入礼闱。会试中式，廷试擢为第一，时李旻年39岁，授翰林院修撰。成化二十三年（1487）始与修《宪宗实录》，次年补授经筵讲官。弘治四年（1491），以其纂修《实录》有功，皇帝特赐银10两，彩缎2表里。适其父去世，丁艰在家，弘治六年（1493）始起复原职。弘治九年（1496）任满9年，以例升左春坊左谕德。2年后直文华殿，掌左春坊印，兼修玉牒。其间妻沈氏病卒，家有老母，因萌生归意，上疏乞归奉养，未得批准。后为太子朱厚照之侍讲官。弘治十四年（1501）升南京太常寺少卿，寻又署南京国子监事。弘治十七年（1504）以官员考绩至北京，再次陈请归家奉养老母，迄未得允。孝宗死后，武宗即位，因与李旻有师生之谊，继续委以重任，此时李旻已是三朝老臣，年近60。正德元年（1506）受召至京，修《孝宗实录》，改官太常寺少卿，兼翰林院侍读，仍修玉牒，并兼经筵讲官。李旻于朝政故实颇为明了，其官太常寺时，辨明典礼，刺当时之非，改正了朝廷礼制中的一些不合理的地方。次年，奉命教习庶吉士，不久又以太常寺卿兼国子监事。正德二年（1507）八月升南京吏部右侍郎。正德四年（1509）四月卒于任内，终年64岁。旻为官前后计25年，其在官场虽无惊人作为，但如履平地，波澜不惊，历仕三朝，善始善终。同旧时一般官僚一样，他感到一生的荣华都是浩浩皇恩所赐，故在临死时他的老朋友何世光去看望他，他对老友说："我心里有两件事放不下，一是皇恩浩荡，未能好好报答；二是老母在堂，不能尽孝心。"李旻外表秀伟潇洒，面拖长须。他为人极阔达倜傥，不拘小节，而人情世故上亦常不循时规，故多为心狭者所忌。他口才极好，喜欢与人辩论，学问根底又极深厚，故言谈所及，出入经传，驰骋于子史，出口即成妙文，甚至与一二相知阔谈终日，听者咂舌忘倦。由于常年优游词林，参与修纂工作，笔下功夫亦颇不凡。其在史馆所修诸书，以善叙事理著称。时学者丘浚为史馆副总裁，对其所修诸书，极为称赏。闲时，诗文之作，亦颇有法度，著书数种，惜多未脱稿，藏于家，后渐亡佚。

费 宏

◎ 李红艳

明宪宗朱见深成化二十三年（1487），正月还未过去，人们仍旧沉醉于节日的喜庆中，北京的大街小巷满是炮竹留下的残迹。但人们不曾想到，皇宫之内已惊慌失措，太监们出出进进，十分忙乱。原来，当朝天子最宠爱的万贵妃一命归天。当太监将消息告诉了皇上后，宪宗一病不起。转眼之间，二月来到，北方的冬装并没有脱掉，全国上下的举人们已纷纷从各地赶往北京，参加三年一次的会试。

一、少年得志

这时,从广信府铅山县(今属江西)出发的一位少年,正急匆匆地赶路。他白脸、英俊,脸上掩不住内心的激动。想当年,他的伯父考取了成化十一年的进士,为他们家大增光彩。如今,他又踏上了这条仕途,怎能不激动呢?来到京城,才知皇上心爱的贵妃娘娘驾崩,皇上也重病在身。但他还顾不上考虑国家的大政,就参加了3场会试,接着在三月参加了殿试。身怀病体的皇上圈定他为今年的第一名——状元。宪宗心想我是不行了,但应让儿子那一朝有一批有才华的人来辅佐他。这翩翩少年也没想到自己会成为当朝天子最后选拔的一位状元。

这位少年姓费名宏,字子充,时年19岁。按惯例,费宏被授予翰林院修撰,步入仕途。但他并不知等待自己的命运会不会也是一帆风顺。这年九月宪宗皇帝病逝,皇太子朱祐樘即位,是为孝宗。费宏从翰林院调任东宫,当上了规劝皇太子的左赞善,以后又提升为讽谏太子的左谕德。这皇太子便是后来的武宗朱厚照。在太子身边的几年,对他以后的政治生涯起着不可估量的作用。

二、第一次入阁

弘治十八年(1505)五月,孝宗病逝,厚照即位,以第二年为正统元年(1506)。费宏被提升为太常少卿,并兼任侍讲、侍读,接着又补为日讲官。来年提升为礼部右侍郎,不久转为礼部左侍郎。他潜心研究封建礼仪制度，不仅在学术上有所提高，而且在社会实践中也有所作为。在正德五年，他被提升为礼部最高长官——尚书，专门从事封建礼制的研究和实践，却偏偏遇上了与封建礼制背道而驰的皇帝。武宗朱厚照是一个荒淫无耻、不理政事的天子。他厌倦了宫女，便到宫外建"豹房"，整日花天酒地。皇帝每天需上的早朝被他废除，根本不见大臣。举朝重臣没有几个不为皇上怠政而担心的。费宏对当年的皇太子、如今的天子不能不尽自己的臣职，他上疏要求武宗勤于政事，学习祖制，善于纳谏，对臣下的上报要阅览，并且要让大臣们讨论国家大政。谁知，他的上疏，皇上连看也没看就留中不发了。在礼部工作期间，他曾注意过这样一个案件。鲁府邹平王的儿子当㴿，本应当世袭其父亲的爵位，却为其弟当㳕所取代。这件事是违背封建礼制的，长子继承制已沿袭了千年之久，费宏以此为据，借当㴿上告当㳕的奏折为他辩护。当㳕十分气愤，就诬告他收受了贿赂。即使如此，费宏也没有动摇，为当㴿争得了爵位。正因他上敢劝谏天子，下敢坚持正义，所以在正德六年冬十二月，武宗皇帝命费宏兼任文渊阁大学士，参与机务。这是他步入仕途后的第一次入阁。很快，加封为太子太保、武英殿大学士，进封为户部尚书，地位显赫。

三、被诬受害

费宏入阁是引人注目的，又是极易为人排挤下来的，稍有不慎便会掉入深渊。正德九年，他遇上了一个强硬的对手——佞臣钱宁。

钱宁其人不知是来自哪方水土,他很小的时候就被人卖给了宪宗朝的太监钱能当家奴,钱能见他长得漂亮,又会讨人喜欢,所以十分嬖昵他。故此,他才有钱姓。钱能死后,推皇恩到他的头上,封为锦衣百户。武宗初年,他侍奉专权的太监刘瑾,才为武宗所识。他本性奸狡,喜好射箭,可以左右开弓,被崇尚武力的武宗所喜爱,并赐他国姓——朱,收为义子,封他锦衣千户。后来,刘瑾败灭,他又施计幸免于难,后又迁左都督,掌管锦衣卫事,典掌诏狱。武宗对他言听计从,他自称为"皇庶子",积极参与为武宗建"豹房"的活动,引诱武宗微服私行。武宗在"豹房"常常喝得大醉,就睡在钱宁身上。文武百官等候朝见,甚至到了下午5点武宗还没有起床。所以,只要见钱宁起来,便知道皇上要驾临了。但武宗没有儿子,钱宁为了保全自己的荣华富贵,就想结好于势力强大的藩王。当时势力最强的藩王是宁王朱宸濠。为了替宁王谋求声望和地位,他让朱宸濠多次向武宗献金银玩好,以取悦于武宗;又以巨万的白银黄金收买京城里的重臣。费宏自然成了他收买的对象。谁知,费宏不吃他这一套,将他送来的礼全部退还,使钱宁折了面子。钱宁对费宏怀恨在心。不久,钱宁又为宁王谋求护卫和屯田,以重金收买了主管大臣。因费宏从弟、任编修官的费采的妻子与宁王朱宸濠的妻子是姐妹俩,采妻知道朱宸濠送礼到钱宁处,让钱宁替他谋求护卫和屯田。采妻将此事告诉了费宏。费宏知后,立即入朝,不想碰上了钱宁同党、兵部尚书陆完。陆完主管护卫和屯田,所以陆完问费宏:"宁王求护卫兵,能否答应他?"费宏说:"不知当初是什么原因革除了他的护卫?"原来,朱宸濠贿赂刘瑾,得以收回早先被剥夺的护卫兵。刘瑾被诛后,朝廷又剥夺了他的护卫。所以,费宏才明知故问。陆完硬梆梆地回答:"如今,不给他护卫怕是不行了。"费宏厉声训斥了他。等到宦官将兵部的奏折交到内阁时,费宏极力反对,认为不应当再给朱宸濠护卫兵。但武宗为钱宁等人所迷惑,下诏恢复了宁王朱宸濠的护卫。费宏此举加深了与钱宁、朱宸濠的矛盾。钱宁多次派人私下侦探费宏的行动,想抓点儿把柄,但终无所获。御史余珊曾经弹劾费采不应当留在翰林院任职,钱宁便把余珊的弹劾作为费宏的罪行。而武宗又不分曲直黑白,责成将此事呈上。费宏见皇帝都不信任自己,十分痛苦,就上书乞请罢职。皇上允准,并令其与从弟费采一起离职。

想当年,19岁的费宏意气风发地来到北京,如今,往事像过眼烟云尽行散去。他携一家人凄凄惨惨地离开了他曾显赫一时的北京城。乘车来到山东临清,欲转乘船沿大运河南下。他将家产安置到船上,上岸休息,以待明日南下。谁知,钱宁这小人竟派人从北京跟踪他到了临清,一把火将船和他的家产烧掉。这把火使费宏知道自己的处境十分险恶。回到老家后,他闭门谢客,不与任何人往来。称霸江西的宁王朱宸濠又怎么能轻易放过这位与自己过不去的内阁大臣呢?他派人请求恢复他俩的亲戚关系,但遭到费宏的拒绝,更加恨他。事又凑巧,费宏的族人与乡里的奸人李镇发生了争讼,宸濠就密令李镇陷害费宏。李镇就纠合无赖据险作乱,率众攻打费氏家族,要求将费宏交出来,但族人终没有交出费宏。李镇抓住了与他争讼的人,将其剖解,又掘了费宏的祖坟,烧了他的宅院。李镇纵贼抢掠百姓,他的贼兵达到了千人。在情况万分紧急的时候,费宏派人急驰上报朝廷。朝廷派巡抚孙燧查明贼情,派兵剿灭了李镇一伙。

不久,宁王朱宸濠在江西叛乱,被大将王守仁镇压。同年,武宗南下,以征伐朱宸濠的名义游玩。第二年,武宗驾崩。

四、二次入阁

由于武宗没有儿子，所以，只能在宗室内找个人代替。于是，湖北安陆的兴献王朱祐杬之子朱厚熜接了武宗的皇位，是为世宗。即位的当月，世宗便派人到江西请费宏出仕，加费宏少保，入辅政事，并恢复了其从弟费采的编修职位。费宏东山再起，格外谨慎。他协同内阁重臣杨廷和、蒋冕、毛纪，多次劝世宗革除武宗时的弊政，尤其对锦衣卫、内监、旗校、工役等多所匡正。凡因恩幸得官的人，有大半被清除掉。所以，大快人心。六月，佞幸江彬、钱宁等人在集市上被杀头示众。世宗初上任的时候，所做之事还是很得人心的。但在朝廷内部，却又出现了"大礼仪"之争。世宗即位刚过6天，就下诏让大臣商讨对他的生身父亲兴献王的尊称问题。为此，朝臣与世宗皇帝争执不休。费宏对世宗的意图很是明了，在他的上奏公文中，从未特别地劝谏阻止。所以，世宗对他十分感激。"大礼仪之争"最后胜利的是世宗。嘉靖元年（1522）正月，下诏定兴献王为兴献帝，兴献王妃为兴献帝后。嘉靖二年三月，将礼部尚书毛澄罢职。毛澄在途中病卒。这是向反对派开刀的第一步。嘉靖三年二月，罢免了阁臣杨廷和；五月，罢免了阁臣蒋冕；七月，阁臣毛纪被罢。在杨廷和等人被驱逐出朝廷后，费宏二次入阁。之后，积极支持世宗追尊生父生母的原南京刑部主事桂萼、张瑰也相继入阁。费宏资历最老，又颇识大体，故被立为内阁首辅大臣，加少师兼太子太师，吏部尚书，谨身殿大学士，委任甚重。

当时，户部商议追查武宗时所收的赋税，费宏与阁臣贾泳、石珤要求从正德十年以后查起，世宗采纳了他们的意见。世宗又因天下多有灾害，下敕群臣巡视。费宏上言称："陛下花费没有节制，工程徭役又没中止，京畿内的土地大半变成了私人的庄田，皇宫内库的收纳又超过数倍。国库中却没有3年的积储，相反，冗食者日益增多；京营中没有10万的兵力，而服役的人却相望于路。耿直的大臣因得罪了圣上而未得申诉冤枉，尽责的言官遭诘问。应当执行法律治罪的，却几经平议不得处治；无可辩解的罪人，却得旨获免其罪。破坏安宁，遭到上天的惩戒，不是自一件事上引起的。"世宗承认了自己的错误，赞扬了他的批评，却不采纳。

嘉靖三年秋八月，大同(今属山西)发生兵变，杀巡抚都御史张文锦。张璁请求讨伐。费宏认为："讨而取胜，玉石俱碎；不胜，彼将据城固守，损伤朝廷威严。不如坐以待变，再想办法除掉他。"果然，兵变很快瓦解了。

费宏为人平易安和，虚己而荐引他人。在对待"大礼仪之争"上，不强行进谏，也没有顺从皇上的意志。当时，被皇上重用的还有席书、张璁、桂萼，他们都是阿谀奉承而得到重用的。席书的弟弟、检讨席春，借此关系而由其他部门改调重用，参加编写了《武宗实录》。书成之后，费宏要求席春退出为佥事，席书因而仇恨费宏。张璁和桂萼都是由郎官直接提升入翰林任詹事的。举朝上下都十分厌恶他们，费宏也示意皇上适当抑制他们的嚣张气焰。所以，张璁、桂萼也对费宏心怀怨恨。世宗曾经在平台举办宴会，特别赐给费宏御制七言诗一篇，并让他和诗一篇，特署名曰"内阁掌参机务辅导首臣"。这种尊礼是未曾有过的。张璁、桂萼害怕皇上宠爱费宏，于是，桂萼对皇上说："诗文乃是小技，不足以劳圣上神心,即使如此,费宏也会以此为荣,凌压朝士。"世宗对此言置之不理。

桂萼、张璁于是合谋在世宗面前诋毁费宏,诬告费宏收纳了郎中陈九川所盗的天方贡玉,又收受了尚书邓璋的贿赂而起用邓璋,还涉及到他在武宗时被免职回乡时发生的一系列事情。费宏见他们不将自己挤出内阁是不肯罢休的,所以,他吸取上次被追杀的教训,赶紧上疏请求归乡。其疏曰:"桂萼、张璁以私怨臣已多次了。不参加经筵讲官则怨,不参加修兴献皇帝的实录则怨,不做两京(北京、南京)乡试的考官则怨,不做教习又怨。桂、张两人怀疑内阁事务为臣下操纵,抑制大臣下采物望,上禀圣裁,不可专擅越权。他们每天摩拳擦掌,觊觎臣下的职位。臣下怎能与小人相互撕咬?乞请陛下赐我骸骨。"世宗不准他的请乞。

但是,费宏与他们的矛盾仍旧没有解决。不久,张璁当上了兵部尚书。费宏想用新宁伯谭伦掌管奋武营,张璁借此弹劾费宏插手干涉府部里的事务。没隔多久,费宏又因其子懋良得罪下属官吏,受到牵连。张璁借此对费宏发起了更猛烈的攻击,抄录了所有对费宏的弹劾疏文,上奏给皇上。但皇上没有允准他们对费宏的弹劾。一招不成,又来一手,他们丝毫不放松对费宏的攻击,多次上疏诋毁他。在猛烈的攻势面前,费宏只得退步,连连上疏乞请辞职。世宗很明白,他的阁臣们互相攻击只不过为了权势地位。所以,他根本不允准费宏的乞请,下诏慰留他。只有阁臣矛盾重重,才便于皇上掌握大权,控制阁臣。当皇帝怎会没这个心计。当然,他也知道,长此以往,对国家也不利。张璁、桂萼见自己亲自出马攻击,太引人注目,也得不到皇上的支持,便另想办法做最后的努力。

奸人王邦奇承张璁、桂萼的唆使,上疏侮辱已去职的大学士杨廷和等人，连并诬陷了费宏。杨廷和是因反对世宗追尊其父兴献王为皇帝一事下台的。当初，费宏虽没有积极反对，但也没有积极支持，持暧昧态度。世宗对已过去的"大礼仪之争"仍心怀怨愤。一提这笔账，正揭到他的痛处。所以，对这次弹劾，世宗没有不理睬，而是允准。二次上台的费宏因此而离职。这是嘉靖六年二月的事了。他返回故土后，就再也不想入仕途了。他又谢绝宾客，闭门读书了。这年十月，张璁以尚书、大学士身份入阁。第二年，桂萼又入内阁。

五、三次入阁

嘉靖十四年，桂萼死了。这位在任县官时为人掠夺，台后加紧报复的阁臣，受他迫害的不下数百人，皇上想起了因桂萼迫害而致仕的费宏。不久，张璁世宗才下诏起用费宏。这年七月，费宏以故官回到了入内阁参与机务。皇上派人送去了御饭，以示慰劳，并他说："与卿久别，卿健康无恙，应当尽心辅佐，称朕意。"费宏感动地跪下磕头。从此以后，费宏更尽心尽力地为皇上效力。皇上对他的待遇也更优渥。有一次，皇上召他与阁臣李时一起入逸殿，并赐给他一枚银章，上书"旧辅元臣"。可见皇上对他的礼遇之一斑。

皇上多次向他咨询国政，他也尽其所知无有隐瞒。君臣同心，朝政大为改观，士大夫多是赞慕。不幸的是，费宏入阁后，虽然功成名就，但心有余而力不足了。不久，他身患重病，逝于京城，享年68岁。皇上为又失去了一位忠臣而悲伤，给他的葬品加等，赠他为太保，谥号为"文宪"。

费宏一生少年得志，三人内阁，辅佐两朝达10年之久。迭遭波折，但终究是以功名而终。他二次入阁以少保起家，其从弟费采为赞善，从子费懋中进士及第为翰林编修，长子费懋贤正考任庶吉士。父子兄弟并列禁近，为朝廷尽职尽责。

钱 福

◎ 李勇慧

钱福,字与谦,号鹤滩,南直隶华亭(今上海松江西)人。少时聪颖过人,8岁能属辞,意境高远。明孝宗弘治三年(1490)礼部会试,《云间志略》称:"太白之仙才,长吉之鬼才,殆以一人兼之。"所撰文章从不打底稿。同年殿试时,其廷策洋洋三千余言,辞理精确,无一纰漏,弥封官因其卷中没有草稿而为难他。众人回答说:"科举考试时,一定要有草稿,是为了防止有人代做。今日殿试,万目所视,怎么会有什么嫌疑呢?"文渊阁大学士刘健得此策后,赞不绝口,请孝宗擢钱福为廷试第一,授翰林修撰,时年30岁。钱福登第后,声名显赫,远近以牋版乞题者无虚日。弘治六年(1493)同考会试,后以疾乞归。此后数年,放意山水间,亦肆力属文,其诗文藻日妙,但因其饮酒无度,年享 44 岁而卒。所著有《鹤滩集》6 卷。

毛 澄

◎ 李红艳

一、劝谏荒淫的武宗

苏州自唐宋以来是最为富庶的地区，这里不仅物产丰厚，而且文人才子荟萃。明孝宗弘治六年（1494），苏州府的昆山县（今属江苏）又出了一名状元，他便是毛澄。

毛澄，字宪清，出身于一普通的地主家庭，自幼深受封建伦理思想的熏陶。他刻苦学习，终于考取了殿试第一名，入翰林院学习。在学习的3年中，他成绩突出，留任翰林院修撰，参加编修了《会典》一书。书成之后，封他为左谕德——皇太子东宫中的官属，主管对太子的讽谏规劝，在东宫为太子讲学。当时的皇太子便是朱厚照，即后来的武宗皇帝。他以毛澄讲解明理简晰，在孝宗面前多次称赞他的才干，孝宗为此非常高兴，在秋夜宴会上，当众给毛澄以重赏。

武宗即位后，毛澄进为左庶子——太子府的长官，且直经筵。经筵本是古代帝王为研读经史而特设的御前讲席，唐玄宗时，选年老资历深的儒者一人每天侍读，并设置侍读学士，侍读直学士、宋代才开始称经筵。每年春二月至端午日，秋八月至冬至日，逢单日由讲官轮流入侍讲读。明代一般由重臣、大学士兼直经筵事。不久，家母病逝，辞职还乡守丧。

正德四年（1510），当朝有名的大太监刘瑾挑《会典》一书中的小毛病，贬斥各位编者，每位编者都被降低了秩禄。毛澄也不例外，由左庶子、直经筵降为侍读。在刘瑾横行霸道的日子里，受他所害的文武官员不下百人，所牵连的人上千。相对看来，毛澄又是因家忧而得福的人。守丧3年期满之后，他又回到了朝廷，进位为侍讲学士，不久又进位为学士，掌管翰林院事，历任礼部侍郎。

从此后，他与礼结下了不解之缘，既在礼部任官，便要研究礼，与非礼的事斗争。正德十二年元月，他升为礼部尚书。这年八月十五日，武宗皇帝又微服私行，毛澄率领礼部侍郎王瓒、顾清等上疏，请求皇上还宫听政。没过多久，皇上又出居庸关，巡幸到宣府（今河北宣化），久居不还，寻欢作乐。毛澄又率人频繁上疏、上谏，谁知，这不守礼制的皇上全然不听。正德十三年正月，武宗皇帝才从宣府打道回北京，并无礼要求百官一律戎装到郊区恭迎圣驾。毛澄等人上疏要求穿常服，但武宗不同意。文武百官只得听命戎装以待。七月，武宗自称"威武大将军朱寿"。看来，这位崇尚武力的皇帝是十分讨厌当皇上的。他亲自统帅六军巡视边境，又来到宣府，进抵大同（今属山西），历经山西到榆林（今属陕西）。一路骚扰百姓，百姓见皇上来如同见盗贼来一样。毛澄等人又屡次上疏请皇上回宫，武宗皆不听。十二月，天寒地冻，皇上仍无回京之意，毛澄等又上疏："去年正月以来，銮舆多次出驾，没有安宁地居住过。如今私行，又已过半年。宗庙、社稷的享祀之礼一并由他人代行；万寿、正旦、冬至的朝贺之礼，也全部从简从略；腊月十五的省牲礼，也缺而不行，已经有2年了。一年将要过去，郊禋已卜。皇祖之训曰：'凡祀天地，精诚则感动，怠慢则生祸。'如今，六龙返骋，车子无回来的日子。万一冰雪阻隔，道路梗塞难行，元日、正日赶不上亲自在上帝前执玉帛行礼，陛下又如何自安？况且，边境地处荒寒，隆冬更甚。臣等身处重城，食丰厚的俸禄，仰思陛下圣体劳顿，国家大本空虚，遥望清尘，忧心如醉。臣等伏乞陛下，驾速还，亲自行祭祀之礼，此乃国家臣民的万幸。"但武宗置之不理。直到正德十四年二月，才大驾还京。下谕礼部说："总督军务威武大将军、总兵官、太师、镇国公朱寿要往两畿（北京、南京），瞻仰东岳泰山，奉安圣像，祈福安民。"谕旨传到礼部，使毛澄等人大吃一惊，当朝天子莫不是疯了？留着皇上的牌子不用，甘愿当什么威武大将军？毛澄赶紧到内阁，与阁臣商议，上疏称："陛下以天地之子继承宗祖大业，九州四海只知陛下有皇帝之号，今曰'总督军务威武大将军、太师、镇国公的人'，臣等不知是指的谁。此谕旨出自于陛下，给此人加此号的也是陛下，不知受此号者何许人？如以皇储未建，想遍告名山大川，用祈祷默默地占视之法，那么，就派遣使者去祭祀，足以敬山川之灵。何必亲自奉神像、献宝香，像佛、老一般去行事呢？"接着又讲了5条理由。但皇上根本不听，只做南下巡游玩乐的美梦。

事不凑巧，偏偏在正德十五年，江西发生了宁王朱宸濠的叛乱，武宗借此机会要南征，以期达到南游的目的。虽然宁王宸濠的叛乱很快为王守仁所平定，但武宗将平定消息秘而不发，执意南下。这一南下，又在江南过了1年。毛澄等人多次上疏要求武宗回朝。武宗北归之时，在通州（今江苏南通）听从了佞幸江彬的计谋，要将宸濠处死。毛澄又依据汉代庶人的故事，上疏请求回北京祭告郊庙之后，再献俘杀叛贼。但武宗不听。宦官王堂镇守浙江，请求建立生祠；西番阐化王又派使者乞请额外赏赐，要茶9万斤。毛澄针对这些无礼要求，都极力反对，但武宗仍我行我素，不听劝告。

二、大礼仪之争

正德十五年，武宗从江南回到北京就大病不起了，不久，驾崩。朱家宗室因武宗无子，便选定了湖北安陆的兴献王之子朱厚熜即皇位，派毛澄与大学士梁储、寿宁侯张鹤龄、驸马雀元、太监韦霖等去迎朱厚熜。到北京后，将要面见朝臣，有人提议应用天子礼来拜见。毛澄说："现在就用天子礼，以后会怎样呢？怎么连劝进、辞让之礼都要废掉呢？"

朱厚熜即位，是为世宗，改第二年为嘉靖元年。他即位后刚过6天，便下诏让大臣商议对其生身父亲的主祀及尊称问题。自此揭开了明代的大礼仪之争。

毛澄接旨之后，就赶到内阁与阁臣杨廷和商议，杨廷和让他按照汉代定陶王和宋代濮王的故事来办。于是，五月七日戊午时，毛澄大会文武群臣，讨论之后上奏曰："考究汉成帝立定陶王为皇太子，立楚孝王的孙子刘景为定陶王来侍奉共王的主祀。其王是皇太子的亲生父亲。当时，大司空师丹认为这样做已经是恩义备至了。如今，陛下入朝继承了大位，应当按定陶王的故事来处理：以宪宗的儿子、益王朱祐槟的第二个儿子、崇仁王朱厚炫来继兴献王之后，世袭兴献王的主祀。又考究宋代濮安懿王的儿子入继于仁宗之后，是为英宗皇帝。司马光说，对濮王应当尊以高官大爵，称王伯而不称名。范镇也说：陛下对仁宗来讲，如果以濮王为皇考，于义是不适当的。于是，宋英宗下诏立濮王园庙，以宗樸为濮国公继奉濮王的主祀。宋代理学的开创者之一、大学问家程颐称道：为人后者，就称后父后母为父母，而称生父生母为伯父伯母、叔父叔母。这是人的大伦理。然而所生是大义，应是至尊至大的，应当另立特殊的称号，曰皇伯，叔父某国大王。这样，正统既明确，而所生父母也尊崇至极。如今，兴献王是孝宗的弟弟，是陛下的生身父亲，这和濮安懿王的事相同。陛下应该称孝宗为皇考，改称兴献王为'皇叔父兴献大王'，兴献王妃为'皇叔母兴献王妃'。凡是祭告兴献王及兴献王妃的疏，一律自称姪皇帝某。如此，既正了大统，又尊崇了亲人，恩礼双得，可以作为万世的法则。"此议奏上报到世宗处，世宗大怒："父母可以像这样更换吗？"下令重新议定。

五月廿四日乙亥，毛澄又会同廷臣上奏说："礼曰'为人后者为人子'，自天子至庶人是一样的。兴献王惟有陛下一个儿子，既然已入了大统，奉祀国家的宗庙，因此，臣等前议想让崇仁王朱厚炫继兴献王主祀。至于称号，陛下应称之为皇叔父兴献大王，自称姪皇帝名。以宋程颐的学说作为依据。本朝的制度是皇帝对宗藩尊行，只称伯父、叔父，自称皇帝而不称名。今称兴献王为皇叔父大王，又陛下自称名，尊崇之法已至极，臣等不敢再有他议。"并在议疏上附录了程颐的《代彭思永议濮王礼疏》，上呈世宗阅览批示。世宗不听他们的劝告，下令再博通前代礼典，重新商议之后再上报。

毛澄又与廷臣上议言："臣等讨论再三，请求改称兴献王为叔父，以明正统之尊，而没有第二个正统所在。然而，加'皇'字于叔父之上，是陛下所有的伯、叔诸父没有能与之相比的；加'大'字于王之上，则天下诸王没有能与之相比的。兴献王称号既定，那么，王妃的称号也随之而定，天下王妃也没有能和她受同样尊称的。况且，陛下因天下而生养，所以应当符合天下人心，不可违背天下人的愿望。岂止是一家一国的养育可以同日而语的呢?这就是孔子所说的'事之以礼'。其他的推尊之说，称亲之议，都是非礼的。推尊之非，没有详于三国时魏明帝的诏书的；称亲之非，没有详于宋程颐所议论的了。至于恰当的礼仪，要不出此议才好。"这次附录了魏明帝的诏书。

皇上与臣下的争执越来越激烈，势必在臣下当中分裂出三派人物：一是坚决反对的、持封建礼仪的大臣；二是善解皇上意图、企图向上爬的大臣，他们职权较低，为了私利而迎合皇上；三是中间派，既不坚决反对，也不积极支持。

进士张璁揣知世宗的心意，对毛澄等人的上议极力反对。世宗见臣下中有积极支持他的，更坚定了意志，对毛澄等人的上疏留中不发，到了八月庚辰朔，再令集体商议。毛澄等人又上议曰："先王制定礼仪，是本于人情。武宗皇帝既然无儿子继位，又缺少兄弟，借陛下来继大明正统，是武宗以陛下为同堂子弟。孝宗及慈寿皇后是你们的同宗，已无可怀疑。怎么可以只顾私情而不顾大体呢？"疏入之后，世宗又留中不发。

不久，又碰上给事中邢寰请议宪宗皇妃邵氏的徽号。毛澄上言说："王妃生献王，实为陛下的亲生祖母。但是，既然继承了大统，那么，应当推究到孝宗，母为慈寿太后矣。孝宗对于宪宗皇妃应当称皇太妃，那么，对于陛下来说，应当称太皇太妃。如此这样，才能既正人伦，又加深恩义。"这次上疏给了答复。

同时，世宗因生母兴献王妃要来北京，下令礼官讨论迎接她的仪式。毛澄等人请求由崇文门入东安门，但皇上不用。再议，从正阳左门入大明东门，帝也不听。毛澄等人坚持最初的上议。世宗自定迎接的礼仪，全部由正门即中门进入。

因尊崇之礼还未定下，张璁又上进《大礼或问》，皇上更加偏向他。到九月末，才将毛澄等人以前的上疏下达到群臣中讨论，令他们博采舆论之后，再上报。毛澄等接旨后，知大势已不可挽救，便到内阁去商议，皆称兴献王为帝，妃为后，以皇太后懿旨来推行。于是，上疏说："臣等只有一种愚见，已尽见于前议。想仰慰圣心，使适合现今而不背离情理，合乎于古人而不悖于义，臣等与有关部门，不敢擅自任情。"

在臣下有分歧的情况下，皇帝便自作主张，在十月二日庚辰，以慈寿皇太后的旨意下诏加封兴献王为兴献帝，兴献妃曰兴国太后，皇妃邵氏尊称为皇太后，宣示中外知之。世宗仍不满意。十二月十一日已丑，又传谕旨加称兴献帝为皇帝。阁臣杨廷和等将谕旨封后还回到皇帝处，不加执行。毛澄也上疏力争不遵旨，又与九卿乔宇等人合谋上谏，帝皆不允。

第二年，改元嘉靖元年（1522），正月，春节还未过完，清宁宫后面的小三宫失火，这是不祥之兆，毛澄借此上言，正遇上朝臣也多上谏，此事才停止不议。

三、解官归田　暴病身亡

事情并不会就此了结，但胜负已明显。毛澄在大礼仪之争中，持正统的封建礼仪对抗皇上，是最积极的一个。世宗皇帝为了达到自己的目的，曾经派遣太监到他家私下讲明皇帝的意图。这位代言的太监长跪稽首，行了大礼，毛澄见此感到十分惊骇，急忙将他扶起来。太监说："这是皇上的意思。皇上说：'人谁无父母，怎么就使我不能尽孝心？'请公务必改变你们的上议。"说着又从袋中掏出黄金以示报答。毛澄气愤地说："老臣白活这么大岁数了？不能毁坏礼法，只有辞职离去，不参与讨论而已。"于是，第二天上疏辞职，以身体不佳告老还乡，连着上疏五六次，世宗慰留。这年二月，毛澄病情加重，又请求归乡。帝许之。南下的船到了兴济县时，毛澄与世长辞。

毛澄端亮有学行，论事侃侃不挠。最初，在论定皇位的继承问题时，他力主世宗，故加封为太子太傅，荫锦衣世指挥同知，毛澄力辞不受。世宗敬畏毛澄的为人刚正，虽然他多次忤旨，但恩礼不减。既已得重病，派遣御医去探视，及时将赏赐的药物送到。他的离职是必然的，皇上绝不允许臣下违背自己的意旨，虽然明知他是为了国家社稷，但在专制主义集权的封建社会，皇上的意志高于一切。他的死，使皇上从感情上深感惋惜，故此，赠他为少傅，谥号曰"文简"。

朱希周

◎ 涂青

朱希周，字懋忠，号玉峰。朱家祖籍昆山（今属江苏），后迁吴县（今江苏苏州）。朱家乃书香门弟，朱希周的曾祖朱吉，官至户科给事中；他的父亲朱文云，官至按察副使。朱希周深受家庭的熏陶，发愤读书。他性恭谨，不喜夸饰，学惟务实。

弘治九年（1496）三月十五日，朱希周参加殿试，一举夺魁。据《明史·朱希周传》讲，朱希周之所以能中状元，乃是因为明孝宗喜欢他的姓名，才擢为第一甲第一名的。是否真的如此，今也难以断言了。

3年出一状元，中了状元是极荣耀的事，谁人不兴奋？朱希周则与众不同,他夺魁后,脸上无喜色,仍像从前一样,恭谨镇静。他荣归故里,也不像别的状元回乡那样夸耀,离家很远,便下车徒步而行。

按照惯例,朱希周入翰林院为修撰,掌修国史。不久进官侍讲,充任经筵讲官,与皇上讲论经义。

弘治十八年五月七日,孝宗驾崩,皇太子朱厚照即位,年号"正德",是为武宗。武宗不类其父,孝宗贤明,励精图治,而武宗乃昏君。他亲信奸宦刘瑾,整日与刘瑾等竖小游玩。刘瑾不喜欢为人正直的朱希周,更不喜欢他在武宗身边做讲官。于是,他从朱希周等修纂的《会典》一书中吹毛求疵,把朱希周贬为修撰。

朱希周再入翰林,主持编修《孝宗实录》。书成,武宗嘉奖编修人员,给百官晋级以庆贺,朱希周复官,再为侍讲、经筵讲官,后进官为侍读学士。

过了几年,朱希周被擢为南京吏部右侍郎。明成祖迁都北京,以南京为陪都,设有像北京一样的衙门,但南京各衙门的长官没什么权力。5年后,被召回北京,出任礼部右侍郎。

这时,已经是世宗朱厚熜君临天下了,朝廷里正在进行一场"大礼"之争。

世宗是武宗的堂弟,他即位后,要追认父亲朱祐杬和母亲蒋氏为皇帝和皇后。而按封建礼法,朱厚照应为他的堂兄武宗的皇嗣,不应再追封生父、生母。大臣们分成了两派,大多数人恪守封建礼仪,反对追封;少数人迎合武宗心意,赞同追封。

礼部分管礼典,礼仪之事归礼部管。礼部尚书席书因事外出,礼部左侍郎吴一鹏远在安陆(今属湖北),作为礼部第二副长官的朱希周一人掌理礼部事务。

群臣见世宗不听劝谏,一意孤行,遂相约至左顺门跪伏示威。内阁大臣没有行动，朱希周跑去内阁，对内阁大臣们说："群臣伏阙，诸位岂能坐视？"在他的鼓动下，内阁大臣们也参加了跪伏示威的行列。

一向恭谨的朱希周这时竟活跃起来了。

世宗闻讯臣子跪伏示威，恼羞成怒，诏令逮捕8个领头跪伏的，朱希周待罪，听候处分。后又抓了若干人。

第二天，世宗正式册封生母蒋氏为章圣皇太后，朱希周等几个尚书、侍郎拒不出席册封典礼，世宗大怒，降旨切责。朱希周见册封已成事实，再坚持无益，便上疏认罪。他这样做不是见风使舵，保全自己的禄位，因为还有若干人押在监狱，他要解救他们。他上疏认罪后，见世宗的怒气消退了些，便乘机说："诸臣狂妄、轻率，原是不能宽宥的。但如今献皇帝的神主将至，必须百官斋戒、出迎，才能成礼。请皇上尽快宽宥，好举行大典。"所谓的"献皇帝"，即将要册封给朱祐杬的封号。然而，朱希周煞费苦心，世宗没有采纳他的建议而放人。

第二年，朱希周出任有职无权的南京吏部尚书。

嘉靖六年（1527）考核京官，南京吏、户、礼、兵、刑、工六科没有被罢黜的。礼部右侍郎、安仁（今属湖南）人桂萼是赞成世宗追封的少数人之一，与朱希周不合，他上疏弹劾朱希周畏惧权势，曲加庇护，因而南京六科才无一黜废。朱希周上疏说："南京六科仅7名官员，确无可罢黜的。不顾舆论，私加庇护，是不对的；为避嫌而责斥他们，更不对。若六科官员皆有才干，定要罢黜一二人才算尽职，那么，若六科官员都是不肖之徒，是否也只罢黜一二人以塞责？"

接着，他又上疏，以有病为由，请求辞去官职，回家养病。世宗以温和的言辞批准了他的要求。

朱希周回到了吴县家中。

吴县市肆林立，奇珍异宝琳琅满目，行人熙攘，摩肩接踵。进了朱家，却如到了山村僻乡，极为简朴。朱希周衣着如乡村野叟，悠闲自在。乡里后生敬畏他的名声，每欲做一件不太光彩的事，便道："真害怕让玉峰先生知道了。"

朱希周晚年隐居阳山近 30 年，未曾一日去书不看。这期间，公卿大臣荐举他复起的达 30 余人次，他皆不以为意，淡然自守，粪土功名。临终，诫其子孙不得请恩于朝廷，万一大臣奏闻，皇上怜悯，赐给谥号，请无以"文"为谥，触犯父讳。否则，亡魂何安？"小子切记之！"他嘱咐再三。享年 84 岁。

远近闻讯，莫不惋惜。朝廷追赠太子太保，谥号"恭靖"。此号极符合他一生的言行。

伦 文 叙

◎ 李西宁

伦文叙，字伯畴，号迁岗，广东南海（今广东广州）人。其身材修长，相貌俊秀，最为出奇的是他的头，硕大而圆，异于常人，翩然有君子之风。5岁时和一群小孩做游戏，正巧有通易理和相法的奇人路过，指着他告诉别人说："这孩子相貌非常，将来一定会中状元。"伦文叙的父亲名叫伦明，吃斋信佛，以做善事而享誉四乡。村外有条河，大雨时流水溢满，常阻碍交通，伦明便出资造船以充公用，解决了乡邻交通不便的问题。他又在田头村边路旁搭起了草棚，摆上茶水，供来往的行人解渴、休息。伦明不积私财，凡有所得必拿来救济穷人。

这一切都在伦文叙心中留下深深的印迹。有一天，伦文叙遇见村人杀一头带犊的母牛，牛流着泪，挣扎着咬住人手中的刀，扔到烂泥中，并用蹄子把刀踩入泥里。伦文叙于心不忍，便去家中拿来钱，把牛买了放生。弘治二年（1489），伦文叙以儒士身份参加乡试，巡按御史周南在翻阅剩下的卷子时，看到伦文叙的文章，赞叹不已。入太学，每每名列前茅。弘治十二年（1499），会试的主试官是大学士名臣李东阳和掌詹事府礼部侍郎程敏政。这年程敏政出题，而程的得意门生、江阴人徐经偷看了试题，并告诉了同年解元唐寅。考完后，唐寅自吹必得前茅，露出马脚，被给事中林廷和等人告发。皇上下诏追查，程敏政、徐经和唐寅三人被捕下狱，予以惩处。这年伦文叙以会试第一、殿试第一，连中两元，夺得了状元。消息传到家乡广东，人们欢欣鼓舞，引以为自豪。而今。广东城南河边有一个地方名叫河南，据说有童谣"河南人见面，广东状元见"。这年大旱，河干涸了，南北两岸自由往来，这年，广东人伦文叙中了状元，年仅30岁。授翰林院修撰；弘治十八年（1505）武宗登基，升至经筵讲官、右春坊右谕德、兼翰林院侍讲学士；正德七年（1512）秋，奉命主试应天府。归来途中偶受风寒，加之劳累过度，回京师便大病不起，不久便去世了，年仅47岁。伦文叙文章颇为出色，沉稳苍劲，为当时的一代文宗。长子以谅，正德丙子（1516）乡试第一，嘉靖二年癸未（1523）进士，官至参论；次子以训，16岁中正德八年癸酉（1513）乡试，正德十二年丁丑（1517）会试第一，廷试第二，后官至祭酒；小儿子以诜，嘉靖十七年戊戌（1538）进士，官郎中。像这样父子皆中进士，科名之盛，海内罕见，当时人称"四元"。这皆得力于伦文叙督促之功，教子有方。

康 海

◎ 涂 青

一、举国称颂的"真状元"

大明帝国的西安府武功县(今属陕西)长宁镇有个康家,书香门第,男当家的叫康镛,字曰振远,号为己庵,博学多才,官为平阳府(府治临汾,今属山西)经历司的知事。经历司掌管文牍;知事是经历司的属官,正九品,是个低级官吏。康镛的夫人张氏,是邢台(今属河北)人,张家也是名门望族。康镛

28岁那年，喜得贵子，取名阜。康阜18岁病死，没有什么值得一书的事迹。康镛45岁那年，夫人张氏生下第二个儿子，此即后来大名鼎鼎的康海。

康海，初名澍，字德涵，自号对山，别号浒西山人、沜东渔父、太白山人。幼年的康海聪明机警，桀骜不驯，很是贪玩，是个"孩儿王"。康镛中年得此子，且康海出生那年，长子康阜病死，自是对康海格外宠爱。眼见爱子只知玩耍，深恐长大不成器，便自己教他读书。读书时康海很努力，且领会得快，记得牢。一放下书，便又嬉戏游玩去了。起初，康镛想管束他一下，让他闭门读书，但难以奏效，气得康镛想动拳头。后来，康镛便放任不管，由他去了。

待康海到了拜师的年龄，康镛让他拜牛东原为师，后又从冯公学。康海的学业大有长进。18岁那年上，康海考入武功县县学，即县办的官学，成了一名庠生，俗称"秀才"。陕西督学官杨一清，擅长诗文，见了康海的入学试卷，大为称奇，说他是状元坯子。

24岁那年，康海参加陕西乡试，名列第7名。乡试的第一名(即俗称的"解元")被长安县(今陕西西安)人吉时夺得，康海很不服气。乡试中选，便是举人了。

28岁那年，即弘治十五年(1502)，康海参加礼部的会试。会试分3场，分别于二月初九、十二、十五日举行。3场下来，康海榜上有名，但发誓要夺得的第一名(即所谓的"会元")被景陵县(今湖北天门)人鲁铎夺去。康海仍不服气，对众人说："乡试让了吉时，会试又让了鲁铎，若殿试再让别人，那我真是个废物了！"

三月十五日殿试。第二天，担任评卷工作的"读卷大臣"刘健等人评阅试卷。刘健是洛阳县(今属河南)人，时为内阁首辅，居一人之下，万人之上。他评阅至康海的卷子，但见词意高古，娴于政理，不禁拍案称奇，说不仅此科殿试试卷中是第一份，甚或自有殿试以来，也难见这么好的卷子，遂置为第一名。

不过，当时的卷子是密封的，刘健等并不知此卷是何人的。

殿试卷前10名进呈当朝天子孝宗朱祐樘裁决。孝宗是明朝中叶以后最杰出的皇帝，他励精图治，注重人才，见到"读卷大臣"荐举的第一份卷子，也不禁叫好，道："我大明150年来，无这种文体，此卷可以变今追古！"朱笔一挥，在卷首写下了"第一甲第一名"6个大字。

前10名的名次圣裁以后，"读卷大臣"捧卷至红本房，填写名次，然后至内阁，书写其余卷子的名次，拆弥封交"填榜官"填榜。这时，刘健等人才知道，他们最欣赏的那份卷子是武功县人康海的。

康海是次日发榜才得知终于如愿以偿，夺得了状元的桂冠。

此科进士共297名。陕西乡试第一名吉时，名列第二甲第20名；会试第一名鲁铎，名列第二甲第二名。当初他们夺得第一名的桂冠，康海不服气；这次康海夺魁，也有人不服气，名列第一甲第二名(即所谓的"榜眼")的直隶武清卫(今天津武清西北)人孙清即是一个。待到八月，他有机会见到康海的卷子，叹服，对着康海拜伏地下，过了很长时间才起身。

皇帝、首辅和同年的赞誉，使康海名闻天下，朝野景慕，思一睹其风采。无论见过还是未曾见过康海的，都称他是货真价实的天下第一。与康家沾上点儿边的，则引以为豪。康海的曾祖康爵曾任南京太常寺的副长官——太常少卿，死后葬在南京,南京人便说:"康状元乃南京风水所出。"

二、为救好友而出入刘瑾门

中状元后,康海入翰林院出任史官——修撰。修撰从六品,掌修国史,凡国家大政皆笔录,以备编纂《实录》之用。科举考试,充任考官。皇上开经筵讲论经义,则担任讲官。康海出任翰林院修撰不到1年,因思母心切,乞假归乡。第3年,即弘治十七年九月,回京供职。

弘治十八年五月初七,贤明的孝宗皇帝驾崩。十八日,皇太子朱厚照即位,年号"正德",是为武宗。

正德元年(1506),康海等人纂修《孝宗实录》;正德二年,充经筵讲官;正德三年,出任会试同考官,所取多知名之士。

此期间,康海的正式官职仍是翰林院修撰,官品不高,但因是状元入仕之官而极为显赫,很多人包括一些权贵都想结交康海,康海非但没有乘机广交朋友,反而得罪了若干人。

这是他独特的性格惹下的。

康海为人豪放不羁,睥睨一切。他喜欢当面讥斥人,毫不留情面;与好友交往,往往说些人家不爱听的话;听说某人干过什么错事、坏事,辄大骂不已。他因此而得罪了一大批人。

一次,一个忌恨他的人拿着一篇某阁臣的文章,谎言是他自己的,请康海指教。康海毫不客气地评头品足,说这句写得不好,那句欠佳,一篇文章他觉得尚可的没几句。那人从康海那里出来,便直奔那位阁臣处,把那篇文章呈上,说康海是怎样怎样讥斥阁老的大作。那阁臣一听,勃然大怒。别的阁臣听说这事，也无不仇恨康海太狂妄，不把他们放在眼里。

康海的仇敌在伺机报复。不久，他们便抓住了把柄：康海与刘瑾过从甚密。

刘瑾是兴平（今属陕西）人，年少时自阉入宫，被派去侍奉当时还是皇太子的朱厚照。武宗即位后，把他擢为24个宦官衙门中最重要的司礼监的太监。司礼监掌管皇城礼仪、刑事，更重要的是替皇帝管理内外一切奏章，代皇帝批答臣子的一切奏疏。皇帝口述的诏令，也由司礼监的秉笔太监用朱笔记录，再交内阁撰拟诏谕颁发。武宗是个昏君，荒淫无度，不理朝政，刘瑾乘机擅权。他手下还有马永成、高凤、罗祥、魏彬、丘聚、谷大用、张永7个爪牙，人称"八虎"。

兴平毗邻武功，刘瑾与康海是陕西同乡。康海高中状元后，名声大噪，刘瑾想笼络他，托人捎话，要康海去他那儿叙话，康海断然拒绝。刘瑾大为光火。

但到正德三年，康海却不得不登门拜访刘瑾。

事情的起因在李梦阳身上。

李梦阳是庆阳（今属甘肃）人，字献吉，极有才华。弘治六年登癸丑科第二甲第17名进士，历官至户部郎中。户部尚书韩文痛恨刘瑾专权却又无可奈何，惟有与僚属相对而泣。李梦阳对韩文说："公为朝廷大臣，哭什么？"韩文道："你有什么法子？"李梦阳献计："等言官们弹劾刘瑾一伙时，公率领大臣伏阙谏争，阁臣必响应，去掉刘瑾之流不是难事。"韩文大喜，让李梦阳草拟弹劾刘瑾的奏疏。不料，他们的计划泄漏，韩文罢归，李梦阳贬为山西布政司的经历，刘瑾又勒令他辞官。不久，刘瑾又找了个借口，把李梦阳投进大牢，准备杀了他。

消息传出，群情鼎沸，但没有人敢出面相救。

李梦阳与康海都是才华横溢的文豪，相互敬仰，结为知己。绝望之中的李梦阳想起了康海，自度当此关头，肯鼎力相救的，惟有康海了。他找了张纸条，写了"对山救我，救我"6个大字，托人捎给康海。翰林院编修何柏斋对人说："康对山若肯去刘瑾处活动一下，李献吉便有救了。"有人把这话对康海说了，康海已接到李梦阳的纸条，正准备去他最不愿去的刘瑾那里为李梦阳说情，他对那人说："我何惜一往而不救李献吉！"匆匆奔去。

刘瑾听说康海登门拜访，大喜，慌忙下床，蹬上鞋子出迎。忙乱之中，鞋子都穿倒了。

两人入堂而坐，寒暄。刘瑾奉承道："人们都说自古以来的状元都不如先生，先生真为我们陕西人增光！"

"鄙人何足挂齿。"康海道，接着他谎言，"人们都说陕西有三才，刘公听说过吗？"

"哪三才？"刘瑾备感惊奇。

康海说："第一才乃阁下，第二才是李郎中，我康海也算一个，排在二位的后面。"

"那个李郎中，莫非李梦阳？"刘瑾问。

康海道："正是！"

"是他？如今却该死，杀无赦！"刘瑾狠狠地说。

"该杀是该杀，但若杀了他，我们陕西就少了一个才子了。放他一命如何？"康海劝言。

刘瑾沉思良久，终于答应给康海个面子。两人痛饮了一场，康海很晚才从刘瑾那里出来。

第二天，刘瑾装模作样地上了一道奏疏，请求武宗赦免李梦阳。武宗根本就不理朝政，杀、赦全是刘瑾一句话。李梦阳被赦免出狱。

康海除了救李梦阳外，还救了张敷华一命。

张敷华是安福县（今属江西）人，天顺八年（1464）进士，累官至左都御史。他上疏弹劾刘瑾而被罢官，刘瑾不解恨，给他安了个罪名，欲置之死地。康海去找刘瑾，对他说："我们陕西人爱张公如父母，阁下怎忍心苛求他？"刘瑾的怒气消了一些，没再要他的命。

康海为救李梦阳、张敷华而出入刘瑾门，绝非有意巴结刘瑾。对此，人们是知晓的。康海的敌人却以此为口实，指斥康海是刘瑾的同党。

正德三年，康海的母亲病死，他乞假回家奔丧。途中遇盗，财物失窃，赖地方官破获。依照当时惯例，京官丧亲，以厚币请阁臣志铭。康海却以为，碑文贵在可以传世，不在志铭者的官爵高低，遂自己为亡母撰写行状，请友人王九思志铭，李梦阳写墓表。阁臣们见康海不把他们放在眼里，更加忌恨。

康海在家为亡母服丧，疏食水饮，摒绝歌舞。

正德五年四月，安化王朱寘鐇以讨伐刘瑾为名，在宁夏起兵，反叛朝廷。刘瑾的党徒、"八虎"之一的张永因与刘瑾争权而受排挤。朝廷出兵平叛，张永出为监军。叛乱很快被平定，张永班师回京，乘机奏劾是刘瑾为非作歹而激起叛乱，历数刘瑾17条罪状。武宗已厌倦了刘瑾，遂下令逮捕他，不久，处以磔刑（即肢解）。接着，朝廷清理刘瑾同党，罢免、逮捕了一批官员。

这时，康海在家为亡母服丧。他的仇敌不肯放过他，指控他为刘瑾同党。《明史·阉党传》开列的刘瑾党徒，赫然有"修撰康海"之名。康海被革除官职。

从弘治十五年至正德五年，康海做了8年的翰林院修撰，入仕时是此官，被罢免时仍是这个从六品的官职。

三、寄情声色山水

刘瑾被诛，康海深为国家除此元凶而亢奋，而自己受到诬陷，被罢官，是微不足道的。有人听说他被革职，来安慰他，他说："玉石俱焚，自古便有。刘瑾被杀，是天下之大幸。我一人受点儿委屈算得了什么？"

事后，一想到自己名节受损，就十分痛心。他在写给友人的信函中说："文人学士最大的悲哀，莫过于声名狼藉，身死也没这重要。今鄙人已声名狼藉了，即使长命百岁，有颜回、曾子之行，程颢、朱熹之学，也难以自明于千代以后了。这确实是仁人志士所深深悲叹的！"

康海开始自暴自弃，放浪形骸。虽喝酒不多，而日与酩酊为伍，人间百事，一概置之。喝酒之余，便淫于声色，或游山玩水。好友王九思，鄠县（今陕西户县）人，弘治九年进士，累官至吏部郎中，也被指斥为刘瑾同党而被迫辞官。康海游山玩水总是拉上他，两人带着歌妓美酒，到山明水秀的去处，饮酒歌舞。他们自己作曲，自演自唱。王九思花重金请人教弹琵琶，康海学得最好。

康海放荡形志，纵情声色山水，是因为志业不遂，将其抑郁之情寄于声色山水。他对国事民生还是留意的。御史吕沃州巡抚陕西，到了武功，带着好酒夜造康海门，两人边饮边谈，从文章谈到时事，康海慷慨陈言，吕沃州感到他表面上以声色自娱，实则报国之心拳拳。

一些了解他心意的人劝他出仕，但他认为自己不宜再做官，断然拒绝。

兵部右侍郎杨廷仪有事路过武功，康海留他喝酒。杨廷仪的哥哥杨廷和时为内阁首辅。酒喝到高兴处，康海取过琵琶，弹了起来。杨廷仪见状，说："家兄在内阁很想念你，何不写封信问候一下？"言外之意，是要康海写信给杨廷和要官做。杨廷义还委婉地说他可以帮大忙。康海闻言大怒，把手中的琵琶砸向杨廷仪，杨廷仪拔腿鼠窜，康海边追边骂："我岂能学那王维，假作伶人，借琵琶讨官做？"口中还不住地骂杨廷仪"蜀地小子"——杨廷仪是成都府新都县(今属四川)人。

嘉靖十九年(1541)十二月十四日，康海病死家中，享年六十有六，遗命以平民巾服殓葬于城南纸坊祖茔。

康海原配尚氏，与康海同年生，生有子女10人，6人夭折，存者子1人，名栗，字子宽，女3人。尚氏先康海而死。康海继娶张氏，再娶季氏。季氏生子1人，名栐，字春元，有文才。

四、诗、文、散曲与杂剧

康海年少时便以诗文闻名天下，他在《漫兴》诗中自豪地说："髫龀为文弱冠成，便于海内窃时名。"罢官之后，赋诗弄文，诗文更有成就。

当时诗文流行阿谀粉饰的"台阁体"，康海与李梦阳首倡"复古运动"，诗文推崇先秦两汉魏唐，是"复古运动"的领袖人物。

康海的诗以五律为多，多即兴之作，直抒胸臆，古朴自然，少有修饰。他的文章学、《史记》以序、墓志、记、书为多，漫然为之，也极自然古朴。当时，他的文章，吕柟的经学，享誉海内。

康海在文学艺术上的造诣，要数散曲与杂剧。

康海被罢官后，与王九思纵情山水声色，挡弹按歌，谱曲填词。康海的散曲有《沜东乐府》二卷。此集成于正德八年十二月，但当时并未刊刻，由于多有人求索，他的堂弟康浩遂于嘉靖三年(1524)刊刻行世。康海的散曲以北曲为主，也有少量南曲。内容多描写山水声色，兼有抒写胸中愤懑之作。风格粗狂豪迈，别具特色。如《折桂令·庚辰夏晓起临境戏作》：

笑新来两鬓生花，载酒看山，乐趣无涯。逐日价稚子牵衣，小姬押酒，老妪烹茶。有的是雪案间惯相陪的壶觞尊罍，又无甚仕途中歪厮攘的恐惧波查。这样欢洽，倒底堪夸。黑也由他，白也由他。

他的散曲被曲论家奉为上品，倍加称道。

康海的杂剧作品有《王兰卿》和《中山狼》两种。

《王兰卿》是根据关中歌妓王兰卿的真人真事谱写的，四折一楔子。写周至县乐户王锦之女兰卿嫁与张于鹏为妾，张于鹏死后，王兰卿为了表白自己的贞节，仰药自尽。太白山真德洞天主人化做儒流秀士吊问兰卿，唤歌妓弹唱王九思的散曲《一枝花·挽王兰卿》。兰卿与于鹏在仙乐声中双双入登神班。

此剧宣扬封建贞节，剧情平淡，人物形象也有点儿概念化，不是一部成功的作品。

康海的《中山狼》是明代最优秀的剧作之一，影响之大仅次于徐渭的《四声猿》。全剧四折，根据陕西乡试考官(当时称"座主")马中锡的《中山狼传》谱写。《中山狼》写战国时晋国赵简子打猎于中山，射中一狼，狼向墨家信徒东郭先生求救，东郭先生冒险庇护它。赵简子离去后，中山狼恩将仇报，反诬东郭先生救它是假，害它是真，它要吃掉东郭先生充饥。东郭先生要狼与他一同去请问三老他该不该被吃，再行定夺。老杏、老牛都说东郭先生该让狼吃掉。最后，杖藜老人来到，计骗中山狼重新钻入书囊，让东郭先生把狼刺死。

自明代以来，不少人认为《中山狼》中的狼影射李梦阳，是讥刺李梦阳负康海营救之恩而反诋康海出入刘瑾之门。近来的研究者指出，康海罢官后与李梦阳友情弥笃，毫无芥蒂，中山狼绝非影射李梦阳。

在《中山狼》中，康海塑造了两个具有典型意义的形象，一个是忘恩负义的中山狼，一个是善恶不分的东郭先生。剧作具有高度的思想性。全剧结构严谨，情节跌宕，形象鲜明，具有高度的艺术性。

明代以中山狼为题材创作的杂剧，尚有王九思、汪廷讷、陈与郊三家，但他们的剧本都不及康海的《中山狼》。

康海博学多才，除诗文、散曲、杂剧外，在经学、历史、天文、历算、书法等方面也有很高的造诣。他的著作中可值得一提的，还有《武功县志》3卷、《武功县官师志》1卷。

顾鼎臣

◎ 任国让

一、从修撰到礼部尚书

魏晋南北朝，是门阀制度时代。通俗点儿讲，门阀就是门第，门阀时代就是门第时代。那时，做官、联姻、交友，都得看门第。江南名望最高的家族是顾、陆、周、张，吴郡(郡治吴县，今江苏苏州)顾氏最负盛名，顾氏家族确也出了一些人才。

及至明代，顾氏又出了一位名人，即顾鼎臣。

顾鼎臣是昆山(今属江苏)人。弘治十八年(1505)殿试，顾鼎臣一举夺魁，成了孝宗朝的第6位状元。此科进士共303名，以后出了不少名人，如第二甲第一名崔铣、第三名湛若水、第九名魏校，皆为一代名儒。特别是湛若水，创"心学"门派中的"湛氏学"，影响巨大。而第二甲第二名严嵩，则成为明朝赫赫有名的权奸。顾鼎臣在学术上不如湛若水，在官位上不及严嵩，但也不失为一代名臣。

按照惯例，顾鼎臣中状元后被授予翰林院修撰，掌修国史。他刚入翰林，孝宗便驾崩了。孝宗是明朝中期最有作为的皇帝，而承嗣帝位的武宗皇帝恰与他相反，荒淫无度。孝宗朝积累的一点儿家业，被儿子挥霍一空。顾鼎臣在武宗朝官位不显，累迁至皇太子东宫谞门左春坊的谕德，掌赞谕道德，侍从文章。此官有职无权，况且武宗没有儿子，这谕德官就更有名无实了。

正德十六年(1521)三月十四日，武宗终因纵欲荒淫而丧命，享年三十有一。武宗无子嗣，他的堂弟朱厚熜入承大位，年号"嘉靖"，是为世宗。

世宗朝，顾鼎臣开始青云直上。

世宗不像堂兄武宗那么好色，他感兴趣的是道教宣扬的长生不老之术。他坐天下的第二年，便在乾清宫设坛祈祷。这年，他年方17，血气方刚。此后，他陷于求仙术而不能自拔。斋醮祈祷时需用词文，用朱笔写在青藤纸上，故名"青词"。奉命作词的几个大臣水平一般，世宗很不满意。

顾鼎臣瞅准这是讨皇上欢心的大好时机，遂作了7章高水平的"青词"献上，并上疏条陈斋坛上应如此这般，才合乎斋祷仪式。

世宗御览了他的"青词"和奏疏，龙颜大悦。

顾鼎臣官运亨通，从詹事府詹事而礼部右侍郎，不久又升任吏部第一副长官——左侍郎，极受世宗皇帝器重。他是世宗朝第一个以"青词"而受宠的臣子。

顾鼎臣出任吏部左侍郎做的第一件事，是上疏奏请寻求"宗圣"曾子的嫡嗣，授予《五经》博士的官位，同孔、孟、颜三氏。世宗诏准。在永丰县(今属江西)找到了曾子第59代孙曾质粹。曾质粹奉命迁回嘉祥(今属山东)奉祀曾子，世袭翰林院《五经》博士。

这是嘉靖十二年的事，顾鼎臣此举颇受众人称道。就在这年，大同(今属山西)总兵官李瑾征发士卒浚通河道，驱逼士卒拼命地干，士卒王福胜等杀死李瑾，发动兵变。世宗命兵部左侍郎刘清源率军平叛。刘清源纵兵乱杀，没参加兵变的士卒也纷纷拿起武器，与官军对阵，兵变进一步扩大。刘清源指挥军队围剿。山西巡抚潘做主张撤兵，则兵变可不攻自息。朝臣意见不一，顾鼎臣力主罢兵。世宗犹豫不决。最后，兵变还是以武力平定。这事并未影响顾鼎臣的地位，世宗对他的器重不减。翌年孟冬，世宗祭祖，命顾鼎臣与侍郎霍韬捧主(即神位)。二人都有"期功服"(父母以外的长辈、平辈病亡，服丧1年，叫做"期功服")，按礼不能担此重任。顾鼎臣不愿放弃这一荣耀任务，乃上疏说："古礼，诸侯不行期功服。今公卿即古之诸侯，请勿回避。"礼部尚书夏言极诋顾鼎臣之言荒谬，世宗遂让顾、霍二人回避。

不久，顾鼎臣进官为礼部尚书。

京师淫雨，四方多水灾，顾鼎臣上疏，请赈饥以弥盗。世宗诏准。

这是顾鼎臣礼部尚书任上所做的最值得一书的一件事。

二、无所作为的内阁大臣

嘉靖十七年八月,世宗诏令顾鼎臣以礼部尚书的官位兼任文渊阁大学士,参与机务。不久,加官太子少保、太子太傅,由文渊阁大学士进为武英殿大学士。

当时,内阁首辅为任丘(今属河北)人李时,排在第二位的是贵溪(今属江西)人夏言,顾鼎臣排在末位。这年十二月,李时病卒,夏言出任内阁首辅。夏言年少于顾鼎臣,他是正德十二年(1517)的进士,不仅比顾鼎臣晚12年登第,且是第三甲第三名。论年龄、资历,顾鼎臣都高出夏言。他以此自负,入阁后颇有可否。夏言极有才干,恃才傲物,根本不把顾鼎臣放在眼里,见顾鼎臣摆老资格,在内阁固执己见,欲占一席之地,颇为不满。顾鼎臣见夏言不把他放在眼里,自己软了下来,惟夏言的马首是瞻,不敢有所作为。

公卿大臣都讥斥顾鼎臣,骂他柔媚。

第二年,世宗册立载壑为皇太子,然后起驾南巡,命夏言扈随,顾鼎臣辅皇太子监国。世宗刚起驾,御史萧祥曜便上疏弹劾顾鼎臣,指控他授意吏部侍郎张潮调刑部主事陆昆为吏部主事。张潮上疏分辩说:"兵部主事马承学自恃与顾大人有私交,诡言将出为吏部主事。臣为抑制马承学而用了陆昆。"尽管张潮用陆昆不是顾鼎臣意,但马承学与顾鼎臣是有关系的。世宗优遇顾鼎臣,未加处置,仅把马承学投进了大牢。

翌年,即嘉靖十九年十月,顾鼎臣病死于礼部尚书、太子少保、太傅、武英殿大学士任上。世宗诏赠太子少保,谥号"文康"。

吕 柟

◎ 刘 天

一、殿试夺魁

西安西北，泾水北岸，有个高陵县。此县原是为侍奉汉高祖刘邦的陵墓而设的陵邑，汉时便极繁荣。高陵县有个叫吕溥的，号"渭阳"。明宪宗朱见深坐天下的成化十七年（1481），吕溥喜得贵子，取名曰"柟"。后来，吕柟自号泾野，学者尊称"泾野先生"。

吕柟自幼聪明过人，好学上进，拜名儒薛敬之、孙昂等为师，研习儒经。

薛敬之是渭南（今属陕西）人。渭南毗邻高陵，处其东南。薛敬之著作等身，是闻名海内的大儒。在他的影响下，吕柟爱上了儒经，以弘扬儒学为己任，他的言行举止也逐渐纳入儒家规范，不妄语，不苟交，克己修行，礼敬他人。他整日居处于一座小矮屋里，正襟危坐，诵读儒经，即使是炎暑时节，他也衣冠整齐，一丝不苟。不久，他入正学书院，与群儒研讨儒学，这使他的儒学造诣更进一步。

有熊、李两姓官宦人家，久仰吕柟的才学，延请他为塾师，教导子弟。吕柟推辞，但熊、李两家一再相邀，吕柟只好应允。开馆不久，吕柟闻悉老父罹病，不待告知熊、李两家，便徒步奔高陵老家而去。熊、李两家获悉，遂遣人追赶，送他马匹，但没追上。事后，吕柟讲："老父卧病在床，哪有心思等着骑马呢？"

父病愈，吕柟建"云槐精舍"，聚徒讲学。熊、李两家也遣子来学。

弘治十四年（1501），吕柟乡试中举。

翌年，他赴京会试，落第，与三原（今属陕西）马理、秦伟，榆次（今属陕西）寇天叙，安阳（今属河南）崔铣、张士隆等讲学于宝邛寺，相约曰："文必载道，言行一致。不以学业谋取名利，不畏艰难善始善终。"吕柟与马理等日孜孜惟以修身养性、研习儒经为事。吕柟让弟弟吕栖拜马理为师，其入学仪式被京师士大夫传为模式。

吕柟的同乡高朝用在京为宦，对翰林院检讨官王敬夫说："我乡有个颜子一样的人，先生知道吗？"王敬夫道："难道是吕仲木吗？"高朝用点头称是。仲木是吕柟的字。于是，王敬夫结交吕柟，成为挚友。

弘治十八年(1505)五月七日，孝宗朱祐樘驾崩，吕柟与国子监的学生一同入宫拜祭。众学生遥望孝宗灵柩，一个个大声干号，以示悲哀；吕柟声出泪下，悲痛万分。众人都讥斥他迂腐。不久，他的恩师孙昂病死于京，遗孤不在身边，吕柟便代行子礼。来吊唁的问他："这样做合乎礼吗？"吕柟道："是的。按照礼，死者无子，他邻人的儿子可代行子礼，况且孙公还是我的恩师呢！"孙昂归葬高陵，吕柟穿着丧服，宿灵堂下3日，哭而襄理丧事。礼毕，入"云槐精舍"讲学，慕名来求学的日众。

正德三年(1508)二月，吕柟参加会试。初九、十二、十五日3场考试下来，他榜上有名，名列第六名。三月十五日殿试，他的卷子被担任评卷的"读卷大臣"相中，置于榜首，送呈当朝天子武宗裁决。武宗钦准，在卷首朱书"第一甲第一名"6个大字。

新科状元的名字一公布，凡了解吕柟的都说："今科得了个真才实学的状元。"亲朋好友纷纷来恭贺，刘瑾也来致贺。此人里籍兴平(今属陕西)，距高陵不远，汉武帝的茂陵就在此县。故刘瑾与吕柟算是陕西同乡。刘瑾为人狡诈、凶残，年少时自阉入宫，被孝宗皇帝派去东宫，侍奉皇太子朱厚照。孝宗病死，朱厚照即位，刘瑾大受信用，遂狐假虎威，为非作歹，朝臣无不侧目。吕柟素鄙夷刘瑾，虽知他是个灼手可热的人物，也绝不屑于与之结交，即使是寒暄几句，也觉得丑莫大焉。闻悉刘瑾来贺，他毅然将这位权宦拒之门外。刘瑾自讨没趣，丢了脸面，衔恨而去。

二、武宗朝的沉浮

按惯例，吕柟中状元后入翰林院为修撰，掌修国史。初入仕途，他更加克己修行。每逢拿到俸禄，都要先买祭品祀祖先。父母托人送来书信，对使者一拜再拜，才接过书信，回去跪读。在翰林院中，编修何瑭恪守礼教，不为流俗所喜。吕柟极推重何瑭之为人，整日与他切磋学问，结为莫逆之交。

当朝天子武宗是个昏君，整日游玩嬉戏，不理朝政。刘瑾乘机弄权，为非作歹。吕柟上疏，建议开设经筵，要武宗与大臣讲习儒经，并力请武宗亲政。疏入，武宗置之不理，刘瑾却大为光火，因为要武宗亲政，就是要夺他刘瑾的权。他早就对吕柟怀恨在心，发誓要新仇旧恨一起算。

吕柟见状，遂上疏辞官。何瑭也引退。

不久，武宗皇帝也难以容忍刘瑾擅权了，正德五年（1510）四月，刘瑾被贬谪凤阳，寻即被处以磔刑，即肢解。刘瑾死后，若干与他往来的大臣被牵扯进去。吕柟拒绝与刘瑾交往，众人都佩服他有先见之明。

吕柟在家，杜门谢客，潜心研习儒学。大臣们纷纷上疏，说吕柟曾抗拒逆贼刘瑾，不仅有远见卓识，且气节可嘉，应召回京师，委以重任。正德七年（1512），吕柟官复原职，再入翰林院为修撰。入翰林院不久，他便上疏劝学道："元顺帝废止学业，纵欲嬉戏，广建楼台苑圃，朝政腐败，故我太祖能取而代之。对此，作为国君能不深以为念吗？"有人告诉吕柟："以元顺帝为喻，太直了些。"吕柟道："贾山借暴秦为喻，汉文帝尚能采纳；皇上远比汉文帝贤明，我还不能做个贾山吗?"疏入,荒淫的武宗居然为吕柟的诚直所感动,称赞吕柟忠心耿耿。

吕柟大为亢奋,认为武宗尚可救药,遂再上疏,提出6条建议:

第一,请皇上每天都临朝听政,亲理政事。

第二,早立储君,以安人心。

第三,虔诚地以时祭祀天地先祖。

第四,每日朝见两宫太后,共享天伦之乐。

第五,遣去义子、番僧等人,让他们各守本业。

第六,派到各地镇守的宦官大多贪赃枉法,应召回另行安排。

疏入,武宗置之不理,仍自行其事,纵情淫乐。

吕柟这才明白自己的想法太天真,荒淫的武宗是不可救药了。于是,他以身体有病为借口,上疏辞官。武宗马上诏准,官复原职仅数月的吕柟再次引退。崔铣闻讯,叹道:"古时有不畏权势,昂首进退,不失其道的。今天,我在吕仲木身上见到了这种人的遗风。"吕柟回到故乡,在村东门外修筑一所房舍,号曰"东郭别墅"。四方学者闻知,纷纷而来,拜师受业。

老父罹病卧床,吕柟悉心侍奉,昼夜衣不解带,不离左右;走动时脚步尽量放轻,履地无声,惟恐惊扰了老父。一年如一日,从未懈怠。他的须发全白了,弱不禁风。老父终于不治,撒手人寰,吕柟痛不欲生。葬了老父后,他在墓侧搭了一间茅庐,为老父行丧,旦夕焚香祭奠,每祭无不凄然泪下。门生弟子大受感动,都庐于墓侧,随吕柟而居。吕柟与他们讲论古今丧礼。

服除,吕柟复讲学于东郭别墅,远方来学者日多,别墅不能容，吕柟于别墅旁筑"东林书屋"安置他们。

镇守长安的一个姓廖的宦官遣人给吕柟送来猪肉、白米，让吕柟进补一下身子，吕柟拒绝。廖氏向来狂妄，对吕柟却极畏服，告诫他的属吏说："路过高陵切勿骚扰，吕公住在那里。"

有个客人拿着金子登门，要求师从吕柟，入居别墅或书屋。吕柟谢绝，笑曰："人心有如青天白日，先生怎么视以鸟兽？"那人羞愧汗颜，谎言："我只不过是想试试先生清廉与否罢了。"

东郭别墅和东林书屋门庭肃然。

三、世宗朝的遭遇

正德十六年（1521），荒淫无度的武宗终因纵欲过度而死。武宗无子嗣，他的堂弟朱厚熜入嗣大统，年号"嘉靖"，是为世宗。

吕柟应诏入京，官复原职，再入翰林院为修撰。

朝鲜国王遣使来华，上疏世宗，道："状元吕柟、主事马理实乃中国人才第一，朝廷应加厚遇。请颁赐他们的文章，鄙国将奉为楷模。"其受外国仰慕如此。

嘉靖二年（1523）二月，3年一次的礼部会试如期举行，吕柟奉诏出任考官。二月十五日考策论，题目是关于"道学"的，要举子们就当时流行的"道学"阐述自己的看法。以"道学"为题，是此次会试的主考官秉承某位权臣的旨意而拟定的，矛头直指"道学"大师王守仁。王守仁是余姚（今属浙江）人，人称"阳明先生"。他承继了南宋陆九渊的主观唯心主义

"心学",并做了进一步发挥。他认为心外无物,一切都存在于人的心中。他的思想说教,在摆脱程朱理学的束缚、启发人们的心智上起了一定的作用。故"王氏心学"大为盛行,席卷整个思想界。但有些权贵不喜欢他的说教,他们当中的一位指使此科会试的主考官以"道学"为题,诱导举人们指斥王守仁的"心学",他们便可以此为口实来中伤王守仁。果然,一举人在试卷上倡言,将宗陆九渊"心学"者斩首,焚毁他们的书籍,极合题意。他的其他科目也考得很好。考官们评卷,准备录取此人,而吕柟道:"观此人今日迎合主考官,他日必迎合权势!"多数考官以为然,遂黜落此人。

不久,吕柟上疏世宗,道:"学贵在力行。克己修行,上合天意;亲贤远谗,下通民心。天下中兴,成就太平大业,实在于此。"世宗皇帝置之不理。

世宗乃武宗堂弟,他即位后要追封父亲朱祐杬、母亲蒋氏为皇帝、皇后。按封建礼法,世宗乃武宗的皇嗣,不应再追封生父生母。吕柟上疏,反对追封,言辞切直。世宗皇帝大怒,把他投进大牢。吕柟的耿直使众人大为敬佩,称赞他为"直铁汉"。不久,刑部宣判,吕柟被贬为解州(今山西运城西南)通判——解州的副长官。

吕柟从北京南下,去解州就职。路经上党(今山西长治),隐士仇栏兄弟闻悉,遮道问学。仇家有个工匠,名叫张提,在一边做活,旁听了吕柟的讲解,大喜,扔下工具奔过来,跪在地上,向吕柟讨教。吕柟给他讲了一通仁义道德,张提大为感悟。他曾拿了别人一块木头做界方,听完吕柟的讲解,连忙把人家的木头物归原主。仇家兄弟感叹不已,吕柟也很感动,赋诗云:"岂有征夫能过化,雄山村里似光时。"

吕柟至解州,知州一职空缺,奉命以通判摄行知州。赈济孤寡，裁减杂役，劝民农桑，兴修水利。解州士人极重科举，汲汲于功名，他们把攻读儒经视为登科的手段。吕柟寻思："若他们知道金榜题名和攻读儒经目标是一致的，那么，学以干禄的想法就会少一些，而以济世救民为己任。"遂于崇宁宫讲学，教诲士子。解州士人纷纷投奔吕柟门下，其他州县的士人也不远千里而至。来学的人不断增多，崇宁宫不能容，遂建"解梁书院"以安置他们。吕柟大力推行蓝田（今属陕西）名儒吕大钧等人制订的《吕氏乡约》，以德化民孝廉节义，旌表乡间；访求孔子弟子子夏的后裔，为司马光建造祠堂，编订关羽的文集《云长集》，整修伯夷、叔齐的坟墓。

吕柟在解州任职3年，教化大行，治绩卓著。

嘉靖六年（1527），世宗下诏调吕柟去南京，任吏部考工郎中。考工郎中为吏部第二司"考功清吏司"的长官，掌官吏考课、黜陟，职权颇重。吕柟躬亲案牍，克尽职守。兵部侍郎王浚川上疏，盛赞吕柟为人淳厚，学问渊博，可堪大任。世宗下诏，擢为南京尚宝卿。尚宝卿乃尚宝司的长官，掌管宝玺、符牌、印章。不久，吕柟又升任司宗庙礼仪的南京太常寺的副长官——太常少卿。

吕柟虽在衙门任职，职位也很高，但仍利用闲暇时光讲学。闻风来学者，前后达数千人。仇栏也不远数千里，从上党来南京受业。吕柟学问虽高，但仍谦逊地向增城（今属广东）人湛若水求教，日与郭守益等切磋。吕柟的学问更为精进。

嘉靖十四年（1535），吕柟出任南京国子监的最高长官——祭酒。

他在国子监，以师道自任，除了法定的讲学外，时常教习学生。曾取《仪礼》诸篇，让学生按图肆习，揖让周旋，孝廉者，题榜褒扬；谁家有丧事，他去吊唁，送钱助丧；学生有病，他去问候，延医诊治；上疏奏请减少俸禄，擢用淹滞，杜绝请托；整饬、修订国子监监规。在他的治理下，南京国子监一派兴旺景象，缙绅多执弟子礼从学。人人称他为"真祭酒"。

大臣张景上疏荐举吕柟，说他德行、才学俱优，是海内硕儒、当代师表。世宗下诏，擢为南京礼部右侍郎。东南学者听说吕柟出任职司科举、学校的礼部第二副长官，欢呼雀跃。吕柟于礼部南院开讲堂，学者闻风而至。世宗诏令他署理南京吏部事务，他上疏荐举何塘、穆孔晖、徐阶、唐顺之等20余人。嘉靖十七年(1538)正月初一，吕柟入京师朝贺，有人诋毁湛若水的学说是伪学，吕柟对宰臣说："圣皇在上，贤相辅政，岂可使大明有学禁之举？"湛若水遂得开脱。

但是，他自己却因诚直宽容而得罪了当朝首辅夏言。

夏言是贵溪(今属江西)人，能言善辩，不肯屈人。他与南海(今广东广州)人霍韬有隙。吕柟出任南京礼部右侍郎时，霍韬为南京礼部尚书，而夏言时为礼部尚书，二人官衔虽同，但南京礼部尚书有职无权。霍韬多次向吕柟诋毁夏言，吕柟道："大臣之间，宜当和睦。谁人有错，规劝是可以的，背后骂人有失体统。"霍韬疑心吕柟党附夏言，遂仇之。及吕柟入京朝贺，夏言已是内阁首辅，见了吕柟，他数落霍韬的不是，吕柟毅然道："霍君心胸虽狭小一些，但不失为天下之才士。公为宰臣柄国，应为国惜才。"夏言斜了吕柟一眼，心想此人原是向着霍韬的，遂像憎恨霍韬一样仇视吕柟。

吕柟见状，也不辩白，上疏辞官，回到了老家高陵，潜心讲学、著述。4年后，即嘉靖二十一年七月初一日，病卒，享年六十有四。高陵人罢市3天致哀；四方门人闻讯，无不设灵位拜祭；当地官员奏白世宗，世宗皇帝也辍朝1日。

四、"关学"大家

儒学发展到宋朝，嬗变为"理学"，或称"道学"，有时也仍称"儒学"。"理学"讲论人性与天道，在这一主题下，又分为若干门派。创自北宋时人张载的"关学"是"理学"最重要的门派之一，以倡言礼教、注重礼仪而独树一帜。

吕柟是"关学"的衣钵传人，《明史》把他列入《儒林传》，明人冯从吾著《关学编》，收录"关学"大师37人，吕柟是其中之一。

吕柟著作等身，有《四书因问》、《周易说翼》、《尚书说要》、《毛诗说序》、《春秋说志》、《礼问内篇外篇》、《宋四子抄释》、《史馆献纳》、《南省奏稿》、《诗乐图谱》、《史约》、《小学释》、《寒暑经图解》、《高陵志》、《解州志》、《泾野文集》、《泾野别集》等多种，极大地丰富了"关学"。时人说，从"关学"始祖张载以后，"关学"中最杰出的人物便是吕柟。

吕柟继扬了"关学"重礼的传统，冯从吾《关学编·泾野吕先生》说他的思想"一准于礼"。他讷于言而力于行，强调躬行践履，反对夸夸其谈；他举止端庄，不苟言笑，但对人又极为热诚，使人敬畏而又感到和蔼可亲；他谦逊好学，不耻下问；对门生弟子循循善诱，不厌其烦，他的门生弟子遍天下，有名的有吕潜、张节、李挺等人。

明穆宗隆庆(1567～1527)初年，诏赠吕柟礼部尚书，谥号"文简"。神宗、思宗时，大臣李祯、赵锦、周子义、王士性、蒋德璟等先后上疏，请以吕柟从祀孔子庙，未及行而明亡。

杨　慎

◎ 郝克远

巴蜀之地，天府之国，物华天宝，人杰地灵。在这块神奇的土地上，政治家、思想家、科学家、军事家历代不乏；文学家、艺术家更是独领风骚。明代大思想家李贽曾说："岷江不出则已，一出则为李谪仙、苏坡仙，杨戍仙，为唐宋并我朝特出，可怪也哉！"这里所说的"李谪仙"，就是大诗人李白；"苏坡仙"，便是大词人苏东坡；而"杨戍仙"则是明代状元杨慎。

一、家学渊源

杨慎的先祖原本居住在庐陵(今江西吉安)。在元末发生战乱时，杨慎的六世祖杨世贤举家迁到湖北麻城，不久又迁到四川新都，并在新都定居下来。新都离成都18公里，号称天府之国的膏腴之地，是历史古城，也是当时的名城。在这样一个充满灵气的地方，杨氏家族迅速崛起。

杨慎的曾祖父杨玫，为当朝贡生，精研《春秋》，擅长欧书，而且为人清廉耿直，替百姓办了一些好事。杨玫在贵州水宁做吏目时，死于任上。杨慎的曾祖母熊氏(杨玫的继室)是位非常贤能的女人，她不仅亲手纺线织布，喂猪养鸡，维持全家生计，而且卖掉身上的玉簪耳环，供儿子读书，结果因操劳过度，双目失明(后来儿子金榜高中时，竟又复明，一时被传为佳话)。

杨慎的祖父杨春，为母亲的操行所激励，勤奋好学，成化年间(1465～1487)考取进士，曾任行人司司正(掌管册封、传旨)等要职。杨春晚年辞官，回乡办学，培养了一大批人才。

杨慎的父亲杨廷和，是当朝有定策之功的政治家。他4岁学声律，过目不忘，人称"神童"；12岁举于乡，19岁中进士，被传为美谈。入仕后，官至华盖殿大学士，兼吏部尚书，历任武宗、世宗两朝首辅(即宰相)。他曾针对明代后期政治腐败、宦官专权的危亡局势，进行了一系列整饬和革新。有史家评价他是"诛大奸，决大策，扶危定倾，功在社稷"。而且杨廷和还能诗能文，工于书法，是一位颇有成就的学者。

到了杨慎这一辈，杨氏家族已产生了7个进士、4个举人、一个贡生,是一个真正的书香门第、显宦之家。

只可惜,杨氏家族兴起之日,正是明王朝没落之时。明王朝从明太祖朱元璋1368年建立政权,历经惠帝、成祖、仁宗,直到宣宗朱瞻基时期(1425~1435),国力呈上升势头,政治比较清明,经济发展也较快。但到了代宗、英宗时期,就开始走下坡路了。英宗、宪宗时期,朝政逐渐被宦官把持,宫廷之内,乌烟瘴气,以致人们只知有太监,不知有天子。孝宗时期,起用杨廷和等人,进行了一些改良,矛盾有所缓和。但武宗朱厚照(1506~1520)一登基,便重用太监刘瑾等人,沉迷声色,不问政事。刘瑾等人权倾天下,肆意妄为,朝政腐败,人民怨恨。因此,明王朝危机四伏,江河日下,呈现摇摇欲坠的迹象。这种社会环境,使知书达礼、忠于职守的杨氏家族无用武之地,也注定了一代天才杨慎的悲剧命运。

二、少年天才

明孝宗弘治元年(1488)十一月初六,杨慎出生于其父杨廷和在北京孝顺胡同的官宅。

杨慎的出生,是杨氏家族的一件大喜事。因为杨慎的父亲杨廷和身居长房,19岁娶妻黄氏,夫妻虽然恩爱,但十多年没有生儿育女,全家人很着急,整日求神问卜。所以,杨慎一出生,便被全家人当成了宝贝,对他寄予厚望,准备着力培养。杨廷和夫妇为儿子取名杨慎,取"慎终追远,民德归厚矣"的意思;取字用修,取"修身、齐家、治国、平天下"的意思;后来,杨慎因爱坐形状如"升"字的小轿,便自取别号为升庵。

从幼年起，杨廷和夫妇便对杨慎开始了有目的的教育。杨慎的母亲黄氏，是眉州名士黄明善的女儿，有很深的文化素养。她亲自教杨慎学习唐诗宋词，并用竹笔筒在纸上印上整齐的圆圈，教杨慎一丝不苟地练习写字。杨慎很听母亲的话，学习刻苦，长进很快，10岁左右，写诗作文，便能一挥而就，在京城小有名气。作为父亲的杨廷和，看到儿子的进步，心中自然十分高兴，但他怕儿子在成绩面前，滋生自满情绪，便对儿子要求更加严格了。一次，杨慎写了首诗请他指正，当他发现诗中有"一盏孤灯照玉堂"的句子时，禁不住想拍案称奇，因为才10岁出头的孩子能有如此意境，实在难得，但他没有流露出兴奋情绪，而是严肃地说："此诗感情有些孤寂，气氛过于清冷，今后一定要像唐人那样，不仅炼字，更要炼意。"杨慎铭记于心，更加刻苦学习。

杨慎12岁时，母亲黄氏不幸病逝。少年丧母，这对杨慎是一个沉重打击，他几日茶饭不动，神智不清。不久，在新都养老的祖母也去世了，更增加了他的痛苦。这一年，他随父亲由京回蜀守孝。这是他第一次回故乡，使他有机会接受祖父杨春的亲自教导，学业得到进一步深造；更使他领略到了故乡的山水人情，学到了许多书本上难以学到的东西。

祖父杨春对杨慎的教育，始终把握两点：一是培养才思，二是培养操行。他一方面教杨慎学习《易经》，练习散文；另一方面，经常给杨慎讲古代仁人志士立功报国的故事，让杨慎学习屈原、贾谊、班超、苏轼等人的懿言嘉行。所以，杨慎不仅学业进步很快，两个月便能背诵《易经》全文，在散文中写出了"青楼断红粉之魂，白日照翠苔之骨"的奇句，而且立定了"临利不敢先人，见义不敢忘身，虽无补于事业，不忘乎君亲"的志向。

在故乡新都，杨慎除了接受家庭教育以外，还上了1年多的县学，接受了正规教育。后来，杨春还专门为他聘请了一名进士，教他学习儒家经典，希望为他今后登科入仕打下基础。

在家庭的培养和熏陶下，少年时的杨慎便以才思敏捷、出口成章而闻名。一年过春节，杨慎邀几个本家兄弟到郊外赏梅，梅花万点，香气沁人，令人陶醉。他们白天未尽兴，晚上便点灯赏玩。梅树上悬着灯，梅树下饮着酒，灯花梅花，相映成趣，此情此景，令杨慎诗兴大发，脱口咏出一首《赏梅》诗："疏梅悬高灯，照此花下酌。只疑梅花燃，不觉灯花落。"此诗传扬出去，长辈们称赞说："奇事奇句，古今少有啊！"

有一天晚上，杨慎的父亲杨廷和在客厅里与友人下棋至深夜，杀得难解难分，围观的人很多，个个兴致高昂。刚学完习、正想去睡觉的杨慎被这个场面吸引过来。他一过来，立即有人提议："杨公子才思过人，名声远播，何不以今夜下棋为题，作诗一首，以助雅兴呢？"人们齐声赞同，杨廷和也不置可否。这下，杨慎睡意顿时消却，他稍加思虑便打好腹稿，然后展纸挥笔，一首五言律诗便呈现在大家眼前："兵卒冲千里，将军坐九宫。追风看马跃，吉日想车攻。士相围城固，江河天堑雄。笑谈番几局，月白映灯红。"如此诗才，若非亲眼所见，定难相信，人们交口称赞，再也无心思观棋了。

还有一次，杨慎看到父亲正和三叔杨廷仪评论一幅山水画，便走上前发表自己的看法。三叔有意考他，便让他以诗评画。他认为，以诗评画，唐代诗人元稹有许多名句，便顺口吟出来作答，但三叔坚持要他自己作一首。于是，他凝思片刻，吟出一首诗来："会心山水真如画，名手丹青画似真。梦觉难分列御寇，形影相赠晋诗人。"这首诗恰当地表达了美景如画、画如其景的意思，实虚相衬，耐人寻味。他父亲和三叔听后，相视而笑。三叔感慨地说："你这四句，并不在元稹之下啊！"

三、得中状元

弘治十五年（1502），杨慎在新都守孝3年期满，便要返回京城。他对故乡的一切都十分留恋，这里的山水人情给他留下深刻印象，令他终生难忘。在由蜀返京的路上，父亲有意陶冶他的情操，带他游历了一些名山大川。每到一处，他便即景赋诗，写出了许多咏史吟物的佳句。其中，《马嵬坡》一诗嘲讽了唐玄宗误国的行径，表现了少年杨慎爱国爱民的情怀，为后人称道。

杨慎回京后，没有满足自己的成就，更加虚心求教，以期在诗文上有更深的造诣。他拜当朝大诗人、学者李东阳为师，与之结成忘年诗友；并多次向当朝名士杨一清等人请教问题。人们非常赞许他的虚心好学精神，愿意指教，所以他进步自然很快。

弘治十八年（1505），杨慎18岁。这一年，朝廷开科取士，他随父亲到礼部观看考试现场，看到参加考试的众多举子中，既有少年郎，也有白头翁，个个都孜孜以求，更激发了他发愤进取的热情。他下定决心，打算下次开考时一展雄姿。

明朝科举采取的是四级考试制，即院试、乡试、会试和殿试。考生一般先参加县试，及格后称"童生"，这时只是预备阶段，尚未踏上正式考试征途。童生再参加由各省提学主持的考试，即院试，及格后称"生员"，也就是通常说的秀才。然后，再参加3年一度的乡试。乡试由皇帝钦命主考官主持，考中者称"举人"，其中第一名称"解元"。举人在乡试的第二年，赴京参加会试。会试由礼部主持，考中者称"贡士"，其中第一名称"会元"。贡士再参加皇帝在奉天殿亲自主持的策试，即殿试，考中者称"进士"。进士又分为三甲，第一甲三人，赐"进士及第"，分状元、榜眼和探花3个等级。明朝统治者很重视知识，一般是非进士不能入翰林，非翰林不能入内阁，就连一般的秀才、举人，也有见官不跪、免除差税的特权。

武宗正德二年(1507)秋天，年方20岁的杨慎再度回到老家四川，参加乡试。他踌躇满志，挥洒自如，顺利完成答卷。主考官在审阅他的答卷时，为之吸引，高兴地认为自己发现了当代苏东坡。揭榜一看，杨慎名列前茅，考得第三名举人。第二年春天，杨慎由四川返京参加礼部会试。由于他对环境熟悉，胸有成竹，所以考试中文思泉涌，笔走龙蛇，并未费大力气。答卷很顺利地通过了各位考官的判阅，一致认为是"上上卷"，实属难得；又经主考官审阅，列为首选。但是，由于主考官不慎，考卷竟被火烧毁，致使杨慎功败垂成，可惜之至。

在当时的社会里，十年寒窗，为的就是一朝金榜题名。能够跻身于进士之列，这是多少人可望难即的事情啊！而杨慎将要到身的桂冠，却由于别人的过失而失去，这对于一个一心上进的青年人来说，是何等强烈的打击！杨慎一度很愤怒，很苦恼，但他没有消沉，而是坚定信心，积蓄力量，做好来年再战的准备。抱着这种想法，他入国子监深造，一切从头开始，以图他日夺魁。

武宗正德六年(1511)，杨慎先入礼部会试，名列第二名贡士，接着便参加了殿试。他展纸疾笔，汪洋恣肆，很潇洒地完成了答卷。答卷一到读卷官手中，立即引起注意；然后经李东阳等人传阅，一致给予好评；最后由武宗皇帝定夺，武宗看后，满心欢喜，立即御笔点为一甲状元。这一切，都是在名字弥封的情况下进行的，所以大家并不清楚答卷者就是杨慎。待到弥封揭开、金榜公布时，大家才知道果然是杨慎。一时间，从京城到四川，张灯结彩，大加庆贺。四川的百姓，更是把杨慎与司马相如、杨雄、李白、苏轼相提并论，引以自豪。

四、直言谏诤

杨慎得中状元后，皇帝即授其为翰林修撰。但他没来得及上任，便因继母喻夫人去世，又回新都守孝3年。直到武宗正德十一年(1516)，才返京入翰林院，充任经筵展书官，点校宋末元初大史学家马端临的《文献通考》，并参与纂修《武宗实录》。杨慎在工作中，尽职尽责，敢作敢当，坚持秉笔直书，不畏权势。当时负责考核大臣政绩的吏部，对他有如下的评语："文章不愧出自状元之笔，工作与'慎修'名副其实。"但是，正当杨慎雄心勃勃准备施展政治抱负的时候，一场毁灭他前程的政治斗争已经在等着他了。

武宗是一位昏庸无道的皇帝，喜欢搜罗珍宝重器，沉溺于声色犬马，置国事朝政于不顾，多次私入民家，玩弄民女，肆无忌惮。再加上一些权奸推波助澜，乘机搜劫百姓，以致民怨沸腾，江山濒危。这时候，一些忠臣直言谏诤，晓以利害，希望武宗能有改过之意。但武宗执迷不悟，不仅不听劝阻，反而迫害忠良之士。杨慎的父亲杨廷和曾几番进谏，武宗虽不敢公开难为这位当朝首辅，但对他的意见充耳不闻，而且内心充满忌恨。这时候，血气方刚、初入仕途的杨慎，挺身而出，大胆谏诤，表现出一副不避淫威、为民请命的气慨。他在一份奏折中，直接指出武宗的"偏听偏信"、"轻率妄动"、"非事之游"等缺点，认为这不是为人君者应有的品德。同时，他还写了一些诗，揭露武宗迷恋声色、荒废朝政的行为，表达自己关注社稷安危的急切心情。但武宗根本没把杨慎放在眼里，把他的批评只当耳旁风而已。刚直不阿的杨慎感到报国无门，便告病回乡。

正德十六年（1521），武宗因荒淫过度而一命呜呼，其堂弟朱厚熜即位，是为世宗。世宗原本是武宗堂叔兴献王的长子，只因武宗无嗣而得到了皇位。他即位后第6天，便置国家大事于不顾，下诏礼部，命令大臣们商议给他父亲兴献王加一个什么样的尊号。以杨廷和为首的绝大部分朝廷大臣，主张按帝系继承制度办理，即世宗继位继嗣，称武宗的父亲（孝宗）为皇考，称自己的父亲（兴献王）为叔父。但世宗早有继位不继嗣的想法，打算尊自己的父亲为皇帝，借此提高本家的地位。因此，杨廷和等人的意见，违背了世宗的意愿，双方出现僵峙的局面。杨廷和等人为了缓和矛盾，便做了些让步，即同意世宗称孝宗为皇考，称兴献王为本生父亲。但世宗对这种让步并不买账，只是因为敌对势力太强，自己羽毛未丰，决定暂时将此事搁置一旁，内心充满了对杨廷和等人的仇恨。

嘉靖三年（1524），一些投机分子为取宠于世宗，重提给兴献王加尊一事，他们与一些仕途失意者结成集团，得到了世宗的支持。不得已，以杨廷和为首的内阁要求集体辞职，世宗不答应，杨廷和毅然弃官归乡。世宗并未因此而罢手，而是一意孤行，一方面大肆迫害持不同意见的人，一方面下诏称兴献王为"恭穆皇帝"。在这种局势下，养病归任的杨慎领头上疏，反对世宗的诏令，而且提出不与那些阿谀之士为伍，被世宗停了薪俸。但他没有屈服，在群臣议事时振臂高呼："国家养士百五十年，仗节死义，正在今日！"在杨慎的感召下，各部大臣共229人，一起拥到左顺门跪地大哭。一时间，悲声动地，情遏行云，造成极大影响。世宗大怒，派锦衣卫前去镇压，先后逮捕140余人下狱，杨慎等180余人遭到杖击，其中17人生生被打死。与此同时，世宗将兴献王的牌位迎到观德殿，隆重地供奉起来，以向反对者示威。几天以后，世宗再次命人杖击杨慎等人。杨慎被打得几番死去活来，最后被削籍谪戍云南永昌卫，赶出了朝廷。一代才子，从此开始了屈辱、悲惨的生活。

五、凄惨谪边

嘉靖三年七月末的一天，杨慎身着罪服，乘坐囚车，被押出京城。京城是政治文化的中心，杨慎本应在这里纵横驰骋，大有作为，现实却残酷地毁灭了一切。37岁，就成了朝廷的"罪人"。回望京城，一股从未有过的孤寂感袭上杨慎的心头。昔日里，他是宰相之子，一甲状元，名满天下，才压众儒；现如今，他身陷囹圄，解差押送，没有人敢来送行，他也无法向别人一诉离情别意。牛车在秋风中踽踽而行，尘土随着车轮飞动。杨慎仰天长吟："高秋凉风发，吹我出京华。赭衣裹病体，红尘蔽行车。弱侄当门啼，怪我不过家。行行日已夕，扁舟欸潞沙。"这是一幅多么催人泪下的流放景象！此时此刻，他内心充满了凄凉，充满了未能济世扶危的遗憾，但他并不后悔，他坚信自己保持了气节。这种信念，支持他活下去。而且，这时候有一颗心与他的心一起跳动，对他是莫大的鼓舞，那就是他的忠实伴侣黄娥夫人。

黄娥，字秀眉，四川遂宁人，生于明孝宗弘治十年（1498）。父亲黄珂乃当朝进士，官至工部尚书；母亲亦出身名门，颇有教养。因此，黄娥受到良好教育，思维敏捷，诗文出众，为巾帼中的佼佼者。杨慎20岁时，与王安人结婚，但31岁时，王安人不幸病故；32岁时，娶黄娥为妻。志同道合的才子、才女的结合，一时传为佳话。婚后，两人诗歌唱和，度过了一段诗情画意的美妙时光。但好景不长，婚后第5年，杨慎便要远谪边疆，黄娥的悲痛是可以想像的。她理解丈夫，关心丈夫，毅然伴夫远行。一路上处处对丈夫体贴入微，陪丈夫欣赏沿途风光，寄情山水，淡漠痛楚，这给杨慎受伤的心灵以莫大慰藉。按黄娥的意愿，她要陪伴杨慎到云南，生死与共，但杨慎坚决不答应，他不忍心让爱妻跟自己受罪，让她回新都老家。行至古城江陵，夫妻就此饮泪而别。多情人儿，心似刀绞一般。杨慎挥笔写下一首诗，以寄心境："同泛洞庭波，独上西陵渡；孤棹溯寒流，天涯岁将暮。此际话离情，羁心忽自惊；佳期在何许，别恨转难平。萧条滇海曲，相思隔寒燠；薰风悲摇心，蕙露愁沾足。山高瘴疠多，鸿雁少经过；故园千万里，夜夜梦烟萝。"

嘉靖四年正月，杨慎抵达云南永昌卫（今云南保山）。身体的创伤，精神的磨难，使他形容枯槁，卧床难起。但人们对这个谪臣并没有冷落和歧视，更没有落井下石，而是出于对英雄的景仰、对才子的爱护和对落难之人的怜悯，给予了极大的照顾与关怀。云南巡按郭楠等人，不顾冒犯皇帝，得罪奸宄，为刚刚到来的杨慎选择良居，安排生活，请医问药。郭楠直接向嘉靖皇帝上疏，要求赦免杨慎等人。杨慎身心逐渐康复，生活逐渐安顿下来。

嘉靖五年，杨慎因父亲患病，获准回新都探望。杨廷和因"兴献加尊"一事得罪皇帝，虽告病回乡，亦没有逃脱迫害，被指责为"罪魁"，先被定为"杀头暴尸"之罪，后"特予宽宥"发落为削籍为民。父子相见，自是格外伤感。父亲病情好转后，杨慎在黄娥陪伴下回到云南。嘉靖八年，杨廷和去世，杨慎夫妇回新都奔丧。办完丧事，夫妻再次分离。黄娥极力压抑住内心的痛楚，劝导杨慎再找一位伴侣，代为照料生活。杨慎走后，黄娥更加凄苦，写下了一连串感人肺腑的诗词散曲，以真实的感情和文笔，在女性文学史上留下了辉煌的一页。她的《寄外》一诗，令众多须眉自叹弗如："雁飞曾不渡衡阳，锦字何由寄永昌？三春花柳妾薄命，六诏风烟君断肠。曰归曰归愁岁暮，其雨其雨怨朝阳。相闻空有刀环约，何日金鸡下夜郎。"她的散曲："不明不暗唱《阳关》，无语无言倚画阑，多情多恨肠空断。那人儿甚日还？相思担其实难担！独树山头路，皋桥渡口船，眼睁睁面北眉南……"令人同情不已。

杨慎远谪边陲，虽然身心受辱，仕途阻塞，却为他提供了一个苦心锻骨、接触下层人民的绝好机会，使他得以潜心治学、感悟人生，终于成为雄视一代的大学问家。

六、学问大成

杨慎11岁开始作诗，去世前也未辍笔。但真正著书立说，主要集中于在云南的几十年间。杨慎的著述极为丰富，据《明史·杨慎传》记载："明世记诵之博，著作之富，推慎为第一。诗之外，杂著至100余种，并行于世。"他的著述究竟有多少种，说法历来不一，但在朋友和后人的评价或追忆中，多见"冠绝前儒"、"罕有匹比"和"学者恨难睹全"一类的字眼。清代学者李调元在辑刻《函海》一书时，于序中写道："新都升庵，博学鸿文，为古来著书最富第一人。"从现存的文稿看，有为亲朋好友写的赞词、祭文、铭文、碑文、墓志；也有序跋、评注、考证、笔记、学术论文；还有对花鸟鱼虫、山川风物、天文地理、书法绘画的研究；最多的是散曲和各种体裁的诗词；对戏曲也有一定造诣，像《兰亭会》、《太和记》等，在当时便已脍炙人口。

嘉靖九年（1530），杨慎约好友李元阳游名胜古迹。一天晚上，他们投宿感通寺，听到和尚念经时一些字读错了音，李元阳便建议杨慎对音韵做些考证，写一部专著。杨慎接受建议，在寺内住了20余天，写成了《转注古音略》一书，成为我国古韵学史上一部承前启后的名著。后来，杨慎又给李元阳写了一封长信，再次阐述了音韵方面的几个重要问题，这封长信，也成了古音韵学史上一部重要学术论著。

嘉靖二十年（1541），杨慎服戍役路过成都，恰逢巡抚刘大谟正组织人员纂修《蜀志》。刘大谟倾慕杨慎的才志，特聘杨慎主编《全蜀艺文志》。于是，杨慎等人收集了自汉初到明代中叶1600年间共644人的1795篇诗文，选材得当，排列合理，为后代研究四川古代文化留下了一份宝贵的遗产。

杨慎最大的成就，还是在诗词上的独树一帜。明代诗词很多，但成就不如汉唐。特别是前后"七子"的复古运动，提倡"文必秦汉，诗必盛唐"，模拟前人，形式主义很严重。杨慎生活在那个时代，自然会受到影响，但他没有依傍于哪家哪派，而是以自己的"高明伉爽之才，宏博绝丽之学，随题赋形，拔戟自成一队"。他的诗作极丰，在《升庵全集》81卷中，单是各种体裁的诗就达28卷，计2300余首。在早期，他受李东阳影响较大，刻意追踪前人，没有形成自己的风格。贬谪云南以后，环境变了，心境变了，诗词有了丰富的内涵，特色便展现出来。清代编的《明诗别裁集》，选了他15首诗，都可看出作者有很高的水平。其中，《三岔驿》："三岔驿，十字路，北去南来几朝暮？朝见扬扬拥盖来，暮看寂寂回车去，今古消沉名利中，短亭流水长亭树。"《武侯庙》："剑江春水绿沄沄，五丈原头日又曛。旧业未能归后主，大星先已落前军。南阳祠宇空秋草，西蜀关山隔暮云。正统不惭传万古，莫将成败论三分。"清新沉重，感人至深。在他的诗作中，有一部分是描绘祖国边疆风光人情的，填补了我国诗歌史上一大空白。

杨慎在治学方面也给后人树立了楷模。他治学有3个特点：一是不拘成见，融会贯通；二是先博后精，由精至成；三是注重实际，躬身力行。他反对把经书当教条，盲目尊崇先师，不敢畅抒己见的风气，提出了"圣贤师弟子亦不苟同"、"文章宜经世致用"的观点。他主张博学多闻，认为"博则精，精则神，神则化"。他特别注重身体力行，用实践来检验学问。他常对学生说："见睫者不若身历，謄口者不若目击。"他的足迹遍及云南，掌握了大量的第一手材料，为他学业大成打下了坚实基础。

七、广交朋友

杨慎谪戍云南35年，云南成了他的第二故乡。他在这个汉族与少数民族杂居的地方，这个被称为"蛮荒之地"的地方，扎下根来，与广大人民群众、众多文人志士建立了密切的关系和真挚的友谊。

杨慎十分关心当地人民的疾苦。面对贪官污吏的横行霸道，他坚定地站在人民一边，不畏强暴，奋力抗争。嘉靖二十八年（1549），一些官吏豪绅利用疏浚昆明县内滇池泄水处的海口为由，搜刮民财。杨慎对此非常气愤，他一方面写诗揭露官吏豪绅的罪行，指出"利在数家害百万"，"民命讵比鱼鳖轻"；另一方面致书巡按，指责此役乃是误听误信、不顾恤百姓生命的举动，希望尽快终止。

在长期的谪戍生涯中，杨慎与少数民族人民朝夕相处，大汉族主义观念逐渐淡薄，各民族和睦相处的思想逐渐坚定。他与少数民族的一位将军交往很深，他的学生中也有不少人是少数民族。在云南几十年间，他的足迹遍及昆明、大理、保山、巍山等地。每到一地，他都深入田间坝上、茅前舍内，向少数民族传播中原文化，了解少数民族历史掌故、风土人情，没有一点儿状元公的架子。在调查研究的基础上，他写出了记载少数民族历史的典籍《滇载记》、《南诏野史》等，为研究少数民族，加强汉族与少数民族的文化交流留下了宝贵财富。为了向少数民族人民传播文化，他学会了多种少数民族语言，并且兴学收徒，特意教授。因此，400余年后的今天，云南人民对杨慎仍十分怀念，把他与诸葛亮相提并论，共同祭祀。

杨慎在云南以文会友，结交了大批文学知己。其中，过从最密的有张含、王廷表、李元阳、唐锜、杨士云、吴懋、胡廷禄七人，被称为"杨门七子"。张含（1479～1566），是杨慎少年时期的同窗诗友，因仕途不畅，便回到老家云南，肆力为诗。杨慎谪戍云南后，老友相逢，更加亲近。两人经常吃居一处，诗歌问答，成为当时诗坛佳话。张含很推崇杨慎，平生单写"亿升庵"、"寄升庵"一类的诗多达200余首,其中"严陵不必逢光武,贾谊何须吊屈平"等句,明显表达了这种感情。王廷表(1490~1554),当朝进士,因受人诬陷而丢官还乡。他与杨慎也是少年相识,在云南又相遇。他俩一同切磋学业,题咏著书,也留下不少佳话。传说一天晚上,以梅花为题,二人比赛作诗,竟达百首。王廷表还不顾杨慎罪犯身份,为之修建状元馆,塑像纪念。李元阳(1496~1580),当朝进士,曾任户部主事等职,为民兴利除弊,颇有政声。他多与杨慎一道出游,切磋诗文,即景题诗,然后汇集成册。杨慎逝世后,李元阳大为悲痛,写下《哭杨修撰升庵》长诗痛悼,一字一泪,痛彻心腑,其中"天边文曜坠,地下不能留。文章推一代,未足羡公优"等句,表达他对杨慎的崇敬之情。另外,唐锜、杨士云、吴懋、胡廷禄等人,也都是杨慎学问上的知己,生活中的密友,交情非常深厚。这七人,有2名举人,5名进士,多是科举场上的胜利者,仕途上的失意者,与杨慎有共同的心境和语言。他们相互影响,长进很快,后来都成为云南文化史上值得一提的重要人物。

  杨慎至交中,也有少数民族人氏,"杨门七子"的杨士云就是白族人。除杨士云以外,还有另一个白族人董难,还有一个纳西族世袭丽江土知府木公等等。他们很崇拜杨慎,经常请教问题。杨慎对他们特别扶掖,以至多有所成。

  杨慎在云南广交朋友,实际上已成为一种文化交流活动。他和他的朋友们,题咏唱和,考究探寻,著书立论,对促进云南各民族文化发展做出了重要贡献。云南在元代以前,著书立说者甚为了了;整个元代,著述也不过10种。但从明代嘉靖至明末,区区120余年,著书者达150余人,著述达260余种。这种巨大变化,与杨慎等人的作用是分不开的。

八、遗恨终生

杨慎虽然受到朝廷的迫害和侮辱，长期流放边疆，但他的爱国热忱并未冷却，报国志向并未消沉。嘉靖六年十一月，云南一些土司发动叛乱，滥杀无辜。杨慎目睹百姓遭殃、民族分裂的现状，不顾罪犯身份，临危赴难。他率领戍卒什从，奋力与叛军作战，披甲挥剑，置生死于度外，在士兵中产生很大影响。叛乱平息后，他写了长诗《恶氛行》记载这一事件。在诗中，他谴责了朝廷用人不当，汉官压榨少数民族人民等行为，表达了英雄志士报国无门的心情。

多才多情的杨慎，风华之年遭受贬谪，壮志未酬的悲愤时刻撞击着他的心扉。嘉靖十一年，他登临遥岑楼，一连吟出《春兴》诗8首，爱国报国的感情溢于言表："诸葛提兵大渡津，河流禹凿迥如新"，"宣室鬼神思贾谊，中原将帅用廉颇。"嘉靖十九年春，杨慎在重庆服役时，凭吊钓鱼城，这是一座有着爱国历史事迹的名城，杨慎抚今追昔，感情澎湃，挥笔写下《钓鱼城张王二忠臣祠》一诗："钓鱼城下江水清，荒烟古垒气犹生。睢阳百战有健将，墨翟九守无降兵。犀舟曾挥白羽扇，雄剑几断曼胡缨。西湖日夜尚歌舞，只待崖山航海行。"即使到了晚年，他的满腔热情仍未减退。面对国事多艰，边患迭起，他忧患重重，在《病中秋怀》一诗中，他写道："炎荒避地廿年过，杞国忧天奈尔何"，"安得班超投笔起，戎州暂得破愁颜。"

但是，当朝统治者并不理会杨慎的心迹，不仅对他的报国之志、爱国之举漠然不视，而且一直把他当做眼中钉，欲置于死地而后快。杨慎在云南谪戍38年，其间，不断有人上疏嘉靖，请求赦免他，但始终未被准许，而且有不少人因此而获罪。到了嘉靖中期，朝中人士有较大变动，140余名谪戍人员先后被赦免，却惟独没有杨慎。不但不赦免，而且世宗皇帝很"关心"杨慎的言行，时时过问。为此，杨慎不得不装出痴傻的样子来掩人耳目。

根据明代法律，谪戍者65岁以上便可以由子侄后辈代替服役；年过70岁者，可以用钱赎身。但这些法律条文，并没有救杨慎，朝廷对他法外施刑，坚持要他服役至死。对此，杨慎十分气愤，他在《感怀诗》中写道："七十余生已白头，明明律例许归休。归休已作巴江叟，重到翻为滇海囚。迁谪本非明主意，网罗巧中细人谋。故国先陇痴儿女，泉下伤心也泪流。"这正义的呼唤，血泪的控诉，发自一位老者内心，谁听了都会心颤。

嘉靖三十八年(1559)秋天，杨慎这位多才多难的状元在祖国边陲云南与世长辞，终年72岁。他带着满腔仇恨、满腔壮志离开了这个世界。用他的挚友李元阳的诗来形容，真是"点苍山上月，千古恨悠悠"。

人民怀念这位大才子，用各种方法纪念他。他曾在四川泸州服役，为当地人民做过一些好事。他死后，人们把他与另一位遭贬的名人黄庭坚相提并论，至今在泸州城外玉蟾山上，还留有一副对联："峭壁一孤峰，访黄太史来游，石上已曾留墨迹；历年四百载，问杨状元去后，山中谁更唱诗回。"在云南，人们把他当成传播文化、开启风化的圣人，称他为"杨夫子"。他的故事、他的名字，在云南妇孺皆知；他住过的地方，他与朋友诗歌唱和的地方，后来都成了历史名胜，瞻客不绝。有人在他的旧居题诗曰："先生旧栖此，遗迹空莓苔。滇池一片月,犹为前贤来。"在他故乡新都,人们更以家乡出了这么位才子而自豪。有以他命名的"状元街",有他居住过的"状元府";他当年栽植的桂树,如今已成为新都的象征;新都的升庵祠,是四川省的重点文化保护单位。

　　历史是公正的,人民是公正的,杨慎的功绩才学不会被人民遗忘,不会被历史湮没。苦难天才杨慎,人民永远怀念他。

唐 皋

◎ 李西宁

唐皋,字守之,号心菴,安徽歙县人。他出生在一个贫寒之家,早年困苦的生活使他饱尝了人生的艰辛,家中为了出人头地送他上学。唐皋学习勤奋,肯吃苦,决心在科举上一举成名。振兴门庭,光宗耀祖,这是那个时代贫苦读书人共同的心愿,因为这是摆脱贫困的唯一出路。唐皋心胸磊落,而又严于律己。少年时,一次在灯下发愤夜读,有一个漂亮女子在窗外挑逗他,用舌尖把窗纸舔破了。唐皋并不理睬她,把破了的窗纸补好,并在上面题句云:"舔破窗纸容易补,损伤阴德最难修。"不久,有游方的老僧路过这里,见门前云霞灿烂,仿佛悬着一块状元匾，两旁正书写着这两句诗。老僧告诉了唐皋，很奇怪地问他是怎么回事，唐皋笑而不答。徽州郡守彭泽有次去学宫巡察，这天一早，有个秀才进献给他一篇文章，彭郡守读到精彩处，击节称快，见署名是唐皋，很是器重他，从此两人常常在一起谈论诗文，关系很密切。唐皋写文章，才思敏捷，一挥而就，文不加点，倘文中有疏漏需要修改，宁肯另作一篇也不在上面改动，另写的文章也别出新裁，不落旧作的痕迹。唐皋又多谋善断。徽州邻县匪盗猖獗，土匪常常到徽州抢劫杀人，危害极大，彭郡守一筹莫展。唐皋提出多建团练，四方照应，围击流窜的土匪，终于消除了匪患。彭郡守精通堪舆风水之学，据说每逢唐皋来，他都隐约见有一对金丝灯笼引路，缥缈浮动，仿佛有神灵保护，而唐皋却不知道。这一日，唐皋来，灯笼不见了，郡守大惊，问道："你近几日是不是做了什么损德亏心之事？"唐皋想了想说："我只是给一个卖妻还债的人书写过契约，那人给了我一些银钱。"彭郡守急忙拿出一些钱，催促唐皋道："快回去把钱还给他，那人是个人贩子。"唐皋照他说的办了，把契约撕碎扔在地上就回来谢郡守。郡守看见他跟前的灯笼又亮了，于是告诉他自己的所见，唐皋大惊失色。此事虽不可信，但也说明了郡守对他的关心和赏识。唐皋由于才华出众，自信有能力夺魁，常常以状元自命，却又时运不济，考试中连连碰壁，所以有好事者作了一首打油诗来讥讽他："徽州好个唐皋哥，一气秋闱走十科，经魁解元荷包里，争奈京城剪绺多。"唐皋听到后，一笑了之，反而更加勤奋学习，他在书房的墙壁上写了一句话激励自己："愈读愈不中，唐皋其如命何；愈不中愈读，命其如唐皋何！"正德九年（1514），唐皋再次入京参加会试，连中两元，考中状元，这年他46岁。廷试后，有人问唐皋他能考中什么。"状元!"唐皋笑笑说,"我夜里梦见金锤黄盖,今天应该有才对啊!"传胪之后,果然用金锤黄盖的仪仗送状元回府,唐皋自信若此可见一斑。有志者事竟成,人们都用唐皋成功的故事教育他人,鞭策自己。授翰林院修撰,修《武宗实录》成,晋升为侍讲。又曾作为使节出使朝鲜。未几,唐皋大病不起,病卒。

舒 芬

◎ 李红艳

在江西进贤县,有一位英俊玉立的少年,12岁作《驯雁赋》献给南昌知府大人祝瀚,为祝知府称誉,为世人所知。这位翩翩潇洒的少年便是后来四海闻名的"忠孝状元"——舒芬。

舒芬,字国裳,自幼喜好读书,很有文才,人也长得标致,负才气盛。他精力旺盛,刻苦钻研,能够端坐一天而不感疲倦。他每晚都自我反省,检查过失,以发扬前人已中断的"学问为己任"。经过几番寒窗酷暑,他已是博学多才、通晓儒家经典的风华才子。明武宗正德十二年(1517)三月,舒芬千里迢迢赶到京城北京参加会试,经过激烈的角逐,在上千名举子中,他以优异的成绩,名冠榜首,又通过皇帝亲自主考的殿试,获得科举考试第一名。既为状元之后,参加了礼部主办的恩荣宴,中榜的进士欢聚一堂,举杯畅饮,好不热闹。

接下来便是选庶吉士,选上的在翰林院学习3年,成绩优秀的,就留在翰林院,担任编修或检讨等官职。自明英宗以后,形成了"非进士不入翰林,非翰林不入内阁"的局面。所以,留在翰林院的编修,最有可能青云直上,入内阁参与机务。舒芬被选中,3年中,他不仅钻研经史,而且也兼习天文律历之学,特别精通《周礼》,这对他儒学思想形成及政治生涯都有极大的影响。舒芬虽然在翰林院深造,但仍关心国事。当朝天子武宗朱厚照是个不守礼制的人,狩猎、出游无节制,又极贪色,是个放荡的皇帝。正德十三年,武宗的奶奶孝贞王皇后驾崩,刚过1个月,武宗便离开北京到宣府去(宣府位于西北边疆)。武宗即位当初,不甘心被约束在宫内,又厌倦了宫中的妃嫔,于是,在宫外修建了供他吃喝淫乐的场所——"豹房"。后来,他遇上了江彬。江彬是宣府人,青年时当了边境上的军士,小有战功,提为下层军官。他发迹是从正德六年,京城内地发生了农民起义,内地的军队镇压不了,就调大同和宣府的戍兵到内地镇压,他在镇压过程中受伤多处。有一次,一支箭从面部穿到耳朵上,他拔箭继续作战的勇敢精神被武宗皇帝得知,他回宣府途经北京时,得到重赏。他是个极其狡猾阴险的人。在京师,他与佞臣钱宁相勾结,借钱宁的门路,被武宗诏见。武宗见他身材魁伟,强壮有力,又见他脸上的伤痕,称赞他是个了不起的人。江彬借此机会,大谈兵法,讨好于武宗。他善骑射,更得武宗的欢喜,就将他留在身边,提升为都指挥金事,管京师的军队。他可与武宗相伴出入"豹房"，同睡同起。后来，武宗厌倦了"豹房"生活，江彬便鼓动他到宣府建一寓所，在那里花天酒地，吃喝玩乐。可当时是在服丧期，不能公开去宣府，只好找借口，说要去巡视一下孝贞皇后的山陵，不带卫兵，要私行。舒芬上疏谏言："陛下3年之内，应当深居简出。即使服丧期满后，也应是孤独痛心的样子。况且，自古以来，万乘之尊的国君，若非逃窜躲藏，没有不严整侍卫相从的。又何况，等级威严莫大于车服之配，以天子之尊下同庶人，舍弃大辂衮冕而取赢车墊服，怎么可以辨上下、定礼仪呢？"武宗根本不听。

孝贞王皇后的山陵完工后，要行迎主祔庙礼。迎主祔庙，就是死者与祖先合享祭祀。将死者的神主迎回来，应当从正门——午门入，但是，孝贞皇后的神主是从长安门进入的，违背礼仪。于是，舒芬上疏说："孝贞王皇后做配宪宗的茂陵，没听说她有失德的地方。祖宗之制，既葬又迎主，一定从正门入。昨天，孝贞的神主只是随从陛下的车驾，从旁门——长安门进入庙门的。他日，史臣会写道：'六月己丑这天，武宗的车驾自山陵至京，迎孝贞皇后的神主，自长安门入。'这将使孝贞皇后有不德而终的嫌疑，怎么向天下百姓和后代子孙解释呢?祔庙的傍晚，疾风迅雷齐来，又降了大暴雨，这是圣祖列宗和孝贞皇后之灵在警告陛下啊！陛下应该立即下诏明示天下，以示改过。"武宗阅后，脑子里留下了舒芬的名字：新科状元，总是想展示其才能，有所作为，这是初入仕途的通病。所以，武宗留中不发。舒芬盛气之下，上疏乞请回家养老。武宗亦不许。

第二年春天，武宗在江彬等人的诱导下，下诏要大臣研究一下他南巡的事。当时，江西的宁王朱宸濠久谋异志，与江彬勾结，江西百姓人心惶惧。谏官伏阙上谏，违背了皇上的意旨，而遭惩罚。舒芬对这不讲礼仪的皇帝感到十分忧虑。这天，武宗降下手谕：吏部听旨，镇国公朱寿(武宗自称)，应加太师封号；又礼部听旨，威武大将军太师镇国公朱寿，今往两京(北京、南京)、山东，祀神祈福；又工部听旨，紧急修建黄马快船以备用。武宗的手谕一下达，所引起的轰动是罕见的。内阁阁臣和科道检察官纷纷上疏劝谏，武宗都不批示。兵部郎中黄鞏和员外郎陆震以本科名义上疏劝谏。舒芬见势，与同编修崔桐，庶吉士江晖、王廷陈、马汝骥、曹嘉及应轸上疏极谏："古帝王所以外出巡狩，是为了协调律度，统一度量衡；访问遗老，问百姓疾苦；黜陟幽明，按次序叙禄官吏的功劳。因此，诸侯畏惧皇上，百姓又得以安居乐业。但是如今陛下出狩，不过像秦始皇、汉武帝一样，以满足侈心为乐而已，不能行巡狩之礼。秦始皇的博浪、汉武帝的柏谷之难，还不足以为鉴吗？远的不说，近来陛下两次出巡西北，六师不可维持，百姓深受其害，哀痛之声上达苍天，下传四方，人心为之震动。故百姓一听有南巡的诏书，都像受惊之鸟兽纷纷逃散。而有关部门以迎接陛下为名，征发严急，江淮之间，萧然烦费。万一有异志之徒乘势倡导大乱，带来的祸患难以预料。况且，陛下以镇国公自称，如果到了亲王的封国内，有的封王以勋臣之礼侍奉陛下，那么，陛下是南坐北向受之礼，还是北坐南向受之朝呢？假若按名责实，深究悖谬之始，则左右宠幸之臣便死无葬身之地。倘若有事变，痛苦不忍言的是：宗藩蓄有汉刘濞[①]之祸，大臣怀有五代冯道[②]之心，以禄位为商品，以朝廷公堂

---

① 刘濞：西汉分封的诸侯王，在公元前154年，起兵叛乱，史称"七国之乱"。

② 冯道(882~954)：唐末人，历事后唐、晋、汉、周四朝，在相位20余年，视丧君亡国，不以为意。他视自己的历事为荣，为后世所鄙。

为市场,以陛下为棋手,以革除年老官员为故事。特别是左右宠幸之臣,智谋短浅,我们这些无能之辈以此言敬告陛下,使陛下得闻此言,虽是禁门之外,也要按祖制警跸而出,怎么敢轻骑漫游呢?"这份联名疏奏上去后,陆完对他们说:"皇上一听有人进谏就恼怒,诸位还是暂且停止上疏,不要以归过于皇上来沽名钓誉。"舒芬等没有理他,便出了皇宫。不一会儿,吏部员外郎夏良胜、礼部主事万潮到了舒芬处,商量对策。舒芬又邀请了太常博士陈九川到家里,酌上酒,说:"匹夫不可夺志,你们准备就此罢休吗?"于是,商定与各部联名上疏。第二天,吏部14人、刑部53人、礼部16人、兵部16人及其他人员,共107人上疏劝谏。结果,武宗大怒,将黄鞏、陆震、夏良胜、万潮、陈九州、徐鏊下了诏狱——锦衣卫办的政治案件。舒芬等百余人被罚跪于午门外5天。这些被罚的官员,个个戴有枷锁,白天罚跪,晚上回到狱中,宛如重囚。百姓见状,莫不叹息流泪。阁臣尚书上疏救,不听。跪期满后,又杖打30。执行的大部分是宦官,他们恨透了这些文官,所以每板都是实实在在的。这些文官一失往日的文雅、风采,呼号之声响彻禁内,声声撕心裂肺,当场被杖死11人。其余活着的罚6个月薪俸,降职充边,永不起用。舒芬亦被打得差点儿死去,被人抬到翰林院后,翰林院负责人已令内阁摽拟舒芬出翰林院了。待舒芬醒后,便通知他到福建市舶司任副提举使。舒芬气愤至极,大声喊叫:"我当官在此,死亦在此!"

春天,阳光明媚,舒芬身带重伤和一家人上路了。天是美的,温暖的,可舒芬一家人是悲戚的。望着高高的天空,这位状元心中又该是什么呢?

正统十五年九月,舒芬的父亲病逝,他辞官归乡守亡父之灵。

正德十六年三月，武宗崩于"豹房"，年仅31岁。武宗无子，由其弟朱厚熜继位，是为世宗。世宗即位，将被武宗贬戍到外地的谏官们召复还京，官复原职。于是，舒芬又回到了他熟悉的翰林院。世宗上台，在政治上有所作为，人们将希望寄托在他的身上，但是，明代的大礼仪之争也从他开始了。舒芬遇上了讲求忠孝的礼仪之君，这本应是他的理想，谁知，世宗的礼仪与舒芬的礼仪大不相同。这时，从内阁到六部各科室，官员们分成了两派，都不同程度地卷入了大礼仪之争。所谓大礼仪之争，就是世宗皇帝宣称自己即的是皇位，而不是皇太子位，他不认武宗为他的皇父，更不认武宗的父亲是他的皇爷，他要将自己的亲生父亲、母亲立为皇帝、皇后，这便是兴献帝和兴国皇后。《睿宗实录》便是记载这位没有当过皇帝的兴献帝的事情。以阁臣杨廷和为首的大部分官僚认为，世宗继武宗的皇太子之位才能当皇帝，再追立其生父、生母为皇帝、皇后就违背了礼仪。这种正统观念舒芬是极力赞同的，他毫不犹豫地站到这一边，与皇帝形成了对立的局面。而进士张璁等为了个人的私利，站到皇帝一边，极力主张追立兴献王为帝，深得世宗的信赖。张璁、桂萼、方献夫骤升为学士后，舒芬和他的同事杨维聪、编修王思，羞于与他们同伍，上疏乞请罢官，世宗不许。

嘉靖三年春，世宗的伯母、武宗的母亲昭圣太后过大寿，世宗下令免除朝臣的命妇人按仪礼朝贺的礼节。舒芬上言曰："以前，兴国太后(世宗的生母)过生日，命妇人都来朝贺。现今遇上皇太后的寿节，忽然免除朝贺之礼，恐怕陛下会失去轻重之宜。乞请陛下收回已下达的命令，以昭彰圣孝。"皇上大怒，下令扣了他3个月的薪俸。

这年的七月，秋高气爽，世宗皇帝在左顺门召见群臣，下给群臣手敕，称章圣皇太后(世宗的生母兴国皇后)去掉"本生"字号，也就是承认了他的生母的合法地位。当下，群臣惊愕。接着，张璁、桂萼又列上礼官欺罔圣上的13条罪状，并且指斥他们为朋党。这下可将群僚震惊了。于是，九卿、詹事、翰林、给事、御史、六部、大理、行人诸司，各上疏争辩，但都留中不发。尚书金献民、少卿徐文华首倡群臣，说："各司的疏奏都被留中，一定将疏文改称孝宗(武宗的父亲)为伯考(对孝宗称伯父，'考'是对先辈死后的尊称)。"接着，吏部右侍郎何孟春说："宪宗时，在商议慈懿太后(英宗的皇后。英宗遗嘱慈懿皇后死后与他合葬。但到宪宗时，宪宗的生母周太后不与他们合葬)葬礼时，礼部尚书姚夔率百官伏哭于文华门，这是我朝的旧事。"杨慎又说："国家举士150年，杖节死义，正在今日！"接着，编修王元正等称："万世瞻仰，在此一举了。谁要是不极力争谏，我们要群起攻击他！"于是，召集群僚：九卿23人、翰林22人、给事中20人、御史30人、吏部12人、户部36人、礼部12人、兵部20人、刑部27人、工部15人、大理寺12人，集合了六部及其他部200多人跪伏于左顺门。这是一次官僚集团自觉的集合请愿示威，历史上也少见。他们有的大声呼喊高皇帝(朱元璋)，有的呼喊孝宗皇帝(朱祐樘)，呼号之声响彻云霄。世宗正在文华殿吃斋(因世宗信佛)，听到外面的呼号声，下令官员退去。但情绪激昂的官员们哪里肯听，呼声越来越高。这下可激怒了世宗，下令锦衣卫将领头的逮捕入狱，共逮捕了8个人。杨慎、舒芬见状，立即前往左顺门，群臣声泪俱下，哭声震撼廷阙，宛如天要塌、地要崩，山风呼应，一齐涌来。这个高高在上的皇帝，大有被欺凌的羞耻，更加恼羞成怒，下令将外面闹事的官员，全部记下他们的姓名。有些官员将不在场的亲人、朋友的名字也登记上，于是，将其中的190人被捕入狱，其余的待罪。过了二三天，下诏：首领起事者，戍边；四品以上官员罚扣薪俸；五品以下杖责，其中有16人被杖死。舒芬既被夺俸，又被杖打。这位持"为人后者为之子，不得顾私亲"的状元，在第二次为皇帝杖责后，不幸又接到了家母病逝的消息，在仕途无望的悲凉中，辞官归家服丧。2年后，嘉靖六年三月，病卒于家中，年仅44岁，为当世人尊称为"忠孝状元"。

舒芬在学业上颇有造就，专研《周礼》，并写了《太极绎义》，为当世学者所称道，称他为"梓溪先生"。他最大的遗憾是没有来得及发扬《周礼》的大意。他深受《周礼》的影响，一生都投入为封建礼教争地位的斗争中，难怪人们称他忠孝状元。

历史的演进带有许多的偶然性。在成化时，即宪宗朝，翰林院的修撰罗伦，因为上疏纳谏，被宪宗贬戍福建市舶司任副提举使；60年后，舒芬因同样的原因，被武宗贬戍福建任同样的官职。历史的巧合是，两人任职相同，又是同乡，所贬戍地相同，所贬谪的官职亦相同。于是，福建的士大夫将舒芬配祀罗伦，纪念这两位刚正不阿、极力尽谏的官员。清代，人们在编写《明史》时，这样称道这位忠孝状元："芬危言耸切，有(汉代)爰盎擥辔之风。"

杨 维 聪

◎ 周玉山

　　杨维聪，字达甫，号方城，顺天固安(今河北固安)人。父名和，举人，曾任长史。维聪幼时跟随其父于任官之所，就读于家塾。据说每到用饭时，其家人刚将饭食备好，维聪即不请自至，母亲张氏问他为何总是来得这样巧，他说："每到用饭时，耳边总有一声音告诉我：'状元该用饭了。'"年稍长，为治《诗》国子生。正德十四年(1519)顺天府乡试，得解元；十五年(1520)会试，名列第十。依惯例，会试1月之后，即由皇帝主持廷试，但因武宗当时正在南京巡幸，廷试未能如期举行。正德十五年底，武宗方回北京，因途中落水受惊而得病，至此已无力视事；次年三月十四日驾崩。武宗死后，没有儿子继承皇位，因由大学士杨廷和做主，让武宗的从弟朱厚熜继承大统，是为世宗。正德十六年（1521），世宗临殿召集去年中式诸士共333人举行殿试，杨维聪得一甲第一名，状元及第。杨维聪的祖上有敬惜字纸的传统。据说维聪尚未成人时，其父曾做一异梦，梦见有一大队人马浩浩荡荡来至他家，前有鼓乐手吹吹打打，后面有人捧着"辛巳状元"的牌子，牌子的旁边写着"敬惜字纸"4个小字。其父醒来，回思梦境，不禁窃窃自喜，但惟有"辛巳"二字费解。因为按明代科试成例，每隔3年举行一次会试和殿试，每次会试和殿试都是在辰、戌、丑、未4个年头进行，故"辛巳"这一年不会有开科取士之事。等杨维聪考取状元，此疑便烟消云散，原来杨维聪会试那一年是"庚辰"，第二年殿试，正是"辛巳"。杨维聪还有个哥哥，叫杨维杰，嘉靖五年（1526）也荣登榜眼，一时成了科场盛事，时人皆谓此乃杨家世代敬惜字纸的果报。维聪及第后，授翰林院修撰，与修《武宗实录》，迁太子中允。嘉靖初年，世宗励精图治，一改前代弊政，因思翰林中诸词臣长期任职内廷，没有机会体验基层治理之道，于是，有计划地从翰林院中选拔一批有培养前途的官员到地方上任亲民之官，以锻炼他们的政治能力。嘉靖六年（1527），杨维聪被选派为山西按察司副使。山西一向为贫瘠之地，并非肥缺，一般官员遇有此缺，避之惟恐不及。翰林诸臣于选调外官一事，多抱有抵触情绪，勉强就任，怕吃苦，多敷衍了事。杨维聪于此事并不计较，任职期间认真负责。不久调任河南学政，转山东布政司参政，负责督运漕粮；升山西布政司右使；嘉靖十五年（1536），转山东布政司左使。前后任外官9年，恪勤政事，号称"能臣"，时人认为可与汉代名臣萧望之媲美。其在山东、山西任职最久，于当地政俗民情、地方利病、道里隘塞、财赋大要了如指掌，有所举措，皆能得其宜；所发而出者，多为善政。后调都中任光禄寺卿、太仆寺卿。嘉靖十九年(1540)致仕，死于家。

姚涞

◎ 刘 天

慈谿(今属浙江)有个叫姚镆的,弘治六年(1493)进士,官至左都御史,在镇抚两广上,多有建树。

儿子姚涞,字维东,嘉靖二年(1523)进士第一甲第一名。此科进士共410名,出了很多名人,如第一甲第三名徐阶,官至内阁首辅。姚涞却名声不显。他中状元后入翰林院为修撰。世宗追封其生父、生母为皇帝、皇后时,姚涞坚决反对,被廷杖。上疏请黜元世祖祀,以正典礼。世宗命礼部讨论。多数官员认为元朝历九世而亡,元世祖最为贤明,有元一代,也有值得称道的地方。古人有"夷狄中国则中国之"的说教。自古帝王对亡国之君都加优遇，以昭忠厚。太祖神谋睿断，将元世祖入祀，迄今已有百余年。宜遵旧制，庙祀如故。世宗采纳了他们的建议。其后岁有边患，礼部主事傅伯栋再次上疏，请黜之。世宗遂诏令撤其塑像，革其祀。

其后，世宗诏姚涞修《明伦大典》，姚涞恳辞不与。累官至侍读学士，侍从皇上诵习经史。

龚用卿

◎ 李西宁

龚用卿，字鸣治，号云岗，福建怀安人。少年时便很聪慧，才气纵横，罕有人与之比拟。作文一挥而就，顷刻即成；记忆力惊人，凡经史子集皆过目不忘。嘉靖元年(1522)乡试，以礼经科第一被举荐；五年(1526)会试，名列榜末；廷试，因皇上爱其文章，遂从榜末提为第一，时年 26 岁。福州故老相传，在晋人郭璞《迁城记》里预言："南台沙合，河口路通。先出状元，后出相公。"这里的"先出状元"说的便是龚用卿。龚用卿考前梦见神龙飞舞，在他额头上写了一个"状"字，果然中了状元。这些都是传说，只备一笑。其父龚源，号菊坡，父因子贵，被封为儒林郎修撰；其母林氏，封安人。嘉靖十一年(1532)菊坡翁卒，龚用卿痛哭泣血，守孝尽义，待守孝期满，已是骨瘦如柴了。嘉靖十七年(1538)升为左春坊左谕德，教导太子读书，每讲经史引证古今，极含讽谕之意。皇上下诏修《明伦大典》、《明会典》，龚用卿为主要筹划编纂者。书成，皇帝很满意，赐予其金币之物以示嘉奖。嘉靖十九年(1540)为主考官，主持南方乡试。己丑、壬辰、戊戌3年任会试同考官。曾奉诏出使朝鲜，赐一品服饰，其博才大智得到朝鲜君臣的称赞。嘉靖二十年(1541)升国子监祭酒，一到任便增修学舍，整顿学生懒散的习惯，学风为之一变。不久，由于体弱多病辞官归家，在故乡的独山旁修筑房屋，种花植树。春天来时，池塘草碧，野雀喧闹，颇怡人性情。闲时，三两知己，乘小舟泛于清波之上，饮酒品茶，咏诗作赋，悠然若神仙。这期间，朝中的曾佩、赵孔昭等人上疏皇帝请龚出山，终为小人所阻。不久病逝，终年64岁。龚用卿平时极喜读书，手不释卷，喜欢与客人谈古今山川人物。其文笔隽秀，出使朝鲜时做了不少笔记，后集成《使朝鲜录》传世，另有《云岗集》及诗余若干卷。

罗洪先

◎ 涂 晓

一、"吉安三罗"

明代,吉安府出了3个名人,皆姓罗,人称"吉安三罗",他们是:永峰(今属江西)人罗伦,吉水(今属江西)人罗洪先、罗大纮。罗伦是成化二年(1466)的状元,为人刚正,严于律己,学识渊博。罗大纮是万历十四年(1586)进士,志行高卓。三人中,罗伦与罗洪先齐名,罗大纮略逊一筹。

罗洪先，字达夫，号念庵。父罗循，进士出身，疾恶如仇。他曾做过兵部武选郎中，执掌兵部第一司——武选清吏司，职司武将的选拔。一次，兵部考选武官，有24名指挥使（统领5600人的军官）时常出入权宦刘瑾之门。刘瑾是兴平（今属陕西）人，年轻时自阉入宫，被派去东宫侍奉皇太子朱厚照。弘治十八年（1505），明孝宗驾崩，朱厚照即位，是为武宗。刘瑾被提升为24个宦官衙门中最重要的司礼监的太监。武宗荒淫，沉湎声色，不理朝政，刘瑾乘机弄权，公卿百官多投其门。罗循素鄙夷、憎恨刘瑾，见那24名指挥使巴结刘瑾，早就愤恨，此番考选武将，遂以他事奏罢他们的领兵权。刘瑾闻讯大怒，斥骂兵部尚书王敞。王敞胆小，匆匆回到兵部，敦促罗循重新上奏，恢复那24人的职位。罗循拖延，迟迟不办。不久，刘瑾因擅权太甚而触怒了武宗，被处死。王敞十分感谢罗循，使他少了一条党附刘瑾的罪状。此后，罗循历官镇江（府治丹徒，今江苏镇江）、淮安（府治山阴，今江苏淮安）知府，徐州（今属江苏）兵备副使。

罗洪先深受父亲的影响，刚直不阿。他年少时崇拜的另一个偶像，是为人刚正的罗伦。罗伦的家乡永峰县毗邻吉水，罗洪先引为同乡同姓的先贤，顶礼膜拜，奉为榜样。

15岁那年，罗洪先读了王守仁的《传习录》。王守仁，字伯安，余姚（今属浙江）人，人称"阳明先生"。他继承、发扬了南宋陆九渊的"心学"，把孝亲、忠君等封建伦理说成是人心固有的，要人们努力体认、履行。但他置"吾心"于崇高地位，在反对程朱理学的束缚、启迪人们心智上有重要作用。《传习录》是他的代表作之一。罗洪先拜读后，极推崇"王氏心学"，准备动身去余姚师从王守仁。罗循觉得儿子年少，出远门不放心，没有让他去，让他拜同村的李中为师。

李中，字子庸，正德九年(1514)进士，官至副都御史。李中为人廉洁刚直，不畏权贵。王守仁镇抚赣州(府治赣县，今江西赣州)，邀请李中为属吏。李中在儒学上有极高造诣，深受陆王"心学"的影响。

罗洪先师从李中多年，得其真传，成为李中的衣钵传人，学识颇令乡人称赞。

嘉靖八年(1529)，罗洪先殿试夺魁。此科进士凡323人，后来出了不少名人。如第一甲第二名，即俗称的"榜眼"程文德，为一代名儒；第二甲第一名唐顺之，也为一代名士，其文章深受时人及后人推重。在323名进士中，名声最大的，要数状元罗洪先。他潜心研究王守仁的"心学"，成为"王氏心学"重要的传人。

二、无意仕途

新科状元例授翰林院修撰，掌修国史，罗洪先也不例外。但他对这个荣耀的官位极为冷淡，他孜孜以求的不是仕途腾达，高官显位，而是王守仁的"心学"。出任翰林院修撰不久，便托辞告归。岳父、太仆卿曾直见了他，高兴地说："吾婿膺状元桂冠，实在荣幸！"罗洪先却不以为然地说："儒者的事业有比殿试夺魁还要大的。这状元3年出一个，实在没有什么可高兴的。"岳父大人语塞，但更佩服罗洪先的见识。

罗洪先闭门谢客，研习学问。不过，若是父亲的客人来了，他必跑前跑后迎送、款待。他衣冠整齐，面带微笑，擦拭座席，行酒斟茶，极为热情。客人走后，他便急急忙忙回书房读写。

罗洪先在家一住就是2年，直到有人劾奏他告归逾期，才北上进京供职。

不久，老父罗循病亡，罗洪先辞官回家服丧。他在父亲坟旁搭了间茅庐，地上铺张草帘子，就是他的寝具。疏食水饮，远歌舞娱乐，一人在茅庐中独居3年。除了以时祭奠亡父外，便埋头读书、著述。父丧刚除，母又病故，罗洪先又为亡母服丧3年。

等母丧除，罗洪先搬回家中居住，已是嘉靖十八年了。世宗皇帝诏拜春坊左赞善。春坊是东宫衙门；赞善是春坊官员之一，掌赞谕道德，侍从文章，无多大职权，仅备翰林院官员升转之用。也就是说，罗洪先出任此官，仅是一个过渡，不久将有升转。只要甘于寂寞，别生是非，他的仕途是光明的。

但是，罗洪先偏偏不甘寂寞，跃跃欲试，为巩固、发展大明帝国出谋划策。

当朝天子世宗皇帝是个昏君，他最感兴趣的是拜仙祷神，祈求长生不老。他在宫中设坛祈祷，信用道士，以画符念咒为事的道士邵元节、陶仲文皆官至一品。拜仙祷神非但没能延年益寿，世宗年纪轻轻便大病缠身，常常不能上朝。罗洪先见状，遂联合司谏唐顺之、校书赵时春上疏，请于来年正月初一大朝会时，让皇太子朱载壡出御文华殿，受百官朝贺。他们的用意不言而喻，是要皇太子临朝，代世宗处理朝政大事。这是史无前例的，任何一个封建君主都不愿在有生之年把权力让给儿子掌管。世宗御览了他们的奏疏，龙颜大怒，愤愤地骂罗洪先三人狂悖不道，最后，他又假装慈悲，"从轻"发落罗洪先三人，黜官为民。

罗洪先打点行装，南下还乡，回到了吉水。

他的仕宦生涯从此结束，前后算起来，他做官的时间仅二三年而已。

三、潜心研习"心学"

罗洪先回归故里，潜心研究学问。他甘于淡泊，一心治学，自天文、地理、礼乐、典章、河渠、边塞、战阵攻守，至阴阳、算数，无不精究。但他不是那种"两耳不闻窗外事，一心只读圣贤书"的人，对国计民生也极为关注，留意咨访，多有建树。吉水田赋征摊既乱且多，他请知县大人整顿，知县便委托他负责此事。罗洪先在深入调查研究的基础上提出了切实可行的改革方案，黎民百姓拍手称快。一年歉收，发生饥荒，罗洪先致函邻县求助，得粟数十石，赈济饥民；一股揭竿而起的饥民攻入吉安府，知府大人惊恐万状，罗洪先为他筹划战守，起义者见无机可乘，退出吉安。他的治国理民之才和他的渊博学识一样受人称赞。

好友唐顺之应召复出，征求他的意见，他说："从前已隶名仕籍，此身便不由己了，怎能学处士？"唐顺之遂决心复出，并邀罗洪先一同出仕；权臣严嵩是袁州分宜（今属江西）人，与罗洪先算是江西同乡，也邀他出仕，皆被罗洪先拒绝了。

罗洪先决心终生为民。除了参与吉安的地方建设外，便潜心做他的学问。

罗洪先宗王守仁"心学"，赞同他的"致良知"说教，即要求人们用心去体悟原本就存在于心中的伦理道德。因此，他也是一个主观唯心主义者。他要人们摒弃一切欲望，皈依伦理道德。他曾这样说："文人学习的目的在于经世致用，而无欲是基础。只有无欲，然后去经世，见识才精辟，力量方巨大。"他与王守仁的高足王畿是好友，但在"心学"上二人有分歧。王畿说"致良知"不费吹灰之力，罗洪先则讥斥道："世上岂有现成的良知?"在他看来，"致良知"是要花一番工夫的。二人学术思想不一，但友情不减。

吉水境内有山，山中有石洞，曾是虎穴。罗洪先整治了一下，入居洞中，题曰"石莲"。他谢绝宾客，静坐一榻，潜心研习"心学"。

穆宗隆庆元年(1567)，罗洪先病逝。穆宗诏赠光禄少卿，谥号"文壮"。吏科给事中陈瓒上疏请抚恤罗洪先，穆宗诏准。

神宗朝，御史钱一本奏请以罗洪先从祀孔庙。南京户部郎中唐伯元请于吉水建祠祭祀罗洪先。

罗洪先的门生不少，最有名的是吉水人邹元标、黄梅(今属安徽)人瞿九思。邹元标也为一代名儒，官至左都御史、太子太保；瞿九思学问广博，为一代文学家，官至广平(府治永处，今河北永年东南)知府。

林大钦

◎ 周玉山

　　林大钦,字敬夫,广东海阳(今广东潮安)人,世居海阳之东莆,因自号东莆。在翰林时为展书官,退而家居,乡人因又称其为"东莆太史"。其先为闽人,宋元之际始迁至海阳。父林如潮,号毅斋,为潮州刑房典吏,善恤囚,遇有疑狱未定者多设法使脱祸。据说,乡人某误陷冤狱,官方拷问尚有疑不能释,林如潮深知其冤,乃代为拟词上诉,终得昭雪。其人深感释狱之恩,思予报答而家贫无以为报,得知林如潮尚无子,欲将其女儿送林为妾。乃于晚间邀至其家饮酒,乘酣醉之时,将林如潮扶至床上,强其女儿与林如潮同寝。林如潮蒙眬中觉知，大吃一惊，醉意已去了一半，欲逃走，门已闭。自思扶人一危为有德之举，若因之攫人一妾，乃大悖礼义，万万不可，因而一口拒绝。其女见状，含泪说道："君莫惊慌。我父蒙君救命之恩，特命妾以身奉事，以酬大恩。恳望大人勿要拒绝。"林如潮又说："不可。"其女再次相劝道："此事出于父命，且夜深无人知晓。若力持不可，岂不辜负了我父一片好心？"林如潮第三次说"不可"。此事后来传了出去，人们便送了他一个"林三不可"的浑号。林如潮年50始生大钦。林大钦幼而聪敏嗜学，而家贫无书，常从人家贷书而读。12岁时，随其父过书肆，见宋苏洵《嘉祐集》，非常喜爱，怂其父买回，日日捧读不辍，久而成诵，此后操笔为文，绝似老泉。年13岁，即通读《少微通鉴节要》。17岁时，父去世，家计更加艰难，母子相依为命，购书而读已是不可能了，即以教授生徒所得的一点儿收入赡养老母，维持学业。幸而族伯父林廷相、林廷泰皆为孝廉，家富藏书，林大钦得资以研读，由此得以旁通子史百家，学识日进，经义帖括之作，超出时人之上。他为人颇重操守，有如其父。居室东邻有艳妇，窃慕大钦之才，屡暗送秋波，乘其夫外出之时，即穴墙相召。林大钦亦一青春少年，羡其冶艳而心动，正欲架梯而上，忽然萌发正念："人可瞒，天不可瞒。"踟蹰而下。邻妇并不甘心，又媚眼相召。久而久之，林大钦心中惑乱，不能自已，复攀梯而上，已骑在墙头，望着邻妇异样的目光，心中不禁嗵嗵直跳，理智的警钟又在耳边敲响："任你如何遮藏，老天终究是瞒不过去的。"急忙翻身下墙，从此不再理会邻妇的挑逗。因此一事，林大钦便得了个"骑墙人"的外号。嘉靖十年（1531）往应广东辛卯科乡试，其答卷中对李纲十事，督学王慎中见而目为天下奇文，拿给巡按御史吴麟看，两人大加称赏，定为本科乡试解元(一说第六名),次年会试中式。及殿试,林大钦以文章雄健奇警为世宗皇帝所称许,破格擢为状元。原来,殿试举行之前夕,礼部尚书夏言上疏请正文体,疏称经艺策论各有固定程式,即八股文体,凡不按八股文之固定格式,而刻意骋词浮诞、割裂文体者,一律不予录取。世宗亦表示同意。廷试当天,夏尚书又令本部郎中田汝成等于诸士子领卷时郑重申明此意,碰巧此日林大钦因他事未到,次日方来领卷,根本不知道有这样一个申令。廷试时,别的士子因拘于此令,不敢稍加发挥,惟恐触越樊篱。而林大钦一上场便放开手脚,拿出从苏老泉那里学来的本领,策论起笔竟不加帽,八股已少了一股;而文章汪洋恣肆,气象万千。试毕,吏部尚书汪鋐得其试卷,以其答策无帽,不合规程,甚为诧异,拿给大学士张孚敬看。张氏看后,觉得文章写得太好了,汰掉了太可惜,思索良久方说:"文章虽不合程式,但雄健可诵,不妨拿上去让皇上看看再说。"张孚敬位居宰相之职,除了他,任何人都不敢做这个主。于是,数人商议,拟以一甲第三名上呈。此时,世宗已阅完了十多个人的试策,皆觉平板无奇,大不称意,及见林大钦试策,拍案叫绝,早把夏尚书的奏疏忘到九霄云外,破格点定林大钦为状元。及揭榜公布,朝中内外皆以林大钦歪打正着甚为倾慕,见其文者,目为老苏复出。及第后授官修撰。时林大钦年少未娶,旋即奉旨归里,娶翁氏为妻。林大钦是个名利观念极为淡薄的人,他认为一个真正的儒士应当遵重自己的个性,悠然自得地探究天人性命之学,无拘无束地谈古论今才是他的理想。对他来说,做一个归隐的名士比位至卿相更具吸引力,且上有老母在堂,无人照料,使他更不安于位,居官不满3年,即上疏辞官归养老母。嘉靖十四年(1535)离京南返。归家结庐于东莆山中,奉养其母,又筑居室数所,聚其族人。建讲堂于华严山，招纳弟子讲学，日与弟子研索六经，探究性命玄理。撰《性日照空万障论》以明志，其为人行事也不离此旨趣，间或亦以诗酒声伎之事自娱。其时'海内名儒'如罗洪先、唐顺之等，与之书信往还，结为文字交。因其讲学之旨毫不涉名利，诸如制艺帖括，皆在摒弃之列，故门徒中一些世俗思想较重的人，如黄某、谢某等皆引身而去。林大钦听之任之，并不在意。后以其母过世时，哀恸过甚，至逾常礼，因而致病，不久去世。后人辑其遗文，成《林殿撰东莆集》2卷。

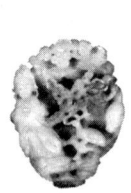

韩应龙

◎ 周玉山

韩应龙,字汝化,号五云,浙江余姚人。应龙幼时家甚贫,对父母极为孝敬。贫寒的家境促使他奋发向上,年少时便才华出众。他做邑庠学生时,即为县令邱养浩所赏识,虽县试多次不中,但邱养浩认定他能成大器,时时予以提携,因将应龙推荐给在绍兴府做官的朋友陈让。陈让是应龙的同乡,主管府试事宜,遂将未取得府试资格的韩应龙硬塞入参加府试,结果应龙竟考取全府第一名。随后数年,韩应龙运气越来越好,连战皆捷。嘉靖十三年(1534)中举人,次年即赴京会试,中式入围。殿试策题,嘉靖皇帝暗定立意为"法天法祖",这种立意仅为皇帝内心之私意,以供录取时参考。此事除夏言等少数阁臣外,任何人都不知道。策题发下之后,诸士子遂提笔疾书。阁臣夏言不时巡视考场,间或从旁边看看诸人所写的是何内容,看了数人,皆不甚合意,及至应龙跟前,见其破题立意处赫然写着:"人君所以致天下之治者,法天而已矣;所以保天下之治者,法祖而已矣。"可谓巧合帝思,天衣无缝。夏阁老会心一笑,并鼓励道:"可要仔细用心地写啊!"进呈御览,应龙被当然地擢为第一,时年37岁。授官翰林院修撰。1年后,应龙即因病猝死,这大概是明代历科状元中做官时间最短的一个。应龙为人坦诚厚道,其文风疏阔,不以雕琢为事。

茅 瓒

◎ 周玉山

茅瓒，字邦献，号见沧。其先汴(今河南开封)人，北宋末徙居钱塘，遂为钱塘(今浙江杭州)人。祖茅茂，父茅麟，后皆以茅瓒显贵赠官吏部侍郎，兼翰林院学士。茅瓒少时聪敏过人，喜读书，境内山中有宝觉寺，瓒寄居于此，专攻学业。寺后山石上刻有宋理宗手书"见沧"二字。传说此刻字本埋没于泥土之下，一夜雷雨大作，山洪暴发，茅瓒所居僧舍周围土石纷纷崩塌，惟居室无恙。次晨起视，见土石崩塌处赫然刻着"见沧"二字，自谓得脱此难，必为此神灵呵护，因取此二字为己号。后随其父至京师。当时有豫章人郑先生聚徒讲说朱熹易学，听讲弟子达百余人。茅瓒颇为好奇，亦前往听讲。茅瓒本专精于易，师徒研讨之时，时发高论，当下语惊四座，学识竟在郑先生之上。其时适逢官府开科取士，茅瓒因籍隶外地，父亲打算让他以医者的身份寄籍于此，就地参加考试，他说什么也不同意。原来，茅瓒特别爱面子，认为儒士应当郑重地选择自己进身的途径，以这种低贱的身份参加考试，是有失体面的，宁愿返回老家，以正当的身份参加科试。返浙后，先于学政陈察任内考取秀才，后又在甄别考试中列名优等，但数次入乡闱，皆名落孙山。他仍苦学不辍，志不稍移。嘉靖十六年(1537)乡试得中，次年参加会试。试毕阅卷时，考官——翰林学士、无锡（今属江苏）人华察激赏其才，拟将他列为本科会元，而同僚意见与之相左，力争不成，相互之间弄得颇为不快。结果，茅瓒在廷试中不负华学士之慧眼，被点为状元。原来内阁诸臣初拟状元为陆师道，皇上阅其卷，不甚中意，改批做二甲第五名，暂改袁炜为一甲头名。及至文华殿读卷完毕，已是最后确定名次的时候，世宗皇帝仍没有拿定主意，乃将大学士李时、夏言及学士顾鼎臣召至御前详细计议，数度筛选，终将茅瓒提升为第一，袁炜退至第三。时茅瓒年39岁。又据传他应考进京后，有一天，其家人发现橱子中的碗碟都无缘无故沾露带水，正纳闷时，忽听其内炸裂如雷，半数碗盘竟裂为碎片，家人以为是不祥之兆，恐怕有什么奇祸将要降临。正议论间，忽有报信者飞至，说是茅公子名登魁首，至此，家人才恍然大悟，转忧为喜。此等传闻异词，虽不可尽信，也不失为一段小小的插曲。及第后，茅瓒除官翰林院修撰。嘉靖二十九年(1550)以考绩期满，例升左春坊左谕德。其在词馆期间，刻意于学问之事，用功不减当年寒窗苦读之时。馆中典籍应有尽有，茅瓒得以尽窥其奥，上及六经诸史，下及百家稗说，莫不深入探究。每读一书，皆体会其精髓，以求有得于心，非徒博闻强记以做谈资者可比。嘉靖三十一年（1552），升任南京国子监祭酒。得意仕途时不忘自诫，于南京寓舍内堂自题堂额云："身教律己严，恪动应矩度。"任内多有建树，如监内诸项规章多以年久废弛，茅瓒为之亲手制定，恢复完善，并严饬属下执行。时官场请托贿赂之事公行，茅瓒于此从不涉足。嘉靖三十二年（1553）调任北监祭酒，实并未到任。次年，就地升为南京吏部右侍郎，不久改任礼部右侍郎。后以居官廉勤，应诏为内撰，遂由南京至都，供职内庭，兼翰林侍讲学士。茅瓒本人仪表堂堂，在皇帝面前又表现得极为恭敬谨慎，因而颇得世宗爱重。嘉靖三十六年（1557），加太子宾客兼学士衔。先后受赐仙鹤服、飞鱼服，升至二品俸。一人得宠，全家蒙恩，祖父、父亲都被赐予和他一样的官位，祖母、母亲都被封为淑人。时正值奸相严嵩当国，吏治崩坏，茅瓒官吏部左侍郎。该部主管官员的考绩、任免，而吏部尚书正是严嵩的私党，故所选拔任用的官吏，上至部院大臣，下至道台，多为严氏党羽，而置公议于不顾，许多正直的官吏为之侧目。茅瓒虽任侍郎，但像他这样保守谨慎的人是没有勇气同严氏邪党抗衡的，手中又无实权，故只能坐视其弊而不能救。目睹时事，常暗自叹息，由此萌生退意。时茅瓒已年逾花甲，心力渐衰，又患了足疾，不能视事，于是趁机上疏要求退休。疏两上，被允许。从此归家，安心地做起了"太平无事老"。他生病期间，世宗仍然惦念，多次派人问候，病愈后，又赐给黄金，茅瓒即用此金在家乡构建了一座"荣赐堂"，一来可向里人炫耀，二来据他说是"不敢隐君之赐"。纵观茅瓒一生，居官不能大显，可能与他的性格有关。少年时清高自负，从不做曲意逢迎之事；做了官以后，虽变得谨慎老成，但骨子里的清傲之气并没有改变，对权臣当道者视同陌路，曲意迎合且不屑为，媚附求进更谈不上。这种可贵气节，得到许多同僚的尊重，但某些人也因之忌恨他、排挤他，所以在奸臣当国的时代，像他这样的人是难有作为的。其著作有《见沧文集》15卷，为其门人赵应元所编，其子茅藉吉校刊，大抵皆应酬之作。又留意策学，并有专著。

沈　坤

◎ 周玉山

　　沈坤，字伯载，号十洲，直隶大河卫（今江苏淮安）人，祖籍昆山（今属江苏），后徙居此。其家虔信关帝。据说，沈坤赴京会试前夕曾在家祈请关帝出示试题，适为其一来访之友偷偷看见，便借机捉弄沈坤，随即胡乱偷拟了7道题，趁沈坤不注意，放置于关帝像前的香案下。次日，沈坤又来焚香，一眼看见，如获至宝，以为关帝爷真的显灵了。回家即依题拟稿，背得滥熟。及入考场，试题竟然与此巧合。捉弄他的朋友也与他一同参加了此科考试，在捉弄别人的时候，他万万没有想到老天也在捉弄他，他把当时自作聪明胡乱拟编的7道题忘得一干二净。结果沈坤会试中式,他却名落孙山。廷试以"郊庙之制"为题,沈坤应对措辞周详典雅,博得嘉靖皇帝的欢心,被擢为状元,时为嘉靖二十年(1541),沈坤年34岁。始授官翰林院修撰,升右春坊右谕德;嘉靖三十三年(1554),以右庶子兼署翰林院事;嘉靖三十五年(1556),升任南京国子监祭酒。次年其父病故,丁忧回籍。嘉靖三十八年,3年服阕之期届满,忽因一案而受牵连,被捕下狱,后不知所终。

秦鸣雷

◎ 李西宁

　　秦鸣雷,字子豫,号华峰,浙江临海人。其父兄皆在朝为官,父秦文官拜参政,兄秦鸣夏官左春坊。据说他 14 岁时,有天和同伴们去学校,路过一个寺庙,庙里正逢一群人在扶箕。秦鸣雷从门外经过,箕笔忽然自己在沙盘上写下"门外有甲辰科状元秦鸣雷,可请他进来",众人大惊。箕笔从沙盘上飞起,冲出庙门,落在秦鸣雷的衣袖上,仿佛要把他拉进来。从此之后,秦鸣雷常常梦见自己骑着白色的骏马直上天门。这似乎预示着秦鸣雷的好运气。嘉靖二十三年(1544)甲辰科,主试官是礼部尚书兼学士张潮,左庶子兼修撰江汝璧为副。张潮只主持了3场考试就得急病死去，主考只剩下江汝璧一人，后来便把同考修撰茅瓒提升为主考，使会试人员完备。这年秋天殿试，读卷大臣们经过仔细品评、筛选，拟定名次后呈送皇帝审阅。拟定的状元名叫吴情，吴情读起来和"无情"相似，皇帝嫌他名字不雅，道："无情岂能做状元！"这时，风吹动大殿外的旗幡，声音响亮，又仿佛雷电的形状。皇帝突发奇想，要找一个姓雷的做状元。翻遍了所有的卷子，也没有找着，却无意中发现了"秦鸣雷"，虽不姓雷却和"雷"挨点儿边，于是秦鸣雷便成了状元，吴情被降为探花。由此我们也可以看到封建科举的荒诞和腐朽，多少有识之士被扼杀在其中，秦鸣雷不过是在巧合中偶然走运的人罢了。不久，授翰林院修撰。秦鸣雷在仕途生涯中也做了不少令人称道的事。在他任南京礼部尚书时，太医院和钦天监及四夷馆等处的官吏，每年由礼部对其业绩进行考核，予以升降处置。以前，官吏们每逢此时便请阁臣讲情送礼，弄得人际关系很乱，政令也无法贯彻执行。秦鸣雷到任后，严格考查，赏罚分明，几个月便一扫数年之积弊，恢复了正常的秩序。嘉靖四十二年（1563），秦鸣雷为礼部侍郎，皇帝因为显庙里长出了一枝灵芝，便改此庙名为"瑞芝庙"，并设立提点官一名，管理有关事务，印信则按所谓"太行山式"铸造。铸印局的官员很为难，查东查西也不知这"太行山式"是怎么回事。秦鸣雷听说这事后，就取来本处的印信，把原印文的"认知"改为"提点"，又把"太行山关防"改成"瑞芝庙"字样。印成，皇帝很满意，同僚们都很钦佩他的灵活和机智。一次暴雨，长陵的神道桥因年久失修而塌坏，宦官们想借此大捞一把，便上疏皇帝要求督工改建，计划得花10多万两银钱。而朝中正直的大臣以寝陵修建是大事，不可草率为由，予以抵制。世宗命令礼部、工部勘查决定。工部尚书何廉不敢得罪宦官们，只说物资、民工等归自己负责，其他的由礼部决定。秦鸣雷便领人测量勘查，宦官们一见，心中大喜，以为计已得逞。等到测量等一系列工作做完之后，秦鸣雷令钦天监择开工之吉日，台官推算的结果是眼下不是黄道吉日，不宜修建，需二三年后才可动土，此事遂罢。太监们大失所望，又无计可施。这也是秦鸣雷机智过人之处，巧妙地解决了这个难题。何廉听说后赞叹道："秦鸣雷真是个不可多得的人才啊！"秦鸣雷亦多著述，所撰《谈资》2卷，采古今事，别具一格；又有《倚云楼遗集》1卷、《补遗》1卷传世。

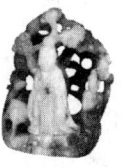

李春芳

◎ 涂 青

一、青词宰相

李春芳，字子实，扬州兴化（今属江苏）人。嘉靖二十六年（1547）三月十五殿试，取进士301名，李春芳为第一甲第一名。

按惯例，李春芳中状元后入翰林院为修撰，掌修国史，开始了他的官场生涯。

当朝天子乃世宗朱厚熜。这是一个昏君，为了长生不老，他虔诚地崇信道教，皇宫中醮事不断。斋醮，需用写给"天神"的奏章表文，用朱笔写在青藤纸上，名曰"青词"。世宗把青词写得好坏作为衡量文臣学识高下的标准。弘治十八年（1505）状元顾鼎臣和进士严嵩，皆以青词受世宗宠爱，有"青词宰相"之称。李春芳入翰林院不久，便被世宗特诏召入西苑，专门撰写青词。西苑在紫禁城西，有北海、中海、南海三海，为皇家御苑。这里乃世宗斋醮的地方。李春芳有文才，青词写得极好，深受世宗宠爱，破格提拔为翰林学士。此后几年间，李春芳的官位直线上升，从太常少卿到礼部右侍郎，再到礼部左侍郎、吏部左侍郎，再到礼部尚书，成为六部尚书之一。此期间，李春芳不仅要理政，还得用心写青词。就是因为青词写得好，他的官位才得以不断升迁。他惟一可值得一书的治绩，是制定《宗藩条例》。由于宗室繁衍，人数增多，岁禄大增，国库空虚。李春芳引经据典，制定了一个关于给赐宗藩的条例，使开支大减。世宗见此条例能省钱，很高兴，御批为《宗藩条例》。不久，李春芳又加官太子太保。

嘉靖四十四年，阁臣袁炜罹病辞去，死于路上。内阁首辅徐阶请增阁臣。从前，有一种"廷推"制度，即公卿共同推荐某人入阁。世宗没有让大臣廷推，而是特命李春芳和严讷入阁。严讷是常熟（今属江苏）人，嘉靖二十年进士，是和李春芳一同入西苑撰青词，一起被超擢为翰林学士的。几年间，他也因青词写得好，青云直上。李春芳被擢为礼部尚书，他进官为吏部尚书。这次，李、严二人又一同入阁。内阁首辅徐阶，也是因擅长写青词入阁并当上首辅的。内阁大臣成了清一色的"青词宰相"。

李春芳为人谦逊，不以势凌人，有点儿懦弱；他为人俭朴，以廉洁著称。但是，他缺乏理政之才。在内阁，他惟首辅徐阶的马首是瞻，干了受人赞扬的事，也都推说是徐首辅叫这样做的。徐阶对他也格外亲近、雅重。

严讷入阁不久，便罹病，于当年冬天辞去。嘉靖四十五年，以青词得宠的礼部尚书高拱、吏部尚书郭朴入阁。对此二人，李春芳也处处礼让。

即使对穷困的书生，李春芳也极谦让。

有个叫王叔承的，吴江（今属江苏）人，工诗。王叔承少年丧父，家贫，入赘妇家，后来到京师，客李春芳府上。王叔承嗜酒能饮，李春芳撰写青词找他咨询，他常常醉卧酒楼，见李春芳来了，伸伸懒腰，不肯起来。李春芳也不责怪，留他在府上住了若干年。

李春芳入阁的第二年，即嘉靖四十五年十二月十四日，追求长生不老的世宗皇帝一命呜呼，享年60岁。他的第三子裕王载垕继立，年号"隆庆"，是为穆宗。穆宗比其父贤明一些，但他治国的方针是无为而治，赋权力于内阁，他落得个清静。为此，他重新调整了内阁的构成。前朝的内阁大臣徐阶、李春芳、高拱、郭朴留任，又将他做裕王时的心腹张居正、陈以勤遣入内阁。这样，内阁大臣共有6人之多。

不久，阁臣之间发生纠纷，李春芳也受牵连。

这场纠纷是高拱挑起的。

高拱为人机敏，世宗病危，他听说皇上不行了，就把自己在西苑的办公用具搬回家里。吏科给事中胡应嘉侦知此事，上疏弹劾他不尽职守，大不忠。胡应嘉是徐阶的同乡，高拱疑心是徐阶指使他弹劾的，遂与徐阶有隙。隆庆元年（1567），吏部尚书杨博主持考核京官五品以下者，黜退了不少人，他的山西同乡却无一受处分。吏科给事中胡应嘉上疏弹劾。他身为吏科给事中,考核时不发一言,事后出来弹劾,引起穆宗不满。高拱乘机报复,力主革胡应嘉的职。结果,言官们倾巢出动,纷纷弹劾高拱心胸狭窄。言官弹劾大学士,按嘉靖朝的制度,是要受廷杖的。高拱要求廷杖言官,徐阶不同意。于是,高拱便指使一个叫齐康的御史弹劾徐阶,说他两个儿子为非作歹。

在内阁诸臣中,除了徐阶,就数李春芳的资格老了。李春芳一向敬重徐阶,在徐、高纷争中,他站在徐阶一边。于是,齐康在弹劾徐阶的同时,连李春芳也一同弹劾了。不过,他弹劾李春芳犯有何罪,史书未道其详。

李春芳上疏分辩,并请求辞官。穆宗下诏宽慰,要他留任。

而高拱见没能扳倒徐阶、李春芳,遂托病辞去。

不久,徐阶与穆宗的分歧日多,穆宗对他日渐不满。给事中张齐以私怨弹劾徐阶,徐阶上疏辞官,穆宗诏准。

二、内阁首辅

徐阶去后,李春芳出任内阁首辅。

时内阁大臣还有陈以勤、张居正两人。陈以勤为人端谨,明哲保身,而张居正恃才傲物,不甘后人。他是嘉靖二十六年进士,李春芳为第一甲第一名,他名列第二甲第九名,但他瞧不起为人谦逊、懦弱的李春芳。一次,李春芳叹曰:"徐公的结局尚且如此,我怎能长久?说不定哪天早晨我也乞身回家了。"张居正在旁边急忙说:"若是如此,可保全你的名声。"言外之意,是在敦促李春芳快点儿走。李春芳闻言愕然。他当时没有说什么,过后便上疏乞休,连上3

次，穆宗都未准。

隆庆三年，礼部左侍郎赵贞吉入阁。赵贞吉学博才高，然好刚使气，不甘居人下。他是嘉靖十四年的进士，名列第二甲第二名，比李春芳、张居正早12年登第，比陈以勤早6年。他自恃文才、资历皆高出李、张、陈三人之上而蔑视他们，尤其看不上张居正。张居正不甘居下，与一个叫李芳的好友密谋，引隆庆元年辞退的高拱入阁，利用他来扼制赵贞吉，同时排挤首辅李春芳，取而代之。

隆庆三年冬，高拱再度入阁，并兼掌吏部，凌李春芳之上。赵贞吉为对付高拱，在李春芳的帮助下，兼掌都察院。于是，高、赵两人利用各自把持的权力，争权夺利，闹得不可开交。在这种局面下，李春芳惟求自我保全，不偏向任何一方。

高、赵争斗的结果，是赵贞吉被迫引退。此后，高拱更加嚣张，大肆报复从前的政敌徐阶。李春芳见状，为徐阶开脱了几句，高拱大为不满，唆使给事中王祯上疏弹劾李春芳，颇多诋诬。一向谦让、懦弱的李春芳遂坚决要求辞官，穆宗允准，赐他手敕，让他乘驿站的车马回乡，遣官吏护送，并照旧发给俸禄。

李春芳回到了兴化老家，他的父母尚健在，他朝夕置酒肉与父母同饮同食，安享晚年。父母死后数年，李春芳也病死，享年75岁。君临天下的神宗诏赠太师，谥号"文定"。

有明一代，状元90人，入阁者11人，官学士者23人，死后有谥者27人。李春芳皆为其中之一。他的仕途生涯，前期极得志，后期则不如意。除了前期写了一些水平较高的青词外，他从政多年，几无建树，在权臣争斗中谦让避祸，最终还是被高拱、张居正二人排挤出内阁。

他的儿子默默无闻，从他孙子李思诚起，李家又出了几个人物。

李思诚，官至礼部尚书。思诚之子李清，崇祯四年(1631)进士，从宁波(今属浙江)推官擢为刑科给事中。熊文灿招抚张献忠，他上疏指斥熊文灿失策。局势的发展，证明他的指斥是正确的。后因久旱请宽刑而忤旨，贬浙江按照司照磨，未赴任。起为吏科给事中，随即出为淮安知府。他还未到任，李自成的大军便开进了北京，崇祯吊死万岁山。清入关后，他追随福王朱由崧抗清。

李思诚之子李信，官至平和(今属福建)知县。清兵攻破平和县城，李信和两个儿子李泓远、李淑远遇害。

唐汝楫

◎ 李西宁

唐汝楫，字思济，号小渔，浙江兰溪人。唐汝楫出身于高门巨族，其父唐龙官拜太子太保、吏部尚书，和当朝首辅严嵩交往密切。史载唐龙政绩不错，以孝义闻名。历官各地，不论政务有多忙，每日早晚必定整洁衣冠向老母请安；母亲每有病，不论大小，必服侍右左，衣不解带，食不甘味，在当时传为美谈。因剿匪得力，由知县升为御史，嘉靖七年（1528）出任右佥都御史总督漕运兼巡抚。居官期间，颇能体察民情，多次向皇帝上疏，请求罢免淮西等地的官马，寿州、正阳关的关税，通州、泰州等地的田租以及漕运民夫的科税等，在百姓心中有一定威望。嘉靖二十一年(1542)陕西大旱，赤野千里，颗粒无收，加之苛税重压，老百姓走投无路，纷纷揭竿而起，延绥等地告急。瓦剌兵乘机从丰州侵入河套地区，威胁中原。唐龙奏行救荒十四事，同时以兵部尚书总制三边军务，屡败敌人，并以钱粮救济灾民，很快平定了这场骚乱。其文韬武略颇得皇上的赏识，晋升为刑部尚书，6年期满，加封太子少保。严嵩当权后，唐龙又取代熊浃为吏部尚书，政治生涯至此达到巅峰。唐汝楫正是这个时期中的状元，其中的微妙之处，不难想像。据说，唐汝楫乡试时被主考官选为头名的候选人之一，等到拆卷，见是当朝重臣唐龙的儿子，大家因避嫌把这份卷子放到一边了，但最后唐汝楫还是中了举人。这就有个权衡利害在里面，谙于官场之道的主考官们，于是编出下面这个颇带神秘色彩的小插曲来愚昧他人。说当时被置于一旁的唐汝楫的卷子和同考的一位监生的卷子同时被扔在地上，而唐汝楫试卷悬于几案而不坠。这真是怪事，显示出唐汝楫的非同寻常，天意如此，主考大人们秉天意行事，自不会错的。监场御史大惊，重读唐汝楫的文章，见才华出众，令人钦佩，遂榜上有名。而唐汝楫在此之前做了一个梦，梦见梅花盛开，红梅报喜，他已预料自己会中举的，对于他来说，这只是他迈向辉煌前程的第一步。接着是会试，唐汝楫被掌科郑廷鹄取为第一，本房的主试官不同意，大约还有比唐汝楫更优秀的，主考官怕遭物议。而郑廷鹄不答应，两人争执不休，最后填了第10名。郑廷鹄又建议把唐汝楫的文章刊布，以广流传，遭到反对，没有办成。后来唐汝楫中了状元，郑廷鹄逢人便说自己如何如何慧眼识才，又把唐汝楫的文章刻板印刷，以讨好唐氏父子，大约以后也得到唐氏父子的提携和不少好处吧。嘉靖二十九年(1550)，37岁的唐汝楫中了状元。廷试之前，他和其他诸生一起书写家状简历，大概是太激动，握笔太重的缘故，笔杆裂成4半，声响在寂静的大殿显得格外清脆。唐汝楫认为这是吉兆，果然中了状元。其实，当时严嵩炙手可热，唐氏父子与严嵩关系又极密切，阅卷大臣们在拟定名次时，得到严的暗示，而皇帝只是走一走形式，在这种情况下，唐汝楫的状元也就到手了。

中状元后，唐汝楫入翰林院为修撰。对于依附权臣和靠老子的势力步步高升的人来说，唐汝楫显然处于漩涡中，虽然也有如许的壮志，但命运在别人的操纵之中。唐龙一直希望儿子继承自己或超过自己，以"状元宰相"光宗耀祖。但他毕竟太老了，一切事都力不从心，下属臣僚往往遇事欺瞒不报；而严嵩的地位此时也岌岌可危，越来越不讨皇上的欢心，大臣们正酝酿着对严嵩的弹劾。这时发生了一件事，结束了唐龙的官宦生涯。前选郎高简营私舞弊，为御史陈九德弹劾，高简被杖60，发配戍边。唐龙作为同伙，也被牵连，以隐瞒不报罪，罢黜为民，遣送回老家浙江兰溪。老迈的唐龙惊恐交集，一下子病倒了，出京城不久即病死在途中。唐汝楫上疏皇帝，力陈其父勤勤恳恳所建功绩，痛哭流涕。不久，皇上下诏，追封唐龙少保，官复原职，谥曰"文襄"。唐龙的获罪其实是大风雨来临的预兆，是对严嵩集团惩治的开始。嘉靖四十一年（1562）五月，严嵩被发配戍边，严世蕃被斩，唐汝楫也因与严氏父子同党，被牵连除官。

陈　谨

◎ 周玉山

陈谨，字德言，号环江，福建闽县（今福建福州）人。祖陈琛；父名伯亮，以其子贵，赠官修撰；母卓氏。陈谨生于嘉靖四年闰十二月十二日，少时以信义重于乡里，为治《诗》生员，嘉靖三十一年（1552）中举。传说乡试初场那天，许多人看见试场西角有五色云腾空而起，皆说场中定有非凡之人。录取揭晓后，上榜诸士前往拜见主考官御史曾佩，佩言早晨放榜前，卧床假寐，忽做一梦，梦见前科状元龚用卿（本省怀安人）前来拜访，窃以为此非寻常之梦，莫非本科诸士中有人继龚而成状元？据传，陈谨先前亦做过一梦，见有莲花二朵飘落于自家庭院,又有仙童仙女随花而下,陈谨正在一边呆看,众童女笑问:"陈公子何不到莲花上一坐?"陈谨竟不由自主听从其言,刚爬上莲花座,竟飞离地面,直往上升,不一会儿没入云端。陈瑾欲下不能,惊恐万状,正迷惘间,忽见有金甲神人,手托金冠绯服前来,给他穿上。此种不经之谈,都是陈谨考上状元后由好事者捏造的,不可信。嘉靖三十二年(1553)春至京参加会试,试毕,主试官徐阶对其文十分赏识,因为近来士子所作文章大多怪诞空洞,缺乏骨气,而陈谨之答策平实敦厚,言及时事不激不阿。在徐阶看来,只有有德行的人才能作出这样的文章,因列为会试第24名,取得参加殿试的资格。殿试前,陈谨为谢徐氏的知遇之恩,特来拜见。徐氏见其举止言谈知礼而有节,更加深了对陈谨的好感,并引为门生知己。不久大殿对策,陈瑾发挥出色,被擢为状元。此后,陈瑾亦以门生自居,经常往还于徐氏之门。及第后授官修撰。嘉靖三十五年(1556),奉命册封诸藩,因奉使迟期。时权相严嵩当国,徐阶亦为内阁大学士,是严嵩的政敌。陈谨为徐氏私人,严氏对于他的清傲一向耿耿于怀,此时正好借机打击,遂怂恿世宗皇帝将其贬为广东惠州府推官。徐阶失去了一个在政治斗争中于己颇益的盟友,当然不甘心,一有机会便在世宗面前力荐其能。俗话说"朝中有人好做官",陈谨贬官不到1年,即起复为南京太仆司丞,寻即转升南京国子监司业。当时严嵩已经下台,严氏党羽也遭到严厉惩治。内阁中由徐阶独秉其政,打算重用陈谨,于嘉靖四十三年(1564)调其入都,任右春坊右中允兼编修,管理诰命。不料,其父次年病逝,陈谨归家奔丧,过分哀恸而致疾,于嘉靖四十五年(1566)三月病故,年仅42岁。陈谨一生以文章发迹,而仕途坎坷，年寿短促，为官未及显贵之位，时人惜之。好以诗文抒其鸿志，泄其忧郁，著作有《内制集》、《国子讲章》，其诗文稿藏于家。

明

陈谨

诸 大 绶

◎ 周玉山

诸大绶，字端甫，号南明，浙江山阴(今浙江绍兴)人。父诸宗甫，号双潭。大绶为宗甫之次子，后过继其三叔诸宗教为子。大绶幼时聪颖绝于群儿，年不及垂髫，即能日诵千言；10岁时，文章已经写得很好。比部郎中钱八山为越中大儒，一见大绶而大奇之，知其前途无量，适其兄有一女，尚未定终身，由八山公做主，撮合介绍，使二人结为秦晋之好。14岁那年，随其生父宗甫到安徽祁门官任上，祁门县令见而称奇，称赞说："吾闻东南竹箭甲天下，此子岂非东南竹箭耶？"后回浙江原籍，补郡诸生，学业日进，为同辈所畏服。嘉靖二十二年(1543)浙江乡试，考取第二名，年21岁。时主考官御史舒心激赏其才，谓同僚曰："异时金榜题名，为吾浙此榜增添光彩者，一定是此人。"但此后大绶先后参加了自嘉靖二十三年(1544)到嘉靖三十二年(1553)的4次会试，都名落孙山。诸大绶是个自信心颇强的人，并没有因屡战屡败而灰心，仍孜孜不倦地研求时艺，每失败一次，学识水平跃上一个台阶，故其考场上越是失败，名气越大，以致大绶一有制艺作品出，社会上即广为流传。嘉靖三十四年(1555)冬，大绶再一次启程北上，准备第5次参加三年一度的会试。他还是像往常一样若无其事，尽管背负着4次失败的沉重包袱，心里满装着13年寒窗的辛酸和屈辱，背后还有亲朋好友、远邻近舍的种种企盼的、怀疑的、嘲讽的目光。他已经34岁了，还能再经得起几次失意？家里有妻儿和年迈的父母需要照顾、抚养。他这次北行叩问命运之门，颇有点儿当年荆卿入秦的味道。舟行不止一日，一晚宿于清源，酣睡中忽做一梦，梦里当今天子世宗与天帝并肩而坐，正在说东道西，细一听，竟是在说自己，一个说："大绶乃一时才俊，不可埋没。"一个说："当赐给他印剑，使之有所作为。"再想听下去，二人忽然不见了。第二天醒来，暗暗祈祷：但愿此行好梦成真。果然，此次会试将其积年所学发挥得淋漓尽致，取得第二名，廷试又被擢为第一。诸大绶始官翰林院修撰，嘉靖三十八年(1559)春充会试同考官，诸大绶以此为报答君恩之机会。故每临试院，必焚香告天，态度极为诚恳；其选拔士子，多观其实际才干，而不徒以文章优劣，故所得皆有用之才。诸大绶事亲颇有孝名，中第不久，即迎生母陈氏、继母金氏于京邸，精心侍养。又旧制，凡过继为人子者，朝廷之赐恤恩典只及其过继父母，不及本生父母。这样，他的生父母诸宗甫、陈氏从他身上得不到任何好处。念及哺育之恩，大绶于心不忍，不得已而乞疏皇上加恩，言辞之恳恻令世宗心动。世宗为表彰其孝心，特诏令加赐其父母之官，并规定为常例。嘉靖三十九年（1560）春，诸大绶乞假归省，不意，生母陈氏于诸大绶归家途中病故。大绶号哭奔丧，执哀有过于常礼，又上请于世宗皇帝，破例服阙3年。有明一代，官员兼封本生、兼服本生，例皆自诸大绶始。嘉靖四十二年（1563）夏，参修《承天大志》；次年春，参与校录《永乐大典》；穆宗即位，与修《世宗实录》，为副总裁官。此年夏，以校录《永乐大典》成，升左春坊左谕德，兼侍读，不久任经筵日讲官。有明历朝皇帝所开讲筵，多为例行公事，讲官亦多敷衍了事。而诸大绶认为，讲官职当帝师，当抱至诚之心，只有讲官投入地讲，皇帝才能投入地听。其讲论技艺亦超出他人，故深得穆宗青睐，长期留任达5年之久。每进讲前，必斋戒，积精聚神，期以至诚之心感悟皇上。诸大绶仪态堂堂、谈吐洪亮，每临堂上，都给皇帝留下深刻印象。一日，讲至《尚书》"有言逆于汝心，必求诸非道"一节，反复开陈，将话题引申及近贤远佞、纳忠摒奸的关键内容上。穆宗听了，肃然为之改容。又一次，正讲陈之时，有一侍讲筵的太监忽癫痫病发作，满廷官员为之瞠目，诸大绶却镇静自若，讲陈如故，好像没有发生此事一样。及讲毕出殿，大学士徐阶等人相顾而赞曰："诸太史乃真正的讲官。若非平日素养深厚，何能至此？"隆庆元年（1567）冬，升侍讲学士掌院事，充纂修《玉牒》总纂官；隆庆二年（1568），充会试武举考试官；四年（1570），升为礼部右侍郎，仍兼管日讲；次年，充殿试提调官。终隆庆之世，诸大绶始终为侍从近臣，备受宠睐，多次受赐绯罗服及金币等。故穆宗之崩，对他刺激很大，哀毁骨立，形神交瘁，因而致病。众官员往视穆宗陵寝时，恰值盛暑，人马有中暑而死者。诸氏以病躯往从其役,不避艰劳,因而中暑败脾,卧床不起。万历元年(1572)正月病故,年51岁。诸大绶生性笃实平和,为政三朝,不偏不激,亦不盲目附和他人;乐于奖掖后进,信用贤能之人。时人皆谓诸大绶有宰辅之望,不意竟过早去世。

丁 士 美

◎ 刘 一

丁士美,字邦彦,号后溪,南直隶清河(今江苏清江)人,为人缜密、端重,以道义自持。在官学读书时,年少,诸学生都欺负他,把官府发给他的那份钱粮瓜分了,丁士美没有任何表示。嘉靖二十八年(1549)八月,丁士美考中乡试,名列第19名。这年,他年二十有九。但在来年的会试中,丁士美落第了。嘉靖三十二年、三十五年,他又两次赴京参加会试,都名落孙山。

嘉靖三十八年己未科会试如期举行,丁士美第4次步入礼部贡院考场。初九、十二、十五日3场考试下来,三河(今属河北)人蔡茂春夺得会元，丁士美也榜上有名。

三月初五殿试，试时务策1道，黄昏时交卷。吏部左侍郎兼学士李玑、太常寺少卿兼学士严讷等评判试卷，挑出10份上乘佳作，排定名次，送呈当朝天子世宗皇帝裁决。丁士美的卷子入选，但不是第一。世宗御览，对第一份不太满意，遂往下翻，阅及丁士美的卷子，只见开卷便道："帝王之致治也，必君臣交儆而后可以底德业之成，必人臣自靖而后可以尽代理之责。"世宗大为欣赏，用朱笔圈了"君臣交儆"、"人臣自靖"8个字，在卷首朱书"第一甲第一名"6个大字。

丁士美成为明代第61位状元。

这年，他年三十有九。

此科进士共303人，会试时的第一名蔡茂春名列第二甲第四名。

丁士美大魁天下，京师有个贵族想把女儿许配给他，请人说合。这是若干新科状元求之不得的好事，丁士美却婉言谢绝，他的名声因此更响。

中状元后，丁士美入翰林院为修撰，掌修国史，累官至吏部左侍郎，兼侍读学士。死后，朝廷追赠礼部尚书，谥"文恪"。

申 时 行

◎ 涂 青

一、从翰林院修撰到内阁大学士

嘉靖四十一年(1562)三月十五殿试,会试中式的299人参加考试。第二天,担任评卷的"读卷大臣"评阅试卷。第3天发榜,高居榜首的是申时行。

申时行,字汝默,长洲(今江苏苏州)人。长洲文化兴盛,名士辈出;商业繁荣,商贾云集。申时行既有文人的才学,又有商人的机敏,凭借文才与机敏击败298个对手,一举夺魁,成为有明一代第61位状元。

状元例授翰林院修撰,掌修国史。申时行也不例外。入翰林院数年,进官为左庶子。左庶子是皇太子东宫左春坊的长官,职如皇帝的侍中。不过,申时行的具体职掌不是侍从东宫,而是以左庶子的身份掌理翰林院。此后,迁为礼部右侍郎,成为礼部的第二副长官。

在这段时间内,世宗、穆宗两位皇帝先后驾崩。隆庆六年(1572)六月初十,穆宗的皇太子朱翊钧即皇帝位,年号"万历",是为神宗。

万历五年(1577),申时行出任吏部右侍郎。吏部掌管官吏铨选,职权颇重,列六部的首位。

当时,处在一人之下、万人之上高位的内阁首辅张居正正在大力推行改革。张居正是申时行的"座主"(即殿试时的考官),他对申时行极为器重,申时行出任吏部右侍郎,也是他的意思。申时行到吏部后,事事秉承张居正的心意,张居正大为高兴,以为得人。

就在这年,张居正的老父病逝。按照封建礼节,张居正须辞官回籍服丧3年。但张居正正在推行改革,神宗皇帝倚重于他,他一去,改革大业怎么办?户部侍郎李幼孜上疏建议"夺情"。"夺情"是出征将帅有父母之丧,因军务不能回家服丧,皇帝诏令移孝于忠,在军中戴孝。此议一出,张居正的政敌纷纷上疏反对。翌年三月,张居正迫于强大的舆论压力,回江陵(今属湖北)老家服丧。

临行,他荐举两人入阁,参与机务,一是礼部尚书马自强,一是吏部右侍郎申时行。神宗诏准,命马自强以礼部尚书兼文渊阁学士,申时行以吏部右侍郎兼东阁大学士,入阁办事。不久，申时行进为礼部尚书，兼文渊阁大学士。

张居正去后，内阁中还剩下吕调阳、张四维两位阁臣。马自强、申时行入阁，阁臣增为4人。吕调阳年迈多病，很少到内阁办公，在内阁办公的仅张四维、马自强、申时行3人。神宗皇帝有令，国家大事驰告张居正，叫他裁决；小事由张四维全权处理。申时行在内阁大臣中排名最后，仅充位而已。

二、与言官们争斗

万历十年六月，张居正病死，他死后不久，便遭到反对派的诬陷。张四维出为内阁首辅。次年，张四维老父去世，他回家守丧。这时，吕调阳已辞官回家养病，马自强也已病死。内阁中就数申时行资格老了，于是继张四维出任内阁首辅。

内阁中又新进余有丁、许国、王锡爵和王家屏4人。4人中，许国是歙县(今属安徽)人，嘉靖四十四年第三甲第108名进士；王锡爵是太仓(今属江苏)人，嘉靖四十一年与申时行同榜登科，名次申时行，为第一甲第二名，即所谓的"榜眼"；王家屏乃大同山阴(今属山西)人，隆庆二年(1568)第二甲第二名进士。申时行、许国、王锡爵的里籍都属南直隶，算是同乡，关系极为密切。王锡爵是御史李植等力荐入阁的，曾反对张居正"夺情"，有些名望。李植等与申时行不合，荐王锡爵入阁，原是为了削弱、牵制申时行的权力、行动，谁知，王锡爵入阁后很快便与申时行抱成一团，成为申时行最亲密的盟友。余有丁和王家屏势孤，只能依附于申时行、许国、王锡爵三人。申时行有效地控制了内阁。

在这种局面下，申时行振作起来，欲有所作为。

早在张四纬当政时，张居正便受到反对派的诬陷。万历十一年三月，神宗下令追革张居正的官衔，废止他的改革措施。作为内阁首辅的张四纬曾曲意巴结张居正，现在，他也鼓噪诋毁张居正，一改张居正时的做法，开通言路，起用被张居正贬抑的官员。张居正的余党很害怕，竭力巴结申时行以为助。从历史记载来看，申时行不大赞同张四纬的做法。但申时行执政后，却不得不沿着张四纬的路子走，务为宽大，起用稳重守成的官员，广开言路。他的这种做法，博得了大多数官员的赞誉。

然而，这种局面并未维持多久。

申时行广开言路，御史、给事中等言官活跃起来，纷纷指斥张居正执政时遏阻言路，历数其罪行。申时行是张居正的心腹之一，言官们在指斥张居正时，无意或有意地涉及到申时行。申时行表面上宽以待之，示有海量，内心却恨之入骨。后来，他实在难以忍让了，遂与言官们公开交锋，想方设法贬黜那些攻击张居正而涉及到他的人。

从文献记载来看，自万历十三年起，申时行便公开与言官对阵了。

这年，御史张文熙上疏，历数从前的阁臣专恣自断的4种表现：各部各院都设《考成簿》，记录官吏功过，送内阁考查升降；吏部、兵部铨选官员，都得经内阁认同；督抚巡按办事，无不密谒内阁大臣请教；内阁首辅奉诏拟旨，独自行事。申时行上疏论争，对前3条，他认为是内阁的职权，内阁中有徇私舞弊的可罢黜，但若因有一二个阁臣徇私舞弊就把内阁的职权削弱，未免因噎废食；对最后一条，他说内阁首辅奉诏拟旨，从无专断之举，都同内阁其他大臣商议。神宗觉得申时行讲得有理，遂绌张文熙之议不用。

此后，言官与申时行的矛盾冲突更加激烈，内阁其他大臣也卷入。

"高启愚案"是言官与阁臣争斗的典型事例之一。

御史丁此吕上疏，揭发礼部侍郎高启愚主持南直隶乡试时，出题《舜亦以命禹》，是劝进张居正当皇帝。神宗将他的奏疏批示申时行处理。申时行说："丁此吕以这种暧昧问题陷人于死罪，臣恐谗言接踵而至，不是清明王朝所应有的。"吏部尚书杨巍秉承申时行心意，建议将丁此吕贬出京师，神宗采纳。这下，惹怒了众言官，给事中、御史王士性、李植等纷纷上疏弹劾杨巍阿申时行意，闭塞言路。神宗又觉得他们讲得有道理，诏令罢免高启愚，丁此吕留任。申时行见状，遂与杨巍一同上疏辞官。内阁大臣余有丁、许国上疏反对留任丁此吕，许国是申时行的好友，采取一致行动，也上疏辞官，向神宗施加压力。于是，神宗维持原来的判决，贬丁此吕出京。言官们群起攻击许国，申时行奏请按情节轻重惩治众言官。言官们与阁臣更加对立，有如水火。

以申时行为首的阁臣与言官的争斗严重败坏了万历朝的政治，申时行的名声越来越坏。

三、排斥异己

与言官的争斗，使申时行声望大损，他也索性撕下宽宏大量的伪装，竭力排斥异己。

万历十八年，吏部尚书杨巍辞官，商丘(今属河南)人、户部尚书宋纁调任吏部尚书。杨巍任吏部尚书时，党附申时行，事无大小，皆请示申时行。宋纁掌吏部后，杜绝请托，奖廉抑贪，处罚了100多个贪官污吏，没向申时行请示。申时行大为光火，伺机报复。吏部第一司文选清吏司缺一名员外郎，宋纁上疏，建议以吉水（今属江西）人邹元标充任。疏入，不见答复，宋纁便再上疏催问。申时行拟旨斥责用邹元标不当，把邹元标贬谪南京。不久，有个叫刘文润的向官府交纳了一批粮食，想买个官做。吏部任命他为詹事府录事，即一个掌管文书的小官。申时行弹劾刘文润靠输粟而做录事官不当。实际上，当时殿阁中掌文书的官吏无不是输粟而得官的。宋纁明白，申时行在录事这么个小吏上做文章，是冲着他来的。就连远在福建的一个叫李琯的官员也洞悉到其中奥妙，上疏指斥申时行报复、排挤宋纁。宋纁无法在吏部任职，上疏辞官，神宗未准。不久，宋纁愤懑罹病而死。

秦王朱谊漶乞封其弟为郡王，申时行赞同，大加帮助。但礼部尚书沈鲤认为朱谊漶之请不合礼法，断然拒绝。神宗下诏称赞沈鲤做得对。申时行从此怨恨沈鲤，处处排挤他。沈鲤无奈，上疏辞官。申时行迫不及待地要拟旨放他回去，神宗道："沈尚书是个好官，为何要他走？"传旨慰留。申时行更加忌恨沈鲤。他有个党徒叫陈与郊，官为给事中。陈与郊曾替人向沈鲤求个考官做，沈鲤未准，也怨恨沈鲤。于是，申时行指使陈与郊弹劾沈鲤，把他赶出京师。陈与郊觉得自己出面弹劾太扎眼，便请同僚陈尚象去办此事，自己则背地里造谣中伤沈鲤。沈鲤实在无法在礼部任职了，上疏力辞，回了老家归德（今广西平果东北），不再出仕。

像宋纁、沈鲤这样因得罪申时行而横遭排挤的大臣，为数甚众。

就连好友许国也遭到他的排挤。

许国是在万历十一年四月入阁的，他为人耿直刚烈，心直口快，从不加以掩饰。他入阁后，站在申时行一边，回击言官对申时行的攻击，申时行极倚重于他，结为密友。万历十八年秋，西北少数民族进攻临洮（府治狄道，今甘肃临洮），神宗召群臣商量对策。申时行主张维持从前的贡市以羁縻之，反对用兵。许国则认为非给予重创不足以令其臣服。神宗觉得许国言之有理，决定用兵。申时行从此对许国不满。不久，有个叫万国钦的上疏弹劾申时行，此人是许国的门生，申时行误以是他是受许国的指使，更加仇视许国，遂授意门生、给事中任让上疏弹劾许国，指斥许国是个蠢货，不配在内阁办事，想把许国赶出内阁。幸赖神宗皇帝器重，许国才得以保住阁臣的位子。

四、纵神宗玩乐

神宗是个荒淫的皇帝，日夜纵酒作乐，变着法子玩，置国政民事于不顾。作为内阁首辅，申时行不加匡谏，反而出谋划策，纵神宗游玩。

当时，有一种经筵制度，皇帝定期与担任经筵讲官的大臣讲论经义。神宗很讨厌这种活动，每到讲经日期，就传旨免讲。这么一来，招致一些大臣的规谏，神宗很生气，但又不能置之不理。申时行见状，献上一计：经义可不必讲，每到讲经日，命讲官把他们的讲稿呈上即可。神宗很欣赏这一妙计，他可以借口自己看讲稿而停止讲经，至于看与不看，还不是自己说了算？即使不看，又有谁人知晓？经筵制度从此遭到破坏。

神宗皇帝最头痛的，还是那一道道的奏疏。每天，各种各样的奏疏有几十道，甚或上百道，御览、御批是一项极为繁重的工作。有个大理寺评事叫雒于仁，上了一道《酒色财气四箴》疏，历数神宗纵酒、好色、贪财、滥罚等劣迹。神宗大怒，吩咐申时行处理此疏，给雒于仁找个罪名，予以重罚。申时行劝神宗不要把此疏下发内阁，就留在宫中，由他出面，让雒于仁滚回老家去。神宗也觉得雒于仁所言都是事实，张扬出去对自己也不好，就采纳了申时行的建议。申时行还告诉神宗："以后遇到不好办的奏疏，不妨都采取这种"留中"——留在宫中的方式。这样，上疏人摸不着虚实，还以为皇上在认真考虑呢！"神宗大喜，从此，处理奏疏又添了一项"留中"方式。

申时行这两项发明，使神宗皇帝有了更多的时间玩乐，他自然十分感激这位得力辅佐，申时行的内阁首辅位更加稳固。但朝政更加腐败，国家大事荒废，甚至连尚书、知府去职后，空出的职位都无人替补，就那么一直空着。

五、徇私舞弊

申时行时常凭借职权，徇私舞弊。他常常吩咐某个官员安排某某人为某某官职，嘱咐某个官员把某某人撤职查办。有些官员俯首听命，马上安排、查办；也有一些官员不买账，那么，他们很快便会倒霉。

兵部尚书王遴就是因不买账而倒霉的大臣之一。

王遴是霸州（今河北霸县）人，嘉靖二十六年进士，极有才干，从绍兴（今属浙江）推官累迁至兵部尚书。一次，申时行把一个人推荐给王遴。此人姓罗名秀，原是太监滕祥的奴仆，花钱贿赂一些官吏，成为一名禁卫军军官。申时行为讨好滕祥，嘱咐王遴让罗秀出任军事特务机构——锦衣卫的佥书。王遴没有照办。申时行大怒，伺机报复。不久，神宗去观看宫室，宦官持他的御批去兵部要马匹。按惯例，御批当钤印，由司礼监送兵部，没有径直下发兵部的。王遴上疏，说此举不合礼法。神宗龙颜不悦。申时行见状，乘机拟旨责斥王遴擅留御批，大不敬。他的一些同党也纷纷上疏弹劾王遴。王遴无奈，辞官而去。

监察御史王国也是因为不买申时行的账而倒霉的。

王国是耀州（今陕西耀县）人，万历五年（1577）进士。王国为人刚正不阿，任监察御史不畏权贵，秉公执法，曾上疏弹劾权宦冯保。后以监察御史的身份巡按河南，考查吏治得失，正好遇上六年一次的京察——对京官的考核。申时行手书他不喜欢的19名官员的姓名交给王国，要王国寻找把柄加以贬斥。王国没有答应。于是，申时行起用监察御史马允登负责京察，王国佐理。诸御史都到了，马允登写下19人的名字，对御史们道："这些人是社会舆论指斥的。"王国接过那份名单仔细看了一遍，正是申时行吩咐他查办而被他拒绝的那19人，他怒火中烧，叱曰："这些人仅仅忤怒当朝执政罢了！青天白日，何出此语？"马允登执意处置那19人，王国怒不可遏，上前便揍马允登，马允登吓得掉头便跑，王国穷追不舍。神宗闻知此事，把他们两人贬出京师。王国托疾辞官。

六、皇储问题上首鼠两端

神宗的长子是朱常洛，他的母亲王氏是慈圣皇太后的侍女。一次，神宗去朝见母后，遇上了王氏，一时冲动，临幸了她，遂有朱常洛。但神宗并不喜欢王氏，也不爱她生的朱常洛。朱常洛4岁那年，神宗宠爱的郑贵妃生下了朱常洵，子以母贵，朱常洵备受神宗的宠爱，神宗意欲立他为皇储。废长立少，是不合乎封建礼法的，公卿大臣怕神宗真的走这步棋，遂推内阁首辅申时行为首，联名上疏，请立朱常洛为皇储。神宗置之不理。

通过这次上疏，申时行彻底明白了神宗的心意——立朱常洵为皇储。申时行既想讨好神宗皇帝，赞同他废长立少，又怕此举得罪公卿大臣。想来想去，他决定采取首鼠两端的策略，在神宗面前赞同废长立少；在群臣面前，则装作恪守礼法，反对废长立少。

一些大臣见神宗不听劝谏，便把矛头指向郑贵妃，颇多指斥。神宗见爱妃遭到贬斥，大为光火。申时行见状，献上一计：官员上疏言事，范围限定在自己的职掌内，不是职权范围的，不得妄言；各部、各院的奏疏，先交各部、各院长官，由他们审查，合乎规定的，才准上呈皇帝。神宗对此妙计大加称赞。从此，没人再敢指斥郑贵妃了。

但群臣建议尽快立朱常洛为皇储的呼声不断，申时行也装模作样地上疏劝谏了几次。神宗不能不有所表示了。万历十八年，他下诏说："朕不喜鼓噪。最近，诸臣的奏疏一概留中，是痛恨一些人离间朕父子。若明年你们不再鼓噪，就于后年册立。否则，等皇长子15岁以后再说。"申时行急忙诫告诸臣不要再鼓噪了。

明年，工部主事张有德上疏，请订立册封仪式。神宗怒，诏令册立之事延期1年。内阁中也有疏上奏，请准备册立之事。当时，申时行适逢休假，主持内阁事务的许国出于对申时行的尊敬，上疏署名，把他列在首位。申时行闻知，密上一疏，说："臣正在度假，那道奏疏实与臣无关。册立一事，圣意已定。张有德愚笨不谙大事，皇上自可决断册立之事，不要因一些小人鼓噪而影响大典。"这道密疏很快便传了出来，群臣见申时行首鼠两端，大为气愤。给事中黄大纮上疏，弹劾申时行表面上赞同群臣立朱常洛为皇储的建议，背地里却迎合皇上的心意，拖延册立一事，以邀皇恩。内阁中书黄正宾上疏，弹劾申时行排挤、陷害同僚。结果，黄大纮、黄正宾两人被罢官。

然而，高压政策未能使大臣们退缩，御史邹德泳再次上疏，指斥申时行首鼠两端。

申时行的心迹终于败露了，他见群臣激愤，担心大祸临头，遂上疏辞官。神宗诏准，许他乘驿站的车马归乡。

他做了8年的内阁首辅，没有多少建树，靠排斥异己、讨好神宗而坐相位。最后，身败名裂，灰溜溜地下台。

七、寿终正寝于老家

万历十九年八月，申时行回到了故乡长洲。这年，他年五十有七。他在老家度过了23年。万历四十二年，他年满八旬，神宗遣使存问。诏书到了申府大门，申时行咽气。神宗诏赠太子太师，谥号"文定"。

申时行有两个儿子，长子申用懋，次子申用嘉。申用懋是万历十一年第二甲第21名进士。他中进士，在相当程度上是靠父亲申时行的权势，御史魏允贞曾上疏揭露。神宗看在申时行的份上，没有追究。申用懋累官至兵部职方郎中。职方郎中是兵部职方清吏司的长官，掌天下舆图，即地图。神宗诏擢太仆寺的副长官——少卿，命他以太仆少卿的身份负责职方清吏司事务。再迁右佥都御史，代皇帝巡抚顺天(府治大兴、宛平，今北京)。崇祯(1628～1964)初年，从兵部右侍郎升为左侍郎，再迁为兵部尚书，以病乞归。死后赠官太子太保。申用嘉举人出身，官至广西参政——广西布政使的属官。

申时行之孙申绍芳，万历四十四年第三甲第207名进士，官至户部第一副长官——左侍郎。

车吉心 主编

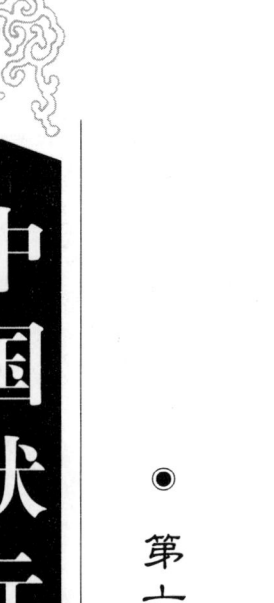

● 第六卷

山东教育出版社

顾　问　安作璋
主　编　车吉心
副主编　刘德增

本卷目录

范应期　/1069
罗万化　/1071
张元忭　/1074
孙继皋　/1077
沈懋学　/1079
张懋修　/1081
朱国祚　/1083
唐文献　/1090
焦　竑　/1093
翁正春　/1100
朱之蕃　/1105
赵秉忠　/1108
张以诚　/1113
杨守勤　/1116
黄士俊　/1118
韩　敬　/1122
周延儒　/1125
钱士升　/1138
庄际昌　/1144
文震孟　/1146
余　煌　/1157
刘若宰　/1163
陈于泰　/1165
刘理顺　/1168
刘同升　/1172

魏藻德 /1176
杨廷鉴 /1182
周崇 /1184
尹凤 /1186
顾凤翔 /1188
黄钺 /1190
方仪凤 /1192
王来聘 /1194

清

傅以渐 /1199
吕宫 /1205
刘子壮 /1210
邹忠倚 /1213
麻勒吉 /1217
史大成 /1225
图尔宸 /1228
孙承恩 /1230
徐元文 /1233
马世俊 /1246
严我斯 /1249
缪彤 /1253
蔡启僔 /1256
韩菼 /1262
彭定求 /1267
归允肃 /1271
蔡升元 /1274

范 应 期

◎ 李西宁

　　范应期，字伯桢，号屏麓，浙江乌程(今浙江吴兴)人。起先学业平平，而个性极强，特别好胜。嘉靖三十一年(1552)，薛应旗到浙江考察学政，对士人责之甚严，范应期学业不佳，遭到训斥，被列为最差一等。应期羞愧万分说："大丈夫应该大魁天下，岂能庸庸碌碌消磨一生！"于是发愤攻读经书策问，入国学后，刻苦学习，焚膏继晷，终于在嘉靖四十四年(1565)脱颖而出，中了乙丑科状元。明中后期科举弊端四起，考场作弊成风，有请人"捉刀"的，有夹带书册入考场的，还有串通一气传抄的，搞得乌烟瘴气。朝臣纷纷上疏，要求严加节制。嘉靖四十四年乙丑科与往年有所不同，皇上下诏增设监试御史两名，对考试的举人严加盘查，结果有十几个举人因夹带文字入场被查获，一律戴上长枷，被绑在礼部前示众，然后打了几十大棍，削去功名，发回原籍为民。这一年的主试官是吏部左侍郎兼学士高拱和侍读学士胡正蒙。会元是陈栋，南昌人。考前，范应期和一个朋友去拜访一个官吏，那个官吏高兴地迎出门，说："我昨天晚上梦见状元来到我家，今天二位就来了，你们当中肯定有一个会中状元的。"果然不出所料，廷试结束，应期独占鳌头。范应期兴奋之余，想起夜宿杭州大茆时，梦见看会试大榜，当时有人说："状元是艮山范爸，是机坊中的人。"他很是不解，而今细细推敲，这不正是说的自己吗！《周易》说："艮，止也。"止于山，不就是屏麓，屏麓是自己的号。爸，上面是个山，下面是仑，也是隐含屏麓的意思。至于"机坊中人"，则是指湖州乌程为丝绸产地。这年，范应期39岁。范应期不久进翰林院为修撰，累官至国子监祭酒。在宦海沉浮中，他常怀悲忿。万历二十三年（1594），范应期路见不平与恶少争斗，被其所辱，上告地方。巡按等人官官相护，反而对他施以刑法。欲诉不能，范应期彻底绝望，自缢身亡，是年68岁。

罗万化

◎ 李西宁

　　罗万化，字一甫，号康州，浙江会稽(今浙江绍兴)人，以沉稳凝重著称。据说他6岁时，一日在私塾听讲，教室旁的一间房屋突然倒塌，声震如雷，吓得听课的孩子们尖叫着四散逃去，只有罗万化一人端坐依旧，神态自若。大家都说这孩子小小年纪就有这么强的自制力，将来一定成器。少年时与同郡张之忭很是要好，两人在卧龙山读书，对王文成之学下过一番苦功，于真知实践的认识颇为深刻，影响罗万化一生。嘉靖四十三年(1564)通过乡试，隆庆二年(1568)考中贡士。三月十五日，举行殿试，皇上出的题目是《外攘内安之道》。各位读卷大臣，仔细评选之后，呈送给皇上17份卷子，穆宗读罢都不中意。穆宗怀疑阁臣们在作弊，欺骗自己，于是命令调来散卷自己选择，在随便翻阅过程中，读到罗万化的卷子，对其精辟的见解很是赞赏。其文曰：

> 臣闻帝王之莅天下也，必安攘并举，而后可成天下之至治；必明断并行，而后可收天下之实功。故务本重农以厚民之生，治兵修备以固国之防，是二者诚有国之先图，不可以后时而偏废者也……

当时穆宗即位不久，一反嘉靖时的政策，逐方士，重农兵，起用旧臣，褒奖献计献策之人，想有一番作为。罗万化的文章正说到他心坎上了，所以，尽管卷子不甚整洁，字迹多有涂抹，还是被点为状元。援例授翰林院修撰，参与编修《世宗实录》，到神宗时大功告成。万历二年(1574)升至侍读，主修《大明会典》，万历七年(1579)，放外督考应天府乡试。其后张居正出任首辅，罗万化不谄权势，居六品官10年，一直没能升迁。张居正雷厉风行的改革以严峻著称，对其过激之处，罗万化多有指摘。张的门客周某与罗万化同乡，想调和二人之间的关系，每次经过罗万化的家，都旁敲侧击地劝导，罗万化往往把话岔开，王顾左右而言他，或举杯劝酒，使周某无法接着讲下去。张居正的宠奴尤七，在闹市中修建一座三清观，周某私下里找罗万化，请他为之作记。罗万化勃然大怒："我是天子侍臣，岂能为这等奴才作记！"这年张居正的儿子参加科举考试，试前要求透露试题，又遭拒绝。这更加激怒张居正，罗万化遂备受压制。张居正死后，罗万化晋升为春坊谕德，迁国子监祭酒。周围的小人垂涎他的职位，便放出风去，说罗万化老母年高盼他南归，不归是不孝。罗万化笑笑说："正中我意。"打马入朝，请求外调出京，遂被授予南京礼部右侍郎。万历十八年(1590)，升为吏部左侍郎，两年后升礼部尚书兼翰林院学士，教导管理翰林院中的庶吉士们，兼任元史副总裁。这年冬天，神宗下诏决定明年春天立储君，封诸王。廷臣上下交结，意见分歧。当时神宗皇后没有生儿子，王恭妃生皇长子，郑贵妃生皇三子，贵妃颇得皇上宠爱。郑妃想立自己的孩子，皇上举棋不定。罗万化上疏援引太祖孝宗世宗旧例"有嫡立嫡，无嫡立长"。神宗以等皇后生子方可立为由拖延时间，并打算立贵妃所生皇子，首辅王锡爵随声附和。罗万化及前大学士申时行、李长春分析利弊，征得大家意见统一，又通过郑贵妃的从子搬请贵妃的母亲，晓以夺储的危害和隐患，贵妃先是生气，后来想通了。不久，三王并封，明年(1593)春二月，皇长子出阁就学，长幼序明，国本乃定。

在几十年的风风雨雨中，罗万化厌倦了官场，思念白发老母，有归园田居之意，多次上书乞归，终得恩准。归心似箭，加之鞍马劳顿，病逝在宝应(今属江苏)境内的船上，时年59岁。赠太子太保，谥曰"文懿"。

张元忭

◎ 云高

名城山阴(今浙江绍兴)有个张家,张家有个男儿,名元忭,字子荩,以嗜书如命遐迩闻名。张元忭体质羸弱,母亲怕他读书太累搞坏身子,时常嘱咐他注意休息。张元忭每天都要读到深夜才入睡,他怕母亲生气,便把灯藏起来,待母亲睡着了再点上灯看书。

山阴有个儒学大家,叫王畿,是"心学"大师王守仁的高足。张元忭拜王畿为师,研习"心学",深有所得。

张元忭极崇尚有气节的人,杨继盛是他心目中的英雄之一。

杨继盛是容城(今属河北)人，7岁丧母，庶母(父之妾)凶狠，虐待继盛。继盛边牧羊边读书，考中嘉靖二十六年(1547)丁未科进士，授南京吏部主事，不久改任兵部员外郎，上疏倡言以武力抗击匈奴俺答，为仇鸾所诽谤下狱，贬官。奸臣严嵩当国，杨继盛上疏弹劾，被投进大牢。嘉靖三十四年十月初一，在北京西市被斩首。

这年，张元忭年方10余岁，闻悉杨继盛的事迹，感慨泪下，作文遥祭。

父张天复，官为云南副使，进击武定(今属云南)起兵反叛的凤继祖有功，朝廷嘉奖。不久，反叛者还袭武定，官军败绩，巡抚吕光洵统兵剿灭。穆宗隆庆元年(1567)，有人上疏追究武定兵败一事，诏逮张天复赴云南对簿公堂。张元忭闻讯，护送父亲去云南，行程万里。待到了云南，张元忭一头黑发变成白丝。他不敢停留，北上京师，诣阙下为父白冤。当事者被他的孝心所感动，从轻发落张天复，仅将他削职为民。

隆庆五年三月初一殿试，张元忭一举夺魁。此科进士共396人，名列第一甲第三名即俗称"探花"的是新建(今属江西)人邓以赞。邓以赞也以好学著称，是张元忭的师兄弟，他们都曾师从"心学"大家王畿。

状元例授翰林院修撰，掌修国史。

隆庆六年即张元忭中状元第二年五月二十六日，穆宗皇帝中风而死，皇太子朱翊钧即位，年号"万历"，是为神宗。

神宗宠爱宦官冯保，即位第六天，便命冯保出掌24个宦官机构中最重要的司礼监。无锡(今属江苏)人胡涍上疏劝谏神宗远小人亲贤人，冯保从中挑唆，神宗罢了胡涍的官。张元忭上疏替胡涍开脱，未能奏效。

乘着神宗刚登极，广施龙恩，张元忭上疏为老父申冤，请恢复老父的官位。当时,他父亲已病死,此举仅是为父亲恢复名誉而已。神宗答应,待日办理。此事一直拖延,迟迟不能兑现,张元忭只好耐心等待。

万历十年(1582),张元忭奉命去楚王府公干,顺便回家探望老母。离开山阴后,他的心绪极不好,总觉着有不祥之事将要发生,遂驰归老家。果然,老母病重。张元忭侍疾,精细照料,汤药亲尝。5天后,老母病逝。张元忭辞掉官职,服丧3年。

服除,出仕,仍为翰林院修撰。不久,进为左谕德。此为皇太子东宫官员,掌赞谕道德,侍从文章。当时,神宗未立太子,张元忭以左谕德官衔担任神宗的经筵讲官,为神宗讲解经史。

乘接近皇帝之机,张元忭又提出老父官位问题。不知神宗是健忘还是不认老账,竟驳回张元忭的奏疏。

张元忭哭了,道:"吾无面目见父母于地下了!"从此悒悒不乐,罹病不治而死。

熹宗天启(1621~1627)初年,追谥张元忭为"文恭"。

孙 继 皋

◎ 李西宁

孙继皋，字以德，号柏潭，江苏无锡人。据说他出生时，父亲梦见前甲戌科状元唐皋到家中，于是给这个新生儿起名叫继皋，有望子成龙，步唐皋之后尘，大魁天下的意思。孙继皋相貌堂堂，光彩照人，神态清隽，如玉树临风。曾就学于某私馆，一天，这家主母见到他，为他的潇洒风度所倾倒，便派丫环给正在习文的孙继皋送茶，在里面放了一枚金戒指来勾引他。继皋装作什么都不明白的样子，叫丫环收拾了送回去。这天夜里，丫环来敲门说："主母来了，想见见你。"继皋忙取来大板把门顶上，不让她们进来，任凭怎样哀求也不为所动。

第二天清早，孙继皋就收拾用具返回家中。有人感到奇怪，问其中缘故，孙继皋回答说："没什么，只是老师讲的我听不很懂，想换个学校而已。"在府学时，郡守施观民很器重他。他自己也颇努力，经常在会考中名列前茅，有夺取天下大魁的志向。万历元年（1573）乡试告捷，施公不以为然："我所希望的不仅仅于此！"接着会试喜讯传来，施公还是那句老话。等到廷试那天，施公一大早就穿上过节才穿的新衣裳，端坐在大堂上，满怀信心地等待结果。不久，敲锣打鼓，喜报传来，施公大笑："我一直等着这一天，这一天终于来到了。"叫人取来酒菜，当堂与同僚们共贺，一直喝到酩酊大醉。这年是万历二年甲戌（1574），孙继皋25岁。

孙继皋中了状元之后，入翰林院为修撰。后任礼部侍郎，改迁吏部，主管量才录官，对那些因直言而得罪权贵遭贬谪的有识之士多方照顾，为他们的复出四处奔波，不考虑个人得失升降。万历二十四年（1596），孝安陈太后去世。太后是神宗的亲母亲，按礼法应当送到宫门之外，而神宗以有病为借口派人代他送葬，这一举动引起群臣不满。孙继皋上疏劝谏皇上要不违礼义，垂范世人。皇上大怒，把奏折摔在地上，甩手而去。又过了两年，皇上下诏甄别官吏，孙继皋被弹劾，和他一同劝谏的许多人被罢官。孙继皋要求告老还乡，不准。又过了不长时间，病重死去，赠礼部尚书。有《宗旧集》传世，其诗文以博大弘丽著称。

沈懋学

◎ 刘一

明朝中叶，宁国府府治宣城(今属安徽)有个叫沈宠的，嘉靖(1522～1566)中乡试中举，出任行唐(今属河北)知县。当地民人不谙织纴，沈宠买机杼教之。调获鹿(今属河北)知县，征为御史，官至广西参议。沈宠师从大儒贡安国、欧阳德、王畿、钱德洪，博学多知，也为一时之名儒。名儒、宁国知府罗汝芳创立"开元会"，沈宠与名儒梅宇德共主讲席。

沈宠之子懋学，字君典，从小受父亲熏陶，博览经史，年少便以文才著称。万历五年(1577)三月十五日殿试，一举夺魁，入翰林院为修撰。

内阁首辅张居正的父亲病死，户部侍郎李幼孜讨好张居正，倡议夺情。丧服未除，朝廷强令出仕，谓之"夺情"。张居正留恋权势，意欲夺情。翰林吴中行、赵用贤等攻击张居正贪权不孝，张居正怒，准备报复。侍讲田一儁和沈懋学上疏营救，被张居正扣压，不上呈。沈懋学与张居正的儿子张嗣修为同榜进士，沈懋学为第一甲第一名，即状元，张嗣修名列第一甲第二名，即榜眼。沈懋学见他们的奏疏被扣压，便致书张嗣修，请他规劝张居正。沈懋学连写3封信，张嗣修都没理睬。工部尚书李幼滋是张居正的好友，沈懋学又给他写信，要他规劝张居正。李幼滋复信说："你所说的，都是宋人的陈辞滥调，赵氏所以腐败，其因就在这里。张公不奔丧，与揖让周旋、征伐诛杀，都合乎圣贤之道。竖儒怎能知道这一点。"李幼滋的名声原来很好，至此为士大夫所不齿。

沈懋学见状，遂辞官而归。数年后，病死于家中。南明福王朱由崧追谥"文节"。

张懋修

◎ 刘一

　　张懋修，字惟时，号丰枢，江陵(今属湖北)人。他是张居正的三子。张懋修聪明，好学上进，再加上他的父亲身居一人之下、万人之上的高位，科考一帆风顺。万历七年八月，他考中乡试，名列第12位。翌年二月会试，考中第13名——第一名会元被汉阳(今属湖北)人萧良有夺得。三月十五日殿试，张懋修高中榜首，成为明代第67位状元。

　　这年，张懋修25岁。

　　中状元后，张懋修按惯例入翰林院为修撰，掌修国史。

　　张懋修中状元第三年六月，张居正去世。张居正死后不久，便遭宦官张诚、陕西道御史杨四知等人诬陷。万历十一年三月，神宗诏令褫夺张居正封号，革夺张懋修的"第一甲第一名"头衔。张懋修成了一介平民。

不久，神宗又下令抄了张居正的家。听人说张居正家藏镪百万，只查出黄金万余两，白银十几万两。负责查抄的张诚把张居正的长子、礼部主事张敬修抓来拷问，张敬修受不了皮肉之苦，投环自尽。

张懋修不堪凌辱，两次自杀未成。

万历十二年八月，神宗下诏，宣布张居正的罪行，把张居正的儿子张嗣修及孙子张顺、张年等发配边地。

朱国祚

◎ 任国让

一、从修撰到吏部左侍郎

神宗万历十一年(1583)癸未科录取进士341名，第一甲第一名为朱国祚。此科进士后来出了叶向高、方从哲等一批名人。

朱国祚，字兆隆，秀水(今浙江嘉兴)人。他的家世和中状元前的经历，于史无征。中状元后，按照惯例，他被授予翰林院修撰的官位，掌修国史。进官为洗马，成为东宫官员之一。当时，神宗还未立皇太子。长子朱常洛，生母是个宫女，不为神宗所宠，故朱常洛迟迟捞不到皇太子的地位，仅称"皇长子"。朱国祚以洗马的身份担任皇长子的侍从官。不久，进官为谕德，掌赞谕道德，侍从文章，是东宫地位较高的官员之一。

朱国祚出任谕德不久，从朝鲜方面传来消息：日军15万从釜山登陆，很快攻陷王京（今汉城）、开城、平壤，朝鲜遣使向明廷告急求援。神宗君臣认为，日本进军朝鲜，意在中国，遂命宋应昌为经略，李如松为征东提督，统兵4万跨过鸭绿江，入朝援救。明军连战皆胜，日军败退釜山。日相丰臣秀吉不甘心失败，一面假意与中国议和，诱使明军撤兵，一面加紧准备再度出兵。

兵部尚书石星听信慈溪（今浙江宁波西北）人沈惟敬的谎言，力主议和撤兵。朱国祚反对，主张用武力彻底把日军驱逐出朝鲜。他当面诘责石星："那沈惟敬乃我浙江一个无赖，想从中渔利罢了。石公难道就不想想与日议和是辱国吗？"石星置之不理。

日军经过4年准备，于万历二十五年再次大举入侵朝鲜。石星的议和宣告失败。

神宗皇帝了解朱国祚的远见卓识，万历二十六年，破格提拔他为礼部第二副长官——右侍郎。

当朝天子神宗皇帝荒淫奢侈，致使财政亏空。他派出大批亲信宦官，分赴全国各地充当矿监税使，肆意搜刮民脂民膏。派在湖广一带的税监陈奉暴虐无道，朱国祚致函巡按御史曹楷，命他上疏揭发陈奉的罪状。疏入，神宗大怒，打算把曹楷投进大牢。无奈曹楷所言句句真实，神宗担心逮捕他惹起群臣不满，遂诏令陈奉撤回。

不久，礼部尚书余继登病死，神宗命朱国祚摄理礼部事务。他做出一个重大举动：敦促立储。

神宗不喜欢长子朱常洛，宠爱郑贵妃生的朱常洵，欲废长立少，群臣反对。于是，神宗索性不立皇储。到万历二十八年，朱常洛年已19，因储位未定，迟迟不能婚娶。朱国祚上疏请定储君，以便及早让朱常洛婚娶。郑贵妃和她的弟弟郑国泰反对立皇储，想把此事再拖一阵，或许会对朱常洵有利。但他们又不敢公开反对，便玩了个花招，由郑国泰上疏，建议先行婚娶，以后再册立皇储。

朱国祚闻讯，上疏直言："本朝规矩，外戚不得干预国政。册立大典，非国泰所宜言。况且，先婚娶，后册立，婚礼上的仪仗、冠服和各种仪式，都是因名分而定的，有严格的等级区分，一旦失序，名分大乱。国泰之言，违历朝祖制，背皇上明伦，犯天下清议。"不久，朱国祚又上疏道："册立之事，无延缓之理。开始，说奸臣鼓噪，故推迟；后群臣都不发话了，又说待嫡子出生；等中宫久无所生，又说皇长子体弱，待他强壮再册立；今又说待宫殿建成后再立储。自从三殿失火，朝政都在文华殿办理。此殿行礼即可。近来皇上催人采办珠宝，数额数倍于陛下大婚时所用。群臣都怀疑陛下借口珠宝不够而迟行典礼。陛下诏令采办的珠宝，价值2400万两白银；而天下赋税收入，一年才白银400万两。若不充国用，不给边需，相当于6年的赋税收入。若一定要等到完成这个数额才举行大礼，恐无时日矣！"此疏刚入，他又上第三疏，道："太祖、成祖、仁宗，即位之初，便立皇储。宣宗、英宗册为皇太子时，年仅2岁；宪宗、孝宗年仅6岁，陛下也是6岁成为皇太子的。没听说19

岁还不册立的！"

此后，朱国祚又上了数十道奏疏，力请立储。

第二年，即万历二十九年十月十五日，神宗下诏立朱常洛为皇太子。

持续15年的立储之争终于结束。

事后，朱国祚升为礼部第一副长官——左侍郎。不久，改任吏部左侍郎，负责官吏铨选。

朱国祚好喝酒，有时醉了，不免做出一些有失体面的举动。御史汤兆京弹劾他纵酒失仪。神宗没有过问。朱国祚却深深自责，借口有病，辞官回了故乡。

二、出为内阁大学士

万历四十八年七月二十一日，神宗皇帝驾崩。八月初一，皇太子朱常洛即位，改元"泰昌"，是为光宗。

光宗做皇长子时，朱国祚是他的洗马、侍班官；他立为皇太子，朱国祚立过汗马之功。光宗没忘这份情谊，即位后便下诏，擢拜朱国祚为礼部尚书兼内阁大学士，入阁参预机要。朱国祚欣然接诏，准备择日赴任。

朱国祚还未上路，光宗便大病缠身。八月二十日，最后一次临朝，便卧病不起。九月初一，他坐天下刚好一个月，便一命归天。

朱国祚对光宗之死，极为悲痛，暂缓入京。

九月初六，光宗长子朱由校即皇帝位，以明年为天启元年（1621），是为熹宗。

天启元年六月，朱国祚至京，出任礼部尚书兼东阁大学士。不久，加官太子太保，由东阁大学士进为文渊阁大学士。当时，内阁中已有叶向高、韩爌、何宗彦3位大学士。不久，增补史继偕入阁。

内阁5人中，朱国祚排名第4，但深为同僚器重。他为人清廉，言行谨慎，宽以待人。都御史邹元标入宫讲经，在讲堂上跌倒，熹宗遣人去内阁问是何故，朱国祚说："元标在先朝直言进谏，受了廷杖，故腿脚不好。"熹宗闻言，对邹元标格外礼敬。刑部尚书王纪遭魏忠贤迫害，朱国祚多方营救。这位王纪曾在礼部做过侍郎，因事与朱国祚闹过别扭。

熹宗朝党争激烈，东林党与阉党势不两立。熹宗是东林党人杨涟等拥立的，东林党势盛。内阁之中，首辅叶向高和武英殿大学士韩爌都是东林党中坚人物。为了削弱东林党的势力，在阉党头子魏忠贤策划下，天启三年正月，顾秉谦、朱延禧、魏广微、朱国祯4人入阁参预要务。4人中，顾秉谦、魏广微都是阉党人物。这样，内阁大臣多达9人，内阁至不能容。9人中，东林党和阉党各有代表人物，明争暗斗。

朱国祚不倒向任何一党，但夹在两党之间，要左右逢源是不可能的。朱国祚感到压力太大。天启三年，他进官太子太保、户部尚书、武英殿大学士后，便连上13道奏疏，乞求辞官，回家养病。熹宗诏加太子少傅，让他乘坐驿站的车马回乡。

第二年，朱国祚因病不治而亡。熹宗诏赠太子太傅，谥号"文恪"。

三、千古流芳的诗篇

朱国祚有文才,诗写得很好。清人沈德潜、周准合编《明诗别裁集》,按"始端宗旨,继审规格,终流神韵"的标准编选明代 340 个诗人各种题材诗歌 1020 首,入选朱国祚 3 首。第一首《经宁庶人废苑》,诗云:

> 吴濞何知反,刘安但自尊。
> 鱼盐时不利,鸡犬尔焉存?
> 俘已儒臣获,军犹镇国屯。
> 白头遗老在,尚说献王孙。

第二首《西山谒景皇帝陵》。"景皇帝"指明代宗朱祁钰。土木堡之变,英宗被俘,他的堂弟朱祁钰在群臣拥戴下监国,不久即皇帝位。英宗被放回后,乘朱祁钰罹病,在石亨等人策划下复辟,朱祁钰被废为成都王,不久死去。成化十一年,荆门(今属湖北)训导高瑶上疏,建议追谥朱祁钰,遂追谥为"景帝"。朱国祚诗云:

> 戾园凄断白杨风,黄瓦今看天寿同。
> 北狩专驰通问使,南还偏赏夺门功。
> 若教守土盟城下,安得蒙尘返域中?
> 多少谏臣司耳目,昌言翻赖校官忠。

第三首名《恭谒庆陵作》。庆陵是明光宗朱常洛的陵墓。

朱国祚诗云：

讲幄频趋鹤籞深，重来就日惨棠阴。
十年始受东朝册，一月真倾下土心。
视橐尽收中使节，披沙罢采扑人金。
最愁日历书难既，龙去乌号涕不禁。

唐 文 献

◎ 涂 晓

唐文献,字元徵,华亭(今上海松江西)人。万历十四年(1586)三月十五日殿试,神宗皇帝钦点唐文献为第一甲第一名。此科进士共351名,后来出了不少名人。

唐文献中状元后,入翰林院为修撰,掌修国史。此后,他的官位3次升迁,至太子庶子,即太子的侍从顾问官。不过,他做此官时神宗还未立太子,仅是个虚衔。

万历二十二年后,唐文献入东宫担任朱常洛的讲官。

朱常洛是神宗的长子,其母原是慈圣皇太后(神宗生母)的一个侍女。神宗不喜欢这个儿子,宠爱郑贵妃生的朱常洵，有意立他为继承人，遭到一些大臣反对。于是，神宗索性不立太子。万历二十二年，朱常洛已12岁了，在一帮大臣一再坚持下，神宗才准许遣人教朱常洛读书。

讲官6人，都是极有名望的大臣，有万历十七年状元、儒学大家焦竑，有万历十七年进士、以书画闻名天下的董其昌，有万历十一年进士郭正域，唐文献跻身其中。

在诸讲官中，唐文献与郭正域意气相投，皆刚正不阿，却极少来往，连寒暄也很少。每次进讲完毕，讲官们相互揖别，独唐文献与郭正域不交一言，内心里却相互推重。

不久，东宫讲学停止，唐文献出任东宫衙门詹事府长官——詹事；郭正域去了南京，任南京国子监长官——祭酒。

万历三十一年，一起"妖书案"把郭正域卷了进去，唐文献受到牵连。

这年十一月的一天，阁臣朱赓踱出门户，在门口发现一本小册子，名《续忧危竑议》。书中说尽管神宗已立朱常洛为皇太子，日后必当更改。皇上用朱赓入阁，用意深刻，因为"赓"同"更"同音，有更换太子之意。郑贵妃与朱赓等相互勾结，欲废朱常洛而另立。这本"妖书"送到神宗那里，神宗大怒，命立即缉拿主犯。内阁首辅沈一贯为了报复政敌沈鲤，便指控这册"妖书"是沈鲤及其门生郭正域写的。把郭正域牵扯上，因为郭正域中进士后入翰林院为庶吉士，那时，沈一贯是他的老师。但此后郭正域未执弟子礼，况且他又是沈鲤的门生。于是，沈一贯企图借"妖书"一案，把他们师徒一同端掉。

唐文献与郭正域交往不多，但素知其为人正直，见沈一贯图谋陷害，遂偕同僚杨道宾、周如砥、陶望龄拜见沈一贯。唐文献道："郭公被牵扯进'妖书'案，人人都说是您有意要杀他。"

沈一贯见唐文献当众揭穿他的阴谋，极为尴尬，端起一杯酒泼在地上，发誓说决无此事。

"我等也知道您绝无此意。"唐文献道，"只是有些人闻风而动，落井下石，要除掉郭公。您却迟迟不了断此案，何辞以谢天下。"

沈一贯敛容道谢，表示极早了却此案。

皇太子朱常洛听说沈一贯陷害郭正域，欲置于死地，气愤地说："为何要杀我的好讲官？"

沈一贯不敢造次了，郭正域得以开脱。

唐文献从此得罪了内阁首辅沈一贯，官位久不得升。多年以后，才进为礼部右侍郎，执掌翰林院事。

数年后，唐文献病死于礼部右侍郎任上，谥号"文恪"，赠礼部尚书。

唐文献极重友情。同榜进士、官居给事中的李沂弹劾执掌特务机构东厂的宦官张鲸被廷杖60下，打得皮开肉绽。唐文献冒着同情罪犯、得罪张鲸的危险把李沂扶出，拿钱买饭买药，直到伤好为止。荆州(府治江陵，今属湖北)推官华钰忤怒神宗派到荆州收税的税监，被逮捕下狱，判成死罪。唐文献多方周旋，华钰得免。

唐文献为人公正，不畏权贵。任礼部右侍郎，执掌翰林院事务时，遇上6年一次考核五品以下京官的"京察"。有位内阁大臣竭力庇护翰林院一个官员，唐文献拒绝请托，把那个官员绳之以法。

焦 竑

◎ 涂 晓

一、49 岁的状元郎

嘉靖十九年(1540),江宁(今江苏南京)焦家添了一个男儿,取名"竑"。焦竑聪慧,好读书。6岁上,他随塾师登上观察天体运行的观象台,仰望群星闪烁的茫茫夜空,喟然叹道:"天上这般广阔,地上却此疆彼界,辽阔的大地被人为地分割,这完全是世人思想狭隘的缘故!"焦竑年纪虽小,心胸却这般广阔。

焦家乃书香门第，藏书很多。焦竑博览群书，无所不窥。他拜督学御史耿定向为师，朝夕问学，学业日进。年纪轻轻，便成为颇负盛名的学者。他取字"弱侯"，号"漪园"。学人多以其字号称之。

当时，学者文人的最佳出路是科举入仕。嘉靖四十三年，他 24 岁，参加南直隶乡试。南直隶乡试录取举人 130 多人，焦竑的名字排在后面。在来年的会试中，焦竑落选了。

龚定向遴选 14 郡名士入崇正书院读书，委任焦竑为山长。焦竑学问渊博，很受推崇。

焦竑会试落选，不甘心就此老死乡里，又连续多次参加会试，都落第而归。屡考不中，对焦竑的打击是巨大的。

万历十七年（1589）二月，焦竑再次参加会试。这次，他如愿以偿。三月十五日，他参加殿试。读卷官评完卷，挑出 10 份进呈万历皇帝。万历皇帝在他最欣赏的一份卷子上朱书"第一甲第一名" 6 个大字。拆封一看，这是焦竑的卷子。

这年，焦竑年 49 岁。从他第一次参加会试起，已整整 24 年了。

此科进士共计 347 人，其中出了一大批杰出人士，如第二甲第 1 名董其昌，第 24 名黄辉等。董其昌以书画闻名海内，有"南董北米（米万钟）"之说。

中了状元，不仅是焦家的荣耀，乡人都感到光荣，要集资为焦家重修宅院，悬挂牌匾。焦竑婉言谢绝，恳请将这笔钱用于购置义田和粮食，赈济贫苦。乡人们很是赞赏。

二、皇长子的讲官

　　焦竑中状元后，照例被授予翰林院修撰。焦竑从此步入仕途。他性子直，不谙世故，更不了解官场陋习。这就决定仕途坎坷不平。

　　大学士陈于陛上疏，建议修国史，想让焦竑领导国史馆事务。焦竑谦逊不就，仅以一般撰写人身份参与。他率先撰出《经籍志》，谁知，除他之外，别人都没动笔。那国史馆不久也被撤销了。

　　翰林院有项任务，教小太监们读书。太监大都是穷苦人家子弟，走投无路，才阉割进宫。他们大都不识字，故皇帝让翰林教他们读书。翰林们把这事当儿戏，根本不认真教。焦竑却道："这些人将来要在皇上左右侍奉，不教他们读点儿书，怎么行呢？"他把历史上尽职事主和奸佞不轨太监的事迹讲给小太监们听。

　　万历二十二年，焦竑出任皇长子朱常洛的讲官。

　　朱常洛的生母王氏，是万历皇帝母亲慈圣皇太后的侍女。万历皇帝一次去母亲那儿请安，不知为何要洗手，王氏就端了一匜水侍奉。母亲不在，万历皇帝遂临幸王氏。王氏由此怀孕。慈圣皇太后见王氏的身子大了，就问是何原因。王氏据实说了。盼孙心切的皇太后很是高兴，乘万历皇帝陪宴的机会，问起这件事。谁知，万历皇帝冷漠地说不曾有过。慈圣皇太后让人取来《起居注》，赫然写着临幸王氏的地点、时间。万历无话可讲，遂封王氏为才人，不久晋封恭妃。

　　八月十一日，王恭妃生下朱常洛。他是皇上的长子，万历皇帝却不喜欢。朱常洛4岁那年，万历皇帝宠爱的郑贵妃生下朱常洵，郑贵妃晋封皇贵妃，地位超过王恭妃。万历皇帝意欲立朱常洵为继承人，群臣上疏反对，说废长立少有违礼义。万历皇帝便采取拖的方针，迟迟不立皇太子。群臣见状，便上疏请对日渐长大的朱常洛施予教育。拖了整整二年，万历皇帝才诏准。

按传统，皇子们的学习从10点左右开始，若天气不好，就不上课了。万历皇帝对朱常洛的要求却是从早上4点左右开始，无论天气好坏，都得上课。冬日天寒地冻，万历皇帝故意不传赐暖耳、烤火炉等用具。

讲官们跟着朱常洛受罪，不敢有半句怨言。

给皇子授课，向来是光讲不问，不管皇子听懂没有，讲完了事——当然，若皇子发问，他们须作回答。轮到焦竑进讲，慢慢说道："博学多问，学业才能长进。臣讲解或有不到之处，望殿下明问。"朱常洛早知父皇对他不满，举止格外谨慎。他赞叹焦竑的好意，却什么都没问。

下一次讲完，焦竑道："殿下言不轻发，是不是担心问得不对？回答、解释有错的，提问哪有问错的？古人不耻下问，愿殿下效法。"朱常洛只是赞美焦竑的好意，仍只字未问。

焦竑见状，决定自己提问题，要朱常洛解答。

一次，焦竑进讲《尚书·舜典》，讲了一段，问："'稽于众，舍己从人'这句是什么意思？"

"稽者，考也。考究众人的思想，然后摒弃自己的短处，顺从众人的长处。"朱常洛振振有辞地答道。

焦竑闻言，大加称赞。下一次，他又问："'上帝降衷，若有恒性'是什么意思？"朱常洛道："这句话没别的意蕴，仅仅是说天命即性而已。"

朱常洛年仅13岁，对答如流，且很精辟，焦竑称奇，更加竭心尽力。他对朱常洛的要求很严格。一次，他正在讲书，一群鸟从窗前鸣叫着飞过，还是个孩子的朱常洛忍不住抬头观望。焦竑辍讲，肃穆而立，直到朱常洛发觉自己走神，面露愧色，敛容正坐，才接着往下讲。

为了帮助朱常洛学习，焦竑博采历史上皇太子的事迹，精心选择有鉴戒意义的内容，用通俗的文笔编写，并延请著名画家丁南羽绘制插图，题名《养正图说》。同僚郭正域等人见此书编得极好，定会得到朱常洛乃至皇上喜爱，妒嫉之心遂生，说什么焦竑背着大家偷偷地编书，无非是想出人头地，云云。焦竑这才知道干一件好事是多么不容易，遂将《养正图说》留下来，未敢进呈。此书生动形象，通俗易懂，很快就在民间广为流传。宦官陈矩寻得一本，进呈万历皇帝。万历皇帝大加赞叹。这下更惹恼郭正域一伙。

不久，焦竑奉命去山西公干，山西按察使吕坤拿了一部《闺范》书稿，请焦竑为之序。那时延请名人为书作序是常有的事，焦竑也不推辞，就写了一篇序文。吕坤如获至宝，把焦竑的《序》恭敬地编入卷首。皇贵妃郑氏的侄子郑国泰看中此书，寻了一本呈献给姑姑。郑皇贵妃移花接木，添了后妃一类内容，以她的名义重新刊行。此事引起一些人的议论，有人乘机向内阁大学士张位构陷焦竑，说他巴结郑氏，投机钻营，想当内阁首辅。张位早就对焦竑直言不讳不满，听说焦竑想入阁，还想当首辅，感到是个威胁，也嫉恨起来。

万历二十五年二月，焦竑出任顺天乡试副考官。考试完毕，张位令人从试卷中找出9份，这9人的卷子有几句不敬、荒诞的言论。张位奏劾焦竑录取奸邪不轨之徒。焦竑上书辩解，说那9人不是他录选的。他的奏疏被张位扣压，未能呈到万历皇帝那里。不久，诏令下达，焦竑被贬为福宁州(州治大金卫，今福建霞浦)同知——州的副长官。

岁余，碰上3年一次的"大计"——对官吏政绩的考核，焦竑被指斥为任职以来无政绩，再次被削秩。

9年仕宦生涯使焦竑认识到官场险恶，难以驾驭。他的最佳出路是研究学问，著书立说。于是，他毅然辞官，退隐田园，做学问去了。

三、一代学问大家

焦竑辞官归隐，潜心研究学问。他的学术成就与日俱增，声望日高，成为一代学问大家。

在哲学上，明代占统治地位的是王阳明的心学。焦竑推崇王阳明，又不囿于门户之见，主张囊括三教，熔铸九流，博采众长，自成一家。在文学上，他擅长古文，典正训雅，卓然名家。他在史学上的成就尤为显著，早年编撰《经籍志》，退隐以后，倾注大量心血，将平生积累的当代人物资料汇编为《国史献征录》一书。他的著述为后世修撰《明史》奠定坚实的基础。

焦竑学问渊博，涉猎广泛。《焦氏笔乘》一书，涉及训诂、音韵、考据、辨伪等多种学科。

焦竑反对空谈义理，主张学以致用。万历三十二年，力倡学术实用的思想家陈第拜访焦竑，两人一见如故，未通姓名就热烈交谈起来。不知不觉，一夜过去了。翌日清晨，焦竑拍着陈第的肩膀说："不用问，你定是那位主张躬行践履的陈第了！"两人结为挚友。

李贽也是焦竑的好友。李贽，字卓吾，晋江(今福建泉州)人，明朝后期著名的进步思想家。他公开倡言不以孔孟之是非为是非；主张男女平等，公然招收女弟子；抨击道学家虚伪，说他们衣着文雅，道貌岸然，行为之卑污却如猪狗。他的观念、行为被目为异端邪说。焦竑不顾个人安危，旗帜鲜明地支持李贽，称颂他可以"坐圣门第二席"。在李贽遭到攻击时，他毅然接李贽去江宁讲学。李贽贫困，无力刊刻著作，焦竑慷慨解囊相助，使李贽的著作得以刊行。官府以"敢倡乱道，惑世诬民"的罪名逮捕李贽，投进大牢，逼他割喉自尽。焦竑冒着被株连杀头的危险，搜集、刊刻李贽的遗著。

　　焦竑的行为为一般封建文人所难理解，被目为最难理解的3个人(孙炉、李贽、焦竑)之一。

　　万历四十八年，焦竑溘然长逝，享年80岁。

　　他给后人留下20多部极有价值的著作。

　　焦竑的儿子焦润生，官至曲靖(府治南宁，今云南曲靖)知府。明末，张献忠余部孙可望进军云南，攻占曲靖，焦润生被俘，不屈而死。

翁正春

◎ 云 高

一、匡失救弊

翁正春,字兆震,侯官(今福建福州)人。侯官地处闽江岸边,东望大海。翁正春聪明好学,博识多才,为人端谨,非礼不言,非礼不动;疲倦时从不倾倚,天再热也不袒露。望见者,莫不肃然。20余岁时,他以品学兼优被荐举为龙溪(今福建漳州)教谕。龙溪为漳州府治,教谕乃县立官学的教官。

万历二十年(1592)三月十五日，翁正春参加殿试，翁正春一举夺魁。同榜进士共304人，后来出了不少名人，如大学问家谢肇淛，名列第三甲第10名。这年，翁正春年已40有余。

翁正春是有明一代第二个带着官衔参加殿试夺魁者。第一个是宣德八年(1433)状元曹鼐，以泰和(今属江西)典史身份参加殿试而夺魁。

中状元后，翁正春入翰林院为修撰，掌修国史。这是状元入仕例授之官。此后10多年间，他的官位几度升迁，成为皇太子东宫衙门——詹事府副长官，即少詹事。不过，这个官位并无实职，仅备翰林官升迁。万历三十八年九月，擢为礼部左侍郎，成为掌理礼仪、贡举的礼部第一副长官。当时，礼部尚书吴道南兼东阁大学士，入阁参预机务。翁正春以左侍郎身份署理礼部事务。

据说，当朝天子明神宗朱翊钧早慧，颇受父皇穆宗赏识。他即位后，在治国理政上却显得浑浑噩噩。大明江山在他的统治下进一步走向衰落。作为礼部大臣，翁正春深为大明王朝的前途担忧。出任礼部左侍郎两个月，出现一种自然景观——日食。古时，日食被目为天帝示警，就是说，人世间的君主举止不当，天帝用日食来警告，若不改邪归正，将遭灭顶之灾。翁正春借此事上疏，极言得失。疏入，神宗看过即丢在一边，没有任何表示。

翁正春是个不肯轻易放弃观点的人，此次上疏不被理睬，并没有使他气馁。第二年，神宗48岁生日那天，朝廷举行盛大的"万寿节"。公卿百官各有贡献，或金银，或方物。翁正春献上的是一卷文字，上书《八箴》：

第一，"清君心"，要神宗清心寡欲，全力治国。

第二，"遵祖制"，要神宗遵循祖先立下的成规。

第三,"振国纪",要神宗振肃国法国纪。

第四,"信臣僚",要神宗信用文武百官。

第五,"宝贤才",要神宗珍视人才。

第六,"谨财用",要神宗厉行节约。

第七,"恤民命",要神宗轻徭薄赋,体恤民命。

第八,"重边防",要神宗巩固、加强国防力量。

这8条,正中神宗要害。他是个不知反悔的君主,看了翁正春的《八箴》,非但没有悔过之意,反而对翁正春入木三分的谏言极为不满。

翁正春的谏疏再次受挫。经此挫折,他明白了:不可能从根本上扭转神宗的行为,他力所能及的,仅是在某件某些事上匡失救弊而已。在这方面,他做了大量的工作。

吉王朱翊銮请封支子(即嫡长子以外的儿子)朱常源为郡王。翁正春援引嘉靖二十六年(1547)状元李春芳草拟、明世宗钦定的《宗藩条例》为据,说朱常源不能再封郡王。神宗采纳他的建议,仅授朱常源镇国将军官衔。

万历三十九年九月,王贵妃病死。她本是神宗生母慈圣皇太后的侍婢,神宗去母亲那儿请安,她端水请神宗洗手,被临幸,生下儿子朱常洛。神宗不喜欢她和她的儿子,宠爱郑贵妃及其子朱常洵。王贵妃抑郁成疾,终于不起。她死后久未下葬,翁正春上疏直谏。于是,神宗命他偕同一个宦官去选择墓地。翁正春选中一块风水宝地,那宦官却说在此修坟花费太多。翁正春勃然大怒,道:"贵妃诞育皇上长子,他日的国母也,为何要在此等大事上节俭?"宦官无言以对。翁正春将选定的墓地奏告神宗,诏准。

琉球(今琉球群岛)中山王遣使入贡,翁正春奏言:"琉球已入倭(今日本),今使臣多倭人,贡物多倭器,最好不让其来朝；否则，应诏福建地方官酌量留些土产方物就行了，不必让他们来京师。"神宗以为然。

二、遭劾乞归

万历四十年，是翁正春仕途的转折点。从此年起，他不断受到弹劾。

万历三十八年二月，宣城（今属安徽）人汤宾尹为会试考官之一，徇私舞弊，录取他的学生韩敬等5人，其他考官竞相效仿，又非法录取12人。汤宾尹还强迫总裁萧云举、王图把韩敬列为第一。榜发，舆论大哗。知贡举（即主考官，但不阅卷，也不参与录取，仅总领会试）吴道南察觉后，欲上奏，但觉得萧云举、王图二人资历都比自己深，举奏有排挤前辈之嫌，遂隐不发。殿试时，在汤宾尹帮助下，韩敬夺得第一甲第一名，成为万历三十八年庚戌科状元。不久，汤宾尹因"京察"（考察五品以下京官，6年一次）不合格被褫官，韩敬称病引退。

万历四十年，邹之麟担任顺天乡试考官，徇私录取童学贤，御史孙居相上疏揭发，并把汤宾尹一事掀了出来。神宗命分管贡举的礼部、分管官吏铨选的吏部和分管监察的都察院议处两案。吏部和都察院的建议都撇开汤宾尹一案，翁正春主持下的礼部会议，建议黜废童学贤的举人资格，贬谪邹之麟，也不及汤宾尹一案。给事中孙振基上疏弹劾三衙门长官庇护罪犯，神宗诏令三部重新议处。于是，翁正春会同尚书赵焕，都给事中翁宪祥，御史余懋衡、刘廷元、董元儒、过廷训等63人共议。结果，议处韩敬行为不轨，罢官闲住。御史刘廷元、董元儒、过廷训认为韩敬托关节夺魁证据确实，罪不止行为不谨。他们3人都是韩敬的同乡，其真实用意是把吴道南牵扯进去。3人拒不署名。翁正春不予理睬，把会商结果奏上。刘廷元等上疏弹劾翁正春不公，群情激愤，给事中孙振基、商周祚，御史孙居相、魏云中等纷纷上疏弹劾。神宗命礼部重议。给事中亓诗教上疏弹劾翁正春首鼠两端。翁正春上疏分辩，并请辞官。神宗下诏慰留，但翁正春不安其位。不久，改任吏部左侍郎，掌詹事府。随即以侍养老母为名辞去。

翁正春归乡第8年上，朝廷接连发生重大变故。

七月二十一日，明神宗病死。八月初一，皇太子朱常洛即位，改元"泰昌"，是为光宗。光宗即位仅30天，便一命呜呼。长子朱由校继立，年号"天启"，是为熹宗。

天启元年（1621），熹宗诏起翁正春为礼部尚书，协理詹事府事。翁正春阔别仕途9年，再度出仕。

这年，宦官魏忠贤出任司礼监秉笔太监。司礼监是皇宫中24个宦官衙门中最重要的一个，皇帝口述的命令，由秉笔太监用朱笔记录，交内阁撰拟诏谕。魏忠贤掌握这个权力后，与熹宗的乳母客氏相互勾结，为非作歹。魏大中等70余名大臣纷纷上疏弹劾魏忠贤。翁正春也多次上疏弹劾魏忠贤，以息大臣们的怒气，熹宗不允。

第二年，魏忠贤指使御史赵胤昌弹劾翁正春。翁正春见魏忠贤开始动手报复，遂上疏乞归。熹宗诏准，加官太子太保，赐乘驿站车马归乡。

翁正春回到侯官老家。这时，他已70岁有余，老母百岁高寿。翁家子孙满堂，其乐融融。不久，翁正春病死。崇祯（1628～1644）初年，追谥"文简"。

朱之蕃

◎ 云 高

朱之蕃，字元介，南直隶江宁（今江苏南京）锦衣卫人，祖籍茌平（今属山东）。朱之蕃的父亲朱衣，以倜傥著称。嘉靖四十八年（1564），朱衣中举，被选为临淄（今属山东）县令。县多逋赋，朱衣命令各里各置一只柜子，让民人自己往柜里投他应当承担的税银。民人都很高兴，无不如数交纳。不久，朱衣调任房县（今属湖北）县令。房县号为难治，积案如山。朱衣到任，罢斥讼师，惩治奸猾，一个月审理700多件案子，吏民畏服。他还疏通房县的河道，灌溉农田1000余顷。进官沅州（今湖南芷江）知州。在他将离任时，一些矿工起义，督抚传檄朱衣率民兵镇压。朱衣闻命，马上率兵前往。他下令，凡手执兵器、铁器的，皆按叛贼论处；赤手空拳的为民，不得妄杀。叛乱很快被镇压。沅州有一伙士兵因缺饷而反叛，朱衣闻讯，说："不是反叛，是饥饿所致。"派人安抚，定期给饷，叛兵遂降顺。朱衣的才干和功名遭到上司妒嫉，遂引退田园。

据说，朱之蕃母亲怀他的时候，梦见东方朔投以巨桃，旋即分娩。朱之蕃自幼聪明，为人端谨。他当官学生时，梦见神人赠给一副对联："光腾剑锷三千丈，风送莺声十二楼。"不久，朱之蕃考中乡试，成为一名举人。

参加会试前，朱之蕃又梦见神人对他说："今科状元当是镇江(今属江苏)徐希孟，因他与一女私通而遭黜。你家的世德与徐家相等，但徐家三代不吃牛肉，你父子未能戒此。若能早戒，状元非你莫属。"朱之蕃把此梦告诉父亲，父亲不信。第二天夜里，朱衣也梦见神人，与朱之蕃所梦一模一样。黎明，父子俩焚香告天，誓不食牛肉。果然，朱之蕃会试得中，殿试一举夺魁。

此科进士共304人，后来出了一大批名人，如第一甲第2名即所谓"榜眼"汤宾尹，第一甲第3名即所谓"探花"孙慎行，第二甲第10名顾秉谦，都为一代名臣。

中状元后，朱之蕃按惯例入翰林院为修撰，历官谕德、庶子、少詹事，进为礼部侍郎，改吏部。为官清廉，曾奉命出使朝鲜，拒收朝鲜赠送的礼物。老母死后，去职服丧。服满，不复出。朝廷屡召，皆辞。

朱之番为人慷慨，谁人有难，倾力相助。父亲的朋友李梦相病死，妻子无家可归，朱之蕃腾出房子赡养。有个姓张的老汉贫困不堪，无处栖身，他又腾出房子收留。他奉亲尽孝。父母死后，他把父母留下的田产全部让给弟弟。

朱之蕃在家度过晚年。临死前，他对儿子朱从义说："人生聚则成形，散则成气，一去一来而已。"谈笑而逝。

朱之蕃好学，著述不辍，有《奉使稿》4卷，《南还杂著》1卷，《纪胜诗》1卷，《落花诗》1卷。他的诗极佳，如《桃花坞》：

> 半林斜日数家烟，流水冷冷意悄然。
> 山犬不惊机事少，暮鸦飞尽野云间。
> 羞投定远怀中笔，笑悟维摩病里禅。
> 为向青帘探酒价，何妨一醉晚风前。

朱之蕃的书法自成一家，特别是楷书，腕际有神。他还擅长绘画，写山水得米芾神韵，竹石兼苏东坡之风。自古状元能书画者极少，翰墨风流，朱之蕃擅之。

赵秉忠

◎ 涂 晓

大明帝国的青州府所在地益都县（今山东青州）东20余公里，有个郑母村，村不大，但名士辈出。万历二十六年（1598）戊戌科状元赵秉忠，就出自这方水土。

赵秉忠，字季卿，号𡺎阳。父赵禧，为人正直。他当县吏时，有个指挥被冤枉下狱，赵禧为他伸冤，指挥获释，感恩图报，要把女儿送给赵禧为妾。赵禧摇手说："你女儿乃名门闺秀，万万使不得！"指挥硬是要赵禧接受，赵禧连声道："使不得，使不得！"力辞不受。赵秉忠是赵禧少子，自幼好学上进。年15，补府学生。万历二十六年二月初九、

十二、十五日，礼部贡院会试，3场下来，296人入选，赵秉忠榜上有名。不过，第一名会元的桂冠为应天府江宁县（今江苏南京）人顾起元夺得。

三月十五日殿试，考时务策一道，以一日为限，日落前必须交卷。赵秉忠在卷子上写道："臣闻帝王之临驭宇内也，必有经理之实政，而后可以约束人群，错综万机，有以致雍熙之治；必有倡率之实心，而后可以淬励百工，振刷庶务，有以臻致隆之理……"洋洋洒洒，计2460字。

第二天，评阅试卷。读卷官9人，一天之中要阅完296份卷子，确定前3名人选，呈万历皇帝圣裁。万历在他最欣赏的一份卷子的卷首朱批"第一甲第一名"6个大字。

这份卷子是赵秉忠的，他成为明朝开国以来第74位状元。会试第一名顾起元名列第一甲第3名，即所谓"探花"。

赵秉忠的殿试卷极其珍贵。自唐高祖武德五年（622）第一名状元孙伏伽，迄光绪三十年（1904）最后一名状元刘春霖，有名可考的状元计596人。另外，至少还有佚名状元149人。在745名状元中，殿试卷留传至今的，仅有赵秉忠这份。他的卷子不知怎地被带出朝廷，到了赵家。赵家子孙世代珍藏。公元1983年，赵秉忠第14代孙赵焕斌把它献给国家。

"状元卷"长47.6厘米，宽14.1厘米，共19折，天大地小，开头有密封开启痕迹，并盖有竖长方形"弥封关防"印。接下来，是用仿宋体书写的赵秉忠的家世简历，共4折，首折上方钤篆书"礼部之印"，未折骑缝处钤此印的1/2。简历之后，是万历皇帝朱批"第一甲第一名"6个顶天大字。朱批的下面，便是赵秉忠的答卷了，小楷书写，朱笔句读，为典型的八股文。答卷后面，列有9位读卷官的职务、姓名，并印有"印卷官礼部仪制清吏司署郎中事主事臣朱敬循"大字一行。

赵秉忠围绕思想教化与纲纪法度这个主题展开论述。他把思想教化与纲纪法度视为治国的根本。在这个主题下，他指出当务之急是：

第一，选贤任能，督促官吏各尽其职。

第二，加强对官吏的考核，从言论到行为再到治绩，系统地考察。

第三，监察官吏敷衍了事，应征求黎民百姓对官员的看法。

第四，督促负责教育的官吏，抓好教育，特别是儒家经书教育。

第五，重治那些侵吞赈济灾民钱粮的贪官。

第六，整顿兵备，认真选拔将帅，加强士兵训练。

第七，审理冤狱，平反冤案。

第八，奖惩分明，有功者赏，有罪者刑。

最后，他告诫说：思想教化与纲纪法度难以坚持而易于放弃，难以成功而易于失败，必须认真贯彻执行，防微杜渐。

赵秉忠的对策切中时弊，入木三分。

当朝天子万历皇帝是个昏君，他贪财好色，生活糜烂，深居简出，不理朝政。上行下效，官吏置国政民事于不顾，只谋私利。大明帝国在万历君臣统治下，迅速走向崩溃。

赵秉忠在对策中指陈时弊，提出改革方案。当然，他不敢公开指责皇帝，相反，充满溢美之辞，把过失推到臣子头上。

中状元后，赵秉忠按惯例入翰林院为修撰，掌修国史。进官为中允。中允为皇太子东宫衙门春坊的属官，掌侍从礼仪，驳正启奏。不久，擢为谕德。谕德也为皇太子属官，掌赞谕道德。万历三十二年，奉命出为会试同考官，录取了一批名士。如高阳（今属河北）人孙承宗，博学多才，殿试夺得第一甲第二名，即榜眼，历官至兵部尚书兼东阁大学士，抗击清军屡立战功。崇祯十一年（1638），清军入侵，深入幽南，围攻高阳。赋闲在家的孙承宗率家人守城御敌，城破被俘，自缢而死。不久，赵秉忠晋升为太子庶子，侍从太子，备顾问。万历四十年，奉命出为江苏乡试主考官，取士得人，有若干人成为一代名臣。进官为太子东宫衙门詹事府副长官——少詹事，迁为职司礼仪、贡举诸事的礼部副长官——侍郎，加官太子宾客。不久，擢为礼部尚书。

这时，已经是万历皇帝的孙子朱由校坐天下了。

朱由校幼年丧母，由奶妈客氏抚养长大，即位后，进封客氏为"奉圣夫人"。宦官魏忠贤，来自直隶河间府肃宁县（今属河北），与客氏形同夫妻。由客氏荐举，魏忠贤当上司礼监秉笔太监，用朱笔记录皇上口述命令，交内阁撰拟诏谕。魏忠贤从中弄权，操纵朝政，为非作歹。杨涟、左光斗、袁化中、魏大中、高攀龙等大臣因弹劾魏忠贤而被杀，若干公卿投靠魏忠贤。

在这场正直与邪恶的斗争中，赵秉忠站在正直大臣一边，指斥魏忠贤及其爪牙的祸国殃民行为。结果，赵秉忠被罢官，赶回老家。

赵秉忠归隐田园，著书立说。

天启七年（1627）八月二十二日，朱由校病死，他的弟弟朱由检承嗣大位，年号"崇祯"。崇祯皇帝是个较为贤明的君主，力图重整江山。他继位后的第一桩事，便是铲除魏忠贤的势力。

魏忠贤一伙覆灭的消息传到益都不久，赵秉忠罹病，不治而死，享年52岁。崇祯皇帝闻讯，诏令追赠太子太保。

赵秉忠博学多才，擅长诗文。他的诗无论写景写物还是写人，都极有神韵。如《松鹤》：

瞳瞳初日海天东，夹路松阴落郁葱。
最爱立阶双白鹤，数声清音振秋风。

他的《咏竹》一诗借物抒情，极有韵味。

幽庭森竦绿云竿，风月便娟翠影盘。
未遇葛陂谁赏识，令人多就化龙首。

赵秉忠留给后人的，有《峚山集》25卷，《江西舆地图说》1卷。

赵秉忠虽荣膺文魁桂冠，贵为尚书大员，但官修正史几乎没什么记载。皇皇《明史》，仅在《神宗纪二》写了"赐赵秉忠等进士及第、出身有差"一语。赵秉忠终因殿试卷而扬名于360多年后的今天。

张 以 诚

◎ 周玉山

　　张以诚，字君一，号瀛海，直隶青浦（今属上海）人。张以诚出身于一个没落的官僚世家。高祖张弼，成化间为南安知府，曾祖弘宜官至给事中，至其父见峰，家道式微，他希望下一代致力科名，重振家族雄风。以诚是他的几个儿子中最争气的一个。自幼天资过人，4岁已能读书，时不时说出令大人吃惊的话。他的塾师深感教不了这样的学生，逊谢而去。8岁能写文章，为袁履善相国所赏识。年稍长，即体承父意，专攻制艺，而于子史百家及本朝典故诸书亦靡不博览。11岁县试合格，15岁中秀才。督学柯海澄阅其试卷，叹为奇才，并断言来日朝堂独对，除了他不会有别人。17岁成为选贡生。其姊夫钱肇阳心仪其才，特以长子圣锡、次子龙锡执弟子礼，就学于以诚。正当他跃跃欲试，欲在科名上一显身手时，万历二十年（1593），18岁时，妻陈氏、生母华氏先后亡故，服丧3年。依礼制，不得参加考试，遂丧失了参加万历二十二年、二十三年乡、会试的机会。其后，又娶徐继溥之妹为妻。数年风风雨雨，使他难以安心于学，以致万历二十五年（1597）丁酉科乡试，竟名落孙山。万历二十八年（1600）秋闱，以第8名中举；次年会试中式，列第37名。及殿试对策，规切时政，言之侃侃，加之气宇清严，一表人材，为万历皇帝一眼相中，定为状元，时26岁。及第后，除官翰林修撰。以诚居官，淡于声色货利，重于名节，辄以古人为榜样，颇得同僚倚重。其在翰林，专心于编勘校书之事，不轻易与人接交。后官升中允，迁谕德。时当万历后期，朝政日非，神宗荒于理治，日居深宫，不见外臣。对于皇太子的训导教育，乃关系皇室后代之大事，朝中诸臣心急如焚，而神宗不闻不问，对臣下有关奏章不置可否，甚至看都不看。张以诚所上奏章尤为痛切，坚请皇上下诏开东宫讲筵，并切陈其利弊："对皇太子之教育关系到皇朝之本，今太子久处内宫，绝不利于学业长进，况宫中内侍非劝学之官。为了我大明王朝之长治久安，恳请皇上早命太子接延儒士，开设经筵讲席，以安人心。"援古引今，详明剀切，一时传为奇文。

张以诚多次担任科试考官。其中，万历三十八年（1610）参预主持庚戌科会试，分考《诗》一房。万历四十年（1612）主考福建乡试，苦心翻阅，务无遗珠，所得多佳士。张以诚常以诗文书法自娱，所结者亦多文字之友，因名重于外，遇有文字之托，每嘱必应。其文宗苏东坡，诗学孟东野，历年所作篇章尺牍多藏于家，后人辑刻为《酌春堂集》10卷。张以诚事双亲颇孝。万历四十三年(1615)，其80余岁老父病故，张以诚哀痛过甚，泣尽继之以血。是年冬，咯血数升，后病故。

杨守勤

◎ 周玉山

　　杨守勤，字克之，号昆阜，浙江慈溪（今浙江宁波西北）人。杨守勤少好学，在《诗经》上下过一番苦功，有较深造诣。为人旷达自负，志存高远，常对友人说："富贵本为吾辈所有，何须他人之助！"后考入最高学府国子监。万历二十五年（1597），他参加浙江乡试，考中举人，在来年的会试中却名落孙山。杨守勤并没有气馁，以极大的热情、顽强的毅力接连参加会试角逐，终于在万历三十二年考中，且名列第一。殿试时又一举夺魁，成为明朝开国以来第76位状元。这年，他38岁。中状元后，杨守勤依例入翰林院为修撰，掌修国史。第三年，即万历三十四年，老父病死，回籍服丧。直到万历四十二年才起仕，补授原职。四十三年升任右中允。右中允为东宫右春坊官员，掌侍从礼仪，驳正启奏。这年逢乡试，杨守勤奉诏出任顺天乡试主考官。四十四年，升为右谕德。右谕德也为东宫官员，掌赞谕道德。四十七年，奉诏出任己未科会试同考官。就在这年，杨守勤升任右春坊长官——右庶子。不久，杨守勤罹病，辞官回家，病死于家。

杨守勤入仕十几年，长期任文学侍从之臣，精于赋诗做文。他的文风朴实自然，不加雕琢。他为后人留下了《宁澹斋集》一书。

黄士俊

◎ 云 高

黄士俊，字玉轮，号象南，顺德（今属广东）人。

顺德在珠江入海口的南部，风光秀丽。顺德黄家是当地大户，素以仁义著称。黄士俊的曾祖黄斌，博学多识，性慷慨，诚实质直，乡里敬服。他在邻村教书，一天晚上回家，碰上一个人投水，他把那人救了上来，一问，原来是丢了钱，遭父母责骂，遂有轻生之念。黄斌把自己教书挣来的钱全给了那人。这事他没对任何人说起。那人感激不尽，在家设黄斌的神位，终生祭祀。还有一次，一伙贼人嫁祸黄斌，说他杀人。官府逮捕黄斌，黄斌也不辩白。他的两个儿子黄廷瑾、黄廷珣去官府申冤，黄斌得以开释。乡党叹服他的德量。黄斌还有一子，叫黄廷玑，性孝友，慷慨好施，淡薄名利，手辑古今忠孝人事，名曰《伦谊编》。黄廷玑的儿子黄镐，博学能文，淡薄功名，不求闻达，修德行善，有知人之明。他性温和，从不动怒，教子弟以孝友。一次大水，冲坏了围堤，黄镐捐资买石，重新修筑。原来的土堤变成坚固的石堤，民赖以安，扡新修的石堤称为"黄公堤"。黄镐每次外出，都要多带些钱，以便救助那些贫困不能自存的人。黄镐寿至百岁。黄士俊就是黄镐的儿子。他少有大志，好学上进，在官学读书时，督学许尚志极赞叹他的才学，说他定将大魁天下。

27岁那年上，黄士俊以广东乡试第一名赴京参加会试，途中闻讯兄长罹病，黄士俊叹曰："哪能为功名而缓视兄长之病？"遂折回探视兄长。

万历三十四年（1606）冬，黄士俊再次北上，准备参加明年丁未科会试。到京前的一天晚上，黄士俊梦见上殿拜见高皇帝（即明太祖朱元璋），高皇帝说："你来了，今日点你为状元。"三十五年二月初九、十二、十五日会试，黄士俊榜上有名。三月十五日殿试，黄士俊以高深的立论、精美的楷书一举夺魁，成为明代第77位状元。

这年，黄士俊三十有一。

中状元后，黄士俊按惯例入翰林院为修撰，历官詹事府少詹事、礼部侍郎。崇祯二年，擢为礼部尚书。崇祯九年六月，以礼部尚书兼东阁大学士，入阁参预机务。十一月，加官太子太保。翌年二月，加官太子太傅，进位文渊阁大学士。十二月，因病去职，回家休养。

黄士俊在家隐居9个年头。

第9年上，即崇祯十七年三月十七日，李自成的"大顺军"兵临北京城下。十九日，崇祯皇帝吊死煤山。

翌年闰六月二十七日，唐王朱聿键在福州称帝，年号"隆武"。隆武政权以礼部尚书兼东阁大学士的官位征召黄士俊。黄士俊应召，但还未及动身，隆武政权便于隆武二年（1646）六月覆灭。

隆武政权的大学士苏观生率一部分人退到广州，拥立朱聿键的弟弟朱聿𨮁为帝，年号"绍武"。黄士俊奔赴广州，投靠绍武政权。

不到一个月，绍武政权便被清将李成栋攻灭。黄士俊投降李成栋。

李成栋是陕西人，少从高杰参加农民起义，遂降于明，官至总兵，镇守徐州。顺治二年（1647）清兵南下，他降于豫亲王多铎。他随清军南下，进攻南明政权，屡立战功。但清廷仅授给他提督，遂对清廷不满。顺治五年，他向桂王朱由榔上表投降。

黄士俊又随李成栋投降桂王。

桂王对黄士俊很厌恶，因为他曾降过清，现在又随李成栋反水。但他是李成栋的人，李成栋上疏荐举，桂王不敢小视。黄士俊位居桂王政权核心人物、兵部尚书兼文渊阁大学士瞿式耜之上。

当时，诸殿阁唯有文渊阁有印，进呈文字都用此印。此印由内阁首辅掌管。桂王驻跸肇庆（今属广东），瞿式耜留守桂林（今属广西），未来得及把印交上。瞿式耜在外，位次他的严起恒实际上便是内阁首辅。瞿式耜想把印交给严起恒，等到听说黄士俊进了桂王政权内阁，便打消主意。严起恒有桂王赐的图书印章，进呈文字便用此印。桂王厌恶黄士俊，没有赐他印章，黄士俊进呈文字也就无印可用。

黄士俊竭力事主，桂王有什么吩咐，他都尽全力去做。桂王对他逐渐有了好感。

这时，黄士俊已七十有八了。

一次，黄士俊奉命起草一道诏令，有所不当，遭到大臣弹劾。黄士俊泣语众人曰："老夫于诸公实乃前辈，老夫中状元时，诸公还是一介书生，何必相窘如此？老夫有什么对不起国家的？惟一的遗憾是没能以死报国罢了！"

不久，李成栋战败溺死，桂王逃往梧州(今属广西)。黄士俊以病请归故里，桂王诏准。

黄士俊回到老家顺德，寿终正寝。

韩　敬

◎ 周玉山

韩敬字简与，号求仲，又号止修，浙江归安(今吴兴)人。其祖曾为邑中皂隶，以行善闻于乡里。曾事一酷吏，每行杖必欲三杖见血，韩为执杖者，为减轻受杖者之苦，暗于杖下钻一孔，灌猪血于其中，再以竹片封之，行杖时，每不及三板，即见血溅出，犯人尚不觉。父韩绍，字光祖，号怀愚，嘉靖二十年(1541)进士，官宁德知县，以为政宽善闻名，擢给事中，出为广东兵备道，刊木筑路400余里，为时所称，官至太仆卿。

韩敬生于万历八年(1580)，天资颖异，其父目之为千里驹，以为非久居人下者。又好佛学，通释典，游学于莲池大师，曾随其放生于西湖莲胜社。后结识宣城人汤宾尹。汤氏为万历二十三年（1595）进士，敬慕其名声，以太学生身份执50金为见面礼，拜其为师，前往问学求教。韩敬小汤宾尹15岁，二人结为至交。万历三十七年（1609）韩敬以乡试第8名中举，三十八年（1610）参加会试。时汤宾尹官庶子，为会试考官之一，分主韩敬所在之一房，师生二人串同舞弊，敬得以会试第一名中式入围。先是会试阅卷，韩敬卷本在其他考房中，已被汰去，汤宾尹闻知，强行越房搜出韩敬卷，并录取于己房之中，为掩人耳目，又越房录取另外4人。他房考官竞相效尤，互换考卷，越房录取者达18人之多。随后又强迫本科主试官萧云举、王图录敬为会试第一。放榜后，舆论大哗，知贡举礼部侍郎吴道南打算揭发，碍于萧王二人情面而未果。及廷试时，汤宾尹又为之托通关节，因被擢为第一，成状元，士论颇不平。时词馆人员超编，曾有停馆选之议，而韩敬因有汤氏等为内援，仍授翰林院修撰。次年适逢京察，时汤宾尹已为国子监祭酒，主京察者为吏部尚书孙丕扬、侍郎王图等人，汤宾尹遂因韩敬科场事被察免职。不久，礼部主事丁元荐上疏全面揭发汤宾尹诸人的问题，亦及韩敬，而党人交攻元荐，疏留中不发。韩敬为避风头，亦不安于位，称病回家。

汤宾尹在韩敬登第事上为什么表现出这么大的能量？原来，自万历中期以后，朝廷政治黑暗，党争不息，其中的邪党之一宣党，首领便是汤宾尹。宣党串通昆、楚、齐、浙诸党，把持言路，攻击东林党人。在韩敬科场案爆发前后，宣、昆诸党人在党争中正处上风，朝廷中即使有少数几个敢说实话的人，也迭遭攻击。韩敬作为汤宾尹的拜堂弟子，理所当然地置身于宣党阵营中，而韩敬科场案已成为党争的焦点。诸党人为在党争中占上风，力袒韩敬，致使该案迟迟未下结论。万历四十年（1612）又发生顺天乡闱作弊一案，该年十一月，御史孙居相上疏与汤宾尹、韩敬事一并查处，因受党人阻挠，议处中未及韩敬事；给事中孙振基又上疏痛陈事由，怒斥包庇者，万历皇帝乃下令廷臣议处，以吏部尚书翁正春为首组织60多人的查处班子。言官王时熙、刘策、张笃敬纷纷上疏揭发韩敬事，证据确凿，对汤、韩极为不利，翁正春等人乃议定"坐敬不谨，落职闲住"。其时宾尹虽已罢官，但朝中党羽甚多，浙党中如刘廷元、姚宗文、过廷训等皆为韩敬同乡，包庇尤力，他们咬定既然越房换卷者达18人之多，就当18人同罪，又扬言若韩敬一案情节属实，那就罪不止于"不谨"，执意不肯在议案上署名，目的是想拖延时间。翁正春坚持原议，并上达万历皇帝。刘廷元等遂交章攻击。结果皇帝竟同意刘廷元等人的意见，否决翁案，下诏重新议处。廷元诸人乘机喧宾夺主，劾论翁正春首鼠两端。翁氏不堪重压，被迫离职。翁氏去职后，党人又以他事迫使孙振基等人外调，于是此案不了了之。万历四十二年（1614）礼部侍郎孙慎行以韩敬科场案证据确凿而久不能定案，又召集群僚会同议处。时党人仍以18人同罪为说，实际上他们明白，果若18人同罪，则牵涉更多显宦要人的名声利益，从而不可能付诸实行。孙慎行力斥党人之议，独罪韩敬而为17人辩诬，上达皇帝，万历皇帝竟不表态，党人乘机借他事逼走孙慎行。计韩敬科场案审理数年中，凡廷臣插手此事的，非走即免，无一幸存。这件纠纷前后长达7年，最后以韩敬贬谪南京行人司司副草草了事。韩敬因此事再也无力振作。韩敬科场案之争，反映了明末党争的一个侧面，暴露明后期政治的黑暗。

周延儒

◎ 涂 晓

一、青云直上

状元是皇帝钦定的进士科第一名,是皇帝极器重的人。状元大都感激皇上龙恩,忠心事主。在古时中国,"忠"的内涵在于忠诚于封建伦理道德,而非皇帝本人,所谓"从道不从君"。皇上有过失,须直言极谏,匡失救弊,即使身亡家破,也在所不辞。若置封建伦理道德于不顾,一味地顺从皇上的旨意，阿谀奉承，便是"奸臣"。在有名可考的596名状元中，"奸臣"屈指可数。有明一朝，89榜进士，90名状元，被指斥为"奸臣"的，仅周延儒一人。《明史·奸臣传》共为6个"奸臣"立传，即胡惟庸、陈瑛、严嵩、周延儒、温体仁、马士英，还有几个小"奸臣"的附传。周延儒赫然为六大奸臣之一。

周延儒，字玉绳，常州府宜兴县（今属江苏）人。万历四十一年（1613）二月，周延儒参加会试，考得第一名，即会元。三月，他参加殿试，夺得第一甲第一名，成为状元。这年，他刚20岁出头。少年得志，颇为自负。

周延儒连中会元、状元，是有才学的。他为人机敏，善伺人意。才学加上机敏，步入仕途后青云直上。

按定例，周延儒中状元后入翰林院为修撰。明熹宗天启年间（1621～1627），迁右中允，掌管司经局。司经局是个管理经籍的机构。不久，升为掌理太子东宫事务的詹事府的副长官——少詹事。明成祖时迁都北京，南京作为陪都，设有与北京相同的衙门，也有翰林院。周延儒升为少詹事后，便以少詹事衔出掌南京翰林院。

至此，周延儒的官运不算亨通，走运是在朱由检即帝位后。

天启七年（1627）八月二十二日下午，年仅23岁的明熹宗朱由校驾崩，他的弟弟、信王朱由检继立，年号"崇祯"。崇祯帝接过的大明王朝是一个已极度腐朽、千疮百孔的破烂摊子，吏治腐败，经济萧条，财政困难，国防空虚，民心思乱。年方17岁的崇祯帝决心有所作为，重整江山。要实现这个美好的理想，必须有一批得力的官员辅佐。于是，崇祯帝开始物色人才，一旦发现合适的人选，便破格提拔、重用。

周延儒是万历四十一年进士科状元，到崇祯帝即位那年，周延儒年方三十四五岁，这么年轻，便有14年仕官生涯，格外为崇祯帝瞩目。于是，崇祯帝即位不久，便召周延儒回北京，授以礼部右侍郎。

机敏的周延儒瞅准崇祯帝求才若渴，竭力施展才华。他为人行事，总要显出与众不同的样子，处处迎合崇祯帝的旨意，使得崇祯帝觉得惟周延儒见识高深，与他略同。

崇祯元年（1628）冬天，锦州（今属辽宁）守兵闹事，大有哗变之势。锦州是大明帝国辽东重镇，是防御努尔哈赤的大金国入侵、捍卫北京的重要门户。督师蓟辽的兵部尚书袁崇焕奏请亟发军饷，以安军心。崇祯帝在文华殿召集公卿大臣议处，众大臣都赞同袁崇焕的建议。周延儒先是默不作声，用心听他人发言，窥伺崇祯帝的意向。见众大臣都主张发军饷安抚闹事的锦州守兵而崇祯帝未露赞同之色，他出班跪奏，振振有辞地说："关门过去是防敌的，如今却成了防大明士兵的了。不久以前宁远（今辽宁兴城）守兵闹事，发饷安抚；今锦州守军闹事，又要给饷安抚，恐各地守兵效尤。"

"爱卿以为当怎样处置？"崇祯帝急切地问。

周延儒实无良策，诡言道："如今事情已迫在眉睫，不发军饷是难以安抚了。但应寻求一条长治久安之策。"

崇祯帝闻言，首肯，降旨切责众大臣。过了几天，他再次召见周延儒，问他想出妙策没有。周延儒道："发饷没有比发粮食更好的了。锦州不缺粮，缺银子。为什么士兵闹事？闹事必有隐情。谁敢说不是骄横的军官们煽动士兵闹事，以胁迫袁督师？"崇祯帝早就怀疑边将要挟，周延儒这一说，正中下怀。他更加赏识周延儒，有了擢周延儒入内阁的打算。

不久，内阁大学士刘鸿训罢官，崇祯帝命公卿大臣荐举新的人选，众大臣推举了成基命、钱谦益、郑以伟、李胜芳、孙慎行、何如龙、薛三省、盛以弘、罗喻义、王永光、曹于汴11名候选人。周延儒资历浅，没有入选。崇祯帝有意以周延儒入阁，见众大臣没按他的心意办，很是不满。

就在这时，礼部尚书温体仁上疏弹劾众臣所举人选不当，钱谦益不可入阁。

温体仁，字长卿，湖州府乌程县（今属浙江）人，万历二十六年进士，累迁至礼部尚书。温体仁之为人，表面上谨慎、懦弱，一副胆小怕事的样子，待人接物，很有礼貌，骨子里却极为阴险、狠毒。他是《明史·奸臣传》六大奸臣之一，其奸诈有过于周延儒。他也有希望入阁，但因资历略浅一些，名望亦差，没能入选。他极其怨恨，窥伺崇祯帝也有不满之意，遂上疏弹劾。弹劾11位人选不当得有根据，他逐一搜寻，终于在钱谦益身上找到一条不成把柄的把柄。

钱谦益，字受之，号牧斋，苏州府常熟县（今属江苏）人，万历三十八年进士科第一甲第3名，即俗称"探花"。他为文博瞻，工词章，尤长于诗，名声很响。天启年间，以名隶东林党。明熹宗时，宦官魏忠贤专权，结党营私，东林诸人与阉党相抗，遭魏忠贤等人陷害，东林党人死者甚多，钱谦益罢官。崇祯元年，起复出仕，至礼部侍郎。

温体仁拿钱谦益开刀，翻出了一桩旧案。天启二年（1622），钱谦益典浙江乡试，录取的举人中有个叫钱千秋的，首场考试中，用了俚俗诗一句，分置七义结尾，违背了科举考试的定式——八股文。给事中顾其仁揭发此事，钱谦益也有察觉，自行揭露，引咎自责。判决结果，钱千秋流放，夺钱谦益官俸。此案早已了结，而温体仁找不到别的口实，只好再翻出来，添油加醋地说当初钱谦益收受贿赂，结党营私，不配做阁臣人选。崇祯帝对党派之争深恶痛绝，即位做的第一件大事，便是铲除把持朝政的阉党。阉党虽铲除了，他担心再出现党派，闻温体仁言，大加称赞。

众大臣都说钱谦益无罪，温体仁弹劾他没道理。惟周延儒附和温体仁，上疏说："廷臣一同推举阁臣人选，好像很公正，实际上此事为一二人所左右，他人不敢言；若说些什么，则惹来祸患。钱千秋一案铁证如山，不必再问诸臣，皇上可自行了断。"于是，崇祯帝罢免钱谦益，替钱谦益说话的吏科都给事中章允儒、给事中瞿式耜、御史房可壮等，都被指控为"钱党"，降官遭谪。同时下令，推举的11名阁臣人选，一律作废。

崇祯帝打算让周延儒入阁。崇祯二年二月，他在文华殿召见周延儒，密语多时。御史黄宗昌见状，上书弹劾周延儒的生平秽行，御史李长春上疏说单独召见周延儒不合礼法。崇祯帝大为光火。为进一步激怒他，周延儒上书请求罢免他的官职，崇祯帝不允，更加坚定了让周延儒入阁的决心。这年十二月，金兵入侵，京师戒严。崇祯帝见局势动乱，觉得不能再犹豫不决了，特旨拜周延儒为礼部尚书兼东阁大学士，参与机务。明年二月，加太子太保衔，改为文渊阁大学士。九月，任命他为内阁首辅。

周延儒终于登上一人之下、万人之上的高位。

二、两奸相争

周延儒入阁不久，把温体仁拉入内阁。温体仁比周延儒更为阴险狡诈，他觊觎着周延儒那个内阁首辅的位子，处心积虑地排挤、陷害周延儒,以便时机成熟,取而代之。他拉拢吏部尚书闵洪学,御史史䇟、高捷,侍郎唐世济,副都御史张捷等,结为腹心。对此,周延儒毫无觉察。

温体仁采取的第一步,是借钱龙锡来打击周延儒。

钱龙锡是松江府华亭县(今上海松江)人,万历三十五年进士。崇祯帝即位,擢为太子太保、文渊阁大学士。崇祯二年十月,金兵南下,直逼北京。袁崇焕由辽东回师救援,于十一月在东便门击败金兵。金国国王皇太极遂行离间计,说是袁崇焕约金兵来的。正在这时,袁崇焕奏请带兵入京休整。崇祯帝相信了,断定袁崇焕击败金兵只是做个样子,目的是借口进城休整,发动叛乱,遂下令逮杀袁崇焕。御史高捷奏劾钱龙锡与袁崇焕过从甚密,私结边臣。崇祯帝下令逮捕钱龙锡,下狱审问。在温体仁等人操纵下,钱龙锡被判处死刑。一些大臣为钱龙锡鸣冤,崇祯帝怒气稍解。温体仁觉察崇祯帝有开释钱龙锡之意,遂约周延儒一同为钱龙锡说话。周延儒还没体察出崇祯帝的意向,说皇上盛怒,解救很困难。温体仁却佯装说:"皇上原本就不很生气!"显出一副十分不满的样子。不久,钱龙锡获释出狱,死罪改为流放。温体仁逢人便说钱龙锡得以免死,他费了多大的劲云云,接着,便说他曾约周延儒一同解救钱龙锡,而周延儒怕担风险,不愿出力。与钱龙锡交好的公卿大臣遂恶周延儒之为人。

温体仁首战告捷,但没有撼动周延儒的首辅地位。他决定采取进一步行动。他和吏部尚书王永光准备起用阉党人物王之臣、吕纯如,对外却宣扬这是周延儒首辅的意思。有人对周延儒说:"他们一伙想为阉党翻案,公卿大臣却归咎于你。"周延儒愕然,开始觉察到温体仁的用心。当崇祯帝问王之臣是否可以起用时,他说:"用王之臣,也可以昭雪崔呈秀了!"崔呈秀，蓟州(今河北蓟县)人，万历十一年进士，攀附魏忠贤，官至兵部尚书、左都御史，为魏忠贤大爪牙，居"五虎"之首。崇祯帝听周延儒这么说，有所觉悟，遂否决了温体仁、王永光的建议。

这次，温体仁的目的没有得逞。

但是，周延儒的秽行越来越多，以致自己败坏自己。他徇私任用张廷拱为大同(府治大同，今属山西)巡抚，孙元化为登州(州治蓬莱，今属山东)、莱州(今属山东)巡抚，舆论哗然；他的子弟暴虐于家乡，惹怒了乡人，烧了他家老屋，掘了他的祖坟；他的哥哥周素儒冒入锦衣卫籍，做上了千户官；他的家人周文郁当上了副总兵；他的姻亲陈于泰在他的关照下，成为崇祯四年状元……周延儒越来越受到人们的攻击，而温体仁则扇风点火，处处渲染。

崇祯五年正月，叛将李九成等攻陷登州，俘虏巡抚孙元化。侍郎刘宇烈视师无功，周延儒曲加庇护。于是，给事中孙三杰、冯元飚，御史余应桂、卫景瑗、尹明翼、路振飞、吴执御、王道纯、王象云等，纷纷上疏弹劾周延儒。余应桂还指控周延儒接受巨盗神一魁的钱财。周延儒上疏分辩，崇祯帝虽降旨慰留，但不能不心动，对周延儒的信任有所动摇。

不久，周延儒令陈于泰上疏陈政事，宣府太监王坤秉承温体仁之意，奏劾周延儒庇护陈于泰。给事中傅朝佑上疏说宦官不当弹劾首辅，轻朝廷，疑有奸人唆使，副都御史王志道也如是说。谁知，崇祯帝非但没有降罪于王坤，反而免了王志道的官。周延儒欲救不能。

温体仁从此事看出崇祯帝已开始不满于周延儒，大为亢奋，加紧行动。他唆使给事中陈赞化弹劾周延儒："周延儒亲近武弁李元功，收受贿赂。陛下降恩停刑，李元功便说这是周延儒之功，向囚徒索取钱财作为谢礼。而周延儒目陛下为义皇上人，语有悖逆。"崇祯大怒，逮捕李元功，追查陈赞化是从谁人哪里听说这些事的。陈赞化说是从上林典簿姚孙渠、给事中李世祺处听说的，而副使张凤翼也作证说周延儒确实干过那些事。崇祯更加生气，命锦衣卫指挥王世盛拷掠李元功，李元功宁死不开口，一无所获。崇祯帝下令王世盛降品五级，命他穷究此案。

周延儒在朝中处境尴尬，他虽觉察出温体仁觊觎首辅席位，但尚存一线希望，设想温体仁不会忘他的提携之恩，危难之际拉他一把。不料，温体仁不但拒绝帮助，还落井下石，用计罢黜周延儒的几个好友，使他孤立无援。

周延儒无奈，于崇祯六年六月上疏，要求回家养病。崇祯帝诏准，赐给一些白金、彩缎，派人护送他回宜兴老家。

周延儒做了3年内阁首辅，终于被另一奸臣温体仁排挤出去。

三、第二次出任内阁首辅

周延儒离去后，温体仁出任内阁首辅，专权跋扈，排斥异己。一时间，朝廷中奸人盈路，刚正之臣如郑三俊、刘宗周、黄道周、文震孟等受到攻击，一个个被排挤出朝廷。阉党残余则极为活跃，鼓噪着要为魏忠贤等人翻案。温体仁自排挤钱谦益起，便与东林党人结冤。为了压制东林党人，他有意靠近阉党残余势力。有名薛国观者，西安府韩城县(今属陕西)人，万历四十七年进士，曾为阉党分子，素仇东林党，温体仁把他拉入内阁。对温体仁和阉党所作所为，东林党人张溥、马世奇深为忧虑。张马二人同为崇祯四年进士,这年会试的主考官是周延儒,他们同周延儒有师生之谊。周延儒当年帮助温体仁排挤钱谦益,深为东林党人仇恨。但东林党人见温体仁当权以来,阉党活跃,大有翻案之势,遂摒弃前仇,与周延儒交好,要帮他再入内阁,以扼制阉党残余。张溥、马世奇去拜见恩师,对周延儒说:"恩公若再度为相,改弦易辙,可重得贤声。"周延儒听出话外之音,愿在他们帮助下东山再起,若有那么一天,定然不会忘了东林党人。

于是,东林党人积极活动,打通关节。而自周延儒去后,温体仁、张至发、孔贞运、刘宇亮、薛国观相继出任内阁首辅,朝政在他们的操纵下更加腐败;李自成、张献忠两支起义军不但没能剿灭,却日渐壮大;与金军作战屡败,崇祯九年,努尔哈赤第八子皇太极在沈阳称帝,改国号为"大清",虎视关内。崇祯帝不由得思念起周延儒来,他觉得周延儒当首辅时,情形还要好些。正在这时,东林党人通过崇祯帝的侍臣赞誉周延儒,于是,崇祯帝诏周延儒入京。崇祯十四年二月,诏令送达宜丰周家。

九月,周延儒入京,再度出任内阁首辅。

周延儒应召临行时,东林党人嘱他办几件事,请他不要忘了誓约。周延儒慨然道:"我定尽力为之,以谢诸公。"既任首辅,他照东林党人的建议,悉反温体仁以来的弊政。他奏请蠲免欠粮,兵残岁荒之地,减当年地租。苏州(府治吴县,今江苏苏州)、松江(府治华亭,今上海松江)、常州(府治武进,今江苏常州)、嘉兴(府治嘉兴,今属浙江)、湖州(府治乌程,今浙江湖州)诸府大水,许以明年夏税代漕粮。宽赦戍罪以下,皆得还家。恢复因事受牵连的举人的功名,扩大科举名额。召还因言事忤怒崇祯帝而被流放的李清等人。

朝野不知这是东林党要周延儒办的,以为是周延儒的杰作,为他这些举动而欢呼雀跃,自即位以来一直愁眉不展的崇祯帝也有了欢乐之色。

周延儒见状,乘机对崇祯帝说:"那些老成有名望的大臣,不可轻弃。"于是,经奏请崇祯帝批准,以郑三俊为吏部尚书,刘宗周掌都察院,范景文长工部,倪元路佐兵部。还起用了李邦华、张国维、徐石麒、张玮、金光辰等人,委以要职。追赠已故的文震孟、姚希孟等,释放在押的傅宗龙。这些人大都是东林党人。

朝野称赞周延儒,崇祯帝更加器重他。崇祯十五年正月初一,崇祯帝受群臣朝贺,他让周延儒面向西站好,他本人东向揖拜,说:"朕以天下听先生!"

四、赐死于家

周延儒再任内阁首辅,着实做了几件好事,但这些措施皆出自东林党人,非他本意,只是为报答东林党人援助之恩,不得不做。周延儒在治国理民上实属庸材。第二次当政那年,李自成攻破洛阳,杀福王朱常洵,发福王府金银赈济饥民,一时间从者如流,兵势大盛。在南方,张献忠率部攻城略地,所向披靡。大明帝国岌岌可危。对此,首辅大人束手无策。一度称颂周延儒的大臣们日渐责难。周延儒贪财,手下一帮官员都是搜刮民脂民膏的好手,他们狐假虎威,为非作歹。周延儒很快威信扫地,成为众人斥骂的对象。

"流寇"横行无阻,清军不时破关而入,大肆抢掠。崇祯十六年十一月,清兵自墙子岭、青山口入关,京师戒严。明廷在关内设有两个总督,即范志完与赵光汴,他俩下统四督臣、六巡抚、八总兵,严密布防,大纛如林。可一望见清兵,大明官兵如羊见虎,避之惟恐不及。大清兵长驱直入,越畿辅,入山东,进江苏,一直打到沭阳(今属江苏),如入无人之境。清兵一路抢掠,直到第二年三月,才满载而归。明廷听说清兵北上,举朝震惊,京师再次戒严。周延儒上疏,愿出马督师,崇祯大喜,降手敕,把他比做召虎、裴度,赐章服、白金、文绮和上等好马4匹,拿出大批金帛,让周延儒带着赏军。周延儒胆小,出了都门,至通州(今属北京)便不敢再往前走了。他侦知清兵急于回归,意不再战,便整日与幕僚饮酒作乐,天天飞骑入京送捷报。崇祯帝被蒙在鼓里,见捷报频传,大喜过望,屡赐玺书褒扬。明将尾随清兵而行,如同欢送,清兵沿途于树上大刻"诸官免送"字样,嘲讽明朝将士。四月,清兵全部安全出口。

崇祯帝论功行赏,加周延儒太师官衔,赐银币、蟒服,封他的儿子为中书舍人。还将他交回的敕令藏于内府,以永记他赫赫战功。周延儒故作姿态,辞太师官衔,崇祯帝又是一番褒扬。

谁知,三两天后,锦衣卫指挥骆养性上疏揭发周延儒督师退敌之真象。骆养性出掌锦衣卫,原本是周延儒荐举的。锦衣卫乃特务机构,专门监视吏民的举动,故骆养性对周延儒极为了解,也知道他已惹起公愤,遂背叛荐主,动用锦衣卫的特务,监视周延儒的动向,侦查他的过失。待周延儒凯旋,崇祯帝大加奖赏,周延儒得意洋洋之时,骆养性把刺探到的真象奏白崇祯帝。

还在兴头上的崇祯帝气晕了,想不到他倚重的首辅竟如此欺骗他,命兵部议处。

周延儒慌了，席藁待罪，自请流放戍边。

崇祯帝觉得周延儒是他两次钦委的首辅，还曾做过几桩让他满意的事，遂加宽赦，让他乘驿马回家养老，还赐路费百金。公卿大臣认为这样太便宜了周延儒，要求从重处置，崇祯帝下诏说周延儒功大于过，免予处罚。

周延儒灰溜溜地离京南下，回宜兴老家去了。

群臣见周延儒就这么走了，大为不满。给事中郝䌹上疏请清查朝中奸臣，矛头直指周延儒。崇祯帝未准。群臣见状，更加激愤，决心扳倒周延儒。于是，监察官、言官等纷纷上疏，弹劾周延儒。山东佥事雷缜祥上疏弹劾范志完、赵光汴在清兵深入时躲避不敢与战，见死不救，杀良冒功，贪污军饷，并指出他们如此胆大妄为，是受座师周延儒庇护。御史蒋拱宸弹劾吴昌时贪污受贿巨万，交通宦官李端、王裕民，泄漏机密，贪赃枉法。吴昌时，嘉兴人，是周延儒的心腹，官居吏部文选郎。他的种种罪行，都与周延儒有关。接着，给事中曹良直也上疏弹劾周延儒，列举10大罪状。

崇祯帝不知道周延儒及其爪牙背地里干了这么多坏事，他震怒了，亲御中左门，审讯吴昌时。吴昌时死不认账，他的腿被打断了，还是不招供。他知道，一旦招供，必死无疑；不招供，或许还有一线生机。这时，御史蒋拱宸当面揭露他勾结宦官，为非作歹，列举大量事实。崇祯帝怒不可遏，判处吴昌时死刑，收监待斩。同时，有杀周延儒之意。

阁臣魏藻德、陈演也极为怨恨周延儒。魏陈二人同为薛国观门人。薛国观任内阁首辅时，吴昌时为行人——一个掌奉节、奉使的官。薛国观素恶吴昌时之为人，待考选官吏时，吴昌时担心薛国观跟他过不去，通过薛国观的门生求见。薛国观虚与周旋，说让他去吏部任职。等任命下来，吴昌时的官位是礼部主事,权势很小。吴昌时恨恨不已,遂联合东厂理刑官吴道正揭发薛国观受贿之事。后来,薛国观被免官、处死。魏藻德、陈演欲为恩师报仇,吴昌时已判死刑,他俩便拿吴昌时的主子周延儒开刀,历数周延儒之罪。

崇祯帝被众大臣说得心动了,下诏削去周延儒本官及一切兼职,发兵逮捕周延儒入京。

周延儒知道皇上震怒了,自己性命难保。押送路上,他装病不走,托从前的辅臣王应熊入京为他说情。崇祯帝获悉,王应熊刚入京,未待说一句话,便喝令他回去。周延儒没指望了,只得上路。

到了京师,周延儒被关押在正阳门外一座古庙里。他上疏乞求开恩,崇祯帝不予理睬。执法部门判处周延儒流放戍边,崇祯帝说太轻;周延儒的几个朋友上疏说情,崇祯帝斥其荒谬。这年冬十二月,吴昌时被斩首。崇祯帝传诏,勒令周延儒自尽,籍没其家产。

周延儒自尽身亡,成为明朝第3个被杀的辅臣。

钱士升

◎ 涂 青

一、"翰林四钱"

明神宗朱翊钧是有明一代坐天下最长的君主，凡48年。在位期间，开科16次，录取进士5093人。16名状元中，第15名是嘉善(今属浙江)人钱士升。

钱士升，字抑之。万历四十四年(1616)二月，钱士升在北京参加礼部举行的会试。3场考试下来，钱士升榜上有名。会试第1名即会元的桂冠被一个叫沈同和的人夺得。钱士升才华横溢，会试未能夺魁，既惋惜又有些不服气。不久，会元沈同和的真面目被揭露，他的试卷乃会试第6名赵鸣阳代作。沈赵皆被除名，此科会试便无会元。钱士升积极准备，欲在三月初一的殿试施展一番。

殿试如期举行。殿试名为皇帝亲自策试，实际上他仅是从读卷官(即评卷官)推荐的前10名中确定第一甲3名(即状元、榜眼、探花)人选。此科殿试主考官乃华亭(今上海松江)人钱龙锡。钱龙锡是万历三十五年进士，名列第二甲第18名。读卷官选出最好的10份，排定第1~10的名次，进呈神宗皇帝。神宗御览第一名的卷子，见此卷不仅字写得好，立论也极高深，遂欣然在卷首朱书"第一甲第一名"6个大字。待拆封一看，此卷乃钱士升的。

此科共录取进士344名，此后出了一大批名人，如第二甲第17名洪承畴，在明末清初是个风云人物，俘杀"闯王"高迎祥，大败李自成于潼关，为大明帝国立下汗马功劳。后降清，为清兵占领全国立下赫赫战功。第三甲第10名阮大铖、第13名魏大中和第113名瞿式耜，都是极有名的人物。阮大铖是有名的奸臣，魏大中为东林党中坚人物，瞿式耜乃南明唐王、桂王时举足轻重名臣。钱士升也是名人之一。

状元例授翰林院修撰，掌修国史。钱士升亦然。他在翰林院做了5年修撰。当时，翰林院还有他的"座主"(科举考试时的主考官，及第者称为"座主")钱龙锡，常熟(今属江苏)人钱谦益，会稽(今浙江绍兴)人钱象坤。4人都有才学，名望极高，时号"翰林四钱"。

二、仕途沉浮

万历四十八年七月二十一日,神宗驾崩,皇太子朱常洛即位,年号"泰昌",是为光宗。同年九月初一,光宗驾崩,大臣杨涟等拥立他的儿子朱由校,年号"天启",是为熹宗。熹宗坐天下时,东林党和阉党争权夺利,斗争极为激烈。

钱士升见局势动荡,遂以侍养老母为由辞官回乡。朝廷诏他复出,授官左中允——太子东宫属官,他力辞不受。

钱士升是有远见的,东林党和阉党的斗争达到白热化。阉党首领魏忠贤擅权,大肆逮杀东林党人。高邑(今属河北)人、吏部尚书、东林党领袖之一赵南星被阉党诬为贪污白银1.5万两,逮捕下狱。钱士升的同乡、同榜进士、吏科都给事中、东林党中坚人物魏大中被诬为贪污白银3000两。钱士升同榜进士、屯田郎中、东林党人万燝被打死,魏忠贤还不解恨,诬他贪污白银300两,下令追赃。钱士升闻讯,竭力营救赵、魏、万3人,家产为之荡尽。他不是东林党人,出于正义,冒险营救。东林党人极为感激。

东林党被阉党逮杀、贬谪殆尽,朝廷成了阉党的天下。正当阉党得意忘形时,熹宗驾崩,唯一的弟弟朱由检入承大统,年号崇祯,是为思宗。思宗即位后第一件事,便是铲除阉党。

钱士升见党争结束,朝廷正是用人之时,遂应召复出,出任皇太子东宫衙门詹事府副长官——少詹事,执掌南京翰林院。翌年,擢为詹事。

他的座主钱龙锡为政敌所诬,被逮往北京治罪。当时,钱士升已接到詹事任命,还未赴任。座主被押解路过南京,钱士升护送至黄河。他见官场如此险恶，自己又与钱龙锡私交甚好，怕招祸，遂称病辞归故里。

次年，思宗诏令钱士升为南京礼部右侍郎，署理尚书事务。钱士升不敢推辞，去南京上任。

两年后，即崇祯六年(1633)九月，思宗诏擢钱士升为礼部尚书兼东阁大学士，入阁参预机务。

此时，大明帝国已危在旦夕。李自成、张献忠两支起义军攻城略地，越战越强，满族劲骑虎视关内，而大明帝国又是奸人当道。温体仁，乌程(今浙江湖州)人，万历二十六年进士，为人奸滑。钱士升入阁时，他正在内阁首辅位上。内阁大臣除他俩外，还有巴县(今属四川)人王应熊和香山(今广东中山)人何吾驺。思宗脾性急躁，以严刑驾驭臣下，最高统治阶层极为不稳。

钱士升见状，撰《四箴》进呈思宗，劝他宽以御众，简以临下。思宗阅后，下诏褒扬，但内心对钱士升的逆耳忠言大为不满。

不久，有个叫李琎的武生上疏，建议搜刮江南富户以输官，解决财政困难问题。钱士升认为这是搅乱国政，拟旨下刑部提问李琎。思宗不赞成，温体仁遂建议从轻发落。钱士升上疏说："自从陈启新以上疏言事而得高官后，巧借名目邀功者，实在不少，但没有像李琎那么放肆的。他说缙绅大户，富者家产千百万，一般人户百十万，以万计者不胜枚举。臣不知他指何地。就江南而论，富家有田数亩。家产有百两白银的富人，十家中有那么六七家；千两以上的富人，十家中有那么三四家；万两以上的富人，千百家仅有那么一二家。江南最富，尚且如此，别地就更不用说了。郡有富人，乃贫民衣食之源。遇上旱涝，官府让他们出钱出粮，赈济饥民；碰上寇盗，官府让他们出钱出粮助饷。由此看来，富人未尝无益于国。《周礼》荒政12条，保护富人是其中之一。如今把兵荒马乱归咎于富人刻薄，搜刮他们的家财。当年，秦皇、汉武对大富翁巴清、卜式都不用此手段，如今却要实行于圣明之世。今黄淮一带已无宁日，惟江南数郡稍安。此议一倡，无赖之徒必相率与富户为仇，这岂不是驱逼他们反叛吗？有人怀疑李琎之流乃李自成或张献忠的心腹，出此恶计以动摇人心，不能仅仅把他看成是邀功。"疏入，思宗御览，赐诏道："若想沽名钓誉，前些日子进呈的《四箴》就足够了，毋庸汲汲以求！"

钱士升惶惧，引罪辞官，思宗立即诏准。

三、寿终正寝

辞官后，钱士升回到嘉善老家，安度晚年。

他的弟弟钱士晋，万历四十一年第二甲第47名进士，官至云南巡抚，修筑6座城池，疏浚两条河道，平定土官岑、侬两姓叛乱，治绩卓著。经历吴鲲诬告钱士晋受贿，温体仁借此大做文章，想把钱士升一块儿整治。不料，未来得及下手，钱士晋便病死了。温体仁只得作罢。

钱士升隐居田园数年间，全国局势急剧变化。

李自成、张献忠两支大军发展迅速。崇祯十七年三月十七日，李自成的大军进抵北京城下。十八日，太监曹化淳开彰义门迎降。十九日，思宗皇帝吊死煤山。

42天后，李自成在大明降将吴三桂和清兵联合进攻下，退出北京。清兵于五月初一开进北京城，然后，向全国推进。李自成在通山县（今属湖北）九宫山被袭杀。余部和大明残兵联合起来，抗击清军。

面对风云变幻，钱士升无动于衷，在老家安度晚年。距嘉善不远的钱塘江以东地区，便有明皇室遗民朱以海的鲁王政权，若干人投奔，钱士升不为所动。

顺治三年（1646），清兵进占浙江。浙江成了大清帝国的地盘，钱士升成了大清帝国的臣民。清廷要求汉族人薙发易冠，"留头不留发，留发不留头"。钱士升既留头，发当薙掉了。

顺治七年，钱士升寿终正寝。

庄 际 昌

◎ 刘 一

庄际昌，字景悦，永春（今属福建）人。庄际昌少聪睿，七八岁便能赋诗作文，操笔立就，文不加点，一气呵成。他崇尚仁义，品行端正。万历四十七年（1619）二月，赴京会试，夺得第一名。三月十五日殿试，又一举夺魁，成为明朝开国以来第81位状元。

此科进士共345人，后来出了大批名人。如第二甲第19名马士英，在明朝覆灭后，拥立福王朱由崧，是弘光政权掌实权的奸臣。第三甲第28名袁崇焕是抗金名将，屡败金兵。位次袁崇焕的孙传庭也是一代名将，与李自成大战潼关，兵败战死。此外，像第一甲第2名即"榜眼"孔贞运，第二甲第4名何吾驺，第三甲第8名倪文焕，第21名薛国观等，都成为赫赫有名的人物。庄际昌一榜，号为"名榜"。

中状元后，庄际昌按惯例入翰林院为修撰，掌修国史。以后的仕官生涯，史书未详。

文震孟

◎ 刘 一

一、十进礼部考场

南直隶长洲(今江苏苏州)，经济发达，文化兴盛，名士辈出。天启二年(1622)壬戌科状元文震孟就出自这方水土。

文震孟，字文起。文家乃书香门第，文震孟的曾祖文徵明，词、书、画俱佳，闻名天下。外国使者路过长洲，遥望文家大门，肃穆而拜。文徵明的作品饮誉天下，假冒他手笔的赝品很多。长子文彭，国子博士；次子文嘉，和州(今安徽和县)学正。文彭、文嘉颇有父风，擅长诗、书、画，名闻海内。文彭之子文元发，官至卫辉(府治汲县，今属河南)同知，也以文才闻名遐迩。文震孟就是文元发之子。

文震孟少好学，擅长诗文；为人刚正，品行高洁。他研习《春秋》下过一番功夫，精于此书。文震孟年纪轻轻，便以文才、品行闻名海内。

像大多数文人学士一样，文震孟踏上科举入仕之路。大约20岁时，即万历二十二年(1594)，文震孟考中乡试，成为一名举人。在来年的会试中，文震孟落第。这对少年时便负盛名的文震孟的打击是巨大的。他并不气馁，一次又一次地去北京赶考，到万历四十七年，他已9次涉足礼部贡院考场，但都榜上无名。他的外甥姚希孟，年仅10个月便成了孤儿，与他一同拜师受业，名相伯仲。姚希孟在万历四十七年考中会试，殿试列第三甲第121名，文震孟连会试都未中。

天启二年(1622)二月，文震孟第10次参加礼部会试。3场下来，榜上有名。

十进礼部贡院考场，历时27年，文震孟终于成为一名贡士。

三月十五日，新科贡士参加殿试。殿试概不黜落，仅确定名次先后。文震孟一举夺魁，成为明代第82位状元。

此科进士共409人，是明代取士较多的一科，后来出了一批名人，文震孟是杰出的一个。

二、弹劾魏忠贤

文震孟中状元后，按惯例入翰林院为修撰，掌修国史。

熹宗朱由校即位已3年了，这是一个昏君，他把精力都花费在玩上，骑马射猎，掏鸟捉鱼，尤喜木工活，手操斧锯，精心制作梳匣、屏风、亭阁，把军国大事交给魏忠贤处理。

魏忠贤是个来自直隶河间府肃宁县（今属河北）的无赖，因赌博输了钱，被债主逼得走投无路，遂自阉入宫，当了太监。他竭力讨好、巴结熹宗的乳母客氏，使客氏成为他的"对食"，即假夫妻。在客氏帮助下，魏忠贤成为司礼监秉笔太监，负责笔录皇上的口谕，交内阁撰拟诏谕。魏忠贤遂利用这种关系从中弄权，为非作歹。

一些大臣倒向魏忠贤，正直的大臣则愤懑难抑，与阉党抗争。

御史周宗建第一个站出来弹劾魏忠贤，遭贬斥。魏忠贤猖狂反扑，若干大臣如邹元标、冯从吾等被迫引退。朝政日非。阉党的暴行激怒更多大臣，文震孟是其中之一。天启二年冬十月，文震孟上疏："如今国家多事，强敌进犯，攻城陷池，覆军杀将，正是臣子卧薪尝胆之日。但是，有些人却苟且偷安，粉饰太平。祖宗创下的基业将被强敌蚕食。陛下若不改弦更张，激励豪杰奋力进取，后果将不堪设想。陛下清旦临朝，不避寒暑，不能说不辛勤。但是，鸿胪寺官员引导大臣朝见皇上，跪拜起立，如傀儡登场。臣敬请按祖宗立下的制度，宣唱六部六科上朝奏事，六部六科依次陈奏，纠劾失误，陈白建议；陛下与大臣当场裁决。如此，则皇上更加圣明，百官皆有进取之心。若仅执揭帖一纸①，长跪一诺，北向一揖，还要那些蟒袍玉带、冠冕朝笏的大臣干什么?经筵日讲②，定期举行。然而，侍臣进讲，铺叙文辞而已，就像教导孩童的蒙师诵说一样。祖宗的朝廷，君臣相对，如同家人父子。皇上向大臣咨访军国大事，闾里隐情，对国政民事了如指掌，奸诈之徒难以妄为，左右亲近之人也不能蒙蔽。若皇上仅仅尊严如神，上下拱手，军国大政都因循成制，无所作为，又何必要那些公卿大臣?况且皇上既与群臣疏远，朝夕侍奉身边的都是太监，岂知帝王的宏谋远略?于是，势危如金人称雄辽东，而阁臣出师，保命偷安;惨败如镇压贵州土司安邦彦反叛，而督抚大臣坐视，致敌肆横，也没听说受什么责罚。近来的举动，尤为令人惊异。邹元标去职，冯从吾杜门，首辅大臣相率求退。空虚国家以营私窟，如同朱全忠杀裴枢等朝士而投尸于黄河;骂道学以逐名士，比禁学之祸还要厉害。唐、宋末季，可为前车之鉴。"此疏虽只字未提魏忠贤，但矛头所向，却是魏忠贤和他的阉党。

　　文震孟把他的奏疏呈上，谁知，却被魏忠贤扣留，没有呈到熹宗皇帝那里。魏忠贤伺机报复。一天，熹宗正在看戏，魏忠贤摘了文震孟奏疏中"傀儡登场"几句话，说文震孟把皇上比做木偶，不杀无以谢天下。昏庸的熹宗对魏忠贤一向言听计从，称赞他讲得有道理。一天，魏忠贤忽然传旨：廷杖文震孟80棍。内阁首辅在家休假，次辅韩爌力争，替文震孟开脱，熹宗置之不理。

----

① 揭帖是古时公文的一种。凡有大事申报，在文书之外，附以揭帖，备言始末情节。
② 经筵是皇帝为研读经史而特设的御前讲席，简选有学问的大臣为讲官，以时进讲。

廷杖行刑地点在紫禁城正门——午门前的御街东侧。文震孟被拉到刑场，文武官员奉命至午门外西墀下观看，左边是太监，右边是锦衣卫官校。旗校数十人，臂戴袖套，手执木棍，静候听命。监杖的司礼太监王体乾宣旨已毕，旗校便用麻布兜将文震孟的肩脊以下部分束起来，用绳子绑住两脚，四面牵曳，文震孟俯卧。这时，左右厉声高喝："搁棍!"旗校一人将棍搁在文震孟的大腿上。左右一声断喝："打!"旗校挥棍杖击文震孟的大腿，每打5棍，就换一个旗校。80棍下来，文震孟被打得皮开肉绽。

接着，诏令下达：文震孟贬谪出京。

职司监察、纠劾的御史和给事中纷纷上疏营救，为文震孟说情。熹宗一概不理。文震孟也不去贬所，出京后便径直回了长洲老家，闭门谢客，打算终老于家。

文震孟受杖而归，距荣膺状元桂冠不过七八个月。

文震孟在家度过了平静的4年。第五年上，即天启六年冬，太仓（今属江苏）籍进士顾同寅、官学生孙文豸赋诗悼念被阉党诬杀的抗金名将熊廷弼，被捕下狱，御史门克新奏劾顾同寅、孙文豸的诗为"妖言"，还把文震孟牵扯进去。结果，文震孟被褫夺宦籍，贬为平民。

三、奏劾王永光

天启七年八月二十二日，熹宗结束了他昏愦而短暂的一生。熹宗无子嗣，他的弟弟朱由检承嗣大位，年号"崇祯"。

面对衰颓的江山，崇祯皇帝试图挽狂澜于既倒。他登基后的第一件大事，便是铲除阉党，魏忠贤畏罪自杀，客氏被杖毙，阉党中坚人物崔呈秀自缢身死。与此同时，崇祯皇帝诏令为被阉党害死、贬谪的官员平反。

文震孟应召入京，出为侍读。在退出官场6年后，文震孟再次入仕。

不久，文震孟调任左中允——东宫左春坊的属官，奉命以左中允身份充任日讲，为崇祯皇帝讲解经史。

崇祯二年(1629)冬十月，金主皇太极率十几万精兵从喜峰口攻入关内，一路杀掠，直抵北京城下。在押囚犯刘仲金等170人乘机越狱逃跑，被捉获。崇祯皇帝闻讯，龙颜大怒，诏令逮捕刑部尚书乔允升、左侍郎胡世赏及提牢主事敖继荣下狱，准备问死。按律，乔允升、胡世赏不应受此罪，崇祯皇帝此举失当。但他正在火头上，公卿大臣无人敢谏。

刚直的文震孟不肯坐视，打定主意劝谏。

一天，轮到文震孟为崇祯皇帝讲解《鲁论》——《论语》在鲁地流传的一种版本，讲到"君使臣以礼"一段时，他反复讲解，规讽崇祯皇帝。崇祯皇帝感悟，马上降旨放出乔允升、胡世赏。

崇祯三年二月，因边境危机，崇祯皇帝下诏求安边将才。阉党残余王永光时为吏部尚书，乘机荐举同党吕纯如等人，试图为阉党翻案。一时间，阉党的残渣余孽蠢蠢欲动，鼓噪翻案。文震孟见状，上疏弹劾。崇祯皇帝宠信王永光，不信他有不轨行为，对文震孟的奏疏不予理睬。不过，他也没有怪罪文震孟，相反，认为他忠心可嘉，把他升为左谕德，掌管司经局。司经局是东宫衙门，职司经籍。文震孟仍兼任日讲官。文震孟坚信王永光图谋翻案，再一次上疏："众小人合谋，想借守边将才等事为阉党翻案。天下有无才而误事的君子，没有怀忠而报国的小人。今有向来不知羞耻、惨杀名士贤人的吕纯如，四处活动，想为自己翻案。王永光身为吏部尚书，假窃威福，用小人而斥贤人，专权跋扈，心狠手毒；弄虚作假，假装诚直；论资升迁，变乱祖制；考试选拔，摈弃清正。举朝震恐，但无人敢言。臣子都如此，不是国家之福！"崇祯皇帝半信半疑，命文震孟列举事实上奏。文震孟奏言："杀名士贤人，吏部郎中周顺昌；论资升迁，贬抑吏科都给事中陈良训；考试选拔，摈弃中书舍人陈士奇、潘有功。"崇祯皇帝不能不信了，遂责斥王永光。

王永光恼羞成怒，发誓报复。他勾结太监王永祚，谎言陈士奇乃姚希孟的门生，而文震孟乃姚希孟的舅舅，故文震孟偏向陈士奇而诋毁王永光。

在王永光与文震孟之间，崇祯皇帝更相信王永光。他打消了对王永光的怀疑，转而怀疑文震孟。他下诏宽慰王永光，责斥文震孟肆意诋毁。

文震孟着实受了一场冤枉。王永光一伙却不得不收敛一下，翻案化做泡影。

文震孟遭到崇祯皇帝诃责，得罪权臣王永光，他觉得难以再在朝中做官，遂退隐田园。

这次出仕，仅仅三年余。

四、遭温体仁排挤

崇祯皇帝励精图治，试图振兴大明帝国，局势发展却背道而驰。对山海关外的金人，不但没有力量进攻，连防御的力量都没有了；在关内，高迎祥、张献忠、李自成等起义军攻城略地，所向披靡。崇祯皇帝忧心如焚，渴望一批贤人挽救危局。

文震孟忠心事主，且有才干，是当时少有的人才。崇祯五年，遣使赴长洲，在文家当场宣诏，任命文震孟为东宫右春坊长官——右庶子，要他出仕。

文震孟不得不从命，赴北京上任。

几年后，文震孟进官为东宫衙门詹事府副长官——少詹事。出任少詹事不久，他上疏请求修正《光宗实录》，辨明是非。

《光宗实录》于熹宗天启年间编纂。当时的礼部侍郎周炳谟在编写神宗朝的储位之争及"妖书"、"梃击"诸案时，秉笔直书。魏忠贤专权，御史石三畏奏劾周炳谟贬斥神宗，周炳谟被罢官。魏忠贤命他的党徒重修《光宗实录》，歪曲事实，诋诬拥卫皇太子的大臣。

文震孟摘录《光宗实录》中最为荒谬的记载数条，上疏请求改正。崇祯皇帝召集群臣面议。内阁首辅温体仁为人奸诈，倾向阉党，嫉贤妒能，与爪牙、内阁大臣王应熊百般阻扰，致使修正《光宗实录》一事不了了之。文震孟愤恨不已，但无可奈何。

不久，一条震惊朝野的消息传到北京：高迎祥、张献忠、李自成率部攻下凤阳(今属安徽)，焚毁明朝皇帝的祖坟。崇祯皇帝大惊失色，慌忙穿上孝服哭祭，诏杀凤阳巡抚杨一鹏。

文震孟乘机上疏，指斥当权的大臣误国。他说："当朝诸臣，不能忧国奉公，结党营私，致使江山危若累卵。最近几年来，振肃纲纪都采取了哪些措施？选贤任能用了几人？安内攘外有什么策略？富国强兵有何方法？陛下应奋然一怒，颁发哀痛之诏，追究犯法渎职者的罪行，从重处治，采取切实可行的安抚、绥靖政策，放宽对黎民百姓的征派。先收人心以遏制叛逆，慢慢地再筹划增加税收的方法，切勿竭泽而渔。把那些患得患失的官吏都赶出朝廷，集思广益，群策群力以定国乱。如此，国家尚可挽救。"在当时来说，这确实是一条良策。但是，崇祯皇帝缺乏用人之明，且刚愎自用，没能按文震孟的建议去做。

文震孟此举得罪了内阁首辅温体仁。温体仁伺机报复。

经筵向来不讲《春秋》，崇祯皇帝认为《春秋》有裨治乱，命内阁择人进讲。文震孟精通《春秋》，为当时名家，他原本就是讲官，无疑是最佳人选。温体仁嫉恨文震孟，摒而不用。内阁大臣钱士升盛誉文震孟，说他可当此任。温体仁无奈，遂佯装道："差点儿漏了这个最佳人选！"列名奏上。文震孟进讲，很合崇祯皇帝的心意。

过了几个月，崇祯皇帝准备增加阁臣，召廷臣数十人，考试票拟。文震孟列名其中，但他自知得罪内阁首辅温体仁，难以与他共事，遂托病不参加考试。崇祯皇帝觉得文震孟是个人才，遂未经考选，特擢文震孟为礼部左侍郎兼东阁大学士，入阁参预机务。文震孟两次上疏辞谢，崇祯皇帝不允。

文震孟成了一名内阁大臣。

按照惯例，阁臣一经任命，即向司礼监投递名帖，拜见司礼监太监。文震孟向来鄙夷太监，不与他们往来，他被任命为内阁大臣，也不去司礼监投递名帖。司礼监掌印太监曹化淳雅慕文震孟的才学，令人辗转传话，望文震孟去司礼监叙话，文震孟断然拒绝。

在文震孟入阁时，温体仁恰好在家休假，待他回朝，方知文震孟已是阁臣，便设计排挤文震孟。他每拟圣旨必同文震孟商量，文震孟有什么建议，他都欣然听从。打了几次交道之后，文震孟便放松警惕，转而赞誉起温体仁来，逢人便说："温公虚怀若谷，怎么竟说他是奸臣？"阁臣何吾驺警告说：

"此人老奸巨滑，不可轻信！"文震孟不以为然。

温体仁见时机到了，遂露出真面目，撰拟圣旨不再同文震孟商议，文震孟有什么建议，一概置之不理。文震孟这才知道自己被耍弄了，不禁大怒，把奏疏摔到温体仁面前，质问他为什么戏弄他，温体仁视若罔闻。

有个叫许誉卿的，在魏忠贤专权时，置身家性命于不顾，毅然上疏弹劾，誉满天下。文震孟和何吾驺想任用他为南京太常寺长官——太常卿。温体仁忌恨许誉卿刚直，不想用他。不仅如此，他还想利用此事大做文章，把文震孟和何吾驺赶出内阁。他授意吏部尚书谢升弹劾许誉卿与福建布政使申绍芳营求美官。接着，温体仁上疏，提出对许誉卿的处理意见，他故意地把许誉卿的所谓罪行写得很重，提出的处罚却极轻。崇祯皇帝不明真相，但见许誉卿罪行重大而处罚很轻，遂驳回重议。这正是温体仁所希望的，因为崇祯皇帝此举，无疑首肯许誉卿罪行重大。温体仁遂拟旨将许誉卿革名斥逐，申绍芳逮捕审问。文震孟力争不得，愤愤地说："许誉卿革职为民，乃天下最光荣的事，幸赖温公玉成之！"温体仁闻言大喜，急忙将文震孟此语奏告崇祯皇帝。崇祯皇帝龙颜大怒，责斥文震孟、何吾驺扰乱国政，将二人罢官。

这是崇祯八年的事。文震孟从此结束仕途生涯。

五、老死于家

文震孟为人刚直清正，威武不能屈，富贵不能淫，就连天子也敬畏三分。他任日讲官时，进讲经史一丝不苟，严肃认真。一天，文震孟讲经，崇祯皇帝把一只脚搁在膝上，当讲解

《尚书·五子之歌》时，文震孟朗诵"为人上者，奈何不敬"一语，两眼瞅着崇祯皇帝的脚。崇祯皇帝慌忙用袖子掩住脚，再慢慢地抽回，放下。

被革职后，文震孟回到老家长洲。

半年后，外甥姚希孟病死。文震孟与姚希孟感情极深，甥舅二人曾一块儿读书，后同殿为臣。姚希孟死后，文震孟悲痛万分，病倒了，不治而亡。

噩耗传到北京，一些公卿大臣奏请抚恤，崇祯皇帝不允。直到崇祯十二年，才下令恢复文震孟的官位。崇祯十五年，追赠礼部尚书，赐祭。

明朝覆灭后，朱由崧在南京称帝，追谥文震孟"文肃"。

文震孟有两个儿子：文秉、文乘。文乘在明朝覆灭时身死。

余 煌

◎ 李红艳

明朝末年,社会危机四伏,熹宗朱由校上台后,统治阶级内部以阁臣为首的官僚集团与宦官的斗争愈演愈烈。

天启五年三月丙寅,殿试发榜,殿试一甲共3名,分别称为状元、榜眼与探花。榜首大书"余煌"两字。多少士人梦寐以求的桂冠,堂而皇之地落在余煌的头上。

余煌,字武贞,浙江会稽(今浙江绍兴)人。东南沿海不仅经济发达,而且学者文人荟萃,党派林立。万历末年形成以顾宪成为首的东林党。顾宪成(1550~1612),字叔时,无锡人,万历八年进士,官至吏部文选郎中,以耿直著称。后因事被排挤，与高攀龙等讲学于东林书院，学者称之为泾阳先生。讲习之余，他讽议朝政，评量人物，朝士慕其风者，多遥相应和。世称东林党。天启时，宦官魏忠贤独揽大权，政权操纵于魏党手中。天启四年，斗争激化，都察院的副都御史杨涟、佥都御史左光斗、给事中魏大中，御史袁化中，太仆少卿周朝瑞，陕西副使顾大章6人，被魏党攻讦而被捕下了诏狱，在狱中遇难，史称"六君子"。六君子的死，表明魏党独揽朝中大权。为了将东林党人赶尽杀绝，魏忠贤的死党崔呈秀编造《天鉴》和《同志录》，王绍徽编造《点将录》，收集了不依附魏忠贤者的名单，号称"东林党人"，以便攻击迫害。到天启五年，特务横行天下，如果百姓私下议论，或者触怒魏忠贤，就被捕，甚至剥皮、割掉舌头，被杀害者不可胜数。

就在全国上下一片白色恐怖之时，余煌中了状元，踏上仕途。他被选为庶吉士，进翰林院学习，后来因学习成绩优秀，留任翰林院编修。这个职位干好了，可调任六部尚书，然后一跃升入内阁，执掌国政。

从任翰林院编修起，余煌就不自觉地卷入竭力躲避的党争中。天启五年八月，阉党肆无忌惮地毁灭天下书院。十二月，张榜公布东林党人名单，告示天下。局势恶化，政治氛围令人窒息。春节刚过，余煌接到上谕，参加编写《三朝要典》。

《三朝要典》干什么用？它的内容是什么？原来，给事中杨所修建议，将发生在万历末年的梃击案，光宗朝的红丸案、移宫案的章奏、疏文编辑为一书，颁示天下，以此为鉴。三案实际是神宗朝、光宗朝和熹宗朝统治阶级内部争权夺利斗争的产物。

梃击案于万历四十三年发生。夏五月，一个名叫张差的男子手持木梃闯入宫门，击伤守门宦官，直入慈庆宫——皇太子朱常洛居住的地方，被侍卫抓获。这件事轰动朝廷。万历皇帝虽立朱常洛为东宫皇太子，但与太子的关系一直很冷淡。万历皇帝宠爱郑贵妃，欲立其子为皇太子。所以，梃击一事引起震动。经查实，此事确系郑贵妃指使手下宦官干的。因事关郑贵妃，万历皇帝只得以家庭矛盾处理，没有处罚郑贵妃，只是将张差处死于市口，郑贵妃的两个宦官在宫内处死。

　　红丸案发生在光宗继位不久。光宗身体不好，刚即位，就大病不起。他自知死到临头，八月三十日这天，在乾清宫召见大臣张惟贤、方从哲等13人，提出封宠妃李选侍为皇贵妃，她是郑贵妃一党的人。当时，意见不一致。就在这时，光宗叫鸿胪寺丞李可灼进药。李可灼称此药为仙药，是为红丸。第二天（九月一日）天刚蒙蒙亮，光宗驾崩于乾清宫。

　　移宫案，光宗死后，李选侍居住乾清宫，为了独揽大权，就想与皇长子朱由校同住慈庆宫。言官左光斗上疏反对，认为内廷有乾清宫，就像外廷有皇极殿，只有天子才能居皇极殿，只有皇后才能居乾清宫。李选侍既不是皇太后，又不是皇长子生母，却居住乾清宫，违背礼分等级。皇太子认为左光斗所言极是，就想将李选侍移出乾清宫。内阁首辅方从哲却犹豫不决，后经刘一燝、同嘉谟、杨涟和左光斗一再反对，才将李选侍移出乾清宫，迁到仁寿殿。

　　为了打击东林党，将三朝关于三案的示谕、奏疏加按语编撰成书。该书总裁是顾秉谦、黄立极和冯铨。他们全是阉党，极意诋毁东林，宣扬东林之罪恶。当时，《光宗实录》正在编写之中，凡涉及三案的内容都要以《三朝要典》为标准，更改不符合的内容。《三朝要典》御制序文由顾秉谦撰写，它一出笼，天下士人没有敢说话的了。《三朝要典》使余煌直接卷入这场斗争，站到魏党队列之中。

天启七年，熹宗皇帝驾崩，其弟朱由检即位，改元崇祯，是为思宗。

崇祯皇帝上台后，革除阉党。崇祯元年五月，庚午日，焚毁《三朝要典》。余煌虽然参加编写，但没被牵连遭受惩罚，仍留任翰林院。没过多久，从会稽传来母亲病故的消息，他辞职归乡，回家守孝去了。

3年服孝期满后，起用为太子东宫的左中允官，掌管侍从礼仪，审核太子给皇帝的奏章文书等。以后又任左谕德，主管对太子的讽谏和规劝。他还担任过右庶子，掌典书坊，任经筵讲官，即每年春二月至端午日，秋八月至冬至日，逢单日由讲官入侍讲读。负责对皇太子的教育和督导，责任重大。谁知给事中韩源为了讨好圣上，打击阉党，上疏弹劾礼部侍郎吴士元、御史华琪芳和余煌参加《三朝要典》编写工作，属阉党，不应该任用。崇祯没有追问此事。遇到别人弹劾，余煌自然要申辩，皇帝特下旨安慰他，要他不必介意。

正在此时，余煌父亲病逝，上疏乞请回家服丧，皇上恩准。服丧期满后，长期不得起用。他便在会稽老家闭门读书，修身养性。

崇祯十七年（1644）四月十九日，李自成农民军进入北京，崇祯皇帝吊死于煤山。四月廿日，李自成军与吴三桂明军大战于山海关，在农民军即将取胜的关口，吴三桂勾引清兵入关。李自成遂败走北京，四月卅日撤离北京。五月一日，清军进驻北京。全国形势巨变。在南京，明朝官员拥立福王政权。由于权臣马士英和阮大铖弄权倾势，排斥异己，结党营私，抗清良机一误再误，终于酿成"扬州十日"、"江阴之变"和"嘉定三屠"。1645年五月十六日，清兵攻入南京，福王在芜湖被俘。六月，郑芝龙在福建扶持建立唐王政权。七月，抗清官兵在浙江拥立鲁王政权。鲁王政权定都绍兴。总兵方安国与马士英、阮大铖相勾结，操持着鲁王政权。

闲居在家的余煌收到鲁王诏令，起用他为礼部右侍郎，余煌推辞不就；升任户部尚书，又推辞不就。1646年，下了第三道诏令，请余煌出任兵部尚书。为了限制武将横行，为抗清斗争出一把力，他遂再次入仕。在清兵步步南下的同时，鲁王政权的官员们纷纷竞营私产，不断地乞请赏赐，欲望无止境。他们利用抗清名义，购置产业，贪污腐化。余煌目睹耳闻，气愤至极，上疏极谏革除弊政。他说："当今国势日益危急，清兵步步南下，直逼我来，而朝政日益纷乱不堪，国家寸土未能收复，军需供给乏匮。诸位大臣，在你们请求祭祀的时候，应当想想先帝的燕尝（注：冬祭曰烝，秋祭曰尝。泛指祭祀）准备好了没有；请求葬品的时候，应当想想先帝的山陵（陵墓）建造好了没有；请求封赏的时候，应当想想先帝的宗庙有没有享受的祭品；请求荫封子孙的时候，应当想想先帝的子孙有没有得到保障；请求封谥号的时候，应当想想先帝的光辉业绩有没有得到发扬光大。"

然而，时政无法补救。清兵兵锋直逼绍兴，1646年六月，清兵攻入绍兴，鲁王浮海南逃。余煌见大势已去，又不肯做清兵的俘虏，遂在六月二日清晨，来到海边，凝望着翻腾不息的波涛，一步步走向大海深处。他以为到了阎王爷那里，谁知见到的尽是活人。原来，他被人从海上救了回来。他无可奈何地闭上眼睛，经过两天痛苦思索，第三天，再次投入大海的怀抱。

刘若宰

◎ 刘 一

天启七年(1627)八月二十二日,昏愦的熹宗驾崩。熹宗无子嗣,他年仅17岁的弟弟朱由检承嗣大位,年号"崇祯"。崇祯皇帝登基后,马上铲除阉党魏忠贤一伙。崇祯元年(1629)三月十五日,在铲除阉党的凯歌声中,戊辰科殿试如期举行,刘若宰大魁天下,成为明代第84位状元。

刘若宰是南直隶潜山(今属江苏)人,父祖为人仁义,颇受乡里称道。据说,刘若宰参加殿试前那天晚上,梦见天神下凡,仙乐齐鸣,翌日遂大魁。这当然是神话。此科进士共353名，后来出了若干名人。刘若宰无所作为，中状元后依例入翰林院为修撰，掌修国史。以后的经历，文献未详。

陈于泰

◎ 云 高

崇祯四年(1631)三月十五日,辛未科殿试如期举行。淄川(今属山东)人、户部尚书毕自严为首席读卷官。当日黄昏,殿试结束。翌日,在毕自严建议下,一份考卷被定为第一名,连同其它9份试卷送呈当朝天子崇祯皇帝裁决。崇祯皇帝在毕自严等进呈的那份第一名的卷子的卷首,朱书"第一甲第一名"6个大字。

此卷是宜兴(今属江苏)人陈于泰的,他成为明代第85位状元。

陈于泰,字大来,少时聪敏,倜傥不群,常以天下为己任。他参加殿试时，姻亲周延儒正在内阁首辅的高位上。周延儒也是宜兴人，万历四十一年（1613）状元。他为人奸诈，是《明史·奸臣传》六大奸臣之一。陈于泰参加殿试，周延儒嘱托毕自严照顾。殿试卷是密封的，但仍可做手脚，如通过辨识字体、文风等，则可以推断出是谁人的卷子。毕自严没费多大的劲儿，便找出陈于泰的考卷，遂定为第一名。皇上审阅前10名的卷子，不一定就以读卷官进呈的第一名为状元，有时也擢其它卷子为第一。但在通常情况下，读卷官进呈的第一名是最有希望成为状元的。正如周延儒、毕自严所希望的那样，陈于泰被钦定为状元。

金殿传胪，吏民百姓方知新科状元桂冠落在陈于泰的头上。不久，周延儒请托毕自严一事泄露，天下大哗，御史余应桂等上疏弹劾。崇祯皇帝正倚重周延儒，非但没有加以追究，反而责斥余应桂等人一通。

崇祯皇帝没有追究周延儒、毕自严的舞弊行为，还有一个原因：陈于泰并非平庸之辈，很有才学，他的殿试卷确为上乘佳作。崇祯皇帝注重选拔人才，以挽救大明帝国，钦点状元，不会滥竽充数。陈于泰荣膺状元桂冠，是名副其实的，但周延儒请托毕自严，也确有其事。

此科进士共349人，后来出了一批名人，如第一甲第2名即所谓榜眼的吴伟业，后成为文学大家。状元陈于泰却无所建树。

中状元后，按照惯例，陈于泰入翰林院为修撰，掌修国史。

宜兴多豪强大族，陈氏是其中之一。陈于泰的哥哥陈于鼎，是崇祯元年第二甲第6名进士，时为翰林院编修。兄弟并居翰林，骄横不法，他们的子侄更是横行乡里，为非作歹。宜兴民众忍无可忍，聚众起事，掘了周延儒的祖坟，烧了陈于泰兄弟的府第，又挖了陈家的祖坟。结果，参与掘坟烧屋者被逮捕入狱。

陈于泰在翰林，依附权臣周延儒，惟他的马首是瞻。自崇祯五年起，周延儒受到另一个更为阴险的奸臣温体仁的算计，崇祯皇帝有些疏远他。在这种情况下，有些事周延儒不敢明讲，便授意陈于泰，让他出面上奏。结果，陈于泰遭到御史弹劾。

陈于泰自入仕以来，仅有这两件事留下记载，余皆无闻。他以后都干了些什么，怎样死的，死于何时何地，史皆不详。

刘理顺

◎ 云 高

杞县(今属河南)乃杞国故地,"杞人忧天"的故事说的就是杞国人。当然,这只是相传为战国时人列御寇编著的《列子》中的一个寓言而已。在中国历史上,杞地出了不少名人,刘理顺即是其中之一。

刘理顺,字复礼,号湛陆,明世宗嘉靖四十年(1581)生于杞县。刘理顺好学上进,慕尚仁义道德。25岁那年,即明神宗万历三十四年(1606)八月,刘理顺考中河南乡试,成了一名举人。在第二年礼部会试中,刘理顺落选。他毫不气馁,万历三十八年赴京,参加第二次会试,谁知,又落选了。第三、第四直至第九次会试，他都未考中。崇祯七年(1634)二月，他第十次步入礼部贡院考场，初九、十二、十五三场考试下来，他榜上有名。

10次会试，历时27年，刘理顺终于考中，成了一名贡士。

三月十五日殿试，担任阅卷的"读卷官"评判试卷，以李焻为第一名，崇祯皇帝把李焻的卷子排斥于三鼎甲之外，亲擢刘理顺为第一甲第一名。崇祯皇帝还宫，高兴地对后妃说："朕今天得到一个年高而有德望的人！"

刘理顺成为明朝开国以来第86位状元。

这年，刘理顺年已53岁。

中状元后，刘理顺按惯例出任翰林院修撰，掌修国史。刘理顺更加勤学，非正人君子不与交。历官南京国子监司业、左中允、右谕德、经筵讲官。

刘理顺步入仕途时，大明帝国已是大厦将倾，危在旦夕了。在山海关外，有强大的清兵，虎视关内，不时叩关入寇；在长江、黄河流域，有李自成、张献忠等起义军，纵横驰骋，搴旗斩将。而当朝天子崇祯皇帝缺乏用人之明，任用的官员多有不当。刘理顺一针见血地指出："小事聪明，大事糊涂；把聪明才智用在谋求私利上，对公事漠不关心，都是无智无才的小人，用这种人来治国理民，不会有什么成就。"那么，应怎样选用人才、选用什么样的人才呢？刘理顺说在选用人才上汉代有一种"辟除"方法，官员可以自行聘用属吏，此法可以仿行，准许地方官根据需要聘用合适的属吏；任用人才应特别注重在某个方面有特长的人，有些官员因犯轻罪而遭贬谪、罢黜，他们当中多有特长的人，应重新起用。但是，他的建议未被采纳。

不过，刘理顺是个恪守礼教的儒生，有时不免迂腐了些。如武陵（今湖南常德）人杨嗣昌颇有才干，崇祯皇帝很是倚重。正当他为围剿农民起义而出谋划策时，老父病死，去职服丧。不久，继母亡，为继母服丧。兵部尚书张凤翼死后，崇祯皇帝环顾朝中大臣，无人可担此重任，惟有在家服丧的杨嗣昌是个人选，遂遣使诏令杨嗣昌"夺情"，即丧服未满，强令出仕。杨嗣昌应召。刘理顺认为杨嗣昌"夺情"不合礼法，上疏弹劾。结果，忤怒崇祯皇帝，把他的经筵讲官一职褫夺了。

崇祯十七年三月十七日，李自成的"大顺军"进抵北京城下。守城的大明官兵缺少粮饷，天阴雨，守卒又冻又饿，饥寒交迫。刘理顺跑到内阁报告执政，要他们马上开府库发饷。内阁首辅魏藻德等人见刘理顺怒气冲冲的样子，不敢反对，但也没答应，默不吱声。刘理顺见状，叹息良久，掉头回家，拿出家财犒劳守城士卒。同僚、朋友问他是逃还是坚守，刘理顺正色道："与国家共存亡，有什么值得商量的！"

三月十八日晚，太监曹化淳打开彰义门，"大顺军"拥入城中。

十九日清晨，皇城被"大顺军"攻破。崇祯皇帝于宫中鸣钟召集百官，但公卿大臣大都已逃命去了，几乎没人前来。刘理顺闻命，不慌不忙地穿戴好朝服，来到宫门。宫门还没开，不久，大理寺卿凌义渠等人也来了，说李自成的军队已攻进来了。正说着，宫门大开，一群嫔妃跑了出来。刘理顺忙问皇上何在，都说不知，他们几个只好掉头往回走。只见大街上挤满黎民百姓，正在欢迎"大顺军"入城。刘理顺悲叹道："他们难道不是高皇帝（指明太祖朱元璋）豢养至今的百姓吗？"几个人各自回到家里。

刘理顺刚到家，忽然有个穿红衣的人带着几个兵士来了，对看门的人说："刘公在家吗?不要害怕。"刘理顺迎出,红衣人道:"刘公是忠厚长者,刘公的先人救过我的命,无以报答。今鄙人颇受李将军(指李自成的部将李岩)厚爱,愿为刘公效劳,让李将军给刘公个高官做。"刘理顺说:"多谢先生,但忠义二字岂可背弃!"

红衣人走了,刘理顺安排后事。他拿起笔,在墙壁上写道:"成仁取义,孔孟所传。文信(指文天祥)践之,吾何不然!"写罢,掷笔于地,在梁上拴了根绳子,准备上吊。妻子万氏、妾李氏请求先他而死,刘理顺眼看着妻妾自缢身亡,4个仆人也皆自杀。该死的都死了,刘理顺投环而死,时年63岁。

有明一代,为国尽忠的状元共5人:黄观、曹鼐、余煌、刘同升、刘理顺。

刘理顺死后,"大顺军"中的一些河南人闻讯,前去吊唁,道:"这是我们杞县的刘状元,在家时以仁义闻名,为什么这么快就死了?"拜祭而去。

朱由崧在南京即位,追赠刘理顺为詹事府詹事,谥曰"文正";追赠刘理顺的妻子万氏为"淑人"。清代赐谥刘理顺"文烈"。

刘 同 升

◎ 刘 一

赣江与恩江(今乌江)交汇处有个吉水县(今属江西),县里有个叫刘应秋的人,登万历十一年(1583)进士,名列第一甲第3名,即探花。刘应秋从翰林院编修历官至国子监祭酒,执掌最高学府。当时,群臣特别是文臣皆优游养望,无所事事;而刘应秋其人,独好讥评时事,得罪了不少人,受到言官攻击。万历二十六年,入仕第15年上,被迫辞职引退。

刘应秋有个儿子,名同升,字晋卿。刘同升从小受父亲影响,发愤读书,期望金榜题名。他的同乡邹元标,9岁便通晓《五经》，师从"心学"大家王守仁的门人胡直，颇得其传。王守仁"心学"的最大特征是"致良知"，即用心去体验本来就存在于心中的伦理道德。刘同升热衷于这种"心学"，拜邹元标为师，研习"心学"，颇有所得，列王守仁门墙。

刘同升参加乡试、会试，接连中选。崇祯十年（1637）三月十五日殿试，刘同升一举夺魁。此科进士共301名。发榜日，崇祯皇帝问他年龄，刘同升道："五十有一。"崇祯皇帝说："爱卿还像个少年，应奋发有为。"授他翰林院修撰，掌修国史。

这时的大明帝国已朝不保夕。尽管崇祯九年"闯王"高迎祥被俘牺牲，李自成继为"闯王"，景况不如前，张献忠等人所部也屡遭挫折，但大明官兵力竭，无力消灭他们。东北的大金国虎视关内。

刘同升入翰林第二年，便因"抗疏"而获罪。

此事的起因，在杨嗣昌身上。杨嗣昌是武陵（今湖南常德）人，万历三十八年进士。此人刚劲，文笔好，有口才，博涉文籍，于军事也有极高造诣。多事之秋，崇祯帝求才若渴，对杨嗣昌极为器重。杨嗣昌老父、继母相继病死，崇祯帝诏令"夺情"，没让他在家服丧，起用为兵部尚书。杨嗣昌提出"四正六偶十面网"等围剿李自成、张献忠等部的方案，虽未奏效，但仍使得崇祯帝认为此人不凡。杨嗣昌又力主与金人讲和、互市，试图腾出兵力以对付李自成、张献忠。给事中何楷等上疏弹劾，认为此举不妥，崇祯帝没有理睬。崇祯十一年六月，改任杨嗣昌为礼部尚书兼东阁大学士，入阁参预机务。

何楷等人见杨嗣昌进了内阁，参预机务，更加不满，借"夺情"不合礼法为名，上疏谏争，要杨嗣昌回家服丧。崇祯帝驳回谏疏。

刘同升也对杨嗣昌的所作所为不满，也希望他回家去，见何楷等人的谏疏被驳回，遂再次上疏谏争。他说："近日策试诸臣，选用嗣昌，是因为有内忧外患，希望他效力，拯我苍生，皇上之用心，亦良苦。京城人纷纷说嗣昌有丧在身，夺情入阁也非统兵作战可比。臣以为嗣昌必极哀痛，奏告皇上，辞去官位。谁知，不仅夺情起为兵部尚书，且又入阁办事。人有所不忍，而后能达到所忍；有所不为，而后可以有为。臣根据嗣昌所忍，观其所为，知他悲痛心乱，智力大衰，难为国建功。为什么这样说呢？成就大事在乎意志，可堪大任在乎勇气；志败气馁，而能任天下之事，是说不通的。伎俩已穷，为富贵而苟且。和议他说了算，起草诏令也出自他的手，与方一藻、高起潜等剿抚无功，掩败为胜。岁费金钱，养虎遗患。像这种用心，难道就不怕君临天下的明君吗？自陛下切责议和以来，嗣昌就不可为臣；今丧服未满而除之，嗣昌就不可为子。若顺旨服从，缄口以保全身躯，那么，嗣昌得罪礼教，臣亦得罪礼教了！"在这篇300余字的奏疏中，他引经据典，对杨嗣昌大加鞭挞。

崇祯帝已驳回何楷等人的谏疏，再上疏谏争，便是"抗疏"。何况刘同升指斥的又是崇祯帝倚重的人，故龙颜大怒，把刘同升贬为福建按察司知事，赶出京师。按察司是省的司法机构，知事是按察司长官按察使的属吏。刘同升托病未到任，回到吉水老家。

引退第6年上，即崇祯十七年，经朝廷大臣多次荐举，崇祯帝准备起用刘同升。诏令未及下，李自成大军于这年三月十八日攻入北京。崇祯帝打发3个儿子逃命，杀了几个嫔妃和女儿后，吊死煤山。

李自成入京1个月零18天，便在降清的大明总兵吴三桂和清兵联合进攻下退出北京。清军统帅多尔衮率兵随后跟进。

五月十五日，福王朱由崧于南京称帝，年号"弘光"。福王是个昏君，荒淫无度。弘光小朝廷的实权操持在马士英、阮大铖等人手里，担负不起抗清重任。福王称帝不久，便诏刘同升起官复仕，刘同升未应。

第二年五月，南京落入清兵手中，朱由崧被俘。清兵继续南进，江西不保，刘同升携家人逃往福建避难。一行人从家乡吉水往东南而去，在雩都（今江西于都）遇原大明兵部职方主事杨廷麟，二人谋议召募士卒，起兵抗清。在福州称帝的唐王朱聿键授予刘同升国子监祭酒。刘同升与杨廷麟至赣州（府治赣县，今属江西）召募士卒，筹措军饷。然后，统兵北上，攻取吉安（府治庐陵，今属江西）、临江（府治清江，今江西清江西南）二府。唐王晋升刘同升为詹事府詹事兼兵部左侍郎。

这时，刘同升身已罹病，衰弱不支。临死前，他每天都对士大夫们讲忠孝大节，激励他们抗清到底，闻者无不感奋。十二月，刘同升病死赣州，享年59岁。

魏藻德

◎ 涂 晓

一、廷对"知耻"中状元

崇祯十三年（1640）三月十五日，殿试历时一天，于日落前结束。考卷收上来后，送弥封官密封，交掌卷官转送东阁。翌日，评卷大臣——读卷官开始评阅试卷。他们须在日落前将所有试卷看完，挑出10份，排定名次，进呈皇帝圣裁。崇祯帝阅毕，惟恐遗漏贤才，又令进呈12份；阅毕，又令进呈

12份。如此再三，共阅读48份试卷。因他阅卷多，迟迟不能确定名次，礼部不得不将放榜延期举行。

在有明一代，像崇祯这般认真的，未曾有过；崇祯帝即位以来共举行5次科举考试，这是最认真的一次。

三月十九日，崇祯帝于文华殿召见48人。他扫视诸生，发问："眼下内有叛民，外有强敌，如何才能报仇雪耻？"

那48人虽是名列前茅的佼佼者，无奈仅会死记硬背经书，做点儿八股文章，除此以外，一问三不知。见皇上发问，皆面面相觑，无言以对。

崇祯皇帝见状，很是失望。

突然，有个人出班跪奏道："臣魏藻德叩拜皇上。依臣之见，报仇雪耻之策，不离圣上的明问之中。雪耻的关键在于知耻。"

崇祯闻言大喜。他早就对公卿百官在国难当头之时，仍旧结党营私，明争暗斗，寡廉鲜耻愤恨不已。要扑灭叛民，抵御清人，当权者不知羞耻怎行呢？

那魏藻德见皇上高兴，索兴说开了去，围绕着"知耻"二字高谈阔论，表白自己如何如何知耻，还历数崇祯十一年清兵进攻通州(今北京通县)时，他御敌之功。

崇祯皇帝越听越高兴，以为这下可得了个贤明之人，遂定魏藻德为第一甲第一名。

魏藻德，顺天通州人。此人实际上并无真才实学，只是口才好，能言善辩，脑瓜也转得快一些。崇祯帝求才心切，便将状元郎桂冠赏给他。

二、平步青云

按惯例，魏藻德入翰林院为修撰。他在翰林院干了3年。

这3年，正是大明帝国急剧瓦解之时。李自成和张献忠两支大军所向无敌，官兵连招架之力都没有了。崇祯十六年三月，李自成在襄阳建立政权，改襄阳为襄京，李自成自称"新顺王"，以刘宗敏和田见秀为权将军，提督诸军事。张献忠所部发展也很快，横扫长江流域。

崇祯帝心急如焚，召见他寄予厚望的魏藻德。魏藻德陈述看法，虽然没有应急妙计，但崇祯帝还是很欣赏。崇祯十六年五月，迫不及待地擢魏藻德为礼部右侍郎兼东阁大学士，入阁辅政。魏藻德中状元仅仅3年2个月，便成了阁臣。明正统年间，彭时中状元第二年入阁，但其官职仍为翰林院修撰。魏藻德升迁之快之高，旷古未有。他本人也感到升得太快太高了，上疏力辞礼部右侍郎。于是，改任他为少詹事——太子东宫詹事府副长官，大学士如故。

内阁中有个叫陈演的，不学无术，谄媚奉承，见魏藻德为崇祯帝看重，遂曲意巴结。他还竭力诋毁内阁首辅周延儒。不久，周延儒被迫去官，陈演当上内阁首辅。

魏藻德身为阁臣，备受宠爱，但除倡言百官捐钱以助军饷外，别无建树。虽然如此，崇祯帝仍对他寄以厚望。十七年二月，崇祯下诏，任命魏藻德为兵部尚书兼工部尚书、文渊阁大学士，总督河道漕支、屯田、练兵诸事，驻防天津。不几日，内阁首辅陈演辞职，崇祯帝遂拜魏藻德为内阁首辅。

这时，李自成在西安建国——大顺国已两个月，经过充分准备，兵分两路，渡黄河东征。两路大军势如破竹，直逼北京。三月十六日，大顺军先头部队抵达北京城下。

临危受命的魏藻德束手无策，每当崇祯帝征询时，他只好装聋作哑，一言不发。崇祯帝想与李自成讲和，就此事征求意见，魏藻德低头不语，崇祯帝连问4次，最后气得拍了桌子，魏藻德终无一言。

三、被权将军捉获

三月十七日，李自成大军攻城，官兵拼死抵御，双方厮杀开来。崇祯帝对守城将士不放心，害怕他们临阵倒戈，便派宦官把守城门，不许守城将士登上城楼向外观看。太常卿吴麟征听到城外杀声阵阵，冲破宦官拦阻，夺路登上城楼观望，方知大势已去，慌忙跑向皇宫告急。刚到午门，便被魏藻德拦住。魏藻德道："皇上洪福齐天，自有苍天保佑。我等乃大明忠臣，也会安然无恙的，何必惊慌，更不必去惊扰皇上了。"

三月十八日晚，宦官曹化淳打开彰义门，迎降李自成。李自成大军蜂拥而进。十九日，皇城被攻破。

崇祯皇帝让人叫来太子慈烺、定王慈炯、永王慈炤，告诉他们京城失陷，国家亡了，你们要逃出去，将来复仇。他拿来衣服给3个儿子穿上，哽咽道："你们今天是太子、王子，明天就是普通百姓了。出去后，遇上老者喊伯伯，年轻的叫先生。你们要学会照料自己。快，快逃命去吧！"3个孩子哭成一团，崇祯帝让宦官把儿子送到周皇后和田妃两位皇亲家，并随手写了张朱谕，令百官俱赴皇太子处侍奉、听命。他让宦官把此谕送内阁下发。

宦官到了内阁，空无一人，连内阁首辅、皇上倚重的魏藻德也不知躲到哪里去了。

崇祯帝闻讯，悲愤不已。他来到坤宁宫，周皇后哭得泪人一般，誓与他同赴黄泉，崇祯帝眼看着她自缢身亡。崇祯帝狂笑着走出坤宁宫，到了西宫，给自缢未死的袁妃补上一剑，又砍了几个妃子，然后，来到寿宁宫。16岁的长平公主正要自缢，见父皇走来，大呼一声扑来。崇祯帝心如刀搅，怕爱女扑进怀中再也举不起剑，悲凄地吼道："你为什么偏偏生在帝王家！"挥剑砍去，长平公主顿时倒在血泊中，砍掉了左臂。崇祯帝又奔昭仁殿，杀了昭仁公主。

该杀的都杀了，崇祯帝在宦官王承恩扶掖下登上煤山，自缢于寿皇殿。在他的内衣上，有临命绝笔，他悲愤地诉道："社稷倾覆，皆因百官之误！"

魏藻德身为首辅，不在内阁筹措，撇下崇祯帝，逃回家中。皇帝自缢的消息传出，一些大臣自杀尽忠。魏藻德的儿媳自幼受封建礼教训诫，深知按封建伦理纲常，公爹应以身从君，自杀尽忠。但魏藻德舍不得死，脱下朝服，穿上布衣，躲藏于家中。

不久，被起义军捉获，魏藻德成了阶下囚。

李自成坐殿，部将与大明遗臣朝见。正当众人山呼"万岁"时，明朝遗臣、左庶子周凤翔失声痛哭，朝仪大乱。李自成端坐不动，赞相礼仪的鸿胪寺官员宣唱众人姓名，要他们出班叩拜。第一个被唱到的是魏藻德，魏藻德叩首，膝行而前。李自成站起来，踱到魏藻德身边，作揖道："你受皇上特恩，为什么不尽忠而死？"魏藻德哭着说："我正要乞求效用，哪能死？"众人大笑。

有个叫刘养贞的明朝遗臣乞请李自成诛杀误国奸臣魏藻德

等人，李自成怒斥道："明朝未亡时为什么不说？"把他赶了出去。

李自成的得力助手、权将军刘宗敏收拷魏藻德。刘宗敏责斥魏藻德身为内阁首辅，把大明江山搞成这个样子。魏藻德说："藻德乃一介书生，不谙政事，再加上先帝失道，才到了这般境地。"刘宗敏怒喝道："你以书生擢为状元，不出3年便为首辅，崇祯皇帝哪里对不住你，竟这般诋毁他？"魏藻德不敢言。

起义军向明朝遗臣追赃，按规定，魏藻德应交10万两金子，他新贵不久，没这么多，便凑了1万两交上。义军嫌少，用刑到第5天上，魏藻德的脑袋被砸碎了。义军又把他的儿子抓来，命他交纳。其子哭诉道："家已告罄，老父在，还可向门生故旧讨些。如今他死了，连借钱的地方都没有了。"义军不听这一套，把他推出去斩了。

杨廷鉴

◎ 刘 一

崇祯十六年(1643)三月,大明帝国已朝不保夕。癸未科殿试如期举行。

参加此科殿试角逐的有400人,结果,杨廷鉴夺魁,成为明代第89位状元,也是最后一名状元。

杨廷鉴,字冰如,号靖山,南直隶武进(今江苏常州)人,生于万历四十一年(1613)十月二十七日。父杨启谟,是个官学生,为人端正方直,博学多识,颇受乡人推重。据说,杨廷鉴参加廷试前,杨启谟梦见儿子与人赴宴,等他们到了,宴会已将散,有人说他们来晚了,只好喝三杯酒吧。

结果，杨廷鉴成为末代状元，不久明朝灭亡。

中状元后，按照惯例，杨廷鉴入翰林院为修撰，掌修国史。天下大乱，如热锅上蚂蚁的崇祯君臣哪还顾得上修史，杨廷鉴没什么事干。

翌年二月，李自成指挥大顺军从西安出发，东渡黄河，向北京挺进，一路势如破竹，锐不可当。三月十七日，即杨廷鉴备感荣耀的癸未科进士金殿传胪1周年，大顺军兵临北京城下。十八日，太监曹化淳开彰义门迎降，大顺军进入北京城。十九日，皇城被攻破，崇祯皇帝吊死于煤山，大明帝国灭亡。

杨廷鉴改头换面出逃，被捉获，遂投降大顺军，出任弘文馆修撰。一次，为了起草一个诏令，与一个名叫周钟的人争夺主笔权，几至攘臂。

李自成在北京仅住了42天，便在降清的明将吴三桂和清兵进攻下撤出北京，往陕西而去。杨廷鉴是随李自成走了，还是逃往别处，不可得知。

五月十五日，福王朱由崧在南京即帝位，年号"弘光"。十月，弘光政权宣布投降李自成的大明官员的罪行，根据罪行轻重定为六等：一等磔，即肢解；二等候斩；三等应绞，准赎；四等戍边，亦可赎；五等应徒，拟赎；六等廷杖，准赎。牛金星列为一等，那个与杨廷鉴争起草诏令主笔权的周钟列为二等，杨廷鉴同榜进士，名列第一甲第3名即所谓"探花"的陈名夏列为三等，杨廷鉴列四等。

周 崟

◎ 刘 天

周崟,字嵘伯,仁和(今浙江杭州)人。周崟聪明机敏,精通朱熹的《周易义》,擅长赋诗作文,书法极佳,真书、草书皆遒劲。周崟不仅有文才,也善武艺。对他这种能文能武的人来说,最适宜于武科考试。周崟清楚地知道这一点,他参加了武科角逐。嘉靖三十五年(1556),周崟一举夺魁,成为一名武状元。

大魁天下后,当朝天子世宗皇帝授予他锦衣卫副千户官职。锦衣卫的全称是"锦衣亲军都指挥使司",明太祖洪武十五年(1382)设置,最高长官为指挥使,是一个军事特务机构。千户是卫下面的编制单位，有兵1120人。副千户即千户的副长官。不久，进官为指挥使佥事，佐指挥使处理军务，率兵守备赣州(州治赣县，今属江西)，屯聚山林的"山寇"不敢入境。以功进官为浙江都指挥使佥事。浙江都指挥使是浙江的最高军事长官，佥事为都指挥的佐官，正三品。周嵌对屯田提出若干建议，切中时宜，进官盐城(今属江苏)参将。参将为镇守边地的统兵官，位次总兵、副总兵，也为正三品。

当时，来自日本的倭寇时常侵扰东部沿海一带，烧杀掠抢。东牟(今山东牟平)人戚继光率兵抗倭，名垂青史。周嵌也是一员抗倭名将，他驻兵盐城，强化社会治安，抗击倭寇入侵，屡立战功。到嘉靖四十四年，经过沿海军民浴血奋战，倭寇基本肃清。

周嵌调往广东，驻守高州(州治茂名，今属广东)、肇庆(府治高要，今属广东)一带。在那里，他擒获官府久不能制的全仕俦等，功闻于朝廷。督抚上疏荐举，朝廷准备重用，而周嵌不幸罹病，不治而死。

周嵌为将，机敏多智，恩威并用，深得兵卒拥戴。

尹 凤

◎ 刘 天

尹凤，字德辉，南京（今属江苏）人。在明世宗坐天下时，文武全才的尹凤参加武举角逐，乡试夺得第一，会试大魁天下。当时尚无武举殿试，会试第一即为武状元。遗憾的是，具体哪一年夺魁，已难以断言，仅知在世宗嘉靖年间（1522～1566）。

大魁后，尹凤被授予代理都指挥佥事。都指挥是一省的军事长官，佥事是都指挥属官。不久，擢为福建参将。参将是镇守边地的统兵官，位次总兵、副总兵，正三品。

倭寇是一些在兼并战争中失掉军职的日本武士，他们沦落荒岛，浪迹海洋，成群结伙，明火执仗地侵掠中国沿海地区。福建是倭寇侵掠的重点目标，尹凤身处抗倭前线。

一次，倭寇大举入侵福建，攻占福清、南安（今福建南安东北）两县，然后，把抢掠的财物装上船，连舸出海。尹凤闻讯，率军追击，打沉倭寇的7艘船。他乘胜猛追，追至外洋，擒斩200余人。他不甘就此罢休，督军再追，追至横山，又斩杀260余人。

尹凤罹病，离职回家休养。其间，世宗皇帝驾崩，朱载垕承嗣大位，年号"隆庆"，是为穆宗。

穆宗诏令尹凤出仕，重新出任福建参将。

"海寇"曾一本率众纵横福建、广东一带海面。福建总兵李锡率参将尹凤等进击曾一本，大获全胜。

不久，穆宗皇帝驾崩，朱翊钧继立，年号"万历"，是为神宗。

尹凤以战功提升为提督京城巡捕。

顾凤翔

◎ 刘 天

顾凤翔,字振羽,青浦(今属上海)漕泾人。顾凤翔从小体格健壮,孔武有力,落拓不羁。因家境贫寒,顾凤翔外出闯荡,北上京师。

在北京,他受雇抄写邸报,以此为生。邸报是一种文书抄本,抄写皇帝的谕旨和臣僚奏议等文书,以及其它情报。有些人抄卖牟利,发展成一种手抄的类似报纸的出版物。顾凤翔靠抄写邸报赚钱餬口,占籍顺天府(府治大兴、宛平,今北京)。

抄写邸报毕竟不是长久之计。顾凤翔勇武有力,又粗通文墨,遂参加武举角逐,考中乡试,成为一名武举人。

万历二十年(1592)四月，武举会试在北京举行。考场分3场，第1场考马上箭，以30步为准；第2场考步下箭，以80步为准；第3场考时务策一道。3场考试分别于初九、十二、十五日举行。

对武举考生来说，前两场考试不难，难的是第3场，他们大多武艺高强，但缺少文化。

该年武举会试的时务策，内容为边防问题。

当时，在东北地区，女真族人努尔哈赤统一了建州女真，成为一支强大力量。怎样处理与努尔哈赤的关系，作为会试考题。

应试考生多是赳赳武夫，略通文墨，极少留意边事，故大都敷衍成文。顾凤翔以抄写邸报为生，接触大量边地情报，其中若干是关于东北女真人的。这样，他的答卷极为充实，出类拔萃。兵部尚书石星对顾凤翔的对策极为欣赏，擢为第1名。

明代的武举，在崇祯四年(1631)以前尚无殿试，故会试第1名便是武状元。

武举夺魁后，顾凤翔出仕，初仕官位不可得知，惟知他曾在福建、广东任职，官至四川总兵，成为二品大员。

任四川总兵时，顾凤翔参与镇压奢崇明叛乱。

奢崇明，倮㑩人。倮㑩，即今彝族。天启元年(1621)九月十七日，奢崇明起兵反明，攻占重庆(今重庆市)，自号"大梁王"，设立丞相等官。明政府调集大兵镇压。

镇压奢崇明后，顾凤翔又率军赶赴辽东，对付满洲人。

黄 钺

◎ 刘 天

黄钺，字长白，金陵（今江苏南京）人。他的先人隶籍锦衣卫。锦衣卫是个军事特务机构，和其他卫所一样，军籍世袭。黄钺承袭军职。

明神宗君临天下第 30 年，即万历二十九年（1601），辛丑科武举会试开考。

黄钺参加此科角逐。他家世代为兵，黄钺通晓枪马，略通文墨。他一举夺魁，成为辛丑科状元。

大魁后，黄钺被授予都督佥事。《江南通志》卷 151 载：在广东，黄钺曾率军渡海，征讨不服从朝廷的海南岛黎族人；

曾率军狙击白莲教起义军，保护朱明王朝的"龙兴之地"——凤阳(今属安徽)；在贵州任职时，奉命进击反叛的安邦彦，攻破叛乱者占据的织金、大方等寨。朝廷多次嘉奖黄钺。

《江南通志》把黄钺列入《明将》篇。

方 仪 凤

◎ 刘 一

方仪凤，池州府贵池县（今属安徽）人。贵池在长江岸边，是池州府的府治。方仪凤自幼酷爱兵书，练武习文。明神宗君临天下第45年上，即万历四十四年（1616）四月，方仪凤参加武举会试，一举夺魁，成为大明帝国的武状元。

大魁天下后，方仪凤被授予广东屯田都司佥书的官职，在广东大兴屯田，以助军食。累迁至广东参将。参将是镇守边地的统兵官，位次总兵、副总兵，正三品。

当时，西方列强如葡萄牙、西班牙、荷兰等觊觎富饶的中国，不断骚扰东南沿海一带。广东是抗击西方列强的前哨，方仪凤出任参将后，整饬军备，训练士卒。有一次，某列强军队劫掠海上，被方仪凤督兵击溃。

方仪凤升任南路副总兵，从二品。

方仪凤著有《韬略全书》。

他的儿子方懋昌，武进士出身，累官至安顺(今属贵州)副总兵，抚驭当地少数民族，很有威望。

王 来 聘

◎ 刘 一

崇祯四年(1631),大明帝国已是大厦将倾,岌岌可危。

在大明帝国的西北,高迎祥、李自成、张献忠等领导的农民起义如火如荼,三边总督杨鹤招抚失败,崇祯皇帝亟命洪承畴为总督,督兵镇压,但屡屡不能奏效。在山海关外,大明官兵屡败于女真人,损兵折将。女真人君主皇太极整饬兵备,图谋进兵关内。

大明皇帝朱由检忧心如焚。

为了缓解危机,重整江山,崇祯皇帝不拘一格选拔人才,特别注重甄拔武将。

崇祯四年，武举会试在北京开考。这科会试与以往考骑射不同，考试大刀。刀的重量不一，到了100斤级时，能挥得动的就只有王来聘和徐彦琦二人了。但到录取时，王来聘、徐彦琦却落选了。崇祯皇帝闻讯大怒，把考官和监试御史全部投进大牢，又将兵部郎官22人贬职，命大臣倪元璐等重新考选，录取了100人，将前30名进呈。崇祯皇帝认真阅视30人的成绩，钦定王来聘为第一甲第一名。

王来聘，京师北京人，他的家世和中武状元以前的经历，史书未详。在他以前，明代的武举只有乡试、会试，尚无殿试；从崇祯四年这科起，武举才有殿试，故王来聘是明代皇帝钦点的第一名武状元。

崇祯皇帝诏令，此科武榜进士像文榜进士一样，举行传胪大典。崇祯皇帝御殿，百官齐集，鸿胪寺官传唱第一甲至第三甲武进士姓名。金殿传胪第3天，赐恩荣宴。

王来聘夺魁后，崇祯皇帝破格重用，特授副总兵官职。副总兵位次总兵，官位从二品。从前的武状元，奋斗终生往往仅能升到这个品级；众人称艳的文榜状元，例授翰林院修撰，仅为从六品官。王来聘一夺魁便为副总兵，实乃破天荒。他感激流涕，道："皇上这般重视武举，不过是要我等效命疆场罢了。不捐躯杀贼，何以报答皇恩！"

第二年，王来聘便在镇压孔有德叛乱中捐躯疆场。

孔有德，辽东（今辽宁辽阳）人，原是明将毛文龙的部将。毛文龙死后，他与毛文龙的另外几个部将耿仲明、李九成、毛承禄投奔登州（州治蓬莱，今属山东）、莱州（今属山东）巡抚孙元化，孙元化任用他为游击将军。崇祯五年，朝廷征调登莱驻军驰援辽东，孙元化派孔有德、李九成统兵千余人从陆路向关外进发。行至吴桥（今河北景县东南），孔有德、李九成等人举兵反叛，一路烧杀，窜回登州。

崇祯皇帝调集人马围剿孔有德等人，王来聘奉命参加攻打登州的战斗。官兵围困登州，久攻不下。第二年二月，官军用火药炸开城墙，拥入城中，被孔有德的部将击退。王来聘见状，怒吼一声，身先士卒，冲向城中。他身被重创，壮烈殉国。

崇祯皇帝闻讯，甚为惋惜，诏令追赠特进光禄大夫、左都督(正二品)，世袭锦衣卫百户。

清

(1616 – 1911)

清代科举，从世祖顺治三年（1646）迄光绪三十年（1904），进士科共 112 榜，其中，顺治九年壬辰科和顺治十二年乙未科，各分满榜与汉榜。这样，共有状元 114 人。本书将 114 人全部立传，并列于附表中。

清代武举，从顺治三年迄光绪二十四年，可考的榜数为 109 榜，武状元 109 人。嘉庆二十四年(1819)乙卯科金殿唱名，状元徐开业迟到，被革除，以秦钟英递补，故徐开业不在 109 人之列。在 109 名武状元中，事迹可考的极少，本书仅将其中的 4 人立传，并将 109 人列于附表中。

傅以渐

◎ 李佑华

一、开代文章第一家

明末，社会动荡不安；清初，人民需要休养生息。清朝建立之后，经过一段恢复和发展，清廷便决定开科大选。在清代首次科考中，傅以渐一举夺魁，成为首科状元，名扬天下，声震故里。

傅以渐，字于磐，号星岩，东昌府聊城（今属山东）人。

聊城位于运河之畔，明清之际已是人文荟萃之地。据县志记载，此地民风极其淳朴，士多才俊，文风为诸邑之冠，武风亦极一时之盛。傅氏子孙便是借这个人杰地灵的环境发展起来的，不但出了政界要员，文苑名家，还出了武林高手。

翻阅傅氏族谱，便可知道傅状元的先世。其远祖是吉安府永丰（今属江西）人，其聊城初祖，名回祖，于明宪宗成化年间（1465～1487）任冠县（今属山东）县令。冠县在明代属东昌府。傅回祖治理冠县很有政绩。据清初人所撰傅氏碑文说，回祖公任冠县县令时，颇有善政，百姓不忍其离去，回祖公乃留三子以抚慰之。又据说，回祖公的夫人精勘舆之学，认为卜居聊城，后世必可腾达，因此寓居北方，不再南归。自此，傅氏在聊城繁衍生息，务农经商，治文习武，荣耀家室，兴国安邦，成为当地赫赫有名的家族。

明朝万历三十七年（1609）十月十二日，傅以渐出生在聊城这块宝地上。他聪明过人，勤奋好学，强记博闻，成绩斐然。3岁能诵书，5岁熟读经史，10岁便写得一手好文章，曾被选为诸生，受业于莘县（今属山东）少司空孙兴公，每次考试皆夺魁，乡人赞不绝口。后在聊城城东南书院读书，众生辍学，惟独傅以渐攻读不懈。16岁时，随人去北京，见旅舍墙壁题有鼓励人砺志上进的话，大加感叹，矢志进取。时值明末大乱，他闭门苦读，无意应试，时人莫测其高深。当时他家境贫寒，作文章时苦于缺少纸张，便在墙壁上起草，文章写成后再将字迹擦去，以备再用；夜间读书，有时没有灯火，便焚香以为照明之具。有一次，土匪围攻聊城，城垣几被攻破，他仍朗诵典籍，有如平时。有人问他："生死已在目前，还读什么书？"他坦然答道："死生不过是天命罢了！"正是由于他不畏时乱，不避家贫，苦志力学，博通群书，所以才一举夺魁，终成大器。

顺治二年(1645)，清廷首次开科取士。其时，傅以渐35岁，风华正茂，血气方刚，参加乡试，得中举人。第二年二月，他马不停蹄赴京会试，三月发榜，他榜上有名，成为贡士。四月，参加殿试，得中一甲一名进士，成为清代第一个状元。此后，故里的傅氏过年写春联时，常以"开代文章第一家"为下联，以示荣耀。

二、仕宦15年

傅以渐得中状元，深受清廷重视，屡屡封官晋升。当年即授弘文院修纂，次年，充会试同考官。顺治五年，充《明史》纂修官。八年闰二月，迁国史院侍讲。九年正月，充《太宗文皇帝实录》纂修官；六月，迁左庶子。十年正月，迁秘书院侍讲学士；五月，迁少詹事；闰六月，擢国史院学士；七月，教习庶吉士。十一年八月，授秘书院大学士。十二年正月，傅以渐奉诏陈述时务，上安民三事，甚合国情君意，顺治皇帝又命他作《资政要览后序》。当年二月，又加封太子太保，自此他便成为康熙的尊师。不久，改任国史院大学士，兼文武殿试读卷官，并充任总裁，编辑《太祖高皇帝太宗文皇帝圣训》和《通鉴》全书。后又奉命撰《内则衍义》，复核《赋役全书》。十四年二月，奉谕修《易经通注》。十五年二月，充任会试主考官；同年，因傅以渐久参机务，加少保，进阶光禄大夫，改任武英殿大学士，兼兵部尚书。

傅以渐在宦海生涯中，因品德正，学识博，任职勤谨，理事精慎，深得顺治皇帝赏识和器重，与皇帝过往密，交往多，情谊厚，形成较好的君臣关系，有几件事足以为证。顺治十三年八月，傅以渐因职多任重，力不胜负，在监察御史面前申请辞职，顺治帝立即"温旨慰留"，降旨说："您是辅佐朕的重臣，办事淳诚朴慎，勤劳精细，现在任重道远，怎么能同他人一样引退呢？您应该施展自己的才干，辅佐朕教化人民，治理国家！"顺治对傅以渐特别垂青，圣眷隆重，倍于同僚。

次年，谕旨傅以渐和曹东荣编纂《易经通注》，但这不是通常的命令，而是详细说明编纂缘由，简要提出希望，说来娓娓动听，完全没有以上压下，盛气凌人的味道。顺治先说《易经》的重要，"义精而用溥"；又说自三国时的魏国，直到明朝，历代均很重视，都有研究，一一陈述，不厌其烦；接着又说，他们的研究和著述，各有长短，我们有必要殚心研究，取长补短，重新注释，这才自然地交待任务；最后，简约而恳切地提出要求和希望。傅以渐不但出色完成编注《易经》任务，而且在当年冬天，仅以3天时间，就独自审阅处理两个月所积压的800余件奏章。

事隔一年，到顺治十五年二月，傅以渐和学士李霨主持会试大考。入闱应试，按旧例允许携带书籍，如今有关人员却提出要定禁例，而众考官要求携书应试。对此，傅以渐态度明朗，直言敢谏，立即上奏皇帝，要求废除禁例，准许携书入试。最后，得到允许。

傅以渐主管大考，积劳成疾，吐血发病，提出"乞赐另遣一员，同李霨任事"。顺治允复，恩准回籍养病。1年之后，病仍未好，傅以渐乞求免职。顺治宽慰他："加意调理，稍痊，即来京入直办事，不必引请处分。"下一年三月，傅以渐再次请求免职，顺治仍然劝说，要"加意调摄"，"不必求罢"，并称赞他多年辅佐理事，清慎素著。直到顺治十八年初，顺治帝驾崩，康熙即位，傅以渐仍上疏乞罢。这次，经下部议后，才准解任，在家调理，病痊起用。

三、名垂青史

傅以渐长得方脸丰颐，颏下多髯，伟腰大腹，看来是条硬棒棒的大汉，其实，他并不强健，且有咯血的毛病。从他病倒到去世，七八年时间里，多数是在籍养病。他病逝于康熙四年（1665）四月十九日午时，终年57岁。

傅状元身居相位，但并非行则马，衣则裘，他有自己的生活情趣和行为规范。他食不重味，衣皆再浣，无异寒素；临终遗言，勿请恤请谥——不要抚恤，不要追加封号。他不惯于骑马，常乘一小黑驴，令二仆牵缰，来往于宫廷之间。世祖（顺治）偶见，不禁大笑。事后，顺治亲笔绘画轴一幅，俨然傅以渐骑驴小像，并题诗于其上，有句云："状元归去驴如飞"。顺治以此赐予，以渐泰然受之。他性情温和，善与人交，与同僚相处10余年，从无骄矜嫉妒之私。奖掖后进，惟恐不及。他闻百姓疾苦，痛切于身，心思拯济乃已。闾里有义举，必赞成之。在家养病期间，主持编修《聊城县志》，拖着病体为乡里做些有益事情。家人曾因宅基与邻居相争，他得知后，责令家人退后数尺。对方为之感动，也自动让出数尺。于是，便出现一条"仁义胡同"，传为千古佳话。

傅以渐严于治学，精于考究，四书五经，矻矻入解，天文地理，礼乐兵农，无所不通。众人尊为"星岩先生"，世人评论说"道德文章实为一时之冠"。他一生著述及奏议甚多，如《狐白解太史名篇》、《中规篇》、《诗经礼记春秋题说》、

《贞固斋四书制义》、《贞固斋诗集》等等,但传到今天的甚少,除《四书易经制义》一书,《明史记事本末序》和《聊城县志序》两文,五律和七律两诗,其余悉毁于火。据说,他还作过一套鼓儿词,流传于北方民间,已无从查考。

傅以渐病逝后,悼之者烈烈,恸之者切切,赞之者纷纷。据《东郡傅氏族谱》(道光年间嘉荫亭藏版本)和《聊城县志》记载,皇清诰授其3代俱为光禄大夫,大学士高阳李霨亲撰碑文,史官宋弼撰《少保大学士傅公传》,掌京畿道监察御史榆山朱续晫为《东郡傅氏族谱》写序,江南河道总督杨以增为重修《东郡傅氏族谱》撰序。朱续晫称他"为国元老","功业炳然"。宋弼赞他"不奔兢于势力,不诡随于门户","见可而进,审几而退,既清且慎,不争不党"。

这位崛起孤寒,首夺大魁,身居尊位,名播四海的状元,葬于聊城城南傅家坟祖茔。

吕 宫

◎ 宋继和

　　吕宫，武进（今江苏常州）人，生于明万历二十八年（1600）。于清顺治四年（1647）经殿试考中一甲进士第一名，以近天命之年（47岁）成了清王朝建立以来第2个状元郎。按清例，除三年一次的正常开科外，还不时加科，为知识分子大开仕进之门，利于朝廷网罗人才。清朝刚掌握全国政权，就在全国开科取士，顺治三年殿试选出第一批进士，顺治四年加科，吕宫有幸高中，被授予秘书院修撰。

　　顺治九年，恰逢顺治皇帝颁发降恩的诏书，吕宫被加衔右中允。顺治十年二月，顺治皇帝驾临内三院（即内国史院、内弘文院、内秘书院），吕宫与侍讲法若真，编修程芳朝、黄机一同奉命以《柳下惠不以三公易其介论》为题，分别撰写文章，并受赐茶食。五月，顺治皇帝下谕吏部："翰林院官员的升迁调转，旧例是按资格年限升迁，不得逾越，才能品质只作为重要参考。朕考虑如果真有才能品质格外出众的，何必非要拘泥于旧例呢?右中允吕宫，文章写得简明流畅，气度文雅大方，是个人才，若遇到学士缺员，应马上把他推举递补上去，不必强求任职年限。"因此，吕宫很快被授予秘书院学士之职。闰六月，又被破格提拔为吏部右侍郎，升为正二品高官。十二月，晋升弘文院大学士。这时，言官请求严禁江浙各地富户运往内府和府部白粮中的搀假行为，以及富户编造冒充丝棉纺织业从业户的各种弊端，六部大臣认为已有禁止的条例上奏且被批复，不须再议，只有吕宫请求严词申斥两江总督和江浙巡抚，要求他们认真察问，严厉追究。最后，朝廷接受他的意见。

顺治十一年三月，给事中王士桢、御史王秉乾齐上奏章，弹劾吕宫倚仗罪臣陈名夏的声势揽事招摇，在朝廷中聊以充数。吕宫确与陈名夏私交颇深，陈名夏乃明崇祯进士，李自成克北京，降大顺朝，顺治二年降清，历任吏部尚书、内三院大学士等职，因党附多尔衮被申诫，后因结党舞弊等，于顺治十年被议罪处死。顺治皇帝命吕宫就被弹劾之事做出答复。吕宫引咎自责，向皇帝请罪。顺治皇帝下旨说："吕宫身为大臣，与陈名夏结党营私，人所共知，本来应当治他的罪，但念其罪过较轻，姑且从宽赦免。从今以后，吕宫必须痛加反省，改过自新，忠心尽力，恪尽职守，以不辜负朕破格提拔与赦免任用之恩。"五月，巡按四川御史郝浴被吴三桂检举揭发枉法行为而遭免官，而吕宫曾与大学士冯铨、成克巩等联合上疏推荐郝浴才可大用，因此，犯了滥举的错误，被降二级留任。六月，吕宫染病，但几个月下来仍不见好转。九月，吕宫上疏说："臣乞请病假在家调整养病，已经有3个月了。内心希望早日痊愈，好为朝廷出力。怎奈上天赋予的身体很虚弱，现在人事交往已全部断绝，精神也是一天不如一天，每天只能僵直地躺着，或偶尔独自端坐一会儿。恳请圣上垂爱臣的病体，容许臣再多休养一些日子，调治病体。"顺治皇帝下旨，令他专心调治，病好后，入朝办理任内事务。

同年十月，御史姜图南弹劾吕宫养病期间上疏所用的语言轻慢，认为即使将来他的病好了，再任职也不会建立突出的功业，不应当容许他贪恋官位，准他告老还乡罢了。顺治皇帝置之不问。吕宫上疏说："臣离职休养已快半年，承蒙皇上几次派大臣来看望。臣不敢忌讳隐瞒病情，只想略陈一下想法。臣已知道姜图南上疏以语言轻慢谴责，蒙圣恩宽赦，臣不敢再说什么。至于姜图南说臣即使病愈，将来也不会建立显赫功业，臣自己觉得才疏平庸，大概不会出姜图南所料。况且朝廷的公务众多繁杂，怎能容许臣优游养病，长期离职呢？臣缺乏过人的见识，讲不出治国安民的深刻道理供皇上参考，又长期重病缠身，被别人耻于提起。因此，臣应当赶紧辞官隐退，避居家乡。请圣上赐旨罢免我的官职。"顺治皇帝好言挽留，准其继续养病。十二月，顺治皇帝命吕宫与大学士额巴赫、金之俊共同担任《资政要览》总裁。接到任命，吕宫很快上疏说："臣已卧病在床多时，早就应该辞官离朝，而受皇恩深重，谊不忍言。听别人说明道理之后，臣猛然省悟，才敢请求休致。仰赖圣上言辞恳切的诏命，令臣用心调治病体，不必请求免职。但到今天又过了两个月，臣病不见轻，心中焦虑不安，因此再次请求圣上施恩垂爱，允许老臣辞职回武进老家休养病体。"继续请吕宫留在京城。

顺治十二年正月，御史杨义上疏说："吕宫屡屡挂怀弹劾他的奏章，长期担着旷职的过失，希望皇上早日允许他辞官回家乡，以养其病体和保持廉洁知耻的操守。"奏疏送入宫中，却不见皇帝下旨。吕宫只好又一次上疏请求辞官回原籍，顺治皇帝下诏书给吕宫加太子太保衔，准予回老家养病，并按官员外出办急务的待遇，由沿途驿站供给夫马粮食，兼程而行，等病体痊愈之日再予召用，还赏赐貂裘、蟒缎、鞍马等物。

顺治十三年六月，顺治皇帝派官员带着御赐敕书前往武进慰问吕宫。敕书中说："朕依赖国家选拔出来的大臣辅佐帮助，凭借他们的辛勤匡正天下，应当对他们多施恩惠，礼义相待。即使抱病归乡休养的臣子，朕也日夜思念其才能和品德，怎么能忍心对你漠然置之呢？爱卿学问高深，性情通达，资质聪明，先在众多士子里脱颖而出，独占魁首，接着又进入皇宫一展才华，受朕深知，得以早早地参予朝廷大政，而能够做到公正不徇私，镇静不冲动，尽心佐助，君臣接触1年，裨益极大。不想病魔侵入你的肌肤，药物并未见效，因此准许你暂时回家，多方调治。现在已过了1年多，朕更加深切地想念你，特派官员带敕书前去慰问，并赏赐羊和酒。你当注意活动与休息，饮食要好一些，为国家爱惜身体，养精蓄锐，等待召用。钦此。"吕宫上疏感谢。

顺治十七年，皇帝诏令大学士、尚书等高官上言。当时，大学士金之俊、傅以渐都已告假回原籍，两人相继上了奏疏，顺治皇帝下谕让他们回京，重任过去的职务。吕宫自顺治十三年上疏致谢后，再也没有上疏言事。左都御史魏裔介趁机弹劾，说："吕宫离任回乡时说，人事交往全部断绝，真是天大的笑话。一病6年，闻问全无消息，这是忘记皇上，辜负圣恩。"顺治皇帝说，吕宫因病请假回家，没有自陈的规定，告诫魏裔介不要苛求。

顺治十八年，顺治皇帝因病去世，爱新觉罗·玄烨登基，年号"康熙"。吕宫应诏来到北京，参加顺治皇帝丧礼，并祝贺康熙皇帝即位，然后仍因病返回家乡。康熙三年(1664)四月，吕宫死在武进老家，终年 64 岁。康熙皇帝下诏，葬礼与祭祀仪式按大学士规格办理。

刘子壮

◎ 刘 一

刘子壮，字克猷，号稚川先生。其远祖是临江清江(今属江西)人，后迁黄州府黄冈(今属湖北)。黄冈为黄州府治，位于长江北岸，风光秀丽。他9岁那年，母亲去世，父亲也撒手人寰，他和弟弟刘克章随叔叔生活。子壮想念父母，时常落泪。白天做了什么事，晚上定焚香报告父母在天之灵，直到离世，数十年如一日，从未间断。家门不幸，并没使他消沉，他发愤攻读，立志有所作为。他没钱上学，只得自学，每天跑到离家很远的一座破庙里，闭门读书。直到日落西山，庙里暗了下来，看不清字了，他才恋恋不舍地合上书，开门回家。就这样，他以顽强的毅力通读儒家经典和《史记》、《汉书》等文史名著。学问日进，文章写得极好，诗词、古文方面造诣极深。他虽年少，却以文章著称乡里。

崇祯十二年（1639），32岁的刘子壮参加湖北乡试，考中举人。

中举之后，刘子壮迟迟未考中进士。崇祯十三年进士科录取296名，无刘子壮，崇祯十六年进士科录取411名，还没有刘子壮。崇祯十六年，是明朝最后一次进士科考试，次年四月十九日，李自成的大顺军攻入北京，崇祯帝吊死万岁山（今景山）。

李自成攻占北京11天，便在明朝降将吴三桂和清兵联合进攻下，退出北京。五月初一，清军开进北京城。十月初一，爱新觉罗·福临在北京即皇帝位，下诏定都北京。

顺治三年（1646），即清兵入关第三年上，开科取士，录取进士373人。顺治四年加科，录取进士298名。不知刘子壮参加这两次考试未中，还是没参加，两次科考，都榜上无名。

顺治六年二月，刘子壮赴京会试，顺利通过，准备参加五月份殿试。殿试内容是经史时务策一道，每策有3题，约二三百字。在文体上，顺治帝下令，不准用四六颂联，要求考生直抒己见。话虽如此，但对于参加新王朝科举考试的汉族士人来说，要他们指陈时政，是很难诤诤而言的。刘子壮是为数不多的例外者中最典型的一个，他针对时弊，直抒己见。他指出，满汉不平等造成民族矛盾，致使社会动荡不安，应使满汉杂居处，相互沟通。满人尚质，汉人尚文，就文化程度来说，满人较为落后，应强化文化教育。同时，也批评了明末以来汉族士绅华而不实、游谈无根的陋习。最后，刘子壮针对动荡的政局提出3点建议：

第一，恢复经筵讲读制度，延请儒学名士为皇上讲解经义。满洲各旗设立八旗学校，让惯于骑兵射箭的八旗子弟坐下来读书学习。

第二，建立皇帝日御便殿制度，皇帝每天临朝听政，君臣共商军国大政。

第三，废除明以来的屯田制度，蠲免田赋，恢复发展生产。

刘子壮这篇对策，洋洋万余言，立论高深，文笔流畅、优美。读卷大臣选出10份最好的卷子，排定名次，上呈顺治皇帝裁决。顺治帝读了刘子壮的对策后，大加赞叹，遂于卷首朱书"第一甲第一名"6个大字。

刘子壮对策中提出的诸项建议，顺治帝逐一采纳，对于维护、巩固清王朝的统治起了很大作用。

中状元后，刘子壮被授予国史馆修撰。顺治八年，担任会试同考官。不久，便挂冠回籍。顺治九年，病死，享年44岁。

刘子壮博学多才，尤擅长八股文。当时，与他齐名的仅有熊伯龙一人。熊伯龙，字次侯，汉阳（今湖北武汉）人，与刘子壮同为顺治六年进士，排名次刘子壮，为一甲第2名，即俗称的榜眼，官至内阁学士兼礼部侍郎。熊伯龙、刘子壮最擅八股文，于诗词、古文皆有高深造诣，故世称"熊刘"。

邹忠倚

◎ 刘 春

邹忠倚是清代第4位状元,字于度,号海岳,江苏无锡人。明天启三年(1623)生于封建地主知识分子家庭。其父邹兑金,字叔介,为人恬淡闲逸,不甚看重功名。邹忠倚年少时,父亲携他隐居德清县武康山听岁堂。武康山今名铜官山,在浙江德清县城西6公里筏头乡东,"昔吴王濞采铜于此",故名。随父静读于历史名山,徜徉于奇石秀水,聆听鸟语,坐观山影,悠然自得。自然环境的宁静同纷嚣的乱世形成强烈反差,少年邹忠倚深深迷恋山水秀色,免受尘世污染的尘外思想悄然萌生。其《夜坐》诗云:

> 吾爱汉阴老，清风千古垂。
> 濯缨沧海阔，狎鸟岁阴迟。
> 坐即南山影，行歌招隐词。
> 昔贤惭识寡，幽愤自形诗。

《江苏诗事》评价他在听岁堂的生活说："捧几授杖间，悠然做尘外想。"出尘隐居思想，对他后来的个性及诗文产生很大影响。

邹忠倚自幼接受儒家思想文化的教育，为人孝友谦谨。一次，其父生病卧榻，忠倚精心服侍，为延医替父治病，他夜行数十里入城，途中失履竟未察觉。

据《江苏诗事》记载，崇祯三年（1630），邹兑金参加庚午乡试，中式为举人。7年后，参加丁丑会试，公车北上，途中靠驻金山寺。金山寺位于今镇江市京口区西北的金山西麓，当时的金山尚屹立江中，四周皆水。是日，江上狂风骤起，舟船倾覆。邹兑金振臂疾呼："能救人一者送十金，捞一尸者五金。"众人响应，操舟泅水竞相救人。事毕，为了渡江人的安全，他首倡捐金设立救生船，得20余条，招募船工日夜守候。由于破囊救人，为赴会试而带的盘缠几乎耗尽，加之停留数天，会试日期迫近，只好放弃赴京会试。俚语曰：有其父必有其子。邹忠倚孝友正是其父美德的延续。

顺治六年（1649），邹忠倚参加己丑科试，中式为进士。此次中式共400人。顺治八年（1652），礼部议准分满汉两榜开科取士。八月，上皇太后尊号，故顺治皇帝恩诏九年会试。顺治九年岁在壬辰，首开满汉两榜开科取士之先河，亦是清代设八旗科目之开端。满洲、蒙古中式50人，汉军中式归入汉榜中式凡397人。满榜状元麻勒吉，榜眼折库勒，探花巴海。邹忠倚以己丑进士身份补殿试。榜发，状元邹忠倚，榜眼顺天大兴人张永祺，探花江南江浦人沈荃。关于邹忠倚中状元一事，江浙地区流传许多怪异说法。有人说他父亲积德，金山寺高僧投生转世为忠倚，故来生中状元。有人说，邹忠倚幼年游玩钱塘，在忠肃祠少憩得梦①，见忠肃公于谦倚靠在他身旁，授以瓜子一握，共54粒。于是，命名忠倚。其夫人闲居无聊，常用瓜子排做"状元"二字，以为游戏。不料壬辰会试，中式第54名，殿试一甲第1名，与梦巧合。邹忠倚获廷对第一后，即被授官修撰。他居京为官1年有余，对其从政治绩，史载不丰。《明清江苏文人年表》载邹忠倚状元及第后的一件普通事，说是顺治十一年（1654），无锡文人恭旦应邹忠倚之召到北京，随即赴昌平参加童试。这说明邹忠倚虽然身为状元，但未忘记旧日学友，仍然关心着学友的前程。

邹忠倚的生命旅程极短，死于顺治十一年，仅32岁。他英年早逝，人品和才学却得到世人的肯定。他工书法，以"劲险刻厉，于平正中见险绝"的欧体为宗。这与顺治皇帝的书法旨趣相一致。故史称："世祖喜欢欧阳询的书法，顺治中状元邹忠倚、孙承恩皆法欧书。"邹忠倚的诗，"清远闲放，不染垢氛"，情景交融，没有故做咏叹的痕迹，充满向往闲适宁静的山林生活的情趣。《夜坐》淋漓尽致地表现渴望归隐，反省修炼，欲求胸怀海一样博大的心态。《俞家坞》一诗，借景抒情，以情写景，表现乱世中封建知识分子抱恨隐居太晚的真挚感情。诗云："入世苦不迟，入山苦不早。千载驰驱情，零落归荒草。柴门静无事，大小倏成怀。石涧何时流，夕阳塞古

---

① 忠肃祠，浙江钱塘人为供奉祭祀于谦而修的神祠，在杭州西湖西北栖霞岭，祠同岳王庙相望。据传，每年八月祈梦是祠甚灵异，故江浙文人多于科举考试前来此祈梦。

道。"邹忠倚著有《雪蕉集》和《箕园集》。后人评价其诗古文皆春容静细。受邹忠倚影响,其子孙多有参加科举考试者。孙子邹一桂在雍正五年(1727)参加丁未科会试,中式为传胪。玄孙邹奕孝在乾隆二十二年(1757)参加丁丑科会试,中式为探花。邹氏祖孙为状元、传胪、探花,亦是江苏科场佳话。

麻勒吉

◎ 涂 青

一、满族第一位状元

满族入主中原后,建立大清帝国,仿明制行科举,以笼络汉族士大夫。满族向以弓马为务,文化水平也比汉族低,他们崇武轻文,策马驰骋,弯弓射箭。中国社会风气是重文轻武,满族习尚相悖。清统治者认识到,要统治全国,光有军事优势是不够的,还须有较高的文化素质。于是,他们在全国最高学府国子监开设八旗官学,延聘饱学的汉满士人教习王公子弟,全国各地设有教习满族旗人的学堂。

为了进一步诱导满洲旗人读书向学,顺治八年(1651)举行第一次满榜乡试。满榜乡试只需把一篇满文译成汉文;不懂汉文的,做一篇满文作文。应试的很多,录取若干名,其中有一个叫麻勒吉的,汉文翻译得很好,被录取,成了一名举人。

麻勒吉,姓瓜尔佳氏,满族正黄旗人。正黄旗与镶黄旗、正白旗为"上三旗",也称"内府三旗",是皇帝的直属亲军,地位较高。瓜尔佳氏是满族的一支。努尔哈赤起兵,瓜尔佳氏有个叫达邦阿的率众归顺,麻勒吉就是达邦阿的曾孙。他长得孔武有力,也很喜欢读书,看了不少汉文典籍,乡试译一篇满文为汉文,对他来说不过举手之劳。

翌年,即顺治九年二月,举行会试,也是满汉分榜。满榜仅作文两篇,麻勒吉一举夺魁,成为会元。三月,举行殿试,满汉仍分榜。满榜考两场,头场作四书文两道,二场考策论一道,考试时间为一白昼。第二天,读卷大臣开始评阅考卷,选出10份答得最好的卷子,进呈顺治皇帝御览。顺治帝相中一份,提笔在卷首写下"第一甲第一名"6个大字。

这份卷子是麻勒吉的。他成为清代满族第一位状元。

二、呵责总督的钦差大臣

与汉榜状元一样,麻勒吉中了满榜状元,入翰林院为修撰。第二年即顺治十年五月，顺治帝诏谕吏部："修撰麻勒吉有志向学，兼通满汉文，为人持重老成。若侍读学士有空缺，即以麻勒吉充任。"于是，遂以麻勒吉为弘文院侍讲学士，为皇上讲读经史。十一年，擢弘文院学士，掌撰述等事。十二年，始设日讲官，共有10名，麻勒吉成为其中一员。朝廷编撰《太祖圣训》、《太宗圣训》，他充任副总裁。十四年九月，出任经筵讲官，与皇帝讲论经文。

麻勒吉深受顺治帝宠信，官位升迁很快。他自恃有满榜状元头衔，有皇上的信任，日渐骄横。

顺治十四年，孙可望上表降顺。孙可望是明末杰出的农民起义领袖"大西王"张献忠的义子。张献忠死后，他率大西军余部联合万历皇帝第五子、桂王朱由榔一同抗清。朱由榔于肇兴称帝，建年号曰"永历"。孙可望是个有政治野心的人，胁迫桂王封他为秦王，意图取而代之。在奸人张虎挑唆下，他举兵进攻张献忠另一义子李定国所部，被李定国击败，遂逃至长沙，投降清江南五省经略洪承畴。

顺治帝听说孙可望投降，大喜，封他为"义王"，命麻勒吉为正使，胡兆龙、奇彻伯为副使，赍印绶去长沙册封，迎他入京。回京路上，麻勒吉一行在顺德（府治邢台，今属河北）遇上直隶总督张玄锡。张玄锡是直隶清苑（今属河北）人，崇祯十六年（1643）第三甲第157名进士。清兵入关后，他归顺清廷，与麻勒吉同为学士多年，也深得顺治皇帝赏识。麻勒吉一行离京南下时，张玄锡去查看登州海汛，未及赶回迎接这位钦差大臣。麻勒吉十分不满。他在顺德遇上张玄锡，当着众人的面，把张玄锡呵责一通。副使奇彻伯向张玄锡索要骡马钱财，张玄锡未给，也大为恼怒。张玄锡羞愤难抑，于当天晚上写下遗书，举佩刀自刎，未遂。巡抚董天机将此事上奏顺治帝。顺治帝遣学士哲库纳、侍郎霍达等按察此案。张玄锡闻讯,上书说:"正使麻勒吉在臣迎接他时当面斥责,又呵问他南下时何不出迎,还说他在南方时,洪经略每天都有馈赠,何等尽礼。臣在正使启行时,已去山东东海岸查看海汛,公务在身,难以赶回迎接,正使过于苛求,是显而易见的。副使奇彻伯向臣索要骡马钱物,臣觉此事违法,没给他,他对臣也极为怨恨。臣之所以自杀,其因在此。"

顺治帝下诏说:"张玄锡以总督大臣自刎,必有逼迫情由,朕早已看出这一点,故命人详察。既览张玄锡奏疏,知道了此事的详细情况。麻勒吉等奉命出使,竟敢逼迫大臣,任意妄行,深负委任之意。命公卿商议此事,从重处罚。"

张玄锡被召入京,准备与麻勒吉对簿公堂。他下榻于一所寺院,案子还没了结,便自缢身亡。

张玄锡之死,激起公卿大臣的怒火,他们指斥麻勒吉一行沿途受馈,又百般勒索,羞辱、逼迫总督自尽,罪行重大,应革职查办。

顺治帝有意开释麻勒吉,诏令降二级留用。

三、两江总督任上

顺治十六年六月,重新起用麻勒吉,命他与尚书伊图、左都御史能图赍 30 万两黄金去云南赈济贫民。旋即又命他会同能图查究清军攻占永昌(府治保山,今属云南)后,贝勒尚善纵兵抢掠之事。麻勒吉竭力为尚善开释,说断无此事。

十七年四月，顺治帝又命他与学士石图前往云南，会商进剿桂王朱由榔事宜。这年七月，安亲王岳乐等再次追查尚善纵兵抢掠永昌一案，获取了实证。麻勒吉、能图以徇私舞弊罪被罢官，罚金。不过，仅过了5个月，顺治十八年正月，他官复原职。

顺治皇帝染上天花，已经难以救药。他在病榻上秘密召见麻勒吉，口授立三子玄烨为帝位继承人，命异姓功臣索尼、苏克萨哈、遏必隆、鳌拜辅政的遗诏，让麻勒吉和汉族大臣王熙赴乾清门密拟成文。麻勒吉和王熙草拟后，交给内廷侍卫贾卜嘉进呈，顺治帝过目后，确定以麻勒吉为遗诏宣读人。

正月初六深夜，大清皇宫万籁俱寂，在灯光惨淡的养心殿，奄奄一息的顺治帝躺在御榻上，召诸王贝勒和公卿大臣前来听遗诏。众人齐集，麻勒吉以悲切的语调大声宣读。遗诏念罢，年仅24岁的顺治帝一命归天。

玄烨即位，年号康熙。这年七月，麻勒吉被授以秘书院学士官位。康熙三年（1664），又担任教习庶吉士。五年，擢为刑部侍郎，成为刑部副长官。七年，进官为江南江西总督，成了一名封疆大吏。

江南江西总督俗称"两江总督"，所辖地区是重要粮食产地，军事位置重要。麻勒吉到任后，很快便发现问题严重。原来，位于杭嘉湖平原上的吴淞河出海口刘河，因年久失修而壅积，雨季一到，排泄不畅，泛滥成灾，良田和房屋多被淹没。官府征收田粮却照原有田亩，民怨沸腾。麻勒吉上书朝廷，要求已淹没的土地不再征税，新淹没的暂停征税，以当地田税赈济灾民。康熙帝准其奏。当地民人闻讯，欢呼雀跃。

布政使慕天颜建议疏浚刘河、吴松江，建水闸以时蓄泄。麻勒吉赞同此议，上书朝廷，请以当地赋税白银14万两充修河费用。朝廷允准。民众再次欢呼麻勒吉贤明。

京口将军李显贵、镇江（府治丹徒，今江苏镇江）知府刘元辅侵吞士兵钱粮，被士兵告发。康熙帝遣侍郎勒德洪调查此案，证据确凿。康熙大怒，逮捕李显贵、刘元辅，又以失察之罪逮捕麻勒吉，押回京师审问。

两省百姓闻讯，选举代表赴京，为麻勒吉喊冤叫屈。给事中姚文然上书康熙帝，条陈麻勒吉为两省百姓爱戴，罪名轻重有待于核实。于是，麻勒吉获释，官降二级。

康熙十二年，有人奏劾麻勒吉复任总督以来，未见勤勉，无什么政绩，应降二级调任别的官职。总督被罢免，麻勒吉去兵部当了一名督捕理事官。

四、从抚蛮灭寇将军到步军统领

康熙十二年冬，平西王吴三桂自封"天下都招讨兵马大元帅"，起兵反清。

吴三桂，字长伯，高邮（今属江苏）人，后籍辽东（今辽宁辽阳）。他和父亲吴襄深得明崇祯皇帝器重。吴襄官为提督，总辖京师兵马；吴三桂为辽东总兵，率精兵数万驻屯山海关。李自成攻占北京，俘虏了吴襄和吴三桂的爱妾陈圆圆，派人招降吴三桂。吴三桂接受招降，回京路上听说老父爱妾均被俘，遂率兵返回山海关，派人出关联络清兵。清军入关，吴三桂充当先锋，镇压各地抗清斗争。顺治十四年，出兵西南，进攻南明永历政权。事后，以平西王身份割据云南、贵州。康熙亲政后，有意削除他和平南王尚可喜、靖南王耿精忠3个藩王。吴三桂遂于康熙十二年冬联合尚可喜、耿精忠举兵反清，史称"三藩之乱"。

康熙帝毅然决定以武力平定三藩叛乱。多事之秋，正是用人之际。康熙下令重新起用麻勒吉，命他赴扬威将军、简亲王喇布军前办事。后又命他统兵镇守桂林。

吴三桂手下有个大将，叫孙延龄，曾为广西将军。吴三桂起兵后，孙延龄叛附。后来，孙延龄与吴三桂有隙，被吴三桂从孙吴世琮杀死。孙延龄的部将刘彦明、徐洪镇、徐上达等率部降清，康熙帝命麻勒吉统辖他们。麻勒吉奏授刘彦明等人为都统、副都统，刘彦明等人大为感动．死心踏地为麻勒吉效力。

广西巡抚傅弘烈率兵出征，康熙帝命麻勒吉摄行巡抚事。十九年，清兵集中兵力进攻吴三桂的老巢云南，麻勒吉奉命筹运军饷。吴三桂部将黄明来降，麻勒吉奏请录用，康熙帝诏授黄明为总兵。不久，黄明复率部叛逃，康熙帝命麻勒吉等人追剿。追剿途中，麻勒吉闻讯黄明已为苗人所杀，遂奏报朝廷，大军班师。二十年，清兵进入云南省城，历时8年的"三藩之乱"终被平定。

次年，麻勒吉随大军凯旋。

康熙二十三年，诏授麻勒吉提督九门五营步军统领，简称"步军统领"，也称"九门提督"。此官向以最亲信的满族大臣充任，掌京城内外门禁，统领八旗步军五营，以卫京师。徒罪以下诉讼，皆得自理。虽武秩二品，但威权极重。麻勒吉做了5年提督九门五营步军统领，于康熙二十八年三月病死。

死后9年，即康熙三十七年，黄明被贵州参将上官斌、广西游击将军田国玺等擒获于大乐山。公卿大臣奏劾麻勒吉当年妄报黄明已死,追革原官。康熙四十五年,清廷根据他生前的功劳,将他入祀江南名宦祠。

史 大 成

◎ 刘 春

史大成是清代第6位状元，字及超，号立庵，祖籍应天府溧阳县(今属江苏)，后迁至宁波府鄞县(今浙江宁波)。明朝天启元年(1621)生于封建地主家庭。其父史见峰有子两人，大成乃长子。他自幼聪颖，智慧过人，潜心读书，不问寒暑，在乡里享有颖慧好学的嘉名。历经多年苦读，他于而立之年参加顺治十一年(1654)甲午科乡试。在杭州参加乡试时，史大成曾去关庙问卦求签，神示籤诀云："君今庚甲未亨通，且向江头做钓翁。"故心中怏怏不乐，自以为今科中式无分。未曾料到是年浙江考官为编修熊伯龙，他赏识大成的才学，甚为器重。

榜发，史大成中式为举人。次年参加顺治乙未（1655）科会试，是科为清代最后一次分满汉榜考试。中式者凡350人。殿试满榜状元图尔宸，榜眼查亲，探花素泰；汉榜状元史大成，榜眼直隶沧州人戴王纶，探花江南长洲人秦鉽。至此，史大成才悟解籤言之意是"亨通在甲午、乙未"年也。

史大成的殿试卷被读卷官拟置第3名，由于文章辞显意达，语意雅正，书法端正恭敬，顺治帝亲阅后赞赏云："文气畅达，楷书工整，必定是个正人君子。"于是钦定进士第一人，授官翰林院修撰。这使他成为清代浙江第一位状元，以后又有19人中状元，最末状元是钟骏声。故光绪初年浙江有"始于史，终于钟"的民谣。自钟骏声以后，浙江人再无夺魁者。

状元及第后，史大成居京为官。他先后担任日讲官、经筵讲官、起居注官、内阁学士兼礼部侍郎、礼部左侍郎兼翰林学士，曾任乡试、会试考官和殿试读卷官。他为官清廉，淡泊富贵，朝内朝外声名延誉，为人敬服。康熙帝深知汉族文化思想有利于巩固清朝统治政权，故设官宣讲汉文化，坚持学习儒家思想。如置日讲官、经筵讲官，负责讲解汉文典籍。史大成充任日讲官和经筵讲官，进讲《周易》、《尚书》和《大学》等典籍，向皇帝和满族贵族官员宣讲汉民族优秀传统文化，又与皇帝共在宫殿赋诗作书，为缓和民族矛盾、增进民族间了解做了贡献。康熙皇帝赐蟒袍3套，以示优渥。每临朝廷议事纷纭不一，史大成善于综合各方议论，以折衷之见赢得朝官推服。令人交口称颂的是，他出任考官廉洁公正，按才学拔贤，以为国振兴人才为己任。顺治十五年（1658）任戊戌科会试同考官，康熙八年（1669）任乙酉闱顺天乡试主考，康熙十五年（1676）任丙辰科殿试读卷官，皆能尽心尽力，恪守职责，时人称誉。

史大成受儒家思想熏陶至深，孝顺父母，为此不惜捐弃官职。顺治十五年（1658），其父家居，病体日重。于是，遣人送信及画给史大成，信中说："我的病难有起色了，你就这样看看父亲吧。你也绘一小影送来，我朝夕看像，就如同见到你。"史大成悲哀泪下，号恸扑地，上表告归侍父。他任京官仅3年有余，按清代制度，京官未满6年无请假例，故不许归乡。史大成冒着逆鳞之罪，抗疏力请。皇帝念其情词恳切，特恩许。及返乡，其父身亡。他于是留居服阕守孝，后因母病，居家侍母，闲留家中达10年之久。按清制，服阕期满未及时返赴任上，当削籍革职。他坦然笑之曰："人都以为我为官侍从皇上，不知实乃普通百姓。"弃官乡居，史大成广行善事。他赒恤宗室乡邻，捐资义修水利，当地农人受益匪浅。

其母卒后，史大成曾返京复职。康熙十五年七月因患风疾而告老归乡，康熙二十一年（1682）八月亡于故里。史载他工诗文，浙江通都大邑、穷乡僻壤作诗文之人，无不敬重取法其作。毛际可为其撰写的墓志铭云：朝中"煌煌大典，多公手定"。有《八行堂诗文》行世。

图 尔 宸

◎ 刘 一

顺治八年（1651），清政府为了鼓励满族人读书学习，特地开设满榜乡试。翌年会试、殿试，正黄旗人麻勒吉接连高中榜首，成为清代满洲第一榜状元。顺治十一年，举行第二次满洲乡试，正白旗人图尔宸考中，成为一名举人。翌年二月会试，初九、十二、十五日3场考试下来，录取50名，高居榜首的是正红旗人贾勤，图尔宸榜上有名。三月殿试，时间为一白昼。第二天，读卷官评阅试卷，挑出10份最佳卷子，排定第1～10的名次，进呈顺治皇帝圣裁。在前10名中，顺治皇帝最欣赏图尔宸那份，钦定为第一甲第1名。图尔宸成为清代满族第 2 名，也是最后一名状元，而那会试第一名贾勤名列第一甲第 2 名，即所谓的"榜眼"。此榜进士共 50 人，后来成名的不多。图尔宸，字自中，擅长诗文。中状元后，入翰林院为修撰，掌修国史，累官至工部侍郎。他的官位不显，诗文却颇为有名，有名句云：

> 高空一片月，挂在碧树枝。
> 烟湿露华干，开轩读楚辞。

孙 承 恩

◎ 涂 青

常熟(今属江苏)是清代经济、文化繁盛地区之一,名士辈出,登科者多,光是状元就出了5名。孙承恩是其中一个。

孙承恩,原名曙,字扶桑。祖父做过州县佐官。孙承恩聪明好学,博才多识。在官学读书时,便以文才闻名遐迩。顺治十一年(1654)八月,孙承恩参加顺天乡试,夺得第一名解元。在来年的会试中,却落第了。顺治十五年二月,孙承恩再次步入礼部贡院考场,3场考试下来,榜上有名。

四月,殿试开考。读卷大臣选定10本最好的卷子,送呈当朝天子顺治皇帝。顺治皇帝反复看了10本卷子,觉得第一本最好。就内容说来，这位考生敢于直抒己见，指陈时弊。尤其是文章结尾规劝皇帝"克宽克仁、止孝止慈"，更是深探地打动了顺治的心；且文风朴直，议论恺切，行文流畅；书法也不错，满卷清丽挺拔的欧体楷书。顺治皇帝非常高兴，决定把此卷考生点为状元。

主意打定，顺治皇帝撕开弥封，只见履历上写道："应殿试举人臣孙承恩，原名孙曙，系江苏常熟人……"当读到孙承恩三代家世时，顺治皇帝仿佛想起什么，不禁皱起眉头。

"孙承恩……孙曙……江苏常熟人。"顺治皇帝沉吟道，"这人会不会跟去年因科场作弊被处充军的罪犯，常熟人孙旸是一家人呢？如果是，可不能轻易把他点为状元。"

"请王熙先生！"顺治皇帝感到事情有些棘手，于是，叫人把内阁学士王熙找来，吩咐说："你快到皇城外，找到这个孙承恩，问他到底是不是孙旸家的人。问明之后，立即回报！"

王熙一怔。其实，王熙和孙承恩本是非常要好的朋友，知道孙承恩就是孙旸的亲哥哥。他不禁暗暗为孙承恩叫苦，但转念一想，圣上也不过随口问问，只要孙承恩不说出真情来，就滑过去算了，天下那么多考生，同名同姓的多的是。

王熙备了一匹快马，飞奔出城。打听半天，终于在一家破旧的旅店里找到孙承恩。见面之后，王熙把顺治皇帝准备点孙承恩为状元，但又怀疑他是孙旸家的人——告诉孙承恩。最后，王熙对孙承恩说道："现在上天入地就全在你一句话，我回去怎么启奏圣上呢？"

孙承恩想了一会儿，对王熙说"人生祸福，全由命定。但我们为人处世，又岂能绝仁绝义，欺君卖弟呢？请先生奏明圣上，孙承恩就是江苏常熟孙旸的亲哥哥。"

王熙听罢，非常感动。他再三规劝不要这样老实，可孙承恩只是闷闷地摇头。王熙看他主意已定，只好告辞，上马走了。

走了一段路，王熙又为朋友惋惜起来。他想，孙承恩寒窗苦读，好不容易考到今天这个份上，大魁天下就在眼前，难道……再说，照直明奏，不但孙承恩中不了状元，还可能会惹出不少意外哩！不行，回去再劝劝他。于是，王熙勒转马头，重新来到孙承恩住处。

王熙反复陈说利弊，希望孙承恩重新考虑。孙承恩依然坚持原来的意见。最后，王熙问他："你今后真的不后悔吗？"孙承恩毅然说道："虽死无悔！"王熙无法，只好又一次与孙承恩告辞，骑马回朝。

当王熙回到养心殿，已是半夜时分，顺治皇帝还在燃烛等候。王熙急忙上殿，把孙承恩的话原原本本地奏了上去。

出乎王熙预料，顺治皇帝不但毫不怪罪，却为孙承恩义不卖弟的诚实行为所感动，觉得孙承恩不但有才，而且有德。于是，手执朱笔，欣然把孙承恩点为状元。

孙承恩中状元后，入翰林院为修撰，掌修国史。顺治十六年，出任会试考官。不久，随驾外出，遇上大风，中寒，不治而死，享年40岁。顺治皇帝遣大臣吊唁，赐钱助葬。

徐 元 文

◎ 宋继和

徐元文,字公肃,号立斋,生于明崇祯七年(1634)九月二十八日,死于康熙三十年(1691)闰七月二十七日,享年68岁。先祖居住苏州常熟(今属江苏),九世祖(一说八世祖)徐良始迁昆山(今属江苏)。曾祖父是万历年间进士,官至太仆寺少卿。祖父和父亲都是贡生,母亲是昆山顾家的女儿。徐元文与哥哥徐乾学、弟弟徐秉义都是进士,在当时很有名望,号称"昆山三徐"。

一、少年得志　侍奉君前

徐元文少年时代就非常喜欢读书学习，14岁时经考试被录取为生员。他所读的书以六经(即《诗》、《书》、《礼》、《易》、《春秋》、《乐》)为主，也常读诸子百家著作，力求明了事理，经世致用。对"举子家言"，则有选择地去读。当时昆山所在吴中地区，继承明末东林党复社的遗风，盛行以文结社。徐元文兄弟相约组织文社，命名为"慎文"。他们厌恶时俗曲薄，提倡古学，一时间，纷纷效仿徐氏兄弟文风。

顺治十一年(1654)，徐元文在乡试中考中举人。顺治十六年(1659)，殿试高中进士第1名。当时，他才21岁。顺治皇帝在乾清门召见徐元文，对他抚慰有加。回宫后，福临高兴地对孝庄皇太后说："今年我大清得了一位好状元。"下旨赐予徐元文冠带、蟒服，任命为翰林院修撰。

徐元文在翰林院任职期间，多次被顺治皇帝召见。有一次，他扈从顺治皇帝到西苑，顺治皇帝特赐他乘坐御马。他特意写下"空传枚马金门侍，只倚雕虫事武皇"的诗句，以记此事。有一天，徐元文随顺治皇帝造访僧憨蕉园方丈，向方丈请教佛家典籍，事后，徐元文对方丈没有表示谢意。顺治皇帝没有难为他，说："此人大有见解，他当状元是朕亲自选拔的。"

翰林院日常事务简略，徐元文利用空闲时间研究学问。他不但钻研诗文，且努力通晓历史，求本探源，总结可以借鉴的历史经验。

二、主持学政　请废捐纳

自清初以来，江南地区拖欠钱粮现象一直非常严重。康熙初年，皇帝责成当地巡抚、按察使严加查办。江宁巡抚朱国治细加勘查，得出一个数字：苏州（今属江苏）、松江（今属上海）、常州（今属江苏）、镇江（今属江苏）4府，未交齐钱粮的文武官绅共计13517名。徐元文也在其列。依照惯例，对徐元文应予以处罚，降职调任銮仪卫。徐元文以此事为借口请假回家，分辩原委。经过4年时间，事情终于澄清，才恢复原职。康熙八年（1669），徐元文充任陕西乡试主考官，注意选拔人才，被录取的多数是政治上无所攀援，出身于下层的地主阶级知识分子或贫寒之士，在陕西很有影响。有人这样说："陕西士子刻苦读书，从徐元文主持乡试开始。"

康熙九年，徐元文升任国子监祭酒，充任经筵讲官。他感慨学校废弛，毅然以师道自任。他认为："自古人才盛衰，全看学校兴废。汉唐以来，太学子弟都是认真选拔、精心培育的，所以人才辈出。清自开国以来，推行尚文皇道政策，但是每年入太学的，除了官荫以外，只有缴纳贡品一条途径，由府、州、县学推荐入监的学生寥寥无几，而且多为年齿颓废之人，所以难于成才。"他请求按照顺治八年和十一年旧例，让各省两年或三五年推举一批优等生，选送品学兼优的青少年入太学。并请求按照顺治时的办法，各置省乡试，取副榜生若干名送入太学。这样，各地才智出众的学士集聚太学，对培养经世致用的人才大有好处。他的建议被采纳，并颁布实施。对于捐纳一事，徐元文说那是因为平定"三藩"（吴三桂、尚可喜之子尚之信、耿精忠)叛乱所需军饷既多又急,朝廷迫不得已采取的权宜之计。他请求等到收复云南后,立即降诏停止捐纳。他指出捐纳造成四大弊端:(1)官府养士育才没有比质量更重要的,捐纳却造成官员平庸冗杂。(2)由官府主持的考试是入太学的正途,学习期满考取太学,必须学习3门科目,用9年时间。而捐纳者不计年限,随捐随考。这就形成对依靠正途考取的学士严厉苛刻,而对捐纳入太学者优先照顾。这样,势必"沮寒士攻苦之心,长富儿骄惰之气"。(3)质量观念和考取方式已经混乱,又没有把不称职的差等生革除的先例,考课难以进行,学习之风日益淡薄。(4)历年来吏部考核官员,授予职衔,需要派任州县助理方面的职员不少于数千人。现在考取途径积弊很多,补缺授职遥遥无期。可是,一经授职,就会着官服,坐车乘轿,一副官太爷模样,招摇乡里。这样选官制度混乱,朝政实在让人忧虑。疏上,皇帝令吏部商议,最后决定:捐纳之事"自河工外,得一切停止"。

徐元文任国子监祭酒4年,各种规章制度认真遵守执行,端正了学风。他还同其他学者一起致力于教授众监生。徐元文举止文雅端庄,学识广博,讲解流畅明了,声音宏亮,学生们都很敬佩。他离开国子监以后,康熙皇帝对群臣说:"徐元文为祭酒,条规严肃,满族子弟不认真学习的,也一定加以斥责,甚至鞭挞,至今监生们还畏服他。以后难得这样的人了。"

三、伴驾侍读 君臣切磋

康熙十三年(1674)五月,徐元文升任内阁学士兼礼部侍院学士，兼礼部侍郎，充任日讲起居注官。每天在弘德殿进讲，颇受康熙皇帝赞许。

熊赐履任经筵讲官时，"非尧舜之道不讲，非儒家经典不言"。他盛誉孔孟程朱之学，视为思维和行为的准则。这时康熙皇帝22岁，讲官谈论的儒家学说，已不能满足他的要求，他很想知晓历代王朝成败得失的经验教训。他对讲官们说："朕孜孜不倦求学的目的，无非是想明白义理，对治国有所帮助。朕学过的道理很希望能实践一下；仅仅玄谈义理，不是朕所追求的。"有一天，康熙皇帝对徐元文说："《四书》屡经讲解，已通晓文义。《资治通鉴》详细地记载前代得失，很有裨于治国理民，应与《四书》搀杂讲解。"于是，徐元文从《通鉴纲目》中选择那些有关国君的品德，治国理民的方式的事例，让翰林院分别撰写讲章，他亲自审订，按照顺序为康熙皇帝讲读。聪明好学的康熙皇帝仍不满足，便规定讲官讲完以后，他也讲解一番，相互切磋，徐元文很高兴。他进讲时，采用先儒的评论，加上自己的看法，推理发挥，务求重点突出，观点鲜明，结合现实问题立论。这一年的经筵讲读结束后，徐元文把讲义呈给康熙皇帝，希望皇上经常浏览，进一步体会。康熙皇帝对于徐元文等人讲授的《通鉴》非常满意，称赞他们所讲各章精当详细，对于他的学问和处理政务都有很大帮助。为了表达尊师重教，特令徐元文等讲官进讲结束，免于行礼。

康熙十五年冬，徐元文母亲去世，去官服丧。康熙十八年，设立史局。二月，徐元文丧服尚未满，康熙皇帝诏令他出任《明史》监修总裁官。他到任后，请求征购民间遗书文献，推荐李清、黄宗羲、曹溶、汪懋麟、万言等共同编纂，吏部没有批准。最后，康熙皇帝下诏批准他的建议。李清、黄宗羲、曹溶3人年事已高，没能参编。

康熙十九年，徐元文升为都察院左都御史，兼经筵讲官。受命任职那天，他到乾清门谢恩，康熙皇帝降旨嘉奖讲解之功，赐手迹3幅，其中一幅是"鸢飞鱼跃"。

四、直言敢谏　蒙君嘉许

徐元文在中央官署任职，遇事敢言，从不阿谀奉承。有一次，朝中举行九卿会议推举江西按察使人选，有人推举兴泉道张仲举，御史唐朝彝宣扬说，张仲举在福建没有做出好的成绩。九卿准备弹劾唐朝彝，副都御史李仙根、给事中李宗孔两人不愿签名，于是连这两人一起弹劾。经吏部商议，把李仙根、李宗孔降五级调用，将唐朝彝革职。康熙皇帝认为处分太重。徐元文上奏说：九卿会议推举人选，本是朝廷中正当的讨论，大家各抒己见，怎能怕有分歧呢？现在因意见不一致，就对他们如此处分，如果所推举的不是有才能的人，那谁还敢提出驳议与更正意见呢？而且从原则上讲通过科举途径考中可以成为后备官员的，在公布名单时，必须全部列上，在讨论推举官员时，应当允许对所推举者提出相反的意见。如果任凭一二名势力大且强暴者对持反对意见的人妄加抨击，众人只能随声附和。这样的话，后果不堪设想。康熙认为有道理，应对他们免予处分。徐元文再一次上奏说："凡是免予处分的，都是有罪之人。唐朝彝等人却是无罪之人，如果圣旨只说不必处分，就周全多了。"康熙同意。

当时三藩之乱即将平定，吴三桂的几十万叛军陆续投降，如何处置，关系重大。徐元文上疏说："对于受胁迫而参与叛乱的人，应格外施恩宽赦，允许他们悔过自新。如果让他们留在云南，却不是长久之计；移调到其他地方又耗资巨大；如果改换将领，会导致兵将互相猜疑，终将留下隐患；划归各旗，又怕难以管理，所以应该区别对待。凡是可以留用的，应该与绿营、八旗将士一样录用，剩下的一律遣散为民，由各道安置，参加生产。这样既可以减少俸饷开支，军需用品也可以逐渐宽裕。至于耿精忠、尚之信、孙延龄的老部下与嫡系，尤其应予解散，决不能让他们仍用藩旗的名目。三藩作乱期间，受害严重的是广东、福建、云南、贵州等省，叛贼在这些省份广征关税、贸易税，加重盐税，圈占了大量土地，无恶不做。现在，三藩已相继消灭，他们占夺民利破坏国政的事却由来已久。现在，朝廷大军势如雷霆，该处百姓渴望早日救他们于水火之中。应当先发布敕令，命令将军、总督、巡抚自进入贼境之日，马上废除以往所有的苛政。"康熙皇帝对这些建议很赞赏，下令讨论实行。

三藩之乱平定以后，有的大臣对康熙皇帝歌功颂德，请求登封泰山，徐元文独持反对意见。他认为国家当务之急，不是搞那些礼仪活动，而是"振纲纪"、"核名实"、"崇清议"、"厉廉耻"，乘此武定功成之时，应该明白告谕大小官员，清除疑虑，共成千秋大业。革除沿袭下来的苟且积习。不要安于现状，要奋发进取。疏文写好后，同僚们觉得言辞太直，劝他不要上奏。徐元文却坚持己见，毅然上奏。康熙皇帝对徐元文的建议颇为称赞，认为是合理的。于是，登封泰山被免除了。

清朝初期曾经多次下令清查大户人家隐占土地，来充裕国家税收。规定：凡查出隐占田地的人户，或充军，或下狱。州县官吏为了升级进爵，捏造事实上报，以冒领功俸，这种现象不断出现，造成极大危害。徐元文通过查访得知，隰州蒲县

(今属山西)庠生王命新、曹大明被迫出卖子女,廪生贾松平竟把自己卖到平阳军营,夫妇同去服役,来交纳赋税。他极力陈述清查隐占田亩案,在具体实施中的弊端,说:"有些土地,本来就是无主的,并不是人们有意隐占不报。地方官吏谎称是诡诈的人隐占,错误地依靠惩罚人来解决问题,实际上是把无主之地强行摊派,然后借此搜刮钱财,敲诈勒索。这种做法已沿袭多年,百姓不堪其苦,许多人举家逃亡。这样做名义上给国家增加粮产,实际上是虚耗粮产;名义上是清除弊端,实际上这才是弊端的根源。"徐元文请求进行整治:"凡是以前假报的,实行自己检讨、主动坦白和互相检举,这些姑且予以宽免。始终掩盖不讲实情的,应加重治罪。"

徐元文任左副都御史3年,兢兢业业致力于重振纲纪,整顿吏治。关系到八旗之内的事,众人大多退缩畏惧,不敢直言,惟独徐元文敢于讲话,敢于坚持自己的主张。先后上奏弹劾福建总督姚启圣纵恣谲诈,妒功喜能;浙江副都统高国相纵兵虐民,两淮巡盐御史徇私包庇贪官。将军马哈达提出民间有很多隐名逃亡的人,请求自行拘捕,不移交地方衙门。徐元文认为不能这样。他说:文武兵民的划分,历来如此,现在以拘捕窝藏的逃犯为名,辗转倾害,必将扰民。满员大臣主张,应当命令以将军为主和督抚共同协商去处理。徐元文认为:这样仍然是将军为政,应当以督抚为主会同将军去处理。双方争论不已。最后,康熙皇帝听从徐元文的主张。

徐元文认为,吏治清明首先要严格官吏选拔。清朝初年连年用兵打仗,国库已告贫匮,于是实行捐纳授官。凡是捐纳做官的人,任期满3年以后,称职的给予升迁或转任,不称职的则予以罢免。后来又规定3年满期,如果再有捐纳,则一律升迁转任。这样,就造成吏治腐败。那时各部寺院有数千名笔帖文书一类小官，他们一致要求依照旧例捐纳，当个州县官吏。徐元文极力主张不可以这样。有些人惧怕激成事端，主张让步，满员大臣也好言相劝。徐元文和他们争论了3天，对同僚们说："除此别无他法。若出了事，由我一人承当，决不连累大家。"徐元文的意见最终被采纳。

五、修史撰书　任职两部

康熙二十二年(1683)冬，九卿会议推举道员王垓、胡悉宁为湖北按察使。康熙认为两人人才平庸，追问由谁推举。徐元文受到牵连，但他并没有申辩，吏部商议将他降三级调用。康熙二十三年二月，命他专门管理史局，负责监修《明史》。当时，史局已建立5年，但修书未成。既然不参与政事，于是专心修史。他取来纪传稿，考订史实，参用诸家之说，以年为经，以月为纬，亲自编辑。遇有疑难问题，就请来熟知前朝典故的人，虚心求教，细心商榷，经常直到深夜。经过1年努力，完成十分之六七的传记，缮写7卷本纪，撰列传15卷，呈进宫内。关于南明诸王及其史实，是《明史》编纂过程中非常敏感的问题。一些人出于种种顾虑，主张以崇祯十七年(1644)三月明朝覆灭为下限，南明诸位皇帝不必写入。徐元文认为应该写入。他上疏说："南明福、唐、桂三王的事迹，不能不写，请准许援引《宋史》对益、卫二王和《辽史》对耶律大石的处理为例子，本纪到崇祯皇帝为终止，三王依照附传之例。至于明末各大臣尽忠其主的，考证史实，都应该如实记录下来。"康熙皇帝亲自询问《明史》编纂事宜，徐元文逐条明确回答，康熙皇帝非常满意，批准有关南明问题的处理意见。

不久，朝廷决定开馆纂修《大清一统志》，康熙皇帝指示说："此事必须由徐家兄弟负责组织编修。"于是，任命徐元文为副总裁。二十七年（1688）七月，恢复徐元文原职。复职以后一个月，徐元文连续向康熙皇帝上奏四疏，主张：禁止科道官员交结督抚大吏；设置建言牌，轮流奏事；即刻停止台湾的官贩；地方知府缺员，应及时由吏部议决，挑选合适人才递补。并弹劾两淮御史陶式至等人。同年十二月，升任刑部尚书。他觉得：人命关天，各直省案成奏上，有不正确的，平反也不容易。总督巡抚檄行所属，若查纠下来就说已经"妥招"。他认为招供一妥，即人命则不妥了，而各司官员秉公办事勇于负责的很少。他深感在刑部办理事务不容易。10天以后，改任户部尚书。

户部是天下最有油水的场所，历来弊端很多。徐元文到任后，力图刷新办事方法，与尚书鄂尔多等相约澄清部内弊端。主要措施是：更换各司官吏，严格规章制度，规定各衙门的钱粮要及时核算按时支放，罢去各衙门役满书吏，规定各司事多由满汉官员共同商定。当他发现福建布政司侵吞库银，立即上疏严加盘查。徐元文精明果断，辞复明辨，户部官员十分畏惧，风气焕然一新。

六、涉嫌解职　终老故乡

康熙二十八年（1689）五月，徐元文出任文华殿大学士兼翰林院掌院学士。九月，副都御史许三礼。上疏弹劾徐元文的哥哥徐乾学被解除尚书职务后，不是立即回归养老，而是伙同亲家招摇撞骗，贪财纳贿。徐元文入内阁任职后，曾有收贺礼白银5000两之事，导致有"去了徐秦桧，来了徐严嵩"的传谣。徐元文上疏申辩，说许三礼所弹各种事项，全属无根之词，横肆污蔑，这是他忌妒我们三兄弟的才能与职位，才散布流言，想以此置我们于身败名裂之地。同时请求辞职，以表明心迹。

第二年四月，康熙皇帝下诏编修《三朝国史》，以大学士伊桑阿、阿兰泰、徐元文等为总裁官。五月，两江总督傅拉塔上疏弹劾徐元文、徐乾学兄弟及其子侄家人以官为生财之路，公然受贿，扰害地方百姓。傅拉塔弹劾徐元文的奏疏共有12条；第一，康熙二十八年，徐元文升任大学士，某省巡抚洪之杰为了巴结他，送给徐元文金字大匾一块，上面刻有"瑞协金瓯，泰开王烛"8个大字，还送上贺礼白银1万两。徐元文的儿子徐树本代父收下。第二，原任松江知府赵宁为在朝中找个靠山，特投拜在徐元文门下为徒，并送去白银1000两。徐元文的侄子徐树屏等代为收下。第三，苏州、松江、常州三府购买一批青蓝布，却多支取报销14000两白银，这些钱被洪之杰、赵宁和徐树本瓜分。第四，康熙二十八年，洪之杰经吏部讨论予以革职，康熙皇帝格外施恩，批示将其降职留任，徐元文等却将圣上的大恩归结为他们出力的结果，徐树本收取洪之杰白银2万两的谢礼。第五，徐元文家乡的居民钦涞、钦鼎丞二人因事诉讼，徐元文的侄子徐树敏借机敲诈钦鼎丞1000两白银，由徐家佣人查点收齐。第六，徐元文的儿子徐树声向苏州承天寺敲诈勒索白银1000两，并驱逐寺内众僧，单单留下个别恶僧。第七，徐树本唆使王缉植的母亲控告监生李端鲍久不葬亲，敲诈白银400两。第八，徐树屏庇护徐长民，将生员黄中坚的手指殴打折断，并讹诈白银4000两。第九，徐树声等将银钱粮食，于六月份放出去，再于同年十月收回来，利息最低为每两5～6钱，对借贷者重利盘剥。贫苦的平民到时不能偿还，徐家就派家人催逼打骂。第十，徐乾学、徐元文将其子侄的田地填入别人名下，以拖欠应交纳的钱粮。第十一，徐乾学致仕回籍养老后，违背朝廷惯例，擅自建造长生祠堂。第十二，徐元文的子侄以及家人往来于苏州，经常轮流更换马吊纸牌，并从中做手脚，借口娱乐，实为赌钱，勒索昆山的知县和船夫，并承揽当地大大小小的衙门案件。徐元文家乡的百姓也纷纷上呈状纸，控告徐乾学及其子侄横行乡里、霸占田地房舍、草菅人命等罪行，也牵连到徐元文。朝廷经过调查认为：人们所揭露的徐家各条罪行属实，虽然多是徐元文的儿子徐树本和侄子徐树屏等及家人所为，徐元文也难辞其咎，应当负一定的责任。七月，康熙皇帝命令："所奏各款均予从宽处理，赦免对徐元文案件的调查讯问。"并命令徐元文回到家乡养老，不再从事任何政治事务。

徐元文身体一向比较好，自从在史局留任以来，他夜以继日，呕心沥血，纂写修订史书，惟恐有不妥当的地方，因劳累过度时常咳嗽哮喘。后来，担任翰林院掌院学士，充任《政治训典》、《平定三逆方略》、《大清一统志》以及《三朝国史》总裁官，并负责监修《明史》。每天都是晨入阁，午入院，未四鼓即上朝，工作繁重，成绩突出。返回老家的时候，乘船经过临清（今属山东）榷关，关吏喝令停船搜查。即使徐元文夫人的衣物连同炊事用具之类也仔细查看，结果只查出图书数千卷和300两馈金。徐元文性格刚直，从不趋避祸福利害，这次遇到关吏侮辱，愤愤不平，吐血不止。回家以后，他感慨人情万端，世态炎凉，仰天长叹，接连吐血数斗。在家乡仅住了1年，于康熙三十年（1691）七月二十七日去世，终年58岁。

徐元文一生好学，积藏图书近万卷。业余时间专心读书，钻研学问，谢绝客访，还经常亲手校正书籍中讹误的地方，并以此为人生乐事。他对于书写尤其重视，即使便条或小札，也从来没有一个字随意涂抹或写得潦草。一生著述甚丰，现存诗、文、奏疏各若干卷，另有《含经堂集》1部，《明史稿》若干卷。康熙二十八年（1689）《中俄尼布楚条约》签订以后，徐元文撰写《俄罗斯疆界碑记》，刻成碑文，立于格尔必齐河畔。

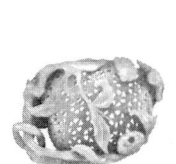

马世俊

◎ 刘 春

马世俊是清代第10位状元,字章民,号甸臣,明朝万历三十六年(1608)出生于江苏溧阳县。其先世竹湖、孟河二公官至太史。马世俊生当兵燹连绵、灾荒不断的明末清初,社会动荡,家道衰落。父亲长兄皆感人生艰辛,世途险恶,皆隐居,不求功名。马世俊不为环境所惑,仍对科举功名充满信心。

马世俊自幼天资聪慧,攻读刻苦,少年时就闻名乡里。在考中状元以前,马世俊善作诗,工于书画,而以才子之名著称。其诗多酸辛之语,悲戚之情,充溢关心劳动人民的朴质思想。他读《酷吏列传》后，曾作《泰山妇人行》："去年五夫作虎脯，今年吾子葬虎腹。便欲辞家择乐土，趑趄未行心畏缩。君不见商君论囚渭水赤，宁成一怒诛三族。杀身岂肯全寡妻，破家无复存茆屋。妇人犹在泰山下，终身辛苦守茕独。吁嗟乎！食夫食子留我身，翻射猛虎何其仁。"他的诗不仅感情充蕴，而且抒情写景妙语层出，状物传神，使人仿佛身临其境。《长兴舟中》诗云："洞庭芳草连天远，震泽孤帆带雪飞。"《早发济宁》诗云："碧湖千嶂山，斜日小亭收。"《得容儿书》诗云："冻云催暮色，薄雪舞空尘。"《怀吴见末》"素交真似水，大隐岂须山"，表现唐人的神情风韵。故时人对其诗文评价尤高，说他的诗尽洗诗人习致，通于鬼神声，等于金石情，达于潜思，藏于隽旨。后人诗选多收其诗，《江苏诗征》卷111收27首，《清诗纪事初编》卷4收2首，《国朝诗别裁集》卷6收3首。作诗之外，马世俊生平精娴书画，史称他的书法有王羲之的体势，绘画有王维的风格。所画多为山林水色，书画好作巨幛。康熙元年（1662）曾在北京画山水卷，自题《后观山歌》。时人评价他的书画不专师法，自出机杼，耸拔夺目。《国朝画识》、《国朝画征续录》、《中国画家大辞典》和《中国美术家人名辞典》把他作为书画名家收入其中。

马世俊才学出众，声名传扬，科举路途并不平坦。他自幼苦读，梦寐以求鱼跃龙门，屡屡参加科举考试。顺治十四年（1657），马世俊年届50岁参加丁酉科乡试，中式为举人。次年，入京参加戊戌科会试，名落孙山。落第留京期间，穷困失意。为了以后参加科举有人推荐，他求见司寇龚芝麓，把其代表作投献给他。是文论述贤与不贤、亡国之主与兴国之主的关系，论述细密，情词恳切，以致司寇泪如雨下，盛赞马世俊为才子。于是，岁暮赠炭金800两，勉励他来年再试。有人慰藉与理解，虽是好事，但落第的愁苦还得独自品味。他羡慕别人上榜进宫，伤感自己下第归乡。《喜丁酉诸同年登第》诗流露矛盾心情："同有乡园梦，诸君未可归。风回游子棹，露拂早朝衣。名姓通青锁，文章动紫微。怜余似秋雁，犹及傍南飞。"

好事多磨，科场失败没有摧垮马世俊。顺治十八年（1661），马世俊参加辛丑科会试及第。殿试时，贡士对策多是敷衍为文，马世俊此次对策却是侃侃直书："称王者天下为家，不宜示同异。"此论传出，时人称颂。榜发，状元马世俊，榜眼四川遂宁人李仙根，探花浙江归安人吴光。朝廷授官马世俊修撰，后廷侍读。释褐授官之日，马世俊因家境贫寒，生性朴素，不能具备轩马，于是鞭策蹇驴，由一老苍头携抱朝廷赐的官袍随其后，徒步返归寓所，传为士林佳话。马世俊作诗云："却怜十里无车骑，自愧才疏欲避名。"其实，马世俊徒步归寓所，事出有因。按清代惯例，状元释褐归寓所，有车马官员陪送。是年正月顺治皇帝死，状元及第，喜庆欢送之礼多有节制。

康熙三年（1664）马世俊任甲辰科会试同考官。官事之余，赋诗作画，如山水卷《后观山歌》、诗《泰山妇人行》作于斯时。

康熙五年（1666），马世俊辞世。其著作有《匡庵文集》12卷、《匡庵诗集》6卷、《华阳游志》和《李杜诗汇注》，自编八股稿本《马章民稿》。

严 我 斯

◎ 刘 春

严我斯是清代第 11 位状元,字就斯,号存庵,浙江归安(今浙江湖州)人。其一生主要经历当在顺治、康熙两朝,生卒年不详。据卒前口占偈云:"误落人间七十年,今朝重返旧林泉。崧山道侣来相访,笑指黄花白鹤前。"知其约 70 岁时死。其父字既方,明朝副贡生,明亡隐居不仕,时人视为高士,著有《春正月辨》、《嗜退庵语存》。严我斯在父亲影响下,自幼读诗书,在乡里名声颇好。

顺治十一年(1654),严我斯参加甲午浙江乡试,中式为举人。顺治十八年(1661)参加辛丑科会试,中式为进士。康熙三年（1664），清朝举行甲辰科会试。康熙二年时，康熙皇帝认为八股文不利于个人创见，难以选拔贤才，于是颁布废除八股考试禁令，谕令"惟于为国为民之策论表判中出题考试"。随着考试内容减少，乡试、会试也从3场变为两场。故甲辰科会试改为两场：头场，策5道；二场，四书论1篇，经论1篇，表1道，判5条。废除八股取士，专用策论，对选拔人才是有利的。但从明初至此时200多年，汉族知识分子已习惯于八股考试。一旦取消，他们很难接受。故是科应试人少，中式250人，较之前科人数减少。所取进士也为时人看重。严我斯以辛丑进士身份补殿试。榜发，状元严我斯，榜眼河南柘城人李元振，探花江南无锡人周弘。状元及第后，严我斯居京为翰林学士，又为礼部侍郎。康熙八年（1669）己酉科乡试任山东考官。虽然仕途通达，但他向往乡野，迷恋弄墨，于是未到花甲之年就告老归乡。

严我斯平生喜好读书作诗，著有《尺五堂诗删初刻》6卷，《尺五堂诗删近刻》4卷。前书收入康熙三年到康熙十五年的诗，后书收录康熙十六年至康熙二十六年的诗。《自序》评说其诗是"本乎自然，发为篇章"。即主张作诗求感情真挚，发自内心，不宜矫揉造作。史载他的"文章操行，为时所重"。

严我斯的诗多是触景咏物之作，文辞清新，流露出沉湎山水乡野的生活情趣，表现了关心人民疾苦的思想。《十峰草堂歌为钱磋日作》诗云："九龙之山环九峰，一峰一态如一龙。兴云出雨气磅礴，鳞甲欲动凌苍空。别有一峰伏而起，神奇夭矫为龙尾。世人咫尺不知名，古来奇士都如此……予本风尘落拓者，青鞋布袜思徜徉。安得投簪寻泛宅，五湖之曲烟光白。与君挂杖听鸣泉，夜向松窗读《周易》。"借描绘九龙山神奇天矫之景，抒发敬重隐居山人的情怀。《瞾水谣》云："瞾之水兮清且涟，使君堂上坐鸣弦。瞾之水兮清且漪，使君郊外多耕犁。使君官庖食无肉，长鬟编篱种野蔽。使君侵晨寒无衣，老婢当窗织布机。使君寒，民五袴。使君饥，民含哺。升君之堂进君酒，有酒盈卮，有蔬盈豆。长老在前，稚子在后，俚语歌呼为君寿。清畏人知兮，何人弗知。吁嗟今之人兮，廉吏可为而不为。"诗以通俗易懂的村语构成，民歌风味浓厚，意蕴深邃，颂扬了农人辛勤劳动的伟大，斥责了赃官的贪婪。《缫丝曲》与《瞾水谣》有异曲同工之妙，诗中江南蚕乡的景致凸现纸上，仿佛伸手可触，刻画官府恶吏残酷剥削的诗句，似可同白居易之佳作媲美。"田家四月桑叶稀，鹁鸠啼雨乳燕飞。吴蚕上山茧如雪，丝车索索鸣柴扉。车上少妇飞蓬首，两月辛勤露双肘。朝忘沐栉夜无眠，那得新衣缝女手。须臾府帖下乡村，里正仓皇来打门。但偿官税苦不足，更向厨中索酒肉。君不见富家女儿娇绮罗，吴绫越绢无人驮。"如果说《瞾水谣》、《缫丝曲》是以白描手法铺陈作者所见，含蓄中显愤慨，那么，《捕蝗谣》作者则直抒胸臆，发出反抗清朝官吏残酷剥削的怒吼。"蝗食民苗，吏食民膏。蝗食民苗诚可忧，吏食民膏何时瘳。捕蝗不如捕虐吏，宽租停扑蝗何尤。"《柴窑酒槐歌为曹峨眉赋》一诗则通过咏叹柴窑古瓷，引发"李杜不作酒人无，椀乎椀乎尔之遇合何太孤。沦落千年谁识尔，世人皆弃吾独取，江南曹侯尔知己"。为封建统治者不识高人俊士而感叹。

　　严我斯政绩不显，诗文在清代文坛影响不小。后人所辑史料汇编《国朝耆献类征初编》卷52，以及诗集《国朝诗人征略》卷7、《国朝诗别裁集》卷9、《清诗铎》和《清诗纪事初编》卷7，收有其诗。《清诗铎》所收诗最有代表性，比较全面地反映了严我斯的诗风及其思想。后人邓之诚评论曰："其诗各体皆工，于唐为近，少嫌未遒。"这一评判，从诗风上说倒也贴切，但就思想性而言，未免失之不全。

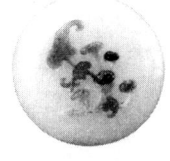

缪 彤

◎ 刘 春

    缪彤是清代第 12 位状元，字歌起，号念斋，明朝天启七年（1627）生于江苏吴县（今江苏苏州）。在乡里以循规蹈矩闻名，被乡人荐为遵循封建道德规范的楷模。他热衷科举考试，渴望中式夺魁，先后 5 次公车北上应试。考取状元前，他曾向一张姓星卜家求问科场前途，此卜者声称缪念斋当贵为状元，后竟偶合应验。星卜张以此声名鹊起，门庭若市，累致千金。清代第 14 位状元韩菼在中式前，也去求问科举前程，张厉声曰："此人来岁当死，还问功名乎？"后韩菼登科夺魁，星卜张遁隐匿迹。康熙六年（1667），年届不惑的缪彤在北京参加丁未科殿试。是科同甲辰科一样，废八股，考策论，故应试者少，所取进士不被士人看重。榜发，状元缪彤，榜眼江南丹徒人张玉裁，探花山东平原人董讷。缪彤受官秘书院修撰。

丁未科会试，发榜前，缪彤心情忧郁，已束装欲归故乡。待榜发为状元，甚感荣耀。于是将其魁首心情和及第一甲第1名享受的荣宠盛况尽记书中，撰成《胪传纪事》，得意之情洋溢书中。"皇上升殿时，雨稍甚……及至太和殿前，与诸进士跪丹墀下，听三唱第一甲第一名，系彤名。每一唱已，心鼓乐良久……是日唱名毕，行三跪九叩礼，彤随礼部堂上官，捧黄榜，从御道出，跪至龙亭内，鼓乐迎至长安门张挂。顺天府府尹……迎彤与张玉裁、董讷等3人至厂内，簪花用酒，用仪从迎至顺天府赴宴……彤坐正席，榜眼、探花左右坐，俱南向，用教坊乐。撤席……府尹府丞亲送至寓，寓中设席款之。……二十五日，到礼部，与恩荣宴。读卷官自满汉大学士以下，收卷官、掌卷官自翰林科部以下，监试御史及巡缉供给各官俱与宴。皇上遣内大臣佟国舅陪宴。彤一席，榜眼、探花一席，诸进士4人一席。用满洲桌银盘果品，食物40余品，皆奇珍异味，极天厨之馔。御赐酒，三鼎甲用金碗，随其量尽醉无算。宫花一枝，小绢牌一面，上有"恩荣宴"3字。状元用银牌。四月初二日，午门外，赐彤袍帽，水晶金顶凉帽一顶，镶蟒石青朝衣一件，玳瑁银带一条，荷包、牙筒、刀子俱全，马皮靴一双。"从御殿传胪唱名，观榜长安街，顺天府宴饮，赴恩荣宴，午门赐蟒袍，国子监释褐拜先师，到顺天府官员送归府第，缪彤真是状元及第，独占鳌头，荣幸无比。

居京为官，缪彤由修撰迁为侍讲，康熙九年(1670)任庚戌科会试同考官。宦海沉浮，侍君艰难，他对官宦仕途日益淡漠，萌生辞官归隐之念。他送医士方际泰归茅山时，作诗云："卖药长安市，超然寄一身。摺驴偏识路，破袜不生尘。入世性情古，还乡面目真。自惭留滞客，对尔叹劳薪。"流露了厌弃京师欲求归乡的真情。

归乡后，缪彤出资创立三畏书院，刊刻曹月川《家规》、蔡虚斋《密箴》和刘念台《人谱》等书，专意讲学育人，造就很多人才。其子缪曰藻于康熙五十四年（1715）及第榜眼。康熙三十六年（1697），缪彤死。其著作有《双泉堂文集》42卷，于康熙二十四年（1685）刊刻。此外，《国朝诗别裁集》、《江苏诗征》和《古文汇钞》录有其诗。缪彤性喜游历山川，故他的诗多写景赋情、流连山水和向往岩穴之作。《送医士方际泰归茅山》诗云："茅山称最滕，结屋傍嶙峋。白鹄常为伴，黄精得养神。松云凉梦寐，僮仆使霹雳。曾读宋清传，犹嫌未绝尘。"《假归南下欲游五台山》云："排空历历五高台，想像先教眼界开。客路风光随马去，家乡树色渡江来。探奇亦自安禅味，济滕须谁作赋才。莫道上方钟磬杳，此身今已出尘埃。"表现了迷恋自然景观，在树色风光中无所拘束，领略高士出尘的乐趣。他前半生醉心功名的思想销声匿迹，只留下"身在云中天水合，更于何处见蓬莱"的虚无思想。

蔡启僔

◎ 涂青

一、正直善良的少年英才

靖康之难，北宋覆灭，康王赵构南渡，在临安(今浙江杭州)建立偏安政权，北方士大夫随他南下者颇众，其中，有个姓蔡的秘书郎，南渡后定居德清(今属浙江)。此后，德清蔡家官位不显。到蔡奕琛时，考中万历四十四年(1616)进士，官至吏部侍郎。明朝灭亡后，告老还家，不久便去世了。从此，蔡氏家道中衰。

蔡奕琛有5个儿子，长子启僔，字石公，最有出息。

蔡启僔为人正直、善良，好学上进。父亲做吏部侍郎时，他在官学读书，毫无贵公子的习气，谦逊礼让，粗茶淡饭，衣着简朴，有如一介寒士。父亲死后，家道中衰，但蔡启僔不因贫困而丧志，仍像从前一样，除了哀思外，看不出他有什么变化。

就在父亲病死那年，即顺治十一年（1654），蔡启僔考中举人。此后，他逢会试便去考，五进礼部贡院，都名落孙山。蔡启僔毫不气馁。

相传，蔡启僔婚后长期无子，夫人知道他是蔡家的长子，生怕蔡家从此断了香火。于是，她就把自己的首饰卖了，又四处凑足30两金子，私下为启僔纳了一个妾。

第一天晚上，当启僔走进这个妾的房里，却看见这位女子满面泪痕，一脸愁容，启僔连忙问她为何哭泣。女子最初不肯讲话，启僔一再追问，并表示无论什么事也不怪她，女子才把自己的身世说了出来。

原来，这女子早有夫家。丈夫本来是当兵的。由于家贫，先向兵营小头目借了十几两银子，后来，连本带利共欠30两金子。女子的丈夫上有老母，下有孩子，为了还债，只好狠心把妻子卖了。

启僔听罢，非常同情，决心帮助这对苦命夫妻。

首先是把女子送回家去。可眼下夜色迷茫，女子的家又远，当晚送回去是不可能了。启僔又想，固然可以把女子安排到邻居处住一夜，但那女子的丈夫又怎么想呢？于是，他把那女子托付给妻子，独自一人连夜朝那女子家走去。

启僔敲开门，果然那女子的丈夫还没有睡觉，正痛苦地坐在灯下发怔。启傅说:"大哥别发愁,那头目的债我们明天一块儿去还。夜已很深,您的夫人不能回来了,只好由我来陪大哥一夜。"

第二天一早,启傅叫人用轿子把那女子抬回。然后,带着女子的丈夫和30两金子来到兵营,找到那个放高利贷的头目。启傅厉声对他说道:"你违犯王法,重利盘剥贫民,逼人典妻卖女,实在可恶!今天暂时不和你计较,先把这位大哥欠你的钱如数还了。今后不许你再找他们的麻烦。如果你再寻衅闹事,等我蔡启傅当官之后,可是饶不了你!"

蔡启傅正气凛然,那个头目畏服了,没敢再生是非。

二、短暂的仕途生涯

康熙九年一月,启傅又进京赶考。

相传,启傅有一个乡试同年和同乡邵某,当时正在淮安做县令。启傅北上赶考,正好路过淮安。当时正值风雪交加,寒风刺骨,启傅走了一天的路,又冷又饿。他忽然想起这位同年,一则多年不见,很想看看这位老朋友,二则眼下天寒地冻,想到他那里避避风寒。

启傅来到淮安署,把自己的名刺(名片)交给守门的县役,请他进去通报。自己站在门口等候。

这位邵大人是个非常势利的小人。他知道启傅屡试不第,穷困潦倒,生怕来找麻烦,竟假装不认识。

启傅在雪地里等了半天,那个县役才慢慢走出来,把名刺扔给他。启傅一看,名刺上批了4个字:"查明回报"。启傅非常难过,接过名刺,还不等县役问话,就消失在漫天风雪之中。

会试于二月初九、十二、十五日在礼部贡院开考。3场考试下来，蔡启僔忐忑不安。发榜日，他匆匆赶到贡院，在榜上找到自己的姓名。

从顺治十一年考中举人，到今年考中贡士，整整16年。

贡士还要参加殿试，才能成为进士。不过，殿试概不黜落，仅排名次先后。殿试时间是一个白昼，清晨入场，日落前交卷出场。蔡启僔下笔万言，到中午时分就交卷出场了。读卷大臣选定前10名的卷子，送呈世祖裁决。世祖在他最欣赏的一份卷子的卷首上朱书"第一甲第一名"6个大字。待拆开弥封一看，此卷乃德清人蔡启僔也。

蔡启僔成为清代开国以来第13位状元。这年，他年已五十有二。

启僔中状元后，也想"风凉"一下那位势利同年。于是特地在北京城里买了一把扇子，托人捎到淮安县署。这位邵大人得知今科状元送来的礼物，自然非常高兴。打开一看，但见有诗一首：

去冬风雪上长安，举世谁怜范叔寒。
寄语山阳贤令尹，查名须向榜头看！

意思是，即使贤能如战国时期范雎一样的人才，由于穷困，也会遭到世人欺凌。您不是想查明老朋友的名字吗，现在请您从金榜第一行开始看起吧。

状元例授翰林院修撰，掌修国史，蔡启僔亦然。当朝天子世祖爱新觉罗·玄烨很器重蔡启僔，在弘德殿召见他，命他作几首诗呈上。蔡启僔挥笔立就。世祖极为欣赏，命他担任日讲官，为世祖讲解经史。不久，世祖诏设起居注官，笔录他的言行，命蔡启僔兼任。蔡启僔成了皇上近臣。康熙十一年八月，出为顺天乡试考官，所取皆有才学，后来出了若干名臣。不久，蔡启僔偶犯小过，遭到弹劾，辞归乡里，朝夕侍奉老母。老母罹病，不治而死，蔡启僔悲痛欲绝。

母丧期满，蔡启僔回京，仍任日讲起居注官。

世祖好学，极重儒臣。蔡启僔学问渊博，他撰写的讲稿，精辟清新，世祖大加赞赏。他的讲解，也极为精辟，谈古论今，启迪圣智。

康熙十六年，蔡启僔升任东宫右春坊右赞善。右赞善没有什么职权，仅供翰林院官员升转之用。也就是说，世祖欲提拔重用蔡启僔。不料，蔡启僔患病，去职休养。

蔡启僔性乐山水，回到德清老家后，赋诗博弈，游山玩水，病情大有好转。他入仕不久，颇受器重，却已厌倦官场生涯，打算终于乡里，不再出仕。

康熙二十二年，蔡启僔兄弟葬母亲于父亲墓中。他们打开父墓，见墓中已进水。蔡启僔性至孝，不忍心父母尸骨浸泡在水中，遂另寻墓地。他与风水先生奔波数日，相中一块宝地，请人占卜。谁知，连日操劳，蔡启僔病倒了，竟不治而死，享年65岁。

蔡启僔为人诚直，心地善良。居官一无求谒于人，办完公事，便拥书自娱，或种花草，不治产业。他死后，竟无葬身之地，5年后，儿子们才买到一块地予以安葬。

蔡启僔死后，康熙十二年癸丑科状元韩炎作《右春坊右赞善兼翰林院检讨蔡公启僔墓志铭》，铭文曰：

维皇建事，逊志多闻。

先生应期，山川出云。
臣学何学，抱其遗文。
朝夕承辟，仁义是陈。
……

韩 菼

◎ 刘 一

长洲(今江苏苏州)是清代出状元最多的县。有清一代,开科112次,状元114人,有7人出自长洲。韩菼是长洲7位状元中的一员。

韩菼,字元少,别号慕庐,谥号文懿,故人称"韩文懿公"。韩家先世是凤阳(今属安徽)人,后迁于长洲,乃书香门第。韩菼的曾祖、祖父和父亲都通过科举入仕,做过地方官或京官。母亲姓周,身世不详,盖也名门闺秀。韩菼好学上进,擅长诗词古文;他喜欢山水,常邀好友结伴出游,嗜酒豪饮。韩菼性倔强,不盲从,凡他不喜欢做的事,任谁劝说,决不心动。康熙十一年(1672)八月，韩菼考中顺天乡试，成为一名举人；翌年二月，韩菼参加礼部会试，夺得第一名会元。四月，参加殿试。殿试考时务策，韩菼在时务策策文中指斥"三藩"拥兵自重，图谋不轨，应尽快撤销。殿试结束，读卷大臣把前10名的卷子送呈康熙皇帝圣裁。康熙皇帝正在筹划撤藩，铲除地方割据势力，韩菼的对策正中下怀，遂在卷首朱书"第一甲第一名"6个大字。

韩菼成为清代第14位状元。这年，他37岁。

中状元后，韩菼入翰林院为修撰，掌修国史。不久，以修撰身份充任日讲起居注官，随从康熙皇帝出席各种重大活动，笔录于册，按年编次起居注。旋即，奉旨编著《太极图说》。3天后，康熙皇帝又令他作两首诗进呈，大加赞赏。翌日，又命他把平日的文稿全部进呈上来，对韩菼的学识更加赏识，在弘德殿召见，让他讲解《大学》，又命他主持编写《孝经衍义》。此书自顺治皇帝起开始编纂，迟迟未能完书，韩菼接管后，组织一批儒臣，通力合作，顺利完成。全书包括"凡例"、"目录"1卷，"经旨总要"2卷，"衍义"100卷。

康熙十四年八月，韩菼出任顺天乡试正考官。十五年，迁右春坊右赞善。十六年三月，转为左春坊左赞善。十月，康熙皇帝授予他侍讲官位，侍从皇上，讲解经史。十七年，再次出任顺天乡试正考官。

康熙十八年，韩菼乞假回家，改葬父母。他在家住了整整5年。

康熙二十三年八月，韩菼回京，仍做侍讲官。不久，转为侍读。二十四年二月，康熙皇帝考试翰林院官员，韩菼的好友、昆山(今属江苏)人徐乾学名列第一，韩菼名列第二。

徐乾学入值南书房，韩菼升为翰林院侍讲学士。1个月后，擢为内阁学士。内阁学士位次内阁大学士，掌传达诏命及章奏，例兼礼部侍郎衔，从二品，是朝中颇有权势的大臣。

至此，韩菼入仕仅仅14年，若扣除在家居住的5年，仕途生涯仅9年。他是当时青云直上的官员之一。

一些官员开始妒嫉韩菼，竟动员他早点儿致仕，即退休回家，甚至威胁他尽快离去。韩菼道："这正是我的心意。"康熙二十六年，他便托病辞归乡里。

韩菼在家一住又是8年，潜心研究学问，从《六经》到汉儒的笺注，唐儒的义疏，宋儒的章句，无不悉心钻研；司马迁的《史记》，班固的《汉书》，陈寿的《三国志》，是他极推崇的；唐诗、宋词，他也反复吟诵。他还时常以诗歌古文教导乡里后进。闲暇时，便与三二个友人徜徉于泉石间。

韩菼回乡第3年，徐乾学也回到昆山。

徐乾学是康熙九年第一甲第3名进士，即所谓"探花"。他的二弟徐秉义是康熙十二年第一甲第3名进士，与韩菼同榜，也是一名探花。他的三弟徐元文，则在顺治十六年（1659）荣膺状元桂冠。"昆山三徐"名震天下。"三徐"步入仕途后，恃权纳贿，他们的子侄依仗父祖权势横行乡里。一些官员上疏弹劾，徐乾学辞归乡里。不久，朝廷追查"三徐"和他们子弟的不法行为，予以严惩。"三徐"的好友怕受牵连，疏远、躲避"三徐"，甚或攻击，以洗刷自己。

韩菼推重"三徐"的才学，不满"三徐"的恃权纳贿等不法行为。但在"三徐"遭到攻击、指斥的时候，他没有像"三徐"的其他朋友那样，疏远、躲避，甚或攻击，仍像从前一样与"三徐"往来，替他们辩解一些不应有的罪名。

康熙三十四年七月，皇上又下诏召韩菼回京，命他充任

《大清一统志》总裁官。两个月后，擢为礼部右侍郎兼翰林院掌院学士。三十八年，调任吏部右侍郎。三十九年，擢为礼部尚书。康熙皇帝极赏识韩菼的才学和人品，诏谕大臣说："韩菼乃天下才，风度好，奏对也合朕意。"又下诏道："韩菼学问优异，文章古雅，旷古少见。""韩菼所撰文章，能道出朕心中事。"四十一年十二月，康熙皇帝特赐韩菼"笃志经学，润色鸿业"匾额。

康熙皇帝有心让韩菼出任内阁大学士，一次变故却讨厌起他来。

康熙四十年三月，安徽巡抚高永爵奏劾布政使张四教加派火耗、挪用库银计30万两。康熙皇帝命两江总督阿山调查此事。阿山奏称这笔银两系康熙三十八年皇上南巡时的花销。康熙皇帝览奏大怒，下诏说："朕3次南巡，所过地方，蠲免钱粮，开仓济贫。朕的一切开销，都是在京城就准备好的，未动用地方一丝一毫。"命将张四教、阿山交部查处。正在这时，漕运总督桑额鞫讯张四教，张四教招供。阿山与张四教为姻亲，故包庇张四教。康熙皇帝让各部大臣聚议，怎样惩处阿山。最高监察官左都御史说："依律当诛。"韩菼不同意处死阿山，为他辩解了几句。那些忌恨韩菼的人便乘机诽谤，说韩菼偏袒阿山。康熙皇帝龙颜大怒，韩菼从此失宠。

康熙四十二年十二月，韩菼上疏，称身体有病，乞请致仕。康熙皇帝未准，诏令："韩菼因擅长诗文而屡被擢用，至礼部尚书。从前掌翰林院事时，对庶吉士不勤加教习，每天带着他们喝酒，致使庶吉士都怠于学习。各部大臣商讨国事时，韩菼也不直言，只随声附和几句，他的行为远不如他的才学。他如今知罪了，托病求罢，不合臣子之义。命他仍留任礼部尚书，戴罪立功！"四十三年四月，韩菼再次上疏乞求辞官，康熙皇帝还是不准。这年八月，韩菼病死在礼部尚书任上，享年68岁。

第二年，韩菼移葬故乡。子女请他的好友朱彝尊题写墓碑。另一个好友方苞为他撰写墓表，道：

公之生也，众以为贤，而自视乃缺然。公之殁也，人为之悲，而乐之其如归。更千秋而万岁，孰能察公之时义，而识其心之精微。

韩菼死后48年，即乾隆十七年(1752)二月，乾隆皇帝诏谕内阁："故礼部尚书韩菼生平博学多识，精通经术，他所撰写的文章清新文雅，开一代风气，足为学林楷模。从前没有请谥，今加恩追谥，以示褒荣。"赐谥号曰"文懿"。

彭定求

◎ 刘 一

明太祖朱元璋建立大明帝国初年，临江府清江（今属江西）县一家姓彭的，迁到苏州府长洲县（今江苏苏州），隶籍卫所。卫所是明代的军队编制，士兵单立户籍，世代当兵。到了嘉靖年间（1522~1566），彭家出了一个举人，名叫天秩。从彭天秩起，彭家代有登科的。彭天佚的儿子彭汝谐，万历四十四年（1616）进士。彭汝谐的儿子彭德先，考上太学。彭德先的儿子彭珑，顺治十六年（1659）进士。到彭珑的儿子彭定求时，彭家名扬天下。

彭定求，字勤止，号访濂，学人称"南畇先生"。6岁时，彭定求入学读书识字。11岁那年，父亲给他讲解程朱理学，拜著名理学家汤斌为师，研习理学。在父亲和老师影响下，彭定求对理学发生浓厚兴趣，潜心研究。16岁时，他开始习作八股文，准备参加科举考试。

23岁那年，彭珑出任长宁(今广东新丰)知县，彭定求在家侍养老母。过了3年，彭珑被牵进一桩案子中，逮捕下狱。彭定求打算去长宁看望父亲，临行前，他去求同乡杨雍建。杨雍建官为给事中，在家休养。彭定求求他给广东大员写封信，为父亲说情。杨雍建见彭定求孝心至诚，就答应了。彭定求辞别母亲上路，跋山涉水，40余天抵达长宁，行程达2000余公里。见到父亲后，蓬头垢面的彭定求抱着父亲失声痛哭，周边的人莫不感动歔欷。彭定求四处奔走，为父申冤，彭珑终得开释。

康熙十一年(1672)八月，彭定求赴江宁(今江苏南京)参加乡试。初九、十二、十五3场考试下来，彭定求列第20名，成了一名举人。这年，彭定求年二十有八。

乡试录取名额，大省一般不过30名。彭定求乡试名次偏低。在来年的会试中，彭定求落榜了。

康熙十五年二月，彭定求再次入京参加会试，一举夺得第1名会元。殿试时，他的卷子被读卷大臣列为第3名。殿试前10名卷子进呈皇上御览，康熙皇帝欣赏彭定求的卷子，问读卷大臣为什么把会元的卷子置于第3名。读卷大臣说他的楷书不及前两卷。康熙皇帝龙颜不悦，道："会元的卷子有劝勉朕的意思，很不错。难道先儒大师周(敦颐)程(程颢、程颐)朱(熹)张(载)都是书法家吗？"那些读卷大臣害怕了，磕头请罪。康熙皇帝把彭定求的卷子擢为第一。

于是，彭定求成了清开国以来第15位状元。这年，彭定求年三十有二。

中状元后,彭定求入翰林院为修撰,掌修国史。不久,他得到一部《近思录》,极为喜爱。《近思录》是理学大师朱熹和吕祖谦编纂的,辑录理学开山祖周敦颐、程颢、程颐、张载的思想精华。彭定求早就热衷理学,得到这部书后摹写一遍,反复研读,奉为言行之准则。第二年春,彭定求上疏请假,回家看望老父,入秋后抵家,每天侍奉父亲,讲论经义。彭定求刚刚入仕,却已厌倦官场,打算从此致仕,在家研习理学。他在家一住便是3年,后来在父亲敦促下,才回京复职。不久,出任日讲起居注官,给康熙皇帝讲解经史,随同他参加各种重大活动,笔录于簿。接着,迁为国子监副长官——司业,再迁为侍讲,侍从康熙皇帝讲经论史。

随着职位升迁,彭定求越来越厌倦官场生涯,期望辞官回家,研究理学。但是,这样做有违父命,他便屡屡请假。父亲死后,他终于如愿以偿,辞官回家。

前后算起来,彭定求在翰林院不过4年。

在理学上,彭定求独树一帜。

彭定求的老师汤斌之学,出于孙奇逢;孙奇逢之学,出于鹿善继;鹿善继之学,则宗王守仁的《传习录》。故彭定求的学术思想根柢于王守仁。

王守仁继承发展了南宋陆九渊的"心学",把人心视为万物的主宰,倡言"致良知",要人们用自心去体验本来就存在于自心的伦理道德。王守仁的"心学"几乎席卷整个思想界。王学的兴起是对程朱理学的强大冲击。作为理学,陆王与程朱都倡言"明天理,去人欲",但作为理学异端,陆王和程朱又有所不同。程朱以"理"为主体,更多地突出了超感性现实的先验规范;陆王以心为主体,更多地与感性血肉相联。王学成为明中叶以后浪漫主义人文思潮的哲学基础。那些推重程朱理学的人竭力贬斥陆王心学，结果在思想界出现程朱理学与陆王心学的斗争。

在这种局面下，彭定求试图调和陆王心学与程朱理学。他著文说，王守仁极推崇朱熹，他的思想中有朱学的成分。彭定求想把王守仁打扮成兼收并蓄陆氏心学与朱氏理学的人物。实际上这是彭定求思想的流露，他不囿于门户之见，虽出于王氏心学，同时兼采程朱理学的思想。

彭定求在家一住多年。康熙四十四年，皇上南巡，命彭定求与汪士铉、徐树本等校《全唐诗》，赏赐御书，传旨垂询病情。五十二年，康熙皇帝"万寿节"，彭定求入京祝贺。

康熙五十七年，彭定求病情加重，自撰墓志，铭曰：

翳冯虚之眇躬，乘一气之鸿闲，知生死如昼夜，乃原始以反终，惟循理而顺命……

第二年四月，彭定求病死，享年 75 岁。

归允肃

◎ 刘春

归允肃是清代第 16 位状元，字孝仪，号惺崖，江苏常熟人，明朝崇祯十五年（1642）生于封建官宦之家。其父归起先，字裔兴，号律庵，晚年又号易民，崇祯朝进士，官至刑部主事。后因父疾而乞告归乡，适逢清兵入关，从此避迹乡里，杜门不出，著书为乐。受其父教诲，归允肃自幼处事稳重；为人谨厚。经多年苦读，归允肃于康熙十八年（1679）参加乙未科殿试，榜发，状元归允肃，榜眼江南宣城人孙卓，探花浙江长兴人茆存馨。朝廷授官归允肃修撰，留京为官。

两年后，归允肃被委任为康熙二十年（1681）辛酉科顺天乡试主考官。自康熙初年以来，状元及第后，就被任命为下一科乡试主考官，几乎成为定制。所以，归允肃出任主考前，欲参加顺天乡试者即纷纷拜谒他，投上行卷，希冀得到关照。清代科场条例细密严厉，主考通关节舞弊，一朝揭露，必遭酷刑杀戮。顺治时期严厉处治的数次科场案，已是前车之鉴。归允肃接受君命后，纠集众同考官撰文立誓："允肃等素著清贫，谬叨荣遇，期为朝廷遴选真材，不为身家营谋私窟。期诸同事各矢此心，倘或为己营私，徇情欺主，明正国法，幽伏冥诛，甘受妻孥戮辱之惨，必膺子孙灭绝之报。"又言："毋夺于威，毋诱于利，毋牵前恩，毋邀后报。"对神起誓，意在昭明清白纯正之心。主考期间，归允肃言必信，行必果，未与考生通关节，公正无私。榜发后，落第者误以为中式者与主考有关节，非议鹊噪，欲朝廷兴狱惩治。经著名的直臣大司寇魏象枢严查，证明归允肃无贪赃受贿之事。为了平息谣议，享有品学硕望的魏象枢带一仆人，携红褐垫，步行到允肃居宅门外，行四拜礼，颂扬允肃说："我为国家得人而庆贺！"事后又为此赋诗纪事，遍示朝廷内外，归允肃持正不阿的本色方显扬朝野。后人评价他"辛酉主顺天乡试，所拔皆真才，一革从前诸弊"。鉴于一甲一名充任顺天主考生出的科场是非，自归允肃后，基本废除新科状元任顺天主考的惯例。

归允肃凝重谨厚，秉公办事，朝野延誉，受到康熙皇帝注意。康熙皇帝重视学习汉民族传统文化，其时设有经筵讲官和日讲官，为皇帝讲解汉文经典，回答圣上咨询。据载，康熙时曾有一段时间日讲官缺，翰林院掌院学士多次列名举荐，皇帝均未批允。一日，康熙帝突然从袖中抽出片纸，书写归允肃名。由此，归允肃以修撰兼日讲官。日讲官一般是翰林院举荐，经皇帝慎重选择，皆是德才兼备、学识超群之士。归允肃胜任其职，进讲《周易》、《毛诗》，举止端正，敷奏明畅。时人赞曰："讲筵得正人，天下有赖矣。"讲解汉文典籍，向皇帝传播汉民族文化颇有功效，官迁少詹事，参与朝政。

　　为官理政之余，归允肃勤于属文，后人称其诗文皆有法度。其著作有《归宫詹集》4卷，《笔诠》2卷。《江苏诗征》和《清诗纪事初编》收有其作品。他的《蚕箔词》最有乡村韵味，耐人研读。"二月桑条青，三月桑阴绿。风定日初长，吴蚕生簇簇。麦垄雉争飞，楼头蚕欲齐。辛勤护帘箔，早起摘芳菲。蚕眠时正暖，陌上行人缓。门巷寂无声，日午炊烟散。桑柘已稀蚕作茧，寒暄更测阴晴转。少妇持筐日苦饥，手中轧轧缫新丝。"用字平凡，意蕴清新，洋溢着种桑养蚕的农家生活情趣，流露了作者对桑女辛勤劳动而生活艰辛的同情。后来，归允肃因疾告归乡里。康熙二十八年（1689），死于故乡。

蔡升元

◎ 刘 春

蔡升元是清代第 17 位状元，字方麓，号征元，浙江德清人，顺治九年（1652）生于浙江德清望族蔡翁家。其先世为明朝高官，叔蔡启僔是康熙九年庚戌科状元。蔡升元自幼习读典籍，工诗善文。康熙二十一年（1682）参加壬戌科殿试，榜发，状元蔡升元，榜眼浙江石门人吴涵，探花江南长洲人彭宁求。朝廷授官蔡升元修撰。蟾宫折桂，平步青云，蔡升元无限兴奋。《纪恩集》所载其传胪诗云："人对彤廷策万言，句胪高唱帝临轩。君恩独被臣家渥，十二年间两状元。"得意自负的心态流露无遗。叔侄先后中状元，加之蔡家的蔡彬于康熙二十年浙江乡试为解元，被视为科场盛事，一时广为传诵。于是，有民间传说云：德清蔡翁筑室落成，梦人授给他4张红笺，各写一个很大的"一"字。后来，孙奕琛官至一品，曾孙启僔考中状元，元孙升元也大魁天下，彬为解元。于是，人们才悟得四"一"之兆。

状元及第后，蔡升元居京为官。康熙二十四年（1685）任乙丑科会试同考官，又被翰林院举荐为日讲起居注官。康熙十年（1671）八月，设立起居注官，又诏"命日讲官兼摄"，称为"日讲起居注官"。日讲官敷陈经义，回答皇帝咨询，兼记皇帝日常言行。蔡升元受宠信，连续4年效力尽职，康熙二十八年（1689）迁右中允，次年迁左中允。不久，辞官回乡奉养双亲，长期家居。康熙四十二年（1703），皇帝巡视河南堤堰后，移驾浙江嘉兴，蔡升元同地方官前往拜谒，得以在御舟中奏对。康熙皇帝怜惜其才，钦命回京供职，因蔡升元在讲筵甚久，家计甚贫，特赐银600两为葬亲费。是年，蔡升元北上京师任职。此后，在长达18年的宦海沉浮中，时有陟黜，先后为官候补中允、少詹事、日讲起居注官值南书房、詹事、经筵讲官、内阁学士、会试副考官和左都御史。

康熙四十八年（1709），蔡升元身居内阁学士。在朝廷审察鉴别官员才能政绩时，朝中诸多官员说他"轻浮无实"，于是以"原品休致"之名令其退休。《永宪录》说蔡升元曾把女儿进献权臣索额图①，希望得到提携。事情传开，朝中官员和在

---

① 索额图，清满洲正黄旗人，赫舍里氏。初任侍卫。康熙时渐升至保和殿大学士，与明珠同执朝政。十九年（1608）任内大臣，又授议政大臣。曾参加中俄尼布楚边界谈判，两次参加平定噶尔丹叛乱的战争。康熙后期，诸子争夺皇位继承权，各树党羽。他与太子允礽相结。康熙四十二年，被拘执交宗人府，死于幽禁之中。

野人士视为不齿。或许更重要的是他介入皇太子允礽废立之争。康熙后期,诸王子在权臣支持下,展开继承权争夺战。索额图阴与允礽相结,于康熙四十二年(1703)被拘禁幽死。蔡升元能以女进献索额图,说明两人关系非同寻常。是年,他未受处治,却在嘉兴迎驾时领君命回京任官。康熙四十七年(1708),废皇太子允礽,其党羽受惩治,蔡升元未受影响。次年,复立允礽为皇太子,并甄别廷臣,因蔡升元为皇太子所恶,故有朝臣非议之言。康熙五十一年(1712)九月,皇太子允礽再度被废。十月,康熙帝谕令吏部:"学士蔡升元,前以皇太子厌恶革任,现起用仍为内阁学士。"复职次年,时逢康熙60大寿,蔡升元备受重用,钦命出巡陕西,祭奠黄帝、轩辕诸陵墓,并奉诏赏赐绿旗官兵。此行途中,蔡升元观赏风光,考察陕西民情风俗,作有诗词,成书《使秦草》1卷。《游清凉山》是其中佳作,选入《清诗纪事初编》卷7。"渡水穿云直上攀,金明城郭翠微间。清凉大地三千界,尘土劳人半日闲。绝磴振衣朝佛洞,深崖洗眼看诗湾。寺僧遥指溪南塔,范相曾题嘉岭山。"借描写延安府东门外清凉山的景致古迹,抒发复出后的惬意心情。回京后,出任康熙五十四年会试副考官。

康熙五十五年(1716),因不随大学士等前去祈雨,被降官品3级,留任革退。后又擢为左都御史和礼部尚书。在宦海生涯即将结束,蔡升元极其活跃,多次上书天子,提出对政事改革的建议。任职左都御史时,针对批审案件手续冗烦,他提出简化程序的具体措施;针对批审案件中的渎职行为,他提出惩治办法;针对地方衙门及官吏肆意拘押百姓,索诈生事,他提出只有经提督部院堂官、大理寺堂官和顺天府尹本城御史批允,才能锁拿人犯,以"使奸棍蠹役不致扰民"。这些切中时弊的建议,均为朝廷批准实施。

康熙六十年(1721),蔡升元告老归乡,次年卒于故里。

车吉心 主编

中国状元全传

● 第七卷

山东教育出版社

顾　问　安作璋
主　编　车吉心
副主编　刘德增

本卷目录

陆肯堂　/1279
沈廷文　/1282
戴有祺　/1284
胡任舆　/1287
李　蟠　/1289
汪　绎　/1293
王式丹　/1295
王云锦　/1299
赵熊诏　/1301
王世琛　/1304
王敬铭　/1306
徐陶璋　/1308
汪应铨　/1310
邓钟岳　/1312
于　振　/1314
陈德华　/1316
彭启丰　/1320
周　澍　/1327
陈　倓　/1329
金德瑛　/1332
于敏中　/1338
庄有恭　/1346
金　甡　/1354
钱维城　/1358
梁国治　/1368

吴　鸿　／1378
秦大士　／1381
庄培因　／1384
蔡以台　／1387
毕　沅　／1389
王　杰　／1396
秦大成　／1401
张书勋　／1403
陈初哲　／1405
黄　轩　／1409
金　榜　／1411
吴锡龄　／1415
戴衢亨　／1417
汪如洋　／1427
钱　棨　／1429
茹　棻　／1436
史致光　／1438
胡长龄　／1442
石韫玉　／1444
潘世恩　／1448
王以衔　／1457
赵文楷　／1459
姚文田　／1461
顾　皋　／1472
吴廷琛　／1474
彭　浚　／1479
吴信中　／1481
洪　莹　／1483
蒋立镛　／1485
龙汝言　／1487
吴其濬　／1491
陈　沆　／1505

陆肯堂

◎ 刘 春

陆肯堂是清代第18位状元,字邃升,一字澹成,江苏长洲(今江苏苏州)人,顺治七年(1650)生于封建地主知识分子家庭。其先人世居浙江湖州府归安(今浙江湖州),至祖父陆廷楫时迁往苏州府。陆廷楫在乡里声名昭著,品行学识受人称道。他仁慈谨厚,好行善赈济贫困,乡人颂其为有德之人;又嗜书笃学,学识博洽,对天文地理靡不精通。陆肯堂的父亲陆充,个性豪放,为人敏捷有智略,被诰赠为吴县诸生。陆肯堂是家中独子,备受爱抚,自幼受到良好教育,天赋得到开发,加之苦读嗜学,每日诵读典籍数千言,培养了"耳目所接，一过不复忘"的记忆能力。这一切，为他顺利通过科举考试关隘奠立了基石。

在弱冠之年，陆肯堂补为博士弟子员，即有了秀才身份。康熙十六年(1677)，被授以岁贡生，选送国子监读书。康熙二十年(1681)，参加辛酉科江南乡试，进入前5名，成为经魁。3年后被授以颖上县学学官，未及到任，又参加康熙二十四年(1685)乙丑科会试。是科会试，始创榜前以前10本试卷进呈候钦定，进呈卷由试官贴黄笺，上书拟议的名次。康熙皇帝御批曰：陆肯堂"首场格局醇正，二场工稳，三场议论好"。钦定陆肯堂为一甲第一名，殿试即得状元。榜眼为浙江海宁人陈元龙，探花为江南溧阳人黄梦麟。

状元及第，朝廷授翰林院修撰。此后，陆肯堂留京为官。康熙二十六年(1687)，即充任丁卯科乡试江西正考官。他秉公办事，以才选人，"所得尽知名人士"，时人皆赞其公正严明。故返京城后，翰林院举荐他为日讲起居注官，为皇帝讲解汉文典籍，回答皇帝的咨询，记录皇帝的言行举止。由于尽心尽职，康熙三十年(1691)起连续升迁，先是擢为右春坊右中允，转为左中允，继之为侍讲，官至侍读。居京为官期间，陆肯堂在馆阁整理典籍，所撰著文字，颇受同僚推服。他撰著文章，专心尽力，倚马而就，滂沛闳阔，凌厉顿挫，文如泉涌，不可遏止。张伯行在《陆肯堂墓表》中予以高度赞美，并非美言死者。以张伯行处理康熙五十年(1711)辛卯科江南乡试案看，他绝非曲笔虚美之徒。丁卯江南乡试，正主考左必蕃、副主考赵晋，榜发解元刘捷，苏郡中式，者13人，外多中扬州盐商子弟，舆论喧哗，试子多认为是科考官受贿通关节。诸考生集于玄妙观，使人抬五路财神像入府学锁于明伦堂。又争作联语以讥嘲："左丘明两眼无珠，赵子龙一身是胆。"影射主考官和副考官。有人甚至以纸糊盖贡院之匾，改"贡院"二字为"卖院"。地方官噶礼亦有受贿通关节之嫌，但他竟将考生首领丁尔戬等拘押，欲以诬控谋反而治罪。朝廷命尚书张鹏翮会同督抚在扬州审案，鹏翮之子为安庆府知府，因袒护噶礼等人欲平息此案。适逢江苏巡抚张伯行抵任，决心弄清案情。审案时，赵晋的家人供词牵涉噶礼。张伯行弹劾噶礼欺君抗旨，牟私乱法，噶礼反以他事弹劾张伯行。皇帝诏令解除二人职务，仍由张鹏翮审案。张鹏翮竟上奏说张伯行所弹劾之事全是子虚乌有，应革职治罪，噶礼无罪。皇帝又诏令尚书穆和伦、张廷枢复审，意见同张鹏翮一致。康熙帝认为张伯行是天下第一清官，此案是非颠倒有疑，诏令九卿台谏矢公再议案情，审出实情。张伯行回江苏巡抚任上，噶礼被革职，作弊之人分别治罪。张伯行正直高洁的品行，表明他对陆肯堂的颂言是可信的。

　　陆肯堂不仅才学为人称颂，而且德行令人钦佩。孝顺父母，爱抚兄弟，赈济穷困，是封建社会的道德要求，也是中华民族的传统美德，至今为人称道。陆肯堂的品行堪称封建道德的典范。史载他"天性孝友，笃于仁义"。父早亡，尽心赡养祖父，抚养异母弟，爱护之情诚恳。对幼孤辅之成人，对待姊妹尤为循礼关照，凡出嫁必准备一份丰厚的嫁妆；如婿贫穷，不能娶者，则扫馆迎之。宗室乡邻之人，生活匮乏，则时与馈遗周贷。对他的仁慈爱人行为，他自以为理所当然。时人认为，他的德望才学均不愧于状元之称。康熙皇帝褒嘉云："陆肯堂学问甚优，人品亦好。"当陆肯堂因疾欲乞归乡里时，康熙皇帝关心地遣内阁学士哈山三宝偕医探视。备受皇恩礼遇，陆肯堂遂又留京供职。康熙三十五年(1696)，卒于官。其著作有《三礼辨直》、《陆氏人物考》和《怀鸥舫诗存》传世。

沈廷文

◎ 刘 春

沈廷文是清代第19位状元，浙江秀水(今浙江嘉兴)人，字原衡，生卒年代不详。沈廷文的父亲沈仲霖，曾在广东为南明永历小朝廷效力，清军入粤被执，经沈廷文哭诉而获释。时沈仲霖年已70，沈廷文20岁。清军进攻广东是顺治三年(1646)十二月至次年正月。据此推算，沈廷文大约生于明天启六年(1626)。康熙二十七年(1688)，沈廷文参加戊辰科殿试，一举夺魁。此科进士共146名，第一甲第二名(即所谓的"榜眼")是浙江海宁(今浙江海盐)人查嗣伟，第一甲第三名(即所谓的"探花")为江苏青浦(今上海青浦)人张豫章。

中状元后，沈廷文入翰林院为修撰，掌修国史，步入仕途。他的仕宦生涯无可称道，史书未详。他留给后人的是《广事同纂》一文。有个叫王元的，著有《美事同纂》，记历代典故旧闻出处之先后，然多有遗漏。沈廷文勤于读书，熟悉典籍，他搜寻史书中相似的典故轶闻100余条，编写成《广事同纂》一文。此文考订史实，对于后人认识历史极有帮助，如文中指出："先食不死之药，而巧言以免死。人知方朔之于汉武帝，而不知中射士之于楚王。……佩六印，人知有苏秦，而不知有栾大；以石为虎，人知有李广、李远，而不知有熊渠子。"《广事同纂》文字虽不多，但显示出沈廷文极高的考证功力。

戴有祺

◎ 刘 春

戴有祺是清代第20位状元，字丙章，号珑严，江南金山卫(今上海金山)人，曾以金山卫学生领乡荐。康熙二十七年(1688)，参加戊辰科会试，中式为进士。康熙三十年(1691)辛未科以戊辰进士身份补殿试。是科，考官亦将殿试卷拟定名次进呈皇上，第一名吴昺，第二名戴有祺，第三名杨中纳。康熙皇帝钦定名次，改动了一甲前3名的顺序。他认为戴有祺书法好，而定之为一甲第一名，吴昺换为一甲第二名，又因为多年来鼎甲中无北方人，而将顺天大兴(今北京大兴县)人黄叔琳由第四名提为一甲第三名，杨中纳降为二甲第一名。

　　清代初年，皇帝颇好书法，故科举考试中尤重书法。康熙皇帝赏识戴有祺的书法，以致戴有祺殿试大魁天下。《明清巍科姓氏录》卷下载："世祖喜欧阳询书，顺治中状元邹忠倚、孙承恩皆法欧书者。圣祖喜二王书，康熙中状元归允肃、蔡升元、汪绎，皆法《黄庭经》、《乐毅论》者也。"上有所爱，下必趋之，古今皆然。清代天子钟爱书法，所以太医院考医士亦用八股试贴，而且以楷法工拙为去取的标准。时人讥刺曰："太医院开方，但需字迹端好，虽药不对症，也无妨也。"鉴于科举殿试重书法之弊，咸丰元年（1851），御史王茂荫上奏曰："殿试朝考务重文义。嗣后，请读卷阅卷大臣，不论字体工拙，专取学识过人之卷进呈钦定，批明刊发，使天下明晓朝廷所重在文不在字。"但遭到礼部反驳，搁置不行。可见，清代状元及第，不仅试卷格式正确，卷面整洁，文字旨趣迎合统治者的要求，书法也不失为重要因素。

　　戴有祺状元及第，按例授翰林院修撰。不久，因家中老人死亡，告假归乡赴丧守孝。服阕完毕，他返京回馆阁供职。康熙四十一年（1702）壬午科乡试，为内直诸词林官。后不知何故，戴有祺被左迁，出任候补知县。状元及第十余年，仕途不畅，加之他秉性正直、高洁，操守谨严，不愿同流合污。于是，乞假去京，归乡隐居，再不复出。

　　远离险恶的官场，戴有祺的出尘之念悠然萌生。他在乡间蒋泾桥筑室为居，叠假山，临流水，仿欧阳公做一舫子，吟啸其中。他的诗文孤傲奇古，赋诗为文颇费苦心。其《杂兴》诗用字平常，而意蕴深远，饱含其厌恶官场、悔中状元的心态。"山中多白云，山静云欲活。本是山所生，翻为云所没。三尺盆中松，昔自黄山得。偃蹇不争高，千年自奇特。"诗人仿佛是以清秀耸立的高山自比,把飘浮翻滚的乌云视为无常的宦海,感慨自己宦海沉浮的经历;又将形态盘虬的黄山盆松赋以人格,借以表现他孤傲清高、不随波逐流的个性。然而,离官家居,没有了朝廷俸禄,戴有祺的生活日益陷入贫困之中。《贫甚》诗对他的悲凉晚景做了描述:"对镜俄惊雪满颠,鹑衣席帽久萧然。天将风雨消长日,人在牢愁度小年。僦舍为家真是旅,休官学稼却无田。惭他圯上从黄石,辟谷仙兼忍辱仙。"穷困迫使他卖了乡居"慵斋"。在"慵斋"乡居时,戴有祺于康熙四十九年(1710)作了自传文《慵斋野老传》。其著作尚有《寻乐斋诗集》。康熙五十年(1711),戴有祺死于乡里。

胡任舆

◎ 刘 春

胡任舆，字孟行，一字芝山，江苏上元(今江苏南京)人。祖父胡阳生，恪守封建伦理道德，饮誉乡里。他的6个儿子皆成器。胡任舆从小深受家风的熏陶，好学上进，品行端正。

康熙二十年(1681)秋八月，胡任舆参加江苏乡试，一举夺魁，成为解元。在来年的会试中却落第了。康熙二十四年、二十七年、三十年，他又3次赴京参加会试，皆不第。尽管屡遭挫折，但胡任舆并不气馁。康熙三十三年，胡任舆第5次步入礼部贡院考场，3场考试下来，高中榜首，成为清代第21位状元。

有个传说说胡任舆夺魁乃天意：胡任舆考中解元后，一天夜里，梦见登上一座高山，手摘两颗香橼(即枸橼)，有神赠他一首诗，其中有"手弄双丸天下小"之句。康熙三十三年会试题目乃"孔子登山而小鲁"、"登泰山而小天下"。胡任舆遂考中会试，在殿试时又大魁天下。

当然，这个传说是不可信的。

中状元后，胡任舆入翰林院为修撰，掌修国史。后又充任日讲官，为康熙皇帝讲解经史。他克尽职守，每次进讲，声若金石。曾充任会试考官，取士公正。康熙三十七年，吴三桂余部在湖广地区寻机作乱，不久失败。湖广民众因战乱而流离失所，胡任舆倡议义捐赈济难民，难民极为感激，建报恩院祭祀他。

胡任舆死于何时何地，史书未详。

李　蟠

◎ 涂　青

李蟠，字大根，铜山（今属江苏）人，康熙三十六年（1697）丁丑科状元。

民间流传着一个关于李蟠中状元的传说。

康熙三十六年二月，李蟠考中会试。殿试将于四月举行。殿试以一日为限，清晨入场，日落交卷。李蟠像汉代有名的大将周勃一样，身材高大，又特别能吃。文章虽说写得不错，但素来有个行文太慢、含笔亳腐的习惯。所以，进考场之前，他悄悄在怀里揣上36个小饽饽（麦饼），意思是，今天无论如何，赖也要赖在考场上把试题写完。怕到时候饿肚子,所以,干粮必须带够。

果然,当殿试进入申时(下午4点左右)之后,别的考生已纷纷起身交卷了,惟独李蟠才仅仅开了个头,他求胜之心又特别强,于是越心急,就越写得慢。

傍晚,其他考生都交了卷,但监考官一看,空空的殿内居然还有一个人在座位上咬着笔杆发呆!他正是李蟠。于是,监考官过去催他交卷,李蟠急得满头大汗,声泪俱下地对监考官说道:"学生毕生之业,在此一举。请千万不要催逼,容我慢慢写完,以成鄙人功名。"监考官看他这般模样实在可怜,于是就发给他几枝蜡烛,叫他快快写来。

李蟠点燃蜡烛,挑灯夜战,一直写到深夜才交了卷,随身带去的36个小饽饽也不觉吃得精光。后来,据说康熙皇帝知道了这件事,不但不怪罪李蟠,反而认为他是一个难得的"苦心之士",破例把李蟠点为状元。

和李蟠同榜的第一甲第三名即所谓的"探花",是清代著名诗人姜宸英,他特地为此作诗一首,戏谑李蟠。诗云:

　　望重彭城郡,名高进士科。
　　仪容好绛勃,刀笔似萧何。
　　木下还生子,虫边更出番。
　　一般难学处,三十六饽饽!

从此,"饽饽状元"的雅号便传遍了士林。

此科进士共150名,是取士较少的一科。

中状元后,李蟠依例入翰林院为修撰,掌修国史;遇上乡试、会试,则出为考官。

康熙三十八年,李蟠被任命为顺天乡试主考官,和他同榜的姜宸英为副考官。

考试之前人们就发现，许多京都大员和李、姜二人的故旧亲朋暗中奔走于李、姜二人的寓所，尤其是与李、姜同榜的榜眼严虞惇，更是公开为参加这次考试的儿子说情，并且还明目张胆地为许多参加考试的富商子弟充当行贿的掮客。考试中，人们也发现许多"枪手"（混入考场，为人代考者）。尤其奇怪的是，放榜之前竟传出了举人的名次！

放榜之后，这科举人中果然出现了达官子弟多，李、姜二人亲朋子弟多和盐商富贾子弟多的现象，而且名次居然与放榜之前的传闻几乎一样。

于是，士子愤怒，京师沸腾。人们通过调查发现，这次"贿买举人"的丑剧主要由李蟠导演，他获利最大。于是，嘲弄说："小李大有甜头，老姜全无辣味！"后来，人们又写了一篇很长的"文揭"（即大字报），张贴在京城。"文揭"开头写道：

朝廷科目，原以网罗实学，振拔真才，非为主考纳贿营私，逢迎权要之具。况圣天子加意文教，严饬吏治，凡属在官，自宜洗涤肺肠以应明诏。不意顺天大主考李蟠、姜宸英等，灭绝天理，全昧人心。上不思特简之恩，下不念孤寒之苦。白镪（即白银）熏心，炎威眩目。中堂四五家，尽列前茅；部院数十人，悉居高位……不阅文而阅价，满汉之巨室欢腾！变多读而务多藏，南北之孤寒气尽。取人如此，公论何谓！

接下去，详尽地揭露了这一舞弊阴谋的来龙去脉。最后，呼吁朝廷严办李、姜二人。并宣称，如果朝廷不按律论处，人们就用刺杀的方式惩罚李、姜二人。同时，御史鹿佑也对此事提出了正式的弹劾。

康熙皇帝得知此事之后，非常气愤，下令将李蟠和姜宸英等人逮捕入狱。这科所有举人重新参加考试，凡考试不合格者，一律取消举人资格。80多岁的姜宸英未等开庭审判，就吓死在狱中了。严虞惇公开奔走请托，下令降级。至于"饽饽状元"李蟠呢?则将其充军塞外，永不叙用。

清 李蟠

汪 绎

◎ 刘 一

汪绎，字玉轮，号东山，常熟(今属江苏)人，少好学，以诗文著称。康熙三十六年(1697)丁丑科会试中式，因故未能参加殿试。待下科即康熙三十九年庚辰科，补殿试，一举夺魁，成为清代开国以来第23位状元。

此科进士共305人，后来出了若干名人。如名列第三甲第151名的桐城(今属安徽)人张廷玉，在雍正、乾隆两朝权位极重，皇皇《明史》是在他的主持下完书的。

中状元后，汪绎按惯例入翰林院为修撰，掌修国史。第4年，即康熙四十二年二月，出为癸未科会试同考官，录取了海宁(今属浙江)人查慎行等名士。后查慎行中癸未科第二甲第二名进士,成为学问大家。就在这年,汪绎遭到一些人的排挤,遂挂冠而归,退隐田园。

他的仕宦生涯仅3年多一点儿。

退隐后的第3年,即康熙四十四年,康熙皇帝南巡,诏令一批江南名士校《全唐诗》。参与其事的有康熙十五年状元、长洲(今江苏苏州)人彭定求等,汪绎也奉命参加。

翌年,汪绎罹病,不治而死,享年36岁。

他为世人留下了9卷《秋影楼诗集》。查慎行为报知遇之恩,刻印了《秋影楼诗集》,并为之作序。后人评论说,汪绎的诗功力未深,但清约可诵。如《龚叔度三十初度》一诗云:

朱门歌舞好春时,自有新诗付雪儿。
赢得绿珠江上女,满头花草唱君词。

他在附记中说:"叔度往游粤西,所制竹枝词,宁峒妇女咸歌之。"

汪绎还擅长绘画。他死后,他的六世孙犹珍藏着他的一幅《种芋图》,图寓风木而作,汪绎自题云:"莫泥衡山旧公案,十年宰相竟何为。"

汪绎虽然多才,且年方30便大魁天下,但他毫无傲气,为人谦退。他英年早逝,时人惜之。

王式丹

◎涂青

江苏境内，淮河岸边，有个宝应县。宝应有个王家，世代书香门第。康熙年间，王家出了一个状元，名曰式丹。

王式丹，字方若，号楼村。王式丹好学上进，他的诗作得极好，年少时便以诗闻名海内。诗人宋荦巡抚江苏，把长洲(今江苏苏州)的徐昂发、顾嗣立、吴廷桢，泰州(今属江苏)的宫有鹿、缪沅，嘉定(今属上海)的张大受，武进(今江苏常州)的杨伦、徐永宣，吴县(今江苏苏州)的吴士玉，高邮(今属江苏)的李恒，常熟(今属江苏)的蒋廷锡，华亭(今上海松江)的王图炳、扬州的郭元钎和王式丹等15人的诗编辑成册，题名《江左十五子诗选》，而以王式丹为十五子之首。《清史列传·王式丹》和郑方坤撰写的《王修撰式丹小传》，说王式丹的诗"排奡陡健，一洗吴音啴缓"，给予极高的评价。兹录王式丹《萧尺木凌歊台图》诗，以窥一斑：

> 高堂素壁云气生，莽苍一幢秋山明。
> 矗空巀嶪势千丈，飞流树顶如闻声。
> 借问此景从何得？凌歊台畔青峥嵘。
> 大江东去抱姑孰，天门辣立牛渚横。
> 崇台拔地接星络，湘去巴雪相逢迎。
> 寄奴卖屦作天子，目营八极凭江城。
> 燕秦电扫自豪喜，三千歌舞随霓旌。
> 至今英雄久灰灭，漠然山高而水清。
> 钟山有客癖模仿，坐挥墨沈升斗倾。
> 不为永初绘巡幸，卧游自欲酬生平。
> 桥头策杖者谁子？幅巾潇洒携秋英。
> 毋乃义熙老处士，独依松菊歌闲情。
> 谢宅已荒桓井废，断碑苔蚀留空名。
> 何当野立下幽听，慈姥夜戛琅玕鸣。
> 我来读画三叹息，万年之计徒屏营。
> 凉宵对此且痛饮，西风飒飒灯荧荧。

当时，名士田雯、王士祯都极推许王式丹，而后来大名鼎鼎的查慎行俯首下心以兄长事之。谈论诗词者，谓自王士祯、朱彝尊以后，有所作为的惟查慎行、王式丹而已。

王式丹虽然才华横溢，在功名方面却不得志。他28岁考入县学，成为一名秀才。后来多次参加乡试，屡试不中。康熙四十一年（1702），年已58岁的王式丹再次去省城江宁（今江苏南京）应试。八月初九、十二、十五日3场考试下来，考官们评阅试卷，初把王式丹的卷子定为第一，后来贬为第6名，而以一个叫吴楚琦的为第一。其实，吴楚琦的卷子远不如王式丹的。故清人沈德潜等编纂《清诗别裁集》，在卷19《王式丹》条下的小传中，为他叫屈，说那解元的桂冠应是王式丹的。

已届耳顺之年的王式丹成了一名举人。

第二年二月初九、十二、十五日，王式丹参加了在礼部贡院举行的会试，一举夺得第一名。在殿试中，王式丹又大魁天下，成为清朝开国以来的第24位状元。

这年，王式丹年已五十有九。

按照惯例，王式丹中状元后入翰林院为修撰，掌修国史。他先后参加了《佩文韵府》、《大清一统志》、《渊鉴类函》等大型官修著作的编纂工作。他为人谦虚正直，不爱炫耀，却喜欢帮助别人，深得同仁的好评。

康熙五十年，王式丹回故乡探亲，正巧赶上江南发生的一起轰动全国的科场大案。

这一年，与王式丹同榜的探花赵晋和一个名叫左必蕃的人一块儿典试江南。这左必蕃虽是主考，却素无文望。而赵晋倚仗自己是鼎甲出身，狂妄自大。赵晋为人贪鄙，道德败坏。在这次考试中，他背着主考左必蕃，勾结扬州盐商，贪贿作弊，把许多胸无点墨的盐商子弟硬塞进举人的行列。事后，立即引起考生极大的愤慨。数千名愤怒的考生抬着财神塑像冲进贡院，把"贡院"二字改为"卖院"，还在贡院大门口贴上了一幅这样的对联："左丘明两眼无珠，赵子龙一身是胆。"锋芒直指赵晋、左必蕃二人，笑骂之声响彻江南。

这事很快报到北京。康熙皇帝知道后，在呈文上批示："纷纷议论，京中早已闻知，可羞之极矣！"下令地方官严加惩治。经过审判，主犯赵晋和另外3个监考官被定为死罪，同案犯左必蕃和其他几个作弊的举人，处以充军流戍。

赵晋被判刑之后，关在牢里候斩。作为赵晋的同年，王式丹忽然动了恻隐之心。在赵晋处斩的前一天，王式丹准备了些酒菜，带着一个仆人，到死牢里看望赵晋。这在封建社会本是非常平凡的小事。

不料，赵晋正法之后，苏州巡抚张伯行突然对王式丹探监这件事提出怀疑和弹劾，他诬告王式丹那天用病仆张大替换了赵晋，硬说被正法的那个人不是赵晋而是王式丹带去的仆人。于是，地方官将王式丹逮捕入狱，并煞有介事地四处追捕"正犯"，声称如果抓不到赵晋，就不释放王式丹。同时还株连了许多与王式丹有关的亲朋。

王式丹虽不断上疏申辩，但一直得不到澄清，官司打了好几年。后来，康熙皇帝颁布特旨，才了结这桩冤案。王式丹特作诗4章自庆，诗中有"洞察株连明并目，尽从宽释霭如春"之句，表示了他感戴康熙皇帝和获释后的喜悦之情。

王式丹出狱后，闭门谢客，拥书自娱。康熙五十七年，王式丹病死，享年74岁。著有《楼村集》25卷。

王云锦

◎ 刘天

  王云锦，字海文，号柳溪，无锡（今属江苏）人。王云锦好学，热衷科举功名，但屡试不第，有些心灰意冷了。一天，他来到关帝庙求签问卜，得一签云："五十功名志已灰，谁知富贵逼人来。"大喜，振作起来。果然，他此后应试极为顺利。康熙四十五年（1706）丙戌科殿试，王云锦一举夺魁，成为清朝开国以来第25位状元。此科进士共290人，后来出了若干名人。如第二甲第24名查嗣庭，官至内阁学士兼礼部侍郎，为权臣隆科多党人。他任江西考官时，出试题"维民所止"，被指控为诽谤雍正皇帝——"维"、"止"

两字即"雍正"去了头上几画。查嗣庭被逮捕下狱致死，亲族弟子多人受株连，成为轰动一时的"文字狱"。王云锦中状元后，依例入翰林院为修撰，掌修国史。康熙四十八年出任会试同考官，后做过道员一类的地方官。

赵熊诏

◎ 刘一

康熙四十八年（1710）四月，己丑科殿试如期举行，赵熊诏夺得第一甲第一名。

赵熊诏，字侯赤，武进（今江苏常州）人，出身于一个封建士大夫家庭。父赵申乔，好读书，年18考中秀才。武进是常州府府治，常州风俗，用旧书包烟，裹烛芯。赵申乔每月初一、十五到大街上各店铺，两揖，然后走开，众人无不惊讶。日子久了，人们知道他是秀才，问他何以如此，赵申乔道："我郡字纸狼藉，罪过深重。我想创办一个'惜字会'，恐诸君不赞成，故先来致敬。"众人嚷道："先生何不早说！"都踊跃入会。从此，常州有了个"惜字会"。康熙八年(1669)八月，赵申乔赴江宁(今江苏南京)参加乡试。乡试用油灯照明，赵申乔打完草稿，誊清，准备把卷子装入袋中，见灯花灿然，用手去剔，手沾了灯油，他没有觉察，伸手去拿卷子，弄污了卷面。他穿着青布袍，情急之中拿袖子去擦，卷面染成了蓝色。榜发，赵申乔榜上有名，成为一名举人。翌年二月，他去北京参加会试，不小心墨污了卷面，恍惚中见一人用袖子擦拭，墨迹遂无。3场考试下来，赵申乔榜上有名。常州人听说这事后，都说是赵申乔惜字得到的回报。当然，这仅是一个传说而已，不足为信。不过，赵申乔中式是真的，殿试名列第二甲第六名。中进士后，赵申乔出任商丘(今属河南)知县，累官至户部尚书。他为政清明，多有建树。赵申乔的弟弟赵申季，康熙三十六年第二甲第29名进士，官至提督山东学政。赵熊诏深受父辈的影响，好学上进，热衷科场功名。

但是，赵熊诏屡试不中。据说，康熙二十九年他参加乡试落第，回家的路上得神人指点，说他若能刊行《道藏·太上感应篇》，便可金榜题名。于是，赵熊诏改名"学了"，潜心研究《太上感应篇》，著《感应篇注训证》4卷，刊行。不久，他便考中了乡试。不过，这也仅是一个神话传说而已。

经受了多次落第的痛苦后，赵熊诏终于中举。康熙四十八年二月，考中会试。四月殿试，又一举夺魁，成为清代第26位状元。

此科进士共292人，后来出了不少名人。如第一甲第二名即所谓的"榜眼"戴名世，撰《南山集》，述南明抗清事迹，有怀念亡明情绪，被左都御史赵中乔告发，论死，株连致死者达百余人，成为轰动一时的大案。

中状元后，赵熊诏按惯例入翰林院为修撰，掌修国史。后奉命入值南书房。南书房在乾清宫西南隅，创自康熙十六年。入值的官员叫"南书房行走"，除应制撰写文字外，还秉承皇帝旨意起草诏令，是康熙朝发布政令的重要机构，因而，入值的官员职权颇重。同在南书房当值的一个官员与赵熊诏不和，诬陷讦奏，赵熊诏被降级留任。康熙五十七年，赵熊诏以大臣子弟从军肃州（今甘肃酒泉），捐钱财助军运。父赵申乔病死，赵熊诏回家奔丧，悲痛过度，罹病而死。

赵熊诏的弟弟赵凤诏，康熙二十七年进士，官至太原（今属山西）知府。

王 世 琛

◎ 王明奇

　　王世琛，字宝传，号艮甫，江南长洲(今江苏苏州)人。世琛之父王铨，字东发，康熙二十九年(1690)乡试中举，官至给事中。他为人敦厚，重交情，讲信义，被人们所称道。其书法绘画均极精妙，当时颇有名气。世琛就是出生在这样一个家庭，其为人、学问及爱好均深受其父影响。王世琛是康熙五十一年(1712)壬辰科殿试第一名，被授予翰林院修撰，历官侍讲学士。雍正四年(1726)出任山东学政，累官至少詹事。雍正七年(1729)卒于官。王世琛为人朴实无华，其学问酷肖其人品。在山东学政任内，他积极提倡朴实的学风，对浮伪之气力加贬斥，使山东的学术风气为之一变，深得当时学者赞许。世琛的书画艺术深受其父王铨影响，但他深居翰林，从不轻易为人写字作画，所以他的书法绘画技能并不为时人所尽知。加上他的作品多不署名，即使偶有流传，也难以确认。清人对王世琛罕见的几幅作品评析说："文人之笔，无雕饰痕。"（李玉棻语）著有《桥巢小稿》。

王 敬 铭

◎ 王明秀

王敬铭,字丹思,一字丹史,号味闲,江南嘉定(今属上海)人。敬铭之祖父平生多行善事。有一年,县令与幕僚议定公布的漕粮价格过高,引起百姓不满,敬铭祖父为百姓力争,侃侃而谈,使县令语塞不能答。随后,县令暗地差人以金钱贿买,想令其闭口不争,遭其严词拒绝。县令因此大受感动,翻然悔悟,将粮价大大降低,百姓欢欣不已。敬铭父王晦,为人幕客,每次批阅文章,必先祷告于文昌帝前,发誓绝不作弊;如作弊,使其子孙不得中科第。康熙六年(1667)王敬铭出生。王敬铭少年时,刻苦攻读。康熙五十一年(1712),王晦老年得中进士，选入词馆。次年，46岁的王敬铭也凯歌高奏，得中状元，大魁天下。依例授翰林院修撰，参与《万寿盛典》的纂修工作。此时得遇王原祁，并拜其为师学书画。其画笔墨秀润，用色渲染，颇得其师之法，与金永熙、曹培源、李为宪一起，并为王原祁四大弟子，时有"金曹王李"之称。王敬铭平生最爱收集砚台。时人有出重金买其字画者均不得获，而以佳石名砚投其所好索画，则无不立即应允，时人谓其有砚癖。著有《未岩诗稿》。

徐陶璋

◎ 刘一

　　徐陶璋，字端揆，长洲(今江苏苏州)人。长洲经济发达，文化兴盛，登科的极多，名列鼎甲的济济。徐陶璋力学，在书法上下过极大工夫，造诣颇高，这使他在科举考试中受益匪浅，因为清代科举考试格外注重书法，往往以书法之优劣评判试卷之高低。康熙皇帝君临天下的第55年，即康熙五十四年(1715)二月，徐陶璋赴京参加会试，初九、十二、十五日3场考试下来，他榜上有名。但第一名的桂冠被他的长洲同乡李锦夺得。四月殿试，徐陶璋力挫群雄，夺得第一甲第一名，成为清朝开国以来第29位状元。而那位会试第一的李锦仅列第二甲第八名。此科进士共190人，后来成名的不多。徐陶璋在仕途上没什么作为。不过，他的书法极佳，闻名于世。他之所以能大魁天下，也是凭借一手好字。尽管文献典籍对他的仕宦生涯没有记载，他的大名却被收入《皇清书史》等书法典籍。

汪应铨

◎ 刘 一

　　汪应铨，字杜林，号梅林，常熟(今属江苏)人。常熟经济发达，文化兴盛，名士辈出。王应铨少好学，博览群书，诗写得很好，书法尤佳。清代科举考试须用楷书答卷，且往往根据楷书的优劣来评判试卷的高下。汪应铨热衷科举，苦练楷书，造诣高深。康熙皇帝君临天下的第58年，即康熙五十七年(1718)二月，汪应铨赴北京参加在礼部贡院举行的戊戌科会试，初九、十二、十五日3场考场下来，他榜上有名。四月殿试，汪应铨一举夺魁，成为清朝开国以来第30位状元。中状元后，汪应铨依例入翰林院为修撰，掌修国史，奉诏入值南书房。南书房原是康熙皇帝读书的地方,在乾清宫西南。康熙十六年起,选翰林院官员入内当值,称"南书房行走",应制撰写文字,起草诏令。此后,几经升迁,汪应铨官至左春坊的赞善。此官没什么职掌,仅备翰林院官员升转。但汪应铨的官职还没升,便因锋芒太露,得罪权贵而遭劾,被罢免官职。汪应铨回到江南老家,主讲于钟山书院。后应湖北官员的邀请,参加编纂湖北省的省志。汪应铨博学多才,著述不辍,著有《闲绿斋文稿》、《容安斋诗集》等。

邓 钟 岳

◎ 贾贵荣

邓钟岳，字东长，号悔庐，聊城（今属山东）人。其太祖以下几代高官，可谓出身世宦之家。康熙六十年（1721），大魁天下，授官翰林院修撰，官至礼部侍郎。

邓钟岳自幼天赋极高，且品质端厚，颖敏过人。其父酷爱藏书，在江南做官，时常以千金买书，这为幼年的邓钟岳提供了十分有利的读书条件。他不仅将家之藏书读尽，还经常借书读，故少年时即以博学多闻闻名于家乡。

康熙六十年，邓钟岳状元及第，开始了几十年的官宦生涯。与别人不同的是，他的主要活动在教育文化方面，三典省试,四任督学。他每到一地,便大兴教育,刊刻名著,推动当地文化事业的发展。在江苏刊刻《近思录》、《白鹿洞规》等书训士。任广东督学时,摈弃一切供顿旧习,依照《程氏分年读书法》教学生研治经书。每个学生发一本记录簿,记录个人学习心得,于每月初一、十五组织学生会讲。每研治完一部经书,学校即按国家科举考试的要求测验学生。其教学方法的改革促进了当地教育质量的提高,利于人才的成长。提督浙江学政时,教育师生建立廉耻之心,重名节,轻私利,达观处世,乐观待人。他一生兢兢业业于教育事业,大力奖掖人才,经他推荐的梅谷成、雷铉等,不仅品行端正,而且才能超人。

邓钟岳刻意研究儒家经典,尤精于《易经》。主要著作有《知非录》、《寒香诗集》等。他的字也写得不错,且有求必应。其子侄辈有多人考中举人。

于 振

◎ 刘 一

　　于振,字鹤泉,号秋田,金坛(今属江苏)人。少好学,以文章、书法闻名遐迩。爱新觉罗·胤禛君临天下的第二年,即雍正元年(1723)四月,于振参加癸卯恩科(为庆祝胤禛登基而特开的一次进士科)殿试,一举夺魁,成为清朝开国以来第32位状元。

　　此科进士共286人,后来出了一批名人。如第一甲第二名、上元(今江苏南京)人戴瀚,以诗文、书画闻名天下。

　　中状元后,于振按惯例入翰林院为修撰,掌修国史。后因事遭贬,降为行人司司副。经户部尚书史贻直荐举,授翰林院编修,累官至侍读学士。

于振为人刚直不阿,视学湖北时,奖拔真才,有知人之誉。他风流倜傥,史书上说他"文采风流,照耀海内"。他的书法极佳,被收藏家视为珍品。他的文章也颇有声誉,著有《清涟文钞》20卷、《诗钞》28卷。

陈德华

◎ 涂 晓

清代状元多出自南方，北国寥寥无几。在北国仅有的几个状元中，陈德华是其中之一。

陈德华，字云倬，直隶安州（今河北安新）人。陈德华性恭俭，动循礼法，深受封建伦理的熏陶；他勤奋好学，嗜书如命。这使他既有受人礼赞的品德，又有为人称颂的学识。雍正年（1724）四月，甲辰科殿试，陈德华一举夺魁，成为雍正朝第二位状元。

这年，陈德华年二十有八。

此科进士共299人，后来出了王安国、尹会一等一批名臣。王安国，高邮（今属江苏）人，会试第一名，即会元；殿试第一甲第二名，即榜眼，官至吏部尚书。尹会一，博野（今属河北）人，第二甲第29名，官至吏部侍郎。

299名进士中，最有作为的要数陈德华。

中状元后，陈德华入翰林院为修撰，掌修国史。雍正四年，老父病故，陈德华辞官回家，服丧3年。雍正七年，服满回京，充任日讲起居注官，随从当朝天子爱新觉罗·胤禛出席各种重大的政务、礼仪活动，笔录于簿，按年编次《起居注》，为皇帝的近臣。雍正九年，迁赞善，成为东宫春坊的一名官员。不久，擢为翰林院侍读学士，提督肇庆（府治高要，今广东肇庆）、高州（府治茂名，今广东高州）学政。雍正十年，调任广州（府治番禺、南海，今广东广州）、韶州（府治曲江，今广东韶关）学政。雍正十一年，老母病死，回籍服丧。雍正十二年，世宗特命陈德华入京，充任《大清一统志》馆副总裁。

在雍正朝，陈德华的官位屡有升迁，但都不高。

他仕途走运是在入乾隆朝以后。

雍正十三年八月二十二日夜，世宗皇帝驾崩，皇四子爱新觉罗·弘历承嗣大位，年号"乾隆"，是为高宗。是年，高宗年24岁，血气方刚，欲有所作为，故广求人才。陈德华是雍正二年状元，品行端正，学识渊博，已有十多年的仕宦生涯，是个难得的人才。乾隆元年（1736）十月，陈德华出任詹事府的长官——詹事，入上书房教习皇子读书识字。十一月，擢为刑部右侍郎。乾隆四年正月，迁为户部尚书。

陈德华成为当朝一品大员。

这年，他年四十有三。

陈德华居官恭谨，不巴结权贵，不结交富豪。他出任户部尚书的第二年，京师有个叫俞君弼的大富豪死了。此人生前与公卿大臣过往甚密，陈德华未曾至其门。俞君弼死后，百官多前往吊唁。高宗闻讯，龙颜大怒，命员追查，没去的仅陈德华等数人。

由此，高宗更加赏识陈德华。

乾德七年七月，陈德华调兵部任兵部尚书。

第二年，陈德华遭受了入仕以来的第一次挫折。

事情的起因在他的弟弟陈德正身上。

当时，陈德正任陕西按察使，主管陕西省的司法刑狱，正三品。有个叫王之博的人，他的幼女被人勒死，官府抓了一批涉嫌者。陈德正滥用酷刑审讯，陕西省的长官巡抚塞楞额上疏弹劾。陈德正害怕了，写了一道密折准备上呈高宗申辩，他把密折连同按察司的公文先送给兄长陈德华，与他商量。陈德华认为弟弟已被弹劾，理应等候调查、处理，遂将密折、公文退还。

陈德正、陈德华兄弟俩的举动被人告发。

高宗龙颜大怒，下诏切责道："陈德正把密折及公文派人送来京师，与他哥哥陈德华商量是呈上还是不呈。陈德华既然想驳回他的密折、公文，为什么不奏告朕？况且陈德华身为朝廷大臣，既然深知弟弟的举动不对，就应当据实奏参，然而他却隐匿不告发，直到朕询问，才说有这回事。大臣事君，岂容如此诈伪？父为子隐，子为父隐，是合乎情理的，朕并非不倡导此风，只是君臣间的关系实比兄弟重要。命将陈德华交吏部严加处置。"吏部提议将陈德华革职，高宗予以宽赦，命降官为兵部右侍郎。

他在兵部右侍郎位干了4年，到乾隆十二年，因渎职被罢官。

这年，高宗巡幸回宫，陈德华没与大臣一同侍奉值班，高宗指名叫他，很久才到。高宗大为光火，褫夺陈德华的官职。

陈德华成了一介平民，回到故乡安州。

2年后，即乾隆十四年正月，高宗起用陈德华为都察院的副长官——左副都御史，并命他入上书房教习。但直到七月，他未曾入上书房教习。高宗询问，他推说肚子痛。七月，高宗下诏切责说："陈德华身为师傅，自任职以来，未曾入上书房教习皇子。及经询问，他以肚子痛为辞，难道他每天都肚子痛吗？渎职之咎，实无可推卸。命吏部议处。"吏部奏请革职，高宗命从宽留任。

乾隆二十年的一天，高宗偶至上书房，没听到皇子的读书声。经查询，担任教习职务的大臣多半渎职，陈德华是其中之一。高宗大怒，下诏责斥诸臣，诏夺陈德华3年俸禄。

2年后，即乾隆二十二年，陈德华升为工部侍郎。二十四年，迁为礼部尚书，再次成为一品大员。

乾隆二十九年，陈德华以病乞休，高宗诏准。

这年，陈德华年六十有八。

陈德华结束了他41年的仕宦生涯，回到了故乡。

乾隆三十六年，皇太后八旬寿辰，高宗命绘《九老图》，陈德华入焉。

乾隆四十四年，陈德华病死，享年83岁。

彭启丰

◎ 涂 晓

一、有所作为的18年

长洲(今江苏苏州)是江南名城，工商发达，文化兴盛，特多登科者。其中，仅彭氏家族在清代便出了两个状元。长洲彭氏原籍清江(今属江西)，明朝洪武年间，移徙于长洲。康熙十五年(1676)，彭家子弟彭定求，会试第一，夺得会元桂冠；殿试复第一，膺状元桂冠。彭定求为一代名儒，长洲彭氏从此名闻天下。彭定求的孙子彭启丰，字翰文，16岁入官学读书，好学上进，誓效祖父，也做个状元。雍正五年(1727)会试，夺得会元桂冠；殿试时，"读卷大臣"把他列为第一甲第三名，世宗爱新觉罗·胤禛亲拔为第一。彭定求中状元51年后，他的孙子彭启丰又夺魁于天下。

中状元后，彭启丰入翰林院为修撰，掌修国史。不久，奉诏入值南书房，承旨起草诏令，应制撰写文字。从雍正七年开始，屡次担任河南、云南、江西、顺天乡试考官，迁右中允，成为东宫右春坊的一名官员。

雍正十三年八月二十二日夜，世宗驾崩，他的第4个儿子爱新觉罗·弘历即位，年号"乾隆"，是为高宗。

乾隆元年(1736)，彭启丰出为山东乡试副考官。乾隆三年，迁为侍讲，侍奉高宗讲读经史。乾隆五年，迁右庶子，成为东宫右春坊的长官。乾隆六年，迁侍读学士，掌校典籍；寻迁右通政，掌内外章奏、封驳和臣民密封申诉；不久，又迁为左佥都御史，成为一名高级监察官。出任左佥都御史不到两个月，奉命南下赈济灾民，上疏奏劾宿州(今安徽宿县)知州许朝栋、凤阳(府治凤阳，今安徽凤阳西)知府杨毓健玩忽职守。高宗命员查办。

这是彭启丰任职以来第一桩值得一书的事迹。

乾隆七年，迁通政司的长官通政使，提督浙江学政。彭启丰在出任浙江学政后，就科举制度问题提出4项改革方案：

第一，乾隆元年，谕令各府、州举行的岁试和科试在考试文艺后，就儒经中一些疑难问题提问考生；后陕西学政嵩寿奏请于《四书》经义外，摘录《四书》四至五行，令考生讲解其意义，大都敷衍塞责，且有重复。请自今以后不再讲解经义。

第二，请严格管理商贾保送子弟入学一事。经查，浙江商贾子弟由盐道官录送学政衙门收验，虽有保举凭证，但多有聘请别人冒考顶替的。自今以后，再有此种事情发生，请依律治罪。

第三，以往选拔国子监学员的考试，出题一次却考几批人，后考的预知题目，都有所准备。请今后每次考试当场另出题，这样可以考出学生的真实水平。

第四，乡试卷子另行誊录，与原卷核对，人手不够时，请起用岁试和科试中名列第四等的武生。

疏入，高宗批予礼部商讨。礼部对彭启丰的建议很欣赏，建议推行。高宗诏准。这是清代科举制度的一场重大改革。经过这次改革，科举制度中的院试、岁贡、乡试等初、中级考试更趋完善。彭启丰之功，彪炳史册。

上疏后1个月，彭启丰升任左副都御史，成为仅次于左都御史的监察官。乾隆八年，迁内阁学士。内阁学士位次内阁大学士，从二品，掌传达诏令。不久，擢为礼部第二副长官——右侍郎。乾隆十年四月，彭启丰上疏陈说四事：

第一，浙江省一些猾吏奸民侵占蓄水湖泊、泄水沟渠，以为田地。上年，浙江布政使潘思榘疏请禁占官湖，户部已令申报新开田亩数额，在余下的湖泊沟渠划定界限，不许再垦。但源于天目山的苕溪，下灌杭州（府治钱塘、仁和，今浙江杭州）、湖州（府治乌程、归安，今浙江吴兴）、嘉兴（府治嘉兴、秀水，今浙江嘉兴）三府，今已沙淤无水；会稽（今浙江绍兴）、余姚（今属浙江）、慈溪（今浙江宁波西北）等地的湖泊已名存实亡。请敕令督抚开濬。

第二，江南漕运粮米每石收费54文，一半给运粮的丁夫，一半归州县，作为修理粮仓、折耗等费用。浙江省杭州、嘉兴、湖州三府运粮的丁夫之费用，由州县发给；而州县漕运，每石私加一二升至五六升作为运费，贪官污吏乘机偷窃，运粮丁夫额外勒索。请按江南漕运之例，每石收钱24文，作为州县修理粮仓、折耗等的费用，严禁乱收费。

第三，浙江设置一笔银两，作为来往官员差役人丁的费用。差役人丁少时，可以敷用；多时则入不敷出。钦差的差役人丁定额，易于应付；本省官员来往，没有定额，往往多要，或折成银两。请敕兵部按官员职位高低、任务繁简，定出差役人丁数额，使州县有法可依。

第四，浙江黄岩（今属浙江）、太平（今浙江温岭）一带地多盐碱，产盐极丰，兵丁借端挨户搜查，稍有食用之盐存积，便多方敲诈，一不遂欲，便指控为私煎私卖，甚或将若干家若干人的盐凑起来，作为证据。请敕全省文武大臣，严禁兵弁借名搜缉，把自食之盐指控为私煎私卖之盐。

高宗命有关各部商讨，然后颁布执行。

彭启丰此道奏疏，对整顿浙江经济、财政和社会治安，起了很大作用。

不久，彭启丰老父病死，辞职回籍服丧。

从雍正五年入仕至乾隆十年，共18年。此期间，彭启丰不能说无所作为，他关于科举制度和浙江政务的两道奏折，对于改进科举考试、整治浙江政务有重大作用。他死后，王岂孙作《兵部尚书彭公启丰神道碑铭》，对他这两道奏折犹啧啧称赞。但是，彭启丰居官，谨慎持重，不好激言畸行，喜欢默默无闻地干事。而当朝天子高宗皇帝用人过于苛严，在他看来，像彭启丰这样的人，仅能跻身中等人才的行列。因此，他对彭启丰不大看重，日渐轻视。彭启丰不得宠于皇上，仕途失意，自乾隆十年后再也无多大的作为，这更使高宗坚信自己对彭启丰评估的正确性，更加鄙夷彭启丰。

厄运开始降临彭启丰的头上。

二、遭受轻视的后半年

父丧 3 年期满,彭启丰回到京师,出任吏部第二副长官——右侍郎。不久,再次提督浙江学政,直到乾隆十八年,才调任兵部第一副长官——左侍郎。

乾隆二十年二月,高宗就大臣乞请去职回籍终养一事,降旨宣谕,如确系身体有病、老父老母需要侍养等,可准予离休。彭启丰自知皇上开始小觑自己,遂于第二天上疏,请求离职,回老家侍养老母。同时上疏乞请去职终养的还有大臣稽璜。彭启丰此举本非真心,他想进一步试探一下皇上对自己的态度。因为当有人提出离职终养时,若皇上离不开他,会下诏挽留的。彭启丰的折子呈上去后,高宗当天便做了批示:"昨日,就臣僚终养一事,降旨宣谕。今日,稽璜、彭启丰各上疏乞求终养。他们若是在降旨前提出来,出自真情且确实需要,理应批准。现在,尔等是因为面聆朕训,感发天良,则所请是朕的开导所致,且尔等也无迫不及待的事,故可准可不准,去留朕得权衡一下,视各人的情况而定。彭启丰才干仅够一般水平,办理部务也是力不从心;他原系翰林官,以文学为职,而从去年跟朕巡行所作的诗来看,学问也远不如前了。他既然提出申请,就批准他回去吧。"而那稽璜,高宗却下诏挽留了。

彭启丰虽然弄假成真,但也清楚了高宗对他的看法。

他在家乡待了 6 年,又申请出仕。彭启丰毕竟是两朝老臣,况且还是父皇点的状元,出于这个考虑,高宗允准,委任他署理吏部侍郎。第二年四月,实授吏部侍郎。

这年五月,碰上三年一次的京官考绩,当时叫作"京察"。三品以上，由所在部开列事实，上奏裁定；四五品特派王公大臣审查；余官由长官考查。考查之后，按成绩排列名次。吏部官员中，吏部郎中阿敏尔图列在第一等，而彭启丰独列第二等。户、礼、兵、刑、工五部官员等第虽也参差，但都相差不大。高宗审查京察结果，对吏部的考绩大为不满，下诏切责道："吏部郎中阿敏尔图列为一等，而彭启丰独列为二等，是有心显示他彭启丰与众不同，并非偶然品题高下。阿敏尔图系满洲世家，朕常见熟知，他果真有出众才干，堪膺重任，出外做封疆大臣，入内做辅佐宰臣，早就擢用了，还等吏部官员留心甄择荐举吗？况且京察等次，不过就现任职务而言，并非一生定评。阿敏尔图在吏部郎中任内，安分供职，且能公正无私，顾惜脸面，像选拔官吏、出入银两等事，从他的品行来看，的确无什么差失。彭启丰之意，不过是因阿敏尔图系满洲望族，不特加区别，怎知其与众不同？彭启丰人不如他的学问，学问不如他的文章，从无一句有创见的话，没有指正过一件大事，便想在众人的奏折中小示异同。如此标新立异，谁人不能？朕衡量人才，像各部院兼职的大学士、尚书、侍郎等，也只是让他们克尽职守，各抒己见，并不是根据他们的话来黜陟官员，其间或同或异，原是不加责备的。试问吏部各大臣，列阿敏尔图为一等，是保他做封疆大臣，还是荐他做辅佐宰臣？彭启丰如此标新立异，是为京察大典，还是沽名钓誉？这是不言而喻的。"他在诏书中把彭启丰着实责斥了一通。

高宗对彭启丰早有看法，故有此举。若是他人，未必惹他如此大动肝火。

不过，高宗并未处罚彭启丰，这年六月，让他去浙江当乡试的正考官；十二月，迁左都御史。乾隆二十八年六月，他又被迁为兵部尚书。

高宗不喜欢彭启丰，但又一直在使用他，且职掌愈来愈重。这是因为彭启丰还是有一定才干的，像他这样的人，朝中不多。但高宗总是看他不顺眼，动辄小题大做，对他大加呵斥。

乾隆三十二年，高宗又小题大做，指斥彭启丰。

事情的经过是这样的：

彭启丰出任兵部尚书后，高宗擢用大学士史贻直之子史奕昂为兵部侍郎。一次，高宗召见史奕昂，对他说："分管兵部的大学士尹继善又充任军机大臣，年老体弱，不能每天去衙门办事，况且他也是刚刚分管兵部，情况还不太熟悉；兵部尚书彭启丰是个碌碌无能之人；钟音、蒋櫹两个兵部大臣办事也不熟练。你与期成额两个大臣尚能办点儿事，应随处留心。"史奕昂得意起来，极为狂傲，自以为高宗把兵部交给了他，对彭启丰极其蔑视，当着众人的面说他干不了尚书这么大的官，只配做个司一级的官员（部下为司）。期成额见史奕昂如此狂妄，极为不满，上疏奏劾。高宗问彭启丰史奕昂说过这话没有，彭启丰坚称没有。高宗又问钟音，钟音说史奕昂的确说过。于是，高宗让史奕昂、彭启丰、期成额、钟音等当面对质，彭启丰才唯唯承认。高宗龙颜大怒，指斥彭启丰不言人过，甘效唾面自干，心地欠诚实，积习未改。诏令史奕昂降为三品卿衔，罢黜官职，回家闭门思过；彭启丰降为兵部侍郎。

乾隆三十三年，又逢京察，高宗下诏："彭启丰才识有限，办事不力，命以原品退休。"勒令彭启丰离职。

至此，彭启丰结束了他极为坎坷的41年仕途生涯，回老家长洲去了。

乾隆三十六年，彭启丰赶去北京祝贺孝圣皇后八旬寿辰，高宗赐诗嘉奖。乾隆四十一年，高宗东巡，彭启丰赶到山东迎驾，高宗赏给他尚书官衔。乾隆四十九年，彭启丰病死于长洲老家。

周 䇶

◎ 刘 一

  周䇶,字雨甘,钱塘(今浙江杭州)人。父周垣,家境颇丰,好施舍,为人仁义。周垣11岁那年,逃避战乱,与母亲、兄长走散,他带着年幼的侄子奔逃于荒山野岭,昼伏夜行,奔波数日,才找到母亲、兄长。战乱结束后回家,有个贫寒的文人寄身周家,身体罹病,不能还乡,周垣请来医生为他医治;那人病死,周垣厚葬了他,又送钱送物给他的妻子儿女。他还设置了药局,无偿地诊治病人,前后30多年。邻人贫困,无以谋生,把赖以栖身的房子卖给周垣,换口饭吃。周垣买下,如数地付了钱,然后又把房子还给他。周垣为人处世多类此，以德行著称乡里。周霭少有才学，雍正八年(1730)参加庚戌科殿试，一举夺魁，成为清朝开国以来第35位状元。此科进士共399人，后来出了若干名人。如第一甲第三名，即所谓的"探花"梁诗正，官至户部尚书、大学士，为政多有建树；诗文也极佳，著有《矢音集》。周霭没什么作为，中状元后依例授翰林院修撰，掌修国史。雍政十年出为湖南乡试考官，十一年充任会试同考官，十三年出为江南乡试考官。这年，雍正皇帝病死，他的儿子爱新觉罗·弘历嗣位，年号"乾隆"，是为高宗。乾隆元年(1736)，周霭以修撰身份充任陕甘学院兼学道差。他以后的经历，史书未详。

陈 倓

◎ 贾贵荣

陈倓,字定先,号爱川,仪征(今属江苏)人,天性纯笃,器识宏远。父亲一生好学,热衷科举,但屡试不第,便把全部希望寄托在陈倓身上,督责他读写。陈倓不负厚望,刻苦自励。9岁时,能吟诗作文,颇具风采。20岁时,参加童试,名列前茅,成为一名少年秀才。康熙五十九年(1720),参加江南乡试,考中举人。他应试的文章被广为传诵,奉为范文。陈倓更加谦逊,更为自励。与人交往,非正人君子不交。

康熙六十年(1722)春天的一个夜晚,陈家不慎失火,正在书斋读写的陈倓慌忙从窗口跳出。后发觉父母仍在屋内,便不顾熊熊烈火，不顾别人劝阻，奋力冲进屋内，背父拉母冲出大火，脱离险境。爱女却因来不及抢救而惨死。不久，双亲相继去世，陈倓痛不欲生，终日精神恍惚。后元配夫人王氏亦离开人世。续娶乔氏，但悲哀再次降临到他的头上，前妻留下的惟一一个儿子夭折。其子名耀祖，少年即才华过人，陈倓对他寄托了光宗耀祖的希望。爱子的早亡再次使他陷入极度悲痛之中，他对人说："双亲已亡，儿子又早夭，应试还有什么意思？今生不再考虑科举功名。"直到后来遇到一件事才改变了他的这种想法。

一天，大雨滂沱，陈倓所居小镇大有被淹没的可能，镇中居民惶惶不可终日，只有陈倓处之泰然。他奉官府命令负责发放救济粮。一手拿名簿，一手发粮，饥民遵命排队领粮。粮食发完，没有出现滥领现象，饥民十分感激。陈倓从这事认识到为民造福解忧乃人生一大乐事，而只有继续应试，中第入仕，方能当此重任。于是，雍正十一年（1733）他赴京参加会试，顺利通过。殿试时一举夺魁，成为清朝开国以来第36位状元。

关于陈倓大魁，民间流传着一个传说。是年，长洲（今江苏苏州）人陈尧叟赴京赶考，梦见自己到了一个宫阙壮丽的地方，远远看去，大殿上端坐着君王，两旁侍立随从数人。忽然，听见殿内响声咋起，一会儿看见一伟丈夫，须髯若神，步入宫殿中门。他则混杂于扈从人员中随入。君主出迎，按宾主次序坐定。有人问：今年殿试诸生的文章作得怎样？王说：诸位稍等，我给大家朗诵一下。接着，从第一名到第十八名，逐一朗颂。考题是《为君难》。陈尧叟聪颖过人，醒后，梦境仍历历在目。立即披衣起床，提笔记录下梦中文章，尤其将第一名的文章背熟。进入考场，考题果然是《为君难》，但事先背熟的文章荡然无存于脑海，无一字能记起，只得勉强草成一篇文章，感到与功名无望。有一考生将所作文章给他看，他只看了一行，就马上说："恭贺您得了第一名。"此人问何出此言，陈尧叟遂以梦中事相告。同时，忽然记起第一名文章，马上掩卷速写，竟无一字错漏。同考者大惊，曰："您能将18篇文章全记下来吗？"陈尧叟说："当时意在得第一名，其他文章皆已忘却。"后发榜，陈尧叟只考了第18名。第一名是陈倓，也就是那位示文给他的考生。

陈倓及第后，被授予国史馆修撰，又承命编撰《清文献通考》。于乾隆二年（1737）被册封为安南特简副使，出使今越南。陈倓一行数人，轻装简从，所过郡县，严戒随从不得有丝毫打扰当地老百姓的地方。抵安南后，陈倓表现了大国使者庄重谦和之气度，以礼待国王，使得安南朝野上下皆大欢喜，感仰清朝圣德礼教。但陈倓此次远行，使身体遭受了一次沉重打击。本来是抱病出使，加上路途遥远，医疗条件不好，且水土不服，强咽异国饭菜，身体每况愈下。乾隆三年（1738）夏天回京不久，又被任命为顺天武进士主考官。榜发后，舆论均称陈倓主持公平。但此时陈倓的身体已经不行了，到第二年春天竟不治，于三月十二日病逝，年仅45岁。

陈倓待人和气，主持公道。逝世消息传开，朝野上下一致惋惜。友人马朴臣曰："我平生足迹半天下，所交贤人豪杰不少，若虚怀下人，显晦一致，未有如吾友爱川（陈倓号）者。"陈倓除做官外，潜心研究经义，尤精于《易经》。他最喜欢大儒朱熹的论著，苦读不辍。他的文章意境深远，融会贯通，说理透彻。

金德瑛

◎ 刘 天

一、从翰林院修撰到太常寺卿

雍正十三年(1735)八月二十二日夜,年57岁的世宗爱新觉罗·胤禛驾崩,他的第4个儿子爱新觉罗·弘历承嗣大位,年号"乾隆",是为高宗。

高宗登基的时候,三年一次的乡试刚刚结束。第二年,即乾隆元年(1736)二月,会试在北京开考。四月,殿试在太和殿前的丹墀上举行。殿试名义上是皇帝亲策士于殿，实际上他仅看"读卷官"（即担任评卷的大臣）推荐的前10名的卷子，钦定第一甲三名进士的人选。高宗极认真地看了前10名的卷子，最后，钦定第6份卷子为第一甲第一名。高宗朝第一位状元诞生了。

新科状元姓金名德瑛，字汝白，浙江仁和（今浙江杭州）人，祖籍江南休宁（今属安徽）。金德瑛为人正直谨慎，才华横溢。他极崇拜黄庭坚的诗。黄庭坚是分宁（今江西修水）人，北宋时期杰出的文学家、书法家，"江西诗派"的创始人。他反对华靡的诗风，师法杜甫、韩愈、孟郊、张籍，尚工力，重琢磨，要求诗文字字有出处，追求奇崛，喜作拗体。金德瑛工书法，擅长鉴别金石摹本及古人手迹。家富于财，但他衣食极为简朴。金德瑛宗黄庭坚，秀水（今浙江嘉兴）人钱载师从金德瑛，同县人王又曾、万光泰等相与唱酬，号"秀水诗派"。

此科进士共344名，后来出了一大批名人。如第一甲第三名（即所谓的"探花"）秦蕙田，官至尚书；第二甲第二名曹秀先，官至尚书、上书房总师傅；第二甲第八十八名的郑燮，诗、画、书法皆有极高造诣，号称"天下三绝"；第三甲第二十四名全祖望，是杰出的史学家。

就在金德瑛中状元这年的九月，高宗诏开"博学鸿词科"，各省荐举的博学鸿词的文人学士在保和殿考试。浙江荐举的有金德瑛。金德瑛已中进士科第一甲第一名，未再参加博学鸿词科的竞争。

中状元后，金德瑛入翰林院为修撰，掌修国史。高宗对他钦点的第一位状元极为器重，在金德瑛中状元后1个月，便命他以修撰的身份入值南书房，侍从他作文赋诗绘画，很是亲信。乾隆三年，出任福建乡试正考官。六月，出任日讲起居注官，旋即充任江南乡试副考官。金德瑛说他原籍休宁，不宜充任江南乡试的考官。高宗诏令无须回避。八年六月，迁侍讲，侍从高宗讲读经史。这年十一月，迁右庶子，成为东宫右春坊的长官，奉诏提督江西学政。3年任满，高宗下诏："德瑛很有操守，取士公正，命再留任。"金德瑛在管理江西学校、科举的同时，就翰林院存在的一些问题上疏说："翰林是储备人才的地方，庶吉士（新科进士擅长文学书法者，选入翰林院庶常馆学习3年，称'庶吉士'）应选那些学有根底，器量明达，来日可堪大任的。每科命满、汉大臣两员教习庶吉士五六十人，而大臣政务繁忙，仅能总其大纲而已。从前有遣大臣分教的制度，以资深的翰林官为之，都由翰林院掌院学士简派，但时行时停。今又届选庶吉士，乞令掌院学士在翰林院、詹事府中选取品学兼优、资历较深者，皇上引见，简派他们教习庶吉士。"高宗阅后，降旨实行。

金德瑛在江西任学政6年，提倡通经学古，大办教育，到他离任时，江西13郡之士，家有经史子集，文风大盛。他注重选拔人才，凡贤能之士，无不竭力甄拔。他离开江西30余年后，江西士人谈及他的事迹，犹啧啧称颂。

乾隆十年四月，金德瑛出任东宫左春坊的长官——左庶子。十三年二月，擢侍读学士，掌校典籍。三月，迁为东宫詹事府的副长官——少詹事。十五年六月，高宗召金德瑛入宫问话，当问及他的官职时，惊讶地说："你是元年的状元，才做四品官呀？"几天后，高宗下诏，擢金德瑛为主管宗庙礼仪的太常寺的长官——寺卿。

二、从内阁学士到左都御史

金德瑛出为太常寺卿后不久，奉命去祭祀女娲氏等陵。女娲氏是神话传说中的造物主，传说中国人就是女娲用黄土捏的。金德瑛在致祭祀时发现，女娲陵的祭殿中塑有女像，旁边侍有嫔妃。他问当地人，当地人说是生育女神，民间祭祀求子。金德瑛以为这是亵渎神灵，奏请高宗毁掉塑像，代之以木主。

回京后，奉命提督山东学政。当时，山东一带发生饥荒，邹县(今属山东)、滕县(今山东滕州)尤重。高宗诏令发粮赈济。但对重灾区来说，无异于杯水车薪。当地官员不敢再申请救济。金德瑛任满还京，上疏奏告邹、滕一带的灾情。这不属于他的职责范围，但出于对民众的关心，毅然上疏奏告。高宗褒扬金德瑛关心民瘼，诏令再加赈济。

乾隆十九年三月，金德瑛出为内阁学士。内阁学士位次内阁大学士，掌传达诏令，从二品。二十一年二月，迁礼部第二副长官——右侍郎。六月，去江西任乡试考官。乡试结束，回京路过徐州(今属江苏)，他发现因黄河决口，微山湖暴涨，运河水暴溢，江苏、山东等省遭受水灾。金德瑛中止回京，对受灾府县的情况进行调查。然后，回京上奏。高宗再次褒扬他关心民生，命人整治运河、黄河。

乾隆二十三年二月，奉命提督顺天(府治大兴、宛平，今北京)学政。按制度，学政到任后，在校的学生要进行一次考试。但学生们往往借故逃避。金德瑛到顺天的那次考试中，满族学生参加考试的246名，无故缺考的有256名；汉族学生参加考试的176名，无故缺考者达208名。金德瑛大为光火，将缺考者列出名单，逐个审查，开除了一批人。

乾隆二十六年五月，提督顺天学政任满，金德瑛出任都察院长官——左都御史，成为最高监察官。

他出任左都御史不久，便对审判程序提出改革意见。

从前，秋季提审犯人，提审官在大堂东、西分行而坐，案牍放在面前，刑部两名书吏南、北侍立。北面一名书吏先按一省的犯人名册依次大声宣唱某某人系旧案，某某人系新案。然后，宣唱某某人的案子可重新审理。他宣唱完一省的案子后，另一书吏接着宣唱另一省的。一天下来，能处理40余份案卷。全部完成，需十余天。实际上，重新审理的不多，多数都列入缓决；而重新审理，改轻改重的，多是新案子，积年陈案不多。一桩案子审定，自省的提刑按察使到巡抚再到三法司（刑部、大理寺、都察院），已经很慎重了。三审之后，仍旧缓决，定案不知要到何年何月。囚犯偷生图圄，侥幸的遇上庆典，得蒙恩赦。鉴于这种状况，金德瑛上疏建议：自今以后，各省巡抚每年另造新的犯人名册，送到刑部存档备查；旧案秋审时不再宣唱；每个犯人，三审定案。

高宗认为金德瑛的提案极有道理，命大学士们会同刑部再加商讨。他们也极赞同金德瑛的建议。于是，高宗下诏颁行。

6个月后，即乾隆二十六年十一月，金德瑛又就高宗颁布的祭祀圣贤帝王、名山大川的致祭人员上疏直谏，认为按诏令动用的礼部侍郎等大员17人可以裁减，许多地点的祭祀可委派一员大臣去，以节省人力、财力。高宗诏准。

1个月后，金德瑛奉命去检查通州（今北京通县）粮仓，病倒在途中，遂回京医治。

高宗对金德瑛的病情极为关心，每天上朝都要询问，对大臣们说:"德瑛是辛巳年(1701)出生的,长朕10岁。"乾隆二十七年正月的一天,高宗出都巡行,要上路的时候,他念叨说:"德瑛久不入宫值班了,他的病一定很重。"这天,金德瑛病逝,享年62岁。

金德瑛有个儿子叫金洁,登乾隆三十一年进士,名列第二甲第58名。高宗召见新科进士,问金洁:"你是金德瑛的儿子吗?"金洁称是。高宗勉励他以亡父为榜样,为朝廷效力。

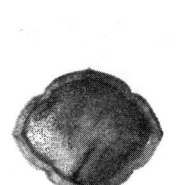

于 敏 中

◎ 宋继和

一、乾隆朝的权臣

于敏中，字叔子，号耐圃，江苏省金坛县人，生于康熙五十三年(1714)。乾隆三年(1737)，23岁的于敏中经殿试一举考中一甲进士第一名，按照惯例，被授予翰林院修撰的职务。因其文才出类拔萃，公文写得简洁漂亮，受到乾隆皇帝的注意，安排他到懋勤殿就职，并命令他抄写华严、楞严两部佛教经书。以后，几经升迁，担任了侍讲，主管山西乡试，并察视山东、浙江两省学政。乾隆十五年，被安排到上书房值班。经多次提升，当上了内阁学士。乾隆十八年，他再次领命察视山东学政，接着被越级提拔为兵部侍郎，升为正二品的高官。

乾隆二十一年，于敏中的生身父亲去世，按照封建礼法，他必须回金坛老家为父守孝。从北京到金坛，有千里之遥，但礼仪规定，奔丧既不能骑马，也不能乘车，更不许坐轿，只能晓行夜宿，每天行路100里，徒步回去，于敏中当然也不能例外。1年以后，他被朝廷起复为署刑部侍郎（按清制，丧期未满27个月而用为官，只能称"署"，27个月后可实授）。乾隆二十三年，于敏中的养父于枋（于敏中少时被父亲过继给叔父于枋为子）不幸病没，按例他只好又回原籍为养父治丧守孝。守了不长的一段时间，他的生身母亲也去世了，于敏中为其操办了丧事，但没有将母丧的事报朝廷。当朝御史朱嵇知道了此情，立即上疏弹劾于敏中："把两个重大丧事马马虎虎地混在一起，却还厚着脸皮像没事人一样想早日出来做官。"并且还说，"在六部为官的大臣，与守卫国家边疆的将军们是不一样的，对他们不应当夺情（因政务要事或国防吃紧，朝廷强令其不必在家守制而出来为官）。"但皇帝亲下诏书原谅了于敏中的这一过失。过了不久，授予他实职，调他到户部主管钱法堂的事。

在乾隆初年，博学多识的吏部尚书、首席军机大臣汪由敦受到乾隆皇帝的格外信用。汪由敦非常爱惜文才，善待饱学之士，为世人所称道。他主持军机处的公文事务，所选拔任用的都是出身寒门但有真才实学的下层官员。他为官清正廉洁，没有一点儿贪污受贿之事，故名声很好。但乾隆二十三年，敏捷干练的汪由敦病逝。两年后，于敏中被任命为军机大臣，继承了汪由敦的衣钵。初入军机处任要职，于敏中尚能以汪由敦为榜样，行事检点，廉正不贪，很快取得了皇帝的好感；又因才思敏锐，聪慧过人，禀承旨意办事甚妥，所以深得乾隆皇帝的赏识。乾隆三十年，由于于敏中办事得力，被破格提升为户部尚书，成为一品大员。此时，于敏中自认为已站稳脚跟，便逐渐与过去的谨慎做法相背离，开始广泛结交外面的官吏，明里暗里收受贿赂，营私舞弊，引起了许多非议。但由于当时有声望的干练老臣，像傅文忠、刘文正等已相继去世，因此，真正能使军机处正常运转的只有于敏中一人，别人不可替代。所以，由于他带头谋私利，朝中风气也为之一变，各级官吏大都步其后尘谋私，国家政局越来越糟。明白事理的人对此看得清清楚楚，讽刺于敏中是祸害清朝的始作俑者。然而，于敏中才华出众，是他人所比不上的。当时，皇帝赋诗作文，事先都没有稿本，皇帝朗诵或口述后，他默记后到书房起草，不会出现一个字的差错。后来，梁瑶峰进入军机处，乾隆皇帝命其掌管诗文，而令于敏中专门负责国家政务。这样，于敏中就不再留心皇帝所作的诗文了。一日，乾隆皇帝召于敏中和梁瑶峰入宫，又朗诵诗文。于敏中赶紧给梁瑶峰使眼色，梁瑶峰却不知是什么意思。等到皇帝朗诵完毕二人出来，于敏中等待梁瑶峰将诗文誊写出来，但等了好长时间也不见动静。他去问梁瑶峰写出来没有，梁瑶峰茫然失措。于敏中便说："我以为您是专门管着记录圣上诗文的，所以老夫就不再默记了。现在事已至此，如何是好？"梁瑶峰非常惭愧，无言作答。于敏中又说："待老夫试着为您好好回忆一下吧。"于敏中默默地坐在一小房间里仔细回想，用了不长时间即靠记忆全部写出，全篇错了的只有一两个字。梁瑶峰由此更加尊敬、佩服于敏中了。后来于敏中能够长期得到皇帝的宠信，在军机处主事近20年，而没有人敢在皇帝面前抨击他的劣迹,原因就在这里。

于敏中的儿子于齐贤,参加乡试未被取录为举人。皇帝便下诏书,以于敏中在朝中任职已有很长时间,并仅有这一个儿子且已经成年为理由,特别施恩使于齐贤按照尚书品级官员的荫庇出来做官;又因为于敏中的元配夫人在此以前已经去世,特封其妾张氏为"淑人"。乾隆三十三年,再加封于敏中为太子太保。乾隆三十六年,又晋升他为协办大学士。

乾隆三十八年,于敏中被晋升为文华殿大学士,仍然兼任户部尚书。此时正赶上皇帝下诏书征集散遗各处的古籍文字,安徽学政朱筠上疏请求开史局寻求《永乐大典》中收录的古书部分。大学士刘统勋认为这不是当前的时政要务,想让朝廷废止朱筠的建议。于敏中则认为朱筠的建议很好,积极支持朱筠,与刘统勋据理力争。乾隆皇帝采纳了于敏中、朱筠的意见,诏令特开"四库全书馆",组织全国著名学者360人,合力完成这一宏伟工程,任命于敏中为正总裁,主管此事,并让他兼任国史馆、三通馆的正总裁。于敏中多次主持了在京师举办的会试,被任命为上书房总师傅,并兼任翰林院掌院学士。

于敏中做军机大臣时间较长,因此,结交的京城外面的各级官吏颇多,经常与他们互通消息。乾隆三十九年,宫内太监高云从泄漏了皇帝在道府记载上亲笔批示的机密,皇帝下令朝中有关大臣对高云从仔细讯问,严加查办。高云从供说于敏中曾向他询问朱批道府记载的事。因过去高云从家强买土地时,引起了一场官司,曾经求于敏中找府尹蒋赐棨疏通,帮助打赢了官司,因此,于敏中的要求得到了满足。乾隆皇帝立即召来于敏中,当面责问他。于敏中诚惶诚恐,自责认罪。乾隆皇帝即命下诏书严词谴责于敏中:"朝廷内的诸大臣与宫内太监有来往,一旦牵扯到私事,应当立即如实上奏。朕对此种做法表示赞赏，并会主持公道，一定重治谋私者的罪责。怎么能转而追究上奏者的责任呢？于敏中跟随朕左右已经有许多年了，难道还不知道朕具有克制、忍耐的宽广胸怀吗？上奏于朕的事，朕不会泄漏给他人。于敏中每日承蒙朕召诸事应对，朕什么话不能对他说呢？为什么他却转向宫内太监去探听询问有关的消息？自从四川用兵(指乾隆十三年以后，四川大金川与小金川屡起叛乱的战事)以来，于敏中秉承朕旨办事果断辛劳。等大功告成，朕欲像对待张廷玉(雍正、乾隆两朝备受恩宠，加"太保"衔，为官50多年)那样对待他，封给他世袭的爵位。现在，大局即将定下，于敏中却出了这样大的错事，真是他的福分运气有限啊，不该得到朕进一步的深恩。难道他就不痛心疾首、惭愧后悔吗？朕念他过去的辛劳免究其罪，但必须严加行政处分。"经部议决定革除于敏中的职务，乾隆皇帝下诏对他从宽处理，使其继续留任。高云从却因泄密被砍了头。乾隆四十一年，金川之乱被平定，乾隆皇帝下诏书嘉奖于敏中的功劳，认为其过失可以原谅，仍把他列为重要功臣，赏给"一等轻车都尉"的爵位，子孙世袭不变。乾隆一朝，于敏中作为汉族官员在军机处的首席大臣，执政最久，深得皇帝垂爱、恩典。辅政大臣不是因为战功而获得赏赐世袭爵位的，在60多年间，除了张廷玉，只有于敏中一人。

乾隆四十四年，于敏中患了比较严重的哮喘病，乾隆皇帝亲派御医前来探视诊病，并赐予其人参。但终于不治去世，享年65岁。乾隆皇帝立即下诏对于敏中的家属好言抚慰并厚加赏赐，令将于敏中的葬礼和祭祀仪式按朝廷有关规定办理，并把于敏中的牌位放入"贤良祠"享受祭祀，上谥号"文襄"。

关于于敏中的死，还有另一种说法，认为于敏中是死于非命。传说他在晚年偶然得了一场小病，便向皇帝请几天假居家休息。皇帝赐给他一条陀罗经被，于敏中悟出了其中的旨意，当即饮鸩而死。关于赏赐陀罗经被的事，据说是实录。陀罗经被做为赏赐官员之物，是死于京城的一二品高官都可享受的待遇，前例不胜枚举，并不是特殊的恩宠。以于敏中所受皇帝宠爱恩惠之大，根本用不着考虑死后得不到陀罗经被赏赐的事。但在他没死的时候就先予赏赐，意思也就是让他快些死去。此中也许另有不好公开的隐密。如果真是这样的话，于敏中的杀身之祸也是咎由自取，因为在他权势显赫时，确曾做过一些不利朝廷、招致皇帝恼怒的事。当然，此说不见于正史，可疑之处甚多，录在此处权做参考。

二、死后受到查处

于敏中既死，他的儿子于齐贤已先于他而去世，所以，由其孙子于德裕继承"一等轻车都尉"的爵位，按这一品级出来做官，并作为于家的传人，主持于家的一切事务。而于敏中的从侄（即其堂兄弟的儿子）于时和却擅自携带于敏中的全部遗产回了原籍金坛县。为夺回遗产，于德裕把于时和告到了官府。江苏巡抚吴坛审理这起遗产纠纷案，判定于时和犯了侵吞他人遗产罪，将其充军发配到伊犁；把于时和侵吞的财产中的3万两白银还给于德裕，剩余的大部分则作为治理金坛河道的费用。

苏松督粮道章攀曾为讨好于敏中，私自动用公款为于家营造花园，后来被朝廷察觉，章攀被剥夺了职务。另外还查出于敏中外出公务时，总是受到地方官吏的巴结逢迎和财物献纳。因为他已经去世，所以朝廷不再予以追究。接着，浙江巡抚王亶望贪污的事情败露了,朝廷追究其罪责,又牵扯到于敏中。由于于敏中在朝中任显官多年,仅在军机处就有近20年的时间,其间他交结内侍,广收地方官员的贿赂,贪占了许多国家资财,其劣迹逐渐显露出来。鉴于此,乾隆五十一年,皇帝下诏书:"朕闲暇咏物,见到明代嘉靖年间的器皿,由此想到当时严嵩一手遮天,以致使国势一天天衰败下去,朝中推行的多是弊政,搞得乌烟瘴气。把《严嵩传》取来一看,见其贿赂公行,生杀予夺,潜窃权柄,实为前代明朝奸佞的罪魁祸首。本大清朝家法相承,纲纪整肃,太阿(古宝剑名,此处指国家权柄——引者注)从不下移,因此,从未出现大臣专权的事。原任大学士于敏中因为被任用的时间较长,朕对他的恩惠垂爱优厚一些,致使一些见识短、没出息之辈,想依附他;而于敏中也以权势招引他们,暗地里收受他们行贿的大量财物。那时,军机大臣中缺乏老成持重、处事干练的人,福康安经验不足,还没有必要的经历和磨炼,这才使于敏中声名、权力略微大了一点儿。但说到底也不过是值班听诏、承旨办事,其权力不仅不能与前朝的严嵩相比,就是本朝康熙年间的明珠、徐乾学、高士奇等人,他也比不了。而且,朕对他的恩宠、眷爱也不如对鄂尔泰、张廷玉。他怎么敢在朕面前搬弄口舌、作威作福、混淆是非呢?朕因为他为朝廷尽力已有多年,因此,在他死后仍格外加恩善处后事,准许他进入贤良祠享受祭祀。但到乾隆四十六年,甘肃捐钱买官而钱款大部分落入贪官手中的事情败露,王亶望等人又贪贿渎职,罪责难逃。回忆起在这事之前大臣舒赫德曾经上奏请求停止捐钱买官的做法,于敏中却极力陈说准许甘肃捐钱买官的好处,一来可以免去朝廷对其拨经费及押运这些经费带来的麻烦,二来也可使民间买卖米粮的商贩得利,一举两得,所以获得了朕的批准。岂知甘肃总督勒尔谨被王亶望愚弄，二人串通一气，捏造灾情，冒领赈济款项贪污自肥，使平民百姓遭殃。若不是于敏中在朝中为他们撑腰，勒尔谨怎么敢贸然上报'灾情'请求赈济？王亶望怎么敢一意孤行、肆无忌惮呢？于敏中家拥有极多的财产，一定是王亶望等人贿求的酬谢。假如于敏中还活着，朕一定对他严加惩治。现在，不把他的儿孙治罪，已经属于从宽发落了。但贤良祠乃是国家勉励、褒奖具有高尚品质的人的严肃、庄重场所，怎么能让处事不慎、品行不端的人滥竽充数列名其中呢？朕早就有这种想法，又因翻看了《严嵩传》，触动了朕引此事以为后人鉴戒的念头。否则，缺少见识的人恐怕要以重用严嵩的明武宗与朕相提并论了，这是朕所不能接受的。因此，决定把于敏中撤出贤良祠，昭示天下以警效尤。"而与于敏中串通贿赂贪污、欺蒙朝廷的王亶望、勒尔谨二人，则被立即处死了。

乾隆六十年，国史馆进呈《于敏中列传》，乾隆皇帝为此下诏说："于敏中在朝中掌管机要，却不加检点约束，既在内与太监串通，又在外同各省官吏勾结攀附、营私舞弊。即使单就这两条来说，也实属辜负圣恩，不是作为大臣所应有的行为。假使仍然令其后代继承世袭职务，何以显示对他的惩戒呢？其孙子于德裕已提升为直隶知府，已经属于格外的施恩，其所承袭的轻车都尉世职着即撤销，以此为鉴，做为臣子营私渎职的一种惩戒。"这样，于敏中在死后的几年里，便因劣迹的败露，先被撤出贤良祠，继而子孙又被剥夺了世职。

庄 有 恭

◎ 宋继和

庄有恭，字容可，广东番禺（今广东广州）人。乾隆四年（1739）考中第一甲第一名进士，入翰林院为修撰，不久，入值上书房，为皇子、皇孙们授课。

3年以后，庄有恭的弟弟庄有信也成了进士，由大臣引导着去宫中朝见乾隆皇帝。当时，庄有恭正以起居注官的身份在旁侍立服侍。乾隆皇帝问了庄有信一些问题，因其文学及书法优秀而选他为庶常馆的庶吉士。不久，庄有恭、庄有信一起向朝廷请假，回家乡探亲，很快获得了批准。经过多次升迁，庄有恭当上了侍讲学士，被破格晋升为光禄寺卿，主管皇室祭品、膳食和宫中招待酒宴诸事。由于父病亡，庄有恭回家守孝服丧。服丧期满，升任为户部侍郎、提督江苏学政。不久又任江南乡试主考官，再任提督江苏学政。

庄有恭在任提督江苏学政时，浙江人丁文斌找他献上自己亲著的《文武记》、《太公望传》等书稿。庄有恭认为这个人有精神病，对其人及所著书置之不理。于是，丁文斌就给孔子后裔衍圣公孔昭焕写信，告庄有恭态度傲慢，不重视人才。孔昭焕将此事告知巡抚杨应琚，杨应琚转奏朝廷。朝廷查问下来，庄有恭被处以相当于10年学政养廉银的罚金。

乾隆十六年，庄有恭被授予江苏巡抚的要职。次年，又被委以两江总督的高官，主管江苏、江西、安徽三省军、政事务，官位品级升为正二品。该年年底，庄有恭上了这样一道奏疏："江苏的太仓州治镇洋县(该县已于1912年撤销)沿海的田地房舍，都依赖海塘保障。前任江苏巡抚高其倬，曾经建议修建一条自江苏省宝山县湖口港到昭文县福山港全长34700多丈(约合140公里)的防水土石塘，但至今仅完成了从湖口港到刘河南岸的那一段。在今年秋季大风和海潮中，刘河以南安然无恙，刘河以北却遭到较大的损失，百姓也有伤亡。因此，该地民众纷纷要求自己出资出力挑土建塘，但又怕一时征集不到充足的劳力和财力，致使工程不能很快完成，再遭第二次灾害。还应再修筑土塘9000丈以上，为此，请求借出国库中的白银1.6万两，诏令当地自行招募、雇请民夫工役，加快施工速度，限期于伏汛到来之前完工。以后按地亩均摊债务，逐渐收缴扣回，在两年里还清国库欠款。"朝廷批准了庄有恭的疏议，使防洪堤塘能够按期完工。这是他在两江总督任上为百姓做的一件好事。

乾隆十九年，御史杨开鼎上疏奏劾江南(指苏南和浙江一带)库房官员在验收漕运粮食方面的许多弊端。朝廷敕令庄有恭调查复奏。经过查询,庄有恭很快就上奏疏说:"江南一带收取漕运粮食方面的弊端,以苏州、常州、松江、镇江、太仓王府最为严重。现已酌情制定了有关条文律令,在接收漕运粮食的仓库旁边刻条文律令于石上,并严令规定在接收漕运粮食入仓的时候,自粮道以下各管粮的官员必须四处巡视察访。杨开鼎所说的,漕粮仓库官员勒索敲诈不能遂意,就借口米粮不合规格,勒令就地晒晾筛扬的情况,确有类似的事。但漕粮往上供给朝廷露天的粮仓,自然应该干圆洁净。假如不合规格,无法长久贮存,就会导致贻误国家仓库藏储的恶果。交粮户中善良守法者与刁顽不法者参差不等,每次都有青腰、白脐、潮嫩、杂碎等各种不合规格的米粮强要上缴库房;如果命令他们换米上缴,就造谣生事,以挑起事端相要挟。对以上两种情况(指官员谋私敲诈和不法者强交劣等米闹事两事),要分别审查追究,不能仅仅责罚粮管官吏,而让个别不法刁民欢欣。"乾隆皇帝看了他的奏疏非常高兴,对其言辞的全面、公正表示赞赏嘉奖,并传旨按此议分别查办。

乾隆二十一年,庄有恭的母亲去世,他上报朝廷,请求回家治丧并按制守孝,但乾隆皇帝下令只给他100天的假,待丧事处理完后,即刻返回,必须在伏汛以前赶到淮安,署理江南河道总督的职务。但在庄有恭尚未起身赴母丧时,又出现了变故。原来,其治下泰兴县有个叫朱晫的罪犯,因杀人罪被判处绞刑。朱晫请求以金钱赎罪免死,庄有恭应允了他。正在庄有恭准备动身回家时,上告他的奏疏已转到了朝廷。乾隆皇帝知道后,传旨谴责庄有恭擅权妄为,令他先回家治丧,在家待候朝廷问罪。正在这时,正任江南河道总督的满人尹继善又上奏说:庄有恭过去监临乡试时,查出有通过贿赂考官而两人挨坐在一起企图作弊的学案，还有因为斗蟋蟀而打官司闹得不可开交的案子，庄有恭都给以罚款的处分，没有向上报告。乾隆皇帝非常恼火，命令革除庄有恭的官职，立即逮捕押送京师。庄有恭被押到北京后，诏令大学士与九卿讨论该当何罪。讨论结果认为，当处庄有恭绞刑。乾隆皇帝以罚没的赃款庄有恭未敢擅自贪占为词，赦免了死罪，令他先回籍守丧，处理完丧事后，发配去西北军台效力。但当他刚到被贬谪的处所，又施恩命他戴罪立功，署理湖北巡抚。

乾隆二十四年，庄有恭被调往浙江，仍署巡抚。次年初，他上疏弹劾杭州将军伊领阿、副都统刘扬达违反朝廷法度乘轿。乾隆皇帝下令撤了刘扬达等人的职务，嘉奖庄有恭，命交吏部核议，以定其功赏的等级。该年三月，庄有恭又上疏说："绍兴南塘和嘉兴乍浦塘的修建同属于重要工程。臣赴山阳勘查得知，宋家楼为三江、曹娥二水交汇之处，又恰当海潮上涨的要冲，是南塘工程的首处险要。臣已下令在该处将土塘改建为石塘，以巩固堤防。臣又到萧山龛、长山诸山，越过南大亹至海宁中小亹，并登上文登山、葛岙山等，勘查海宁南门以外的情况，往西过了戴家石桥，往东到了陈文港，此段工程长5000多丈，基础牢固坚实，不需要重建。另外必须修筑的有1600多丈，其中770多丈残缺的已非常厉害，应作为重建工程的重点，其余的按轻重缓急先后兴修。从陈文港往东至尖山，下面有乾家池柴塘400多丈，也应当重新修筑。然后，臣又沿海向北踏勘，从海盐到平湖，全面视察了乍浦塘。海盐东临大海，南有台驻，北有乍浦诸山，山麓交错伸张。县城的一面正当潮汐，城外有石塘，最为险要，偶有个别地方被水冲坏，已命令当地随时修补，不得怠慢。"六月，庄有恭又上疏报告说："西塘、胡家兜至海宁南门外，潮退之后沙涨上来，有18里长。过去曾请求先尽快完成戴家石桥一段的重要工程，既然有了新沙作为长塘的外层保护，现在应当先抓紧赶修向东一段的工程，再审量沙势，以分别轻重缓急。"九月份，庄有恭第3次上疏："对于缓修的各段工程，是这样安排的：陈文港的10丈，命令他们用石头排成鱼鳞样式，逐层排列砌成一体；圆通菴前的10丈，也和陈文港的那10丈一样坚实地筑起；廿里亭以西的25丈土塘，已整修出一个面向海潮的平坦斜面，外面加用成排的木桩，使木桩紧贴在塘的斜面上。"乾隆二十六年十二月，庄有恭针对修塘防洪事宜，第4次上疏说："海宁西塘、老盐仓等地，经过梅雨季节和伏汛两个汛期，土塘下面及附近的沙已经过反复冲刷，先后已有200多丈的堤防土塘被冲塌或将被冲塌，应当先做预防的准备。霜降以后，臣各处往来察勘，发现使用木桩筑的柴塘与盘石砌的石塘交接处，大水已上涨到塘边，自北向西，老沙仍多坍塌。请批准将过去的加固工程延长70丈，望尽快予以办理。"朝廷立即采纳了他的建议。

乾隆二十七年正月，皇帝南巡来到海宁，视察了老盐仓、尖山等地，传令修筑柴塘，并在各处设置竹篓、坦水等防洪器械。九月，庄有恭上疏报告，海宁筑塘工程已遵旨全部完工。乾隆皇帝赞扬庄有恭尽心尽力地完成诏命，为表示嘉奖，再命交吏部核议，定功赏的等级。这年秋季雨水多于往年，河水猛涨，庄有恭令把嘉兴、湖州两府的水引入太湖，因河道多被泥沙堵塞，下游堵塞尤为严重，便请求疏浚乌程、长兴县境内的72个通水沟，并派官员到江南考察三江行水的故道。十月份，庄有恭被调任江苏巡抚。但乾隆皇帝命令浙江海塘工程仍然由庄有恭专门负责，其他官员不得插手，并且免除了他在提督江苏学政任内因犯错应当上缴的罚银。乾隆二十九年，庄有恭被提升为刑部尚书,仍然留任江苏巡抚。

庄有恭上疏请求朝廷拨巨资大修三江水利工程,奏疏大意是这样的:"太湖北受荆溪百渎之水,南受天目诸山之水,是吴中最大的湖泽。而它要分洪疏浚的主要泾流,三江可以说处在首位。所谓三江,就是吴淞江、娄江、东江的合称。东江自宋代已经堵塞。明代永乐年间,另外开了黄浦江,其深度、宽度可顶以往三江中的任何一个,现在也叫东江。三江分流,经过吴江、震泽、吴、元和昆山、新阳、青浦、华亭、上海、太仓、镇洋、嘉定12个州县,其间,港浦纵横相连,湖荡参差交错。大体上看,无处不可分流泄洪。然而,百节之通,抵不住一节不通。太湖出水口,不止宝带桥一处,如吴江十八港、十七桥、吴县鲇鱼口、大缺口,也是太湖水穿运河入长江的要道,现在却存在许多狭浅的水道或行水的障碍。又比如流入吴淞口的庞山湖、大斜港、九里湖、淀山湖、淑浦等水的行水道向来既宽又深,近来却因一些贪图蝇头小利的居民,在行水道里广种茭白、芦苇,圈筑养鱼荡,侵占了很多水道。刘河,就是古时的娄江,现在的状况已与过去不能相比了,纵使能让舟船来往,也必须先把船靠在岸边,等上潮时才能行驶。昆山外濠是娄江的主航道,但现在已非常浅狭。苏州娄门外江面仅宽4至5丈,偶遇秋季连降3天以上的大雨,众水汇集在一起,由于江的主航道狭窄短浅,先为各处流水和水沟的积水所占,等这些水稍退以后才能排出湖水,向海中传送,但此时上游已经全部被淹了。长江东南乃国家财赋税收重地,水利也是国计民生之大计,若及早处理好,事半而功倍。现在,统筹治理之法,应当把运河以西太湖排水的水道统一治理,清除堵塞水道的一切障碍,使分洪行水毫无阻拦。运河以东的三江故道,只有黄浦江水道深广畅通,只要在泖口除去新涨上来的那些芦墩,就足以保证洪水向大海的宣泄,不会造成危害。

吴淞江自庞山湖以下，娄江自娄门以下，凡是存在水道浅狭、行水受阻的地方，都应当治理，保证水道宽深，使上游泄下来的水都能安全地通过这里排入大海。对在江河主干种植的芦苇、插在水中的竹栅栏以及假借各种名目侵占的区域，必须全部予以撤除，今后亦应严令禁止侵占江河。这样，水的停蓄就有了处所，水的传送也会适时，并且要用疏浚河道挖取的土来加固圩岸。现在，泄洪闸座离海太近，水势大闸门难于开启，应酌情改建在别的地方，这样，泥沙就不会淤积于闸门之下。由于清流水势强劲，海口的淤泥就不用挖取，自然会随水离去。总起来计算所需费用虽然很多，但是由12个州县分担，各地齐心协力加强合作，各处所承担的费用并不多。民间听说了这件事，都很欢欣，希望早日建成，甚至愿意用民间的力量来完成。但是分段督责赶修，仍然需要负责官员认真督察工程的进行；而且耗资很多，若等待各地聚集起资金后动工兴建，无疑会拖延开工日期。臣恳请借出国库里的资金先大举开工，令各受益州县分年按亩均摊逐渐偿还。这样，民间一时聚集不起财力的难处就消除了，工程就可以很快动工、完成。"奏疏报入朝廷，乾隆皇帝当即批准。于是开始选拔年高望重的乡绅分段负责，调派民工力役，先疏浚桥下和港口，然后拓宽、加深河道。对于种植芦苇、修建鱼荡圈占的河道，坚决清除干净；对于影响河道拓宽的百姓的住房不便拆毁，就在旁边开一条形似弯月的河道绕过去。这项工程于乾隆二十八年十二月开工，由于组织得当、有力，施工速度较快，于次年三月竣工，共历时3个月，动用国库资金白银22万两有余。

乾隆三十年，庄有恭被任命为协办大学士，官级一品，暂时仍然留在巡抚任上。这一年，乾隆皇帝第4次南巡又视察了庄有恭兴办的水利工程，感到很满意，便亲自写诗一首赏赐给庄有恭，以示对他的嘉奖、勉励。同年八月，乾隆皇帝召庄有恭到京城。庄有恭到北京后，立即上奏弹劾苏州府同知段成功滥征工役增加农民负担，朝廷令将其撤职，但还没有审判定罪。浙江巡抚明德已察知段成功大量收受贿赂，却谎称自己有病，不予奏报审理；浙江按察使朱奎扬、苏州知府孔傅炯也都知道段成功的罪行，但都装作不知道，不发一言。乾隆皇帝下令撤销朱奎扬的职务，逮捕审讯。乾隆三十一年正月，因这个案子的牵连，庄有恭协办大学士的职务先被罢免。朝廷接着派刑部侍郎四达专门审查处理庄有恭一案。从调查中得知，庄有恭曾授意朱奎扬等人有意徇私对段成功包庇的情况，于是乾隆皇帝下令撤销庄有恭的一切职务，逮捕押送刑部监狱治罪。军机大臣们联合审理，决定先追缴庄有恭在提督江苏学政期间因轻视人才而被判处的10年养廉银的罚金。二月，众位军机大臣将审理的结果上报，认为庄有恭所犯罪行按律应当立斩，乾隆皇帝下谕改为斩监候(即等待秋审再行决定是否斩首)。八月，乾隆皇帝下诏令，鉴于庄有恭兴修水利有功，决定赦免其罪，予以释放。不久又授予庄有恭福建巡抚的职务。庄有恭即离京赴任，但他经此一番折腾，身体每况愈下，寿命已经不长了。

乾隆三十二年，遭砍头惊吓的庄有恭，在福建病死。乾隆皇帝下令丧葬事宜按与其职务相应的规格办理，并指示免除上一年朝廷决定对其追缴的罚银。这也算是对一生仕官几经沉浮的庄有恭的最后一点安慰吧。盖棺论定，庄有恭多年在江浙一带大力倡导、组织兴修水利，不管其主观动机如何，客观上对人民还是有利的，是做了好事的。

金 甡

◎ 刘 天

金甡,字雨叔,康熙四十年(1701)生于杭州府钱塘县(今浙江杭州)。金氏原藉会稽(今浙江绍兴),后迁钱塘。金甡的曾祖、祖父做过县主簿、知州一类的地方官。金家虽系书香门第,但名望不大。金甡排列第三,他的大哥金虞,举人出身,做过几任知县,以文章闻名于浙江,是金甡的启蒙老师。金甡21岁参加县试,考得第一。雍正元年(1723)参加浙江会试,考中举人。但在来年的会试中落第。

落第后,金甡回到了老家。他没有灰心丧气,更加发愤攻读,自司马迁《史记》以下诸史,点勘诵习,旁及儒经、名人文集。他的学问日进。

一天,老母罹病,金甡外出,不在家中。当他闻悉后,狂奔回家。路上,他乞求苍天保佑,许愿母病愈后手抄《华严经》以报答。他到家后,母亲已昏了过去,气息奄奄。金甡用嘴对母亲的腹脐呼吸,过了很长时间,母腹中有声。金甡又抓药给母亲服下,母亲苏醒过来了,不久痊愈。母亲病好那天,金甡便开始手抄《华严经》,历时12年。

此后,金甡多次参加会试,皆不中。

每次落第,他都发誓下科再展身手。为此,他忘我地学习,游历大江南北,拜师求教。他的好学精神令众人赞叹。

乾隆六年(1741),一个钱塘同乡荐举他出任国子监学正。国子监是最高学府,长官叫祭酒,有博士若干名教导监生,学正是博士的助手,协助博士教导,并担负训导之责。金甡开始步入仕途。

第二年,年已41岁的金甡于三月再次参加会试。

会试有3场,分别于初九、十二、十五日举行。前一日点名入场,后一日交卷出场。四月十五日放榜,金甡高居榜首,夺得会元桂冠。会试前10名的卷子要呈皇帝御览,当朝天子高宗对金甡的卷子大加赞赏。

会试中式的叫贡士,贡士于四月二十一日参加殿试,时间是一个白天。"读卷大臣"评完考卷,选定前10名,贴上黄签,标上名次,送呈乾隆皇帝裁决。乾隆帝相中其中的一份,于卷首朱批"第一甲第一名"6个大字。殿试卷是经过弥封的,连皇帝也不知这第一甲第一名是谁人的答卷。皇帝朱批后,"读卷大臣"把卷子捧到红本房,拆弥封填榜。这时,方知第一甲第一名乃杭州府钱塘人金甡。

此科共录取进士323名,三鼎甲为金甡、杨述曾、汤大绅。第二甲90名，第三甲230名。在这323名进士中，后来最有作为的，当推状元金甡。

按惯例，金甡中状元后入翰林院为修撰，三迁至侍讲学士。乾隆二十三年，入值上书房。

上书房是皇子读书的地方，在乾清宫左边。皇子6岁入上书房读书。教师由皇帝特派，称"授读师傅"。授读师傅的人选是极为挑剔的，要求品行端正，学问广博。乾隆一朝，上书房最有名的授读师傅有谢墉、金甡、庄存与、刘星炜四人。谢墉，字昆城，嘉兴嘉善（今属浙江）人，乾隆十七年进士，两次入值上书房。庄存与，字方耕，常州武进（今江苏常州）人，乾隆十年第一甲第二名进士，即俗称的"榜眼"，官至礼部侍郎。刘星炜，字映榆，与庄存与同乡，乾隆十三年进士，官至礼部侍郎。谢墉、金甡、庄存与、刘星炜四人皆以学行著称。

金甡性耿直，皇子嬉笑，不专心读书，他必当训导，毫不留情，诸皇子皆敬惮之。金甡重情义，不贵钱财。一年，遇上乾隆帝生日，大臣们都贡献金银珠宝以庆贺，金甡却贡菜石菊花一枚，号曰"东篱寿友"。同僚讥其寒酸，金甡道："天子富有四海，什么没有？我等敬献礼物，不过是为了合君臣之好罢了。此物我所珍惜，故献上丹陛，若乡野村妇献芹菜之意耳。"众人叹其诚朴。

金甡识大体而不拘小节。他长得高大而胖，夏日酷暑，便光着脊梁于园中纳凉，全然不讲那些"衣冠正，动作慎"一类的礼仪。

他在上书房做了17年的授读师傅，擢为詹事，总理东宫事务。再迁为礼部侍郎。乾隆三十八年，乾隆帝去热河游玩，金甡侍从前往。一天，他正要入宫值班，突然发病倒下了。大学士刘统勋奏告乾隆帝，乾隆帝让他休假养病。直到次年病有好转，才回到他的礼部侍郎任上。乾隆四十七年，金甡病逝，享年81岁。

金甡安葬后，他的门生朱珪为恩师作《礼部左侍郎金公甡墓志铭》，其铭曰：

斗魁戴匡，厥象正方。
公秉其气，不严而庄。
读书万卷，老而不忘。
……

金甡元配王夫人，先金甡而死，诰赠一品夫人。继室胡夫人，诰封一品夫人，乾隆五十三年病卒，享年85岁。金甡有三子，长子金三事，先金甡而死；次子金三吾，乾隆四十二年考中举人，官至知县；小子金三俊，太学生，做过盐官。女四人，皆许配宦官人家。其中，二女嫁给吏部文选司主事汪孟锅，他们的儿子汪如洋，会试、殿试皆第一。

钱维城

◎ 王京宝

一、大魁天下

在江苏的南部，中国的第一大河——长江横穿而过。长江从唐古拉山源头携着清澈的高山雪水，经过漫漫征途，以雄浑的力量冲击着大地，在中国的南方留下了少有的冲积平原——长江三角洲。在这片三角洲上，有一个人杰地灵、人才辈出的武进县(今江苏常州)。这里水面密布，河湖成网，大运河斜穿而过，清澈的水流滋润着这里的大地，养育着这里的人民，同时也培育了这里的学子。

钱维城，这个乾隆十年（1745）的状元，就是在这方土地上长大的。钱维城从小聪慧、机敏、灵秀。他热爱自然，喜爱美丽的山水，有一种表现的激情和欲望；但另一方面，他接受的又是中国传统的儒家入世思想，权势、功名的诱惑远远超过了对自然和美的热爱。科举为人们获取权势、功名提供了一条艰难的通道，他对功名和权势的追求便压抑了对美的热爱与渴望。所以从幼时起，钱维城便苦读古人的文章，苦练八股文，在科举的道路上拼搏，虽然在拼搏中也时时涌起对自然与美的向往，但终久战胜不了功名、权势的诱惑。

凭着聪慧和灵秀，加上刻苦地攻读，钱维城在科举的道路上比较顺利，十几岁便中了秀才，后来又考中了举人，成了名重一方的少年英才。考中举人后，他更加用心地苦读。读书之余，当激情喷涌之时，他也挥毫泼墨，涂抹几笔。但他的主要精力还是放在科举上，积极准备会试。

乾隆十年（1745）三月，是会试的日子。春节过后不久，钱维城便带着家人的无限期望和再三嘱托，踏上了赴京之路。一路上，他风餐露宿，但仍苦读不休。虽然春节已过，但由于那年的春天来得晚，天气特别寒冷，旅途相当艰苦，但大自然的壮丽让他激动，可谓苦中有乐。

一路向北，他看到了迥异于南方的景致，挺峭的山峰，广阔的平原。面对壮美的大自然，他不时激情涌动，就吟咏两句古诗，画几笔山水。在山东，他见到了心慕已久的东岳泰山，泰山的挺拔和雄伟使他佩服得五体投地。"会当凌绝顶，一览众山小"的豪迈之情鼓舞着他向人生的顶峰攀登。

三月的初九、十二、十五日3天，会试在京城举行。钱维城一举中第，成为贡士。四月二十六日，在太和殿举行殿试。在象征着权威和尊严的大殿里，参试的众学子紧张、激动。钱维城力挫群雄，一举夺魁。

钱维城中状元后，入翰林院为修撰。乾隆皇帝派他到翰林院的庶常馆学习清书，即满文。3年后，即乾隆十三年（1748）五月，在庶常馆学习的新科进士学业期满，举行甄别考试，钱维城考列清书三等；与他同榜的榜眼、官为翰林院编修的庄存与考列汉书二等。

乾隆皇帝听后，大为不悦，传谕："历科进士殿试一甲第一名即授为修撰，第二名、第三名授为编修，至庶常馆学习期满时并无所更易。你们这些人因为已经授职，于是自甘疏忽、怠惰，以致学业荒废。就像今年散馆考试，修撰钱维城考列清书三等，编修庄存与考列汉书二等之末，其不留心问学，已可见一斑。但钱维城乃是派习清书，也许这不是他平素专门学习的。命令他再用汉书试一试，等候朕阅定，再行定夺。庄存与不准授为编修，这样，此后一甲的进士都有所警示而专心学问。如果以后仍有考列三等者，以此为例。"皇帝的激愤之情溢于言表。

皇帝的责罚使钱维城羞愧难当，比狠狠打他一顿还难受。作为一甲第一名的进士，得到皇帝的重用，本当知恩图报，努力进取，可他不思进取以致学业荒废。他痛苦、内疚、自责，同时也不服气，要是考汉书……皇帝虽对他重加责罚，但也可以看出责中有爱——又为他留了一次机会。很快，有人送来了出自汉书的考题。他写诗作赋，虽不十分完美，但也可以显示出其扎实的根底。

乾隆皇帝御览了他的考卷，下诏说："昨天因钱维城考列清书三等，试以汉书，虽然诗句有疵，但赋尚通顺，命他留任修撰。"

钱维城终于过了这一关,进入仕途。

二、从右中允到学政

到了八月,钱维城迁为右中允——东宫右春坊的官员,掌侍从礼仪。不久,他以右中允的身份入值南书房,侍从乾隆皇帝赋诗作画。乾隆十五年(1750)二月,擢为翰林院侍读学士,九月,转为侍讲学士。翌年,擢为内阁学士。内阁学士为从二品官,掌传达诏令及章奏,例兼礼部侍郎衔。

仅仅6年,钱维城便成了朝中二品大员。

乾隆十九年(1754)三月,钱维城奉命出任会试副考官,五月,入翰林院庶常馆教习庶吉士。二十年(1755)八月,回乡省亲。二十二年(1757)正月,出任工部侍郎。九月,担任武会试正考官。二十三年(1758),奉旨分理五城平粜事宜。在京城的东、西、南、北、中五城,每天都由政府拨专款运粮平粜。由于各城木厂距仓库远近不一,所以运价也应有所区别,但是以前对这个问题的处理很不公平,不管远近运价一样。车户都避远就近。钱维城奉旨后,对运输情况做了调查,然后就调查情况和处理意见上疏皇帝:"东、中、南三城的木厂距仓库比较近,西城和北城的木厂距粮库比较远。原来一直是不论远近运价一样,车户都不愿往远的地方运,所以西城和北城的粮食运输往往很不及时。以后,请酌量各城厂地的远近,确定运价的多少。把东、中、南三城运价的一部分拨给西、北两城,即减少东、中、南三城的运价来增加西、北两城的运价。这样,政府不用增加运费,而车户运输踊跃,不会出现避远就近的情况。"乾隆皇帝诏令执行。

乾隆二十六年(1761),钱维城调任刑部左侍郎。在刑部任职期间,他接触了大量的案例:杀人、放火、抢劫、强奸等。他与刑部堂官一起认真讨论,按律执行,量刑恰当,深得皇帝的宠爱。他在任职期间,也发现了一些问题:有时量刑无法可依,律令还很不完善。当时很多案件的处理是凭当政者的主观意志,在量刑上随意性较大,有时甚至是非颠倒,权势、金钱、关系左右律令,况且各级官吏在审理案件时不按律令,只是从情理出发。但钱维城是刑部左侍郎,而刑部是全国主管刑事犯罪的最高机构,要对各地上报的死刑犯人进行审查、备案,并且负有完善律令的责任。钱维城在任职期间,碰到了毁坏别人尸体的案件,并且这种案件还比较多,但在审理过程中,他感到有的律令条文不太合适,不够完善。所以,乾隆二十七年(1762),钱维城上疏皇帝,请求申明律例二事:

一、律令载,残害、毁坏他人尸体,以及把他人尸体弃入水中者,打100杖,流放3000里。对于那些丢弃却没有丢失的,罪减一等。这条律令是出自挖坟掘墓条,条下注释说:这里是指尸体设在家中的和在野外没有殡葬的。如果是已经殡葬的,再毁尸弃尸者,就以开棺现尸论罪。残毁没有掩埋的尸体和挖坟掘墓毁坏别人尸体的罪行不同,处罚时应有所区别,所以以次递减,罪行止于流放。以上解释都是根据上文的挖坟掘墓暴露尸体而言的。至于因故斗杀而出现的人命案,因斗杀而死的罪犯的死尸,遇到有弃尸灭迹的事情,就援引此条律令中的"弃尸罪从轻处理,不再追究"一语,据此作为成例。遂有杀死盗窃、抢劫的罪犯,按律令本应勿论,但是有的愚昧之人胆小怕事,不知杀死盗贼不受惩处,屡屡将罪犯死尸遗弃以灭迹，主管审案的官员因为他杀人罪按律不论，转而追究他遗弃尸体罪。臣以为：他所杀的原本就是罪犯，所以宽赦。可遗弃尸体反而要流放，这是本末倒置。请从此以后，遗弃罪犯死尸，不再治罪。犯有盗窃和抢劫罪的罪犯的死尸，被当场杀死的奸夫的死尸，手持棍棒和器械拒捕的罪犯的死尸，凡是有丢弃以上死尸者，不再论罪。对于那些不是律令规定不论罪的，仍按照本条律令定拟。

二、律例规定本夫没有出服的亲属，都允许捉奸。如果立刻杀死奸夫和奸妇的，就依照夜间无故偷入人家宅院，罪犯已被拘捕但擅自杀害科定罪；如果不是立刻杀死奸夫、奸妇，以斗杀罪论罪。例如对于本夫亲属杀死奸夫，应当分别是否立刻杀死，照着本夫杀奸罪再加一等定罪。以上各项分别指奸夫没有格斗拒捕而言。如果一旦有格斗拒捕行为，那么，无论本夫或者本夫的亲属杀死奸夫，都应法依照罪犯拒捕论罪。然而，律令所说的亲属捉奸不是立刻杀死以斗杀罪论定的，正是引用"奸夫不拒捕而擅自杀害的，以斗罪论定"的律令条文。律令记载得非常清楚、明白。对于此条，各省有不少疑问和分歧，纷纷问询如何拟定。有援引擅自杀人论罪的，有直接以斗杀罪论的。虽然斗杀罪和不拒捕而擅杀罪，一样判罪，可是两项情罪分明。有的甚至对持杖拒捕的奸夫被杀死，也以故意斗杀分别拟议罪行。这里就有一个问题，对杀死拒捕的奸夫的人判罪，反而重于杀死不拒捕的奸夫的判罪，这是尤其错误的。以后的律令，请将本夫亲属杀死奸夫，不是立刻杀死的，都拟定罪人不拒捕而擅自杀害的律文，以斗杀罪论定，其中奸夫有拒捕行为的，就依照罪人拒捕的律科来断罪。

法律，是体现统治阶级意志的，是阶级专政的工具。中国的统治者很早就意识到了这个问题。从奴隶社会中国就有了法律，但从奴隶社会到封建社会，中国的法律还不够完备。钱维城的这两项建议，对于弥补法律的漏洞，起了一定作用。

不久，钱维城出任浙江学政。所谓学政，乃是"提督学政"的简称，是清政府派往各省的督学使者，他们按期到所属各府、厅考试童生及生员。任期内，与督抚平行。学政官对生员的考查很有实权，所以也就比较容易舞弊。但钱维城任期内清正无私，办事公允。在乾隆三十四年（1769）的内阁中书录取问题上就充分体现了这一点。乾隆三十四年四月，钱维城就内阁中书的录取上奏皇帝："本年内录取内阁中书的方法，部议准备在会试推荐的考卷和朝考未录用的人员内挑选录取。但是推荐的试卷，挑取字画必须凭墨卷。因为每个省的考试情况分坐号张榜后，谁被推荐很容易被查知，查知后，恐怕会出现各种弊端。这样，中书的录取就缺乏客观性、公正性，很难选出高水平的人才。所以，请在会试榜揭晓这一天，主考房官离开考试院，由知贡举和内监试等人将推荐的考卷查出来，加盖大印，当天派大臣从荐卷中取若干卷子，等到朝考后挑选，带领他们引见，由皇帝亲自钦定名次、数额，按名次录用。"乾隆皇帝看了他的奏章，非常满意，下令按钱维城的建议执行。

三、查办大案

乾隆三十四年（1769）五月，钱维城因为对广东百姓何长子奸污幼女一案有异议，准备重新审理。他对奸污幼女的罪犯深恶痛绝，从感情上讲，他认为应该从严惩处。何长子的母亲听说儿子的案子要重新审理，深为儿子的命运担忧，为了表示抗议，她服毒身亡。这件事在当时引起很大轰动，议论四起。乾隆皇帝迫于当时的压力，对钱维城做了象征性处理，部议降一级调用，奉旨从宽留任。

这件事使钱维城很伤心，他尽职尽责，到头来却受到降级的处分。他一方面对受害的幼女感到同情，同时也为自己抱屈。

乾隆三十四年(1769)十月，也就是在钱维城被降级后的几个月，他被命令赴贵州同湖广总督吴达善审查威灵州知州刘标亏帑一案。

刘标亏帑一案是一件轰动一时的大案。这是清政府的高级官吏相互勾结贪污受贿的一件特大丑闻。案情极为复杂，因为牵涉到许多高级官吏。调查难度也相当大，所以皇帝特派遣曾担任过刑部侍郎、熟悉律令、富有侦破经验为官正直的钱维城前去调查审理。

十月，钱维城和吴达善到了贵州。贵州在中国的大西南，远离清政府的统治中心，所以地方官吏独立性较强。威灵州知州刘标在任上欺压百姓，大肆搜刮民脂民膏，为害一方，以致民怨沸腾。不仅如此，刘标还大肆贪污国库金币。案件暴露后，刘标惊慌失措，急忙求救于贵州巡抚良卿、前任巡抚方世俊、粮道永泰。这几个人都从刘标手中索取过贿赂，当然要充当他的保护伞。这几个人在贵州结成了一张巨大的网。地方最高行政长官和一群高级官吏结成的网是很难冲破的。拿着尚方宝剑的钱、吴二人决心要用这柄利剑刺破这个关系网，把这些蚕食国家钱财、为害一方的罪人擒入法网。

钱、吴二人到达贵州后，立即进行调查。不过，迫于刘标、良卿等人的淫威，很多人敢怒不敢言。富有侦破经验的钱维城见打不开局面，便微服私访，秘密调查。经过走访调查，他终于掌握了一定的证据。刘标贪污国库金币，案情败露后，他急忙找贵州巡抚良卿替他出主意。老奸巨滑的良卿身为一名高级官吏，明知故犯，竟敢以身试法。他私下授意刘标先动用其他钱财弥补国库亏空，逃避检查，蒙混过关。为了能使刘标免于制裁，良卿又和按察使高集相互勾结，徇情枉法。按察使是主管一省司法的官员，对于地方的案件有很大的发言权。他们勾结一块儿，想使法律成为他们手中的儿戏。

手握尚方宝剑的钱维城、吴达善二人，面对这一伙蛀虫的嚣张气焰，极为愤慨。根据掌握的情况，他们把刘标逮捕归案，动用大刑，严加审讯。刘标被打得皮开肉绽，在酷刑面前，终于吐露了事实。他在任威灵州知州期间，贪污国库金币；又因贵州前任巡抚方世俊、粮道永泰贪婪地向他索取贿赂，所以他只好大肆贪污，以致国库严重亏空；案情败露后，为得到庇护，他又向现任巡抚良卿等人行贿，良卿为他奔走开脱。案情大白，上报皇帝，以上各人分别按律令予以惩处。钱维城终于持尚方宝剑刺破了贵州的关系网，为民除了一害。

乾隆三十五年（1770）闰五月，钱维城审理完刘标亏帑一案凯旋，向皇帝复命。当他和吴达善等人走到古州当堆寨苗族居住区时，正赶上苗民香要聚众劫掠。中国历史上就是一个多民族的国家，但是由于社会、阶级和历史的原因，当时民族关系处理得不是很好，西南各少数民族和各朝政府之间的矛盾很尖锐。由于各朝政府对少数民族的歧视和镇压，所以他们极端仇视各朝政府。他们组织起来，和各朝政府进行不屈不挠的斗争。碰到苗民香要聚众劫掠，钱维城同总督吴达善和巡抚宫兆麟等一起带兵剿杀。六月，香要被擒获，钱维城等人奉谕回京，请功受赏。

乾隆三十七年(1772)，钱维城的父亲去世，他办完丧事感到非常疲惫。父亲的死对他打击很大，加之20多年为政的操劳，他病倒了，一病不起，撒手人寰。

乾隆皇帝下诏，追赠尚书衔，谥曰"文敏"。乾隆四十年(1775)，又授给他儿子钱中锐内阁中书官，以示优遇。

梁国治

◎ 王京宝

一、步入仕途

公元1723年,也就是雍正皇帝登基的那一年,在中国的南方,山清水秀的浙江会稽(今绍兴),一个婴儿呱呱坠地,这个婴儿就是乾隆十三年(1748)的状元梁国治。

梁国治,字阶平,号瑶峰。儿时的梁国治聪慧好学,用心苦读。家乡美丽的山水陶冶着他的情操。高大的山脉,挺拔的乔木，激发着他的进取之心；山间清澈的泉水，清清的溪流，培养着他的精细、敏慧。

清朝的科举制度已很完备，三年一次的乡试、会试成为各地的一大盛事，也是许多学子成就功名的阶梯。不少人终生醉心于此，到头来却名落孙山，带着无尽的遗憾走向另一个世界。当然，也有一些幸运者金榜题名，光宗耀祖。幼时的国治同样热衷于科举入仕。为能出人头地，有所作为，他苦心读书。聪明的头脑加上刻苦的攻读，17岁的国治在乾隆六年（1741）便考中了举人。但是，在来年的会试中他落选了。不久，他以举人的身份考为内阁中书，在内阁从事文字工作，从七品官。梁国治步入了仕途。

乾隆十三年（1748）二月，梁国治再次参加会试。3场考试下来，他榜上有名，成了一名贡士。四月二十六日，梁国治参加了在太和殿举行的殿试，一举夺魁。

中状元后，梁国治按惯例入翰林院为修撰，掌修国史。乾隆十七年（1752）；他又被提为日讲起居注官，每天在皇帝身边，记录皇帝的言行。他小心翼翼，丝毫不敢大意。乾隆十九年（1754）十一月，梁国治被调到国子监，担任国子监的副长官——司业。两年之后，他出任广东乡试正考官，当年十一月，又被提升为广东道员。乾隆二十二年（1757）三月，他补了惠嘉潮道的缺。3年之后，代理粮驿道。30多岁正是国治精力充沛、大有作为的时候，他秉公执政，表现了卓越的理政才能。为此，他被引荐给乾隆皇帝，乾隆皇帝命他代理都察院左副都御史。乾隆二十七年（1762）六月，出任江西乡试正考官。九月，提督安徽学政。十一月，被破格提升为吏部左侍郎。乾隆三十年（1765）正月，提督江苏学政，在3年学政官期间，国治认真考查各府、厅的童生、生员，秉公论断，为清政府选拔了一批人才。

天有不测风云，正当国治青云直上的时候，乾隆三十年(1765)正月，被两广总督杨廷璋、巡抚明山参了一本。杨、明二人本是参粮道王槩浮收仓米，他们说国治代理粮道期间有徇情舞弊的行为。梁国治被革职，一家人被押解到广东受审。经过审查，终于真相大白，原来是国治的家人舞弊，贪污了仓米。

乾隆皇帝也算是一代明君，他在用人上是比较大胆的，梁国治的案子查清以后，乾隆三十一年(1766)正月，起用他为山西冀宁道道员。乾隆三十二年(1767)十月，又提升为湖南按察使。

梁国治初入仕途，便遇上这一段波折。

二、江苏布政使

乾隆三十三年(1768)九月，梁国治出任江苏布政使。他从湖南长沙奔赴江宁(今江苏南京)就任这一行政长官。

上任后的第二年，即乾隆三十四年(1769)四月，代理颖州知府明福贪赃枉法，畏罪自杀。梁国治身为行政长官，对明福一事失察，吏部建议降官一级调用。乾隆皇帝诏令从宽处理，让他留任。

在任江苏布政使期间，梁国治对档案管理提出了改革方案。

档案是具有查考使用价值，经过立卷、归档集中起来的各种文件材料。历史上的中国，很早就注意了档案的管理。据查，从夏、商时期就开始有了档案。清朝各级政府，文案管理混乱，前后任交接没有文件材料，给皇帝的奏章也没有文字记录，这给工作和某些问题的处理带来了很大不便。以谨慎、细心著称的梁国治在工作中发现了这个问题,他于乾隆三十年(1765)五月,上疏乾隆皇帝,建议加强文案管理。他说:"各省的总督、巡抚、按察使、布政使、总兵等等,凡是有向皇帝奏事之责的官员,新旧交接全凭文案,要档案齐全才行。只是皇帝有旨,需秘密办理的事情不向后任移交,一切无凭查核。以后不论正式官员,还是代理官员,请逐任交待执行。"对这份奏章,乾隆帝极为重视,立即下令讨论执行。

乾隆年间,江苏由于天灾较多,加之财政管理较混乱,应征款项积欠较多,皇帝谕令梁国治查实奏报。梁国治经过细心查核,很快向皇帝写了一份奏章,上报了详细的积欠账目:江宁的山阳、阜宁、清河、安东、铜山五县历年积欠3万~8万两银子。乾隆八年至三十二年,20多年的时间,积欠的正杂款银共45万多两,数目巨大。乾隆三十三年(1768),未完的正杂款银11万多两。梁国治还分析了未能完成应征数目的原因:从乾隆二十年(1755)江宁设布政使以来,每年都有灾害,农田歉收,虽然每年免除一部分税银,但是免除之后应征的税银加上熟田的正杂银,数目还是不小。此地的农民连年受灾,非常穷苦,征完本年度的新粮所剩已经不多了,再带征积欠的税粮,又能征多少呢?有时还要兼征口粮种子。显然,积欠的就不能一块儿再征。为了更准确地说明问题,梁国治列举了乾隆三十三年(1768)的征收账目:这一年征收了历年积欠款银18.7万余两,一年中征收如此之多,民力已经枯竭,所以当年的正杂款银10.1万余两不能再征,只好积欠。如此恶性循环,很难在几年内征完积欠的款银。最后,梁国治提出了处理方法:于乾隆三十四年(1769)秋起,按各县积欠的多少,并酌量每年的年景,每年分限,设法带征,尽力逐渐征收完毕。对于未征收的税银,专门设立积欠账册,按款、按限随时稽查。

督催交代时，仍将查办的印册当面交与后任，由后任接办，以免混乱。

乾隆皇帝诏令按梁国治的提议执行。

三、巡抚任上

湖北，长江横贯全省，汉江在此汇入长江。由于长江、汉江的长期冲积，形成了中国南方内陆少有的平原——江汉平原。湖北的西部和北部是高大的山脉。在江汉平原上密布着大大小小的湖泊，是我国著名的鱼米之乡。由于湖北位于大陆的腹地，自古以来便是兵家争夺之要地。为此，清政府在此设省，加强管理。

在这片肥沃的土地上，有非常优越的自然条件，可由于官员的无能，这里的不少地方一直靠赈贷生活。对赈贷管理不善，形成了很严重的亏空。为了扭转这种局面，乾隆皇帝决定委派才能卓异、办事认真、政绩昭然的梁国治前去治理。

乾隆三十四年（1769）七月，刚刚查核清楚江苏钱粮的国治被提升为湖北巡抚。梁国治本想奏见皇帝之后再去赴任，可是湖北的混乱局面已使乾隆皇帝焦灼不安，他要梁国治立即赴任，采取断然措施、非常手段，迅速改变湖北的混乱局面，否则，必不轻贷。

接到圣旨，国治心里亦喜亦忧。喜的是能得到皇帝的重用，把最困难的工作交给自己；忧的是自己能否不负皇帝的重托，把湖北这种混乱局面治理好。带着这种复杂的心情，梁国治走向了一个未知数——湖北巡抚任。

七月的湖北，骄阳似火。梁国治在赴任路上心比天还热。

沿途田地荒芜、村庄荒凉，完全是一幅破败的景象，面对这种情况，他心里正燃着一团炽热的火。

他上任不久，为了让他拥有更大的权力，使他的政令更好地得以贯彻，乾隆特任命他代理湖广总督和荆州将军，军政大权委于一身，充分说明了皇帝的极大信任和改变湖北局面的迫切心情。

湖北局面混乱、民不聊生的原因究竟在什么地方？找出症结才能对症下药。国治上查下调，微服私访。他调查官吏，了解集市贸易。一次，他打扮成一个商人去米市。米市上人很多，他转了一圈，看到买米的比粜米的多，粜米的有几家是公家的，价钱比私人米每石便宜一至二分银子。衣衫褴褛、囊中羞涩的穷苦百姓，拿着米袋，挤着买米，可公家的米很快卖完了。拿着空米袋的穷百姓一脸为难、遗憾的神色。他们在市场上挤了好几遭，可就是狠不下心来买米，因为公家米卖完后，私家米价又涨了不少。梁国治拦住一个愁苦不堪的穷老汉搭了话："老汉，我看你转了好几圈，为什么不买米呀？"老汉看了看他，凄惨地说："唉，你不知道，米价这么贵，我拿这几个钱，买不起啊！"随即，老汉脸上显出怨恨，"原来，每年公家能赈济一些米，很便宜，后来赈米数很小，现在公家平粜的米也少了，这可让我们穷百姓怎么活啊！"望着他，梁国治同情地点了点头。

1年多的调查，终于找到了问题的症结所在：湖北近年由于受灾，对灾民既粜又赈济，以致粮仓严重亏空。当时粜谷是按照市场的价钱，每石谷子折合银钱六钱五六分至七钱不等。赈济灾民的谷子一向是每石收银五钱。由于粜米的价格较高，所以缺额较少，有5万多石；赈济的谷子价格较低，国库要赔本，所以赈灾的谷子，国库缺额较大，达48万石。因为灾害较多，赈济每年都有，但购买赈济之谷却用市价，这种差价使政府每年赔进一定的银两，国家财政很难承受。但是赈济的稻谷不及时补充，影响下一年的赈济。这样，赈贷愈显支诎，捉襟见肘。

针对这种情况，梁国治提出了处理意见：由于赈粜差价较大，所以只有筹集平粜稻谷的价格盈余，来补充赈济的缺额部分，赈粜必须协调一致，通融解决。为了切实解决问题，梁国治提出非常具体的解决办法：动用支司库银20万两，无论本省还是邻近地区，都要公平购买。稻谷价格不能超过每石6.5钱，如果市价较低，可以随时递减，赈济灾民时仍然以每石5钱开销。原来的时候，平粜的稻谷只是按照市价酌量减少，并没有筹集买卖的盈余。但是，青黄不接之时和新谷登场之时相比较，无论是丰收年景，还是受灾年景，价格自然相差很大，所以从此以后，国库于每年新谷登场时大量收购，青黄不接之时平粜出售。但平粜之时，一定要核计上年收购价格以及赈谷的亏空。平粜的稻谷按市价酌减，每石盈余银1钱，才准许出粜。这样，百姓购买的粮食比市价低，比较满意；国家财政没有什么负担，买卖差价弥补了赈济的亏空，国库也可充足起来。

乾隆皇帝诏令议行。

乾隆三十六年(1771)，梁国治调任湖南巡抚。尽管他已离开湖北，但他对湖北的一些问题仍挂在心上。出任湖南巡抚1个月后，他上疏乾隆皇帝："湖北施南府属下的宣恩、来凤、成丰、利川四县自乾隆元年改土归流，重新设县，分开治理。由于行政区划的调整，一系列问题随之而来，特别是生员的名额分配问题，要切合实际，酌量划分。4年前，总督大臣德沛奏准，四县共酌取生员一二名，附在首县恩施县,由恩施县县学统一管辖。随着发展,情况有了很大改变。现在每县童生各有300余名,利川已有500多名,由于生员大量增加,现在再取生员一二名显然是不合适的。请每县酌取入学7名、利川酌取8名,府学酌增教职一二十名,在府学及首县、宜昌府各学裁拔廪生和增生。等到人文兴盛的时候,再另请增设。"

乾隆三十六年(1771)十一月,凛冽的寒风使人们觉得今年的冬天特别冷,汉江的水在寒风中发出低沉的呜咽,整个湖北大地呈现出凄凉衰败的情景。在大洪山里,到处是凄惨交加、饥寒交迫的百姓挣扎在死亡线上。这几年,清政府为了积蓄钱财,准备向四川派赴兵丁,增加赋税。本来已经很贫穷的百姓更加穷困,不平和愤怒充塞了他们的心,反抗的烈火就要在这寒冷的冬天点燃。京山县民严金龙为人义气正直,在穷百姓中很有威信。他私下里联络百姓,聚众而起,抗议清政府的高赋重税。这事使统治者感到很震惊,因为从满人入关,清政府建立,经过100多年的镇压,人们是敢怒不敢言。严金龙的起事很快惊动了乾隆帝。当时任荆州将军、湖南巡抚的梁国治有点儿惊慌,在他为官期间毕竟是第一次碰到如此棘手的事件,他上奏皇帝,准备和总督富明安一起前往查办。皇帝认为此是总督之事,和总督一起前往是错误的。惊恐不安的国治一直等待镇压的消息。严金龙虽被镇压了,但乾隆三十七年(1772)三月,梁国治因失察严金龙聚众滋事,部议降一级调任。皇帝令从宽处理,留在原任。

中国的矿产分布很不均匀,特别是煤的分布主要集中在北方,但在湖南的湘乡、安化却发现了两个小煤田,乾隆年间已行开采。这两个小煤田不但产煤,而且夹产硫磺。硫磺是制造火药的一种不可少的物质。在湘乡、安化的煤田开采中，夹产的硫磺一直由政府收购，并根据省局存磺多少对煤矿时开时禁。自乾隆三十五年（1770），煤矿完全封禁。乾隆三十八年（1773）三月，省局存磺已经寥寥无几。所以，梁国治上疏乾隆帝："请将湘乡、安化二县煤矿仍行开采，煤则听民买用，磺则官为收买。俟一二年后，酌量收积多寡办理。"在处理矿产的问题上，国治根据具体情况，提出切合实际的处理意见。

四、朝中大员

乾隆三十八年（1773）十一月，梁国治奉诏入京，乾隆皇帝命他在军机处大臣上行走。军机处是最高权力机构，军机大臣职权极重，例以心腹大臣充任。梁国治从此成了朝中大员。

在此后的几年间，梁国治不断升迁。

乾隆三十九年（1774）正月，入值南书房，侍奉乾隆皇帝赋诗作画。二月，奉命纂办《日下旧闻考》一书。六月，擢为户部右侍郎。八月，转为左侍郎。四十年正月，充任殿试读卷官。四十一年十月，乾隆皇帝特许他紫禁城骑马。四十二年二月，充任《四库全书》馆副总裁。十一月，擢为户部尚书。四十六年五月，入翰林院教习庶吉士。四十七年八月，加官为太子少傅。四十八年七月，入内阁为协办大学士。五十年五月，晋升为东阁大学士，兼户部尚书。

梁国治的官位至此达到顶峰。

不久，梁国治罹病，乾隆皇帝遣御前侍卫丰绅济伦去看望他，要他安心调治，以冀速愈，报效朝廷。梁国治感激涕零。但是，他病入膏肓，难以救药了。乾隆五十一年（1786）十二月,梁国治病亡。

乾隆帝闻讯,大为悲伤,下诏褒赞了梁国治忠心事主的一生,追赠太子太保,派皇子率领官员去梁府祭奠,赐银1000两以助丧事,谥曰"文定"。

吴 鸿

◎ 刘 天

吴鸿,字颉云,仁和(今浙江杭州)人。仁和乃东南名城,山明水秀,经济发达,文化兴盛。出自这方水土的吴鸿风流倜傥,诗文俱佳。乾隆皇帝君临天下的第17年,即乾隆十六年(1751)四月二十六日,辛未科殿试,吴鸿一举夺魁,成为清朝第43位状元。

此科进士共243名,后来登高官显位者济济。

中状元后,吴鸿按惯例入翰林院为修撰,掌修国史。他做过几任乡试考官。乾隆二十二年以翰林院侍读任广东学政。二十三年调任湖南学政。差竣还京,误食河豚鱼中毒身亡,时年

38岁。在他的一生中，常为世人谈及的有两桩事。

第一桩事发生在乾隆二十七年八月。

这年遇上乡试，吴鸿、钱大昕、王杰任湖南乡试考官。钱大昕，嘉定(今属上海)人，乾隆十九年甲戌科进士，名列第二甲第四十名，乃一代学问宗师；王杰，韩城(今属陕西)人，乾隆二十六年辛巳恩科状元。三人皆为文坛巨子。初九、十二、十五日3场考试结束，众考生向吴鸿表述自己考试情况，询问凭此成绩能否中式。吴鸿最欣赏丁甡、丁正心、张德安、石鸿鬻、陈圣清五人，说："这五人如有一人落第，鄙人从此不再评说文章。"填榜日，吴鸿派人打探中式情况。乡试填榜，先从第6名写起，写完最后一名，再提写前5名，由第五倒写至第一。第6名至最后一名写完，有人把名单抄了一份给吴鸿，吴鸿一看，上面仅有陈圣清一人，吴鸿无所表示。片刻，前5名的名单抄送来了，吴鸿急忙接过来看，丁甡等四人皆名列其中。

闻者无不赞叹吴鸿有知人之明。

另一桩事是吴鸿与一位船家女的瓜葛。

那位女子人称"濮小姑"，有倾城之美，柔情似水，虽不娴文墨，但谈吐文雅。吴鸿一次去潮州(府治海阳，今广东潮安)、嘉应(州治今广东梅县)公干，乘坐的恰是濮小姑的船。吴鸿严谕仆人，禁妓女上船，濮小姑窥见吴鸿，遂生爱慕之心。但吴鸿乃朝廷命官，她不敢表白心迹。黄昏，天下起了雨，濮小姑与母亲设计灌醉了仆人，把他们弄到另一条船上。濮小姑让人把吴鸿睡觉处的船篷捅了几个窟窿，吴鸿的被褥很快就湿透了。吴鸿被淋醒，跳起来喊人，无人答应。濮小姑佯装惊醒，挑灯出来探视，对吴鸿说："这里低下狭小，怎能憩息?后有小榻，还算干净，请搬到那里睡怎样?"吴鸿瞧了她一眼，她嫣然一笑，媚态横流，吴鸿不觉心动，遂随她去睡。吴鸿办完事回去，题了一把扇子送给濮小姑，上面写道：

轻衫薄鬓雅相宜，檀板低敲唱竹枝。
好似曲江春宴后，月明初唱郑都知。
折柳河干共黯然，分襟恰值暮秋天。
碧山一自送人去，十日篷窗便百年。

濮小姑捧扇而拜，要随吴鸿一同走，吴鸿殷勤慰谕，劝阻了她。于是，人称濮小姑为"殿撰夫人"（殿撰即修撰）。濮小姑遂抛弃旧业，拿出私房钱千金，在湘子桥边建了幢豪华的房子，焚香拜佛。后来听说吴鸿病死，设灵位哭奠，不食而死。

这事真假，今已难以断言。

秦 大 士

◎ 刘 天

秦大士,字鲁一,号涧泉。他的祖先有人在江南做官,遂家当涂(今属安徽)。曾祖秦应瑚,是个县学生,娶方氏为妻,时值明末战乱,以节烈死。祖秦邦璨,清初随父兄移居江宁(今江苏南京)。从此,秦家在江宁定居下来。父秦伦国,是太学生。秦伦国有7个儿子,秦大士是他的次子。秦大士自幼聪睿好学,10岁便能赋诗作文。年长一些后,兼精书法,篆书、行书、草书俱佳,来求字者络绎不绝。但他的科考极不顺。乾隆十二年(1748)乡试中举,在来年的会试中却落第了。乾隆十六年,他第二次赴京会试,又落第。乾隆十七年，为庆祝皇太后60大寿，特举行了一次"恩科"。秦大士考中会试，殿试时一举夺魁，成为清朝开国以来第44位状元。此科进士共231名，后来出了若干名人，如第二甲第16名梁同书、第23名翁方纲，都成为一代名宦。中状元后，秦大士依例入翰林院为修撰，掌修国史。翌年，即乾隆十八年，出任顺天乡试同考官。十九年，入值武英殿。武英殿左右直房设有修书处，官修各书都在此校刊装潢。母死，秦大士回籍服丧。乾隆二十二年服满，起仕，入庶常馆教习庶吉士。庶吉士是从新科进士中挑选的优秀者，进庶常馆深造。这年冬，奉命充任皇子们的授读师傅，在上书房教皇子们读书。乾隆二十三年，乾隆皇帝考试词臣（文学侍从官员），秦大士得了第一等第二名，被破格提升为翰林院侍讲学士。乾隆二十四年，逢三年一次的京察（对京官的考查），秦大士名列一等。这年，他还担任过顺天武乡试的副考官，他录取的阳曲（今山西太原）人马全，后成为武状元，及一代名将。乾隆二十五年，出任会试同考官。二十七年，充任福建乡试正考官，考试结束，便道回家探望老父秦伦国。二十八年，再次出任会试同考官。事毕，他上疏辞官，乞请回家侍养老父，乾隆皇帝未准。过了5年，老父病死，秦大士回籍服丧。丧满，因病请假，遂不复出仕。乾隆三十五、三十六年，他两次入京，祝贺乾隆皇帝、皇太后寿辰，从前的同僚见他精神未衰，劝他复出，被他婉言谢绝。乾隆四十二年二月，秦大士病死于江宁家中，享年63岁。秦大士为人端正，不苟且取容。他少年时工诗、书法，中状元后更加精益求精。有子三人，长子承恩，进士出身，官至代理按察使；次子承业，父死时还是一名官学生；三子承家，还未成人。女三人，长女嫁给内阁中书舍人王彝宪，次女嫁给一个叫汪云森的人，小女尚未许人。秦大士死后，长子秦承恩邀请父亲同榜进士、名列第一甲第三名的卢文昭为亡父撰写了《翰林院侍讲学士秦公墓志铭》。

庄 培 因

◎ 刘 一

江南名城武进(今江苏常州)有个庄家,世代书香门第。爱新觉罗·胤禛坐天下的第6年,即雍正五年(1727),庄家的庄柱考中丁未科进士,名列第二甲第二名,官至道员。庄柱有2个儿子,长子存与,次子培因。据说庄柱在温州(今属浙江)做官时,接家眷去任所。庄夫人带着两个儿子乘船赴温州,船过莺脰湖时失火,仆人和船夫跳上小船逃了,庄夫人携两郎一婢滞留船上。火越来越大,就在大火将要及身时,庄夫人忽然看见一道堤时隐时现,她慌忙带着两郎一婢跳了上去,沿堤上岸,回头看时,堤已不见。须臾,家人驾大船至,见夫人携两郎坐在地上哭，皆无恙，大喜。家人请庄夫人上船，在岸边拾到檀香三官像各一尊。庄夫人明白了，大难不死，是神灵保佑，遂建"三元阁"奉祠之。这事尽管载诸典籍，但只是一个神话传说而已。

庄柱的两个儿子都很有出息，长子庄存与考中乾隆十年（1745）乙丑科进士，名列第一甲第二名，即所谓的"榜眼"。次子庄培因，字本淳，一字仲淳，中举后被选授内阁中书，在内阁负责文字事务；后考为军机章京，在军机处负责文字工作。乾隆十九年二月，庄培因考中会试。会试第一名是胡绍鼎，第二名是朱荣元，第三名即庄培因。庄培因是长洲（今江苏苏州）人彭芝庭尚书的爱婿，彭芝庭笑着对庄培因说："你当中状元。你没看见榜上写着'鼎元庄'吗？"——"胡绍鼎"、"朱荣元"的最后一个字与"庄培因"的第一个字。彭芝庭不过是说句吉利话而已，谁知竟被他言中，四月二十六日殿试，庄培因大魁天下，成为清代第45位状元。

此科进士共241人，后来出了若干名人。如第一甲第二名王鸣盛，后来成为"吴派"考据学大师，他的《十七史商榷》为不朽名著；第二甲第四名纪昀，也成为学问大家、《四库全书》总纂官，主持编撰《四库全书总目提要》，著有《纪文达公遗集》、《阅微草堂笔记》等流芳千古的名著；第二甲第40名钱大昕，也为一代学问宗师，著作等身。庄培因榜在历史上号为"名榜"。

中状元后，庄培因入翰林院为修撰，掌修国史，累官至侍读学士。中状元的第6年，即乾隆二十四年，病死，年仅37岁。

庄培因崇尚气节，重然诺；诗文流畅，楷书精妙，并以工楷书闻名海内。他常常侍从乾隆皇帝，笔录章奏等。有时乾隆皇帝外出巡幸，他随驾扈从，乾隆皇帝常常急宣他入帐，命他笔录诏令。帐中没有他用的几案，他便在折子上书写，写得极快却极工整，如同据几而写一般，时人无不叹服。

蔡以台

◎ 刘 一

　　蔡以台，字委实，号兰圃，嘉善（今属浙江）人。家贫，无钱侍养寡母，蔡以台准备把妻子卖了，换点儿钱奉养母亲。妻子知道后，心甘情愿地要求把她卖掉。她到了一家富户，说了卖身养母的经过，央请到厨房做饭，不做贱妾，主人大为感动，答应了她的要求。一天，主人宴请文人学士，蔡以台应邀而至，碰见了妻子，两人相对痛哭。主人听说闻名遐迩的才子蔡以台就是她的丈夫，大为惊讶，遂把她送回了蔡家。不久，蔡以台参加科举考试，连中秀才、举人。乾隆二十二年（1757）二月初九、十二、十五日，他参加丁丑科会试，一举夺魁，成为会元。四月二十六日殿试，又大魁天下，成为清朝开国以来第46位状元。此科进士共242名，后来出了若干名人。蔡以台中状元后，依例入翰林院为修撰，掌修国史。他虽然名重天下，但并不忌讳、隐瞒卖妻养母一事，相反，他常常现身说法，以激励那些穷而未达的文人学士。蔡以台多次出任乡试、会试考官，取士公正，奖拔寒素，颇为时人称道。后来母亲年迈，乞请辞官回家侍养，乾隆皇帝诏准。母死，他悲痛万分，罹病身亡。他给后人留下了《姓氏窃略》6卷、《三友斋遗稿》等大作。

毕 沅

◎ 谢秀婷

一、侥幸夺魁

毕沅,字秋帆,又字纕蘅,自号"灵岩山人",爱新觉罗·胤禛做皇帝的第8年,即雍正八年(1730),毕沅出生于镇洋(今江苏太仓)。

毕沅聪明好学,文史兼修。乾隆十八年(1753),顺天乡试中举,被授内阁中书,撰拟诏令。后来入值军机处,担任素有

"小军机"之称的军机章京，负责缮写谕旨、记载档案、查核奏议。乾隆二十五年三月，毕沅参加会试。会试分3场，初九、十二、十五日各一场。四月发榜，毕沅榜上有名。

能否登科，还得看四月二十六日的殿试。

殿试时间为一白昼，不能完卷者，列入三甲之末。会试中选的人，不敢松气，紧张地准备，以期考中。

四月二十五日夜，毕沅与同僚诸重光、童凤三在军机处值班。他们三人都通过了会试，明日就要殿试了，诸、童二人想回寓所准备考试，让毕沅一人值班，说："我俩书法好，可望夺魁。你书法不行，就别存非分之想了，替我们代劳吧！"殿试确有偏重书法的现象，毕沅见二位同僚如此讲，也就答应了。

当夜，陕甘总督黄廷桂关于新疆屯田事宜的奏折下转军机处，毕沅详加研读。

翌日，殿试开考，地点在太和殿的丹墀。

殿试的内容是经史时务策1道，读卷大臣（即评卷人）于考前1日在文华殿密拟，缄封呈皇帝阅。发下后，"读卷大臣"同赴内阁，在监试御史的监督下，内阁中书用黄纸誊写。晚上，传集工匠，在内阁大堂刊刻印刷。护军统领带领护军校等在内阁门外严加稽查。次日凌晨印刷完毕。

考卷送至太和殿，诸考生列队跪受，然后回到各自的试桌答题。

毕沅打开试卷一看，时务策正是策问新疆屯田事宜的。他胸有成竹，挥笔立就。

第2天、第3天，诸读卷大臣在文华殿阅卷。毕沅的楷书不太好，但立论高深，备受"读卷大臣"的关注，列为第4名。第4天，乾隆帝在中和殿听读卷大臣读卷，对毕沅的卷子极为欣赏，擢为一甲第一名。

诸重光得了一甲第二名，即榜眼。而童凤三位列二甲第六名。

当诸、童二人得知毕沅那晚的事后，无不嗟叹。

二、仕途沉浮

中状元后，毕沅被授予翰林院修撰（状元例授此官）。他的仕途进入了一个新的阶段。

乾隆三十年，升翰林院侍读学士。三十一年，迁太子左庶子，实授甘肃巩秦阶道员，即巩昌府（府治今甘肃陇西）、秦州（州治今甘肃天水）、阶州（州治今甘肃武都）一府二州的长官。曾随总督明山出关勘查屯田。后调安肃道道员。三十五年，擢陕西按察使。乾隆帝出巡，毕沅朝见，奏告甘肃大旱，乾隆帝诏赈济，免逋欠田赋400万。三十六年，擢陕西布政使。三十八年，擢陕西巡抚。黄河、洛水、渭河泛滥成灾，开仓赈济，救了若干人的性命；募民开垦荒地80余顷，疏渠灌田；置姬氏《五经》博士，奉祀文、武、成、康四王及周公墓；修缮华岳庙等名胜古迹；征集碑刻，储藏于学宫。四十一年，赏戴花翎——赐给有功勋者的殊荣。四十三年，听说有个叫高朴的官员在计尔羌私采玉石，运送回京。毕沅逮捕审讯高朴的仆人，没有问出什么。乾隆帝降旨斥责毕沅草率。四十四年，老母去世，离职守丧。

四十五年，陕西巡抚缺员，乾隆帝诏："毕沅在西安任职很久，在家守丧快1年了，特命毕沅署理陕西巡抚。这是特殊情况，不是开在职守丧的先例。"四十六年三月，甘肃发生内乱，毕沅会同西安将军伍尔泰等率兵前往镇压，事平论功，乾隆帝赏毕沅一品顶戴。甘肃一些州县谎报灾情，冒领赈济，毕沅未据实参奏，乾隆帝让毕沅自行定罪，毕沅请罚白银5万两，以充军饷。御史钱澧奏劾毕沅之罪应与冒赈等同，当照冒赈议处。四十七年，乾隆帝降旨，褫夺毕沅一品顶戴，降为三品。

四十八年，复为一品顶戴。守丧期满，实授陕西巡抚。四十九年，甘肃再度发生内乱，毕沅遣兵镇压，受到乾隆帝的奖励。

五十年二月，调为河南巡抚。毕沅上疏，说黄河北岸一带连年干旱，租税收不上来，仓廪空虚，请截留漕粮20万石备用；并不得私自囤积粮米，以平粮价；疏通贾鲁河、惠济河，以利漕运。他的奏请皆获诏准。奉诏去调查淮水发源地，查明源自桐柏山，乾隆帝御写《淮源记》赐他。

五十一年六月，擢湖广总督。伊阳县（今河南汝阳）杀官首犯秦国栋等人迟迟没有缉获，乾隆帝降旨责斥，将他罢归陕西巡抚。

五十三年，长江在荆江决口，乾隆帝复命毕沅为湖广总督。毕沅到任，上疏："长江自松滋（今属湖北）流至荆江万城堤，折而东北流，荆水无处散泄。请筑对岸杨林洲土坎、鸡嘴石坝，逼水南流，冲刷洲沙，可免壅遏。又请修筑襄阳等处堤坝，凿四川、湖北一带长江的险滩，便于云南铜铁的漕运。"

五十五年，是乾隆帝的宠臣和珅的40大寿。和珅，满州正红旗人，纽祜禄氏，原在銮仪卫当差。一次，乾隆帝看见他，觉得他很像父皇的一个妃子。雍正的这个妃子长得很美，当年还是个青年的乾隆进宫去见母后，看见那个妃子在梳头，便从她身后捂着她的两眼，妃子用梳子往后一甩，击中乾隆的额头。母后见他额头上有个伤疤，问他是怎么回事，乾隆支支吾吾的。母后误以为是那妃子调戏乾隆，遂将她赐死。乾隆想承认自己的过错，但又不敢直说。那妃子死了，乾隆在她颈上按了个朱印，默默道："是我害了你。魂若有灵，20年后再相会。"他见和珅很像那妃子，再看他颈上，果然有个痣，便断定他是那个妃子转生，倍加宠爱。和珅官至文华殿大学士，擅权独断，贪赃枉法。文武百官多有讨好、巴结，毕沅是其中之一。在和珅40大寿时，毕沅赋诗10首相赠。

五十九年，陕西安康、四川大宁发生叛乱，传言来自湖北，毕沅被贬为山东巡抚，摘去花翎，罚交湖广总督"养廉银"（正俸之外按官职高低另给的银两）5年，山东巡抚"养廉银"3年。

六十年，再授湖广总督。湖南苗人石三保造反，毕沅奉命赴常德、荆州督饷，克尽职守，赏戴花翎。

嘉庆元年，枝江（今属湖北）人聂人杰等造反，破保康（今属湖北）、来凤（今属湖北）、竹山（今属湖北），围攻襄阳。毕沅自辰州（州治今湖南沅陵）赶赴枝江镇压，当阳（今属湖北）又落入聂人杰手中。嘉庆帝诏罢毕沅官。诏令未到，毕沅攻克当阳，嘉庆帝又下诏复毕沅职，授二等轻车都尉世职。毕沅擒获石三保、吴半生、吴八月等人，惟叛乱者的首领石柳邓没捉拿到。毕沅上疏，请撤各省军队，留二三万兵分守苗疆要隘。未被允许。不久，石柳邓被俘，嘉庆帝命毕沅赴湖南镇抚。二年六月，毕沅手足麻木不仁，嘉庆帝赐活络丸。七月，毕沅病死辰州军营中，享年67岁。

嘉庆帝闻奏，诏赠毕沅太子太保。但说他在湖广总督任内失察过多，没加谥号。

四年，太上皇乾隆去世，嘉庆帝查办太上皇的宠臣和珅，抄了他的家，把他赐死。毕沅曾巴结过和珅，嘉庆帝闻悉，下令褫夺世职，籍没家产。

三、学问大家

做官从政之暇，毕沅辛勤笔耕，著作等身。

北宋司马光《资治通鉴》是一部编年史杰作，博采典籍，考证甄选，剪裁熔铸，成一家之言，上起周烈王二十三年（前403年），下迄周世宗显德六年（959）。但就时间来看，前后尚有巨大的空白。欲补续的，代有其人。南宋有李焘的《资治通鉴长编》，刘时举的《续宋编年资治通鉴》等；明代薛应旂、王宗沐各著有《宋元资治通鉴》；清代康熙年间，徐乾学等编成《资治通鉴后编》。这些续编在史实记录、年月编排上，舛错百出。

乾隆三十七年，毕沅开始编纂《续资治通鉴》。他广延英俊（诸如邵晋涵、章学诚等），博稽群书，历时20年，完成220卷的《续资治通鉴》，上起宋太祖建隆元年（960），下迄元顺帝至正二十八年（1368）。

乾隆五十三年，毕沅任河南巡抚时，开始编写《史籍考》，一直进行到他病死，未完稿。章学诚、潘锡恩相继续补，最后成书300卷。

毕沅极注重历史和地理的关系，广征博采，完成了王隐《地道记》和《太康三年地志》的辑佚、《山海经新校注》等书。

在金石学上，他广加收集铜铭碑刻，编辑成《关中金石记》、《中州金石记》、《山左金石志》、《三楚金石志》、

《两浙金石志》等书。

对先秦诸子也素有研究,著有《墨子注》、《道德经考异》、《晏子春秋注》、《吕氏春秋注》等,皆为各种注疏中的佳作。

他还是一位杰出的诗人,有《灵岩山人诗集》传世。

毕沅仕宦,功名不终,死后没有谥号,被抄家,革世职;在学问上,却是流芳百世。

王 杰

◎ 涂 晓

一、殿试夺魁

乾隆二十六年(1761),出身于满洲正黄旗的将军兆惠,平定了西北地区的叛乱后凯旋。乾隆帝命他为当年殿试的"读卷官",兆惠说他不习汉文,乾隆道:"读卷都用圈、点为标志,圈多的便是上乘佳作。"兆惠一听,欣然从命。

殿试是由皇帝主持的科举考试,但皇帝本人并不阅卷,简派几名大臣充任"读卷官"，由他们阅卷，定出名次，将前10名进呈皇帝御批。"读卷官"们阅卷，用"○、△·、｜、×"(即圈、尖、点、直、叉)5个符号代表5个等级。每人先阅分得的卷子，然后互相传阅，这叫做"转桌"。

四月二十一日殿试在太和殿开考。二十二、二十三日两天，兆惠等"读卷官"在文华殿阅卷。阅毕，兆惠逐卷数圈，有份卷子9个圈，是最多的，遂以此卷为第一，又定出其余诸卷的名次，将前10名进呈乾隆皇帝。

乾隆审查前10名卷子，觉得第3名卷子的字体很熟悉。他想起来了，这人叫王杰，韩城(今属陕西)人，做过两江总督尹继善、江苏巡抚陈宏谋的幕僚，替他们缮写奏疏，人品很好。乾隆帝遂以王杰为第一，将"读卷官"列为第一的卷子贬为第三。

拆封后，第一名果然是王杰。而那被贬为第3名的，是阳湖(今江苏常州)人赵翼。

王杰，字伟人，自幼好学，醉心理学，曾随武功(今属陕西)人孙景烈研习濂、洛、关、闽之学。他参加12年一次的拔贡考选，顺利入选，授蓝田(今属陕西)教谕，还未上任，父亲病死，除官服丧。家里一贫如洗，王杰靠替人缮写书信奉养母亲。丧服期满，他投身两江总督尹继善、江苏巡抚陈宏谋门下，尹、陈很是器重他。

他是清代惟一一个陕西籍状元。

二、乾隆、嘉庆两朝权臣

四月二十四日，太和殿宣布及第者的名次，乾隆皇帝第一次看见王杰,只见他身材适中,风度凝然,很是喜爱,特赐诗一首。

按惯例,王杰被授予翰林院修撰,入值南书房。南书房在乾清宫西南,也称"南斋",掌管皇上御用的文词书画。他不断升迁,数年间便至内阁学士,这是个从二品,掌传达诏命及章奏的要职。

乾隆三十九年,迁刑部侍郎,调任吏部侍郎。擢左都御史,主司监察。四十八年,老母去世,王杰辞官回家服丧,乾隆帝遣使去韩城,委任他为兵部尚书。

乾隆帝南巡,王杰赶赴行在(皇上临时住的地方)谢主龙恩。乾隆帝道:"你来了很好。君臣久别,应知朕想念你。你是个儒生,朕应让你尽孝,服完3年丧。"

丧服期满,还朝,擢为军机大臣、上书房总师傅。次年,拜东阁大学士,管理礼部事务,加太子太保衔。

当时,和珅专权,炙手可热,朝臣无不侧目,惟有王杰不买和珅的账,和珅很是气恼。但王杰也为乾隆帝宠爱,和珅虽然恼怒,却拿他无可奈何。见硬的不行,和珅便来软的,和王杰套近乎。

一天,朝臣议论完军国大事,王杰像往常一样,默然独坐。和珅走过来,拿着王杰的手说:"状元宰相的手,果真好,真柔和。"王杰正色道:"王杰的手虽好,但它仅会做状元宰相,不会要钱。"和珅贪财,闻言赧然。

《清朝野史大观》第3编《清人逸事》上还记载这么一件事:

礼部有个姓陈的官员,应和珅之召去给他看病,临行前,去请示管理礼部事务的王杰有何吩咐,王杰愤然道:"和珅乃奸相,你一定要乘机下药杀了他。否则,就别来见我!"吓得姓陈的不敢去了。和珅已答应保姓陈的做御史官，见他不来，便贬他为巩昌(府治今甘肃陇西)知府。

这事不一定可信，王杰不致糊涂到指使人毒杀和珅的地步，盖属传闻。

但传闻也并非凭空捏造，因为王杰痛恨和珅弄权，方有此类传闻。

乾隆六十年，年已84岁的乾隆皇帝禅位于儿子爱新觉罗·颙琰，自己做太上皇。颙琰即位，年号"嘉庆"。

就在嘉庆帝即位这年，王杰上疏，说他患有足疾，行走不便，请免去军机大臣、上书房总师傅、管理礼部事务的官职。嘉庆帝允准。但每逢有大事，嘉庆帝定要征求王杰的意见，王杰也不时上疏，陈述他对军国大政的看法。

嘉庆二年(1797)，嘉庆皇帝下诏，要王杰再次出任军机大臣。王杰腿脚不好，嘉庆帝特许他不必在军机处值班。

嘉庆四年，年88岁的乾隆帝寿终正寝。他去世的第二天，嘉庆帝就查办了和珅。凡是与和珅相勾结的人都受到惩处。王杰疾恶和珅，天下皆知，嘉庆帝更加器重他，擢为首辅。

王杰身居高位，处处以国事为重，清正廉洁，竭诚事主，嘉庆帝很是赞赏。

三、告老还乡

嘉庆五年，王杰以年老体弱为由，上疏辞官。嘉庆帝下诏慰问挽留，特许他扶杖入朝。七年，王杰再次上疏，固请辞官。嘉庆帝诏准，授给他太子太傅的官衔，享受原俸。八年春，王杰临别上疏言二事：整饬吏治，整顿驿站。他说当务之急，莫大于这两桩事。嘉庆皇帝认为王杰所言极是，便高兴地接受了，特赐王杰乾隆帝御用的玉鸠杖，还作了一首诗送给他，其中有一句是这样写的：

直道一身立廊庙，清风两袖返韩城。

当时人都说，这诗足以概括王杰的一生。

王杰携妻回了韩城老家。

这年，王杰夫妇皆79岁。

王杰虽然走了，但嘉庆帝没有忘记这个有大功于社稷的两朝重臣，每逢岁时节日，都颁赐礼物给他。王杰虽告老还乡，但仍时常上疏陈述他对军国大政的看法。嘉庆帝接到王杰的奏疏，都是亲自批复，用语如同家人一般。

第二年，即嘉庆九年，王杰夫妇年满80岁。嘉庆帝命陕西巡抚方维甸带着御赐的诗、额、珍宝，在王杰生日那天去王杰府上祝寿。王杰受此大礼，赴京师谢恩。他年岁已高，旅行数千里，到了京师就病了。次年正月，王杰病死于北京。

嘉庆帝闻奏大为悲伤，赐金子助办丧事，赠太子太师衔，入祀贤良祠，谥曰"文端"。

秦 大 成

◎ 贾贵荣

秦大成,字澄叙,号簪园,嘉定(今属上海)人。幼年丧父,事寡母以孝闻。母亲稍有不快,即跪下请罪;家里贫困,自己吃糠咽菜,让母亲吃得好些;谋生之暇,刻苦读书,希望能登科入仕,以养老母;成年后,到邻村教书,来回往返,赡养老母。

乾隆二十四年(1759)八月,乡试中举。妻亡,续娶,新婚当晚,新娘痛哭不停,秦大成惊奇地问她为何,新娘说:"我年小的时候已许配给邻村李家之子,后来,我父母嫌李家太贫,逼我休夫另嫁。现在,我一女嫁二夫,有损名节,但又无可挽回，能不哭吗？"秦大成听后，长叹了一口气，说："你怎么不早说呢？差点儿酿成大错。"说完，立即退出内屋，命仆人召李家子来，对他俩说："今晚是良辰，你们俩就在我的新房里成婚吧！"并把自己结婚的东西全部慷慨相赠。二人感激涕零，无言以对。3天后，夫妇叩谢而去。一时传为美谈。

乾隆二十八年(1763)，秦大成与一亲戚共同进京赶考。夜梦至文昌宫内，正赶上关帝来到这里问当年状元属谁。听到文昌说的就是他的亲戚。忽然看见一妇人扑通一声跪在关帝面前，说："他是我丈夫的弟弟，丈夫死后，他百般凌辱我。不久，我便忧郁而死。"文昌说："这样的人是短命的，怎么可以大魁天下呢？可考试日期马上就到，让谁代替他呢？"关帝说："查一下后几年的状元名单吧。"只见一官吏手捧簿册进来，文昌翻开后说："秦大成孝行天下有闻，凭此该中乾隆三十一年(1766)的状元。但他有'还妻'一善事，让他提前3年中状元吧。"后来发榜，秦大成果然高中状元，而与他一同进京赶考的亲戚却名落孙山，不久暴病身亡。此事自不足信，但秦大成后来主讲平江书院，经常用这个故事教训诸生，人生以善为本，切勿有恶行。

另外，传说秦大成参加会试时，主考官看到他的字写得不好，便对他说："你的字只能考第3名，如果刻苦练习，有希望考第二名。"秦大成听后深感惭愧，乃昼夜临池，字体一天天见长。及参加殿试时，其字已写得不错了，结果是荣登榜首，大魁天下。

中状元后，秦大成依例入翰林院为修撰，掌修国史。他的仕宦生涯，史书未详。

张 书 勋

◎ 贾贵荣

　　张书勋，字在常，号酉峰，吴县（今江苏苏州）人，乾隆三十一年（1766）考中状元。此科进士共计 213 人，后来出了一些名人。如第二甲第 35 名尹壮图，在乾隆、嘉庆两朝是颇有名望的大臣。张书勋中状元后，依例入翰林院为修撰，掌修国史。累官至右中允。右中允是右春坊的官员，掌侍从礼仪、驳正启奏等事。张书勋自幼以孝闻于乡里，深得乡人称赞。传说乾隆二十八年（1763）除夕夜，其母梦中见到一位金甲神对她说："您的儿子孝行素著，今年春天一定能高中状元。但嘉定县的秦某之孝尤笃，且家境十分贫寒，应当先让他中状元。"乾隆三十年(1766),张书勋以举人的身份得到知县位置。不久参加殿试,果然高中榜首。以知县身份参加殿试且高中状元,为有史以来不多见。

陈初哲

◎ 刘 一

苏州府吴县(今江苏苏州),经济发达,文化兴盛,多世家名族,陈氏便是当地颇有名声的书香门第。还在明朝时,陈家的陈僖敏便入仕贵显,官至都察院左都御史,是英宗正统朝的名臣。此后,陈氏家族人才辈出。雍正二年(1724),从吴县分置元和县,陈家隶于元和。陈僖敏的八世孙陈树勋,博古通今,为人粗犷阔达,游历天下,公卿贵人皆延为上宾。陈树勋的儿子陈初哲,字在初,别号永斋。陈初哲好学上进,聪明机敏,年少时便负文誉。乾隆二十五年(1760)八月,陈初哲考中江苏乡试,成了一名举人。但在来年三月的会试中落第了。陈初哲并不气馁，潜心研习学问。他和弟弟陈希哲以词赋闻名江南，时有"二陈"之称。乾隆三十年，乾隆皇帝南巡，陈初哲兄弟都以献赋而被召试，陈初哲考试成绩名列第一等，授内阁中书；陈希哲因误写一字而名列第二等。乾隆三十四年三月，陈初哲考中会试。四月二十一日殿试，陈初哲下笔千余言，立论高深，且他的楷书极佳。"读卷大臣"挑出10份最好的卷子，排定名次，进呈乾隆皇帝裁决，陈初哲名列第二。乾隆皇帝御览前10名的考卷，最欣赏陈初哲的卷子，擢为第一甲第一名。

陈初哲成为清代开国以来第51位状元，也是元和分县以来的第一位状元。

这年，陈初哲33岁。他的双亲健在，都不算老，乡间以他们有陈初哲这样年轻有为的儿子为荣。

按照惯例，陈初哲中状元后入翰林院为修撰。乾隆皇帝特命陈初哲以翰林院修撰的身份入庶常馆学习满文文献，陈初哲过目即晓其要旨。2年后，在庶常馆学习的新科进士进行结业考试，陈初哲的成绩名列第一等。乾隆皇帝高兴地说："汉人中难得这样的人才！"命他充任方略馆的纂修官，并入值武英殿。武英殿在故宫内，殿左右设有修书处，官修各书都在此校刊装潢。陈初哲还兼任起居注官，随同乾隆皇帝参加各种重大的活动，笔录皇上的言行，以备日后编纂实录用。陈初哲成了乾隆皇帝极为宠信的近臣。

乾隆三十七年，中国文化史上的一项宏伟工程动工，这便是皇皇巨著《四库全书》。

乾隆皇帝诏令设置四库馆，作为编撰《四库全书》的机构。陈初哲奉命入四库馆参加修纂。每校完一书，即条陈此书撰述的本旨。当时，馆臣例得荐举誊录生数人，对这份美差，馆臣大都荐引自己的亲友,惟陈初哲荐举的都是寒素文人。众人都叹服陈初哲的气度。

不久,陈初哲出任文渊阁校理,负责校理图书。

后来,陈初哲又出任会试同考官、陕西乡试正考官。

自陈初哲入仕以来,已两次遇上京察。京察是对在京官员的考核,每三年一次。三品以上,由部开列事实,具奏裁定;四品、五品特遣王大臣验看;六品以下由长官考查。陈初哲的正式官职是翰林院修撰,其他任职都是兼职。修撰为正六品,由长官考查。两次京察,陈初哲都名列第一等。

他以两次京察一等的优异成绩,被特旨任命为湖北荆宜施道道员。荆宜施道辖荆州府(府治江陵,今属湖北)、宜昌府(府治宜昌,今属湖北)、施南府(府治恩施,今属四川)三府。陈初哲刚到任,便遇上歉年,他马上捐钱赈济饥民。第二年,江水暴涨,在江陵东面的沙市溢出堤外。陈初哲急令下属堵塞,他亲自上堤指挥抢险,奋战7昼夜,江水渐退,沿江百姓安然无恙。次年,陈初哲拿出俸禄加筑江堤,堤坝更加坚固。荆州过去有榷关使者,负责征税,一年一换,税额屡缺。乾隆皇帝诏令撤去,命大吏兼辖。湖北督抚奏请以陈初哲兼领。陈初哲检束吏役,照章征收,税额收足,商民也无怨言。

陈初哲在荆宜施道的治绩颇受朝野上下的称赞。

不过,陈初哲也做了一些荒诞不经的事。如,到任的第3年,天大旱,陈初哲按照汉人董仲舒的《春秋繁露》中求雨方法,在龙神庙祈祷求雨。据说,果真下起大雨来。

陈初哲在荆宜施道做了5年的道员。第6年,老母病逝,陈初哲去官奔丧。过了2年,老父又去世,陈初哲服完母丧,又服父丧。

父母相继去世,陈家兄弟析产分家。陈初哲兄弟三人,陈初哲为长，二弟陈希哲，三弟陈同哲。陈初哲、陈希哲按照父母遗命，把家宅全部给小弟陈同哲，他俩另买房子住。陈初哲的新宅在古雪巷，于屋旁筑楼3间，拟奉先人神位为家祠，庭院中稍置坡石。他给新宅题曰"小蓬瀛"。蓬莱、瀛洲是传说中的神山，由此看来，陈初哲已有遁世引退之意。

就在新宅将要竣工时，陈初哲忽然罹病，竟一病不起，不久谢世，享年仅51岁。

陈初哲英年早逝，朝野莫不惋惜。

清代初期沿用明代体制，状元皆留京做官，从不外放。到乾隆皇帝时，慎重吏治，内外一体，遂有以状元外放地方官之事。第一个去地方做官的是会稽（今浙江绍兴）人、乾隆十三年状元梁国治，第二个任职地方的是镇洋（今属江苏）人、乾隆二十五年状元毕沅，第三个便是陈初哲。但梁国治、毕沅是做了几任京官后才外放的，惟陈初哲是直接从翰林院修撰简任地方官，且为道员。乾隆皇帝此举，是准备重用陈初哲，不曾想，他竟英年而逝，乾隆皇帝深为痛惜。

陈初哲初娶张氏为妻，张氏的父亲张鹏是同治十一年（1872）的举人。不幸，张氏早死，陈初哲续娶蒋仙根之女为妻。蒋氏善文墨，持家甚谨，人称"贤内助"。陈初哲有二子，长子陈兆雄，早卒；次子陈兆炎。陈初哲病逝时，陈兆炎还很小。

陈初哲孝友忠信，恪守礼教；家居不喜与长吏来往，也不臧否人物；对亲朋故旧，谦抑自下；见识宏远，莫测高深。他的诗文温和恬雅，似其为人；书法颇妙，有似颜鲁。他晚年不轻易下笔，亲朋以得其手迹为荣。

陈初哲死后3年，他的弟弟陈希哲、陈同哲在九世祖陈僖敏墓旁为他修造坟墓，把他安葬在那里。

黄 轩

◎ 刘 一

　　黄轩,字日驾,又字小华,号蔚塍,休宁(今属安徽)人。少好学,苦练书法。清代科举通用八股文,呆板空洞,往往是玩文字游戏,难分水平的高低。于是,考官们往往根据书法的优劣来评判试卷的高下。黄轩在书法上的努力使他在科场竞争中受益匪浅。乾隆皇帝君临天下的第37年,即乾隆三十六(1771)年,皇太后80大寿,特开"恩科"以示庆贺。三月初九、十二、十五日3天,黄轩在礼部贡院参加辛卯恩科考试。3场考试下来,黄轩榜上有名,但第一名会元的桂冠被余姚(今属浙江)人邵晋涵夺得。四月二十一日殿试,黄轩一举夺魁，成为清朝开国以来第52位状元。而会试第一名邵晋涵仅列第二甲第30名。此科进士161人，后来出了几位名人。如第三甲第十名孔广森，是著名的学者，特别是在《大戴礼记》、《公羊传》上造诣极深，著有《大戴礼记外注》、《春秋公羊通义》等；第三甲第11名钱沣，为官刚直，不畏权贵，颇受乾隆皇帝赏识。黄轩中状元后，依例入翰林院为修撰，掌修国史。奉诏以修撰身份充任上书房行走。上书房在乾清宫左边，是皇子读书的地方；上书房行走是皇子的授读师傅。乾隆四十二年，出为山东乡试同考官。四十三年，任会试同考官。四十四年，又任顺天乡试同考官。京察一等，授四川川东道道员。时值台湾用兵，四川协济军粮，黄轩奉命督办，劳累过度，死在任上。黄轩一生对书法兴趣极浓，刻意追求。他的书法效法赵松雪，即元书法大家赵孟頫，几可乱真。

金　榜

◎ 涂　晓

歙县(今属安徽)是大清帝国徽州府的府治,地灵人杰。歙县有个金家,男当家的叫金长溥,很好学,无奈家中贫寒,白天下地干活,晚上才有机会读书。功夫不负有心人,乾隆十三年(1748),金长溥中了进士,名列二甲第66名。金长溥从此步入仕途,官至吏部主事,正六品,是吏部各司最低一级的官职。金长溥有两个儿子,长子名槐,次子名榜,皆有才学。

金榜,字蕊中,一字辅之,号檠斋。聪明好学,从小便立志研读经书,做个经学家。少年时,他随古文字学家刘大櫆学习古文辞,后拜江永为师,研习经学。

江永，字慎修，婺源(今属安徽)人。婺源隶属徽州府，位于歙县西南，两地相距数百里。江永是著名的经学大师。《清史稿》、《清史列传》列入《儒林传》，《清代七百名人传》则列入《朴学》。江永著作等身，仅《四库全书》便收录10余部。他的弟子众多，赫赫有名的大学问家戴震即出自江永门下。

金榜师从江永，研读经书，学业大进。

金榜也曾向当时的制义大师方桀如学习八股文，为科举考试做准备。

在诸名家的指点下，金榜在诗辞、古文、经史等方面都有很深的造诣，被时人誉为"江南魁俊"，闻名海内。《清代七百名人传》上说他"以才华为天下望"。

乾隆二十九年，当朝天子南巡，召试江南学子。金榜应试，考中举人。这年，金榜31岁。乾隆帝很看重金榜的学识，特授内阁中书之职。内阁中书从七品，掌撰拟、记载、翻译、缮写，官位虽不高，但很有权势。不久，改任军机处行走。军机处自雍正帝以来，便成为帝国的最高权力机构；军机处行走，是军机大臣中的一种，权力极大。

像金榜这样举人出身，升迁如此之快的，是很少见的。

乾隆三十七年四月二十一日，进士科的最高一级考试——殿试在京举行。金榜参加了这次殿试。第2天、第3天，"读卷官"们在文华殿评阅试卷，选出10份最好的，排定名次，送呈乾隆帝裁决。乾隆帝相中其中的一份，御书"第一甲第一名"6个大字。待拆封一看，此卷乃乾隆帝素所赏识的金榜。

这年，金榜年三十有九。

此科进士叫"壬辰科"，因是在农历壬辰年举行的，故名。共有进士162名，其中出了一批人才，像第一甲第三名俞大猷等。而金榜是最杰出的一个。

按惯例，中了状元的金榜入翰林院为修撰。翰林院向来被视为"储相"之地，宰臣多由此晋身。金榜深得乾隆帝信任，中状元前便做到了军机大臣的高位，今后官运亨通，是不成问题的。

然而，8年的仕宦生涯使金榜越来越厌弃勾心斗角的官场，他渴望摆脱繁杂无聊的官务，潜心研究学问，但一时无法遂心愿。入翰林院的次年，他奉命担任山西省乡试的副考官。乡试例于八月举行，称为"秋闱"。山西乡试结束，金榜仍回翰林院为修撰。

不久，从家传来噩耗：老父金长溥去世。金榜弃官回籍奔丧。安葬了老父后，他在家守丧，闭门读书。3年服满，他打定主意，不再出仕，著书、读书以自娱。

金榜从此结束了仕途生涯，踏上清苦而辉煌的读书、治学之路。他在经学的研究上有极高的造诣。

经学是关于儒家诸经典著作的学问。自汉以来，经学研究分为"汉学"和"宋学"两大流派。汉学讲名物训诂，宋学则重微言大义。到清代，汉学大盛。江永是清代著名的汉学家，有两个高足，一是金榜，一是戴震。戴震是休宁（今属安徽）人。休宁也属徽州，在歙县西南200里左右。徽州古称"新安"，故人们称江永和他的门人为"新安学派"。

金榜师承江永，但不囿于门户之见。汉学学派治经的最大特点和弱点，是过于迷信汉代经学家的笺注，甚或到了"非汉不信"的地步。金榜治经，虽也尊崇郑玄等人的笺注，却并不一味地遵循。他在写给老友赵商的一封信中说，对于汉学，"不信亦非，悉信亦非"。故金榜治经，择善而从，且敢于创新。

在经学中，金榜毕生穷治礼学，尤重《礼记》、《周礼》。他博采众说，融会贯通，撰著《礼笺》一书。此书考证缜密，立论清新，在经学研究史上占有重要地位。

吴锡龄

◎ 吴明秀

吴锡龄，字纯甫，江南休宁（今属安徽）渔亭人。祖父吴休文，一生多行善事。乾隆初年，渔亭至祁门（今属安徽）之间的60里道路毁坏，行人不胜其苦。僧人沧水倡议化缘修道，吴休文首先响应，出银10万两，使昔日泥泞坑洼之路成为平坦的康庄大道。工程方竣，他的长房孙吴锡龄便出生了。吴锡龄少好学，乾隆四十年（1755）三月，赴北京参加在礼部贡院举行的乙未科会试，初九、十二、十五日3场考试下来，吴锡龄榜上有名。四月二十一日殿试，吴锡龄大魁天下，成为清代第54位状元。乙未科共有进士158人，后来出了若干名人。如第二甲第七名王念孙,后来成为著名的文字音韵学家,是"皖派"考据学大师之一。吴锡龄中状元后,按照惯例入翰林院为修撰,掌修国史。第二年,吴锡龄便罹病身亡。

戴衢亨

◎ 涂青

一、从内阁中书到侍讲学士

江西西南部与广东接壤处有个大庾岭,岭北麓有个大庾县(今江西大余),县里有个戴家,男当家的叫戴第元,乾隆二十二年(1757)第二甲第17名进士,从翰林院编修至太仆寺的长官——寺卿。戴第元有两个儿子,长子戴心亨,登乾隆四十年第二甲第二名进士;次子戴衢亨,字莲士。戴衢亨为人谨重,好学上进，拜享誉海内的文字学家、考据学家段玉裁为师，深受其影响，赋诗作文，字体笔法，无不竭力模仿，几可乱真。乾隆三十六年，17岁的戴衢亨乡试中举。乾隆四十一年，高宗巡幸天津，召试举人，戴衢亨才思敏捷，文笔也好，被高宗看中，钦定为一等，授内阁中书。内阁中书掌撰拟、记载、翻译、缮写，从七品。

第二年，戴衢亨升任军机章京。军机章京是最高权力机构军机处的属官，掌缮写谕旨、记载档案、查核奏议，分满汉两班，俗称"小军机"，职权颇重。

乾隆四十三年四月二十一日，即戴衢亨出任军机章京的第二年，三年一科的殿试于北京太和殿举行。戴衢亨一举夺魁，成为大清王朝第55位状元。此科进士共157人，后来大名鼎鼎的章学诚名列第二甲第51名。

状元例授翰林院修撰，掌修国史，凡是国家大事、皇帝言行，皆笔录于簿，以备将来编纂实录之用；遇上乡试，则出任考官。戴衢亨出任翰林院修撰的第二年，任湖北乡试的正考官。回京后，承办《热河志》。乾隆四十六年，《热河志》告竣，再入军机处为章京。四十七年，扈从高宗狩猎，射获一只狍，高宗赐诗曰：

围合山原飞走充，儒臣扈跸咏军攻。
拈毫倚马本多秀，入帐执禽乃独雄。
猎骑讶看非等类，文班喜语共和融。
状元端是让前辈，大鹿小狍获则同。

从乾隆四十六年以修撰身份入军机处为章京，直到乾隆五十八年，整整12年，他的官职未升。早在中状元前一年，他便是军机章京；中状元后3年，又入军机处干老行当，且一干便是12年。乾隆五十八年，才擢为右中允。右中允是皇太子东宫右春坊的属官，供翰林官员升转之用。五十九年，迁翰林院侍读学士，掌校典籍，官衔四品。

戴衢亨之所以官运不佳，是因为和珅从中作梗。

和珅，满洲正红旗人，开始在銮仪卫当差，是个给高宗抬轿子的角色。一个特殊的机遇，使他飞黄腾达。

高宗的父皇世宗有个妃子，长得十分娇艳。高宗为皇子时，一次从这个妃子身边走过，见她正在梳头，遂恶作剧般地从她身后猛地抱住她的头，用手捂住她的眼。妃子一时惊慌，梳子向后打去，正中他的额头，留下一道伤痕。次日，他入宫朝见母后，母后问他额上的伤是怎么一回事，他支吾了半天，才说是那个妃子打的。母后大怒，疑心妃子调情，他想坦白是自己恶作剧，又没有这个胆量。待他出来，那个妃子已悬梁自尽了。他十分悲痛，用手指在妃子脖上按了个红印，默默地说："是我害了你。魂若有灵，20年后再相聚。"

到乾隆中叶，高宗去圆明园游玩，发现一个銮仪卫的差役极像那个妃子，再看他脖子，上面竟有一个红痣，很像手指印。高宗信佛，笃信生死轮回，遂断定此人便是那个妃子转世，倍加宠爱。

这个差役，便是和珅。

和珅从一个差役升为宫中总管，青云直上，很快便出任军机大臣，成为乾隆后期最有权势的大臣。

和珅忌恨戴衢亨的学识，怨恨他不党附于己，仇视他崇奉段玉裁，遂对他屡加贬抑。戴衢亨因此而迟迟不得升迁。

二、从侍读学士到太子少师

乾隆六十年，高宗年84岁。他即位时曾对天起誓，在位60年便禅位于子，不敢超过圣祖君临天下的年数。这年，他决定禅位于第15子爱新觉罗·颙琰。嘉庆元年（1796），举行禅位典礼，颙琰即皇帝位，是为仁宗。高宗虽做太上皇，但并未放弃权力，他以"训政"的名义职掌帝国最高权力。

仁宗即位，戴衢亨的命运有了转机。

仁宗即位第二年，戴衢亨以侍读学士的身份随军机大臣上学习行走。军机大臣上学习行走是排名第三的军机大臣，权力极大。侍读学士的官秩较低（四品），仁宗特加戴衢亨三品卿衔。

关于这次任命，《清朝野史大观·清人逸事》卷6《戴吴二公》有个传说。

乾隆末年，戴衢亨和吴熊光同为军机章京。一天夜里，两人一同值班，忽有某省一道十万火急的折子送入宫中。高宗披衣阅罢，宣召军机大臣。内监奏称军机大臣未到，只有两个值班的军机章京在直庐（有如今办公室）待命。高宗问过两人姓名，宣两人入见，把折子给他们看过，口授机宜，命他们根据旨意拟旨。两人出宫，回到直庐，很快拟好进呈，极合旨意。这时，军机大臣们到了，高宗把戴、吴二人撰拟的圣旨给他们看，问他们是否妥当，都说甚妥。高宗盛夸二人才干，命他们每天随军机大臣上朝。当时，和珅擅权，恐他们两人分割他的权力，便奏曰："他俩乃军机处得力干将，臣等所撰拟的圣旨都出自他俩之手。今仍责成他俩在直庐承办，与面承谕旨无异。若让他俩随军机大臣上朝，他俩的官位卑下，似不合枢廷体制。"高宗道："汝等不过计较官职之高低罢了，这对朕来说有什么难的?汝等且出去，马上有谕旨下达。"和珅不敢再说什么了。未几，朱谕下，戴衢亨、吴熊光赏戴三品顶戴，随军机大臣上学习行走。

据《清史稿·戴衢亨传》和《清史列传·大臣传·戴衢亨》等记载，戴衢亨出任军机大臣上学习行走是在嘉庆二年，非乾隆末。上述传说不仅时间搞错了，经过也不对。

事情的真实过程是这样的：

嘉庆二年，高宗巡幸热河(今河北承德)，夜宣军机大臣，但军机大臣们不在，遂召军机章京。昭文(今江苏常熟)人吴熊光时为军机章京，入对称旨，高宗欲擢为军机大臣。和珅称吴熊光是个五品官，不宜任军机大臣，推荐侍读学士戴衢亨，说他是四品官，在军机处干过多年章京，用吴熊光不如用戴衢亨。高宗诏二人同加三品卿衔，随军机大臣上行走。

戴衢亨曾受和珅压抑，这次，和珅为了贬抑吴熊光而推荐戴衢亨，因为戴衢亨为人比较谨慎，而吴熊光有些外露，和珅觉得戴衢亨比吴熊光易驾御。不曾想，二人一同出任军机大臣上学习行走。

戴衢亨从此开始走运，不断升迁。

嘉庆三年正月，擢内阁学士兼礼部右侍郎。七月，调任户部右侍郎，掌理钱法堂(户部铸币机关宝泉局和工部铸币机关宝源局)事务。

嘉庆四年正月，年88岁的高宗驾崩，仁宗开始亲政。

这年三月，仁宗特赐戴衢亨紫禁城骑马。

嘉庆五年正月，升任户部左侍郎，仍管理钱法堂事务。寻充武英殿总裁官。二月，充经筵讲官，与仁宗讲论经史。六年九月，宝泉局发生了一起事：炉头李照将上年六月驳回另铸的钱私自收存，夹在新铸的钱中，运到局里蒙混交收。戴衢亨负责钱法堂事务，宝泉局出了这等事，他负有不可推卸的责任，遂上疏自责，请求处分。仁宗下诏，说戴衢亨在军机大臣上学习行走，不能时常到局，他的罪过不大，赦免不纠。

嘉庆七年七月，仁宗擢戴衢亨为兵部尚书，兼管顺天府府尹。九月，又奉命兼管户部三库事务。十二月，川、陕、楚一带的农民起义被官兵镇压，戴衢亨自用兵以来，竭诚尽力，加官太子少保，授予云骑尉世职。八年四月，续修《四库全书》，命戴衢亨与礼部尚书纪昀负责其事。六月，调任工部尚书。九年六月，因失察吏部文选清吏司官员姚承裕等勾结顺天府书吏盗用顺天府印，兼管顺天府尹一职被褫夺。七月，仁宗御门办事，戴衢亨迟到，被罚俸6个月。户部尚泉局监收铜，缺斤少两；戴衢亨管理钱法堂事务时，曾收受一些铜，被降二级留用。十年正月，调户部尚书。二月，会典馆进呈的《会典》将世宗的庙号写错格式，戴衢亨兼任会典馆副总裁，被革职留任。十二年正月，以户部尚书、协办大学士兼翰林院掌院学士，充日讲起居注官。十三年三月，奉命与协办大学士长麟视察黄河修治工程。戴衢亨的叔父、南河(即黄河)总督戴均元罹病，在大庾老家休养，仁宗命戴衢亨顺便回家探视。视察完黄河工程，又奉命去扬州，检查两淮盐务和财政开支等情况。六月还京。十四年正月，进官太子少师。

自嘉庆二年以来，戴衢亨官运甚佳，从一名侍读学士升为尚书，官衔至太子少师，成为颇有权势的大臣。但戴衢亨在这些年中并没有什么作为，从上面的叙述即可窥见这一点，他只不过是平流进取而已。

三、给事中花杰的弹劾

嘉庆十四年六月,给事中花杰上疏,弹劾戴衢亨五大罪状:

第一,长芦(今河北沧县)盐商拖欠的款项极多,而戴衢亨的儿女亲家、盐商查有圻积欠最多,他攀援戴家,是觉得有利可图,对戴衢亨多有馈赠,戴衢亨曲加庇护。

关于这一条,花杰说他通过户部员外郎刘承澍查看了《盐法志》及户部档案,得知长芦盐商积欠甚多而查有圻尤多之事;查有圻馈赠一事,花杰提供的证据是:戴衢亨盖房,查有圻给了一批木料,还借给他几案等物。

第二,户部的奏折都是戴衢亨一人做主,他人不得参与。

第三,本年殿试,戴衢亨为"读卷大臣",徇私舞弊,将歙县(今属安徽)人洪莹列为第一甲第一名;南昌(今属江西)人黄中模的策文和书法俱佳,仅列第二甲第九名;宜黄(今属江西)人黄旭行书、楷书相间,竟列第二甲第42名①。

关于这一条,花杰说他曾托同乡周际钊到戴衢亨家查阅过门簿②,套问过看门人,得知洪莹多次登门。

第四,言官冒渎圣躬,戴衢亨赞为直言;涉及户部事务,他就骂做多事。

关于这条,花杰提供了一个证据:嘉庆十一年,御史吴荣光宴客,他和戴衢亨之侄戴嘉谷同席。宴饮间,众人谈起吴荣

---

① 殿试卷只能用楷书书写,不得使用其他字体。
② 登记来客的簿册,似今日之"来客登记簿"。

光上疏劝谏仁宗暂缓巡幸天津那道折子，戴嘉谷说他叔父对吴荣光此折极为钦佩。

第五，本年内考选4名大臣入值南方房，侍从皇上写字绘画，戴衢亨与大臣英和勾结，把英和的同年周系英、英和的门生席煜、戴衢亨与英和的门生姚元之选入。

这5条罪状都属重大犯罪，特别是第3条、第4条，是杀无赦的。

戴衢亨上疏分辩，仁宗命员查办，实情与花杰所言大有出入：长芦盐商积欠，已命户部审查，交新任盐政办理。戴衢亨与查有圻确系儿女亲家，两家乃世交，查有圻也是书香门第，二家联姻，不存在攀援问题，两家往来馈送，乃人之常情。行贿之说，查无实证。另查户部最近的上疏，戴衢亨驳斥了将盐提价3文，2文入官，1文入商的建议。这项建议对包括查有圻在内的盐商是极为不利的。据此，戴衢亨在盐的销售上没有偏向盐商。

户部的奏折，是戴衢亨与户部官员商定后，命官员在圆明园起草的。之所以不在户部起草，据查是为保密，戴衢亨担心在户部起草泄密。

殿试卷，"读卷大臣"选出前10名进呈仁宗裁决，洪莹被置于第一甲第一名，是仁宗钦定的，"读卷大臣"进呈的名单中，洪莹并非第一。黄中模的卷子只能列为二甲，把他列为第二甲第九名，是极公允的。黄旭的卷子，最后4行字不能工整如前，但无一笔行书。这两份卷子不是戴衢亨先阅的，且阅卷的"读卷大臣"共14人，评定名次要看14人的评卷结果，戴衢亨一人起不了多大作用。为了慎重起见，仁宗下诏，按照花杰的提议，对洪莹进行复试。命满族的军机章京将洪莹带到宫中的上书房，遣皇子两人监视，令洪莹默写他殿试时的答卷。仁宗亲自将他默写的卷子与原卷对照，发现文义小有差异，语句略有不同。此时，去殿试已有两月之久。

传讯戴嘉谷，他说当时众人都称颂吴荣光谏言仁宗暂缓巡幸天津有胆量，他也附和了几句，但未曾说戴衢亨也赞赏吴荣光敢言。大学士庆桂又奉仁宗之命传讯那天在吴荣光家吃酒的朱涂，朱涂称不记得戴嘉谷说过戴衢亨赞佩吴荣光。

考选入值南书房官员，英和会同戴衢亨、瑚图理保举12名，仁宗圈定8名，命从中选4名。其中，周系英、王以衔原本是讲官，仁宗极为赏识；席煜、姚元之的试卷也极佳。4人纯属择优录取。

花杰弹劾戴衢亨的五大罪行皆不能成立。

仁宗大为光火，将查办的详细经过以诏谕的形式颁布，责斥花杰捕风捉影，陷戴衢亨于无辜，为戴衢亨洗冤。

花杰低头认罪，承认自己捕风捉影，捏造罪名。

吏部提出对此案的处理意见：花杰降三级调用；户部员外郎刘承澍泄漏户部机密，革职开除。

起草奏疏本应在户部，戴衢亨却命到圆明园去起草；若是为了保密，在户部把起草人隔离起来就行了。仁宗认为，在这个问题上，戴衢亨应负一定责任。吏部建议将他降二级调用，仁宗觉得这样处罚过重，诏命降一级留任。

这场惊动朝野的花杰弹劾戴衢亨案就这样结束了。

四、病死于体仁阁大学士任上

嘉庆十四年九月，即戴衢亨遭弹劾后3年，高宗诞辰98周年，仁宗加恩诸臣，诏令赦免因嘉庆十年《会典》写错世宗庙号，戴衢亨革职留任的处分。十月，戴衢亨进献诗册，仁宗嘉其词意文雅，赏大卷八丝缎二端及荷包、笔墨砚纸。

这年十二月，户部书吏王书常伪造印文，冒领三库银两。案发后，仁宗以戴衢亨身为户部尚书失察属下，交吏部议处。吏部提议降一级调用，仁宗诏令从宽，改为降二级留任。

嘉庆十五年正月，仁宗诏受戴衢亨体仁阁大学士，管理工部事务，掌翰林院事。仁宗赐诗曰：

> 知遇先皇早，欣看器晚成。
> 予申三锡命，汝矢一心诚。
> 凤阁随双彦，鳌头冠众英。
> 荷天作霖雨，江右操台衡。

十二月，戴衢亨充任总裁的《平定三省邪匪方略》完稿，仁宗诏令赦免他失察书吏冒领三库银两降二级留任的处分，并赏加一级。

嘉庆十六年三月，扈从仁宗巡幸五台山，闰三月，罹病。仁宗命他先回京调治，旋即令懋勤殿首领太监带御医诊视。戴衢亨病入膏肓，到四月去世，享年五十有七。仁宗下诏："大学士戴衢亨为人正直，学识渊博，品行兼优，忠诚勤恳。初由翰林学士仰蒙皇考高宗皇帝鉴其才干，特赏三品卿衔，擢任军机大臣，用为辅佐。朕亲政后，见其心地坦白，办事认真，日加委任，由侍郎擢授尚书，赐世袭云骑尉，并令他兼值南书房，简用至大学士，屡晋赐宫衔。亲信之笃，不啻股肱！戴衢亨感恩，竭诚图报，一切用人行政，知无不言，言无不尽。"诏令追赠太子太师，入祀贤良祠，赏给陀罗经被，先令荣郡王绵億带领侍卫10员前往祭奠。仁宗于四月初七亲临灵堂赐奠，拨库银1500两助丧。任职以来一切处分，全部赦免，赐谥"文端"。

汪 如 洋

◎ 刘 一

钱塘（今浙江杭州）人金甡是乾隆七年（1742）的状元。他有三子四女，二女儿嫁给秀水（今浙江嘉兴）人汪孟锠为妻。婚后，他们生下一子，取名如洋，后来取字润民。汪孟锠的哥哥汪仲鈖无嗣，汪如洋被过继给伯父为子。

汪如洋少力学，博闻强记。他热衷于科举，期望像外公一样大魁天下。他励志苦读，终于如愿，在乾隆四十五年（1780）为庆祝乾隆皇帝 70 寿辰而举行的庚子恩科殿试中一举夺魁，成为清朝开国以来第 56 位状元，距外祖父金甡大魁天下 38 年。金甡不仅是乾隆七年的状元，还是会元。汪如洋和外祖父一样，也荣膺会元、状元两顶桂冠。

汪如洋中状元时，金甡还健在。金甡高兴万分，特赋诗一首祝贺女儿和外孙。诗中说：

当年会状怜娇女，今见教出会状儿！

中状元后，汪如洋按惯例入翰林院为修撰，掌修国史，旋即奉命入上书房充任"授读师傅"，教皇子、皇孙读书。乾隆五十一年，奉诏出任山东乡试正考官，寻即奉命提督云南学政。云南地处边陲，文化落后，学者苦于无师。汪如洋到任后，每次出题考试都写一篇范文，待考试结束，把范文发给学生，让他们诵习，从中找出自己答卷存在的问题。他又奏准朝廷，根据云南的具体情况，把原来的五经同考改为先考一部经书，轮考5年后，再一同考试。他的努力对发展云南文化，起了巨大作用。

学政任期3年，任满回京不久，就因病去世，年仅40岁。汪如洋英年早逝，士林惜之。

他为世人留下了《葆冲书屋诗集》一书。

他有7个儿子，有一人考中进士。

钱 棨

◎ 刘 一

一、清朝第一名"三元"

科举考试最为荣耀的,是连中三元。三元,指乡试第一名解元,会试第一名会元,殿试第一甲第一名状元。三试皆第一,则极为不易了。获此殊荣者,真乃凤毛麟角。自唐迄清,可考的状元共 596 人,而连中三元的仅 13 人(一说 12 人,或云 14 人),占 0.45%。

清代立国267年，开科112次，状元114人，连中三元的仅2人。

第一个"三元"是钱棨，第二个"三元"是陈继昌。

钱棨，字振威，一字湘舲，苏州府长洲县（今江苏苏州）人。清代袁珂在《清稗类钞·考试类》中统计，苏州府多状元、榜眼、探花。以状元论，有清一代114名状元，苏州府就独占24名。在苏州府，24名状元出自长洲、吴县（今江苏苏州）、常熟（今属江苏）、元和（今江苏苏州）4县。其中，长洲7名，吴县6名，常熟5名，元和3名。从上面几个数字中可以窥见苏州府长洲、吴县、常熟、元和四县文化的兴盛。钱棨就生长在以县为单位出状元最多的长洲。在他之前，长洲已出了6名状元。

长洲钱家是个书香门第，钱棨的曾祖钱中谐，康熙十八年（1679）举博学鸿词科，名列一等。祖父和父亲也是颇有名气的文人。

生长在这样的地方、这样的家庭里的钱棨发愤攻读，立志科场夺魁。他自幼练习八股文，熟读儒家经典，这些都是科举考试的基本功。钱棨埋头读写，常常至深夜五更方罢。

但是，在科举考试上，钱棨却屡遭挫折。

官学是科举的必由之路。府、州、县学的学生，叫做"生员"。未取得生员资格的文人学士，无论年龄大小，都称为"儒童"或"童生"。钱棨多次参加入学考试，皆不中。乾隆三十一年（1766），他终以第一名的成绩考入长洲县学。当时，入学考试的第一名叫做"案首"。

取得生员资格，进入县学读书。县学每月、每季都有考试，每隔3年举行一次由提督学政主持的科试。科试成绩分6等，名列第一等、第二等和第三等前茅的，才准予参加乡试。

钱棨科试的成绩列为几等，今已不可得知。不过，他取得了参加乡试的资格。

乡试例于八月在各省省城的贡院举行。从乾隆三十三年起，钱棨五进省城江宁（今江苏南京）的贡院，参加了4次按常规三年一次的"正科"考试，一次为庆祝皇太后8旬寿辰而举行的"恩科"考试。结果，皆名落孙山。5次乡试，历时11年。一次又一次的失败，钱棨毫不气馁，他以超乎常人的毅力坚持不懈地一次次应考。乾隆四十四年八月，为庆祝明年高宗70大寿，举行一次"恩科"考试。这年是农历己亥年，此科乡试便叫"己亥科"。钱棨第6次步入江宁贡院。初九、十二、十五日3场考试下来，钱棨忐忑不安，等待考官大人的评判。

主持乡试的官员，叫做"主考"，有正有副，由皇上选派。主考之外有同考、监临、监试、提调等一大批官员。但录取谁不录取谁，则取决于正主考。

乾隆四十四年，己亥科江苏省乡试的正主考姓谢名墉，嘉善（今属浙江）人，乾隆十七年第二甲第29名进士。到乾隆四十四年，他已是吏部左侍郎，奉高宗之命出任江苏省乡试的正主考。八月十五乡试结束，八月十六日考官开始评卷。谢墉勤恳，阅卷至深夜，不觉伏在案头睡着了。他做了一个梦，梦见一个神仙给他一支巨笔，笔的顶端装饰着孔雀毛，光彩夺目，美丽之至；笔杆上面写着"经天纬地"4个大字。谢墉惊醒，见案上放着一份试卷，他拿过一读，文笔甚佳。他暗中思忖：此卷莫非梦中的神笔写成的？若不是，何以做梦后案上放着的恰是这份卷子？于是，他把此卷列为第一名，即解元。

九月十四日填榜，待折开弥封，谢墉方知那第一名的卷子是长洲人钱棨的。

次日，贡院放榜，钱棨方知自己中了解元。

乾隆四十六年三月初九、十二、十五日，会试在京师礼部贡院举行。此年是农历辛丑年，故此科会试叫"辛丑科"。钱棨满怀信心地参加了3场考试。四月十五日，礼部大门外放榜，榜首上赫然写着"苏州府长洲县　钱棨"8个大字。

钱棨又夺得了辛丑科会试的会元。

6天后，即四月二十一日，殿试在保和殿开考。次日，"读卷大臣"开始评卷。他们必须在2天内评阅完全部考卷，从中选出10份最好的卷子，排定名次，送呈高宗圣裁。高宗在他最满意的一份卷子上朱书"第一甲第一名"6个大字。

四月二十四日，金殿传胪，即在太和殿放榜。

这天，高宗驾临太和殿，王公百官按照品位高低排立在大殿上。鼓乐齐奏，担任宣唱名次的鸣赞官高声宣唱："第一甲第一名，苏州府长洲县钱棨！"连唱3遍。

至此，钱棨和众人方知，新科状元的桂冠落在了他的头上。更为荣耀的是，他成为清朝开国以来的第一个"三元"。

二、极尽荣华的"钱三元"

清朝立国137年，出了一个"三元"，轰动了朝野。

最为兴奋的是当朝天子高宗皇帝。这年，他年满7旬，身体还十分健壮。像他这般高寿、这般健壮的天子，自古以来是极为罕见的。他自称"古稀老人"，镌刻了一枚"古稀天子之宝"的玉玺。他五世同居，儿孙满堂，又刻了一方"五福五代堂古稀天子宝"。为了恭贺寿辰，特地举行了"辛丑科"。而恰在这场"恩科"中，出了清朝历史上第一个"三元"。喜庆之日碰上此等百年不遇的盛事，70岁的高宗皇帝怎能不高兴呢？就在金殿传胪日，高宗兴奋地赋诗一首，赠与"钱三元"。诗云：

  龙虎传胪唱，太和晓日暾。
  国朝经百载，春榜得三元。
  文运风云壮，清时礼乐蕃。
  载咨申四义，敷奏近千言。
  讵止求端楷，所期进谠论。
  王曾如何继，违弼我心存。

  另一个为钱棨连中三元而亢奋的，是翁方纲。
  翁方纲是顺天府大兴县(今北京)人，乾隆十七年第二甲第23名进士。翁方纲是著名的经学家、金石学家，著作等身。乾隆四十四年江苏乡试，谢墉为正主考，翁方纲则以翰林院编修的身份出任副主考。因此，翁方纲也是钱棨的座师(或称"座主"，举人、进士对考官的称呼)。钱棨中状元时，翁方纲为国子监司业，即最高学府国子监的副长官。按惯例，第一甲三名进士，即状元、榜眼、探花，都戴金花。还有一枝金花是赏给国子监长官祭酒的。因翁方纲是钱棨的座师，这花便归了他。翁方纲做了一只漂亮的匣子，把金花珍藏在里面。他又以极大的兴趣撰著了一篇《三元考》，写了4首颂扬"三元"的诗。
  当时，大清帝国正值太平盛世，文风丕盛。钱棨连中三元后，京师的士大夫及全国各地的诗人纷纷赋诗颂扬，有数百人之多。翁方纲把这些诗编辑成书，名曰《三元诗集》。

三、病死提督云南学政任上

钱棨连中三元后,按照状元入仕的惯例,入翰林院为修撰,掌修国史。乾隆五十一年八月,奉命充任顺天府乡试的考官。五十二年九月,奉高宗之命入上书房充当皇子、皇孙们的师傅。上书房在乾清宫左侧,皇子、皇孙们6岁便入上书房读书,师傅由皇帝特派,称"授读师傅"。钱棨是大清帝国第一个"三元",高宗极为赏识,故命他入上书房做了一名授读师傅。钱棨在上书房当了2年的授读师傅。乾隆五十四年三月,钱棨出事了。

此月初六,高宗皇帝来到上书房,检查师傅和皇子们是怎样教和学的。但走进上书房一看,室内空无一人。他命人拿来门簿(登记授读师傅入值的簿册)一查,发现整整7天,皇子、皇孙、授读师傅竟无一人到过上书房。高宗一向注重对皇子、皇孙们的教育,要求他们五鼓时便去上书房读书。这时,整个皇宫只有皇子、皇孙和他们的师傅在上书房诵习儒经,其他人还都在安睡。如今,他见皇子、皇孙和授读师傅一连7天都没到过上书房,不禁勃然大怒,把皇十七子和军机大臣等叫来,责问是怎么回事。皇十七子奏告:"阿哥们每天都到上书房,师傅们却往往不到。"高宗闻言,怒不可遏,下诏责斥诸授读师傅:"皇子们年龄都大了,学问已成,也许无须每天督促他们学习。但皇孙、皇曾孙、皇玄孙还年幼,正是学习的时候,岂可稍有间断?师傅都是朕特派的,自应各尽其职,即使本衙门有应办之事,也当以上书房为重。况且,现任师傅多系内阁和翰林院,事情很少,并无不能兼顾的,何以如此渎职,懈弛若此？都交部严惩！"

钱棨等人均被革职留任。高宗犹不解气，下诏规定他们8年之内不犯过错，方准再做官。钱棨入仕仅8年，还未及升迁，便遭此挫折。不过，高宗对钱棨还是格外器重的，4年后，即乾隆五十八年，便任命他为东宫右春坊的赞善，掌规谏过失，赞相礼仪。五十九年，充任广东乡试副主考。六十年，擢为东宫右春坊的中允，掌侍从礼仪，驳正启奏。不久，擢为侍读，侍奉高宗讲读经史。

就在这年，年85岁的高宗决定禅位于皇十五子爱新觉罗·颙琰。嘉庆元年（1796）正月初一，举行了禅位大典，颙琰即皇帝位，是为仁宗。

嘉庆二年，钱棨出任东宫右春坊的长官右庶子，不久，转为左春坊的长官左庶子。三年三月，擢侍讲学士，寻转侍读学士。五月，充任云南乡试正主考。七月，奉命提督云南学政，只身一人离京南下赴任。四年三月，擢为内阁学士兼礼部侍郎，但未回北京任职，仁宗命他以内阁学士兼礼部侍郎的身份提督云南学政。

钱棨在云南学政任上忠于职守，秉公执法。他主持的考试，极为公正，众人悦服。这是他仕途生涯中最受人称道的时期。钱棨是北方人，到了大西南后，水土不服，身体日渐衰弱。被授予内阁学士兼礼部侍郎的官位不久，他在考察澂江（府治河阳，今云南澄江）、临安（府治建水，今属云南）两府的官学时，身染疟疾，带病坚持工作。八月，病情加重，不治而死。仁宗闻讯，下诏哀悼，褒扬了他在云南的治绩。

钱棨虽是大清帝国第一个"三元"，但中状元后无多大作为便死去了。但因他是清朝第一个连中三元的，故名声极大。

茹棻

刘 一

茹棻,字古香,浙江会稽(今浙江绍兴)人。会稽乃东南名城,经济繁荣,文化发达,名士辈出。茹棻自幼聪睿好学,热衷科举功名。乾隆皇帝君临天下的第 50 年,即乾隆四十九年(1784)三月,已是举人的茹棻赴京参加甲辰科会试。会试分 3 场,初九为第一场,十二日为第二场,十五日为第三场。前一日点名入场,后一日交卷放出。四月十五日放榜,茹棻榜上有名,但第一名会元的桂冠被他的同乡归安(今浙江吴兴)人侯健融夺得。会试考中,叫做"贡士"。四月二十一日,茹棻等贡士在太和殿参加最后一次考试——殿试。殿试以一白昼为限,

早晨入场,黄昏交卷出场。考题是经史时务策1道。四月二十四日,金殿传胪,茹棻的姓名被第一个宣唱,成为清朝开国以来第58位状元。而会试第一的浙江同乡侯健融仅列第二甲第11名。中状元后,茹棻依例入翰林院为修撰,掌修国史,正六品官;遇上乡试、会试,则出为考官。他步入仕途时,正值清王朝鼎盛时期。仕宦多年,几经升迁,官至兵部尚书,正一品。他的诗文极佳,有诗集行世。道光元年(1812)病逝。

史 致 光

◎ 张晓英

史致光，字葆甫，一字渔村，浙江山阴（今浙江绍兴）人。乾隆五十二年（1787）中状元，授翰林院修撰。为官40余年，曾任知府、按察使、巡抚、总督，晚年回京，任都察院左都御史，官至一品。

乾隆五十七年（1792），史致光在京察中列为一等，次年授以云南大理府（府治太和，今云南大理）知府。嘉庆元年（1796）调云南府（府治昆明）。10年后（1806）升盐法道，分掌督察盐场生产与盐商之行息平盐价、管理盐运等事宜，这为他以后在闽省任巡抚时整顿盐务打下了基础。嘉庆十九年（1814）五月，史致光被擢为云南按察使，随后调任贵州按察使，十一月升为布政使。至嘉庆二十二年（1817）升为福建巡抚，总揽一省的军事、吏治、刑狱等。任职两年，体恤民情，特别在盐务管理、整顿方面用力较多。初任巡抚时，即逢直隶天津水师初设，其总兵许松年奏请调拨福建军营中善驾船泅水之人200余众，携带家眷迁至天津水师，以充伍事。史致光考虑到，闽津两地气候水土皆不同，兵士为国事之急理应前往，但举家迁徙，难免瞻前顾后。且家眷生长于南方，不耐北方的寒冷冰冻。致光偕同总督董教增、提督王得禄上奏，提出较为妥善的解决办法，即从天津就近招募水师训练，闽省调拨来的水师，可留在天津教习3年，不带家眷，等新兵熟悉驾船操练之后，再将其撤回福建，愿留者听其便。如此可免去许多不便，此奏得以批准。闽省盐务存在不少弊端，对此，史致光出力最多，几次上奏，陈请整顿、精简机构，妥善处理纳课征税，使官商均受其利。在健全关口检验方面，史致光于嘉庆二十三年（1818）偕同总督董教增奏言，提出因前督臣汪志伊上奏裁去各关检验大使，其职由他官兼管，造成验关拖延、草率、偷漏，致使私贩充斥，额引滞销，弊端颇多。奏请恢复旧制，补齐大使缺额，提高验关效率。在盐场设置、管理问题上，提出设场过密，机构重复，冗员过多，产量降低。建议合并较近的盐场，改繁为简，提高盐的产量。针对课税拖欠，商人力不能胜的情况，他又奏言：闽省盐务自雍正七年（1729）裁商之后改为水客办运，至今70余年，课税亏损。查其原因，一是制定的盐务章程过于苛刻，致使官商各帮备感资财匮乏；二是不加给耗，亏折很多；三是折蓬担又收回代额，赔累难以胜任。这几项若不改革，运盐各商帮解散，盐课延误的情况即会出现。过去百余年，之所以官民相安无事，是因为官帮税轻，商帮税重，官可拨给商代销,双方均可得利,国课亦无短缺。代额使官商得以调剂,今裁去,于商不利,许多商家倒闭,政府5年亦颗粒未销,各官都视盐缺额为畏途,多不愿承担。亏损的另一原因是运输中的折耗。闽省依山滨海,盐分东、西、南三路运出,海耗、河耗、仓耗,包括搬运中的损耗等等,估计每石的折损至少有30余斤,路越远折耗越多。加上匀代匀销,先课后盐,盐虽没运课须先赔,这些完课赔累的实情,均须改革整顿。他调查了广西、临仓等70余埠,发现这些地区在本埠额引之数上分别加一至三酌兑;而平乐、柳州则因水险滩高,于每1000包盐加买耗盐120包,以补沿途折耗,此法甚好。他奏请闽盐、粤盐亦照此办理。至于匀代匀销请嗣后官帮收回,代额之盐酌情改拨变通,使国课按期交纳,官商均得其益。此奏得部议准行。

嘉庆二十四年(1819),史致光调任云南巡抚。次年,他针对管区内井盐代煎征课问题上奏,提出应酌情减轻原增产代煎而今减产盐井的课税,对无力纳课之井的虚课应责成产量较好的盐井捐解,以解决因产量减少应征课项递年短少出现的欠课现象。此奏得准。同年十月,提出增加腾越厅(厅治腾越,今云南腾冲)等地的官学学生名额,并将永北厅(厅治永北,今云南永胜)等地的考试改为一年一次。报可。随后入京进见皇帝,升为云贵总督。

据载,史致光的祖母同太夫人,早年守寡,喜行善事,曾和解族人争纷,救活人命。故致光入京会试时,梦见一神仙托梦告之:因其祖母的阴德,可名列榜首,如再能谨慎顺承家德,则前程不可限量。揭榜,果然中为状元,而后累官云贵总督。这当然是文人附会之说,并不可信。

道光元年(1821),史致光为解决永北、大姚等地汉夷因典地引起的矛盾，多次与成都将军呢玛善、滇省前督庆保会议上奏，提出对汉民夷人较为公平的解决办法，并请免去嘉庆二十五年(1820)加派给永北、大姚等州的部分银两，欠收州村的税额亦请免去。获准。道光二年(1822)，史致光对所辖区部分年迈庸劣、不能胜任的知州进行弹劾，建议免去其职务，补以省为之人。对永善(今四川大关西北)、金沙(今属贵州)银丁多年来无力纳课的情况上奏，请免征道光元年(1821)加派银两，只纳正课。准奏。不久，史致光接到皇帝谕旨，体恤他年迈力衰，不适边疆总督之任，调回京都。道光三年(1823)正月，授都察院左都御史职。同年七月，史致光因病奏请开缺，得允许。次年回原籍，道光八年(1828)卒。道光皇帝体恤他为官多年，加恩恢复原职，赐祭葬。

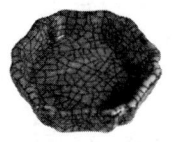

胡 长 龄

◎ 张晓英

胡长龄，字西庚，江南通州(今江苏南通)人。少好学，乾隆五十四年(1789)考中己酉科状元。此科进士共 98 名，是取士较少的一次。不过，后来仍出了不少名人。如第二甲第三名阮元，仪征(今属江苏)人，官至两广、云贵总督，精通经学，著述颇丰，有《皇清经解》等多种，为一代经学大师。

中状元后，胡长龄依例入翰林院为修撰。乾隆五十六年(1791)，大考二等，擢为侍讲学士。乾隆六十年(1795)迁国子监祭酒。嘉庆三年(1798)乡试，长龄充山东主考官，同年命提督山东学政。任职的第二年十一月，因山东德平县(今山东陵县东北)知县叶芳浮征收漕粮，引起县民杨坛父子等人生事，杀官劫狱。为此，胡长龄遭到生员阎常留一伙和巡抚陈大文的弹劾，指责他监督、考核生员不严，谕示降二级调用，后准其降一级调用。嘉庆五年(1800)二月，补光禄寺少卿。次年七月，迁顺天府(府治宛平、大兴，今北京)府丞，八月调奉天府(府治承德，今辽宁沈阳)府丞。嘉庆七年(1802)十一月，父亡，守丧3年。服满，仍担任顺天府府丞。嘉庆十一年(1806)十月，擢升为光禄寺卿。次年二月转太常寺卿。同年秋乡试，充山西考官。九月，提督广东学政。嘉庆十四年(1809)，擢为左副都御史。次年十二月任满，回京授兵部右侍郎。嘉庆十六年(1811)三月，充会试考官。七月，署工部右侍郎，兼管钱法堂事务。嘉庆十七年(1812)二月，调礼部左侍郎。次年九月，擢为礼部尚书，官至一品。嘉庆十九年(1814)七月，因病请假回原籍，十月行至德州卒。

石韫玉

◎ 刘 天

江南名城吴县(今江苏苏州)是出状元较多的地方,有清一代,这里出了7名状元,石韫玉是其中之一。

石韫玉,字执如,号琢堂,晚号"独学老人",生于乾隆二十年(1755),少力学,文名颇响。24岁那年考中乡试,成了一名举人。但在来年的会试中落第了。他没有气馁,继续参加角逐,第二次、第三次直至第五次,都名落孙山。乾隆五十五年是乾隆皇帝8旬大寿,为了庆祝寿辰,特地举行一次"万寿恩科"。石韫玉第六次踏进礼部贡院考场。二月初九、十二、十五日3场考试下来,石韫玉榜上有名。四月二十一日殿试，石韫玉一举夺魁，成为清朝开国以来第61位状元。

此科进士共97人，后来出了一批名人。如第一甲第二名、阳湖(今江苏常州)人洪亮吉，后来成为学问大家，著作等身。石韫玉是他们当中最有成就的人之一。

中状元后，石韫玉按惯例入翰林院为修撰，掌修国史，开始了他17年的仕宦生涯。

乾隆五十七年八月，石韫玉中状元后两年，奉命出任福建乡试正考官。乡试结束，出任湖南学政。学政任期3年，任满回京，乾隆皇帝已禅位嘉庆，石韫玉奉诏充任日讲起居注官，随同皇上参加各种重大的活动，笔录皇上的言行，成为嘉庆皇帝的近臣。第三年，入值上书房。上书房在乾清宫左，是皇子、皇孙读书的地方，教师由皇帝特派，称"授读师傅"。石韫玉以出众的才学膺此职务。不久，出为重庆(府治巴县，今四川重庆)知府，兼理川东道事务，为政清明，深得士民称颂。

出任重庆知府的第三年，即嘉庆五年(1800)，一支由白莲教教徒组成的起义军向重庆府推进。

白莲教是唐末以来在民间流传的一种秘密宗教，宣称世界上存在着明、暗两种势力，分别代表善良、罪恶和合理、不合理，两种势力不两立，光明将战胜黑暗；教徒都是"天生老母"的儿女，同生死，共患难。随着清王朝统治的腐败，白莲教教徒宣言清朝气数已尽，号召人们起来推翻这个黑暗的王朝。清廷缉拿白莲教徒，并借机搜刮民人。嘉庆皇帝即位的当年，忍无可忍的白莲教徒揭竿而起，形成了绵延川、楚、陕三省的大起义。当时，乾隆皇帝虽已禅位嘉庆，但仍以太上皇的身份操纵着帝国大权，他敕令川、楚、陕督抚将军全力围剿。屡有小胜，然迟迟不能剿灭。嘉庆四年，乾隆皇帝病死，嘉庆皇帝亲政，重新调整方略、部署，但一时也难以奏效。嘉庆五年，起义军的一支强渡嘉陵江，向重庆挺进。

石韫玉闻讯，严兵防守。在巴县东面的土沱铺，石韫玉率官兵与义军激战，义军受挫，首领战死。挫败义军的进攻后，石韫玉在重庆府大办团练，督训技勇，分班训练，更番休息，有警一呼，便可聚集起民团。义军不敢入境。

石韫玉的才干引起了勒保的注意。

勒保是嘉庆皇帝任命的负责围剿白莲教起义的经略大臣，他奏准嘉庆皇帝，调石韫玉到他的身边出谋划策。当时，义军准备以川、陕、楚三省交界地带为根据地，分兵10路出击。嘉庆皇帝经与群臣商议，诏令勒保采取各个击破的方针，先歼灭一路，再围剿其余各路。石韫玉说："今官兵共有3支，而贼兵有10股，若专击一股，那么，其余各股便无所顾忌，气焰势必更加嚣张。最好的办法是分兵四面出击，遇上一股即以一路兵迎击。这样，贼兵无暇征粮，他们没了饭吃，可不击而自溃。"勒保道："好！"马上命人上疏陈述。嘉庆皇帝诏准。勒保分兵出击，并坚壁清野，义军受到重创，形势急转直下。嘉庆九年，轰轰烈烈的白莲教大起义被镇压了。

在围剿白莲教起义上，石韫玉立下了汗马功劳。嘉庆皇帝论功行赏，授给石韫玉道员的官衔，赏戴花翎。嘉庆十年，实授陕西潼商道道员。

石韫玉出任潼商道道员时，正值歉年，山西尤剧，米价暴涨，一石至黄金17两。陕西受灾较轻，潼商道一带的大户乘机向山西枭卖粮食。一些官员担心粮食过多地流入山西会影响潼商道民人的生计，建议禁止。石韫玉道："山西人也是朝廷赤子，我不能坐视他们挨饿。"纵而不问。山西人得食，潼商道的大户也获厚利。

任潼商道道员仅4个月，石韫玉便被擢为山东按察使，成为山东省司法长官。

在山东按察使任上，石韫玉克尽职守。在一桩案子的处理上，他的做法引起一些官员的不满，遭到弹劾，被革职。嘉庆皇帝念他平定白莲教起义的功劳，赏给他翰林院编修一职，让他在史馆效力。

嘉靖十二年，石韫玉辞官，退隐田园。

他的仕宦生涯从此结束。

这年，石韫玉年方五十有二。

还乡后，状元的桂冠和镇压白莲教起义的赫赫功勋使他仍然名重一方，督抚将军纷纷邀请，倚为左右手。石韫玉出入权贵之门，起初颇为自得，不久便厌倦了，遂闭门不出，拥书自娱。经人邀请，掌教紫阳书院，闲暇时便读书、吟诗、作文。他给自己规定了每天读书的数量，不读完不休息，至老不衰。

道光十七年（1837），退隐田园 30 年后，石韫玉寿终正寝于吴县老家，享年 82 岁。

石韫玉生平律身清谨，未贵显时，看见有违礼教的书，辄焚之。在家设一座纸库，名曰"孽海"，以告诫自己读写须谨慎。他为人和气，平易近人。他的文章贯通古今，诗破除唐宋门户，援笔立就。他特别注重经世致用之学，并以此著称。他给世人留下了《独学庐诗文集》一书。

潘 世 恩

◎ 涂 青

一、吴县县令的预言

清高宗爱新觉罗·弘历坐天下的某年二月的一天，苏州府吴县(今江苏苏州)县试正在举行。县令李逢春是法定的主考官。参加考试的是吴县的童生，即还未考上官学的清白人家的子弟。考试共4场，第一场录取较宽，凡被录取者都可以参加更高一级的府试。有一个应考的童生引起李逢春县令的注意，他从黎明前点名入场后，一直端坐在考席上。第一场考试结束后，考生纷纷涌出考场休息，惟独他动也不动。第二场、第三场、第四场都是如此。李逢春踱到他跟前，问他姓甚名谁。他说姓潘名世恩。李逢春想试一试他的才学，出一题要他回答，题目是"范文正公以天下自任"。范文正公，即北宋名臣范仲淹，他倡言"先天下之忧而忧，后天下之乐而乐。"潘世恩朗声对曰："韩昌黎为百世之师。"韩昌黎即韩愈，唐朝杰出的文学家、哲学家，与柳宗元同为古文运动的倡导者。他的文章气势雄伟，赫然居"唐宋八大家"之首。李逢春又出一题道：青云直上。潘世恩随即对曰："朱绂方来。"绂是系印的丝带，颜色视官位高低而有差异；朱绂即红色的系印丝带，是诸侯使用的。李逢春对潘世恩的回答极为欣赏，叹道："真乃状元才也！"有人赠他一副对联："大富贵亦寿考，蓄道德能文章。"

潘世恩后来的发展果如李逢春所言，大魁天下。

那是乾隆五十八年（1793）的事。此年为农历癸丑年，故此科进士名曰"癸丑科"。这是高宗在位60年最后一次按常规举行的进士科，共录取进士81名。潘世恩夺得第一甲第一名的桂冠。

他是乾隆朝第26位状元。在有清一代114位状元中，他排在第62位上。

二、青云直上

潘世恩中状元后，入翰林院为修撰，掌修国史。

他步入仕途的时候，朝中权势最显赫的人物是和珅。潘世恩是新科状元,和珅想拉笼他,多次请他去府上叙话。潘世恩虽初入仕途,但看出和珅弄权不会长久,遂断然拒绝。

乾隆六十年,年85岁的高宗宣布禅位于第十五子爱新觉罗·颙琰。嘉庆元年(1796)正月初一,在太和殿举行禅位大典,颙琰登上帝位,是为仁宗。

嘉庆三年三月,遇上10年左右一次的大考。

大考是对翰林院、詹事府官员的升职考试。考试结果分为4等,一等超擢,二等量升,三等降级,四等退休。潘世恩以优异的成绩列一等,从翰林院修撰擢为侍读,侍奉仁宗讲读经史。到了十月,又擢为东宫左春坊长官左庶子,仁宗命他以左庶子的身份署理日讲起居注官,成为仁宗的近臣。

嘉庆四年正月,89岁的高宗驾崩,仁宗开始亲政。就在此月,潘世恩升任翰林院侍讲学士。仁宗极赏识潘世恩,在短短的10个月间,从詹事府副长官少詹事升任詹事府的长官詹事,再升任内阁学士兼礼部侍郎。青云直上,潘世恩不免得意起来。仁宗耳闻,在他的一份奏折上朱批道:"少年得到高官厚禄,又系状元,应爱惜名声,切勿放纵恣志。前程远大,莫贪小利。用你的热忱,来匡正朝政。努力,谨慎!"从嘉庆七年开始,迭任兵部、户部、吏部、刑部的左、右侍郎。嘉庆十七年,擢为工部尚书。十九年九月,调任户部尚书,仍署理工部尚书,不久,又署理吏部尚书。

从乾隆五十八年步入仕途,至此凡21年,潘世恩成了当朝一品大员。

嘉庆十九年六月,老母病亡,潘世恩辞官回家服丧。母丧满后,他上疏仁宗,说老父年迈,要求在家侍养老父。

奏折呈进皇宫,仁宗大为不满,在他的折子上朱批道:"忠、孝二字,不可歧视。懂得忠、孝孰先孰后,近乎大道了。"接着，颁诏责斥说："潘世恩奏请在家侍养老父；他的儿子中了举人，也上折谢恩。他系一品大员，理应亲自来京奏请、谢恩。即使因他父亲年过7旬，想在家侍养，来京召见时，据实陈奏，朕定会允准。他在折子里仅说他父亲的精神不如以前，并非病重，一刻也不能离开。来京往返不过月余，却怕跋涉，轻率地上疏陈请，有悖于人臣之义。命降为侍郎，准他在家侍养。待养亲事毕来京，以侍郎补用。"潘世恩从尚书位上降为侍郎。

他在吴县老家一住便是11年。

这期间，国家和他的家庭都发生了重大变故。

仁宗皇帝于嘉庆二十五年七月二十五日在承德（今属河北）避暑山庄驾崩，他的第二个儿子爱新觉罗·旻宁即位，年号"道光"，是为宣宗。

潘世恩的父亲去世，他为亡父服丧3年。

道光七年（1827）四月，父丧满，潘世恩离家北上，回到京城。宣宗秉承父皇11年前的诏令，任命他署理工部左侍郎，不久，实授吏部左侍郎。从道光八年八月起，先后署理吏部尚书、礼部尚书。道光十年九月，擢为工部尚书。

潘世恩又回到了尚书任上。

道光十三年四月，潘世恩被擢为体仁阁大学士，管理户部事务。五月，调管理兵部事务。十四年正月，宣宗命他为军机大臣上行走。军机大臣上行走是最高权力机关军机处的大臣中之一种，位次军机大臣。宣宗还把圆明园一所府第赐给他。十五年二月，授东阁大学士，管理工部事务。七月，改为管理户部事务。十六年正月，出任上书房总师傅，成为皇子的老师。十七年正月，膺太子太保衔。十八年五月，进为武英殿大学士。

潘世恩成为道光朝举足轻重的大臣。

他的官位也到了顶峰。

道光朝后期的内阁大学士有潘世恩、卓秉恬、穆彰阿、宝兴四人。潘世恩、卓秉恬是汉族人，穆彰阿、宝兴是满族人，四人号称"满汉四相公"。卓秉恬是嘉庆七年进士，穆彰阿和宝兴是嘉庆十年的进士。他们三人被选为庶吉士入翰林院庶常馆学习时，潘世恩为庶常馆教习，故他们三人都是潘世恩的门生。内阁四大学士，一师三徒。潘世恩极为自豪，赋诗曰：

翰苑由来重馆师，卅年往事试寻思。

即今黄阁三元老，可忆槐厅执卷时。

穆彰阿认为一师三徒同为内阁大学士，是200年来未有之事。

宣宗极为赏识潘世恩，不仅给他高官厚禄，还给他种种荣耀。道光十八年十二月，潘世恩70寿辰，宣宗御书一副对联赐他，上联是"弼亮宣猷襄密勿"，下联为"靖共介福锡康疆"，横批"熙载延祺"。还赏赐了一批珍宝绸缎。同时，颁布诏谕道："大学士潘世恩在内廷效力多年，端正、勤劳、谨慎，遇事细心。现届7旬，精神犹饱满。加恩赏戴翎，以示优遇。"潘世恩入宫谢主龙恩，宣宗又亲手颁赐了一些礼物。

道光二十三年八月，宣宗皇帝特许他紫禁城乘轿。

道光二十五年十二月，宣宗召潘世恩至养心殿叙话。上殿阶时，年77岁的潘世恩跌倒了，伤了唇齿。宣宗诏命潘世恩以后入宫，派太监两人扶持。

道光二十六年三月，潘世恩被宣宗赏赐穿黄马褂。

道光二十八年正月，潘世恩晋太子太傅衔。十二月，潘世恩80寿辰，宣宗御书"寿"字和一副对联赐他，上联是"望重三公资燮理"，下联是"祥开八耋衍期颐"，横批"三朝耆硕"。宣宗又赏赐了潘世恩一批珍宝,下诏褒赞。

潘世恩之所以备受宣宗皇帝宠信,宣宗在为他7旬寿辰颁布的诏谕中已提到,即端正、勤劳、谨慎。潘世恩为人正派,办事尽力,谨小慎微,特别是善伺皇上的旨意,顺旨阿附,一切都按照宣宗的旨意行事,且尽自己的最大努力去做。与他同殿为臣、曾是他门生的权臣穆彰阿,与他的老师一样,也是个顺旨阿附的人物。当时人们给他俩编了一首诗,云:

著,著,著,主子洪福。
是,是,是,皇上圣明。

顺旨阿附的潘世恩受到人们的讥斥。

有个叫李元度的,撰著了一部60卷的《国朝先正事略》,为清初至咸丰、同治间人物立传,有一篇是写潘世恩的,写他的世系子女生卒很详细,但无一言言及他做官干了些什么——他不屑于写。

三、支持、荐举林则徐

道光朝,是鸦片大量倾销中国之时。

鸦片,学名罂粟,俗称"大烟",大约明朝时由葡萄牙人输入中国。自乾隆三十八年起,英国人确立了对中国输入鸦片的垄断权,美国等也向中国竭力倾销。及至道光朝,鸦片输入激增。道光元年,输入的鸦片不足6000箱,道光十三年增至2万余箱,道光十八年达到4万余箱。鸦片的输入不但严重摧残了中国人的身心健康,而且造成白银大量外流,清廷国库空虚,银价飞涨。

爱国志士无不关心这个危国乃至亡国的问题。

林则徐是其中最为突出的一个。

他是侯官(今福建福州)人,嘉庆十六年第二甲第四名进士,在湖广总督任内,厉行禁烟。道光十八年十月十五日,宣宗钦命他驰赴广东查禁鸦片。

中国人开始了轰轰烈烈的禁烟运动。

这年,潘世恩年满70岁,官居武英殿大学士、军机大臣上行走,管理户部事务。对鸦片问题的处置,他参与了最高决策。那么,在这场伟大的爱国救国的浪潮中,他是一副什么面目呢?

穆彰阿大学士是反对禁烟的。

潘世恩的态度,史籍没有明言。但从他的一些举动来看,他是个禁烟派,支持林则徐的禁烟行动。

林则徐至广东后,断绝与英人的贸易,收缴鸦片。顺天府府尹曾望颜上疏,建议断绝与外国的一切贸易,并禁止广东的大小渔船出洋。林则徐不赞成这样做,他上疏说自断绝与英人的贸易后,其余各国向中国输入的物品增多,都很高兴。若断绝与一切外国的贸易,他们必定会与英人联合起来对付中国。而广东人多靠海谋生,不准他们的船出洋,就断了他们的生计。宣宗把林则徐的奏疏交军机处讨论。潘世恩极赞同林则徐的看法,与其他大臣一同上疏,支持林则徐。宣宗诏令按照林则徐的观点行事。

执行林则徐方案的结果是,孤立了英人,有力地打击了英国不法商人的嚣张气焰。

英国当局恼羞成怒,悍然发动了旨在维护鸦片贸易的侵华战争。腐败的大清帝国不堪一击,一些投降派官僚乘机诬陷林则徐，林则徐被革职查办，流放新疆。道光二十五年，被起用，历任陕甘总督、陕西巡抚、云贵总督。二十九年，因病辞官。

道光三十年正月十四日，宣宗驾崩。他的第四子爱新觉罗·奕詝即位，年号"咸丰"，是为文宗。这年，文宗年方19，血气方刚，欲有所作为，下诏求贤。潘世恩荐举的第一人便是已经引退的林则徐。他在荐举林则徐的奏疏中说，林则徐历任封疆大臣，所居民乐，所去民思，建议召他入京，以备简用。文宗采纳了他的建议，命林则徐速来京，听候任用。林则徐还未入京，文宗便匆忙诏命他为钦差大臣，驰广东镇压洪秀全领导的起义军。林则徐病死途中。

若说潘世恩为官顺旨阿附，那么，在禁烟运动中他的举动，对林则徐的支持、荐举，还是值得赞肯的。

四、寿终正寝

道光二十九年，年八十有一的潘世恩腰痛，上疏请假20天。从四月至五月，1个月间，他3次请假。宣宗特地下诏，让他带职在家长期休养，何时病好何日视事。潘世恩感到体力不支，上疏辞官，宣宗下诏慰留。

文宗即位后，召见潘世恩，见他体力尚未复元，便谕令他安心静养，两次给假。但潘世恩自知无力再仕了，屡次上疏乞休。文宗遂诏令潘世恩以大学士的官位退休，并特命他终生享受全俸。

咸丰三年，壬子科乡试。60年前的那次壬子科乡试，潘世恩中举。为此科乡试举人举行的鹿鸣宴，年84岁的潘世恩有幸参加。三年三月，癸丑科会式。60年前的那次癸丑科会试，潘世恩中式。成了一名贡生。四月，癸丑科殿试。60年前的那次癸丑科殿试，潘世恩夺得第一甲第一名。殿试后为新科进士举行的恩荣宴，潘世恩有幸参加。文宗特赐御书的"琼林人瑞"匾额。

在中国科举史上，这是极为罕见的。有清一代，惟潘世恩一人。

咸丰四年，潘世恩病死，享年86岁。

盖棺论定，文宗对潘世恩给予了极高的评价，他在潘世恩死后下的诏谕中说："大学士潘世恩品行端正，学问精深。由乾隆癸丑科第一甲第一名进士，授职修撰，自翰林洊擢尚书。皇考宣宗皇帝深加倚重，擢为大学士，委以重任，总理部务，入值上书房，日夜勤劳，特命乘肩舆入值，晋加太傅，赏戴花翎，赏用紫缰，赏穿黄马褂，恩眷益隆。在官50余年，小心谨慎，克尽职守。"文宗诏赐陀罗经被，派怡亲王载垣带领侍卫10员，前去祭奠，入祀贤良祠，追谥"文恭"。

潘世恩有4个儿子，长子潘曾沂，举人出身，官至内阁中书；次子潘曾莹，进士，官至吏部左侍郎；三子潘曾绶，举人出身，官至内阁侍讲；四子潘曾玮，刑部员外郎。

王 以 衔

◎ 王明秀

　　王以衔,字署冰,号勿庵,又号凰丹,浙江归安(今浙江吴兴)人。其家累世重文才,常雇工收字纸,焚化后投于太湖或海中,以求神明保佑其子孙能在科举中取得功名。王以衔于乾隆三十年(1765)己酉科举于乡。乾隆六十年(1795),与其弟王以铻一同参加乙卯科会试,结果,王以铻取得第一,以衔第二。同胞兄弟春榜联名,引起了一些人的猜疑,主考官窦光鼐说:"论次当以文,不当以省。"遂力排众议。但对窦氏怀有敌意者说以铻试卷上有窦氏的笔迹,其中有循私舞弊之嫌。此事上达乾隆皇帝,乾隆说:"其文即佳,亦不应兄弟联名,且原文次艺用典有错误处。"于是，王以铻之名被置于榜末，并被罚停止对策四科。窦光鼎被降职使用。然而，到殿试拆封，王以衔仍为榜首。乾隆皇帝对各位主考大臣说："是天也！"遂钦定王以衔为乙卯科状元。从此，诽谤之论乃息。王以衔中状元后，先授翰林院修撰，曾充任顺天乡试分校官，再出典江西省试，又充任顺天副考官，后任江苏省学政。在此期间，他力主文章平正通达，一扫过去险怪芜杂的文风。后由修撰擢升国子监副长官——司业，出任工部左侍郎，继调礼部右侍郎。工部、礼部在六部中都属清闲部门，才能难以得到发挥，王以衔却处之泰然，一方面是由于他体胖而不能任劳苦，另一方面是因为他一向与世无争。但他在处理部务方面丝毫不懈怠。由于工作认真而被荐入值南书房。嘉庆皇帝知其端谨，克尽师道，又令其改值上书房，教皇子读书。王以衔每天卯时入值，酉时方归，十分勤勉。道光皇帝即位后，因见其年事已高，体力不支，颇显疲惫，令其专理部务。道光三年（1823）十二月的一天，王以衔天不亮就起身，乘轿上朝奏事，轿至东华门，按惯例应下轿步行，但他仍端坐如睡，家人屡请不应。其子景瀛、侄王浟时随其后，视之，方知有异，急令轿夫抬回家中，已不能言，一个时辰后即溘然长逝，享年63岁。王以衔平生胸怀坦荡，为人敦厚，与人相处诚恳认真，从无戏言。一生不言人过，也不对别人是非功过妄加评论。在他眼里，天下人皆为君子。所以，上至达官贵人，下至内侍官役，都呼他为"长者"。王以衔能诗善文，皆有集，然未见流传。又工书法，其字体熔欧阳询、柳公权为一炉，为时人所重。

赵 文 楷

◎ 刘 一

乾隆六十年(1795)，84岁的"古稀天子"乾隆皇帝决定禅位第十五子爱新觉罗·颙琰。翌年正月初一，举行禅位大典，颙琰即皇帝位，年号"嘉庆"。这年适逢丙辰科，为了庆祝嘉庆皇帝君临天下，便把此科改为"恩科兼正科"(为庆典开考的叫"恩科"，按常规三年一次的叫"正科")。丙辰科状元的桂冠落到一个叫赵文楷的头上。赵文楷，字介山，号逸书，太湖(今属安徽)人，少好学，博通经史。像其他文人一样，他也热衷于科举入仕。嘉庆皇帝即位第三个月，丙辰科会试在礼部贡院开考，赵文楷参加了角逐。四月十五日放榜，他榜上有名。第一名会元的桂冠为德清(今属浙江)人袁槐夺得。四月二十一日,最后一场考试——殿试在保和殿开考。赵文楷等人清晨入场,黄昏交卷出场。二十二日、二十三日两天,嘉庆皇帝任命的8名"读卷官"评阅试卷,选出10份最佳的卷子,排定名次,进呈嘉庆皇帝圣裁。在前10名卷子中,他最欣赏赵文楷那份,钦定为第一甲第一名。赵文楷成为清朝开国以来第64位状元,也是嘉庆朝第一位状元。而会试第一名袁槐仅列第三甲第13名。中状元后,赵文楷依例入翰林院为修撰,掌修国史。嘉庆三年,出为顺天乡试同考官。四年,充任会试同考官。同年,奉诏担任册封琉球国王(今琉球群岛)正使。累官至山西雁平道道员,署理山西按察使。他仕宦多年,官位不显。

姚 文 田

◎ 李立新　张艳霞

姚文田，字秋农，浙江归安（今浙江吴兴）人。姚文田生性温和，通达治体，纵览群书，知识渊博。乾隆五十九年（1794），乾隆帝出巡天津，诏试举人，姚文田获第一等第一名，被授内阁中书，开始了他的官途生涯，不久调任军机章京，成为军机处办理文书事务的官员。嘉庆四年（1799），考中状元，授翰林修撰。嘉庆五年，充任广东乡试正考官。嘉庆六年六月，充任福建乡试正考官。同年八月，皇帝命他提督广东学政，负责督察广东省儒学事务，巡回至各府、州考试生员，进行岁试和科试，地位同于广东巡抚。3年后，任满回京。嘉庆十一年任日讲起居注官,侍从皇帝左右,讲论经史。嘉庆十二年七月,任山东乡试正考官。十月,姚文田的父亲去世,他回乡为父亲守孝3年。嘉庆十五年服丧期满,回京任右春坊右中允,又充日讲起居注官。八月,嘉庆帝又命他提督河南学政。嘉庆十六年五月,升为侍讲,九月,又转为侍读,掌管讲读经史等事,陪伴皇帝。十二月,因为河南省考试生员有冒充的,姚文田奏请应严行禁止这种行为。嘉庆十七年(1812年),擢为右庶子。嘉庆十八年二月,升为国子监祭酒,即国子监的主管官员。十月,入值南书房,专司文词书画等事。

这时,在直隶、河南、山东一带发生了天理教起义。天理教是白莲教的一个支派,流行于北部各省,其基本群众主要是农民、城市手工业者、无业贫民等社会下层劳动群众,但也有少数官员、宫中太监及达官贵人的管家、奴仆等。嘉庆年间,天理教的主要教首是林清和李文成。嘉庆十七年十一月,林清与李文成会见,约定第二年九月十五日起义,林清领导教徒进攻皇宫,李文成在河南滑县起兵支援。于是,林清组织了一支进攻皇宫的突击队,并安排了宫中的太监做内应。林清按原计划派遣突击队,身藏武器,潜入北京。九月十五日,突击队分两路进入内城,分别闯入东华门和西华门。起义军与清廷护卫军在隆宗门外展开了激烈的战斗,由于力量悬殊,被迫退出皇宫,林清被捕处死,进攻皇宫的计划遂告失败。清朝统治阶级称这件事为"林清之变"。此时,李文成已在滑县起义,嘉庆帝忙调吉林、黑龙江马队镇压。天理教的这次起义震动了嘉庆帝,惊呼这是汉唐宋明所未有的非常之事,吓得寝食不宁,心急如焚,于十一月下诏求言,希望文武百官能为他出主意解除忧虑。

姚文田在分析了天理教起义的原因后,上疏陈述道:"臣以为,古代之尧、舜,近代康、雍、乾三代之所以为治本,非有他道,不过是教、养二个方面而已。如果百姓有衣食之源,则各保其身家,而不至于有为恶之意;如果他们被引导走上正路,各自知尊长上,也就不至于以下犯上了。"他列举了自己的所见所闻:"臣私下见近日州县,催课数多者,上级官都称赞他;催课数少者,只有灵活应对,应付差事。"姚文田指出百姓的负担过于沉重,及差徭的危害:"南方之民,患在赋重;北方之民,患在徭多。一遇差徭至前,即里正胥徒佥派四出。假如官需车马十多辆,加上备有损坏的,也不过再加上几辆。可是胥吏们常常借口有坏的而加买,以致车马达到数十辆。官吏们加派下去之后,很少有按定例给口粮的,就算给,也是按百十年来旧章程给,而食物价格,今昔相差悬殊。被加派出车马者,再经家人胥吏层层克扣,到手的更少了,不得不自备刍粮,过一天算一天。而马骡车辆都是小民养家糊口的用具,一旦被征调,则丧失了赖以生存的来源。故而,百姓对官吏们的征敛怨声载道,而以差徭为最甚。"接着,姚文田列举时弊:"州县之官不得不加派差役,为何?各督府遇到应处理的事件,不过下行两司(布政司、按察使司),两司又转行府州,府州又转到各所属的州县。到了州县,不能再推了,每件事都需要处理,没有一件不需钱的。而州县用于办事的经费,尽管全都支领,也不过仅够延请幕友,何况又多方减扣。这每日经费又从哪里出呢?故而,钱粮不得不额外加增,差徭不得不民间摊派。如果遇到歉收之年,州县官员按例报荒,则停止征收,经费没有来源,公事也只能被搁置起来。所以,不到民力殚竭实在不能再征之时,一般情况下,州县之官不肯上报岁歉。不能说他们都残忍成性,而是形势逼迫。如果百姓偶遇灾祸,立即加以抚恤,则根本未伤而元气易复;等到十室九空之时，再议及灾荒，尽管厚赈丰施，也解决不了问题，这大概就是官贫以致民困。"姚文田在分析了上述弊端后，又提出解决问题的办法："臣再三熟思，一直寻不到良策，只想一下策，就是只有省事一法。各省高级官员，没有不是皇上历试信任之人，其平日之才优绌，品行优劣，无不在圣明洞鉴之中，如果不出什么差错，不应该轻易更调。自嘉庆四年皇上亲政以来，督、抚、藩等各级官员没有不自爱的。可是，新旧官员替换之时，衙署需重新整理，馆舍需重新修复，等到新官上任后，通省官员纷纷晋谒，这事是不能禁止的。新任之官自以为秋毫不扰，而不知这需要耗费多少钱财。上任之初，他对诸多事务尚不熟悉，都是听属吏们的禀报，等到他渐渐熟悉后才能有所作为，而这时又一任新官已到，他只能一无施展而去。有些官员考虑欠周全，一上任便大张旗鼓，想以此博得振作之名，没有考虑到对地方情形多未熟悉。现在看来他所做的尚有利，而实际上许多弊端已随其后，尽管后来知道，但悔之晚矣。因而，不如让这些官员久于其任，然后再考查他们的政绩。这样可以使他们有余力施养民之政。自古以来，图治之首要是任人，所以有许多官员屡次升官阶，但未改其职。"姚文田为说明自己的观点举出例子："假如某县有一政绩突出的官吏，地方百姓十分爱戴他，忽然被人弹劾在案，不得不立即罢免，而其接替者不得人心，则善政便废止。又如，管理田地是很难的，才优者不一定能胜任，而能胜任者也许仅属中下，不能让才属中下的人管理，这就受到条例的限制。看来，用人之计是需要改革的。"姚文田将奏疏呈给嘉庆帝，并再次陈述用人得当，管理好地方才不致发生"林清之变"。

嘉庆帝看了姚文田的奏章，十分赞赏。不久，姚文田升为詹事，充文渊阁直阁事，官至三品。

嘉庆十九年正月，姚文田再次上疏，提出养民爱民，不施以残酷刑罚才能使国家长治久安。他在上疏中指出："自嘉庆四年以来，十余年中，每年都有灾害发生，圣上每年都下抚赈之诏。去年，京城以南的陕西、河南等数省患饥荒，才发生了林清等人乘机骚扰一事，黄河至今仍为大患。而天地之财不足以养越来越多的人口，于是，便生出许多奸诈之事。如若禁其奸诈，只有用刑法束缚。这如同河一样，其源不清，其流也不能制。《书》言：'德惟善政，政在养民。'上级对下级，不必患其不畏，而应患其不爱。任刑之时，不过使民畏而已。老子曾说：'民不畏死，奈何以死惧之？'因而，民不畏死，用刑对待又如何？"姚文田通过对比秦、汉来说明养民爱民的重要性，他指出："汉文帝时，与民休养不致出奸诈之人；秦朝专尚法律，法律极为严酷，却陈胜一呼，乱者四起，这就是使民畏的结果。秦时往往有奸邪之人，陷害某人有罪，常牵连许多无辜之人。胥吏惟利是图，明知受牵连的人未必都有联系，便借势勒索，以肥自己。倘若是平常百姓之家，一经与官讼有染，即使平反昭雪，家产也已倾尽。凡国家设立的大小官员，均各有专职，而能亲民、爱民的官职，皆在于州县，中央和省府的官员只是听取下面的反映。数年以来，中央政府已开上控之端，于是刁民得逞，督府两司又畏其有内控之举，不得不遇案亲提。本所控告不过一人，而牵连者常至数十人。农民废耕，商人废业，中道奔波，受胥吏折磨，甚至被折磨致死。虽然处原告之人以极刑，可是那些被诬告的人，又怎样得到补偿呢？一案未结，又一案相连者相继而至。若马上定案，则承问之官必用刑，百姓不胜其苦，只能屈招，蒙冤之人更多了。如此下去，怎么得了？"姚文田提出了自己对养民的看法："臣以为，**事案俞多，纷扰愈众，刁民易逞其谋，而良民徒增苦**

累。应该令各省大小官员，凡遇可以早结之案，酌情处理，即时速结，勿多株连。官民上下相爱，则暴乱不作，休和可致。所谓养民之政，不能有外于农桑本务。以江南为例。江南土地面积很小，无法与中原相比，赋税却比北方重，而京畿一带的给养皆出自江南，是因为人尽力。兖州以北，古称沃野之地，河南一省历代称为富庶之地，而百姓辛勤播种之后，一无设施，只有等待上天恩泽，水至则田亩皆淹，水去田地又干涸。久之，地成旷土，人尽惰民，怎能不穷困而为盗贼？不懂久长之计之人，以为此说过于严重。不想每遇歉收就要缓征赋税，重者还需要发粮赈恤。假如把这些累加起来，需耗费多少资财？假若早些认识到，何至于此？臣见历来州县保荐，必首列劝课农桑，其实尽属虚谈，从不过问。又有官员谎报粮价，虚报收成，相习成风。应该痛斥这些积习，极图裕民，则数年之后，田野皆辟，水旱有资。总之，民之犯刑，由于不懂规矩，其不懂规矩，又源于缺乏衣食，的确如此。因而，养民为首务。"

姚文田的这篇关于养民的奏章，深深打动了嘉庆帝。嘉庆帝从乾隆手中接过的不再是康、乾时期的盛世，而是百病皆出。日益走下坡路的乱摊子。嘉庆帝在位期间，社会矛盾日益激化，官僚统治机构日益腐朽，吏治陷入腐败的泥淖，大小官僚结党营私，互相倾轧，贪污腐化，贿赂公行。土地兼并严重，广大的贫苦百姓多是没有立锥之地。对于百姓的苦难处境，嘉庆帝是有所了解的，官逼民反的现实更使他心有余悸，连连发生的农民起义搅得他日夜不安，对他来说，缓和尖锐的社会矛盾，安定百姓的生计，已是刻不容缓。嘉庆帝正苦于无法改变这种日益困败的局面，姚文田的力劝重农桑以养民的奏章使他好像看到了中兴的希望，立刻下诏给各省，以劝课农桑为急，速清讼狱，严正诬枉。谕曰："姚文田奏请急农桑、缓刑狱一折很有道理。国家政在养民，农桑者为天下之根本。我曾亲耕，皇后也亲织，为天下人做表率。民生之所急，一天不食则饥，终年不制衣则寒。布帛菽粟，事关重大，国家定例考核官吏，首先看劝课农桑。古之物土耕9余岁有丰歉，百姓无冻馁者。现在，土地肥沃，多以莳芋，仓廪所储，还兼以酿酒，地利未尽，是由于禁令松弛了。地方偶遇偏灾，虽力赈抚恤，百姓仍免不了饥寒。因此，各省督府及州县，务知朝廷重农贵粟之意，以劝课农桑为急。凡境内土质肥沃的，均令种植嘉谷，地产增多，衣食足而知廉耻，富教之政，莫过于此。这样，便可以除莠而安良。如果讼狱繁多，株连者众，就会妨碍农业生产。所以，行刑官吏，遇有应审之案，务必断清，不要拖累无辜之人，以恤民生，以厚民俗。"嘉庆帝虽然颁发了上谕，但执行的很少，各地官吏仍然对百姓敲诈勒索，社会矛盾日益激化。

由于姚文田提出的爱民养民的建议正中嘉庆帝之意，因而受到皇帝的赞许，嘉庆十九年闰二月，升迁内阁学士兼礼部侍郎。五月，任庶吉士教习，专教那些文学、书法优秀的新进士。嘉庆二十年，任兵部右侍郎。嘉庆二十一年，调任礼部右侍郎，后又调为户部右侍郎。嘉庆二十二年三月，充会试副考官，不久又转为左侍郎，兼管钱法堂事务。同年七月，姚文田由于违例保举了不胜外任的钱学彬，被下到吏部议处，降二级留任。嘉庆二十三年三月，姚文田与定亲王绵恩等被派往盛京（今沈阳），恭送玉牒，并行大礼。九月，颁布了他在任礼部侍郎时就拟好的《科场条例》。由于姚文田书法很好，嘉庆帝命他刻载乾隆皇帝的庙号"高宗法开隆运至诚先觉体元立极敷文奋武钦明孝慈神至纯皇帝"。不料，一向谨慎行事的姚文田出了差错，刊刻有误。下部议处，吏部议处的结果是降四级调任，嘉庆帝认为姚文田在宫内行走谨慎，一直未出过错，于是加恩改"调任"为"留任"。嘉庆二十四年四月，充任殿试"读卷官"。九月，提督江苏学政。

就在姚文田在江苏任职其间，嘉庆帝于嘉庆二十五年（1820）离开了人世，其次子緜宁（后改旻宁）即位，即道光帝。道光时期，貌似昌盛的大清帝国，已是江河日下。此时，清王朝内部面临亟待解决的两大难题，一是吏治败坏，二是财政困难。由于长期以来的政治腐败，各级大小官吏损公肥私，加上镇压人民起义花去大量钱粮，致使清王朝财政陷入困境，国库空虚年甚一年，康乾之际的盛世一去不复返了。正当清王朝国势日衰，政治、经济、军事朽败之时，西方以英国为首的资本主义国家却翻开历史新的一页。英、法等资本主义国家先后完成了工业革命，正积极向东方拓展势力，清王朝统治下的幅员辽阔、资源丰富的文明古国，自然是西方殖民者的目标。摆在道光帝面前的不仅有内忧，还有外患。而他这个躬亲秉政、勤勉国事，意在做个贤明有为之君的新皇帝，首先要解决的就是填补国库亏空，保障关系国计民生的财政问题。

道光元年（1821），为解决财政问题，道光帝令大臣们商议。这时，江浙督抚孙玉庭等议禁漕务浮收，明定八折，实许加二。清代，每年需征调南方各省粮食400万石，经贯通南北的大运河运往京师。为北运所征粮食，称为"漕粮"；漕粮由水路北运，称为"漕运"。漕运需耗费大量的人力、物力，同时损失、耗费粮食颇大，因而，除征正额外，还预征途中损耗及各种费用，谓之"浮收"。负责承办漕运的官员任意立各种名目，横征暴敛，每征漕粮一石，百姓往往实缴二石五斗。江南许多地区不堪负担如此之重，拖欠漕粮现象时有发生。后来，又向百姓征"折耗"，就是借口粮食存放过久，有"鼠耗"、"雀耗"等，故加收折耗粮，每石正粮加收折耗高达二斗五升之多。许多百姓被逼抗粮，征收漕粮之难成了清政府的一大难题。姚文田向道光帝进言："现在，东南大务有二：一为河，二为漕。漕务之法行之已久，弊端滋生，东南财赋甲于天下，尤以江苏苏州、松江，浙江嘉兴、湖州为最。乾隆三十年以前，并无所谓浮收之事，官民皆裕。其后诸弊渐生，浮收出现，不久又有折扣之举，开始每石不过折耗数升，后来出现5折、6折，百姓终日勤劳，所获不足以养家，因而不能不与官吏相抗。"姚文田向道光帝陈述所闻："臣去年至苏，听说金坛、吴江等县已酿成事端，可是那些百姓都是良民而非莠民，只是他们不能向上面反映实情。各州县也有不得不浮收的，因为州县官署支领经费实不够用，无论大小公事，都需出钱料理，只能浮收，故而，他们甘受民怨。当然，也有许多人借浮收之机肥了自己。州县受用苛捐重税剥削百姓之名，实际受益者是那些运丁们，所以一提及运丁，没有不痛恨的。然而，他们中也有许多人不得已为之。运船终年行走，日用消费比平常百姓之家倍增。从前运道深通，督漕大臣们只求重运，能如期抵通州，并不检查货物。运丁们开船时带上许多南方物品，到通州售卖；回去时再带些北方产品，沿途销售。乾隆五十年以后，黄河屡经倒灌，使运河受害，漕臣们考虑到船重则难行，不得不严禁多带货物。从前商力充裕，运漕粮的船空回路过淮河时，往往私载许多盐，而漕臣们认为每年不过一次，也就不搜查了。近因商力亦绌，严令盘查，运丁们的收入已尽，加上运道又浅，反而增添许多拨浅费用，这些费用不从州县出又能从哪里出呢?运丁们又不能向上反映实情。数年前，因津贴日增，定例每只船准给银300两，然而运丁们实不够用，重船则不能开。重船迟久不开，是州县的责任，上级要怪罪下级，无奈，州县只能私自增给银两以开重船，所谓300两，实际是虚名。现在因为浮收过甚，严令收漕不得过8折，然而州县入不敷出，只能再折，所谓8折，仍然是虚名。"姚文田在分析了州县加征浮收的原因后指出，如果明令8折，实际不止8折。他最后说出了危害："既然8折仍为虚名，则百姓必然抗官，而抗官者又必以法办。由此，事端滋生，都是出于民心不服。如果将这些百姓都以法论处，则既困浮收，又陷法网，人心恐怕更不平；如若姑息隐忍，则开百姓犯上之风，将导致无法收漕。因而，这关系到纪纲法度，实在重要。"

姚文田的这个奏折奏入后，道光帝予以重视，命军机大臣会同户部议奏，议奏后呈给皇上。在廷诸臣多认为姚文田说的有道理，切中时弊。道光帝颁发上谕，禁浮收，裁革运丁陋规，严禁运丁勒索州县。8折之议遂止。

道光二年，姚文田在江苏任满回京。道光帝认为户部堂官在内廷行走者较多，命姚文田回署办事，不必在南书房行走。道光三年，充经筵讲官。道光四年七月，擢左都御史。十二月，道光帝特赐姚文田紫禁城骑马。道光五年，充顺天乡试副考官。道光六年，署工部尚书。道光七年，擢为礼部尚书。十一月，病死在任上。道光帝闻讯，痛失良臣，颁行上谕，以示哀，谕曰："姚文田于嘉庆年间，由修撰洊陟卿班，入值南书房，晋阶卿贰。朕御极后，擢任左都御史。本年复授礼部尚书。久值内廷，历司部务，清勤敬慎，克尽职守。方期益资委任，乃遘疾数日，既而奄逝，闻之殊堪轸惜。著照尚书例赐恤。任内所有处分，悉予开复。应得恤典，该部察例具奏。"不久赐祭葬，谥"文僖"。

姚文田对自己要求严格，几次提督学政，革除陋例，斥伪礼，选拔真才。姚文田一生谨慎行事，不为激亢之行，平易近人，受人尊敬。姚文田学问颇深，嘉、道两朝许多廷臣悉心向他求教。姚文田在考据学方面颇有成就，深受考据学派吴派的影响，尊崇、信守汉儒的说经，同时继承了皖派戴震"不以人蔽己，不以己自蔽"的态度从事考据。史载，他推崇宋儒之学，而尤究心汉学，著有《易原》、《春秋月日表》、《说文声系》、《说文考异》、《邃雅堂文集》。

姚文田不仅博综群籍，还兼懂天文占验。

顾 皋

◎ 刘 一

顾皋,字皪斋,无锡(今属江苏)人。顾皋少力学,擅文辞。嘉庆皇帝君临天下的第六年,即嘉庆六年(1801),为庆祝乾隆皇帝诞辰90周年,特地举行了一次"恩科"考试。顾皋在殿试时夺魁,成为清朝开国以来第66位状元。

中状元后,顾皋依例入翰林院为修撰,掌修国史。第四年,奉诏提督贵州学政。到任后,整饬学政,革除积弊,士林称赞。3年任满,被破格提拔为国子监的副长官——司业。嘉庆二十一年,奉旨入值懋勤殿。懋勤殿在乾清宫西南,清代皇帝常在此读书、批阅奏本、鉴赏书画。顾皋奉命将殿中收藏的书画编辑成《秘殿珠林》、《石渠宝笈》。在此后的几年间，顾皋历任翰林院侍读、左右庶子、侍讲学士、侍读学士。嘉庆二十四年，入值上书房。上书房在乾清宫左，是皇子读书的地方，教师由皇帝简派，称"授读师傅"，都是品学俱佳的大臣。翌年，嘉庆皇帝巡幸热河(今河北承德)，命顾皋扈从。时值盛夏七月，嘉庆皇帝途中中暑，于二十五日在热河病死。临死之前，嘉庆皇帝御笔擢顾皋为东宫詹事府的长官——詹事。

嘉庆皇帝死后，他的第二个儿子爱新觉罗·旻宁承嗣大位，年号"道光"。

道光皇帝即位的第二年，即道光元年(1821)，顾皋被提升为内阁学士。内阁学士位次内阁大学士，掌传达正式诏命及章奏，满洲(即满族)六人，汉人四员，例兼礼部侍郎衔，从二品。不久，擢为工部侍郎，兼管钱法堂事务。钱法堂为户部附设机关，掌户部铸钱机关宝泉局和工部铸钱机关宝源局。旋即调任户部侍郎，兼管国子监事务。

顾皋为人谨重，洁身自好。在户部任职，稳重谨慎，慎稽出纳，秉公守法。他曾对人说："学问要能经世致用。我长期任文学侍从，及担负经世理物之职，未能专心致志，以求称职，深感惭愧。"实际上，像他那样克尽职守已是少见。

道光八年，顾皋因病辞职，回家休养。十一年，病死于无锡老家。

吴廷琛

◎ 刘 天

元和(今江苏苏州)经济发达,文化兴盛,名士辈出,代有风流。嘉庆七年(1802)壬戌科状元吴廷琛就出自这方水土。

吴廷琛,字震南,号棣华。祖父吴士楷,父亲吴文煃,都是太学生。吴廷琛兄弟四人,他最小。髫龄时的吴廷琛便显示出出众的才华。乾隆五十三年(1788),吴廷琛参加县试,一举夺魁,时年16岁。有个姓康的官员视察官学,在众学生中,独欣赏吴廷琛,遂把侄女许配给他。乾隆五十七年,吴廷琛乡试中举。但在翌年的会试中落榜了。他从北京回家,与康家女完婚,潜心钻研学问。

10年后，即嘉庆七年(1802)二月，吴廷琛在壬戌科会试中一举夺魁，成为会元。

四月二十一日，殿试。翌日，"读卷官"评判试卷。二十三日，"读卷官"选出10份最佳的卷子，排定名次，进呈嘉庆帝裁决。吴廷琛的卷子名列第一。嘉庆帝御览，觉得第一份最好，遂于卷首朱书"第一甲第一名"6个大字。

吴廷琛成为清朝开国以来第67位状元。

这年，吴廷琛正值而立之年。

此科进士共248人，后来出了若干名人。如第二甲第九名梁章钜，官至两江总督，著作70余种，是清代著名学者。

吴廷琛会试、殿试皆第一，集会元、状元于一身。在中国科举史上，连中"三元"（解元、会元、状元）的寥寥无几，"二元"也极少见。嘉庆帝对吴廷琛连中二元极赞赏，在赐给他的诗中有"双元独冠三吴彦"之句。

中状元后，吴廷琛按惯例入翰林院为修撰，掌修国史。第三年，即嘉庆九年八月，出为湖南乡试考官，旋督学湖南。督学的全称是"提督学政"，掌理一省学政，官位与督抚平行。吴廷琛虽然被授予官职，但仍挂着庶吉士的名，这种兼衔是极少见的，被目为殊荣。

嘉庆十一年春，吴廷琛的母亲章氏病死，回家服丧。丧满还京。嘉庆十四年，庶常馆散馆，即庶吉士结业，正好碰上三年一次的京察（对京官的考核），吴廷琛名列一等。第二年，出为金华府（府治金华，今属浙江）知府。金华号为"学道乡"，文化特别是儒学兴盛。吴廷琛到任，追缅贤哲，问民疾苦，锐志兴革，修葺文庙，创立育婴堂。城外双溪桥毁坏已久，以舟充桥，水涨多覆，但因修建费用大，迟迟不能重修。吴廷琛多方筹措，并带头捐钱，重新修建，新桥被名为"通济"。吴廷琛在金华做了6年知府,调任杭州(府治仁和、钱塘,今浙江杭州)知府。他接到诏命,正准备动身,忽闻金华府辖下的永康(今属浙江)、东阳(今属浙江)一带大旱,遂前往巡视。黎民遮道迎送,动辄数万。

吴廷琛出任杭州知府的第五年,嘉庆皇帝驾崩,他的次子爱新觉罗·旻宁承嗣大位,年号"道光",是为宣宗。

道光皇帝即位的第三年,即道光二年(1822),吴廷琛升任直隶清河道道员,并代理按察司按察使。他白天处理政务,晚上缮写奏稿,常常至三鼓方罢。第二天清晨便赴直隶总督衙门汇报,深得总督大人称许。

不久,吴廷琛奉命出任云南按察使。

云南地处西南边陲,案狱疏略,多有不当。吴廷琛到任,严加整饬,量罪定刑,依法办案。宜良(今属云南)、江川(今云南玉溪东北)、通海(今属云南)三县民人遭歹徒抢劫,长官却谎言失窃,民人向按察司控告。吴廷琛选派得力官员前往调查,获得抢劫的证据,上报督抚,督抚犹豫不决,吴廷琛力争,经奏请道光皇帝批准,罢免三县知县。接着,吴廷琛强化治安措施,盗贼匿迹。

道光五年,吴廷琛奉诏代理云南布政使。

布政使负责一省的财政、人事。吴廷琛在代理云南布政使期间,重点整顿铜矿的开采与冶炼。当时,各铜厂官员侵吞、贪污现象严重,致使国家的铜库亏空。吴廷琛认真查处,彻底清理。1个月后,局势便好转。

翌年九月,道光皇帝以四品京堂(都察院、通政司、詹事府及其他卿寺长官均称"京堂")的官衔征召吴廷琛入京任职。

吴廷琛年已54岁。在24年的仕宦生涯中,尽职操劳,体弱多病，入京不久，便频患嗽疾。翌年秋，他上疏请假，回籍养病，道光皇帝诏准。

吴廷琛回到老家元和县养病，不再出仕。尽管他已离开官场，但对国事民政仍很关心，遇上歉年，他出粮赈济贫民；修治苏州城，他捐钱助费。闲暇时，他修订旧著，名为《归田集》、《池上草堂诗集》。

他在老家安度了17年。道光二十四年（1844）九月初三日，吴廷琛寿终正寝，享年72岁。

吴廷琛博学多识，不屑屑于章句，贯通经典，文章遒劲，诗法杜甫，感时论事。他为人孝悌，为政清明，颇多建树。

元配康氏，婚后两年病故。康氏无子，吴廷琛的母亲章氏命他大哥的第三子吴思树承嗣。吴思树于道光五年乡试中举，出任乐昌（今属广东）知县，后调任香山（今属广东）知县。道光二十年，英国侵略者悍然发动鸦片战争。香山地处珠江口南岸，乃抗英前线。吴廷琛遣人送信给吴思树，说："食君禄就应效忠皇上，奋勇杀敌。若能击退敌人，固佳；万一有什么不测，你若胆怯偷生，就不是我的儿子。"吴思树读完父亲的信，大加感奋，指挥军民顽强抗击，击退了英军的进攻，保全了香山县城。吴廷琛在康氏死后续娶陶氏，陶氏生有三子：毓英、金鉴、毓华。吴廷琛任杭州知府时，陶氏病死。妾李氏，生有二子：毓蕃、毓干；妾赵氏，生有一子，名毓滋。吴廷琛四世同堂，有孙子18人，曾孙二人。

吴廷琛死后第二年，吴思树请父亲好友朱珔撰写墓志铭。朱珔与吴廷琛是同榜进士，泾县（今属安徽）人。当年，殿试"读卷官"进呈嘉庆帝的前10名卷子中，就有朱珔的。发榜时，朱珔名列第二甲第二名。他应吴思树之邀撰写了《赐进士及第四品京堂前云南按察使司棣华吴公墓志铭》，评介了吴廷琛的一生。铭曰：

敦品则懿，勤学则粹，
宜掇巍科，九重嘉奖，
目为名榜，传遍玉珂，
剖符守正，陈臬式敬，
无敢依阿，吏民咸服，
争迓行毂，导之以和，
戒讳凶盗，戒肆侵冒，
严而不苛，请解簪绶，
乐处岩薮，未竟厥施，
文誉丕显，艺林冠冕，
永维世仪，伉俪同宅，
勒此贞石，千秋弗劚。

彭 浚

◎ 刘 一

彭浚,字映旗,号宝臣,衡山(今属湖南)人。嘉庆皇帝君临天下的第十年,即嘉庆十年(1805)三月,彭浚赴北京礼部贡院参加乙丑科会试。会试分3场,分别于初九、十二、十五日举行。前一日点名入场,后一日交卷出场。四月十五日放榜,彭浚榜上有名。不过,第一名会元的桂冠被仁和(今浙江杭州)人胡敬夺得。四月二十一日,彭浚等通过会试的243人在保和殿参加最高一级考试——殿试。殿试以一白昼为限,早晨入场,黄昏交卷。二十二日、二十三日两天,8名"读卷官"评卷,挑出10份最佳的考卷,排定名次,进呈嘉庆皇帝。彭浚的卷子被列为第一名。在10份卷子中,嘉庆皇帝最欣赏彭浚那份,遂钦定为第一甲第一名。彭浚成为清代第68位状元。而会试第一名胡敬仅列第二甲第22名。中状元后,彭浚按惯例入翰林院为修撰,掌修国史。这时的大清帝国已趋衰颓,国内农民起义此伏彼起,国外有西方列强的觊觎。彭浚就在这种局势下步入仕途,历官户部员外郎,官至太常少卿。太常掌祭祀礼乐;少卿是太常寺的副长官,佐太常卿掌理寺务。

清 彭浚

吴信中

◎ 刘 一

吴信中,字阅甫,吴县(今江苏苏州)人。父吴云,曾任御史,刚直不阿,声震朝野。吴信中少力学,珍惜字纸,曾刻《文帝惜字文》以规劝世人,道:"士子进考场,字纸米饭,遗弃号舍,一经号军打扫,必遭污秽。奉劝同志君子,入考场时,即写一张纸条贴在门口,云:片纸只字,务随题目,纸带出,不得遗失;凡取粥饭,各随食量,不得多取,致遭丢弃。"像其他文人学士一样,吴信中也热衷科举功名。嘉庆皇帝君临天下的第13年(1807)三月,吴信中参加戊辰科会试。初九、十二、十五日3场考试下来,他榜上有名。但第一名会元的桂冠被阳湖(今江苏常州)人刘嗣绾夺得。四月二十一日,最后一级考试——殿试在保和殿开考,吴信中一举夺魁,成为清朝开国以来第 69 位状元。而会试第一名刘嗣绾仅列第二甲第 48 名。中状元后,吴信中依例入翰林院为修撰,掌修国史。累官至翰林院侍读学士。侍读学士属于文学侍从一类的官,掌撰著、记载等事。吴信中在仕宦上没有什么大的作为,官位也不显。他给后人留下了《玉树楼稿》一书。

洪 莹

◎ 贾贵荣

洪莹,字宾华,号铃菴,歙县(今属安徽)人,少力学,工书法。嘉庆十四年(1809),为庆祝嘉庆皇帝50大寿,特地举行一次"恩科",洪莹殿试夺魁,成为清朝开国以来第70位状元。

此科进士共241名,后来出了若干名人。如第二甲第四名许乃济,是道光朝主张弛禁鸦片的代表人物。

中状元后,洪莹依例入翰林院为修撰,掌修国史,累官至知府。

洪莹祖上多行仁义。他的父亲持远,乐善好施。嘉庆十二年(1807),南河边的荷花塘决口,下游老百姓多被水淹,灾民多进入广陵县城。持远遂在城外设厨做粥,赈济百姓。但沿堤往返之百姓甚众且拥挤,致使多人失足落水。持远听说后,马上竭力捐资,购置木材,沿堤架上木栏杆,并修整堤路之凹凸不平处,使过往的老百姓免除了跌倒乃至失足落水之忧。嘉庆十四年,洪莹进京赶考,大魁天下,当地老百姓奔走相告,拍手叫好,认为善德应有善报。

洪莹工书法,楷体字写得遒润。史载,他淡薄功名,无心于仕途,刻意治学,尤重经学,故官位不显。他著述甚丰,惜多散佚。

蒋立镛

◎ 贾贵荣

蒋立镛，字序东，天门（今湖北襄阳）人，嘉庆十六年（1817）状元。此科进士共 232 人，后来出了若干名人，如第二甲第四名便是后来大名鼎鼎的林则徐。蒋立镛没有什么大的作为。中状元后依例入翰林院为修撰，掌修国史。仕宦几十年，官至内阁学士。内阁学士位次内阁大学士，掌传达诏命、章奏，定额满人六员、汉人四员，例兼礼部侍郎衔，为从二品官。

史称蒋立镛祖上几辈均修行行善，为官廉洁爱民。传说其高祖母到太和山进香拜佛，遇两位仙女站在山崖上，口中念念有词："活佛是父母，好心是修行，看破浮生事，不如守静好。"后高祖母患病卧床，其子亲自品尝药饵，涤刷便器，拆洗被褥，精心侍奉几十年，老太太90寿终。其子又清心寡欲，弃酒绝荤，守墓三载，以尽孝道。蒋立镛的祖父蒋其暄自幼聪颖，孝友仁慈，急公好义。看到家乡学校年久失修，时有倾倒之危险，立即倾囊修建，不计任何报酬；又倡修关帝庙、文昌祠；出力、出资修桥、建闸；修义冢，以掩埋穷人的尸体。乾隆四十四年（1779），全县举人赠匾予他，上曰："廉洁爱民，邑无冤狱。"蒋立镛的父亲蒋祥墀于乾隆五十五年（1790）中进士，名列第二甲第五名，累官至左副都御史。

蒋立镛深受家风熏陶，为官清正，崇尚仁义。

龙汝言

◎ 涂 青

龙汝言,字子嘉,安庆府桐城县(今属安徽)人。他的父亲叫龙骧,很有才学,但屡试不中。科场的挫折使他抑郁成疾,在龙汝言很小时就去世了。

龙家很穷,龙汝言读书虽然用功,但天资较差,考中秀才成为廪生之后,就再也考不上举人了。登龙门占鳌头的好事,自己从来不敢想过。

为了生计,龙汝言经人介绍到京城一位都统家里当师爷。都统是八旗驻防军的长官,从一品,满语叫"固山额真",是颇有权势的将领。嘉庆十三年(1808)十月初六,是当朝天子爱新觉罗·颙琰的48岁寿辰，朝廷一二品大员都写一些诗、词、序、颂之类的文字，装订成精致的小册子，献给皇帝，叫做"小贡"。小贡的内容自然是讨皇帝高兴的。这位都统本是八旗军事长官，行武出身，不能属文。于是，就把撰写小贡的任务交给了龙汝言。

嘉庆朝"文字狱"特别厉害。龙汝言无文才，生怕出差错，就想出了个保险的办法：把康熙皇帝和乾隆皇帝的御制诗找来，从中抄出100首，组成一篇小贡交差了事。

都统把这册小贡呈上去后，嘉庆皇帝一看，大喜过望。因为别的官员进呈的小贡，都是一些大同小异的恭维话，令人昏昏欲睡。而嘉庆在都统呈上的小贡中，亲切地读到了父亲和曾祖的诗句，内容又多是讲述如何治理天下，成为贤君的道理。嘉庆皇帝耳目为之一新，特别高兴，立即下诏叫这位都统上朝领赏。

这位都统是个老实人，上朝后就把龙汝言代笔作贡的实情奏明了圣上。嘉庆听罢，更为高兴，道："南方士子往往不屑于读先皇的诗句。这人熟读如此，犹见他爱君心诚，今后也必然是个忠君之臣。"于是，当场下诏，赐给龙汝言举人的资格，准许他和别的举人一块儿参加会试。从此，嘉庆皇帝就牢牢记住了龙汝言这个名字。

嘉庆十六年，龙汝言参加会试，却名落孙山。当"读卷大臣"把前10名的卷子送呈嘉庆皇帝圣裁时，嘉庆皇帝连忙去找龙汝言的卷子，翻了半天，却连个影子也没见到，心里很不高兴。当会试的总裁官曹振镛复命时，嘉庆皇帝很生气地说："此科会试卷子没有一份上乘的！"曹振镛不明原委，从宫中出来后，偷偷地问嘉庆皇帝的近侍，才知道是因为龙汝言落选的缘故。于是，朝中官吏无人不知龙汝言是皇上的宠儿。

嘉庆十九年，龙汝言又照例参加会试。这次的总裁和阅卷官们总算能"仰体上意"，他们设法让龙汝言顺利通过了会试和殿试，而且将他的卷子特意放在第一本第一名的位置，进呈天子御览。嘉庆皇帝打开弥封一看，正是龙汝言，非常高兴，当下就用朱笔点定了名次。传胪那天，嘉庆看到龙汝言跪在丹墀殿下，就高兴地对大臣们说："我早就看出龙汝言是个人才，今天他果真中了状元。怎么样，我的眼力不错吧？"左右皆纷纷祝贺本科点了一个真正的"天子门生"。

龙汝言中状元后，入翰林院为修撰，掌修国史。不久，嘉庆皇帝便特令他入值南书房，侍奉嘉庆皇帝赋诗绘画，成为皇帝的近侍。嘉庆二十一年，出为湖北乡试正考官。二十四年，充会试同考官，深得天子信宠。为了表示"师生"之谊，嘉庆还特别赐给龙汝言一方端砚。后来，龙汝言的书斋和文集都以"赐砚"为名，以示不忘皇恩。

不久，国家修纂《清高宗实录》，龙汝言又被任命为监修官。按制度，监修官主要负责审阅由纂修官拟定的史稿，有错误就改正，没有问题就进呈御览，算是官修史书的最后一道关口，所以必须特别细心。哪几卷史稿送给哪位监修校阅，都要事先用黄签写上监修官的姓名，以示负责。

龙汝言自幼孤贫，主要依靠岳父家的支持才得以读书和发达，加之他的妻子特别凶悍，动不动就和他反目，所以，龙汝言特别惧内。

有一天，龙汝言又和妻子吵架，被妻子赶出了家门，只好寄住在朋友家中。刚巧这时实录馆的馆吏送《高宗实录》稿给龙汝言校阅。龙汝言不在家，他的妻子也不明白是什么东西，就顺手把史稿放在书桌上。过了几天，馆吏来取史稿，龙汝言的妻子又顺手把史稿交给了馆吏。馆吏以为龙汝言已经校过，就照例呈上去了。其实,龙汝言根本连家也没有回过。

不久,龙汝言忽然接到一道革职处分的圣旨,上面写道:"龙汝言精神不周,办事疏忽,著革职,永不叙用!"真是祸从天降。龙汝言一家不知道犯了什么王法。

原来,嘉庆皇帝审阅馆吏进呈的史稿时,发现有一卷中乾隆皇帝的庙号"高宗纯皇帝"的"纯"字,一律写成了"绝"字。"纯皇帝"成了"绝皇帝",这还了得!一看校阅黄签,却是龙汝言,本想交部严加议处,但转念一想,龙汝言既是自己亲自选拔的状元公,事情闹得太大,对自己也不大光彩。于是,就将龙汝言革了职,算是便宜了他。

不久,嘉庆驾崩。按清朝的规矩,内廷旧员中有受先帝特殊恩遇者,无论现在是官是民,都准许入宫拜祭。龙汝言一到灵前,就放声大哭,哭得特别伤心。

嘉庆皇帝死后,皇次子旻宁承嗣大位,年号"道光"。道光皇帝垂怜龙汝言能念旧恩,不失忠心,特赏他内阁中书。内阁中书为从七品官,在内阁中负责撰拟、记载、缮写等文字事务。道光十八年(1838),龙汝言担任会试同考官。但昔日的恩宠一去不复返了,龙汝言终于在潦倒中死去。

吴其濬

◎ 涂 晓

一、名门望族

清代,淮河上游支流史河与曲河交汇处,有个固始县(今属河南),县西南有个鄢店,鄢店东门附近有座很气派的四合院,沿街门楼3间,东西耳房各数间,门前有两根木柱,柱子上面各有一个四方木斗,左柱称"阀",右柱谓"阅",两柱相距1丈,叫做"阀阅门",是世宦门第的标志。皇帝旌表功绩的报条，贴在柱子上，以示荣耀。进大门后是天井，分隔成东园门、西园门和正门3个住宅。这座四合院的主人姓吴名延瑞，乾隆三十一年（1766）第二甲第14名进士，官至广东按察使。吴延瑞住在正中的正房，长子吴浦住在东园，次子吴烜住在西园。进西园后是5间接官厅，厅后是5间堂楼，堂楼后是内宅。吴烜登乾隆五十二年第二甲第27名进士，官至吏部左侍郎。

吴烜有2个儿子，长子吴其彦，嘉庆四年（1799）第二甲第63名进士，官至兵部右侍郎；次子吴其濬，字季深，一字瀹斋，别号吉兰，乾隆五十四年二月初六生于堂楼东间屋内。

固始鄢店吴氏是名门望族，书香门第。吴延瑞著有《清芬书屋文稿》，吴浦撰有《卧云山房文稿》，吴烜写了《中州文献考》、《读史笔记》等，吴其彦有《藤花书屋遗稿》等。吴其濬深受家学的影响。他5岁那年，母亲许氏对他进行启蒙教育。10岁，拜伯父吴浦为师，就读于临淮书院。吴其濬好学，博览群书，无所不窥。他好胜心强，遇上不懂的问题，千方百计要弄个明白，他后来潜心钻研植物学，就是因为有人问他仙人掌为什么不长叶也不开花，他当时没答上来。

嘉庆五年，父亲吴烜在京为官，12岁的吴其濬随母亲进京，住在北京宣武门外一座府第里。

吴其濬在北京，先是就读于清芬书屋，后考入最高学府国子监，成了一名监生。

嘉庆十五年八月，吴其濬参加顺天乡试中选，名列第31名，成了一名举人。翌年三月，在礼部贡院参加会试，不幸落第。家里出钱，给他捐纳了个内阁中书。内阁中书从七品，在内阁中做文字工作。嘉庆十九年三月，吴其濬再次步入礼部贡院考场，初九、十二、十五日3场考试下来，他仍榜上无名。

两次会试皆落选，吴其濬并不气馁，他积极准备，欲在下科会试中再展身手。嘉庆二十二年三月，吴其濬第三次参加会试。这次，他终于考中，成了一名贡士。

这年四月二十一日，科举取士的最高一级考试——殿试在保和殿举行。参加殿试角逐的贡士有255人，吴其濬力挫群雄，一举夺魁，成为清代第73位状元。

这年，吴其濬年二十有九。

当朝天子仁宗御笔亲赐新科状元吴其濬状元匾。吴其濬是位谦逊而俭约的人，他没有像有的状元那样，大兴土木，建造状元府，而是因陋就简地翻盖了一间门楼，以悬挂状元匾。当然，这门楼修得还是很有气派的，青砖灰瓦，古香古色，高大宽敞，丹漆明柱，虎头门环。大门两侧一对青石雕刻的雄狮，巨头卷毛，隆鼻暴眼，阔口含珠，利齿外露。

固始县把吴其濬视为家乡的荣耀，迄今谈及吴其濬，当地人犹引以为豪。

二、仕宦生涯

中状元后，吴其濬入翰林院为修撰，掌修国史。嘉庆二十四年，出任广东乡试正考官。

嘉庆二十五年七月二十五日，仁宗皇帝在承德（今属河北）避暑山庄驾崩。他的次子爱新觉罗·旻宁即位，年号"道光"，是为宣宗。

吴其濬出任《仁宗实录》的纂修官。

不幸的是，道光元年（1821）七月二十一日，老父礼部右侍郎吴烜病死于京城，享年61岁。吴其濬与胞兄兵部右侍郎吴其彦一道，扶灵柩归固始老家，安葬于固始高庙集东南。吴其濬与兄一同在家服丧3年。

父亲死后两年，即道光三年十一月二十八日，胞兄吴其彦病死于固始老家，享年44岁。兄死后两年，即道光五年七月初三，母亲又病亡，吴其濬继续在家服丧。

5年间，3个亲人接连去世，给吴其濬以巨大的打击，他在悲痛中度过了8年。为了转移一下思绪，他开始实现多年来的夙愿——研究植物学。

道光八年，服除，吴其濬入京，继续做翰林院修撰。九年，充日讲起居注官，随从皇帝参加各种政治、礼仪活动，笔录于册。吴其濬成了宣宗的一名近臣。十一年，入南书房，侍从宣宗作文、绘画。十二年，提督湖北学政。十四年回京，擢为东宫的洗马。十五年六月，擢为职司朝祭礼仪的鸿胪寺卿。闰六月，擢为掌内外章奏、封驳和臣民密封申诉的通政司的副使。十六年八月，擢内阁学士兼礼部侍郎衔，这是一次破格提拔，《清史稿》和《清史列传》称为"超擢"。十七年八月，出任兵部左侍郎，奉命以此官提督江西学政。十二月，调户部右侍郎，留学政任。十九年九月，转户部左侍郎，仍留学政任。

道光二十年九月，宣宗命吴其濬与刑部左侍郎麟魁去查办湖广总督周天爵和候补知县楚镛滥用酷刑、戕害人命一案。

吴其濬、麟魁去了湖广总督衙门所在地江夏（今湖北武汉）。经过十几天的明察暗访，吴其濬、麟魁查明：周天爵私造"飞禽椅"、"快活凳"、"上绷子"、"猴儿上树"等刑具，让楚镛用这些刑具，逼供犯人。被整治得快要死的犯人，用箩筐盛着，发交县监。周天爵又派楚镛总办盐卡，把一些小商小贩和贫苦老百姓抓起来，戴上铁杆，致死多人。周天爵又委任一个叫韩云邦的办案。韩云邦诬良民为盗，派兵捉拿，百姓不服，聚众抗击，杀伤官兵多人。吴其濬、麟魁将调查结果奏告宣宗。宣宗龙颜大怒，褫夺周天爵、楚镛的官职，流放西北边疆；湖北巡抚伍长华、布政使孙善宝、按察使林绂也受到惩处，或降官，或革职。

接着，宣宗命吴其濬署理湖广总督，不久，任命他为湖南巡抚。

就在他去长沙(今属湖南)上任的时候，英国资产阶级发动了旨在倾销鸦片的鸦片战争。吴其濬具有强烈的爱国心，痛恨英军的入侵。湖南虽不是抗英前线，但吴其濬仍积极行动，严禁鸦片，缉拿烟贩数十名，收缴烟土650余两，烟具数十件；另一方面，积极组织力量支援抗英前线，代造火箭，委员运去福建打击英军。

尽管鸦片战争以腐败的清王朝战败而结束，但吴其濬是尽了力的。

道光二十一年十一月，吴其濬上疏弹劾千总胡再忠调赴军营时，沿途勒索，纵兵滋扰。宣宗下诏，将胡再忠流放新疆。二十三年正月，崇阳(今属湖北)人钟人杰聚众起义，攻陷崇阳、通城(今属湖北)，兵锋直指巴陵(今湖南岳阳)。吴其濬携官属驰赴巴陵，官兵还未调集起来，便招募一些水手狙击钟人杰等人。官兵抵达，分兵把守临湘(今属湖南)、平江(今属湖南)各要隘，吴其濬移驻湘阳(今属湖南)。钟人杰遣兵2000余人偷袭平江军营，被官兵击溃。二月，湖北官兵收复崇阳、通城，钟人杰被擒，余党逃入湖南，陆续被逮杀。宣宗下诏，褒扬吴其濬等有功人员。

三月，吴其濬以病乞假调理。

围剿钟人杰时，湖南委员在湖北军营出力，一批人立功，获准升任知县。吴其濬上疏说:"军功甄叙人员,系就一时的功绩而获奖赏,仍须察看他们才能的优劣,不宜马上升用,致误地方。"宣宗览奏,大加称赞,说他"认真之至"。

道光二十三年五月,吴其濬调任浙江巡抚。

吴其濬到任1个月,便碰上一桩案子。武冈(今属湖南)人曾如炷聚众拦阻税粮出境,署理知州徐光弼前往查办,被戕杀。吴其濬督兵搜捕,抓获了百余人,按首从依法治罪。吴其濬又奏请在地理位置极为险要的洪严洞设兵卡巡防,防止有人利用洪严洞聚众闹事。

刚处理完曾如炷一案,吴其濬便调任云南巡抚。

道光二十四年,宣宗下诏:"明时开矿的官吏徇私舞弊,国家和黎民皆受其害。我朝云南、贵州、四川、广西都有银厂,岁收税银,从无扰累。由此看来,官营不如民办。四省可采之处还多,命各省督抚查看形势,听民采办,不可假手吏胥。"吴其濬接诏,与云贵总督桂良上奏:"云南旧厂现只存15处,加上新开各矿,一年收税白银4万两。查各地矿藏不一,往往发现有矿石,呈请开采,商人、兵丁都招集来了。不久,便因无矿而解散。设厂的地方,其先不过数十人,带着粮食结棚而居,略有所获,四方商贾、百工便纷至沓来,多至万余人。从前,委派矿厂的官员弹压,平决争讼,选诚实的吏胥数人负责文书出纳。官员的薪水,工役的伙食,都有一定规定,并无扰累。可采矿的地方虽多,但也有些不可准许开采的。因为山深林密,汉族和少数民族杂居,有些少数民族人嗜利轻生,动辄与汉人结冤。若再令民人开采银矿,势必劫掠争斗。"宣宗大加称赞。

为了深入了解云南的矿产资源和冶炼技术,他对云南矿藏分布、采矿技术、冶炼工艺、组织管理等进行了深入的研究。

不久，宣宗诏令吴其濬署理云贵总督。

道光二十五年四月，调任福建巡抚。旋调山西巡抚，兼管盐政。二十六年五月，奏告河东盐税短绌，请裁减盐政办公银1万两充抵。宣宗诏准。按规定，实缺知县不准改补教职。吴其濬认为神池（今属山西）知县杨衔才能平常，不能胜任，奏请改任教职。宣宗以吴其濬违例奏请，命吏部议处，后又赦免未究。

鸦片战争后，鸦片走私仍十分猖獗。山西虽然偏僻，也十分严重。吴其濬上疏："贩卖鸦片、烟土，是违法的。但近来有些不法之徒，伺烟贩经过，纠众抢夺。事发，到了官府才知道罪名甚重，双方都不吐露真情，仅说是寻常抢夺斗殴。此风不刹，轻则恣行械斗，重则酿成盗劫。"他建议严加处置，并嘉奖认真查处的官吏。

这年十二月，吴其濬罹病，上疏引退，宣宗诏准。不久，吴其濬病死，享年58岁。他的遗体安葬在固始县汪棚乡八里松。宣宗下诏："山西巡抚吴其濬由翰林院修撰入值南书房，累迁至侍郎，外任巡抚。学问渊博，操守清洁，办事认真。闻悉溘然长逝，殊为惋惜！"诏令追加太子太保衔。

吴其濬原聘宋氏，有4男4女。继聘王氏，有两男两女。

三、杰出的植物学家

吴其濬幼年时，一位客人来吴家拜访，看到他家桌子上摆着一盆仙人掌，就问他："吴公子，为什么仙人掌没叶，也不开花呢？"吴其濬聪颖出众，在这个问题上却无言以对，他深以为耻，发誓研究植物学，这个心愿直到道光二年才得以实现。

道光元年七月二十一日，父吴烜病死。吴其濬与其兄吴其彦扶柩南归。安葬了父亲后，他在家服丧。翌年，他在固始县东买了一片土地，创建了"东墅植物园"。"东墅植物园"距县城约5里，在史河的东岸。史河中多苇，秋时如雪；两岸人家多以种桃为业，桃树满地，春时若霞。这个植物园是吴其濬植物研究的实验地，他在园中栽了桃树800株，柳树3000株，还有菜数亩，对植物进行观察研究。

吴其濬还利用一切时机搜集植物标本，观察和描绘植物的形态，研究它们的生长规律和特性。同时，翻阅大量的文献，特别是乾隆年间编纂的、收录3457种图书、79070卷的皇皇巨著《四库全书》。他把文献中记载的植物分门别类地加以整理，编纂成一部植物学资料汇编——《植物名实图考长编》。全书22卷，收录植物830种。他对收录的植物都做了认真的考辨。

在充分研究的基础上，吴其濬编著了在中国植物学史上占有举足轻重地位的《植物名实图考》。

《植物名实图考》突破了历史上各种《本草》著作既收载动物、植物，又收载水、火、土、金、石等药物的模式，只收载植物，成为一部植物学专著。全书收录植物1714种，分谷、蔬、山草、隰草、石草、水草、蔓草、芳草、毒草、群芳、果、木12类，计38卷，是历史上收录植物最多的一部植物学巨著。此书图文并茂，插图1800余幅。

从唐宋起，一些《本草》著作开始绘图谱，如唐代《新修本草》、宋代《图经本草》。其后，多数《本草》都是依葫芦画瓢，互相抄录图谱。由于撰著者对植物的形态并不真正了解，以致张冠李戴，以讹传讹。吴其濬的《植物名实图考》特别重视按植物绘图。他常常随见随绘,哪怕是出巡途中偶然碰见,也一定停步细致地绘下。如《植物名实图考》卷24《毒草·鬼臼》说:"此草生深山中,北人很少见到。……吾在途中,适遇山民担着此草去卖,花叶高大,遂马上图绘下来。"因此,《植物名实图考》中的图极为精细、准确。如卷24《毒草》中的天南星、魔芋、由跋、半夏皆为天南星科植物,外形十分相似,极易混淆。《植物名实图考》不仅用文字阐明了彼此间的区别,且用7幅插图醒目地绘出了根、茎、叶、花、果实的异同。

《植物名实图考》的重点在于考核植物的名称与实物是否相符,把历代《本草》和其他文献中经常出现的同物异名和同名异物的混淆现象纠正过来。如,宋代大学问家沈括的《梦溪笔谈》将南烛与南天竹混为一谈。吴其濬指出了南烛与南天竹并非一物。现代植物分类学证实了吴其濬的观点,南烛为杜鹃花科南烛属植物,而南天竹为小檗科南天竹属植物。像这种匡失纠谬,书中比比皆是。

在植物学的研究上,吴其濬奉行实地调查研究为主,参证书本为辅的治学方法。他反对那种只靠"耳食",忽视"目验"的研究方法。他身居高官,不耻下问,牧童、老农都是他的老师。《植物名实图考》中留下了大量的吴其濬访问牧童、农夫、菜农的记载。

《植物名实图考》在中国植物学史上占有重要地位,被誉为中国古代植物学的顶峰之作,现代植物学的先声一书。它在世界植物学史上也占有突出的地位。光绪六年(1880),《植物名实图考》浮海东传日本。当时,日本正值明治维新,科学渐兴,日本学者见到此书,如获至宝,奉为经典,推崇备至,甚至到了惟吴是从的程度。德国人贝勒在从事中国植物研究时,以《植物名实图考》为主要参考书，获益匪浅。他还把此书推荐给欧洲林奈学会的许多会员及欧美各国的著名图书馆。1919年，商务印书馆铅印《植物名实图考》，西欧学者竞相求购。

当然，由于时代的限制，吴其濬的《植物名实图考》也有些缺憾。如，条目的叙述详略不一，有的长达数千字，有的仅二三十字；同一条目，重叠出现；一些重要的植物没有收录，等等。但瑕不掩瑜，《植物名实图考》一书不愧为世界植物学史上的不朽名著。

四、在矿物学及矿物采冶技术上的贡献

云南是我国矿物资源最丰富的省区之一。道光二十三年，吴其濬调任云南巡抚。在云南不足1年的时间里，他深入矿区考察，翻检《云南通志》及《铜政全书》等典籍，在一个叫徐金生的协助下，写出了《云南矿厂工器图略》和《滇南矿厂舆程图略》两书。这二部著作对云南的矿产资源及矿厂分布做了详细记载，对矿物知识及采矿技术也做了深入探索。

吴其濬认为，开发矿藏，首要的任务是寻找矿苗，找到了矿苗，就可以顺藤摸瓜，找到矿藏。他把矿苗分成5类：

第一类，憨闫。色枯而质轻，无矿。

第二类，蔓山闫。散漫无根，矿藏极少。

第三类，竖生闫。直挂无枝，也无大矿。

第四类，砖刀闫。斜挂进山，忽断忽续，一得蓬座，呈刷状，定有大矿。

第五类，大闫。宽厚尺余，横长数丈，石碌坚硬，马牙间错，一时不能得矿，既得之后，必有丰富的矿藏。

他的阐述，进一步丰富了我国的探矿理论。

吴其濬对采矿过程也做了细致的考察，还特约徐金生绘制了精致的图版，生动地描述了采矿的整个场面：

凿洞的工具有铁锤、铁尖、铁凿子等。装运矿石的用具为褡裢形的麻布袋，使用时一头在肩，一头在臀，矿工背驮着麻布袋在洞中爬行。供洞中照明用的叫"亮子"，套在矿工的头上。洞中有通风设施——风柜，还有排水用的竹桶或木桶，实际上是一种利用空气压力和活塞原理的汲水、排水器械。矿井用圆木支撑，断面呈三角形。采矿采取竖井、斜井、平巷等相结合的采掘方式。

吴其濬还详细记述了铜、银、铅等金属的冶炼工艺：

炼铜沿用炉子，以土砌筑，底长、广各2尺余，壁厚约1尺，形状像锅，旁杀渐上，至顶而圆，高可8尺，叫做"甑子"。炼银用罩，有大小二种，大的叫"七星罩"，形状像墓，故又叫"墓门罩"；小的叫"虾蟆罩"，是一种长方形的建筑。鼓风设备是一种长1.2丈左右的木制风箱，3个人操作，一个时辰一换。

开矿、冶炼是一项复杂的生产和经营活动，要有周密的安排和严格的管理。吴其濬对矿业管理做了全面的阐述。

开矿办厂，首先要准备好粮米油盐和采矿、冶炼的各种物资。对物资的消费，他做了细致的计算，就连照明用的"亮子"需多少油，他都做了计算，说每人每天大约用8两。他强调每人都要各尽其能，各司其职。每个矿洞，设一名管事，负责该矿洞的开采事务。管事之下，设一名"镶头"，即技师，负责指导采矿。矿工轮班作业，每班设一名领班，监督矿工采掘。在冶炼上，要选定炉头，掌管冶炼工艺；设炭长，负责供应木炭。

矿冶要强化规章制度的建设，做到有法可依。

第一，开办矿厂，要履行严格的报批手续，叫做"报呈"。矿厂开业后，要按章纳税，名曰"火票"。上缴的铜、银等必须保证质量，否则，予以经济制裁。

第二，数人合办，开办前须立合同，入股多少，分红多少，都要事先讲清楚。赢利以后，除去工本、税金，余下的按合同分给每一个人。

第三，两家矿工采掘时碰头，设一根圆木为标记，各自折回；若一家先采，另一家后采，两家挖洞碰头，后采的应让一下先采的；若一家直挖，另一家横掘，两家不期而遇，设木为记，准许借路行走，或上下分路交行。

第四，采矿必须有安全设施，如通风、支撑等。

吴其濬对矿物采冶技术和管理方法的总结、研究，极大地丰富了我国的采冶与管理理论，他的《云南矿厂工器图略》和《滇南矿厂舆程图略》是中国矿业史和冶金史的不朽之作。这两部书在道光年间刊印后，法国人如获至宝，很快将其译成法文，改名为《云南矿产志》，作为他们了解和掠夺云南矿藏的指南。

五、中医药学家

吴其濬还是位中医药学家，他的《植物名实图考长编》和《植物名实图考》两书，有大量的中药学内容。

吴其濬在研究植物的同时，对药用植物的性味、功能、用法以及采收、炮制、鉴别、产地、栽培等，做了详细阐述。如《植物名实图考长编》卷6"细辛"条，说细辛味辛温，可治疗咳逆、头痛、风湿、痹痛、死肌，生长在华阴山谷中，二月、八月份采掘根须，阴干。吴其濬对若干药用植物补充了前人的说法，或提出新的见解。如，民间往往以党参代人参，吴其濬阐述了二者的异同，又指出党参的功能近似黄芪，可补气健脾，同时告诫人们：外感之病不可滥用补药。他十分重视对同名异物、同物异名的植物的考证，鉴别真伪。如，从前人们将黄精与玉竹混为一谈，吴其濬经过深入研究，指出二者绝非一物。他在实践中认识到，药物的真伪影响医疗效果，甚或造成人死财空的悲剧。如他说有些郎中把并非柴胡的植物误认为柴胡，用来医治伤寒，致死人命，却相承不悟。为此，他进行了考辨，指出广信柴胡和大柴胡等皆非柴胡。他也指出，有些植物功能相近，可作替代品，如菊叶三七、景天三七都有活血化的功效，可做三七的代用品。这样，就扩大了药用植物资源。

吴其濬还收集民间验方，并做了实验。如蒺藜可治横闷滞气，吴其濬多次实验，证明其确有疗效。

在疾病的防治上，吴其濬倡言预防为主，他认为有些疾病的预防是很容易的，但一旦染上，医治起来就难了。因此，必须加强预防，如椒、姜、葱、蒜可御寒，瓜果、菘、苋菜可除热，常食之可收到预防效果。

吴其濬的中医药学研究，进一步丰富了中国医药学。迄至今日，中医药学家仍十分推重吴其濬，不少人著文发掘、弘扬他的中医药学成就，缅怀他在中医药学上的贡献。

六、独具慧眼的治淮方针

吴其濬的故乡在淮河边上。淮河在古代中国为"四渎"之一。明昌五年（1194），黄河在阳武（今河南原阳境内）决口，夺淮入海700年。黄河挟带的大量泥沙不断淤积，使淮河干支流的河岸不断垫高，排水不畅，在低洼的中游地区，形成巨大的洪泽湖。每遇汛期，上游来水不能及时排泄，泛滥成灾。吴其濬在家服丧期间，淮河屡成水灾，他辛苦经营的"东墅植物园"也遭破坏。于是，他下决心研究淮河水灾的成因，寻求根治之道。他带着干粮徒步跋涉，考察淮河主流和支流。在掌握了第一手材料的基础上，他写出了《治淮上游论》一文。

自大禹起，中国的治河理论主要是泄，虽有修建陂塘之举，但目的在于蓄水灌溉或补给漕运用水，不见有滞蓄洪水的。吴其濬独具慧眼，提出利用安徽境内两侧湖泊洼地滞蓄洪水的治淮方针：在这一带修建闸坝，洪水大时，闭闸蓄水，减轻对下游的压力；待水小时，再开闸放水。

吴其濬这一理论，是治淮理论的巨大飞跃，开辟了一个新的领域。1950年中华人民共和国政务院《关于治理淮河的决定》中，治淮方针便是蓄泄兼筹，利用湖泊洼地滞蓄洪水。实践证明了吴其濬治淮理论的正确性。

当吴其濬撰写《治淮上游论》时，便自信"蓄"的理论的可行性。他尖锐地指斥了以往治淮官员目光短浅，只知在下游的泄水上做文章，没有对淮河进行全面的考察，无人过洪泽湖西行一步，遂使上游蓄水滞洪的有利条件搁置了数百年。

陈　沆

◎ 刘　天

　　陈沆，原名学濂，字太初，号秋舫，蕲水（今湖北浠水）人。蕲水西望滔滔长江，浠水西南流，注入江。生长在这方妩媚土地上的陈沆，聪明伶俐，8岁便能弄墨作文，出口成章，语惊长老。他勤奋好学，博览群书，无所不窥。

　　像其他文人学士一样，陈沆也以极大的热情参加科场角逐。年12岁，应童子试。考官鲍桂星才华横溢，恃才傲物，看过陈沆的卷子，扼腕击掌，叹曰："天才也！"嘉庆十八年（1813），参加湖北乡试，取中举人。但来年的会试落第了。但他并不气馁，更加发愤攻读。他的词赋尤为出众，闻于天下。

嘉庆二十四年(1819)，为庆祝当朝天子仁宗皇帝60寿辰的己卯恩科会试在京举行。陈沆再次进入礼部贡院考场。四月十五日发榜，陈沆榜上有名。四月二十一日，殿试在保和殿举行。陈沆以上乘的楷书和高深的立论一举夺魁。

陈沆成为有清一代第74位状元。

按照惯例，陈沆中状元以后，入翰林院为修撰，掌修国史。

第二年，即嘉庆二十五年七月二十五日，仁宗皇帝在承德(今属河北)避暑山庄驾崩。他的长子夭折，次子爱新觉罗·旻宁最中他的意，得以承嗣大位，年号"道光"，是为宣宗。

道光元年(1821)八月，为庆祝宣帝登基，举行了一次乡试，陈沆奉命以翰林院修撰的身份出任广东乡试的正考官。道光三年，癸未科会试在京师礼部贡院举行，陈沆又以修撰的身份出任考官。不久，调任四川道监察御史，成为四川的监察官。

到四川不久，陈沆罹病，闭门谢客，在家调治。他喜读书，做官后无暇于此，现在在家养病，遂乘机诵读，著书立说。他与邵阳(今属湖南)人魏源友善，常常互通书信，切磋学问。魏源官职卑微，陈沆折节与之交往，有人说："你身为状元，将大贵。魏源其人，桀骜不驯，难以亲近，不可交往。"陈沆不听，二人结为挚友。

嘉庆六年，陈沆病死在四川道监察御史任上。

这年，他年仅41岁。

从中状元入仕到病亡，仅仅8年。

陈沆英年早逝，时人莫不惋惜。

陈沆在仕宦上没有留下什么可值得称道的治绩，但遗下了一笔文化财富。他著有《诗比兴义》一书，用笺注《诗经》的方法笺注汉魏迄隋唐的诗。还著有《近思录补注》14卷、

《诗删》两书。他擅长写诗，他的诗大多扬善惩恶，弘扬伦理道德，关心民间疾苦。如嘉庆十九年，河南灾荒，他写下了《河南道上乐府四章》。第一首是《卖儿女》，诗云：

> 河南一片荒荒土，满眼流离风又雨。
> 年荒父母竟无恩，卖尽田园卖儿女。
> 可怜父与母，泪落心内苦。
> 岂不恋所生，留汝难活汝。
> 往年生儿如得田，今年生儿不值钱。
> 卖女可得青蚨千，卖儿不足供一餐。
> 大车小车牛马走，儿啼呼父女呼母。
> 役夫怒目刀在手，百口吞声面色朽。
> 此时父母死更生，食尽还增骨肉情。
> 月黑风寒新鬼哭，饥魂一路唤儿声。

第二首是《狗食人》，诗云：

> 汝南人瘦万狗肥，前有饿者狗后随。
> 忽然堕落沟中泥，狗来食人啮人衣。
> 顷刻血肉无留遗，残魂化作风与灰。
> 狗饱狗去摇尾嬉，馀者尚充鸦雀饥。
> 我行见之心骨悲，徒有恻怆无能为。
> 大官北来何光辉，清道翼以双绣旗。
> 从者飞语里卒知，为我亟去道旁尸，
> 毋使不祥触公威。

第三首是《吃草根》，诗云：

怪底春光二月好，踏青千里无青草。
草根当做麦粮餐，草色都如人面槁。
家家妇女驱出门，手鞍脚软声暗吞。
乐岁欢歌苯苴子，凶年苦嗣苴蒿根。
毕竟天心仁爱汝，枯田尚有萌芽吐。
谁云小草是虚生，功在饥荒非小补。
夕阳归去一肩挑，饱食居然腹不枵。
此时长吏方沉醉，可惜不曾知此味。

第四首是《逃饥荒》，诗云：

救荒古有良有司，今者逃荒官不知。
一路嗷嗷男挈女，纷纷避荒如避虎。
饿腹况兼行路苦，清晨冲风夜戴雨。
只知四方口可饲，谁料饥荒无处无。
官府捉人牛马驱，慎莫乞食门前呼。
家乡腊前见三白，且可归来食新麦。

此外，他的《有感》、《出都诗六首》、《扬州城楼》等也都描写了民间的疾苦。他的诗汇编成《简学斋诗存》。

车吉心 主编

中国状元全传

● 第八卷

山东教育出版社

顾　问　安作璋
主　编　车吉心
副主编　刘德增

本卷目录

陈继昌　/1509
戴兰芬　/1512
林召棠　/1514
朱昌颐　/1516
李振钧　/1518
吴钟骏　/1520
汪鸣相　/1522
刘　绎　/1524
林鸿年　/1527
钮福保　/1529
李承霖　/1531
龙启瑞　/1533
孙毓溎　/1537
萧锦忠　/1539
张之万　/1541
陆增祥　/1546
章　鋆　/1549
孙如仅　/1551
翁同龢　/1553
孙家鼐　/1576
钟骏声　/1580
徐　郙　/1582
翁曾源　/1584
崇　绮　/1586
洪　钧　/1595

梁耀枢 /1603
陆润庠 /1605
曹鸿勋 /1612
王仁堪 /1616
黄思永 /1624
陈冕 /1625
赵以炯 /1627
张建勋 /1629
吴鲁 /1631
刘福姚 /1633
张謇 /1635
骆成骧 /1659
夏同龢 /1666
王寿彭 /1668
刘春霖 /1672
王玉璧 /1676
马全 /1679
王懋赏 /1685
张从龙 /1688

附录一 大西政权状元 /1691
张大受 /1692

附录二 太平天国状元 /1695
傅善祥 /1696
覃贵福 /1699

附录三 历代状元表 /1703

后记 /1737
修订再版后记 /1739

陈 继 昌

◎ 刘 天

科举考试中把考中乡试第一名解元、会试第一名会元、殿试第一名状元，叫做"连中三元"。自唐迄清，漫漫1200多年，可考的状元596人，而"三元"仅13人（一说12人，或云14人）。清代立国267年，开科112次，状元114人，而连中三元的仅2人。第一个是乾隆四十四年（1779）的状元、长洲（今江苏苏州）人钱棨，第二个便是陈继昌。

陈继昌是广西临桂（今广西桂林）人。广西地处西南边陲，自唐宋以来文化有较大的发展，特别是临桂，为广西省会，不仅山水甲天下，文化也特别兴盛，仅清代这里便出了4个状元。陈继昌原名陈守壑,字莲史。曾祖父陈弘谋,号榕门,雍正元年(1723)第三甲第12进士,官至协办大学士。协办大学士,满、汉各一人,正一品。陈守壑的父亲陈兰森,乾隆二十二年第二甲第26名进士。陈家在临桂算是名门望族。

陈守壑聪明好学,决心走父祖科举入仕之路。

嘉庆十八年,守壑参加广西乡试,考中解元。在来年的会试中却落榜了。嘉庆二十二年、二十四年,他又两次参加会试,皆不中。

但他没有气馁,更加刻苦地学习。

嘉庆二十五年,陈守壑第四次参加会试。

据说,此科会试的主考官是员尚书,他入闱时,梦见两广总督阮元来拜访,并赠貂裘领。主考官大人不解其意。而陈守壑在二月初九入场前的一天夜里,梦见一个叫陈继昌的考中第22名,一个叫陆沅的考中第24名;而这个陆沅,也是他陈守壑。醒后,陈守壑觉得这是神的启示,遂改名曰"继昌"。二月初九入场,陈继昌的号舍(考生考试的场所)是22号,而隔壁24号的考生,则是陆沅。陈继昌大喜。

初九、十二、十五日3场考试下来,陈继昌名列榜首,夺得会元桂冠。

四月二十一日,殿试在保和殿举行。参加角逐的贡士共246人,名士济济。陈继昌学高一等,夺得状元。

陈继昌成为清代第二个"三元",也是中国科举史上最后一位"三元"。

至此,那位会试主考官大人才恍然大悟:阮元字伯元,姓、名、字三者合起来,恰为"三元","阮"字偏旁为"陈"字之半;阮元总督两广,"三元"为两广人;貂裘则是翰林院官员的官服。而陈继昌也明白了:陆沅的"沅"字,水旁，三笔，乃"三元"兆；"陆"字也得"陈"字之半，故梦中说陆沉也是他陈守壑。

当然，这两个梦都是无稽之谈。因为连中三元极为不易，故有种种神话。历史上的"三元"大都如此，关于清代第一个"三元"钱棨，也有若干神话传说。

中状元后，按照惯例，陈继昌入翰林院为修撰，掌修国史。他多次出任乡试考官，历任山东兖州知府，直隶保定知府，江西按察使，山西、甘肃、江宁等地布政使。但非常遗憾的是，他既没有任何才气横溢的著作行世，也没有卓越出众的政绩可言。

陈继昌的夫人是一个侍郎的侄女，颇具诗才。丈夫连中三元之后，她曾赋诗相赠，诗句有"独秀高惊天极柱，一枝青出桂林村"，把"陈三元"比做桂林的独秀峰，得意之情，溢于言表。至于"陈三元"本人，更是非常狂妄。由于他"三元"及第之后，又曾朝考第一，故他外出巡视，总爱打着"四元及第"的牌子招摇过市。据说，他平时常用两方小印，一方刻有"生平不作第二人想"，一方刻有"古今第十二人"，充分表现了他对功名的满足。

戴兰芬

◎ 贾贵荣

戴兰芬,字湘圃,天长(今属安徽)人。其祖上 14 世皆是秀才,可谓出身书香门第。性温淳,擅长诗词。道光二年(1822),戴兰芬参加壬午恩科(为庆祝道光皇帝登基特开的一次科考)殿试,一举夺魁。此科进士共 222 名,后来出了若干名人。如第二甲第三名翁心存,位至内阁大学士;第二甲第七名陆建瀛,官至两江总督,奉诏狙击太平军,兵败身亡。戴兰芬中状元后,入翰林院为修撰,掌修国史。累官至侍讲学士,不久病死。戴兰芬英年早逝,时人惜之。有诗《凤阳节妇行·书周芸皋襄盐叹诗后》:

拍天江势连三楚，到眼山光画六朝。
秀才家世天颜喜，海峤人文理事多。
六朝山色供诗料，千里江声入酒杯。

林召棠

◎ 刘 一

林召棠，字芾南，广东吴川(今广东吴川东南)人。吴川滨南海，在一个小小的半岛上。生长在热带风光中的林召棠自幼聪明好学。像当时的文人一样，他也热衷科举功名。道光皇帝君临天下的第四年，即道光三年(1823)三月，他赴京参加癸未科会试。初九、十二、十五日3场考试下来，他榜上有名。第一名会元的桂冠却为滨州(今属山东)人杜受田夺得。四月二十一日殿试，林召棠一举夺魁，成为清朝开国以来第77位状元。而会试第一名杜受田仅列第二甲第一名。第一甲第二名是通州(今属江苏)人王广荫，第一甲第三名是上元(今江苏南京)

人周开麟。此科进士共 246 人，后来成名的不多。榜眼王广荫、探花周开麟官职也不高，王广荫官至侍郎，周开麟官至布政使。林召棠中状元后依列入翰林院为修撰，掌修国史。他仕宦多年，官位不显。

朱昌颐

◎ 刘 一

　　朱昌颐，字吉求，号朵山，海盐(今属浙江)人。朱昌颐自幼好学，嗜书如命。嘉庆皇帝君临天下的第18年(1813)，朱昌颐被选拔入国子监肄业，当时叫"拔贡"，都是从秀才中择选的文行兼优的人，每12年一次，每府学2名，州、县学各1名。朱昌颐拔贡的第八年七月二十五日，嘉庆皇帝在承德避暑山庄驾崩，他的第二个儿子爱新觉罗·旻宁承嗣大位，年号"道光"。道光五年(1825)八月，朱昌颐考中顺天乡试，成为一名举人。翌年二月，考中会试。四月二十一日殿试，朱昌颐一举夺魁，成为清朝开国以来第78位状元。

此科进士共 265 人，后来出了一批名人。

中状元后，朱昌颐入翰林院为修撰，掌修国史。

朱昌颐擅长书法，楷书极佳，颇为道光皇帝赞赏。金殿传胪的第二天，道光皇帝便召见他，命他书写一把折扇。朱昌颐写得极好，道光皇帝大为高兴，赐他文绮。

步入仕途不久，他便因一份奏折不实而被降级。寻起户部主事，进官户部员外郎。值创办南粮海运事宜，朱昌颐详议规条，被采纳，施行后众人称道。道光二十四年二月，出任甲辰科会试同考官。二十六年，升任山西道监察御史。不久，擢为吏科给事中。在任给事中时，他上疏条陈漕运积弊，奏请由江浙招商海运，诏准。一次，他与同僚论事，发生争执，被指控有违法行为，遭到议处。不久，道光皇帝驾崩，他的儿子爱新觉罗·奕詝承嗣大位，年号"咸丰"。朱昌颐被起用为户部主事。几次挫折，使他厌倦了仕宦生涯，遂托病辞职，退隐田园。

咸丰三年（1853），太平军进军浙江，朱昌颐奉命督办团练，很是卖力。事后，朝廷论功行赏，恢复了他吏科给事中的官衔。

海盐南部三涧寨一带的海塘毁坏已久，朱昌颐捐钱，并奔走呼吁，劝绅民出钱出力，重新修筑。

可见，朱昌颐虽已退隐，但对国事民政还是极为关心的。

朱昌颐博学多识，引退后，在敷文书院讲学 8 年。他的学识大令众人折服，被学者奉为楷模。他著有《鹤天鲸海诗文稿》一书。

72 岁那年，朱昌颐病逝于家。

李 振 钧

◎ 刘 一

长江支流马路河(今长河)岸边有个太湖县(今属安徽)，清代，这里出了两位状元,第一位是嘉庆元年(1796)的赵文楷，第二位便是李振钧。李振钧字仲衡，号海初，少力学，推崇出自他家乡的状元赵文楷。道光九年(1829)三月，李振钧赴京参加己丑科会试。初九、十二、十五日3场考试下来，李振钧榜上有名。不过，第一名会元的桂冠为南皮(今属河北)人刘有庆夺得。四月二十一日殿试，李振钧一举夺魁，成为清代第79位状元。而会试第一名刘有庆仅列第三甲第55名。中状元后，李振钧依例入翰林院为修撰，掌修国史。这时的大清帝国已到了穷途末路，李振钧入仕适逢衰世，仕宦多年，累官至侍郎。著有《味镫听叶庐诗集》。

吴钟骏

◎ 王明秀

吴钟骏，字崧甫，又字吹声，号晴舫，一作姓舫，江苏吴县(今苏州)人。钟骏少时曾受业于施源，施源十分器重他，对他寄予厚望。青年时代的钟骏由于家贫，靠做教书先生维持生活。道光二年(1822)中式壬午科举人，时梁章钜任江苏巡抚，慕其名而聘为幕僚。道光十一年(1831)冬，他计划北上参加次年的会试，于是辞了梁章钜，梁氏为其出川资若干。未到京，钟骏兄去世，家贫无钱出殡，钟骏乃将川资尽出，为兄办了丧事。次年正月，钟骏因无资北上，工作又辞，生计已断，而十分悲伤。其友人商议，集资洋银100元相助，方得成行。钟骏不负众望，一举得中壬辰科状元。中魁后，先授翰林院修撰，累迁至礼部左侍郎，道光十四年（1834）出任福建典试官，次年任湖南典试官，旋又赴福建视学。道光二十四年（1844）在浙江视学时，曾对应试生童提出为学之方6条："治经商汉学；学者就傅必先讨论诸儒说经书；形声、训诂为穷经之根底；马记、班书为经传之羽翼；推之选词试帖，楷法点画勿效习尚；勿间俗本。"只有这样，才能"经术明，儒业淳，学术正，人才蔚"。咸丰二年（1852），转视学福建，次年卒于官。吴钟骏为人气度浑涵，言语很有分寸，与朋友聚谈，常能将离题之语拉回正轨。生平无他好，惟喜爱藏书，未仕之前，常借贷以购佳本。买不起书时，便借书抄录，终日不辍。为官以后，在公事之余，仍矻矻孜孜，写书抄书，丹铅不去手，惜其著作未见流传。

汪鸣相

◎ 刘 一

汪鸣相，字朗渠，号珏生，彭泽(今属江西)人，少力学，热衷科举功名。道光十三年(1833)三月，汪鸣相赴北京参加癸巳科会试，初九、十二、十五日3场考试下来，汪鸣相榜上有名。使他感到遗憾和美中不足的是，第一名会元的桂冠却被海宁(今浙江海宁西南)人许楣夺得。四月二十一日，汪鸣相等220个通过会试的人在保和殿参加殿试。殿试时间为一白昼，黄昏必须交卷。第二天、第三天，道光皇帝任命的8名"读卷官"评卷，挑出10份最佳的卷子，于二十四日晨进呈皇上。道光皇帝听了"读卷官"的讲读后，最欣赏汪鸣相那份卷子，钦定为第一甲第一名。汪鸣相成为清代第 81 位状元，而会试第一名许楣仅列第二甲第 17 名。癸巳科原应在道光十二年举行，因这年正值道光皇帝 50 大寿，道光十二年的壬辰科改为恩科，正科推迟到道光十三年举行，遂成了癸巳科。此科进士共 220 人，后来成名的不多。汪鸣相也没有什么作为，中状元后依例入翰林院为修撰，掌修国史，此后做过几任乡试考官，官位不显。

刘 绎

◎ 金淑章

刘绎，字瞻岩，永丰（今属江西）人。道光十五年（1835）乙未科殿试，在应试的272名贡士中，刘绎一举夺魁，时年39岁。

中状元后，刘绎依例入翰林院为修撰，掌修国史；奉诏入南书房，侍从道光皇帝赋诗、填词、绘画。

道光十七年（1837），刘绎督察山东学政，事毕回奏时，皇帝温和地询问了他的家世，得知其父母还健在，便命他将父母接入京城侍奉。刘绎则借口双亲皆已年迈，请求退归原籍。回故乡后，出任鹭洲书院主讲。刘绎对双亲极为孝顺，鹭洲书院距他家有百余里，但他每月定要回家探望一次，并已形成常规。

刘绎在家一住就是十几年。

道光三十年正月十日，道光皇帝驾崩，他的儿子爱新觉罗·奕詝承嗣大位，年号"咸丰"。

咸丰元年（1851），朝臣荐举刘绎，咸丰皇帝诏令他起仕。刘绎的父亲已经去世，老母年迈体弱，他上疏乞请留侍，诏准。

第五年，洪秀全的太平军向永丰进军，攻占了县城，刘绎把老母搬到山中侍奉。3年后，咸丰皇帝下诏，给他加三品京堂衔，命他督办江西军务。刘绎克尽职守，出入士卒之间，不辞劳苦。这时，老母病故，他辞官回家服丧。服丧期间，继续在书院主讲。

咸丰十一年七月七日，咸丰皇帝驾崩，他的儿子爱新觉罗·载淳即位，年号"同治"，慈安、慈禧两宫太后垂帘听政。

同治元年（1862），两宫太后以同治皇帝的名义下诏，命刘绎入京任职。刘绎年已70岁，以年老多病为由辞谢。

16年后，即光绪四年（1878），刘绎病逝于老家，享年82岁。

刘绎在京为官时，与户部尚书祁寯藻情谊深厚。祁有以开矿为题的奏章，刘绎便给他讲述了明朝开矿之弊，祁寯藻才中止了开矿的建议。

刘绎常言：为国必先培元气，元气的关键是得人才、固民心，上无见利忘义之臣，则贤才进；下无贪赃枉法之吏，则百姓安。元气之复，必须经过这一途径。

刘绎督学山东时，刻《劝课条规》，著《崇正黜邪论》一卷，以鼓舞疾恶向善之人。他主讲鹭洲书院及青原书院时，既不陷入偏激，又不流于虚空，惟重深思明察和身体力行，因此，他培育的学生成名者甚多。刘绎作文态度严谨，主题思想明确而坚定。他在《自序》中说：进，未尝一日有欺诈之行；退，未尝一日有悠闲之心。"

清

刘绎

林 鸿 年

◎ 贾贵荣

林鸿年,字勿村,侯官(今福建福州)人。道光十六年(1836),为庆祝皇太后 60 大寿,举行了一次"恩科",林鸿年殿试夺魁,成为清朝开国以来第 83 位状元。此科进士共 172 人,后来出了若干名人。如第二甲第八名何绍基,是著名的考据学家,他的草书为一代之冠。

中状元后,林鸿年入翰林院为修撰,掌修国史,累官至云南巡抚。他的政绩,史书未详,盖无足称道者。

林家世尚道德,著称乡里。祖父林封翁,乐施好善。一天,封翁路过南台中亭街,看见路旁边的一个小店里,店员正在撕扭、训斥一位过客,客人苦苦哀求也没有挣脱。封翁走上前去问缘由,原来是因为客人付不出所欠的钱。封翁问欠多少,对方说共40元洋银,封翁慨然解囊,说:"我身上正好还有40元,替他还上吧。"数完银后,店员马上松了手。客人叩头致谢,并问封翁姓氏、籍贯及子孙名字。回到家,客人亲自制作了一个长生牌,供祀封翁曰恩公。至林鸿年中状元,此客人尚健在,来林府庆贺,时封翁已去世。客人得知,立刻到祖堂泣拜,并向四周乡村宣扬封翁当年解救他的善事。

　　林鸿年晚年时眼睛仍炯炯有神,与友人书信往来均亲自持笔,不假他人,落笔精整瘦劲,如苍翠欲滴。

钮 福 保

◎ 刘 一

钮福保，字右申，号松泉，浙江乌程(今浙江吴兴)人。幼聪睿，博学多才，赋诗作文、写字绘画，样样都很有水平，特别是小楷极佳。科举考试必须用楷书答卷，钮福保出类拔萃的楷书为他参加科场角逐提供了有利条件。道光十八年(1838)三月，钮福保赴京参加戊戌科会试。会试分3场，分别于初九、十二、十五日举行。3场考试下来，钮福保榜上有名。不过，第一名会元的桂冠被新城(今河北定兴东南)人王振纲夺得。四月二十一日，钮福保与其他通过会试的人在保和殿进行最后的角逐。殿试一概不黜落，仅排定名次。四月二十一日的殿试进行了一天。二十二日、二十三日,"读卷官"8人评阅考卷,挑出10份最佳的卷子,排定名次。二十四日晨,道光皇帝听"读卷官"讲读前10名的卷子,钦定钮福保为第一甲第一名。钮福保成为清朝开国以来第84位状元,而会试第一名王振纲仅列第二甲第75名。戊戌科进士共194人,后来出了几位名人,如曾国藩,他名列第三甲第42名。钮福保中状元后,依照惯例入翰林院为修撰,掌修国史,累官至詹事府副长官——少詹事。钮福保性格坦诚,为官刚直,为士大夫所称道。

李承霖

◎ 刘 一

李承霖，字雨人，号果亭，江苏丹徒(今江苏镇江)人，少聪睿好学。道光二十年(1840)三月，他赴京参加庚子科会试，榜上有名。不过，第一名会元的桂冠落在了钱塘(今浙江杭州)人吴敬义的头上。此科按制应在次年举行，因次年是道光皇帝60大寿，把这年的辛丑科改为"恩科"，作为他60寿辰的庆典之一，正科提前1年举行，遂成为庚子科。会试共录取了180人。四月二十一日，考中会试的180名贡士在保和殿参加殿试。第四天，道光皇帝听"读卷官"讲读前10名的卷子，他最欣赏李承霖那份，挥笔在卷首朱书了"第一甲第一名"

6个大字。李承霖成为清代第 85 位状元,而会试第一名吴敬义仅列第二甲第 21 名。中状元后,李承霖按惯例入翰林院为修撰,掌修国史。他入仕没几天,英军的船舰便抵达南中国海面,发动了旨在维护鸦片贸易的侵华战争,中国历史进入近代百年耻辱史。李承霖就是在中国近代史开端之年大魁入仕的。道光二十三年,出为广西乡试正考官,旋授广西学政。当时,"枪替"(找人替考)之风甚盛,李承霖到任后,严申科场条规,考风遂变。道光二十六年,任满回京,入值上书房,教皇五子奕誴读书。累迁到翰林院侍讲学士。咸丰帝君临天下初年,李承霖的老母病死,他离职回籍服丧。咸丰四年(1854),咸丰皇帝询问李承霖近来如何,大学士翁心存致函李承霖,劝他出仕。李承霖推说父亲年迈,需要侍养。咸丰六年,老父病死,遂决志不出,老死乡里。

龙启瑞

◎ 涂 晓

西南边陲广西，自唐宋以来文化渐次发展。清代，广西出了4个文魁，临桂(今广西桂林)人龙启瑞是其中之一。

龙启瑞，字翰臣。他的父亲龙光甸，取中嘉庆二十四年(1819)举人，后屡考会试不中，历任黔阳(今湖南黔阳西南)、武陵(今湖南常德)知县，台州(州治临海，今属浙江)同知(即同知州事，知州的佐官，分掌督粮、缉捕、海防、水利等)。龙光甸在知县、同知任上，断滞狱，修文教，以廉洁、能干著称。他好读书，学识渊博，著有《宰黔防乍录》及《诗文集》。龙启瑞深受父亲影响，好学上进，特别喜欢音韵训诂这门高深的学问。年少时，与同乡吕璜、朱琦、王锡振等习作古文，后拜上元(今江苏南京)人梅曾亮为师。梅曾亮是著名的古文学家，著有《柏枧山房文集》16卷，还有若干诗、骈文等。自从拜在梅曾亮门下后，龙启瑞的学问日进。

道光二十一年(1841)，爱新觉罗·旻宁60大寿，辛丑科殿试在保和殿举行。参加角逐的贡士凡202人，龙启瑞一举夺魁，成为清代第86位状元。

中状元后，龙启瑞入翰林院为修撰，掌修国史。道光二十三年，出任顺天乡试同考官。二十四年，出任广东乡试副考官。二十七年，遇上10年一次的大考，翰林院侍读学士以下，詹事府少詹事以下，都得参加考试，不许回避。考试成绩分为4等，一等破格擢用，二等升迁，三等罚俸、降级，四等勒令退休或罢免。龙启瑞为翰林院修撰，亦在考试之列，考了个二等第七名。这个成绩虽不够理想，但也在提拔的范围内。龙启瑞升为侍讲，侍从道光皇帝讲论经史。不久，出为提督湖北学政。提督学政亦叫"督学使者"，掌一省学校、士习、文风，与督抚平起平坐。湖北士人崇尚礼仪、文采，龙启瑞引导他们钻研"根底之学"，即做学的基本功夫，如音韵训诂、版本目录等。他撰著了《经籍举要》一书，教导士人。就学政来说，龙启瑞认为有3项职责：

第一，匡失纠谬，杜绝各种弊端。

第二，引导文人学士打好做学问的基础，使他们有真才实学。

第三，整顿学风、文风，使之沿着正确的轨道发展。

为了切实做好这三点，他发布文檄，告诫士人，又根据耳闻目睹的学界情形和近来推行的学政，著《视学须知》一卷。

道光三十年，就在龙启瑞3年学政将要期满的时候，父亲不幸病逝,享年58岁。龙启瑞辞官奔丧。安葬了父亲后,他按封建礼教,在家为父亲服丧3年。

就在这年正月十四日,道光皇帝驾崩,皇四子奕詝即皇帝位,年号"咸丰"。

咸丰帝即位仅10个月,即道光三十年十二月初十,广东花县人洪秀全带领他的"拜上帝会"在广西桂平县金田村揭竿而起,建立"太平天国"。清廷震动。太平军转战广西,连克武宣、象州、桂平等地,所向披靡。署理广西巡抚邹鸣鹤奏办团练,对付太平军,咸丰皇帝诏准。龙启瑞服丧在家,他是状元,名声很大。邹鸣鹤想,若让龙启瑞办团练,定会有号召力,遂奏请"夺情",强令龙启瑞带孝督办团练。咸丰皇帝马上诏准。作为大清帝国的忠臣,龙启瑞对太平军恨之入骨,他接诏后立即上任,竭力操办团练。

太平军挥师北进,攻克永安(今广西蒙山)。永安距广西省城临桂不远,省城戒严,龙启瑞和他的民团参加了保卫临桂的战斗。太平军没有把攻击□□□□□省城上,大踏步地向北挺进,临桂转危为安。

朝廷奖赏临桂守城有功□□□□□擢为翰林院侍读学士,掌撰著记载等事,四品□□□□

不过,由于太平军攻占□□□□□,龙启瑞未能北上就职。直到咸丰五年(1855)□□□□北京。

第二年,擢为通政司副□□□□外章奏、封驳和臣民密封申诉。不久,以通政司副使的身份提督江西学政。学政任期3年,龙启瑞到任仅4个月,便改任主管江西一省行政的布政使。当时,太平军雄踞长江中下游流域,江西省仅省会所在地南昌府还在清廷控制下。由于没了盘剥的对象,江西府库空虚。龙启瑞精打细算,多方筹措,终使仅有的一点儿钱粮能够维系各种事务的开销。天旱不雨，蝗虫蜂起，龙启瑞斋戒祈祷，寻求驱捕之法。堂堂状元、布政使，竟然扮作巫师。

龙启瑞在江西布政使任上干了一年零六个月，于咸丰八年九月病死在官位上。

同治十一年(1872)，当朝天子爱新觉罗·载淳诏令将龙启瑞入祀江西名宦祠。

龙启瑞仕宦17年，在政绩上无可值得称道的。但在学术上，特别是在音韵训诂上，多有建树。他著有《古韵通说》一书，对顾炎武、江声、苗夔、段玉裁、王念孙、孔广林、刘逢禄等人在音韵学上的造诣做了精辟的阐析，指出：谈论古韵的，顾炎武以前失之疏，段玉裁以后过于密。对于东汉许慎的《说文解字》，龙启瑞也有较深的研究。此外，他还著有《尔雅经注集证》、《小学高注补正》、《是君是臣录》、《班书识小录》、《通鉴识小录》、《诸子精言》、《庄子字诂》、《经德堂诗文集》等书。

龙启瑞凭自己的学识，在中国文化史上赢得了一席之地。《清史稿·儒林传》、《清史列传·儒林传》等，载录了他的事迹和在学术上的贡献。

孙毓汶

◎ 刘 一

济宁有家名门望族——孙氏。孙氏家族中的孙玉庭是乾隆四十年(1775)乙未科进士,名列第三甲第七名。中进士后,孙玉庭入翰林院,以风节自持,历官广西、广东、贵州、云南巡抚,两湖、两江总督,体仁阁大学士,政绩卓著。孙玉庭有3个儿子:善宝、仁荣、瑞珍。孙善宝,嘉庆十二年(1807)举人,官至江苏巡抚;孙仁荣,候选通判;孙瑞珍,道光三年(1823)癸未科进士,名列第二甲第25名,官至礼部尚书。

孙仁荣的儿子孙毓汶,字犀源,号梧江。孙毓汶好学上进,深受父祖的影响,热衷科举功名。道光二十四年(1844)

甲辰科进士殿试，孙毓溎一举夺魁，成为清代第87位状元。

此科进士共209人，后来出了不少名人。

中状元后，孙毓溎入翰林院为修撰，掌修国史。历任云南学政，山西、浙江按察使。咸丰二年(1825)因病去职。他是历史上没有什么作为的状元之一。

孙毓溎的堂弟，即孙瑞珍的儿子孙毓汶，考中咸丰六年(1856)丙辰科第一甲第二名，即所谓的"榜眼"。孙毓溎的儿子孙辑也是进士出身，累官至顺天府尹。

孙氏门第，著称齐鲁。

萧锦忠

◎ 刘 一

道光二十五年(1845)，即中国历史上第一个屈辱条约《南京条约》签订的第四年，中国向半殖民地半封建社会沦落，在这国难深重之时，皇宫中却在喜气洋洋地为道光皇帝的母后钮祜禄氏操办70寿辰。作为庆典之一，特开一次"恩科"科举。四月十五日，乙巳恩科会试放榜，江都(今江苏扬州)人蒋超伯高中榜首。在其余的216名入选者中，有湖南茶陵州(今湖南茶陵)人萧锦忠，他的名次不高，荣誉和赞美都集中到蒋超伯身上，萧锦忠不为人所注意。四月二十一日殿试，萧锦忠却出人意料地大魁天下，成为清代第88位状元。而会试第一名蒋超伯仅列第二甲第 79 名。中状元后，萧锦忠入翰林院为修撰，掌修国史。萧锦忠性孝友，大魁大久，回家省亲，两个弟弟不幸死亡，萧锦忠遂在家侍养老亲，不复出仕。咸丰四年(1854)冬，烤木炭中毒而死。他给后人留下了《舆地汇参》、《自然斋时文诗赋》等书。

张 之 万

◎ 刘振光

张之万,字子青,直隶南皮县(今属河北)人,清嘉庆十五年(1811)生。道光二十七年(1847),参加殿试,一举考中状元。谢恩那天,紫禁城内鼓乐喧天,张之万身着锦袍官服,顶戴花翎,在主考官率领下,伫立太和殿前丹墀,面向道光皇帝三跪九叩。

张之万中状元后,被授予修撰,供职翰林院,负责编修国史、草拟有关典礼的文书等事。同时,命他入值上书房,给诸王授读,负责教育诸王读书。他长达50年的仕途生涯从此开始。

咸丰元年（1851），正当太平天国农民革命运动及捻军起义风起云涌之时，张之万接旨出任河南学政。学政，又称提督学政或提督学使，是朝廷派往各省，按期至所属各府、厅考试童生及生员的学官，三年一任，不管本任官阶大小，在任期间，与所在省的行政长官督抚平行。张之万按期到达河南后，认真办理公事，积极听取各府、厅参加考试的童生及生员的意见；注意观察省内军政、吏治、团练，尤其注意太平天国农民革命军及捻军的动向；深入了解地方上有关钱粮之弊；参劾不称职的地方官；保举举办团练武装有功人员；周密思考如何镇压太平天国农民革命运动和捻军起义，及时将有关情况和想法上奏清廷。张之万两任河南学政，供职6年，向清廷上奏的折子达30余件，引起了清廷的重视，为清廷制定这一时期的政策提供了一定的依据，同时也为他升迁打下了良好的基础。

咸丰六年（1856），张之万连任河南学政期满后，一度回原籍帮办地主团练武装、镇压太平天国农民革命运动及捻军起义。后入朝为官，且屡屡升迁，先后担任日讲起居注官、上书房行走、翰林院侍讲学士、詹事府詹事等职。

咸丰十一年（1861）七月十七日，咸丰皇帝在热河行宫病死，协办大学士、户部尚书肃顺等八大臣受遗命总揽朝政，为赞襄政务王大臣，辅年幼的皇太子载淳为帝，定次年年号为"祺祥元年"。载淳生母、西宫皇太后慈禧策动东宫皇太后慈安与八大臣争权，并秘密与在京的恭亲王奕䜣联系。八月初，奕䜣以奔丧为名，赶至热河，与两宫皇太后密谋，接着又立即返回北京布置。此时，御史董元醇依两宫皇太后之意奏请皇太后垂帘听政。八大臣认为清廷无此祖制，拟旨驳回。西宫皇太后却将圣旨留而不发，两宫皇太后与八大臣之间的矛盾日趋尖锐。九月二十三日，两宫皇太后同幼帝载淳由间道回京，咸丰帝灵柩则由肃顺另路护送返京。十月初，两宫皇太后车驾抵京，秘密召见奕䜣、奕譞等人。第二天，发动政变，将八大臣中的三人革职查办。不几日，又改祺祥年号为"同治"，将八大臣中先行革职的三人处死，另外五人革职或戍边。两太后开始垂帘听政。西宫皇太后慈禧自此开始掌握清廷最高权力，达40多年。在此次清廷权力之争中，由于张之万入值上书房多年，教诸王读书，与奕䜣、奕譞等王关系极为密切，再加上他平时与肃顺不和，所以，政变中常与奕䜣、奕譞等王密谋划策，为政变的发动立了一大功。西宫皇太后垂帘听政后，论功行赏，命张之万任兵部侍郎，兼任工部侍郎。

同治元年（1862），张之万升为礼部侍郎。在礼部侍郎任上，两宫皇太后为了解历代帝王政治事迹、统治得失、兴衰利弊及垂帘事迹，特命他参与编撰《治平宝鉴》一书，据史直书，简明注释。张之万认为此乃一殊荣，所以格外尽心尽力。

同治元年（1862）秋，《治平宝鉴》书成，正值河南各州县接二连三发生了多起因地方官吏苛派而擅杀的案件，因张之万曾两次出任河南学政，对河南情形了解较深，故廷命他速去河南查办案件。张之万到达河南后，经调查核实，认为河南巡抚郑元善等地方官吏办事不力，遂上奏清廷获准将郑玄善等人革职查办。接着，廷命张之万为河南巡抚，总揽河南一省的军事、吏治、刑狱等大权。

张之万接任河南巡抚后，为迅速镇压太平天国农民革命运动及捻军起义，使清政府摆脱困境，针对全省财政拮据、兵饷奇缺的状况，仿照湘军首领胡林翼在湖北行之有效的办法，规定漕粮每石折合白银4两，以2两折1石解到部库用，以1两作为本省兵饷支出，其余部分作为各级官吏办公之用。这样，既大大减少了各级地方官吏中饱私囊的现象，又每年增加财政收入16万两左右，使河南的财政状况得以好转。

在河南，张之万在整顿财政的同时，还带领清兵镇压陈大喜等部的捻军，打击活动于河南确山、遂平、固始和商城一带的黄旗捻军，杀死了黄旗捻军首领张风林等人。同治三年（1864），郡王、参赞大臣僧格林沁率大批清军进入河南追击捻军，廷令河南的军队全归僧格林沁指挥。张之万军权旁落，身边只有几百名用于自卫的亲兵，整日随僧格林沁之后，奉行钦善大臣文书而已。张之万极为不满，遂上奏清廷，说由于长年累月在外带兵打仗，远离省城，文书来往不便，所以不能尽巡抚之责。因此，请求回驻省城。

清廷接到张之万的奏折后，调任他为东河总督。在东河总督任上，张之万致力于治理黄河，著有《治河刍言》一书，近5000言，针对当时河工的种种困难，提出了自己的一些设想。但此时清廷忙于镇压太平天国农民革命运动和捻军起义，既无款可拨，又无工可兴，所以，张之万的《治河刍言》只能是纸上谈兵，无任何实施的条件。

同治五年（1866）八月，廷命张之万出任漕运总督，负责漕运事务。由于农民革命运动的爆发，漕运已停了很久，捻军各部又不时出入江苏、安徽、河南三省交界处，形势决定张之万这位新任漕运总督也要带兵打仗。对率兵作战张之万并不为难，难的是手中的兵力不足，恐难对付捻军。遂上疏清廷，获准调3000名浙江清兵北上。张之万认为，这样一来，既可以巩固自己的驻地，又可以保卫里下河一带的富庶地区。为此，张之万向当时拥有6万重兵、在河南负责对捻军作战的李鸿章建议联合防守六圹河，以杜东捻军南下。对于张之万的建议，李鸿章为保存实力，不予重视，而以兵力不足、水涸终不可守之由搪塞。后来，东捻军余部果然在六圹河突破张之万设的薄弱防线一路南下，张之万的企图破灭。

同治七年（1868），捻军起义被清兵镇压后，张之万奏定江北善后事宜4条。后调任江苏巡抚。同治十年（1871），张之万同两江总督曾国藩奏定海运漕白二粮章程12条。不久，因母年老，奏准回籍侍奉。

光绪八年（1882），清廷起用张之万，初授予他兵部尚书职，后又任命他为刑部尚书。

光绪十年（1884），中法战争爆发。战争期间，西宫皇太后慈禧为打击日渐强大的恭亲王奕䜣一派，改组了以奕䜣为首的军机处，命张之万等出任军机大臣。廷臣纷纷上奏反对，但慈禧不予理睬。

光绪十五年（1889），张之万升任体仁阁大学士，管辖户部。不到1个月，他向户部尚书翁同龢递过3次条子，推荐自己的亲朋故旧到户部任职，使翁同龢有点儿招架不住。

光绪二十年（1894），日本为挑起对中国的战争，以达到侵略中国的野心，进攻应朝鲜政府之邀入朝镇压农民运动的清兵。清廷内形成了主战和主和两大派，争论十分激烈。张之万表面上不介入两派之争，实际上支持以西宫皇太后为首的主和派。中日甲午战争爆发后，在主战的呼声中，清廷起用主战的翁同龢、李鸿藻为军机大臣，张之万被迫退出军机处，但仍抱着主和的观点不放，直至战争结束。

光绪二十二年（1896），张之万因病魔缠身，上奏清廷告老家居，次年病逝，谥号"文达"。其后人辑其部分遗稿为《张文达公遗集》。

陆 增 祥

◎ 刘 一

陆增祥,字星农,太仓(今属江苏)人,少力学,读书不辍。当时,在学术界占主流的思想和流派是考据学。少年时的陆增祥追逐时代潮流,研习考据学,特别是古文字学,年纪不大,便通"六书"(汉字的6种造字方法),在江南一带小有名气。

像其他文人一样,他也热衷于科举,以此为进身之阶。

咸丰皇帝君临天下的第一年,即道光三十年(1850)四月二十一日,陆增祥在庚戌科殿试中一举夺魁,成为清朝开国以来第90位状元。

此科进士共293人，后来出了若干名人，如第二甲第19名俞樾，后来成为经学宗师。陆增祥是他们当中最有成就的人之一。

中状元后，陆增祥按惯例入翰林院为修撰，掌修国史，踏上了风云变幻的政治舞台，开始了仕宦生涯。

老母在他大魁天下不久去世，陆增祥离职回家服丧。

第三年，即咸丰三年(1853)二月十日，洪秀全的太平军进占南京，改名"天京"，作为都城，正式建立"太平天国"。

长江南岸出现了一个与清廷敌对的政权，咸丰皇帝寝食难安。他督责臣子进剿，在家服丧的陆增祥也奉诏督办团练。陆增祥很卖力，与太仓州知州蔡映斗率兵击败在青浦(今属上海)响应太平军起义的周立春等人，收复了嘉定(今属上海)。咸丰皇帝闻讯，赏他赞善(东宫春坊属官)一职。陆增祥入京就职。

咸丰六年，充任丙辰科会试同考官。

咸丰十年，出为庆远府(府治宜山，今属广西)知府。湖南巡抚奏请任用他办理军需，诏准。同治二年(1863)，陆增祥出任湖南辰沅永靖道道员。辰沅永靖道毗邻四川、贵州，地处三省交界地带，且各民族杂居，号为难治。陆增祥到任，缉捕奸贼，安抚民人，政绩卓著。

陆增祥在辰沅永靖道做了4年道员，因病辞归田园。

他的仕宦生涯就这样匆匆结束了。

陆增祥退出官场，潜心治学。他热衷古文字学，特别是金石文字，多方搜集，积录了大量的金石文字，继王国维《金石萃编》之后，编辑《金石补正》100余卷，凡3500余通。他又把收集的汉、魏、晋、宋、齐、梁各朝的古砖雕琢成砚台，拓墨本跋之，题曰《三百砖录》。他还著有《筠清馆金石记目》6卷、《篆墨述诂》24卷、《楚辞疑异释证》8卷、《红鳞鱼室诗存》2卷。

在生命的最后几年，陆增祥竭尽全力撰著《古今字表》，书还没完成，他便病逝了，享年67年。

陆增祥无愧为一代学问巨匠，他在古文字学上的贡献，流芳千古。

章 鋆

◎ 刘 一

章鋆，字采南，鄞县（今浙江宁波）人，少好学，擅长诗文。咸丰皇帝承嗣大位的第三年，即咸丰二年（1852），为庆祝他登基，特地举行了一次科举考试，叫做"壬子恩科"——这年为农历壬子年。这是他君临天下以来第一次开科取士。三月初九、十二、十五日在礼部贡院举行会试，3场考试下来，章鋆榜上有名。但第一名会元的桂冠被山阴（今浙江绍兴）人孙庆咸夺得。四月二十一日，殿试在保和殿举行。章鋆清晨入场，黄昏交卷出场。二十二日、二十三日，"读卷官"评阅试卷，挑出10份最好的卷子，排定名次。二十四日晨，咸丰皇帝听"读卷官"讲读前10名的卷子，他最欣赏章鋆那份，钦定为第一甲第一名。章鋆成为清朝开国以来第91位状元，而会试第一名孙庆咸仅列第二甲第46名。此科进士共239名，后来出了若干名人，如第一甲第三名潘祖荫，第二甲第18名李鸿藻，在近代中国都是鼎鼎大名的人物。章鋆中状元后，依例入翰林院为修撰，掌修国史。咸丰五年，出为四川乡试正考官。九年，充任顺天乡试同考官、会试同考官。同治元年（1862），出为广西乡试正考官。二年，提督福建学政。十二年，提督广东学政。累官至最高学府国子监的长官——祭酒。他的诗写得很好，著有《望云馆诗稿》一书。

孙如仅

◎ 刘 一

济宁（今属山东）西枕运河，是运河线上的名城，经济发达，文化兴盛，有清一代出了两名状元，第一个是孙毓溎，第二个是孙如仅。孙如仅，字松坪，少力学，热衷科举功名。咸丰三年（1853），孙如仅赴京参加癸丑科会试，榜上有名，成为一名贡士。四月二十一日，他与其他贡士在保和殿参加殿试。二十四日晨，咸丰皇帝听"读卷官"读卷，钦定孙如仅为第一甲第一名。孙如仅成为清朝开国以来第92位状元。此科进士共222名，后来出了若干名人。曾任山东巡抚、四川总督的著名洋务派大臣丁宝桢，名列第二甲第22名。孙如仅中状元后，依例入翰林院为修撰，掌修国史。就在他大魁这年的二月十日，洪秀全率领的太平军攻占南京，改名"天京"，作为都城。长江中下游地区出现了一个与大清王朝敌对的政权，英法等西方列强也蓄谋再次侵略中国。孙如仅在清王朝内忧外患的局面下步入仕途，几经升迁，成为内阁学士。内阁学士位次内阁大学士，掌传达诏命、章奏，满洲（满族）人六员，汉人四员，例兼礼部侍郎衔，为从二品官。孙如仅的仕宦生涯终于内阁学士。

翁同龢

◎ 刘振光

一、生于官宦之家 长于动乱之年

清道光十年(1830)四月二十七日,翁同龢出生于北京城内石驸马街罗圈胡同。

翁家世居苏州府常熟县(今属江苏)。翁同龢的父亲翁心存,字二铭,号邃盦,道光进士,曾任礼部、户部、工部尚书,翰林院掌院学士,体仁阁大学士,充任上书房总师傅,授读恭亲王、悖郡王、惠郡王、钟郡王，晚年任同治皇帝师傅，是道光、咸丰两朝的重臣。翁同龢的母亲许氏，出身于官僚家庭，自幼通《诗》、《易》，晓五经，尤好读史书。婚后，由于翁心存长期在京为官，不常回家，全部家务由她一人操办。

翁同龢有兄姊四人。长兄同书，字祖庚，号药房，道光进士，官至安徽巡抚；次兄同爵，曾任陕西、湖北巡抚，署理湖广总督。两位兄长学问上都有一定功底，翁同龢深受影响。两位姐姐也都聪明过人，大姐寿珠尤其聪明，诗书过目不忘。

翁同龢是最小的一个，备受兄姊疼爱。翁同龢4岁以前，父亲曾先后出任四川、江西等省学政，全家跟随，生活不太安定。其间，母亲和大姐教他阅读了《三字经》、《千家诗》，背诵了几十首唐诗宋词及近人吴梅村的诗，开始了启蒙教育。6岁那年，父亲回京任职，翁同龢遂入私塾就读。在私塾的前两年，他的功课早晚由大姐辅导，他的四书五经和《毛诗》都是大姐亲自教授的。

翁同龢8岁时，父亲辞官回乡，供养老母，他也随之回到家乡。在故乡，度过了他的青少年时代。

乡居十多年，翁同龢利用其家有大量藏书的优越条件，牢记魏人董遇的"为学当以三余"（冬者岁之余，夜者日之余，阴雨者晴之余）的名言，终日埋头读书。清明时节，春暖花开，不少人家子弟披红戴绿，踏青外游，可他除随父兄扫墓外，不曾出书房一步。夏日，气温上升，挥汗如雨，他仍手不释卷；蚊虫四集，他便在案下置一空瓮，将两脚放进去，读书不止。严冬，则手持铜炉，吟诵不辍。他先后阅读和浏览了先秦诸子、唐宋八大家等人的著作不下百余种，打下了坚实的基础。

翁同龢9岁那年参加童子试，一举考进了由其父担任主讲的县游文书院。在这里，他常与同学聚集在一起切磋学问。翁同和好谈历代典章制度，尤好谈《周礼》，认为周公、孔子所讲的道理在当今也行得通，士大夫立志当以周公、孔子为榜样。他的议论常常遭到同学的非议，翁同龢坚持己见，常与他们争得面红耳赤。

在游文书院读书期间，翁同龢还同常熟、昭文（雍正二年，即公元1724年，分常熟县置；1912年并入常熟）两地的书法家交往，与他们结交，研摹碑帖，为他后来书法自成一家打下了一定的基础。

由于天资聪颖，勤奋刻苦，再加上家庭的影响，翁同龢在乡里渐渐有了名气，正如他自己所言："少壮才名第一流。"

乡居期间，在父兄指导下，翁同龢开始习作八股文，准备走读书做官的道路。正当他在仕途道路上举步之时，道光二十年（1840）五月，中英第一次鸦片战争爆发。道光二十一年（1841）六月，英国侵略军从广东沿海北上，进犯长江门户吴淞口要塞。江南震惊，百姓纷纷举家迁避。翁同龢一家避居苏州（今属江苏）。在苏州，翁同龢游览了宋代大政治家范仲淹的旧居端园和祠庙白云寺，将范仲淹"先天下之忧而忧，后天下之乐而乐"的名言铭记在心。3个月后，全家回到常熟，过了不到一年的平静生活。道光二十二年（1842）五月，英国侵略军侵入长江，沿江守军溃散，百姓四散逃命。翁同龢全家再次逃难，避居常熟南乡钓渚渡卫家浜。钓渚渡离明末抗清英雄瞿式耜故居不远，距顾炎武当年隐居的唐市语廉泾也只有数里之遥。在钓渚渡，父亲又一次给他讲述了瞿式耜和顾炎武英勇抗清的故事，使他的爱国思想进一步萌发。

道光二十二年七月，清政府与英国侵略者签订了丧权辱国的《中英南京条约》，中英第一次鸦片战争结束。八月，英军退出长江，翁同龢全家回到常熟城里。日子刚刚安定，不幸之事又接踵而至。一年之内，阖家三丧，先是大姐因难产而亡，接着是二嫂杨氏病卒，不久年老的祖母病故。大姐去世时，翁同龢正在苏州府参加府试，噩耗传来，遂弃笔离开考场，回家治丧。大姐的去世，给翁同龢以沉重打击，一度卧床多日，从此变得抑郁寡言，但在学业上仍不懈怠。道光二十五年（1845），翁同龢考中博士弟子生。次年，又参加府试，补上了诸生。

道光三十年（1850）春，翁心存奉召回京任职，翁同龢陪同双亲一同进京。是年，正赶上礼部举行贡试和拔贡试，翁同龢遂参加了这两次考试，均考取第一名，被封为七品京官，在刑部供事。对此，翁同龢并不满足，而是继续努力。供职之余，他把精力全部用于研读经史、练习楷书和八股文上。咸丰二年（1852），他22岁考中举人。咸丰六年（1856），即他26岁那年，正值第二次鸦片战争爆发、太平天国农民革命运动风起云涌之时，他参加廷试，一举考中一甲第一名。

二、屡次充任考官　为国选拔人才

翁同龢中状元后，被授为修撰，在翰林院供职，参加庶吉士学习。

咸丰八年（1858）六月，正在参加庶吉士学习的翁同和被咸丰皇帝破格任命为副考官，奉命典试陕西。正考官则是翁同龢的好友潘祖荫。这对翁同龢来说，是一种殊荣。可并没有引起他多大的热情，因不久前他的爱妻汤孟淑不幸病逝，此时的翁同龢仍沉浸在悲痛之中。但圣命不可违，且按规定考官必须准时到达考点，容不得半点儿推延。

七月底，翁同龢极力克制自己，打点行装，辞别亲友，同潘祖荫一同踏上了西去陕西的旅途。

翁、潘二人由直隶出发，取道山西，经近1个月的车马劳顿，到达陕西省城西安。

八月中旬考试开始，翁、潘二人坐堂主考，巡察整个考场，要求极为严格。

由于气候不适、水土不服，翁同龢主考的当天就病倒了，寒热并作，彻夜难眠。但他为报皇恩，强忍病痛，支撑着批阅荐卷，直到阅毕。

发榜时，有人告发获第三名的考生张懋绩所答试卷为抄袭他人之文。翁、潘二人同监临核准后，奏请将张除名。对张之所为，翁同龢极为愤慨，本想严加训斥，后得知张已60有余，大自己两旬还多，只好作罢。事后，翁同龢大发感慨，认为八股取士有其不足之处，对名落孙山者寄予一定的同情。

八月底，陕西典试结束，即将回任的考官们欣赏翁同龢的书法，纷纷请他题字留念。此时，翁同龢病体尚未痊愈，但他不负众望，挥毫泼墨，来者不拒，一写就是几日，致使病情加重，经多方调养，直到九月底方能下床走步。此时，一道圣旨飞传西安，翁同龢被任命为陕西学政，视察陕西各府、县考试童生及生员事宜。

十月初，翁同龢带病上任，足迹遍布800里秦川。经过两个多月的劳累，至咸丰八年（1858）十二月视学完毕。鉴于病魔缠身，他上疏奏请开缺。

咸丰九年（1859）一月，皇上恩准翁同龢开缺，返京调养。二月，翁同龢从陕西起程回京。三月底，回到了北京。

回京后的第三年，即同治元年（1862），翁同龢被任命为乡试正考官，典试山西。这以后，他曾多次涉及文衡，屡次充任考官，所以，门生故旧遍布朝野，为清王朝选拔了大批人才。

三、入值弘德殿行走 备受帝后信赖

同治四年（1865）十月十四日，垂帘听政的慈安、慈禧两太后谕令翁同龢为弘德殿行走，同工部尚书倭仁、翰林院编修李鸿藻、实录馆协修徐桐负责教育年仅10岁的同治皇帝。充任帝师，这是朝廷对翁同龢的器重和信赖，翁同龢非常高兴，向两太后表示，一定竭尽全力辅导皇上，报答皇恩。

十月十七日，翁同龢、倭仁和徐桐第一次进宫授读。天刚蒙蒙亮，翁同龢就来到弘德殿候驾，倭仁、徐桐也随后来到。待同治帝驾到，翁同龢等立即向前行君臣大礼，同治帝喊了一声"师傅"，随后，君臣趋步进入书房。同治帝坐西面东，师傅们坐东面西，一天的授读正式开始。

这天首先授读的是倭仁和徐桐，讲授的是《尚书》和《孟子》的有关章节。膳后，翁同龢接着讲授，他讲的是《帝鉴图说》。此书内容虽深，但图文并茂。翁同龢针对同治帝年幼的特点，深入浅出，使同治帝听得津津有味，深深佩服翁同龢的学问，翁同龢第一次授读成功。

翁同龢讲完《帝鉴图说》后，又讲授了《圣祖廷训格言》、《清朝开国方略》、《经史语录》、《毛诗》、《孝经》等课程，并指导同治帝学诗作论。

翁同龢深知自己所教的学生并非凡夫俗子，而是一代天子，典学成否，直接关系到清朝的兴亡，非同小可，因此，他授读格外认真。每天寅时（早晨4点左右）入值，申时（下午5

点左右）回家，一年四季，除生病外，几乎日日如此，有时甚至带病进讲；有时为弄清一个问题、查找一本书，跑遍北京大小书铺；为使皇帝学会作诗，他专门编辑了《唐诗选读》，亲自抄呈，交同治帝带回宫中阅读；同治帝阅读古文有困难，他便将常用文言虚词集录成册，附上例文注释，供同治帝阅读；因笔不合手，同治帝书法不佳，翁同龢亲自到笔店买了两支上等笔送给同治帝。在教育方法上，他也极为讲究。当他看到皇帝精神疲倦时，就停止授课，让皇帝到庭中散步，借以解除疲劳；当同治帝表示作论太难，提议不妨先由师傅作几段时，翁同龢便照办。翁同龢不但在授读上下功夫，而且对妨碍同治帝学习的一切做法，哪怕是太后所为，他都直言劝阻。所以，翁同龢的讲授深得同治帝和太后的好评，称赞他"讲授有方"、"入值甚勤"。

  翁同龢入值弘德殿期间，还奉命去养心殿为两宫皇太后进讲《治平宝鉴》一书的有关章节。对翁同龢来讲，给垂帘听政、掌握实权的两宫皇太后进讲比给年幼无知的同治帝进讲更为荣耀。但一旦讲错，不但贻笑士林，而且有可能被革职为民，身败名裂。因此，在第一次给两宫皇太后进讲的前一夜，他将要进讲的内容温习再三，几乎一夜没睡。他第一次进讲的题目是《宋孝宗与大臣陈俊卿论唐太宗能受忠言》。在进讲中，翁同龢反复阐述了君主虚怀纳谏、礼贤下士与国家利益的关系，讲得不仅仅节规矩大方，而且思路清晰、语言流利、剖析精当，两宫皇太后及在场王公大臣无不感到满意。此后，他还给两宫皇太后进讲了关于宋、金、元、明四朝帝王政治事迹的15个专题。在进讲这些专题时，他将历史与现实结合起来，并借两太后的提问，根据个人所见所闻，如实陈述，大胆批评当朝弊政，并提出相应改正意见，其中许多意见后来被采纳。他如此敢于直言进谏，这在当朝士大夫中是极少见的。

同治十年(1871)，正当翁同龢为进讲再做努力时，其母许氏病逝，翁同龢上奏获准回籍治丧，离开弘德殿上书房。到同治十三年(1874)治丧期满才回京复职，再次入值弘德殿，担任同治帝师傅，直到同治十三年十二月同治皇帝病逝。

翁同龢入值弘德殿期间，由于他聪明能干，备受皇帝和太后信赖，所以屡受殊荣。同治四年(1865)，他奉旨阅看《文宗实录》。按例，只有亲王、大学士才有资格阅看前朝皇帝实录。在仕途上，由誉事府右中允特授侍讲，再擢为国子监祭酒，进而提为太仆寺正卿。同治十二年(1873)，同治皇帝亲政，推恩赏给他一品顶戴。真可谓一帆风顺，步步登高。

四、两度出任刑曹　按律理狱办案

光绪元年(1875)八月，翁同龢奉旨暂行代理刑部右侍郎。光绪二年(1876)初，始任毓庆宫行走，担任光绪帝师傅，任职仅4个月。时间虽短，翁同龢却在有限的时间里力主按律办案，做了大量工作。这其中最有影响的，是为清末四大奇案之一的杨乃武与小白菜案子平反。

这一奇案是这样的：杭州府余杭县(今属浙江)城厢镇一豆腐店伙计葛品连，同治十二年(1873)春娶毕秀姑为妻。毕氏天生貌美，又喜穿绿色衣服，系白色围裙，人送绰号"小白菜"。葛、毕婚后，租借了新科举人杨乃武的一间房子，毗邻而居。时杨乃武丧妻不久，两家来往频繁，杨乃武与小白菜也曾单独来往过，但并无伤风败俗之事。葛品连突然于同治十三年(1874)初冬暴病而亡，葛母怀疑是儿媳小白菜与杨乃武串通谋杀亲夫,遂上告余杭知县,鸣冤请验。

余杭知县刘锡彤接状后,遂带领三班衙役开棺验尸,判定葛品连是中毒而亡。于是,刘锡彤下令拘捕严审小白菜,小白菜供认实不知情,刘锡彤便下令施用酷刑,小白菜仍供实不知情。刘锡彤之子刘海升,游手好闲,曾诱奸过小白菜;县衙役何春芳也曾企图强奸葛毕氏,未遂。刘海升和何春芳二人恐小白菜将二人牵连进去,遂恐吓小白菜:只要她供认是与杨乃武通谋杀丈夫,可免除死罪,否则罪加一等。小白菜受刑不过,只好按刘海升和何春芳二人指定的说,承认葛品连是自己与杨乃武合谋毒死的。刘锡彤下令拘捕杨乃武到堂,杨乃武则坚不承认。刘锡彤为包庇其子,便将不实之验尸记录及审讯记录上报杭州府,请求"二审"。杭州知府陈鲁不去核实,据刘锡彤提供的材料,对杨乃武严刑拷打,杨乃武不堪受皮肉之苦,只好含屈成招。府又报省,并拟定处死小白菜、杨乃武。

浙江巡抚杨昌濬亲自审讯,小白菜、杨乃武料难翻案,屈供如前。杨昌濬曾派衙役去余杭县调查,但由于所派衙役受刘锡彤重贿没有深究,杨昌濬听信虚言,仍照杭州府所拟罪名上报刑部。

正在此时,杨乃武在狱中写了一篇辩供,揭发余杭知县刘锡彤之子刘海升和县衙役何春芳对小白菜所行不轨之事,并设法将辩供送给他的姐姐叶杨氏。叶杨氏遂同杨乃武之后妻杨詹氏身背"黄榜"(冤单)进京呈控。叶杨氏、杨詹氏二人进京后受尽艰难。刑部受理,认为此案有疑,廷旨交浙江巡抚亲自复查。复查中,杨乃武、小白菜双双翻供,浙江巡抚感到此案棘手,于是搁置下来。直到光绪元年(1875),由于杨詹氏、叶杨氏几度进京四处鸣冤,吏科给事中王书瑞上疏提出异议,浙江籍京官联名上奏请再行审问,西太后慈禧才下令刑部尽速复审。

此时，刑部六堂官中，由于种种原因，主事的只有翁同龢一人。翁同龢接旨后，详细阅读了杨乃武与小白菜一案的有关材料，发现了许多疑点，遂奏准暂不入奏。

为彻底查清案子的来龙去脉，翁同龢进行了深入细致的调查。他先后走访了熟于案律的同僚及在京的浙江籍官员，与他们共同探讨此案，征询他们的意见。经过调查，翁同龢越发坚定了自己的看法，表示案情一日不明，决不草率定案。后唯恐自己判断有误，又进一步调查核实，并上奏西太后。西太后采纳了翁同龢的意见，下令将所有人犯、证人押解刑部审讯，对葛品连再次开棺验尸。结果，人证、物证证明葛品连并非中毒而亡，而是暴病而死；小白菜、杨乃武并无串通害人之举，二人无罪获释，案情大白于天下。

案情既然大白于天下，翁同龢便同其同僚数人陈奏西太后慈禧应按律惩治此案中行为越律者。为收买人心，以示清明，西太后采纳了翁同龢等人的意见，将浙江巡抚杨昌濬以下100多名官吏革职、充军。至此，长达3年之久的杨乃武与小白菜案得以了解。

光绪五年（1879）一月，翁同龢被任命为刑部尚书，直至此年五月。

此次在刑部任上，翁同龢对刑部进行了整顿，撤换了部分不称职的官吏；对含糊不明、易被偷梁换柱的律例规定，做了明确界定；亲自查看大案、疑案的案情材料，坚持依法办案，按律治罪。

翁同龢两度出任刑曹，前后在任时间相加不过10个月。时间虽短，但由于他能按律理狱办案，所以，在任期间备受西太后慈禧和王公大臣们的赞赏。

五、担任毓庆宫行走　循循善诱光绪帝

光绪元年（1875）十二月一日，两宫皇太后降旨翁同龢和侍郎夏同善担任毓庆宫行走，充任刚刚即位、年仅4岁的光绪皇帝的师傅。

翁同龢接旨后，喜忧并举。喜的是两宫皇太后一再重用自己，再为帝师；忧的是要将一个年仅4岁的孩童塑造成一代圣主，责任重大。他考虑再三，一再推辞，但终未获准，且西太后慈禧温谕再三，要他"尽心竭力，济此艰难"，翁同龢只好勉力从之。

光绪二年（1876）三月二十一日，是翁同龢向光绪帝进讲的第一天。他首先教光绪帝写"天下太平"、"光明正大"8个字；接着，又教光绪帝朗诵"帝"、"德"二字；最后，进讲《帝鉴图说》的首篇《三皇五帝》。从这一天至光绪二十三年（1897）一月毓庆宫书房被撤，翁同龢担任光绪帝师傅达20多年之久。20多年中，翁同龢尽心尽力，循循善诱光绪帝，彼此结下了深厚的感情。

翁同龢授读的前两年，主要是教光绪帝认字、读生书、背熟书。翁同龢规定生书每天读20遍，熟书每天读50遍。当时，课文虽短，但由于光绪帝年幼不谙世事，且体弱多病，常常读到一半就不再读了。师傅催促，权作耳旁之风。每每见此情景，翁同龢便心急如焚，有时不免和风细雨申斥几句，光绪帝则号啕大哭，索性多日不开口读书。翁同龢见硬的不行便来软的，慢慢左劝右劝，但光绪帝软硬不吃。翁同龢只好面奏两宫皇太后，西太后听后极为不满，决定用不准多吃食物来严加

惩罚。翁同龢于心不忍，又生一计，去求助于光绪帝的生父醇亲王奕譞。奕譞来到书房，先是厉声训斥，接着良言相劝。对父亲的一威一震，光绪帝多少有所顾忌，但久而久之此法也失去了效力。

翁同龢认为长此以往总不是个办法，遂与其他师傅商定，相对减少读书遍数，每读完一遍由师傅当着光绪帝的面记下，读完为止。采用此法后光绪帝好了一阵，但时间一长，旧病复发，且与师傅们辩论，认为读书不在遍数多少，应以是否熟练为标准。但对于"熟练"的标准，师生认识不一，彼此争论不休。师傅们一计不成又使一计，规定：如光绪帝不读完规定的遍数，便请他在位子上久坐不准动。可一个四五岁的孩童哪能坐得住。为此，光绪帝常常大哭不休。翁同龢本不同意此计，见光绪如此闹腾，便宣布取消，事情才归平息。

光绪二年（1876）至光绪四年（1878），毓庆宫书房是半天上课。随着光绪帝年龄的增长，自光绪四年（1878）改为全天上课，要读的书越来越多，本来畏惧的光绪帝越来越畏难。翁同龢见光绪帝年已渐大，不督促他读好书会贻误终生，祸及整个大清王朝，便与其他师傅商定采用罚读法，少读一遍罚加两遍。此法采用之初，光绪帝以闭口不读相对抗，接着便大声哭叫。对此，翁同龢和其他师傅全然不顾，并将光绪帝所作所为记录下来，上奏西太后。有一次，光绪帝一怒之下离开书房，罢学回宫而去。翁同龢和其他师傅不得不上奏，求助于西太后慈禧。后经西太后慈禧良言相劝，再加上师傅们承认自己的行为偏激，光绪帝才答应回书房。这样，一场轰动皇宫的罢学风波才归平息。

经过光绪帝罢学这场风波，翁同龢和师傅们得出教训，认为罚读法也并非一个劝学的好办法。于是，经翁同龢提议，师傅们决定改用表扬法，每读完一遍表扬一番，从正面进行教育。表扬法采用后，光绪帝心情非常舒畅，学习的积极性大增，一改往日不良学风，学业不断长进。

翁同龢不但在学业上是光绪帝的良师，而且在生活上也是光绪帝的益友。光绪帝从小体弱多病，胆子小，每逢雨天电闪雷鸣之时特别害怕。每当此时，翁同龢总是将光绪帝抱在怀中，安慰他不必惧怕。光绪帝从小离开父母进宫，由太监服侍，太监们知道皇帝乃一孩童，常常敲诈，得不到满足时，便怠慢光绪帝。翁同龢得知后，有时当面训斥不规太监，有时上奏西太后责罚。为此，光绪帝视翁同龢为知己，有什么喜忧都愿意与翁同龢述谈。

年复一年，至光绪七年（1881），光绪帝已是11岁的英俊少年，开始明事知礼。此时，西方列强的侵略已开始从沿海地区向中国内地深入，中国面临着危机。因此，翁同龢决定加强对光绪帝的教育，在保留四书五经等20多门有关封建伦理道德课程的同时，增设有关中外史地、洋务运动和早期改良主义者著作方面的课程。

翁同龢在给光绪帝讲授新增设的课程时，结合当时发生的重大政治、军事、外交事件，积极引导光绪帝思考现实问题，从而将毓庆宫书房与整个社会联系起来。光绪帝听了这些新增设的课程后，受益匪浅。这对他在政治上成熟较早，特别是后来发动维新变法运动产生了一定的影响。

翁同龢除在学业上教授光绪帝外，还注意对光绪帝加强道德修养方面的教育。翁同龢第一次给光绪帝进讲时，就给光绪帝讲授了"帝德如天"的道理。在以后长达22年的授读过程中，翁同龢时常规劝光绪帝在言行举止、待人接物方面应庄重大方，不要迂腐。

经翁同龢等人精心教诲，光绪帝随着年龄的增长，越来越懂事，立志要做一位像康熙那样的一代圣主。因此，读书非常勤奋，每天黎明前就进书房读书，一年四季，几乎天天如此。每到春节放假时，他仍坚持到书房读书。为满足自己的学习欲望，他常常向师傅们索取新书，所读书的范围越来越大，在光绪十五年(1889)亲政前总共读了八九十种书。这些知识为他亲政奠定了坚实的基础。

光绪十五年(1889)光绪帝亲政后，翁同龢同往常一样仍到毓庆宫书房给光绪帝授课。为满足光绪帝对西学的探求，他不断向光绪帝呈送有关西学的著作，并且常在书房同光绪帝讨论时政。这一切引起了西太后慈禧和帝党官僚的疑忌。光绪二十三年(1897)一月，西太后慈禧下令裁撤光绪帝的毓庆宫书房。至此，翁同龢结束了长达22年的毓庆宫教授生涯。

六、首次出任军机大臣　遭受革职留任处分

光绪八年(1882)十月，廷命翁同龢在军机大臣上行走，翁同龢第一次出任军机大臣。

翁同龢此次出任军机大臣，主要参与了两项重大政治活动：一是参与处理云南军费报销舞弊案，一是参与中法越南交涉事宜。

光绪五年(1879)，云南巡抚杜瑞联就云南非法军费报销一事，派崔尊彝和潘英章二人携巨款赴京打通关节。崔、潘二人进京后在军机处、户部四处活动，最后以向军机大臣周瑞清、王文韶、景廉和户部经办司员、书吏行贿8万两为条件，了结此项报销。

光绪七年(1881)六月，此案被告发，西太后命刑部审理。刑部最后查明5万两银子的用处，另外3万两贿赂了王、景二人。不久，江西道监察御史洪良品上奏弹劾王、景二人贪赃枉法。西太后命惇亲王和翁同龢传问洪良品。结果查明洪良品所言只是捕风捉影，无证人、证据。西太后遂命惇亲王、翁同龢传讯崔、潘到案，与周瑞清、户部承办司员、书吏等当面对质。王、景二人见劣迹败露，遂上奏获准辞职。但此案还未最后判决，西太后令彻底查清。

翁同龢等在进一步清查中，发现所谓王、景二人受贿的3万两白银仍存在钱庄，另外5万两大多列为"别敬"、"赠敬"、"节礼"等项，涉及到许多官员。惇亲王力主严追，翁同龢则认为，穷追不舍，涉及官员之多，恐难结案；京官俸银微薄，下官赠与，向有此例，不能视为受贿。为此，翁同龢和惇亲王产生分歧，案子一搁就是3个月。

3个月过去，西太后令翁同龢迅速结案，翁同龢遂做了进一步调查，认为王、景二人虽有受贿之意，但无受贿之举，按律应从轻处罚；其余5万两，大多属馈赠，不便查出。对此，惇亲王仍持反对态度。翁同龢便心平气和地向惇亲王反复陈述"法不阿贵"、"贵为同法"的道理，表明断案应按律从事。后惇亲王表示同意按翁同龢之意上奏。西太后于光绪九年(1883)八月，分别处分了案中人犯。至此，长达3年之久的云南军费报销舞弊案结束。

翁同龢首任军机大臣参与的第二件事，就是直接参与决策中法越南问题交涉事宜。

19世纪80年代，法国政府基本控制越南后，开始向中国侵略。翁同龢力主抗法，反对李鸿章妥协退让的政策，支持入越作战的刘永福的黑旗军。但以李鸿章为代表的主和派一味妥协退让，致使法国侵略者于光绪十年(1884)二月将战火燃到镇南关一带。中越边境危机，西太后为此于四月撤换了军机处的全套班子，翁同龢也没有幸免，遭革职留任处分，退出军机处。

七、勉强出任户部尚书　帝后二党逐渐形成

光绪十一年(1885)十一月二十九日，廷命翁同龢出任户部尚书。翁同龢接旨后极为恐慌，他深知此时清朝危机四伏，财政拮据，出任户部尚书，负责一切大小开支，是一件相当棘手的差使，而自己又是外行，轻则为人指责，重则革职丢官。但又一想，自己在中法战争中的革职留任处分刚刚撤消，不便推就，只好勉强走马上任。

光绪十三年(1887)八月二十三日，黄河决口，西太后令户部拨款200万两白银赈济。翁同龢受命后为之一惊，此时国库空虚，哪来200万两白银赈灾修河？遂召户部诸官连日商讨筹款事宜，大多赞同广开捐例筹款。所谓广开捐例，就是大肆卖官鬻爵。翁同龢认为，广开捐例会造就一大批贪官污吏，害国害民，所以极力反对。后因西太后同意此法，翁同龢只好遵命领旨，尽心办理。但至光绪十四年(1888)底，才收到捐银80万两，远远不足以用来修河赈济。不久，内务府光绪帝大婚典礼筹备处又要求户部再拨100万两白银。翁同龢穷于应付，不得不举借外债。从此，清政府开始靠借债苟延残喘。

同年，发生了李鸿章私自与美商合伙筹开华美银行的事件。李鸿章为筹措巨款，举办海军，修筑铁路，建造颐和园，取悦于西太后，派人频繁与美商联络开办了此银行，其中，美商出资居多，实为美商节制。

光绪十三年(1887)七月,翁同龢得知后,极为震惊,认为银行乃国家的大政,银行被洋人节制严重损害了国家的主权。遂力陈西太后万不能批准。九月,翁同龢又策动80多名御史上奏,弹劾李鸿章开办华美银行是欺君卖国。此外,翁同龢利用醇亲王奕譞与李鸿章争权夺利的矛盾,多次游说醇亲王,要他出面向西太后陈奏,阻止李鸿章的行动。

李鸿章开办华美银行的计划公开后,引起英、美等国的反对,因为华美银行一旦开业,则会影响他们在华利益。鉴于国内外的反对,西太后遂降旨李鸿章停止筹开华美银行的一切活动。为此,翁同龢与李鸿章产生了矛盾。

光绪十四年(1888)七月,西太后准奏李鸿章修津通(天津至通县)铁路。顽固派食古不化,盲目排外,纷纷上奏表示反对。翁同龢也反对,但他与顽固派不同,他认为中国应有铁路,只是目前国家财力不足,且列强虎视,主张缓筑。遂于光绪十四年(1888)十二月上奏西太后,请求暂缓修筑津通铁路。后又经其他大臣上奏力劝,西太后谕令罢修津通铁路。为此,翁同龢与李鸿章的矛盾进一步加深。

自此以后,李鸿章在政治上进一步依附于以西太后为主的后党官僚,翁同龢则靠近开始亲政的光绪帝。帝、后二党在翁同龢任户部尚书期间,随着翁同龢与李鸿章之间矛盾的产生和发展逐渐形成。

八、再次出任军机大臣　甲午战中力主开战

光绪二十年(1894)六月,甲午中日战争爆发前夕,翁同龢奉光绪帝之命经常出入军机处,参与商讨解决中日关于朝鲜问

题争端的办法。

对于日军出兵朝鲜,并且多次对响应朝鲜政府之邀进驻朝鲜的清军挑衅之事,翁同龢主张迎头痛击,派援军入朝准备战斗。但具体负责军事指挥的李鸿章不以为然,幻想沙俄、英国出面调停,一再延误战机。七月一日在日军大举进攻面前请政府被迫宣战,甲午中日战争正式爆发。

甲午中日战争爆发后,李鸿章一味求和,消极抵抗,清军屡战屡败,致使日军于八月中旬占领朝鲜全境,并开始向中国的东北进攻。光绪帝遂命翁同龢、李鸿藻为军机大臣和督办军务处会办大臣。翁同龢再次出任军机大臣,主战热情倍增,他曾多次上奏光绪,主张积极与外商联系购买新式军舰,多方筹措军费,加强辽东半岛的防务。翁同龢的主张大多得到光绪帝的赞同,并付诸实施,对抗战起了一定的积极作用。

日军进入中国后,翁同龢力主抵抗,但清军腐朽,一败再败,西太后害怕了,准备屈膝求和。翁同龢陈奏光绪帝,若一味观望求和,而不全力抵抗,国势将不堪设想。

光绪二十一年(1895)一月下旬,日军占领威海卫,京师危急,清政府决定不惜割地赔款向日军无条件投降,并决定派李鸿章赴日谈判。翁同龢叮嘱李鸿章,要他在谈判中坚持再坚持,千万不能割让台湾。

三月九日,当翁同龢看到《马关条约》的内容后,当场头晕目眩、声泪俱下。在御前会议上,他泣诉不能割台湾给日本,恐怕从此失去民心。此后,一连数日,为反对割台,翁同龢与主和派面折廷争,并劝光绪帝迁都再战,争取拒签和约,拒割台湾。

三月二十二日,李鸿章派人将和约稿本送到光绪帝手中,逼迫光绪帝盖印。翁同龢力请暂缓数日。来人坚持不可,并恐吓翁同龢："若延误了和议,激成事变,贻误邦国,不知你能担当得起否？"翁同龢反驳道："强迫皇上用印,苟且求和,才是误国的罪人！"来人仍不肯罢休,指责道："师傅纵不念国家安危,也该为自家性命想一想！"翁同龢大声呵斥："谁无妻孥身家性命？只是今日之事,关系到国家前途命运,将台湾割给日本,东南半壁,从此不得安宁。"正当此时,西太后下令批准和约,翁同龢气得浑身发抖,哽咽说不出话来,沉浸于悲痛之中。

甲午中日战争结束后,翁同龢几次寻找机会收回台湾,但由于清政府腐朽无能,翁同龢的努力最终归于失败。为此,他抱恨不已。

九、出任总理衙门大臣　为挽回国权努力再三

光绪二十一年(1895)二月甲午中日战争结束后,日本通过《马关条约》在中国获得大量权益,打破帝国主义列强在中国的原有均势,其他列强遂相效仿,在中国掀起瓜分势力的狂潮。六月,翁同龢奉命出任总理衙门大臣。

翁同龢出任总理衙门期间,参与清政府同帝国主义列强的交涉。在这些交涉中,他为挽回权益努力再三,这在中德交涉中表现最为突出。

光绪二十三年(1897)十月,德国借口两传教士在曹州府巨野县(今属山东)被杀,武力占领了胶州湾,并向清政府提出定罪、缉凶、修筑铁路、租借胶州湾等6项要求。光绪帝遂命翁同龢与张荫桓代表清政府负责对德交涉。

十月二十六日,翁同龢、张荫桓前往德使馆,向德驻华公

使海靖提出抗议,抗议德军武力占领胶州湾,要求德国先撤兵,然后再进行谈判。海靖蛮横拒绝。翁同龢遂于十一月九日向海靖建议:一面撤兵,一面谈判。海靖不但不予接受,且在原6项要求之外,又加上要求惩办山东巡抚李秉衡一条。翌日,翁同龢偕张荫桓向海靖表示:中国可在南方将一岛租于德国,但胶州湾绝不能租借。海靖表示:中国若不租胶州湾,决不撤兵,定向中国开战。

德国的恐吓,使清政府惊慌不已,派李鸿章与沙俄联系,由俄国出面代索胶州湾,沙俄马上应允。翁同龢认为沙俄此举另有所图。为阻止沙俄行动,翁同龢同张荫桓急电沙俄政府,请沙俄不要派兵来华。但为时已晚,光绪二十三年(1898)十二月,俄乘机派军进占旅顺。不久,英国派军进占烟台、大连。清政府更加恐慌,准备将胶州湾暂租给德国。翁同龢极不甘心,为打破德国独占山东的局面,提议:将胶州湾一分为二,中德各占一部分;山东境内铁路,中德合办。对翁同龢的提议,海靖不予理睬,且声称若清政府再不答应德国的要求,德国将与清政府断交。

中德交涉迟迟不决,清政府恐慌不安,决定派翁同龢与李鸿章与德国签订《中德胶澳租借条约》。翁同龢声泪俱下,坚辞不就,但终未获准,最后只得奉旨承命,于光绪二十四年(1898)二月十四日签订《中德胶澳租借条约》。翁同龢悔恨不已,直到光绪二十四年开缺回籍后,每当思及此事,还痛心疾首。

翁同龢在总理衙门大臣任上,除参与对外交涉,还参与清政府有关"新政"。积极支持民族资本家开矿山,修铁路,办银行。

十、赞同维新变法　横遭严谴处分

　　光绪二十一年(1895)三月，甲午中日战争失败，清政府与日本签订丧权辱国的《马关条约》，中华民族危机空前严重。

　　面对空前严重的民族危机，以康有为、梁启超等为首发动的维新变法运动正在兴起。四月初，他们联合在北京应试的1300名举人发动"公车上书"，提出废约拒和、迁都抗战、变法图强等主张，迫切希望得到光绪帝支持。

　　光绪帝希望得到一种政治力量的支持，通过一番改革改变积弱不振的局面。作为光绪帝师傅的翁同龢积极支持光绪帝的主张，但他深知光绪帝手无实权，实权控制在西太后手中，而西太后不可能支持改革。因此，他认为要实行改革，必须得到以康有为等人为首的维新派支持。翁同龢积极赞助维新变法，甘愿充当光绪帝与维新派之间的桥梁。

　　四月的一天，翁同龢以一品大员身份，屈驾拜访六品官工部主事康有为因康有为外出没有遇上。康有为得知，受宠若惊，立即回访。翁同龢热情接待，两人长时间交谈。康有为详述列强纷争，非变法不能立国的道理。翁同龢表示赞同，并透露光绪帝无实权的实情。分别之时，康有为送给翁同龢有关变法的两本书。翌日，翁同龢到毓庆宫书房向光绪密报与康有为会晤的情况，光绪帝极为高兴。恰巧，此时都察院呈送康有为的奏折，光绪帝看后，连声称好。翁同龢乘机将康有为夸奖一番。从此，光绪帝开始注意起康有为等维新派，翁同龢同维新派的来往日益频繁，关系越来越密切。

　　光绪二十一年(1895)六月，为宣传维新变法，维新派在北京成立强学会。翁同龢带头入会，并从户部拨来一笔经费。强学会创办《强学报》，发行《中外纪闻》，极力宣传维新变法，一时声势大振，结果被查封。强学会被查封后，应维新派要求，翁同龢借一个御史奏请开设官书局为名，使强学会变成京师官书局，继续宣传维新变法。

光绪二十一年(1895)十月，翁同龢令其亲信陈炽起草12道变法诏书，准备请光绪帝陆续颁布。西太后得知后，极为气愤，指责翁同龢揽权、狂悖，下令裁撤毓庆宫汉书房，将翁同龢逐出毓庆宫。但他并不灰心，继续赞助维新变法。

光绪二十三年(1897)十一月，康有为向光绪帝呈上长达五六千字的奏折，请求从速变法。遭顽固派阻挠，奏折未能到光绪帝手中。

康有为上书不达，光绪帝命翁同龢等总理衙门大臣代为传话。问话中，康有为详细阐述维新变法的理论，翁同龢表示赞同。翌日早朝，翁同龢向光绪帝汇报，将康有为夸奖一番。光绪帝非常满意，传谕：以后有所陈奏随时呈上。

光绪二十三年末(1897)，沙俄强占旅大，光绪帝焦急万分。二十四年(1898)一月二日，光绪帝召见王公大臣，极言时危，认为变法乃当务之急。顽固派大臣沉默不语，表示反对。翁同龢则大发感慨，积极支持变法主张，讥讽顽固派在民族危亡之时麻木不仁。

同年一月，康有为上书光绪帝，请求开办制度局。光绪帝表示赞同，翁同龢随声附和，并力荐康有为主持开办。顽固派则纷纷反对，致使开设制度局计划落空。

光绪二十四年(1898)四月二十三日，光绪帝颁布"明定国是"诏书，维新变法运动正式开始。诏书是翁同龢亲自拟就的，曾数易其稿。

维新变法运动开始后，顽固派极为恐慌，将矛头指向翁同龢，接二连三地上书弹劾，说他结党乱政，揽权误国。西太后恐变法后影响自己的地位，削弱自己的权力，决定罢免翁同龢。

四月二十七日，即维新变法开始第4天，翁同龢同往常一样，未待天亮就来到朝房，和其他大臣一起静候皇上召见。一会儿，太监传呼诸大臣进宫，着翁同龢勿入。翁同龢不禁一怔，凭借数十年官场经验，预感某种不测即将降临。时过三刻，诸大臣陆续退朝，御前大臣传翁同龢听旨，翁同龢连忙跪地。当他听到最后的"姑念其毓庆宫行走有年，不忍遽加严谴，翁同龢着即开缺回籍，以示保全"时，已老泪纵横，泣不成声。他颤颤巍巍地从地上爬起来，拂袖掩面缓缓而去。

光绪二十四年（1898）五月，翁同龢怀着无比沉痛的心情，辞别生活了大半辈子的京城，回到故乡常熟。西太后仍不甘心，八月六日戊戌政变后，谕旨严谴翁同龢，着即革职，永不叙用，交地方官严加管束，不准滋生事端。

翁同龢回到常熟后，先是住在常熟城内翁氏老宅，遭严谴后，搬到虞山鹁鸪峰下造屋居住，过着孤僧般隐居生活。光绪三十年（1904）五月二十一日，翁同龢溘然长逝，终年74岁。

孙家鼐

◎ 宋继和

　　孙家鼐，字燮臣，号蛰生，晚年号澹静老人，安徽寿州（今属安徽）人，生于道光七年（1827）。少时饱读诗书，对四书五经的钻研尤为刻苦，立志出人头地。咸丰九年（1859），机会终于来了，孙家鼐通过乡试、会试，参加殿试，居然一举夺魁，考中进士一甲第1名。

　　孙家鼐32岁得中状元，实乃侥幸，留下"别字状元"千古笑谈。参加殿试时，由于紧张，不慎把汉代名儒董仲舒的"舒"字写成"书"字，巧的是阅卷官们粗心大意竟未发觉。按规定，殿试阅卷后，选出10份好的答卷叠放在一起，最上面的那份就是本次科考状元。这10份考卷由阅卷大臣呈送皇帝，决定名次。多数情况下，照原样发下来，名次自然不会变化。那次殿试，孙家鼐写的那个别字，10个阅卷大臣没有一个看出来。咸丰皇帝此时身已染病，正被内政外交一系列麻烦事弄得焦头烂额，照原样发回。金殿唱名，孙家鼐得了状元。再看状元卷，才发现那个别字。

当上状元的孙家鼐，初被授予翰林修撰职务，掌修国史。以后历任侍读，入值上书房。光绪四年（1878），钦命其在毓庆宫行走，与尚书翁同和一同担任光绪皇帝的师傅，以儒家经典教授皇帝。经多次升迁，任内阁学士，工部侍郎。这时江西学政陈宝琛上疏请求把明末清初隐居不仕的著名儒家学者黄宗羲、顾炎武的牌位安置在文庙内，与先贤一起享受祭祀，大多数认为不可，孙家鼐与潘祖荫、翁同和、孙诒经等人再次请求复议，终于使陈宝琛的建议得到朝廷批准。光绪十六年，孙家鼐被授予都察院左都御史，工部尚书，兼任顺天府尹，成为朝廷高官。

光绪二十年，中日战争已势不可免，朝廷上下主战舆论极盛，孙家鼐却极力主张屈辱退让，不可与日本开战。光绪二十四年，孙家鼐任吏部尚书，协办大学士。旋被任命为管学大臣。当时朝野到处议论变法之事，维新派主张废除科举制，兴办现代学校，学习西学，还要创办报纸，编撰出版实用的书籍，以传播时政和科技知识。这些建议都先交孙家鼐审核、复查，他一一耐心地更正裁定，然后上报皇帝。他上疏说："国家广泛征集各方人士资政议政，听取意见固然应不厌其详，然而执两用中，能够精心选择审度处理，则全要靠皇帝英明决断。"经他报上的建议基本上能照顾到大局。该年七月，孙家鼐奉清廷之命开办京师大学堂（现北京大学），并主持管理，这是中国近代最早的大学。京师大学堂以"广育人才，讲求时务"为宗旨，对于培育人才，传播新思想、新知识起了重要作用。孙家鼐还向朝廷建议，增设中小学堂、速成学校和医学校，表现了倾向改良的思想，并与马吉森一起创办安阳广益纱厂，对发展民族工业做出一定的贡献。戊戌变法失败以后，主政的后党讨论废除掉光绪帝，另立新皇帝，孙家鼐独持异议，认为光绪帝不能废。接着，他就以年迈多病为借口，请求免去职务，获得批准。

　　光绪二十六年，光绪帝在慈禧太后胁迫下西行狩猎，实为逃避八国联军兵锋，谕召孙家鼐赴西安行在，随后起用他任礼部尚书。回到京城后，拜为体仁阁大学士，转任东阁大学士，光绪三十一年任文渊阁大学士，光绪三十三年以80高龄晋升为武英殿大学士。他担任学务大臣，制定规章，调和中国与外国的关系，严格确定行事宗旨，勉励实学推行，学风为之一新。朝廷决定改革官制，任命孙家鼐与庆亲王奕劻、军机大臣瞿鸿禨负总责，核定职官。御史赵启霖弹劾奕劻和他的儿子载振受贿并纳艺人为妾，朝廷命醇亲王载沣与孙家鼐处理此事，经多方调查，并无真凭实据。赵启霖反坐诬蔑皇室亲贵的罪行，被剥夺职务，载振为避嫌乞请免去所兼官职。资政院设立后，钦命贝子溥伦和孙家鼐同为总裁，他们刚直不阿，不搞阿谀奉承那一套。当时朝廷下诏诸臣轮班进讲，孙家鼐撰写《尚书》、《四子书讲义》进讲。光绪三十四年二月，他主持乡里举荐贤才，赏太子太傅衔。孙家鼐资深声隆，曾蒙圣恩赐一"寿"字，赏赐御书和许多珍品，赐予紫缰，特许在紫禁城内乘坐二人暖轿。宣统元年（1909），孙家鼐再次上疏，以年迈体弱多病告老辞职，皇帝好言抚慰，表示挽留。不久，孙家鼐去世，享年82岁，朝廷追赠"太傅"荣衔，谥号"文正"。

孙家鼐简约谦恭，一生从不疾言厉色。虽然官职很高，对下属或门生以礼相待。闭门斋居时，从无不务正业的宾客到其府上。对于已有的权势，好像害怕一样极力推避，从不乱用。例如，早年他曾出任提督湖北学政，后又主持山西乡试和顺天乡试，并总裁京师会试，多次充任阅卷大臣，从没有营私舞弊。有一次，他把一试卷提入二甲，同僚不赞成，就放弃了。

孙家鼐器量宽广。庚子年（1900），外国人下书要求清政府惩治主张抗击入侵的祸首，杀戮有关大臣，清廷不敢违抗，表面敷衍。编修刘廷琛认为这有失国体，谴责负责对外事务的官员不敢与外国人争辩。孙家鼐施礼引罪，主动承担责任。后来，皇帝下诏要大臣们举荐御史，孙家鼐大力保举刘廷琛，认为刘廷琛曾以国家大义见责，为人忠诚耿直，一定不会辜负国家。

孙家鼐留下很多诗词文章，盛产臭豆腐的山东济宁"王致和南酱园"（王致和系清代安徽举子，于康熙八年创制臭豆腐）就有他的墨迹。同治年间，慈禧太后品尝"王致和南酱园"的臭豆腐，感到格外可口，于是这种臭豆腐便成了御膳珍品。孙家鼐为酱园写下两副对联，一幅为："致君美味传千里，和我天机养寸心"；另一幅为："酱配龙蹯调芍药，园开鸡趾钟芙蓉"。两幅4句的头一个字合起来，就是"致和酱园"。

钟骏声

◎ 刘 一

钟骏声，字雨辰，仁和(今浙江杭州)人。仁和经济繁荣，文化兴盛，名士才子辈出。钟骏声好学上进，工诗文。

咸丰十年(1860)四月二十一日，钟骏声参加在保和殿举行的殿试。这年为农历庚申年，故此科殿试叫做庚申科，是为庆祝奕詝3旬万寿举行的一次恩科。参加此科角逐的贡士共189人。主考官为户部尚书肃顺。

肃顺，爱新觉罗氏，字豫亭，满族镶蓝旗人，深得咸丰皇帝信任。肃顺有个亲朋参加此科殿试，此人文笔敏捷。肃顺有心让他夺魁，便下令新生须在申时(即下午3~5时)交卷。按惯例，是黄昏时才交卷的。肃顺的亲朋文笔快，能提前完卷，绝大多数人是答不完的。这样，他那位亲朋便有希望夺魁了。

众考生极为气愤，钟骏声亦然。此时钟骏声的心已不在考场，而在故乡仁和。

就在入考场前，钟骏声听到洪秀全的太平军攻占仁和的消息。他为家人安危担心，无心琢磨答卷，匆匆答完，交卷出场。他是少数完卷的考生之一。在完卷者中，他的卷子又属上乘。

结果，钟骏声夺得此科殿试第一甲第1名，成为清代第96位状元。

中状元后，钟骏声入翰林院为修撰，掌修国史，屡掌文衡，担任过顺天乡试同考官、湖北乡试正考官、提督四川学政。任考官、学官期间，他选贤举能，取士公正，颇受赞誉。累迁至翰林院侍读学士。后病死于北京官邸。

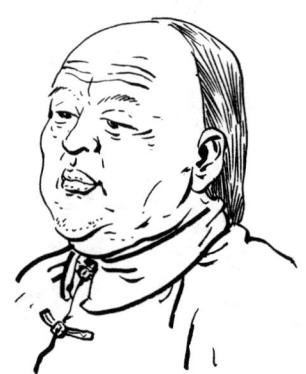

徐 郙

◎ 刘 一

徐郙，字颂阁，嘉定（今属上海）人。咸丰九年（1859）八月，徐郙考中顺天乡试，成为一名举人。

同治元年（1862）二月，壬戌科会试在礼部贡院举行。徐郙第二次步入贡院考场。3场考试下来，徐郙榜上有名。四月二十一日，殿试在保和殿举行，徐郙一举夺魁，成为清代第97位状元。

此科进士共193人，没有很出名的。

中状元后，徐郙入翰林院为修撰，掌修国史，屡掌文衡。同治六年，出为河南乡试正考官，旋即提督江西学政。十二年，以侍读学士任顺天乡试同考官。光绪元年（1875），以侍讲学士任甘肃乡试正考官。七年，调兵部右侍郎。八年，出任安徽学政。九年，转礼部左侍郎。十六年，调吏部右侍郎。十八年，出任吏部左侍郎、左都御史。二十一年，升任兵部尚书。二十五年，调任吏部尚书。二十六年，授协办大学士。协办大学士例从各部尚书中简派，满汉各1人，正一品。二十七年，出任礼部尚书。三十二年，以病乞休，次年卒。

徐郙精于书法，并擅长山水画。慈禧太后御笔作画，都令徐郙题志，颇为宠爱。徐郙终生恩眷不衰。

徐郙为官不廉，贪财纳贿，为时人讥斥。

翁曾源

◎ 刘 一

翁曾源，字仲渊，常熟(今属江苏)人。常熟翁家，是闻名天下的名门望族。翁曾源的祖父翁心存，道光二年(1822)第二甲第3名进士，咸丰朝官至内阁大学士。北京政变后，被慈禧太后任命为同治皇帝的师傅。同治元年(1862)病逝。翁心存的长子翁同书，道光二十年进士，名列第二甲第17名，官至安徽巡抚。他的第4个儿子翁同和，咸丰六年(1856)大魁天下，累官至一品尚书，光绪皇帝的师傅，帝党领袖。翁曾源便是翁同书的儿子。

翁心存、翁同书、翁同和皆博学多才，翁曾源幼承家学，热衷于科举功名。但不幸的是，他患有羊痫风，屡试不中。同治元年，翁心存病死，慈禧太后以同治皇帝的名义特赐翁曾源举人，且免会试，直接参加殿试。翌年四月二十一日殿试，翁曾源居然高中榜首，在叔父翁同和大魁七年后，成为翁家第2位状元。翁曾源夺魁，大出众人意外，就连他的叔父翁同和也颇为诧异。他在日记中写道："曾源侄近年为病所苦，深虑不能成名。今获先人余荫，得以参加廷试，从容挥洒，难道是上天保佑吗？得喜报，曾源侄考中一甲一名，悲喜交集，涕泪满面。"

此科进士共200名，后来出了大批名人。如第一甲第3名即所谓"探花"张之洞，官至军机大臣，是洋务派领袖人物。第二甲第5名廖寿恒，官至一品尚书，总理各国事务衙门大臣。第二甲第28名李端棻，官至礼部尚书，是著名的维新派人物。翁曾源榜是清代的"名榜"之一。

翁曾源却没什么作为。中状元后，依例入翰林院为修撰，掌修国史。不久，便因病引退。翁曾源擅长画花卉，乡里得片纸以为宝。他在家乡度过20余年光阴，病发身死。

崇 绮

◎ 涂 晓

一、乙丑科状元

同治四年(1865)四月二十四日,京师皇城太和殿,乙丑科进士放榜仪式在这里举行。

这天清晨,太和殿前布乐,王公伫立于丹陛上,文武官员于丹墀内,新科进士身着礼服,头戴三枝九叶顶冠,按名次排立在文武官员身后。内阁学士捧着黄榜(用黄纸书写,故名),放在太和殿黄案上。午门鸣钟鼓,礼部堂官引路,同治帝、两宫皇太后进入太和殿,殿前响起《隆平之章》乐。同治帝升座,乐止。銮仪卫官道:"鸣鞭!"阶下鸣鞭三下。鸣赞官道:"排班!"丹陛上响起《庆平之章》乐。鸿胪寺官引读卷官、执事官行三跪九叩礼。礼毕,乐止。内阁大学士一人自黄案捧榜至太和殿檐下,授礼部堂官,礼部堂官跪接,置于丹陛正中的黄案榜架上,跪,行三叩礼,退立东侧。鸣赞官道:"排班!"丹陛响起《庆平之章》乐。鸿胪寺官引诸进士至行礼处排立,鸣赞官道:"有制,跪!"诸进士跪,乐止。鸿胪官伫立于丹陛东旁,高声宣制:"同治四年四月二十四日,策试天下贡士,第一甲赐进士及第,第二甲赐进士出身,第三甲赐同进士出身。"礼毕,唱第一甲第一名姓名:"崇绮!"鸿胪寺官引崇绮出列,就御道左跪。接下来,又唱了264人的名。

新科状元的桂冠落在崇绮头上。

崇绮,蒙古正蓝旗人,字文山,姓阿鲁特氏。父亲赛尚阿,曾一度得宠于嘉庆和道光皇帝,官至内阁学士、协办大学士。咸丰元年(1851)升为文华殿大学士。崇绮初为廪生,全称叫"廪膳生",学生的一种,每年可从国库领取白银4两。家里捐献一些钱财,为他谋了个八品笔帖式官位。笔帖式满语叫"巴克什",是翻译满汉章奏文籍的翻译官,有七品、八品、九品。崇绮从此步入仕途。

做了笔帖式不久,被委任为玉牒馆誊录。玉牒馆是编撰《玉牒》——皇帝的编年史的机构;誊录是馆中工作人员的一种。道光二十八年(1848),《玉牒》完稿,迁为工部主事,正六品。

道光二十九年,崇绮参加顺天乡试,成了一名举人。

次年，入实录馆为校对，时间不长即迁为详校，参加与编纂《宣宗成皇帝实录》。咸丰二年(1852)，《宣宗成皇帝实录》完稿，朝廷准备升他的官。谁知，官还未升，老父赛尚阿出了事。

咸丰元年(1851)，洪秀全率众起义，创建太平天国。太平军进入武宣(今属广西)东乡，清政府以赛尚阿为钦差大臣赴广西督办军务，镇压太平军。太平军在永安整顿、建制后，一举突破清军围剿，攻入湖南。赛尚阿尾随太平军至衡州(今湖南衡阳)，被革职拿问，判处"斩监候"(死缓)。

崇绮受到牵连，非但没能升官，反而连工部主事的官衔也被革掉了。

咸丰四年，太平军将领林凤祥、李开芳率军北伐，势如破竹，迫近京津，京师告急。巡防五大臣调崇绮出任督练旗兵处文案，参与策划堵截太平天国北伐军。北伐军孤军深入，进攻天津受挫，节节败退，最后全军覆没。

崇绮因功奖授笔帖式。到咸丰九年，补为七品笔帖式。

次年，中国形势发生巨变。

这年，英、法为了攫取更大的权益，联兵进攻大沽口，被中国驻军击溃。消息传到伦敦、巴黎，英、法当局恼羞成怒，遂于翌年春组建一支2.5万余人的联军抵达中国海面。联军攻占北塘、天津，向北京进犯，在通州八里桥击溃僧格林沁的清兵。咸丰帝仓皇出逃热河承德(今属河北)，命异母弟恭亲王奕䜣在北京与侵略者谋和。

北京外城已落入英法联军手中，侵略者大肆抢劫，丧心病狂地放火烧了西郊的圆明园，并扬言要捣毁皇城。

崇绮以随办巡防名义守卫内皇城，协理内城团防，昼夜巡行，以防不测。

经俄使伊格那提耶夫斡旋，清政府与英法签订丧权辱国的《北京条约》，联军方退走。

清廷论功行赏，崇绮赏加五品衔。

同治元年(1861)，崇绮老母去世，去官服丧。二年，起为办理议功所事务。

四年七月，在湘军围攻下，太平天国首都——天京(今江苏南京)陷落。十月，宁夏将军都兴阿因崇绮熟谙军务，奏调赴营差遣，兵部上疏请留部，遂调充步军统领衙门兼办司员。

中状元之前，崇绮从政已十六七年了。

顺治九年(1652)、十二年(1655)两科，满汉分榜，各有一个状元。顺治九年的满族状元是麻勒吉，正黄旗人；汉族状元是无锡(今属江苏)人邹忠奇。顺治十二年的满族状元是图尔宸，正白旗人；汉族状元是鄞县(今浙江宁波)人史大成。此后不再分榜。

崇绮是清代第一个，也是惟一在同榜考试中夺得状元的少数民族人物。

因为无先例，崇绮是否应中状元，曾颇费周折。垂帘听政的慈禧、慈安两宫皇太后斟酌再三，犹豫不决。大臣一天进呈的奏本多达10次，最后两宫皇太后把权力下放给军机处，要军机大臣会同阅卷大臣详议定夺。大臣们争辩不休，最后得出"但凭文字，何论满汉"的结论，复奏定局。

二、女儿荣膺皇后桂冠

按惯例，新科状元崇绮被授予翰林院修撰。同治六年，出为庶常馆提调。庶常馆是新科进士中的优秀者学习的地方，学制3年；提调是处理馆务的长官。同治九年三月，擢为同治帝侍讲。七月，任河南乡试正考官。十二月，充任文渊阁校理，掌注册、占验、检曝图书。同治十年五月，出任庶常馆教习。九月，充任功臣馆总纂。十月，出为日讲起居注官，这是个跟随同治帝记其言行的职位。

崇绮侍奉的同治帝已到大婚之年。按先例，14岁便大婚，大婚后便亲政。慈禧太后不愿交出权力，同治帝的婚事一再往后拖。到同治十一年，同治帝已17岁，无法再拖了，慈禧太后同意为同治帝议婚。

人选有两个，一个是侍郎凤秀之女富察氏，一个是崇绮的女儿阿鲁特氏。富察氏人长得极漂亮，阿鲁特氏不如富察氏美丽，但举止端庄。慈安太后嫌富察氏轻佻，喜欢阿鲁特氏；慈禧太后却嫌弃阿鲁特氏，她忘不了那个被她勒令自杀的政敌郑亲王端华，就是阿鲁特氏的舅舅。慈安太后道："凤秀的女儿太轻佻，怎配做皇后？只能当个贵人！"这话刺中慈禧太后的痛处——她就是贵人出身。于是乎，慈禧太后坚持要立富察氏。两宫太后争执不下，便让同治帝择选。同治帝钟情阿鲁特氏。

九月，阿鲁特氏被迎娶入宫，封为皇后。富察氏也进了皇宫，立为慧妃。

父以女贵，崇绮封为三等承恩公，从蒙古正蓝旗招入满族镶黄旗，这也是史无前例的殊荣，进官为内阁学士兼礼部侍郎。此后又做过户部右侍郎、吏部右侍郎。

大婚之后，同治帝和皇后阿鲁特氏情投意合，相敬如宾。皇后不苟言笑，气度非凡。没事的时候，同治帝常向皇后提问唐诗，皇后对答如流。慈禧却不喜欢皇后。母子俩在政见和皇后事上常常发生摩擦。慈禧太后要同治帝不要仅宠爱皇后一人，也当眷爱慧妃。闹到后来，同治帝索性独居乾清宫。

同治帝是个好色之徒，宫中的生活不如意，便外出寻花问柳，结果染上梅毒。同治十三年，太医为他检查身体，大吃一惊，但不敢明言，便将病情奏告慈禧，当然，他未敢挑明是梅毒。慈禧知是梅毒，为了顾全皇家的名声，便说是天花。太医遂按天花医治，同治帝的病情非但没有好转，反而加重了。

在同治帝病重期间，皇后奉侍左右，好言劝慰，亲为同治帝擦拭脓血。慈禧却看不惯，常借故迁怒于皇后。

十三年十二月五日，同治帝一命呜呼，享年19岁。

皇后无法承受慈禧的责难、虐待，同治帝驾崩不到百天，殉节而死。

遭此不幸，崇绮心情十分沉重。

三、从副考官到吏部尚书

同治帝死后，爱新觉罗·载湉即位，是为光绪帝。光绪元年(1875)三月，赛尚阿病死。八月，朝廷征崇骑为顺天乡试副考官。光绪二年，历任户部左侍郎、会试副考官、正黄旗汉军副都统、镶黄旗汉军副都统、镶红旗护军统领。光绪三年，管理镶蓝旗满洲新旧营房。时河南连年干旱，灾情严重，民人流徙，转尸沟壑，而地方官吏相率夸大灾情，从中渔利。崇绮上奏朝廷，要求加以整肃。朝廷命崇绮偕同侍郎邵亨豫查案，巡抚李庆翱等受到惩处。光绪四年五月，兼署刑部左侍郎。八月，吉林驻防侍卫倭兴额家失窃，倭兴额的老母说是居民傅洵魁干的。傅洵魁有个族人叫齐广贞，两人有夙怨，齐广贞见倭兴额之母指控傅洵魁盗窃，便乘机栽赃。地方官吏知道不是傅洵魁干的，却置之不问。这事闹到都察院，朝廷遂命崇绮为吉林将军偕侍郎冯誉骥去吉林查明真相。

崇绮离京北去吉林。经调查，他认为案犯狡猾，奏请将案犯监禁待审。倭兴额上告都察院，与崇绮所说情节各异。朝廷以光绪帝的名义下诏，责斥崇绮草率，命户部左侍郎志和、奉天府尹恩福复审。志和等人审查证实：齐广贞栽赃，倭兴额捏供。崇绮以上次审理未详，自请议处，被宽赦。十二月，转为吏部左侍郎。

光绪五年，出任热河都统，主持开挖旱河工程。御史孔宪谷上疏，盛誉崇绮忠信正直，应留在皇上身边辅弼。他的提议没有得到允准。

光绪七年，出为盛京将军，整饬吏治，充实营伍，练兵筹饷，整顿贸易。光绪八年，法国增兵越南，策划侵华。崇绮捐钱购买洋枪，添练步兵，分防盛京各重要海口，防备法国兵舰北上骚扰。

光绪九年，罹病，上疏去职，允准。

光绪十年九月，病痊，授户部尚书。十月，与内阁学士廖寿恒前往安徽查办贪官任兰生。光绪十一年九月，出为武英殿总裁。十一月，调任吏部尚书。光绪十二年二月，罹病，上疏去官，允准。

四、参与废立阴谋

崇绮离职养病期间，中国政局急剧变化。

光绪十五年二月，光绪帝亲政，但实权仍操持在慈禧太后手里。二十年六月，日本不宣而战，袭击中国军队。七月一日，中国对日宣战。大清军队处处失利，节节败退。十二月，慈禧派员赴日求和。二十一年三月二十三日，李鸿章与日本签订丧权辱国的《马关条约》。

光绪二十一年，康有为等率应试举子联名上书，呼吁变法图存。二十四年四月二十三日，光绪帝颁布《明定国是》诏，宣布变法革新。变法遭到以慈禧为首顽固派的反对。八月初六，慈禧重新训政，变法失败。初八日，光绪帝被押至中南海瀛台涵元殿，囚禁起来。

慈禧一伙密谋废黜光绪帝。在家养病的崇绮振作起来，积极参与策划。不过，他们迫于外国特别是西方列强的压力，不敢贸然动手，便决定选立一个"大阿哥"做皇储，慢慢地篡夺帝位。光绪二十五年十二月二十四日，慈禧太后以光绪帝名义颁布朱谕，立端郡王载漪的儿子溥儁为"大阿哥"。

崇绮参与废立有功，被委任为溥儁的师傅。慈禧旋即命他管理礼部事务，特赐在西苑门内乘二人肩舆。

光绪二十六年正月，崇绮出任翰林院掌院学士，赏戴花翎。三月，为正红旗汉军都统。

四、自缢于莲池书院

崇绮出任都统时，蓬勃发展的义和团运动向直隶扩展，逐渐进入北京城。三四月间，东单附近的于谦祠堂出现义和团第一个坛口。面对这种局势，慈禧改剿为抚。她对列强庇护戊戌变法的首领康有为、梁启超极为不满，对列强干预废立活动更是愤懑难抑，试图利用义和团来教训一下洋人。义和团大批进入北京城，团民增至10万余人。

西方列强对义和团恨之入骨，强迫清政府镇压义和团没能得逞，俄、美、日、德、法、美、奥、意八国组成联军，在中国领土上镇压中国人。

五月二十五日，慈禧颁布上谕，对列强宣战。崇绮临危受命，出任户部尚书，掌理财权。

八国联军攻陷大沽炮台，占领天津，向北京推进。义和团与清兵殊死抵抗，寸土必争，但没能阻止侵略者的进攻。眼见形势不利，慈禧开始求和。义和团的抗击受到破坏，八国联军的势力因此增强，长驱直入。七月二十日，北京陷落。慈禧慌忙换上农妇的衣裳，带着光绪皇帝和亲信臣僚，由德胜门仓皇出逃，奔居庸关而去。

临逃前，慈禧任命崇绮为留京办事大臣。崇绮担心八国联军遣轻骑追击慈禧，与慈禧的心腹荣禄伪装成皇驾，从南路直奔保定，吸引联军，掩护慈禧。抵达保定后，崇绮见江山破碎，京师沦陷，彻底绝望。八月初二，在莲池书院自缢。

慈禧闻知，大为悲哀，诏谥"文节"，入祀昭忠祠。

洪　钧

◎ 涂　晓

一、戊辰科状元

同治七年(1868)四月二十四日,太和殿上发布新科进士名次——所谓的"金殿传胪"。金殿,太和殿;传胪,高声宣唱。"第一甲第一名",鸿胪寺官唱道,"洪钧!"

一个新的状元随着这声宣唱诞生了。

洪钧,字陶士,号文卿,吴县(今江苏苏州)人,生于道光十九年（1839）。年幼时，家境贫寒，父亲要他弃学从商，洪钧不从，苦苦哀求，继续求学，父亲见状，只好作罢。咸丰七年（1857），18岁的洪钧经考试入县学肄业。同治三年（1864），他在江苏省城江宁（今江苏南京）参加三年一科的乡试。

乡试例于秋八月举行，称做"秋闱"。初九、十二、十五各一场。考前一天点名领卷入场，后一天交卷出场。考生穿戴单层帽、衣、裤、鞋、袜，砚台不许过厚，笔管镂空，糕饼饽饽等食物都要切开。考生入场，细加搜查，若夹带片纸只字，一经查出，先在考场前枷号1个月，再问罪发落。搜查完毕，各按卷号进入号房。

每座号房，高约6尺，深4尺，宽3尺。东西两面砖墙离地1～2尺之间，砌成上下两层砖缝，上有木板两块，可以移动。《儒林外史》第二回写周进到省城贡院看见的"号板"，即此。吃饭、睡觉、写稿，都用这两块木板。

每考完一场，考官便开始评卷。

发榜日期，小省是九月初五，中省是九月初十，大省是九月十五。江苏乃大省，九月十五发榜。洪钧榜上有名。25岁的洪钧成了一名举人。

同治七年三月初九、十二、十五日，洪钧在京师礼部贡院参加会试。会试的科场规则，与乡试略同。

四月十五日，在礼部门外放榜。此时正值杏花开放，故名"杏榜"。洪钧榜上有名。29岁的洪钧成了一名贡士。

四月二十一日，贡士于保和殿参加殿试。二十二、二十三日两天，读卷官评卷，上奏皇帝，裁定名次。这年，同治帝年仅12岁，两宫皇太后垂帘听政，定洪钧为一甲第

1名。

二、从翰林院修撰到内阁学士

按惯例，洪钧被授予翰林院修撰。翰林院掌制诰、修史、著作、图书诸事。修撰是个史官，掌修国史，俗称"太史"。状元例授修撰，故状元又称"殿撰"。洪钧在翰林院呆了2年，于同治九年提督湖北学政，简称"学政"，成了湖北省的最高学官。学政的任期向来是3年，同治十三年，洪钧任职期满回京。

这年十二月初五，年仅19岁的同治帝一命呜呼。当天，年方4岁的载湉继立为帝，年号"光绪"。慈禧太后依旧垂帘听政。

光绪元年（1875），洪钧补行散馆，充任顺天乡试同考官。二年，出为陕西乡试正考官。三年，参与编纂《穆宗毅皇帝实录》。五年，书编了大半，调任功臣馆纂修。七月，出任山东乡试正考官。十月，升任翰林院侍讲学士。六年二月，转为侍读学士，提督江西学政。三月，升右春坊右庶子，六月，转左庶子。春坊是东宫（太子宫）衙司，分为左、右。庶子是春坊的长官，并无实权，仅备翰林官升转。不久，再次出任翰林院侍讲学士。七年，转侍读学士。到八年九月，任职期满，请假回家省墓，朝廷给假3个月。

假满回京，于九年三月升任詹事府詹事，掌理东宫事务。过了4个月，即光绪九年七月，洪钧升任内阁学士，兼礼部侍郎。

这年八月，黄河在山东决口，朝臣纷纷上治河策略。有个叫游百川的大臣奉命察看灾情，上奏开通马颊、徒骇两河，分泄黄河水势。洪钧力言不可，说马颊、徒骇两河泥沙杂糅，引黄河水入有溃堤之忧。黄河，宜合不宜分，可宽宽地再筑一道黄河大堤。他力荐潘骏文治河。潘骏文乃原江南河道总督潘锡恩之子，谙习河务，任山东按察使时犯法免官。朝中诸臣知道潘骏文的才干，但没有人敢荐举他。潘骏文被起用，上任后尽力治河，堵住了决口。

就在黄河决口的八月，法国迫使越南阮氏王朝签订《顺化条约》，取得对越南的"保护权"，伺机侵华。面对法国的威胁，清廷内部意见不一。以左宗棠、曾纪泽为代表的主战派力主援越抗法，而以奕䜣、李鸿章为首的主和派力陈不可轻开战端。法军不断挑衅，进攻驻防越南山西的清军，于光绪十年三月把战火烧到中国边陲。洪钧站在主战派一边，上书条陈御敌机宜，推举云贵总督岑毓英指挥中越边界抗法战事。

七月，法国海军中将孤拔率舰侵入福建闽江口。八月，法军进攻马尾军港，对中国开战。洪钧的密友、福建会办大臣张佩纶失职，岑毓英也接连失利。

一些人攻击洪钧荐人不当。洪钧上疏，说老母在堂，请开缺终养，朝廷诏准。洪钧回到吴县城内北张家巷。次年，老母病亡，洪钧在家服丧。

三、纳名妓富彩云为妾

在家服丧期间，洪钧结识了一位名妓——富彩云。

富氏原姓赵，里籍徽州(州治今安徽歙县)。到祖父赵多明时，家境尚可。赵多明在吴县与人开店。太平军东进，在徽州的赵家人四散逃命，年方12岁的八哥一人逃到吴县找父亲赵多明。从此，赵家便在吴县落了脚。八哥娶吴县潘家女儿为妻。

同治十一年(1872)，潘氏生了个女婴，取名彩云(关于傅彩云的生年有不同的说法，此据她的自述)。彩云越长越漂亮，喜欢打扮，爱交际。13岁那年上，便开始去"花船"(一种妓船)上侑酒。怕有辱家门，便用"富"为姓。上"花船"不久，便结识了在家服丧的洪钧。

洪钧在家闲着没事，便与三两个朋友玩牌。他们打牌时，洪钧常把彩云叫去作陪。朋友们见洪钧钟爱彩云，便劝他纳了她。洪钧已有一妻一妾，妻是江宁(今江苏南京)人，姓王，妾乃同治十三年状元、元和(今江苏苏州)人陆润庠之女。彩云来了，是二姨太。她祖母嫌是个偏房，执意不肯，洪钧再三托人去说，赵家提了若干条件，洪钧一概应允。赵家也就同意了。

翌年正月十四，洪钧把彩云娶了过去。他给彩云起了个新名：梦鸾。

这年，梦鸾年方14，洪钧50岁。

四、出使俄、法、荷、奥

光绪十二年(1886)，洪钧服满进京，重任内阁学士兼礼部侍郎。

次年，奉命出使俄、法、荷、奥四国。

洪钧携梦鸾，还有一批随员、仆人从北京乘船到天津，走海路到上海，下榻于天后宫。过了中秋节，由水路赴欧，十一月抵达柏林，下榻于中国使馆。那是一座三层楼建筑，原是一个公爵的别墅，中国租了下来，作为使馆。

洪钧身兼四国出使大臣，来去匆匆。抵德不久，赴圣彼得堡,参谒沙皇。十三年冬,自俄还德,处理积牍。十四年正月十七赴奥地利,参拜奥皇,呈递国书,遍访奥各部大臣,各国驻奥使节。事还未完,德皇去世,驰回柏林吊唁。礼毕,准备出使荷兰,忽闻朝鲜遣使来欧,很可能去了俄国。朝鲜是中国的邻邦,俄国始终想把朝鲜划入它的势力范围。若俄国的阴谋得呈,对中国极为不利。故洪钧决定暂缓赴荷,改去俄国,注视着俄、朝双方谈判的动向。当他看到俄朝两国签订朝鲜"归俄保护"的明文时,便电告清廷,说沙俄愿守太平,朝鲜现在无虞。放松了对朝鲜问题的警惕。

置身列强之间,洪钧真切地感受到列强之间存在尖锐的矛盾。他上书朝廷,说德国正在扩军备战,矛头指向俄国;俄国联合法国对付德国;德国联络意大利对抗法国,利用奥地利牵制俄国。他分析说,俄德一旦开战,俄胜十居四,德胜十居六。作为中国,应做局外观,利用列强间的矛盾,致力于自强。

中俄毗邻,沙俄对中国的侵略日益加剧,洪钧十分注重中俄关系。他警告朝廷,俄国正在筹建西伯利亚铁路,计划10年内完工。一旦完成,对中国的威胁将极为严重。俄国肆意侵吞中国领土,中俄边界争端持久不下。洪钧从俄国购得一份《中俄界图》,呈给朝廷参考。

像多数封建士大夫一样,洪钧看不惯西方文化。他讨厌西服,连鞋袜也须是中式的才肯穿。他带了两名中国厨师,烹制中国饭菜。西方人想给他照张像留念,他执意不肯。他还强迫属员为梦鸾站班,谁不乐意就赶走。

西方的电报用3码,中国是4码,多有不便。洪钧创以干支代".""十""百"字,也成3码电,岁省巨万。

梦鸾在柏林生了个女孩,取名"德官"。

洪钧购买划水车、小火轮,献给慈禧。慈禧把它们放置在颐和园里。

光绪十七年，洪钧任职期满，回到北京。

五、抑郁而死

回京后，洪钧升为兵部左侍郎，入值负责外交事务的总理各国事务衙门。

他刚上任，便碰上帕米尔问题。

帕米尔是中国西北疆域的组成部分，英俄都在觊觎这块战略要地。光绪十年，中俄签订《中俄续勘喀什噶尔界约》，确定两国在帕米尔地区的边界走向，帕米尔西北部划入俄国版图，乌孜别里山口以南有一块中间地带。为了加强国防，清廷于光绪十八年在帕米尔增兵设卡。俄国却对中国的正当行动横加指责。总理各国事务衙门官员在俄国的压力下，主张妥协。洪钧也持这种论调，在奏折中声称增兵设卡是错误的。

同年夏，俄国公然违背《中俄续勘喀什噶尔界约》，入侵帕米尔，强占了萨雷勒岭以西2万多平方公里领土。清廷不得不采取强硬方针。洪钧的态度也有转变，但他反对用兵，力主通过外交途径解决。交涉毫无结果。

一些官员上书弹劾洪钧办事软弱，还说他献给朝廷的《中俄界图》的帕米尔部分有误，有利于俄国。总理各国事务衙门答复说，洪钧献此图仅仅是为了参考，不是以此图来确定中俄边界。

洪钧忧郁成疾，一病不起，于光绪十九年八月病逝，享年54岁。

洪钧死后，梦鸾扶柩南归。到吴县接官亭，梦鸾将灵柩和女儿德官交给洪家人，只身回了娘家。

不久，洪钧的儿子洪洛病死。

次年正月，梦鸾生了一个遗腹子，活了大约11个月，夭折了。

梦鸾脱离洪家，重操妓女行当，以曹梦兰、赛金花等名在京、津、沪诸地活动，名声很响。同代人曾朴以洪钧、彩云为主线，写了清末四大谴责小说之一《孽海花》。

民国二十五年(1936)十月二十一日，赛金花病死于北京居仁里16号。

六、元史学家

蒙古族建立的元朝，向来是历史研究的薄弱环节。明人宋濂等编撰的《元史》，陈邦瞻撰的《元史纪事本末》，清人邵远平编的《元史类编》，魏源撰的《元史新编》等书，都因史料缺乏而带有这样那样的缺憾。洪钧出为俄、德、奥、荷四国公使，得到俄国人贝烈津翻译的伊利汗国宰相拉施都丁主编的《史集》中的《部族志》、《成吉思汗本纪》，还有亚美尼亚人多桑写的《蒙古史》等书，遂令使馆馆员金楷利等译成中文。洪钧用这些译文，参证以汉文史料，写了一部《元史译文证补》。

《元史译文证补》凡30卷。洪钧猝死，有10卷未及定稿。临终前，他将稿本付托陆润庠——二姨太的父亲。未定稿的10卷亡失，有目无书。光绪二十三年，陆润庠将洪钧遗著付印。此书是中国学者译介外国史料用以研究元史的第一部著作，在元史甚或整个中国史研究方面，占有重要地位。

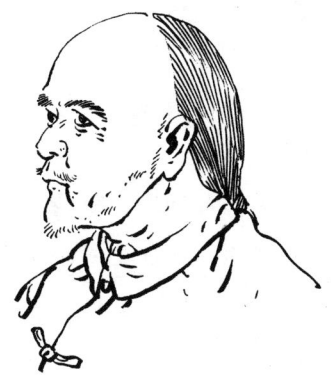

梁耀枢

◎ 刘 一

梁耀枢，字冠祺，号叔简，又号斗南，顺德（今属广东）人。少力学，博通经史。同治十年（1871）三月，梁耀枢赴京参加辛未科会试，榜上有名，第1名会元的桂冠却被直隶景州（今河北景县）人李联珠夺得。四月二十一日，殿试在保和殿举行，梁耀枢一举夺魁，成为清代第100名状元，也是清代广东第3位状元。那会试第1名李联珠仅列第三甲第59名。辛未科进士共323名，后来出了若干名人。如名列第二甲第19名的张佩纶，在光绪十年（1884）中法马尾海战时，任福建会办海疆大臣，妥协退让，致使福建水师全军覆灭，成为臭名昭著的千古罪人。梁耀枢中状元后,按惯例入翰林院为修撰,掌修国史。同治十二年,出为顺天乡试同考官。光绪元年(1875),出任湖北乡试正考官。明年,提督湖北学政。六年,充任会试磨勘官,奉诏教习庶吉士。八年,入值南书房,充任日讲起居注官,旋授左右中允。九年,升任翰林院侍讲。十年,转为翰林院侍读、左右庶子。十二年,充任会试同考官,奉诏提督山东学政。十三年,授詹事府少詹事,明年升为詹事。詹事是詹事府长官,统领左右春坊及司经局等衙门。其仕途至此结束。

陆润庠

◎ 云 高

一、当朝一品

元和(今江苏苏州)有家姓陆的,亦儒亦医,颇有名气。大清帝国晚期,陆氏家族中有个叫陆懋修的,考入官学学习。太平军北进,陆懋修随家人逃难上海,穷困潦倒,遂以家传医术为人治病谋生。他医术高明,在上海一带很有名。治病之暇,他研讨《黄帝素问》等医学典籍,著述不辍,有《内经运气病释》等专著问世。

陆懋修有个儿子,道光二十一年(1841)五月生于镇江丹徒(今江苏镇江)学舍。镇江,古称润州;地方学校,古曰"庠"。故取名"润庠"。学舍中有宋乾道二年(1166)《熊克凤石图赞》,故以"凤石"为字。陆润庠聪明好学,10岁便读完儒家的九经;对家传医学,他也用心学习,颇懂医术。他凭借儒学根底考中乡试,成为一名举人。同治十三年(1874)二月,会试中式。四月二十一日,殿试在保和殿举行,陆润庠一举夺魁,成为大清王朝第101名状元。

此科进士共337名,是同治皇帝的最后一批门生。

陆润庠中状元后,按惯例入翰林院为修撰,掌修国史,开始了他的仕宦生涯。这年,他33岁。

陆润庠入仕不久,同治皇帝于十二月五日病死,年方19岁。他的母后慈禧太后把年仅4岁的爱新觉罗·载湉扶上帝位,年号"光绪",军国大权操纵在她的手中。

光绪皇帝即位后,陆润庠屡次出为乡试考官,仅湖南、陕西各典试两次。后入值南书房,侍从光绪皇帝作文绘画,擢为侍读,出为提督山东学政。督学山东不久,老父病死,陆润庠离职服丧。服阕,累迁至国子监祭酒。老母罹病,乞假归养。

总理各国事务衙门奏请谕令各省设立商务局,各府州县在水陆通衢之处设立通商公所,兴办实业,官督商办。

署理两江总督兼南洋大臣张之洞率先行动,奏派通州(今江苏南通)人、光绪二十年状元张謇在通州设立商务局,陆润庠在老家苏州设立商务局,去官在家的礼科给事中丁立瀛在镇江(今属江苏)设立商务局。丁立瀛在镇江无所作为,张謇在通州兴办大生纱厂,陆润庠在苏州创办苏纶纱厂和苏经纱厂。这便是哄动一时的"状元办厂"。

陆润庠和张謇不同。张謇从此热衷于办实业，虽然没有完全脱离政治，主要精力放在兴办工厂、学校等上面；陆润庠虽然创办两座纱厂，热衷的还是仕途。

光绪二十四年（1898），起仕，再为国子监祭酒。不久，擢内阁学士，署理工部侍郎。

这时，义和团运动风起云涌。慈禧太后对列强干预她废黜光绪帝极为愤恨，试图借助义和团来教训一下洋大人，对列强宣战。俄、英、法、美、日、德、意、奥八国拼凑了一支2000余人的联军，在英国海军中将西摩尔率领下，从天津向北京进犯。慈禧太后挟持光绪皇帝出德胜门仓皇而逃，奔往西安。

陆润庠辗转奔赴西安——当时叫"行在"。慈禧太后为陆润庠的忠心感动，委任他为礼部侍郎。慈禧太后还京后，陆润庠出任最高监察官——左都御史，后又奉命署理工部尚书。

二、反对变法　仇视革命

"戊戌维新"被慈禧太后镇压后，"君主立宪"运动并未消歇，很快重新兴起，资产阶级革命派也日渐壮大。若在二者中选择一个的话，清廷自然选择君主立宪。光绪三十二年九月十三日，清廷颁诏宣布"预备立宪"。

按清廷的说法，"预备立宪"的首要任务是改革官制。慈禧太后命陆润庠为釐订官制大臣。不久，公布中央官制，最高统治机构军机处照旧不变，部名更改并增为11部：外务部、吏部、民政部、度支部、礼部、学部、陆军部、司法部、农工商部、邮传部、理藩部，工部裁省，陆润庠署理工部尚书一职撤销，以尚书衔领顺天府尹。翌年，授吏部尚书、参预政务大臣。他上疏说："捐钱买官，仕途就良莠混杂了。有些官员学识浅陋。请制定道府以下考试章程，考试不及格者不差遣官职，设立仕学官教习他们。"

作为当朝一品大员，陆润庠对方兴未艾的立宪运动不能没有看法。他说："成规不可墨守，而实行新法也需要斟酌。若不研究中国历史，不从中国实际出发而进行变革，改革是难以成功的，且将使问题更糟。"

光绪三十四年十月二十一日，光绪皇帝在瀛台涵元殿驾崩，终年38岁。慈禧太后选中醇亲王爱新觉罗·载沣的儿子爱新觉罗·溥仪为新的帝位继承人。十月二十二日，慈禧太后寿终正寝。十一月九日，溥仪登基，年号"宣统"。

宣统元年（1909），陆润庠入阁为协办大学士，进为体仁阁大学士，转东阁大学士。宣统三年设弼德院，参预机务。弼德院置院长、副院长各1人，顾问大臣32人，参议10人，秘书厅秘书长1人。陆润庠出任弼德院院长，还充任毓庆宫授读，教宣统皇帝读书。在此期间，陆润庠就军国大政提出一系列建议。曲阜新建"曲阜学堂"，他上疏说："曲阜是圣地，新建的曲阜学堂必须以弘扬经术、提倡正学为宗旨。若杂聘外国人为教习，异言殊服，喧宾夺主，有害于圣教；若圣教渐灭，将是朝廷之忧。"关于官制改革，他认为："釐订官制应保存都察院。有人说既然有了国会，不需再有言官。岂不知议员职在立法，言官职司监察。议院开会，不超过3个月，言官却随时可以进谏。行政裁判，乃事后决断，言官则奏谏于事前。朝廷想广开言路，那么，都察院就不可裁；诸臣要巩固君权，那么，也会赞同保留都察院。即使他日国会成立，也应使都察院为独立衙门,不要被那些邪说所迷惑。"对于当时出国留学风潮,他贬斥说:"游学外国的学子,在实业上学成而回来的,寥寥无几;回来后,又所学非所用。学成后归国最多的是法政科。法政各国不一,都是根据本国的风土人情而制定的。今留学的学子根底很浅,对于中国的经典未曾诵习,传统道德风尚知之甚少,徒学人家的皮毛,妄言改革,甚或包藏祸心,鼓吹民权、革命,视国家与君主为两途,在国内发展党徒,图谋造反。各部院大臣以为朝廷锐意改革,非重用那些留学回来的人不足以成大事。于是异端邪说流行,遍及朝野。日子长了必然会动摇国本,生灵涂炭。"

朝廷财政困难,入不敷出,陆润庠把财政危机归因于实行新政,借财政危机指斥改革,鞭挞新政。他说:"今日之祸,因为督抚无权,朝廷无权。库储空虚,寇贼横行,是尤为明显的。编练新军,所用的都是没什么经历的学生,他们的韬略仅是纸上谈兵,用兵则局限于条条框框,还有的说中国人不打中国人。一旦有事,督抚非但不能调遣,甚至倒戈响应,他们不可信用是显而易见的。如此,则不如停办新军,仍使用从前的巡防兵。当然,对他们需加以整顿。新的审判机构任用的都是未曾听讼的法官,黑白混淆,是非颠倒。旧时干练的老吏,督抚都不敢使用。州县的捕快都被遣散了,把缉拿盗贼之事交给巡警。巡警大都无能,且仅省会城市及通商口岸有巡警,岂能顾及乡里?将来势必遍地皆盗,人民无可控诉。如此,则不如撤销新的审判,像从前那样,把断狱、缉捕之事交给州县。咨议局设立后,各地推举的都是不谙掌故的议员,肆意放言,钳制官员,督抚对他们无可奈何。于是,他们借筹款之名,鱼肉乡里;打着自治的旗号,树立私党。去年资政院开会,有人竟然张牙舞爪,破口大骂,藐视朝廷。他们以能言善辩为通才,以横加讥议为舆论，蜩螗沸羹，喧闹嘈杂，莫可究结。如此，则莫如停办国会，把言事之责仍归于都察院。新设的学堂，聘任的都是不通经史的教员，他们用的教科书，仅能启发愚昧而已；废《五经》而不读，其祸等于秦始皇焚书；暑假星期天，学生毫无约束，他们都是些未成熟的少年，哪能不结伙生事，为非作歹？而伙食费、学费百倍于前，那些贫穷而有才的人，进身无路。如此，则不如停办中小学堂，仍实行科举取士，凡此都与财政有关，而祸害不仅在财政，若不早点儿了断，必然导致威权下移，大局不可收拾！"

尽管陆润庠反对改革，仇视革命，但历史的发展不以他的意志为转移，资产阶级革命发展到高潮，武昌起义爆发了。

三、逊位皇帝的师傅

宣统三年八月十九日，陆润庠指斥的新军在武昌起义，攻占武汉三镇，全国各地纷纷响应。十一月十日，独立各省代表在南京公推孙中山为中华民国临时大总统。1912年1月1日，孙中山在南京宣誓就职，以1912年为民国元年。中华民国建立了。

民国元年二月十二日，宣统帝在养心殿举行清王朝最后一次朝见仪式后，宣布退位。

陆润庠年老昏聩，对在皇宫中称孤道寡的宣统帝却忠心不渝，奉隆裕太后懿旨，照料毓庆宫事务，仍充任宣统帝的师傅，并接受太子太保官衔。

民国四年，陆润庠病死，享年74岁。

已经退位的清帝追赠陆润庠太子太傅,谥号"文端"。

陆润庠俭朴,虽贵为一品,衣着如寒士。他性格内向,即使生气,也抑郁于内心,从不外露。病重后,终日正襟危坐,瞑目不言,也不吃喝,数日而死。

曹鸿勋

◎ 涂 青

清代，潍县（今山东潍坊潍城）县城南关新巷子，号称"状元胡同"。这里出了两个状元，曹鸿勋是第一个，后来又出了个王寿彭。

曹鸿勋，自小好学，考入官学，成为一名官学生，当时叫作"生员"。同治十二年（1873），12年一次的"拔贡"如期举行。"拔贡"是从府县官学中选拔生员贡入最高学府太学。入太学后，由礼部奏请廷试，不合格者，或斥革，或发回原学，入一、二等者，可参加在保和殿举行的复试；复试一、二等者，授以七品京官或知县等。曹鸿勋以优异成绩名列第一等，被授予刑部七品官。

光绪二年（1876），为庆祝光绪皇帝承嗣大位，举行一次恩科考试。参加殿试的贡士凡224人，曹鸿勋一举夺魁，成为清代第102名状元。

曹鸿勋中状元后，入翰林院为修撰，掌修国史。光绪五年五月，奉旨出任湖南乡试副考官。他在湖南呆了6个月，十一月回到京师。光绪七年，奉旨提督湖南学政。自宋元以来，湖南儒学大盛。湖南人治学注重功底，讲求功夫，边僻各府却囿于旧习，拘守章句。曹鸿勋选拔边僻各府优秀者，让他们入省城书院学习、观摩，风气为之一变。

光绪十三年，慈禧太后和光绪皇帝命曹鸿勋在上书房行走。上书房在乾清宫左面，是皇子皇孙们读书的地方。皇子皇孙6岁便入上书房读书，教师由皇帝特派，称"授读师傅"，都是饱学之士。光绪皇帝无子，在上书房读书的，是他的兄弟们。曹鸿勋奉旨教授载润。

光绪十四年二月，3年一次的京察如期举行，曹鸿勋名列第一等。光绪十五年正月，被授予五品官衔。六月，奉命出任江西乡试副考官。光绪十六年，出任翰林院庶常馆教习。庶常馆是新科进士中的佼佼者进修的地方，进士入庶常馆进修叫做"庶吉士"，教习是教授庶吉士的学官，满汉各一人，由学识渊博者充任。

光绪十七年五月，老母病亡，曹鸿勋辞官奔丧。安葬了老母，便按封建礼教在家服丧，直到光绪十九年九月才回到京师。

回京后，曹鸿勋回到上书房做授读师傅。光绪二十年正月，慈禧太后60岁大寿，赏曹鸿勋四品官衔。这年又逢京察，曹鸿勋又名列第一等。慈禧太后和光绪皇帝召见，降旨军机处记下曹鸿勋的姓名，若哪处道员有缺，即以任用。还未等有空缺的道员，慈禧太后和光绪皇帝便命他以四品官衔充任日讲起居注官，随光绪皇帝出席各种重大活动，笔录皇帝言行，按年编次起居注，乃皇帝近臣。不久，出任太子东宫詹事府右春坊右赞善。三月，逢10年一次的大考，成绩不太理想，名列第二等第50名，但仍在升迁行列中。十一月，充任武英殿纂修。光绪二十一年八月，调任詹事府左春坊左赞善。

光绪二十二年七月，曹鸿勋被任命为永昌府（府治保山，今属云南）知府，次年正月到任。永昌府在云南西南，潞江（今怒江）、澜沧江穿境而过，辖区相当于今云南永平、保山、施甸、龙陵、潞西、永德、镇康一带。这一带是汉族和少数民族杂居区，山高皇帝远，向来是个难以管理的地方。曹鸿勋到任后，平反了几起大案，民人畏服。曹鸿勋时常去县乡巡视，访贫问苦，凡有益于民生者，无不竭力为之。曹鸿勋在永昌府的所作所为，颇受朝廷称赞，调他为云南府知府。云南府治昆明（今属云南），是省会所在地，在各府中地位最为重要。就在曹鸿勋出任云南知府不久，戊戌变法开始，旋即失败，光绪皇帝被囚禁在中南海瀛台。曹鸿勋远在云南，没有受这场变故的影响。第二年，升任迤东道道员。迤东道辖曲靖（府治曲靖，今属云南）、东川（府治会泽，今属云南）、澂江（府治河阳，今云南澄江）、昭通（府治恩安，今属云南）、广西（州治广西，今云南泸西）四府一州。不久，又署理云南粮储道，职司全省漕粮。光绪二十七年三月，出任云南司法、刑狱长官按察使。云南积年大案很多，曹鸿勋到任不足两个月，便了断巨案十几起。朝廷颇赏识曹鸿勋的才干。光绪二十九年，擢任贵州省行政长官——布政使，旋即令他署理贵州省最高长官——巡抚。当时，广西有多股起义军，朝廷命曹鸿勋围剿南丹州的义军。

曹鸿勋选将誓师，进军南丹州，大获全胜。

光绪三十一年正月十三日，曹鸿勋调任湖南布政使。8天后，即正月二十一日，改任陕西巡抚。

光绪三十三年，清政府宣布在中央筹备资政院，作为咨询机构，将来过渡为国会。这年八月，慈禧太后和光绪皇帝把曹鸿勋从陕西召到京师，命他协助筹备资政院事务。

宣统二年(1910)二月，曹鸿勋病死。

王仁堪

◎ 徐兆江

王仁堪，字可庄，福建闽县（今福建福州）人，生于清朝一个官僚家庭，祖父庆云曾任工部尚书。王仁堪从小就聪颖好学，苦以砺志，希图能有朝一日报效国家，特别是中国近代屈辱的历史，更在他的心中打下深深的烙印。

同治十三年（1874），王仁堪由举人考取内阁中书。清光绪三年（1877），他又参加殿试，考取一甲一名进士，被授予翰林院修撰之职。自此，王仁堪开始了仕途生涯。

一、索伊犁　书劾崇厚

王仁堪所处时代，正是中国备受帝国主义国家侵略凌辱的时代。道光二十年（1840）鸦片战争以后，中国开始丧失大批的主权和领土，从而沦为半殖民地半封建社会。沙皇俄国在侵吞我国领土上充当了急先锋。

第二次鸦片战争中，沙俄通过《瑷珲条约》、《北京条约》和一系列的勘界条约，侵占了我国144万多平方公里的领土。早在咸丰三年（1853），沙俄就开始侵入我国伊犁河下游一带。同治十年（1871），沙俄任命科尔帕科斯基为"伊宁远征军长官"，指挥一支近1800人的军队，越过边境大举向中国进攻，占领了伊犁地区，并悍然宣布："伊犁永远归俄国管辖。"第二年五月，清政府派员与沙俄谈判交换伊犁，遭到蛮横拒绝。

当左宗棠出师西北边疆，收复新疆南北两路后，光绪四年（1878），清政府又派崇厚为出使俄国大臣，前往俄国谈判索还伊犁。结果，崇厚在沙俄的威胁愚弄之下，竟于光绪五年（1879）八月十七日擅自与沙俄签订丧权辱国的《里瓦基亚条约》即《交收伊犁条约》。条约规定：中国偿付沙俄"代收代守伊犁兵费"500万卢布（合白银280万两），割让霍尔果斯河以西及伊犁南境特克斯河流域大片领土，将喀什噶尔及塔尔巴哈台两处边界作有利于沙俄的修改，俄商在新疆全境及当时的蒙古地方免税贸易，增辟两条由陆路到天津、汉口的通商线路，俄国在嘉峪关、乌鲁木齐、哈密、吐鲁番、古城（今奇台）、乌里雅苏台、科布多等地增设领事。可以看出，伊犁虽然在名义上归还中国，但由于其西境、南境都被沙俄割去，伊犁实际上处于北、西、南三面被沙俄包围的境地，随时都有被沙俄重新掠夺的危险。

消息传来，全国哗然。王仁堪偕同修撰曹鸿勋等人上书光绪皇帝弹劾崇厚，痛斥沙俄的侵略野心和崇厚的愚昧卖国行径。在舆论压力之下，清政府将崇厚革职拿问，定为"斩监候"。

二、上奏折，为民请命

自同治到光绪年间，慈禧曾3次提出修建圆明园，以供娱乐。光绪十年（1884），慈禧将应上交国库的几百万两银子私截，欲用于修建清漪园。醇亲王奕譞对慈禧百依百顺，助纣为虐。王仁堪上书弹劾奕譞，结果遭到贬谪，外放知府。清廷又在建设海军的名目之下，创设所谓的"海军捐"。这个捐实际上就是卖官。谁想当官，花二三千两白银，可买个实缺州县官；出四五千两白银，可得一个实缺知府；如果能出七八千两，就可买一个实缺道台。几年中，用于清漪园的款项达3000多万两白银。颐和园就是在清漪园旧址扩建的，主体工程完成后，慈禧又责成各地总督巡抚"报效"，称做"海军报效"，这些金钱经由奕譞之手用于颐和园工程。

光绪十一年（1885），中法战争中国不败而败，签订丧权辱国的和约，世人痛心疾首。国内此时天灾人祸，五谷欠收，百姓背井离乡，流离失所，社会动乱日甚一日，各种灾害遍及广东、广西、山东、直隶、陕西、甘肃等省。光绪十三年（1887），黄河在郑州决口，河南及江苏北部、山东、直隶等省顿成一片汪洋。贪官污吏乘机敲诈勒索，老百姓陷入无底深渊。

光绪十四年(1888)，王仁堪再次上奏，批评朝政。他在奏折中写道：

> 自从失去琉球、越南、缅甸(这些以前都是中国的属国)以后，日本国谋攫取朝鲜，伺机侵略中国；英国窥视西藏，威胁我西部边疆；法国扩大商务，觊觎云南、广东；沙俄增加战舰，修造铁路，从彼得堡直达珲春，虎视我东北三省。现在列强侵略我国日深，而我国财力亦日趋匮乏，全国民众深望朝廷能够惩前毖后，励精图治。如果现在就认为已经国治民安而闲于朝政，那么，就会造成废弛纪纲，形成难以根除的弊端。
>
> 自去年冬天黄河决口未能修复以来，人民流离失所已不止亿万。今年江淮地区又遇苦旱，每县饥民达数十万；夏秋之间，京师地震，狂风暴雨，人财损失无计其数；东北又遭大水灾，被淹多达十三厅州县，各地纷纷募捐赈灾，其状惨不忍闻。
>
> 因此，臣恳请皇上下令停止大兴土木，以救黎民于水火之中。年初皇上曾圣旨修缮颐和园，以供慈禧太后贺庆之用，这诚然是皇上的一片孝心，但颐和园虽然壮观，对皇太后来说也不过是一室之居，一山一水之景，如果因此而动用大笔款项造成人民生活更加困难，惟恐皇太后也不会高兴的。值此多灾多难之时，请皇上将此项工程停止，从今以后，亲念政治，力节游览，以恭俭为心，岂不与国有利与皇太后更有孝心吗？

三、不惧洋　法以同治

光绪十七年(1891)，王仁堪被任命为江苏镇江府知府。三月份，王仁堪走马上任尚不到10天，就接到丹阳教堂的案子。

早在鸦片战争以前，西方资本主义国家的教会和传教士就发出要用"十字架征服中国"的狂妄叫嚣，在列强对中国侵略与掠夺中，教会和传教充当了急先锋的角色。鸦片战争以后，他们依靠不平等条约和大炮的保护，争先恐后地窜进中国的内地和边疆。到19世纪末，欧美的天主教、耶稣教和沙俄的东正教，先后向中国派遣的传教士达3300多人。这些传教士在中国建立教堂，网罗教徒，为西方资本主义在中国建立血腥的殖民统治效劳，起了侵略者大炮所不能起的作用。

通过渗入中国各地的教堂，洋教士手捧《圣经》，在慈善外衣的掩护下，干着间谍特务的勾当，并且对中国进行思想文化上的侵略。教会办了许多学校、医院、育婴堂和报刊，撒开一张文化侵略的毒网。

外国教堂所办的育婴堂，实际上是一个残害中国儿童的罪恶场所。同治九年(1870)，在天津法国天主教堂设的育婴堂里发现了三四十具已经溃烂、惨不忍睹的儿童尸体。与此同时，天津一带又不断发生拐卖儿童案件，在拐犯供词中无不牵连教堂，于是民情激愤，奋起反对外国教会的罪行，打死行凶的外国侵略分子和教士，捣毁教堂，火烧育婴堂，救出中国儿童。同治十二年(1873)，发生四川教案，其后，在江苏、江西、湖北等省，百姓和教士互相攻杀，拆毁教堂的事屡有发生。清政府一再妥协，极力保护教堂、教士，破坏群众的反侵略斗争，一次次赔款进一步加重中国人民的负担。

这一次，王仁堪接到的丹阳教堂的案子，又是一起残害儿童案件。当时有人在教堂发现许多儿童尸体，知府王仁堪闻讯后立即赶赴现场查验，掘出大约70具儿童尸体。王二堪殊为震怒，立即报请两江总督刘坤一。他说：既然是天主教堂，就不应该有儿童的尸骸，如果说教堂准许办育婴堂，就更不应该见不到活的儿童，况且教堂办育婴堂在其它各省也已引起纷乱，但遍查历年条约，传教这一条下并没有准许外国人在中国育婴这一款。外国传教士擅办育婴堂，残害儿童，为非作歹，这是咎由自取，对他们应严惩不贷，以安民众之心。

光绪十七年（1891），有一个叫忻爱珩的洋人前来拜见王仁堪，说是要募捐兴建中外义学，并且罗列出沿途地方官捐款情况，遭到王仁堪斥责。经查，忻爱珩并无游历护照，于是将其送交该国领事查办。王仁堪报请两江总督照令各国总领事，洋人无护照而到处游历，一律属于流民。如果为非作歹，则按中国法律治罪。

四、勤内政　鞠躬尽瘁

镇江太平湖是四郡五县交会之地，这样一个交通枢纽自然成了商品集散中心。由于管理不善，这里却成了藏污纳垢、坑蒙拐骗之地。

王仁堪上任以后，在太平湖设立乡团以维持治安，抄破诱骗拐卖人口的巢穴，将案犯全部捕获，绳之以法。他又建立悔过所，将那些欺行霸市的人关闭起来，令其悔过自新。当时，驻防在这里的八旗兵多仗势欺人，王仁堪就将其中无赖抓起来严厉惩办，以儆效尤。通过一系列措施，太平湖迅速变成一个秩序稳定，贸易繁忙的商埠。又建立了荷花荡船坞，过往船商免遭风浪之苦，太平湖红火起来。

王仁堪常说：民乃一邦之本，爱民之官当知民之疾苦。他常常巡行乡里，无论是险阻之地还是穷僻之处，他都坚持亲自去看一看，了解情况。

王仁堪关心农业生产，将修凿渠塘作为自己的责任。官府没有这笔开支，想从老百姓手中集资，根本不可能，他们的生计都难以维持。王仁堪各亲戚旧友写信求助。当地富户商人非常惭愧，自觉地交纳兴修水利的款项。光绪十八年（1892）春，王仁堪亲率众人勘测地势，修复河道，开掘沟渠塘坝。他整日奔波，积劳成疾，终于病倒了。在病中，他仍念念不忘水利工程，时时去看一看。在王仁堪的主持和带领下，共开掘池塘2300多座，修凿沟渠闸坝数以百计。

这年恰遇蝗灾，王仁堪带病督率众人在野外捕捉蝗虫。连日劳累使病情加重，几乎一病不起，他又被送回病床上。躺在病床上，他仍放心不下，天天商讨灭蝗事宜。有一天，他将丹徒知县王芝兰请到府中，口授灭蝗之计。

到了秋季，丹徒、丹阳等地呈现一片严重的灾状，粮食无收，百姓生活雪上加霜。王仁堪又着手赈灾工作，一方面接受赈灾物资，另一方面规劝绅商捐助。在发放赈灾物资的过程中，王仁堪认真清查户口，区分大小极贫次贫，严格检查，没有人敢从中捣鬼发赈灾财，保证20多万人渡过了灾荒。

王仁堪没有简单地将赈灾物资发放完就了事，而是采取牛赈法、工赈法等一举两得的好方法。牛赈法就是有人要卖牛，就由官府出钱，让卖牛人继续养牛，以后归还官府所给的钱和息金。工赈法就是挑选壮丁修凿水利。利用这种方式，疏浚河流湖泊25个，兴修渠道230多条，引长江和运河的水灌溉田地。开挖水塘4600多座，用来蓄集高处的水。地势高不宜种庄稼的，王仁堪就买来桑树、榆树、松柏等树苗，让老百姓栽植。

在金坛、溧阳、薛埠等地，王仁堪采用同样方法放赈救灾，溧阳县城修复一新，金坛、薛埠等地可以灌溉数万亩土地。

作为地方官，王仁堪很重视教育。原先镇江府没有学校，王仁堪在官府前建立"南濡学舍"，还建立"榛思文社"，清理整修宝晋书院等，发展当地的教育。

光绪十九年（1893）六月，王仁堪调任苏州府。他因劳疾旧发，到苏州后就病倒了，带病坚持视事。有一夜外出巡防，受寒不治而亡。镇江士民闻讯，非常悲痛，怀念他为镇江人民做出的贡献。

黄 思 永

◎ 刘 一

黄思永，字慎之，号亦瓢，江宁（今江苏南京）人。少力学，勤读书。爱新觉罗·载湉君临天下第7年，即光绪六年(1880)三月，黄思永赴京参加在礼部贡院举行的庚辰科会试，榜上有名。四月二十一日，殿试在保和殿举行，黄思永一举夺魁，成为清朝开国以来第104名状元。此科进士共329名，后来出了若干名人。如第二甲第17名王懿荣，官至国子监祭酒，他是中国历史上第一个收集甲骨文字的。中状元后，黄思永按惯例入翰林院为修撰，掌修国史。累官至侍读学士。侍读学士属于文学侍从一类的官，职司撰著记载等事。

陈冕

◎ 刘 天

光绪九年(1883)四月二十一日，癸未科进士殿试在保和殿举行。参加角逐的贡士共308人，顺天府宛平县(今北京)人陈冕一举夺魁，成为清代第105名状元。

陈冕，字冠生，先世为山阴(今浙江绍兴)人，祖父陈显彝时迁居宛平。父陈恩寿，历官长清(今属山东)、莱阳(今属山东)、恩县(今山东平原)县令，所在皆有政绩。陈恩寿有两个儿子，长子叫陈龄，因病早卒，次子即陈冕。陈冕15岁考入宛平县学，成为一名秀才。光绪元年(1875)，17岁的陈冕参加顺天乡试中举，成为举人。他应试的文章写得很好，因而名声大噪。光绪二年、三年、六年，陈冕3次参加会试，皆未中。光绪九年，他第4次步入礼部贡院会试考场，3场考试下来，他榜上有名。四月二十一日殿试，陈冕又大魁天下。这年，他26岁。

陈冕中状元之后，按惯例入翰林院为修撰，掌修国史。

不久，黄河在山东决口，灾民40余万无家可归。陈恩寿拿出家中钱财，佐官府赈济灾民，因操劳过度而病倒。陈冕闻讯，乞假回家侍养。老父勉励他不要空有状元头衔，要干出一番事业来。陈恩寿终于不治而死，陈冕悲痛欲绝，礼葬老父。翌年，黄河又泛滥成灾，陈冕捐家财赈灾，还带着亲友，坐着小船，给灾民送饭送水；又筑房千间，供灾民栖息。陈家父子在两次水灾中的表现，大为众人称颂。

3年丧满，陈冕起仕。光绪十五年，出为湖南乡试考官，选拔一批优秀人才。光绪十八年，老母病逝，陈冕离职服丧。

第二年五月，陈冕去山阴重修祖坟，八月回京，不久病倒，于十七日不治而死，享年35岁。

陈冕为人慷慨，乐于助人，不管家中有无钱财，只要耳闻目睹有贫困不能自存的，总是设法救济。他不仅捐资赈济灾民，还曾捐千金救助山西饥民。

陈冕娶张氏为妻，继娶廖氏，又继娶李氏，妾郭氏。陈冕留下4个儿子：洪蕃、洪晟、洪守、洪愿。

陈冕死后，他的好友孙葆田作《翰林院修撰陈君墓志铭》，对陈冕短暂的一生作了总结，评价甚高。

赵 以 炯

◎ 刘 天

贵州僻在西南,经济、文化较为落后,科举登第者少。清代,贵州竟也出了一个状元,名叫赵以炯。

赵以炯,字仲莹,贵阳人。贵阳是贵州省省会,文化较贵州其它地区发达。赵以炯的父亲赵国澍,累官至按察使,是个不大也不小的官僚地主。赵国澍有4个儿子,长子赵以焕,次子赵以炯,三子赵以炳,四子赵以煃。赵以炯生于咸丰七年(1857)二月。赵家四公子皆好学上进,而赵以炯天资略高一筹。

18岁那年,即光绪元年(1875),赵以炯考入贵州府府学,成了一名秀才。他的弟弟赵以炳同时考入贵州府府学,也成了一名秀才。光绪五年八月，赵以炯、赵以炳兄弟参加贵州乡试，双双考中举人。在来年的会试中，兄弟俩却落第了。2年后，即光绪八年，大哥赵以焕考中举人。过了3年，即光绪十一年，小弟赵以烽考中举人。赵家四兄弟皆已中举，时人以为荣。

光绪十二年，四兄弟一同参加礼部会试，结果，赵以焕、赵以炳落选，赵以炯、赵以烽中式。这是三月的事。四月二十一日殿试，赵以炯大魁天下，成为清代第106位状元，也是清代贵州惟一的状元。

此科进士共319名。赵以烽名列第三甲第10名。1918年荣登中华民国大总统宝座的徐世昌名列第二甲第54名。

清开国200多年，贵州出了一个状元，贵州人引以为荣。遵义(今属贵州)人、著名学者黎庶昌在光绪十五年著文，说赵以炯中状元后，贵州人闻讯，就像自己中了状元一般兴高采烈。

赵以炯大魁天下后第5年，即光绪十六年，大哥赵以焕考中进士，名列第二甲第23名。赵家四兄弟三进士一举人，彪炳青史。

中状元后，赵以炯按惯例入翰林院为修撰，掌修国史。时值天下动乱，仕途坎坷不平。光绪十四年八月，出任四川乡试副考官。光绪十七年，提督广西学政。光绪二十一年，充任会试同考官。光绪二十六年，即八国联军进犯北京那年，母亲去世，赵以炯辞官回家服丧，主讲"学古书院"。3年丧满，北上入京，见时局动荡，难以进身，遂怏怏而归，讲学于乡里。

光绪三十二年八月，赵以炯病死于家，享年50岁。

张建勋

◎ 刘 一

张建勋,字季端,广西临桂(今广西桂林)人。自幼好学上进,热衷科举功名。光绪皇帝君临天下第16年,即光绪十五年(1889)三月,张建勋参加在礼部贡院举行的己丑科会试,榜上有名。四月二十一日殿试,被光绪皇帝钦定为第一甲第1名,成为清朝开国以来第107位状元。己丑科进士共296人,后来出了若干名人,如"戊戌六君子"之一的杨深秀是296人最后一名。

中状元后,张建勋按惯例入翰林院为修撰,掌修国史。光绪二十年,出为云南乡试考官。二十三年,奉诏提督云南学政，敷陈教化，倡办教育，当地士民赠"大启滇文"匾额。光绪三十二年，出任黑龙江提学使，兼民政使。他在黑龙江草创学校，抚学生如子弟，深受士民爱戴。民国年间，张建勋病死于北京。张建勋工诗文，尤善书法，著有《愉谷诗稿》。

清

张建勋

吴 鲁

◎ 刘 一

    吴鲁,字亦肃,号肃堂,晋江(今福建泉州)人。少好学,博闻强记。光绪十五年(1889)正月二十六日,光绪皇帝大婚。数日后,按照慈禧太后的旨意,在太和殿为光绪皇帝举行亲政大典。当然,亲政仅是形式,实权仍操持在慈禧太后手里。为了庆祝光绪皇帝亲政,翌年举行一次恩科,吴鲁殿试夺魁,成为清朝立国以来第108位状元。

    此科进士共326名,后来出了大批名人。如第一甲第2名即所谓"榜眼"文廷式,曾与康有为等组织"强学会",是著名的维新人士。他还是著名的学者,著有《云起轩词抄》、

《纯常子枝语》、《补晋书艺文志》、《闻尘偶记》等。第二甲第87名夏曾佑，未完书的《中国古代史》，是中国第一部运用进化论研究中国历史的名著。

中状元后，吴鲁按惯例入翰林院为修撰，掌修国史。光绪十七年，出为陕西乡试副考官，旋即奉诏提督安徽学政。二十二年，老母病死，回籍服丧。3年服满出仕，充任国史馆纂修，教习庶吉士。光绪二十六年，充任军务处总办，不久，八国联军攻占北京。二十七年，出任云南乡试正考官，明年奉命视学云南。三十二年，回京，被任命为吉林提学使，偕各省提学赴日本考察学制及农工商诸政。宣统元年（1909）供职学部。三年，充任图书馆总校，旋即奏请开差回籍。民国元年（1912）病逝，享年68岁。

吴鲁读写不辍，著作等身，著有《读礼纂录》、《百哀诗》、《纸谈》、《蒙学初编》、《国恤恭纪》、《读王文成经济书后》等。

刘福姚

◎ 刘 一

刘福姚，字伯崇，号守勤，广西临桂（今广西桂林）人。临桂山水甲天下，文化也颇兴盛，清代临桂出了4名状元，第1个是嘉庆二十五年（1820）陈继昌，第2个是道光二十一年（1841）龙启瑞，第3个是光绪十五年（1889）张建勋，第4个便是刘福姚。

刘福姚少好学，博览群书。光绪十八年三月，他赴京参加在礼部贡院举行的壬辰科会试，榜上有名。四月二十一日晨，入保和殿参加殿试，在前10名卷子中，光绪皇帝最欣赏刘福姚那份，钦定为第一甲第1名。刘福姚成为清代第109名状元。壬辰科进士共 317 名，后来出了若干名人。如著名的出版家、中华人民共和国建立后曾任全国人大代表、商务印书馆总经理、上海博物馆馆长等职的张元济，名列第二甲第 24 名。刘福姚中状元后，依例入翰林院为修撰，掌修国史，仕宦多年，官位不显。

刘福姚工诗词，尝与晚清四大词人中的王鹏运、朱祖谋相唱和，结集为《庚子秋词》刊行，时人争相传诵。

张 謇

◎ 涂 晓

一、坎坷曲折的科举之路

滔滔长江长年累月地冲积，最终在入海口北岸冲积成一片陆地——通州（今江苏南通）。在爱新觉罗氏坐天下时，通州有个叫吴圣揆的，在通州东北，串场河畔的金沙开了一爿小瓷货店。吴圣揆略有家产，美中不足的是缺个儿子。无奈之下，他招赘了一个女婿。入赘者姓张名朝彦，也是通州人。张家原本是个比较富有的地主，到了张朝彦这代，家道中衰，穷困潦倒。张朝彦无以谋生，入赘吴家。

不知为什么，吴圣揆离开通州金沙，把家搬到海门（今属江苏）长乐镇。张朝彦在长乐租种几亩地，有时贩卖瓷器。

张朝彦生了个儿子，取名彭年。为履行入赘时的约定，命彭年兼祧吴氏。彭年娶了两房妻子，长房葛氏，生长子誉，五子警；二房金氏，生二子䓣，三子詧，四子謇。

几个儿子中，四子謇最聪明。他的小名叫长泰，因为兼祧之故，进书塾时取名吴起元，直至五弟警出生后，始还张姓。张謇3岁那年，父亲便教他读《千字文》。从4岁起，入邻人邱畏之先生的书塾学习。他在邱氏书塾6年，读完《三字经》、《百家姓》、《神童诗》、《酒诗》、《鉴略》、《千家诗》、《孝经》、《大学》、《中庸》、《论语》、《孟子》、《诗经》等书。邱先生水平不高，只能平仄声都不区分地教学生诵读。张謇11岁那年，请了一个叫宋蓬山的50多岁的老秀才来家授读。宋老先生水平略高，张謇的学业有所长进，读了不少书，到13岁时，已经能作八股文了。宋蓬山50多岁，仍以极大的热情应考岁试、科试、乡试，但屡试不中。吴彭年是个务实、精细而又颇有心计的人，他见宋蓬山那么大年龄了，还是个秀才，知道科举入仕实不容易，为了给儿子准备一条退路，他时常命张謇下田做活，家里盖房，也叫张謇做小工，进行居家过日子方面的训练。

15岁那年上，张謇开始涉足科场。

按当时习惯，一家3代无人考官学的，叫做"冷籍"，子弟应试颇费周折。张謇便属此类，万般无奈，经人介绍冒认如皋（今属江苏）人张驹的孙子，改名"张育才"，去如皋应试。考上之后，酬谢张驹20万文钱。

张謇顺利地通过了县试、州试，不过，州试成绩欠佳，取在百名之外。学官宋璞斋是宋蓬山的儿子，举人出身，很瞧不起父亲这个弟子，骂道："若有1000人应试，录取名额是999，那么，剩下的那个必定是你！"张謇羞惭至极，在住所的窗户和帐顶上大书"九百九十九"5个字，发愤攻读。睡觉时在枕边系两根短竹，夹住辫子，一翻身牵动辫子，就惊醒了，立即爬起来读书。夏夜多蚊，便在书桌下摆两只坛子，双足置入坛中。每夜必耗尽两盏灯油方入睡。当目光触及"九百九十九"时，往往泪下如雨。功夫不负有心人，院试取中，列第26名，成了张吴两家有史以来第一个秀才。

张謇冒认祖父的张驹极为狡诈，他的弟弟张驷、侄子张镕都是无赖。张謇考中后，张驹除索要约定的酬金外，又百般敲诈。此后5年间，张謇一家受尽了勒索、敲诈之苦，张謇还多次遭到张镕陷害。中秀才第4年，苦于勒索，家渐不支，张謇遂自行检举，乞请褫夺秀才，回归原籍。海门"师山书院"山长王崧畦、海门训导赵菊泉、通州知州孙云锦听说张謇的遭遇后，很是同情。在他们的斡旋下，礼部批令张謇改籍归宗，保留秀才资格。

这是同治十二年(1873)的事。这年，张謇20岁。

经过这场灾难，家产荡尽，张謇兄弟5个析产分家。

同治十三年，21岁的张謇应孙云锦之邀，去江宁(今江苏南京)担任发审局书记。发审局是处理州、县不能处理的诉讼案件的机构，书记负责文字事务，公务不多，张謇主要伴同孙云锦的两个儿子读书。从此，张謇开始客幕生涯。

这年冬天，张謇回家探亲，与已有4年婚约的海门徐氏完婚。

新婚不久，张謇闻讯同治皇帝驾崩，同治皇帝的堂弟爱新觉罗·载湉即位,年号"光绪",慈安、慈禧两宫太后垂帘听政。

光绪二年(1876)闰五月,经孙云锦介绍,张謇入庆军统领吴长庆幕府。吴长庆是庐江(今属安徽)人,组织地主武装镇压太平军和捻军而不断得到提升。他虽属于李鸿章淮军系统,但长期处在湘军首领、两江总督曾国藩及沈葆桢管辖下,倾向于湘军。吴长庆仗义疏财,礼贤下士,延揽了一大批名人学士。他对张謇很器重,在自己的住宅后面筑茅庐5间,作为张謇读书和起草文稿的处所。后来,吴长庆拜把子兄弟袁保庆的过继儿子袁世凯投靠庆军,吴长庆请张謇指点他作文写诗。

吴长庆受淮军首领、当朝权臣李鸿章等人排挤,抑郁成疾,于光绪十年闰五月二十一日死去。他死后,幕府宾客做鸟兽散。张謇料理完吴长庆的丧事,于七月二十一日回到老家。

第二年,即光绪十一年四月,张謇从海上乘船北上,去京师参加顺天(府治宛平、大兴,今北京)乡试。八月初九、十二、十五日3场考试,九月发榜,张謇名列第2。有清一代,南方士人取中顺天乡试第2名的仅3人,他们虽然不是第1名"解元",但习惯上称做"南元"。

张謇15岁考中秀才,经过17年断断续续的试场折磨,33岁取中举人。

第二年,参加礼部会试,落第。

孙云锦出任开封(府治祥符,今河南开封)知府,邀张謇为门客,做文字工作。次年,即光绪十四年,应聘主持赣榆(今属江苏)"选青书院",兼修县志。从此,张謇开始致力于教书、著述。

每逢会试,他便放下手中的书笔,奔赴京师应试。从光绪十五年至十八年,他三进礼部贡院考场,都落选。41岁的张謇心灰意冷。

光绪二十年，为庆祝慈禧太后60大寿，举行一次恩科会试。张謇无意应试，无奈老父恳求他再去考一次，便极不情愿地去了京师，借了几个友人的考试用具，懒散地步入考场。谁知，竟然取中第60名。礼部复试，名列第一等第10名。

四月二十二日殿试，试题关于河渠、经籍、选举、盐铁。读卷大臣为张之万、麟书、李鸿藻、翁同和、薛允升、唐景崧、汪鸣銮、志锐8人。在这8人中，常熟(今属江苏)人翁同和极为赏识张謇。早在张謇寄身于吴长庆门下时，翁同和便在给吴长庆的信中附笔问候张謇。他的门生黄绍箕等也极推重张謇。这次殿试，翁同和吩咐收卷官坐等张謇交卷，直接送到他手里。匆匆评阅后，立即得出"文气甚老，字亦雅，非常手也"的结论。然后，他找李鸿藻等商量，建议把张謇的卷子列为第1名，除张之万外，其他人都同意，事情就定了下来。他们把前10名的卷子送呈光绪帝圣裁。翁同和是帝师，竭力向光绪帝推荐张謇的卷子，光绪帝便在卷首朱书"第一甲第一名"6个大字。

经过26个春秋的坎坷曲折，张謇终于考中状元。

张謇亢奋不已，一股迟暮之感陡然袭来。他在当天的日记中写道：

栖门海岛，本无钟鼓之心；伏枥辕驹，久倦风尘之想。一旦予以非分，事类无端矣。

二、状元资本家

张謇大魁天下，按惯例入翰林院为修撰，掌修国史。然而，局势迫使张謇暂时撇开一切打算，投身于抗日救国大业中。

张謇中状元这年，是农历甲午年，日本窥伺朝鲜，图谋侵华。清廷内部以慈禧太后为首的后党和以光绪帝为首的帝党争执不下，后党主和，帝党主战。张謇是帝党的活跃人物，他与翁同和书信往来，出谋划策，对后党的中坚人物李鸿章大加指斥。中日甲午战争爆发后，帝党利用战争与后党争权夺利。随着清军节节败退，后党求和日占上风。张謇心急如焚，深夜造访翁同和，商量对策。

事还没个头绪，张謇接到老父病亡的噩耗，只得按礼离职回家服丧。九月十九日，张謇匆匆离开北京南下。

安葬亡父，张謇在家服丧。局势发展未能让他服丧3年。第二年，即光绪二十一年五月三十日，奉两江总督张之洞之命总办通州、海门团练，准备抵御日军。然而，不久清政府便与日本签订丧权辱国的《马关条约》，中日战争结束，办团练之事告终。

《马关条约》进一步加速中国殖民地化。为了加强中国的民族资本主义，光绪二十一年底，总理各国事务衙门奏请谕令各省设立商务局，兴办企业。署理两江总督兼南洋大臣张之洞率先行动，命张謇在通州、同治十三年状元陆润庠在苏州、礼科给事中丁立瀛在镇江兴办纱厂。

张謇在通州创办大生纱厂。

从一个状元转向办厂，张謇踟躇累日。他的父祖都曾经商，通州的商业气氛较浓，早就给张謇以不小的影响；统治集团内部的激烈争斗，帝党遭受的挫折，使张謇进一步体认仕途险恶，下决心退出政治斗争的圈子，转向办实业。这是张謇人生道路的巨大转折。

光绪二十三年十二月,大生纱厂在通州城北破土动工。

为筹措经费,张謇四处奔走,费尽心智。几经周折,厂房终于建起来了,机器安装好了。光绪二十五年三月二十九日,试机,运转正常。四月十四日,大生纱厂正式开车纺纱。

自明朝以来,长江下游一带便是中国棉纺业的中心,男女具备一定的棉纺技术。在封建势力残酷压榨和中外机器织纱的排挤下,一些手工织纱的农民和手工业者陷入窘境。大生纱厂乘机招收衣食无着的农民和手工业者,特别是女工和童工。据档案资料,光绪二十五年大生纱厂工人工资如下:

清花车间	挡车工	日工资	0.25元
清花车间	小　工	日工资	0.22元
粗纱车间	挡车女工	日工资	0.15元
细纱车间	挡车女工	日工资	0.20元

与上海相比,大生纱厂工人的平均工资低10%~20%。

大生纱厂建立,使张謇从一个封建士大夫转变为资本家。但是,作为状元,他还是翰林院修撰。

这种双重属性使张謇极为关心维新变法。光绪二十四年闰三月四日,张謇启程前往京师,支持维新变法,抨击守旧势力。张謇赞同变法,却与康有为、梁启超的全面变法主张不同,主张进行温和的经济革新,与翁同和的观点极为合拍。以慈禧为首的守旧派为了打击革新派,罢免了光绪帝的师傅翁同和。张謇知道,维新变法将遭挫折。他在日记中写道:"朝局至是将大变。"他怕恩师翁同和遭杀身之祸,劝他速速退出政治斗争的旋涡,隐居避祸。他赋诗一首,赠恩师。诗曰:

兰陵旧望汉廷尊，保傅艰危海内论。
潜绝孤怀成众谤，去将微罪报殊恩。
青山居士初裁服，白发中书未有园。
烟水江南好相见，七年前约故应温。

所谓"七年前约"，是指7年前两人偕隐江南之约。

五月十三日，翁同和离京南下，张謇等门生故旧赶到马家堡京津铁路车站送别。翁同和走后，许多帝党分子、革新派悄然退却。六月三日，张謇离开北京。

资产阶级的维新变法失败不久，下层农民便揭竿而起，义和团运动爆发了。慈禧太后借义和团之手发泄对外国列强干预她废黜光绪帝的不满，悍然对外宣战。帝党主张采取冷静和慎重的对策，反对不负责任和毫无准备的宣战。但是，他们的意见被粗暴地否定了。于是，东南一带的帝党分子和洋务派督抚策划"东南互保"，与后党分庭抗礼。

张謇积极地参与策划，建立"东南互保"。

光绪二十六年六月十日，俄、英、美、日、德、法、意、奥8国拼凑一支联军，从天津向北京侵犯。慈禧太后慌忙换上农妇衣装，带着光绪帝和亲信臣僚出德胜门仓惶西逃。在逃往西安的路上，慈禧太后向列强求饶。

慈禧回銮后，为了取悦于列强并欺骗人民，大肆宣传将要推行"新政"。这引起东南地区一部分帝党和维新派分子的幻想。

推行"新政"诏谕下达第13天，两江总督刘坤一便迫不急待地电邀张謇等前往南京商谈"新政"。光绪二十七年正月下旬，张謇等便开始筹备起草《变法平议》。二月四日正始动笔，花了半个月时间定稿。这个《变法平议》基本是戊戌变法的老调重弹，没有提出比康梁维新更为新颖的东西。就推行步骤看，却要迂缓得多，张謇等人想用迂缓的步骤来减少守旧派的阻力。但是，没被慈禧控制的朝廷接受，也没得到刘坤一等东南督抚赞同。

张謇的政治热情顿失，转而从事实业。

经过充分酝酿、筹备，光绪二十七年十月二十二日，通海垦牧公司破土动工。此后，同仁泰盐业公司、广生油厂、大兴面厂、阜生蚕桑公司、翰墨林印书局、资生铁厂、资生冶厂、颐生罐诘公司、颐生酿造公司、大达内河小轮公司、通州大达轮步公司、外江三轮公司、泽生水利公司、大隆皂厂、懋生房地产公司、染治考工所、大中通云公行、船闸公司相继开工兴建。这19个企业大多是以大生纱厂为轴心，直接或间接为大生纱厂服务。由于投资办厂过多，引起大生纱厂许多股东的不满。光绪三十三年夏，大生纱厂召开第一届股东会，决定把上述19个企业合并，另行组成通海实业总公司。

三、兴办新式学堂

在创办企业的同时，为了培养人才，张謇兴办新式学堂。他从师范教育入手，创办中国第一所师范学校——通州师范学校。

通州师范学校以荒废多年的千佛寺为校址，于光绪二十八年七月上旬开工修建，次年四月一日举行开学典礼。通州师范学校属于中级师范学校性质，主要培养小学教师，设有教授管理法、修身、历史、地理、算术、文法、理化、测绘、体操等课程。聘请饮誉海内的王国维等人授课，还有日籍教师多人。

学生多是官学的生员，还有若干举人来报考。张謇不得不宣布："学生遵旨不取举人。"稍后，通州师范学校分为本科(4年)、速成(2年)、讲习(1年)3科，并附设实验小学。

张謇创办第一所女子师范学校——通州女子师范学校。

张謇非常重视师范教育。他认为教师是培养人才的园丁，要提高国民的文化素质，首先要培养一批优秀教师。在创办通州师范学校和通州女子师范学校的同时，他还撰写《中国师范学校评议》、《通州师范学校议》、《师范章程改定例言》等文，呼吁提高教师和师范教育的社会政治地位。

为了兴办师范教育，张謇辛勤操劳，既要负责建筑校舍，又要为兴办师范教育奔走呼号，还要同反对兴办师范教育的守旧分子争辩。他心力交瘁，疲惫不堪，日记上出现"腰酸欬血"字样。通州师范学校开学前一天晚上，他和庶务逐一钉牢学生宿舍木牌。

张謇在兴办师范教育的同时，着手进行技术教育、职业教育。

他在通州师范学校附设测绘、蚕桑、农、工等科，培养技术教育、职业教育所需教师。不久，陆续创办吴淞商船学校、铁路学校。还计划筹办艺徒学校、蚕桑染织传习所等。

通州师范学校创立不久，张謇便把通州师范分为四年制本科、二年制速成和一年制讲习，已有往大专学校发展的意图。光绪三十一年，他向两江总督端方建议在上海制造局附近兴建工科大学。次年，他又建议在南京、苏州、上海、安徽和江西等地开设工、农、医、文、法等高等专科学校，还筹划建立南洋大学。他认为，办教育应由低而高，从初等到中等再到高等，循序渐进。因此，他的主要精力放在初等和中等教育上。

张謇注意到盲哑等残疾人教育。

光绪三十三年，他向江苏按察使建议，兴办盲哑学校，但未得到支持。按察使大人说："中国今日不盲不哑的人还没有受到应有的教育，哪还顾得上盲哑？"张謇始终未能忘怀，直到民国元年（1912），他还以中国没有盲哑学校而叹息。他估计中国当时至少有80万盲哑人，他们不仅身残，且是文盲，是一个严重的社会问题。

四、投身于立宪运动

自光绪二十七年帝国主义列强迫使清政府签订《辛丑条约》后，中国的危机更加严重，一部分资产阶级知识分子试图通过变法来拯救中国，鼓吹君主立宪。清政府反对任何形式的革新、变法，但迫于形势，不得不在口头上承诺。

张謇一向痛恨日本军国主义对中国的侵略，但对日本在明治维新后努力学习西方迅速富强起来，颇为倾服。他极注重借鉴日本的经验。他参与起草的《变法平议》中的许多主张取法于日本，在兴办实业和教育过程中，也常常借助于日本的技术、经验以至师资。

光绪二十九年正月，日本驻江宁领事天野函邀张謇参观日本第5次国内劝业博览会。张謇欣然同意。

四月二十七日清晨七时，张謇乘日本邮船会社"博爱丸"号浮海东行。二十八日晚七时抵达长崎。二十九日验关上岸。

张謇无心观光，全力考察日本社会。

一踏上长崎码头，他就去访问町村小学校。这是一所私立女子学校，张謇详细地了解校舍、教员、学生、经费和教学情况。船离长崎时，他领悟道："日本人治国像管理菜园，又像点缀供盆，寸尺之间都精心布置。老子说治大国若烹小鱼，日本人懂得烹小鱼的道理了。"

抵达神户，正遇上军机大臣、庆亲王奕劻的儿子载振回国。载振时为商部尚书，与尚书衔户部侍郎那桐来日本考察商务。神户的华人为载振一行饯行，载振等花天酒地。日本报纸披露了载振的丑行，还说载振一行在日本只顾选购美术品而无暇考察商务。张謇深为愤恨。

在大阪，张謇参观博览会，但见"参考馆"中陈列的各国物品中，中国只有江苏、湖北、湖南、山东、四川、福建6省参加，湖北的陈列品又是汉瓦当、唐经幢。张謇深有感触，说那些汉唐古董若放在中国博物院还差不多。

在东京，张謇参观造币局。在北海道，访问从山东日照移居札幌的许开泰。考察日程排得满满的，每次参观，他都极为认真，常常结合中国实际加以比较、分析。在日本的70天内，他参观35处教育机构和30个农、工、商单位。

六月初六（该年闰五月），张謇回到上海，以极大热情投身于立宪运动。

光绪三十年三月二十二日，张謇应两江总督魏光焘、湖广总督张之洞邀请来到江宁，商谈立宪事宜，代魏张两位总督起草立宪奏稿。在此期间，张謇组织编译刊印《宪法义解》、《日本宪法》、《日本议会史》等书。从奏稿及《宪法义解》、《日本议会史》序文中，可以窥见张謇关于君主立宪的基本见解和政治主张：

第一，非根本上改变政体，不足以挽救国家危亡。

第二，在各国宪法中，与中国国情相近而又最宜于学习的是日本。

第三，实行君主立宪后，君权不能也不会削弱。

第四，实行君主立宪可分3步：第1步是宣誓立宪，通告天下；第2步是派亲信而有声望的王公大臣出国考察；第三步是推行宪政。

清廷没有按张謇设计的步骤进行。光绪三十一年七月，清廷派载泽等五大臣出洋考察宪政。载泽等回国后，清廷于光绪三十二年七月十三日正式颁布诏谕，预备仿行立宪，等几年以后察看"民智"程度，再决定正式立宪。

尽管预备立宪的"国是"确定，但清廷不过是在玩弄花招，欺骗世人而已，还试图进一步强化君主集权。预备立宪诏谕颁布后两个月，清廷进行预备立宪第一步——改革官制。在官制改革中，最高权力机构军机处原封不动地保留下来，仅将旧部名称做了更改，并增至11个部，一些重要的部都操持在皇族亲贵手里。满族贵族如此露骨地强化中央集权，增加了汉族地方实力派的反感，更使立宪派感到失望，他们决心进一步组织起来，发动全国各界人士联合向清廷施加压力。

张謇积极活动，筹备"预备立宪公会"。

光绪三十二年十一月初一日，"预备立宪公会"在上海成立。侯官(今福建福州)人郑孝胥致报告词，宣言该会的宗旨是教育国民，从思想上为立宪做准备。"预备立宪公会"推选郑孝胥为会长，山阳(今浙江绍兴)人汤寿潜、张謇为副会长。"预备立宪公会"不仅是江浙以至东南地区立宪运动的中心，对全国立宪运动也起着主导作用。

在各地的呼吁和推动下，清廷不断发布诏谕，进一步做出预备立宪的姿态。光绪三十三年八月十三日，清廷谕令设立资政院，作为正式议院的基础。九月十一日，谕令各省筹设咨议局，并预筹设立州县议事会。

光绪三十四年五月，由郑孝胥领衔以江浙绅商的名义电请召开国会。各地纷纷响应，通电要求召开国会。在这种形势下，张謇奉旨筹办江苏咨议局。

十月二十一日，光绪帝在瀛台涵元殿病逝，享年38岁。慈禧太后选定醇亲王载沣3岁的儿子爱新觉罗·溥仪入承大位，年号"宣统"。

宣统元年（1909）八月，江苏咨议局正式成立，张謇为议长。咨议局一经成立，便积极发挥作用。

江苏巡抚瑞澂要求改定厘金征收办法，咨议局经过讨论认为有损商民利益，当即予以驳回。两江总督张人骏愚昧而又顽固，不把咨议局放在眼里，张謇等没有屈服于淫威，坚持斗争。

八月十三日，张謇联合各省督抚及咨议局一致行动，要求召开国会，组织责任内阁。十一月十六日，由16个省咨议局代表组成的33人请愿代表团——"咨议局请愿联合会"——向北京进发。张謇设宴饯行，作《送十六省议员诣阙上书序》，以壮行色，并连夜改定《请速开国会建议设责任内阁以图补救意见书》。请愿代表带着张謇等人的期望与嘱托，于十二月初陆续抵达北京。十二月六日，正式向都察院递交请愿书，并向一些王公大臣呈交请愿书副本。清廷断然拒绝。

张謇等人没有灰心丧气，接着发动第2次国会请愿。

宣统二年五月十日，第2次国会请愿代表再次向都察院递交请愿书。参加这次请愿的代表150余人，在请愿书上签名的号称3万人，声势浩大。清廷仍然予以拒绝，并诏令不得再搞请愿活动。

对于这次碰壁，立宪派是有思想准备的。张謇曾说，这次不行，就搞第3次，第4次，一次次进行下去，直至达到目为止。他们决定在宣统三年举行第3次国会请愿活动,签名人员力争在100万人以上。

九月一日,资政院举行开院典礼。立宪派议员四处游说,要求召开国会。九月二十四日,资政院通过速开国会议案。

清廷在各方面压力下,不得不于十月三日宣布将于宣统五年召开国会,并答应预行组织内阁。

宣统三年四月十日,清廷组织"责任内阁"。在内阁总理、协理大臣和各部尚书13人中,满族9人,汉族4人;9名满人中皇族占了7人。这是一个不折不扣的"皇族内阁"。立宪派极为愤懑。五月十四日,咨议局联合会递呈《呈请亲贵不宜充内阁总理折》,清廷不予理睬。六月十日,咨议局联合会再次上书,请求另行组织内阁。清廷予以严厉申斥,说"用人系君主大权,议员不得干预"云云。

时局发展到这种地步,许多立宪派分子对清廷失望了,有的甚至转向革命。张謇不死心,对清廷做最后的忠告,提出3点建议:

第一,赶快发表内阁施政方针。

第二,实行阁部会议。

第三,广开幕府,征辟英才,共同理政。

张謇去北京游说,五月十二日抵达北京,向摄政王载沣等陈述自己的观点,但没有什么结果。

五、转向共和

当资产阶级上层人物醉心于君主立宪的时候,中下层却在酝酿一场革命。香山(今广东中山)人孙中山是革命派领袖。光绪二十年，也就是张謇中状元那年，孙中山在檀香山建立中国资产阶级第一个革命团体——兴中会。光绪三十一年，各革命团体联合组成的同盟会在日本东京成立。在以后的6年间，革命党人发动一系列武装起义，但都失败了。

宣统三年八月十九日，又一次武装起义在武昌爆发了。这便是改变中国历史进程的"辛亥革命"。

这天，张謇正在武昌。他是八月十三日来到武昌的，参加他的大维纱厂开工典礼。八月十八日，革命党人孙武等在汉口俄租界宝善里14号配制炸弹，不慎爆炸。俄国巡捕闻讯赶到，查抄了准备起义用的旗帜、印信、文告等，报告清朝湖北当局。湖广总督瑞澂下令搜捕革命党人，彭楚藩、刘复基、杨宏胜等30余人被捕。十九日，彭、刘、杨3人在督署辕门前被杀害。张謇感到形势紧张，决定马上离开武昌。上午10时过江，到汉口等船。晚6时，出席汉口绅商头面人物为他饯行的宴会。7时左右，驻扎在武昌的新军第八镇工程第八营40余名官兵在革命党人熊秉坤指挥下，鸣枪举义，其他新军中的革命党人纷纷响应。8时，张謇在枪炮声中匆匆登上开往上海的日本商船"襄阳丸"号，逃离汉口。

经过通宵血战，起义者攻占武汉三镇。

八月二十日，张謇乘坐的"襄阳丸"抵达安庆。安庆新军正在酝酿起义，局势动荡。八月二十一日，张謇连夜挤上江轮，逃往江宁。

到江宁的第一件事，就是劝说江宁将军铁良和两江总督张人骏出兵援救武汉，镇压起义军。驻江宁的新军第九镇士兵的革命倾向也很强烈，铁良、张人骏岂敢让他们去镇压革命？出兵援助无望，张謇又想敦促清廷马上实行立宪，召开国会，企图以此平息革命。二十五日，他抵达苏州，连夜与立宪分子雷奋等起草《奏请改组内阁宣布立宪疏》，以江苏巡抚程德全的名义奏上。三十日，他又以江苏咨议局名义致电内阁，奏请速开国会，实行君主立宪。

武昌起义后，全国各地纷纷响应，湖南、陕西、山西、云南、上海、贵州、浙江、江苏、广西、安徽、福建、山东、广东、四川等15个省宣布起义或独立，清王朝的统治迅速解体。

张謇的许多好友转向革命。他最要好的朋友汤寿潜出任浙江军政府第一任都督，沈恩孚、黄炎培成为革命派中坚人物。

张謇的故乡和实业主要所在地通州也在酝酿起义。

经过痛苦的选择，张謇决心转向革命，转向共和。

九月十六日，距武昌起义27天，张謇致电奉命进攻湖北民军的袁世凯，劝他尊重国内多数人趋于共和的现实，争取尽快与南方达成协议，确立共和政体。两天后，他到了上海，致函江宁将军铁良和两江总督张人骏，劝他们断然放弃武装反抗。就在这天晚上，沪军都督府派前狼山镇游击许宏恩统兵向通州开进。张謇还在上海，他的哥哥张詧出面，派人率领官绅、商贾两界代表和学生数百人前往江边欢迎。通州军政分府成立，张詧出任总司令。九月二十三日，张謇与汤寿潜等致电张家口商会，转请内蒙古各界人士赞成共和。张謇认为，只有敦促袁世凯转向共和，才能控制全国已经相当混乱的局势，他与江苏巡抚程德全共同向袁世凯上书，又派人当面进言，希望袁世凯不要为清朝尽愚忠愚节，应学习美国共和伟人华盛顿。

九月二十六日，清廷迫于形势交出军政权力，命袁世凯组织责任内阁。

袁世凯督促北洋军反攻汉口。占领汉口后，袁世凯命北洋军在龟山上架起大炮，轰击武昌。另一方面，又通过英国领事向湖北军政府都督黎元洪等交涉停战，企图利用又打又拉的方法迫使南方革命派屈服。革命派中的一部分立宪分子等主张与袁世凯议和。袁世凯派唐绍仪为议和代表，南下议和。

张謇以审慎的眼光观察形势，他看到共和的潮流继续发展，更加坚定了对共和的信念。十月二十四日，张謇郑重地剪掉了作为清朝臣民标志的辫子。他在日记中写道："此亦一生纪念日也！"这一剪刀剪断了他与清王朝的臣属关系，59岁的张謇走上新的人生旅途。

3天后，即十月二十七日，唐绍仪抵达上海。第二天，南北议和正式开始。

十一月六日，孙中山从法国回到上海。十日，各省代表在南京公推孙中山为临时大总统。公元1912年1月1日，孙中山在南京宣誓就职，以1912年为民国元年。第3天，选举黎元洪为副总统，同时确定九部人选：

陆军总长	黄　兴	次长	蒋作宾
海军总长	黄钟瑛	次长	汤芗铭
外交总长	王宠惠	次长	魏宸组
内务总长	程德全	次长	居　正
财政总长	陈锦涛	次长	王鸿猷
司法总长	伍廷芳	次长	吕志伊
教育总长	蔡元培	次长	景耀月
实业总长	张　謇	次长	马君武
交通总长	汤寿潜	次长	于右任

张謇出任中华民国实业总长，但与孙中山在政见上有分歧。南京临时政府财政困难，孙中山被迫以汉冶萍公司向日本抵押借款，张謇反对。临时政府秘书长胡汉民奉孙中山之命作解释，张謇还是不赞成。他的意见未被采纳，遂于二月十二日宣布辞职。

孙中山反对南北议和，宣布将统兵北伐，立宪派极力反对，主张与袁世凯妥协。部分革命党人也持这种观点。在这种局面下，民国元年一月十五日，孙中山发表宣言：若清帝退位，宣布共和，我即宣布解职，推举袁世凯为总统。

于是，袁世凯逼宫，二月十二日，宣统帝在养心殿举行清王朝最后一次朝见仪式后，宣布退位。二月十三日，袁世凯致电南京临时政府，声明赞成共和。二月十四日，孙中山辞职。二月十五日，临时参议院选举袁世凯为临时大总统。

张謇得知清帝退位、孙中山辞职、袁世凯就任临时大总统一系列消息，高兴万分。在孙中山与袁世凯之间，他倾心于袁世凯。尽管他没有马上参加袁世凯政府，却积极为袁世凯出谋划策。他组织了一个支持袁世凯的共和党，黎元洪为理事长，张謇、程德全为理事。张謇还积极为袁世凯物色助手，费尽心机把帝党分子梁启超拉进袁世凯政府。梁启超组建第三党——进步党。不久，袁世凯见由同盟会改组而成的国民党声势很大，即授意并资助共和、民主合并，成立进步党。张謇的一系列活动对巩固袁世凯政权起了很大作用。

袁世凯的地位巩固后，便向革命党人开刀。革命党人被迫起来讨伐袁世凯，"二次革命"爆发了。

张謇对革命党人大加挞伐，公开拥护袁世凯，称北洋军队为"国军"，把讨袁武装骂做"叛军"。

在北洋军队的猖狂进攻下，"二次革命"失败，孙中山流亡日本。

袁世凯用武力镇压了"二次革命",却将国民党人占多数的国会保留下来,要利用这个国会选举他为正式大总统。民国二年九月,袁世凯让进步党熊希龄组阁,作为他的政治工具。

十月十六日,张謇应熊希龄、袁世凯之邀入京,出任农商总长。张謇到任后,致力于经济立法,做了不少事情。

袁世凯逼迫国会选他为正式大总统,并且得到列强相继承认,便觉得国会不再有什么用处,反成为推行独裁专制的障碍物,遂于民国三年一月十日下令解散国会。接着,他又授意爪牙攻击、排挤熊希龄内阁。二月十日,熊希龄辞职。

张謇对袁世凯的所作所为极其不满。但他没有辞职,对袁世凯抱有几分幻想。

袁世凯的野心不断膨胀,企图复辟帝制。张謇致函袁世凯,劝他不要轻举妄动。袁世凯却一意孤行,为了实现政治野心,不惜与日本就"二十一条"进行交易,出卖民族权利,以换取日本帝国主义对复辟帝制的支持。

民国四年三月三日,张謇具呈请假。袁世凯立即准假,命亲日派周自齐署理农商总长。及至张謇南归,袁世凯遂批准张謇辞去农商总长一职。八月十六日,张謇辞去袁世凯政府一切职务。

做了必要的准备,袁世凯于十二月十二日表示接受"民意",即"中华帝国皇帝"位。二十五日,蔡锷等在云南起兵,护国讨袁。三十一日,袁世凯下令从1916年元旦起,改元为"中华帝国洪宪元年"。民国五年三月二十二日,袁世凯被迫取消帝制,想继续当大总统。护国军声明袁世凯是叛国罪人,要他下台。袁世凯通过徐世昌邀请张謇北上,为他转圜。

张謇断然拒绝，他要袁世凯立即下台。六月六日，袁世凯在绝望中结束了可耻的一生。

六、在逆境中奋斗的晚年

张謇退出政治舞台后，致力于大生集团的发展。

民国九年，张謇的经济事业进入鼎盛时期。他身兼南通实业、纺织、盐垦总管理处总理，大生第一、第二、第三纺织公司董事长，通海、新南、华成、新通等盐垦公司董事长，大达轮船公司总理，南通电厂筹备主任，淮海银行董事长，交通银行总理，中国银行董事等职务。到民国十年，仅大生第一、第二纺织公司的资本便达3694390两白银，历年纯利累增总额16620173两白银。

张謇一向压低工人工资和棉花收购价格，不注意更新设备和改进技术。第一次世界大战结束后，西方列强加紧了对中国的侵略，国内军阀混战，直接危及张謇的实业。

民国十一年，大生纱厂赔累不堪，把厂基作价70000两抵押给别人。张謇全部实业的两根台柱子——大生第一、第二纺织公司也开始亏损，第一纺织公司亏损39000万两，第二纺织公司亏损31000万两。到民国十四年，仅第一纺织公司债务便高达9069000两。

张謇不得不抽出一部分精力，周旋于各派军阀之间。他先后担任皖系政府的扬州运河督办；直系政府的吴淞商埠督办，扬子江水道委员会副委员长之类闲职。儿子张孝先出任直系政府的出国考察实业专使与驻智利公使。部下朱庆澜、陈仪出任奉系军阀的北满讨俄军司令和高级幕僚。

张謇对日本侵略者有更多的愤恨与警惕。他曾大骂皖系政府的亲日外交，说他们挂着"亡国奴隶"的旗子，干卖国勾当。他呼吁各派势力停息内争，捐弃成见，共同对外。

张謇在逆境中艰难地奋斗着。他的心情是痛苦的、悲伤的。他在一首长诗中倾吐心声：

治乱有常理，祸不降自天。
一从纲纽解，土崩帝制专。
长星彗六叶，旧除新亦淹。
昔惟一家孽，失政召覆颠。
得鹿苟有人，斯须奠元元。
今孽众争作，民命转可怜。
始假节钺地，终岁神器涎。
惟运五祀促，竞求一日先。
战斗必藉兵，拥兵须金钱。
况今尚枪炮，一弹十百斤。
坐使乡里空，征税并后前。
文网致麟介，川涂搜车船。
兵垒之所在，帐附燎炎炎。
兵锋之所指，鬼惊逃跋跋。
兵过之所扰，拉夫势汹喧。
兵去之所遗，破家哀咽咽。
农有不得粟，兵腹果便便。
商有不得鬻，兵腰累缠缠。
敲剥及缙绅，无论闾肆廛。
驴牛鸡豕罄，狗马随燔煎。
柴薪门户折，斧斤断屋椽。

衣裳襦挎帕，衾褥袴絮毡。
尊彝鼎钟表，金银钗钏钿。
语大无荤荤，语小无戋戋。
不能荷者毁，不能攫者残。
炊罢釜亦破，汲过甄不完。
劫男不问岁，视其家输缗。
生可蔓三族，死可抵九泉。
逼女不论姿，视其发鬋鬋。
少壮若化鬼，老者亦婵娟。
缁不悯于佛，黄不度于仙。
人物付诸劫，鬼神盲无权。
沦胥甚齐鲁，呼暴彻赵燕。
漳卫河洛地，弥漫森戈铤。
横纵概秦陇，西南北东川。
岷江下三峡，淫波漰湘沅。
公侯将相地，一旦蛟龙渊。
度岭而桂界，而黔南而滇。
疲盯食不足，分兵就邻边。
蜀粤承其祸，粤祸弥蔓延。
极流于赤水，肇源于金田。
焚玉何惜石，化茅吾哀荃。
同室引外寇，大声张六拳。
章贡有传檄，闽峤无安眠。
吁嗟吴与越，动受四面牵。
幸哉一隅地，假息得苟全。
太平在何时？今年待明年。
呜呼，覆巢之下无完卵，

野老洒泪江风前。

民国十五年，张謇已73岁，人生旅途剩下最后几个月，仍在忙碌着。

二月，视察女校工程。

三月，清明节遣人祭祀沈寿等三公墓。以9900元购沙田产权，助通州男女师范。

四月，参加女子师范学校20周年纪念会，发表演说。视察垦牧水泥工程。

五月，参加各公司董事会。

六月，视察保坍会十七楗沉箄，又至姚港视察十八楗工程。天气燥热，达华氏100度以上，仍临怀素帖，读《左传》，日课一诗。

从八月一日起，开始发烧，偕同工程师视察江堤，规划保坍工程。七日，病势渐重，请医诊治。二十一日以后，病情危急。二十四日中午，气绝身死。

骆成骧

◎ 涂 青

一、大魁天下

骆成骧,字公骕,资州(今四川资中)人。骆家世代务农,生活十分艰苦。骆成骧父亲骆廷焕小时候曾跟祖母以织布为生,后来才折节力学,但功名不显,只考中个秀才。骆成骧每次出外考试,父亲都要勉励他奋发立志,金榜题名。

骆成骧自幼十分聪明,初为文字,即惊宿儒。9岁入锦江书院读书。14岁举童试第一,成为"县案首"。后来考入四川著名书院——成都尊经书院读书,受业于清末著名儒学大师王壬秋。骆成骧在书院生活依然十分清苦。他不但不能从家中得到资助,反而要把书院发给他的"膏火费"寄给家里。当时,他有一个穷同学名叫谢泰来,四川射洪人。有一天,谢泰来邀骆成骧对句。他出上联:"至穷无非讨口"。"讨口"是川话乞食的意思。骆成骧应声对道:"不死总要出头。"表现出贫贱不移的气度。光绪十九年(1893),骆成骧举四川乡试第3名。次年,清政府为庆祝慈禧太后60大寿举行恩科考试。骆成骧进京赶考,落第。为了参加第二年正科考试,节约时间和旅费,经人介绍,骆成骧留在北京八旗官学教书。

这时,中日甲午战争爆发,日本用武力迫使清政府签订丧权辱国的《马关条约》,民族危机进一步加深。软弱的光绪皇帝希望变法图强,但又无力战胜强大的顽固派。他不明白,这些年来,大清军队为什么不堪一击?国家财政为什么日益困厄?他希望有人为他分忧,他希望得到救国运于水火的人才。光绪二十一年的北京会试正是在这种历史背景下展开的。骆成骧虽然不是激进的维新派人物,但观其试卷,亦不失为一个忧国忧民,赞成改革的读书人。

这科殿试题据说是光绪皇帝亲自出的。一共四问,都和清政府面临的社会问题密切相关。

第一题问的是:"为何开国之初兵少愈强,承平之后兵多愈弱?"骆成骧答道:"大抵艰难之君事必躬亲,故将帅不敢欺,承平之后,君委之将帅,将帅委之偏裨,上下虚文相应,一旦缓急有事,无可恃者,此非择法之难,而实行法之难也。"希望光绪"亲临大阅,取其不力者正以军法,则将帅感恩自奋，而自强之计得矣。"

第二题问的是"为何开创之初财赋少而愈富？承平之后财赋多而愈贫？原因是不是出于会计不精呢？"骆成骧答道："非会计之不精，实出之多而入之少也。"既而指出，造成财政上入不敷出的现象主要因为"兵额太广，糜费太多，侵渔（贪污）太众，上下相蒙，隐忍不言"。并且提出整顿的方法："亲核名实，取其虚费者而裁之，取其贪婪者而黜之。则官吏感恩自勉，而自强之计得矣！"

第三题问的是人君节俭行为及其影响。骆成骧认为："人君奢侈，大臣效之；大臣奢侈，士庶效之。"他沉痛地指出，当时中国已经十分贫困，国家即使力图节俭恐怕也难以富足，"况于奢侈后将何以为继？"他呼吁政府"念民生之日蹙，思物力之有限，躬行节俭为天下先"。只要当官的带头，整个社会风气就会自然好转。

第四题问到水利与农业问题。骆成骧指陈历代治水成败得失。提出在华北平原大兴水利，发展农业，以减少"转远之维艰"的战略设想。

骆在骧的整个答卷，语言剀切，层次清楚，始终洋溢着为国分忧，变法自强的时代气息。

殿试读卷官理藩院尚书启秀、礼部侍郎李文田、内阁学士唐景崇3人一致赞同以骆成骧的卷子为第1名，但正考官协办大学士、吏部尚书徐荫轩只同意列为第三。考官意见不一，相持不下。光绪皇帝裁决，钦定为第一甲第1名。

骆成骧成为清代四川惟一的状元。

二、维新运动中

骆成骧中状元后，入翰林院为修撰，掌修国史。光绪二十四年，以修撰身份充会试同考官。

这年四月二十三日，光绪皇帝下诏宣布变法，"百日维新"开始了。骆成骧倾向于维新变法。五月十五日，在北京设立京师大学堂，咸丰九年(1859)状元孙家鼐出任第一任监督(校长)，下设4名提调(副校长)负责日常教务。孙家鼐奉光绪特旨，聘任骆成骧为首席提调官。其余3名提调官仅挂名而已。骆成骧吃住在京师大学堂，辛勤操持。

在此期间，骆成骧还与四川在京官员创立"蜀学堂"，讲习新学，宣传维新思想。

八月初六日，慈禧太后再出训政，缉捕维新人士，"百日维新"结束。

戊戌变法失败后，革命志士川人杨深秀、刘光第被害，"蜀学堂"被封闭，京城一片恐怖。当时有一个川籍达官跑到骆成骧的"蜀学堂"来，贴了一副用大红纸写成的对联："尧舜之道孝弟而已矣，夫子之道忠恕而已矣。"骆成骧看了非常反感，当场把它撕去，气愤地说道："杀人时不会有人来看这种对联！"这个官员恐惶地对他说道："这是什么时候，你还敢有这般言行？"于是，他重新写了一副同样的对联贴上。骆成骧又毅然把它撕去，并把这个达官撵出了"蜀学堂"。

骆成骧虽非维新变法的中坚人物，但他是光绪皇帝钦定的状元，又倾向于维新变法，也为慈禧太后所不容。慈禧太后阴使人劝骆成骧告退，骆成骧坚决不从，慈禧太后便怀恨在心。

光绪二十六年，借全国各省乡试，将骆成骧简放偏远的贵州主持乡试。时骆成骧母丧，遂告归回乡服丧。

服阙，骆成骧还京。光绪二十九年，又被简放为广西乡试主考官。事毕回京，由官费派往日本留学，专攻法政，学成回国。广西巡抚张坚白特聘骆成骧主办广西桂林法政学堂。就在这时，父亲暴病身亡，骆成骧回籍服丧。

三、转向共和

宣统二年（1910），骆成骧任山西学政。这时，辛亥革命爆发。山西革命党人杀死山西巡抚，成立新的军政府。清王朝的灭亡，使骆成骧痛不欲生，他几欲投井"殉国"，幸亏被人拦住。山西新政府派人请他继续为山西学司，被他骂了出去。儿子凤嶙又是一个激进的革命党人。骆成骧曾极力反对他参加革命，他对儿子说道："政府久失人望，不免于亡，我难道不晓得吗？但'革命'事业，别人可以去干，你却不能去干，因为我家所受国恩不是一般人所能比拟的啊！"

后来，骆成骧的思想渐渐发生变化。他在《入蜀诗》中写道："耻卖生前骨，羞燃死后灰！"他再也不愿死死抱住清朝这具僵尸不放了。宣统三年，骆成骧毅然在要求清帝逊位的"进奏表"上签上自己的名字。据说，当隆裕太后看见骆成骧的名字时，不禁声泪俱下地问道："骆状元也主张这么办吗？"

民国元年，骆成骧从山西回到四川。他曾被乡人推为四川省议会议长，四川省筹赈局督办等。当时四川军阀割据，民不聊生。骆成骧看出军阀诸公都不是干正经事的东西，于是毅然挂冠而去。

骆成骧离职后，卜居成都文庙西街上莲池的塘坎街。后来在池畔自筑清漪楼，作为读书隐居之处。清漪楼临池而起，四周柳丝拂拂，环境幽静。骆成骧白天外出教书，晚上登楼吟诗，拥书自娱。

军阀们却爱来找骆状元的麻烦。有的送上厚礼，自称门生，以示尊贤。有的开会议事，总要邀请骆状元莅临，以为点缀。骆成骧对这些行为非常反感。有一次，军阀混战之后，召开"善后会议"，骆状元乘醉而入，对这伙军阀说道："对以往川战，吾尝有诗云：'逞威纵比献忠好，遗爱何如诸葛远。'诸公勉之，吾正握笔以待也！"当时川军司令赖正辉非要看看全诗内容，骆成骧当即抄付，衮衮诸公围拢一看，尽是痛斥军阀误国之语，不禁愕然。

四川军阀陈宦是当年骆成骧在京师大学堂识拔的学生之一。有一天，陈宦忽然带了许多卫兵来到清漪楼，命令士兵把状元的寓所守卫严实之后，才单独进入老师的书房，向骆成骧请教说："袁世凯密谋称帝，令天下'劝进'，他派人叫我带头率外官响应。如果我照办，必为国人耻笑；不干，我身边都是袁的人，随时都有生命危险。先生您说我该怎么办呢？"骆成骧想了一会儿，对陈宦说道："这事当然不可明拒。当今局势，成都、南京并重，而南京冯国璋是袁的老部下，你可先谦让由冯国璋带头拥袁。蔡锷正准备从西南讨袁，你又可与他暗中联名致函冯国璋，许冯如袁败后推他为大总统，这样，袁一切笼络之术必然失败。"说完，亲自起草3份内容不同的电文，叫陈宦按事态发展一一发出。

当第一个电报发出去后，袁果然改示冯国璋为外官劝进代表。冯也不愿作俑，正在犹豫之中，又收到陈宦发来的"联蔡拥冯"的密电，于是，冯立即率先反袁。袁世凯猝出意外，犹望最后得到陈宦的支持，不料此时陈宦又按计发出反袁的第三个电报。袁世凯在绝望中一命归天。

骆状元特作《咏剑》等诗以记其事。诗中说："独将三剑随飞电，千里头行不自知！"又说："聊凭掣电飞三剑，斩取长鲸海不波！"陈宦非常感谢骆状元，离川北上时，曾以办学生军的名义，赠给骆成骧4000元作为酬谢。骆成骧将钱交给四川高等学校，充为教育经费。

民国九年，骆成骧的儿子从德国留学回来，和父亲讲起德国人如何练习东方拳术，世界大乱，战机潜伏，我们也应当发扬传统武功，强身健体，以备战争之用。骆成骧觉得很有道理。

当时，四川也有一些武术馆，但缺乏统一的领导和规章，常常引起无谓的争斗。骆成骧联络一些军政人士，发起成立统一的"四川武士会"。人们一致推选骆状元为武士会会长。骆成骧亲自为武士会拟定新的章程，提倡"强国强种"。每年二月，在成都青年宫摆设擂台，各路武术健儿互相较量，切磋武艺。

文状元提倡武术，当时颇引起一些人的非议，但骆成骧不以为然。他把自己为人作碑文、写字赚来的钱全部捐给武士会，又四处募捐，在成都少成公园建立了一个国术馆。他在清漪楼寓所后院设置一段短短的箭道，每天清晨拉弓射箭，一时传为佳话。骆成骧晚年主要从事教育工作。他曾担任四川省国学院院长。又在成都东胜街筹建资属中学，主要招收资中籍学生读书。

1926年，骆成骧病逝于成都故居。死后，一无所有，赖地方人士资助，葬回资中故里。

夏同龢

◎ 刘一

　　夏同龢，字用卿，麻哈（今贵州麻江）人。少力学，苦读不辍。光绪皇帝君临天下第25年，即光绪二十四年（1898）三月，夏同龢赴礼部贡院参加会试，榜上有名。同时被录取的还有345人，第一名会元被镇洋（今江苏太仓）人陆曾炜夺得。四月二十一日晨，夏同龢等人保和殿参加殿试，黄昏交卷出场。四月二十三日，"读卷官"评阅试卷完毕。在346份殿试卷中，光绪皇帝觉得夏同龢那份最佳，遂钦定为第一甲第一名。夏同龢成为清代第102名状元，会试第一名陆曾炜列第二甲第54名。四月二十三日那天，光绪皇帝颁布《明定国是》诏令，向全国吏民宣布变法改革，轰轰烈烈的戊戌变法开始了。夏同龢在这种局面下步入仕途，入翰林院为修撰，掌修国史。此时的大清王朝已到穷途末路，7年后，科举制度废止。

王 寿 彭

◎ 刘 天

　　光绪二十六年（1900），爆发了使中国人痛恨的"庚子之难"，八国联军侵占北京，慈禧太后带着光绪皇帝和文武百官一同逃往西安。第二年，清政府与列强签订丧权辱国的《辛丑条约》。这年恰是光绪帝而立之年，清廷不顾什么国耻，糜费钱财为光绪庆寿。作为庆典之一，把这年的正科考试辛丑科改为恩科，正科推迟到明年举行。北京的贡院在庚子之难中被毁，无法举行考试，直到光绪二十九年，才将两科合并举行。这年，慈禧太后69岁，清廷正在筹备明年的70寿典，再加上5年没有举行会试了，5年之中举行两届乡试，集两届人于一次会试，竞争无疑将十分激烈。这时的京城局势还不太稳定，慈禧太后更担心会试的举人们聚在一起，又会像光绪二十年那样，再来个"公车上书"，更怕像光绪二十四年那样，闹出个"维新变法"来。既要显示喜庆，又要做到太平，于是把会试地点改在河南省会开封，并且规定，"康梁同党"及其追随者一律不准参加会试。会试合格的人，才准许到北京参加殿试。

这年是农历癸卯年，此科便叫做癸卯科。

癸卯科共录取进士315名，第一甲第1名是潍县（今山东潍坊潍城）人王寿彭。

王寿彭，字次篯，生于光绪元年。王家家境贫寒，王寿彭少年时刻苦读书，17岁那年考中秀才，22岁时去济南当塾师。26岁考中举人。中状元这年，他27岁。

王寿彭大魁，有个流传甚广的传说：殿试之后，原拟一甲第1名本是驻防广东的汉军旗人左霈。只究其名字，"霈"固有"甘霈流滋，五谷丰登"或"仁育为心，霈泽无涯"的雅意，其姓氏却又是"左道旁门"的"左"字，实在不配当"元"。原拟一甲第2名是贵州遵义人杨兆麟。"麟"为瑞兽，"兆麟"，也倒吉祥如意，但其人姓"杨"，再吉祥也不过是别人杨氏一族一姓之事，又失之褊狭，依然不是做"元"的理想人选。于是，读卷大臣们继续在新进士中寻找"吉祥"的名字，后来终于找到"王寿彭"。王，即帝王、天子；寿彭，有"寿比彭祖"的意思，据《神仙传》说，彭祖活了767岁，是中国历史传说中寿命最长的人物。于是，他们便把王寿彭作为第1名进呈，慈禧太后一看，自然非常高兴。这个传说广为传播，时至今天，潍城区王家老人仍然能绘声绘色地讲给年轻人听。对于这种"传说"，最感到不舒服的，自然是王寿彭本人。他想，如果进行辩解，一人难敌众口，说不定还会

"此地无银三百两",越辩越糟。左思右想,写下一首打油诗:

有人说我是偶然,我说偶然亦甚难。
世人纵有偶然事,岂能偶然再偶然?

王寿彭老家在潍县南关新巷子,光绪二年状元曹鸿勋也出自这里,人称此巷为"状元胡同"。

王寿彭中了状元后,依例授予翰林院修撰。光绪三十一年,清政府派遣载泽、端方等五大臣赴欧、美、日考察。王寿彭被派赴日本考察政治、实业和教育。这一年,孙中山联合海内外人士,在日本组建了同盟会,发出推翻清朝封建统治的宣言。王寿彭作为清廷官员,对孙中山领导的革命运动抱敌视态度。他在日本的所见所闻,却感到再也不能抱残守缺。考察归来之后,他写成《考察录》一书,其中有不少改良教育和实业的建议。宣统二年(1910),王寿彭任湖北提学使,创办两湖优级师范学校,并首创预算制度,制订学堂独立章程,推广到各地学校试用。因为这些政绩,他曾兼任湖北代理巡抚。1911年10月辛亥革命前夕,王寿彭支持湖广总督瑞澂镇压革命党人。有些革命党人曾秘密与他联系,要求他站在革命者一边,可他要做大清的忠臣,坚决拒绝。革命起义爆发之际,他又抢在瑞澂之前,携带家属仓惶逃回老家,为了保全性命,顾不得当大清国的忠臣了。

黎元洪继袁世凯当上北洋政府大总统以后,想起了王寿彭。辛亥革命时,黎元洪是驻武昌清军21混成协协统(相当于旅长)。既是为了念武昌之旧,又是为了装潢门面,黎元洪把正在家中闲居的王寿彭请到北京,当了总统府秘书。

20年代，目不识丁的军阀张宗昌当了山东督军，他声称要搞山东人治山东的地方自治，借以拥兵自立。他又声称重用文人，以掩盖自己土匪军阀的丑恶面目，于是他又把王寿彭请出来，让他担任山东教育厅长，用这块状元招牌装潢门面。这一次，王寿彭做了件很有意义的事。1926年，他把当时省立农、工、矿、医、法、商各专门学校合并为山东大学，增设文科，自己兼任校长。从此，山东省才有了正规的省立大学。他决心办教育，与财政厅发生激烈矛盾。王寿彭兴冲冲地去寻求张宗昌的支持。张宗昌虽然搜刮的钱财数不清，但只肯用来养数不清的姨太太，招买数不清的兵，提起办教育，却一毛不拔。王寿彭又陪着张宗昌视察学校，想顺便劝说张宗昌拿出几个钱来。不料张宗昌走进一所学校的操场，看到学生们正在打篮球，竟发起高论来："为什么要抢那一只球？每人发一个！"事后却连"每人发一个"球的钱也不给。

1928年，张宗昌被蒋介石的军队逐出山东，逃往天津。王寿彭随张宗昌去天津当了寓公，此年病死，享年53岁。

刘春霖

◎ 刘 天

光绪三十年（1904），慈禧太后70大寿，这年的甲辰科科举考试便改为恩科。甲辰恩科考试风声鹤唳，参加考试的人中不但有康梁的追随者，还有追随孙中山的革命党人。其中最著名的人物，就是国民党元老于佑任。于佑任刻印过一本《半哭半笑楼诗草》，其中不少诗篇对腐败的时政多有指斥，清廷认为这是"倡言革命，大逆不道"，特地"密旨拿办"。幸好，奉旨前来拿办的清兵到达考场数小时以前，于佑任得到消息，立即化妆逃跑，才免一死。"虎口余生亦自矜，天留天汉卜将兴。短衣散发三千里，亡命南来哭孝陵。"从这首《孝陵》

诗，可见当时"虎口余生"的情景。甲辰恩科共录取273名进士，状元是直隶肃宁（今属河北）人刘春霖。

刘春霖，字润琴，号石筼。父亲刘魁书是个普通农民，后来在保定府衙当了皂隶，身份低贱，家境清贫。刘春霖少力学，热衷科举。光绪二十九年参加癸卯科落第，为求生计，便寄居在北京地安门外通益堂布店。店老板姓徐，与刘春霖同乡，是个著名的裁缝，结识驻德国钦差大臣陶世筠。刘春霖经徐老板介绍，到陶世筠家当了门客。陶世筠每次拜见慈禧太后的禀帖，都引得慈禧太后特别注意，因为禀帖上的字，恭谨严正，却又透出刚劲而又潇洒的神韵。一打听，是刘春霖所书，他正在准备会试。慈禧就要陶世筠传话给刘春霖，为她抄写《文昌帝君阴骘文》和《大唐三藏经·圣教序》。慈禧太后称赏不已，对刘春霖的笔迹也就熟悉了。据说，这是刘春霖夺魁的奥秘。

除此以外，还有一个流传很广的传说。

本来，刘春霖参加殿试的名次是第一甲第2名。当慈禧太后"钦定"鼎甲名次时，拿起第一份卷子，是广东清远人朱汝珍，忽然反感起来。在她的心目中，仿佛广东人专爱与满清政府作对，你看，太平天国的洪秀全、杨秀清，戊戌变法的康有为、梁启超，革命党人孙文、汪精卫……这些动摇大清江山的叛逆者有谁不是广东人？于是，把朱汝珍的卷子放在一边。拿起第二份卷子，是刘春霖，直隶肃宁人，一笔秀丽的"馆阁体"小字儿也写得满不错。再一琢磨这名字和籍贯，不禁喜上心来。春霖——春风化雨，普降甘霖；肃宁——肃静安宁，天下太平。多么吉祥如意啊！于是，就把刘春霖的卷子放在朱汝珍的上面。再看第3名，是满族金梁的卷子，文章开头写道："国事可谓痛哭流涕者……"慈禧不禁勃然大怒,心想:我庆寿,你来"痛哭流涕",真是晦气!当场就把卷子扔在地上。

此科进士后来出了一批名人。如民国名人、官至国民政府主席的谭延闿是会试第 1 名(即会元),殿试名列第二甲第 35 名。

光绪三十一年,同盟会成立。光绪三十三年,几经争议,清政府终于正式下诏:废除科举制。刘春霖只做了 1 年多的"殿撰公",就成了这个制度的谢幕人。用他自己的话说,是"第一人中最后人"。

第二年,即光绪三十三年,作为"筹备立宪"活动的组成部分,刘春霖被派往日本留学,学习法政。同行的有谭延闿、沈钧儒、商衍鎏、江亢虎、王揖唐等同科进士。宣统元年(1909)回国之时,资产阶级革命风起云涌,清政权已摇摇欲坠,立宪已成为过时之物,他们这批"先行筹备"的人才各奔东西。刘春霖谋了个保定直隶高等学堂监督(校长)的职务,经常到母校莲池书院讲学。他在这里创办直隶书局。

袁世凯当了大总统后,为了装潢门面,把这位末科状元请到总统府担任内吏,实际上是个秘书,日常政务不过是为袁世凯每天抄写一段古代皇帝言行的"君日览"。袁世凯搞"君日览",显然是想当皇帝,刘春霖自然看出来了,这正符合他"显达王世"的欲望,因而特别尽力,还曾在袁世凯正式亮出"根据民意"、"恢复帝制"的旗号的时候,作为直隶代表加入"劝进"行列。在此期间,刘春霖兼任设在万生园(现北京动物园)的"中央农业试验场"场长,并主办农业和气象两个讲习所。此后,厌倦政事,隐居北京家中,靠卖字画为生。

退出政治圈子以后,刘春霖接触下层社会,思想有了很大变化。1931年九一八事变后，恰逢他60岁大寿，子女和朋友都要为他祝寿，他却表示："忧国忍能看彩戏，为传雪已兆丰年。"

1934年4月，伪满傀儡政府总理郑孝胥派人以重金邀请刘春霖到"满洲国"担任要职，他坚决予以拒绝。

七七事变之后，王揖唐等一批汉奸在日本侵略军指使之下，搞起一个充当侵略军帮凶的伪政权。为了欺骗人民，王揖唐很想利用刘春霖这块状元招牌，多次派人以利禄相诱，刘春霖都严辞拒绝。王揖唐还不死心，又亲自带了重礼去见刘春霖，一副谦恭地说："年兄才华、品德，胜弟10倍，年兄素有建功立业之志，然历经坎坷。今日恰逢施展雄才之时，弟愿抹席以待……"王揖唐话还没说完，刘春霖就霍地站起，把一杯茶泼在地上，怒斥道："走！我决不能依附外国人！"王揖唐灰溜溜地告退，刘春霖骂道："无廉耻的软骨头！"

亲朋好友们崇敬刘春霖，又担心大祸临身，纷纷劝他到南方躲避，为他筹集了路费。他却沉痛地说："躲到哪里去？南方的大片国土也沦陷了，总不能躲出国门，流浪到南洋去吧！我是中国人，死也要死在自己的国土上。"从此，他收起状元招牌，闭门在家，以书画自娱。有些达官贵人及富翁们还是缠着他不放，有的要借他这个状元的吉祥，请他为死亡亲属的牌位点"主"，有的求他书写匾额或条幅。刘春霖坚决拒绝。拒绝不了的，就故意索取对方付不起的高价，让他们自讨没趣。

1944年，刘春霖这位末代状元去世了。朋友们为刘春霖举行隆重的葬礼，大家敬仰具有崇高民族气节者。

王玉璧

◎ 刘一

在科举考试中，最荣耀的莫过于连中三元，即乡试、会试、殿试皆为第一。从唐高祖武德五年(622)迄清德宗光绪三十年(1904)，有名可考的状元596人，而"三元"仅13人(一说12人，或云14人)。这是文状元中的"三元"，武状元中的"三元"就更少了，在有名可考的168名武状元中，"武三元"仅一人。这位膺殊荣的武状元，叫王玉璧。

王玉璧，字楚珩，仁和(今浙江杭州)人。他从小亦文亦武，文武双全。崇祯十二年(1639)，他参加武举乡试，获得第一。

王玉璧中举第6年,即崇祯十七年三月十九日,崇祯皇帝吊死煤山(又称"万寿山",今景山),明朝灭亡。五月一日,清军在摄政王多尔衮率领下开进北京。十月初一,爱新觉罗·福临在王公大臣扈从下,至天坛宣读告天礼文,正式宣告大清王朝对全国的统治,年号"顺治"。

顺治皇帝君临天下第2年,武举乡试开科。顺治八年(1651),王玉璧与亡明决裂,参加这年的武举乡试,一举夺得第1名,成为武解元。

翌年,即顺治九年,王玉璧参加武举会试,名列第一,成为武会元。

进士会试中式,便为贡士。武举会试中式,便为武贡士。

二个月后,武举殿试,王玉璧一举夺魁,成为清王朝开国以来第3个武状元。被授予福建都督佥事。

当时,在东南沿海一带有郑成功的抗清武装,势力还较大。王玉璧出任福建都督佥事不久,郑成功的军队以漳州(府治龙溪,今属福建)为根据地,向周边地区发动军事行动,攻占南靖(今福建南靖东北)、长泰(今属福建)、漳浦(今属福建)、诏安(今属福建)、同安(今属福建)、惠安(今属福建)等县,直逼泉州(州治晋江,今属福建)。王玉璧奉命率军反击郑成功部,夺回惠安、同安二县,在泉州与郑成功部激战,郑成功部力战不支,解围而去。接着,王玉璧随同福建提督收复了漳州、南靖、长泰、漳浦、诏安。郑成功部又从海上突入闽江口,攻占闽江岸边的闽安镇,直趋省城福州。浙江巡抚宜永贵命王玉璧等率兵分头堵击。王玉璧率领300名士卒力战,用火炮轰击郑成功部,夺取了攻城的云梯,生擒杨炯、韩泰等将官。郑成功部被迫退走。

王玉璧以赫赫战功升任陕西延绥定边都督同知，后调任天津卫总兵。总兵是正二品武官。王玉璧做了几年天津卫总兵，离职引退。

康熙三十年（1691），王玉璧病死于家，享年 90 岁。

马 全

◎ 刘 一

一、两列鼎甲

在中国科举史上,把考中第一甲第一、二、三名的进士叫作"鼎甲"。跻身"鼎甲",荣耀万分。而在中国武举史上,有一个人竟两次名列鼎甲。

此人姓马名瑔,字具堂,号纯斋,阳曲(今山西太原)人。马瑔的父亲马云翱,是雍正二年(1724)甲辰科武进士,官至参将(正三品)。马云翱有4个儿子,马瑔行二。

马瑔从小跟随父亲练武习文,早识刀枪和兵术。

乾隆十二年(1747),四川大金川藏族土司莎罗奔发动叛乱,清政府出师平叛,马瑔的父亲参加了这次平叛战争。当时,马瑔年仅17,就和哥哥马昭随父从军,入川作战。由于指挥失误,马云翱战死沙场。马瑔和哥哥怀着悲愤的心情把父亲的尸体运回故乡,并决心继承父业,做一个立功疆场的军人。

不久,马瑔在西安应征入伍,并考中武举人。乾隆十七年,马瑔20岁,他进京参加会试,成为武贡士。殿试时,马瑔考中第一甲第3名——武探花。

荣列鼎甲之后,马瑔被授予二等侍卫衔,正四品。后来,出任福建抚标右营游击。由于年轻气盛,有一次,马瑔为了一点儿小事和一个同事争吵起来,两人互不相让,竟当众殴打,从军营一直打到大街上,影响很坏,被人告到兵部。结果,两人一同削职为民。

马瑔被革职回乡,非常悔恨。他想来想去,觉得为如此区区小事丢官,只因自己行武出身,缺少修养。于是翻然折节,决心改变这种状况。不久,马瑔从故乡来到北京,重新入京都巡捕营当兵。练武之余,他努力读书,争取做一个文武双全的人。为了激励自己,他把名字改为"马全"。

乾隆二十五年九月,马全又一次在北京参加武举会试。

这次会试,无论外场和内场都比往年要难。内场由原来的默写兵书章句改为策论作文,题目是《武经总论》。第一天,马全顺利地通过内场考试。次日,又参加外场考试。往年的外场考试规定:马射、纵马3次,射箭9支,射中2支就为合格。步射,以50步为限,也是射9支箭,中3支为合格。而这次却规定，无论马射和步射，一律减为6支箭。这等于减少6次得分的机会。此外，增加"马射地毯一矢"，即把一只皮制的大圆球放在马道旁边的一尺高的平台上，球上有一个木制的硬"的"，考生必须纵马入场，一箭射中那球上的硬"的"，并将圆球推下平台，才算合格。如果这一箭不合格，那么，先前的考试全部无效。由于马全平时刻苦操练，以优异成绩通过上述考试，获得文武皆优的"双好"名次。

十月殿试，乾隆皇帝亲临西苑门外中南海紫光阁，御试新科武贡士。首先，由皇太子表演骑射，以为天下武举楷模。然后，会试获"双好"的考生又一次入场考试骑射、步射，舞刀和掇石等项目。马全娴熟的武艺不断博得全场喝彩。

乾隆皇帝觉得马全有些眼熟，传胪引见时，终于认出马全就是当年的武探花马瑔，问道："你不是马瑔吗？"马全立即叩头谢罪，把打架丢官的经过，以及今后的打算禀明皇帝。乾隆大喜，根据马全的成绩，把他点为武状元，并赐给盔甲、腰刀等。

二、提督江南、甘肃

马全中武状元后，被授予头等侍卫，正三品。乾隆二十七年，扈从皇上南巡，乾隆皇帝命他署理江西南昌镇总兵，赏赐孔雀翎。他上疏校阅各营士兵，赴禁山关隘山口巡查，防奸人阑入。乾隆皇帝赞赏他为官尽职、勤奋，任命他为江苏苏松镇总兵。不久，擢为江苏提督。提督的全称是"提督军务总兵官"。江苏提督为江苏省最高军事长官，受巡抚节制。

马全主管江苏军事防务时，锐意改革，整饬军备。原来，江南沿海水陆两军的装备有许多不合理现象。如孤悬海外的崇明岛巡哨几乎全用水兵，却设置战马140多匹，而作为沿海屏障的金山、柘林、青村、南汇等营，主要依靠步骑巡哨，只设置战马70多匹。马全上任后，立即奏准兵部，将崇明各营的马匹大半数分拨金山四营，加强陆地防务。同时，又相应在崇明各营增加水兵和战舰，一举改变"陆营少马，水营乏舟"的防务部署。

马全十分重视制度建设。《中书政考》是当时兵部印行的一种有关军队营伍兵制的手册，按规定只发给参将以上军官使用。马全上任后，认为应当把这种手册扩大发给参将以下低级军官，并随时组织宣讲，以利将士遵从。他的建议得到朝廷的特许和嘉奖。

马全在江苏提督任上干了几年，奉命调任甘肃提督。他入京陛见，乾隆皇帝赏赐黑狐褂。

三、殉难金川

乾隆中期，大金川土司莎罗奔已老，他的侄儿郎卡主持土司事务。郎卡不断侵掠邻近土司领地。后来，又以联姻方式勾结小金川土司泽旺，公然与清政府对抗，杀人略地，掀起第2次金川叛乱。

金川地区地势险要，交通梗阻，叛军多居石碉，易守难攻。乾隆三十一至三十六年，四川总督阿尔泰因作战不力，被乾隆赐死。随后，改命大学士温福指挥作战。

乾隆三十八年一月，马全入京觐见，要求入川作战，为国出力，替父报仇，得到批准。乾隆加封马全为领队大臣，特赐元狐马褂一件,命他立即赴川作战。

马全来到金川前线,战事正处于相持阶段。原来,温福仗着锐气连夺关隘,取得一些胜利。此后,他不但不一鼓作气,乘胜歼敌,反而胆怯保守起来。他下令采取所谓"以碉卡逼碉卡"的战略战术,不惜花费大量人力物力,学着叛军修筑大量石碉。这种"以守为攻"的打法,既涣散了清军的力量和斗志,又拖延了战事。

马全不同意温福这种被动的战术。他认为在地势险峻,敌少我众的情况下,只宜速战,不宜拖延。

当时,金川前线主要有3支主力,其一是主帅温福,驻扎木果木大营,其二是提督董天弼,驻扎底木达,其三就是马全和都统海兰察,驻扎控喀营,形成犄角之势。

马全和海兰察扎营之后,立即组织力量,猛攻昔岭,摧毁敌碉两座,又乘胜追击。从早到晚,马全率军与叛军在冰雪中展开激战。傍晚,叛军败退。马全料定敌人还会集聚更多兵力,卷土重来,于是,又命海兰察先领一支队伍在地势险要的地方设下埋伏。不久,敌人果然蜂拥而来,马全引军佯败,敌人紧追不舍。马全退过伏兵处,海兰察率军忽然杀出,两下夹攻,又一次大败敌人,收复许多失地。

在新收复的土地上,马全并不按温福的命令建筑石碉,而是"伐木开道",只建一些简易的木栅营房。他认为建造石碉,浪费人力物力,更重要的是有了可供躲避的石碉,士卒就不愿背水作战了。但马全不过是一支偏师,他的胜利并不能改变整个前线既定的败局。主帅温福依然拥兵不进,延宕战机。马全非常着急。

有一天,马全到大营请战,希望说服温福调动全军主动出击。他对温福说道:"金川蕞尔小夷,我们却一再攻打不下,以至于多年屯兵前线，士气衰落，糜费钱粮。您身为国家重臣，不能出奇制胜，威震敌人，每天只知道躲在石碉里饮酒议事，打骂士兵，最终拿什么归报天子？"温福不以为然，反而斥责马全狂妄，把他赶出大营。

眼看导致全军失败，马全心急如焚，却又无可奈何。乾隆三十八年五月的一天，他让跟随他从军的侄子国琦离开前线，沉痛地说："你回去告诉你父亲好好侍奉奶奶，我也许不可能再回家了！"

乾隆三十八年六月，叛军果然先攻破董天弼的营碉，既而派兵切断木果木的粮道。六月十日，开始袭击木果木大营，先夺取炮台，又切断水道。温福的部队顿时大乱，纷纷争着躲进石碉，以致互相践踏，死伤无数。温福中炮而死。叛军从四面八方拥入大营，清军主力溃败。

六月十一日，叛军包围马全的营地。马全率众奋力拼杀，斩首无数，抗击着数十倍的敌人。战至傍晚，敌人仍在不断地增加，而自己孤立无援，马全下令部队冲出重围，向外撤退。他率领精锐殿后，刃数十人，力战而死，时42岁。

马全战死之后，乾隆皇帝伤心地说："提督马全乃为国家出力有用之人，今力战死事，实堪轸惜！"下令把他的肖像挂在紫光阁内，作为后世武举的榜样。

王懋赏

◎ 刘 一

乾隆四十年(1775)十月，乙未科武举殿试如期举行。武举殿试考时务策和马术、步射、弓、刀、石。甲第先后，以马步射技勇成绩高低为准。参加角逐的都是能开出号弓(十二力以上)的会试中式者。结果，福山(今属山东)人王懋赏一举夺魁。

传胪大典在太和殿举行。乾隆皇帝赐王懋赏盔甲。翌日，在兵部举行会武宴，考官和新科武进士等人参加，赐武状元王懋赏盔甲、腰刀、撒袋、鞓带、靴、袜等物。

传胪后，武进士分别以武职录用。王懋赏被授予头等侍卫

(正三品)。

王懋赏担任几年侍卫后,出任广西副将(从二品)。副将位次总兵,统理一协军务,又称"协镇"。王懋赏统领浔州协,驻防浔州(州治桂平,今属广西)。不久,奉命赴湖南,协剿起义反清的苗族人。

王懋赏开赴湖南不久,乾隆皇帝禅位爱新觉罗·颙琰,年号"嘉庆"。

嘉庆元年(1796),王懋赏率部发动军事进攻,攻占结石冈,强取尖云山,乘胜攻克乾州(今湖南吉首西南)。翌年,奉命开赴西隆(今广西隆林),进击那里的苗族起义者。

王懋赏在西隆3年,斩杀甚众。嘉庆五年,奉诏开赴湖北,镇压白莲教起义军。白莲教是唐末以来在民间流传的一种秘密宗教,以争取光明、同生死、共患难号召人民群众起来反抗黑暗统治。嘉庆皇帝受禅当年,白莲教发动起义,清廷围剿多年不能胜。王懋赏抵达湖北后,部署兵力,在余家河、茅伦山等地大败义军。翌年,王懋赏又与总兵德昌、参将富永等与义军激战于秦家坪、鹅坪,义军受挫,王懋赏率部乘胜追击,追至三岔沟,生擒义军首领杨天贵等74人。王懋赏以赫赫战功升为永州镇(今湖南零陵)总兵(正二品)。

不久,王懋赏奉诏率部开赴兴山(今属湖北)、房县(今属湖北)、竹山(今属湖北)一带,堵击从四川、陕西转战而来的义军。义军首领樊人杰、戴任杰、曾芝秀、王国贤等率义军进行游击战,往来奔袭,飘忽山林。王懋赏率部在竹山的官渡河截击。义军进围松柏寨,试图劫夺官军粮饷。王懋赏派湖北都司、乾隆四十四年武进士邹宗夔率兵驰援,义军败退,撤到马鬃岭。王懋赏分兵3路进击,他身先士卒,挥刀冲在前面,被义军杀死。这是嘉庆七年的事。

嘉庆皇帝闻讯，大为惋惜，按例赐恤。

从中武状元到战死沙场，王懋赏征战生涯凡27年，官至正二品总兵，立下赫赫战功。

张 从 龙

◎ 刘 一

道光三年(1823)的武状元是张从龙。

张从龙,临县(今属山西)人,能文能武,是道光朝第 1 名武状元。

中武状元后,张从龙被授予侍卫官职,宿卫扈从道光皇帝。后擢连江游击。连江(今属福建)滨海,是福建省会福州的重要门户;游击是绿营兵的军官,位次参将,从三品,分领营兵。

当时,正值鸦片战争,英国侵略者大举进犯我东南沿海。张从龙积极整饬兵备,加强海防。道光二十一年,璞鼎查率军舰26艘、士兵3500人，攻陷厦门、定海后，于九月北犯镇海。张从龙奉命参加镇海战役，督兵力战。浙江提督余步云贪生怕死，闻风遁逃。英军纵火焚烧张从龙把守的山头，张从龙率众突围，焦灼遍体。他不顾伤痛指挥将士冲出英军的包围，赶到两江总督裕谦处。不久，镇海陷落，裕谦悲愤自杀，张从龙被罢官。

鸦片战争结束后，浙江巡抚奏请起用张从龙。道光皇帝诏准，授他守备（正五品），留浙佐办善后事宜。

到咸丰年间，鄞县（今浙江宁波）、奉化（今属浙江）一带民众抗粮，张从龙奉命镇压。后来，又镇压了林俊等起事者。张从龙积功迁至福州副将（从二品）。

做了几年副将，张从龙告老还乡。

张从龙挂甲归田，但不甘寂寞，督练民团，参加镇压陕西回民起义，官府颇为倚重。

附录一　大西政权状元

明末农民起义领袖张献忠在成都建立"大西国"后,于大顺元年(1644)至三年(1646)3次开科取士。大西国的科举分文、武两科。由于历史湮没,今仅知大顺元年状元龚济民和武状元张大受。龚济民有关情况今已不详,仅撰收张大受一人。

张 大 受

◎ 刘 一

崇祯三年(1630),延安卫柳树涧(今陕西定边东)人张献忠于米脂县(今属陕西)十八寨聚众起义,自号"八大王",率兵转战长江流域。崇祯十七年春,李自成率"大顺军"从西安出发向北京挺进,大明官兵围追堵截,无力西顾,张献忠乘机挥师西进。六月,攻下重庆。八月,克成都。十一月,张献忠在成都称帝,国号"大西",年号"大顺"。

大西国建立后,张献忠命令开科取士,选拔人才。从大顺元年(1646)至大顺三年,开科3次。大西国的科举分为文、武两科。武科考骑术等项目。可考的武状元有张大受。

张大受，华阳（今四川成都）人。他年未30，身长7尺，擅长弓马，在120名考生中一举夺魁。大西国的文臣武将都夸赞武举得人，张献忠也非常高兴，赐张大受金币弓兵，还把他召进宫中赐宴，拿出金银器赏赐。第二天早晨，张大受入宫谢恩，文武官员再次祝贺大西国得了一位奇才，奏请图绘他的相貌，传示远方。张献忠赞同，马上召画工为张大受画像，并赐美女10人，豪华府第一座，家丁20人。

一时间，张大受荣华富贵至极。

第3天，张献忠坐朝，处理国务，掌朝祭礼仪赞导的鸿胪寺奏言："新科武状元在午门外谢恩已毕，奏请入朝面谢陛下。"张献忠皱眉道："我心里很喜欢他，但害怕再见面了。速杀了他来报！"于是，张大受被斩首。

张大受仅仅当了3天武状元。

上述事迹出自仇视张献忠的封建士大夫的记载，多有歪曲，至于真实情况如何，今已难道其详。

附录二　太平天国状元

太平天国定都南京后,开科取士。太平天国的科举制除天王洪秀全主持的"天试"外,还有东王杨秀清、北王韦昌辉、翼王石达开主持的"东试"、"北试"、"翼试"。就科目来说,有文武两科,还有独具特色的女试。太平天国状元的事迹大都湮没无闻,本书仅撰收女试第一名傅善祥和武状元覃贵福。另将文、武、女试状元列于附表中。

傅 善 祥

◎ 刘 一

　　道光三十年(1850)十二月初十日,洪秀全率众在金田揭竿而起,定国号为"太平天国"。太平天国以基督教人人都是上帝子女的说教号召民众为平等而奋起抗争,倡言男女平等。癸丑三年(1853)定都天京(今江苏南京)后开科取士,破天荒地举行"女试"。沈懋良的《江南春梦庵笔记》说:"癸丑尝设女试,以傅善祥、钟秀英、林丽花为鼎甲。"汪堃《盾鼻随闻录》卷五《摭言纪略》云:"凡识字女人,概令考试,以金陵人傅善祥为女状元,又取女榜眼钟姓,女探花林姓。"吴家祯《金陵纪事杂咏》有诗云:"棘闱先设女科场,女状元称傅善祥。"诗后自注道："将识字女子考试,取傅善祥为第一。"还有一些文献典籍,也记载了太平天国开"女试"或"女科"之事。

太平天国史研究者对此有不同的看法。

一种观点认为上述记载不可信,太平天国不曾有什么"女科"。如简又文《太平天国典制通考》云："然细考太平文献,全找不到天朝特开女科之事,且天朝历科状元姓名,大都传留,但未见有傅姓女子。再观干王洪仁玕新制定的'士阶条例',亦无特设女科之规定。可见天朝绝无女科之制度。我以为天京奠定后,各王府内皆用女官,初于女馆中考选识字女子入掌簿书职。其一、二、三名沿成例称为三元,时人或以此称之,必非如正式朝试之殿选也。以其时女子受教育者无多,即富贵人家妇女间有识字作文者,多非自尽即先行逃去,所余者都中下级家庭女子,纵开特科,恐应试者亦寥寥无几,断不能经常开女科取女士也。是故自四年冬,天京女馆解散之后,即不再闻开考女试之举了。"

另一种观点不完全否认此事,如罗尔纲先生在他的皇皇巨著《太平天国史》中写道："关于太平天国癸好三年建都天京后,曾考试女子事,是在太平天国史上有争论的问题。经过同志们大家多年的探索和讨论,今天已经可以断定太平天国考试女子是一件确实的事。"

但他又说,"女试"不同于科举："案科举取士制度之所以称为'科',是因为有它的规格和年份。所以,即使可以断定太平天国癸好三年的考试女子确是科举,而以后因条件关系不能再举行,既没有某年某科的分别,又不曾开过县试、省试,严格来说,也不好称为'女科'的,最稳当的称谓,应该把它称为'女试'才好。"

太平天国开过"女试",是无疑的,否定太平天国开"女科"者如简又文也不否认这一点。问题的关键在于"女试"是否就是"女科",即女子科举。当然,从考试程序、内容看,太平天国的"女试"与当时清王朝举行的科举制度有巨大差别,但我们不能拿清代的科举制度做标准来衡量太平天国的"女试"。"女试"本身就是一个创举,若以清代科举制度来评判"女试",那女试决非科举——科举制度是把女子排除在外的。评判太平天国的"女试"是否女子科举惟一标准是:考试授官。科举制度最基本的特征就是考试授官。太平天国的"女试"符合这个标准,应是科举。

如此,傅善祥是中国历史上第一个,也是唯一的女状元。

遗憾的是,关于她的事迹无法详细地知道,仅有的一些记载也多属传闻,可信度极小。撇开那样传闻,我们仅能知道一个简单的线索:傅善祥是金陵(今江苏南京)人,父亲是个书吏,癸好三年参加东王杨秀清主持的"女试",夺得第一,时20余岁。夺魁后,被派往东王府任东殿内簿书,协助杨秀清批判文书,因事忤怒东王,被枷囚,后获释,不知所终。

覃贵福

◎ 涂 青

太平天国于癸好三年（1853）定都天京（今江苏南京）后，开科取士。

起初，太平天国科举制度较为杂乱。在天京，除天王洪秀全主持的"天试"外，还有东王杨秀清、北王韦昌辉、翼王石达开主持的"东试"、"北试"、"翼试"。庚申十年（1860）冬，制定《士阶条例》，将科考制度划一，预定在甲子十四年（1864）甲子科启用新制。但是，甲子十四年夏，天京沦陷，新制未及实行。

太平天国的科举考试分文、武，还有女试。

武科始于甲寅四年（1854）。此年春，因佐将乏人，故开武科，四月初一乡试，先考马上箭5枚，次考步下箭3枚。十五日会试，加试马上炮3声。五月初一，东王杨秀清复试，评定名次，奏请刘元合为第1名。

刘元合为太平天国第1位武状元。

但是，关于他的文献记载极少，他是何方人士，他的生平事迹皆不可得知。

生平事迹遗传至今，还能略道一二的，是庚申十年的武状元覃贵福。

覃贵福，武宣（今属广西）东乡福隆村人，家境贫寒。东乡在太平天国首义地金田村西面数十里处。太平军在金田起义后，挥师西进，攻占东乡，洪秀全在东乡即天王位，在这里驻扎数月。覃贵福的哥哥被土豪劣绅诬为偷盗红薯藤，被他们绑去毒打。覃贵福愤恨难抑，发誓复仇，遂投身太平军。他勇武有力，精通武术，力大无穷，当地人说他的力气赛过水牛，给他起了绰号，叫"铁牛"。庚申十年天试时，覃贵福将天王宫外两只大石狮高高地举起。天王洪秀全惊叹他的神力，遂钦定为武状元，簪花赐宴，赏乘骏马，金镫银鞍，游街3天。

按太平天国科举条例，天府试武状元职同指挥。此为天国职官的第3级，官衔极高。覃贵福成为一员高级将领。

一次，覃贵福率军出征，被清军将领苏元春俘获，遂降清军，成为天国的叛徒。他竭力为清军效力，积功累升为二品大员。

同治七年（1868），太平天国彻底失败。

覃贵福挂甲归田，隐居故乡，常为人表演武艺，臂力惊人。用两指夹3寸高的一串铜钱，稍一用力，铜钱都被挤扁；又常与人打赌，从口袋里拿出双毫（二角银辅币）10元一叠，用手指夹住，谁人能用手或绳子把银币拽出，钱就归他；若不能，须请覃贵福吃茶一顿。

民国二年(1913)，覃贵福病死于家中。

他的妻子欧氏，南京人，曾在天王府任女侍卫长，覃贵福中武状元后，嫁给他。覃贵福挂甲归田，欧氏与他一同去了武宣东乡福隆村，活了90余岁，国民党广西省主席黄旭初曾颁给她"金萱寿永"匾。民国二十五年(1926)，欧氏病死。

广西人对覃贵福很崇拜，盛传他和欧氏的事迹。20世纪30年代，简又文先生避难桂林，广西人潘新潮、黎式谷讲述覃氏夫妻的故事，简又文先生将他们的讲述收录于《太平天国典制通考》一书中。

附录三　历代状元表

朝代	朝名	科分	状元姓名	籍贯
唐	高祖	武德五年（622）壬午	孙伏伽	武城（今河北清河）
	高宗	咸亨元年（670）庚午 上元二年（675）乙亥 永淳元年（682）壬午	宋守节 郑　益 许　且	
	武则天	垂拱元年（685）乙酉 垂拱三年（687）丁亥	吴师道 陈伯玉	
	睿宗	神龙二年（706）丙午 太极元年（712）壬子	姚仲豫 常无名	温县（今河南沁阳）
	玄宗	开元二年（714）甲寅	李　昂	
		开元四年（716）丙辰	范崇凯	内江（今属四川）
		开元九年（721）辛酉	王　维	祁县（今属山西）
		开元十二年（724）甲子	杜　绾	
		开元十四年（726）丙寅	严　迪	
		开元十五年（727）丁卯	李　嶷	
		开元十六年（728）戊辰	虞　咸	
		开元十七年（729）己巳	王正卿	
		开元二十一年（733）癸酉	徐　徵	
		开元二十二年（734）甲戌	李　琚	顿丘（今属河南）

朝代	朝名	科分	状元姓名	籍贯
唐	玄宗	开元二十三年（735）乙亥	贾　至	长乐（今河南洛阳）
		开元二十六年（738）戊寅	崔　曙	
		天宝元年（742）壬午	王　阅	
		天宝二年（743）癸未	刘　单	岐山（今属陕西）
		天宝三年（744）甲申	赵　岳	
		天宝五年（746）丙戌	羊袭吉	
		天宝六年（747）丁亥	杨　护	
		天宝七年（748）戊子	杨　誉	
		天宝十年（751）辛卯	李巨卿	
		天宝十二年（753）癸巳	杨　儇	
		天宝十三年（754）甲午	杨　纮	
		天宝十四年（755）乙未	常　衮	京兆（今陕西西安）
		天十五年（756）丙申	卢　庚	
	代宗	广德元年（763）癸卯	洪　源	
		广德二年（764）甲辰	杨栖梧	
		永泰元年（765）乙巳	萧　遘	
		大历四年（769）己酉	齐　映	高阳（今河北河间）
		大历五年（770）庚戌	李　搏	
		大历六年（771）辛亥	王　溆	
		大历七年（772）壬子	张　式	南阳（今属河南）
		大历九年（774）甲寅	杨　凭	弘农（今河南灵宝）
		大历十年（775）乙卯	丁　泽	
		大历十二年（777）丁巳	黎　逢	
		大历十三年（778）戊午	杨　凝	弘农（今河南灵宝）
		大历十四年（779）己未	王　储	

朝代	朝名	科分	状元姓名	籍贯
唐	德宗	建中元年（780）庚申	魏弘简	
		建中二年（781）辛酉	崔元翰	博陵（今河北蠡县）
		建中四年（783）癸亥	薛 展	
		贞元元年（785）乙丑	郑全济	荥阳（今属河南）
		贞元二年（786）丙寅	张正甫	南阳（今属河南）
		贞元三年（787）丁卯	牛锡庶	
		贞元五年（789）己巳	卢 项	
		贞元七年（791）辛未	尹 枢	阆州（今四川阆中）
		贞元八年（792）壬申	贾 稜	
		贞元九年（793）癸酉	苑 论	马邑（今山西朔县）
		贞元十年（794）甲戌	陈 讽	
		贞元十二年（796）丙子	李 程	成纪（今甘肃秦安西北）
		贞元十三年（797）丁丑	郑巨源	
		贞元十四年（798）戊寅	李 随	
		贞元十五年（799）己卯	封孟绅	
		贞元十六年（800）庚辰	陈 权	
		贞元十七年（801）辛巳	班 肃	
		贞元十八年（802）壬午	徐 晦	
	宪宗	元和元年（806）丙戌	武翊黄	太原（今属山西）
		元和二年（807）丁亥	王源中	
		元和三年（808）戊子	柳公权	华原（今陕西耀县）
		元和四年（809）己丑	韦 瓘	万年（今陕西西安）
		元和五年（810）庚寅	李顾行	
		元和七年（812）壬辰	李固言	赵郡（今河北赵县）

朝代	朝名	科分	状元姓名	籍贯
唐	宪宗	元和八年（813）癸巳	尹 极	阆州（今四川阆中）
		元和九年（814）甲午	张又新	陆泽（今河北深县西南）
		元和十一年（816）丙申	郑 澥	荥阳（今属河南）
		元和十三年（818）戊戌	独孤樟	
		元和十四年（819）己亥	韦 谌	
		元和十五年（820）庚子	卢 储	
	穆宗	长庆二年（822）壬寅	贾 餗	洛阳（今属河南）
		长庆三年（823）癸卯	郑 冠	
		长庆四年（824）甲辰	李 群	合肥（今属安徽）
	敬宗	宝历元年（825）乙巳	柳 璟	
		宝历二年（826）丙午	裴 俅	济源（今属河南）
	文宗	大和元年（827）丁未	李 郃	延唐（今湖南宁远）
		大和二年（828）戊申	韦 筹	
		大和三年（829）己酉	李 远	云阳（今属四川）
		大和四年（830）庚戌	宋 祁	
		大和五年（831）辛亥	杜 陟	
		大和六年（832）壬子	李 珪	
		大和七年（833）癸丑	李 余	成都（今属四川）
		大和八年（834）甲寅	陈 宽	
		大和九年（835）乙卯	郑 确	
		开成二年（837）丁巳	李 肱	
		开成三年（838）戊午	裴思谦	
		开成四年（839）己未	崔 □	
		开成五年（840）庚申	李从实	

朝代	朝名	科分	状元姓名	籍贯
唐	武宗	会昌元年（841）辛酉	崔岘	
		会昌二年（842）壬戌	郑颢	荥阳（今属河南）
		会昌三年（843）癸亥	卢肇	宜春（今属江西）
		会昌四年（844）甲子	郑言	荥阳（今属河南）
		会昌五年（845）乙丑	易重	宜春（今属江西）
		会昌六年（846）丙寅	狄慎思	
	宣宗	大中元年（847）丁卯	顾标	
		大中二年（848）戊辰	卢深	
		大中三年（849）己巳	于珪	洛阳（今属河南）
		大中四年（850）庚午	张温琪	
		大中五年（851）辛未	李郜	
		大中七年（853）癸酉	于瓌	洛阳（今属河南）
		大中八年（854）甲戌	颜标	
		大中十年（856）丙子	崔铏	
		大中十二年（858）戊寅	李億	
		大中十三年（859）己卯	孔纬	曲阜（今属山东）
		大中十四年（860）庚辰	刘蒙	
	懿宗	咸通二年（861）辛巳	裴延鲁	
		咸通三年（862）壬午	薛迈	
		咸通四年（863）癸未	孙龙光	
		咸通七年（866）丙戌	韩衮	河阳（今河南孟县）
		咸通八年（867）丁亥	郑洪业	荥阳（今属河南）
		咸通九年（868）戊子	赵峻	
		咸通十年（869）己丑	归仁绍	吴县（今江苏苏州）

朝代	朝名	科分	状元姓名	籍贯
唐	懿宗	咸通十二年（871）辛卯	李筠	
		咸通十三年（872）壬辰	郑昌图	
		咸通十四年（873）癸巳	孔纁	曲阜（今属山东）
		咸通十五年（874）甲午	归仁泽	吴（今江苏苏州）
	僖宗	乾符二年（875）乙未	郑合敬	
		乾符三年（876）丙申	孔缄	曲阜（今属山东）
		乾符五年（878）戊戌	孙偓	
		广明元年（880）庚子	郑蔼	
		中和三年（883）癸卯	崔昭纬	清河（今属河北）
		光启元年（885）乙巳	许祐孙	
		光启二年（886）丙午	陆扆	嘉兴（今属浙江）
		光启四年（888）戊申	郑贻矩	荥阳（今属河南）
	昭宗	龙纪元年（889）己酉	李瀚	
		大顺元年（890）庚戌	杨赞禹	
		大顺二年（891）辛亥	崔昭矩	清河（今属河北）
		景福元年（892）壬子	归黯	
		景福二年（893）癸丑	崔胶	
		乾宁元年（894）甲寅	苏检	
		乾宁二年（895）乙卯	赵观文	桂州（今广西桂林）
		乾宁三年（896）丙辰	崔谔	
		乾宁四年（897）丁巳	杨赞图	
		乾宁五年（898）戊午	羊绍素	
		光化二年（899）己未	卢文焕	
		光化三年（900）庚申	裴格	

朝代	朝名	科分	状元姓名	籍贯
唐	昭宗	光化四年（901）辛酉	归佾	苏州（今属江苏）
	哀宗	天祐二年（905）乙丑	归系	苏州（今属江苏）
		天祐三年（906）丙寅	裴说	
		天祐四年（907）丁卯	崔詹	
五代十国	后梁	太祖 开平二年（908）戊辰	崔邈	
		末帝 贞明四年（918）戊寅	陈逖	
	后唐	庄宗 同光二年（924）甲申	崔光表	
		同光三年（925）乙酉	王徹	莘（今山东莘县）
		同光四年（926）丙戌	王归朴	简州（今四川简阳）
		明宗 天成二年（927）丁亥	黄仁颖	
		天成三年（928）戊子	郭皎	
		闵帝 长兴三年（932）壬辰	卢华	
	后晋	出帝 开运二年（945）乙巳	寇湘	下邽（今陕西渭南东北）
	后汉	高祖 乾祐元年（948）戊申	王溥	祁县（今属山西）
		隐帝 乾祐三年（950）庚戌	王朴	东平（今属山东）
	后周	太祖 广顺二年（952）壬子	扈载	北燕（今河北涿鹿）
	南汉	刘龑 乾亨二年（918）戊寅	简文会	南海（今广东广州）
宋	太祖	建隆元年（960）庚申	杨砺	鄠县（今陕西户县）
		建隆二年（961）辛酉	张去华	襄邑（今河南睢县）
		建隆三年（962）壬戌	马适	湖口（今属江西）
		乾德元年（963）癸亥	苏德祥	青州（今属山东）
		乾德二年（964）甲子	李景阳	
		乾德三年（965）乙丑	刘察	

朝代	朝名	科分	状元姓名	籍贯
宋	太祖	乾德四年（966）丙寅	李　肃	
		乾德五年（967）丁卯	刘蒙叟	宁陵（今属河南）
		乾德六年（968）戊辰	柴成务	济阴（今山东菏泽）
		开宝二年（969）己巳	安德裕	河南（今河南洛阳）
		开宝三年（970）庚午	张　拱	
		开宝四年（971）辛未	刘　寅	
		开宝五年（972）壬申	安守亮	河南（今河南洛阳）
		开宝六年（973）癸酉	宋　准	雍丘（今河南杞县）
		开宝八年（975）乙亥	王嗣宗	汾州（今山西汾阳）
	太宗	太平兴国二年（977）丁丑	吕蒙正	河南（今河南洛阳）
		太平兴国三年（978）戊寅	胡　旦	渤海（今山东滨州东）
		太平兴国五年（980）庚辰	苏易简	铜山（今四川中江东南）
		太平兴国八年（983）癸未	王世则	长沙（今属湖南）
		雍熙二年（985）乙酉	梁　颢	须城（今山东东平）
		端拱元年（988）戊子	程　宿	衢州（今浙江衢县）
		端拱二年（989）己丑	陈尧叟	阆中（今属四川）
		淳化三年（992）壬辰	孙　何	汝阳（今河南汝南）
	真宗	咸平元年（998）戊戌	孙　仅	汝阳（今河南汝南）
		咸平二年（999）己亥	孙　暨	汝州（今河南临汝）
		咸平三年（1000）庚子	陈尧咨	阆中（今属四川）
		咸平五年（1002）壬寅	王　曾	益都（今山东青州）
		景德二年（1005）乙巳	李　迪	鄄城（今属山东）
		大中祥符元年（1008）戊申	姚　晔	商水（今属河南）

朝代	朝名	科分	状元姓名	籍贯
宋	真宗	大中祥符二年（1009）己酉	梁　固	须城（今山东东平）
		大中祥符四年（1011）辛亥	张师德	襄邑（今河南睢县）
		大中祥符五年（1012）壬子	徐　奭	建安（今福建建瓯）
		大中祥符七年（1014）甲寅	张　观	绛州（今山西绛县）
		大中祥符八年（1015）乙卯	蔡　齐	胶水（今山东平度）
		天禧三年（1019）己未	王　整	咸阳（今属陕西）
	仁宗	天圣二年（1024）甲子	宋　庠	安陆（今属湖北）
		天圣五年（1027）丁卯	王尧臣	虞城（今属河南）
		天圣八年（1030）庚午	王拱辰	咸平（今河南通许）
		景祐元年（1034）甲戌	张唐卿	青州（今属山东）
		宝元元年（1038）戊寅	吕　溱	扬州（今属江苏）
		庆历二年（1042）壬午	杨　寘	合肥（今属安徽）
		庆历六年（1046）丙戌	贾　黯	穰县（今河南邓县）
		皇祐元年（1049）己丑	冯　京	江夏（今湖北武汉）
		皇祐五年（1053）癸巳	郑　獬	安陆（今属湖北）
		嘉祐二年（1057）丁酉	章　衡	浦城（今属福建）
		嘉祐四年（1059）己亥	刘　辉	铅山（今属江西）
		嘉祐六年（1061）辛丑	王俊民	掖县（今山东莱州）
		嘉祐八年（1063）癸卯	许　将	闽县（今福建福州）
	英宗	治平二年（1065）乙巳	彭汝砺	鄱阳（今江西波阳）
		治平四年（1067）丁未	许安世	襄邑（今河南睢县）
	神宗	熙宁三年（1070）庚戌	叶祖洽	邵武（今属福建）
		熙宁六年（1073）癸丑	余　中	宜兴（今属江苏）
		熙宁九年（1076）丙辰	徐　铎	莆田（今属福建）

朝代	朝名	科分	状元姓名	籍贯
宋	神宗	元丰三年（1079）己未	时 彦	开封（今属河南）
		元丰五年（1082）壬戌	黄 裳	剑浦（今福建泉州）
		元丰八年（1085）乙丑	焦 蹈	合肥（今属安徽）
	哲宗	元祐三年（1088）戊辰	李常宁	开封（今属河南）
		元祐六年（1091）辛未	马 涓	保宁（今四川理县东北）
		绍圣元年（1094）甲戌	毕 渐	潜江（今属湖北）
		绍圣四年（1097）丁丑	何昌言	临江（今江西清江）
		元符三年（1100）庚辰	李 釜	大名（今属河北）
	徽宗	崇宁二年（1103）癸未	霍端友	武进（今属江苏）
		崇宁五年（1106）丙戌	蔡 嶷	开封（今属河南）
		大观三年（1109）己丑	贾安宅	乌程（今浙江湖州）
		政和二年（1112）壬辰	莫 俦	吴县（今江苏苏州）
		政和五年（1115）乙未	何 㮚	仙井监（今四川仁寿）
		重和元年（1118）戊戌	王 昂	江都（今江苏扬州）
		宣和三年（1121）辛丑	何 涣	永康（今属浙江）
		宣和六年（1124）甲辰	沈 晦	钱塘（今浙江杭州）
	高宗	建炎二年（1128）戊申	李 易	江都（今江苏扬州）
		绍兴二年（1132）壬子	张九成	钱塘（今浙江杭州）
		绍兴五年（1135）乙卯	汪应辰	玉山（今属江西）
		绍兴八年（1138）戊午	黄公度	莆田（今属福建）
		绍兴十二年（1142）壬戌	陈诚之	闽县（今福建福州）
		绍兴十五年（1145）乙丑	刘 章	龙游（今浙江衢县东北）
		绍兴十八年（1148）戊辰	王 佐	山阴（今浙江绍兴）

朝代	朝名	科分	状元姓名	籍贯
宋	高宗	绍兴二十一年（1151）辛未	赵 逵	资州（今四川资中）
		绍兴二十四年（1154）甲戌	张孝祥	乌江（今安徽和县东北）
		绍兴二十七年（1157）丁丑	王十朋	永宁（今浙江乐清）
		绍兴三十年（1160）庚辰	梁克家	晋江（今福建泉州）
	孝宗	隆兴元年（1163）癸未	木待问	永嘉（今浙江温州）
		乾道二年（1166）丙戌	萧国梁	永福（今福建永泰）
		乾道五年（1169）己丑	郑 侨	莆田（今属福建）
		乾道八年（1172）壬辰	黄 定	永福（今福建永泰）
		淳熙二年（1175）乙未	詹 骙	会稽（今浙江绍兴）
		淳熙五年（1178）戊戌	姚 颖	鄞县（今浙江宁波）
		淳熙八年（1181）辛丑	黄 由	长洲（今江苏苏州）
		淳熙十一年（1184）甲辰	卫 泾	昆山（今属江苏）
		淳熙十四年（1187）丁未	王 容	湘阴（今属湖南）
	光宗	绍熙元年（1190）庚戌	余 复	宁德（今属福建）
		绍熙四年（1193）癸丑	陈 亮	永康（今属浙江）
	宁宗	庆元二年（1196）丙辰	邹应龙	泰宁（今属福建）
		庆元五年（1199）己未	曾从龙	晋江（今福建泉州）
		嘉泰二年（1202）壬戌	傅行简	鄞县（今浙江宁波）
		开禧元年（1205）乙丑	毛自知	西安（今浙江衢县）
		嘉定元年（1208）戊辰	郑性之	侯官（今福建福州）
		嘉定四年（1211）辛未	赵建夫	永嘉（今浙江温州）
		嘉定七年（1214）甲戌	袁 甫	鄞县（今浙江宁波）
		嘉定十年（1217）丁丑	吴 潜	宁国（今属安徽）
		嘉定十三年（1220）庚辰	刘 渭	金华（今属浙江）
		嘉定十六年（1223）癸未	蒋重珍	无锡（今属江苏）

朝代	朝名	科分	状元姓名	籍贯
宋	理宗	宝庆二年（1226）丙戌	王会龙	临海（今属浙江）
		绍定二年（1229）己丑	黄　朴	侯官（今福建福州）
		绍定五年（1232）壬辰	徐元杰	上饶（今属江西）
		端平二年（1235）乙未	吴叔告	莆田（今属福建）
		嘉熙二年（1238）戊戌	周　坦	永嘉（今浙江温州）
		淳祐元年（1241）辛丑	徐俨夫	平阳（今属浙江）
		淳祐四年（1244）甲辰	留梦炎	衢州（今属浙江）
		淳祐七年（1247）丁未	张渊微	新城（今江西黎川）
		淳祐十年（1250）庚戌	方逢辰	淳安（今属浙江）
		宝祐元年（1253）癸丑	姚　勉	新昌（今属浙江）
		宝祐四年（1256）丙辰	文天祥	庐陵（今江西吉安）
		开庆元年（1259）己未	周震炎	当涂（今属安徽）
		景定三年（1262）壬戌	方山京	慈谿（今浙江宁波西北）
	度宗	咸淳元年（1265）乙丑	阮登炳	吴县（今江苏苏州）
		咸淳四年（1268）戊辰	陈文龙	兴化军（今福建莆田）
		咸淳七年（1271）辛未	张镇孙	南海（今广东广州）
		咸淳十年（1274）甲戌	王龙泽	义乌（今属浙江）
宋·武状元	神宗	熙宁九年（1076）丙辰	薛　奕	兴化（今福建仙游东北）
	高宗	建炎二年（1128）戊申	徐　遂	
		绍兴十八年（1148）戊辰	柯　熙	永福（今福建永秦）
		绍兴二十一年（1151）辛未	汤　鹭	将乐（今属福建）
		绍兴二十九年（1159）己卯	赵梦熊	
		绍兴三十年（1160）庚辰	樊仁远	闽县（今福建福州）

朝代	朝名	科分	状元姓名	籍贯
宋·武状元	孝宗	乾道二年（1166）丙戌	蔡必胜	平阳（今属浙江）
		乾道五年（1169）己丑	赵　鼎	
		乾道八年（1172）壬辰	林宗臣	晋江（今福建泉州）
		淳熙二年（1175）乙未	蒋　介	
		淳熙八年（1181）辛丑	江伯虎	永福（今福建永泰）
		淳熙十一年（1184）甲辰	林　嶪	吴县（今江苏苏州）
	光宗	绍熙元年（1190）庚戌	厉仲祥	吴县（今江苏苏州）
		绍熙四年（1193）癸丑	林　管	平阳（今属浙江）
	宁宗	庆元二年（1196）丙辰	周　虎	常熟（今属江苏）
		庆元五年（1199）己未	陈良彪	长乐（今属福建）
		嘉泰二年（1202）壬戌	叶　崟	
		开禧元年（1205）乙丑	郑公侃	福州（今属福建）
		嘉定元年（1208）戊辰	周　师	临安（今浙江杭州）
		嘉定四年（1211）辛未	林汝浃	
		嘉定七年（1214）甲戌	刘必方	临安（今浙江杭州）
		嘉定十年（1217）丁丑	朱嗣宗	
		嘉定十三年（1220）庚辰	陈正大	
		嘉定十六年（1223）癸未	杜幼节	
	理宗	宝庆二年（1226）丙戌	方　枢	侯官（今福建福州）
		嘉熙二年（1238）戊戌	刘必成	昆山（今属江苏）
		淳祐元年（1241）辛丑	赵国华	
		淳祐四年（1244）甲辰	项桂发	
		淳祐七年（1247）丁未	张梦飞	
		淳祐十年（1250）庚戌	陈亿子	

朝代	朝名	科分	状元姓名	籍贯
宋·武状元	理宗	宝祐元年（1253）癸丑	程鸣凤	
		宝祐四年（1256）丙辰	章宗德	
		开庆元年（1259）己未	朱应举	
		景定三年（1262）壬戌	俞葵	
	度宗	咸淳元年（1265）乙丑	王国	
		咸淳四年（1268）戊辰	俞仲鳌	
		咸淳七年（1271）辛未	林时中	平阳（今属浙江）
西夏	桓宗	天庆十年（1203）辛酉	李遵顼	兴定府（今宁夏银川）
辽	圣宗	统和七年（989）己丑	高正	
		统和八年（990）庚寅	郑云从	
		统和九年（991）辛卯	石用中	
		统和十一年（993）癸巳	王熙载	
		统和十二年（994）甲午	吕德懋	
		统和十三年（995）乙未	王用极	
		统和十四年（996）丙申	张俭	宛平（今北京）
		统和十五年（997）丁酉	陈鼎	
		统和十六年（998）戊戌	杨文立	
		统和十七年（999）己亥	初锡	
		统和十八年（1000）庚子	南承保	
		统和二十年（1002）壬寅	邢祥	
		统和二十二年（1004）甲辰	李可封	
		统和二十四年（1006）丙午	杨佶	南京（今北京）
		统和二十六年（1008）戊申	史克忠	
		统和二十七年（1009）己酉	刘二宜	

朝代	朝名	科分	状元姓名	籍贯
辽	圣宗	统和二十九年（1011）辛亥	高承颜	
		开泰元年（1012）壬子	史　简	
		开泰二年（1013）癸丑	鲜于茂昭	
		开泰三年（1014）甲寅	张用行	
		开泰五年（1016）丙辰	孙　杰	
		开泰七年（1018）戊午	张克恭	
		开泰九年（1020）庚申	张仲举	
		太平二年（1022）壬戌	张　渐	
		太平四年（1024）甲子	李　炯	
		太平五年（1025）乙丑	张　昱	
		太平八年（1028）戊辰	张　宥	
		太平九年（1029）己巳	张仁纪	
	兴宗	景福元年（1031）辛未	刘　真	
		重熙元年（1032）壬申	刘师贞	
		重熙五年（1036）丙子	冯　立	
		重熙七年（1038）戊寅	邢彭年	
		重熙十一年（1042）壬午	王　实	
		重熙十五年（1046）丙戌	王　棠	新城（今属河北）
	道宗	清宁元年（1055）乙未	张孝杰	永霸（今辽宁朝阳西）
		清宁五年（1059）己亥	梁　援	广宁（今河北昌黎）
		清宁八年（1062）壬寅	王　鼎	涿州（今河北涿县）
		咸雍二年（1066）丙午	张　臻	
		咸雍六年（1070）庚戌	赵廷睦	
		大康五年（1079）己未	刘　瓘	

朝代	朝名	科分	状元姓名	籍贯
辽	道宗	大康九年（1083）癸亥	李君裕	
		大安二年（1086）丙寅	张毅	
		大安六年（1090）庚午	文充	
		大安八年（1092）壬申	寇尊文	
		寿昌元年（1095）乙亥	陈衡哲	
		寿昌六年（1100）庚辰	康秉俭	
	天祚帝	乾统三年（1103）癸未	马恭回	
		乾统七年（1107）丁亥	李石	辽阳（今属辽宁）
		乾统九年（1109）己丑	刘祯	
		天庆二年（1112）壬辰	韩昉	燕京（今北京）
		天庆八年（1118）戊戌	王翚	
	宣宗	建福元年（1122）壬寅	李宝信	
	萧德妃	德兴元年（1122）壬寅	李球	
金	太宗	天会十年（1132）壬子	胡砺	密州（今山东诸城）
	熙宗	天眷二年（1139）己未	石琚	定州（今河北定县）
	海陵王	天德二年（1150）庚午	吕忠翰	
		天德三年（1151）辛未	杨建中	
		正隆二年（1157）丁丑	郑子聃	大定（今辽宁凌源西）
	世宗	大定三年（1163）癸未	孟宗献	开封（今属河南）
		大定十三年（1173）癸巳	徒单镒	连连保子猛安（今黑龙江阿城）
		大定十九年（1179）己亥	张行简	日照（今属山东）
	章宗	明昌二年（1191）辛亥	王泽	
		明昌五年（1194）甲寅	杨云翼	乐平（今山西昔阳）

朝代	朝名	科分	状元姓名	籍贯
金	章宗	承安二年（1197）丁巳	纳兰胡鲁剌	大名（今属河北）
		泰和六年（1206）丙寅	李 演	任城（今山东济宁东南）
	宣宗	贞祐元年（1213）癸酉	张 本	
		贞祐三年（1215）乙亥	李献能	河中（今山西永济）
		兴定五年（1221）辛卯	斡勒业德	
	哀宗	正大元年（1224）甲申	富珠哩察罕	
			王 鹗	东明（今山东菏泽）
		正大四年（1227）丁亥	卢 亚	偃师（今属河南）
		正大七年（1230）庚寅	李 塘	
金·武状元	宣宗	兴定二年（1218）戊寅	温赫特额珠	
元	仁宗	延祐二年（1315）乙卯	噜呼图克岱尔	
			张起岩	江夏（今湖北武汉）
		延祐五年（1318）戊午	身图克岱尔	
			霍希贤	
	英宗	至治元年（1321）辛酉	泰不华	
			宋 本	大都（今北京）
		泰定元年（1324）甲子	巴 拉	
			张 益	
		泰定四年（1327）丁卯	阿恰齐	
			李 黼	颍州（今安徽阜阳）

朝代	朝名	科分	状元姓名	籍贯
元	文宗	至顺元年（1330）庚午	笃列图 王文煜	
	顺帝	元统元年（1333）癸酉	同同 李 齐 拜 珠	广平（今属河北）
		至正二年（1342）壬午	陈祖仁 普颜不花	汴（今河南开封）
		至正五年（1345）乙酉	张士坚 阿噜木特穆尔	
		至正八年（1348）戊子	王宗哲 图列图	遂州（今河北徐水西北）
		至正十一年（1351）辛卯	文允中 薛朝晤	成都（今属四川）
		至正十四年（1354）甲午	牛朝志 悦 徽	
		至正十七年（1357）丁酉	王宗嗣 迈 珠	
		至正二十年（1360）庚子	魏元礼 宝 宝	
		至正二十三年（1363）癸卯	杨 辁 哈喇布哈	
		至正二十六年（1366）丙午	张 栋	

朝代	朝名	科分	状元姓名	籍贯
明	太祖	洪武四年（1371）辛亥	吴伯宗	金谿（今属江西）
		洪武十八年（1385）乙丑	丁 显	建阳（今属福建）
		洪武二十一年（1388）戊辰	任亨泰	襄阳（今湖北襄樊）
		洪武二十四年（1391）辛未	黄 观	贵池（今属安徽）
		洪武二十七年（1394）甲戌	张 信	定海（今浙江镇海）
		洪武三十年（1397）丁丑	陈 䢿	闽县（今福建福州）
			韩克忠	武城（今属山东）
	惠帝	建文二年（1400）庚辰	胡 广	吉水（今属江西）
	成祖	永乐二年（1404）甲申	曾 棨	永丰（今属江西）
		永乐四年（1406）丙戌	林 环	莆田（今属福建）
		永乐九年（1411）辛卯	萧时中	庐陵（今江西吉安）
		永乐十年（1412）壬辰	马 铎	长乐（今属福建）
		永乐十三年（1415）乙未	陈 循	泰和（今属江西）
		永乐十六年（1418）戊戌	李 骐	长乐（今属福建）
		永乐十九年（1421）辛丑	曾鹤龄	泰和（今属江西）
		永乐二十二年（1424）甲辰	邢 宽	无为（今属安徽）
	宣宗	宣德二年（1427）丁未	马 愉	临朐（今属山东）
		宣德五年（1430）庚戌	林 震	长泰（今属福建）
		宣德八年（1433）癸丑	曹 鼐	宁晋（今属河北）
	英宗	正统元年（1436）丙辰	周 旋	永嘉（今浙江温州）
		正统四年（1439）己未	施 槃	吴县（今江苏苏州）
		正统七年（1442）壬戌	刘 俨	吉水（今属江西）
		正统十年（1445）乙丑	商 辂	淳安（今属浙江）
		正统十三年（1448）戊辰	彭 时	安福（今属江西）

朝代	朝名	科分	状元姓名	籍贯
明	代宗	景泰二年（1451）辛未	柯 潜	莆田（今属福建）
		景泰五年（1454）甲戌	孙 贤	杞县（今属河南）
	英宗	天顺元年（1457）丁丑	黎 淳	华容（今属湖南）
		天顺四年（1460）庚辰	王一夔	新建（今属江西）
		天顺八年（1464）甲申	彭 教	吉水（今属江西）
	宪宗	成化二年（1466）丙戌	罗 伦	永丰（今属江西）
		成化五年（1469）己丑	张 升	南城（今属江西）
		成化八年（1472）壬辰	吴 宽	长洲（今江苏苏州）
		成化十一年（1475）乙未	谢 迁	余姚（今属浙江）
		成化十四年（1478）戊戌	曾 彦	泰和（今属江西）
		成化十七年（1481）辛丑	王 华	余姚（今属浙江）
		成化二十年（1484）甲辰	李 旻	钱塘（今浙江杭州）
		成化二十三年（1487）丁未	费 宏	铅山（今属江西）
	孝宗	弘治三年（1490）庚戌	钱 福	华亭（今上海松江西）
		弘治六年（1493）癸丑	毛 澄	昆山（今属江苏）
		弘治九年（1496）丙辰	朱希周	昆山（今属江苏）
		弘治十二年（1499）己未	伦文叙	南海（今广东广州）
		弘治十五年（1502）壬戌	康 海	武功（今属陕西）
		弘治十八年（1505）乙丑	顾鼎臣	昆山（今属江苏）
	武宗	正德三年（1508）戊辰	吕 柟	高陵（今属陕西）
		正德六年（1511）辛未	杨 慎	新都（今属四川）
		正德九年（1514）甲戌	唐 皋	歙县（今属安徽）
		正德十二年（1517）丁丑	舒 芬	进贤（今属江西）
		正德十六年（1521）辛巳	杨维聪	固安（今属河北）

朝代	朝名	科分	状元姓名	籍贯
明	世宗	嘉靖二年（1523）癸未	姚涞	慈溪（今属浙江）
		嘉靖五年（1526）丙戌	龚用卿	怀安（今属福建）
		嘉靖八年（1529）己丑	罗洪先	吉水（今属江西）
		嘉靖十一年（1532）壬辰	林大钦	海阳（今广东潮安）
		嘉靖十四年（1535）乙未	韩应龙	余姚（今属浙江）
		嘉靖十七年（1538）戊戌	茅瓒	钱塘（今浙江杭州）
		嘉靖二十年（1541）辛丑	沈坤	大河卫（今江苏淮安）
		嘉靖二十三年（1544）甲辰	秦鸣雷	临海（今属浙江）
		嘉靖二十六年（1547）丁未	李春芳	兴化（今属江苏）
		嘉靖二十九年（1550）庚戌	唐汝楫	兰溪（今属浙江）
		嘉靖三十二年（1553）癸丑	陈谨	闽县（今福建福州）
		嘉靖三十五年（1556）丙辰	诸大绶	山阴（今浙江绍兴）
		嘉靖三十八年（1559）己未	丁士美	清河（今江苏清江）
		嘉靖四十一年（1562）壬戌	申时行	长洲（今江苏苏州）
		嘉靖四十四年（1565）乙丑	范应期	乌程（今浙江吴兴）
	穆宗	隆庆二年（1568）戊辰	罗万化	会稽（今浙江绍兴）
		隆庆五年（1571）辛未	张元忭	山阴（今浙江绍兴）
	神宗	万历二年（1574）甲戌	孙继皋	无锡（今属江苏）
		万历五年（1577）丁丑	沈懋学	宣城（今属安徽）
		万历八年（1580）庚辰	张懋修	江陵（今属湖北）
		万历十一年（1583）癸未	朱国祚	秀水（今浙江嘉兴）
		万历十四年（1586）丙戌	唐文献	华亭（今上海松江西）
		万历十七年（1589）己丑	焦竑	江宁（今江苏南京）
		万历二十年（1592）壬辰	翁正春	侯官（今福建福州）

朝代	朝名	科分	状元姓名	籍贯
明	神宗	万历二十三年（1595）乙未	朱之蕃	茌平（今属山东）
		万历二十六年（1598）戊戌	赵秉忠	益都（今山东青州）
		万历二十九年（1601）辛丑	张以诚	青浦（今属上海）
		万历三十二年（1604）甲辰	杨守勤	慈溪（今浙江宁波西北）
		万历三十五年（1607）丁未	黄士俊	顺德（今属广东）
		万历三十八年（1610）庚戌	韩敬	归安（今浙江吴兴）
		万历四十一年（1613）癸丑	周延儒	宜兴（今属江苏）
		万历四十四年（1616）丙辰	钱士升	嘉善（今属浙江）
		万历四十七年（1619）己未	庄际昌	永春（今属福建）
	熹宗	天启二年（1622）壬戌	文震孟	长洲（今江苏苏州）
		天启五年（1625）乙丑	余煌	会稽（今浙江绍兴）
	毅宗	崇祯元年（1628）戊辰	刘若宰	潜山（今属江苏）
		崇祯四年（1631）辛未	陈于泰	宜兴（今属江苏）
		崇祯七年（1634）甲戌	刘理顺	杞县（今属河南）
		崇祯十年（1637）丁丑	刘同升	吉水（今属江西）
		崇祯十三年（1640）庚辰	魏藻德	通州（今北京通县）
		崇祯十六年（1643）癸未	杨廷鉴	武进（今江苏常州）
明·武状元	世宗	嘉靖三十五年（1556）丙辰	周毅	仁和（今浙江杭州）
		嘉靖四十一年（1562）壬戌	陈彦	
	神宗	万历十四年（1586）丙戌	陈大猷	吴县（今江苏苏州）
		万历二十年（1592）壬辰	顾凤翔	青浦（今属上海）
		万历二十九年（1601）辛丑	黄钺	金陵（今江苏南京）
		万历三十五年（1607）丁未	庄安世	晋江（今福建泉州）
		万历四十四年（1616）丙辰	方仪凤	贵池（今属安徽）

朝代	朝名	科分	状元姓名	籍贯
明·武状元	熹宗	天启二年（1622）壬戌	郑维城	武冈（今属湖南）
	毅宗	崇祯四年（1631）辛未	王来聘	京师（北京）
		崇祯十年（1637）丁丑	文　武	德化（今江西九江）
		崇祯十六年（1643）癸未	黄赓材	
清	世祖	顺治三年（1646）丙戌	傅以渐	聊城（今属山东）
		顺治四年（1647）丁亥	吕　宫	武进（今江苏常州）
		顺治六年（1649）己丑	刘子壮	黄冈（今属湖北）
		顺治九年（1652）壬辰	邹忠倚	无锡（今属江苏）
		顺治十二年（1655）乙未	麻勒吉	满洲正黄旗
			史大成	鄞县（今浙江宁波）
			图尔宸	满洲正白旗
		顺治十五年（1658）戊戌	孙承恩	常熟（今属江苏）
		顺治十六年（1659）己亥	徐元文	昆山（今属江苏）
		顺治十八年（1661）辛丑	马世俊	溧阳（今属江苏）
	圣祖	康熙三年（1664）甲辰	严我斯	归安（今浙江湖州）
		康熙六年（1667）丁未	缪　彤	吴县（今江苏苏州）
		康熙九年（1670）庚戌	蔡启僔	德清（今属浙江）
		康熙十二年（1673）癸丑	韩　菼	长洲（今江苏苏州）
		康熙十五年（1676）丙辰	彭定求	长洲（今江苏苏州）
		康熙十八年（1679）己未	归允肃	常熟（今属江苏）
		康熙二十一年（1682）壬戌	蔡升元	德清（今属浙江）
		康熙二十四年（1685）乙丑	陆肯堂	长洲（今江苏苏州）
		康熙二十七年（1688）戊辰	沈廷文	秀水（今浙江嘉兴）
		康熙三十年（1691）辛未	戴有祺	金山（今属上海）

朝代	朝名	科分	状元姓名	籍贯
清	圣祖	康熙三十三年（1694）甲戌	胡任舆	上元（今江苏南京）
		康熙三十六年（1697）丁丑	李 蟠	铜山（今属江苏）
		康熙三十九年（1700）庚辰	汪 绎	常熟（今属江苏）
		康熙四十二年（1703）癸未	王式丹	宝应（今属江苏）
		康熙四十五年（1706）丙戌	王云锦	无锡（今属江苏）
		康熙四十八年（1709）己丑	赵熊诏	武进（今江苏常州）
		康熙五十一年（1712）壬辰	王世琛	长洲（今江苏苏州）
		康熙五十二年（1713）癸巳	王敬铭	嘉定（今属上海）
		康熙五十四年（1715）乙未	徐陶璋	长洲（今江苏苏州）
		康熙五十七年（1718）戊戌	汪应铨	常熟（今属江苏）
		康熙六十年（1721）辛丑	邓钟岳	聊城（今属山东）
	世宗	雍正元年（1723）癸卯	于 振	金坛（今属江苏）
		雍正二年（1724）甲辰	陈德华	安州（今河北安新）
		雍正五年（1727）丁未	彭启丰	长洲（今江苏苏州）
		雍正八年（1730）庚戌	周 澍	钱塘（今浙江杭州）
		雍正十一年（1733）癸丑	陈 倓	仪征（今属江苏）
	高宗	乾隆元年（1736）丙辰	金德瑛	仁和（今浙江杭州）
		乾隆二年（1737）丁巳	于敏中	金坛（今属江苏）
		乾隆四年（1739）己未	庄有恭	番禺（今广东广州）
		乾隆七年（1742）壬戌	金 甡	仁和（今浙江杭州）
		乾隆十年（1745）乙丑	钱惟城	武进（今江苏常州）
		乾隆十三年（1748）戊辰	梁国治	会稽（今浙江绍兴）
		乾隆十六年（1751）辛未	吴 鸿	仁和（今浙江杭州）
		乾隆十七年（1752）壬申	秦大士	江宁（今江苏南京）

朝代	朝名	科分	状元姓名	籍贯
清	高宗	乾隆十九年（1754）甲戌	庄培因	武进（今江苏常州）
		乾隆二十二年（1757）丁丑	蔡以台	嘉善（今属浙江）
		乾隆二十五年（1760）庚辰	毕沅	镇洋（今江苏太仓）
		乾隆二十六年（1761）辛巳	王杰	韩城（今属陕西）
		乾隆二十八年（1763）癸未	秦大成	嘉定（今属上海）
		乾隆三十一年（1766）丙戌	张书勋	吴县（今江苏苏州）
		乾隆三十四年（1769）己丑	陈初哲	吴县（今江苏苏州）
		乾隆三十六（1771）辛卯	黄轩	休宁（今属安徽）
		乾隆三十七年（1772）壬辰	金榜	歙县（今属安徽）
		乾隆四十年（1775）乙未	吴锡龄	休宁（今属安徽）
		乾隆四十三年（1778）戊戌	戴衢亨	大庾（今江西大余）
		乾隆四十五年（1780）庚子	汪如洋	秀水（今浙江嘉兴）
		乾隆四十六年（1781）辛丑	钱棨	长洲（今江苏苏州）
		乾隆四十九年（1784）甲辰	茹棻	会稽（今浙江绍兴）
		乾隆五十二年（1787）丁未	史致光	山阴（今浙江绍兴）
		乾隆五十四年（1789）乙酉	胡长龄	通州（今江苏南通）
		乾隆五十五年（1790）庚戌	石韫玉	吴县（今江苏苏州）
		乾隆五十八年（1793）癸丑	潘世恩	吴县（今江苏苏州）
		乾隆六十年（1795）己卯	王以衔	归安（今浙江吴兴）
	仁宗	嘉庆元年（1796）丙辰	赵文楷	太湖（今属安徽）
		嘉庆四年（1799）己未	姚文田	归安（今浙江吴兴）
		嘉庆六年（1801）辛酉	顾皋	无锡（今属江苏）
		嘉庆七年（1802）壬戌	吴廷琛	元和（今江苏苏州）
		嘉庆十年（1805）乙丑	彭浚	衡山（今属湖南）

朝代	朝名	科分	状元姓名	籍贯
清	仁宗	嘉庆十三年（1808）戊辰	吴信中	吴县（今江苏苏州）
		嘉庆十四年（1809）己巳	洪　莹	歙县（今属安徽）
		嘉庆十六年（1811）辛未	蒋立镛	天门（今湖北襄阳）
		嘉庆十九年（1814）甲戌	龙汝言	桐城（今属安徽）
		嘉庆二十二年（1817）丁丑	吴其濬	固始（今属河南）
		嘉庆二十四年（1819）己卯	陈　沆	蕲水（今湖北浠水）
		嘉庆二十五年（1820）庚辰	陈继昌	临桂（今广西桂林）
	宣宗	道光二年（1822）壬午	戴兰芬	天长（今属安徽）
		道光三年（1823）癸未	林召棠	吴川（今广东吴川东南）
		道光六年（1826）丙戌	朱昌颐	海盐（今属浙江）
		道光九年（1829）己丑	李振钧	太湖（今属安徽）
		道光十二年（1832）壬辰	吴钟骏	吴县（今江苏苏州）
		道光十三年（1833）癸巳	汪鸣相	彭泽（今属江西）
		道光十五年（1835）乙未	刘　绎	永丰（今属江西）
		道光十六年（1836）丙申	林鸿年	侯官（今福建福州）
		道光十八年（1838）戊戌	钮福保	乌程（今浙江吴兴）
		道光二十年（1840）庚子	李承霖	丹徒（今江苏镇江）
		道光二十一年（1841）辛丑	龙启瑞	临桂（今广西桂林）
		道光二十四年（1844）甲辰	孙毓桂	济宁（今属山东）
		道光二十五年（1845）乙巳	萧锦忠	茶陵（今属湖南）
		道光二十七年（1847）丁未	张之万	南皮（今属河北）
		道光三十年（1850）庚戌	陆增祥	太仓（今属江苏）
	文宗	咸丰二年（1852）壬子	章　鋆	鄞县（今浙江宁波）
		咸丰三年（1853）癸丑	孙如仅	济宁（今属山东）

朝代	朝名	科分	状元姓名	籍贯
清	文宗	咸丰六年（1856）丙辰	翁同和	常熟（今属江苏）
		咸丰九年（1859）己未	孙家鼐	寿州（今安徽寿县）
		咸丰十年（1860）庚申	钟骏声	仁和（今浙江杭州）
	穆宗	同治元年（1862）壬戌	徐郙	嘉定（今属上海）
		同治二年（1863）癸亥	翁曾源	常熟（今属江苏）
		同治四年（1865）乙丑	崇绮	满洲正蓝旗
		同治七年（1868）戊辰	洪钧	吴县（今江苏苏州）
		同治十年（1871）辛未	梁耀枢	顺德（今属广东）
		同治十三年（1874）甲戌	陆润庠	元和（今江苏苏州）
	德宗	光绪二年（1876）丙子	曹鸿勋	潍县（今山东潍坊）
		光绪三年（1877）丁丑	王仁堪	闽县（今福建福州）
		光绪六年（1880）庚辰	黄思永	江宁（今江苏南京）
		光绪九年（1883）癸未	陈冕	宛平（今北京）
		光绪十二年（1886）丙戌	赵以炯	贵阳（今属贵州）
		光绪十五年（1889）己丑	张建勋	临桂（今广西桂林）
		光绪十六年（1890）庚寅	吴鲁	晋江（今福建泉州）
		光绪十八年（1892）壬辰	刘福姚	临桂（今广西桂林）
		光绪二十年（1894）甲午	张謇	通州（今江苏南通）
		光绪二十一年（1895）乙未	骆成骧	资州（今四川资中）
		光绪二十四年（1898）戊戌	夏同和	麻哈（今贵州麻江）
		光绪二十九年（1903）癸卯	王寿彭	潍县（今山东潍坊）
		光绪三十年（1904）甲辰	刘春霖	肃宁（今属河北）

朝代	朝名	科分	状元姓名	籍贯
清·武状元	世祖	顺治三年（1646）丙戌	郭士衡	章丘（今属山东）
		顺治六年（1649）己丑	金抱一	
		顺治九年（1652）壬辰	王玉璧	仁和（今浙江杭州）
		顺治十二年（1655）乙未	于国柱	
		顺治十五年（1658）戊戌	刘　炎	山阴（今浙江绍兴）
		顺治十七年（1660）庚子	林本植	上元（今江苏南京）
		顺治十八年（1661）辛丑	霍维鼎	济宁（今属山东）
	圣祖	康熙三年（1664）甲辰	吴三畏	
		康熙六年（1667）丁未	秦蕃信	宛平（今北京）
		康熙九年（1670）庚戌	张英奇	深州（今河北深县）
		康熙十二年（1673）癸丑	郎天祚	山阴（今浙江绍兴）
		康熙十五年（1676）丙辰	荀国樑	
		康熙十八年（1679）己未	罗　淇	会稽（今浙江绍兴）
		唐熙二十一年（1682）壬戌	王继先	
		康熙二十四年（1685）乙丑	徐宪武	
		康熙二十七年（1688）戊辰	王应统	
		康熙三十年（1691）辛未	张文焕	宁夏（今宁夏银川）
		康熙三十三年（1694）甲戌	曹日玮	京卫
		康熙三十六年（1697）丁丑	缴煜章	京卫
		康熙三十九（1700）庚辰	马会伯	宁夏（今宁夏银川）
		康熙四十二年（1703）癸未	曹维城	
		康熙四十五年（1706）丙戌	杨　谦	仪征（今属江苏）
		康熙四十八年（1709）己丑	田　畯	献县（今属河北）
		康熙五十一年（1712）壬辰	李显光	

朝代	朝名	科分	状元姓名	籍贯
清·武状元	圣祖	康熙五十二年（1713）癸巳	李如柏	宁夏（今宁夏银川）
		康熙五十四年（1715）乙未	赛都	汉军正红旗
		康熙五十七年（1718）戊戌	封荣九	
		康熙六十年（1721）辛丑	林德镛	
	世宗	雍正元年（1723）癸卯	李琰	
		雍正二年（1724）四辰	苗国琮	汉军镶白旗
		雍正五年（1727）丁未	王元浩	胶州（今属山东）
		雍正八年（1730）庚戌	齐大勇	昌黎（今属河北）
		雍正十一年（1733）癸丑	孙宗夏	镇安（今属陕西）
	高宗	乾隆元年（1736）丙辰	马负书	汉军镶黄旗
		乾隆二年（1737）丁巳	哈攀龙	任丘（今属河北）
		乾隆四年（1739）己未	朱秋魁	金华（今属浙江）
		乾隆七年（1742）壬戌	贾廷诏	
		乾隆十年（1745）乙丑	董孟	汉军正黄旗
		乾隆十三年（1748）戊辰	张兆璠	泰兴（今属江苏）
		乾隆十六年（1751）辛未	张大经	凤台（今山西晋城）
		乾隆十七年（1752）壬申	哈廷梁	献县（今属河北）
		乾隆十九年（1754）甲戌	顾麟	
		乾隆二十二年（1757）丁丑	李国梁	丰润（今属河北）
		乾隆二十五年（1760）庚辰	马全	阳曲（今山西太原）
		乾隆二十六年（1761）辛巳	段飞龙	永年（今属河北）
		乾隆二十八年（1763）癸未	德灏	满洲正黄旗
		乾隆三十一年（1766）丙戌	白成龙	
		乾隆三十四年（1769）己丑	钱治平	霸州（今河北霸县）

朝代	朝名	科分	状元姓名	籍贯
清·武状元	高宗	乾隆三十六年（1171）辛卯	林天潆	江山（今属浙江）
		乾隆三十七年（1772）壬辰	李威龙	长乐（今属福建）
		乾隆四十年（1175）乙未	王懋赏	福山（今属山东）
		乾隆四十三年（1778）戊戌	邢敦行	定州（今河北定县）
		乾隆四十五年（1780）庚子	黄　瑞	江山（今属浙江）
		乾隆四十六年（1781）辛丑	刘　双	大兴（今北京）
		乾隆四十九年（1784）甲辰	刘荣庆	泰州（今属江苏）
		乾隆五十二年（1787）丁未	马兆瑞	临清（今属山东）
		乾隆五十四年（1789）己酉	刘国庆	泰州（今属江苏）
		乾隆五十五年（1790）庚戌	玉　福	汉军镶黄旗
		乾隆五十八年（1793）癸丑	徐殿飚	掖县（今山东莱州）
		乾隆六十年（1795）乙卯	邱飞虎	
	仁宗	嘉庆元年（1796）丙辰	黄仁勇	海阳（今广东潮安）
		嘉庆四年（1799）己未	李云龙	阜城（今属河北）
		嘉庆六年（1801）辛丑	姚大宁	南海（今广东广州）
		嘉庆七年（1802）壬戌	李白玉	藁城（今属河北）
		嘉庆十年（1805）乙丑	张联元	献县（今属河北）
		嘉庆十三年（1808）戊辰	徐华清	临淄（今属山东）
		嘉庆十四年（1809）己巳	汪道诚	乐平（今属江西）
		嘉庆十六年（1811）辛未	马殿四	邓州（今河南邓县）
		嘉庆十九年（1814）甲戌	丁殿宁	益都（今山东青州）
		嘉庆二十二年（1817）丁丑	武凤来	
		嘉庆二十四年（1819）己卯	秦钟英	神木（今属陕西）
		嘉庆二十五年（1820）庚辰	昌伊苏	满洲正黄旗

朝代	朝名	科分	状元姓名	籍贯
清·武状元	宣宗	道光二年（1822）壬午	张云亭	清丰（今属河南）
		道光三年（1823）癸未	张从龙	临县（今属山西）
		道光六年（1826）丙戌	李相清	阳曲（今山西太原）
		道光九年（1829）己丑	吴　钺	蓬莱（今属山东）
		道光十二年（1832）壬辰	李广金	灵丘（今属山西）
		道光十三年（1833）癸巳	牛凤山	
		道光十五年（1835）乙未	波启善	满洲正红旗
		道光十六年（1836）丙申	王　瑞	安肃（今河北徐水）
		道光十八年（1838）戊戌	郝光甲	任丘（今属河南）
		道光二十年（1840）庚子	赵云鹏	汝阳（今属河南）
		道光二十一年（1841）辛丑	德　庆	汉军镶白旗
		道光二十四年（1844）甲辰	张殿华	枣强（今属河北）
		道光二十五年（1845）乙巳	吴德新	东明（今属山东）
		道光二十七年（1847）丁未	李　信	晋州（今河北晋县）
		道光三十年（1850）庚戌	彭阳春	华阳（今四川双流）
	文宗	咸丰二年（1852）壬子	田在田	巨野（今属山东）
		咸丰三年（1853）合癸丑	温常湧	天津
		咸丰六年（1856）丙辰	王世清	南和（今属河北）
		咸丰九年（1859）己未	韩金甲	禹城（今属山东）
		咸丰十年（1860）庚申	马鸿图	抚宁（今属河北）
	穆宗	同治元年（1862）壬戌	史天祥	邯郸（今属河北）
		同治二年（1863）癸亥	黄大元	怀安（今属河北）
		同治四年（1865）乙丑	张蜀锦	广平（今属河北）
		同治七年（1868）戊辰	陈桂芬	天台（今属浙江）

朝代	朝名	科分	状元姓名	籍贯
清·武状元	穆宗	同治十年（1871）辛未	丁锦堂	上杭（今属福建）
		同治十三年（1874）甲戌	张凤鸣	西平（今属河南）
	德宗	光绪二年（1876）丙子	宋鸿图	侯官（今福建福州）
		光绪三年（1877）丁丑	佟在棠	天津
		光绪六年（1880）庚辰	黄培松	龙泉（今属浙江）
		光绪九年（1883）癸未	杨廷弼	祥符（今河南开封）
		光绪十二年（1886）丙戌	宋占魁	昌邑（今属山东）
		光绪十五年（1889）己丑	李梦说	阳谷（今属山东）
		光绪十六年（1890）庚寅	张宪周	郓城（今属山东）
		光绪十八年（1892）壬辰	卞赓	海州（今江苏东海）
		光绪二十年（1894）甲午	张鸿翥	鄱阳（今江西波阳）
		光绪二十一年（1895）乙未	武国栋	天津
		光绪二十四年（1898）戊戌	张三甲	开州（今河南濮阳）
太平天国	天王	癸好三年（1853）	傅善祥（女）武立勋	金陵（今江苏南京）
	东王	癸好三年（1853）	朱世杰	
	天王	甲寅四年（1854）	乔彦材	
		乙卯五年（1855）	叶春元	
	翼王	乙卯五年（1855）	杨启福	
	天王	丙辰六年（1856）	刘盛培	
		丁巳七年（1857）	范朴园	
		戊午八年（1858）	沈抡元	
		己未九年（1859）	吴镇坤	
		庚申十年（1860）	汪顺祥	

朝代	朝名	科分	状元姓名	籍贯
太平天国	天王	辛酉十一年（1861） 壬戌十二年（1862）	陆培英 徐首长	
太平天国	东王	甲寅四年（1854）	刘元合	
太平天国·武状元	天王	庚申十年（1860）	覃贵福	武宣（今属广西）

唐代状元科分不详者四人：

孔敏行　曲阜（今属山东）人

孔　拯　曲阜（今属山东）人

孔　振　曲阜（今属山东）人

颜康成　曲阜（今属山东）人

五代十国状元科分不详者三人：

后蜀　费黄裳　广都（今四川双流）人

南汉　梁　嵩　平海（今广西平南）人

南唐　何　乔　德化（今江西九江）人

宋代武状元科分不详者四人：

黄褒然　平阳（今属浙江）人

朱　熠　临安（今浙江杭州）人

蔡起辛　瑞安(今属浙江)人
翁　樗　平阳(今属浙江)人

辽代状元科分不详者一人：
边贯道　丰州(今辽宁辽阳)人

金代状元科分不详者九人：
王彦潜　河间(今属河北)人
孙用康
刘仲渊
常大荣
任忠言
赵承元
李俊民　泽州(今山西晋城)人
刘文龙　内乡(今河南西峡)人
元　堪

明代武状元科分不详者六人：
孙　堪
尹　凤
王世科
许　泰
安　国
王　佐

清代武状元科分不详者一人：
王宗夏

后　　记

科举制是我国隋唐之际兴起的一种选拔官吏的制度。它逐渐形成于隋代，日趋完善于唐代，宋初太祖等朝得以发展提高，从而成为一套相当完整、严密的制度，并为以后各代封建王朝所承袭。1905年9月，慈禧太后诏示天下："自丙午科为始，所有乡、会试一律停止。"在中国实行1300多年的科举制度宣告结束。

科举制度是影响我国封建社会历史进程的一项极其重要的政治制度。科举制度在我国封建社会延续之长久，影响之深远，及其对人们人生观、价值观、生活方式乃至思维方式的形成及其影响，是封建社会任何一种制度难以比拟的。但是，对在这种制度下选拔产生的优秀人才——状元，至今还没有一部较全面的专著问世。系统、全面、科学地研究科举制，及其科举制产生的状元，对于我们更全面、更深刻地研究理解封建社会，以服务于我们今天从事的伟大事业，无疑具有积极的意义。

《中国状元全传》是一部拓荒之作。在历时3年的撰稿实践中，我们深感资料搜集之艰难，尽管做了极大的努力，但仍有相当一部分状元无史料可取，或因材料所限只能简短而就。故此，《中国状元全传》只能是一定意义上的全传。由于时间跨度长，人物繁多，史料分散而有限，加上作者水平所限，书中偏颇、疏漏乃至错误之处在所难免，诚恳期望广大读者批评指正。

在《中国状元全传》编撰出版过程中，山东大学教授赵凯球同志，山东美术出版社社长刘振清同志、副总编王英同志和肖灿同志等，都给予大力支持，值此深表谢意。

编　者
1993年6月6日

修订再版后记

单卷本的《中国状元全传》自1993年7月由山东美术出版社出版以来，深受广大读者的欢迎和厚爱，无论是从规模上还是从所收录的人物数量及写作方式上，都被广泛赞誉为极具开拓性。

随着时代的发展，这部史书的弱点也越来越得到暴露。首先是她的开本太大，不利于阅读；其次是印刷工艺、装帧设计等方面，落后于时代的发展；再次内容上还有重复、错、漏等不足之处。应广大读者的强烈要求，经过与原出版单位、主编的友好协商，对此书进行了重新修订和设计，力图跟上时代的步伐，经得起时间的检验，满足读者的需要，并由山东教育出版社重新出版发行。借此机会，向原出版单位表示衷心感谢！

新修订再版的这部史书，共分8卷，完全采纳了当下国际流行的开本、用纸和印刷工艺，同时也在内容上做了调整和删除。每一卷保证了每个传主的完整，但不追求朝代的完整性；每一个传主都配有头像，更有利于加深读者的印象；将每个朝代之后的"状元表"经过梳理，自成一体，作为附表列在书后；订正了部分错误或矛盾之处；在体例上稍作统一。有不当之处，欢迎批评指正。

编　者

2007年3月

图书在版编目(CIP)数据

中国状元全传／车吉心主编．—济南：山东教育出版社，2007
ISBN 978－7－5328－5294－9

Ⅰ．中... Ⅱ．车... Ⅲ．状元－列传－中国－古代 Ⅳ．K820.2

中国版本图书馆 CIP 数据核字(2005)第 146225 号

责任编辑／邹　　健
整体设计／陈　　昊
绘　　画／孙乐中

中国状元全传

车吉心　主编

主　　管：	山东出版集团
出 版 者：	山东教育出版社
	（济南市纬一路321号　邮编：250001）
电　　话：	(0531)82092663　传真：(0531)82092661
网　　址：	http://www.sjs.com.cn
发 行 者：	山东教育出版社
印　　刷：	山东新华印刷厂德州厂
版　　次：	2007年6月第1版第1次印刷
规　　格：	650mm×980mm　16开本
印　　张：	114 印张
字　　数：	1333 千字
书　　号：	ISBN 978－7－5328－5294－9
定　　价：	460.00元（全套8卷）

（如印装质量有问题，请与印刷厂联系调换）